KB203049

聖書朝鮮 3

일러두기

- 이 책은 《성서조선》 48~71호를 영인본으로 만든 것이다.
- 68호는 20면이 백면(白面)이고, 그다음 면부터 21면이 아닌 19면으로 면 수가 잘못 표기되어 있으며, 이 상태로 판권면 앞까지 면이 이어진다.
- 71호에는 본문 맨 뒤와 〈성서통신(城西通信)〉 사이에 〈부록〉이 있다.

聖書朝鮮 3

김교신선생기념사업회

1933~1934

홍성사.

『성서조선』 영인본 간행에 부쳐

이만열 (김교신선생기념사업회장)

김교신선생기념사업회는 『성서조선』 영인본 전체를 다시 간행한다. 최근 『성서조선』에 대한 학술적 수요가 증가함에 따라 영인본을 간행하되, 이번에는 그 영인본에 색인을 첨부하기로 했다. 7권으로 분류된 『성서조선』의 색인은 김철웅, 박상익, 양현혜, 전인수, 박찬규, 송승호 여섯 분이 맡아서 지난 몇 달 동안 수고했고, 송승호 님은 이 색인을 종합하는 최종적인 책임을 맡았다.

색인을 포함한 영인본 재간행 작업은 2017년부터 시작하여 2018년 초반에 출판하기로 했으나 간행 시기가 몇 번 미뤄졌다. 이유는 색인 작업의 지연 때문인데, 간행 당시 철자법이 통일되지 않은 상황이다 보니 색인 작업이 의외로 더디 이뤄질 수밖에 없었다. 이번에 색인집을 따로 내기는 하지만, 색인 작업이

완벽하게 이뤄졌다고는 할 수 없다. 그 정도로 색인 작업 자체가 어려웠다는 것을 이해해 주기 바란다. 이런 어려움에도 불구하고 영인본이 간행되어 독자 여러분과 함께 기뻐한다. 수익을 기약할 수 없는 『성서조선』 영인본 간행을 위해 노력해 주신 홍성사의 정애주 대표님을 비롯하여 출판사의 사우 여러분께 책머리에 먼저 감사의 말씀을 드린다.

『성서조선』 전권이 복사·간행된 것은 1982년 노평구 님에 의해 이뤄졌다. 해방 후 글다운 글이 없는 상황에서 『성서조선』에 게재된 글이 교과서에 등장하여 학생 지도에 응용되기도 했지만, 전권을 구하기가 매우 힘들었다. 복사판 간행을 맡았던 노평구 님과 동역자들은 고서점과 전국의 『성서조선』 독자들을 수소문하여 그 전질을 구해 재간행했다.

그동안 『성서조선』은 많은 사람들이 구해보려고 애썼지만 접하기가 쉽지 않았다. 완질의 복사판이 간행된 후에는 이를 이용하는 곳이 많아졌다. 해외에서도 수요가 있었다. 특히 신학을 전공하는 유학생들 사이에서는 그런 요구가 컸다. 필자 역시 해외여행을 하는 동안 유학생들의 집에서 『성서조선』을 소장하고 있는 경우를 더러 보았다. 소장한 이유는 한국 교회와 한국 신학에 대한 지도교수와 외국 학생들의 요청 때문인 것으로 들었다. 하여튼 각계의 이런 요청에 따라 김교신선생기념사업회는 이번에 『성서조선』을 다시 간행하기로 했다.

『성서조선』은 1927년 7월부터 간행된 동인지 형태의 신앙잡지다. 일본의 무교회주의자 우치무라 간조(內村鑑三) 선생의 감화를 받은 김교신(金敎臣), 송두용(宋斗用), 류석동(柳錫東), 양인성(梁仁性), 정상훈(鄭相勳), 함석헌(咸錫憲) 등 여섯 신앙 동지들이 1926년부터 도쿄에서 성서연구활동을 시작했다. 그들은 조국 조선에 줄 수 있는 최고의 선물을 성서로 보고, 〈조선을 성서 위에〉 세우기 위해 그들이 수행한 성서 연구의 결과물을 발표하는 동인지를 갖게 되었다. 그 이름을 〈성서조선〉이라 했다. 『성서조선』 창간사에는 간행 경위를 이렇게 시작한다.

> 걱정을 같이 하고 소망을 일궤(一軌)에 붙이는 우자(愚者) 5-6인이 동경 시외 스기나미촌(杉竝村)에 처음으로 회합하여 〈조선성서연구회〉를 시작하고 매주 때를 기(期)하여 조선을 생각하고 성서를 강(講)하면서 지내온 지 반세여(半歲餘)에 누가 동의하여 어간(於間)의 소원 연구의 일단을 세상에 공개하려 하니 그 이름을 〈성서조선〉이라 하게 되도다.

이어서 창간사는 이 동인지의 성격과 지향점을 다음과 같이 밝혔다.

> 명명(命名)의 우열과 시기의 적부(適否)는 우리의 불문(不問)하는 바라. 다만 우리 염두의 전폭(全幅)을 차지하는 것은 〈조선〉 두 자이고, 애인에게 보낼 최진(最珍)의 선물은 〈성서〉 한 권뿐이니 둘 중의 하나를 버

> 리지 못하여 된 것이 그 이름이었다. 기원(祈願)은 이를 통하여 열애의 순정을 전하려 하고 지성(至誠)의 선물을 그녀에게 드려야 함이로다. 〈성서조선〉아, 너는 우선 이스라엘 집집으로 가라. 소위 기성 신자의 손을 거치지 말라. 그리스도보다 외인을 예배하고, 성서보다 회당을 중요시하는 자의 집에는 그 발의 먼지를 털지어다. 〈성서조선〉아, 너는 소위 기독신자보다도 조선혼을 소지(所持)한 조선 사람에게 가라. 시골로 가라, 산촌으로 가라, 거기에 나무꾼 한 사람을 위로함으로 너의 사명으로 삼으라. 〈성서조선〉아, 네가 만일 그처럼 인내력을 가졌거든 너의 창간 일자 이후에 출생하는 조선 사람을 기다려 면담하라. 상론(相論)하라. 동지(同志)를 한 세기 후에 기(期)한들 무엇을 탓할손가.

창간사는 〈성서〉와 〈조선〉을 합하여 만든 동인지 명칭의 연유를 설명한다. 〈조선〉은 자기들의 마음 전부를 차지하는 존재이고, 〈성서〉는 자기들이 가장 사랑하는 사람에게 보낼 제일 좋은 선물이기 때문에, 이 둘 중에 어느 하나도 버릴 수 없어 〈성서조선〉이라고 명명했다고 했다.

또 성서조선이 갈 곳은 〈이스라엘 집〉이지, 그리스도보다 사람을 예배하는 〈기성 신자〉나 성서보다 예배당을 중요시하는 곳도 아니고 교권화·세속화되어 가고 있던 기존 조선교회도 아님을 강조한다. 또 〈성서조선〉은 〈소위 기독교 신자〉에게 갈 것이 아니라 〈조선의 혼을 가진 조선 사람〉에게로 가라고 가르친다. 그곳은 아직 세속적인 교회의 때가 묻지 않은 영적인 〈시골〉이요 〈산골〉이다. 그들은 살찐 몸매와 번지르르한 기름으로 치장한 도회인이 아니라 영적인 〈나무꾼 한 사람〉임을 의미한다. 여기에 『성서조선』이

지향하는 바가 있다. 기성 교회와 야합할 것이 아니라 그 비리를 비판하고 〈기독교라는 때〉가 묻지 않은 민중 속으로 파고 들어가 그들을 성서적인 신앙으로 각성시키자고 강조한다. 이것이 성서를 조선에 주고, 조선을 성서 위에 세우려는, 『성서조선』 동인들의 창간 의도라 할 것이다.

『성서조선』 간행 취지가 조선과 성서를 다 같이 사랑하는 〈동인들〉이 성서 위에 조선을 세우겠다는 공통된 일념에 있다는 점을 강조했지만, 김교신은 8년 뒤 〈성서조선의 간행 취지〉(1935년 10월)를 요약해서 다음 두 가지로 설명한 적이 있다. 하나는 〈유물주의자의 반종교운동에 항변〉하기 위함이고 또 하나는 〈순수한 조선산 기독교를 해설〉하기 위함이라고 했다. 그의 말이다. 『신앙이라고 하면 과학적 교양도 없고 근대 사조 특히 유물론적 사상을 호흡치 못한 우부(愚夫) 우부(愚婦)들이나 운위할 것인 줄로 아나 이는 대단히 천박한 인사들의 소행이다. 그러므로 소위 인텔리층의 경박과 유물주의자의 반종교운동에 대하여 신앙의 입장을 프로테스트(항변)하고자 함이 본지 발간의 일대 취지였다.』 이어서 그는 『조선의 기독교가 전래한 지 약 반세기에 이르렀으나 아직까지는 선진 구미 선교사 등의 유풍(遺風)을 모방하는 역(域)을 불탈(不脫)하였음을 유감으로 알아, 순수한 조선산 기독교를 해설하고자 하여 『성서조선』을 발간한 것이다.』라고 했다. 김교신이 쓴 발간 취지는 『성서조선』이 동인지 형태에서 김교신 1인 체제로 바뀐 뒤에 표현된 것이어서 주목되는 바다. 이는 8년 전 동인지 형태로 간행할 때보다는 훨씬 분명한 내용을 담고 있음을 알 수 있다. 그러면서도 그는 『조선에다 기독교의 능력적 교훈을 전달하고 성서적인 진리의 기반 위에 영구 불멸할 조선을 건립하고자 하는 소원』이라는, 창간 당시의 목적을 잊지 않았다.

『성서조선』은 창간 당시에는 도교에 있던 동인들이 편집하고 서울에서 인쇄했다. 김교신이 귀국한 1927년 4월 이후에도 대부분의 동인들은 도교에 머물러 있었다. 『성서조선』 창간호 판권에는 편집인 정상훈과 발행인 유석동은 도교에 거하는 것으로 되어 있고, 발행소인 〈성서조선사〉도 도교로 나와 있다. 그러나 인쇄인 김재섭(金在涉)의 주소는 서울 견지동 32이고, 인쇄소는 한성도서(주)다. 『성서조선』은 창간 후 초기에는 연 4차 계간 형식으로 발행되다가 1929년 8월(8호)부터는 월간이 되었다. 그러다가 제16호(1930년 5월)에는 다음과 같은 짤막한 사고(社告)가 실렸다. 『지금까지 6인의 합작으로 경영해 오던 〈성서조선사〉는 이번에 형편에 의하여 해산하였습니다. 이번 호까지 정상훈 명의로 발행되었으나, 금후의 경영은 김교신 단독히 당하겠습니다.』 그다음 17호(1930년 6월호)부터는 편집·발행 겸 인쇄인이 김교신으로 바뀌었다. 성서조선사의 발행소 주소도 〈경성부 외 용강면 공덕리 130〉으로 옮겨졌고, 인쇄소는 기독교창문사로 되었다. 김교신은 뒷날 동인제(同人制) 폐간이 일시적 사변에 의한 것이기 때문에 불원한 장래에 이 일을 전담할 자가 나오기를 기대하는 마음으로 맡았지만 성서조선이 폐간될 때까지 자기 책임하에 간행하였다.

『성서조선』 간행을 전담한 김교신은 함남 함흥 출신으로, 1919년 3월 일본으로 건너가 도교(東京) 세이소쿠(正則)영어학교를 거쳐 도교 고등사범학교에 진학했는데, 1921년부터 7년간 우치무라 간조(內

村鑑三)의 문하에서 성경 강의를 들었다. 그는 학업을 마치고 1927년 4월 귀국, 함흥 영생여자고등보통학교와 양정고등보통학교, 제일고등보통학교(경기중학)와 송도고등보통학교에서 교편을 잡았으나 1942년 3월 소위 〈성서조선 사건〉으로 구속되어 15년간의 교사생활을 끝냈다. 『성서조선』 16호(1930년 5월호)부터 간행 책임을 맡게 된 김교신은 원고 집필과 편집, 인쇄는 물론 발송 사무와 수금 등 독자 관리의 허드렛일까지 혼자 다 맡았다. 그야말로 불철주야 『성서조선』에 매달린 것이다. 그는 삶의 전부라고 할 『성서조선』 출판에 모든 것을 바쳤지만 매호 적자를 면치 못했다. 그 무렵 그는 『의식의 여분으로 잡지 출판을 한 것이 아니라 출판의 여분으로 생활을 해야 했다』고 술회했다. 1936년 1월 31일(금)자 그의 일기에는 당시 짊어졌던 『성서조선』일 등이 얼마나 그를 짓누르고 있었던가를 보여준다.

> 1월 31일(금) 청(晴). 영하 18도 7분으로 기온 점강(漸降). 등교 수업을 마친 후에 2월호 출래(出來)하여 발송사무. 피봉(皮封) 쓰는 일, 부치는 일, 우편국 및 경성역에 반출하는 일은 물론이요, 시내 서점에 배달하여 수금하는 일까지 단독으로 하다. 서점에서는 「선생이 이처럼 친히 다니시느냐」고 하나 대체 위로의 말인지 조롱의 뜻인지 모르겠다. 주필 겸 발행자 겸 사무원 겸 배달부 겸 수금인 겸 교정계 겸 기자 겸 일요강사 등등, 그 외에 박물 교사 겸 영어·수학 교사(열등생도에게) 겸 가정교사(기숙 생도에게) 겸 농구부장 겸 농구협회 간사 겸 박물학회 회원 겸 박물연구회 회원 겸 지력(地歷)학회 회원 겸 외국어학회 회원 겸 직원 운동선수 겸 호주(戶主) 겸 학부형 등등. 월광에 비추이는 가엾은 자아를 헤아리면서 귀댁(貴宅)한

때는 삼수(參宿)가 중천에 솟았다.[노평구 엮음, 『김교신 전집 6』(부·키, 2001, 17-18)]

이런 상황에서도 그는 『성서조선』 간행을 통해 감사했다. 『성서조선』 간행 만 10주년을 맞아 그는 오로지 주 예수의 무한한 은총으로 된 일임을 새롭게 감격했다. 또 만 14주년을 맞은 제150호(1941년 7월호)에서는 그동안 우리의 눈이 하늘을 향하여 주 예수 그리스도의 헤아릴 수 없는 기이한 섭리를 우러러보며 찬송과 감사가 넘친다고 하면서 「모든 영광은 주 예수께로, 욕된 것은 나에게로」라고 다짐했다. 그는 이날까지 『성서조선』이 버티어 온 것은 인력에 의해서가 아니라 하나님의 은총에 의한 것이라고 고백했다.

> 외국인 선교사들의 식양(式樣)으로 된 조선기독교회의 다대한 배척과 비방을 감수하면서 아무 단체의 배경도 찬조도 없이, 주필된 자의 굳은 의지나 뛰어난 필재에 의함도 없이, 적립된 자금으로 시작한 것도 아닌 잡지가, 창간호로부터 150호에 이르기까지 인쇄 실비에도 결손되는 잡지가 속간된 것은 아무리 보아도 인력으로 된 일은 아니다.

김교신에게는 원고 집필과 편집, 인쇄 등의 일상적인 일 외에 더 시달려야 하는 것이 있었다. 『성서조선』을 향한 호사가들의 시비는 물론 〈친애하는 형제들 중에서 『성서조선』의 사명과 태도 등을 두고 충고와

질의〉를 하는 경우도 있었고, 이 못지않게 기성 교회의 『성서조선』에 대한 비판이 있었다. 무엇보다 괴로운 것은 일제 당국의 검열이었다. 검열을 위해 며칠씩 대기하다가 출판 기일을 넘겨야 하는 경우도 있었고, 검열에 걸려 원고를 삭제해야 할 경우도 있어서 더욱 난감했다. 그런 상황에서 그는 종간호가 되는 줄로 안 것이 한두 번이 아니었다. 그럴 때마다 의외로 원조를 주께서 예비해 주시사 오늘에 이르기까지 한 번도 휴간 없이 발간하게 되었다. 그런 수난적인 경험을 통해 〈내가 약함을 통탄할 때에 도리어 강한 것을 발견케〉 되었으니 그는 모든 영광과 찬송을 주께 돌린다고 했다.(1937년 5월)

전시체제(戰時體制)가 강화되면 조선에서 간행하는 신문 잡지는 일본의 전승(戰勝)을 기원하는 글이나 시국에 관한 표어를 실어야만 했다. 검열을 통과하기 위해서는 「황국신민(皇國臣民)의 서사(誓詞)」를 잡지 앞머리에 넣지 않으면 안 되었다. 경무국으로부터 전화로 신년호의 권두 한 페이지에는 「황국신민의 서사」 1과 2를 게재하라는 지령을 받고 폐간을 결심하기도 했다. 그러나 『성서조선』이 조선에 유일한 성서잡지라는 어떤 사명감 같은 것 때문에 결국 자신의 생각을 꺾고 일제의 지령대로 서사(誓詞)를 게재하기로 했다. 이따금 게재하던 「황국신민의 서사」는 137호(1940년 6월)부터 아예 표지 혹은 표지 바로 뒷면에 고정적으로 배치되어야 했고, 「총후(銃後) 국민생활」 같은 어용적인 칼럼들도 135호(1940년 4월)부터는 표지 바로 뒷면에 자리잡게 되었다.

『성서조선』은 어떤 때는 검열을 의식해서 시국 소감 등을 직설(直說)하지 않고 비유나 묵시적으로 쓰기도

했다. 그래서였을 것이다. 김교신은 「본지 독자에 대한 요망」(1939년 9월)에서 다음과 같이 썼다.

> 본지 독자는 문자를 문자 그대로 읽는 외에 자간과 행간을 능히 읽는 도량이 있기를 요구하는 때가 종종 있다. 이는 학식의 문제가 아니요, 지혜의 문제이다. … 정도의 차는 있으나 본지도 일종의 묵시록이라 할 수 있다. 지금 세대는 비유나 상징이나 은어가 아니고는 진실한 말을 표현할 수 없는 세대이다 지혜의 자(子)만 지혜를 이해한다.

『성서조선』을 폐간시킨 「조와(弔蛙)」 사건은 일제 당국이 김교신이 사용한 바로 그 상징어나 은어의 본질을 알아차리고 겁박한 경우라고 할 것이다. 그런 상황이고 보니 『성서조선』에는 〈시국표어〉도 어쩔 수 없이 내걸어야 했던 것이다. 폐간도 고려해 보았지만, 하나님의 뜻에 의지하는 섭리신앙 때문에 고난 중에서도 간행을 계속했다. 이게 『성서조선』 간행을 억지로라도 계속하지 않을 수 없었던 발행자 김교신의 딱한 사정이었다.

일본은 1937년 중국 침략에 이어 미국에 대한 도발을 감행했다. 중국에 대한 침략 전쟁은 식민지 조선에 대한 전시체제 강화로 이어졌다. 한국의 언어와 문자를 통제하기 시작했고, 조선사 교육을 폐지했으며, 창씨개명(創氏改名)과 신사참배(神社參拜)를 강요했다. 1936년부터 천주교와 감리회가 신사참배에

굴복했고 1938년에는 장로회 총회가 신사참배를 결의했으나, 신사참배에 불복하는 신자들은 감옥으로 끌려갔다. 1937년에는 수양동우회 사건이, 그 이듬해에는 흥업구락부 사건이 터졌다. 1940년 10월에는 국민총력연맹을 조직하고 〈황국신민화운동〉을 본격화시켰다. 1941년 12월 초 하와이 공격으로 〈태평양전쟁〉을 일으킨 일본은 국민총동원 체제와 사상통제를 강화했다. 1942년의 〈조와(弔蛙) 사건〉과 〈조선어학회 사건〉은 국민총동원체제하에서 일어난 문화·사상 통제의 뚜렷한 실례다.

『성서조선』을 폐간으로 몰아간 〈조와(弔蛙) 사건〉의 전말은 이렇다. 1940년 3월 양정고등보통학교를 사임한 김교신은 그해 9월 제일고등보통학교(경기중학)에서 잠시 교편을 잡았으나 반년 만에 그만두었고, 1941년 10월에는 송도고등보통학교 교사로 부임하였다. 그러나 일제 당국은 그 이듬해 3월 1일자로 간행된 『성서조선』 제158호 권두언 「조와(弔蛙)」를 문제 삼아 〈성서조선 사건〉을 일으켜 『성서조선』을 폐간하고 김교신 등을 투옥시켰다.

사건의 발단이 된 「조와(弔蛙)」에는 이 글을 쓰게 된 경위가 나타나 있다. 김교신은 〈자신의 영혼과 민족의 죄를 위해〉 또 〈소리쳐 울고 싶은 대로 울 만한 장소〉를 구하기 위해 새벽기도처를 찾았다. 서울에서는 북한산록에서, 송도로 옮긴 후에는 자연 속에서 찾았다. 그는 송도 만월대 뒤편 송악산 깊은 골짜기 안에 폭포가 떨어지는 물웅덩이 가운데 작은 바위를 기도처로 정하고, 새벽에 냉수마찰을 하고 큰 소리로 기도하고 찬송을 불렀다. 이렇게 기도할 때는 웅덩이의 개구리들이 헤엄쳐 다니면서 모여들기도 했다. 「조와」는 새벽기도의 산물이었다. 유난히 추웠던 그해 겨울, 대부분의 개구리가 얼어 죽어서 물 위에

떠오른 것을 보고 슬퍼하면서도 요행히 살아남은 두세 마리를 보고 위로를 받았다. 「조와」의 전문이다.

> 작년 늦은 가을 이래로 새로운 기도터가 생겼었다. 층암이 병풍처럼 둘러싸고 가느다란 폭포 밑에 작은 담(潭)을 형성한 곳에 평탄한 반석 하나 담 속에 솟아나서 한 사람이 꿇어앉아서 기도하기에는 천성의 성전이다. / 이 반상(磐上)에서 혹은 가늘게 혹은 크게 기구(祈求)하며 또한 찬송하고 보면 전후좌우로 엉금엉금 기어오는 것은 담 속에서 암색(岩色)에 적응하여 보호색을 이룬 개구리들이다. 산중에 대변사(大變事)나 생겼다는 표정으로 신래(新來)의 객에 접근하는 친구 와군(蛙君)들, 때로는 5, 6마리 때로는 7, 8마리. / 늦은 가을도 지나서 담상(潭上)에 엷은 얼음이 붙기 시작함에 따라서 와군들의 기동(起動)이 일부일(日復日) 완만하여지다가 나중에 두꺼운 얼음이 투명(透明)을 가리운 후로는 기도와 찬송의 음파가 저들의 이막(耳膜)에 닿는지 안 닿는지 알 길이 없었다. 이렇게 격조(隔阻)하기 무릇 수개월여! / 봄비 쏟아지던 날 새벽, 이 바위틈의 빙괴(氷塊)도 드디어 풀리는 날이 왔다. 오래간만에 친구 와군들의 안부를 살피고자 담 속을 구부려 찾았더니 오호라, 개구리의 시체 두세 마리 담 꼬리에 부유하고 있지 않은가! / 짐작컨대 지난 겨울의 비상한 혹한에 작은 담수의 밑바닥까지 얼어서 이 참사가 생긴 모양이다. 예년에는 얼지 않았던 데까지 얼어붙은 까닭인 듯. 동사한 개구리 시체를 모아 매장하여 주고 보니, 담저(潭低)에 아직 두어 마리 기어 다닌다. 아, 전멸은 면했나보다!(『김교신 전집』 1권 38)

이 글은, 『성서조선』 제 158호에 〈부활의 봄〉이라는 제목으로 『드디어 봄은 돌아왔다. … 우리의 소망은 오직 부활의 봄에 있고 부활은 봄과 같이 확실히 임한다.』라는 글과 함께 실려 있다. 김교신은 「조와」와 「부활의 봄」이라는 글에서 다 같이 조선 민족의 봄을 고대하고 있었으며 은유를 통해 표현하고 있었다. 김교신은 『지금 세대는 비유나 상징이나 은어가 아니고는 진실한 말을 표현할 수 없는 세대이다. 지혜의 자(子)만 지혜를 이해한다.』고 말한 적이 있다. 그의 이런 말에 따라 「조와」를 추론해 보면 무슨 의미를 함의하고 있는지 금방 알 수 있다. 산전수전 다 겪은 일본 고등경찰 당국이 이를 간파하지 못할 리가 없다. 〈무서운 혹한에도 살아남은 개구리의 생명력을 보고 조선 민족의 생명력에 비유했다〉 하여 꼬투리를 잡은 것은 정확히 보았다고 할 것이다.

1942년 3월 30일 김교신은 일제 경찰에 의해 서울로 압송되었다. 〈성서조선 사건〉이 터진 것이다. 이 사건으로 『성서조선』은 폐간되고 전국의 구독자들이 일제히 검거됐다. 며칠 만에 풀려난 독자도 있지만, 김교신·함석헌·송두용·류달영 등 13명은 서대문형무소에서 만 1년간 옥고를 치르고 1943년 3월 29일 밤 출옥했다. 취조에 나선 일본 경찰들이 이들에게 했다는 다음 말은 『성서조선』이 추구한 목표가 어디에 있었는지 그 정곡을 찌른다. 그리고 이 말은 일제가 〈성서조선 사건〉을 통해 꿰뚫어 보고 있는 사건의 본질이기도 하다.

너희 놈들은 우리가 지금까지 잡은 조선 놈들 가운데 가장 악질적인 부류들이다. 결사(結社)니 조국이니 해가면서 파득파득 뛰어다니는 것들은 오히려 좋다. 그러나 너희들은 종교의 허울을 쓰고 조선민족의 정신을 깊이 심어서 100년 후에라도, 아니 500년 후에라도 독립이 될 수 있게 할 터전을 마련해두려는 고약한 놈들이다.(『김교신 전집』 1권 11)

1927년 7월 동인지 형태로 제1호를 간행한 『성서조선』은 16호(1930년 5월호)부터 김교신이 발행인이 되어 간행되다가 1942년 3월호(158호)로 폐간되었다. 158호까지 계속된 『성서조선』에는 가장 많이 게재된 것이 성서연구에 관한 것이다. 김교신은 「성서개요」라 하여 거의 대부분의 신구약 성서 개요를 게재했는데, 간결성과 명확성 때문에 구호(舊號)까지 독자들의 사랑을 받았다. 또 「성서연구」도 게재했는데, 산상수훈 연구를 비롯하여 주기도문 연구, 시편 강해와 골로새서 강의와 데살로니가전서 강의 등은 『성서조선』을 통해 발표되었고, 산상수훈 연구는 단행본으로 출간되었다. 한국인이 쓴 성경 주석서가 별로 없던 시기에 김교신의 연구는 목회자들과 일반 신자들에게도 큰 도움이 되었다.

7권으로 된 『김교신 전집』(노평구 엮음, 부·키)에는 위에서 언급한 「성서개요」와 「성서연구」 외에 『성서조선』에 게재되었던 김교신의 글을 「인생론」과 「신앙론」으로 각각 묶었다. 이 두 권에는 김교신이 『성서조선』에 게재한 글을 거의 망라하고 있다. 이 두 권에는 거의 400여 편의 글이 게재되어 있는데, 제1권 『인생론』에는 조국, 교육, 학문과 직업, 현실과 이상, 믿음의 생활, 사회시평, 고백·선언, 가정, 위대한 사람들, 고인에 대한 추억, 성서조선지의 행로, 생활 주변, 회고와 전망으로 분류하여 실었고, 2권

『신앙론』에는 하나님, 그리스도, 성서, 기독교, 신앙, 사랑, 부활, 기독교도, 전도, 교회, 무교회, 진리, 생명, 자연, 찬미로 분류하여 묶었다.

『성서조선』에 게재된 김교신의 중요한 글은 그의 일기다. 그가 일기를 쓰기 시작한 것은 『10세 때부터』라고 말하고 있는데 이는 1910년 국치(國恥)를 맞을, 아마도 함흥보통학교에 입학했을 무렵인 것으로 보인다. 그의 일기는 30여 책이나 되었지만, 양정고보 교사 시절 한 생도의 일기가 문제가 되자 학교에 미칠 화를 생각하여 담임교사(김교신)도 그의 30여 권의 일기를 소각해 버렸다.(1938년 2월 22일자 일기) 그러나 김교신의 일기는 그 일부가 두 가지 형태로 남아 있다. 하나는 소각되지 않고 남아 있는 2년 8개월분의 「일보(日步)」인데 이는 2016년 김교신선생기념사업회에서 『김교신일보(日步)』(홍성사)라는 이름으로 간행했다. 또 하나는 『성서조선』에 게재한 그의 일기다. 『성서조선』에는 처음에 여섯 동인들의 소식을 알리는 「독상여록(獨想餘錄)」·「독상편편(獨想片片)」·「여적(餘滴)」 등의 난이 있었는데, 1929년 8월호부터는 「성서통신(城西通信)」 난으로 이름이 바뀌었다. 『성서조선』의 발행 책임자가 김교신으로 된 후 1930년 6월(제17호)호부터는 「성서통신」 난에 그의 일기를 간추려 게재하게 되었다. 「성서통신」 난은 그 뒤 1936년 1월호부터 「성조통신(聖朝通信)」으로 이름이 바뀌어 1941년 1월호까지 김교신의 일기를 계속 실었지만, 1941년 3월(제146호)호에 『당분간은 「성조통신」(난)을 폐지』한다고 알리고는 일기가 더 게재되지 않았다. 따라서 김교신의 일기는 소각되지 않은 2년 8개월치의 「일보(日步)」와 『성서조선』에 게재된 그의 일기가 남아 있다고 할 것이다.

『성서조선』에 연재된 글 중에는 함석헌의 「성서적 입장에서 본 조선역사」가 있다. 이 글은 1934년 2월부터 1935년 12월까지 『성서조선』에 연재되었는데, 최초로 일정한 사관(史觀)을 가지고 조선역사를 관통한 책이라는 찬사(천관우)를 받았을 정도로 큰 반향을 일으켰다. 함석헌은 이어서 그 자매편인 「성서적 입장에서 본 세계역사」도 『성서조선』 1936년 9월호부터 1938년 3월호까지 연재하여 호평을 받았다. 함석헌이 『성서조선』에 우리 역사를 연재하고 있을 때 김교신은 자신의 〈민족지리관〉의 관점에서 「조선지리 소고」라는 논문(제62호-1934년 3월)을 게재했다. 200자 원고지 80매 가량의 이 논문은 함석헌이 「성서적 입장에서 본 조선역사」에서 나타낸 섭리적 민족사관과 궤를 같이하는 것으로, 섭리적 민족지리관을 나타냈다는 평가를 받고 있다. 지리박물학 교사인 김교신이 신앙의 눈으로 차원 높은 민족지리관을 펴보인 것이다.

『성서조선』의 필자에는 김교신, 송두용, 유석동, 양인성, 정상훈, 함석헌 등 〈조선성서연구회〉 회원들을 비롯하여 독자 기고 형태로 김정식, 장도원, 김계화, 양능점, 윤일심, 김계화, 강제건, 이찬갑, 최홍종, 유달영, 김정옥, 박석현, 유영모 등의 이름들이 보인다. 특히 〈조선성서연구회〉 회원인 양인성과 이들과 노선을 같이 했던 이덕봉이 「성서동물학」과 「성서식물학」이라는 연구논문을 남긴 것은 매우 주목된다.

『성서조선』은 매월 250부 정도가 발행되었고 구독자는 200명 정도였다. 독자들 가운데는 일반 교역자들도 있었지만, 이승훈, 장기려, 정태시같이 한국 기독교계와 교육계에 영향력을 미친 이들도 있었다. 『성서조선』에 게재된 내용으로 설교하다가 교단의 배척을 당한 손양원 같은 이도 있었다. 당시 한국 교단의 이 같은 탄압에도 불구하고 『성서조선』을 통해 깊은 감동을 받았다는 사람이 한둘이 아니었다. 한센병 환자들 중에도 『성서조선』으로 영적 감화와 위로를 받았다는 이들이 있었다.

끝으로 오늘날 『성서조선』을 복간하는 것이 무슨 의미를 갖는지를 언급하면서 이 글을 마무리하겠다. 그동안 『성서조선』이 복간된 적이 있지만, 현재 그것을 구해보기는 매우 어렵게 되었다. 김교신선생기념사업회로서는 미안한 생각을 갖지 않을 수 없다. 바로 이런 부채감이 『성서조선』 복간의 가장 큰 이유다.

한편 한국 기독교사 연구와 관련, 김교신 선생을 비롯한 소위 무교회주의자들이 당시 어떤 생각을 하고 있었는지 탐구할 필요가 있다. 성서 원어(히브리어와 희랍어)와 영어 독일어 일본어 성경을 대조해 가며 성경연구에 매진했던 이들이 한국 교회에 어떤 태도를 취했으며, 기성 한국 교회는 이들을 어떻게 생각하고 있었는지 살펴볼 필요가 있다는 것이다. 오늘날 한국 교회에 불거지고 있는 문제들은 이미 당시에도 일어나 자성과 비판의 대상이 되었다. 『성서조선』을 읽노라면 그때 한국 교회의 상황들이 오늘날의 상황들과 그렇게 멀리 떨어져 있지 않다는 것을 알 수 있다. 따라서 『성서조선』 복간은 한국 교회의 〈온고이지신(溫故而知新)〉의 의미를 되새기게 할 것이다.

『성서조선』 복간의 가장 중요한 이유는 현재 한국 교회 앞에 놓인, 한국 신학 수립의 당위적인 과제 때문이다. 한국 신학을 수립해야 한다는 과제는 어제오늘의 문제가 아니다. 이런 필요성은 해외에 가서 신학을 공부하는 이들이라면 더욱 뼈저리게 느껴왔던 것이다. 그들은 그곳 지도교수나 교회로부터 끊임없이 한국 교회를 성장시킨 한국 신학에 대한 질문과 도전을 받아왔다. 이제 한국 교회는 세계 교회의 그 같은 질문에 답하지 않을 수 없게 되었다. 이 같은 과제는 『성서조선』 간행을 처음 시작했던 〈조선성서연구회〉 동인들뿐만 아니라 오늘날에도 의식 있는 크리스천들에게 던져지는 요구다.

〈외국인 선교사들의 식양(式樣)으로 된 조선기독교회의 다대한 배척과 비방을 감수하면서 아무 단체의 배경도 찬조도 없이〉 간행했던 『성서조선』이 당시 지향했던 바는 〈조선산 기독교〉였다. 〈조선산 기독교〉는 하나님의 말씀이 〈조선의 토양과 기후〉 위에서 새롭게 열매 맺는, 그런 것이 아니었을까. 성서의 터 위에서 조선인의 땀과 피와 삶이 영적으로 응고되고 열매 맺는, 그런 기독교가 아닐까. 그것은 수입신학·번역신학일 수 없고, 그런 차원을 넘어서는 것이다. 조선인의 삶과 환경, 조선인의 고민과 사상, 그런 문제의식 위에서 하나님의 말씀인 성서를 기초로 한 신학과 교회가 이 땅에서 세워지는 것, 이것이 『성서조선』이 말하는 〈조선산 기독교〉가 아니었을까.

〈조선산 기독교〉는 수천 년 역사와 제도 위에 형성된 서구의 관념화된 신학이나, 비록 청교도적 바탕 위에서 출발했다고는 하나 〈동부〉의 황금에 대한 유혹과 세계를 향한 끝없는 전쟁의 유혹 속에서 자신을 정당화해 간 미국의 〈천박한 기독교〉일 수 없다. 『성서조선』이 조선이라는 특수한 상황 속에서 세계적

보편성을 지향해 간 〈조선산 기독교〉를 지향하며 간행된 것이라면, 『성서조선』의 복간은 그런 지향(指向)부터 다시 복원하고, 그 지향에 다가서는 것이어야 한다. 『성서조선』이 간행할 당시 요청되었던 〈조선산 기독교〉는 『성서조선』을 복간하는 이 시점에도 같은 공감대에 서 있다. 한국 신학에 바탕을 둔 한국 교회가 세워져야 한다는 바로 그 공감대다. 이것이 『성서조선』을 이 시점에 복간하는 진정한 이유다. 『성서조선』이 외쳤던 그 외침을 오늘날 다시 들려주면서, 조선의 토양과 땀, 고난과 생각을 담은 한국 신학을 수립해야 한다는 것, 바로 그런 〈조선산 기독교〉를 지향·착근하고 성장시켜 가는 것이 『성서조선』 복간의 중요한 이유일 것이다. (2019. 1. 9)

차례

昭和五年一月二十八日 第三種郵便物認可
昭和八年一月一日發行(每月一回一日發行)

金敎臣主筆

聖書朝鮮

第四拾八號

一九三三年 一月一日發行

目次

【定價改算】

一九三三年

인류의자랑인 二十世紀를맞이한후 발서三十三年째의 새해가 돌아왔다。특히 구주대전란을지낸후의 한해 한해가 지낼수록 인류는 그 그릇됨을깨닫고 종교가는 회개하며 정치가는 원대한정책을 세워 인류본래의목적에 매진하랴는듯한 기세가 아주 없었든것도안이었다。민족과민족은 서로압제에 얼매우는일이없어지고 나라와나라는 다시 무기로 싸울일이없어지고 종교가는 다시 축승의기도를들이는 허위의죄를 범하는일이 없을듯싶었다。마는 二十세기의 절반도못가서 지구는다시 가꾸로돌게시작하였다。종교가는 또다시 전장에서서 기도를 연하게되였다。나의 좁은 소견으로는 세계역사가 적어도 박세기는 뒷거름한것같다。올듯싶으든정의와평화는 좀처럼오지않고 허위와 암흑만은 안개처럼 감돌아든다。사람들은 새해가왔다고 『근하신년』이라고하나 우리가 새해를 치하할 무슨희망과 무슨 새계획을가졌는가。우리가 작년도에 개인으로나 민족으로나 온세계인류로나 무슨새로운 진리 하나을 제공하였으며 무슨 중대한문제하나을해결한것이있기에 묵은해의 짐을 벗고나서는자의 경쾌한마음으로 소스람치면서 새해를맞으려할가。보라 만국의종교가들이 신구대륙에 여러번회합하였것만 무슨깃븐소식을 우리에게전하였든가。대국소국의 유위한정치가들이 반렬지어 제네바에모였것만 戰債문제軍縮문제日支문제等等중대한문제를 거의전부 숙제로넘긴것뿐이안인가 인간의萬能을믿기는 二十세기사람들처럼심한때가 없었으나 인간의無能을깨닫기가 작년처럼절실한때가없었다。『세상에 인물이 없나니 한사람도없나니라』고한들 누가능히항변해낼가。지난해는 『코으로숨쉬는자』에게서 크게실망한일년이었다。

一九三三年도 또한암흑이더욱심하고 공중에권세잡은자들의 횡행함이 극할는지모른다。그러나 새벽이캄캄한들얼마랴。의의태양이옳아 운무가地面에서소산할것이 눈앞에보인다。조단향 가지를보든 예레미야와한께 새해를맞이는아침에 하나님말슴에 우리귀를기우리자。원컨대 새해부터 더욱 그리스도의 십자가밖에 알것이없고。버레와같은인간과 이족음한 인쇄물을 통하여서라도 주그리스도의영광만이나타나지옵기를。

나의걸음

柳錫東

罪人。 그리스챤이라는것이 社交의한條件이되고 紳士로飜譯이되는今日에는 罪人이라는것이또한資格의하나가되였다。 罪人은그리스챤의別名이되여 信者相互間에「아ㅣ나는罪人이올시다」라고 무슨큰名譽나되는듯이 떠든다。 이러한幸福스러운罪人은 地上天國의統治者들의面面이다。 그러나여긔에하나님앞에는勿論 사람앞에도얼골을들지못하는絞首臺에선罪人이있다。 입에서敢히말이아니나오고눈이감겨지고 全身이戰慄한다。 聖書에쓴罪의目錄이날카로운바늘이되여마음을찌르고 또外部서는그의結果가「이놈이놈」하고야단을치고있다。 여긔에견될者누구인가。 罪人이라는것은名譽가안이고 人間으로써생각할수있는最惡의恥辱이다。 死刑받는者보고손까락질하는 저極度의嫌忌와無視를 받는것이다。 禍있을진저 이罪人은。

罪。 倫理學者가罪를說明하야 그는生命의一時的沈滯이고 人間에는深思하면善이니惡이니하는區別이없다고한다。 事實이러할는지모르고 많은사람이이說에賛成을하고있다。 나도이러할수있었으면얼마나幸福스럽고얼마나나의얼골에和氣가돌리오。 그러한대 罪가恒常눈앞에서있다。 내가먹고마시는것과같이 明白한事實로써 나에게나타난다。 罪는嚴肅한存在者이다。 나의過去敎養으로나 또는나의心的傾向으로만돌려보내기에는넘어나 本質的인現象으로써내속에서숨쉬고있다。 倫理學者와그亞流는果然特別한祝福을받은者이다。 그러나 그들은殺人한者를現場에서보고도 罪는무슨罪니하는 나로서는생각할수없는種類의사람들이다。 罪라는것은 이殺人한者以上의實感을주는 무서운者이다。

十字架。 이罪人의이罪이다。 예수그리스도의十字架밖에 받아주는곧이없다。 社會가버리고 朋友가침뱉고 親戚이辱하고 學問이웃고 道德이질밟고 天地가비웃는다。 아무리보와도向할곧없서 이十字架라는다만한길로간다。 이러한나를보고 十字架는무슨十字架이냐고하는사람은 길고넓은江에다만하나놓와있는다리로건너가는사람보고 왜그다리로건너가느냐고묻는것이다。 十字架뿐이로라。 예수

나의 걸음

그리스도의十字架뿐이로라。今后로는「十字架以外에말아니하고」十字架以外는생각지아니하겠노라。天上天下 이罪人이依支할곧은 이캐캐묵은十字架밖에없노라。아ㅣ예수그리스도의十字架。여거에나의罪가淸算되고 나의極刑이代罰되였다。死刑宣告를받은罪人이一瞬間에赦免을받는以上의 驚異이고奇蹟이다。罪人의感謝와讚美 만의입이있어도亦不足함을느낀다。

新事實。 十字架를바라보고 十字架로向한다하니 十字架를세워祭壇으로나가는것같이 생각하는분이게시다。事實十字架는偶像化한點이많이있다。十字架의마ㅣ크 十字架우의 예수그리스도의肖像과其他여러가지이에近似한宗敎的심볼等은 이를證明하는것이며 荒野에서金송아지를만든人間의本能은 十字架에亦아니나타날수없다。그러나이러한人間의족으만한主觀으로생각하고느끼는심볼이라든지ᄯᅩ는그의意味이라든지가안이고 一千九百年前猶太國골고다丘上에서 예수、그리스도라는罪없는사람하나님의獨生子가人類의罪를爲하야十字架우에서죽었다는事實이다。그리하야爾後오래동안人類의巨頭들이全力을다하야이를抹殺하랴고하였으나太陽과같이이全世界를더욱더욱빛우이게된 事實中事實이다。人類의歷史가 明白한事實이면 예수그리스도의十字架도ᄯᅩ한明白한事實이며 創造以來의前無後無한新事實이다。이新事實의十字架이다。사람이받어드리나 아니받어드리나 變치아니하고確然히서있는것이다。十字架를바라본다는것은 이新事實을聖靈의役事로써 우리靈魂속에지금經驗하는것이다。

新創造。 十字架의贖罪라면字義에잇글리어 우리의過去의罪惡만이代贖된다고생각되기쉬웁고 事實贖罪의經驗을하지않고 그敎理만을討議하는분은이程度의느낌을가지고있다。그러나十字架의贖罪는過去、現在、未來의罪惡에서 即疊疊으로結縛하고있는몯은罪惡의勢力에서 우리를解放하는것이다。우리를罪惡의支配圈外에데리고가는것이다。罪와우리의關係를根絶하는것이다。故로贖罪라는것을詳細히定義한다면 代贖되고關係가바로서고義롭게되고거륵하게된다는것이다。보라 十字架에 나는新創造가되였다。녯사람은없어지고 自由스러운靈魂이되여 平安과感謝와歡喜의노래를부르고있노라。

二

不得已。 乞人이皇帝가되고 라사로가復活을하고 이罪人이하나님의아들이되였으니 福音을살지아니하면 禍있을진저。福音은속에서끓고 입에서돌고 손발에서움지기노라。이를아니생각할수없고 이를아니말할수없고 이를아니實行할수없노라。福音은나의生命이고 나의全部이로라。내가지금삶은福音이삶이라。

律法의廢止。 律法이廢止되였으니 律法의命令하는바를全部違反하여보자는사람이있고 또그러한道德的無政府狀態가生出됨을걱정하는사람이있다 바울이羅馬에서여러번「메、게노이토」라는말을썼지마는 果然「메、게노이토」이다。이런사람에게는아직律法이廢止가아니되였고 그束縛알에에있는사람이다。律法이廢止되였다는것은 우리가그밑에눌려지내든地位에서 그것을支配하는地位에올았다는것이다。이제律法은나의마음대로움지긴다。그는나의종이고 나의所有物이다。山上垂訓이나의것이고 十誡가나의것이고 基督敎道德이나의것이다。그리스도의靈에움지기고있는나의命令에아니좇는者어대있으며 나의所有에屬하지아니한것이에대있느냐。律法은廢止되였나니라。慘敗하였나니라。王位를빼겼나니라。謙卑한종이되여 一時쉬지아니하고 主人된그리스찬에게奉仕하고있나니라。

싸움。 人生은싸움이라는말을들은지오라나 이적지그의眞義를體得하지못하였드니 靈의아들이된後에비로소 人生은싸움임을알게되였다。나의가진、이福音을紊亂시기는敵이 內外에쉴새없이 襲來한다。聖靈의도음으로써 하나님말슴의彈丸을 작고작고던저야겠다。어떤때는길걸다가 어떤때는册읽다가 어떤때는벗과이야기하다가 어떤때는밥먹다가 이無形한그러나嚴然한存在者인敵에게 주먹을불끈불끈들고싶은생각이난다。소리를지르고싶은衝動이생긴다。사단아 물러가라。생각하여보니 罪알에에팔려간奴隸의나에게싸움이있었을리가없다。自由와生命이없는者에게싸움이있었을수가없다。거긔에는다만阿片의陶醉가있었을뿐이었다。그러나그리스도의恩寵으로안에사는者되여生命과自由를가지게되자 곳싸움이始作되였다。싸움은生命의特徵이다。싸움은自由의심볼이다。聖書에쌈움에對한記事와 그의比喩와 그의用語가많이있음은 이또한生

나의걸음

四

命의書인重大한證據의하나이다。벗이어 싸움생김을怯내지마라라。

生命。 生命論이란가 實體의把握論이란가를생각하고들을때마다 나는恒常希臘哲學으로돌아가게된다。世界民族中이「알지못하는神」을섬기고있든헬라사람같이 이問題에對하야人生의大部分을써버린사람은없는것같다。支那、印度의思想이 아무리深遠하여도 이民族의思想에는못및일듯하다。헤시오도스를始作하야긋침없이나온이思索人들의涉獵한實在界는「일、펜세로소」의著者가안이라도 가ㅣ끔밤가는줄을몰으고 彷徨하게된다。「카이오스」오「물」이오「아파이론이」오「空氣」오「로ㅣ고스」오「有」오「非有」오「스토이하이아」오「스펠마타」오「누ㅣ스」오「아토마」오「아이도스」오「우시아」오 하는認識할수없고다만느낄수있는 實體界의무엇이열마나달고아름답고 얼마나힘있고純粹하게 精神을잇금이어。가ㅣ끔피다고라스의天體의音樂도들려오는듯도하다。스피야우에앉는사이렌의天音은 法界의山頂을가다듬고 太極의深水를움지기게한다。그러나이는實體가안이오 生命自體가안이오 다만생각이고말이다。무어의「유토피아」와 오리스의「地上樂園」의一種이다。生命에對한推測이고 實體에對한理論이나 그自體에서는太甚히떠러진것이다。生命은、實體는오직예수그리스도뿐이다。그의말、그의實行、그의神本主義、그의사랑이안이라 그自體이다。예수、그리스도以外에 生命을찾으나그는헛것이며 거긔에는다만無數의生命論만이생길것이오 生命의一滴도받지를못할것이다。生命은 예수그리스도에만있고 또그生命에가는길도 그에게만있다。이것이事實인가 안인가는 한번예수그리스도에부닺쳐보면알것이다。世上에生命論에陶醉하고또基督論에沒頭하나 어찌한일인지生命自體基督自體에는 볼랴고아니한다。이 아마生命이그리운것이안이라 生命이라짐작하야거긔에自己主觀의滿足을 自己主觀안인것같이하야 느끼는것만을 찾고있는것같다。生命을찾으랴면 生命의길이있느니라羅馬에가는길이있는것과같이 예수 그리스도가 우리에게 生命을줄랴고 十字架에결려죽었나니 우리가生命인그를안으랴면 우리도그가하신生命의길卽우리自身을十字架에걸어 生命論이니實體論이니할수없는極度에達하여야만한다。自己自身에죽은者만이生命에達할수있는것이다。예수그리스도에참生命이있느니하고생각하고느끼는때는아직生命을참으로 求하고있는것이안이다。그러한훌륭한 生命을判斷하는能力을가진속에 自己以外의것을容納치안이하는生命이들어갈리가없다。 生命은빈속에만들어간다。十字架에만生命의싹이돋는것이다。有史以來가장完全한비울의贖罪論、基督論、다시말하면生命論도猶太分子가많이석겨있는 한說明、한論에不過하는것이지 그것이即生命이안인것은事實이다。이論만을研究하면또이論만을把握하면 即生命을가지는것같이아는분은 希臘哲學者들과다름이없고 神學博士의稱呼로써 生命權을살라는사람들이다。비울이說明안이할수없는 그예수그리스도라는生命自體를잡아야한다。論은무슨論이든지 生命을주지는안이한다。生命을求하는벗들이어 生命自體인예수그리스도속으로突入하라。이外에生命이없고生命에일으는길이없는이라。

能力。 偉人傳을읽는사람은많고 이事業저事業떠드는사람은많으나偉人이되는能力과事業을成就하는能力을얻으랴하는사람은없다。傳記에魅力을느끼고 事業에稱讚을마지아니하는것도結局一種의娛樂에不過하는것이며 豫言者를죽이고 그의紀念塔세우는데만無雙의快樂을느끼는것과 別로틀림이없다우수은現像이로라。벗이어 暫時崇拜熱과또그속에일어나는一時的感興에서버서나와 偉人이안될수없고 事業을안이할수없게된 녯날부터흖어오는넘치는能力을안이받으랴나。能力을받으소。能力을받으소。예수가저러한걸음을안이걸을수없게된 하나님의휩스러가는能力을 지금이곧에서받으소。예수그리스도를믿는다는것은 一千九百年前갈릴리地方을巡廻하면서當時에適合한일을하신그것을믿는것이안이라 우리가現在살고있는朝鮮따에가장適合한일을할수있게 움지기게하고끄을고가는 그리스도의靈을힘것받는것이다。基督教가全世界를征服하여온것도 이明白한現瞬間에役事하는聖靈의能力이있기때문이고 教理와組織이他教에不及하는點이많으면서도斷然히全人類를壓倒하는것도또한이까닭이다。能力이다。歷歷히나타나는能力이다。全世世界를발알에아니발블수없게만드는 能力이고水火를가리지안이하고 뛰어들어가게하는 異常한能力이다。이能力을한사람이받게될때 地中海를中心으로한全世界

가움지기고 大西洋을中心으로한全世界가움지기었다。太平洋을中心으로한全世界를움지기게할能力도또한이와같은能力인줄아노라。

自由。 或은安息日은日曜日이안이고土曜日이라하며 或은예수가베드로우에敎會를세웠으니敎會는絕對的이라고한다。그리하야이것으로써信者의職分으로삼는것같다。묻노니 어찌하야 예수의그簡單한두問題에만沒頭하고 그外여러가지問題는잊었느냐고。또사랑하라는第一貴重한誡命은所用없느냐고。나의理性이顚倒되여서 그러한지는모르나 安息日같은것 敎會問題같은것은 아주작은것같다。지금朝鮮에서그때위일에時間과精力을쓰는것은 世上이어찌돌아가는줄을몰으고 밥을배부르게먹고기지개나하는等屬의일이다。아주緊急하고迫切한問題가있으니 이는너의罪를깨달어 예수그리스도의十字架를바라봄이다。그리하야新生하여써 이런問題는自由問題임을깨달음이다。「割禮를받으나안이받으나有益함이없고 다만重要한것은主안에서 새로나는것이다。」 우리의救援이安息日에있는것이안이고또敎會에있는것이안이고 十字架에걸린 예수그리스도에있다。이明白한事實을잊고 各人의自由이고各國의自由이고各時代의自由인 이러한것을가지고嚴格한標準을삼으랴는것은學識으로써推測할수없는일이다。예수그리스도의奴隸는 그의일以外는全部가自由가안이냐。 예수그리스도의종인바울은그의主가生前에十二弟子에게嚴禁한異邦의傳道를自己使命으로알고하였으나爾後千餘年동안그가예수의命令에拒逆하였다는사람은없다。예수의命令을唯一의尺度로삼는信者들은이일을어찌보는가。그러나이는바울에게예수그리스도가나타나말한것인故로關係없다말할는지몰으나 安息日敎會問題에도예수그리스도가各其個人에게이와같이나타나말하였달수는 絕對로없는가。아ㅣ病根은다른곧에있노라。自由스러운그리스도의生命의靈을가지지아니한사람은恒常이러한特殊問題를가지고自己의肉의權力을피여生命인체를하는것이다。불상한自由人이고불상한生命이로라。安息日의옷을입고 敎會의옷을입고 祈禱의옷을입고一年三百六十餘日을돌아다닌다니。갈라일이 人間은「赤身」이되여야自由스럽고 平等하게된다는뜻을말하였는대 사람은「赤靈」만을가지게되여야비로소自由스럽게된다。벗이어 이「赤靈」을無限이供給하는예수그리스도의靈을 받으랴는가아니받으랴는가。

녯宗敎와새信仰

張道源

마태복음第九章十四—十五節

洗禮요한의弟子들이 예수에게 나아와 가르되 『우리와 바리새敎人은 자주禁食하되 당신의弟子들은 禁食하지아니하니 何故오니까?』하니 예수께서 對答하야 가르시되 『新郞의親友들이 新郞과한께있을때에 어찌슯버하리오 그러나 新郞을 잃어버리는날이있으리니 그때에는 禁食하리 』하셨다。

유대人에게는 禁食하는習慣이있었다 저의는 하나님앞에 自己를낫후며 罪를悔改하고赦罪를求하며 災害를當할때에 이것을免하기爲하야 禁食하였다 又는 하나님과의交通을爲하야 自己를聖別하기爲하야 靈魂을더聖潔하게하기爲하야 禁食을行하였다(士師紀二十장二十六、삼우엘前書七장六、歷代下二十장三、요나書三장五—九、其他)그러나 모세의律法에定한禁食日은 一年에單一回뿐이니七月十日이다 卽贖罪하는날이다(레위記十六章二十九節以下二十三장二十七節以下)

그러나 예수當時에는 一週間에두번式 月曜日과木曜日에禁食하는規例가있었다(누가福音十八장十二節) 저의가 此二日을禁食日로選定한理由는 모세가 再次律法을받으랴고 시내山에올아갈때에 木曜日에올아갔다가 月曜日에나려왔다는傳說에基因한것이다 當時의유대人間에 禁食의效果에關하야는 여러가지迷信的思想이行하였으며 又는禁食하는일은 純全히形式的으로行한것이다 禁食은 하나님께對한 純潔한宗敎的信仰行爲가안이오 사람에게 보이기爲하야行하는 行事이었었다。(마태福音六장十六—十八節)

예수當時에 儀式一偏의바리새敎人은 如此히儀式的으로 又는 사람에게 보이랴고 禁食을行하였다 洗禮요한의弟子들도 恒常禁食하면서 嚴格한生活을하였다 그러나 예수의弟子들은 禁食하지아니할뿐만안이라 돌이어 먹기를잘한다 그런故로 當時一般사람들에게 非難의的이되였든것이다 그런故로 요한의弟子들이 內心에非難하면서 있든바를 表白하야 예수께 詰問한것이다

녯宗敎와새信仰

이詰問에對하야 예수는 如此히對答하셨다 禁食하는일은 靈의깊은要求에서 닐어나는일로서 宗敎的깊은意義를 가지고있는일이다 이와같이意味深長한 靈의산生活에서 自然的必然으로 닐어나는活事實을 日字를定하고 一定한方法과儀式으로써 大衆에게 禁食을强制하며 一般大衆은 이것을行하야 宗敎的으로靈의일이다한줄로 생각하는것은 크게 그릇된일이오 宗敎的으로 生命없는腐敗의至極한일이라고對答하셨다 그런故로 내弟子들은 靈의要求에서된일이안이오 宗敎的腐敗의副産物로되는 形式的禁食은 行하지아니하는것이다 그러나 저의에게도 禁食하지아니치못하는切實한 靈의要求에있어서 必然的으로 自然히 自發的禁食 을行하게되는날이 밧듯이 올것이다。 그날에는 『내弟子들도 禁食하리라』고 예수께서對答하시었다。 即다시말하면 지금은 禁食할必要를感하지아니하는故로 禁食하지아니한다。 그러나禁食하지아니치못하는 靈의要求를感하는때에는『내弟子들도 반듯이 禁食할것이라』 고하야 禁食그것을反對하는것이안이라 禁食祈禱와같이 宗敎的意義가深長한일을 一定한時日과方法을規定하야 儀式的으로 行하게되는일에反對하는것이다。 即禁食祈禱하는일은 산靈의要求에있어서 自然的必然으로된일이오 規例를定하야 形式的으로行할일은못된다는것이다。

八

옳다 이와같이 宗敎的意義가깊은 禁食祈禱의일을 산靈의要求없이 形式的規例를따러 儀式的으로行하는일은 그宗敎로하여금 더욱 썩게하는일이오 사람으로하여금 더욱 墮落케하는일이다 그런故로 예수의弟子들은 유대敎의 녯習慣을따러 生命없는 죽은녯宗敎의썩은일을 敢히行하지못한것이다。 예수의弟子가 저의의 유대敎의遺傳과規例를따러 禁食을行하지안니한일은 발서 그信仰이 썩은 녯宗敎의儀文에있지아니하고 새로히 革命된일의다。 저의의信仰에 새로운 革命이있지아니하고는 이런重要한宗敎儀式의禁食을 反對하는行爲가있을수가없다。 유대人으로서 유대敎의重要性을가진 禁食에對하야 反對行爲를取하는일은 容易한일이안이다。 傳統的遺傳의녯宗敎에서革命된信仰生命이아니고는 不可能한일이다。

그리스도뿐

高城 金 成 實

四方이다막히고 失敗이고 黑暗이어서 全然絶望일때에 主가나타나심으로 하는수없이信仰하는 消極的인信仰、그것은매우좋다。信仰의原質이 그러한것이다。사람에게있어 多少間의差는있을것이나 그러나大略信仰은이러한것이다。그런故로 하나님이 世上에苦惱 暗黑 罪惡 死亡等의使者들을두어서 우리人生을 다른길로다라나지 못하게하시고 主님께로가는길을곧게하야주신것이다。다른것에서 人生의根本要求인바 無限生命과 絶對義와 永遠平安을求하다가얻지못하고 絶望할때 主가 곧그自體임을알게하사 그에게信賴케하심에우리信仰은있는것이다。信仰은 저편에서 나에게對하야行하신結果로 나에게 닐어나게하신信仰이다막힘이다。彼로 나自身을삼고 나의生、나의義、나의平安을삼을바 몯은것의몯은것을삼아가지게하시는靈의일이다。信仰은靈對靈의生命的關係이다。그러니만큼 그本質은사랑인것이다。靈의本質이사랑이였으니 그屬性인生命、義、眞理、平安、光明、聖、能力等과 信仰、恩惠、이몯은것도 다사랑이시오 그사랑은 예수이다。하나님의 사랑을받아所有하는일이 곳우리信仰이오 生活이오 우리일의全部이였고 그받은사랑이 그本性대로의것이 스스로나타나게되나니 이에우리의活動 即行이되는것이다。然故로信仰과行爲는二者가안이다 一物의兩面即表裏이다。信仰에있는行爲는 信仰의結果必然의産物即歸結이다。努力의結果가안이라 信仰의必然的歸結이다。律法的意味의行爲가안이라 하나님愛의自然的이오 自由스로운行하심의結果인生命의發露이다。決코人爲的이거나 形的만임을意味하는行爲가안이다。猶太人들 或은道德家들의努力하든自力修養的意味의行爲도안이다。信仰行爲는靈으로 나를呑滅하심으로써 그의일이 나에게서純粹하게나타나는生命的結合의事實이다。萬一이런行爲에 나의그무엇이混同된다면 그結果는失敗로돌아가는것이다。然故로信仰에入하는데까지는大部分이消極的인것이다。하는수없이 믿게되는信仰이다。나便에서의積極的으로된바가안인것이根本이다。그러나 임의信仰에섯을때에 그의게서 하나님의일은 나타나나니 그나타나는것은積極的인것이다。其理由는 하나님은積極이신緣故로 그가行하심에서必然的으로發現되는具體的事實인까닭이다。然故로참信仰者에게있어서는 信仰과行은對立的이안이라一物이다。一體이다。一事實이다。區分한다면一物에對한首尾或은表裏의關係뿐이라고할것이다。이것이나의말하는 사랑行爲의意味이다。

예수의山上垂訓의根本도이에있다。決코人間的努力의行爲를言하심이안이다。靈生의必然한事實을가르치신것이다。그런故로山上垂訓을輕視할것이안이라 그로써 우리生活事業의準繩卽事物을靈으로取扱處理하는基準을삼을것이었다。基準을삼는다고하야 그것에잡혀서奴隷가된다는意味가안이라 靈的生活의結果가 必然的으로自然히 이에니른다는뜻이다。換言하면靈의生命이 우리의現實生活에發現되는結果를말슴하신것이다。

他를사랑한다하면 或들리기는 내가스스로사랑하는意味로들리나 그러나其實은不然하다。나는죽고卽나의사랑 나의善 나의生은죽고 愛의本體이신 예수가 靈으로나에게서 살어行하심에서나타나는 예수愛의意味인것이다。나의當面한바人、事、物을 예수가直接處理하시는具體的事實을云함이다(愛는決코世人이 槪念하는바 그같은公義를모르는情的인것이안이다。嚴肅한公義、罪를死로다스리는審判이愛에서온바그런愛이다。)原來나는他를사랑할수없는者이다。그理由는 나에게는 사랑이없음이다。있다면 그는거짓사랑뿐이다。그릇된사랑뿐이다。似而非인사랑의形骸뿐이다。예수만이참사랑이오믇은것을사랑하실수있는것이다。(사랑한다는眞意는살리는것을意味)

그런故로예수로하여금사랑하시게하고 나의사랑은否認을받어破滅當함에서 사람을참사랑할수있다사랑하랴고努力하여서自造한사랑은 거짓된魔物이다。眞實로사랑한다는것은生命的인生活事相이다。그런故로 우리의每日當하는事物中에서 예수를發見하며 예수만이그것을取扱하시게하고 우리는存在까지를 그것에서否認을받어 예수自體로全部를삼아所有함에 信仰生活의極致가있다。眞實로一도예수오、二도예수오、百도千도 오직예수뿐이로다。

信仰에있어서는 예수以外의 아무것도認定할수없는것이오 認定하는때에는 예수를通하여서 예수로因하여서 예수안에서 예수의緣故로써만 이몬은事物의存在가認定될것이信仰界의事實相이다。예수없이認定되는事實이있다면 그는발서不信世界다。

聖靈이우리에게일하심에서 우리靈의要求는닐어난다。우리靈의要求、이는重大한것이다。聖靈이우리에게일하시는길은 이要求이다。無要求의人에게는 어찌할수없다。그런故로「求하라 주실것이라」고하셨다。要求라하야 純全한우리便의 必要感에서나온要求를云謂함은안이다。聖靈은 우리要求를喚起케하시되 우리의靈을깨워서 그要求를生起케하시며 그要求로하여금 聖靈自體의要求에合致케하시랴고 우리要求를携上하시는役事를하시나니 우리要求가聖靈에게合致된要求가될때에 聖靈의일은任意대로行하여일우시게되는것이다。信仰生活이란것은 聖靈의게喚起된靈의要求를따러살고 肉의要救를죽이는生活事實인것이다。우리의祈禱라는것도靈의要求聲인것이다。

예수의十字架救援은 그無限하신恩惠로말미암아 예수便에서는 萬民救援이成就된것이다。그러나 예수편에서일우신救援을接受하는者는 靈의要求者即信仰者이다。靈으로渴求하는者가 그救援을取得하는것이다。救援은우리功勞에對한交換條件이안이오 다만예수의無限愛가行하신恩惠의贐物뿐이다。그러나 그贐物을받아야한다。아니받으면 그救援은그대로예수便에任置되여있는일이될것이오 自己의所有、即生命은되시못한다。그贐物을받는일이 곧信仰이다。靈의渴求者의所得일것이다。信仰문에몰려온데까지의經路를回顧하면할수없이몰려온바消極的인것이分明하다。또한그後에聖靈의일이 몰려온나에게 일워지는것도 나便으로보아서는消極的인것이다。그러나 하나님이 나를呑滅하여서 나를당신의機械로삼으심에서 하나님의積極的의일이우리要救의經路를取하여서 나타나는것도事實이다。然故로信仰은消極的인同時에積極的인것이다。다만信仰經路를說明하는者의着眼한立場如何에있는것이다。信仰은眞實로消極으로入하야積極으로나오는것이다。否定으로入하야 새로운肯定으로나오는것이다。

그런데 우리는消極的方面에만잡혀서 이것으로最上을삼을때에는 積極的方面에對하야自然히等閑하야지는弊가생기기쉽다。 그런故로 이것을未然에防止하기爲하야 元來나는願치는아니하나 左와如한文句를使用하게된것이다。

『하나님에게는信仰만을들이고 사람에게는사랑을나타내라』고。

其眞意는 하나님을向하여는 우리理想、우리事業우리最高善等을 섞어서들이지말고 다만純粹한信仰그것만을들일것이오 그信仰의必然的結果로나타나는바靈의사랑의生活의忠僕이되라는뜻이다。이는狹意로알기쉽게말한것이오 廣義에서本質問題를말함은안이나 或讀者中에 나의使用하는一文句에만固着되여誤解함이없이 根本精神、即着眼點을諒察하여주기를바라는것이다。

우리에게는信仰뿐이다。信仰에關係된것外에는아무것도是認하지안는다。信仰안에 몯은것이있고몯은것이살며 몯은것이다完成되여豊盛하다。信仰이면 발서傳道오 行할바其他使命도自在其中이다。그러나 이런普通的인것外에主가特히十二弟子를擇立하시고命하신것같은境遇或은이사야、예레미야、아모스等을特別히세우시고 보내심같은境遇가現今聖靈時代인우리에게도있을수있음을否認할수는없다우리는 때에 나의깨달음의主觀에잡혀서 一便으로偏寄되지안토록操心할것이다。꽃은 다꽃이다。그러나꽃마다色彩가다르고 形狀이닮아서 이것이調和統一됨에宇宙美가있는것같이 信仰의根本은一也나 그使命即色彩는各異한것이다。이는每日의信仰經驗으로도잘알수있는것이다。이世上은不信世界인同時에 사람은몯은것이다均等하지는 못하다。그런故로使命이생기게되는것이다。우리信仰生活의內容은 每日의몯은人、事、物中에서 예수의現顯을받은데에있다。예수의自己現顯이있자 곳그事物에對한眞意와解決은自現되는것이다。玆에事物을靈으로處理하는靈의智識、眞理判斷이있다。그런故로信仰의對象이나內容이나 다예수自體뿐이다。基督敎信仰은예수의人格的生活에서 하나님의眞相을直觀하는일이다。積極的으로 예수가 하나님이신것을그人格의內容生活을通하야直觀하여야한다。예수는 보이는하나님이시다。우리는 예수를通하야 하나님께到達하랴고努力한다기보다도 하나님안에예수外에는아무것도發見하랴고하지않을것이다。우리에게는 예수뿐이다。예수라는하나님外에는 다른하나님은直接要求되지안는다고말할수있나。예수를하나님으로所有하는일이 信仰 中樞이라。그리하여서 예수의人格的生活의內容으로써 우리生活의內容(原理)을삼아 聖靈으로말미암아 肉에죽고靈에서사는것이되는데에 우리信仰生活이있다。

그런데 이런信仰生活의根本은하나님愛(基督愛)가그本質이되여있는것이다。하나님愛가아니면信仰即基督對우리의關係는 아무것도成立할수없다。하나님과우리、基督과우리、聖靈과우리、하나님對萬物、하나님對創造와完成等이몯은것의全的으로本質이되여있는것은 하나님의無限愛이다。하나님愛가없이는創造도、完成도、救援도、眞理도、生命도、生活도、萬物도있을수없다。靈의本性인愛의所作인故로 創造와萬物과統一調和와生命、生活、進化、完成이있게된다。이眞理의表現으로 하나님愛이신예수그리스도가 나타나사 우리의몯은것이되여주셨다。그리스도는眞實로 알파오 오메가로다。예수뿐이로다。예수가唯一이시오 全部시오 처음이오나종이로다。할렐루야 아멘。

附言。寂漠하든朝鮮信仰界가 近日은漸次소리가높아지는것을보아 나의感謝는크도다。同時에信仰에對한告白이 다르기도하여 或은混沌하야지기도쉬운故로 나도其間오란沈默을깨트리고 爲先一文을聖書朝鮮誌를通하야 보내노라。

編者曰 朝鮮靈界의한明星으로서 일직이半島를縱橫하야 크게웨침이있다가 其間十餘年이나 오직沈默中에 高城三日浦畔에서耕作을일삼든金成實兄의 貴한體驗의文字를 本誌讀者와한께읽게됨은 甚히感謝한일이다。本誌에記載된論說中에或그矛盾되는것이있는듯한句節이있음을質疑하는讀者가間或있으나 編輯者의所見으로서는 根本的矛盾은 없었을것을確信하며 다만靈界의深高한體驗을表現함에 各其個性의差와用語의別이없을수없었을줄알뿐이다。또한異說을唱하기爲하야서가안이고 더適確히主그리스도의榮光을表現하랴는素志에있어서는 筆者全然히그心志를一致하게함은勿論이다。

로마書研究【十七】

牧師 張道源

第十八回、神前에通用하는義(一)

第三章二十一ー二十二研究

21 그런데 이제는 律法外에 하나님의義가 나
타났으니 이는 律法과先知者로 證據된것이
라

바울은 三章二十節에서 律法은 사람으로하여금 罪를認識케하는일을하고있다 그런故로 律法알애에있어서 良心이銳敏한者로서는 반듯이 自己의罪人임을經驗한다 그러하야 律法을完全히行함으로써 하나님앞에 義人으로通할者一人도없음을 主張하였다 그러나 바울은 이제다시二十一節에서 律法的行爲의完全을 交換條件으로하고 義를얻으랴는 律法으로의 낡은原理말고 律法外에 새로히 믿음으로 義를얻는原理가 나타났음을提起하였다

『그런데 이제는』함은 이때까지는 사람이 律法알애에있어서 律法의要求하는行爲를 完全히行함으로 義를일우는일을 原理로하고 義를求하여왔으나 그러나 이렇게 사람이 스스로 義를닐우고저하는努力은 虛ㅣㅅ된努力이어서 사람은 自力으로到底히義를實現하지못할것임이 二十節에서 判明되였다 그러나 이제는 前에있든 律法으로의그낡은原理말고 信仰으로의 새原理가나타나서 넷原理대로한즉 하나님앞에 義人으로通用될者一人도없었든것이 새原理대로한즉 누구든지 다하나님앞에 義人으로通할수있음을말하야 二十節에對한强한對立을 鮮明케하는意味의말이다

『하나님의義』에는 두가지가있다 其一은 하나님의屬性인義니 即正義 公道 神聖 眞愛等이오 第二는 하나님이 義로녀기시는義니 即하나님앞에서 義로운것으로通用되는義다 即그自體의屬性的인義가안이오 하나님이 義로보아주시는 恩惠的待遇의義다 即義안인者를 義로보아주시는義다

此二十一節에서 말하는『하나님의義』는 第二의義를意味하는것이다 이제는 如此한意味로의『하나님의義』는 나타났다 即이제부터는 사람들이律法을完全히行함으로 義를일우랴고努力하지아니하

고律法을떠나 그外에 사람들의努力으로가안이오 하나님의恩惠와사랑으로 하나님앞에 義롭다함을 얻게된것이다 이것이 各사람에게 있어서 原理的事實이되였다는것이다 即律法을完全히 實行함으로만 義을얻게되였든人間에게 律法의行爲如何에不係하고 하나님앞에 義人으로通用되는 새原則이展開되였다는것이다 이新原則의展開는 全然律法을떠나 律法外에 새로운存在를 가졌다는것이다 이新原則展開의提唱은 바울이 이제 비로소提唱하는것이안이다 발서『律法과先知로 證據된것이라』는것이다 即이新原理의秘義가 過去에는 全然히 萠芽좇아없든것이 바울의提唱으로 이제 비로소 나타나면서 律法이全廢되는것이안이라 발서 過去의이스라엘歷史에있어서 律法이證據하였고 豫言者가體驗하였다는것이다 例를들면 다윗은『일한것이없이 하나님께 義롭다하심을 받는者는 福이있다』하였고 아부라함은『여호와를 믿은지라 여호와께서 이믿음을 저의 義로定하였느니라』하였다 아브라함이 하나님앞에 義로定함을받는일에는 律法은아무關係가없었다 그러면 바울의提唱하는바 새原理가 유대敎에對한異端이 안이오 유대敎의豫言의完成이며 유대敎理想의實現이다

22 이는 곳 예수 그리스도를 믿음으로 말미암아 몯은 믿는者에게주시는 하나님의義다 이에는 何等의差別이없느니라

律法을完全히行함으로 義를일우고저하든 녯길 말고 律法外에 하나님이 義로녀기심으로 義를 얻게되는 새로운길이 나타났다 이는 곳 예수 그리스도를 믿음으로 말미암아 몯은 믿는者에게주시는 하나님의義다 이는 믿는者에게는 누구에게든지 何等의差別이없이주시는 하나님의義다 即예수그리스도를 믿는者는 누구든지差別없이 義로녀기시는 하나님의義다

옳다 하나님은 예수를 그리스도로信仰하는일을 義로녀기신다 그러하야 道德的으로는 아무리不完全한者일지라도 예수를 그리스도로信仰하는者이기만하면 하나님은 그를 義人으로녀기사 그의 몯은 不道德背倫理의行爲를 돌아보지아니하시고 그와 사괴임을주어서 그는 하나님과의

깊은사괴임에있는者되게한다 그러하야 그와하나님과의關係는 聖潔하야져서 그와 하나님과사이의사괴임은 無限히自由롭게된다 如此히 人間이 하나님과의 自由로운사괴임에 들어가있을때에 하나님은 人間과한께하시고 人間은 하나님안에있는者로서 天國에들어간者다 그런故로 따에있는 人間이나 발서 한울에 옮아간 하나님의子女다 그러하야 하나님의子女로 한울에 옮아간者니 한울의것을가진者오 한울의것을가진者니 한울의것을아는者오 한울의것을아는者니 한울의것을 思慕할수밖에없는者오 한울의것을思慕하는者니 한울의것을사랑할수밖에없다。한울의것을思慕하며한울의것을사랑하니 한울의것을生命으로하고 이生을사는者일수밖에없다。如此히 한울의것을愛慕하며 한울의것을生命으로하고 이生을사는者이면 그니름이무엇이겠느냐? 惡人이겠느냐? 義人이겠느냐?

옳다 人間이 義를닐우는일은 人間스스로가 義롭고저하야 律法의完全實行을 努力하는데에있지아니하고 예수를 그리스도로信仰하야 하나님앞에 義로녀겨주심을얻는데에있다

하나님은 예수를 그리스도로 信仰하는者이기만하면 그의 道德的行爲의如何를不問하고 그를義人으로取扱하신다함은 基督敎의大眞理다 그런故로 누구든지 예수를 그리스도로 信仰하기만하라 그리하면 너의 道德的行實의如何는 不問하고 現在의너 그대로가 하나님앞에서 義롭다함을얻으리라 사람이 하나님앞에서 義롭다함을얻는일은 天國에들어가는일이다 사람이 하나님앞에있어서 義롭게되야 天國에들어가는일은 사람에게있어서 最貴의努力이오 最高의價値를 얻는일이다

如此히 바울은 三章十九節以下에서 사람이律法을完全히實行함으로 義롭게되고저하는努力은 虛ㅅ된努力이다 이제는 律法外에 하나님의義가나타났으니 이는곳 예수를 그리스도로 信仰하는몬은信者에게 何等의差別이없이 義롭다함을주시는 하나님의義다 그런故로 이제부터는 律法을完全히行하랴는 道德的行爲에努力하지말고 예수를 그리스도로 믿을것뿐이라고 主張하였다

聖經에對하야

張道源

聖經은 宗敎가안이다 宗敎는 聖經안에있지아니하다 宗敎는 聖經안에 가두기워있을性質의것이안인同時에 또한聖經과生命을갈이할性質의것이안이다 聖經과宗敎는 全然히 그生命과存在를닮이하고있는것이다 即別個의것이다 宗敎의生命은 絶對無限의하나님과의 사괴임에있어서사는 事實에있고 聖經의存在는 宗敎的事實의經驗을 表現하는데에있다 하나님과의 사괴임에서 사는事實이없이는 宗敎가있을수없으나 聖經이없이는宗敎가있을수있다 即聖經이없을지라도 宗敎는있을수있다 그러나 宗敎가없이聖經은있을수없다 宗敎는聖經이있기前에 발서있어온者다 聖經이 몬저가안이오 宗敎가몬저다 聖經이 宗敎를낳은것이안이오 宗敎가 聖經을낳은것이다 聖經이 있음으로 宗敎가있는것이안이오 宗敎가 있음으로 聖經이있는것이다 宗敎가 聖經을生命으로하고 있는것이안이오 聖經이 宗敎를生命으로하고있는것이다 宗敎는事實이오 聖經은宗敎的事實의經驗을表現한記錄이다 故로 聖經은 宗敎的事實을 完全히다表現한것이라고斷言하기어렵다 (過去의舊新約의歷史에서도알수있음) 宗敎가 聖經에表現된事實以外의事實을 가질수없다고斷定하기는不能하다 宗敎는聖經에表現된事實以外의더많은事實을 가질수있다 그런데 宗敎는 聖經에表現된事實以外에다른事實을 가져서는아니된다고定하는일은 산宗敎를 聖經안에가두어서죽이는일이다 聖經에만重心을주고 根本된宗敎에는 關心하지아니하는일은宗敎가腐敗하야 宗敎的生命이 끊어진때에있는宗敎的現狀이다 宗敎는生命이오 聖經은生命이안인것이다。宗敎는 하나님의말슴에있고 聖經은 하나님의말슴의記錄이다 사람은聖經을닑어서만사는者가안이오 하나님의말슴을먹어서사는者인것이다聖經이傳하는바 그안에있는 산事實을經驗하는데에基督敎가있는것이오 聖經을닑는데에 基督敎가있는것은안이다 聖經이傳하는바宗敎的그事實을體驗하야 그事實이 나로하여금 宗敎的으로 살려주는活事實에 基督敎가있는것이오 聖經을닑어 그

聖經에對하야 一八

안에記事된事實을 知的으로知하는데에 基督敎는 있지아니하다 사람은누구든지 聖經을닑어 그안에記載된事實을 知的으로알수는있다 그러나 그事實이 나의體驗인事實로하야 나를永遠히 살게하는일은 聖神의全的도음이안이고는 누구에게든지 絶對不可能한일이다 사람이 聖經을닑어 聖經學者가되여 基督敎를學問으로成功할수는있다 누구든지할수있다 그러나 信者가되여 靈的으로 그리스도自身을 먹고마시는일은 聖經을닑음으로되는일은아니다 그런故로基督敎가곳聖經이오 聖經이곳基督敎라하야 基督敎와聖經을 不可分離할것으로混沌하여서는아니된다 假令 우리가 聖經이傳하는바 그안에記事된贖罪論을닑어서 그리스도의贖罪를經驗한者라고하면 이는聖經그것이 무슨能力이있어서 우리안에와서 그文字文字가役事하야 우리로하여금 그리스도의贖罪를經驗하게한것이안이오 바울안에있어서 바울로하여금 그리스도의贖罪를經驗하게하시든聖神이 또한 우리안에있어서 聖經이傳하는바事實을가지고役事하야 우리로하여금 그리스도의贖罪의事實을經驗하게한것이다 그러면 우리로하여금 그리스도의贖罪를經驗하게한것은 聖經冊이안이오 聖神이다 卽聖經에 써어있는文字속에 무슨魔術的能力이있어되는것이안이오 聖神이直接으로 우리안에役事하야聖經안에表現된基督敎의本體를經驗하게한것이다 이렇게하야 우리는 聖神의絶對도음을받아 基督敎를體驗할때에 聖經에表現된 녯적使徒들의基督敎가 理解되는것이다 萬一 聖神의絶對도음으로써經驗된宗敎가안이오 聖經을닑어서 그안에言表된基督敎眞理가 우리에게理解된것이라고만하면 이는敎理오 信條로된일이오 基督敎의산經驗은안이다 그런故로 그것이 우리에게있어서 基督敎에對한知識이오 우리를살리는生命은못된다 如此히聖經이있기따문에 基督敎가 우리에게와서 우리의生命이되여 우리를살리지못하고 우리에게 基督敎知識으로만 남아있게된다면 우리는 聖經따문에 돌이어 禍가있는者가된다 그런故로 우리는 宗敎와聖經을 混沌하지말고 分別하여야한다

或은우리가 聖經을닑어서 聖經안에表現된基督敎가 우리에게 體得될때에 우리는 聖經그自身

때문에 基督敎를體得하였다고하며 或은甚하면 聖經안에있는 文字文字가 무슨魔術的技能이나있어서 된것같이생각한다 그러나 그런것이안이다 聖神의役事로 우리안에經驗된事實이 바울의經驗發表를因하야 밝히워진것뿐이다 그런故로 우리가 다른사람의 基督敎經驗을發表한文書를닑을때에그것이 우리의經驗을 代身하야發表한것인것같은感을 種種經驗하는바다 이는 다른사람의經驗發表를닑어서 우리가 비로소 배우며 깨닫는것이안이라 다른사람의經驗發表를因하야 그와는 全然獨立하야된 나의經驗이 더욱 밝히 나에게認識되는까닭이다 이와같이 바울의 基督敎經驗의發表인 聖經안의基督敎眞理가 우리에게 理解納得되는것은 그事實이 발서 聖神의直接役事로因하야 우리안에經驗되여있는 나의基督敎經驗事實인까닭이다 그러나 聖神의直接役事로因하야 經驗된 그리스도經驗을 가지지못한者에게있어서는 바울의經驗發表인 聖經의傳하는바 基督敎眞理가저에게 理解納得이되지못하는것이다

나는 우리敎會에서 이런經驗을 種種經驗한다 未信者들이 처음으로 基督敎傳道를듣고 聖神의積極的도음으로 저의가 그瞬間에 예수를 그리스도시오 살아게신 하나님의獨生子로信受하야 그리스도宗敎를 經驗한다 그리하야 저의는 몯은使徒들의 그리스도宗敎의 經驗發表를닑어 能히使徒들의 經驗發表인 基督敎眞理를理解納得할뿐만안이라 이는 諸使徒들이 저의의 그리스도經驗을 代身하야發表한것같이感함을 나는 種種듣고보는바이다

옳다 이는 聖經에發表된 녯날使徒들의 그리스도經驗이 발서 저의의안에 經驗되여있음이다 이는 저의가 聖經을닑기前에발서 녯날에 使徒들에게있어서 저의들로하여금 그리스도를經驗케하시든聖神이 이제 또한 저의로하여금 그리스도를 經驗하게한까닭이다 그런故로 저의는 聖經을닑고硏究함으로 聖經안의記事가 저의에게그리스도自身을經驗하게한것이안이라 聖經과는獨立하야 聖神의直接役事로 瞬間에靈的으로 그리스도自身을經驗한것이다 如此히 처음으로 基督信者된 저의에게는 聖經知識이라고는 全然없다 아

聖經에 對하야

부라함도 모르고 마리아도 모르며 예루살렘도 모르고 베들레헴도 모른다 그러나 저의에게 그리스도知識은充滿하다 그런故로 저의가 그리스도를아는일은 聖經으로가안이오 聖神으로다 그런故로 저의에게있어서는 그리스도를 經驗하는일에는 聖經이要求되는것보다도 聖神이要求되는것이다 即저의는 聖經으로가안이오 聖神으로 그리스도를經驗한者다

우리는 이런經驗들을 듣고보아서도 聖經은宗敎가안이오 聖經과宗敎는 別個의것임을알수있는것이다 聖經은 곳基督敎오 基督敎는 곳聖經이었어서 聖經안에서 基督敎를發見할것이며 聖經안에서 基督敎는呼吸할것이오、聖經밖에서 基督敎를經驗할수없으며 基督敎는 聖經을떠나 獨立한存在를 가지지못할것같이 생각하는것은 크게 그릇된생각이다 우리도 過去에있어서 或이렇게 생각한때도있었다 그러나 그것은 敎會의傳統에 속히운생각이오 基督敎의 바른眞理대로의생각은 안이다

聖經은 聖神의絶對도음으로經驗된 그리스도經驗의說明인즉 聖經을通하야 그리스도宗敎의事實을 엿볼수는있다 또한 그리스도宗敎의眞理를 探求함에는 聖經을唯一의基準으로할것이다 이는그리스도宗敎의眞理를 알고저할때에는 聖經을通하는以外 다시 다른眞路가없음이다 即그리스도宗敎의眞理를 우리에게傳하야주는것은 오직聖經뿐인까닭이다 그러나 聖神의絶對도음으로 그리스도自身을 靈的으로經驗하는일에있어서는 聖經에表現된事實以外의 다른事實을 또한 가질수가있다 그러나 이미 聖經에表現된眞理와 正反對矛盾되는主張은가질수없다

聖神의役事로經驗된 그리스도經驗을말하는 바울의便紙나 요한의著述이나 다른信者의干證이나 다 같은것일것이다 같은聖神이 같은그리스도를 證據하였으면 그것은 다같은것일것이다 그發表言現에있어서는 다를지나 그本質에있어서는 같은것일것이다 우리는 바울과요한에게있어서 그 時代思想과 周圍環境의 다름을따러 그리스도經驗에對한表現이 若干式다름을 우리는안다 그러나 그本質에있어서는 決斷코 다른것이안이다

如此히 한聖神알애에있어서 같은 그리스도를 經驗한 基督敎眞理主張이면 다같은것이다 그런故로 新約聖經의聖神으로써되는主張이면 이는 新約聖經의思想으로써 言表되지아니하여도可하다異端이안이다 같은聖神의일이면 足한것이다

在來의人間말고 그리스도의게서난 새生命으로 新生한者가 그新生命으로사는일이면 그것은 다 바른基督敎다 그리하야 바른基督敎와 바르지못한基督敎를(即正統과異端)分辨하는標準은 聖經에 있지안이하고 그리스도의게로서난 새生命으로사는데에있다 그리하야 基督敎의權威는 聖經에있기보다도 새生命에있다。或者는 이말을듣고 크게놀라리라 敎會의傳統으로된 聖經觀念에붙잡혀서 萬一 그렇게되면 各各 다聖神안에있으며 새生命에屬하였노라고하야 異端이百出하리라고 생각되리라 그러나 그렇지아니하다 聖神을順從하며 在來의人間을否定하고 새生命을要求하는데에는 異端이生起지아니한다 그러나 從來의基督敎와같이 그最高權威를 聖經에둘때에는 各各다른 聖經解釋이百出하야 乃終에는 聖神을否認하며 그리스도를不信하는 異端이千起하게된다 如此히 聖神을否認하며 基督을不信하면서도 저의의主張은 聖經에根據한聖經的이다 近日푸로테스탄드에있어서 聖經的이란말처럼 危險하고非眞理인것은없다 聖神에서 千仞萬仞이나 떠러지며 그리스도의生命에서 千里萬里나 다라나면서도 그것은聖經的이며 聖經에根據한基督敎眞理다

從來의基督敎가 그權威를聖經에다두고 基督敎의몸은眞理와生命을 聖經으로써 자이게하는일은 크게 그릇된일이다 何故냐하면 使徒時代에있어서는 우리가 지금 基督敎의權威로하며 尺度로하는 新約聖經이없었다 그때에는 다만 眞理의神이신 聖神의活動이있었을것뿐이다 使徒時代에있어서는 聖神의活動으로써 그리스도를經驗하야 基督敎를主張하였다 그런故로 使徒時代에있어서 主張된基督敎는 聖神의 그리스도解釋이다 使徒時代에는 新約聖經이 없었은즉 使徒들에게 있어서 主强된基督敎는 聖經的이라기보다 聖神的이다。即使徒들의基督敎는 聖經解釋에根據한基督敎가안이오 聖神의 그리스도自身의解釋에 根據한基

聖經에對하야

督敎다。그러면 使徒들의基督敎가 非聖經的이라하야 異端이라하겠느냐? 決斷코안이다 新約聖經은 聖神의活動으로써 使徒들에게서 表現된 그리스도經驗의文書다 그런故로 新約聖經에나타난 基督敎를 말하게하신者는聖神이다。이제 이聖神이 聖經안에拘束되지아니하고 聖經과는獨立하야 다른 그리스도經驗을 表現하게하드래도 그것은 異端이안이다。即聖經에나타난基督敎와 背馳되는 基督敎가안이다。何故냐하면 저것을말하게한者도 聖神이오 이것을말하게한者도 聖神인까닭이다 같은聖神으로써 한그리스도를經驗하엿으면 그表現樣式은 다를지라도 그本體는같을것이다

初代의使徒들은 아모것도 끼움이없이 直接聖神의役事로만 그리스도經驗을 가지게되엿다 그러나 우리는 敎會의傳統的으로된 聖經이란觀念때문에 聖神의自由로운役事를막게된다 우리는 아무리하야도 敎會의傳統에 붙잡혀서 聖經을通하야 그리스도를보게된다 이것은 큰遺憾이다 우리는 敎會의傳統思想에서 解放하야 使徒時代에 돌아가 直接聖神의活動으로만 그리스도自身을體得하는대에있어서 聖經이없을지라도 예수를믿는대에 아모障碍가없도록되여야하겠다

二

우리가 聖經이없으면 예수를믿지못하며 聖經을읽지아니하면 우리의信仰이 바로자라지못하는것이안이다 聖經이없어도 聖神의役事만있으면 예수를믿을수도있으며 그리스도에게로서난 새生命으로만살면 우리의信仰은 無限한成長을 할수가있는것이다 그러나 聖經眞理를 깊이알고 每日熱心으로 읽을지라도 聖神의役事가없으면 저는基督敎를알수도없으며 예수를믿을수도없다 우리가 聖經이없으면 예수를믿지못하며 聖經을읽지아니하면 信仰이바로자라지못하는것같이 생각하는것은 맞히 로마 가도릭敎會에서 敎會에屬하지아니하면 救援을얻지못하는것같이생각하는것과같다 이것이 얼마나그릇된생각인지알수없다

基督敎는 聖經에있지아니하고 그리스도自身에있다 그런故로 基督敎는 聖經그것을 保全하랴는것이問題가안이오 그안에있는 그리스도宗敎를 살리랴는것이問題다 即新約聖經의宗敎인 그리스도의宗敎를 우리의안에서 完全히 살리기만하면

그만인것이다

그러면 우리가 예수를믿는일에 聖經이所用없다는말이안이다 또한聖經의權威를否認하는말도안이다 聖經은 하나님의聖意의啓示며 聖經全面에聖神의絕對活動이있음을믿는다 바울이 原始教會로부터 예수의事實의傳播를듣고 聖神의積極的도음을받아 그리스도를經驗한것과같이 우리도 新約聖經을通하야 예수의事實을、들을밖에길이없다우리는 新約聖經을通하야 예수의事實을듣고 聖神의積極的도움을받아 靈的그리스도를經驗할때에基督教를把握한것이다 그런故로 우리가 그리스챤이되는데에는 聖經이絕對價値가있다

그러나 聖經이 그리스도의宗教는안이다 宗教와聖經은 天壤의差가있는 다른것이다 그런故로聖經을 그리스도의宗教로하야 聖經에다가 究極의權威를두며 宗教的敬虔을 받혀서는아니된다는것이다 即聖經宗教가되여서는 아니된다는것이다宗教는 우리를 보다더높은生命으로 다시살려주는 生命本體인者가아니면아니된다 그런데 이제聖經이 우리를살리려는것이안이라 聖經이表現할라는 聖經안에담겨있는 그實在가 우리를살려주는것이다 그러면 우리의宗教的對像은 聖經이안이라 聖經안에있는 그實在다 그런故로 우리의 宗教的權威나 宗教的敬虔을 聖經에받혀서는아니된다는것이다

그런데 近日에 或者는 하나님께받힐 敬虔을聖經에받히며 聖神에게둘權威를 聖經에두어 聖經의役事로 우리가 예수를믿게된것같이생각하며聖經의文句文句에 能力이있어 聖經文句가 우리를 救援하야살려준것같이생각한다

룻터先生은『萬物이聖經이오 聖經은解釋이라』고말한일이있다고한다 옳다 聖經은 聖神와그리스도解釋이다 우리는 聖神의指導를받아 聖經에서그리스도解釋을얻는者오 聖經을 그리스도自身으로 하는者는안이다 即聖經이 그리스도가안이다聖經을 그리스도로하야서는 크게 그릇된것이다基督教의最高權威는 그리스도自身에있다 今日의教會에生命이없는것은 聖經을通하야 그안에있는그리스도自身에있지아니하고 聖經에있는까닭이다

正誤表 (自第三十八號至第四十七號의 分)

頁	段	行	誤	正
四九	上	一四	죽올	죽을
五四	下	末五	昆爐	昆盧峯
六二	上	一	종뉴들아	종류들아
同	同	四	생각하처를	생각하기를
六四	上	五	애룽하는	애룽하는
同	下	一一	아니오	안이오
同	同	一二	널으노니	너르노니
六六	下	一	밪어서	받혀서
七二	下	一四	못견이엇다	못견더었다
七三	上	一三	앓다	않다
同	同	末行	魔靡	風靡
同	下	末三	낢운다면	난운다면
七五	上	一一	미되인‖	미되안‖
同	同	一二	하늘에	한울에
同	下	末二	것네고	건느고
七七	下	六、九、十二、	扁	篇
同	同	六	낢올수	난올수
七八	下	末行	거륵하시니	거룩하시니
八〇	下	四	직힐	지킬
八二	上	一	일군의	님군의
同	同	一一	겉옷	겻옷
八三	上	四	진신로	진실로
八六	上	九	다가치	다갈어
八八	上	末五	아브라함이	——의
九〇	上	三	쓰치업는	끝이없는
九五	下	五	모든것을	몯은것을
九五	下	五、十一、二	일우는니라	일우느니라
九六	上	九	도리켜	돌이켜
九八	上	末四	하겠 이다	하겠나이다
同	下	七、末行	압니다	앎니다。
一〇〇	上	四	영생었는	영생얻는
一〇六	上	末行	밧뚝	밭뚝
同	下	末行	아니였다	안이였다
一〇九	上	一〇	하였을것	하였을것
同	下	末二	全部이었다	全部이었다
一一〇	下	三	찾다	찾다
一一五	上	一〇	것너온	건너온
同	同	一一	끈어	끊어
一一五	下	末行	論不勿信	勿論不信
一一六	下	四	三節)等	三節等)
一二二	下	一二	저은	저는
一二三	上	一三	하나님目身	——自身
一二四	下	九	만드러	만들어
一三三	上	一一	訴婚者	新婚者
同	同	十四、五	삭기,새끼	사끼
一三六	上	一一	깨닷겠음오	깨닫겠음으
一五〇	上	四	하나님의	하나님의
同	下	末二	불어넣어서	불——。
一五三	上	一二	宗敎이腐敗	宗敎의——
一五九	上	一五	들아가게	돌아가게
一六六	下	八	규식일	규식을
四三號表二		一〇	살며봅때에	살펴볼때에
一七一	下	七	되다	되라
同	上	一〇	돌노치면	돌로치든
一七二	上	末行	一事件	그事件
同	下	一〇	안이다。	안이라、
一七四	下	四	그쌔에	그때에
同	同	同	者들올	者들은
一七五	上	末二	한아한아	하나하나
一七六	下	末行	게되할수	되게——,
一八七	上	四	엿주와	여쭈어
同	同	八	가•르처	가•르쳐
一九三	上	一〇	하 祈禱	하야祈禱
同	同	一五	나나님	하나님
一九四	下	一四	해를마치는	해를맞히는
一九六	下	八	니르키는	닐으키는
一九七	上	一二	그대로인니	——이니까
一九八	上	末三	딸어가	따러가
二一一	上	二	고처	고쳐
二二〇	上	一六	파물이게	파묻히게
二二四	上	一二	爲히야	爲하야
二二五	下	一一	불으는것은	부르는것은
同	同	末四	만나는끝	맞나는끝
二二七	下	八	니는	나는
同	同	九	거름	걸음
一三五	下	末三	있서	있어
二三六	上	一五	멧가지	몇가지
二四二	上	末行	合理的넌	——인
二四九	下	一	일이났다	일어났다
二五〇	上	一四	뜨한	또한
二六九	上	一	유니며리안	유니테리안
二七一	上	一四	이세우리는	이제우리는
二八二	上	末三	變革뇌다	變革되다
同	下	末五	예호와	여호와
二八八	上	一五	받올만한	받을만한
同	下	一三	내기	내가

城西通信

○지난번旅行途次에 大垣市張道源牧師宅에서一夜를지내면서 大垣敎會의兄姉들과特別集會를한께하게된것은 望外의즐거움이었다 聖朝誌의緣故로 肉體로는初面이나靈의交通으로는數十年來의舊友처럼相通할수있음은感謝한일이었다。나는 使徒行傳第二十章十七節以下의 에베소信徒에게對한바울의부탁을傳하고 平信徒個個人은 各其한敎會를支持할만한「長老」의責任을覺悟하여야할것과 現下朝鮮에있어서는 所謂「十一條」가問題가안이라 十五條即平信徒는그生產의五割을獻하야、러고라도平信徒된者는 傳道者에比하야 훨신有利한處地에있는것이라고말하였다。나自身이平信徒인故로 平信徒側의말은輕快히말할수있음이感謝다。이일에關하야 좋은본보기되는것은 北靑水商들이다。저들은 그子侄을敎養함에 必曰財產家일것이없다。아버지나兄이 물지게만지고上京하면 그子弟하나둘은 어렵지않게 學業을大成하게한다。朝鮮이困窮하다하나 傳道資金이없어 일할수없을것같지않다。其實은 산福音이없는것이오 平信徒들이貧寒하여서가안이라 저들이 참福音의喜悅을 느끼지못한까닭이다。우리平信徒가 北靑水商의熱誠만있으면 一人이一人을支持하기는難事가안일것이다。百人의傳道者를出戰시김에는 물지겟군式의平信徒百人이면足할것이다。 그러나 물지게지는이의稀少함이어!

○旅行中所感의하나은 望遠鏡으로써兄弟을볼것이었다。顯微鏡으로써 兄弟를檢察하야그細微와極致까지調査하였든 何等有益함이없음이었다。同一한先生의弟子들끼리 信仰뿐이니 行爲도必要하니하야 各其正統弟子인것을立證하고저하는듯하나 遠距離에선吾人의눈으로眺望할때는 單一點으로 或은一樹의枝葉으로만보이는것이事實이다。回顧하야 우리도 이런그릇된자리에빠질가하니 戰慄을禁할수없다。專門은貴한것이나 흔히專門家는偏狹에 지나치기쉽다。一家를成한音樂家는 容易히他人의音樂을칭찬하지않고畵家는他人의畵를 彫刻家는他人의作品을 섭싸리贊同하지안는다。細密한觀察力이있는까닭이다。그方面에對한神經이 極度로發達한연고다。그런中에도 宗敎家의神經처럼過敏할것이없다。同一한宗派間일수록 神經의銳敏함은 더욱甚하여진다。古來로慈悲와仁愛를唱導하는 宗敎家의分爭은和協시길수없었다한다。 루터와 츠빙글리의聖찬에關한論爭도필경은 이發達한專門家의神經이原因된것이아니었을까。이點으로보아 吾人은一平生信仰的專門家되지말고 素人되기를願하며平信徒인것을感謝하는바이다。우리에게는一家의持說을固執하야專門家와싸울만한 아무理由도없고 體面도없는者이다。배울만한것이면 何時何人의說이라도受納할수있고 不可解의것이면 學徒의良心으로써 모른다고할뿐이다。다만 그리스도를主로써섬기는이면 한께할껏뿐이다。洗禮의有無、敎派의種別、個性의優劣等等은크게介意할바가안이다。今年은 힘써「兄弟를審判」하지안코 가까운者일수록望遠鏡렌즈에 빛우어보리라고所願이다

○大阪附近에는約二十二萬의朝鮮人이살고其中에學齡兒童이約一萬名인데就學한者가約六百名이고 남어지九千四百名은學校도갈수없는貧兒들이라한다。조선내지의比例는이보다도甚하다니 全半島에 百數十萬의不就學貧兒가있을것이다。敎育者에게生徒없을念慮는全無함이明若觀火요。조선에 예수敎徒가三十萬을算한다니 不信者의數爻가 아직도一千九百七十萬餘人이 남어있을터이다。何必同類相爭함으로써 일삼을까。大洋에網을던지는者 어찌漁場이없음을嘆할까。開拓할曠野는 갓없이 앞에展開하였고 捕獲할魚族은 大海를振動시켜 꼬리치는듯하다 나에게 게자써만한 믿음이있을진대 一九三三年을맞는일이 얼마나 즐거우며 얼마나多忙하냐。

○어떤牧師의短信에曰『……諸兄의心血을다하야 내놓는聖書朝鮮誌에對하야는微誠으로나마 暗祝을보내고 있는터이나 변한도음을들이지못할것같해 오히려罪悚함이없지안습니다……저부터가 貴誌를通하야恩惠를입어 그것을 또중거한때가없지안은것을吾兄이모르기를 내願치안소이다。그러나誌代를支拂치못하고 ‥恩惠를모르는者와같소이다。이제부터는 저一人分의것만이라도充實히誌代를올리겠아오니 저의分만을보내주시오。原來貴誌는大衆이一體로所有한바가안인줄 이미吾兄도아셨으니短期日안에過大한收穫을보시리라고 뜻하지못할줄암니다。나는발서聖朝誌때문에 榮光의辱을적지않게 겪우어가지고있음을살피소서 兄은나를爲하야勞함이있고 나는兄을爲하야또그만치辱먹어관게치않은줄압니다 다主를爲함이니까!』云云。果然다主를爲하여서다。聖書朝鮮도또한그記者도 다있다가後日消散할것이오직 남아永存할것은 主그리스도의榮光뿐이다。그러나사람으로의내가未安하야못견델것은 이榮光의辱을自進하야 分擔하는이가全無하지않임이다。主께서 저들께갚으시기를

新刊廣告

聖朝文庫 第一卷

咸錫憲 著

푸로테스탄트의精神

發行所 聖書朝鮮社 京城府外孔德里一三〇 振替京城一六五九四

販賣所 朝鮮耶蘇敎書會 京城府鍾路二丁目九一 振替京城四〇八一

菊判半三十二頁・定價拾錢・送料貳錢

발서출판되였어야할것이 겨우 지금이야 發行되였다。 一九三三年 劈頭에 새로이 가다듬은힘으로써 半島의젊은 푸로테스탄트들을 向하야 우렁차게 웨칠수있음은 無限한感謝가안일수없다。 宗敎改革의由來를簡潔하게 要約하야 一幅의活畵를펴친듯이眼前에展開한것은 史學專攻의 咸兄에게라야 비로소 期待할수있는 일이였고 푸로테스탄트의 精神을 찾아 聖書에歸結하며 바울과 그리스도 自身에까지 溯及할수있었음은 著者의深奧한 信仰體驗의發露함이안이고는 敢히 企圖할수없는 바이였다。又況 뜨거운五山魂의熱誠으로써 半島를向하야 웨친것이다。方今靈界渾沌한때에 크게 警醒하지않고는 마지안을것을確信한다。多少補訂하야 新裝한것이니 讀者도 이에依하야 다시各自의 푸로테스탄트的精神을吟味하려니와 널리傳道用으로 所用하기를薦擧하노라。

（十部以上一時注文은直接本社로하시면二割引으로應함）

金成實 著

詩集 讚頌이躍動

菊判半 百四十八頁 定價五拾錢 送料四錢

發行兼總販賣所 漢城圖書株式會社 京城府堅志洞三二番地 振替京城七六六〇番

詩人이안인나는 金成實兄의詩集을 詩歌的評價로써 讀者에게薦할 아무資格도없다 다만 金兄의詩集은 佳句雄筆이 있은後에 꿈여진것이안이오 詩心이있은後에文字에寄托하야 그想을表現한것임이分明한 그生涯의一部를 내가알었었다。故로우리는 金兄의詩作을 「詩를짓는다」고하지않고 「詩섬이 터진다」고稱하였었다。 이제 그詩의一部가 「京城培花學校敎諭李德鳳氏의 犧牲的努力으로」 發刊하게되였다하니 元來이책이詩오讚頌이어니와 그發行된法이 또한 主그리스도안에서만볼수있는 詩오讚頌이다。讀者諸君도이高貴한讚揚隊에合唱하는者되기를薦한다。（本社에서도取次할수있나이다）

謹賀新年

一月一日

聖書朝鮮社

金敎臣

【本誌를받는이에게는年賀를略합니다】

本誌定價（新年부터一部改算）

一　　冊　拾五錢（送料五厘）

六　　冊（半年分）　前金九拾錢 送料共

十二冊（一年分）　前金一圓七拾錢

要前金。直接注文은振替貯金口座京城一六五九四番（聖書朝鮮社）로

取次販賣所 京城鍾路二丁目九一 朝鮮耶穌敎書會 振替京城四〇八一番

昭和七年十二月三十日 印刷
昭和八年 一月 一日 發行

編輯兼發行人 京城府外龍江面孔德里一三〇 金敎臣

印刷者 京城府西大門町二丁目一三九 金顯道

印刷所 京城府西大門町二丁目一三九 株式會社 基督敎彰文社

發行所 京城府外龍江面孔德里活人洞一三〇ノ三 聖書朝鮮社 振替口座京城一六五九四

昭和五年一月二十八日 第三種郵便物認可
昭和八年二月一日發行（每月一回一日發行）

金教臣主筆

聖書朝鮮

第四拾九號

一九三三年二月一日發行

目次

【定價改算】

人格의 返上

누가말한것인지 人格의尊嚴 個性의尊重이란等말은 近代에特히 요란하게들리는바이었다。그럼으로 奴隷는解放되고職業은尊卑의別이없이되였다。그런데 이상한것은 과연 오늘날 價値있는人格者를、人格의眞價를 찾아보기어려운일이다。보라제네바에모이어 世界의運命을左右하려고論議하고있는萬國의代表인물들을、그중 어느나라代表者가다른나라外相이나全權을 衷心으로敬慕하는者있을것인가。결단코 없을것이다。저들은 서로서로不正直한者들인것을 잘아는故이다。正直치못한爲人에게敬意가무슨所用일까。다시 안으로살펴보라 貴族이나富豪나 또는辯護士醫師等等할것없이 所謂世上에 행세한다는爲人으로서 그奴婢에게서 眞心으로尊敬을받는人格者가 어디있으며 倫理道德의根源을주창하는 家庭과學校에서 子任의全的信賴를받는父兄이있으며 學生의衷情으로받히는敬慕를 엇끄는師長이있는가。君師父一體의方程式을朝夕으로演繹할지라도 榮光이발서 떠난것이 決河의形勢로되여졌으니 떠러진尊敬을 어찌다시걷우랴。特히 조선에서 그러하다。二千萬中에서 人格本來의相當한敬慕를받는이가 누구인지알지못한다。主人이婢僕을賤待한것처럼 婢僕이主人의 눈가림만하게되고 師長이後進을無視한것처럼 學生들의眼中에 다시師長이없이되였다。造物主여호와를無視한社會와國家와世界에서 人格의尊貴性이飛散하였으니 또한奇異한일도안이로다。

그럼으로 없는중에서 形骸를固執하랴고말고 우리는 차라리 人格을그리스도의 발앞에返上하자。人格의尊嚴에覺醒하여본結果、人格은人格그물건에게 尊貴한것이內在한것이안임이分明하여졌다。人格의尊嚴한所以는 하나님의形像에肖似하게創造하시었든故로 하나님이 높임을받는곧에라야만 사람의人格도 高貴한빛을나타낸다。故로現代와같이 하나님을모르는 세상에서는 人格의眞價가있을수없으니 이無用한近代的術語「人格」을 祭壇에받히고 뭇은人類는 스스로自己를높이는일을斷念할것이다。그리하면「스스로높이는자는 낮아질것이오 스스로겸손한자는 높임을얻으리라」고말슴하신이의 權能에依하야 人格이다시高貴하여질것이다。兄弟여人格者로自處하기前에 그리스도의것(所有物)이되라。그리하면 主와한께높아지리라。나에게 高貴한人格이없음을責하지말라。나는 그리스도의것이다。종이다。物件이다。

하나님至上主義

柳錫東

하나님을 아버지라부르고 당신이라부르는것은人類의至上한幸福이다。人格化한하나님을브르는것이야말로 人類의唯一한榮光이래도過言이안이다。基督敎가他宗敎를壓倒하는것은 이人格化의徹底함에있다。하나님의人格! 이보다더큰事實과思想은人類로써생각할수없는것이다。그러나이偉大한人類의寶物은 異常하게도 하나님에게對하야無雙한侮辱을돌려보내게되였다。하나님의人格때문에 하나님은하나님의하나님이되지안이하고 사람의하나님이되였다。理想과感情과意志의範圍를超越한하나님은그範圍內의捕虜가되여버렸다。無限한하나님이有限한하나님이되였다。解釋되지못할하나님이 解釋되여버리는하나님이되였다。좁으만한智慧와體驗속에가치여버린하나님이되였다。神學組織속에 敎會鐵窓속에 信者心內에있는하나님은 다 이人格化한하나님의誤認속에서닐어난이러한하나님이안인하나님의奇現象이다。하나님人格의大冒瀆이다

하나님이人格의存在者이심은明白한事實이고 舊約新約속에사람에게나타난하나님은곳이人格의하나님이시다。그러나거긔에는人格으로만생각할수없는點이많이있다。人格을가지신同時에 그人格을超越하신분이라는느낌이 歷然히나타나있다。욥記三十八章에있는하나님은 아버지라든지 당신이라든지하는말로서는 表現할수없는사람의생각을絶하는무엇이있다。新約에와서 하나님을불이라하고 빛이라하고 生命이라하고 사랑이라하고 眞理라하고靈이라한것은 하나님을人格이라는말로完全히말할수없음을깨달은까닭이다。하나님은人格이신同時에人格以上이시다。사람이到底히推測할수없고 가까히할수없는 사람과는全然히딴存在이시다。聖徒들이그를無限하다하고 永遠하다하고 形言할수없다하야非人格의要素를많이添加함은 理由있는것이다 바울이 로마書十一章三十三節—三十四節에「깊도다 하나님의지혜와 지식의부요함이어 그판단하시는것을가히층량치못하며 종적도가히찾지못하겠도다」라고한것도 이人格以上의하나님임을말한것이고 루―터가詩篇註釋에서 가―끔抽象의말로써

하나님至上主義

하나님을말하고 오ㅡ가스틴이懺悔錄第一卷에서하나님의雄大를말한것도또한人格以上의하나님을말한것이다。 히브리民族이 여호와라는너름을敢히부르지못하고 아도나이라는 딴너름을만들어부른것도人格以上의하나님임을느낀까닭이다。 하나님自體에는 사람의말하나님이라든지또人格이라든지가 充分히그려낼수없는 神秘하고不可思議한人間의몯은것을無視하여버리는것이있다。 하나님에게는 人格이안이라 人格과는아주다른 아버지라든지 당신이라든지라고부를수없는神格이있는것이다。 사람과아무關係없이 스스로役事를하여가는 하나님다운하나님이시다。 神格을가지신하나님이시고 自己의어찌할수없는熱心으로써 萬事를일우우시는분이시다。

近代人類文化에多大한貢獻을한歷史性과實驗性은그좋은半面에사람中心이라는나쁜點을出現하게되여歷史와宇宙를사람을主人公으로하야보게되고 하나님까지도사람中心으로생각하게되였다。 痛嘆할일이다。 宗敎에있어서는體驗이가장貴한것이고반듯이나의하나님이고나의主가되여야할것이며 거긔에理論이라든지 槪念觀念이라든지하는것이浸入하여서는안이될것은明白한事實이다。 그러나體驗自體에宗敎의中心을두는것은近代의惡風을벗어나지못하는것이며 하나님을人格에極限하야하나님을사람中心으로만들어버리는것이다。 하나님을사람地位에떠러트리는짓이고여거서한걸음더나가면 自己마음속에하나님存在의原因을두게되는無神論을現出하게되는것이다。 福音主義의甘味에陶醉하야 나의經驗을부르짖는信者中에는얼마나 이러한近代의弊風에물들린者가 많은가。 하나님에게接觸하야 살어게신아버지여라고부르는 그것은大段히좋은일이나 自己와산關係있는人格以上의하나님을無視하는것은 하나님을바로보지못하는것이다。 우리는 사람中心의하나님을떠나 하나님의하나님으로섬기어야하고 人格의하나님이안이라 神格의하나님을믿어야한다。 體驗에中心을두지말고 하나님自體에中心을두어야한다。 近代의사람中心의思想을떠나 하나님至上主義로돌아가야한다。

二

일즉이이사야가한異象을보았는데 하나님이높고높은高座에앉으시어 그의榮光이全地에넘치고 그의거룩함에宇宙가떨리었다。 이사야는이적지듣지도보지도못하고꿈에도생각하지못한光景에接하야敬畏와戰慄에견대지못하고 自己가죽음을豫感함이있었다。 하나님을아버지라부를수없는이사야의心情이었고 그앞에서自己罪惡에어찌할줄모르는이사야의靈魂이었다。 시몬베드로가게네사렛湖水에서고기를잡고있었는대 異蹟을行하는예수를보고 그는「주여나를떠나소서 나는罪人이로소이다」하야 예수를가까히할수없는 自己와는判然다른분인줄을깨달었다。 사람의常識으로써推測치못할 거룩함에놀라서벌벌떨림을느끼는베드로이었다。 바울이다메섹途上에서異象에接하였는대 빛이四方을둘러쌓고 그는自意識에 있을수없이되여 이적지經驗치못한두려움과무서움을느끼고 畢竟에는눈을뜨지도못하게되였다。〔뉘시오니까〕라는한말을할뿐이고 그다음에는그저있었을수밖에없는 弱하고價値없는바울이었다。 이三人의經驗은하나님人格이라는것으로說明할수없는 超人間의무엇에接한것이고 自己들과는아무關係없는 神格의하나님앞에 하나님이라든지 아버지이라든지 당신이라든지의생각과말을敢히닐으킬수없고 다만무섭고두려움을느낀것이다。 創造者앞에서는 被創造者의心的態度이다。 그들은사람이라는思想을全혀떠나 사람以外의以上의것에부닺지게된것이다。 人格의關係라는느낌이조곰도없이 到底히接하지못할者에게接하게된것을깨달을따름이었다。

이리하야이三人은各各聖職에就하게되였는대 우리는여기에注意하여생각할點이있다。 異象에接하야다시말하면體驗을하야 그들이豫言者或은使徒가된것은속일수없는事實이다。 만약그들이이러한經驗이없었드면 이사야는志士로남어있었을것이고 베드로는漁夫로世上을맞혔을것이며 바울은사울로一生을지냈을것이다。 그러나그들이自己들의이體驗을根本으로하야出發한것은안이다。 그들은自己들의體驗에는重點을아니두고 다만하나님께根本을두고重點을두고 새로운길에이르렀다。 하나님이本位이고至上이었다。 이사야를읽어보고 베드로、바울을읽어보면明瞭히아는바이지마는 그들글에는自己들體驗에對하야云云하는點은없고 다만하나님또하나님이다。 하나님至上主義이고하나님絕對主義이다。 그들은近代의實驗을尊重히녀기는것과는判然다른精神앞애에서있고 그들은하나님에게全혀삼키어버린者들이다。그들은오로지하나님의그릇이되고그의奴隸가된者들이다。實驗이勿論貴한것이고 體驗이勿論없어서는안이되는것이지마는 하나님은더貴하고 그는이러한사람의體驗을問題로삼지안이하고 自己經倫을일우고게신무서운하나님이다。우리는回心의經驗이라든지또한其他여러가지接한異象에奇蹟에마음을빼앗기지말고 다만하나님만을믿고그에게全部를맡기고나가야한다。人格의하나님부터떠러저 神格의하나님으로돌아가야한다。하나님을하나님으로하는데는 우리의救援까지도問題가안이돼야한다。족으만한體驗을가지고떠들지말고 다만하나님만을내세워야한다。우리라는사람은衰하여버리고 하나님만이盛하여지어야한다。

罪惡속에죽은사람이 十字架로말미암아救援의깃븜을얻을때 하나님의사랑에對한感謝가無限이넘어난다。『하나님이 世上을이처름사랑하사 獨生子를주셨으니 누구든지저를믿으면 滅亡하지안이하고 永生을얻으리라』(요한三章十六節)『하나님께서 그

四

사랑을우리에게나타내셨으니 이는우리가罪人되였을때에 그리스도가 우리를爲하야 죽으심이라』(로마五章八節)는말은그대로生命이되여 罪人의가슴을흐르게된다。바울의로마書八章의讚頌 번연의歡喜 루터의깃븜이 또한우리의것이되고 사람의祝福이無限함을느낀다。更新된自己의運命에노래를안니부를者가없다。하나님은 여긔에나의하나님이되고 예수그리스도는 나의救主가되고 十字架는나의것이된다。나의擴張이甚하여지고 罪惡을떠러진靈魂은天國을나의것으로만들게된다。福音의福音인所致이라고볼수있다。罪人이義人이되고 거륵한者가되고 將次는完全한救贖을받게된다고한다。나의救援이몯은것의中心인것같고 宇宙도또한나의救援을中心으로하야움지기고있는것같다。그러나이러한心情속에우리는어느덧 自己中心의惡風을마시게되고 하나님을自己라는족으만한坩堝속에잡어넣는罪를犯하며 自己形便에適切하게 하나님을아버지로만들고 그리스도를救主로만들게된다。사람의頑惡한마음은 그칠줄을모른다。우리는여긔에反省하여야한다。十字架는우리때문이며 하나님과예수그리

스도는우리救援때문인가。人類의救援을徹底히論한 로마書를읽어보면 우리는그속에사람中心과는全然 히틀리는것을發見한다。三章二十五節、二十六節에 『하나님이 예수를贖罪의祭物로세우심은……自己가 義로우심을나타내심이라……』고있는대 우리가義人되기보다도 하나님自身이義롭게되기때문에 예수를十字架에걸었다는뜻이다。하나님이하나님되기때문에 過去에看過하여오든人類의罪를處分하야自己의義를세우기때문에 自己의獨生子예수를十字架에걸은것이다。人類의救援은第二의問題이고 自己의性格上 하나님은 이러할수밖에없는것이다。疑心없는하나님中心이다。또九章十五節十六節에「하나님이모세에게닐어가르시되 누구든지내가궁휼이녀기랴면 궁휼이녀기고 불상이녀기랴면 불상이녀기리라하였으니 그런즉원함으로말미암음도안이오 다름박질함으로말미암음도안이오 오직궁휼이녀기시는하나님으로말미암음이니라」고하야 우리의救援이全혀하나님에게屬한다는하나님至上主義를高唱하였다。專制君主의絶對權을宣言하는하나님이시고 사람은도모지塵芥에밖에안이된다。사람의그림자가어대보이느냐。다만하나님만이있는것이안이냐。十一章三十六節에니르러서는 이하나님만이라는言調가極度에達하야『대개 만물이다주의게서나오고 주로말미암고 주에게돌아가나니 영광은세세에주께있나니라』고되였다。至極한하나님絶對主義이고 사람의자최는하나도보이지안이한다。近代의사람中心의思想은啞然히섰을밖에없을것이며 自己의救援을中心으로하는福音主義의中軸이물러갈수밖에없다。하나님이처음이고 끝이다。하나님이根本이고 하나님이目的이다。人類의救援亦하나님때문이고 그가하나님되기때문이다。十字架를自己의救援의手段으로삼고入門으로삼는사람은누구이냐。十字架는하나님이自身때문에세운것이다。또한이렇기때문에 우리의救援이確實한것이고 로마書八章끝에있는『대개 내가깊이아나니 사망이나 생명이나 천사나 권세잡은이나 이제일이나 장래일이나 능력이나 높음이나 깊음이나 창조함을받은다른아모물건이라도 우리주예수그리스도안에있는 하나님의사랑에서 우리를능히 끊지못하리라』는말이自然스럽게되는것이다。하나님이 사람에게關係치안이하고 自己의神格에잇끌리어不得己하나

넘다운役事를하여가심으로 우리의救援의不變함을 느끼는것이다。『너의속에착한일을시작하신이가 예수그리스도의날까지 그일을일우실줄을 우리가깊이믿노라』(빌닙보一章六節) 救援을받기前이나後나 自身을돌아보아 그곧에아무所望이없고다만『오호라나는괴로운사람이로다 누가 이사망의몸에서 나를구원하랴』는絶望의呻吟만나오는것이事實이아니냐。그러나하나님自身이하시는일임으로 磐石과같은救援의確信이생기는것이다。『세상을창조하시기전에 그리스도안에서 우리를택하사사랑함으로그앞에거륵하고흠이없게하시고 그깃브신뜻대로우리를미리작정하사 예수그리스도로말미암아 자기아들을삼으셨으니 그사랑하시는아들안에서 우리에게후하게주시는 은혜의영광을찬미하게하랴는것이라』(에베소一章五節—六節) 우리가特別히값이있고사랑스러운者임으로가안이라 自己의榮光을나타내기爲하야 우리를그救援속에넣은것이다。우리의救援이目的이안이라 하나님의榮光이目的이다。이럼으로우리의救援이畢竟成就되지안이할수없다。天地는몲어지고 몯은것은다없어지드래도 우리의救援만은依然히確立하여있음을알수있다。그러나우리의救援은不得已하면成就되지안이하드래도 하나님은하나님이되고 하나님의榮光을完全히나타나야된다 創造의하나님 全能의하나님 예수그리스도의아버지인하나님의뜻은일우어저야한다。우리는安價한福音主義의사랑의하나님 人格의하나님으로부터떠러저 사람의救援에만自己의焦點을두지안이하고 홀로생각하고홀로일하여가시는 무서운하나님으로돌아가야한다。萬事를自己中心으로일우어가는 獨裁의하나님으로알어야한다。自己의目的을達하기爲하여는 獨生子까지죽여버리는 사람의想像을絶하는果然하나님인하나님으로두려운마음으로섬기어야한다。神格의하나님을이모저모다깟거 하나님인지사람인지모르는 그自己의하나님으로부터떠러저 깊이悔改하야謙遜한마음으로써하나님께服從하여야한다。恒常無益한罪人인줄을깨달어 그리스도의十字架에서만 하나님을울어러볼줄을알어야한다。하나님을하나님으로녀기고 하나님속에自己는全然없어저야한다。『대개하나님이 만물을그리스도의발알애두신지라。만물을그알애둔다말슴하셨으니 만물을그알애두신이가 그중에게시지안이한것이분명하도다。만물을복종하게하신때에는 아들도또한 스스로만물을자기에게복종하게하신이에게복종하려니이는하나님이만물가운데대주재가되시게함이라」(고린도前十五章二七節二八節)는말이　그대로아ㅣ멘이되여야한다。그렇다　우리는코퍼니거스以上의變革을하야　自己中心을完全히떠나　하나님中心하나님至上主義가되여야한다。

우리가救援을받었다함은　하나님이全部의全部임을아는것이며　그것을靈魂속에서사는것이다。또救援의實驗을가져　하나님과人格關係로들어가는것은그關係를貴히녀기고그것을無上한榮光으로아는同時에　그로써는到底히알수없고推測할수없고可히말할수없는超人格의하나님을알고느끼고　그의에게絕對支配를받는것이다。우리自身이없어져버리고　그의神格이나타나고　그것이侵犯되지안이함을願하는종의마음이되는것이다。舊約新約에종이라는말이大段히많은데　이말은主人의마음대로움지기게되는것이고賣買가되는사람待遇가안이고物件取扱을받는뜻이다。이말이하나님을아버지라부르고당신이라부르는히브리사람들마음에自然생기었다。종이안이라　아들이라는福音主義의根底를解釋하면서　바울과其他聖徒가自己들을부를때　반듯이예수그리스도의奴隷라　하나님의종이라하였다。聖座에大膽히나갈수있는깃븜을가지면서도　거긔에自己들地位를物件이라밨에말할수없음을깨닫는眞實한靈魂의부르짖음이며또그러한깃븜을가짐으로因하야그의종이안이될수없음을아는謙遜한靈魂의말이다。이종이라는實感을가지는것이우리가救援을받는것이다。第一人稱으로써는　한번도하나님의아들이라는말을쓸수없는바울같이되는것이　우리가救援을얻는것이다。이제우리의關係가종이면　近代의自己中心體驗中心、人格의하나님、倫理的十字架觀等은自然살어져버린다。우리는종이고奴隷이고價値없는틔끌이다。하나님이우리에게人格의하나님으로써와주심은　果然過分한일이며時時로聖靈을보내주시어말할수없는깃븜을주시는것은참으로悚懼한일이고　더욱더욱그의종이되랴는마음이생긴다。언제든지그의命令만기다리고있다。그의손에노는人形의地位로써滿足이고　그의聖意成就때문에　救援圈外에쫓겨나도　또한아무不平이없다。우리는無益한종이다。하나님이하나님이되시고하나님의役事가일우어지면그만이다。宇宙와人生속에서　하나님의榮光이옳아가면그만이다。聖意가한울에서같이　地上에서도完全히自由스럽게成就되기만을비는　그의徹底한종인우리이다。

靈·心·體

張道源

데살노니가前書五章二十三節에 쓰이어있는바의 바울의所說에依하면 사람은 靈·心·體의三部로 造成되엿다 即사람에게는 靈·心·體의三性이있다 사람은 此三性이 完全히發達되여야 비로소 完全한人間이다 그렇지못하야 此三者中에一이라도 그生命대로의自然스러운 發達을行하지못하고 欠缺或은病的인때에는 그人間은 人間대로의 참人間이안이오 人間의價値를 다받을수없는 不完全한人間이다 即人間의生命을 完全히하지지못한 不具의未成人間이다 體가있어活動하며 心을가져 意思있는 意識感情의行爲를 能行한다고 人間인것이안이다 體가있고 心을가진우에 靈을所有하야 靈的生命으로 人生을사는者라야 참人間이다

사람에게 體가있음은 누구나 다承認하는바다 體는 먹고마시며 成長하며生殖하는 動物性을意味하는것이니 體는血液循環을生命으로하는者다

누구든지 사람에게 體가있음을承認하는것과같이 사람의體안에 心이있음도 또한承認한다 即사람에게는 肉體가있고 肉體안에는 心이있다

心은 普通心理學上에서말하는바 知情意를말하는것이니 即肉體를支配하는 意志思想의所在地다 肉體的五官의感覺以上의 몯은 意識感情의行爲는 心이있어行하는것이다 故로 心은意志思想의健全한發達을生命으로하는者다 사람이 喜怒哀樂의情을發하며 思索·推理·比較等의知를行하며 善惡의分別과是非判斷의意識을 가지는것도 心의動作이다 이와같이 사람에게는 肉體우에 心이있는故로 사람은 硏究하야 科學者又는哲學者가될수도있으며 策略을弄하야 大政治家가 될수도있으며 勤儉貯蓄하며 奮鬪努力하야 大實業家가 될수도있다 그러나 體의血液循環이있고 心의健全한意志思想이있다고 完全한人間은안이다

사람에게는 肉體가있고 肉體의안에는 그를支配하는心이 있는것과같이 心우에 또한그보다도 더根本된靈이있다 故로 사람은 體·心만을가져서 完全한人間이안이오 體·心·靈을가져서야비로소 完全한人間이다

體가心의支配들 받아서야만 비로소 價値있는 動作을 하게되는것과같이 心도靈의生命과빛속에 있어서 비로소 心的本能을價値있게 發揮하는것이다 肉體가 心의支配에서 故障을받을때에 그 肉體의行動은 狂인것과같이 心이 靈의生命과빛속에 있지안이하면 그心의몸은動作은 罪와惡인것이다 그런故로 靈으로 말미암지아니한文明은 罪惡을伴하는것이다

體가 心의支配를 받지아니할지라도 血液循環은依然히있어 肉體的動作을 能히할수있는것과같이 心도 靈으로말미암지아니할지라도 物質界에 있어서 大活動을할수가있다 即大政治家大實業家大學者大藝術家가될수있다 그러나 肉體가 心의支配를받지아니할때의그動作은 狂者인것같이(精神病者) 心이 靈의生命과빛속에있지아니한活動은罪惡이오 그事業은失敗인것이다(靈은罪와慾로死한者)그런故로 人間은 靈에있지아니하면 몸은것에 失敗한者오 永遠히滅亡하는者인것이다 그런故로 人間은 肉體와 精神만을가져서 足한者가안이오 精神(心)以上 靈을具有하야 비로소 完全한참人間인것이다 靈은 精神(心)의一部分이안이다 肉體안에精神이있는것과같이 精神안에靈은投宿하는者다 그런故로 精神과靈魂을混同하여서는아니된다 靈은 사람의最高最貴한部分으로서 理解치못할것 보이지안는것 神的인것 永遠한것等을 求得하며把持하는힘이다 그리하야 하나님의靈은 사람에게臨하야 이靈우에 그 影響을일하는것이다 即信仰과하나님의말슴은 사람의靈안에와서 居住하야일하신다 그리하야 사람이 하나님과 사괴일수있으며 永遠한生命을 所有할수있으며 예수를 그리스도로 信仰할수있음도 이靈이있는까닭이다 사람은靈이없으면 永遠히 하나님을 알수없으며 永遠한것을생각할수없으며 永遠한生命에 至할수가없며 사람의靈은 하나님을알며 永遠한것으로살며 永遠한生命을所有하야사는者다 即靈의生命은 하나님과사괴여 사는대에있다

그런데 人間의一般的狀態에 있어서는 사람의 靈들이 하나님과 사괴여사는대에있지못하야 죽은狀態에있다 그肉體는血氣로써旺盛하며 그精神은 銳敏하게活動하나 그靈은 하나님과의 사괴임에 있지못하야죽은것이다(即罪와허물로써죽은것이다) 그런故로 一般不信者에게있어서는 저의가 하나

靈心體

님을 알지못하며 靈的永遠한生命을 깨믇지못하고 이生의所慾을따러 肉體的生氣만으로써삶을滿足히녀기는것이다 그리하야 저의의 몬은行爲가 罪惡이오 永遠한死亡임을 깨닫지못하고 그자리에서 安心하고있는것이다

如此히 靈으로는 아주 죽은狀態의 人間들이 다시 靈의살리움을받는일은 다시 하나님과의새운 사괴임에들어가는일에있다 사람은 하나님과의 사괴임에있어 비로소 저의게 靈性이있음을知得하는것이다 사람은 靈의知覺이있어야 心과靈의判別을할수있는者다 그러나 사람은 肉體로써 靈을探得할수가없으며 心으로써 靈을認識할수가없다 靈은 靈의意識으로써만 認識할수있으며 把握할수있는것이다 그리하야 人間性안에 靈性이있음을 知得하는일도 靈의意識으로써만되는것이다 그러나 사람의靈性은 罪의허물로因하야죽었음으로 靈的意識을 行할能力은 絕對없다 그리하야 사람에게 靈位는있으나 그靈이 하나님을알수도없으며 하날의것을 思慕할수도없으며 永遠한것을생각할수도없다 如此히 人間은 따에屬하야 따의것만으로사는者요 하날의것과 永遠한것에對하야는 絕對죽은者다

그러나 하나님은 그리스도로써 自力으로는 하나님과의 새로운사괴임을 回復의生氣와能力이 絕對없는 人間의죽은靈우에 自己와의 사괴임을 주는恩惠의길을베푸셨다 이것이 예수를 그리스도로信仰함으로 하나님앞에 義롭다함을얻는일이다 하나님은 自己와의 사괴임을 絕對줄수없는 罪人일지라도 예수를 그리스도로 믿기만하면 저와의 사괴임을주어 靈의生命을挽回케하며 靈의意識을얻게한다 그리하야 사람은 하나님께 接하야靈感을얻어 하날의것을알며 永遠한것을가지고 永遠한新宇宙에서 사는者되는것이다

그러나 不信者에있어서는 하나님과의 사괴이는일은迷信이라고한다 이는 저의自身이 하나님과사괴임의 經驗이없는까닭이다 하나님안에있는 靈의經驗은 迷信도안이오 僞善도안이다 事實中에는 가장確實한事實이다

訂正 第四十八號九頁下段第二行「다사랑이시오」를 「다사랑을本質로삼아있는것이다 하나님은靈이시오, 사랑이시오」로고치고, 同十頁上段第十二行「生活事業」은「生活事實」의誤, 同十二頁上段末行「普通的」은「普遍的」의誤。同十三頁上段第五行「信仰中樞」는「信仰의中樞」로訂正함。 其他「그리스도뿐」에關한質疑는高城金成實氏께로

바울의生涯[六]

스. 토ㅣ커 敎授 著
柳 錫 東 譯

第六章 그의傳道旅行

第一次 旅行

七九、傳道旅行에나갈때 初代傳道者들은單獨히 가지아니하고 둘식둘식가는風習이었다 바울은이 風習을改善하야 同伴者를恒常二人式데리고가기로 하고 그中一人은青年이니旅行의모든準備를하게하였다。그의第一次旅行時의同伴者는 바나바와그의 족하요한、마가이였다。

八〇、바나바가바울의發見者임은已述한바이다。 둘이이旅程에오르게될때 그는또한바울의絶對支持者이었을것이다。바나바는當時基督敎社會의重大人物이었다 펜테고스트날에回心하야 其後일어나는 여러事件中에서主要한役割을演하였다。그는社會的地位가높은사람이었고 구브로島의 地主이었난대 이新運動에參與하게되매 모든것을犧牲하였다。初代그리스찬들의信仰이熱熱하야 各其所有를서로나누게될때 그는自己土地를팔어 그돈을使徒들발알에에놓았다。그는恒常說敎를맡게되여 그의말이어찌雄辯이었든지 慰勞하는아들이라는니름까지얻게되였다。이旅行의後半에일어난事實속에 우리는이 두人物의風采를엿볼수있다。루스트라의住民들이그들을하나님으로녀기어 바나바는 쥬ㅣ피타라하고 바울은머ㅣ큐리라하였다。古代藝術에 쥬ㅣ피타는 恒常크고威嚴있고仁慈한形象으로나타났고 머ㅣ큐리는작은「하나님과사람」의아버지의使者로나타났다。바나바는크고仁慈하고어버이같아야 이旅行의主人과指導者로되였고 바울은작고熱이있어 그의從者로되였다。그들이出發하는方向은 바나바가自然定하는것이되였다。그들은처음에 구브로로갔는데여기는 그의土地가있었든곧이고 그의親舊가아직많이있었다。이섬은안듸옥의海港실누기아西南便八十哩되는곧에있어 그들은아마 本府를떠난當日이곧에到着하였을것이다

八一、바나바는이와같이指導者의地位에있었으나 善良한그는 洗禮요한이한대로「그는盛하고나는衰하리라」는謙卑한말을 그의同行者에게하게될줄을발

서깨달었을것이다。이두사이의關係는 그들이事業에着手하자곳나타나게되엿다。 그들이 이섬을東으로부터西로가면서 福音을傳하야 首部바보에다다르매 그들은 이곧에이적지當하고온 여러問題가集中하여있음을보앗다。 바보는이곧바다에서 出生하엿다하는愛神비ㅣ나스의崇拜의中心地이여極度의淫亂이橫行하고있었다。 이는道德으로墮落한希臘의縮圖이다。 비보는 또한羅馬總督府의所在地이며 서기오바울이그總督이었는대 이사람은高貴한品性은가졋으나 아무信念이없어 이또한當時의羅馬가子女들의길은要求를채워주지못하는 그無能함을表示하는活畵이었다。 이府內에서는 總督의輕信을利用하야엘누마라하는不正한猶太人占쟁이가大成功을하고있었는대 이人物은猶太人이떠러질수있는極度의墮落을뵈여주는그림이었다。 果然이곧이야말로傳道者가그속에있는惡을고치랴고 出發한全世界의縮圖이었다。 비울은 이緊急을要하는때처음으로 그속에潛在하여있는大能力을나타냈다。 그는疾風과같은靈의움지김으로써 몯은障碍物을부서버리고 이猶太人占쟁이를餘地없이만들었다。 이에總督은回心하게되고 이곧에希臘神社에對抗하야基督敎會가서게되엿다。 이때부터바나바는次位로되고 바울은作定된傳道의首位로되엿다。 이제는 바나바와바울이아니라바울과바나바라。 從者는指導者가되엿다。 이그의새사람됨과새地位얻음을表示하는듯이 이제부터그는이적지부르든猶太人의니름사울로 부르지아니하게되고 바울이라는니름이 그리스챤사이에그를부르는永遠한니름이되엿다。

八二、第二次發程은 第一次것을바나바가定한것과같이 이새指導者가定하였다。 그들은바다를건너小亞細亞南海岸中央에가까운都市버가로가서 거긔서 다시百哩大陸속으로올아간後東便으로向하야다소의正北이되는곧으로갔다。 그들이取한이길은 밤빌니아、비시듸아、루가오니아의세地方을도는半圓形의것인대 이地方의西北은 바울의故鄕인길리기아에接하여있다。 바울이前에발서 길리기아에傳道를하였다면 이제그는아주近接하여있는地方에그의일을延長식히고있음에不過하엿다。

八三、버가는이旅行後半의出發地인대 여긔에서그들에게不幸한일이생기었다。 요한 마가가同行者

들을버리고 혼자故鄕으로갔다。이 바울의新地位에對하야 그의溫柔한伯父는이하나님의自然스러운命令에아무不平이없었으나 그는성을내게되였는지도모른다。그러나그가退去한 더近似한理由는 그들이突入할危險이넘어나甚하여 그의勇氣가없어짐에있다고볼수있다。이地方의危險함은 堅固한決心을가진사람이라도恐怖를느끼게할만큼 甚酷함이있었다。버가뒤에는타우러스雪峰이兀立하여있어 이것을지내여야하는대 이狹隘한山路에는急流를건느는금방불어질듯한다리가많이있고 山賊들은羅馬軍兵들도到底히根絕식힐수없는 襲擊不能한곧에城을쌓어놓고通行人을기달이고있었다。또이初入의危險을突破한다하드래도 다음에오는곧은決코安樂한곧이안이었다。타우러스北쪽은南쪽最高山보다높은一帶의高原地方이여 여긔저긔무서운湖水와險惡한山岳과 荒蕪地가흐터저있고 그곧住民들은粗野하야千種萬別의方言을말하였다。아마이러한일들이 마가를놀라게한것같고 그는이때문에돌아갔다。그러나그의同行者들은 身命을받히고 前進하였다。그들은 그곧에그들이가지고가는救援을要하는 滅亡속에있는 靈魂이多數만있었으면그만이었고 또한바울은이遠隔한異邦地方에 同胞들이많이살고있음을알었다。

八四、그들이都市를訪問할때 어떤貌樣으로들어갔는가。이는우리가想像하기大段어려운일이다。우리가心眼으로써 그들이어느곧이든지들어감을보랴고하면 우리는自然그들이 그곧의巨物같이보이고 그들이들어가는 貌樣은勝戰車나타고나가는것같이나타난다。그러나實狀은이와는大段히틀리였다。그들은都市에들어갈때 오늘우리나라都市에아침일즉이들어오는外人과같이 가만가만히아무特別한印象을일으킴이없었다。 그들이第一먼저생각하는것은宿所이었고 그다음에는일할곧을求하야 일을하지아니하면아니되였다。果然아무非凡함이없었다。누가 이 길건누라고더러워지게된옷을입고 天幕商門에일을求하누라고 하나둘씩찾어다니는사람이世界의將來를지고있음을 꿈에래도생각하였을가。安息日이돌아오면 그들은그곧다른猶太人과같이일을쉬고 會堂으로갔다。이곧에서 그들은다른禮拜보는사람과한께讚頌歌를부르고 祈禱를하고聖經朗讀을들었다。이後司會하는長老는 누구든지勸勉의말을하라고한다。이것이바울의機會이다。그는일어서

손을들면서 말하기始作한다。聽衆들은卽時敎養있는라비의語調임을알게되고 그의異常한聲音은그들의注意를잇글게된다。그는朗讀된節句에서始作하야어느듯猶太歷史에對하야말하게되고 畢竟에는그들의先祖가바라고 豫言者들이 豫言한救主가왔다는무서운宣言을하야 自己는그의使徒로써오게되였다고말한다。이제예수의이야기를한다。그가예루살렘當局에排斥을받어十字架에걸림은事實이다。그러나이는다름이안이라 豫言이成就된것이다。그리하야그가復活함은그가하나님으로부터 온것을말하는속일수없은證據이다。지금그는王이되고 救主가되여이스라엘을悔改식히고罪를赦免한다。 이러한說敎者에게서이러한說敎를듣고 聽衆들은반듯이感動하엿을것이며 散會된後그들은이에對하야 서로이야기아니할수없었을것이다。오는一週間동안 이는그都市의話題가되였을것이다。바울은일하면서나 또는저녁틈있을때나 더알고싶어하는 사람이있으면의례히말하였을것이다。다음安息日에는會堂은 猶太人뿐이안이라 이外人을보랴고하는 異邦人들로滿員이될것이고 바울은이제예수그리스도의救援은猶太人에게와같이 異邦人에게로自由스럽게온다는奧義를말하였을것이다。이것은의례히 猶太人들이그를反對하고辱하게만들었을것이며그러면 그는그들을떠나 異邦人에게傳道하게되였을것이다。그러나이러는동안에 猶太人들은興奮하야 或은一揆를일으키고或은이外人에反對하랴고當局의同情을얻었을것이다。이人民의 暴動때문에 或은當局의干涉때문에 이福音의使者들은 都市에서쫒김을받게되였을것이다。이것이그들이小亞細亞內部에서 第一먼저逗留한비시듸아의악듸옥에서일어난일이다。이는爾後에도無數히 바울에게일어나게되였다。

八五、때에는그들은容易히避하지를못하였다。例를들면그들은루스트라의粗野한異邦人들에게갔는대처음그住民들은바울의魅力있는말에醉하고 그들의風采에눌리어 이傳道者들을하나님으로녀기고犧牲을들이랴고하였다。傳道者들은恐怖에빠저 이群衆의所願을躁急히拒絶하였다。이에民衆의感情이激變하야 바울은돌에맞어死人과같이되여市外에끌려나왔다。

八六、이것이그들이이遠隔한地方에서當한動亂이고危險이었다。그러나그들의熱心은조음도減하지아니하야 一次도退却할생각을아니하였다。一市에서

좇기면 다른市로갔다。時時로그들의全敗같이뵈인적이있으나 그들은恒常어느市에서나小數의回心者ㅣ猶太人若干 改宗者若干 異邦人多數ㅣ를얻었다。福音은作定된사람을發見한것이었다。罪에눌린後悔者 世上과先祖의宗敎에不滿을느끼는靈魂 하나님의憐憫과사랑을渴望하는心情을가진者 即「永遠한生命에豫定된사람들은믿었다」。그리하야이들은各市에서基督敎敎會의中心이되였다。全然히敗北된루스트라에서도 少數의信者가城門外에서使徒의傷處가득한身體를둘러쌌다。유늬게와로이스는거긔에서女子로써萬事를돌보고 되모데는그푸ㅣ렁고피흘으는얼골을보면서 信仰을爲하야死까지도甘受하는英雄에對하야 永遠한尊敬이널어남을느끼었다。

八七、 이러한깊은사랑에 비울은自己가받는苦難과不義를잊어버렸다。或이想像하는것과같이 이地方住民이갈라듸아敎會의一部分을일우었다하면 우리는그書翰에서 그들이그의게對한사랑을볼수있다。그들은그를하나님의使者로써 아니예수그리스도로써 받었다。그들은눈이래도빼어서그에게줄랴고하였다。그들은心情이粗野하고容易히感激하였다。그들의元宗敎는 激奮식히는것이었고示威的이었는대 그들은이特徵을그들이받은 新信仰에도가지게되였다。그들은깃븜과聖靈에充滿하야復興은四方에大速力으로퍼지게되였다。畢竟福音은이족으만한 基督信者團에서傳波하야타우루스山邊으로부터세스트러스와헬이스谿谷까지들리게되였다。바울의溫情은그들의愛情을아니느낄수없었고 그는깊은사랑으로써여긔에應하였다。그들旅行記에나온都市는 버시듸아의안듸옥、이고니온、루스드라、더베等인대 그는이더베에서그의旅程을맞후게되였다。그곧에서길러기아山道로다소에나려가안듸옥으로돌아갈수있었으나그는온길을도로가기로하였다。目前의危險을不顧하고 그는各處를다시訪問하야回心者들을맞나많은逼迫을받으면서그들을皷舞하였다。그는各都市의長老들에게 그가없는동안敎會를잘監督하라고命令하였다。

八八、 이제傳道者들은 이高原地方에서南海岸으로나려와 그들이出發한안듸옥으로돌아왔다。勞苦와遭難에疲困하였으나 成功의깃븜에춤추면서 그들은 그들을派遣한後恒常祈禱를그치지안이한兄弟들앞에나아갔다。그들은新國을發見하고돌아온發見者와같이 그들이異邦隔地에서干證한恩寵의奇蹟을一一히이야기하였다。

敎師이냐? 救主이냐?

柳錫東

예수그리스도는 敎師이냐 救主이냐。이는 福音의歷史와같이오랜問題이고 또한目前에걸린새로운問題이다。洗禮요한이 요단江가에서 예수를이世上에紹介한後 이問題는恒常 人類良心에向하야부르짖고있다。예수를敎師로섬기겠느냐。救主로섬기겠느냐。여긔에對한態度如何에依하야 過去人類의歷史는兩分되엿고 지금또한우리의運命이左右로난우게된다。猶太大部分사람들은 그를豫言者、敎師로만받어들임으로 律法의무거운짐을벗지못하야樂園放逐以後의殘酷한身世에呻吟할때 갈닐리漁夫들은 그를「救主」로「살어게신하나님의아들」로「나의主、나의하나님」으로 받어들임으로 眞理와恩寵에잠기어 恢復된樂園에서 生命의노래를부르게되엿다。그後해가바꾸이고 世紀가가고오고하는동안 人類의大部分은亦 그를아담의子孫의한偉大한敎師로만녀기어 曰新푸라톤哲學、曰道德主義、曰神學、曰禁欲主義、曰敎會主義、曰神秘主義、曰愛의宗敎、曰社會的基督敎、曰無抵抗主義하야 空中을치고있을때 小數의사람들은 그를「그리스도예수、나의主여 나의救主여」하고부르며「아、아、그리스도、그리스도! 내눈에는그리스도밖에없다。」나는지금 그리스도의피、埋葬、復活等의貴한事實을各各생각할수없다。그리스도自身全體에나의눈을向한다。나의榮光은그를보는데있다。나의寶貝는그리스도에있다。그리스도는나의一切이다。그가나의知慧、나의義、나의聖 나의贖」이라고讚美하야 永遠한生命水가 그들속에서 샘과같이솟아나왔다。갈릴리湖水에서흐르기始作한 生命의내는 果然이問題를分水嶺으로하야 人類의마음속에 들어왔다요한이 「아들을믿는사람에게는 永生이있고 아들을믿지아니하는사람은 永生을얻지못하고 하나님의진노하심이 그우에있느니라」말한것과같다。우리는 이死活을決하는問題에對하야 어떤것을取하랴는가。 人類의大多數와같이 그를孔子、 釋迦와同水準의사람으로보랴는가。그렇지아니하면 少數와같이人類의唯一의救主로보랴는가。그를人格과敎訓의大先生으로섬기랴는가。 그렇지아니하면하나님의아들로섬기어 그무릅알애에업드러겠는가。그를瞬間瞬間의行動의尺度로삼겠는가。그렇지아니하면우리속에살어게신生命으로삼겠는가。換言하면그를肉으로알라는가그렇지아니하면靈으로알라는가

예수그리스도를 人類의大敎師로만 알랴고하는古今의大運動은 그根據가大槪는 山上垂訓에만基督敎가있다는대에있다。그垂訓의雄大하고 自然스러움과 그人類의道德的良心을찌르는能力과 感化力을생각할때 이것이無理하지아니함을깨다르며果然사람의입에서나온몯은敎訓은 이앞에서는 太陽앞에燈불과같은느낌을준다。 學校에서倫理學、哲學의講議를들을때 古今聖賢의가르침이 이垂訓에와서비로소完成되여 燦爛한光彩를내게됨을아니느낄수없었다。山上垂訓即基督敎는人類의常識이라고할수가있다。 그러하야이運動은 聖書中에에서 山上垂訓만을重要한것或은唯一한것으로알아 其他는不必要한것或은無用之物로생각하게되였다。더구나바울書翰같은猶太敎의遺物에 지내지안는다고하야바울을떠나、예수로돌아가라는말까지일어나게되였다、福音書에만 참基督敎가있고 人類는이속에서 傳統과風習에젖지아니한純眞한예수의가르침에接할수있다고한다。最近數世紀동안에일어난 自然科學의메스로 예수의傳記를檢討하는 史實主義의主潮는 이러한運動에서일어났다。라이마ㅣ르의耶穌傳을始作하야 발ㅣ로 파울스 슈트라우스 루난 바우아 도레우스等의 堂堂한學者들의耶穌傳 참으로 놀랄만한光景이다。그러나 이것이正論인가。學者들의耶穌傳記부터차츰생각하여보자。學者들이傳하는예수는 아무리보아도 사람의뼈와肉과피가없는저굴속에서 人類에게말만하는 受肉한로고스와 正反對되는 敎訓化한로보트이다。人類의理論과常識은가ㅣ끔 이러한奇現象을演出하는貌樣이다。이學者들의頭腦에서捻出된이不自然한結果는暫間許容한다하더래도 그들이 研究의材料가福音書以外에또있다면모르거니와 그러하지아니하고 요세파스에족음있슬뿐이고 거의全部가福音書에있는대 그들이이福音書를無視하고自己들의歷史觀만을滿足시기랴는것은 이學者의良心이아니며 예수、그리스도를歷史의X라하는것이 차라리옳을것이다。또한 모른다。沙翁의作品은 作者가歷史的人物이었던가아

니었든가에關係치안이하지마는 山上垂訓은 그것을 말한 예수그리스도가生存하였든사람이었든가안이었든가가큰關係가있음은 아무리머리만의그들이지마는 알었음으로 이無理한일을하였는지도。또異常하게 最近에福音書의記事가正確하다함을 證據하는書類가發掘되다였한다。그러면다음에福音書가 예수傳記의唯一한것이라하면 이學者들에게 새傳記를쓰는動機를주고 그속에서基督敎를세우랴는人士들을내인 山上垂訓이 예수生涯에占領하는地位와價値는如何한가。山上垂訓은예수生涯의全部이며絶頂인가。다시말하면 예수그리스도는 山上垂訓을 人類에게주기爲하야 나온사람인가。福音書를冷靜히읽어보자。山上垂訓은不過一小部分이라는印象을주고 예수그리스도라는 이적지우리눈으로보지못하고 우리귀로듣지못하고 우리마음으로생각하지못한 異常한人物이 눈앞에뚜렷이나타난다。그의가르침도가르침이려니와 그가地上에印치고걸어가는强力의表象에아니놀랄수없다。마리아에서나가지고 普通사람의일도하고 또超人間의일도하다가 十字架에걸려죽어 三日後復活하야 弟子들에게나타났다는 人類經驗속에있지못한일을한特異한사람이다。어듸까지든지 예수그리스도自身의表示이다。人格의强射이다。勿論그의가르침이不必要하다는것은안이지만 그것보다 그의事業그의行動이中心이되여있다는것이다。그가生命自體이고福音自體이고가르침自體이어 거긔서山上垂訓이흘어왔다는것이다。故로그를떠난가르침만을생각하는것은無意味한것이고 電池에서끊어진電線에不過하다。福音書中가장오라고 다른福音의原本이되였다는 마가福音第一章第一節에무엇이라고써있나。「하나님의아들 예수그리스도福音의始作이라」。예수、그리스도가即福音이어 그가이地上에온것이 마리아에낫는것이 即福音의始作이라는것이다。福音의事業이始作된것이다。그리하야그가十字架에걸려三日만에復活하야弟子들에게나타난後다시天上으로돌아간때 그의地上의福音의事業은끝난것이다。이福音書에나타난冷靜한事實을無視하고 山上垂訓에基督敎를세우랴고하는것은 耶穌傳記學者들과같이 自己들의족으만한主觀을 虛空속에세우랴는부지러운짓이다。그렇지아니하거든 福音書의歷史性을否定

하는證據物을 나일河畔에몇千年이고걸려여發掘하여지기를 埃及하나님께祈願함이좋으리라。그러하야 예수의奇蹟과復活을大膽히抹殺하여라。다시福音書는어떠한目的으로 어떠한動機로나오게되였는가。冊은作者의目的과動機를알때 비로소 完全히알수있는것이다。神曲을읽으면서地獄篇의후란체스카의戀歌을가장좋은것으로알고 失樂園을읽으면서사단의雄大한것을第一알랴고하는것은作者를울리는悲劇이다。福音書를읽으면서 山上垂訓을最大한것이라고아는人士亦이러한悲劇을演出하야作者를울러게하는것이다。요한福音二十章三十節ㅣ三十一節에「예수ㅣ弟子앞에서또다른異蹟을만히行하신것을 이冊에는다記錄치못하였으나 오직記錄한이것은 너의로하여금 예수께서 그리스도시며 하나님아들이심을믿게함이오 또너의가믿고 그너름을힘입어生命을얻게함이라。」고있다。卽福音을傳하기爲하야쓴것이다。共觀福音書에는이와같이明白히쓰지는아니하였스나 亦이와같은目的인것은各書의初頭를보면알수있다。이世上의所謂傳記와는判然다른性質을띄운것이다。예수、그리스도의福音을傳하는글이다이意味에있어서 바울의各書翰과조금도다름이없다

다음에그의弟子들이 이러한福音을傳하랴고붓을들게된動機는어듸있었는가。弟子들은예수生前에그의人格의感化를充分히받었으나 그가十字架에걸리매모다落膽하야 이리저리흩어졌다。第一男性的인베드로가 예수臨終때에 저러한醜態를演하였다。이正히牧者를잃은一群의羊이고 悲哀와失望에잠기어갈바를몰랐다。우리는사람들이 이대로 예수그리스도의福音을傳하는사람이되였다고 到底히생각할수없다。이는無에서有를期待하는것같은일이다。그들은福音을傳하랴는마음을샘솟듯하게하는 驚天動地의事實을보았다。예수를묻은墓는비이게되고 그는死의張幕을깨트리고 復活하야 그들에게나타났다。그들과같이걸고같이먹고같이이야기하였다。이제그들은 숙어진고개가벗적들리고 자든靈魂이깨게되고 잠기든마음이춤추게되였다。새勇氣 새決心 새生命이 그들속에일어나게되였다。使徒行傳에나타난 베드로의雄姿를보아라。復活한 예수그리스도를본그들은 깃븜에못이기어 福音을傳하게되였다。그中의몇은붓을들어 生前의예수의行蹟과說話를回想하면서 復活하신 예수그리스도의傳記를썼다。勿論누가는第二代의傳記作者이나。復活하

敎師이냐救主이냐

신 예수그리스도를본것이 福音書을쓰게된動機다 故로그들붓을움지긴것은 이復活하신 예수그리스도이다。各書의行間에는 이그리스도의能力이波動을치고있다。아ㅣ山上垂訓에 이復活한 예수그리스도가아니보이는가。눈있는者는볼지어다。지금福音書의目的은福音을傳함에있고 그것을傳하게된것은復活하신 예수그리스도를봄에있음을말하였는대 다시여기에福音書의史實性을생각하여보면 그는오로지作者들의心靈의經驗에달려있다고볼수밖에없다。勿論이렇다고客觀的事實을無視하는것은안이지마는 福音書밖에記錄이없는예수의傳記는 自然그의確實性이 作者의心靈經驗에依賴할수밖에없게되는것이다。따러예수의生前의言行即傳記的興味를널으키는部分은 이作者의心靈經驗에符合하야비로소確實性이생기고 自然性、統一性이생기지 그言行만가지고는그는 뿌리없는나무와같이되고 耶穌傳記學者들이失敗한 人工的耶穌를만드는것이된다 그렇다 福音書의史實性이 예수 그리스도의復活한事實에있고 그의歷史哲學이또한여기에있다。이와같이歷史的예수를傳하여주는福音書도 結局復活한예수가根本이된다。그리면復活한 예수그리스도

二〇

를다메섹途上에서맞난 바울、고린도前書第十五章에서 예수의復活의事實을根底로하야大論議를한그 恒常그리스도그리스도하야 그속에사는 누가의先生인그와 福音書作者사이에 아무틀림이없을것이다。한復活한 예수그리스도속에서 하나는地上生活의예수를그렸고 하나는聖靈으로役事하시는예수그리스도를 그림에不過하다。故로바울을버리고예수로돌아가라는부르짖음은 新奇한맛은있지마는 畢竟無意味한作亂이다。바울에서 예수로가나 같은그리스도밖에찾을수없을것이다。한太陽가지고 내太陽이니 네太陽이니하는사람도或있기는할터이지마는 이는常識가진사람으로는 하기어려운일이다。그러나 現代의歷史哲學이가리처주는것도無視하고다만主觀의遊戱를하는사람이있을진대 이제우리는다시 福音書냐書翰이냐 山上垂訓이냐十字架냐復活이냐 하는事實問題、研究問題를떠나 各人의心靈問題로돌아가게된다。그러하다。 예수그리스도는 우리의敎師이냐。우리의救主이냐。이것이先決問題이다。이것이決定되기前에는 아무리討議를하고證明을하고發掘物이나오드래도 所用이없는일이다。누가十六章끝에 富者가아브라함을보고말하기

를죽은者가살어그들게가면悔改하리라하니 아브라함이對答하기를 모세와先知者의말을듣지아니하면비록사람이 죽은가온대서살어날지라도 勸함을받지아니하리라하였난대 果然適切한말이다。예수그리스도는지금우리앞에서서 決定을催促하고게시다우리는어찌決定하랴는가。敎師로냐。救主로냐?우리는深思하여야할지어다。한길은死亡의길이오。한길은生命의길이로다。

그러나 예수그리스도를敎師或은救主로 우리가決定한다는것은 생각하여보면不可能한일을 即같은예수이지마는天壤의差가있는일을 比較할수없는問題를一線上에놓는矛盾의일을 하는것이다。처음부터問題가아니되는것을 問題로삼는것이다。또다시말하면 발서決定된것을 다시論하랴는所用없는짓을하랴는것이다。하나님을떠러저 自己속에좋은것이나있는줄알고 禁斷의果實을먹은 아담의血肉을받은우리는 選擇與否없이 의레히 그를敎師로녀기는것이며 이는人性의自然스러운흐름이다。精神界、靈魂不滅、形而上界、이데아界、大涅槃、太無等의高貴한發見을한人類는 예수속에또한이等屬의것을보랴는것이다。無理한일이안이다。여기에正反對로 예수그리스도를 救主로삼는것은 우리天性에拒逆하는것이며血肉을떠난 딴무엇이있어야 비로소發할수있는要求이다。아담子孫속에 常識을絶한大變化가일어나야 할수있는超人間의일이다。福音書記者들이接한復活한 예수그리스도 바울의눈에서비눌을떠러지게한 復活한 예수그리스도 其後二千年間地上生涯로가안이고 하나님右便에앉으셔서 聖靈으로써役事하신 復活하신活그리스도를보게되고듣게되고만지게되야처음으로「아、나의救主여」하게되는것이다。果然明白한일이다。하나는사람의일이오 하나는하나님의일이다。選擇云云할餘地가없는 白日과같이밝고뚜렷한일이다。問題는다시 그리스도의靈을받은經驗이있느냐라는대로돌아간다。耶穌傳記學者들이 福音書記者들의心靈의奧側에叅與치못하야 다만外部의記事를보고批判의메스를내둘러 畢竟에는 失敗한것과같이 우리도亦그리스도의靈에叅與하지못하야가저고는 畢竟問題의焦點을잡을수없는것이다、靈을가지지못한者는外側으로만 빙빙돌다가짜른人生을 賢人꿰데와같은悲嘆을남겨놓고 맞훌뿐이다。靈의일은靈을가진者만이알수있는것이다。바울이말한것과같이「血氣에

敎師이냐救主이냐

屬한사람은 하나님의靈의일을받지아니하나니 이는 저가 돌이어 미련히녀김이오 또깨닫지도못할지니 이런일은 사람이聖神에感動하여야 分辨하나니라。 聖神에屬한사람은 몯은것을分辨하것마는다른사람은 저를分辨하지못하나니라。」 우리는몯은問題의根本이되는 이그리스도의靈을가졌느냐 아니가졌느냐。心理學者랖스가말한移感의狀態에들어갈수있는 心靈의所持者이냐。안이냐。예수가弟子들을보고 너의들이 나를누구로아느냐고물으니 베드로가「당신은그리스도이외다。살어게신하나님의아들이외다」라고對答하매 예수가말하기를「시몬바요나야 네가복이있도다。육신이 이것을네게알게한것이안이오 하날에게신 내아바지께서 알게하심이라」고하였다。 예수는 또다른곧에서「이는(나의니름을믿는者는)血氣로난것도안이오 情欲으로난것도안이오 사람의뜻으로난것도안이오 하나님의게서난것이라」「사람은물과聖靈으로나지아니하면 하나님나라에들어가지못하나니 肉身으로난者는肉身이오 聖靈으로난것은聖靈이니라」「사람은하나님이보내주지아니하면 나에게올수없느니라」고하였다。 예수를救主로삼는것은即예수를믿는것은天性을가진사람으로는할수없는일이고 하나님으로即聖靈으로야할수있는일이다。 바울이말한것과같이「사람은聖靈에依하지아니하면 예수를主라부를수없는것이다。」 果然人間의努力、思索、其他여러가지人間의形容詞가붙는여러가지가 다자취를없애이고 하날에서오는聖靈의役事로써 새사람이되야만 예수그리스도를 救主로부를수있는것이다。

이제 예수그리스도는敎師이냐 救主이냐 하는問題는살아지고 人間의길以外에 예수 그리스도로말미암아열린 하나님의길을 밟겠느냐 아니밟겠느냐가 問題가된다。 사람이생각지도아니하였는대 하나님이適當한때에 自己獨生子를보내어 十字架우에自己의義와愛를完成식히고 끊어졌든人類의關係를恢復하야 永遠한生命을 물퍼붓듯이 나리기始作하였다。 사람은아무功勞없이 現在있는狀態로써 하나님께옳아가는 恩寵의길을얻었다。 天國門이열리어 사람은天使와같이自由스럽게 그곧에옳아가게되였다。 벗이어 이것을 아느냐 모르느냐 이것을 받으랴나。 아니받으랴나。 白光이中天에높을때 혼자눈을감고 暗夜行路難을이야기하는 어리석은짓을말기를 바라고 勸하노라。

過去의日記에서

今日은 나의生日이다 그러나 나에게는 何等의所感이없다 다만苦痛의一日일뿐이다 過去의一生을悔하였을뿐이다 아! 苦痛의一日이어!(下略)

아! 主여 나는지금苦悶中에있어 나에게는 苦痛뿐이었나이다 나의몸은罪가 나를괴롭게하나이다 나는 罪로因하야 지금苦痛의暗黑中에있나이다 黑暗의權勢가 나를다스리나이다 나의몸은罪는 하나님이 다아시나이다 나의罪는 하날에닿았고 따알애속에도찼아오니 處置할곧이없나이다 나는 아바지와어머님에게도 容恕를받지못할罪를行하였나이다 나의犯行한罪가 이世上에나타나면 이世上에는 나를容恕할者가 하나도없고 내몸을容身할곧이 아모데에도없나이다。

아ㅣ主여 내가 어듸에가서 나의몸을숨기오며 어떻게하여야 나의罪行을감추오리까? 主여 나는 나의몸을숨길곧이없고 나의罪行을감추일곧이없나이다 나의罪行이 萬人앞에나타났으니 부끄러움을當할것이오 나의罪行이 따알애에도및었아오니 그리로도避하지못하겠나이다 아! 主여! 나의苦痛과暗黑은極度에達하였나이다 아! 主여! 내가어떻게하여야 이苦痛에서버서나오며 이暗黑에서解放되오리까? 아! 主여! 내가이苦痛과暗黑에있어서 더큰罪를犯行할가두려워하오니 主께서 나에게矜恤을베푸시옵소서

主여! 내가 이世上에있기를願치아니하나이다 이世上의地位도바라지아니하며 名譽도求하지아니하나이다 富樂도貪하지아니하며 幸福도欽慕하지아니하나이다 主여! 나는世上에뜻이없나이다 夕陽의돌아가는 새소리도 나에게는괴로움이되고 흐르는물소리도 나에게는貴치아니하나이다 無邪氣한 어린兒孩들의깃븐노래도 나에게는 찌르는가시와같이들리며 喜喜樂樂하는사람들의우슴소리도 나의귀에는 듣기싫나이다 그리하야 나는 나의生日을詛呪하나이다 나에게는 이生日이없었드면 가장幸福스러웠겠나이다

아! 主여! 나는 다만主의넓으신사랑만바라고있나이다 主의無限하신矜恤만기다리나이다 나는 主의넓으신사랑과 無限하신矜恤이 나를容納하시옵

過去의日記에서

기를바라고기다리면서있을뿐이었나이다 主여! 나에게있어서 希望과光明은 이것뿐이로소이다

主여! 主께서 나의罪를한번만더容恕하여주시옵소서 그리하면 내가永生하겠나이다 主의音聲이 나의靈魂에들리시옵소서 그리하면 내靈魂이닐어나겠나이다 主께서 親히오시사 내罪를赦하여주시옵소서 그리하면 내가 罪에서解放되겠나이다

主여! 主께서 내가 너를陰府에서도 건지겠다하시오며 내가 너를 罪中에서도 낮어버리지아니하신다 말슴하야주시옵소서 그리하면 내靈魂이 깨여닐어나 罪를니기겠나이다 主여! 내靈魂이 主의 이말슴을 듣고 깨여닐어나게하옵소서

主께서 나의罪行을 숨겨주사 내가나의罪行따문에亡하지않게하시옵소서 主께서는 나의罪行을 一一히 다아시오니 나에게矜恤를베푸시사 내가 나의罪行으로因하야 사람앞에 부끄러움을當치않게 내罪行을 一一히감초여주지옵소서 그리하야 罪가나를삼키지못하게하시옵소서 罪로因하야 내가 主의사랑을 더욱알게하시오며 罪로因하야 主를 더讚頌하게하시옵소서 아멘

二四

如此히 나는 나의過去를回想하고 나의罪行을 清算하여보았다 나의罪行을清算하여보니 宇宙도 오히려좁다 今日은果然苦痛의一日이다

내가 이몸은罪에서 解放되랴면 죽어야하겠다 나는발서罪로因하야죽었다 나는발서죽었으니 이世上에對하야는所望도없고 野心도없는者다 나는 나를죽이기에 每日最後의努力을하는者다 나는 나를죽이는일에成功하야 人生을成功하는者되였어야한다 나는발서죽었다 발서죽은나에게 무슨所望이있으며 무슨野心이있겠느냐? 무슨經濟問題가있으며 政治問題가있겠느냐? 무슨家庭問題가있으며子女에게對한愛着이있겠느냐?

발서죽은나에게 過去의몸은罪行을 나타낸들 부끄러울것이무엇이며 죽은나에게 道德的罪行을부끄러워할무슨生命이있겠느냐? 나는 발서罪의勢力이및지못하는저便나라에가서있는者다 나는 발서죽음으로써 罪의勢力範圍內에서解放된者다 나는발서죽었으니 죽은나에게 무슨罪問題가있겠느냐? 罪의最高役割은 나를죽이는일에있다 故로발서죽은 나에게는 罪가無力하다(下略)(張道源)

城西通信

○第四十九回의音信을보낸다。來三月로써五十號가될터이니 聖書朝鮮으로서 생각하면 感慨가 적지않다。하나님의게 속히었든가고 의심하면 痛憤하기도하고 主님의恩寵이었든가고 돌이켜보면 눈물겨울기도하다 讀者中에 위로나或은감사하기를 한께하고저하는이는 二月十日以前에本社까지到着되도록 感하는바를記送하라。葉書라도足함。

○冬季休暇로歸省中의 어린兄弟의短信에曰「……또한 저의깃븐것이있읍니다。主안에있는 몯은兄弟姉妹를볼때 깃븜니다。더옥이 우리반에 믿는同志친구들을 더없는榮光으로 생각합니다」。云云。크리스챤의 心情이 의례이 이렇게될것이오 또한原來이런것이었다。마는 오늘날基督信者에게 果然이러한깃븜 主안에있는兄弟를보고 깃버하는깃븜이 그속에있는가。假令數十年間敎役에從事하였다는 老牧師한분을初對面하여보라。「나 예수믿습니다」라는對答에 滿足치못하야두마디만에 必然코묻는말은「어느敎會에다니십니까」하는審問의始作이다。이로부터 洗禮는?聖餐은?하는問答이 오고갈수록맛히夏雲의形態가變動하듯이 七面鳥의顔色이 時를따라變하듯이 老信徒의顔面筋肉이動搖하여간다。나중에는 예수믿는다는말을 듣지않었드니만못하게 失望과憎惡가 飽腹滿面하야 初面이永別이되고마러버린다。嗚呼篤信의禍!形骸의嘆!

○지난一年間聖書朝鮮을읽은 南海岸어느公立普通學校先生으로부터『……一年前에 偶然히傳道를받었읍니다。예수를알고저 그리스도人이되여 무엇보다 이罪와몸에서自由하야살고저하였읍니다。直接그리스도人들과接觸하야 그리스도人의生活을배우고저하나 形便과地境이不許하야 오로지書籍을通하야 예수를알고저 또敎人의實生活記를通하야 하나님의 實證을알고저할뿐이며 聖朝誌를購讀함도 그理由가이에있나이다。……聖朝誌는나의心靈의기름이되여주옵소서。……十二次나先生님의通信을받고玆에僅僅數字記呈하야人事에代하나이다云云』十二月廿五日

聖朝誌가 이처럼地域에局限되여 그리스찬과의接觸도自由스럽지못한곧에가서 慰勞를傳하며伴侶를作하는일이야말로 本誌의素願이였다。또한願컨대 우리의水師李舜臣이長劒을휘워잡고來往하든南海의島嶼에 나사렛예수그리스도의 平和의福音種子를뿌리면서 이섬에서저섬으로歷訪하는날이있기를。

○多難하였든一九三二年을보내고 새해元旦아침에 禮拜를畢한後 歲拜를들이고 또반었다。어린아이들腦속에 일본설이니 초선설이니하는觀念을두지말고저하야 今年부터 一家完全히太陽曆으로過歲하다。實行이늣었음을歎하것만 아직도洞內에서는單獨的過歲임은勿論。

○正月三日부터五日까지三日間 信仰의친구數人을請하야 輪讀會를가진일이있었다。本來學生時代부터 몇친구사이에하든일임으로 널리알리지않었는데 이모임이있었든줄알고 參列치못한것을 섭섭히녀기는兄弟들도잇었다함을 後에야알고 매우未安하였다。그러나主께서許하시와 後年에다시열수있게되드라도 會場及宿食等關係로因하야 到底히公開할수없겟음을 슬버한다。

○一月八日에崔泰瑢兄來訪。그李氏의別世를吊하고 學界의稀消息을듣고 主를爲하야共同戰線에서기를願함에一致함을얻어感謝至甚。

○一月九日에 이런깃븐音信이飛來하다。『……小生等도오래前부터 敬慕하여왔나이다。當地○○○(貴誌讀者)兄과는朝夕으로相對하는主안에서 一이되여있는中이외다 지금부터 얼마前에A兄과對話한事實이옵난대 吾等은今後京城간다고하면 우리家庭이有하야 조음도拘碍됨이無하리라고까지말하엿나이다。이우리家庭이라면 곳聖書朝鮮社와金先生님宅을指稱한바이외다。

右와如히主안에서一體됨을確信無疑하야先生님을愛慕함이如斯하든中 今般愛의葉書를奉讀하오니 眞實로感謝를마지안이하오며熱面의感이有하오니다。三四次重讀하여도오히려未盡함이有하와 하나님의사랑은葉書한장에도躍動하고있음을切實히感하겟나이다。小生等은 일즉이高城金成實先生의引導하심으로珍貴한福音에서生活하든中 偶然한機會로貴誌를通하야 日과月로生命은躍動하며靈은成長하여가나이다。아ㅣ우리主의無限愛를讚頌하는同時에 貴誌는眞實로朝鮮社會에서처음보는眞理의機關이며 福音에唯一인使者임을切實히認識하며感謝를마지아니하나이다 압으로크게榮光을顯現할줄믿사옵고祝賀不已하나이다。小生等은方今現代敎會와組織에서解放되여每主日마다家庭에서集會하며 無時로主님만처다보고呼訴哀禱하는中이외다 主의사랑하야주심을바라오며 葉書末尾에 許하시면○○을한번오신다고하였아오매 甚히企待되는바이외다。速히一次光臨하시와 큰恩惠를주심을切願하는바이외다』云云。

聖朝社를 서울家庭으로指稱함은 本誌讀者의特權이오 本社의光榮이오 또한主님의깃븜이신가한다。現今으로는一時에五六人兄弟의留宿은致當할수있으나 漸次로擴張하야 엔만한公開集會도可能하도록하고저新願이다。또한主께서許하실時와平坦한길을許하신다면讀者數人式있는곳을찾고저한다。

聖書朝鮮合本(總布洋製)

一九三二年度의合本과同時에 本誌創刊號以來의것을若干卷식製本하였다 本誌를長久히保管하고저하는이에게左記定價로分配합니다。

第四卷(一九三二年度) 自第三十六號 至第四十七號 定價一·九〇送料〇·二〇

第三卷(一九三一年度) 自第二十四號 至第三十五號 定價一·九〇送料〇·二〇

第二卷(一九三〇年度) 自第十三號 至第二十三號 定價一·七〇送料〇·二〇

第一卷(一九二九、八、七年) 自創刊號 至第十二號 定價一·九〇送料〇·二〇

本誌舊號代金

創刊號로부터第二十三號까지 아직若干部식殘在함으로 如左히代金을割引함。但주음식汚損된것도있고 品切될境遇에는注文에應치못할것을豫告하나이다。

年度本(合本이안임)

(1) 創刊號—第廿三號 全廿三冊 金貳圓(郵稅共)

(2) 第廿四號—第三十五號 全十二冊 金壹圓五拾錢(郵稅共)

(3) 第三十六號—第四十七號 全十二冊 金壹圓五拾錢(郵稅共)

分冊

(4) 創刊號—第七號 各一冊 金拾五錢(郵稅共)

(5) 第八號—第廿三號 各一冊 金拾 錢(郵稅共)

聖朝文庫 第一卷 푸로테스탄트의精神

咸錫憲著

菊版半三十二頁 定價拾錢·送料貳錢

方今基督敎의敵은 基督敎以外에있는것이안이라 敵은實로基督敎內에있다。루터가푸로테스트하였든舊敎는勿論이오、眞理의아들일所謂新敎도 지금은 그腐敗의極에達하였다。예수그리스도의 너름으로 行하는老會總會、年會等과各種敎育機關을보라。그써을대로썩고 그릇될대로그릇된낭을보고 憂慮하지안일者가누구일까。이때에 우리는 다시抗議하지아니치못하나니 이것이곳「푸로테스탄트의精神」이다。共憂의士에게薦하노라。

朝鮮農村救濟策 全一卷

趙敏衡著

四六版二四〇頁·定價·C五〇送料四錢

現下農村에關한圖書中에 가장理論과實際가符合하는名著라하야 일즉이柳永模先生은 이冊을 五山李昇薰先生께薦하였고 李昇薰先生은親히 이冊을多數購入하시어 親知諸氏에게配付하였다한다。겸손하야土地를차지할農村兄弟들께좋은伴侶될것을確信한다。

本誌定價(新年부터一部改算)

一　冊 拾五錢(送料五厘)

六　冊(半年分) 前金九拾錢 送料共

十二冊(一年分) 前金一圓七拾錢

要前金。直接注文은振替貯金口座京城一六五九四番(聖書朝鮮社)로

取次販賣所 京城鍾路二丁目九一 朝鮮耶穌敎書會 振替京城四〇八一番

昭和八年一月三十日 印刷
昭和八年二月　一日 發行

編輯兼發行人 京城府外龍江面孔德里一三〇 金敎臣

印刷者 京城府西大門町二丁目一三九 金顯道

印刷所 京城府西大門町二丁目一三九 株式會社 基督敎彰文社

發行所 京城府外龍江面孔德里活人洞一三〇ノ三 聖書朝鮮社 振替口座京城一六五九四

昭和五年一月二十八日 第三種郵便物認可
昭和八年三月一日發行(每月一回一日發行)

金教臣主筆

聖書朝鮮

第五拾號

一九三三年三月一日發行

目次

【定價改算】

凶夢壁書大吉

一九三三年二月五日새벽에 꿈꾸다가 그苦悶에못니겨 잠을깨니 果然一大凶夢이었다。 그것은 어떤小島같은데上陸하였드니 수없이많은癩病患者들이 모여들어 이편에서도齧고 저편에서도 부닿지더니 瞬間에나의全身이癩病에걸리는光景이었다。 깨고보니 꿈절에도 못닞어하는「나」라는 덩어리가 괘씸하기도하고 痛嘆스럽기도하였다。 悔恨의情을鎭靜하는즈음에 생각나는것은 이왕날書堂訓長의冊床머리에 종종「昨夜凶夢壁書大吉」이라는 원글씨의紙片이붙었든記憶이다。 그러나 意識이있고서야 참아 凶運을廻避하랴고도못하야 그偶意를解得할道理나있을까하고 解夢잘하는 요셉의事跡等을聯想하노라니解釋의鍵으로 잡히는것이 路加福音第十二章二十節이다 曰

이 미련한자여! 오늘밤에 너의 靈魂을 돌우찾은즉 너의預備한物件이 뉘것이될터이냐?

라는것이다。 癩病만이안이라 밤사이에 죽을수도있음을깨다르라。 이것이我流의解夢이다。 스스로滿足。

나의常識

常識이란것은 學識이안이다。 人間社會에 가장必要한 基本的知慧、知識의通稱인듯하다。 이런意義로서 나의常識은 야고보第四章十四節에盡하였다。 曰

왜 너의는來日일을 모르느냐 너의生命이 다무엇이냐? 即 안개와같으니 暫間나타났다가 곳消散하나니라。

는것이다。 人間은 죽어없어질것이오 그 죽엄의襲來가 甚히急迫하야 그게對한 우리의準備가半도못되였을때에 우리를拉致할것이 切實히 느끼어지는것이 나의常識의基礎를成한다。 故로 長生不老할것처럼 子子孫孫 累古萬年을打算計劃하는世上의常識眼으로볼때에 余輩의하는일은 全혀 沒常識한것뿐이오 軌道에서脫線한것처럼 빛우일수밖에없을것이다。 그러나 이는 나의그릇됨도안이오 저의허물도안이오 오로지 그常識의基調를닯이하는까닭이다。 死線에선者와 安住에잠든者와 그判斷이 다름은此所謂 無何奈何의일이다。

第五十號의感

教會나外國宣敎師나 어떤機關、組織體의背景이 없이、種種世間의排斥은 받었을망정 大家의文筆을求乞함이없고 廣告術에依하지않고 純全한聖書의眞理만을 導唱하야 聖書朝鮮의過去六年間에五十回를 거듭하여왔다。勿論 사람을向하야 자랑하기에는 넘어도貧弱한것이었으나 나 스스로가 하나님을向하야 驚異와讚頌을 옲임에는 充分한材料가 안될수없다。榮光은 몯아主께돌리라。

五十이란數

「人生五十」이라하면 平均壽命의人間一生을 가리치며 「五十而知天命」이라면好學孔夫子의生涯에도一大轉向期이었든듯하다。猶太敎의五旬節은新素祭를獻하는날이오 基督敎의五旬節은 크게聖神이降臨하야 怯者베드로의輩도 굳세고充滿하게되든때다。이때에聖書朝鮮도 그五十號를當하야 그主筆의靈魂과한께一大變革이없지못하였다。第五十號에至하야 더욱 그天命을 깨다름이 간절하다。

第五十號의感·五十이란數 一

高等遊戲

一九二七年七月에처음 本誌創刊號가出現하였을때에 可하다나否하다나 처음이오 또한나종으로唯一의批評을준것은「聖書朝鮮은學生들의高等遊戲라」는것이었다。高等인지下等인지不問하나 遊戲는果然遊戲었다。衣食을얻으랴고職業的으로한것도안이오 牧師長老의家庭에낫거나 宣敎會나神學校의關係가있어서 體面上、義理上不得已하야한것도안이었으니 遊戲라는것이 가장適切한觀察이었을것이다 爾來五十號가 몯아遊戲이었고 또將次終刊까지 이遊戲의態度만은持續될것이다。聖書朝鮮을發刊함으로써 救援에參與하리라는생각은 勿論널으킬수도없는妄想이오、차라리 余輩와같은淺識한門外漢이 聖書硏究니信仰云云하는것은 가증한經綸을 거스리는일이나안인가 하는恐懼이 恒常마음을 떠나지못한다。그럼에도不拘하고 福音을告白하지않을수없어 말하고 聖書朝鮮을發刊하지않을수없어 發刊하니 이것이야말로「高等遊戲」라고아니할수도없을것이다。우리는遊戲로하고 主는事業을經綸하신다。

軍事와靈界

出戰軍人의通過함을볼때마다 나의靈은天國을向하야 限없는憧憬에 못견디었다。 저들 軍國에난靑年들은 一絲不亂하는徵兵令에依하야 避할수없이 男子란男子는 꼭한번 이絕大한義務를지어야하며 다만默默히追從할뿐안이라 또한欽喜雀躍하면서 死地에進就하는樣은 아무리보아도 무슨完全한것의 不完全한 그림자인듯。 地上에 발서이런絕對한權威와 整然한法令과 雀躍한服從이있으니 하물며天國에랴。 그럼으로 篤信한 이스라엘百姓들은 그長子를私有하지않고 받혔다。 日本에勇敢한獨立傳道者가輩出함도 또한 이렇게嚴然한軍國訓練을받은所以가안일까。『이다려 가라하면가고 저다려 오라하면오는』줄 아는國民이다(太八•九)。 돌이켜 우리現狀은 어떠한가。 萬王의王 그리스도의軍呼가 처량할지라도 저들은廻避하기를『主여 나를용납하야 먼저가서 父親을장사하게하여주옵소서』하면서 猶豫를請하며 自由를主張한다。 禍있을진저 無法한百姓!

凱旋軍

二

凱旋이라면 첫째로凱旋將軍의威風을聯想한다。그런故로 凱旋列車를구경하는群衆들도 列車의中央에 指揮官或은司令官室을向하야 歡呼하고 아우성치는것이었다。 마는 列車가 떠날때에 軍用車의末端荷物車속에서 半身이뵈가나말가나한板門속으로서 兵卒하나가 氣着하고擧手禮한채로 群衆의歡呼에應하면서 지나치는것이 눈에띠었다。그背後에는 軍馬의 눈이 어두운中에서 번적거렸다。 即 그兵卒은 普通列車에도 타지못하고軍馬을飼育하면서 荷物車속에居處하는것이었다。그러나 凱旋列車에 탓으니 저도凱旋軍이었다。故로 禮받을資格이 充分하였었다。

實로 荷物車속에서 軍馬를지키는卒兵으로도可하고足하다。 비록 百千번 꺼꾸러질지라도 最后까지 닐어나 「眞實한것으로腰帶를띠고」싸울진대(에베소六•一四) 우리도 스데반、바울、루터等諸將을실은凱旋列車에앉아 主께서預備하신 義의면류관을받으리라(듸모데后四•七、八) 貴한것은 位의高下가안이다。 부려운것은오직凱旋의意氣다。

生活問題一考

柳錫東

「神曲」의著者가「나는果然돗때없는배로다。赤貧의쌀쌀한바람에불디어 定處없이이곧저곧돌아다니며 運命의칼에찍힌傷處를이사람저사람에게보이었다。伊太利말이通用되는곧에 이乞人의발이안이간곧이어데있으랴는 눈물겨운글자를읽고 뉘안이가슴을안찔리리오。또「心身을쉴새없이害하여가는이ㅣ빵쪼각이라고長太息을한詩人허ㄴ의心情에 뉘안이마음을안움지기리오。人生에여러가지苦痛이있지마는 이러한生活苦에서나오는것과같이甚한것은없다 늙은父母와依支할곧없는妻子를눈앞에보고 이두저두할수없을때생기는斷腸의느낌은比할곧이없는것이다。단데의悲愴한獨語는人生의深奧한어찌할수없는피가흐르는 體驗속에솟아나온것이다。

우리는무엇을먹으며 무엇을마시며 무엇을입을가。이人生의가장切實하고深刻한問題이다。例外가있을수없는全般的問題이다。永久한問題인同時에當面의問題이다。이것을解決할때萬事成이오 이것을解決치못할때萬事休이다。近日에와무슨主義무슨制度하야 소리를높이고있는것은다이解決을自任하고있는것이다。그러나이生活問題에對하야明白한斷案을내린人士는없다。기끈가야社會組織이어찌어찌되면하는것이다。그러나그러한餘裕없는것같으면모르거니와 눈앞에매여달린 죽느냐사느냐하는問題임으로어려운것이다。理想이좋은것이고 未來에對하야所望을두는것은大段깃거운일이나 現在當面한일에對하야何等의指示가없으면 그는일음좋은一種의꿈이다。闘士라하고理論家라하고宗教家라하나 다한가지現在에서遊離한夢想家들이다。우리는무엇을먹으며 무엇을마시며 무엇을입을까。이緊急한問題를解決하여주어야한다。

人類의巨頭들이다 이問題에는말뿐꾸뿐이어 말하자면 배곯븐者에게兄弟여 이것이좋으니하여보소하는異常야룻한것을하고있음에不過한것이다。當事者와는判然다른境遇속에서 그들의解決策을云云하고있는眞實치못한것이다。무엇무엇이라고웨처先驅者답고眞理把握者같은체하나 그들의生活을檢討하여볼때 거긔에는依然히自己들이反對하는生活原

生活問題一考

四

理속에서숨쉬고있음을發見한다。無一物한者와生活條件이다른同時에 또한이러한自己들이主張하는眞理에反하는걸음을걷고있는 眞理가무엇인지를아지못하는사람들임으로 組織이變更云云하는것도一種의自己를속이는逃避하는人間性의發揮이다。生活問題를어찌하면解決할수있을까。이問題亦이世上便으로는到底히깨달을수없는것이다。聖書에돌아가야하며 그곧에서完全한指示를받아야한다。

山上垂訓속에서 예수는空中에나는새以上으로 들에피인百合花以上으로 自然스럽게이問題를處斷하였다。아무거리낌이없이 우물물이제절로소사나오는것같은느낌이있다。이問題를全然無視하는듯이「한울나라와그義를求하라」고하였다。예수에게는이것이問題가아니되고 한울나라를自己속에가질때 의레히解決됨을알었다。自己自身이이를體驗하고 또그의길을밟고있는弟子들이 이를잘알었다。世態가닮아서그러하였다함에는 넘어나嚴肅하고根本的인生活態度가그들에게있었다。고린도後書에사람으로써그와같은苦生을한사람은없을만한例를남겨놓은바울은亦예수와같은 길을걸었다。生活問題는百分之一에不過하다는느낌을주고 百分之九十九는한울나라를가짐에있다고하는것갔다。「하나님이 自己아들을아끼지아니하시고 오직우리뭇사람을爲하야바리셨으니 어찌그아들과한께萬物을恩惠로우리에게주시지아니하시겠나뇨」하는것이그의徹底한主張이었다生活問題가그의마음에興味를아니닐으켜서가아니라 信仰이바른位置에설때 그와같은족으만한問題는自然히解決된다는것이고 그自身이이를經驗한것이다。新約聖書가生活問題에對하야거의沈默을직히다싶이된것은 一部의人士들이想像하는것과같이現實을無視한까닭이안이라 넘어나現實을잘알음으로 改革을부르짖는勇士들보다더現實的임으로 그러한것이다。生活問題가問題로아니될만큼完全한解決이聖書속에있는까닭이다。하나님과바른關係에설때 어느곧에生活에對한念慮가있느냐는것이 聖書가가르치는바이고 그를믿는者들이직히고있는바이다。

하나님나라를求하는團體로써 生活問題로하나님을怨望한最初의事件 近代의말로써한다면同盟罷業을한것은 이스라엘民族이埃及에서나온지二個餘月만에그指導者모세에게對하야한것이다。이때의모세의態度에우리는하나님믿는者의生活問題解決을볼수있다。場所는曠野이다。사람생각으로그곧에서餓死치아니할方策이없었다。現時의極貧한社會層以上이면以上이지以下는안이었다。모세는여긔에서죽음도하나님을疑心치아니하고 하나님나라길을걷는百姓이滅亡하는생각을할수없었다。또한모세로하여금이스라엘을잇끌게한하나님은 그들이念慮하는以上食料를準備하셨다。四十年間의그들의生活은이것을餘地없이證明하는것이다。到底히人間의理性으로써解決할수없는이問題가 모세의하나님으로因하야完全히處分되여버렸다。다음에個人으로써하나님믿는者로生活에부닥긴最初의例는엘니야이다。그가사는地方에오래동안비가오지아니하야饑饉이닐어나많은死者가이곧저곧에생기었다。하나님의사람도또한그들과같이죽게되는것인가하는생각이그의게있었을것이다 그러나그는寡婦의한조각떡으로살게되여 그의豫言者의責任을完全히다하게되였다。엘니야를擇한하나님이 그를生活難에서救하지아니할수가없었으며 現時우리나라에혼이있는果然가없은一女子의가는손에依하여서라도 그의生活을確實히支持한것이다。

하나님을믿어서 生活問題가의레히解決될것이며 만약하나님을믿어도生活問題가解決되지아니하면그러한하나님은믿을必要가없는줄안다。全能하신살어게신하나님께全心全靈을받힐때 우리의生活은自然히保障되는것이다。우리의믿음이여긔까지到達치아니하면 그信仰은空中을치고있음에不過한다。信仰이안이라空想의一種이고 象牙塔속에서좋은꿈을꾸고있는可憐한것이다。아무리靈的體驗을深遠히하고偉大한豫言을하고 하나님나라에對한思慕를限없이할지라도 이現實의問題에對하야確固한信念과斷案이없으면 그믿음은모래우에세운집이다。

그러면우리의믿음이어찌하여야 生活問題를完全히解決하게될것인가。現代의特殊한社會形態알에에서는不可能하다고速斷을하여서는아니되고 또自己믿음은健實한데一般이다生活難에줄이고있으니나亦그中의一人이됨을榮光이라고하는安價한平民主義를卽時생각하여서는아니된다。失職群이많고生活壓迫이徹底할수록 우리信仰은칼날같이날카러워가 그困難한處地를비어버리고 그속에하나님의眞理를나타내야한다。이世上의所謂思想家改革家가眞正한意

味에서이問題에失敗한것은事實이매 信者가여긔에對한明確한態度를가지고 福音의眞理를거침없이傳播식혀야한다。現在에옷없고 밥없는同胞에對하야 그處地에서버서날수있는方策을베프러야하며 또그것을目前에볼때 우리良心에아무찔림이없이될만한徹底한하나님中心의生活態度가있어야한다。다시말하지마는 우리信仰이이러한곧까지通하지아니하면一種의空想을누리고있음에不過한것이다。우리가하나님을믿는다고한다。예수그리스도를먹고마시며살고있다고한다。이것이正統의信仰이다。그러나우리가反省하여볼때 이러한事實이各瞬間에또每事에顯著히露出되여있는지疑問이다。예수가十字架에서죽을만큼하나님을사랑하고隣人을사랑한그사랑이 우리靈魂속에살고있으며우리血脉속에물결치고있는지疑問이다。바울이自己와世上을十字架에葬死하고예수그리스도를믿음으로산그生命이 우리에게亦있는지疑問이다。우리는事實로自己自身에죽고또이世上에서죽고서오직하나님나라에살고있느냐。하나님나라에발서옴겨가 이地上을한旅人으로써지내고있느냐。우리靈魂의生死問題가肉體의生死問題보다더銳敏하게 우리를찌르고있느냐。바울이靈魂의利害打算을商人이商品의利害打算以上으로한 그날카로운눈이우리에게있느냐 兄弟를爲하야목숨을발힘이얼마나自己靈魂에有益함을 이世上사람들이自己를爲하야兄弟의목숨까지도빼앗으랴하는以上 우리에게切切한느낌으로써있느냐。우리에게하나님께卽兄弟에게生命을받히랴하는산信仰이산하나님사랑이우리에게있느냐。하나님나라가발서우리속에臨하야 새싹이쉴새없이자라고있느냐。우리는다小그리스도가되여있느냐。信者이면의레히이러한大變革이널어날것이다。이信者에게生活問題云云의걱정이있을수가없다。兄弟의게서빼앗으랴하는데에生活難이있고權力金力밑에乞人노릇을하랴하니生活苦가있지 이마음 이靈魂 이몸을兄弟에게받히랴할때 거긔에무슨難무슨苦가있으랴。예수는죽음으로써隣人을사랑하야 그의百分의一에不過한生活은自然히解決되였다。우리信仰이自然히兄弟를爲하야목숨까지버리게될때 우리生活問題는의레히解決된다。勿論여긔에注意할것은生活問題解決하기때문에兄弟를사랑한다는것은 발서사랑이안이다。하나님을믿는者의사랑이안이다。우리는참으로兄弟를사랑하여야한다。하나님과神秘한靈交를하는것은大段히좋은일이고사람의아들로써가질수있는最大特權이나 그것이兄第를사랑하는能力으로아니나타날때 그것은一種의꿈이고歷史上에많이닐어난神秘主義一派에不過하는것이다 하나님을믿고사랑하는것은 하나님의사랑으로써兄弟를사랑하는것이다。우리의하나님과의關係가굳굳할때 그는自然兄弟를사랑하게되여 거긔에우리의말하는敎會가成立되는것이다。하나님의사랑에매인한모임이이러나게되는것이다。누가먼저兄弟를爲하야목숨을받힐까하는거륵한싸움이닐어나게되는것이다。하나님사랑에그저있을수없이 能動的으로兄弟의不足한곧을채우랴하게되는것이다。여긔에사랑은百分의一에不過하는그物質的사랑이안이라 敵을爲하야도목숨을받히는예수그리스도의天的사랑이다。이사랑이움지길때 生活問題는어듸간곧없이處決되어버리는것이다。信仰은다른것이안이다。兄弟에게自己全部를받히랴는것이다。自己中心을떠나他人中心하나님中心으로되는것이다。이러한謙卑한마음을가진者만이 信仰의圈內에있는사람이고 그他는物質的或靈的資本主義者에不過하는것이다。自己에죽는者 他人을爲하야사는者 하나님을爲하야사는者만이信者이고 따러이런사람에게는生活難이그靈魂을侵犯할수없는것이다。生活問題는오직信仰으로야만解決되는것이다。

그러나여긔에問題되는것은이러한信仰을가지는사람은小數에不過한다는것이다。우리같이못난者가어찌그러한信仰을가지겠느냐고한다。信仰은自己힘으로써할수없어悲嘆하는者에게가장갓까운것이고 自己못난줄을잘아는者에게만있는것이다。生活難에억매이어人生苦를함뿍當하야 한마듸말이라도들으면그대로하여보는謙遜한者에게있는것이다。길에떠러진빵쪼각이라도줏어먹는徹底하게破産當한者에게만있기쉬운것이다。物質에破産當하고精神에破産當한者에게있는것이다。信仰은이世上便으로正反對의立場에있어야얻기쉬운것이다日前에한失職한靑年이있어數日동안먹지못하여이리저리彷徨하다가某人의집에와「얻으랴고만말고너의게있는것을다른사람에게주라」하는말을듣고 그대로나갔다。그靑年은自己가가지고있는肉體의힘을누구안테던지주랴하야 이곧저곧돌아다니다가짐을나르는곧이있어　이것을도아주니　그主人이大段히느끼어일한뒤에雇人의關係가아니라人格과人格의關係로써사랑의선물을많이주더라고한다。이青年의이움지김은훌룽한信仰의態度이고純粹한사랑의움지김이다。信仰이어려운것이없는줄안다。이青年은발서失職의念慮는없고한獨立人으로써兄弟를爲하야무엇이던지하라고하는참信仰의要素를每日實行하고있다　農村의窮乏은말할수도없는極度에達하야　肥料問題는農事짓는사람을限없이걱정식히고있는대　信仰의한벗이農閑期인요새近處에서일하는土木局工事에품팔으며　그곧千餘名工夫가江邊에서그냥大小便함을보고민망히녀기어집에서꺼적때이를갓다이곧저곧에사람눈을가릴만큼처주었다　그리하니모다그곧에들어가大小便을하게되여　그는일끝난뒤에는늘그것을지고서돌아왔다。兄弟의不便함을도아주는산信仰의움지김이고　거긔서또한肥料問題의解決을얻은것이다。信仰이어려운것이안이라이러한卑近하고容易한곧에산事實로써나타나는것이다。信仰이어려운것은　아직自己自身이强强히산까닭이고배가부르고돈이많이있고時間이많이있는까닭이다。自己自身이弱할수록信仰은쉬운것이다。바울이「나는弱한것을자랑하리라」한것은信仰의要諦이다

다음에또한사람으로의資格있는사람은그러할터이지마는　늙은父母와弱한妻子는어찌하느냐하는걱정이생긴다。이는果然어려운問題이고　人生의苦杯를족음이라도마신사람은누구나다눈물을흘이는것이다어떤信仰의先輩가이問題에惱悶하야벗에게自己妻子를依托하겠다하였다가　後에自己不信을뉘우쳤는대여긔에우리는그信仰의不徹底함을스려하는것보다우리人間의어찌할수없는弱한情에울고자한다。家庭問題는참으로　참기어려운것이다。그러나한사람이하나님과바른關係로설때一家族뿐아니라一國家가滅亡하지아니함을聖書에서배운우리이다。또한우리가父母를사랑하고妻子를사랑한다함은발서百分之一에不過하는物質에있는것이안이고하나님을사랑하는그사랑을그들에게줌에있다。하나님사랑에　違反될때는物質의扶持까지도끊어버리는　날카로운사랑이우리에게있다。예수가하나님의뜻을이루는者가나의兄弟오나의父母라하신그生命이우리것이되여있다。이러한徹底한믿음과사랑으로나갈때　하나님은반듯이우

리家庭을끊어주실것이다。그러나우리가家庭이라고 하는그觀念속에는얼마나不純하고 하나님사랑에未及하는點이얼마나많은가 父母妻子를한獨立한靈魂으로取扱하지아니하고 한奴隷로써생각하는意識이 大部分이다。所謂孝道、所謂友愛、所謂圓滿에는淸算할點이많이있다。百分之一에不過하는物質의關係를비여버리고 九十九의生命의關係로써새家庭을닐으키어야한다。扶養하는것이안이라 하나님의게받히는사랑의선물로써그들에게들이는것을큰榮光으로생각하는것이되어야한다。

生活問題의解決은적게一個人으로나크게人類全體로나 한靈魂이하나님앞에바로서게되여 하나님이주시는그永遠한生命을自己가가진족으만한所有物과같이 하나님께卽兄弟에게받힘에있다。이外에는아무리設備가整然하고制度가完全하더래도 生活問題의解決策이없다。現在生活속에서苦悶하는사람도 그속에서앗가例든靑年과같이農村의信仰의벗같이 自己가現在할수있는것을 隣人의缺乏한것을사랑의눈으로써洞察하야純粹한動機로써받히면 疑心없이그가장現實的問題가解決될것이다。그러나우리는얼마나 信仰信仰하면서 모든것을死藏하고있는지모른다。몇十年걸려얻은學問을月給못받기때문에空然히썩혀버리고 心勞하여버ㅣㄴ돈을貯金이라土地라하는흙속에파무더두어 利子하나안늘이어 예수오실때에돌려보내라고하고있다。또오래동안父母의德으로健康하게된몸을房안에앉혀놓와 溫室속의植物과같이힘없게만들고 하나님이주신貴한말을쓸때없는곧에써그貞操를이러버리게하며 우리의貴한눈을肉의勢力에만써兄弟의앓븜을못보게하고있다。이!우리서로의大損害이고 하나님의말할수없는至極한損害이다。하나님은自己의이損害를보고 홀로히痛嘆을마지아니하실것이다。우리는우리의頑惡한마음때문에 보이지아니하는魯鈍한눈때문에 우리앞에자라고있는하나님의敎會를恒常밟어버리는殘惡한罪惡을깊이悔改하여야한다。家庭이라는虛僞한人情에잇끊이어예수그리스도를中心으로하야이곧저곧에자라고있는참家庭을滅亡식히는일이얼마나있는지反省하여보아야한다。聖徒에게한잔의冷水를주는것이天國들어가는資格을얻게되는그奧義를잘알어야한다。우리눈앞에天國이열려있는대 우리는그것을取하지아니하고 머ㅣㄴ곧에쓸데없는求함을하고있다。아침일쪽부터저녁늦게까지 우리가接하고當하는사람과

生活問題一考

일에 얼마나우리는하나님나라를사는損害를하고있는지모른다。그러면서도이러한損害에는마음도傷하지아니하고 이世上賣買關係로써무엇이잘되였는니아니되였느니하고있는靈魂의大失敗를거듭하고있다무슨짓인지모르겟다。우리안데서는아직눈에서비늘이떠러지지아니하고 天國의數理가뚜렷이아니뵈이고있다。바울이糞土와같이녀긴이世上것이아직우리마음을占領하고있고 그리스도의十字架가들어갈곧이없게되였다。우리는다시悔改하여 하나님과兄弟의게받히고받히는生活을하게되여야한다。하나님의生命이우리全體를삼키어 그속에서復活의權能이나타나야한다。精神的資本이나物質的資本이나 사랑의빛에淨化되야 天國을建設하는없을수없는주추돌이되여야한다。

生活難의가장가까운 解決은自己自身을十字架에걸음에있다。自己自身에全然히죽어 天國의豊富한財産을所有함에있다。自己의全所有를兄弟를爲하야解放함에있다。예수가自己를爲하야父母兄弟妻子와財産을버리는者가現在에있어서도 몇倍나以上을받게된다는것은 單理論이안이고 事實中의事實이다이것의事實與否는 各各이몸소體驗하여보면아는것이고 생각하여보면하나님의아들된特權을얻었다하면서 돈얼마에팔이며 족으많한地位에팔리는것은人權無視도甚한것이다。乞人을嘲笑하면서 自己는安然히일음만족음다른같은짓을하고있음은 무엇이라고辯明할넌지모른다。받으랴하지말고 얻으랴하지말고 먼저주어야한다。주는것은받는것보다幸福인것은서로잘아는바이다。주고또주어야한다。自己가하나도쓸것이없을만큼주어야한다。예수가十字架에서自己自身을到底히救援할수없을만큼無能히되도록다른사람에게自己를放棄한것과같이 우리도自身이空虛할만큼他人에게주어야한다。겨우百分之一에不過하는物質을주고서滿足하여서는아니되고 自己의生命自體를提供하야兄弟가한울나라를가지도록하여야한다。우리가兄弟에게眞正으로몬은것을받힐때거거에永生의우물물이솟게된다。물우에生命을던지면 오래後에는또自己게로돌아온다。하나님의사랑을兄弟에게던지면하나님부터몇百倍의사랑을또하나님부터받게된다。生活問題도이사랑의法則에좇을때비로소解決된다。예수의「먼저하나님나라와 그義를求하라」는것은가장現實的生活問題解決策이다많은사람에게는보이지아니하는하나님나라의生活原則이다

바울의生涯【七】

스토ㅡ커敎授著
柳錫東譯

第二次旅行

八九、第一次旅行은말하자면 바울이그의날개를試驗하여본것이며 그길이大段危險한것이었지마는그는그의故鄕周圍의좁은地域을떠나가지못하였다。第二次旅行에는 그는훨신멀고危殆한곧으로갔다。實로今番旅行은그가한最大한것이었고 同時에人類記錄에類例없는重大한것이었다。그結果는 알렉산더ㅡ大王이希臘의武器와文明을亞細亞中心에가지고간遠征以上이었고 시ㅣ서ㅣ가부리텐海岸에上陸한것以上이었으며 컬럼버스가新天地를發見한航海以上이었다。그러나그가이旅程에올을때는 그는이러한重大한것임을意識치못하였고 또한그가取할方向까지도생각지아니하였다。第一次旅行이끝나족음休養한後 그는同僚에게「우리는主의말을傳한各市의兄弟에게다시가그들貌樣을보자」고말하였다。그의마음을잇끈것은그의靈魂의아들들을思慕하는어베이의느낌이었다。그러나하나님은그가出程하는듸에 더廣大한길을열었다。

九○、不幸이이旅行에出發할때 同伴하랴는두사이에論爭이일어났다。이原因은 요한마가가같이가랴난대에있었다。이青年은바울과바나바가그가버리고온길에서安全히돌아옴을보고 그가잘못함을깨달었다。이제그는自己의이틀림을 그들을다시따라가랴하였으나 바울은頑强히拒絕하였다。하나는仁慈한傳道者이며 容恕하여야함을主張하고拒絕함이이어린者에게및이는影響을念慮하였다。그러나하나는하나님에對한熱이甚한傳道者이며 神聖한事業에信賴할수없는사람을依賴함의危險함을主張하였다。「困難할때에眞實치못한사람을믿음은 불러진이와같고삐ㅣㄴ발과갔다。」우리는둘中에누가옳은지 或은둘이다족음식틀렸는지 알수가없다。그러나둘이다이때문에損害를받게되였다。바울은그가가장恩惠를입은사람과성을내여分手하게되고 바나바는當時의最大한人物과떠러지게되였다。

九一、그들은다시만나지안이하였다。그러나이것은그리스챤답지아니한分爭이繼續된때문이안이었다。

오래가지안이하야그들의激怒는살아지고 녯情이다시恢復되엿다。바울은그書翰속에서바나바를尊敬하야말하엿고 그의最後의글에는 그는마가를로마에다리고오라고하엿는대이는마가가前에不信任을當하게된그일에有益하다는理由이엇다。그러나意見의差異로이제그들은分手하게되여 前에같이傳道한地方을各各나누워갓다。바나바와미가는 구브로로가고바울은大陸의敎會를訪問하랴하엿다。바울은바나바代身에同伴者로실나即실누아노를다리고갓는대 열마안이가서또마가代身이되는者를만나게되엿다。이는듸모데인대 그가第一次旅行時에만든 回心者이다。그듸모데는젊고溫順하야 使徒終身토록그의忠實한同伴者로不變하는慰安者로남어잇엇다。

九二、出發時의目的을達하기爲하야 비울은旅行에나서자곳自己가叅與하야建設한各敎會를다시訪問하엿다。안듸옥에서始作하야西北으로向하야수리아길니기아와그他地方을訪問하고 다음에小亞細亞中央에이르럿다。여긔에그의旅行의처음目的은完成되엿다。그러나사람이바른길을걸게되면 自然모든機會가열리는것이며 바울이前에갓던地方을다시지내노니 더앞으로가랴는欲望이그의마음을타게하고 攝理는그의게길을열엇다。그는브루기아、갈니듸아를지내여같은方向으로찻고갓엇다。黑海沿岸에잇는큰地方비두니아小亞細亞西部에잇는人口稠密한地方아시아는그를오라는것같엇고 그는그곳에들어가랴고하엿다。그러나그의발을引導하는聖靈은우리가알수없는方法으로써이地方은아직그에게門이열리지안이하엿음을가리쳣다。그러하야그는하날의指導者가잇끄는 方向으로前進하야 小亞細亞西北海岸의都市드로아에이르럿다。

九三、이와같이바울은英國의끝에서끝에이르는거와같이머ㅡㄴ 小亞細亞東南안듸옥서부터西北드로아에까지傳道旅行을하엿다。數個月안이數年이걸엿을것이다。그러나이오래고苦心많은時期에對하야는아무記錄이없고 우리는다만갈라듸아敎會에보낸그의書翰에서 갈라듸아사람들과의그의交涉의狀況만을엿볼수잇다。使徒行傳에잇는바울의生涯의記事는全部소름이끼치는느낌을주는대 이時期의것만은內容이貧弱하고不完全하다。그러나이歷路가누가의글이우리로하여금想像하게하는以上危險하엿을것이며

그리스도를爲한勞苦와苦難이많었을것이다。使徒行傳의主旨는各旅行의가장新奇하고獨特한것만을쓰는것임으로 그가같은곧에再次訪問하는것같은것은全部略하였다。이럼으로事實에있어서는 詳細히記錄된그의生涯의部分에지잔는興味를가진곧이 全혀空白이되여버렸다。이는事實이며 그가 使徒들의行蹟이四方에날아날때에 쓴한書翰을보면 그속에이에對한속일수없는證言이있다。그가그書翰에서하여오든論議는 그로하여금그가무릅슨甚한危險을몇가지들게하야「저히가그리스도의일군이냐。나도더욱그러하니 내가手苦를더욱많이하고 옥에가치기를여러번하고 매도數없이맞고 여러번죽을번하였으니 猶太人의게다섯번매을맞는대 四十에하나식減하고 또세번笞杖으로맞고 한번돌로맞고 세번破船하는대一晝夜를깊은바다에서지났으며 또여러번먼길을단닐적에 江의危險함과 盜賊의危險함과 本國사람의危險함과 異邦사람의危險함과 城안서危險함과뷘들에危險함과 바다에서危險함과 거즛兄弟가온대서危險함을當하고 또手苦하며 애쓰며 여러번자지못하고 주리며 목마르고 여러번굶고 칩고헐버섯노라」 고썼다。이非常한目錄의內容에對하야使徒行傳이쓴것은極히小部分이다。猶太人의게다섯번맞은매에對하여는한번은아니쓰고 羅馬人의게맞은笞杖에對하야는한번만썼다。돌로맞은것은한번썼으나 세번破船한데對하여는 後에일어난것은明細히記錄하였으면서도 한번도안이썼다。누가는그가그리고있는主人公의人物을誇張하랴는것이안일뿐더러그의冗漫을避하고簡明함을바라는뜻은 事實까지도大部分쓰지안이하였다。우리는數個月或은數年에일어난일을數語에壓縮하야쓴것을읽으면서 이동안의바울의受苦와苦痛이 記錄에남어있는다른때의것에지잔음이있음을이저서는안이된다。

九四、 바울은다음에는어대로向하게될는지족음도모르고다만聖靈이引導하는대로드로아에到着한것갈다。그러나그가헤레스폰드海峽건너편歐羅巴海岸을바라볼때 聖意가奈邊에있음을疑心할수없었다。이제그는 오래동안文明의根源地가된地點에 이르매마음이쏠림을禁치못하였으며 그곧에서일어나永遠히人類의心情에질겁고親하게된 戰爭과偉業의古談과愛情과武勇의傳說을 안이생각할수없었다。四哩

밖에는트로이平野가있는대 여긔에서는호ㅣ머의不朽의詩篇으로써記錄된 歐羅巴와亞細亞兩軍이會戰한곧이다。 또그리머지안이한곧에서 서ㅣ크시스가玉座에앉아 歐羅巴를征服하랴고三百萬의軍兵을閱見하였다。一衣帶水를건느면거긔는 希臘과羅馬이며學問과商業과軍兵으로써世界를統括한곧이다。 그리스도의榮光을爲하야大野心을품은그의마음이 이러한中心地에突進하랴는欲望에불타지안이하였을까。그는聖靈이 여긔에잇끊을疑心할수없었다。 그는잘알었다。 希臘은知識에넘치면서도 救援에이르는知識이없고 羅馬는世界를征服하고있으면서도 來世에遺業을얻을길을아지못함을。 그리하야 그의가슴에는兩國이다要求하고있는秘訣이있었다。

九五、 이와같이그의마음을隱然히지내간 여러생각이合하야 드로아에서異象으로써그의게나타난는지모른다。 或은異象이나타나비로소歐羅巴로건너가랴는생각이난는지도모른다。 그가枕頭에이ㅣ지안海의濤聲을들으며자고있으랴니 그가자기前에멀리바라보던건너편海岸에한사람이서서 손짓을하며불러가르되「마게도니아로와서 우리를도우라」한다。 이사람은歐羅巴를代表한것이며 도으라는부름은 歐羅巴의그리스도에對한要求이다。 바울은이에聖召를깨달었다。 다음날夕陽은헤레스폰드海峽을金色으로물들이며 마게도니아海岸으로움지기고있는배우에앉은바울을빛우이고있었다。

九六、 이 바울이亞細亞로부터歐羅巴로온것은攝理의큰決定이實施된것이며 西洋사람은이에對하야깊은謝意를表하지안이할수없다。基督教는亞細亞에서 即東洋民族속에서 일러난것이다。故로그는猶太民族에가장갓가운民族사이에 먼저傳播될것이었다、西便으로오지안이하고東便으로가여야할것이었다。亞剌比亞로들어가지금거짓豫言者가支配權을가지고있는그各地方을잡어야할것이었다。中央亞細亞의遊牧의族屬을찾고 히마라야山을지내 간지스인더스 고다베리沿岸에그의敎堂을세워야할것이었다 그리하야더東으로가數百萬의支那民族을孔子의冷冷한非宗教的道德論에서救濟하여야할것이었다 그랬드면지금印度와日本으로부터英國과米國에宣教師가와十字架의가르침을가르칠것이다。 그러나攝理는歐羅巴를祝福하야 이에優先權을주고 바울이 이ㅣ지안

海峽을건넜을때발서歐洲의運命은決定된것이엇다。

九七、 希臘은羅馬보다 亞細沿岸에갓가히있음으로 이를그리스도에征服식힘은 今番傳道旅行의大業이엿다。 希臘도亦他國과같이 當時羅馬統治下에있었는대 羅馬人은그를兩地方으로나누어 北은마게도니아라하고 南은아가야라하엿다。 따러마게도니아가바울의希臘傳道의第一次舞臺가되엿다。 이地方은羅馬大路로東西貫通되여 바울은이길을걸어갔다。 그가受苦한곧으로써記錄에남어있는것은 빌닙보、 데살노니가、 베리아이다。

九八、 北方希臘人의品性은 南方上流社會보다들도墮落하엿다。 마게도니아人民새이에는 아즉四世紀前에世界를征服하게한 士氣와勇氣가조곰남어있었다。 바울이그곧에서세운敎會는 다른곧것이到底히줄수없는慰安을그의게주었다。 그의書翰中 데사로니가사람과빌닙보사람의게한거와같이 愉快하고질거운거은없다。 바울이晩年에 빌닙보書翰쓸때미게도니아사람이福音에固有하는忍耐性은 그들이그것을처음에받언歡意와같이 類例없는것이엿다。 베리아에서는 그는猶太會堂의寬大하고親切한마짐을받엇난대 이는그가經驗치못한바이엿다。

九九、 마게도니아에서일어난일中에 特記할것은女性이福音事業에參與하엿다는것이다。 全世界를通하야宗敎가衰頽한當時에 많은女性들은猶太人會堂의純粹한信仰에그들의宗敎的本能을滿足식히엇다。 더구나마게도니아에는 그곧의健全한道德의所致로이러한猶太敎에改宗한女性들이 他處보다많이있었다。 그리하야이들은 그리스도敎會에多數히모여왔다。 이는좋은兆徵이었고 이正히基督敎가西洋國民속에일으킬 女性運命을改善하랴는予示이었다。 男性이그리스도의게惠澤받음이많다하면 女性은더많다。 그는女性을男性의奴隷娛樂이라는下位에서건저내어 하나님앞에서서로동무이고同等이라는上位에올이었다。 同時에基督敎가女性에體現되매 거긔에高潔함과氣品이나타나 이로써基督敎에새로운榮光이옳아갔다。 이는基督敎가歐洲에첫발을드되자 곳實現된事實이다。 歐洲의最初의歸依者는女子인대 基督敎事業이歐洲에始作되자 루듸아의마암이열리어이眞理를받어들엿다。 그우에일러난變化는 基督敎感化를받어 歐洲의女性이어떻게된가를予示한것이

다。 이때에루듸아가사는골에 占하는사귀에들려이것으로벌어그가屬한男子들에게많은利益을주는 不運한한女子가있어 이를바울이고치었는데 이는福音이歐羅巴에들어가기前의女性의狀況을가리치는代表的人物이었다。이女子의悲慘하고墮落함은 女性의醜化의심볼이었고 루듸아의꽃다옵고仁慈한그리스챤性格은 女性의美化의심볼이었다。

一〇〇、또하나特記할것은 마게도니아敎會에는寬厚한精神이넘치었다는것이다。그들은宣敎師의生活쪽을負擔하랴고主張하야 바울이떠난後에도 他都市에있는그의必要에應하랴고贐物을보내었다。훨씬後에그가로마의監獄에있을때에도 그들은그들의先生의하나인에베르듸도를總代로보내어 贐物을들이고그의게侍從하게하였다。바울은他處에서는贐物을받어安樂이지내기보다 손이달토록일을하야苦生함을오히려좋아하였으나 그들의이誠意있는贐物은깃브게받었다。그들이이와같이주랴고하는것은決코富裕하여서가안이고 이와는正反對로赤貧한속에서다。그들은本來가가난한대 甘受치안이하면안이되는迫害때문에더욱가난하였다。이迫害는바울이떠난後더욱甚하였고 그後오래동안繼續하였다。勿論바울에게第一먼저逼迫이닥처오았다。그는마게도니아에서는大成功을하였으나 그外의各處에서는畢竟은汚物과같이 써러내트림을받게되였다。이러케된것은十中八九는猶太人때문이었다。그들은그의게對하야暴動을일으키거나 그렇지아니하면그를羅馬官憲에게 新宗敎를紹介하는者로써 平和를破壞하는者로써시-서의敵이되는王을宣傳하는者로써告訴하였다。그들은自己들도天國에안이들어가고 다른사람도못들어가게하였다。

一〇一、그러나하나님은그의종을保護하였다。빌닙보에서는奇蹟을行하야 더구나殘酷한看守를激變식히는恩寵의奇蹟을行하야 그를監獄에서救援하고 다른곧에서는더自然스러운方法으로救援하였다。甚한反對가있었으나 敎會는이都市저都市에세워지고 이리하야福音은마게도니아全地方에울리게되였다。

一〇二、바울이마게도니아을떠나 南쪽아가야로들어갔다。이제그는有名한天才의樂園希臘의本土에들어온것이다。이나라의偉大함을말하는記念物이 그가가는길을둘러쌌다。그가베리아를辭하니 그의뒤에希臘의諸神이살었다는오림퍼스山의雪峰이보이었다。그가배를타고나려가니 外敵巨萬의軍에對抗한三百의勇士의일음을永遠히傳하는데모피라이가옆에보이었다。水路가끝나랴고하니 그의앞에새라미스島가뵈니 이곧이또한希臘의子孫의그들의武勇으로써母國을滅亡에서救援한되다。

一〇三、그의目的地는이나라의首府아덴이었다。이곧에들어가니 그는市街와記念碑에 여러가지거룩한記憶을아니닐으킬수없었다。여긔에서 人類의知識은다른곧에볼수없는燦爛한光輝를發하게되였다。아덴은그의黃金時代에는 他市에比할수없는多數의天才들을가졌었으며 그들의일음은只今까지 이市에榮光을돌리고있다。바울의때에는 발서아덴은過去의遺物에지내지못하였다。黃金時代를지낸지발서四百年 그동안이市는衰頹의悲運을當하였다。哲學은詭辯으로 藝術은享樂主義로 雄辯은修辭로 詩는詩作으로墮落하었다。오로지過去에依持하야사는市이었다。그러나아직有名하였고 일음만이라도學問과敎化의中心이였다。各派의所謂哲學者와 各種學問의先生과敎授가가득차고 富裕한人士들은世界各方面에서모여와 研究와知的趣味의滿足에消日을하였다。보는눈으로보면 이市는아직도世界를움지기고있는큰原動力의하나를代表하고있는것이었다。

一〇四、萬人에게萬人의形便대로하는 할양없는融通性을가진바울은 이곧住民에게도亦自己를順應식히었다。그는學者들의逍遙하는市場에서서 五世紀前에소크라데스가恒常하든것과같이 學生과哲學者들과談話를始作하였다。그러나그는希臘의最高賢者가만나든그러한眞理에對하야渴望하는者를못만났다。眞理에對한사랑보다 채울수없는知的好奇心이이곧住民의마음을빼아버렸다。故로그들은새敎義를가지고오는사람은누구던지接近함을避하지안이하였다。바울이그의使命의理論的方面을論하는동안 그들은싫어하지않고들었다。그들이興味를大段히느낀것같으며 바울을市의光輝의中心이되는아레오바고로다려고가 그의信仰에對하야詳細히듣고자하였다。그는그들의要求를들어 崇高한言語로써基督敎에基因되는하나님의統一性과사람의統一性에對한大眞理를堂堂하게開陳하였다。그들의特殊한趣味는充分히滿足을얻었다。그러나그가이準備的階級에서나가그들의良心에呼訴하야그들의救援에對하야말하랴하니 그들은一齊히그를떠나가버리엇다。

一○五、그는아덴을떠낫다。以後다시이곧에발을 안이들여놓앗다。그는여긔와같이全然히失敗한곧은 없엇다。그는甚酷한迫害라도잘견대엿고 언제든지 여긔에서잘버서나輕快한마음이되엿다。그러나그와 같이불과같은信仰을가진사람에게는 이迫害보다더 무서운것이있는대 이제그는여긔서그것을만난것이 다。그의傳道는興味도 反對도안이일으키엇다。아 덴사람들은그를迫害하랴고는죽음도생각지아니하고 다만이「만영되히말하는者」를가래지안이할뿐이엇 다。이冷嘲는돌이어暴民의돌질과羅馬官憲의매질보 다더 그의마음을傷하게하엿다。 아마이매보다더 그의意氣가沮喪한때는없엇을것이다。그는아덴을떠 나아가야의第二의大都市고린도로갓다。그는이곧에 「弱하여저무서워하며벌벌떨면서」일으럿다말한다。

一○六、고린도에도아덴의氣風이濃厚하야 그의 이러한느낌이없어질수없엇다。고린도의아덴에對한 關係는 그라스고가에딘버라에對한것과같엇다。하 나는商業의中心이오하나는學問의中心이엿다。希臘 의이두都市의位置도 어느程度로蘇國의이두都市와 近似한點이있엇다。그러나고린도사람들도亦論難을 좋아하고知的誇示가甚하엿다。바울은그가아덴에서 받은것과같은待接을받은가두려워하엿다。이 福音 과는아무關係없는사람들인가。이러한懷疑가그를떨 게하엿다。福音이드듸고설곧이없는것같앗다。果然 그들마음에福音에對한要求가없는것같이보이엇다。

一○七、이外에고린도에는그를失望식히는다른障 碍物이있엇다。이곧은古代의파리이어富裕하고奢侈 하야酒色에잠김이되엿다。罪惡이이와같이白晝에橫 行됨을보고는 바울의潔白한猶太人마음에絕望이안 이생길수없엇다。이러한무서운惡習에잠인사람들을 救할수있을까。이뿐안이라 이곧에서猶太人의反對 가極惡하게일어낫다。하는수없이猶太人會堂을떠나 게되여 그는激怒의말로써 그들과손을나누엇다。 아ㅣ그리스도의兵士는戰地에서退却하게될려는가。 그러하야福音은文化한希臘에는適當치안이하다고告 白하게될랴는가。그렇다이렇게보이엇다。

一○八、그러나形勢가一變하엿다。바울이견댈수 없는死生을決할危機를當할때恒常나타나는異象이또이危急한瞬間에그의게보이었다。밤에主가나타나「두려워하지말지어다。입을봉하지말고말하라 내가너와한께있으매 아모사람도너와對敵하야害롭게할者가없을것이니 이는이城中에내百姓이많음이라」고말슴하였다。使徒는다시勇氣를내고 그를失望하게하든原因은사라지기始作하였다。羅馬監司갈니오가 바울을一齊히이러나끄을고온猶太人들을 본체도안이하고부끄럽게裁判자리에서쫓아내여버러니이에猶太人들의敵對는없어지게되였다。會堂의司掌이바로 그리스챤이되고 또고린도本土사람들사이에歸依者가많이생기었다。바울은그와同族이고同業者인아굴나와브르시길나라는誠實한두벗의집에居하야 많은慰安을얻었다。그는이곧에一年半을留하야 가장感與을일으키는敎會를세웠다。이와같이그는아가야에도十字架의기빨을날리게하야 福音이世界知識의首府에있어서救援하는하나님의能力임을證據하였다。

第三次旅行

一〇九、바울이第二次旅行에서돌아와 에루살넴과안듸옥에서한報告는 耳目을聳動식히는이야기이었을것이다。그러나小成에마음을빼기는그가안이었음으로 그는얼마안이되여또 第三次旅行에出發하였다。

一一〇、第二次旅行에福音을 希臘에심었음으로 그가수番은羅馬를主要目的地로삼을것같이期待가된다。그러나地圖를보면 그가第一次旅行時에傳道한小亞細亞地方과第二次旅行時에敎會를세운希臘地方사이에 空隙이생겨있나니 이는小亞細亞의西部에있는多數住民을가진亞細亞地方이다。그가第三次旅行에간곧은이地方이다。그는이地方首都에베소에三年동안逗留하야 이間隙을없애버리고 以前의얻은征服地를連結식혔다。그는이旅行처음에는小亞細亞의各敎會를訪問하였고 끝에는希臘의各敎會를急速히찾았다。그러나各旅行에새로운것만을注目하는使徒行傳의著者는 에베소에關하야만詳細히썼다。

一一一、이市는當時에地中海의리버푸ㅣ르이었다。훌룽한港口가있어 當時各國民의公道이든海路를通하는諸般貿易의中心地가되였다。리버푸ㅣ르이그뒤에란가사州의大都市를둥지고있는거와같이 에베소는그周圍에 默示錄에있는敎會에보내는書翰中에서列擧한서머나、버가모、두아듸라、사데、빌나델비아、라듸게아의諸市가있었다。大段히富裕한都市이어各種類의享樂이大盛行이었고그劇場과競走場의名聲

은世界에높았다。

一二、그러나에베소는神市로써더有名하였다。이곧은女神아데미의崇拜의中心地이고 그神殿은古代世界에가장有名한神社의하나이었다。神殿은퍽돈이많어서多數의祭官을가지고있었다。一年에몇번식周圍地方의巡禮들이 모히게되여 이住民들은여러가지로이迷信者들의마음을滿足식히는장사를하야繁盛하여졌다。銀匠色들은 하날서떠러졌다는 神殿에있는女神像의 족으만한銀模型을만들어팔었다。또이녯날聖寶에새겨있는神秘한文字의複寫는保身符로팔러었다。이外에魔術師、占장이、解夢者와其他이種類의 사람이많어 이港口에모여오는海員、商人、巡禮들을여러가지로利用하였다。

一三、故로바울이하여야할일은迷信을打破하는것이었다。그는예수의일음으로놀날만한많은奇蹟을行하야하나님일에詐欺를하는몇猶太人이 같은일음으로써惡鬼를내쫒으랴하는일까지생기었다。그러나勿論이詐欺師들은大敗를하였다。魔術敎師들이基督敎信仰으로들어와 그들의冊을다불살아버리는일도일어났다。이제迷信物을파는商人들은 自己들職業이없어저감을보았다。이打擊이 女神祭때에甚하여小像을파는장사가아주안이됨을본銀匠色들이劇場속에서바울에對하야反對運動을일내키게되였다。이運動이成功하야 바울은이市를떠나야만하게되였다。

一四、그러나基督敎는발서 에베소에確立되고福音의烽火는亞細亞沿岸에서 이ー지인海峽건너便希臘의沿岸에서빛나는대應하야 燦爛하게반작거리고있었다。그의成功의記念碑는 數年後에聖요한이默示錄에서말한에베소와그周圍의여러敎會이다。이敎會는바울의勞力의結果라고볼수밖에없는것이다。그러나더偉大한記念碑는에베소書이다。이書翰은가장深遠한것이며 著者는에베소사람들이반듯이이를깨다를줄期待하였다。데모스테네스의雄辯이 그의바늘하나들어갈틈없이꼭꼭組織된論議를깃버傾聽한希臘人의偉大한知力을永遠히記念하는것이고 쉑스피어의劇이 그의人生에對한深遠한洞察과不明瞭하고複雜한言語같은어려운것을娛樂場에서理解한에리사베스朝의사람들의心力을證據한다면基督敎理의至深한곧까지일으고 그리스챤經驗의至高한되까지올아간 에베소書는 바울이亞細亞首都에서한說敎에感化되여到達한그들의圓熟함을 永永히말하는것이다。

懺悔錄【上】

柳錫東

하나님당신앞에 또당신이特히저에게許諾하여주신兄弟들앞에 마암속에있는것을속임없이말하고자하나이다。그러나어찌하야 붓이이와같이움지기지아니한가요。마음이이와같이캄캄하여진가요 죽어도싫은것같은생각이나옴나이다。하나님 붓을들게하너니 이몸을차라리죽여주셨으면넌이요。어찌이붓에 저의弱한것 저의속속까지 맡겨버리겠어요 저의이醜態를白日밑에들어내겠어요。당신은잘아시나이다。아무안테도보이지아니하고 가장秘密로하는日記에도 理性이좋다고하는것만을쓰고있는것을 또저는글을쓰면서도 다른사람과말을하면서도 저의속에는恒常吐露치못한무엇이있음을。저는저의속에到底히말할수없는것을가지고있는것을 그런대이것을당신게 또당신안에있는敬愛하는兄弟들에게말하지아니할수없다하오니。당신은넘우殘酷합니다。저틀이와같이밟어버리지아니하여도좋을것이온대。저의面目을이와같이없애지아니하여도좋을것이온대 그러나당신의사랑은 또당신의사랑으로써저에게接하는兄弟들은 저로하여금 이렇게아니할수없게만드나이다。사랑의불은저의마음에붙어 몬은것을태워버리고 마음속에있는것을그대로나오게하나이다 難攻不落의城도사랑의힘에는어찌할수없나이다。사랑의무서움이限이없나이다。저의體面이무엇이옵나니까。저의固執이무엇이옵나이까。어리석었읍니다 부끄러웠읍니다。 사랑의앞에어찌그대로있을수있겠읍니까。다러나고싶음니다。頑惡한이마음을어찌한가요。그리스도를數없이十字架에걸은極惡한이罪人이옵나이다。사랑의거울의빛우이는이썩어버린癩病患者의貌樣! 果然더럽고추하옵나이다。

그러면하나님 사랑에움지기어出發하는이붓을넛끄러주시옵소서 淨하게하여주시옵소서。자칫하오면지난날의不純한버릇에좇으랴하는이붓을 당신이굳굳이잡어놓지마시옵소서。오가스틴이그의마음을써낼때그붓을직히신것과같이 번연이그의靈魂을그려낼때그붓을넛끈거와같이 이붓도직히시고넛끝어주시옵소서。하나님 속속까지하나아니남겨놓고다아시는하나님 지금붓을잡고있아오니 또眞實치못한생각이마음을지내가나니다。잘써야겠다 고읍게 써야겠다하는巧言令色의생각이닐어나나이다。아、이罪人! 저는罪속에서呼吸을하고있나이다。罪가 即저이옵나이다。이罪에서어찌거륵한것이나오리까 하나님제속에새마음을만들어주옵소서。거륵한靈魂을일으키옵소서。그리하야새붓을주옵소서。몯은것이당신에依하지아니하오면헛것이옵나이다。당신의사랑에움지기어달리는붓이오나 이것亦당신의사랑으로다러나지아니하면 참됨이없나이다。참으로당신께로부터나와당신께로돌아가지아니하오면아니되나이다。하나님당신의聖靈으로써 이붓을삼켜주시옵소서。

하나님어찌하온일이온저눈물이흐르나이다。悲痛한생각이마음을막는것같으옵나니다。하나님당신을아니알었드면 좋을것이온대! 또당신안에있는兄弟들을아니알었드면좋을것이온대! 당신의길은죽는길이옵나이다。이마음과이靈魂을대때로한片두片씩따어버리는果然殘酷한당신이옵나이다。무서운十字架의길! 저를이社會에서쫒아버린것은당신이옵나이다 지금亦이곧저곧에서욕을하고있게만든것은당신이옵나이다。勿論이것이저의罪따문이오나。만약罪만을標準으로한다오면 저와싸운저敵들은더욱더욱나쁜일을當하여야할것이옵나니다。그들이하고있는일에어느곧에眞實한點이있나니까。저를敗하게한것은당신이옵나이다。사람과는족음도議論하지아니하고自己마음대로하여가시는당신이옵나니다。敵의게敗하였을때의저의마음! 저는얼마나당신을怨望하였나이까컴컴한들에혼자서서큰소리를내여운것을당신은잘아시나이다。몇番이나죽을랴고한지모르나이다。妻子를다버리고他國으로다러갈랴고몇番이나하였는지요이나라! 이百姓! 이天地! 가진절이가나서요。지금이것을생각하기만하여도소름이끼츠나니다。당신은참으로殘酷합니다。다섯살쩍에어머니를빼앗어가버리시어어렬때부터저를이世上거친波濤에내던지지아니하였읍니까。다른兒孩들이우스며愉快하게놀적에저는혼자學校묵은壁밑에서눈물을흘이고있었음을아직도잊을수가없읍니다。工夫는다른애들보다잘하여先生님과이웃사람의게귀염을받었아오나 어찌한일이온지슯은생각만이작구나오와 누의손을잡고어머니살었을때의이야기만들었나이다。(未完)

城西通信

○一九三三年一月十一日밤에 朝鮮文興會創立總會에參席하다。朝鮮의文化와言語의研究發表를目的。나같은門外漢이 이런座席에앉어있음을 스스로奇異히녀기었다。大學院에나入學한심으로 힘껏工夫하고저함는。昨年度에 綴字法을배워 多少라도正確한文章을讀者에게傳할수있었음을 못내感謝하였거니와 이제 朝鮮과朝鮮語를根本的으로學究할機會를當하였으니 將次讀者에게도 그利益을分配할수있을가한다。朝鮮을알고朝鮮을먹고朝鮮을숨쉬다가、將次그흙으로돌아가려니「不亦說乎」。

○一月十五日(日曜)午后二時에 예레미야書研究會。눈물의預言者가 今日朝鮮에 와브왔드면 얼마나울까。

○一月十九日 滿洲에있는誌友의通信에曰……제가 聖朝誌따문에(咸先生을通하야)제의生活이 意義있게 지날수있게되였고 又는여긔서眞理와生命과自由를얻게되였읍니다、그래서 이것으로써 光明을向하야 다라나게되였읍니다。……저는 聖書朝鮮을 남의것이라고 생각지않읍니다 이것은 내것이외다……主가臨하실날이 얼마안있고 우리가 고생當할날도 몇날 안남었읍니다。感謝의讚頌을들이면서 忍耐하여나갑시다。그리스도 이미 고생을當하셨고 또는十字架에서 돌아갔었으니 그의종인우리가 어찌平安함을 누릴수있아오리까 萬若平安함을누린다면 그것은 우리의잘못이외다。主人은苦生을當했는데 종이어찌平安을바라오리까。「十字架를지고 너는 나를따르라」고命令했으니 그의命令을따르는것이 우리의義務외다。

저는日間에日本人中에內村이라는者가(二等兵) 信仰에熱熱함을보고 感激함을받었읍니다 初面이나舊面과같었읍니다。그러고 이끝에傳道師位約翰氏가있는데 저와 퍽親近합니다。그이(內村)는 이位先生있는데와서恒常祈禱하고 저는位先生님의紹介로알었읍니다。日本과中國은 지금서로원수외다。信仰의힘이안이고는 日本軍人과中國傳道師가한자리에서 하나님을讚頌할수가 있아오리까。이것이卽聖靈의힘인줄압니다。저는 滿洲에서一生을보내라고 決心했읍니다。罪惡이橫行하는이끝에서 하나님의사랑을傳하려고합니다。主가나에게 지운짐은 무겁습니다。우리는 內村(日本軍人)、位先生과같이 紀念寫眞도박었읍니다。그리스도안에서 사는것이 가장便하고慰安을얻게됩니다。그리고 이끝에 제가創設하와每月曜日밤에聖書研究會를합니다。지금會員은 저까지二、三人되나 將次主가도아주신다면 더 많아질줄압니다。저는積極的으로傳道하려고 지금準備中에있읍니다。云云

右는本誌第三十九號에「後進이可畏」라고하였든 五山出身의兄弟이다。果然앞섰든者뒤되고 뒤섰든者앞서게될것이다。이미南滿洲를爲하야獻命하얐으니 또한北間島와濟洲島와珍島、巨濟島를爲하야 받힐兄弟는없을까。深思할秋인저。

○一月二十日 仁川府某姉妹의來信에曰…… 聖書朝鮮을愛讀하는이로서 누구나一般이겠지오만은 더구나저에게있어서는 靈的生活에끊지못할깊은인연을맺었읍니다。聖朝誌를通하야 前日에아지못하든主의깊은眞理를배우고있아오니 絶對로멀리할수없는 스승입니다。……每朔금음이되면每日고대하는 가장사랑하고 그리워하는벗이외다。執筆하시는先生님들中心에서 움지기시는 主의生命의偉大한힘이 우리민족전체의中心에서 움지겨지기를眞心으로바라고祈禱합니다……라고。

連하야 京仁線附近에서多年間 實際傳道하든兄弟로부터 알애와같은喜信이 있었다。『……貴誌를因하야恩惠많이받었나이다。저는四月에協神에入學하고저하나이다。入學이못된다면 深山中이나孤島에가서 修養兼傳道로一生을보내고저하나이다。一九三二年은 저의恩惠時代이었나이다 死의威脅도 많이當하였나이다 거긔서 많이깨다랐나이다。世上은짜르고 永遠의나라를 저는보았나이다。貧民과같이衣食을한께하고 왜부대로衣服을만들어닙고 나가 웨치는것이참인것을 깨다랐나이다。이 짤막한世上에서 人生의할일은이것밖에는 없는줄아나이다云云。』

○一月二十二日(日曜) 午后二時에 예레미야애가를工夫하다。今日로써 聖書研究會는一旦解散하다。會員이거의다卒業하는故이다。

○滿洲의曠野에서 마나를求하는소래있어曰『……보다며 참으로印象깊게 단숨으로 다아읽었나이다。先生님 저는R君을通하야先生님을찾게되였아오며 聖書朝鮮도보게되였나이다。先生님 無限히 머努力하시와 靈에굶주린 우리를 참眞理로引導하여주소서。저의는

아직 참길을찾지못하엿나이다。聖書硏究를하고 있아오나 爲先가르처줄先生이없음을大端유감으로 생각하나이다。紙上으로라도 많이가르쳐주시옵기를바라오며 기도할뿐이외다。先生님滿洲의死地에서彷徨하는白衣族의情形을爲하야 기도하여주시옵소서……。

滿洲國奉海線山城鎭驛前 ○○○

○一月二十九日 아직도京城地方의最低氣溫이 零下十八度를 오르나리는때에 洞內菜圃에는 발서二十餘日前에播種하엿다는 白菜모가 靑黃色으로 흙빛을가리우게자라낫다。生命의힘! 農夫님께敬意를表하면서 그培養의勞를듣다。

○二月一日 洞內長老敎會牧師來訪하야 敎會經營의夜學校、幼稚園主日學校、會堂建築等의協助를請함이있음으로 快諾하엿다。우리의힘으로敎會가有利하겟다는것이면 敎派의別을勿論하고 힘껏援助하리라。但現在같으면 일이過多하야걱정이다。조밥으로滿足하라면夜學校敎師깜은到處에할수있을것이다。사람이없을까?

○二月五日 밤靑年會聖書班에서 世界一週한다는米國宗敎家의侵入을當하야 一座가混沌하여젓다。余輩不運하야 아직 敬意를表할만한 米國人宗敎家에接하지못하엿음을嘆하엿드니 嗚呼또다시 世界一週式의米國人基督信者를對하니自慢心이 스스로發動함을 抑制할수없엇다。稚氣乳臭紛紛한米國式基督敎! 朝鮮基督敎가完全히發育되라면于先은갓米國과의關係를 그敎會와敎育機關에서絶緣하여야하리라。米國能事는一日黃金二日스포츠三日토ー키但宗敎만은別問題。

○讀者感想中 數通을左에揭한다。

一、하나님의寵愛兒聖朝誌여! 君은果然主님의全能愛가안이엿드면이社會에出生을得치못하엿을것이오 至今것五十回나 걸어오지못하엿을것을 말치않을수없다。이世上사람으로는君을同情하여 먹이고닙히고다듬어각구어줄者는 不幸이 한사람도 없엇든까닭이다。참으로 君에게있어서는 無情冷酷한世上이엿으리라。이點에있어君은누구보다悲運兒라는別스런닐음을 아니添付치못한다。그러나그러나君은 깃버한다。소리처 울듯이깃버한다。僞의愛、死의愛인世上사람들의사랑에서 버서젓음을! 또한眞理의愛、永生인愛이신 하나님의寵愛만을닙어 여긔에서만먹고마시고닙고뛰고자랐으니 君의깃븜 어듸다가比較하리오。비ㅅ발치듯 들어오는핍박과 박해中에서도 그의無限愛만을찬송할것이오。森森한荊蕀속에서도 悽慘한돌무덤속에서도 讚頌하며 춤추어躍動하리라 아아 偉大하신 主님의恩寵에서 躍動하는君의生命이運動함이어!東에서西에까지 南에서北에까지 眞正한 푸로메스탄트의 불화살을猛投勇射할 하고있는先鋒이엿도다。사자같이 독수리같이。

이봄길에 같이 타라는 醴泉 ○○○

二、主의거룩하신빛이 우리聖朝誌를通하야 날로빛나감을 찬송하며感謝들이나이다。더욱主에 크신使命을띠고 實踐躬行하시는諸先生님을敬慕함이 아직面識不知한가온대서라도 主의사랑안에서날로새로워감을感謝하나이다。小生이聖朝誌를愛讀케된지는 昨年十月이엿읍니다。平南龍岡잇는親舊가「君에게聖朝誌愛讀을勸하노라」는書札과 한가지로聖朝創刊號를얻게되엿읍니다。親舊가好意로보낸冊임으로 그냥버려두기는 넘우도友誼에反하기로 小說을닑듯 無意味하게 닑기始作하엿읍니다 한줄두줄 닑어갈수록 이가슴은波動친다。字字句句에懺悔의눈물은흐른다。오ー찬송할지어다 主의넓고크신恩惠를! 異域苦路의彷徨하는者에까지 主는찾아引導하시는가이것이 하나님의攝理인듯……바라노니聖朝誌여! 槿花東山에깊이뿌리박으소서。비노니聖朝誌여! 主의恩惠와한가지로 永永하여서四方에흩어진 羊들의 자는靈을 닐으켜깨우소서。大阪市 ○○○

三、主恩中平康을빕니다。面對은없엇으나靈으로사괴엿음은 主前에서깃버하나이다。生命은生命으로만生命임을 味解함이當然한事實이겟나이다。敎弟는慶南老會에서 職殉을當하고本家에와서있읍니다。그理由는信仰때문이엿나이다。해와가 힘껏 아담을 대접함이及惡果이엿더이다。過去몯은先知使徒가殉敎를當함은無理가 안이라고하나이다。아담의 잠든後에 왼갈비뼈로써 해와를만들어 두엇을때에도 아담이 눈을뜨서야 비로소살中에살이오뼈 中에뼈라고함갈이 그들도信仰의눈이 뜨인後는 한살과한뼈인것을 알이이다。그리하야敎權이破할때는生命에서 하나될줄믿읍니다。願컨대福音의强한힘이 宇宙를삼켜주소서。聖朝誌는白馬를타소서믿읍니다。

慶南 ○○○

第五十號記念特價

本誌를創刊할때에도 第五十號의發刊을期約하고 시작한것이 안이었고、特히第十六號以後、한個人이經營할때부터 單只다음달號를發行할것으로써 最大의企望이되었었다。 그런데 遊戲도「高等遊戲」인것만치 때長久한時日이걸렸고 또한그費用도 大略二千圓을받힌大遊戲이었다。이렇게되고보니 아무리생각하야도 單純한遊戲로만볼수없는바있어第五十號를契機로 本誌主筆도本誌를爲하야 專念致誠을企圖한바있었다。主께서許하실때까지、主筆의손에執筆할수있을때까지、그囊中에最後의一分錢이남아있을동안聖書朝鮮은刊行되리라。

于先本誌讀者中에 數年來로自己分外에 他人의分까지代金을負擔한이가있어 그에게今年부터特別規定을約定한일도있었든次임으로第五十號에際하야 一般讀者에게도如左한境遇에特價를提供하오니諸兄姉도사랑으로써善用하시오

(一) **友人에게紹介**하라는이에게。

先金拂込한讀者로서 本誌를紹介하기爲하야 다시友人의分을拂込할時는

特價一年分先金 一圓(郵料共)

으로應함、但期限은一個年限第二年부터는 넘는이自身으로 購讀함이可함。

(二) 本誌舊號를 **紹介、傳道用**으로使用하되 어느號든지 보내는대로(餘殘대로)可한이에게는

特價 十册에 **五十錢**(郵料共)

으로應함。

(三) **團體購讀者에게**

한敎會、한學校、한寄宿舍、한洞內近隣等에서 一時에五人以上一團으로購讀할時는

特價 一人一年分先金

一圓二十錢(郵料共)

으로應함。但解散된後에는定價대로함。

聖書研究會案內

一、京城聖書研究會

從來로本社에서 每日曜日午後二時부터 舊約聖書를工夫하든것은 今三月末까지中止함。主께서許하시면 來四月九日(第二日曜)부터 에스겔書以下預言書硏究次。

二、活人洞長老敎會聖書班

講師 金敎臣

場所 孔德里活人洞長老敎會堂

日時 每週木曜日午後八時半부터

三月二日(第一木曜)부터 에베소書第一章을 始講하야 大略十二回로써完結할預定。公開임으로出席自由。

聖書朝鮮合本（總布洋製）

一九三二年度의合本과同時에 本誌創刊號以來의것을若干卷식製本하엿다 本誌를長久히保管하고저하는이에게左記定價로分配합니다。

第四卷（一九三二年度）自第三十六號至第四十七號 定價一・九〇送料〇・二〇

第三卷（一九三一年度）自第二十四號至第三十五號 定價一・九〇送料〇・二〇

第二卷（一九三〇年度）自第十三號至第二十三號 定價一・七〇送料〇・二〇

第一卷（一九二九、八、七年）自創刊號至第十二號 定價一・九〇送料〇・二〇

本誌舊號代金

創刊號로부터第二十三號까지 아직若干部식殘在함으로 如左히代金을割引함。但족음식汚損된것도있고 品切될境遇에는注文에應치못할것을豫告하나이다。

年度本（合本이안임）

(1) 創刊號—第廿三號 全廿三冊 金貳圓（郵稅共）

(2) 第廿四號—第三十五號 全十二冊 金壹圓五拾錢（郵稅共）

(3) 第三十六號—第四十七號 全十二冊 金壹圓五拾錢（郵稅共）

分冊

(4) 創刊號—第七號 各一冊 金拾五錢（郵稅共）

(5) 第八號—第廿三號 各一冊 金拾　錢（郵稅共）

聖朝文庫 第一卷

咸錫憲 著

푸로레스탄트의精神

菊版半 三十二頁 定價拾錢・送料貳錢

本書는 이번에 朝鮮耶穌敎書會에서檢閱한結果、本年二月二十日附로써 그書會에서는 取次販賣할수없다는通告를接하였다。그럼으로殘部는 몯찾아아왔고、再版할때에는 本書版權欄에 取次販賣所로記入하였든 朝鮮耶穌敎書會라는 名義를抹消하라는要求에應하기로되였다。

일직이 우리主예수는 天下에 머리둘곧도 없었다드니 우리의「푸로테스탄트의精神」은 서울장안에 버려놓고販賣할書店좇아없다。예수의일음붙은 耶穌敎書會에서販賣拒絕을當하였으니 不得已예수와關係없는 非耶穌敎書店에依托할수밖에없어、于先市內의取次販賣店으로는 左記處에依托하기로하였다。今後로聖朝社의出版物은 全部이書店에서 求할수있겠나이다。

京城鍾路二丁目八二 博文書館 電話【光】一一六九番 振替京城二〇二三番

本誌定價（新年부터一部改算）

一冊 拾五錢（送料五厘）

六冊（半年分） 前金九拾錢 送料共

十二冊（一年分） 前金一圓七拾錢

要前金。直接注文은振替貯金口座京城一六五九四番（聖書朝鮮社）로

取次販賣所 京城鍾路二丁目八二 博文書館 振替京城二〇二三番

昭和八年二月二十七日 印刷
昭和八年三月　一日 發行

京城府外龍江面孔德里一三〇
編輯兼發行人 金敎臣

京城府西大門町二丁目一三九
印刷者 金顯道

京城府西大門町二丁目一三九
印刷所 株式會社 基督敎彰文社

京城府外龍江面孔德里活人洞一三〇ノ三
發行所 聖書朝鮮社
振替口座京城一六五九四

金敎臣 主筆

聖書朝鮮

第五拾壹號

一九三三年 四月一日發行

昭和五年一月二十八日 第三種郵便物認可
昭和八年四月一日發行(每月一回一日發行)

目次

祝卒業

사람이出生하기만하여도 반가워하며 普通학교나中等학교만 졸업하여도 야단들인데 이제君이 大學을卒業하니 나인들 어찌반갑지아니하랴。又況卒業하면서 곳○○銀行같은有力한機關에就職할것까지 確定되였다하니 就職難을부르짖는오늘날 어찌二重三重의賀意를 保惜할수있을까。마는君도아는바와같이나는本來偏見이甚한사람이라 人皆祝賀하는일에도 共賀하지못하는때가있고 저마다幸으로녀기는일에 禍를感하아 두려워하는수도있다。내가 君의卒業과就職에對하야 氷塊와같이冷冷함은 이러한 見地의 差異가있는까닭이다。

내가 君의卒業을祝하는것은 所謂「錦衣歸鄕」을祝하는것이안이오 또한所謂「社會의일군」하나이 더불는것을반겨하는것도안이다。오직東京留學六七年間에 저마다걸리는ㅣ또 걸리는것으로써 장하게녀기는 輕薄한맑스主義의興奮病에感染되지않고 「제精神대로」——儒敎의道德으로敎養받은心情을 그대로가지고 돌아오는것을 가장크게祝賀하는바이다。

就職을幸으로녀기는것은 君의家勢가貧窮하다는理由만으로써다。萬一 家勢넉넉하거나 或은貧寒에處할만한眞實이있다면 차라리就職을幸으로 녀기지못할것이다。近日어떤이는 京都帝大를卒業하고歐米遊學까지맞후고왔는데 就職못되는自己신세를痛嘆하야 맞나는사람마다 學業의無益을唱導한다하니 이는學問과就職의關係를 맞히女學生의工夫가結婚式까지의準備껀으로되는줄로아는바와一軌의心情이다。最高學府까지맞후었을지라도 就職이못되면 고양이落胎한것보다도 더慘狀을일우어 그초초한形狀은참아못보게되고 就職한다면人間萬事가旣成한줄알아 學業은다시돌보지않고 浮虛그物件이되고마니 차라리昔日의漢學徒들이 境偶의如何를가리지않고 學問그물건을享樂할줄알었음은 오늘날大學出身者들보다 勝함이幾十倍이었든가。이런意味로써 나는就職의幸이란것은枝葉으로알고 學을즐길줄알게되였으리라고믿는大學卒業을크게慶賀한다。이미職을幸으로녀겼으니 그地位를保存하기에勞力하게될것이오 그勞力의大部分은 同寮와先輩에게「適應」하는일이다。純潔하든學生生活을떠나 君도不遠에吸煙하는法을배우겠고巡杯答杯의行世도하여야할터이니 嗚呼라이는人生의末路가안인가。君의困窮을同情하면서도 장단치는대로춤추지못함은 所見의差가있는까닭이다。幸여나 이번就職을苦學生의副業만치녀기고 學而時習하는데로더躍進하는一階段으로利用한다면 至幸일가하노라。Ars longa, vita brevis!

理想

理想은 높을수록貴하고 또 높은理想이라야理想이다。낮은理想과比較級의理想은 理想이나理想이안이다。最高級만이理想이다。理想을품을만한자어든 차라리最高의理想을 가질것이다。

살다는것

살다는것은 理想에사는것이 사는것이다。理想이없는生活은 사는것이안이라 其實은 精米機의一種이다。精米機에二種이있어 其一은 누른벼를白米로만들고、其二는 白米를黃粉으로만들것뿐이다。前者는 其數僅少하나 後者는現品이大略二十億萬臺! 嗚呼라 나도 그中一臺인가。

살사람

세상에 哲人、英雄으로 우리의欽慕를 끄으는이가적지않은中에 참意味의 살사람을 찾으랴니巡禮의걸음이 한階段또한階段올아가다가 그最高의階上에서 오직한분 살사람을 찾아보매 그는十字架우에죽은 나사렛 예수였다。H、G、웰스氏의니른바와같이 우리는 基督敎徒안인者의立場에서 보아도 人類의有史以來、예수로써 第一位에앉힐수밖에없다。예수以前에 살줄 안이가없었고예수以後에 能히 산者가없었다。아ㅣ아름답도다살다는일이어! 아ㅣ거룩하도다 죽음으로써 살사람이어!

去臍의必要

사향노루(麝香鹿)가捕手의게잡히는것은 그배꼽에香氣를갈망한까닭이다。그럼으로 저가 포수의총알에맞은때는 悔恨을못니기어 그배꼽을 물고죽는다하니 此所謂「咬臍之悔」라 발서때가늦었으니 後悔莫及이다。우리人間들께도 各自에게 무슨種類의香臍가붙은것이있어 人間살림에 매우향기로운듯하나 크리스챤답은 살림을 저해함이甚하다가結局은그향기때문에그향기와같이死亡하게한다。약대가바늘귀로나가기보다도어렵다는財物이 그하나임은勿論이나 어찌田土와金銀에限하랴。人間社會에서有價値品으로通用하는 온갓「資格」과「免許狀」等屬이몯아一種의香臍이니 이것을除去하고完全히無用한人間이된後에랴야 自由롭고輕快하게山野를拔涉하리라

福音의實力

柳錫東

사람의功勞로서가아니고 예수그리스도의十字架에나타난하나님의恩寵으로서 救援을받게됨은 聖書가가르치는바이고또한二千年間의救援의歷史가證據하는바이다。이 福音이福音인까닭이고 人類의希望은한갓이곧에매달려있는것이다。 그러나이恩寵이이福音이얼마나靈魂의不眞實한부르짖음에짓밟히게되고 救援의反對로墮落의原因이되였는지알수없다。루ㅣ터以後에생긴여러가지弊風은이事實을가리치는것이며 또우리自身의靈魂의歷史를살펴볼때거긔에는이러한자최가많이있음을알게된다。우리는福音에對하야다시생각할必要가있는줄안다。

福音은하나님의恩寵에對한硏究와十字架의敎理에對한硏究를하는것이안이고 또아름다운思想과理想을그려내는것이안이라 어찌할수없는明確한實力을가진것이다。理論이나가기前에硏究가생기기前에言語와感想이있기前에 事實로써사람의靈魂속에印을찍고있는能力이다。사람이過去몇年동안생각하여내놓은몯은힘을合하여도當할수없는絶對의權利를가진것이다。사람의靈魂을잡고그속에서自己마음대로役事하는것이福音의眞面目이다。이러한福音의實相을아지못할때 가슴속에그것을넣지못할때 거긔에는想像치못할많은惡風이생기는것이고 쓸데없는理論이널어나는것이다。福音福音하면서도그것을떠려짐이머ㅣㄴ것이며 恩寵恩寵하면서도그것을저바림이甚한것이다。聖書를읽어도그것이普通冊과다름이없이되고 무슨主義가오게되면대번福音이무엇이냐하고그곧으로다려나버티게되는것이다。우리는다시福音의實力을잡아야한다。

二

바울當時에발서福音에對한弊害가널어났다。福音을한學理한道德으로만알어 그것이가진金剛力을맛보지못하고 그것이가진獨特한生活力을取하지못하야 그것이表現하는不足한外部의말에만固執하야所用없는空論에만빠지게되였다。바울이「罪많은곧에恩惠도豊盛하다」는말을하면 그들은그속에있는한울의生命의秘義를잡지못함으로 淺薄한人間의知慧로써膽大한理論을세우게되고 거긔서福音이라는시온山의돌에걸려잡바저 더욱더욱罪惡의깊은속으로沈

淪하여버렸다。바울은힘있는붓으로이邪論을깨트려버리고 福音의正體를白日과같이鮮明하게나타나게하였다。福音의實力을確實히잡은그로서는 이러한似而非의福音에對하여는亂麻를끊어버리는날카러움이있었다。福音의갈날이얼마나무서움을 우리는아니느낄수없다。

福音에는두가지무서운能力이있다。한가지는死의能力이오 또한가지는生의能力이다。福音이生命으로움지길때 이 두能力을合하야對敵할수없는굳세임을發揮하게된다。福音의躍動이있을때 이러한天的運動은自然히닐어나게되는것이다。예수그리스도가갈리리湖畔에서傳한天國의福音은그後오래동안多數의사람눈에서는감추이게되였으나 이곧서죽음저곧에서죽음하야참敎會를세우고있다。이敎會는사람의눈에는果然微微하게보이나 事實은世界를여러번改革한것이다。乞人과같은바울의天幕을만드는可憐한손에들어가서는 羅馬大帝國을根本으로엎어놓는힘이되고 修道院一寒僧의마음에붙이붙어서는歐羅巴天地를태워버리는聖火가되고 메이풀라와배속에들어가서는亞米利加大國을세우게된것이다。이 福音의實力을가지게될때 그의死의能力과生의能力은自然한靈魂속에닐어나게되고따라그의周圍에波及되는것이다。우리는이러한福音의實力을우리靈魂속에살고있을때비로소信者가된것이고 하나님과關係가바로선것이지 여기에이르지못하면 말은같고敎義는같고祈禱는같더라도그와는正反對의길을걷고있는것이다。하나님의길이안이라自己의길로서天國의門을두다리고있는것이고 「나는너이를모른다」하는꾸지름을받을어리석은짓을하고있음에不過하다。나는이러하지마는하나님의救援님으로된다는安價한佛敎式平安을얻고 事實은하나님길이到底히들어갈수없을만큼自己의武裝을하고있다。福音의實力은決코一時的感傷的歡喜라든지니름좋은十字架의贖罪라는데의自己의罪의責任을보내고는自己式希望을얻는것이안이라 썩어질우리靈魂속에하나님生命이움지기어거륵한깃뿜을만드는것이다。福音이사람의理解에서떠러저 하나님의理解를얻어야한다。우리가하나님을아는것이아니라 하나님의게우리가알리게되는데에이르러야한다。우리의니름이生命의冊에記錄되는그確實한證據를우리靈魂속에經驗하여야하고 十字架가

福音의實力 四

있으니우리의救援은確固不變한다는槪念的想像의世界에彷徨하여서는아니된다。福音의死의能力과生의能力이 우리를삼켜버리게되여야한다。

福音은먼저우리를죽이는것이다。그의死의能力이우리靈魂속에나타나우리를自身에죽게하고 이世上에죽게하는것이다。 바울이「그리스도로말미암아世上이나를向하야十字架에못박히고 내가世上을向하야또한그러하니라」말한그事實이다。福音을사는者로써무엇보다明明한事實은自己가死者라는것이다信者卽死者라하여도족음도틀림이없는것이며 福音을들은때부터우리는죽은者이다。生理的으로만살엇지 道德的意識的으로는죽은者이다。우리가가지고있는이肉體는眞正한意味에서屍體에不過하는것이다死라는말같이信者의特質을如實히表現하는글짜는없다。바울이羅馬書六章에서「무릇우리가그리스도에수와合하야洗禮를받은者는 그죽음을合하야洗禮받은줄은아지못하나냐。그런故로우리가그死亡을合하야洗禮를받음으로예수와한께葬事하였나니……」라말하고「우리가예수의죽으심을본받아連合한者가되고……」「우리녯몸이예수와한께十字架에못박혀罪의몸을滅하매……」「우리가그리스도와한께죽었으면……」이라하야信者의死의事實을一句또一句나가면서餘地없이指摘하였다。예수그리스도가十字架에서돌아가시어우리는또한그와같이죽은者이다。우리의머리인그가돌아가시매그의몸인우리가自然죽게됨은當然하다。예수를믿는것은예수의이죽음의事實과符合되는것이며그의葬事와連結되는것이다。우리는발서우리에게죽은者이다。墓속에들어간者이다。罪의動機가되는肉體는죽어버리고 律法에對象이되는肉體는죽어버리어 지금우리는이世上의權力이不及하는地帶에서있다。故로이世上에對한興味는全然없어지고무슨異常한나라에가길을걷고있는느낌이甚히생긴다近日에露西亞에서五個年計劃으로宗敎撲滅運動을한다고하나 우리信者에게는何等의觸感이생기지아니한다。그들이撲滅하기二千年前에발서우리는예수그리스도와같이自進하야撲滅의運命을當한것이다。撲滅當한者를또다시撲滅한들무슨所用이있으랴。우리는예수그리스도와같이죽은者이다。다른사람이죽이기前에다른勢力이撲滅하기前에다른主義가없애버리랴고하기前에大略二千年前에福音이주는死의能力에

어찌할수없어죽어버렸다。그러나信者다하는사람中에露西亞의撲滅運動으로써비로소撲滅을當하게되는분이많음은 속일수없는事實이다。屍體가異常하게가ㅣ끔소리를높이고 이世上에對한要求를하고있다。이는信者라는니름으로닐어나는喜悲劇이고福音의理論으로天國을사랴는怪異한일이다。우리는여긔에다시福音의死의能力의洗禮를받아야한다。불상한同胞를爲한다던지福音을傳播한다던지自己의使命을다한다던지하는 아즉人間的俗臭가多分히나는거짓福音의꿈에서깨여 먼저自己自身에죽고이世上에죽는쓰라린經驗을하여야한다。그리스도예수의死의能力이먼저우리안에서役事하야 死의活事實이나타나야한다。이스라엘民族이安佚한埃及에서나온것은이죽음을經驗한것이고모세가埃及王室에서떠러저나온것도또한이死의골작이를맛본것이다。아브라함이故鄕을떠남도이죽음의잔을마신것이며 노아가方舟를짬도死의實力을맛본까닭이다。自己는무덤이다。이世上은무덤의堆積이다。우리가秋波를보낼수가없고우리는安然히서있을뿐이다。死者는몯은誘惑에서解放을받은者이고 高利貸金을하는사람도死者에가서는줄을수없는것이며 사탄의巧妙한手段도死者는어찌할수없는것이다。福音의死의能力은 우리를風波가건들일수없고雷聲이놀라게할수없는곧에다리고간다。

다음에福音은우리를살린다。먼저完全히죽이고서는다음에는完全히살린다。이는福音의生의能力이고한울나라의積極的進出이다。죽은가운대서그土臺와는判然다른딴生命이움지기게된다。바울이「그리스도예수안에서는割禮를받으나아니받으나問題가되지아니하고오즉새創造가되나니라」한그새創造가된다。겨울을지내썩은臺木에서새싹이도다나오는것같은것이 福音의生의能力이信者의靈魂속에役事한다。녯사람은발서없어지고새사람이자라고있는것이다。새種子가굳센힘으로써이곧으로뻐치고저곧으로뻐치는것이다。羅馬書六章에서바울이「아버지의榮光을因하야그리스도를죽은가운대서살러심과같이 우리도또한새로삶을얻어行하나니라。」「우리도그리스도의復活함과같으리니……」「우리도그리스도와한께살줄을아노라」「그리스도예수안에서하나님을對하야산者이니라」福音의生의能力을重疊的으로말하엿는대 예수가十字架에서돌아가신後三日만에墓속에서

福音의實力 六

復活하엿음으로 그의몸인우리도또한復活을하고있다。復活의生命이우리肢體속에움지기어 小그리스도를形成하고있다。우리肉體는새生命의宮이되여天國의福音을날로展開식히고있다。우리血液이生理的機能을經營하고있는것과같이 그리스도의生命은靈的機能을經營하고있다。발서하나님의아들이되여 하나님의뜻만을생각하고 그것成就에寢食을잊어버리게된다。예수그리스도가三十年間의地上生活에서實現하신그生活이그대로우리것이되여 聖靈을通하야하나둘식實現되여간다。肉眼에보이지아니하는하나님의나라가漸漸明瞭히되여가고 이나라에全興味를뺏기게되여그外의것에는아무느낌이아니생기게된다兄弟를사랑하지아니할수없게되고 義를行하지아니할수없게되고 靈이맺는모든열매를아니맺을수없게된다。不得已하야萬事를하게되는異常한힘이 福音의生의能力으로써솟아나오게된다。이것을하여야한다는律法的意味는全然사러지고 하나님이命하기前에발서하나님의뜻을알어앞으로나가고있다。하나님自體의律動이우리靈魂속에닐어나 그自體가생각하고그自體가實行하고그自體가열매를맺고있다。天國의靈動이라고할수밖에없는事實이現出하는것이다。바울이「내가福音을傳하지아니하면禍있을진저」한그대로의自進力그대로의活動力이쉴새없이靈魂속에서울어남을느낀다。果然異常한生命의움지김이다。이적지사람의눈에보이지아니하고 귀에들리지아니하고 머리에들어오지아니한 새롭고또새로운것이다아름답기比할곧이없고 무어라고形言할수없이至極히貴하고至極히거룩한것이다。이것을가지고서야어찌그저있을수있으며 어찌노래를아니부를수있으랴。讚美와歡喜가自然솟아남을느낀다。히브리十一章끝에나온信仰의勇士들이한偉大한行動은 生命의노래라고밖에볼수없다。스데반이돌에맞으면서한일은이生命의아름다운躍動이고 天國의積極的展開이다。福音의生의能力이참으로 무서운것이며 古今의全人類가合하야對할지라도到底히當할수없는것이다。예수그리스도가墓를뚫고나오신그하나님의靈的生命은그性質上全人類를征服하지아니할수없는것이다。센트헬레나에서「갈리리사람이어 당신은이겼나니라」한奈巴倫의感嘆은全人類가예수그리스도의生命에對하야부르짖을代表의소리이다。福音의이魅力있는生의能力에靈魂을뺏기지아니할사람이어대있으리오。

이러한死의實力과生의實力을가진예수그리스도의福音이다。故로이福音이傳播되여個人이救援을아니받을수없으며 社會와國家가아니救援받을수없는것이다。萬人은반듯이救援을받게될것이다。그런대事實은 이福音이이와는딴結果를맺게되여 福音도힘이없는것이라하는速斷까지하는사람이생기어 敎會를가리치고信者를가리치며이것이世上을救할수있느냐하는疑問까지내게한다。勿論묻는者의着眼點도考察할必要가있지마는 그러한觀察을當하는信者自體敎會自體에大責任을돌려보내지아니할수없다。우리는福音의貴한寶貝를우리靈魂으로써짓밟아버려서는아니되고 하나님의生命을흙속에묻어서는아니된다。福音의彈丸을모래속에나 물속에나던지는것과같이아무反撥力이아니닐어나게하여서는아니된다。福音이그本體의實力을完全히나타낼수있게 우리는그것을받아야하고 그것을發揮식혀야한다。福音의實力이몇百年동안僧衣와寺院과學問속에몇겹으로쌓이게되여 그生命을消滅하게될적에 루―터라는偉丈夫가나와그것을그本位에돌려보낸것과같은그運動이 지금우리그를믿으랴하는靈魂속에서불과같이닐어나야한다。宗敎改革社會更生、國家改造가안이라 福音의實力의完全한發動이있어야한다。福音의實力에움지기어우리靈魂이바로서야하고 福音에움지기는참生活이있어야한다。한사람한사람靈魂에참更生이생겨야하고 靜坐하야있을수없는生命의烽火가닐어나야한다。猶太나라마구간에서흐르기始作한그하나님의靈的生命의흐름이 지금이곧에서힘있게흘어가야한다。죽음도躊躇할것이없으며 大膽히이福音의實力을發揮케하여야한다。

福音이라는無限大한資本을가진우리가泰然히있다는것은말이아니되고 말하자면巨大한金額을地中에파무더두는것같은것이다。우리는이資本을가지고自己가사는家庭에서洞里에서社會에서活動을開始하야한울나라의秘義가明白히나타나게큼하여야한다。廿餘歲밖에아니된리빙스톤은 이福音의資本을가지고그냥있을수없어亞弗利加大陸으로건너가幾萬의土人의靈魂을爲하야힘쓰고畢竟에는그들로말미암아亞弗利加의따에서죽는榮光을얻었다。리빙스톤이偉大한

福音의實力

八

것이안이라　그속에타고있는福音의實力이偉大한것이며　이것을잡은사람이면다그와같은길을걸을수있는것이다。絕對로그릇이훌륭한것이안이라그그릇을움지기고있는福音의實力이훌륭한것이다。福音이나온後、世上의몯은價値가顚倒되엿으며따러그릇如何에過重한價値를두며使命如何에過大한考慮를하는等屬도없어진것이다。다만있는곧에서福音의實力을自由스럽게나타내면　거긔에天國의賞이생기는것이다。時代가複雜하고思想이混雜하고經濟가困難하고環境이不可能하다는것은　죽음도福音의實力을抑制할수없는것이고　돌이어이逆境에서福音은福音의實價를내놓기쉬운것이다。아무리어려운條件을가지고오더라도福音의實力을못부리게할수가없는것이며　이러한생각을하고　이러한말을하는것은　結局福音의實力을아즉못잡은사람의헛된口實이다。福音은十字架에死에서始作하야復活에끝남을잊어서는아니된다。이러한福音을가지고　彷徨하여서는　福音에對한큰侮辱이다。福音의眞價를때를얻으나못얻으나恒常發揮하여야한다。

지금時代가大段어렵고이속에서무슨일을하던지到底히成功할수가없다고한다。이는常識으로보아서그러한것이고　좁은歷史家의一時的銳敏한時代觀에서그러한것이지　時代의區別을絕하야人類의根本精神을날카로운칼로찌르는福音의實力으로볼진대果然아무것도안이며　예수가十字架에걸려서自己의일을完成한그의걸음을걷는대는아무念慮가없는것이다。우리는根本的生命의問題를等閑視하고　枝葉의이世上問題、있어도그만없어도그만인것을가지고時間의濫費와健康의濫費와金力의濫費를하여서는아니된다。福音의實力을가지고　이것을나타내는것만이必要하고其他는娛樂에不過한것이다。말하자면福音의實力을가지고있는者의잠간의잠을자고쉬고있음에지내지아니하는것이다。우리는이쉬고있는娛樂때문에根本的問題를잊어서는아니된다。一錢을얻으라다百圓을잊어버려서는아니된다。그러나지금우리가하고있는일은다이種類의것이다。學問이라하고　敎育이라하고禮拜라하고事業이라하고其他여러가지니름좋은것들은다이러한類의것이다。使命이라하고世界的貢獻이라하면퍽훌륭한것같으나　福音의生命에比하면도모지問題가아니되는것이며　世界的偉人群이예수그리스도에比하면아무것도안임과같다。이런줄을우리는잘알면서도習慣에끌려선지또꿈에끌려선지福音以外

의것에만힘을쓰고있다。 그러하야時代가어려우니무엇이어떠하니하고떠들고있다。 우리는다시福音의實力을잡아야한다。 여긔에만全力을다하고 바울이福音을잡은後몰아내여버린그世上것을얻는데에는힘을써서는아니된다。 예수그리스도가이世上에죽는데에生命의根本을둔그죽어야만할것을求하여서는아니된다。 먼저生命이다。 하나님앒에바로서는삶信仰을얻어야한다。 이는地上百年의生命을팔고라도사야만할것이니 하물며이生命의몇分의一에不過하는족으만한野心같은것이야問題가될수가없다。 福音의實力을가지게되여이것이 熱熱한活動을하게되여야한다。 그것이그려내논녯사람或은지금사람의그結果에눈을빼기어그結果얻음에만힘을쓰고그結果를自然히만들어내인福音의實力을잊어버리는어리석은짓을하여서는아니된다。 예수그리스도가몬은外形의것을打破하고새生命의原流만흘어가게한그러한原動力에對한참思慕가있어야한다。 百合花의꽃은百合花의아름다움이있고 薔薇花는薔薇花의아름다움이있으나 그꽃들은差別의美가있기前에먼저꽃이라는普遍的美의움지김이있다。 이사람저사람各各다所有物이다르고特質이다르나 그差別이있기前에먼저사람으로써하나님앒에바로서야한다。 하나님의아들되는것이最大條件이지사람으로서의獨特한差別相은그다지큰條件이안이다現代의最大의缺點은이差別相에全力을傾注하야사람의根本的問題에對하여는아무생각도두지아니함에있다。樂園恢復하는데에는힘을아니쓰고 樂園을잃은그속에서各自의技能發揮함에는힘을쓰고있다。 우리의彷徨도이러한곧에서나오는것이고 우라의함없는것도이러한데에서나오는것이다。 우리는이枝葉問題보다根本問題를생각하여야한다。 福音의實力을무엇보다도먼저잡어우리의生命이되고 그生命의波及이이사람에接하고저사람에接할時에널어나고 이일을當하고저일을當할時에널어나야한다。

사람에게는福音이있을뿐이다。 福音을사는것만이그의唯一의事業이고 唯一의目的이다。 따려國家의唯一의目的과事業도福音뿐이다。 우리가사람노릇을하고國家를사랑하랴면 이福音만을살면그만이다。 칸트의哲學도뉴톤의科學도必要하지아니하다。 다만한갓實力을가진福音뿐이다。 福音은하나님이人類의게준唯一의生命의길이다。

化肉論

高城 金成實

요한一○十四

말슴이化肉하사그리스도卽人子가되셧다。同時에 그神格(神性)은全然人格(人性)으로옴겨진것이다。其後三十餘年의人子의地上生活은人格으로걸어가신生活이다。信仰으로말미암아絶對順服하심으로肉대로살지않으시고 靈대로살어서靈이되여주셧다。肉을救援하사靈이되게하신靈이신하나님이되셧다。 그리하여서 人子이신일을完成하시고 또한우리의救主가되셧다。眞實로그리스도는肉을靈化시기신하나님이시다。우리救援이되시고 길이되시고 信仰對象이되신生命의靈이되셧다。復活하심으로는 그肉身이靈體가되사 하나님右便에게시게되여 우리生命이되시고 우리肉身이또한靈體가될救援完成의根源이되여주셧다。

그런故로地上生活에예수께서는決코神格을使用하신일은없다。卽神格으로걸으시지않으셧다。다만人子로만걸으셧다。人格으로걸으시면서하나님의일을하셧다。 그는無限히부으심을받은聖神으로말미암아內在하신하나님(요十四章十)으로因하여서 하나님의말슴하나님의일 하나님의行 하나님의形을나타내신것이다。 예수는 우리肉의人間으로서는到底히알수도없고 믿을수도없는絶對他者인하나님을 당신의化肉하신生活의內容으로써우리에게알게하고믿게하실바보이는하나님이되여주신것이다。 예수는靈의存在이신하나님을肉으로써啓示하신하나님의形相이시다。同時에우리肉을靈이되게하시는하나님이시다。 이는化肉하신그리스도만이可能한일이었다。 그런故로主예수께서永遠히尊貴와榮光을받으시는것이다。 이는예수이신人子의特權이었다。

肉이시면서하나님이신예수그리스도 이는決코其人格의一方에分離的或은潛在的으로拐立하여있는神格으로그런것이안이다。 그의神性은이미單一한性稟이신人格으로옴겨졋음에 그肉을靈化하신그非凡한靈力으로말미암아肉이면서도靈인하나님이되신것이다。예수께서하나님과一體라하심은神格(父格을兩格으로分한바그神格) 으로그렇다는것이라。 現今그안에內在하신하나님으로와 말슴이化肉하신人子라는

宗敎經驗과自己認識에서말슴하신것이다。 卽말슴의化肉이심을明示하신말슴이다。

萬一예수께서人子(人格)로만世上을걸어가시지않으시고 어려운難關을當할때에는神格으로써飛越하여가신예수일진대 우리肉의人間들에게는完全한意味의救主가될수없을것이오 또한肉을靈으로살게하시는일에적어도半分은失敗라고보지않을수없다예수께서肉으로걸으시다가막히시는때는當身性格의一方에潛在식혔던神格을使用하셨다면 우리肉뿐인人間을完全히靈에서살게하실수있는救主라고는믿을수없는것이오 또한예수께서이런二重人格이라면예수님의行하심이矛盾이라고보지않을수도없다。 웨그러냐하면 예수께서마귀의게試驗을當하실때에는그全格中一方에있어活動하시랴는神格을故意로抑壓하시고다만人格으로만짐짓試驗을當하셔야하실것이라이렇다고하면眞이신그靈의性禀에不合理한일이오 또한우리사람의手段쓰는貌樣으로무슨方便을使用하시기爲하여手段的故意로行하신것이되고말것이다 이는靈이시오眞이신그本然의性禀이決코不許하시는空論이다 또한神人格이예수님안에各各分立具存하셨다면 時時로兩性의戰鬪도있을것이되지않을가。

地上生活의예수께서는人子로만걸어가신것이라고하면 或者는예수를一個偉人뿐으로되게하는것이안인가고疑心하는者가있을것이나 그는決코不然하다돌이어예수를우리의信仰할하나님으로더욱徹底히肯定하는信仰經驗의告白인것이다。 예수님을우리가直接믿을生命의하나님으로徹底히信仰肯定하는것이다肉으로서靈이신하나님이되신예수를證據하기爲하여肉이되신예수을說明하게되는것뿐이다。 예수는곳하나님이시다。 이에우리의救援이있다。 生命이있다。肉을否定(죽이고)하고靈으로살수있는能力의源泉이있다。 그런故로우리는信仰으로예수을直觀하여서하나님을보는것이다。 예수는하나님의形狀이시오。光彩시오。 보이는하나님이시다。(요一、十八) 예수를보아서하나님을뵈옵고 예수님을앎어서하나님을참아는者가되고 예수音聲을들어서하나님音聲을듣는者가된다 하나님은예수을通하야서우리人間에게말슴하시고 行하시고 일우시는것이다。 또우리人間도예수인하나님을通하여서만하나님과사괴고 結合된生命에들어가는것이다。 예수는果然우리가到底

化肉論·聖年 一二

히알수없는絕對他者인하나님의總啓示로써우리에게 나타나신하나님이시다。 믿을하나님、 볼바하나님、 사귈하나님、 우리몸은것의全部이신하나님이시다。 히부리五章七ㅣ十節을보면 예수께서도漸進的으로 사람의過程을밟어가사 救援의根源이되신것이分明하시도다。 神格上으로본다면이는될수없는事實인것이다。 또한神格上으로본다면예수께서試驗을當하실수도없는것이다。 萬一主가짐짓當하셨다면그는事實上으로도不合理한말이오。 예수님性禀上으로도矛盾되는생각이다。

우리의이提唱은元來가敎理的으로된것이안이오。 다만信仰經驗上自然히이에到達한것이다。 信仰體驗으로우에서주신것이오。 靈으로覺得把握한바眞理이다。 아! 이는眞實로奧妙한眞理로다。 잘못하면曲解하기도쉽다。 讀者諸位는이點을잘諒察하여 誤解없이받아들여 先入主見을바려서靈의糧食을삼을지어다。 우리靈은 靈이신예수을信仰對象으로하고 그生活內容을우리生活의內容으로하여無限히成長하여야한다。 以上은十字架의贖罪經驗을通過한靈의生活에있어서잘알수있는眞理이다。

—(끝)—

聖 年(A Holy year)

그리스도의誕生하신날이 史上에確的하지못한것처럼 그리스도의十字架에걸리신日字도 尙今未決된問題로 남아있었다。 最近 學者의計算에依하건대 福音書記事와一般歷史上材料와天文學上推理를 몯아綜合하면 예수가十字架上에서죽으신날은 紀元三十年四月七日이 가장有力하게一致하는날이라한다。 그러나 通常으로는 흔이 十字架에걸리기는 紀元三十三年의일로안다。 그럼으로天主敎의羅馬法王은 全世界의敎徒에게 指令을發布하야 今年四月二日부터 明年四月二日까지「聖年」으로 지키게하였다한다。 저들이지키는 그內規는 우리가알바가안이다。 우리 푸로테스탄트들은 果然이「聖年」을 어떻게맞우려하는것인가。 나사렛예수가十字架에서죽어 三日만에死亡을征服하고復活昇天하신지 滿一千九百年되는해다。 온世界가 暗黑하여짐은 새벽東트기가漸漸갓까와진까닭이안인가。 우리肉을徹底히죽여 祭壇에받힐때가안일까。 燈잔에 기름을 預備할때가안인가。 必曰形式的規定을設할것은없으나 內心에크게躍進할秋인저。

바울의生涯【八】

스토ー커 敎授著
柳錫東 譯

第七章 그의著作과性格

一一五、 第三次傳道旅行이 希臘敎會를迅急히訪問하는것으로끝남은已述한바이다。이訪問은數個餘月繼續되였는대 使徒行傳은不過二三節로써이를記錄하여버렸다。이는傳記作者의붓을細密히움지기게할만한感興깊은事件이없는까닭같다。그러나다른點으로보면이時期는그의生涯中가장重要한部分이라할수있으며 이半年동안그는最大書翰인羅馬書와次位로重要한갈라듸아書、 고린도後書를썼다。

一一六、 이제우리는그의著作時代에오게되였다。바울이自己使命을다하려고 陸路로水路로이골서저골로이나라서저나라로奔忙히돌아다닐때 그의非凡한人物이우리에게준印象은甚大한바있었는대 지금그가萬代를누르지는못할지라도當代를누르는最大한思想家이었음을생각하고 또그가쉴새없이심한受苦를하면서도그가운대에서 世界를움지기는智的原動力의하나가되여漸漸그影響이커가는偉大한著作을하였음을생각할때 이印象이더욱깊어감을느낀다。이點에있어서바울은다른몯은傳道者와宣敎師를壓倒하여버린다。勿論어떤點에는그를따르는사람이있다。世界를征服하랴는衝動으로는새비어와리빙스톤이있고 熱心과活動에는聖버ー너드와휠의ㄹ드가있다。그러나이들은世界信仰土臺에아무새로운것을加함이없다。바울은이들의이獨特한點을具備한同時에 人類에게새로운思想을주었다。만약그의書翰이없어졌드면 世界文學의損失은 救主의生涯와說話와死를記錄한福音書만을除한다면 比할곧이없을만큼至大하였을것이다。그의書翰은다른글이到底히가지지못할힘으로써敎會를覺醒식히고 또世界에眞理의씨를뿌리어그의열매는人類의財產이되였다。그의書翰속에서革新의標語를얻어 敎會에改革이닐어났다。루ー테가歐羅巴를數世紀의長夢속에서깨게할때 그가힘있게웨친그소리는바울의말이었다。百年前英國이靈魂의死境에서닐어날때 그를깨게한그소리는비울의말에서 다시眞理를發見한사람들의웨침이었다。

一一七、 그러나바울이書翰을썼을때는죽음도이렁

게될줄은몰았을것이다。그는다만그가하고있는일에必要하야쓴것이었다。特殊한境遇에쓴참意味의書翰이었고 決코名聲이라든지將來를爲하여細心히쓴正式의글이안이었다。참意味의書翰은 무엇보다먼저心情의所産이다。바울이書翰을쓰게된것은 그가그의靈魂의아들들의平安함을바라고 그들이危險한곧에있음을걱정하는 그저있을수없는心情때문이었다。그것은그의日課의하나이었다。그는陸路로水路로回心者들을再訪하였고 또되모데或은되도를보내어勸告를하며그들消息을들었는대 이러하게되지못할때는그는書翰을써 이目的을達하였다。

一一八、이 그의著作의價値를損傷함이甚한것같다。우리는그의思想이時時로닐어나는特殊한境遇의必要에應하야움지기게된다든지 또그의注意가微微한여러가지事件에分散된다든지하는일이없이 그의精神이한完結된冊에集中되여 그思想을體系化할高尙한問題에關하야明細한理論이있기를바라게된다。事實바울의書翰이文體의標本이되지는못한다。그것은넘어急速히쓴것이고 또文章을鍊磨하랴는생각은바울에게는全無하였다。勿論종종그의思想이高潔하고美麗한까닭으로제절로巧妙한表現이되고 또感情이動悸를처서는自然高貴한雄辯을 일우게되였다。그러나大體는粗野하고定形이없다。그는무엇보다먼저必要한말을하였다。그는글을始作하고서는끝을안이맺고 枝葉으로다러나서는本길로돌아옴을잊어버리었다。그는思想을토막토막表現하야 前後連絡같은것은돌아보지안이하였다。이러한바울의文體의類例를求한다면 올리버・크롬웰의書翰과演說外에는없을것이다。이護民官의머리에는英國과當時이나라의複雜한事件에關하야最善最眞의思想이있었는대 그가이것을演說로書翰으로表現할때는感嘆과質問이心中에서가장混雜하게連出하야論議는어느듯말의洪水에 揷句의多數에 아름다운哀情에 心服식히는雄辯에、닞어버리게된다。그러나우리가이놀랄만한偉大한說話를읽게되면 漸漸淸敎徒時代의속임없는心靈을알게됨을느끼고 이사람이누구보다當時의代表者임을알게된다。우리는當時의事件과思想을發生한그대로알게된다。事實一定한形式이없다는것은어느點으로보면最高한獨創力에는自然따르는것같다。思想의完全한表現과整然한羅列은後期에屬하는것이다。

大思想이처음으로나올때는의레히原始的粗野함이있는것이며 맞히生地의흙이거긔에붙어있는것같다。金을가는것은後에할일이고 먼저粗金을地中에서캐어야한다。바울은그의著作으로眞理의粗金을캐내었다。그에게는獨創的思想이無數히있다。한번獨創的人物이새思想을내놓으면 아무리平凡한筆者라도自己가發見치못한이것을創始者以上으로表現할수있다 바울의著作에는다른사람이神學과倫理學의體系를세울수있는材料가많이있고 이것을할것은敎會의義務이다。바울의書翰에는默示가原體로써나타나있다。그것을詳細히닑어보면眞理의世界의創造를目睹하는것같으며 이 맞히天使가混沌속에서蒼穹이나옴을보고巨大한地球가빛속에展開됨을보고놀라는것같은느낌이있다。바울은時時로어떤事件에對하야는周密한取扱을하였는대 이때에도그는勿論眞理全體觀을잊어버리지안이하였으며 말하자면이슬한방울에도全世界가빛우임과같음이있다。바울이希臘에있는回心者를再訪하는그紛忙한가운대서 半年동안에이러한로마書、갈라듸아書、고린도後書를썼음을보면그의心量이얼마나豐富함을明白히깨달을수있다。

一一九、바울에게이眞理의啓示를준것은 하나님이그聖靈으로써다。이의偉大함과神聖함이 그것이다른곧에나올수없음을確實히證明한다。그러나亦獨創的思想에는의레히따르는깃븜과苦痛을通하야바울에게들어간것이다。바울의經驗을거처서나타난것이다。그것은바울의머리와마음의全幅을축이고물들이었다。그著作에나타난表現方式도그의獨特한天才와事情에適合한것이다。

一二○、바울이取한著作形式에는 그것이文學的素質에不足한것을代償하는여러가지點이있는대 그中의한點은特히意味가있어그것만이라도그形式이하나님의攝理에서나온것님을알게한다。우리는다른文學形式에서는到底히이形式에서와같이筆者의人物을느낄수없다。書翰은가장個人的文學形式이다。우리는論文이나歷史나詩를쓰더라도個性을감출수있다。그러나書翰은筆者를나타내지아니하면價値가없는것이다。바울은그의書翰속에나타나있다。그가쓴各章에그의心情이울리고있다。그는다른사람이그릴수없는自畵像을그리었다。外的自己뿐안이라 가장深奧한自己心情까지도그리었다。우리가바울의正體를아는것은 누가의붓으로써그를잘그리게된使徒行傳에서가안이라 바울自身에서다。 그가말하는眞理는全部가다그人物속에具現된것으로뵈인다。 說敎者中에는自己가하는說敎以上의價値를가진사람이있어 그說敎를듣는聽衆의有益은그偉大하고거륵한人格에서얻는閃光的感化力인대 바울의著作의最大最善한것은바울自身이며 더適切히말하면그에게나타난하나님의恩寵이다。

一二、 그의性格은天性과靈性이가장잘結合한것이다。 그의天性은强烈한個性이었고 基督敎로因하야생긴變化도이것에지잔을만한굳셈이있었다。救援을받은性格속에서어떤것이天性이고 어떤것이恩寵에서얻은것이라고分別하기가어려운것이며 救援받은者의生活에는天性과恩寵이아름답게調合되여버리는것이다。 바울에있어서는더욱이이兩性의融合이完全하였다。 그러나그속에恒常素質이다른兩性이있었음은否定할수없는일이며 이것이또한그의性格을잘判定하는데의열쇠가된다。

一三、 第一먼저天性뿐인것만을생각하면 그의體格은그의生涯를決定하는重要한條件이었다。 귀가먹으면音樂家가될수없으며 눈이멀으면書家가될수없는것과같이 어느程度의體力이없으면傳道者의生活은할수없는것이다。 바울의受難의目錄만을보고또그가甚酷한그가운대서다시닐어나일을繼續하는그의彈力性을보면우리는自然그가巨大한허ㅣ큐리型의體格임을想像하게된다。 그러나이와反對로그는矮小한것같으며 體貌가貧弱한것같다。 그우에病으로因하야그의風采는漸漸없어진것같다。 그는그의體貌를보고失望하는사람이있음을切實히깨달었다。 說敎者로서自己事業을사랑한다면누구든지聽衆의好意를잇끌만한몯은能力을써福音을말하랴할것이다。 그러나하나님은그의생각과는닮아 그의그貧弱함을써回心者의心情을잇끌었다。 故로그는弱할때에 强하였으며그의貧弱한것을돌우자랑할수있었다。 그는甚한眼疾에걸리어눈껍줄이보기싫게밝앟게되였다는傳說이있으나 根據는甚히薄弱하다。 그는이와反對로박수엘누마의게한거와같은 날카로운一瞥로써敵을心服식히고戰慄식히는무서운眼力을가진것같으며 루ㅣ터의눈이가끔빛이나뻔쩍뻔쩍하야옆에있는者가그를볼수가없었다는것같음이그에게도있었다。 近代의바울

의傳記作者들이그의體質은弱하엿고漫性의神經病에걸리엇다는생각을하나여긔에무슨根據가잇는것은안이다。만약非常한抵抗力과健全함을가진體質이안이면到底히그러한勞苦를하지못하엿을것이며 돌질과매와其他여러가지苦生에견대지못하엿을것이다。勿論그는時時로病으로因하야甚히衰弱하여젓고亂暴한일을當하여心氣가끊어젓다。그러나그가여긔에서速히恢復함을보면 그의體力이얼마나크고많음을알수잇다。그의얼골이사람에게하나님과和睦하게됨을勸하야마지안는愛情에넘치고 또그의福音을傳하는熱心에빛날때 거긔에는아름다운外貌같은것으로는比할수없는高尙한美가잇엇을것이다。

一二三、다음에大部分天性이라고할수밖에없는그의性格의要素는冒險性이엇는대이亦重要한것이엇다 사람은大體로自己난곧에서살라고하는것이며 環境이밖귀이고새사람들과알게되는것을大段히싫어한다 그러나몇사람들은그피에放浪氣質이석겨잇다。이들은本性이移住할사람이고開拓할사람이다。이들이만약傳道를한다면훌륭한宣敎師가될것이다。近代에는英國人리빙스톤과같이거륵한冒險心을가진宣敎師가없다。그가亞弗利加에가니 宣敎師들은異敎의한변두리에지내지안이하는大陸南方에만모여서거긔에집을짓고庭園을만들어家族을다리고족으만한土民의集會를하야서滿足하고잇다。그러나그는그곧을지내어異敎의中心地까지들어갓으며 머ㄴ地方에向하랴는생각은그를떠나지아니하엿다。畢竟그는宣敎師가밟지도못한곧을幾千哩以上旅行하엿고 죽게되여도그는亦앞으로앞으로나갓다。바울은이와同質이며 勇氣와冒險心이充滿하엿엇다。머ㄴ곧에잇는未知의世界는그를놀라게하는것이안이고돌이어그를잇끌엇다 그는다른사람의土臺우에세우지못하는사람이엇으며 處女地를求하야자꾸나가 己成한敎會는다른사람에게넘겨주엇다。그는그가만약福音의燈火를이곧저곧에키어만놓으면 그불은그가없더라도自力으로써自然널리붙어짐을믿엇다。그는勿論自己가걸어온距離를생각하엿으나 그의標語는恒常前進이엇다。그는꿈에自己를새나라로부르는사람을보앗다。그의마음에는언제든지成就되지못한計劃이이엇으며 死가갓가워저도그는亦世界의第一遠隔한곧에旅行하랴고생각하고잇엇다。

一二四、지금말할要素에大段갓가운그의性格의또한要素는그가사람에게對한感化力이다。사람中에는緊急을要하는때에도다른사람에게接함을꺼리며苦痛으로생각하는이가있다。누구든지大槪는同類나同業이나하는親한사이에만自由스럽게된다。그러나바울의生涯는種種色色의사람과接하지안이하면아니되엿으며 그는恒常아지못하는사람에게自己의使命을傳하지안이할수없었다。그는王或은總督에게도말을하여야하고 많은奴隷或은兵卒에게도말을하여야하엿다。猶太人會堂에서도말을하여야하고 아덴哲學者새에서도말을하여야하고文化의中心에서떠러진地方住民에게도말을하여야하엿다。그러나그는듣는사람을따러各人各樣으로말을하엿다。猶太人에게는라비가되여舊約聖書로써말하고 希臘人에게는그들의詩人의言句를引用하야말하고 未開人에게는하나님은한울에서비를주고豊年을주어우리를飮食에豊足하게하는이라고말하엿다。만약弱하고眞實치못한사람이各人에게各樣으로對한다면 그는아무有益을사람에게끼칠수없을것이다。그러나바울은이主義에서서福音을各處에들어가게하고 이리하야그는그가머리를숙이는사람들의尊敬과사랑을얻었다。그는敵의게大段한미움을받었으나 여긔에反하야그와같이벗의게熱熱한사랑을받은사람은없을것이다。그들은그를天使같이對接하며 예수그리스도自身같이맞어 그들의눈이라도빼어그에게주랴고하엿다。그의사랑을많이받으랴고敎會는서로마음을태웟다。그가만약約束한곧에가지못하면그들은큰侮辱을받은것같이성을내엇다。그가그들을떠러질때는 그들은그의목을께안고슯브게울었다。그의周圍에는恒常많은靑年이있어그의심브름을하랴하엿다。그의魅力의秘訣은그의人物이巨大함에있다。큰사람에게는많은사람이모이는것이나 이는그곁에있으면걱정이없는까닭이다。

一二五、그러나이人望은그의性格속에顯著히빛나는他要素無我의精神에힘입음이많다。이는사람의게果然있기어려운性質이며 따러이만큼다른사람를感化함이크다。이의純潔하고힘셈은比할곧이없는것이다。사람은大槪自己利益에만마음을빼기는것이고따러다른사람도自然이렬줄만알음으로 한사람이利己心이하나도없이 一般의傾向과는正反對로他人을爲하야하랴고만하면 그들은처음에는그를믿지안이하

고　그가仁慈한假面속에무슨意圖를감추고있는가疑心을한다。 그러나그가이것을忍耐하야그의無我의精神이참됨이自然알려게되면　그들이그에게對한尊敬은限이없게된다。 바울이이나라에서저나라로이市에서저市로다닐때　처음에는그는그가接하는사람들에게한疑惑의人物이었다。 그들은그의眞意가무었임에對하야여러가지想像을하엿다。 그가求하는것이金錢인가權力인가或은더惡하고不純한것인가　事實그의敵은이러한말을恒常하였다。 그러나그에게近接하야그人物을본사람은　그가金錢을拒絶하고晝夜로自己손으로일하야生計를　세워사람의게서金錢을取하랴는마음이조음도없음을안사람은　그가各家庭에가눈물을흘이면서거룩한生涯를보내라고勸하며가르침을들은사람은　그가各人에게對하야恒常깊은愛情을가짐을본사람은　그의無欲함을아니믿을수없었으며　그를사랑하지아니할수없었다。 그와같이無我의精神을가진사람은없었으며　그는참으로自己를爲하야살음이없었다。 그는家庭의系類가없었음으로　妻子에게줄그의큰마음에서솟아나오는몯은愛情을　그의일에注入하였다。 그는그가回心者에게對한愛情을慈母가그子女들에게對한것에比하였으며　그가그들을福音속에낳은아버지임을잊지말라고勸하였다。 그들은그의榮光이고王冠이고希望이고歡喜이고깃븜의絶頂이었다。 그는새사람을얻으랴고　至極히渴望하였으나決코얻은것을잊어버리지안이하였다。 그는敎會를爲하야晝夜로祈禱와感謝를하야 그를굳굳히하고　回心者의니름을하나하나씩祈禱속에記憶하였다。 사람으로써누가이러한無欲한사람을背斥하리오　바울이世界를征服한것은　온전히사랑의힘으로써다。

一二六、 다음에그의性格中가장明白한크리스챤의特質을두가지말하여야겠다。 하나는그리스도를傳播하는거룩한使命感이며　그는이것을成就하여야만하였다。 사람은普通一生을　이리저리헤매이는것이며그들이하는일은大槪가外部의重要하지안이한여러가지事情에依하야決定되는것이다。 그들은어떤일을하여도좋고　만약된다면아무일도안이하랴고한다。 그러나바울은그리스챤이되든때부터그가할特別한일이있음을알엇고　그가받은이召命은恒常그의靈魂에警鍾과같이울리었다「내가福音을傳하지안이하면禍있을진저」하는그衝動이늘그를몰아갔다。 그는自己가新眞理의世界를가지고있음을느끼고　이것을말하여

야人類가救援을얻음을알었다。 그는全力을다하야여러사람에게그리스도를알게함을自己의使命으로깨달었다。 이리하야그는危險을무릅쓰고苦痛을無視하야猛烈한活動을하게되였다。 「이런모든일이나를움지기지안니할뿐더러 나는生命까지도죽음도貴히역이지안이하고 나의行할일과主에수께서받은職分을다하야하나님의恩惠베프신福音을證據하고자하노라」 그는恒常그의눈앞에그가將次그리스도의審判席에서報告할計算書를보고살었으며 그의마암은 失望할때마다 그가만약忠實하게만나타나면그의救主正義의審判者가의례히그머리우에씨워줄그生命의王冠을바라보고는다시元氣를恢復하였다。

一二七、 그의生涯를形成한또하나의그리스챤의特質은그의그리스도에對한全的獻身이다。 이는바울의가장큰特色이고 처음부터끝까지그의活動의主因이되였다。 그가처음그리스도를만난瞬間부터다만한熱情이있었고 그의救主에對한사랑은最後에이르를수록漸漸크고깊어갔다。 그는그리스도의奴隸가됨을깃뻐하였으며 그에게는그리스도의思想을宣傳하고그의感化를넓이는以外에는아무野心이없었다。 그는果然大膽스럽게自己가그리스도의代表者임을自任하였다。 그는그리스도의心情이自己가슴속에서回心者를向하야움지기고있음을말하고 그리스도의생각이그의머리속에서생각되고있음을말하였다。 그는自己가그리스도의事業을繼續하고있으며 그리스도의苦難의不足한點을채우고있다고말하였다。 그는그리스도의傷處가自己몸의傷處에나타남을말하였고 그리스도가人類를살리기爲하야죽으신것과같이 그도또한다른사람을살리기爲하야 죽고있다고말하였다。 이大膽스러운말이나 事實은이속에至極히謙遜함이있다。 그는그리스도가自己를爲하야몬은일을完成하였다는느낌을가졌다。 그리스도는그속에들어가녯비울을던저서녯生活을끊어버리고 全然히새사람으로나서새생각새感情새活動을일으키었다。 그리하야비울은이作用이進行하야完成됨을바라지아니할수없었다녯自己는完全히사러지고 그리스도가自己形象으로만들어끊으고있는새自己가힘있게나타남을渴望하였다。 그의思想은그리스도의思想이되고 그의말은그리스도의말이되고 그의事業은그리스도의事業이되고 그의品性은그리스도의品性이되여 「나는살고있다。 그러나내가사는것이안이라그리스도가내안에살고있다」는말을하지않을수없이됨을바라였다。

一人의 힘 [上]

柳錫東

○사람은많이모임을질거워하고거긔에唯一의依持함을얻으나 예수는사람을잣고分散식히어自己혼차있음에唯一의질거움을얻었다。福音書에나타난예수는아무러보아도孤獨을좋아하는분이시고 十字架에서돌아가실때에는사랑하는弟子들안데도떠러저 홀로그苦杯를마시었다。소크라데스는그래도弟子의同情이있었지만 예수는全然人類속에서孤立한狀態이었다。그러나이속에서人類를救援하는能力이솟아나오고 하나님의거룩한일을完成하는라스트헤비가있었다。

○예수는病人의벗이되고가난한者의벗이되여時時로그들때문에奇蹟을行하였는대 그는恒常그런일을한뒤에는 사람의소리가아니들리는山에올아가혼자있었다。여긔에서그는힘을다시얻어靈魂이새로된것같고 自己의使命에精進하는 걸음을가다듬은것같다。예수의顯著한活動을닐으킨힘의貯蓄은외로운곧에서나왔다。

○바울은크리스챤이된後에루살렘에도아니올아가고 孤寂한亞剌比亞山麓에서數年을지내었다。그는當時의宗敎의勢力을 잡은使徒들의面識을얻어握手하야 大活動을하랴는생각을할수없었고 다만조용한天地에서 靈魂속에힘을貯蓄하였다。그의게는시내山에서부러오는바람은 예루살렘의多數의聲援보다더낫은힘을주었고 이힘의魅力은그의靈魂의깊은곧까지잡아버렸다。

○다소에隱居하게된그亦到底히多數의사람과는손을잡고 못나감을깨달은것이다。多數속에그는虛榮이움지김을보고 神聖한傳道事業도그속에있을수없음을깨달었다。다소에서그는또다시힘이닐어남을느끼었고 때이르매그는그의獨特한舞臺에오르게된것이다。이後에도그는恒常孤寂함을느끼었다。使徒行傳에나타난그는活躍하는雄姿가있으면서도 이孤獨한運命은예수를따르는그로서는變할수없었다。

○스데반이죽을적에 當時使徒들과信徒들의그에對한沈默은넘는者로하여금많은 不快를느끼게하나이亦하는수없는것같다。스데반은벗사이나敵사이나

一人의힘

하나의知己가없이　홀로죽은것이다。　그러나여긔에그의힘의秘訣이있었고　여긔에그의믿음의本體가나타났다。그의옷하나받어주는사람이없어　敵인사울이받은것이안인가。果然이속에서그에게한울나라의思慕가생긴것이고　그나라를爲하야목숨을받히어도아무무서움이아니생기는勇氣가난것이다。

○聖書에나오는人物은全部가다一人이다。외로운느낌을깊이준다。父祖時代에도　그러하고列王時代에도그러하고豫言者時代에도그러하고　新約時代에와서도그러하다。永遠히혼자일하시는여호와하나님을믿는族屬이니하는수없는일이다。하나님은一人을붙어서그속에自己의힘을넣어주시고　그러하야그를通하야萬國을다스리신다。예레미야하나를세워萬國의百性을죽이고살리는그릇으로만드는　우리가想像할수도없는일을하시는그이다。

○多數가이러하고있는대　一人만그러케되더라도所用이있느냐고한다。그러나一人이먼저서야萬人이설수가있는것이고　世界가바로설수가있는것이다。

多數를爲한政策이라主義라하나　一人을바로잡지못하면그는畢竟아무것도아니되고만다。社會가나뿌다其他여러가지몯은것이나뿌다고웨치는改革家들이많으나　그들은아즉一人을改革한確信을가지지못한사람들이다。말하자면計算書만꾸미고　그것을淸算할돈들이없는사람들이다。信仰은보기에大段融通性이없는것같고偏狹한것같으나　적어도一人의救援을테스트하여본것이다。故로遠算이있을수없고　그의效果가確實하다。소리가높고效果가하나도없는것이이世上의改革家오　소리없이效果를많이내놓는것이信仰의사람이다。

○敎育者는學生의指導의困難함을말하고　敎育을到底히할수없음을말한다。그러나그것은虛僞에서나오는不平이고　다시한번自己가一人을完全히敎育한그敎育을가지고있는지反省하여볼必要가있다。自己自身을完全히敎育한能力을가진그敎育이면　반듯이그러한效果를맺을것이고　그效果가所期대로없드라도自己의그確信을말만하면그속에깃븜이있을것이다不平과嘆息은生命이없는敎育에서나오는것이다。

○志士라는사람들은 大槪가이나라를어찌하느냐고한다。그리고그말을듣는사람은그를愛國者라고認定한다。그러나그들은그나라를걱정하기前에自己自身이걱정하지아니할狀態에있는지모르겠다。나라를사랑하랴면먼저自己一人이참사람이되여야한다。그後에비로소나라가그一人의關係로써좋음이라도좋아지고잘되여가는것이다。크롬웰이라는一人의正義의人이나니 十七世紀의英國의歷史가萬代에자랑하게된것이다。萬事가되기前에한사람의靈魂이살어나야한다。一人이標準이다。

○녯날과다름없이 또큰사람이나적은사람이나다름없이 團結하여야한다고한다。하나보다열이힘이있다고한다。世界를合하면큰일이닐어난다고한다。이는그럴뜻한말이나生命의數學을모르는計算이다。生命의數學에서는 한사람의힘이全世界의힘보다못하지않다는것이다。루ー터한사람은當時의全歐羅巴가當하지못한것이다。밀톤한盲人은當時全世界가當하지못한것이다。이러한非常한計算이成立이됨으로恒常한사람의靈魂을最大의問題로잡는것이다。

○한信仰의先輩가一人으로써大段寂々하야가ー끔한벗을찾어갔다。여러번이것을거듭하는동안에이先輩는이寂々함으로벗을찾어감에不信의움지김을깨달어그벗과떠러지기로宣言을하였다。이 普通생각으로보면狂的이라고할만하지마는 우리는이곧에一人으로서의굳센힘을얻으랴는그態度에아니感嘆할수없다。一人으로서하나님과같의하야거긔에自足함이있어야한다。혼자있음이안이라 하나님이같이있음으로寂々하지않다는境地에到達하여야하며 여긔에비로소힘의源泉을얻을수있다。

○高貴한作品은全部一人의힘에서나온것이다。印度보다더貴하다는沙翁의作品은一人에서나온것이며世界의二大傑作이라는神曲과失樂園도各各一人의힘에서나온것이다。一人의힘이이와같이偉大한것인가하는느낌이아니날수없다。多數가힘을合하여서하는創作에는獨特한것이나올수없는것이며 여긔에機械와人間의大差異가있는것이다。靈魂에는多數라는數가通用치아니하는것같다。

一人의 힘

○十九世紀의詩人이고批評家인아ㅣ놀드는사람의몯은좋은것은혼자조용히있을때 그속에서나오는것이라는말을하였는대 깊은思索과獨創的想像은一人의게서생긴다。한頭腦한心情에불이붙어서거긔서原動力이나와 한國家를닐으키게하고 또한世紀를指定한다。批判哲學으로써在來의哲學에一大革新을加한칸트도一人이었고 相對性原理를세워科學에새결음을걷게한아인스타인도亦一人이다。

○어떤會社에同盟罷業이닐어났는데 그中에서한信者가닐어서서여긔에反對를하였다。처음에는大衆이크게야단을처이한信者의生命까지危險하게되였드니 一日이지나고二日이지나는동안에 猛烈한이大衆의運動은시그러저가畢竟이한信者에게 몯아 지게되였다고한다。여긔에나타난一人의힘은大衆의몇倍의힘이있는것이다。

○한學校에서先生과生徒와合同하야大同盟休學을닐으키었는대 거긔에한生徒가 그의를림을깨달어徹底히反對를하고그떠드는속에서그들의不正함을死를무릅쓰고指摘하였다。한生徒두生徒가그의말에感服되여 몇日後에는그休學이없어지게되고先生은부끄러워서그學校에못있게되었다고한다。이弱한한生徒의힘은全校들덮을만함이있는것이다。

○多數가所用이없는것이다。少數로足한것이고一人으로足한것이다。一人으로써自己힘껏의일을하고하나님날개밑에서살겠노라。全體와손을잡을必要도없고다만眞理를찾아서거긔에몸을맡기고 이사람저사람찾아갈必要없이다만善을行하리로다。여긔에多數에있을수없는힘이생기고 또한 참벗을널러연는길이열리는도다。一人이로다。一人이로다。하나님이求하는사람은一人이로다。社會全體가안이고國家全體가안이고 다만한사람이로다。이한사람에하나님은無限한愛着을느끼는도다。九十九首의羊보다一首의羊을찾는하나님이로다。

城西通信

○主그리스도께서滿洲에 세우신傳道者의來信에『…저는그사이에心裡의煩悶은있었으나主의힘으로이겼아옵고 周圍의몯은것은 다 나를피롭게하고 나를 굴엉에넣으라는사람도많기따문에 퍽도 근심중에서지나나 내속에 主예수그리스도가살어있기따문에 몯은事實이 다나를主에게로 더욱갓갑게나가게하며 또는내속에서살아게시는生命이 더욱明瞭해집니다。그래서 남에게辱을먹을때마다 매를맞을때마다 더욱感謝의讚頌과祈禱를들일수있아오니 얼마나고마운事實인지모르겠읍니다。主는 상금도쓰고있는世上의깍대기를 나의게서벗기누라고때로는칼로 때로는대패로 비이고 밀고있음으로 이칼과대패가 나를手術할때마다 나는甚한苦痛을當합니다마는 지나고보면 감사하고 지나고보면 더욱山城이됩니다。……이百姓들의靈魂이 썩어저가는것을볼때는 참으로 답답하고 눈물이나옵니다。그래서傳道의생각이더욱 불닐듯합니다。마는 예수의眞理는 願하는이가없으니어떻게하오리까。개에게眞珠를던질수없고 등불을 말알에두기도싫고 爲先敎會相對로 하나님의福音을傳하고있읍니다。그러나敎人은마음이높아서 제것만옳다니까。하는수없으니神께祈禱할수밖에없읍니다。先生님 爲하야祈禱하어주시옵소서 나는이끝에서이百姓을爲하야 一生을맞후라고決心하였아오니 그리고神의經綸은萬世前부터이미나를擇하셨고 또는 나에게이런마음을주셨고 또 그는 나에게命令을나렸으니 비록나의몸이피롭더라도取할수밖에없읍니다 종이 상전보다낫지못하다고하였으니 어찌世上에서平安을求하라고하리오。主는十字架에서돌아갔으니 우리도應當히十字架以上의苦刑으로 우리의生涯를맞훌줄自覺하어야될줄압니다。하나님의福音을爲하야기어이 한번 이리로찾아주시면고맙겠읍니다』云云

基督敎徒의安眠時代는이미지낫다 지금은알곡과쭉정이를選別할秋가되였으니 自他를爲하야 깨여기도할것이오 滿洲의荒野를또한記憶할것이다。

○二月十八日 어떤讀者의要求에『聖書를알라면聖書朝鮮을닑어야하겠고 聖書朝鮮을닑고다시닑으면 스스로聖書의內容이알리어집니다 內容을알게되면 저의睡眠이覺醒하지않을수가없으니그때의無限한感謝와喜悅은全身을돌고돌뿐이올시다。聖書朝鮮에는 여러가지難關과不便이있을것이겠지오만 저의慾心으로말하면聖書朝鮮二四頁인것을二倍나하시고 羅馬書硏究 聖書槪要其他等等을速히完結하게하였으면좋겠읍니다。世上사람들은저를忠告하기를 査經會가있으니 다니는것이좋겠다든가 聖經學院으로다니는것이可하다고 有益한點을들어勸하나 그러한데다닐時間이있었으면 聖書朝鮮을더닑고싶읍니다 聖書다음의聖書인貴誌를닑고있으면 貴誌는査經會도되고 聖經學院도되고 敎會도되고나의祈禱도되여집니다 第五十號를맞으는聖書朝鮮의앞길을衷心으로祝福하옵나이다』라고 이런消息이或時있기따문에 聖朝誌의廢刊을아직斷行치못하였다。그러나 하나님은이런讀者들을시겨서 여러번나를속히셨다。現下의形便으로보면 聖朝誌의頁數를倍增함에는 余의月給이增加하여야할形便이니 이는不可望의事오 이朝鮮에서讀者가그出版을扶支하기는 필경예수再臨後에나實現될까 몰아 어쨋든나는나의할바를하리라。于先向一年間쯤은 現狀維支는念慮없을가한다。

○二月二十六日엔 滿洲서福音傳하기에獻身한二十四才된靑年으로부터 結婚問題의相議가있었다。主를爲하야一平生獨身生活하겠다는것을 結婚하도록勸하였다。財産、門閥、學識、美容等의結婚을避하고 純粹한 信仰結婚을하라니困難하다한다。箴言第三十一章에記錄된것같은 高貴하고勇敢한女性은없읍까。

○三月二日午后에 養正學校를이번에卒業하는生徒中數人이모이送別感話祈禱會가있었다。翌三日(金曜)에는 養正高等普通學校第十七回卒業式。全部八十名中에 余의擔任한자四十一人이었다。平素에儀式을輕視하든余도 이날卒業式만은實로愉快하였다。五個年間作業을完結하는感、重荷가어께에서떠러지는感、저들의身體가五個年間長成한것처럼無形한方面에도成長하였을것、무엇보다도靑年의洋洋한前途! 慶祝의마음이 自然히動하였다。아무技藝도없는나는最后에祝福의뜻으로써 萬歲를三唱하니 이萬歲는나의三十餘年間蓄積하였든氣力을쏟아부은것이었다。萬歲三唱에 金剛山旅行이나하고온것마치數日間疲勞를느끼었다。

舊號廣告

로마書研究(續)

27. 28. 29. 30. 31. 33. 34. 35. 36. 38. 39. 41. 44. 45. 46. 47. 48.

山上垂訓研究(完)

24. 25. 26. 27. 29. 30. 31. 32. 33. 34. 35. 36. 37.

舊約聖書大旨(續)

創世記大旨	三八號
出埃及記大旨	三九號
利未記大旨	同
民數記大旨	四〇號
申命記大旨	四一號
여호수아大旨	同
士師記大旨	四二號
路得記大旨	四四號

豫言書研究

一、先知者(上)	三號
二、先知者(下)	四號
三、偉大한解放者	十五號
四、아모스書研究(上)	廿八號
五、아모스書研究(下)	廿九號

詩篇研究

第一篇	三四號
第十二篇	二二號
第十三篇	二五號
第十九篇	二三號
第四十四篇	三〇號
第九十三篇	創刊號
第百二十一篇	第五號

天然과聖書

靈魂에關한知識의古今 (創)
地質學과하나님의創造 (四)
生命의階段 (七)
生命의發達 (九、十、十二、十三、十四、十六)
生命의所在地 (十七)
復活의事實과理論 (廿八)

歷史와聖書

하나님의攝理 (七、八、十一、十二)
成三問과스데반 (十四)
큰 食物 (十五)
二十世紀의出埃及 (十八)
푸로테스탄트의精神 (二十)
예수出現의宇宙史的意義 (廿四)

京城聖書研究會

講師 金敎臣
場所 京城府外孔德里本社
日時 四月第三日曜日(十六日)부터 每日曜日午后二時 (約一時間半)

(注意) 舊新約聖書와讃頌歌必携。家庭集會임으로 出席하기前에承諾얻을것。現今에스겔書以下預言書研究中。

本誌定價

一 冊 拾五錢(送料五厘)
六 冊(半年分) 前金九拾錢 送料共
十二冊(一年分) 前金一圓七拾錢

要前金。直接注文은振替貯金口座京城一六五九四番(聖書朝鮮社)로

取次販賣所 京城鍾路二丁目八二 博文書館 振替京城二〇二三番

昭和八年三月二十九日 印刷
昭和八年四月 一日 發行

京城府外龍江面孔德里一三〇
編輯兼發行人 金 敎 臣

京城府西大門町二丁目一三九
印刷者 金 顯 道

京城府西大門町二丁目一三九
印刷所 株式會社 基督敎彰文社

京城府外龍江面孔德里活人洞一三〇ノ三
發行所 聖書朝鮮社
振替口座京城一六五九四

昭和五年一月二十八日 第三種郵便物認可
昭和八年 五月一日發行（每月一回一日發行）

金敎臣主筆

聖書朝鮮

第五拾貳號

一九三三年 五月一日發行

目次

敎育과宗敎

慶祝할일인지 안인지는 맛히모르나 每年新學年度를當하면 朝鮮에敎育熱이旺盛한事實을看過할수없다。그熱誠의結果로니 年年歲歲에 入學難을부르짖게되니 그一例를들면 養正高等普通學校에서今年度募集定員一百二十名에對하야 七百五十餘名의應募者가殺到하는形便이다。他도類推할수있다。그럼으로敎育이라고만하면「入學難」이라는것은 너나없이 첫째로聯想하는文句다。科擧라는弊風에 骨髓까지물들련우리百姓으로서는 普通學校入學試驗에 及第하여도 크게 장한줄로앎은事勢當然한일로되였다。어째든敎育이라면于先「入學難」이오。둘째로알기는 敎育이라면 돈드는일인줄은 半島江山에 모르는이가없다今年度에 京城市內中等學校新入學生이 入學式當初에要하는金額은 大畧六七十圓으로부터百圓內外오 專門大學으로程度가높으면 金額도높으려니와 初等學校라도 그半額은不下하는터이다。學資란것은 當當히父兄께要求할權利있는줄로아는것이 今日學童의心理오 이에應하야 父兄된者도 子侄의學費와先祖의墓地代만은 아낄수없는것인줄알아먹었다。故로幼稚園부터大學院까지 한사람敎育을完成하랴면 萬圓金도많다할수없다。셋째로 敎育이라면長時日걸려야 되는法인줄안다。幼稚園의數個年은除하고라도 普通學校만하여도六個年이다。況大學까지에는 順調로옮아가도 通算十六七年은要하여야 現下朝鮮에있는制度의敎育을한벌맞후는심이된다。넷 로 敎育이라면非常한努力을要할것인줄안다。故로「螢雪之功」이라하며 怠慢한者가陶汰當할것은元亨利貞으로안다。

그런데 宗敎에關하야는 어떠한가。그리스도는 『生命에이르는門은좁고길은험하다』하셨겄만 누가信仰에들어가려다가「入學難」을當하였으며 主는『있는것을 다팔아 갑진진주를사라』고하셨겄만 오히려朝鮮基督敎는 돈버리하는한方便이안이었든가。加之에所謂傳道者들은 基督信者되기는數日內로도可하다하며 그런牧師되기에는數年間神學校에往來하면되는것인줄로 基督敎의금사를定하여버렸으니 大體웬일일까。우리所見으로는 敎育은宗敎에이르는途程이니 宗敎에未及한敎育은未成品이오失敗다。또한宗敎는敎育的으로修練할것이니 奇蹟的으로一朝一夕에「速成」한다기보다 寶物을받히고時日을걸려서漸進的으로「晩成」할것이다。쉽게말하면 通常爲人이 基督信者됨에는 적어도十年은工夫하여야할것이다。깊이알랴면야五十平生도不足하려니와。

復活의能力

執筆하는者의 손끝까지도氷結하랴는듯이 暴力으로써支配하든 冬의勢力도 지나고보 意外에 변변치못한것이오 暫時의恐喝에不過한것이였다。 이제芍藥과百合의 새순이 大地를 뚫고나오며 버드나무와 진달내의꽃이滿發하였고 봄안개가春風에날려 山野를紫色으로 물들였으니 다시 겨울날을想像하고저하여도 쓸데없도다。 三冬雪寒에春暖을想像하기困難하였든것처럼 肉身을쓰고 世上智識을자랑하면서 復活의事實을信受하랴니 荒唐하기 짝이없는듯함도 自然스러운일이다。 마는 새울고 꽃필때에 봄이어떻게 돌아온것을詳考하리가 누군가。 봄은 봄된後에라야萬人이 다봄온것을 즐길줄알게될것뿐이다。

그러나 우리는 四季循還하듯이 依例히 靈魂은不滅할것이라고提唱하랴는者가안이다。 人間의靈魂이 本質的으로不滅할것인지 안인지 이는希臘哲學者의討議에回附할것이어니와 聖書가 가리키는대로는 사람이한번죽어 審判받을것은定한일이오 審判의結果는—滅亡하야 다시存在하지못할者와 하나님의大能으로써 죽엄에서復活되여 永生의救援에參與할者와 區別될것은 必然의理이다。 故로 우리가믿는것은 復活의推理算段이안이라、 하나님의大能을믿는다。 이大能은「뒤나미스」라하야 오늘날使用하는爆發彈이란字와同根의文字다。 이「大能」은 일즉이 예수가親히 가르키셨고 (馬太二十章二十九) 또 예수의復活하신事實로써立證하셨고 (고前十五章五ㅡ八節、各福音書의下半) 다시 바울이據證한 (에베소一章十九節以下及고前十五章) 바이다。 이大能으로 말미암아三十三年을一期로써 十字架上에夭折하였든 一介青年나사렛예수가 죽엄을征服하고 生命으로爆發하였고 이大能으로因하야 그리스도를믿는者가 그의나타나는날에 그와같은靈體로써復活할것이다(요한一書三章二節)。 一定不變하는法則이안이라、物의屬性이안이라、 온전히하나님의大能으로서다。 그實權으로서다。 嗚呼라 우리가萬一 復活을否定하였드면 近代科學的敎養을받은者라는名譽에參與할것이오 우리가萬一靈魂不滅說을把持하였드면 소크라테스의徒와같이知者에班列하였을것이다。 基督敎徒가받는嘲弄의太半은이復活信仰으로온다。 마는이만한것을믿기에 예수쟁이다。 嘲弄할者는하라、 내가福音을부끄러워하지안노라(羅一章十六節)。【四月十日】

하나님의길

柳錫東

◎깊도다 하나님의知慧와知識의富饒함이어 그判斷하시는것을可히測量치못하며 踪跡도可히찾지못하겟도다。(로마十一章三十三節)

◎여호와께서가르시되 대개내생각은너의생각이안이오 너의길은나의길이안이니 대개한울이따보다높은것같이 내길이너의길보다높으며 내생각이너의생각보다높도다。(이사야五十五章八節ー九節)

◎그길을모세에게는알게하시고 行하심을이스라엘子孫에게는보이셨도다(詩百三十三節)

東으로가는길이있고 西으로가는길이있는것과같이 사람의길이있고 하나님의길이있다。아담과헤와가무화과나무닢을따自己들몸을덮는사람의길이있고 가죽옷을지어 그들을닙히는하나님의길이있다。델파이神殿에써부친네自身을알라는소크라테스의길이있고 十字架上에서自己를죽이는사람들을容恕하라고하나님께祈禱하는예수그리스도의길이있다。有史以來自己힘으로써한울에올아가랴는바벨塔을쌓는

二

人類의努力의길이있고 人類를樂園外에放逐한後自己의本性에잇끌리어救援의能力을사람靈魂속에넣어주는하나님의사랑의길이있다。人間의곱은情緖에보금자리를잡는헤레늬슴의길이있고 人間을죽이어하나님을中心으로하는헤브라이슴의길이있다。文藝復興에陶醉하야地上에유도피어를세우는文化의길이있고 宗敎改革에覺醒하야來世를求하는生命의길이있다。果然판연다른두길이고 또한녯날부터지금에이르기까지사람에게는이두길밖에아니나타난것같다。사람으로는結局이두길中의하나를取할수밖에없는것이고 이길의하나를撰定하여버릴때 그의運命은決定되는것이다。하나님의길과사람의길! 人類의歷史를兩分하고個人의運命을兩斷하는무서운事實이다

聖書는이두길中의하나인하나님의길을啓示하여주는冊이다。사람의길과는點位가다르고目的이다른때러사람의눈으로보지못하고 귀로듣지못하고마음으로생각지못하는 異常한길을記錄하여놓은冊이다。여기에聖書가獨特한意味를가지는것이고 千有餘年동안사람의길의逼迫을많이받었으나아무일없이繼續하여온것이다。사람의길에는이思想이與하다가는亡

하고　저思想이닐어났다는들어가고　이主義가사람마음을쥚쓸다가는또딴主義가이를征服하야變化無雙함이잇으나　사람의理知의도키가到底히　이를수없는하나님의길을傳하는聖書는萬世磐石으로時空을絕하고남어있다。하나님의길이다。밀톤이失樂園을하나님의길을사람에게가르치랴고쓴그하나님의길이다아브라함을잇끌고모세를잇끌고이사야를잇끌고예레미야를잇끈하나님의길이다。이스라엘을埃及에서갈고나오고荒野에서지나게한하나님의길이다。秘義로써多數의사람에게는보이지안이하고　少數의사람에게만明白히보이는하나님의길이다。義人이하나도없고知慧있는者가하나도없고善을行하는者가하나도없고하나님을무서워하는者가하나도없어即사람의길을가지고서는人類는滅亡할수밖에없음을깨달아　하나님여自進하야사람길以外에自己의길을世上에表示한것이다。人類를그대로두어서는宇宙와人類의創造가全然失敗로돌아가고　自己의榮光도헛되히됨을目睹하야　하나님은非常한自己의길을人類에게啓示한것이다。바울이羅馬書三章에서힘있는붓으로亞米利加大陸을發見한컬럼버스以上의깃븜을가지고챺맨의호ㅣ머譯을얻은키ㅣ쓰以上의歡喜를가지고陶醉한듯이쓴그하나님의길이다。盲人이눈을뜬듯한驚異와感嘆이바울의가슴속에세물흐르듯이흖어나오게한그새롭고거룩한하나님의길이다。이제는律法外에하나님의義를나타내시니　이는律法과先知者가證據한것이라곳예수그리스도를믿음으로말미암아　하나님의義를몯은믿는者에게주시대分別이없느니라。몯은사람이이미罪를犯하매하나님의榮光을　能히얻지못하더니예수그리스도의贖罪하심을因하야하나님의恩惠로功勞없이義롭다하심을얻었느니라。」하나님의義의顯出이고하나님의恩寵의無限量한流出이다。하나님의길이明明白白히사람사이에나타난것이다。하나님의길이예수그리스도를十字架에죽이는歷史的事實로써人類에게속일수없는것으로알리게된것이다。하나님의길이예수라는사람으로되여　人類사이에居하야恩寵과眞理에가득한그의말과行動으로　길을表示한것이다。예수라는前無後無한사람을　하나님의獨生子라고밖에부를수없는분을우리사이에내시어　全人類와는正反對의한길을點치신것이다。果然사람의想像을絕하는길이고　코로숨쉬는者가到底히推測할수없는

하나님의길

한울나라의길이다。世上의萬般의知慧를合하야도한劃을그려낼수없는 판연딴世界의消息이다。

우리는어찌하여야 이하나님의길을發見할수있을가。對答은簡單하다。사람의길을걸을수없이뒤者自己自身에落望한者 이世上에容納할수없이된者만이 이길을發見할수있고 이길을아니걷고는못견대는者가된다。自信이없는者 學識이없는者 이世上에서廢物이라는印을얻은者만이 이하나님의길을알수있다。하나님의길은 이러한가난한者에게만啓示되고 그곧에서힘있는役事를하게된다。예수가山上垂訓에서이世上살아가는되에反對條件에있는者만을祝福한것은 이때문이고 마음이가난한者 슬버하는者 溫柔한者 싸움을좋아아니하는者 逼迫을받는者라야 하나님의길을반가워받을수있고 거기에唯一의慰安을얻을수있는것이다。稅吏와娼婦는이곧에가나 저곧에가나背斥을받아사람의存在의價値가없어지게됨으로 그들은하나님의길을아니걸을수없고 自己破産에서하나님의淸算을얻은것이다。그들의속은텡빔으로 하나님의길이마음대로들어가그들을占領하였다。예수의옷자락이라도붙잡으랴하며 그의그림자

四

라도自己몸에닿음을기다리며 그의말을한마디라도아니잊어버리고받어들이랴하는 그러한謙卑한者가되여야 即自己自身에徹底히失望하야밖에서救援없이는살수없이된者라야 하나님의길은啓示되는것이다。배부른者는 아무리좋은飮食도맛이없는것이니이世上에서多少의설자리가있고 또自己自身의能力도좀있을때 하나님의길이何等의所用이없는것이다第一하나님의길이라는생각같은것이나오지아니할것이며 或나온다하드라도自己의것으로만들어世上活動의한手段으로밖에쓰지아니할것이다。知者의눈에감추어지고 權力者의눈에숨기어지고 愚者와弱者의가슴에하나님의길이들어가는것은當然한일이다。이世上에서賤待를받어눈물이마를때가없이되고 사람으로써가질이世上을살어가는武器를하나도가지지못하야自己의無力을切實히아는者에게는반듯이하나님의길이보이게되고 그속에나오는힘에自己의悲哀를全部잊어버리게된다。예수가갈릴리에서주시기始作하신그하나님의길은 全部가다無識한漁夫며病者며貧者며弱者며寡婦들이었다。그가이러한階級만을特히불상히녀긴것이안이라 그의傳하는길이이種類

의사람에게라야福音이되는줄을알고 그들靈魂에하나님의길이힘있게자랄줄을아는까닭이었다。病든者가醫師를要求하는것과같이 自己의不足함을알고自己에不滿을가진者가하나님나라를가지게되고 본길을이러버리어彷徨하고있는줄을알아嘆息을마지아니하는者라야하나님의길을받게되였다。地上에依支할곧이없이된者 社會에唾棄를받는者 惡鬼에부닥겨身世의可憐함을느낀者가 예수가주는하나님의길을받았다。바리새敎人들은自身에充足하야 하나님의길을볼눈이감겨지고 그것을들을귀가멀어지고 그것을느낄感覺이굳어졌다。하나님을믿는그들의信仰은自己들을權威있게만드는한器具가되여서 그들을돌이어信仰의길에서멀어지게하고 하나님의길을짓밟아버리게만들었다。하나님의길은自己를욥과같이미워하는者에게만알리게된다。自己가더러운생각에빠저가고 헛된느낌에支配되여가고 不義의結縛에헤어나가지를못하여슯버하야 나를死亡의몸에서救하는이는없나고부르짖는사람에게야 하나님의길은바울의感謝의소리를닐어나게큼나타나게된다。오가스틴이靑年時期에걸린情欲의捕縛에서나오랴힘썼으나畢竟失敗만거듭하고 그가이쓰라린人生의實感에못견디어苦悶을하고있을때 그에게하나님의길이보이어그는이속에서버서나게되였다。自己가罪人넘을아는者 하나님앞에는勿論사람앞에도고개를들지못하는者에게 하나님의길은깃쁜消息으로나타난다。다메섹途上에서바울을잡은하나님의길은 그의이러한罪惡의苦悶속에서다。하나님의길은 人類를그대로는罪惡속에서 救할수가없어最後에啓示된것임으로우리한個人한個人이그것을받으랴면亦自己自身에對하야最後의破產宣告를하야재를쓰게될때에야비로소들어오게되는것이다。사람의길을徹底히否定하야나온하나님自體의길임으로 우리가우리自身을徹底히否定하야살수없이될때처음으로하나님의길은보이기始作하는것이다。自己속에罪以外의것을볼수없어나는罪人의魁首라하는實情을吐하게될時에 하나님의길이뚜렷이보이는것이다。放蕩子가外地에가財產을다써버리고도야지먹는콩깍지도못먹게될경우에처음으로 自己아버지를생각하는마암이난것과같이 우리가우리의慘狀이얼마나함을實際로깨닫게될때비로소 하나님의길을思慕하는생각이나고 그의餘光에

하나님의길 六

만接하여도雀躍을하여그것을붙잡으랴고하게된다。이럼으로이世上에서自己를埋葬하랴는敵을가짐은좋은일이고 뼈골까지찌르는辱을먹는것은貴한일이고誤解를받어慘憺한處地에이르는것은깃븐일이다。이때에하나님의길이鮮明하게보이는것이다。사람의길에서落伍한者만이 하나님의길을걷는義勇兵이된다사람의길이자취를감추일때하나님의길이나오게된다

이와같이하야우리가한번 하나님의길을보게되고그길의啓示에接하게되면 우리는여기에녯自己와는全然히다른生活에들어감을깨닫는다。「예수그리스도로因하야하나님에게感謝한다」는바울의天地를움지길만한靈魂의高聲이나오게되고 이적지눈에보이지안이하는世界가나타나게된다。하나님이살어게신줄을무엇보다確實히알수있고 예수그리스도가살어게시어일하심을또한믿게된다。눈으로보이는世上以外에確固한實體의世界가움지기고있음을느끼고그속에서자라고있는自己의生命을貴히녀기게되고 舊新約에있는글이全部事實로써 自己가슴을찌름을알게된다。예수그리스도의十字架와같이必要한것은없이되고 그의復活같이明白한事實을더알수없이되고 그의再臨같이自己의希望을붓돋는것은없이된다。晝夜로하나님의길을생각하야讚美가끊어지지아니하고한마듸말한가지일에도하나님의榮光을올이랴고하는거룩한힘씀이널어난다。生命의大革命이고「내가福音을부끄러워하지아니하노니 福音은모든믿는者를救援하시는하나님의能力이시라。첫재는猶太사람에게오 또한헬라사람에게로다。하나님의義는福音에나타나서믿음으로믿음에이르게하나니 이와같이聖經에써서닐어스되오직義人은믿음으로말미암아살리라하셨나니라」하는말이우물물과같이솟아나오게된다발서民籍이天國으로옴기게되고 우리가살고있는世界는이대로한울나라같다。그러나이러한心靈의變化는決코自己가만든것이안임을잘알고 이變化가커가면커갈수록이것이하나님의恩寵임을깨달아가게된다自己의힘이라自己의功勞라하는分子는하나認定할수없고 全部가다하나님에게서나와하나님으로돌아감을切實히느끼게된다。하나님의奧妙한攝理를感謝하게되고 그의知慧의深遠함을驚嘆하게된다。이리하야이러한하나님의길이 이와같이못난者에게도보이게됨을異常히아니녀길수없게되여 바울이「最後에

는만삭되지못하야난자같은나에게도 나타나니라」한그느낌이自然마음속에 울어나게된다。自己自身의現在를생각하고 또過去를回顧하여보아도 거긔에이것을받을아무값있는것이없고 이것이全部하나님의無限한사랑에서나온것이라고밖에생각할수없게된다。하나님이世上을自己獨生子를주실만큼사랑하셨다는그하나님의사랑에밖에 이理由를얻을수없다하나님의自由意思로이와같은者를擇하시어 그의길을보여주신것이다。「내어머니의胎로부터나를擇하시고 恩惠로나를부르신하나님이 깃브시게그아들을내마음에나타내셨다」라고바울과같이믿지안을수없다。사람에서나온것이안이고 사람안헤서배운것이안이고 하나님이直接으로나타내주신것이다。하나님의오래前부터의攝理로써 그의길을걷는使徒、聖徒、信者가아니될수없이만들은것이다。이리하야恒常하나님의恩寵에삼키어가는自己의幸福을노 하게된다。自己는흙의그릇이나 이그르속에하나님의길이들어와 偉大한일을하게되고 하나님의삶歷史를쉴새없이나타내게된다。榮光을받을것은하나님뿐이고 自己같이못난者가그일에죽음이라도所用이됨을榮光으로생각하게된다。萬事가하나님의恩寵에歸結됨만을알아 깊이感謝할뿐이다。

人類에게는이러한하나님의길이있음으로希望이생기게되고 녯詩人이「사람으로나지아니하였드면좋을것을!」하는長太息은全然히없어지게되였다。이한길이있음으로이社會의여러가지不公平不義罪惡이죽음도마음을傷치아니하게되고이때문에돌이어하나님의길에對한關係가깊어가고人生으로써생각하기에가장무섭고 슯븐死亡까지아무問題가되지아니하야그死를向하야「死亡아 너의이기는것이어대있느냐死亡아너의쏘는것이어듸있느냐」하는勝利의소리가나게된다。徹底한人類의運命의一大改革이고한울나라의永遠한生命의活動이라고밖에이를命名할수없는것이다。발서사람의길이라하는小學에는到底히다시돌아갈수없고 이世上사람이우리눈에보이고귀에들리는現實을가지고살아나가나여긔에아무興味도생기지아니함을느끼며 이것이얼마나어리석고얼마나사람自體를滅亡의골작이에끄을고감을事實로써알게된다이世上에여러훌륭하고最大名譽라하는것이돌이어좋지아니한것으로되고 自己自身을十字架에거는生活

하나님와 길

에던져바림이最大의榮光으로보이게된다。예수그리스도가自己들이世上王으로만들랴고함을알고避하여가最後에十字架에서죽는運命을當하신그生命이어떠한것이라고죽음씩알어지고 兄弟들爲하야이十字架의짐을짐이얼마나깃븝을깨달아 自己自身이죽어이生命의흐름이漸漸커가게됨만을바라게된다。이世上에서制度들어찌하느니 文化을어찌하느니 經濟를어찌하느니하는等屬은 우리心情을울리지아니하고그것等으로는到底히대신할수없는人間生活의그瞬間그瞬間의死活을決定하는가장必要하고가장重大한生命을이世上全體에波及하기만願하게된다。資本主義라社會主義라云云하는그것은結局사람의길이고 이것으로人類의運命을죽음도變할수없으며 人類의一時的變化를좋아하는趣味程度로밖에아니들인다。사람을現實에서完全히變하여놓는것은어대로버려버리고 말하자면밥을주는것은낮은듯이하고 반찬이어떠니하고떠드는것이 이世上의훌륭한길이라고하는것같이들린다。한사람에 한家庭에 한社會에 한國家에 가장必要한것은 이하나님의길을아는것이고 이를받는것이다。우리는우리의길로서救援을받을方途는슯븐일이지마는아담이樂園에서放逐을當할때부터없어진것이다。小事에나大事에나우리가要求하는것은하나님의길을가지게되는것이고여긔에만우리의眞正한살길이생긴다。議論보다事實이며 現瞬間에우리가하나님의길을떨어질때거긔에무엇이생기느냐。다만罪惡의支配가있을뿐이고 아무참됨아무좋은것이하나도없는것이안이냐。이러한自身을가지고主義이니思想이니學問이니떠든들무슨改革이냐고물을수밖에없는것이다。우리는하나님의길을가져서그것이弱한몸과마음을問題로하지아니하고 더구나環境이最惡한것은거리끼지도아니하고 死까지도征服하여버리는者가되여야한다。人類의眞正한更生은하나님의길을가짐에있는것이고 이길을發見함에있는것이다。하나님의大途가東으로西으로나타나있는대 이것을우리가잡음에있다。

近日朝鮮애서깊이생각한다는사람사이에 여러가지朝鮮을爲한일이討議되는것같다。學問偏重의學校敎育이不可하니여긔에勤勞主義를써야한다느니學校를卒業하여야實際社會에그다지有用치아니하니學校를實社會와連絡을잘取하는實際敎育의場所로하야일 八

꾼養成所로만드느니 都會中心主義를打破하야田園中心主義로만들어그곧에서啓蒙運動을하느니 新聞雜誌其他여러가지言論機關을在來의外部的趣味的運動에벗어나게하야修養本位로하느니하는等 여러가지計劃이있다。이 大段히깃븐消息이고 누구나마음있는사람으로는여긔에贊成치아니할수없다。그러나 이는사람의길이며 따러恒常現下의事實과사람의程度를尺度로할수밖에없이되며 만약根本이를릴때는畢竟한空想한생각에지나지않게된다。勿論사람의길로서도現事實에反抗하는一時的電氣作用같은것은할수있는것이며 말하자면戰爭에 가면누구나다雰圍氣에支配되여勇氣를내여싸울수있으나 사람自體의根本的問題가되고日常生活의徹底한改革으로되고 그뿐아니라이러한理想과正反對의環境과싸우게되는立場에있으면 到底히사람의길로가지고서는어찌할수없는것이다。이는우리가날로듣고보고하는現社會의活事實이가리처주는바이다。議論의餘地도없는것같이보이며그러한좋은理想을가지고잘말하는사람도그理想과는딴판의걸음을걷고있는것을보면 다알수있는것이다。여긔에는반듯이딴길이있어야한다

人類의運命을變革하여버린하나님의길이있어야한다 이길을發見하야 이길이주는能力을가지고굳센살림을살아가야비로소되는것같다。사람의몯은생각몯은計劃이完全히失敗를當하면當할수록그의全的價値를發揮할수있는異常한힘을가지고異常한빛을내는 한울나라의길이나타나야한다。現朝鮮과같이하나님의길이必要한곧이없는것같다。過去의하나님길같이들어와일한것은그만外部의 있어도좋고없어도좋은方面에消費하여버려하나님의길의片鱗도남지아니하니지금에다시하나님의길을찾고 그의啓示를받을가장適當한秋가온것같다。運動이니言論이니하는때는바람과같이지내였고 各사람의靈魂 朝鮮의靈魂을根本으로覺醒시기어하나님의길을넣어줄때이다。예수그리스도의피가十字架上에흘어地中海로가서는그周圍의몸은나라를닐으키고 또大西洋으로가서는그近接한나라를깨게하고 太平洋으로가서도亦이러한歷史를始作하는것같다。이 하나님의길을發見하야朝鮮全體에傳할사람이나야한다。이 하나님의恩寵의길을白頭山부터漢拏山까지흐르게큼할하나님의사람이나야한다。우리는하나님의길만을가지고 서는참朝鮮사람이나기를甚히바란다。

朝鮮敎會와敎權者諸位께

金成實

現代朝鮮敎會敎役者여러분에게反省함이있기를바라서나의平素宿望이오 또한觀察하였든바를今番機會를通하여發表하노라 謙遜히反感없이들어서各自心靈에生命이臨하고光明이臨하시는恩惠를삼으시기를바람니다。

宗敎는生命이오生活이다。 하나님對우리의몯은關係가곳基督敎이다。 그리스도生命을取得하는일이信仰이다。基督의靈을나의靈으로所有함에비로소우리의生命은있다。 우리의信仰은하나님과의生命的結合에있는것이다。 自我를全然否定하고即自我及自我에게屬한一切의것이基督의게서破滅을當하고오직基督自身으로써우리의몯은것의몯은것을삼는데에참된宗敎의眞相이있고信仰의事實이있는것이다。宗敎는信仰經驗을根本으로삼는다。 決코儀式이나敎理나組織이나制度나事業이나 무슨黨派的團結로써中心을삼는것은안이다。 그런데現今改革된新敎派들에게있어서도舊敎的或은猶太敎的精神이아직完全히씻기지못하여過去祭司長들이모세律法에對하든것같은心志와態度가現代朝鮮敎會에中樞가되여있는觀이有하다。 그리하여서法으로써敎會를組織하고 維持하며 治理하랴는것이現敎役者들의衷心인것같다。 따러서그宗敎生活의中心을事業活動에두어몯은心靈들은그機關에종이되여있고 事業은現代敎會內의偶像이되여있어各個人心靈의生命有無는等閑視或은忘却되여있는感이切實하다。 이에서 나는 現敎會들을向하여本末을轉倒하였다고叫呼하는바이다。 事業도可하고몯은機關組織도可하다。決코不必要한것은안일것이다。 그러나그것이根本은안이다。 그것이宗敎는안이다。 그것들을爲하여基督이오시지않었고 우리存在의目的도그것에있지않다。各個心靈안에聖靈으로말미암은그리스도生命이있느냐없느냐가根本問題이다。基督生命이우리안에臨在하여있기만하면 이몯은事業들은그의自然한結果로顯現될枝葉이오 花요 果일것이다。 그런데現代敎會들은이根本을붙잡지않고 枝葉을붙잡어그것으로生命을삼으며根本을삼아 그리스도自身과는何等의關係가없는地位에있으니 이것을볼때마다痛恨히녀기는것이다。

보아라 現代朝鮮敎會와敎權者들을 그어듸참生命이있으며 참信仰과眞理를나타내는者ㅣ있는가?이는理論問題가안이오 現今眼前에實地展開되여있는事實論인것이다。現代敎會들이 돌이어 敎人의心靈을사로잡어 먹지못하고마시지못할것들을 먹이고마시게하여서그心靈들을다죽게하여 虛僞에서彷徨케하였다는切實한憾이있도다。이것이나의錯感이냐참으로事實이냐?는各人의觀察如何에있으려니와나는分明히事實이라고確認한다。

現代敎會야! 敎人들에게事業의盞만을마시게말라形骸뿐인敎理와儀式의살을멕이지말라 다만예수自體의살을먹이고피를나시게하라 그리하여서예수의生命을그靈들로하여금體得케하라 聖神을받아라 하나님의참사랑을바로받아라 眞理를알아事物을公正히判定하라 虛되히날뛰지말고 空然히떠들지말나 敎人들의靈은다죽었다。다죽었도다지금은痛哭할때로다。速히살리자 그리스도의靈이안이고는決코살릴수없다。그靈을體得하는길은祈禱이다。오직祈禱뿐이다。그리스도가밤을새어가시면서祈禱하시던것같은그런祈禱라야우리靈들이살겠도다。이것이唯一의生命路이다。이것外에다른方法으로살수도없고살릴수도없다。아ㅣ祈禱가없는敎理와事業!이는敎人들을죽이는毒藥이었도다。이毒藥을마신者마다 다죽었다。今日의慘狀을일운것이다。슯브다哭하지안을수없다。

祈禱로다。예수믿는唯一의길은祈禱이다。元來宗敎生活의根本이祈禱生活인것이다。何故이냐?

우리人生은몯은것이다그릇된者이다。이그릇됨이없어지고絶對他者인하나님을所有하여서살라는것이信仰이었으니그런故로渴求하여야한다。懇求또哀求그리하여서主의것을받아야한다。그런故로祈禱가우리生活의全部가되어야한다。祈禱가없이는基督을알수없고 믿을수없고 生命을얻을수없다。祈禱는우리靈의呼吸이다糧食이다。基督敎의原始로브터今日까지의發展經路를보라 참된祈禱가없이는참된基督敎는없었다罪惡을이기는이김도기도의能力에있다。참된事業成就의秘訣도祈禱에있다。基督敎內에무슨事業무슨活動이있었다면 그는다祈禱를根幹으로삼은바花요 果인것이다。그렇지안은것은다거짓이오마귀었다。禍根이었다。

朝鮮敎會와 敎權者諸位께

그런데現代敎會와敎權者들에게이런참된祈禱、懸命的인祈禱、生命的交接인祈禱가죽었다。 이런祈禱가죽었으니　살하나님과의산交通이끊어지고다만肉으로만사는生活로化한것이다。 아ㅣ現代敎會의몯은病根이이에있는것이다。 나는지금現代敎會와敎權者들의個個의病點을列擧코저하지안노라　그根本點을보이면나의宿望은達하는것이다。 根本만바로잡으면其他몯은것은그枝葉이었으니自然히바로잡힐것이었음이다。

眞實로現代敎會는祈禱하는貌樣은있으나　實은없도다。 形式뿐인祈禱、說明的인祈禱가되여있어　生命的인참祈禱는없다。 生命的으로하는祈禱는現敎會에서돌이어排斥을當하며　迷信視되여있다。 그런故로現代敎權者들은祈禱를制限하며　기도를危險視한다。 彼等은말할지라「많은기도를하는者들中에그릇된者가생기니그런것이라」고。 이는愚論이로다。 例컨대「밥을먹어滯하여辱을보았으니今後로는밥을먹지말라」고決議하는것과同一의類가안인가　기도아니하여서마귀가되기보다는　기도많이하다가그릇되는것이오히려取할點이있지않은가　朝鮮안에現今있

一二

는祈禱者들아　너의는이런誘惑으로因하여祈禱의熱心을죽이지말고　기도의무릅을더强하게하라。

或祈禱者中에서그릇된者가생기는것은牧會者들이그들을바로引導하지못한所以이다。 祈禱生活中에는우리理知가測知할수없는難關이많아　眞實로泰嶺도많고　斷崖도많고　陷穽도많다。 이것들을突破하여본者外에는그秘密을알수없다。 그런데現代多大數의敎役者들은祈禱生活의經驗이淺薄하다。 그런故로自己敎人中에靈의渴急을이기지못하여祈求者가있을때에其心靈이信仰으로成長되여가는進行經路를能히察知할診察力이없는지라　따러서그祈禱를引導하여줄資格이없으니　다만拱手傍觀의態度를取하고있다가그敎人이祈禱中難關에부닻지어惡戰苦鬪하다가不幸히마귀試惑에든즉　그때는무릅치며「그렇지! 넘어熱心으로다른사람보담뛰여나게믿는체하고　기도한다드니　저地境이되였구나　보아라　某氏를　저를前鑑삼아우리는넘어過度히기도하지말것이라」고速斷하여버린다。 아ㅣ이것이現代敎役者들의祈禱者들에게對한態度로다。 可嘆이로다。 누가이런虛僞宗敎를打破하고　生命의基督敎、聖靈의基督敎、權能의

예수교를各心靈에建設할종인고?누가참牧者이겠느냐 羊들은다죽어간다。목말랐다。獅子의게찢기웠다。누가참사랑의牧者들이냐 누가生命水邊으로引導하며芳草東山으로引率할者냐 敎會牧者의職責은羊들로하여금生命水自體이신그리스도에게로引導하여接續시켜주는데에있다。그런데羊들을잇끌어基督自體로가게하지않고 自己理想、社會事業、經濟生活等에더욱奴隸가되게하니넘어놀라운일이로다。現代敎會들아 너의가참으로基督을爲하여있느냐 社會를爲하여있느냐 네自身을爲하여있느냐 反省하라 良心으로判斷하라。

祈禱가없으니사랑도죽었고 知慧도죽었다。聖經을넘기는하나그眞意도알수없게된것이다。그런故로現代敎會內의몯은決議를보면 本末轉倒된決議 或은妄佞된決議等을間間히보는바이다。

敎權者들아謙卑하라過去에祭司長들이예수님께行하던歷史를보아참으로謙卑溫和하라 基督敎는決코派黨을作하는일이안이다。眞理에만盡忠하라 나는어듸屬하였다는생각을바리라 自己의깨달음이란先入主見과旣成敎理에넘어사로잡히지말라 이는頑固이다。眞理에對하야 돌이어反抗이되기쉬운것이다 제것을主張하기보다는돌이어自己의非를責하여주는것을感謝로들을수있는바참으로血肉이죽은謙遜한信者되기를願하노라。現代敎權者들의心底에는旣成敎會內에있는敎理와信條、組織과制度等을最善으로생각하는바있어杜護하라는固執과自己의非가나타나는것을極度로厭惡、嫉視、恐怖하야他를中傷하여서라도自己의非를掩蔽하랴는것같은일이있음을往往보는바이다。이것은큰마귀誘惑이였으니우리는徹底히悔改할것이다。부서질것이부서지고 없어질것이없어지는것이어늘固執하야막으랴고할必要가없는것이다 좀더大胆하여라 하나님의일을우리힘으로保護하여破하지않게한다면그는價値를可히알수있는것이안인가 넘어律法的이오組織的이어서死殼이되지말고좀더開放的이어라 自由스러운生命的이어라 그러하여서靈의自由로운生活이되기를願하노라 넘어나排他的偏陜에빠지지말고 包容的인사랑이기를願하노라 生命인信仰을가저라 사랑으로行하라 主예수自體만을仰見하라 예수씨의生活內容으로써 네靈的生活의原理를삼아라 몯은것을聖靈으로말미암아

靈이되게하라 靈에서살고靈으로움직이라 靈으로知를삼고 靈으로만몯은事物의眞相을判定하라 靈에있다。 몯은것은다靈에서오고靈으로돌아간다。 그靈의本體는그리스도시다。 하나님이시다。 그런故로우리도靈으로살어야한다。 現世의生活、現肉의生活中에있어서靈으로살랴는것이信仰이다。 宗敎生活이다。 信仰으로만 이일은可能이다。 現代牧會者들아이런根本眞理에立脚하여서 그릇됨이없기를바란다。 웨ㅣ近日의朝鮮敎會內幕이荒荒하냐 그는眞理에서지못하였든結果가안인가 反省하라 眞에돌아가고靈에돌아가자 眞은오직基督이시다。

現代敎權者들아 諸位가萬一自己不足을알았을진대自己들보다낫은使者가올때에對抗하지않었을것이다。 깃븜으로門戶를開放하여自己와및自己敎會信者들의靈에받을바恩惠를놓지지않게할것이다。 어찌하나님의일이長老敎總會나監理敎年會의承認을받아야만行하시게될것인가 무슨便黨的態度를取하여特別한使命을가진하나님의종들의길을막거나妨害하는것은決斷코眞理行動이안이다。 勿論非眞理에對하여는對抗하여싸울것이다。 그러나相對者에게分明히聖靈의恩惠가있음을알때에는設令彼의信仰經驗이나와正反對되는것이있더라도그것도主님의恩賜인意味에서尊敬함으로迎接할것이다。 제받은것만이참이라고固執하여他의것은全然排斥함은넘어頑悖한主觀者이다主는全能하시매 그의行하심과그眞理는우리現今알고있는이程度에꽃이고말것이안이다。 아직도아직도基督敎眞理는나타날것이많이있을것이다。(요十六〇十二ㅣ十四)、宇宙는主가創造하신爾後完成을向하여進行하여가는途中에있는今日에있어 새로운主님의일은連續되여顯現하는것이다。 聖經은信仰의基礎를세워줌에있는것이었고 그우에서서無限으로成長할바聖靈으로되는眞理를制限하는것은안이다。) 그런故로넘어聖經을아는체하여 제主觀的解釋에사로잡히지말것이다。 硏究로된聖經知識의判斷보다는聖靈으로된信仰經驗은더重要한것이다。 前者는死物이오後者는現在의生命인所以다。 그런故로우리眞理判斷의基準은聖神으로된生命有無가標準이었고 어면與型에符合되고아니되는與否에있는것은안이다。 眞理는이같이奧妙한自由로운生命的인것인故로過去몯은宗敎運動者들이自己깨달음의主觀的知識으로因하여

돌이어하나님의새로운眞理表現을反抗하는失敗를거듭하든것이었다。 우리는이런前轍을再踏치않도록삼가操心할것이다(요十六〇一—三)

眞理를對하여는예수앞에선洗禮요한의心情과謙遜을가질것이다。 牧會의標準을敎會主義나集合中心主義에두지말고 各敎人의心靈안에있을靈의生命有無에둘것이다。 不然則 自己도 敎人도 또한敎會도 다죽고말것이다。 形에置重하지말고實質인生命을中心으로하라 그런故로기도로生活하고 기도로引導하고 祈禱로牧會하라 敎人들도참기도者를擇하여牧會者를삼을지어다。 心靈의일은手段으로才操로 世上知慧로 巧妙한社交術로 제事業心으로 제理想으로 제熱心等으로는못하는法이다。 心靈의일은靈으로하여야한다。 眞으로하여야한다。 靈은眞인故로眞인生命으로하여야한다(요六〇六十三)。 現代朝鮮敎會가 저手段많고活動잘하고 제才知로일하는事業的敎役者들의손에서죽고말았느니라。 可憐하고慟憤하도다。 누가이런黑暗의權勢에서救出할하나님의참종들이냐 速히나타나라 저—說敎式基督敎를打破하고權能이오 實踐的인基督敎를建設하라 形이오理論뿐인現代基督敎會를바로잡아靈이오生命인信仰宗敎를세워야할것이다。 信者들아 넘어律法的이오 넘어組織的이오 넘어事業的이어서넘어人爲的인現代基督敎會들을靈인信仰으로바로잡아라。 바울이싸우던것같이生命이오靈이오 眞이던聖神의基督敎에돌아가게하라 하나님의絕大愛에돌아가라律法을바리고自由로운生命으로돌아가라 人爲의組織을깨트리고主예수自體로돌아가라 事業을抛棄하고먼저靈인信仰에돌아가라 그리스도愛에넘처라 靈으로살아몬은것을靈化하라 基督敎는靈에있다。 生命에있다。 사랑에있다。 聖靈으로말미암아그리스도自體에돌아가라 生命이根本이다。 規法이나組織이나事業等은生命에對한結果일것이다。 그런데먼저生命을붙잡지않고 事業이나組織이나法을붙잡었으니이에基督敎會內의禍根은있는것이다。

우리는過去敎父들이나改革者들을볼때에그속에있던生命의靈을重視할것이었고 그들의遺物인組織이나制度나敎理나信條等을唯一이라고固執하지는말것이다。 彼等이基督敎眞理를全部完全히體現한것은안이다。 彼等도그一部分을맛본것에不過하다。 하나님은時代를따러당신의眞理를各貌樣으로表現시기시는 것이니 그런故로우리는眞理만을思慕하여 몯은判斷의中心을眞理에둘것이었고 旣成敎會內에서行하는그몯은것이 다眞理라고誤認하지는말것이다。不然則너의信仰生命은停止되고 따러서腐敗와墮落이 侵入할것이다。삼가라操心하라 惡魔의奧妙에속지말라 主예수自體만直接仰見信賴하라。

이에本文을結辭함에當하여나는나自身을向하여若干說明하여두고저하노라。或者는나를破壞者로보리라 그러나實狀은決코不然하다。참것을세우고저하는熱心뿐이다。참것이서는同時에거짓것이깨여진다면 나는그깨여지는것을족음도愛惜하지않는것뿐이다。나의信仰戰의目標는敎會內의組織이나制度나或은敎理나信條에있지않다。다만形을바리고實에서살게하고저하는데에있다。換言하면生命問題이다。生命을바리고 形으로달아나는것을막어서實인生命을가지게하랴는것뿐이다。그런故로나는現代敎會나敎役者들을破壞하랴고하지안는다。돌이어참되게세우랴고熱淚를흘이노라 그런니만큼때에는熱情的叱責도있는것이다。나自身은아모것도안인者이다。現代敎會와그敎權者들이참에서主께로오는참榮光을받기를切願하는者이다。

「기도하라、그리스도生命을體得하라、信仰을爲하여는몯은것을犧牲하라 順從하라 사랑하라 絕對로謙卑溫和하라 肉으로는죽고 靈으로사는者만되여라」이것이내가現代敎會와敎權者들에게보내는나의衷情이오 同時에나의싸움의目標이다。

兄弟들아 너의는너의생각대로사람을만들어보아評하지말고 나의本然의存在그대로보아주기를바라노라。끝

早發京城驛口占

春圃 金忠熙

客枕經旬今始回、漢城三月正花開。莫言此行無佳興、
春意人情一樣來。清明細雨浥輕塵、送我驛頭別意新。
他日若同歸老計、耕田鑿井一閒人。望君憑軾首回傾、
催發火輪汽笛鳴。從此雲程歸路遠、終南一髮眼中青。
雨後溪山旁路清、望中野屋夕陽橫。耕歸處處催春種、
食力生涯最有情。遙想盤龍山下堂、也應梅竹着春光。
予年五十更何事、翫意琴書無外情。

바울의生涯 [九]

스토ㅣ커敎授著
柳錫東譯

第八章 바울의敎會의實況

一二八、外國都市를訪問하는者는 旅行案內를손에들고市街를돌아다니며記念館、敎會、公共建物、家屋의外形等를大體로보면 이都市를다알은줄아나 그가다시생각하여보면 그는아직그의內部生活을보지못하였음으로 이都市에對한知識이不充分함을깨달을것이다。 그는이들이어떤生活을하고있는지모른다。 그들이서로親密히지내는지 그들이무엇을좋아하야질기는지 그들이現狀에滿足하고있는자하는等의內情은勿論이어니와 그들이무슨세간을가지고무엇을먹고있는지도모른다。 우리가歷史를읽어도가ㅣ끔이러한境遇를當하야困難함이있다。 보이는것은다만外部의生活뿐이어 나무의表皮만을보고 그木質의橫斷面은보지못하는것과같다。 朝廷의燦爛한光景 戰爭과그의勝利者 憲法의變更 政府의興亡等은忠實히記錄되여있으나 우리는이것보다農民과商人과牧師와貴族이그들집에서하고있는일을한時間이라도보게되면 當時의實史를더잘아는것같을느낌이난다 聖書의歷史에도이러한困難한點이있다。 使徒行傳에는바울의生涯의外部에널어난 여러가지事實에對한感銘을깊이주는記錄이있음으로 우리는그가여러都市로돌아다니며敎會를세우면서겪은많은事件을알게된다。 그러나우리는時時로이敎會의內情을알고싶은마음을禁치못함이있다。 바보、이고이오、데살로니가、베리아、고린도는그가떠난後어찌되였는가。 크리스찬들이어떤貌樣이었고 그들의禮拜의狀況이어떠하였는가。

一二九、多幸히이事件의內面을알수가있다。 누가는바울의外面을記述하였으나 바울의書翰은그의內面깊은곧을썼다。 다른視角에서歷史를다시쓴것이다 特히그의第三次旅行끝에쓴書翰이그러하며이는그의全旅行期의歷史를밝히빛우어주는빛이다。 이때에쓴書翰에는己述한三大書翰外에또한書翰即고린도第一書가있으니 이는魔術師의外套와같이우리를二千年前希臘의큰都市의空中으로끌고가그곧에있는敎會의

집웅을헐고 크리스챤들의모임을보게하고그속에어떠한일이行하여감을알게한다。

一三○、이展望臺에서보이는光景은異常하다。安息日저녁이나 이異敎徒들은勿論安息日을아지못한다。繁雜한海港의낫일이끝나 거리에는밤의享樂을찾고다니는주정꾼이몰린다。이는墮落한녯世界에서가장墮落한都市이다。外國서온商人과水兵들은이곧저곧으로돌아다닌다。放蕩한羅馬青年은 享樂을사모하야이「巴里」에건너와 고은馬車를타고거리를지나간다。만약年中競技를하는때이면 拳鬪者、走者、馭者、力士의무리가모이어그周圍에있는 讚美者들과한께 그들이渴望하고있는王冠을얻을機會를討議하고있다。따뜻한溫和한日氣에이끌리어男女老少가다저녁時間을戶外에서지내는대 夕陽은아드리아海에잠기며그금빛으로이富饒한都市의宮殿을빛우인다

一三一、이동안크리스챤의족으만한무리는各處에서모이어禮拜의場所로간다。이 그들의모이는定한時間이다。이場所가어떤것인가는分明히알수가없다그러나그周圍에許多히있는燦爛한宮殿같은것이안이었으며 또한옆에있는猶太人會堂의莊嚴함도없었을것이다。그는한個人집의큰房이나 或은크리스챤의商人이이때를爲하야치워놓은物件두는房일것이다。

一三二、걸상을둘러보고그들얼골을바라보면 거기에顯著히틀리는點이있음을깨닫는다。猶太人의特異한面相을가진사람이있고 이外에各國에서온異邦人들이있어이後者의數가大部分이다。더자세히보면그속에또다른區別이보이나 이는自由人이라는것을表示하는耳環을찬사람이있고 또奴隸가있다。이後者의數가多大하다。異邦人속에는少數의틀림없는希臘人의體貌를가진사람이있어哲學者의思索的얼골을가진者도있고 富者의自矜하는빛을보이는 얼골을가진者도있다。그러나훌릉한사람權力있는사람貴人은少數이다。多大數는이外觀이훌릉한都市에서어리석은者弱者賤한者世上에밟히는者로待接을받는사람들이다。그들은奴隸이어 그들의先祖는希臘의明朗한空氣를마시지못하고 다뉴브或은돈내가에서部隊를지어돌아다니든遊牧의百姓이었다。

一三三、이外에그들얼골에 그들過去生活의무서운踪跡을볼수있다。現代크리스챤集會에서는 이얼골에나저얼골에나몇世紀동안 니어나려오는크리스챤

의敎養으로因하야생긴特異한典型을볼수있고 放蕩과罪惡을表示하는얼골은드물다。 그러나이고린도敎會에는이罪惡史를색인象形文字의얼골이많이있다。바울이 그들에게썼다。「不義한者가 하나님나라를얻지못할줄을아지못하느냐。속지말라 무릇淫亂하는者나 偶像섬기는者나 姦淫하는者나 貪色하는者나 男色하는者나 盜賊이나貪婪하는者나 술에長醉하는者나 辱하는者나討索하는者는 하나님나라를얻지못하리라。너의中에이와같은者가있더니…」키가크고얼골이누렇게뜬希臘人을보아라。그들은妖婦의醜한도야지깐에구른者들이다。시시아의奴隷를보라。그들은盜賊이었고惡漢이었다。뾰족한코와날카러운눈을가진猶太人을보라。 그들은고린도의貴公子의살을빗때문에 비인殘忍한 高利貸金業者이었다。그러나큰變化가닐어났다。이罪惡史外에다른이야기가그들얼골에쓰이게되었다。「그러나 主예수그리스도의니름과우리하나님의神을因하야 씻음과거룩함과 올음을얻었느니라」들으라、 그들은讚美하고있다。詩篇第四十篇「그는나를 敗亡의웅덩이와진흙에서건져내셨느니라」이다。얼마나 한至情이그들의말에나오고 얼마나한깃븜이그들얼골에빛나랴。그들은그들이하나님의無限한恩寵과死로써나타난사랑에서나온記念塔인줄알었다。

一三四、이제그들이다모였다。禮拜는어찌進行되는가。그들것과우리것과에는다른點이있으니 한사람이集會를引導하야 祈禱를하고說敎를하고讚頌歌를부르게하는대신에 그들은各各自由로自己의役割을다하였다。勿論司會하는사람은있었을것이다。그러나聖書를읽는사람이있고祈禱를하는사람이있고說敎를하는사람이있고讚頌歌를하는사람이있고 其他여러가지를하는사람이있었을것이다。또한여기에一定한順序라는것이없었고 누구든지聖靈의感動을받는대로닐어서서兄弟들을讚頌으로祈禱로默想으로引導하였다。

一三五、이特異한點은 그들에게는우리와大段히틀리는것이있어서생긴것이다。그들에게는非常한才能들이있었다。或은病을낫게하는것같은奇蹟을行하는能力이있었고 或은言語의才能이라는異常한恩寵을받았다。이것이무엇인지는分明치않으나 恍惚한狀態에서나오는말같으며 여기에말하는사람은自己

의激情을吐露함으로써 宗教的情念이滿足이되고더욱더욱飛躍하는것같었다。 이러한才能을가진사람은他人에게自己의말한뜻을說明치못하였는대 이才能을가진사람이있다。 即그들은말은못하나 이靈感을가진사람이하는말을說明할수있었다。 또大段히貴한才能豫言을하는能力을가진사람이있었다。 이는未來의일을豫言하는能力이안이라 靈感에움지기어하는雄辯의能力이었다。 이의感化가大段큼이있었다。 不信者가이모임에가豫言者의말을들으면 抑制할수없는感情에잡히게되고 그의過去의몯은罪惡이눈앞에나타나그는그저서있을수없어엎드러저버리고 하나님이참으로이모임에살아게심을告白아니한수없었다或은또우리가잘아는가르치는才能이라든지事務處理를잘한다든지하는才能을가졌다。 그러나이亦靈感에서直接나온能力임으로 그들이한것은計算이라든지準備라든지하는사람의힘으로한것이안이고 그들을움지기는힘있는衝動에서한것이다。」

一三六、이現象은大段히顯著하였으며 이것을만약歷史로써詳細히썼드면到底히믿지못할것이라고돌려보낼것이다。 그러나이것이事實이었음은議論의餘地가없는것이다。 누구나다른사람들에게그들形便을쓸적에그들에게없는것을自己想像만으로영투당투않게쓸사람은없을것이며 더구나바울은이러한일을鼓舞식히라고쓴것이안이라抑制식히라고쓴것이다。 이現象은基督教가世上에들어오자그것이接觸한靈魂을얼마나힘있게잡었음을表示하는것이다。 信者는모다洗禮를받을때에그의獨特한才能도받었으며 그가그才能에忠實히만하고있으면 그것은恒常그를떠나지아니하였다。 이와같이各信者속에들어가이러한能力을마음대로나누어준것은 制限없이부어주는聖靈이었고 各者는이能力을全體에有益하게써야하였다。

一三七、己述한禮拜가끝나면 各者는愛餐을먹기始作하며 이것은聖餐의떡을나눈것으로끝이난다。이제서로인사하고집으로돌아간다。 이는닞지못할만한光景이며兄弟의사랑이넘치고靈力이發揮하여마지안었다。 크리스챤들은 異邦都市의放蕩한群衆사이를지내어집으로돌아갈때그들이이적지눈으로보지못하고귀로듣지못한것을經驗함을切實히意識하였다。

一三八、그러나事實은이러한좋은半面에좋지못한半面이있었으니 이것도쓰지않으면아니된다。 敎會에많은弊害와不規則함이있어 지금이를回想하기에도大段히고렬만한點이있다。 이는두事實에因함인대

하나는會員의過去의經歷이오 하나는敎會에猶太人과異邦人의兩分子가混雜함이다。 그러나이信者의大部分이異敎의宮殿에서하든迷信에서떠러저 眞實하고單純한基督敎의禮拜를봄으로써얻은變化가至極히큼을생각하면 그들의녯날生活이아직全部없어지지아니하고 또以前習慣中어떤것은없애버려야하고 어떤것은그냥두어도關係치안음을 잘깨닫지못하드래도그다지놀랄것은안이다。

一三九、 그러나어떤會員은肉欲에빠저서살면서이것을理論으로써辯明하였음을알게되면 우리는놀라지않을수없다。分明히한會員은富者고地位가있는사람인대異邦人새에서도끄리는일을하고있었다。 이에對하야바울이激忿하야破門식힘을말하였으나 그들은그의命令을잘못깨닫는듯이 그냥두었다。또몇사람들은偶像을爲하는宮殿에가그祭宴에參與하게되였으며 거기에는勿論醉酒와酒興이있었다。 그러나그들은이飮食을偶像에받힌것으로먹지아니하고普通飮食으로먹었다고辯明하며 그들이만약때때로만不信者와같이지내지않으면 그들은이世上을떠나버린것이라고論하였다。

一四〇、 이弊害가敎會의異邦人에서날어남은分明하다。여기에反하야猶太人들은이問題에對하야異常한疑心과躊躇를가지게되였다。例를들면 그들은異邦人의이節制없는者들을싫어하는結果極端으로다러가 結婚을全然否認하며 寡婦는다시結婚하겠느니 不信者의妻와는離婚하겠느니 其他이와같은問題에對하야 難問을닐으키었다。異邦人의回心者들이偶像의祭宴에參與하는데反하야 猶太人들은장에서偶像에받힌食物을사기를끄려하였으며 兄弟들이만약이런일을自由로하면그들을責하였다。

一四一、 이러한障害는크리스챤의家庭生活에서닐어난것이나 그들의公會에서도亦大段한混雜이있었다。聖靈이그들에게준才能이돌이어罪의器具가되였다。奇蹟과言語같은誇示하기쉬운才能을가진사람들은 이를작구나타내랴하야자랑거리로만들었다。이리하야이는自然公會를混亂하게하고騷動까지닐어나게하였다。 가끔豫言을하는數人이同時에깨달을수없는말을하게되여 바울이말한거와같이外人이들어가면그들을狂者라고밖에 말할수없었다。豫言者들은넘어오래동안말하였으며 大體로禮拜볼때에한꺼번에나도나도하고넘어많이덤비었다。바울은이弊害를斷然히叱責하였으며 豫言者의神이豫言者에節制를

받음을主唱하고 따러聖靈의衝動은無秩序의辯明이
죽음도아니됨을말하였다。

一四二、그러나이보다더좋지못한일이敎會안에있
었다。聖餐의그神聖함이짓밟히게되였다。會員들은
各各이聖餐에必要한飲食과술을가지고오는習慣이었
다。富者들은좋은것을많이가지고와 가난한兄弟를
기다리어서그들과이를나누지아니하고 먼저도야지
와같이먹고마시어 事實聖餐의床은酒興의狼藉함이
있었다。

一四三、이痛嘆할實況에또하나더添加하여야하겠
다。그들의集會가사랑의인사로써끝나는것이아니라
爭鬪와싸움으로끝이났다。이는한敎會에異分子가모
임으로난것이나 이것이極端으로다러나 兄弟가서
로크리스챤의友情으로和解치아니하고 不信者의法
廷에가裁判을하게되였다。또敎會團體는四個神學派
로分裂되였다。바울의派라는것이있었다。이는弱한
兄弟들이飲食과其他것에對하야躊躇함을퍽輕視하였
다。또바울의第二次旅行과第三次旅行사이에고린도
를訪問한아렉산도리아에서온雄辯으로有名한아볼로
를따르는아볼로派가있었다。이는哲學派이며 復活
의敎義를否定하야 死體의分散된原子가다시合하게
된다는것은생각할수없다고하였다。第三派는베드로
派인대 그들은헤부르말의純正을尊重하야게바派라
고붙었다。이는狹量한猶太人이어바울의意見의寬大
함에反對하였다。第四派는몯은派보다낫다고自任하
야크리스챤이라고붙었다。여러宗派를輕視하야自己
들을크리스챤이라부르는사람들과같이 이派는가장
宗派心이甚하야 바울의權威를惡意를가지고否定하
며嘲笑하였다。

一四四、이것이바울이그의書翰에서그린善惡兩面
이交錯한그의敎會의實況이다。이는몇가지事實을우
리에게印象깊게가르처준다。바울의마음과性格은當
時에있어서도特異한것이었으며 그의才能과豊富한
常識과흔들리지아니하는確心을가진廣大한同情心과
潔白함과德義心이얼마나아직어린敎會에對하야고마
운것이었음을알수있다。黃金時代는過去의基督敎
에있는것이아니라未來에있음을指示한다。또한當時
에流行한敎會의慣例를萬代의規定으로만들라함이얼
마나危險한줄을알수있다。이때에몯은것은아직實驗
期에있었다。勿論바울의最後의著作에오면거긔에事
勢가大段히變하여짐을볼수있고 敎會의禮拜와規定
이휠신固定하여지고整頓되여졌다。그러나우리가初

期教會에서배우는것은敎會의組織의典型이안이라생생하고能力이넘치는聖靈의움지김이다。이때문에크리스챤의사모하는눈이恒常使徒時代에잇끌리는것이다。聖靈은各信者에役事하야活氣를주고 새로운感動을그들가슴속에印치게하야 새啓示의時代가옴을깨닫지않을수없었다。果然生命과사랑의빛이各處에퍼지게되였다。이젊은敎會의缺點亦生命이溢充하야움지기는不規則에서생긴것이고 後代에는이生命이끊어저無氣力한制度로써이를대신하였다。

學問의首府

○博士가나오고學士가나오며 專門學校敎授가나오고中學校先生이나오면 이나라의學問의進步가꽤될듯한듸도 어찌한일인지數年前같은배우랴하는精神求하랴하는精神은이나라를떠난듯하니 이무슨일인지모르겠다。발서學問에배붊어졌는가 몇푼돈이생겨도이것을가지고冊을사랴고하든때는지나가고 지금은茶나먹을랴하고社交나할랴고하니 學問의족으만한實力이 學問을찾는眞精神을끊어버린것같다。就職을하면人生의目的을達한듯이그方面에全心을注入하야 다시는理想을찾으랴는靑年의意氣가생기지아니하는것과같다。學問이學問을죽이는悲劇은이나라에서만닐어나는것이다。아아차라리 아무것도가지지아니하야좋은것을求하는 그謙遜한마음이이나라에繼續되였드면좋을것인대。

○이나라사람은왜이리驕慢한지모르겠다。적은自己의確信을固執하야 外部것에接觸하야얻으랴는그銳敏한느낌이없어저버리고 魯鈍한神經에녯날꿈만꾸고있다。日本한學生은「쵸ー서」의本文을넑으면서아무것도모르니알켜달라하고 이나라의學生은겨우「와일드」의글을넑으면서 英文學이어떠니무어니하고자랑을하고있다。學問에對한銳敏한생각을가지는學生과眞理에對하야謙遜한마음을가진사람은언제나나올는가。驕慢한自信보다 謙遜한求하는마음이學問에는가장必要하다。알았다는생각을닞어버릴만한사람이라야된다。바울이信仰에對하야가진그態度가學問에도必要하며人生萬般事에必要하다。이나라사람을謙卑하게만드는것은亦福音의힘을빌어야될貌樣인가

○學校教育이成功한다면반듯이眞理를求하는마음을넣어주는것이다。아무러生活에쫓기고여러가지困難을當할지라도 眞理를求하는그어찌할수없는마음을넣어주는것이다。그런대도모지이學問의首府에그러

한사람을맞나지못하니 참學校가안이고참敎育이안이고무슨機械를휘휘내둘으고있음에不過한것같다。眞理를求하는그참다운마음을갊어주는先生님은아니게심인가。많은時間많은돈을써가며 이러한일을하시는분이하나도없다면 그야말로견댈수없는일이다 이서울이곧저곧에彷徨하는所謂知識階級은몰아生活의壓迫과失職의痛嘆으로 眞理의門을永遠히나온사람들이다。이보다더쓰라리고슲븐일은없는것같다。

敎育의虛事！人物의沒落！

○學者養成을한다는奇特한생각을하는분이있으면서도그가하는일을보면다른사람의눈을놀래는야단스러운집을지을라고만하고 書庫에감춰지는册은아니살라고한다。참事業은永遠한事業이안이라 自己의名譽를自己사는동안에잘亨樂할라는利己的좁은所見이다 學者養成도그自身이眞理에對한思慕가있어야할수있는것이다。이러고보니結局사람이問題이다。아아이사람을만들어내는힘은어대가서求할가。求하여求할수없어失望自棄하는그謙遜한마음에밖에없을듯하나여간한사람이이곧에오지못한다。

○三十六萬圓의建築費는나와도辭典한卷살돈은없다고하면서 이나라를壓倒하는敎育이니하고떠드니집속에만들어앉으면敎育이自然되는貌樣이고 先生의납에서는恒常眞理의구슬이쉴새없이떨어지는것같다 敎會堂이信者를만드는世上이있드니 校舍가敎育을하여내는새世上이또온貌樣이다。機械社會를主張하는스코트以上의發案이라할수있다。

○廢園같은學問의首府에相當한反省을줄消息이들어왔다。三十年間의時日을써서한辭典을일우게된이나라에近日에들을수없는이야기다。이동안한學者는이의犧牲이되여죽게되고 그뒤를니은사람들은이貴한精神을받어畢竟完成한것이다。사람이이만한熱心執着心이있어야되는것이고 이러한곧에眞理의싹이자라는것이다。三十年동안한일에다른사람이아지못하는일에쉴새없이힘쓰는그高貴한精神이이나라에도녯날에는있더니 近日에는자취를끊어버렸다。좋은것은다어듸로가고 좋지못한것만남었다。外國에가서도이러한根本的精神은아니배워가지고오고 쓸때없는一年만지내면다까먹고닞어버리는것만을가지고온다。겉에보이는第三次第四次의것만을본받아오고 그속에숨겨있는이貴한참生命은본척도아니하고오니이도모지무슨일이냐 이곧이學問의首府가되는때는어느땔가。福音이이서울의靈魂을잡아버릴때일것이다

城西通信

○一九三三年三月九日에 戶稅로因하야差押當할것을 겨우謀免하였다。新約聖書에 자주「稅吏와娼妓」라고連句로使用하는意義도 이번경우를當한때에 좀더깊이實感하게된다。人間萬事 聖書解讀의資料안되는이없으니是幸耳。

○三月十八日。感謝를表하기爲하야市內某女高普卒業式에參列하다。儀式的順序가 거의지나간때에 在學生一 을代表한 送別辭는 句句節節이多情하지안앓이없고 傾聽하든卒業生中에는 발서 눈물을삼키는소리가들렸다。다음에卒業生一同을代表하야 過去四個星霜의苦樂을追憶하면서 눈물먹음은送別答辭를朗讀하니 惜別의情緖는滿場에漲溢하여젔다。때에 代表者가 한걸음나아가 答辭紙를 校長先生께 받들어들이려하니 미처받기前에 老校長은放聲呼哭하여버렸다。數百名生徒는 버리집더진것처럼 校長先生께和應하야운다。來賓과學父兄席에서도 자주眼鏡을닦는이가있다。果然文字대로「惜別」의光景이다。돌이켜 修羅場을免함으로써幸으로녀기는男子中等學校의卒業式에比하야생각한면 다른時代의다른나라에遊覽하는感이不無하였다。女姓男姓의別이 이처럼別世界를成하는가고 그옥히 놀랐다。但 論者있어『女學校의師弟間情誼는 卒業式을絕頂으로하고 以後冷却하는法이나 男學校의師弟之分이란것은 歲月이갈수록깊어지고뜨거워지는것이라」고 余輩를慰勞한다。그適否는未確하나 現下事實로는 지난번卒業班四十一名擔任中에 그父兄이擔任敎師의勞를謝한이（直接或은書信으로）二人、卒業生自身이感謝를表한者七人。大多數는 百貨商店에出入하는구경군만한것이 上之上이었다。

○三月二十二日에 「요ー요ー」라는것을처음보았다。내가알기는今日이生來처음이나 佛蘭西에서시작된지不過幾日에 발서全世界에流行하게되였다고傳한다。短時日에 이처럼널리傳播되기는 天地開闢以來의 첫記錄일것이다。單히數撒의多少가價値의高下를判定한다할진대 獨逸서發源한칸트哲學의徒는 佛國서發源한 「요ー요ー」徒黨보다 못할것이다。同樣의推理를展開하면 푸로데스탄트의徒보다 로마舊敎徒가勝할것이오 舊敎徒보다 맑스의徒가더勝할것이오 맑스의徒보다 麻雀黨이一層더勝할것이오 麻雀黨보다도壓倒的優勢로써滿天下大衆을支配하는「요ー요ー」黨이야말로 가장貴한것이오 가장眞한것이될터이다。虛되도다 數量을計算하는일!

○三月三十一日에 南北으로서同時에편지두장을받으니 北에서온것은 今番에京城大醫에合格되였다하야 師恩을感謝한다는通知오 南에서온것은 墮落한身勢를痛嘆하야 曰『…맞히이슬맞은蛇와같이 맑아 비트러진草木과같이되여 이제는 다시春候를기다리기도不能이라고 생각합니다云云」하였다。이 두靑年은 지금부터滿五個年前四月一日에 養正高普에入學하얐다。當時에는 둘이다天使와같이 흠없고毒없는貴童子들이었고 第一學期成績은 北子가七十人中三十四位인데 南子는同班에서 二十一位의好成績을擧하였었다。以後北子가漸進하였음에反하야 南子는第二學年부터三學年에亘하였을때에 大都會의魔誘에빠지어 學業은中途에廢하고 드듸어今日의歎聲을發함에至하였다。一時는讎敵같이녀기든擔任敎師에게『…至今에와서는더저에게까지도感動을주었읍니다』하며『願컨대今後에는 學校다닐적에와같이 先生任께 갓까히貸家를定할터이오니（在學當時에는遠隔한데에下宿했다）아무조록 좋은敎育과 많은訓導를 더하여주심을바라옵나이다』하였다。主예수의말슴에『九十九首의羊보다 잃었든一首가 더귀엽다』하였고 마호메트의말에『天下에제일아름다운것은 悔改한罪人이니라』고。나의 오네시모의편지를机上에놓고流涕禁할수없으니 生徒一人의失敗는 곳敎師외失敗오 敎育의失敗오 人生의敗戰인까닭이다。또한生徒一人의悔改는 곳敎師의蘇生이오道德의再建이오 人生의希望이거긔있는까닭이다。『누가 하나이弱하면 내가弱하지아니하며누가남의게거리끼면 내가熱하지않으랴』

南鮮旅行에對하야

주께서許하시면 本誌主筆은 오는夏季休暇中에 南鮮을訪問코저한다。所謂傳道旅行이안이라 地理學工夫를爲主하야 特히李舜臣行跡을踏査하고저하며 그途次에讀者를尋訪하고저한다。맛나기를願하는이는 五月末日까지 左記要項을通知하시오。時日과路程은그要求에依하야 作成되겟나이다 但旅費宿食等諸般費用은聖書朝鮮社自擔이니 念慮마시오。또山中僻地와孤島에 한사람만있는곧이라도 可하다。但京城以南에限함。

一、貴地까지의路程

甲、鐵道。何線何驛에서 何驛까지。大略所要時間及每日通行回數。

乙、乘合自働車。舟船의聯絡有無 發着地名、所要時間及每日通行回數。徒步亦同上。

〔但、略圖를添할수있으면 더욱可함〕

二、貴地의地歷上現著한題目

丙、李舜臣關係의것。

丁、特産品其他資料。

集會를要求하는이는 그種別及回數等을記送하시면參考되겟나이다。但 日字의關係로 一處에二日間以上留宿은不能할듯합니다。

聖書研究會案內

一、京城聖書研究會

講師 金 敎 臣

場所 京城府外孔德里本社

日時 每日曜日午后二時부터 (約一時間半)

(注意) 舊新約聖書와讚頌歌必携 家庭集會임으로 出席하기前에承諾얻을것。現今다니엘書以下預言書研究中。

二、活人洞長老敎會聖書班

講師 金 敎 臣

場所 孔德里活人同長老敎會堂

日時 每木曜日午後八時半부터 略一時間

에베소書 第三章을工夫하는中이다。公開임으로누구든지出席自由。但舊新約聖書携帶。

本誌定價

一 冊 拾五錢(送料五厘)

六 冊(半年分) 前金九拾錢 送料共

十二冊(一年分) 前金一圓七拾錢

要前金。直接注文은振替貯金口座京城一六五九四番(聖書朝鮮社)로

取次販賣所 京城鍾路二丁目八二 博文書館 振替京城二〇二三番

昭和八年四月二十九日 印刷
昭和八年五月 一 日 發行

京城府外龍江面孔德里一三〇
編輯兼發行人 金 敎 臣

京城府西大門町二丁目一三九
印刷者 金 顯 道

京城府西大門町二丁目一三九
印刷所 株式會社 基督敎彰文社

京城府外龍江面孔德里活人洞一三〇ノ三
發行所 聖書朝鮮社
振替口座京城一六五九四

昭和五年一月二十八日 第三種郵便物認可
昭和八年六月一日發行(每月一回一日發行)

金教臣主筆

聖書朝鮮

第五拾參號

一九三三年 六月一日發行

目次

讃頌歌의變革

찬송은 信仰이發露하여야되는것이니 決코人爲的으로되는것이안이다。그럼으로 個人이나 한敎會나 한世代의信仰狀態를打診하랴면 그創作或은즐겨부르는 찬송가를 봄이 가장簡明한法일것이다。 이런意味로써 現代의、基督敎會에서가장즐겨부르는 代表的찬송가는 어떤것일까。

삼천리반도금수강산 하나님주신동산 이동산에할일많아 사방에일군을부르네 곳곰일에일가랴고 누구가대답을할까 일하러가세일하러가 삼천리강산위해 하나님명령받았으니 반도강산에일하려가세

라고부르는 亞扁薛羅氏를委員長으로한改正讃頌歌第二一九章이야말로 監理敎會를爲始하야 全朝鮮基督敎徒와 敎會機關各種學校及幼稚園兒童까지에盛大히流行하는「찬송」이안인가。바야흐로 이는現代朝鮮基督敎의眞狀을露現한 代表的찬송이 되였다。 누구나없이 조선사람된자는 이「찬송가」를부를때에 一種의興奮을느끼지않는이는없을것이다。맞히運動會에서應援歌를부르는興奮을。 마는 어디까지든지이는血氣의興奮임을脫出할수없다。表面은緊張한듯하나 靈魂속에는 限없는寂莫과空虛가 掩襲함을깨달을것이다。

이에反하야 우리가 처음배웠고、또한 지금부터 畧十數年前까지 全朝鮮基督敎人이 즐겨부르든찬송가는 舊찬송가第七十二章이었다。

샘물과같은보혈은 임마눌피로다 이샘에죄를씻으면 정하게되겠네

하고 부를때에 決코血氣의興奮은感할수없었으나靈魂속에는 形言할수없는安定이支配하였고、淨潔이作用하였다。多感한사람은 이두가지찬송가를부를매마다 다같이 눈물흘림을본다。 그러나前者의境遇는 눈깍지에서흐르는눈물이오、後者의境遇는靈魂속으로서、心臟속으로서、아니 머리털끝과손톱발톱끝에서까지울어나오고 솟아흐르는눈물이다。 一은世俗의것이오一은靈界의것이다。一은事業이오一은信仰이다。우리祖上과先輩들은靈의일과信仰의일을關心하였것만、 現代朝鮮基督敎會를代表한 讃頌歌改正委員들은 그改正된讃頌歌속에서 舊찬송七十二章같은것은削除하여버리고 自己들의信仰을表白한「삼천리반도금수강산」같은것으로써 百數를늘이고 定價金을높였다。이것이果然「改正」인가「改誤」인가。信仰없는音樂家의讃頌歌編纂과、 朝鮮語모르는博士의聖書改譯과 이런것이 몯아朝鮮에서만볼수있는 일이니 半島의靈界도寒心하지안인가。

빌레몬書研究

柳 錫 東

빌레몬書는一章으로一書를일우는가장짜른書의하나이며 오래동안聖書研究者의注意를그다지喚起치못한, 숨은글의하나이고 한참高等批評이甚할時에聖書에서없어지게되라는運命을當한逼迫의歷史를가지고있는書翰이다。 希臘原語로三百三十八字밖에아니되는量으로보아서微々한것이며 로마書와같은大書翰과比較할수없는것이며 內容으로보아서一奴隷一不義한者의罪를赦하라고願하는가장個人的인私事에關한것이며 信仰과正義 人類와救援을堂々하게論한그他書翰에比하야價値가떨어짐이甚하다。 그러나一寡婦의눈물을돌아보지아니하는하나님이안이며 壘々으로쌓인雄大한山岳 한송은곧에피인一百合花를잊어버리는하나님이안이고 各國이武力과金力과學力이世界를덮어누를때無力하야한가壓迫만받는一弱國을돌보지아니하는하나님이안임으로 이書翰에도過去千有餘年하나님의攝理가끊어지지않고움지기었으며 時々로信仰의勇士가나, 이를辯護하였으며이의價値를紹介하야 聖書에없지못할것으로만들었다。「빌레몬에보낸唯一의書는 世界의모든智慧보다훨신낫은지라」하는學者가있고 「完全한寶玉」이라는말을하는이가있어 빌레몬書가聖書에없으면 基督敎의重大한한가르침을損失한다는느낌이信者사이에남이甚하다。

이書翰은바울이로마에서囚人으로써傳道하고있을적에쓴것이며 그가書翰中에서말한것과같이老人이된때의글이다。 그리하야이는바울의私的生活의곱은点을餘地없이보여주는것이며 偉人、思想家、信仰家、活動家로서의그가안이라 한平民으로서의그의꽃다운情을느끼게하는것이다。 루-터가워-ㅁ스會議가열라는날午前그가當時의事情으로보와到底히할수없는한病者를訪問하야많은慰安을하였다는것과같은가장아름답고크리스찬나운眞面目을보여주는것이다。 바울은世上에훌륭하다는사람과는달아서 그는한쪽으만한靈魂의앓븜을잊지못하고 그의心情의사랑을、接하는쪽으만한사람에게도내쏘댔다。 猶太羅馬希臘의三大國을敵으로하야싸운勇士바울은 여긔에한悔改한盜賊인一奴隸의벗을爲하야눈물을흘이고그를爲하야全責任을진다는사랑스러운하라버지가되여있다。 弱한바울이되여 이世上便으로보와問題가되지아니하는한賤한者의옆에서그의罪를지고그의앏흠을앏버하고그의씁흠을씁버한다그가 다른곧에서敎義로써論議로써思想으로써人生經驗으로써論하든基督敎의眞理를 여긔에서는그가스스로實行하고있다。예수그리스도의十字架의事實을바울이여긔에서몸소살고있어그의榮光을옳이고있다。百의論議도그의이한事實만못한것이며 또한그의게이러한事實이있었음으로 저와같은훌륭한書翰들이自然이나온것이다。우리는이빌레몬書에서바울의참人格의活書를보며 그의크리스챤의根本生命을본다。

書翰은다른書翰과다름없는말로써始作되였다。片紙쓰는사람의니름을말하고또片紙받는사람의니름을말하야「하나님우리아바지와밋쥬예수그리스도로말미암아恩惠와平康이너의에게있을지어다」하고祝福을하였다。바울은여긔서自己를쓰는대使徒라할必要도없고또하나님의일군이라고할必要도없었다、빌레몬은바울이어떠한사람인줄을잘알었음으로 여긔에서職權云々의말이 나올수없었고또公開的書翰이안이고私信님으로바울이現在當하고있는事實을表示하면足하야그는그리스도예수를爲하야갓친바울이라고썼다。또이片紙을받는빌레몬은바울과이적지交涉이없든사람이안이라 바울이잘알어사랑하는一人이었고 그의家族과도親하고그家庭안에있는족으만한敎會도모르는것이안이었다。그리스도예수안에있는한벗이그의벗에게쓰는親展의片紙이다。

이제바울이빌레몬에게붓을들게되니 그의마음속에는自然그와關係하게된녯날부터의여러가지事實이往來하야感懷가깊어짐이있었고빌레몬이恒常그의게感謝와깃뿜과慰安을줌을생각하야 그는빌레몬에對하야心情에서솟아나오는참깃뿜을吐露치아니할수없었다。信仰의어버이가그의아들에對하야가지는感謝이다。빌레몬은富饒한사람으로信仰에들어와군군이나갔으며 그의마음속에넘치는예수그리스도의사랑은聖徒들의缺乏한것을補足하야希望에빛나게하고그가가진信仰은열매를맺어이곧에서主의榮光을나타나게하였다、빌레몬의主예수와聖徒들에對한사랑과信仰은囚人이되여있는바울을깃브게아니할수없었으며바울이빌레몬을생각할때하나님에對하야感謝가끊지지아니하였다。 여기에바울이쓴聖徒에對한信仰이라는것은興味있는말이다。 칼빈은이를主예수에게는信仰、聖徒에게는사랑이라고譯解하였으나 本文에있는대로取함이좋은것같다。 信仰과사랑의關係를볼수있고 主와兄弟와自己와의三角的交涉을생각할수있다。 主를信仰하는사람은兄弟를사랑하게될뿐안이라兄弟를信仰하게된다。 우리가兄弟를사랑한다는것은兄弟속에자라고있는主그리스도를믿는것이며 主그리스도안에있는兄弟를보는것이다。 兄弟의몸은缺点을그가서고있는그리스도를믿음으로닞어버리는것이참으로兄弟를사랑하는것이고여기에또한主를사랑하는것이兄弟를사랑하는것이된다。 우리는兄弟를信仰하도록사랑하여야한다。

이와같이바울이빌레몬에對하야쓰니 어느덧빌레몬의個人의그림자와바울의個人의그림자는없어지고그리스도예수의삶힘만이보이고살어役事하시는그이만이나타난다。 몯은것이하나님까지옮아가 바울이다른곧에서이世上을論하다가不知不識間에하나님안에로다러남과같은그의信仰의高揚이여기에또한있다。 이리하야바울은빌레몬을信仰의高峯까지옮아가게한後 바로소그의니름만들어도私情을傷하기쉬운말하기어려운오네시모의일을내놓았다。 바울의사람의心情을洞察함의날카러움이며 實際問題를信仰의根本에서判斷하는能力이며 놀랄수밖에없다。 七節까지읽어온빌레몬은반듯이그리스도에게마음을잡히어그에게害를끼치고다러난오네시모의니름을듣더라도私忿이닐어나지아니하였을것이며 信仰과사랑으로써잔잔한마음이되여바울의말을들었을것이다

바울은命令으로서가안이고빌레몬의크리스찬하ー트에呼訴하야 오네시모를容恕함을懇求한다。그리하야바울이오네시모를사랑하고辯護하는그心情은한字한字에넘치고친子息을생각하는以上이다。 오네시모는當時에가장下層階級의奴隷이며 더구나盜賊질을한不好한者이다。 이러한者에對하야 當時에무엇으로보아도上流階級에屬한바울이이러한態度이다 오네시모를 그가갓친中에서낳은아들이라하였다。 또「나의心腹」即「自己의內臟」이라하였다。 또 「네가나를동모로알진대 이사람영접하기를나와같이하고저가만일너를해롭게하거나 네게진것이있거든내게로회게하라。 나바울이친필로쓰노니내가네게갚으려

라」고하였다。이는바울이오네시모에對하야同等의地位에서서絕對責任을지는것이며 바울이가지고있는福音의全貌가여긔에明瞭히나타낫다。信仰에있어서는自主奴隷의區別이없는것이며 몯아한兄弟이다。文明人이野蕃人과握手하야「나의兄弟라」부르는것이며 上流階級과下流階級과同線에서는것이다。人權의同等이다。그러나이것이論하기는쉬우나實行하기는어려운것이며 十字架上의예수그리스도의사랑이靈魂속에들어와야비로소할수있는일이다。하나님의能力으로서야되는것이다。바울은여긔에이것을글자대로實行하였다。信仰의生命을잡은그는自然이렇게되였다。人權의同等뿐안이라自己아들이라自已의마음이라하는熱愛의至境에이르렀다。이러한바울이가진福音이라 이는여러번奴隷解放의참힘을發揮하게되고 社會의最下層의運命을곧히게되고人道上의많은勇士를내게된것이다。바울은또오네시모의몯은責任을대신졌다。우리의不義를自己의不義로하고 우리의罪惡을自己의罪惡으로하고 우리의刑罰을自己의刑罰로하야 十架字에서돌아가신救主예수그리스도의사랑이그의마음속에서役事하야된것이다。十字架에救援을얻은그는自已自身또十字架를지지아니할수없었으며 사랑의生命에잇끌리는그는自己自身이죽어兄弟를爲하야살지않을수없었다。兄弟의罪惡兄弟의墮落을볼때그것은他人의것이안이고自己의것으로보이었으며 그것을爲하야그는죽음을避하지아니하였다。그리스도의十字架를믿는者는 復活하신活그리스도의生命을가져小그리스도가되여兄弟들을爲하야十字架를지어야한다。義人의피를흘이어야한다여긔에만참敎會가자라나고그리스도의生命이자라난다。바울이그리스도의苦難의不足을채운 함은이러한뜻이며말하자면우리가十字架를지는것이안이라우리속에자라고있는그리스도가十字架를지는것이다果然 바울의오네시모에對한態度에基督敎의精粹가있는것이다。

이제빌레몬에게害를주고 달아난것은오네시모가안이라빌레몬의信仰의先生님인바울이다。바울은빌레몬에게對하야自己의過去의잘못됨을빌고있는것갈다。그리하야다시現在의信仰의벗이된오네시모에게나타난하나님의攝理를생각하면서三人間의關係를論하야信仰에이르고 여긔에서또빌레몬이오네시모를받아들임을勸하였다。 뒤로앞으로빌레몬의心情을울리는바울의老鍊한要求에뉘아니應하리오바울은말한다。「오네시모가나뿐일을하야그主人을떨어저감은깊이생각하면돌이어永遠히한께있게하랴는것이며종으로서가안이고 사랑하는兄弟로서合하게하랴는거룩한하나님의經綸이다。 이러면오네시모를아니받을수없으며 이제는그가너에게는勿論나에게도有益한者가되였고 나에게사랑스러운者가되였고또勿論나보다더關係깊은너에게는말할것도없다。」

다시바울은빌레몬을反對할수없이만들고自進하여하게만들랴고「나는네가순종하는줄을깊이믿는고로네게편지하니 네가 나의말보다더行할줄을아노라」말하고 그가그곧에가기까지한다고 말하였다。

이러한片紙를넘겨고빌레몬은의레히그대로하였을것이며 오네시모는自主의兄弟가되여그와의關係가恢復되고 信仰의사람으로써바울과빌레몬에게有益한者가되였을것이다。

우리는바울이오네시모에對한사랑은잘알았으나여기에다시그가빌레몬에對하야가진態度를생각하여보아야한다。 그가로마에囚人으로있을때오네시모를맞나그를信仰의아들로만들게되니 그는오네시모가自已에게많은도음을줄을알았고 그는그가絶對必要함을깨달았다。골로새書四章에서「신실하고사랑받는형제라」고쓴것을보면바울이그에게對한마음을알수있다。 그러나그는오네시모가自己와親한빌레몬과의關係가좋지못함을알게되매 그는그를그냥데리고있을수없어一次그의主人넌빌레몬에게로돌려보내어바른關係로된後에그의主人의承諾을얻어다시일을돕게하려고하였다、「저를머물러 나와한께하야 내福音을爲하야 갓친중에서네대신나를섬기게하고자하나다만네뜻을아지못하고는 아모것도行하기를願치아니함은 너이착한일이不得已함으로되지아니하고自主함으로되게함이라。」 우리는여기에少女와같은銳敏한바울의感情을볼수있으며 또한道理를굳굳이지키는무서운바울을볼수있다。 普通이면오네시모를그냥두고 片紙만한장하여그事情을通하면그만일것이다。 더구나바울있는곧에서빌레몬있는곧까지는一個餘月이걸리는遠路이어 이동안그의不便함이적이없을것이다。 그러나 빌레몬과그와의友情을생각하고또사람으로서의道理를생각할적에 그는到底히그냥

빌레몬書研究

있을수없었다。 몯은것을犧牲하여도友情의純潔은지켜야하였다。 벗에對한眞實함을지켜야하였다。 바울의이러한点이近日크리스챤속에는드믈다。 벗의感情傷하는것을죽음도問題로하지아니하며 벗의敵으로녀기는사람과같이놀기를의레히할것으로안다。 이러한友情이면없는것이낫다。 信仰으로써얻은友情은信仰같이貴한것이며 우리는몯은注意를다하야 이友情의繼續을힘써야한다。

오네시모에對한일이끝나매 바울은自己와같이있는사람이그에게安否함을傳하고「우리主예수그리스도의恩惠가너의마음에있을지어다」라는祈禱로써片紙를끝는다

이와같이닑어보면 빌레몬書는적은것이안이며信仰의깊은뿌리와사랑의아름다운꽃이自然스럽게나타난貴한글이다。 더구나오네시모以外의아무것도안인者에게는果然반가운消息이며 그에게이르러更生의能力을發揮한하나님나라의生命이 우리自身에게도옴을깨닫고 過去의몯은罪惡과또現在의몯은逆境이十字架上의예수그리스도로因하야돌이어恩寵의이슬이되여 새로운希望과勇氣가나옴을느낀다。큰것을닐으키는하나님은 적은 것도닐으키며强者를사로잡는하나님은 弱者를살리나니 오네시모의잔이념천다、一千九百年前에오네시모의靈魂을救하야그를바울과빌레몬과같은水平線에놓은하나님은 그後오랫동안많은오네시모를내놓와 그가장낮븐골짝이에서가장깃뿐讚美를나오게하였다。 빌레몬書는오네시모의새生命發見의曲調와바울의全基督敎의精神을울리는사랑의깃뿐소리와 빌레몬의十字架의恩寵으로自已에게害를끼친종을容恕하는사랑의가늘고힘있는노래가合하야나오는生命의神秘한一大交響樂이다。 여기에빌레몬書는人類의心情을아니움지길수없이되고救援의한頁의貴한記錄으로써人類의遺產이아니될수없이된다。 弱하고賤한것을잡어그의偉大한役事를하는하나님의顯著한움지김은 이빌레몬書에서目睹할수있고 男性道보다女性道를세워人類의救援을成就하는하나님의길은 여긔에더잘볼수있다。大事와小事의標準두는것을이世上것과는判然다르게한하나님나라의消息은 이書翰에서切實히깨닫을수있다。果然빌레몬書는적고보잘것없는이世上形体를빌어서聖書全体에흐르는信仰의生命을透徹이그려내놓은것이다。 빌레몬書도또한信仰의書이고 따러信仰의使徒바울의붓에서나온것이다。

六

예수의復活

張道源

예수는復活하셨다 十字架에 못박히움을받아죽으시고 장사한지 三日만에 그肉身이 죽엄의勢力을 깨트리고 죽엄과는完全히相關이없는肉體로復活하셨다 罪의權勢인 죽엄의勢力 即肉의性質을完全히 깨트리고 在來의人間肉體와는 그性質을完全히달이한 새肉體로復活하셨다 예수의復活하신肉體는 죽엄을알지못하는 完全한새性質의肉体다 肉体는肉体이면서도 靈과生命을같이하는肉体다 故로 靈이靈的生命을發展함에 何等의故障이없는肉体다” 即예수의復活은 새肉体의創造다

예수의復活은 靈化가안이오 肉体로의復活이다 人間性的肉体로의復活이안이오 榮光化한完全한肉体로의復活이다. 예수의復活은 生命이死亡을깨트리는일이오 靈이肉을삼키는일이다 故로예수가『나는復活이라』한것이다 聖經中에도 死者의復活이여러곧에記事되여있다 마태九장二三以下를보면 예수께서 한官員의딸을살리신일이있다 또누가七장十一節以下를보면 예수께서 한寡婦의獨子를살리신일이있다 又는 요한十一장四十三節四十四節을보면 예수께서 마르다의옵바 나사로를 살리신일이있다 그러나 저의의復活과 예수의復活은그本質上크게다른点이있나 저의復活은 人間性的肉体그대로의更生이오 예수의復活은 人間性的肉体가 人間的諸素質의勢力을 깨트리고 完全히榮光化된 聖的肉體로再生한것이다 即예수의復活은 人間性的肉体性質이 完全히根絶된 새로운完全한肉体로의復活이다

故로 基督敎는 예수의肉体的復活이라는 이新事實우에起因한宗敎다 그런故로萬一 예수의復活即肉體的復活을否認한다면 基督敎는 根本的으로破壞되는것이다 萬一예수의肉体的復活이 否認된다면 그리스도의贖罪도否認될것이다 그리스도가贖罪主되심도 저가復活하신까닭이다 即그리스도에게屬한者마다 罪의贖함을얻고 新生命에나아감은 예수께서 罪의勢力인 肉의性質을깨트리고 完全한靈的肉体로 죽엄에서復活하신까닭이다 萬一 예수께서 人間性的肉의性質을 完全히絶滅시기고

예수의 復活

完全한靈的肉体로復活하지아니하였으면 저도亦是 罪의勢力인 肉体의性質때문에 죽엄에게삼키워버린者의一人일것이다 故로 復活이없는예수는 一種의聖賢이나 宗敎的天才는될지언정 몯은人間을 罪의根據인 肉体의性質에서 完全히救援하야내는 救主는되지못하는것이다 그런故로 復活을빼어놓은基督敎는 基督敎가안이며 復活을傳하지아니하는福音은 福音이안이며 復活을믿지아니하는信者는 罪에서救援을얻지못한信者다 故로基督敎는예수의復活을 土臺로하고있는宗敎다

基督信者란것은 罪의勢力인人間性的肉体안에 復活하신예수로의生命을 받은者를謂함이다 그리하야 罪의勢力인人間性的肉体이면서도 復活하신 예수께로의生命만 받었으면 이는罪에서救援함을 얻은者라고한다 如此히 罪에서救援함을얻은信者라도 罪의勢力인肉体의性質때문에 暗黑에빠지며 迷惑에너머지며 罪의勢力範圍안에사는苦痛을時々로感하는것이다 그리하야 結局은罪에서의救援까지를 疑心하게되는것이다 그러나우리안에있는生命은 復活하신 예수께로서의生命이다 即復活生命이다 그런故로 罪의勢力인 肉体의性質때문에滅亡을當할性質의生命이안이오 結局은 예수의復活과 같이 罪의結果인死亡을 깨트리고 人間性的肉体의 性質에서 靈化함을받는 肉体의復活이우리信者에게도있을것이다○ 그런故로누구든지 信者인以上에는 罪를니긴者인것이다 발서 罪알애에있지아니하고 生命안에있는것이다 그런故로 信者는 우리가信者되였음에도不拘하고 우리에게肉体의性質이 있음에 着眼하지말고 復活하신예수가 우리안에 살아게심에 굳게서라

八

예수는 永遠히 썩지아니하는 完全한肉体로써 復活하셨다 그榮光化한復活로써 지금하나님右便에앉아게시다가 그復活로써 다시오실때에는예수를 믿는信者들에게 저와同質의復活로써 賦與하실것이다 이것이基督者의最後의完全한救援이다 그때에는 우리가 現今當하는 肉体의性質때문에의苦痛은 完全히除去될것이다

如此히 基督敎는 그리스도의敎訓에있지아니하고 復活에있으며 그리스도의 地上生活에있지아니하고 復活한生命에있는것이다

바울의生涯〔十〕

스토―커教授著
柳錫東譯

第九章、그의大論戰(上)

一四五、使徒自身의書翰에보이는그의生涯는論戰에만始終한感이있으며事實그는이때문에多大한勞力과時日를썼다。 그러나이에對하야누가는아무말이없다。 이、누가가붓을든때는발서그論戰이녯날것이되고또그것이누가의話題와는全然다른까닭이다。 그러나論戰이甚하였을때 그것은嶮路와荒海以上으로바울을心勞식혔다。 이는第三次旅行끝에絕頂에達하였으며이때썼다고己述한書翰들은이로因하야나온것이다特히갈라듸아書翰은當時論敵에對하야大彈丸을投下한것이며 熱火같은그文章은그가얼마나그問題로하여금激動되였음을證明한다。

一四六、論爭이된問題는異邦人이참크리스챤이되랴면猶太人이되여야하느냐아니하느냐 換言하면救援을받으랴면割禮를받아야하느냐아니하느냐라는것이었다。

一四七、太古時代에는하나님은特히猶太人을各國民中에서擇하야救援의열쇠를맡김으로 그리스도가오실때까지는他國民으로참宗教에參與하랴는사람은반듯이改宗者가되여거륵한이스라엘境地에들어가야하였다。 이族屬을이와같이啓示의守護者로豫定함으로하나님은그들을各國民속에서完全히選別하고또他目的에聖別하야그들을받은바神託以外것에마음을가게못하였다。 이러한目的으로그들全生活을地上몯은族屬과全然다른獨特한民族으로만드는여러規律과規定으로制御하였다。그들生活의細目—禮拜의儀式、社會風習、 衣服、 飲食等이規定되였다。 그리하야이몯은規定은그들이律法이라날카르는廣汎한法規를널우게되였다。 이여러가지일에對한嚴規는選擇의自由는있었으나亦選民에對한무거운짐이었고그들良心에對하야苛酷한規律이있다。 이는이國民中眞實한사람들만이느끼는것이었다。 그러나다른사람들은이規律을자랑거리로하야選民으로自矜하고他國民에對하야優越感을가졌었다。 그들良心이만약銳敏하면그짐알애에서苦悶할것인대 그러하지아니하고法規에그들

의因襲까지도添附하야猶太人의特異点을增加하야마지아니하엿다。 그들은猶太人이라함은各國民中貴族階級에屬함을表示함인줄알고이스라엘나라에屬하지아니한사람으로이特權에叅與함은사람으로써가질가장큰名譽인줄알엇다。 그들생각은오로지이國民的妄想에빽기게되엿다。 따러그들이救世主에對하야가진所望도이偏見을떠나지못하엿다。 그들마음에는그들나라의英雄으로빛우이고그가세우는王國은他國民이割禮의門을거처서그들나라에모임으로써擴張되는것으로보이엿다。 그들은救世主에歸依하는者들은全部이國民的儀式을지키고猶太律法과慣習에規定된生活을할것이라고생각하엿다。 即그들이推想하는메시야王國은猶太人의世界이엿다。

一四八、 이것이即그리스도가오신때에파레스틘地方의一般的意見이엇고예수를메시야로받어基督敎々會에들어간群衆들은이以上을생각지못하엿다。 그들은크리스챤이되엿으나依然히猶太人으로남어있엇다。 猶太會堂에서보는禮拜에叅與하고規定한時間에祈禱하고規定한날에斷食하고猶太風習에맞당한옷을닙엇다。 그들은割禮받지아니한異邦人과같이밥을먹으면그들이덜엽펴지는줄알엇다。 그들은異邦人이만약크리스챤이되면반듯이割禮를받고選民의法式과風習을지키는것으로알엇다。

一四九、 이問題가가이사랴百夫長고넬료의경우에는하나님의直接干涉으로決定되엿다。 고넬료의使者들이욥바에있는使徒베드로안테로갈때 하나님이이大使徒에게정한즘생과정치아니한즘생에찬보자의異象을나타내여基督敎々會는割禮받은者나받지아니한者나다한가지로받아들이어야함을가르쳣다。 이 하나님의指示대로베드로가百夫長의使者와同伴하야가이사랴에이르러그곧에서고넬료家族이割禮를받지아니하엿는대도틀림없는크리스챤의信仰을가지게되고聖靈을받게됨을알게되매그는조음도躊躇하지아니하고그들에게洗禮를베플어크리스챤임을認定하엿다。 그가예루살렘으로돌아가니猶太的敎義를嚴格하게지키는크리스챤들은그가한일에對하야놀라고激忿하엿다。 그러나그보자의異象을이야기하고또割禮받지아니한異邦人이信仰을가지고聖靈을받어틀림없는크리스챤임을證據한明白한事實을말하야自己를辯護하엿

다。

一五〇、이事件은이問題를完全히解決할것이었다 그러나民族的自矜과오래동안의偏見은그렇게容易히 없어지는것이안이었다。 예루살렘크리스챤들은이事件만에는베드로의한일을納得하였지마는　그들은到底히그속에包含된普遍的原理를알수없었다。 베드로自身亦後에우리가알터이지마는自已自身이한일에包含된뜻을充分히理解하지못하였다。

一五一、그러나이問題는이때베드로보다훨신굿셋힘과論理的頭腦를가진사람으로하여금解決되였다。 바울은當時안듸옥에서使徒의活動를시작한後얼마아니있다바나바와한께異邦으로第一次傳道旅行에나갔다。 그는가는곧마다異邦人을割禮를베폴지아니하고그대로教會에넣었다。 이는바울이베드로를模倣하는것이안이었다。 그는福音을直接한울서받었다。 그가回心한直後아라비아에獨居하야이問題를餘地없이생각한結果그는다른몯은使徒들보다徹底한結論을얻게되였다。 그에게는　그들누구보다律法이束縛하는멍에가되였었다。 그리하야그는律法이基督教의一部分이안이라　그의嚴格한準備에不過함을알았다。 實로前者의悲慘하고咀呪받은狀態와後者의깃부고自由스러운狀態사이에있는걷느지못할깊은개울과같은對照가그의마음에나타났다。 그에게는異邦人에게律法의멍에를지음은基督教의眞精神을破壞하는것이었고그가福音의救援에는하나밖에없다고생각하는그條件과는判然다른여러條件을無理로命令하는것이었다。 이는이偉大한마음으로하여금이問題를解決하게한깊은理由이었다。 이外에當時世界를잘알고그異邦國民을그리스도속에얻으랴하는불같이타는마음을가진그는視界가좁은예루살렘猶太人들과는아조달어　이러한條件이얼마나基督教를猶太밖에傳하는대致命傷이될을切實히느끼였다。 自矜하는羅馬人과驕慢한希臘人은決코割禮를받으려고아니할것이였으며　決코猶太人의傳統같은偏狹한制限을받는生活을아니할것이였다。 이러한條件에拘束을받는宗教이면到底히世界的宗教가되지못하였을것이다。

一五二。 바울과바나바가第一次傳道旅行에서안디옥으로돌아오니　그들이이問題를더決定的으로解決하여야할必要가닐어났다。 嚴格한猶太派크리스챤들이예루살렘에서안듸옥으로와異邦回心者들에게말하기를割禮를받지아니하면救援을얻지못한다하였다。이와같이그들은異邦人이靈魂의平安을얻으랴면이러이러한일을하여야한다하야그들을怯에넘치게하고單純한福音에對한그들마음을混乱케하였다。이攪乱된良心을安定시기기爲하야안디옥教會는예루살렘에있는首腦使徒들에게 이問題를가저가기로決定하고바울과바나바를보내어그處斷을얻게하였다。이것이예루살렘會議의始初이고여긔에서이問題에對한權威있는決定을하였다。使徒와長老의決定은바울이實行한것과一致하였다。異邦人은割禮를받을必要가없고다만그들이偶像에받힌祭物를먹음과姦淫함과피먹음을禁하였다。이條件에바울은承諾하였다。그는偶像에받힌祭物이市場에서팔리게되면그것을사먹어도아무害가없음을알었으나 偶像을爲하는宮殿에서이祭物을먹게될때는종종野卑하고淫蕩한일이同伴됨으로姦淫을禁하는同時에여긔에誘惑하는이일을異邦人의回心者에게禁하여야하였다。피를禁함即피를흘이고죽인즘생을못먹게함은猶太人의極端한偏見에讓步하는것이었으나그속에重大한教義가包含되지아니하였음으로反對할心要를느끼지아니하였다。

一五三、 이러하야人心을搖乱하게한이問題가異議를말할수없이尊嚴한權威로써決定된것같었다。異邦傳道의首腦인바울과바나바와예루살렘教會의지동인베드로 요한 야곱이다같은決定을하게되면이에良心은平安을얻을것이고反對하는입은막히게될것이었다

一五四、 그러나이決定亦最後의것이되지못함을볼때우리는놀라지아니할수없다。이것이決定된當時에도그것을論議하는會에叅席한사람中에熱烈히反對한사람이있었든貌樣이다。使徒의權威로써遠方教會에보내는公式書翰을決定하였으나예루살렘에있는크리스찬團体는甚히激忿하야反對하였다。이反對는速히없어지지아니하였고들이어漸々强熱하게되였다。여러原因이이를북돋았다。强熱한民族的自矜과偏見이이를支持함은勿論이었고크리스찬이된猶太人들은크리스찬이아니된兄弟들과差異가적으면적을수록親히지낼수있다는利己心이또한이를도았다。宗教的確信은대번熱狂的으로되여이를굳게하고여긔에敵意에서나오는憎惡와宣傳하랴는熱心이생기어더욱더욱이를强烈히하였다。反對가이와같이極度에達하매이中心이되는黨派는宣傳者를異邦各教會에보내기로決定하게되고그들은各處에가使徒의公式命令에反對하야割禮를받지아니하면靈魂을危險에빠지게하는것이라말하고猶太律法을지키지아니하면眞正한基督教의特權에叅與할수없다고말하였다。

故繁野政瑠·氏 學位論文「밀톤失樂園研究」

柳 錫 東

○이것은聖書硏究도안이고信仰論文도안이고純全한文學에關한것이다。따러이雜誌에실을것이안일줄안다。筆者가이것을쓴것도여긔에揭載하랴는것이안이고新聞그렇지아니하면文學雜誌에發表하랴는것이엇다。그러나써놓고보니이것을이러한機關等에내는것은견댈수없는바이고 밀톤을爲하야到底히할수없는일이다。性質이닯어도亦聖朝에실는것이가장適當한것이고 적으나適當한讀者를求하는밀톤을爲하야는第一좋은그릇인줄안다。또일쪽이筆者는聖朝에밀톤의信仰詩를飜譯하여실은적이있고그의語錄을쓴일이있어 全然이雜誌와關係없는것은안인줄안다。더구나主筆을비롯하야聖朝에니름이나오는筆者들은다밀톤의靈魂을잡었든그信仰을가지고있음을생각할때親近의度는더욱갓가워진다。

○그러나方面이다름은事實이다。文學의硏究이고硏究도우리나라것이안이라英國것이오英國것이라도近代의것이안이라三百年前古色이蒼然한것이다。거긔에다普通것이안이라日本先生이學位論文으로쓴것을紹介批評한것이니讀者에게困難과嫌症를줌이莫甚할것이다。도모지聖朝에내놀勇氣가아니나고主筆과讀者에對한未安한생각이가슴을치민다그러나우리나라에幸인지不幸인지이러한類의것을실을雜誌가하나도없으니 이러한、時潮와는逆코ー스를가는글은 所謂雜誌라는性質과体貌를具備치아니하고眞理만을標語로하고있는聖朝에弊를끼치는수밖에없이된다。별과같이世上과떠러저사는밀톤에對한글은亦별과같이홀로사는聖朝에가는수밖에없다。方面은다르나서로心琴을울리는点이있슬줄안다。

○最後에筆者는聖朝에가ー끔聖書에對하야쓰고信仰에對하야써왔으나牧師가안임은勿論聖書硏究者도안이고信仰의勇士도안이다。英文學을專攻하고있는一個의書生이고 이속에서信仰의걸음을건고있는微弱한者이다。따러때로는이自己의本職을가지고讀者를뵈임도興味있는줄알고 여긔에나의信仰의態度가나타나면甚幸인줄안다。이글은나의生活로보면專門的色彩가있으나 信仰으로보면그側面에不過한다。그러나이러한信仰과直接關係없는것에나의信仰의眞相이나오기쉬운것이고 여긔

에서農村에서일하는분과工場에서일하는분과敎室에서일하는분과더욱사괴임이깊어질는지모른다、學問이라하면信仰과關係없다는이時代에하나님의도음안이면到底히信仰을가지고이危險地帶에설수없는것이다。여긔에繁野氏는純文學的立場에서밀톤을硏究하야學位까지얻은분인대　筆者는이硏究를信仰과는判然다른한學者의說을어찌取扱하엿는지讀者의觀察에맡기는同時에밀톤같은人物은定義의尺度로헤아릴수없는偉大한生命을가지고있음을서로배우고저한다。

○이여러가지를조용히생각하고보니　이글을聖朝에실는것이그다지矛盾이안인것같고　한生命에서흘어나오는것같은것인줄안다。』

× × × × ×

「밀톤失樂園硏究」는繁野氏의畢生의大業이고그의逝去一週日前에學位論文으로通過되여日本英文學界에세우게된한記念塔이다。沙翁의全譯이나오고그의「硏究栞」까지나온日本英學界에는이제沙翁의다음가는밀톤의硏究가또나오게되니　英民族의世界的자랑이거의다移植된것같아서羨慕의마음을禁치못함이있다。果然무서운日本學徒들이다。

밀톤이라면단테와같이널카름을받는世界的大詩人의하나임은누구나다아는바이고그의傑作「失樂園」의니름이　「神曲」　과같이널리알리게됨도또한말할것도없는바이다。時代가바꾸이고時潮가變하여도恒常人類의마음을잇끄는古典의하나이고　가ー끔所謂新人의背斥을받는일은있으나新人을outlive하야永生의榮光을거둡하고있다。盲詩人이倫敦一隅에서시내山의詩靈을바라보고울린無韻詩의소리는三百年後의지금까지뚜렷히들린다。라ー슨敎授와같이「밀톤의近代性」을論하지아니하여도　사람이詩를잊어버리지아니하는동안에는그의니름은낮지못할것이오死語가되여버린希臘羅馬의古典의옷을넙은호ー머와버ー질을살리는人間性은亦밀톤을살리고그의「失樂園」을살릴것이다。그러나이는決코古典이라는말에생각되기쉬운骨董品으로가안이고　우리理性에心性에情緒에靈性에現實性을가지고呼訴함으로써사는것이며十九世紀에는英國自然詩人의心情을울리어이적지없든頌歌까지나오게하였다。理想이라하고主義라하나그것을爲하야一生을現社會와徹底히싸운밀톤과같은사람이있음을듣지못하고　詩心이라하고想像이라하나

青春의피가다마른老年에、니어서三大作品을내놓은밀톤과같은사람이있음을듣지못한다。一時의해해웃는웃음이안이오 一時의팔딱〳〵하다는식어버리는神經質的詩想이안이라 一生을多事多端한現實속에서지내면서美의使徒기ㅣ쓰以上으로美를찾은밀톤이다。싸워야할여러가지障害를가진우리는밀톤에배울点이많으며 逆境속에서도限없이솟아나온詩想의우물을그의속에서많이마시어야한다。템스河畔에솟은詩神의우물은英民族만의목을적시는것이안이라全人類의마른목을적시는것이다。

繁野博士가밀톤을研究하기始作한것은論文序文에있는것과같이三十六七年前이고그의밀톤에對한造詣가깊음은이論文이나오기前에발서世上에알리게된것이다。그의世界文學全集中「失樂園」飜譯은在來의帆足藤井兩氏의것을顏色없이만들을만한完全한것이었고 또그의研究社英文學叢書中「失樂園」註釋은어느点에서는英米大家들보다낫은意見을보여주는特出한것이었다。또그가早稻田「文學思想研究」第五卷에發表한「밀톤의無韻詩에對하야」라는論稿는外國人으로써詩形을가장잘理解하는사람의하나라는感을주었다。그는틀림없는日本唯一의밀톤學者이었고밀톤이라면의레히그를聯想하였다。이제그는過去의몯은研究를淸算하야統一하고完成식히어이「밀톤失樂園研究」를發表한것이고 여긔에그가八年前에「失樂園註釋」序文에서「自已도研究를繼續하야盲詩人에게貧者의一燈을받히랴한다」고말한決心과抱負가實現된것이다。

밀톤死後「失樂園」에對하야나온研究書籍은汗牛充棟의感이있으며지금亦每年몇卷식은나오는貌樣이다。여간한研究心을가지고는이곧에새天地를發見할수없는것이며 이過去諸研究를消化할力量과批判力이있어야하고그우에다시새로운것을세울獨創力이있어야한다、博士가이여러가지資格을가졌음은그의過去를잘아는사람은몯아肯定할것이다。博士는序文에서自已는「出典研究」를하는데는形便이좋지못함을말하고또「高等批判에對한見識과認識이缺乏하다」는謙讓의말을하였으나 이論文을읽어볼때博士의各方面에對한徹底함을깨닫지않을수없다。

論文은本論이四章으로나누게되여百八十九頁(四六判)가되고附說이八十六頁가된다。博士의意圖는

밀톤失樂園研究

自巳가본原作의美를發展하라」는것이어各章속에서 失樂園」을그內容에있어서나그外形에있어서나美를 中心으로하야論하였다。論이理論만을取扱하는章속 에서도그는美를展開식힘을닛지아니하였다。이論文 에서天來라號하야일즉이日本詩壇에서活躍하든그의 詩才는老年의學究의푸리슴을通하야餘蘊없이發揮되 였다。

第一章『「失樂園」의題目』에서사단을主人公으로 삼는在來의學說을冷靜한科學者의메스로批評하야아 담이主人公이라하는自巳의說을세운後「사단에關한 描寫는規模가크고雄準하다。아담과해와에關한描寫 는比較的規模가석고優麗하다。大小의相違는있으나 各種의美의極致를展開하고있음에는같다」라하고「失 樂園」第一卷第二卷만稱美하고그他것을돌아보지아 니함은밀톤의詩才의眞趣를解得치못하는讀者라」하 야藝術的視角에서大斷案을내렷다。賢明하고鑑識있 는處斷이다。「失樂園」을닑고사단의雄大함에놀라 는것은「詩의擁護」의著者뿐이안일것이나 이로因 하야「失樂園」의奧殿에들어가지못함은후란체스가의 戀歌에陶醉하야「神曲」의奧殿에못들어가는것과같으 니우수운일이다。우리는第一卷第二卷의「失樂園」의 門을들어가 全人類를代表한아담에게나타난「하나님 의길」의全幅을믈들이는美를맛보아야한다。

第二章『失樂園의思想』에서는第五卷라파엘의말 을引用하야밀톤이「一元的汎神論者오物心一如를主 張함」을論하고 第一卷사단의말과第三卷하나님의 말을引用하야罪惡과善、理性과情欲、自由意志와豫定 等을說明하였다。밀톤과같은偉大한思想家를論함에 는족음不足한点이있고 「失樂園」의雄大함이太半은 그의思想에있음을否定치아니하는博士로서는넘어나 現實主義者의批評을顧慮하야論할바를論하지아니한 듯하다。밀톤의「失樂園」은그가開卷劈頭노래한것과 갈이 아리아늬슴인同時에칼비늬슴인大思想을根底 로하야나온것이다。「失樂園」의根本思想을소ㅣ라 는가바라에찻았다』고一行으로써소ㅣ라의論을말하 여버렷지마는 소ㅣ라는이点에있어서博士을凌駕하 는듯하다。그가밀톤의形而上學、汎神論、一元神、 更生等을論한것에는「失樂園」의雄大한背景을明白히 가리처줌이있다。博士는「밀톤이神을强々히主張하 야時々로物質을닛어버리나……物質을否定하는厭

一六

世觀에빠지지아니하고實在우에堅實한樂天觀을세운다」고까지말을하면서밀톤의「堅實한樂天觀」의根底가되는思想에對하여는何等의說明이없다。 그러나美에中心을두는博士에게이는無理한要求이다。

第三章『魔王사단』에서는「失樂園」의槪觀을博士의詩趣가득한筆致로써가면서사단의全貌를印象書的으로그려내었다。時々로創作같은느낌을줌이있다 最後에 밀톤의사단을「大規模의人間이라」하야 그의巨大한속에人間的要素를찾으며그러나「사단이우리에게感興을널으킴은그의巨大함에있다」 하야 그의巨大함과大意志속에사단의特徵을둠은正見이다。 밀톤의想像에서널어난巨人的英雄사단이博士의論調에다시살어나는感이있다、

第四章「地上樂園」에는아담과해와가살든樂園을原作者의句를써서곱게그려놓아우리는여긔에밀톤이홀톤時代에쓴抒情詩를볼수있고 限없이美麗하고限없이清楚하다。다음에博士의學識을엿볼수있는歐洲文學에나타난樂園考가있다。

第五章『「失樂園」의崇高에서는『「失樂園은全篇崇高에넘치어優美는端麗로、輕快는痛快로、簡潔은簡勁으로、奇古는高古로、偉大는巨大또는雄渾으로卑近은高遠으로되였다」말하야一一히其例를들어이를檢討하야証明하였다。科學者의精密과文學者의鑑賞이아울러나타났다。「失樂園」의崇高에對하야는모르는사람이없고「失樂園」에對한論者는반듯이이崇高를말하였으나博士와같이이를細密히研究한사람은없다。「失樂園」의崇高의秘密이博士의열쇠에열리어그全部를보이는듯하고 그의崇高한音樂이博士의손에잇글이어오ㅣ휴ㅣ스의妙曲으로들리는것같다。博士의美의展開는여긔에絕頂에達한것같고 그의文學的研究는여긔에全價値를發揮한것같다。「失樂園」을닑을때外國人은그어려운詩語의墻壁으로因하야그美를깨닫지못하고 本國人은그어려운神學의障害에눈을빼기어그美를닛어버림이많은대博士는이밀톤의詩想과詩語가融合하야言語道斷의境을일우는「失樂園」의眞相을玩味하야남김이없으니驚嘆할수밖에없다 우리는博士의이鑑賞에創作과批判은그軌를같이한다는페ㅣ터의말을如實히보는것같다。

第六章『出典과其取扱法』에서는博士는英米學者以上을못나갔으며다만그들을그대로踏襲치아니하고

어대까지던지自巳것으로써研究할것이特色이다。밀톤을읽으랴면반듯이聖書를엽에놓아야하나니聖書의精神과言語는그의피와肉을만들은것이오 또古典을알어야하나니希臘과羅馬의헤레늬슴의믈결는文藝復興의아들인그의피를물들이고그의肉을살지게한것이다。또英本國의作者들이그의詩想과詩語에影響을줌도닞을수없는것이고밀톤이「스펜서는自巳의原本이라」고까지말하였다。한동안은밀톤을剽竊者라고한적도있었으니밀톤學에「出典과其取扱法」研究가必要함은말할것도없는바이다。그러나이는外國人으로難中의難이다。우리는博士가沙翁에서나온例를몇가지들음을볼때더욱、이感을깊이하며 이를一九二九年에出版된「沙翁의沈默」이라는冊속에있는「밀톤속에있는沙翁의要素」라는章과比較하면넘어나差異가있음을깨닫지않을수없다。그러나이는하는수없는일이다。다만博士가外國人으로서到達할最高点까지이르름만을尊敬할뿐이다。

第七章『밀톤의로만티슴』에서밀톤을最大의古典主義者인同時에最大의浪漫主義라고하야이를十八世紀의가장浪漫的인톰슨의「惰怠城」의一節과十九世紀의가장浪漫的인키ㅣ쓰의「나이칭게일」의一節을尺度로「失樂園」各處에서浪漫的妙句를引用하야一一히實證하였다。博士의鑑識의銳妙함이여긔에또나타났다。事實「失樂園」을읽은者로서는英詩에이以上寂寞한맛과驚異의美를주는것이없는줄을안다。밀톤을最大의浪漫主義者라함에는異議가없을줄알고 古典的이라는槪念的定義로밀톤을생각하여서는아니된다。博士의이章은밀톤을爲하야一大辯護를함이있어痛快함이짝이없다。

第八章『밀톤의現實主義』에서는밀톤은想像의날개를無限量하게빼치나그가밟고선現實을決코잊어버리지아니함을말하고 이現實이라는것은普通의뜻이안이라「眞을사랑하고眞을重히녀기는」精神的現實이라말하였다。또밀톤에있어서는理想이現實이오眞이生活임을말하였다。「詩題로人類의墮落을擇한것은宗敎的眞을傳하는大目的이있기때문에도그러하지마는아담과해와가聖書人物로써神話는勿論歷史上의몯은人物보다確實性이많은까닭이라」고까지極言하였다。우리는이博士의말을그대로贊成할밖에없을분더러一步를더나가밀톤은美以上으로眞을求한者이고

眞에違反되는때는美를버린偉大한者이라고말하고싶다。밀톤은眞을爲하야몯은것을받힌者이고이眞속에서그의美의藝術이나온것이다。그가호ㅣ머、버ㅣ질을凌駕하고나간다는「失樂園」에對한抱負를말하는確信도여긔에서또한나온것이다。밀톤學의權威마슨은「自我」로다우덴은「理想」으로이眞을말하였다。우리는想像의美속에現實의밀톤을닛어서는아니된다。「失樂園」은아무리雄大하여도밀톤의雄大함만못함을닛어서는아니된다。그리하야이밀톤이「失樂園」全体에投射된것이다。「失樂園」속에汪洋히흐르는現實主義에그의所謂古典以上의生命이있고그의永遠性이있는것이다。博士가밀톤의現實主義를論함은普通의研究가안임을証明하나밀톤의眞과美의關係에對하야詳論이없음은이、무슨緣故일까。

第九章『自然詩人으로서의밀톤』에서는밀톤은冊을通하야밖에自然을보지못함으로그의觀察이不充分하고粗野하다는在來의說에對하야그렇지아니함을그의自然描寫에關한詩句를引用하야證據하고　自然美에對한눈이겨우十九世紀에와서야完全히깨인英詩人中에서그가처음으로自然을觀賞한것이라고力說하며밀톤以後에나온自然詩가다그에게서影響을받음을例證하야그가「自然詩人의開祖」임은어찌할수없는事實이라고말하였다。勿論밀톤이古詩에나온自然에서배운点이많으나　그가홀톤村에近六年蟄居하야自然을觀察한것을생각하면　盲人이된後에는自然을보지못하였다하드라도美에對한銳敏한눈을가진그가이동안에他人이一生을써도얻지못할것을얻었음은민기어려운일이안이다。一瞬間에도自然美의精粹를感得할수있는詩人이다。마슨이感激에넘치는붓으로홀톤時代의詩人에對하야「自然을精妙하게觀察하야想像의密房에넣어두라」는말은밀톤自然觀에對한、暗示를주는것이며博士의所論에贊同하는것같다。最後에博士가밀톤의自然觀이聖書의것이라하야다윗의讚歌와다름이없다함은한卓見이며東西洋의自然觀을잘理解한사람이라야비로소말할수있는것이다。西洋人은自然속에반듯이神意를默想하고　이神意를重要視하는그들은自然과人体사이에큰區別이있음을보지못하게됨으로自然美以上으로裸体美가藝術의對象이되여왔다。『「自然으로돌아가라」는叫聲이들릴때그들은반듯이始祖夫婦의自然의樣姿를回顧하였으리라』는

結語는歐洲文學의한特徵을如實히그려놓은警句이다

第十章『「失樂園」의眞價』는前章까지論하여온結論인同時에博士가一生을두고研究하여온總決算이다博士의研究의精粹이라고볼수있는것이다우리는贊成與否를勿論하고이것을再三再讀하야「失樂園」의外形과內容을다시생각할必要가있다。博士는「自已는內容을重要視하는現實派에도左祖치아니하고外形만을보는藝術派에도左祖치아니한다」고言明한後『「失樂園」을읽어우리가感動하는것는崇高하게描出된人類墮落의神話따문이라』하고『敍事詩의價値는어대까지든지이야기그自体에價値가있는것이니「失樂園」의價値는世界에類例가많이없는곱우猶太神話를훌륭하고崇高하게開展한데있다』고하며『「失樂園」의眞價는想像의美에있다고自已는斷言한다』고말하였다。最後에이여러말을簡潔히要約하야『「失樂園」은神話이고그價値는想像의美에있고想像의美는驚異에있고驚異는주장으로大魔王描寫에있다』고맺아「失樂園」이「世界의몯은로ー만스를壓倒하여버림」을主張하였다。純浪漫派로서의價値判斷이고「失樂園」의內容云々하여神話에價値가있다고하나그亦想像으로서의價値이고興味로서의價値이다。博士의美를重心으로한文學的研究로서는그當然한歸結에온것같으나「失樂園」自体의眞價라는立場에서볼때는博士의論이넘어筆勢에잇글히어度를지낸感이있다。이、만약著者와아무關係없는「이리언」과「이ー니ー드」라면無條件으로博士의論에贊成할것이며人類사이에金字塔같이서있는밀톤의想像塔에博士와한께驚異의눈만을뜨고있을것이다。그러나「失樂園」에는神學、哲學、其他云々하는枯渴한學問程度가안이라여러이습을消化하고몯은宗派를삼켜버리는熱火같은生命力이넘어나現實的으로넘치어到底히驚異만하고있을수없는것이다浪漫的興趣에만마음을뺏기라면그의生命의彈丸이발알래떨어견대지몯하게함을뉘아니느끼리오。現實人間속에波濤와같이脉을뛰게함을뉘아니깨달으리오現實派는넘어나「失樂園」을內容的으로보는弊가있으나우리는그러한視点을생기게하는것이그속에嚴存하여있음을낫어서는아니되고 이것이「失樂園」價値를形成하는一大要素가됨을생각하여야한다。

博士는「人類墮落의神話에文學的價値의永續을確信한다」하야「失樂園」의價値를그속에도 求하나이神話는聖書의것이고決코밀톤의것이안이다。 따러 밀톤의功勞가안이다。 이神話는밀톤以外의사람이 쓰더라도 勿論그를展開시기는想像의差는있을것이나 그이야기自体의價値는족음도損傷되지아니할터이니 이로써「失樂園」의內容의價値云々하는것은不當하게되고따러「失樂園」의價値는全혀이神話를雄渾하게展開식힌想像의美라는外形에만있게되여內容에價値를두는博士의論은成立할수없게된다。 結局博士도內容을無視하는藝術派가되고만다。 이、「失樂園」全体를想像의美로보라하야그보다더힘있게表出되여있는眞의一面을輕視하는無理에서나오는矛盾인줄안다。「失樂園」의內容의價値는神話그自体에있는것이안이오또그神話가그려내는美에있는것도안이오그속에물결치고있는永遠的眞理에있다밀톤은이眞理를잡으랴고一生을眞理의祭壇에받힌것이고 이를잡으매그저있을수없어「失樂園」을쓴것이고。 이眞理에밀톤自身의말을빌으면「하나님의길에」「失樂園」의焦点이있음은그가言明한바이다。 이眞理는現實派가主張하는神學、哲學이안이라奧妙한靈的存在이고定義의範疇에들어가기에는넘어힘있는生命의律動이다。 失樂園」에나타난밀톤의知識이時代에뒤지게되고그와는判然다른世紀에숨쉬고있으면서도 그것을읽으면磁石이鐵을잇그는것과같이우리心靈內側에부닥침이있고「失樂園」속에「하나님의길」을찾을수없어밀톤의目的은失敗에돌아갓다고까지말하는學者가나오나그것을읽으면「하나님의길」을뚜렷히印처줌은形으로가안이고「두나미스」로그存在를表示하는밀톤이잡은眞理따문이다。「失樂園」의價値는없어저버리고썩어저버릴人間의몯은것을通하야없어지지아니할眞理를힘으로써表示함에있다。 批評家는自由로여러가지解釋을하고批評을할것이나그것으로써는到底히不足함을느끼는무엇을「失樂園」속에서얻을것이다、博士가念慮한것과같이基督教가없어질때가올는지모르며英語가死語가되여버릴때올는지모르나우리가天人이되지못하고또木石化를하지못하야人間苦가녯날과다름없이우리를부닥기게할동안에는「失樂園」의眞理는우리를떠나지아니할것이다。 이는人間性속에永遠히흘어쉬지아니할眞理中眞理라고밖에할수없는것이다「失樂園」의眞價는이永遠한眞理를想像의美로써象徵的으로傳함에있다고나는본다。

第十一章『「失樂園」의難点』에서는古來의批評家들이「失樂園」에對하야非難한点을列擧하야그것이를림을말하야밀톤을辯護하고最後에는東洋人의詩趣로써「失樂園」中의俗味를몇가지말하였다。博士의밀톤에對한愛好를알수있고그愛好뿌리가깊음을깨달아그의精細한硏究에嘆服하야마지아니한다。

第十二章『「失樂園」의文体』。밀톤의文体는밀톤의라는말을생기게한거와같이英詩史上有名한것인대博士는이것를「壯重典雅」라고定義하였다。다음에이를外形으로分解하야「簡潔」함과「詩意에適應하는音調」의巧妙함을말하고다시그의用語文章論을語學者로써精密히論하야不足함이없다。밀톤을理解하기어려운것은이文体가그重要原因의하나인대博士는이를完全히征服한感이있다。그러나博士가이곧에서로—리와마슨以上을못나감은事實이다。

第十三章『「失樂園」의詩法』에서는마슨、부리지스、메이아의說을一一히檢討하야博士의詩形에對한知識의一端을보여준다。「英詩中에있는三綴音步는大体로一定한法則에依한것이라」고말한것은英詩를오래동안味讀한사람이라야할수있는말이고博士의그方面에對한다른册을自然생각케된다。우리는無韻詩의格律과休止法과頭韻法을알아야비로소「失樂園」의美를体得할수있다。그러나이는外國人으로는果然어려운일이고博士와같은才質과精力을가지어야비로소되는것이다。

第十四章『硏究書槪觀』은初學者에게緊要하고附說『「失樂園」評大觀』은博士의硏究의徹底함을보여주어後學에對하야反省식히는点이많다。

博士의이硏究의長点은「失樂園」속의美를展開식힘에있고　이点에있어서는過去의여러學者우에一步를더나감이있어밀톤學에對하야큰貢献이라고할수있다。마슨의니름과같이博士의니름은밀톤을硏究는者에게恒常記憶될것이다。또한日本外國文學硏究者들의니름이몇年을못가서닞어버리게되는가운대서博士의니름은柳村上田博士、歐外森博士、漱石夏目氏、逍遙坪內博士와같이永久히學徒의마음을떠나지아니할것이다。이硏究는眞正한意味에서古典的生命을가질것이라할수있고爾後日本에서는이를비롯하야이러한硏究가많이날것같으나　우리나라는어찌되여갈貌樣일까。

(一九三三、五、六)

雲谷春懷

春圃 金忠熙

三月欲殘春色遲、花心猶澁鳥聲癡。坐燃香草無餘事、睡倚明窓寫小詩。

谷鳥數聲罷睡遲、閉門終日養淸癡。依山小閣如僧舍、躑躅花陰点古詩。

晩來倭息覺歸遲、倘有山靈恠我癡。淸靜小齋稀市語、一林花鳥伴新詩。

花笑鳥啼蝶夢遲、靜觀畢竟是誰癡。莫言至妙難形筆、無限春光摠我詩。

白鷗休恠踐盟遲、放浪生涯一様癡。此日歸來尋舊約、滿溪風月續前詩。

讀書加味日初遲、春圃老來活計癡。從此間忙隨分足、物緣情境毎親詩。

日移花影上簾遲、更覺山家春色癡。從今得遂江湖性、城市風塵不染詩。

莫道予年五十遲、稚心猶自似兒癡。春光不到滿頭雪、白髮短歌時上詩。

日暖西疇春事遲、擢耕野老叱牛癡。農歌數曲留心聽、半是生涯半是詩。

欲學如愚坐日遲、杏花嬌展笑吾癡。書堂教育今猶在、牛背牧童能讀詩。

富貴人間春夢遲、始知四十九年癡。餘生可慕杜工部、到處溪山堪賦詩。

振替通信欄에서

『主님의忠僕聖朝誌여 날々이强健하사이다。記額은貴誌代로謹呈하오니査收하시고今年三月號부터向一年間을手苦해주소서、表記된兄弟는山村教會에서主님을爲하야手苦하고게신親友입니다。生活의餘裕가없어서 直接貴誌를닑지는못하나 그懇切한精誠은 四五十里에멀리떨어저있는 저의들의곧까지不便한道程임도不拘하고 讀後餘存인聖朝誌를갖다가熱讀하는고마운兄弟입니다。將次貴한信仰의벗이될줄믿어지나이다。聖朝誌를愛讀하는心靈이 어찌生命의운동이 닐어나지않을수있아오리까。「푸로테스탄트의精神」도一册同封하여보내주소서……。』라고。聖書朝鮮이 무엇이관대 險路四五十里를隔하야 이를輪讀할꼬。이는人間의所爲가안임이分明하다。그런데右注文은 即日로施行하였으나 送金한이가누구인지尙今도알수없으니 追後로라도通知하여주시오。

城西通信 (上)

○지난五月初에發送한聖朝誌第五十二號中의한册은「受取人死亡ㅅ」라는附箋으로써 돌아왓다。그는平北博川郡金雲京氏엿다。本來少數의誌友인데 이처럼死別의境遇를當함은처음이오、한번도面識이없엇슬섄더러 一次의書信交換도업섯든것이 더욱遺憾스러워、저가 어떠케하야 聖書朝鮮을닑게되엿으며、저의臨終의光景은勝利엿든가 敗北이엇든가알고저願하엿드니 이에對한咸錫憲兄의回答은如左하다。

『……金雲京兄의말슴하겟슴니다。저도몰라서 博川朴勝苂兄에게알아본後 글월을보내려하여서 느젓슴니다。朴兄이每主日우리集會에오십니다、汽車로。그런것이前週에休會한탓으로못오시어昨日에야맛나돌엇슴니다。同兄도直接兄에게通信할줄압니다。듯고놀라고、깃부고、讚頌합니다。저金兄은本來人間中의最惡者라는指名을바덧섯답니다。無知하고 飮酒習이잇고、職業은自働車運轉手인데恒常自己親父를毆打하고、참아외울수업는惡行의爲人이엇답니다。그런것이 主의주먹에마저 부스러젓습니다。한번悔改하자그前惡行의熱과氣는信仰의熱로變하고 傳道의熱로무럿슴니다。父親에對한態度를곳친것은勿論、맛나는사람마다보고傳道햇답니다。잇다금은 거북하게까지高聲으로 악을쓰며햇답니다。車를세워놋코는、하군하는말이 『날뛰라々々々』하며 어쩔줄을모르고햇답니다。그러다가宣川 美東病院의運轉手로갓답니다。(그것도 그前에잇든會社에서는信仰에不自由라해서 나와가지고)。 그러다가楊仁性兄이게신때에(宣川) 그傳道를들은모양입니다。하는말이『敎會에안가는先生이잇는데 그의말이自已에게아주기쁨을어오더라』고하더랍니다。그러다가聖朝誌를勸하기는朴兄自已가한듯하다합니다 그後부터 보앗는지는모르나。그런데 그러케熱心傳道하는中 咽喉를傷햇습니다。吐血을하고햇다니 아주重하엿든듯합니다。그러나 죽음도怯해하지안코 主가自已病을 낫게하신다고하며 지냇는데 終乃病狀이不好하야 一年間을 深遠寺에서靜養햇스나 差度업고 부름을 닙어 가게되엿슴니다。傳하는말이 最後까지 든々한信仰을가지고凱旋햇다고한답니다。主는 아마저를短時日에 쓰고놀랍게 쓰시는것이 그經綸이엇든듯합니다。그런데 거기다 또놀라운것은 其夫人이本來娼女든대 金兄이放蕩하든時節에맛나서 夫婦가되엿다가 信仰에들어와 지금은 그外貌까지 其前氣色을볼수업게되엿다합니다。그런데 金兄의入信經路는지금仔細히모르겟스나 其亦感謝합니다。孟中里(金兄의本鄕)普通學校에 桂熙重이라는訓導가잇섯는데 篤實한信仰을가지고、그곳敎會를創設키를 그가햇는데、그가 이金兄을勸하야 마츰내悔改케하엿답니다。桂氏는其前에몰랏섯고、이런일이잇는줄도몰랏는데 去年 王壺洞藥水에서偶然한듯이맛나서 몃날아니되는동안이나마 제가 아모보다 갓갑게지낸일이잇섯고 지금은宣川三峰普通學校에게시는데 매우조혼이인줄을알엇섯슴니다。그러고보니 主의일하시는것이 참奇妙々々합니다。우리가 몰라그러치 金、桂할것업시 발서舊面친구엇슴니다。할렐루야!』

이런줄알고보니 運轉하는金兄을地上에서한번만나지못한것이 더욱後悔나서振替拂込通信文을 뒤져 오직二枚의筆蹟을發見하엿다 其一은 一九三二年一月、孟中里에서 『新年을當하야天父님의恩惠中 貴社日進月長하심을祝福하나이다。現下朝鮮에有하야聖書朝鮮誌는信者에게적지안은內的生命을傳하여줌을確信하는바이올시다』云々하엿고。其二는仝七月博川서『拜啓 貴社에하나님의恩惠가충만하기를빕니다。其間聖朝誌를通하여하나님께서不信의저에게 가르친바는偉大함니다。天的生活을奬勵하기爲하야웨치는聖朝誌는 재의化石化한信仰을不絕히 깨우치고生長하는信仰을가르쳐生活하게함을 이글로特別히感謝하나이다。今後도 나의靈과肉을 깨는眞理를웨처주심을바랍니다。』라고하엿다。亦是그리스도는罪人에게必要하엿다。곳肉이되고生活이되엿다。마는品行方正하고專門敎育까지바든者들의 예수々々하는것처럼 싱거운일은업다。偉大한使命感을求하기에 一平生이걸리니까。嗚呼라 無學한惡人金兄은「날뛰라!・날뛰라!」라는힘이엇다。

城西通信（下）

一九三三年四月初에 意外의消息에놀랏다。지난三月에卒業한生徒하나가京城大豫入學試驗에落第되엿는데、그口頭試驗때에

問、世界에第一조흔册이 무엇이냐

答、바이블(聖經)이올시다。

問、(놀란顏色으로) 너는耶蘇信者냐

答、네 예수를 밋습니다。

問、너의家庭도모다 基督信者이냐

答、안이올시다 저만 홀로밋습니다。

問、(다시놀라면서)어더케되여 밋느냐

答、우리學校担任先生金某가 예수밋는故로 나도밋습니다

라고對答하니 軍服님은試驗官이 매우不快한表情을하면서 「나가라」고 도어를指示하드라고。이는間接으로들엇다。이러케되여지다고願하기는하엿지만 果然實際的으로 一生의運命을賭하야 이처럼膽大하게信仰告白하리라고는 期待치못한바이잇다。靑出于藍勝于藍이라드니 저는 聖書를배운지滿一週年도못다찻것만 가르키든敎師보다勝함이幾十倍오、三次예수를모른다든 베드로보다도英雄이엇다。但 責任感에견달수업서 그落第된原因을信憑할處所에內探하니、그는基督의緣故로落第된것이안임을分明히알수잇서 비르소安心되엿다。저는耳病이잇서 將來에聽診器를使用하기에不適當하다하야落第되엿스나 學術成績은拔群의好記錄이라하야 學校當局者들도愛惜을不禁한다하엿다。

四月四日(火) 養正高等普通學校第一學年一百二十名의入學式日이다。担任敎師로서、學父兄及生徒에게對한말슴의要旨는如左하엿다。『………近來에入學難이甚함으로 父兄되신이는 應試하기前에 우리들께請托하는이도잇엇고、合格된後에謝禮의말슴을하시는이도잇으나、內容을알고보면 이런인사밧는것처럼 우수운일이업습니다。合格者百二十名中에 普通學校에서一號로卒業한者約一割以上、五番以內로卒業한者四割以上、十番以內가約八割以上이오。即普通學校以來의成績과入學試驗에서發輝한實力으로써合格된것이니 누구에게致謝할必要는秋毫도업습니다。生徒諸君은至公無私한試驗을通하야「自力入學」된것을確信하라、첫재로、天下에「僥倖」이란것이업다는것을알라。

이러케選拔된生徒들이니 우리担任敎師에게는 그「매자진因緣」이神奇하여서못견디겟습니다。싸에서솟은玉인가 한울에서떨어진 샛별인가시퍼 貴엽게보이나이다 이제로부터向五個年間 우리는一大藝術的工事를始作하여스니 中途에退學하는이는敎育을盜賊하는者요、藝術品을破壞하는者라養正學校를 더할데업시滿足하여하고、우리担任敎師들을信任하시며、우리에게委托한것을幸으로녀기시오。不然하거든 지금子任을 데리고나가시오。

끗트로할말슴은 이어린生徒들의 天眞한姿態를보니 그瞳子에는빼우라는憧憬、敬慕、順服、素朴한心情等이 燦然하게빗추이고잇습니다。그러나痛嘆스러운事實은 이天使가튼生徒들도 그多大數는不過數年에 참아볼수업는惡黨으로化하고맙니다。빼우라는態度에서批判하라는態度로될때에 生徒로서는 볼일다본것으로아시오 新式敎育이라하야 別수잇는듯이녀드나 우리는一言으로하면舊式이오、讀書百번에意自通이오、섬에衣服이썩도록努力하여할것이며、破壞보다建設主義오、上海나西伯利에서하는일이안이라 서을서朝鮮總督府法令下에서하는일이오。無責任한空想이안이라現實的敎育을하는것이오、無理한注文은當初부터謝絶합니다。이에關하야는 今日附東亞日報社說을參考하가를勸합니다云々。

四月十六日(日)부터 聖書研究會를 다시시작하다。來參하는이업스면 自由로운몸으로博物採集이나다니려하엿든것이 意外에熱心한新參者를보게되어또繼續하게되엿다。이날午前은洞內長老敎會에서說敎하다。二十日夕에는同所에서 에베소第二章을講하다。

四月十八日은나의出生後一一六八九日되는날이다。但柳永模先生께手苦를가처計算하다。

四月二十三日午后에는 에스겔書第二回를講하고 同日밤에는鍾路靑年會館에서柳永模先生의요한福音第十七章講解를參聽하다。

四月三十日(日) 가어이洞內長老敎會에正式登名하지아니치못하엿다。無敎會者의危險性을警告하여도無効하엿다。數年을두고보아도餘輩의唱導하는福音이正統이오、眞理더라는、敎會牧師님의證據를듯고 나도安心되엿다。

『聖書朝鮮』第五十三號　昭和八年六月一日發行(每月一回一日發行)　(本誌定價十五錢)(送料五厘)

夏季旅行에關한依托件

前月號에南鮮尋訪의願을發表하엿든바 要求한條項을具述하야 詳細한地圖까지부쳐서 來訪을促하는兄弟들이잇섯다。主에서이全圖를許하시면 五月末까지接受한請牒에는一々히應訪하고저한다。詳細한日割은來月號에라야通告할수잇겟스나、大畧은京釜線으로沿下하야 慶全兩道의地境에接한南海島深川里鄭相勳兄處를本據로하고 忠武公遺跡을見學하다가 湖南線。로써歸京하려한다。前號에도말한바와가치 今番旅行은 남을가르키기보다 나自身이배우라는趣旨엇거니와 또한가지誌友諸兄에請托할것은 博物標本을採集하는데助力하여달라는것이다。元來朝鮮에도動植物名을記錄한書籍이數種잇섯으나 그種類도적고近代科學的整理도되지못하야 直接博物敎授하는者의不便은勿論이오、朝鮮語辞典編纂事業에도 이部分에大缺陷을보게되엿다。이緊急한要求에應하고저하야 現在서울에서博物敎育에從事하고잇는이들이會合하야 各其一小部門식分擔하야 標本蒐集과朝鮮名稱을査定하기로作定되엿다。이일의完成은全朝鮮博物硏究者의協力과 大多한時日을걸린後에期待할터이지만、그중에서 小生에게配當된部門은 軟体動物과蠕形動物이다。年前에 나는聖書博物硏究에着手하려다가 그事業의넘어困難함을깨달엇 聖書植物、動物의二部門에分하야 前者는誌友李德鳳氏에、後者는楊仁性氏에各其分擔硏究를請托하야 보다더完全한結果를讀者에게報告하라고한일이잇섯다。이번朝鮮名稱査定은 動物中에도一小部門에局限된것이나、朝鮮語의標準이될것과將來半島文化에그影響이적지안을것을생각하면그責任이적다할수업다。 이朝鮮사람으로서한번은 해두어야할事業을助成하라는이는貝類가치比較的採集하기便한것을蒐集하엿다가南鮮兄弟는 夏季에直接으로、其他地方에서는郵便으로보내주시오(郵料는此便負担)注意할것은 採集한場所、日時、採集者氏名及朝鮮名稱(아는대로)을記錄할일이외다。

○張道源牧師는 前住所、大垣市室町五四七番地에 그냥게십니다。數朔間大患으로入院療養中이다가 退院後로는 다시水虫이손가락사이에생겨서 오래執筆못하엿습니다。今月號에短文을실은것을비롯하야 來月號부터 如前대로執筆하실터이나 誌友들께未安한뜻을傳하라하엿나이다。

○本誌主筆에게가장괴로운일은 글쓰는일이다、農業學校實習과博物採集이나 살아다니든者가內室에들안자執筆한다는것은 저에게第一難事中하나이다。글쓰는일은 거의죽는일이다。이苦痛의樣을참아보고잇지못하야柳錫東兄이自進하야執筆하는勞를負担하고나에게數個月間休養을勸한일이잇섯다。其後발서半歲를지나도 나의健康과筆才는進步함이업는데 讀者에게對한未安한것만增重하야그저잇을수도업게되엿다。來七月號부터는主筆도좀더부즈런히쓰고저한다。

○先月號(第五十二號)의正誤如左、

表二　三行　結果로니　는　結果로는　으로

同　一四行　넷　로　는　넷째로　로

一頁　三行　지나고보　는　지나고보니　로

正訂합니다 其他 製本이잘못된것도잇는데 本社로廻送하는대로 바꾸어들이겟나이다。

本誌定價

一　冊　拾五錢(送料五厘)

六　冊(半年分)　前金九拾錢 送料共

十二冊(一年分)　前金一圓七拾錢

要前金。直接注文은振替貯金口座京城一六五九四番(聖書朝鮮社)로

取次販賣所　京城鍾路二丁目八二　博文書館　振替京城二〇二三番

昭和八年五月三十一日 印刷
昭和八年六月　二日 發行

編輯發行印刷人　京城府外龍江面孔德里一三〇　金敎臣

印刷所　京城府三坂通三七〇　鎌倉保育園印刷部

發行所　京城府外龍江面孔德里活人洞一三〇ノ三　聖書朝鮮社

振替口座京城一六五九四

昭和八年七月一日發行(每月一回一日發行)

金教臣主筆

聖書朝鮮

第五拾四號

一九三三年 七月一日發行

目次

禁酒와斷煙

禁酒와斷煙은 議論할問題가안이오 實行할當然한일이엇만 尙今도甲論乙駁의奇現象을 종々본다、甲이 經濟的論據로써 每日煙草代十錢式貯蓄하면一年三百六十五日에 三十六圓五十錢을모아 송아지한말을살수있다고하면、乙이駁曰 그렇게샀든송아지를 山麓에서飼育하다가 늑대가 잡아갔으니、무슨利益이될것이냐고하며、甲이生理的根據로써 酒精이細胞에미치는害와、니코틴이 肺臟에주는惡影響을論하면 乙은 少量의酒精이오히려消化에有助하다는醫學博士의証言과、便所와難解의數學問題에 차라리一吸이必要하다는經驗으로써答한다。 故로余輩의老婆心으로도 至今하야는 도모시無効한空論을廢하였것만 近日에統計數字가 차주世上에公布됨에딸아 우리는一種病者가되여있음을發見하였다。病이란것은 普通人間과는다른것、即「異常」의狀態를稱함이다。 昨年度의一年間酒代만이 朝鮮人口每人當平均四圓五十錢인데 敎育費는每人當僅々一圓二十錢임으로、普通學校의一面一校도 아직遙遠한將來의理想으로 남아있고、文盲은全人口의八割以上을占하고있는現狀이다。 徃年의民立大學運動에서받은 民族的恥辱까지想及하면 우리는발서禁酒斷煙을論評할寬容이없어졌음을發見한다。 論理의條理를세우기前에 憤懣의熱情을抑制하지못하게된다。 우리는一世를警醒할만한論陳을 베플줄을모르나 다만 우리家庭에酒草의器具를 두지않고 스스로이를禁할뿐더러 如何한境遇에라도 酒草를사람에게勸치안한다。

이까지되고보면 아무리同情하여보아도 病的으로判斷하는수밖에 없을것을自認하지아니치못한다。 沒常識이다。 嗚呼라 우리는果然病者로다。 단배와 술잔은보기만하야도 發熱하게되였으니 果然病者로다。 적어도 朝鮮內에一面一校가實現되고、文盲의數가 今日現狀과는反比例되여지는날까지는 이熱病이 낫을것갈지못하니 畢竟一平生의持病이될줄안다。 兄弟여 우리의僞善을責하기前에 于先이治癒할수없는患者의苦痛을 同情할지어다。

【訂正】前月號本欄、「讚頌歌의變革」이란文에關하야、舊讚頌第七十二장은新編讚頌歌第一〇九章으로編入되여있 음을發見하였음으로그글中에「舊찬송七十二章같은것은削除하여버리고」云々은取消하나이다

小事

어려서 神童이란命名을 一世에날리는者와、人生의半程을거의지나가면서도 單語카드를 尙今그손에서 놓지못하는者를比較할때、酒舍靑樓에放蕩하다가도 能히一社會나國家에大善偉業을 建立하는者와 每日日課로써艱辛히努力하나 書齋의掃除와禁酒斷煙만한範圍外에는 何等積極的善業을產함이없는者를 對照할때에 恒常念頭에 솟아오르는것은 姜太公의 낙수질이다。元來 東洋人은 英雄이못되면 白痴노릇함을 장하게알었다。一獲千金이안일진대 商利를不顧하였고、一躍宰相이못될바엔「歸去來」하였다。時運을 맛나지못한英雄도 또한英雄으로自處하였고 世上이또한 저를英雄으로容納하는法이었다。故로 大小의差는 있을지라도 東洋에살라면 英雄스럽게살아야 살맛이있었다。即 後日에英雄스러운一日을살기爲하야 常時의九十九日을 小事에손대지않고살면 저는一平生英雄노릇한심이되였었다。英雄으로난者에게는 살만한곧이오、豪傑되지못한者에게는 폭이 맛이못하는나라가 꼭東洋의朝鮮이란곧이다。

이런英雄豪傑國에태어나서 學之不講과德之不修를 걱정하면서 애우라지 禁酒斷煙이나하며 每月 小雜誌의校正이나하고 있으랴니 나사렛木工예수가絕對로必要하여지게된다。『지극히 적은데忠誠있는자는 큰데도忠誠이있고 지극히적은대不義한者는 큰대도不義하니라』(路十六章十節)하며、九十九말을두고 一首를찾으시는 그리스도、『또누구든지 내 니름으로 이런어린아이 하나를迎接하면 곳나를迎接함이니……』(太十八章五、一十四節) 라고하시는 예수、『너의中에 누구든지크고저하는자는 너의를섬기는자가 될것이오、웃듬이되고저하는자는 너의종이되리라』하시 (太二十章二六、二七節) 면서 弟子의발을 씻츠신救主、몬은씨중에 제일적은 게자씨와、서말가루를醱酵케하는 누룩의힘으로써 天國을가르키신 그리스도의말슴은 特히小弱한凡夫에게 天來의嘉信으로들린다。嘲弄할者는하라 우리는 예수와 한께小事를行하고滿足하여하며 感謝하리라。基督教는特히 凡夫의宗教라하여도 過言이안인줄안다

聖靈이란何者냐?

聖靈이란何者냐?

張道源

生來의人間이 그리스찬이됨에는 반듯이 聖靈의役事를 힘닙어야되는것이다 故로 사람이聖靈의役事를 힘닙지아니하고 그리스찬이되는일은 絶對不能의일이다 又는 사람이 聖靈의感動을받고는 그리스찬이 되지아니하여 낼수가없다 如此히生來의人間이 그리스찬이되는일은 全然히聖靈의役事에있다 初代教會에있어서 예수의弟子들이 그리스찬이된일도 全然히 聖靈의役事에있었든것이다 即저의에게 聖靈의役事가 있기前에는 저의가 예수의弟子요 그리스찬은안이었었다 即저의가 人子인예수의教訓을듣고 그教訓때문에 그를先生으로尊奉한 그의弟子요 죽은者中에서 復活하신 그리스도의永遠한生命으로新生하야 生命이오復活이신 그리스도를 저의의 生命으로하고 새로운永遠한世界에서사는 그리스찬이되지는못한것이다 그런故로 사람이聖靈의役事없이 예수의弟子가 될수는있으나 聖靈의役事가없이 그리스찬이되는일은 絶對不可能한일이다 그런故로 聖靈의役事가없는基督教는 敵基督教요 聖靈의經驗이없는信者는 거즛信者다 그러면 聖靈이란무엇이냐?우리는 이제 聖靈에對하야 생각하야봄이 있고저한다

二

聖靈은 하나님의靈이다 예수그리스도에게있어서 最高最善으로 나타난 하나님의靈이다 예수그리스도로써비로소世上에降臨하신 하나님의靈이다 聖靈은 예수그리스도가 世上에게시사 人間으로서 地上生活하실때에 예수그리스도안에居하야 全的으로役事하시든 하나님의靈이다 主예수그리스도께서는 聖靈을하나님아바지께로부터 받아서 이聖靈으로因하야 恒常不絶히 하나님아바지와의完全한 사괴임에있게되며 凡事에서 하나님의뜻과 惡魔의뜻을 밝히分別하는 밝히움을얻게되며 凡事에서 自巳의뜻대로가안이오 하나님아바지의뜻대로만 完全히行할能力을 얻었다 聖靈은 史的예수안에居하야 全的으로役事하든하나님의靈이오 復活昇天하신后에 主예수그리스도로부터 몯은 믿는者에게許與하신 그리스도의靈

이다

聖靈에對하야 新約聖書에 나타난대로 말하면 하나님의靈(엡四장三十)그리스도의靈(로마八장九)예수의靈(행十六장七)예수그리스도의靈(빌一장十九)아들의靈(갈四장六)等種々의名稱이있다 聖靈은 勿論하나님께로부터난者인故로 하나님의靈이다 特히우리로하여금 하나님을아바지로認識하게하시는 靈이다 故로 예수께서 말슴하시기를『너의의아바지의靈이라』고하셨다(마태福音十장二十節)

聖靈은그리스도의니름으로와서(요한十四장二六) 우리를 그리스도안에化하야 그리스도와같게하시는靈이다 故로 그리스도의靈、예수의靈、예수그리스도의靈이다 그리스도는 特히 하나님의아들로서 우리로하여금 또한저와같이 하나님의아들되게하시는者다 故로 그리스도로부터난靈은 特히 하나님의아들의靈이다 卽聖靈은 우리의안에 와서內住하야 우리에게 아바지를 나타내어 우리로하여금 하나님의 아들이되게하야 우리로하여금 하나님을 아바 아바지라고 부르게하시는靈이다 要컨대 聖靈은 하나님아바지에게로나서 예수그리스도의全存在를일운 예수그리스도의 靈이다

如此히 聖靈은 生來의人間의靈魂안에 內在하야있는靈도안이다 生來의人間性안에 潛伏하야있는 眞善美의自然的精神도안이다 生來의人間에있어서 永遠한것을憧憬하는 宗敎的感情도안이다 生來人間에있어서 最高最聖의人間的意味의靈도안이다 아모리 高尙하고聖潔한者라도 生來의人間은肉이다 肉인人間은 다罪人이다 그生命은 永遠한死亡이다 오직 聖靈은 죽은者中에서 復活하사 現在살아계신 예수그리스도께서 보내여서 있게한 그리스도의靈 卽그리스도自身이다 卽復活하신 그리스도께서 주신바 그리스도의靈이 곳 聖靈이다 故로 사람이 그리스도안에있어서만 聖靈은 經驗되는것이다 又는 聖靈을通하야 그리스도를 알게되는것이다 聖靈은 예수가 하나님의獨生子시오 우리의救主되심을 證據하시며 史的예수를 超時間的으로 살아계신者로經驗하게하신다 卽聖靈은 歷史的갈바리山上의 十字架上 예수를 永遠히 現在의그리스도로 經驗하게하며

聖靈이란何者냐?

三

聖靈이란何者냐?

過去의十字架上 예수의죽으심을 現在나의罪를代贖하기爲한 贖罪祭로經驗하게하신다 故로 우리는 聖靈의役事로因하야 예수의神性、예수의復活 예수의贖罪、예수의現在的實在等을 經驗하게되는것이다 如此히 聖靈의役事가없이 生來의人間으로서는 絶對經驗할수없는일이다

要컨대 聖靈은 史的예수의안에居하야 全的으로役事하시든 하나님의靈이오 예수가復活昇天하신后 저로브터 저를믿는 몯은信者에게許與하신 主예수그리스도의靈이다 故로 靈聖은 우리에게 臨하야 그리스도에게對하야 證據하신다 故로 우리는 聖靈의證據를받아 基督敎를經驗하는者다

聖靈은 우리에게 基督眞理를体驗하야알게한다 (요한十六장十三、十四장十七、十五장二六、요일五장七) 生來의人間의理性으로서는 決斷코 基督敎眞理를体驗認識할수가없다 사람이 아모리宗敎的感情의高尙한데를가졌을지라도 十字架上예수의죽으심을 나의罪를代身한 贖罪의죽엄으로 体驗認識할수는없다 사람이 自已의罪를 깨닫고罪에서의解放을얻기爲하야 難辛苦行으로 아모리 高潔純聖한善業을 가졌을지라도 하나님앞에 罪의赦宥함을받았다는 確信은가질수없는것이다 사람이 아모리 宗敎的敬虔은가지고 거륵한生涯를하는者일지라도 하나님과의 산사괴임에있어서 사는者될수는없는것이다 사람이 아모리 現世를否定하고 永遠한來世를憧憬하는者일지라도 새로운生命으로 새로新生하야 새로운世界에들어가서 사는者될수는없는것이다

四

聖靈은 우리를 恒常빛가운대에있게하야 肉体의慾心을 일우지못하게하시는者시다(갈五장十六) 우리의肉은 그本質이 罪와暗黑이다 故로우리의肉에있어서는 罪가王이오 暗黑이領主다 그리하야罪와暗黑이그나라요 肉体의慾心을따라 하나님의뜻을拒逆하는것이그生命이다 그러나 聖靈은 우리안에內住하야 肉의王이오 領主인罪와暗黑의權勢를征服하고 우리를 恒常眞理의빛가운대에있게하야 우리로하여금 肉体의慾心을 일우는것을最高의希望으로하고 사는者되지않게하고 하나님의뜻대로 사는것이最高希望이되게하며 나는亡하여야하겠고 聖靈의일은興하여야할것을 自己의義務

聖靈이란何者냐?

로하고 사는者되게하는者다

聖靈은 우리로하여금 現實에서 復活이오 生命이신 그리스도와의 生命的산사괴임에있어서 永遠한世界에서 사는者임을 얻게하시는者시다 即聖靈은 우리로하여금 現實에서 永遠한世界를 所有하게하시는者시다

聖靈은 우리罪人에게 救援의確實性을 保證하시는者시다 우리는 聖靈으로因하야 비로소 罪의正体를 認識하게되며 十字架上예수의 죽엄을 因하야 우리의罪가 完全히赦宥함을받은確信을 얻게되였다

聖靈은 하나님의靈이다 예수그리스도의니름으로 저를믿는者에게주시는 그리스도의靈이시다 그러면 聖靈은 믿는者에게와서 무슨일을하시는者이냐? 聖靈은 以上에서 말한것과같이 信者에게 基督敎眞理를 体驗하야 認識케하며 信者로하여금 恒常빛가운대에있게하야 暗黑에빠지지않게하며 信者로하여금 現實에서 그리스도와의산사괴임을얻어 永遠한世界를 所有하게하며 信者에게 救援의確實性을 保證하야 信者로하여금 自已가아는知識中에는 自已의救援에對한知識처럼 確實한것은없게하는 일들을한다 然則 信者가聖靈을받으면 어떻게되느냐?하는問題는以此可知다

그런데 近日朝鮮基督敎界에서는 聖靈에對하야 이렇게생각한다 聖靈을받으면 異蹟奇事를行하는줄로안다 그리하야 奇事와異蹟을行하는일로써 聖靈의最高役事로안다 故로 或者들은 異蹟을爲하야 聖靈을求한다 又或者들은 異蹟奇事가 나타나도록 禁食祈禱하며 病患에도 服藥하지아니하고 神癒를기다리는等 別々奇怪한現狀이있다

又或者들은 聖靈을받으면 神秘妙境에나 들어가는줄로만알고 精神異狀이있게까지를限하고 入山하야 禁食祈禱를하면서 무슨幻影이나 異狀한夢事가 나타나기를 기다리고있다 그리하다가 精神異狀으로 幻惑이되거나 魔法에걸리게되면 무슨特別한聖靈이나 받은줄로알고 發狂疾乱을하며 大衆은 크게떠들어 敎界를渾乱케한다 又或者들은 聖靈을받으면 宗敎的熱心이나 宗敎心理의感情的興奮이나 얻는줄로알고 손벽을치고 高함을지르며 땅바닥을치고 右顚左伏하야 牛狂氣

聖靈이란何者냐?

들낸다 새술에醉한것파같은 生狂氣의沒常識한感情的興奮이 聖靈의일이안이다 萬一이것이 聖靈의일이라면 聖靈의일은 어떠한種類의性格을 가진者에게限하야 있을바心理的感情의일이오 眞理와느關係가없는者일것이다

이와같은 몯은생각들은 다異敎思想에서 얻은 그릇된생각이다 現代朝鮮基督敎信者들의 聖靈에對한생각이 如此히 그릇되여졌는故로 今日朝鮮基督敎가 眞理에對하야 愚昧한것이다

近日朝鮮敎界에서 盛行하는復興會席上이나 淸晨祈禱會에가보면 祈禱의大部分이 聖靈을달라고 高함을지르며 손벽을두다리는일이다 이것은 聖靈에對한根本的思想이 그릇되였음에서生起는現象이라 卽聖靈을받으면 새술에醉한것같은狂氣가생기거나 異蹟을行하거나 神秘妙境에 들어가는줄로아는故로 現在의自已自身에는 異蹟奇事를行하는能도없고 神秘妙味에醉한 神秘的氣分도없고 새술에醉한것같은 狂氣的熱心과興奮이없으니 自已는聖靈과의산關係에있지아니하는줄로만알고 이일들을憧憬하고 聖靈을달라고 高함을지르며 몸을궁구는것이다 그러나 復興會나 淸晨祈禱會에가서 聖靈을달라고 哀乞伏乞하는사람다려 『당신에게救援에對한確信이있읍니까?』 고무르면 그는 있다고 躊躇없이對答한다

六

아ㅣ옳다 너의에게 救援에對한確信이있으면 너의는 발서 聖靈을받은者다 그런故로 今后의 너의들은 다시 聖靈을달라고 哀乞伏乞하지말고 聖靈의引導대로 信從만하라 그리하면 聖靈은 너의를眞理의빛가운대로引導하야 하나님의聖意의深遠한奧義까지를 다알게하시리라

사람이 聖靈을받으면 宗敎的感情의熱이生起며 奇事異蹟을行하며 神秘妙境에 들어가는것이안이라 그리스도自身을經驗하야 基督敎眞理를깨닫게된다 사람이 聖靈을받으면 第一로 罪와義와審判에對하야깨닫는다(요十六장八)다음에는 그리스도의復活과贖罪를經驗하게되며 自已의救援에對한確信을가지게되며 그리스도가 確實히 現在나와같이게심을實驗하게된다 그리하야 사람은 그리스도와 그리스도의나라를 가지고사는信者되는것이다 이것이 聖靈의役割이다

詩篇第三篇

柳錫東

우리가教義를消化한다든지信仰問題를討議한다든지하는人生으로써比較的餘裕있는일을하고있을때는모르지마는 여러가지難問題가左右로부다처와全心全靈이戰慄을禁치못하야우리의고개가제절로여호와하나님앞에숙어질때 詩篇은聖書中特異한힘을가지고우리를도와주고慰安하여주고希望을주고살려준다。詩篇第三篇은八節에不過하는小詩이면서우리에게이러한詩篇의獨特한底力을넣어준다。信仰의孤城이未久에무너지랴하야靈魂의痛嘆이絕頂에達할때에이小詩는天來의소리로써幾百萬의援兵보다낫은힘을준다。칼보다더날카러운 하나님의말슴이라고 아니할수없다。

이詩는다윋王이 自巳에게謀叛하야 헤브론에서이스라엘여러支派를모이고또그의謀臣아히도벨까지도끄을어王位를빼앗으랴하는그의아들압살롬에게쫓기어기드론시내건너편에서그難을겨우避한때그의靈魂속에서눈물과같이쏘다진祈禱이다。이事實은삼우엘下書第十五、十六、十七、十八章에詳細히記錄되여있으며다윋王은當時에形言할수없는危急하고可憐하고痛嘆스러운身勢이었다。그가예루살렘에같이있는臣下에게한「닐어나도망하자。그렇지아니하면압살롬에게서피할사람이없으리니 빨이가자 혹저가우리를급히따러와서해하고리한칼로성을칠가두려워하노라」는말을넑고 또그가다러나옴을보고사울의族屬의하나시므이가돌을던지며「사람의피를흘인악한놈아가거라。여호와ㅣ사울의족속의흘인바몯은피를네게로돌리셨도다。그대신에네가왕이되였으나여호와ㅣ이제는나라를네아들압살롬의손에붓처주셨나니라보아라 네가피를흘인자가되였으니네가화를자취하였도다」라咀呪한말을넑으면그의形便이如何함을알수있다。죽음의손에붓잡힌그이었고怒濤와같은不安은그의內外에치밀어왔다。다윗은그에게過去오래동안많은恩寵을폐프러주신하나님에게몯은것을吐露아니할수없었다。

一、여호와여 내원수가심히많아졌으며 닐어
나 나를치려하는자도많소이다。

二、여러사람이내령혼을가르처가르되 저가구

詩篇第三篇

원함을하나님께언지못한다 하옵나이다。

詩人은 눈앞에닐어나는事實을아무修飾없이그대로말하였다、그에叛逆하는사람은數없이닐어나畢竟에는거의全國이그便으로기우러졌고 그들은이러한힘을合하야그의목숨을빼앗으랴한다。 그는敵中에單身으로선感이있었다。瞬間에그의生命은없어질것갈었고 世上쪽으로가는그의눈에는絶望만이빛우이었다。이뿐만안이라그가唯一의힘으로써依持하고서있는하나님에게對한信仰도그들의毒矢를맞아動搖하였다。그가오래동안섬기고온여호와하나님도그를떠나그의靈魂은滅亡의골짝에빠지리라고그들은確信을가지고말하였다。이몯은것이詩人으로써견대지못할것이었다。一國의大王인그는이제一國에서가장불상한사람이되였다。

다윋王에게이러한災難과苦痛이온것이무슨理由인지는잘알수없다。시므이가말한것과같이그의過去의罪까닭인지도모르겠으며 또註釋家들이말하는것과같이그의靈魂을鍛鍊시기랴는까닭인지도모른다。그러나다윋王과같은境遇가信者에게닐어남은속일수없는事實이고明白한說明과整然한理論이없는대도不拘하고이句이대로가 우리가슴속에서自然히나온다。몇千年前의詩人의일이안이라今日우리目前의일이다 믿음만가지고나가랴할쩍에우리가當하는것은反對와逼迫뿐이다。骨肉이라親友라其他여러가지니름을가진사람들이다間接直接의敵이된다。그들이우리에게求하는것은돈이다。生活安定이다。學問이다。事業이다。活動이다。눈에顯著이보이는일이고結果가잘나타나는일이다。여긔에그들눈에보이지아니하는믿음을가지고갈때에悲劇이생기지아니할수없다。믿음의生命을威嚇하고咀呪하는敵은四面에가득하다。少女같은믿음의마음이떨리지아니할수없으며 不安과恐怖에全心을빼앗기지아니할수없다。믿음을가진者뉘아니詩人과같이靈魂의水門을터놓지아니할이오。千軍萬馬가이몸이마음을짓밟으랴할때武器라닐카를것이하나도없는우리는뉘아니詩人과같이여호와여라고아니부를이오 아여호와여라는것은不過四字이나 우리主에수그리스도가暗黑의勢力이勝利하야十字架上에서죽을때第一먼저그입에서나와이것으로써勝利한敵을다시完全히征服한말이며、 또그後많은殉敎者들이칼날우에서룹속에서불속에서猛獸입속에서 어

八

하나님의榮光을올여보낸무서운말이다。 우리는敵에對抗하랴는어리석은짓을말고 그가장危險한속에서조용히여호와여하고불어야한다。

三、 여호와여 나를호위하는방패시오 내영광이시오 내머리를들게하시는자니이다。

四、 내가목소리로여호와께불어알리오매 그거룩한산에서내게응락하시도다。

極難한處地에서 여호와를부른詩人은그自身도意識치못하는동안에異常한確信과安心이넘어나 여호와의그에對한關係를노래하게되였다。前節의陰鬱하고悲慘한空氣는어대로다러나고 봄날과같이溫和하고새벽파같이새로움이全部에가득하다。敵陣中에섰으면서도 여호와를한번바라보게되매詩人은自巳의그무서운身邊도닛어버리게되였다。敵의多數도敵의緻密한術計도여호와의바른손이그우에네리게되니도모지무섭지아니하였다。敵이보내는信仰에對한毒矢도咀呪도여호와의가는소리가그의귀에들리게되니도모지問題가아니되였다。사람의權力파威力은大段한것이나여호와의것은더하며 全宇宙를征服할만한武力도여호와에게는兒孩의작난에不過하게보인다。이러한하나님이詩人의「방패」가되고「영광」이되고「머리를드는자가되고그를恒常도라보는어버이가되였다。詩人의不安이있을수가없었다。

敵이많은이世上에 우리에게第一必要한것은詩人에게와같이여호와가우리와같이있는것이다。敵에지지아니하는社會的地盤이안이며 敵에지지아니하는權力勢力이안이며 敵에지지아니하는學問經驗이안이며 다만여호와가우리와한께있음이다。이한事實만明瞭하면敵陣이그대로樂園이되고敵彈이그대로사랑의선물이된다。詩篇二十三篇에있는「내가비록사망의음침한골짝이로단닐지라도해받음을두려워하지아니함은 주께서나와한께게심이라 주의막닥이와주의집행이가나를안위하시나이다」라는말은이事實을말한것이다。거룩한산에서말슴하시는여호와가게시면埃及의黑雲은바람에날리어消散되고만다。하나님말슴을듣고옵은그悲慘한속에서雀躍하면서 널어났다。 信者의이安全地帶를威脅할것은 世上에하나도없다。이곧에서信者의讚美가나오는것이며 死를祝福하고逆境을歡迎하는不可思議의心境이생기는것이다。우리는敵의包圍속에서다만우리의全部가되시는여호와께依持할뿐이고 그에게몯은것을告할뿐이다。그러면살어게신하나님은반듯이우리를保護하여주시고우리의말슴을들어주신다。「그거륵한산에서내게응락하시도다」라는말이信者의全生活을維持하는기름이다。아츰일쯕부터저녁늦도록여러사람을對하고여러事實에接하야무서운느낌과悲痛한생각이마음을치밀때 우리는이異常한소리를들어다시勇氣를내여陣容을가다듬고前進한다。

五、내가누어잔것과또한내가깰것은 여호와ㅣ나를 붓드심이로다。

六、나를둘러치는자가 비록천만인이라도 내가두려워하지아니하리로다。

詩人은 自己가 지금當한쓰라린境遇를닛은듯이平安한王室에서와같이잠을자고또깨었다。여호와의손은그와같이있었다。그에게는이제東天에서솟아오르는太陽과같은勇氣와希望과氣慨가닐어낫다。世界를征服하러나가는勇士의雄姿같음이있으며 그의氣勢에當할수없음이있었다。 그에게는몇萬의敵이그를包圍하여도조곰도두렵지아니하다는確信이생기었다。昨日의무시무시하는그가안이었고 世界를한숨에들여마시랴하는英雄의그이었다。바울이로마書八章三十一節三十二節에서노래한勝利의曲調를부르는그가되였다。「만일하나님이우리를위하야행하시면누가능히우리를대적하리오」。百戰百勝하야이때까지敵을무서워하여본적이없는 常勝將軍과같은能力이그의속에서 닐어낫다。

우리는하나님을믿음으로因하야여러가지가어려운속에서도平安함을얻고 敵陣속에서도安心하야잠을닐우는異常한世界를가지게되나 우리는이곧에만긋치지아니한다。이것은信仰生活의消極的方面이라할수있고 이以外에그의積極的生活이있다。하나님의能力을받는조용한一面이있는同時에 그것을받음으로因하야그저앉아있을수없는活動의一面이있다。敵의화살을無事히막을뿐만안이라 敵을向하야總攻擊을開始하게된다、暗黑의權勢를一擊으로써退却시기랴는굳세움이있다。全世界가自已에反對하나그것을무서워하는것이안이라 自己에反對하는그들을돌이어可憐하게여기고그들이그暗黑속에서버서나옴을願하게된다。暗黑의兵卒이아무리많어도義의太陽이빗날때는痕跡도없이사러저버린다。過去一千九百年동안에基督教가世界를征服하게된것은이러한一面이있기따문이고 이것이또한他宗敎를壓倒하는바이다。平安을얻음은사람의修養으로서도可能하고 人類의 참꾼들은어느程度로이것을實現하였다。그러나이속에서다시自己와는正反對가되는敵을向하야「노ー」를부르며義의칼을휘날리고나간것은基督敎가처음으로우리에게준것이다。東洋의몯은것이一般으로消極的이고西洋의몯은것이一般으로積極的인것은 이基督敎의影響에依한것이다。死를向하야도너의찌름이어대있느냐라고挑戰하는基督敎는人生萬般事에對하야能動的으로아니나갈수없으며 自已만혼자거륵한生活을한다든지 또한世態가다르니숨는다든지하는일이絶對로없고恒常그敵속에突進하야退却함이없다。이世上軍兵이아무리强하여도十字架의軍兵을當할수가없다。千萬의敵이우리를둘려싼들 우리에게무슨恐怖가있을랴。疾風一過에落葉과같이휩쓸려가는우리의敵들이다。詩人의勇氣는또한우리의勇氣이다。

七、여호와여닐어나옵소서。내하나님이어나를구원하옵소서。대개주께서내몯은원수의빰을치셨으며악한자의니를부지르셨압나이다

八、여호와께는구원이있아오니 주의백성에게주의복을주시옵소서。

詩人에게 이때까지없든勇氣가났으나이는自己의것이안이며 또이世上의것이안이었다。여호와로말미암어얻은것이었다。여호와의能力이그속에서움지김으로얻은것이었다。따러그는勇士들과같이自己의膽力을견우지아니하였으며 또自己의軍兵에게號令하지아니하였다。다만그의힘의根源인여호와를부를뿐이었다。「여호와여닐어나옵소서。내하나님이어나를구원하옵소서」여호와의活動만기다리었고 하나님의征服만기다리었다。舊約의戰士들이싸움에나갈때에부르짖은그信仰의叫呼이고 클롬웰이敵兵과싸울때먼저하나님께祈禱한그信仰은굳센소리이다。自己가敵兵을처서征服하는것이안이라 萬軍의主여호와가대신몯은것을하는것이었다。그리하야이여호와는그와떠러지지아니하고그속에있으며그에게「내하나님」이되였다。그를絶對로支持하는여호와이었다。詩人에게는싸우기前에발서勝利의確信과歡喜가넘치지아니할수없었다。이러한現在의여호와의도음은그가여호와로因하야敵의손에救援함을얻은속일수없는過去經驗에서나오는信念으로말미암아더욱確實한것으로되였다。詩人은이때에大段어려운處地에섰지마는그前에도많은危境에 빠저그속에서無事히나왔었다。

詩人은「여호와여닐어나옵소서」하고祈禱하야눈앞에보이는軍兵에보다더事實的인도움을느끼었다。여긔에詩人의確信은高頂에達하야다시救援은오직여호와께만있음을斷言하고 그의祝福이그를믿는백성우에내림을빌었다。여호와만을믿는사람에게는時々로여러가지危險한일이생기나 여호와는반듯이 그속에서救하여줌을詩人은疑心할수없었으며 여긔에여호와를따르는者에對한 詩人의讚美와 祝福과 祈禱는 無限이닐어났다。

信者의全生活은여호와에게있다。苦難을避함도여호와를부름에있고 平安을얻음도여호와를가짐에있고 다시나가信仰의敵을征服하는데도여호와의힘을빌음에있다。여호와가全部의全部이다。우리는이어려운社會속에서많은敵과싸울때 自己의족으만한知慧나힘이나또코로숨쉬는者의應援에마음을빼앗기지말고한갓여호와의蹶起를祈禱하여야한다。「여호와여닐어나옵소서。내하나님이어 나를구원하옵소서」라는 말이自然스럽게우리靈魂속에서나와야한다。그리하야이러한祈禱가하나님께올아갈때하나님은그저아니계신다。그의一命下에宇宙가움지기어信者를도와주고 敵을敗北시기고만다。少年다윋의한돌은能히敵의大兵을敗北시기었고 여호수아의한祈禱는太陽이終日가지를아니하도록만들어 그동안그의敵을滅亡시기게하였고모세의여호와를찾는한소리는紅海물을갈러지게하야그들을無事히通過하게하고또그의敵을溺死시기게하였다。人間의小知로써 推測치못할異常한能力이信者의世界에는움지기고있다。우리는이러한것을잊어서는아니되고 勝利者의確信을가지고前進또前進하여야한다。여호와를믿는者에게부끄럼이오지아니하며 그의希望은꺽거지지아니한다。「義人이부끄럼을본일이없다」는述懷는古今의歷史를잘아는사람의말이다。信者에게반듯이救援이있고祝福이있고榮光이있다。가장무서운일을當하여도怯을낼것이조음도없다여호와하나님만을바라보면그곧에서期待以上의平安과恩寵이쏘다저온다。事實우리의믿음의孤城을둘너싸는敵은果然많음으로우리의信仰이때로動搖함은肉의옷을입고있는동안에는免할수없는것이다。그러나우리는이動搖속에서여호와여하고부른다。그러면살아게신하나님은應答하신다。여긔에우리의믿음은蘇生하고動搖되기前보다더깊은믿음으로된다。하나님의能力은다시움지기어周圍의敵을征服하랴는意氣와實力은自然히나은다。信者의生涯가참으로아름답다고할수밖에없다。

聖書概要(七)

金敎臣

삼우엘(上)書大旨

이 삼우엘上書에서부터 以下 歷代下까지六卷은 舊約聖書中에 特히「史記」라고稱하는 純全한 歷史의部分이다。모세와여호수아의뒤를니어 所謂「師士」라하야 群雄各據의모냥으로 猶太民族을다스려오든 約五百年間의「神政」(Theocracy)時代는 지나가고 새로운政治形式인「王政」時代로 들어가는 猶太歷史上 一大轉換期에서부터 起筆하였다。

史實은例와如히 몇사람傑出한人物의行蹟을記錄함으로써되여있으니、本來 이스라엘歷史의目的은 個々의史料를 그대로疏漏없이記載함으로써 能事를삼는것이안이라、한가지事件或은한人物을通하야 어떻게 하나님의攝理가 나타나는가 史實의因果關係가如何한가함을 明白히表現하는딕에 着眼함을낮지않았다。삼우엘上書에나오는 두두러진人物들은大概엘리와삼우엘과사울과다윗等의四人이다。

書名을「삼우엘」이라한것은 다만 開卷初頭에삼우엘의記事가있는까닭이다、여호수아書의境遇와닳아서 全篇을通하야 一人의行蹟을 記載한것은안이다。오히려 分量으로보면 삼우엘에關한일은比較的적고 차라리 다윗의事蹟이 全卷의半分以上을占하였다。뿐만안이라그內容으로보면 삼우엘上下書는 맟히 다윗一人을表現하기爲하야 쓰인것갈이보인다。即 엘리는 삼우엘의出現에參與한人物이었고、삼우엘은 사울이라는 猶太歷史 最初의王 을 기름부을役割을 말았었고、사울은 다윗이라는 猶太人의理想的大王의君臨까지에 없지못할一階段으로存在하였다。이 네 人物들의出沒登退하는中에서 우리는 삼우엘上書가傳하랴는要旨를 좀더詳考하고저한다。

첫째로 엘리는 四十年間이스라엘民族의師士되여 그百姓을다스려왔으니 엘리一家의興亡盛衰는 곳 猶太民族全体의運命에關係하지않을수없었다。그런데 엘리一家의行狀을 聖書記者의쓴대로보면 엘리의아들들은 괴악하야 여호와를아지못하는지라。그제사장이 백성에게세운규례가사람이

聖書概要 (七)

제사를둘ㄴ고 고기를삶을때에 제사장의하인이 세 살가진 갈구리를 손에가지고와서 남비에나 솥에나 시루에나 가마에나 있는 고기를 찔러 갈구리에 걸려 나오는대로 제사장이 다 차지하는지라…………

하야(二章十二—十七節) 가장 하나님을 잘알아야할 祭司長의一家가 여호와를 아지못하고 다만 아는것은 祭物을橫領하는일뿐이였다。實로 恐惶할일이였으나 이런일은 宗敎界에 드물지않은일이다。오늘날 朝鮮基督敎界에도 信仰과는別問題로하야 다만 社交術에能한까닭에 總會長이되며、다만 外國語에能通하야 宣敎師의通譯에쓸만함으로 一派의長으로處하며、다만 그肉身의아비의아들인까닭에、한機關의長이되며、甚至어 그体軀가肥大하야 銀行이나會社의頭取같이보이는것만으로써 한敎派를指導하고있는것은 悲痛한事實이다。엘리의아들들은 祭物의橫領만으로써滿足지못하야 乃終에는있을수없는場所에서 行할수없는일을行하야 그老父의責戒를받았으나(二章二二—二五節) 드디어 悔改함이없었다。大概宗敎의敵은 無神論이나 科學說이나 唯物思潮가안이라、實로 祭司長 即總理師、牧師老會總會長等의無神的行動이 가장有力한敵이다。이처럼 엘리의아들들은 하나님을 없이녀기였으나 여호와는 없이녀김을받지않으셨다。

그런고로 이스라엘하나님 여호와ㅣ말슴하시기를 내가 전에 네조상의집과 네집이 내앞에서 제사의직분을 영원히행하리라하였으되지금은여호와의말슴이 결단코 그렇지아니한지라누구든지 나를높이는자는 내가높일것이오 나를멸시하는자는 내가장차 네팔과네조상의 팔을끊어바려 네집에늙은사람이하나도없게하리라라고宣言하신(二章三〇—三一節) 變動할수없는宇宙的鐵則에依하야 엘리의두아들 홉니와빈느하스가一時에戰死하는同時에 그老父엘리까지 목이부러져죽고 그恥辱은全國民에게波及하였다。果然하나님은 蔑視할수없는이인것을배웠다。

이스라엘全國民의中心인 祭司長엘리의一家가腐敗함에因하야 그罪果는 곳 블레셋사람들의侵入으로써 猶太全國民의 머리우에臨하였다。그國家的

恥辱을當하든이야기의大綱은이러하다。불레셋사람들이 아백에陳을치고侵入하니 이스라엘사람들이이에應戰하야싸우다가、大敗하야 戰死者四千人이나算하게되매、이스라엘陳中에서는 그戰敗의原因을찾게되였다。論議한結果에 智者가있어말하기를 여호와의 言約의法櫃를陣頭에세우면雪恥하리라하였다。곳 法櫃를運搬하여다가 士氣를鼓舞하며싸와보아스나 意外에 이스라엘軍은 前보다더한慘敗를當하야戰死者三萬을넘고 여호와의法櫃는빼앗기고 홉니와빈느하스等두祭司까지죽고말었다。

바로이때이었다。靑年삼우엘이出現하야 이스라엘軍의敗因을 바르게보았다。問題는法櫃의有無가안이라―卽오늘날말로하면 어느敎派의屬不屬이라든가 洗禮의有無、安息日不守等儀式規例가重한것이안이라、心中에 여호와를믿는信仰이있는가가重大問題이었다。故로 삼우엘의提唱에依하야이스라엘群衆이 미스바로모여 비알과아스다롯을끊어버리고 여호와만믿을것을痛悔하니、다음에불레셋軍과싸울때에 여호와께서 크게우뢰를發하야 불레셋軍을敗走하게하니、삼우엘이戰勝을 記念하기爲하야記念碑를세우고 에벤에셀〔助石〕라稱하였다한다。記事는單純한軍記에不過하나 삼우엘이세운에벤에서는 個人이나民族의興亡盛衰에避할수없는根本原則이었다。우리가人生行路에서 失敗할때에所謂敎師와指導者들은 大槪여호와의法櫃를問題視한다。그러나問題의中心은心靈의奧殿에있다。삼우엘의一生은 에벤에서의記念碑를세우기爲한것이라고보아도 저의一生은無用한것이안이었을뿐인가歷史哲學의 根本原則을 人類에게提拱한大敎師이었다。삼우엘上書가 에벤에서의 한가지眞理만을人類에傳하였다하여도基督敎經典中에서 없지못할貴重한存在인것을알수있다。

삼우엘의末年을當하야 그아들들이不肖함으로不可不 民意에順應하야 王을세워야할境遇에處하니처음으로 이스라엘王된者가 곳 人物이준수하기로有名한 기스의아들사울이었다。저는 『이스라엘少年中에 그보다 더 준수한이가없고 키는다른사람보다 어깨우는 더하더라』하야(九章二節)이스라엘의 첫째王으로 기름부음을넙었으나 外貌가준수한것이 必曰心靈까지준수한것은안이었다。

聖書概要(七)

사울은失手가많은爲人이었으나 그 몯은失策의始初는 저가 이스라엘사람三千名을빼서常備兵制를創設한데에서부터發源하였었다(十三章一、二節)。普通王者로서는 不足함이 없었으나 選民이스라엘의王으로서는自己의智能을信賴함에過敏하고하나님의器具로 使用되기에不適하였다。 故로 삼우엘은

> 여호와燔祭와祭物을깃버하시기를 그말슴을順從하는만큼 깃버하시겠느냐
> 볼지어다 祭祠들이는것보다順從하는것이낫고
> 수양의기름보다 말슴듣는것이 낫으니라。
> 拒逆하는것이 邪術의罪와같고、固執하는것이
> 邪神、偶像에게 절하는것과같으니라

고 책망하였다(十五章廿二、廿三節)。

不信의사울의王位를니어 第二代의王인同時에이스라엘王政의 絕頂에까지達한者는「나의뜻에合한다윋」이었다。旣述한대로 삼우엘上書에도 거의半分은 다윋의生長과 進就에關한記事어니와 그래도不足하야 삼우엘下書에至하면 全篇이몯아 다윋의事蹟뿐이다。이처럼 猶太王中의理想的大王다윋에關한詳細한記事中에 다윋의爲人이나(十六章一八ㅡ二三節) 요나단과友誼에關한것이나(十八章一一四節及二十章、二十三章) 敵을赦宥하는다윋의高貴한性品等(二十四章、二十六章)에對하야도 배울것이많으나 무엇보다도 다윋의 다윋된面目을躍如하게發輝하는場面은 엘라골작에서 불레셋장수골리앗과싸우든光景이다、골리앗은『키가 침척으로 여섯자 한뼘』이나된다하며、加之에『머리에놋 투구를쓰고、……갑옷충수가百十餘斤이오、다리에 놋을갑을치고、어깨에놋방패를지고、그창자루는 크기가 뵈틀채갈고 창날충수는十四斤이나되는데 방패가진자는 앞서行하더라』함에對하야다윋은『나이젊고 얼골에붉은빛이있으며、모냥이아름다움으로 없이녀김』을當하는紅顏美少年이었다。그럼으로 窮境에빠진사울王도『너는나이어리고 저는어려서부터勇士라』하야 다윋의出戰을禁止하였었다。그러나 기어이나가싸와一擊에怪將골리앗을征服하였다한다(十七章)。이에注意할것은 저편의武器完備함에對하야 다윋은 넙혀준갑옷과劍까지 벗어놓고 羊칠때의 모냥으로하고오직萬有의여호와의니름으로나온態度이다。다윋의一生運命은 발서이싸움에서決定되였다。오늘날골리앗은金力、權力、年會와總會의決議形式으로써으는수도있다。마는怯낼것이없다。오직여호와를믿는者답게、天然스럽게싸우면足하다。

삼우엘「上」書概綱 (一•一—八•二二)

一、삼우엘의成就 「附、엘리一家의沒落」

(1) 삼우엘의出生 (一•一—二•一〇)

가、한나「삼우엘의어머니」의爲人 (一•一—八)
나、한나의盟誓「실로에서」 (九—一八)
다、삼우엘의出生「라마다임소밤에서」 (一九—二三)
라、삼우엘을獻納함「盟誓實行」 (二四—二八)
마、한나의祈禱「마리아의讚頌의先驅」 (二•一—一〇)

(2) 삼우엘과엘리一家와의關係 (二•一一—四•一)

가、삼우엘이隨從듦 (二•一一—二一)
【附】 엘리一家의罪惡 (一二—一七)
나、엘리의譴責「二子홉니와빈느하스를」 (二二—二五)
다、삼우엘은主와사람의게서受寵 (二六)
라、엘리一家의滅亡이預言되다 (二七—三六)
마、삼우엘의啓示받음 「엘리의沒落」 (三•一—一八)
바、삼우엘의先知者確立 (三•一九—四•一)

(3) 에벤에서의戰爭 (四•一—八•二二)

가、불레셋軍의侵入「敗戰、戰死者四千」 (四•二)
나、敗戰의原因其一、「法櫃持叅」 (四•三—九)
다、再次敗戰「三萬名戰死、法櫃被奪」 (一〇—一一)
라、榮光이 이스라엘을떠나다 (一二—二二)
【附】 法櫃問題 (五•一—七•二)
다곤의殿閣—아스돗、가드、에그론各處災殃。
七朔後에返還、벳세메스에서五萬七十人屠戮。
길얏여아림까지還致。
마、삼우엘이全國的悔改要求「미스바에서」 (七•三—六)
敗戰의原因其二、「全心으로信仰」
바、불레셋軍을完全征服「에벤에서、助石」 (七—一四)
사、삼우엘의平定 (一五—一七)
아、王政始設의動機、 (八•一—二二)

二、사울의出現 (九•一—一五•三五)

가、사울의爲人 (九•一—二)
나、사울이삼우엘을尋訪함 (三—二七)
다、猶太最初의王位登極 (一〇•一—二七)
라、對암몬戰爭後 王位確立。 (一一•一—一五)
【附】 삼우엘이 國民에게告함 (一二•一—二五)

聖書槪要(七)

마、사울의常備兵制(三千名) (一三·一—二)
對블레셋戰爭(길갈에서) (一三·三—一四·四六)
사울의勢力及族屬 (一四·四七—五二)

바、사울의不順。삼우엘의永訣。 (一五·一—三五)
여호와燔祭와祭物을깃버하시기를、그말슴을順從하는것만큼깃버하시겟느냐。볼지어다제사들이는것보다順從하는것이낫고、수 양의기름보다 말슴을듯는것이낫으니라。

三、다윗의修練 (一六·一—三一·一三)

(1) 다윗의出現까지 (一六·一—一七·五八)

가、王政의苦惱(善王을擇하랴고) (一六·一—五)

나、王者選擇의準則(사람은外貌를보나、나는心中을보노라)」(이것이사울과다윗의相違點)。(六—一三)

다、다윗의爲人과技能(사울의侍從되다)」。(一四—二三)

라、엘라골작이싸움(信仰對權力戰) (一七·一—五八)

(2) 사울의迫害에處하는다윗 (一八·一—二六·二五)

가、다윗과요나단의友誼(其一) (一八·一—四)

나、사울의妬忌發動함 (五—一六)

다、사울의第一謀陷에이기다(人皮二百) (一七—三〇)

一八

라、사울의惡意와요나단의仲保 (一九·一—七)

마、여러가지迫害를避하야나옷으로、 (八—二四)

바、요나단과다윗의友誼。(其二) (二〇·一—四二)

사、다윗이거륵한떡을먹고、사울을避함。(가드로) (二一·一—一五)

아、아들람굴로부터미스바에가서모압따에父母를寄託하다 (二二·一—四)

자、사울이祭司長一家를殘滅하다 (五—二三)

차、다윗이그일라를救援하고、엔게듸에사울을避하다、 (二三·一—二九)

카、다윗이敵의生命을赦宥함 (二四·一—二二)

【附】 삼우엘의死(라마에서) (二五·一)
다、파나발一家關係、(娶妻及離婚) (二—四四)

타、再次사울의生命을赦宥함 (二六·一—二五)

(3) 다윗의流竄과사울의末路 (二七·一—三一·一三)

가、다윗이아기스의게서安住地를得함 (二七·一—二八·二)

나、사울의妄靈(무당事件) (二八·三—二五)

다、다윗이아기스의幕下를떠나게되다。(二九·一—一一)

라、다윗이아멜렉軍을復讎하고、戰利品分配의規正을세우다。(三〇·一—三一)

마、길보아山敗戰에 사울이自決하다 (三一·一—一三)

某宣敎師의遺言에對하야

張道源

基督申報에報道된記事에依하면 美國人宣敎師某氏는 얼마前에 本國인美國에건너가서 그곧에서 別世하셧는대 該某牧師는『自己의遺骸를 自己가 生時에사랑하든 朝鮮江山에埋葬하여달라는 遺言을하였다』고한다 그리하야 그遺言대로 該氏의 夫人은 그遺骸를가지고 朝鮮에건너와서 宗敎界 敎育界 其他一般有志諸氏의叅席下에京城某禮拜堂에서 葬禮式을盛大히擧行한后 楊花津埋葬地에安葬하였다고傳한다

나는 該某牧師를알지못한다 그의人物도 信仰도 事業도 도모지알지못한다 그牧師의名聲좇아前에는 들은일이없다 그러면 나는該某牧師에對하야 도모지不知漢이다 그러나 該某牧師는 朝鮮을사랑하시든宣敎師요 過去에朝鮮을爲하야 많은事業을하신宣敎師인일쯤은 이제基督申報記事를通하야 돌어알겟다 勿論牧師에게對하야 尊敬할点도많고 追憶할일도많을줄로안다

그러나 나는 該某牧師의遺言에對하야 疑心과理解치못할点이있다 該某牧師는 朝鮮을사랑하시는宣敎師인만치 死后에그遺骸까지라도 朝鮮江山에묻히기싶은熱情이있을것이다 그러나 무슨事情으로든지 本國인美國에서 죽은以上에는 그遺骸를 朝鮮에가져다가 埋葬하여야할必要는없다 必要가없을뿐만안이라 이렇게하는일은 不信의일이다 宣敎師로서는 敢行하지못할일이다 美國에서죽은 美國人의遺骸를 朝鮮에가져다가 埋葬하여달라는일은 卽나는 朝鮮에서죽기싶은것을 하나님은 내뜻을拒絶하고 하나님自己의뜻대로 나를美國에서 죽게하였으니 나도 하나님의뜻을拒逆하고 내가 일즉브터뜻한대로 나의遺骸를 朝鮮에가져다가埋葬하겠다는일에不過한것이다 이것이信者인宣敎師로서는 敢히行치못할일이하는것이다

又는 죽고남은 썩은뼈따귀를 多大한費用을써가면서 太平洋을건너 朝鮮에가져다가 묻어야만할必要가 어대에있느냐?이는 自已가 朝鮮을사랑하였다는것을 表現함에不過하며 自巳가朝鮮을사랑하였다는것을表現하야 朝鮮人에게서 歡心

某宣敎師의遺言에對하야

을언으랴는데에不過하고 眞實로朝鮮을 사랑하는 일은안이다 참으로 朝鮮을사랑하는일은 그遺骸를 朝鮮까지가져오는일에 使用한그費用金을 朝鮮에보내어 朝鮮을爲하야 有用한事業에쓰게하는 일이 참으로朝鮮을사랑하는일이된다 朝鮮은 宣敎師들에게對하야 主예수그리스도안에서주는 참사랑으로의사랑은要求한다 그러나 自己의名譽를 求하기爲하야주는 썩은뼉따귀는要求하지아니한다

又는 牧師가 참으로 朝鮮을사랑하엿다면自己遺族에게 『나의遺骸를朝鮮에 가져다가묻어달라』는遺言보다도『너의는 나의사랑하는朝鮮을爲하야 一生을犧牲하여달라』는遺言이 더욱可하지아니한가 어찌하야 新聞紙上에『너의는 나의遺骸를朝鮮에 가져다가 묻어달라』는遺言은報道되고『너의는나의總財産全部와 나의子女全部를 朝鮮을爲하야받혀달라』는遺言은報道되지아니하엿는가?

願하옵건대 朝鮮에와서있는 外國宣敎師들이어 당신들은 朝鮮을 如此히淺薄한사랑으로 사랑하지마시옵고 우리主예수 그리스도안에있는 참사랑으로 사랑하여주시옵소서 朝鮮은 外國宣敎師들에게 죽고남은썩은 뼉다귀를 要求하는朝鮮이안이오 朝鮮은 外國宣敎師들에게 그리스도의산福音을要求하는朝鮮이올시다 故로 당신들은 朝鮮에 죽고남은 썩은遺骨이나 주어서 精神빠진敎役者、생각없는 一般有志諸氏의歡心을 사랴는부끄러운名譽心으로하지말고 朝鮮에 그리스도의산福音을주어서 朝鮮으로하여금 살게하사이다 그리하면 朝鮮은 永遠히 당신들을尊敬하리이다 당신들은 名譽心이나 事業心으로 일하지말고 하나님을信從하야 그리스도의산福音으로사사이다 이것이곳朝鮮을 사랑하시는 참사랑이오 또한 朝鮮이 外國宣敎師들에게 要求하는참要求올시다

現今朝鮮에와서있는 宣敎師의多大數는 福音을가지고온것이안이다 돈을가지고왔으며 산福音을가지고와서 朝鮮을살리는것이안이라 돈을가지고와서 朝鮮의敎權을빼앗고있다 이는現今朝鮮敎會가證言하고있는것이다 朝鮮敎會는 宣敎師들에게 그리스도의산福音을달라고 부르짖지아니하고 돈을달라고 哀乞하고있다朝鮮에宣敎師가必要한것은 福音때문이안이오 돈때문이다。 嗚呼。

바울의生涯 【十一】

스토ㅣ커教授著
柳錫東譯

第九章、그의大論戰(下)

一五五。自己들것을唯一의眞正한基督教라생각하는이偏狹한熱狂黨의密使들은바울이異邦世界에세운敎會로多年間쉬지아니하고돌아다니였다。그러나그들의일은自身들의敎會를세우는것이안이였다。그들에게는그들의敵手가가진先驅者의獨創的才能이없었다。따러그들이하는일은그가세운크리스챤敎會에密入하야그들의偏見에사람을잇그는것이었다。그들은바울이가는곧마다따러감으로그는이로因하야多年間말할수없는많은苦痛을받았다。그들은그의回心者들에게그가말하는福音은참것이안이고그의權威는信任할수없는것이라속살거리었다。 그는十二使徒가안이고그리스도와한께하지아니한것이안이냐고말하였다。 그들은예루살렘本府에서참基督教를가지고온것이고그곧에있는使徒들의命令을받아온것이라고말하였다。그들은바울의가장貴한行動을自已들目的으로應用하였다。 例를들면 바울이일을하고도돈을받지아니함은그에게權威가없는까닭으로돌려보내고참使徒는의레히報酬를받는것이라하였다。또그가結婚을아니함도이러한理由로서라고曲解하였다。그들은그들이目的한바를成就하는才能을가졌었다。甘言으로써人心을잡는妙法을가졌고 威嚴을뵈는点이있었고 小事에는 이러니저러니 하는일이없이다大凡하였다。

一五六。不幸히그들이하는일이失敗가되지아니하였다。그들은바울의回心者들의良心을떨리게할뿐만안이라그에게反對하게끔만들었다。特히갈라듸아敎會는그들의犧牲이되었고고린도敎會는創立者부터마음이떠러지게되었다。이러한背信은各處에서多少間닐어나게되였다。바울이多年受苦하야세운全構造가이에무너지는듯하였다。바울은이렇게되는줄을믿지아니할수없었다。故로바울은그들이크리스챤이라自稱하나 그것은基督教가안이라고全然否定하였다。그들의福音은福音이안이라하였고 回心者들이그것을믿으면恩寵에서떠러진것이라고斷言하였다。그는가장嚴肅한말로써自己가세운하나님의宮殿을깨트라는사람들은呪咀하였다。

一五七。 그러나그는이러한誘惑이自已回心者들사이에들어옴을보고 이것을없애버리랴는熱々한努力을하지아니할사람이안이었다。 그는될수있으면이러한毒牙에빠진敎會를보랴고 奔走히돌아다니었고 그렇지못하면使者를보내어그를本來의忠順으로돌아가게하였다。 그러나무엇보다더그는이러한危險狀態에있는敎會에片紙를썼으며 그는여기에그의非常한心力을極度로發揮식히었다。 그는論理의全力과聖書의全知識을써이問題를徹底히論議하고이誘惑하는者들을칼날같은銳敏한理知로써解剖하고連出하는諷刺的寸言으로壓倒시기었다。 또回心者들발알애엎드리어偉大한心情의굳셈과부드러움을全部吐露하야그들이그리스도와自己안데眞實함을嘆願하였다。 우리는이心慮의記錄을新約에가졌다。 그의가슴을터지게하는試驗속에서이러한貴한遺産이생김을생각하면하나님에對한無限한感謝와바울自身에對한無限한愛情이自然솟아나온다。

一五八。 그는畢竟成功하였으니우리가이를알음은無上한깃븜이다。 그의敵은大段히根氣가있었으나그는 到底히그들의相對가안이었다。 憎惡는强하나사랑은더욱强하다。 그의晩年의書翰에는이러한反對의자취를볼수없다。 그것은그의칼날같은論鋒에없어저버리고全然敎會를떠나게되였다。 만약形便이이렇게아니되였드면基督敎는그根源近處에서偏見의모래속에없어진내가되였을것이며 現今에는世界的宗敎가안이라過去의猶太宗敎의一派로 記憶될에不過할것이다。

一五九。 이点에對한論戰의經過는大段明白하나이以外에또한点이있는대이를正確히알기가大段어렵다。 바울의敎義와說敎에依하면크리스찬이된猶太人의律法에對한關係는어떠한것이었는가。 그들은이때까지하여오든生活規定을全部버려버리고子孫들에게割禮를베프지아니하고또律法을가르치지아니하여야하는가。 이는바울의敎義가指示하여주는것같다。 異邦人이律法을지키지아니하여도天國에들어갈수있으면猶太人만이그것을지킬必要가없는것이다。 律法이사람을그리스도에쫓는嚴格한敎練이라면그目的이達하게되면그義務는없어질것이다。 嗣子가遺産을所有하게되면곳後見人의拘束은없어지는것이다。

一六〇。 그러나다른使徒와예루살렘크리스챤들은오래동안이를깨닫지못하였다。使徒들은異邦크리스챤에게는割禮와律法지키기를要求하지아니하였으나自身들은亦그것을지키고또猶太人은全部그것을지킬것으로알었다。이는思想의矛盾이며不幸한結果를닐으키게되였다。이것이繼續이되고바울이만약여긔에讓步하면　敎會는二派로分割하게될것이고　하나는다른것을輕視하게될것이다。　割禮받지아니한者와같이밥을먹지아니하여야함은律法의嚴格한規定임으로　猶太人들은그들의크리스챤兄弟로생각하는사람들과같은床을받을수없게될것이다。이不當한矛盾은顯著한例로써생기게되였다。使徒베드로가어느때偶然히異邦都市안듸옥에오게되였을적에그는처음에는異邦크리스챤과自由로交際하더니　大段히嚴格한派가예루살렘에서오게되매그는그들에눌리어같이먹든異邦人의床에서물러나그크리스챤兄弟들과分離하였다바나바도　이頑迷한짓에잇글리게되였다。바울혼자만福音의自由의敎義에忠實하였고베드로의行動의矛盾을指摘하야그를面迫하였다。

一六一。그러나바울은決코生來의猶太人에게는割禮와律法지키는것을論難하지아니하였다。그의敵이이러한報告를하였으나이는虛報이였다。그가第三次傳道旅行을맟후고예루살렘으로돌아오매　使徒야고보와長老가이러한虛說이그의名譽를損傷시김이많음을告하야公々히이것을辯明함을勸하였다。그들이그에게한말은非常함이있다。「형님이어　친히보거니와猶太人中에믿는者數萬名이있으니　다熱心으로律法을좇는者라。네가異邦에있는猶太人을가르처서모세를배반하고아들을割禮하지말고또규모를지키지말라함을저의가들었으니그러면어찌할꼬　저의가필연그대가온것을들으리니　우리말을좇아이대로하라우리에게블은사람넷이있어맹서하야원함이있는지라저의를다리고더브러결례를행하고대신갑을주어머리를깎게하라　이같이하면前에들은것이헛된줄로다알것이오또그대로律法을지켜행하는줄도알것이오…………」바울은이말을좇아야고보가勸한禮式을遵行하였다。이것이그가生來의猶太人을猶太人같이살지말라고勸하는것을自己의일로삼지아니함을餘地없이證據한다。그러나그의敎義는지내가버린法規에關聯되는몯은일에斷乎하게反對하는것임으로　우리는그가그의敵의報告하는대로하였으리라고생각하기쉽다。그러나그는이問題를달이理解하였으며그는이自己見解를說明하는充分한理由가있었다。그는割禮받은後에그리스도나라에들어온者에게는割禮받은대로하라하고　割禮받지아니하고들어온者에게는割禮받지아니한대로하라하였다。理由는割禮을받으나아니받으나關係가없다는것이다。그에게는그區別은宗敎的見地에서男女의區別主僕의區別과아무틀림이없이생각되였다。即그속에는아무宗敎的意義가없었다。한사람이있어猶太人의生活樣式을그의國民性의樣式이라하면그는아무異議를主張치아니할것이며그도多少間그렇게하라할것이다。그는單形式에對하여는贊成與否를勿論하고固執을세우지아니하였다。그러나그것이一旦靈魂과그리스도사이나크리스챤과그兄弟사이에들어가干涉을하게되면그는그것을조금도容恕하지아니하는그것의敵이되였다。그러나그는自由가束縛과같이壓迫의그릇이되기쉬움을잘알었다。故로그는飮食같은데에對하야만약弱한良心을가져每事에躊躇하는兄弟를爲함이된다면自己意見을굽히어야한다는貴한말을하였으며우리는여기에그의主我의精神이하나도없음을알아感動아니할수없다。

一六二。이와같이規模가큰人物은到底히定義할수없는것이다。우리는바울에서人類歷史가最大危機에다다랐을때모든点에서新舊를나누는明白한分界線을보고　또論議紛々한속에서斷然코指導的敎義를세우는것을본다。또그가形式에不過한는規則을全然無視하면서도그價値를잊어버리지아니함을알고　그가自己와같이아지못하는兄弟들의感情을가장깊이考慮함을느낀다。그는큰一擊으로自己를頑迷한拘束에서버서나기하였다。그러나　그는決코偏狹한自由에빠지지아니하고恒常自己立場으로서의論理的意見에支配되지아니하는高尙한目的을가졌었다。

南鮮旅行日程에關하야

日程을　미리作定하야　誌友들께　알리라고했으나今番旅行이　單純한傳道旅行이안임으로、　가는곳마다　採集과調査의時間을　두어야할터이니、　이것은그곳에　가본後에라야確定되겠는故로　不得已左記대로　大体豫定만을　알리는수박게업나이다。

八月一日朝　京城發　　牙山、忠州、醴泉、
同　五日로八日까지　　大邱、蔚山、東萊
同　九日로二十二日까지　　釜山―木浦間
同　二十五日夕　　京城着。

城西通信

△一九三三年五月四日夕에 洞內長老教會에서에베소書第三章을講하고、同七日(日曜)午后二時에는本社에서 다니엘書의輪廓과第一章을工夫하다。다니엘、하난야、미사엘、아사랴等少年을養育한 이스라엘家庭에 배울것이만앗다。亦是聖書를工夫하는時間만은後悔업시보낼수잇는時間이다。

十日朝에 在元山誌友某氏로부터「내생명의길」宣布 一冊을보내주어、一讀하고 놀랏다。敬意를表할만한이들의 關係한것이오또한 現代基督教會들의逼迫을밧는다는點으로同情을禁할수업스나 萬一「새생명의길」宣布 그대로가全部라면 基督教는 그릇되게함이不少할것을 念慮하지아니치못하다。

慶北醴泉의一誌友로부터『……今月號우리聖朝誌는 더욱이耳目을 놀래입니다。그런中 柳兄님의쓰신글은 말할수업시 나의驚魂을 激動시키나이다。그는果然能力의叫聲이어요。잠자고잇는 이江山을깨우는 산震魂의 웨침이엇나이다。金成實先生의叫呼는캐도릭化한所謂新教會者들에게 靑天벽역일것이외다。正히新綠이大地를덥프러하는此時에 强한城 구든陣地를所有한 우리眞正한프로테스탄트들은 이江山을 삼키고야말것갓슴니다。이때에先生님이 이南쪽으로오시게됨은 하나님의永遠하신攝理에서 거룩하신經綸을나타내시라는 하나님의뜻이라고생각되며 뛰어찬송하며感謝를올리나이다』云々

十一日(木曜)夕에、에베소第四章前半을工夫하다。十二日 市內某印刷工場에서見習中에잇는靑年으로부터『五月號聖朝誌의 「朝鮮教會와教權者諸位에」라는글中에「……오직그리스도의生命을体得하여 그生命을가슴에안고 그리스도的行動을하는것이信仰이다」라는것에 贊同됨니다。오히려한다는것보다도 生은平凡하게 率直하게 그리스도를模範삼아 그의行한바를배우고 그의모든領域의行動을 본밧는마음을가지고잇습니다。모든피로움을참으며 참된人間이되기를、참된朝鮮靑年이되며、眞理를爲하야 예수그리스도十字架의아름다운犧牲의길을 것고십습니다」云々。이것은 養正高普第四學年까지되엿다가 家勢로因하야不得已中途退學한 푸로레타리아靑年의처음信仰告白이다。勿論이것만、로서는 完全한基督教信仰이라기어렵다。그러나 宗教的中毒患者가되며 陶醉中에神秘境을徘徊하면서 새로운것과異蹟만을求하는「過熟」한信者들보다 이와같은「未熟」한信者들편이 더健實한줄안다。于先 착된朝鮮사람만되면足하다。十字架의道도 自然알려질것이다。故로 우리의興味는 이미信者된이를是非함에잇지안코 한번도基督의니름을듯지못한野暴한靑年을相對함에잇다。三十萬이한이라一千九百七十萬이問題다。

十六日。蔚山誌友로부터『暗黑의曠野에福音을웨치는 사랑하신兄님、나날이 그의恩寵을닙사와 건강히사옵소서。今月號에南鮮旅行을豫告하엿삽기當地의讀者諸氏와信仰食口들이 兄을一次面對하와福音으로사괴고저하오니 左記路程에依하와通知하야주심을바랍니다。또한日字가急하여도 二日間을留하시도록定하시고 日割을하옵소서。』라하고詳細한地圖를添附하엿다。出發하기前부터 朝鮮을배우는工夫에 所得이甚大함을深謝不已。

二十五日(木曜)에는 에베소五章上半을工夫。이날부터 本誌印刷所를變更하다。오란困緣을쓴기는 섭섭한일이나 不得已한일이엇다。眞實한印刷所가發見되기를祈求不已。

二十六日。慶南某公普校訓導인誌友로부터李舜臣最後의戰場인河東露梁附近의周到綿密한地圖를添하야 來訪을促하는말에『……至極히虛되고추한者로서、至極히거룩하시고眞實한이의아페 나아가랴고 뜻합이어、至難함이 이에서더큼이업다고생각됨니다。그러나이때까지 걸어온길이 虛되고無定見하고거짓됨을 깨닷고 世習的 假面的生活法대로살趣味를일흔者로서 偶然하게도새로부닷친곳에예수를믿어 그리스도의길을것고저하게된것이외다。그러나 根本的으로墮落한者요 짜에서生長한者라 어찌至純하신 하나님의일을推想이나할수잇겟슴니까。생각이이에이르니懷疑에사로잡혀 不信의嘆息을不禁커되나이다。그러나聖經을밋고 信實한先輩들의書筆을보게될때 다시금 하나님을알라고아니할수업게되오며 예수를밋어살마음이간절하여집니다。우리主예수의 피權勢가나의 헛된肉을 온전히삼켜征服하여주실때까지十字架만을쳐어다볼려합니다。……聖朝誌五月號에깃븐廣告를보고 하나님께讚美를올리고先生님께感謝를들입니다云々』하엿으니나의心臟은 발서左水營右水營을徊徘하는듯하다。

朝鮮神學塾

一、場所、京城府鍾路五丁目二一〇ノ九
一、開塾、一九三三年九月一日
一、資格、中學校卒業程度以上。
一、修業年限（甲、六個年（中學卒業者）／乙、四個年（專門學校卒業者））
一、學科及但任者 神學一般 崔泰瑢 / 自然科學（課外）金敎臣

多年間 東京서神學을研究中이든 崔泰瑢兄은 先月歸京初에「……朝鮮、京城 여긔가 小弟의일하다가죽을데임을感합니다。이제하나님나라는 敎會에서쫏겨나고、世上에게蹂躙을當하고잇습니다。하나님의恩寵을닙은者들이 어찌멍청하게잇슬수잇습니까。하나님나라의 한兵卒로小弟도여러가지로생각하는바잇습니다。하나님께서뜻하는바에 미듬을定하여서는 天國의挽回를爲하야服役하는바잇고저합니다」라고 인사의말슴이잇섯드니 그 服役의 한形態로써 이神學塾이 생겨난줄안다。約二三百名을收容할만한 講堂은하나準備되엿스나 其他에아무런神學校다운것이업다、다만 獨立主義로써 敎派를招越하야 아무機關의補助가업슬지라도 能히獻身傳道하라는覺悟를가진兄弟를어더 한세學問的基礎學科를工夫하며 나아가朝鮮사람의理解한神學을產出하라는것이祈願이다。

崔泰瑢氏講演會

一、場所、京城府鍾路五丁目二一〇ノ九
一、日時、七月十六日、午后二時半

崔兄의歸京인사의말슴이오、同時에福音의眞理를証據하고저「服役」하랴는者의宣戰布告가될것이다本誌讀者의來聽을薦하나이다。

再版 **天來之聲**（謄寫刷）全二冊 價六圓

發行所 京城府東崇洞一三〇ノ三八 眞理社 振替京城二一四三九

現在의「靈과眞理」誌前身으로 崔泰瑢兄이主幹發行한것인데、그讀者들의 熱々한眞理愛로서 다시 謄寫版刷의再版이되엿다한다。少部數殘品이잇다하니 機會勿失을勸한다。

聖朝文庫 第一卷

咸錫憲著

푸로테스탄트의精神

菊版半、三十二頁
定價金拾錢・送料貳錢

루터以來의 新敎의眞精神을 다시吟味하야 오늘날 死殼만 남아沈滯하게된 新敎徒를向하야 또한번 푸로테스트한것이다。信者、未信者에게 다 갓치一讀을薦하거니와 特히 識者階級에 傳道用으로 適當할줄아다。

本誌定價
一 冊 拾五錢（送料五厘）
六 冊（半年分） 前金九拾錢 送料共
十二冊（一年分） 前金一圓七拾錢
要前金。直接注文은振替貯金口座京城一六五九四番（聖書朝鮮社）로
取次販賣所 京城鍾路二丁目八二 博文書館 振替京城二〇二三番

昭和八年六月二十九日 印刷
昭和八年七月 一 日 發行
編輯發行印刷人 京城府外龍江面孔德里一三〇 金敎臣
印刷所 京城府三坂通三七〇 鎌倉保育園印刷部
發行所 京城府外龍江面孔德里活人洞一三〇ノ三 聖書朝鮮社
振替口座京城一六五九四

金教臣主筆

聖書朝鮮

第五拾五號

一九三三年八月一日發行

目次

昭和五年五月二十八日第三種郵便物認可
昭和八年八月一日發行(每月一回一日發行)

不肖

孝道로써 百行의本을삼는朝鮮에 있어서 「不肖」라는句는 日常 듣고 보고 쓰는文句다。子息된者가 그 어버이를 向하야 「不肖子」로 自稱할때는 가장 謙卑한것을 表示하는뜻이되였고 따라서 子息된者의 平生所願은 몯은性格과 凡百事에그肉身의 父兄과 恰似하게되는일이다。情으로 보아서 아름다운일이오 理智로判斷하여도 不當함이없는일이다。願컨대 朝鮮의子女들이 흘어오는 時代의 새로운風潮에 물들기에急하지말고 지나간祖上들의 健實한氣禀에 肖似하여지다 는것이 우리의共通한所願이다。

그럼에도 不拘하고 우리는 「不肖」하라고、일부러라도 祖上를 닮지말라고 부르짖고저한다。特히生과死에關한重大問題에있어서 우리는 祖上들의觀念그대로 본받을것이 안이다。例外와 特殊理論은次置하고 大多數의 우리살림에는 一平生을삶다는것은 곳 몇가지「大事」를 치루는일이다。될수만있으면 아들딸을 未成年期에 結婚成禮하는것이 父母의「一大事」오、名山大地에 祖上遺骸를安葬하고 三年服喪하는일이 子女로서의「一大事」오、早熟하야 天命을알때도못되여서 발서假死狀態의 隱退生活을하면서 子息의「孝道」를받는寄生生活을하다가 期於코 故鄕山川에埋葬될자리까지 마련하여놓고 그러고 客死나免하면 自己를爲하야 「一大事」를 치룬것이다。萬一墳墓를爲하야 訴訟이나 일게되면 이는 저들의 「超大事」이었다。地震學으로 世界第一을자랑하는나라가있다면 朝鮮은 果然 墳墓學(?)으로써 世界에 冠絕할것이다。잡아들고 싸울만한墳土가없을때에는 比類없이完備한 族譜學(?)으로써 孝誠의싸움을 延長하지않고는 祖上傳來의「孝心」과 大事熱이滿足지못하였다。嗚呼라 大小를不辨하는 살림이어!

故로 말슴하시기를 『死者로써 死者를 葬事하게하라』(路九·六〇)고。죽엄과墳土를崇尙하는 祖上을본받을것이안이라 『나는길이오 眞理오 生命이니라』 는이를닮을것이며 따엣것을 닮지말고 한울엣것을닮아야하겠고、孝道의小學을넘어서 忠義(特히 하나님께對한)의大學으로 나가야하겠다。『나보다 父母妻子를 더重하게녀기는者는 弟子될수없느니라』고 宣言하신 그리스도는 아초부터 肉身의父母를닮지말고 靈의아바지 하나님을닮으라고하셨다。지금不肖하라고 웨친대도 決코新奇한것은안이다。

榮華

心理學的으로보아서 生慾 食慾 性慾等 人間의三大基本欲望의 다음에 가는強烈한欲望이무엇인지 맞히모르거니와 우리가 山所나共同墓地에 步를運하여보면 名譽慾이란것이 人類의 얼마나強烈한欲求인것을 말못하는碑石들이 率直하게 가리켜준다。 살아生前에나 죽어死後에나 人間은그姓名三字만으로는 滿足지못하는 癖이있다。 勳功品位가있으면 生前死後로通用도하지만 아무것도없는詩人墨客은 雅號를붙혀서 生前의 空虛를채우고、 꼭자無識한愚夫도 죽은後에는 「學生○公」이라고 碑石을세워야 눈을 감는듯하다。 鄕間老翁이 粥食을바꾸어서라도 生前에 탕건한번쓰기를至願하는것은 이「學生○公」이라는碑石에 不滿을表하는示威運動이다。 賣官賣職이 根絶되지않음은 이러한人間的깊은欲求에 基因함이있는故이다。 朝鮮만이안이라 全人類의古今에通한 欲望이다。 基督의左右에앉기를 私願하든 세베대의 두아들뿐안이라 누가 더큰者이냐고 서로다투든 十二使徒들도 하나例外없이 이名譽慾의患者임을 未免하였다。

그런데 우리가 다시놀라는것은 基督自身까지도 甚히榮光을祈求하는이로 보이는일이다。 요한福音은勿論、共觀福音書를通하야보아도 『人子가 榮光을얻을때가되였도다』 하며 『하나님께서 自己를因하야 人子를榮華롭게하시리니』라하며 『아들을榮華롭게하사 아들로 아바지를榮華롭게하옵소서』라한것같은句節을 枚擧키어렵다。 맞히 세베대의 두아들이 그리스도의左右에 앉기를 懇願하듯이 獵官運動者가 權門에 자복하야 한자리 얻어할때까지 根氣있게哀乞하는듯이 그리스도는 無數히反覆하면서 「아들을榮華롭게하여달라」고 그 아바지께 다시다시懇請하였다。 그欲求는 有名한 겟세마네동산의祈禱에至하야 드디어 그絶頂에達하였다。 그 一平生의所願이成就되여 榮華롭게된結果가 即十字架上의 慘酷한죽엄이었다。 우리에게도 祖上傳來의 榮譽心이없을수없다。 없어서는안된다。 크게있어야한다。 다만 榮華를求한다는文字는同一하나 榮華라는內容은 그리스도의그것이라야된다。 人間은口腹을채움으로써 滿足하는動物이안이다。 實相은 榮華를爲하야사는것이다。 그榮華를 碑石우에求할때에 空보다도虛된것이되나 萬一 十字架우에 榮華를求할진대 그것은 永遠한것이다。 아바지의榮華를爲하야 아들을榮華롭게하기를求하는마음、이것이 至高最大한榮華이다。 求하고크게求할진저 基督의榮華를。

絶大한感謝

二

이새의아들 牧羊童子다윋이 神奇한攝理로써 사울의뒤를 니어 猶太王이되니 國內로 南北이 統一되여 萬百姓이 다윋을 正統의君主로 우러러思慕할뿐더러 國外로威勢를宣揚하야 歸化하는將領이 日復日 더하게되여 南北은 紅海岸으로부터 레바논山넘어까지 東西는 유브라데江邊으로부터 埃及國境까지 未曾有의 大領土를統治하는 大王이되였다。이는 人間一生中에 變化할수있는 最大限度의變化였다。羊떼에侵犯하는 獅子와곰을 팔매돌로 때려잡든當時의自身을 回顧할진대 커는 果然 꿈같은現實에 스스로 놀라지아니치못하였을것이다。그뿐인가 聖殿建築問題로 因하야 하나님의經綸에는 다윋의子孫까지 連綿한恩寵中에 둘것이 約束되여있음을 알게되였다。이때에 다윋은 입을버려 여호와께 感謝하였다。

主여호와여 나는누구며 내집은무엇이관대 나로하여금 이에 이르게 하시나이까。

主여호와여 이것은오히려主의눈에적게녀기고 또종의집에 오라도록 일울일을말슴하여 주셨아오니

主여호와여 이것이어찌 人間의規例리이까。

라고(삼下 七章十八節)。이것은 글로表現하랴니 이렇게된것이지 實相다윋의 이境遇의感謝는 한마디한마디의말과글이안이었다。다만 크고 긴 한마디소리었을것이다。입으로말한다면 萬입이있어도不足하였을것이오 全身이입이라도 몰아表現할수없는感謝였다。故로 이 다윋의感謝를「絶大한感謝」라고 假稱한다。全存在를 天秤에 거는感謝였다。當時의 다윋에게만 可能한感謝이었다。

그런데 또한奇異한것은 다윋과같은 榮華의極에達함이없고 寸土를所有함이없고 或은貧寒에서 或은病床에서 呻吟하는者이면서도 이다윋과 꼭같은感謝、或은 그以上偉大한感謝를 噴水처럼吐露하면서生活하는者가있다。이는基督으로因하야救贖받은 體驗가진者만이 能한일이다。炎天에 기음매는農夫여 工場에서 고무신만드는姉妹여 이消息에干證하라。救援얻는일은 여호와를向한無量한感謝中에 自己와宇宙를新發見하는일이다。敎會에出入하고 洗禮받았다하여도 이絶大한感謝를 맛보지못하고는 아직救援에參與한것이안이다。다윋의感謝는컷다。그러나 크리스챤의感謝는 더높고더깊다。다윋도偉大하였다 마는基督者는더偉大하다。感謝로다 絶大한感謝로다!

患難에處하야智慧를求하라

牧師 張道源

야고보書一章一ㅣ八節研究

本書를研究코저할때에 爲先은 本書를쓰게된動機를 잘 알지아니하면아니되겟다。當時의유대人信者들의形便으로말하면 外的으로는 예수그리스도의緣故로因하야 여러가지 迫害와艱難이있어서 저의가 此에 無限히 눌리는中에있으며 內的으로는 甚히貧寒하야 生活困難이一大問題가되였었다。故로 富를欽慕하야 富에誘惑되며 世上을사랑하는傾向이있었다。又는 閑談空論을 좋아하고 實地善業에게을리하며 貪利에는빠르고 兄弟를사랑하는사랑은없으며 貧者를賤視하며 幸樂에流濁하는 傾向이있었다。더군다나 信仰狀態는 智的信仰個條로만된 信仰告白만으로써 足하게녀기고 信仰이生命에있어서 산事實이되지못함에는 족음도更意하지아니한다。故로 예루살렘母敎會의首長인야고보는 貧困과艱難迫害中에있어 試驗을받는 유대人信者들의마음을慰勞하며 勸勉하는同時에 여러가지 弊害를矯正하며 저의의 信仰生活이 生命的산事實에있어서 實踐實行하는者되게하기爲하야 이便紙를쓴것이다。故로 本書의特色은 敎理를說明한것이안이오 主하야 一般實踐的道德方面에 置重하였으며 福音書와같이 單片的敎訓이多하야 福音的傾向보다 律法的色彩가濃厚한것이다。

1、하나님과 主예수그리스도의종 야고보는十二支派 흩어진者에게 問安하노라。

第一章一節에依하면 本書의發信者는 야고보요受信者는 各外地에 흩어저있는 十二支派들이다。

『야고보』 新約聖經中에야고보가 넷이있다。一은세베대의아들야고보(마태十장二、마가三장十七、누가六장十四)。二는 알패오의아들야고보(마태十장三) 三은 유다의아비야고보(누가六장十六) 四는 主예수의兄弟야고보 (마태十三장五十五、마가六장三、갈一장十九節) 此야고보書를쓴 야고보는 右의四人中어느야고보인지 確實히알수가없다。그러나 推想컨대는 主의兄弟야고보인듯하다。그理由는 세베대의아들야고보는 本書를쓰기前 主后四十四年頃에殉敎하였고 알패오의아들야고보와 유다의父야고보는 五旬節以后에 聖經에나타나지아니하였으니 그가有力하야 當時의유대人信者들을 指導할만한 地位에있지못한듯하다。그러면 本書翰의發信者는 主예수의兄弟야고보로推定하는것이

가장合理한推定이다。主예수의兄弟야고보는 初代예루살렘敎會의監督이오(柱石이오)(갈二장九)유대數人보다德이高하며 敬虔과善行으로高名한人物이었었다。

然而 本書의著者에對하야 學者間에諸說이있다。그러나 나는 本書著者는 主예수의兄弟야고보로推定한다。

『흩어저있는 十二支派라』함은 이스라엘民族이 捕虜後 世界各國에散在된 유대人을指함이다。即바레스틴以外의他地에서 流浪하면서 그리스도信者된유대人을指稱함이다。此에對하야는 三說이있다。第一說은 信者不信者를不問하고 外地에散在한유대人을指稱함 이라는說이오 第二說은 유다人이나異邦人을不問하고 바레스틴以外他地에서 그리스도信者된者 即靈的이스라엘을指稱함이라는說이오 第三說은 이스라엘民族으로서 外地에있어信者된유대人을指稱함이라는說이다。此三說中에 第三說을 나는取한다。

『問安한다』함은 平安을問한다는뜻이다。即너의께平安함이있기를祝禱한다는뜻이다。이에서말하는平安이라함은 이 世上에서 通用하는바 肉體의健康을 意味하는것이안이라 信者가 主예수그리스도로因하야 하나님의 恩寵안에있어 그恩惠때문에 깃버하는靈의狀態를意味하는것이다。

『하나님과 主예수그리스도의종이라』함은 自己의自由意思를絶對否定하고 하나님과 예수그리스도의引導와 뜻대로만絶對順從함을 自己存在의全部로하고사는奴隷라는뜻이다。『主예수 그리스도』라함은 예수라는 純肉의 人間은 하나님의獨生子요 永遠한生命의本體로서 全人類의救主이심을信仰하며 그를主로하고 自己를奴隷로하야 自己의自由意思를全然否定하고 그만을從하는生涯에 들어간者라는뜻이다。

2、내兄弟들아 너의가 여러가지試驗을맞나거든穩全히 깃부게 녀기라。」

當時의유대人信者들에게는 예수그리스도를믿는緣故로因하야 여러가지方面으로오는 여러가지迫害가있었고 生活困難으로오는 여러가지誘惑이있어 이것때문에 저의들은 거의墮落할信仰上危機를當하고있었다。그런故로 야고보先生은 저의를向하야 迫害와困難은 너의의信仰을試鍊하는것이니 이것을忌嫌하지말며 두려워하지말고 돌이어 이것을 깃브게녀길것으로 알라고 勸勉하였다。何故냐하면 이것은 信仰때문에있는것이오 또한信仰을完固케하기爲하야 있는것인까닭이다。

『試驗』이란것은 信仰을保持하기爲하야 行하는몯은努力과 信仰을 더욱向上發展케하기爲하야 있는 豊盛한恩惠

때문에 世上으로부터받는 靈肉間의몸은迫害와困難을意味하는것이다。『試驗』의原語『페이라쓰모스』는 迫害와困難을주어서 그信仰을試코저함이니 그目的은 信仰을完固케하랴는것이다。

『맛난다』함은 艱難과迫害中에 陷沒하야 그속에쌓이어들어가는것을意味하는것이다。『깃버하라』함은 艱難과迫害中에서라도 깃버하라는말이안이라 困難迫害그自體를 깃버할것으로 녀기라는뜻이다。即困難과迫害그自體가 깃버할것이라는 意味이다。그理由는 第三節四節에서 說明코저한다。

3、이는 너의의 信仰을試鍊하는것은 忍耐를나게하는줄을 아는연故라。

『試鍊』의原語『도키미온』은 金銀을 불가운대에 넣어서鍊鍛하는것과같은文字니 그目的은 完全한것에合格케하랴는것이다。『나게한다』는것은 缺陷없이完備케한다는뜻이다。『忍耐를나게한다』함은 忍耐를完備케하야 缺陷不足이없게하랴는뜻이다。

信者에게있어서 患難困苦와迫害를 받는일은 信仰을墮落시기기爲하야 惡魔로좇아오는것이안이오 信仰을 더욱完全한대에 나아가게하기爲하야 하나님이許諾하신 信仰의鍊鍛이라고한것이다。하나님이 患難困苦와迫害를許諾하야 信仰을鍊鍛하는것은 如何한惡魔의誘惑이올지라도 能히니길수있는 信仰의忍耐力을 完備하게함이라고 한것이다。試鍊을通하지못한信仰은 幼弱하야 忍耐力이없다。故로他日의暴風雨에 넘어질念慮가있다。그러나 많은試鍊을通過하야나온信仰은 老熟하야忍耐性이豊富하다。故로後日의暴風雨中에서라도能히 害를받지아니하고 勝利할것이다 故로 信仰때문에 받은試驗은 信仰을鍊鍛하는것이오 信仰을鍊鍛하는것은 信仰을老熟케하야 忍耐力을完備케하랴는것이다。그런故로 여러가지 試驗을 맛나거든 穩全히깃부게녀기라고한것이다。이와같이여러가지 患難困苦와逼迫을 받는中에있어서 더욱 主를굳게信賴하고 끝까지忍耐할수있는者는 眞實로幸福스러운者다。

患難에處하야智慧를求하라

4、그런즉 너의가 忍耐를 穩全히일우어 完全하고具備하야 족음도 不足함이없게하라。

『完全하고具備하야』의『完全』의原語는『테라이오쓰』인대 最後一分의終局에까지 到達되는完全性을 意味함이오『具備』의原語는『호로키레ㅣ로쓰』인대 各部分이部分的으로完備된意味의安全을 意味하는것이다。

하나님이 信者에게 患難困苦와迫害를許諾하야 저의로

하여금 試驗을맞나게하는일은 그試驗때문에 저의의信仰이鍊鍛中에있어서 忍耐性을完備케하야 저의의信仰에 不足함이없게하랴하심이다。萬一試驗中에있어서 忍耐가完備된信仰을가진者이면 如何한 患難과迫害中에서라도 勝利의노래와 歡喜의讚頌이넘칠수있는것이다。그런故로 肉體의情慾때문에받는誘惑말고 信仰때문에받는試驗은 信仰을弱하게하는것이안이오 돌이어 强하게하는것이며 信仰을害하는것이안이오 돌이어 有益하게하는것이다。信仰을墮落케하는것이안이오 信仰에忍耐를完備케함이다。故로 여러가지 試驗을받을때에 落心할것이안이라 돌이어 그것을 깃버할것으로 녀길것이다。

5、너의中에 萬一 智慧가不足한者가있거든 무리에게 厚히주시며 꾸짖지아니하시는 하나님께求하라 반듯이주시리라。

「智慧」이에서 말하는바智慧라함은所謂世上智慧가안이오 以上에서말한바 試驗에關한智慧이다。即患難의意義를解하는智慧다。患難의意義及目的을知하며 此에處할바道의智慧를말하는것이다。이智慧가없이는 患難에서 끝까지忍耐할수없다。故로 患難에 處하였을때에 第一必要한것은 그患難에對한智慧다。그當面한 患難에對한智慧만 不足함이없이 豊盛히가졌으면 如何한患難이든지 無難이다。故로 患難에處하야 患難에關한智慧가不足하거든 祈禱하야 하나님께求하라。이와같은祈禱는 얼마든지 다 들어주신다는것이다。

예수 그리스도안에있어서 疑心없이 確信으로써 求하기만하면 하나님께서는 이와와같은祈禱는 반듯이들어주신다。이와같은祈禱는 千番이고萬番이고 다일우어주신다 一次의例外없이 다일우어주신다。이와같은經驗은 信者마다 다있다。이와같은經驗이없는 信者는祈禱의經驗이없는信者다。이와같은 祈禱는 하나님께求하야 얻지못함이없다。

그러나 하나님께求하야도 얻지못하는祈禱가있다。이는 그求하는바가 智慧가안이오 이 世上것일때다。或은健康 或은金錢 或은地位 或은名譽 或은學識일때다。이世上것일지라도 全然히 듣지아니하시는것은안이다。그러나 求하면 반듯이일우어주시기로 約束하신것은안이다。그러나 信者가 患難에關한智慧를 確信으로써 求하기만하면반듯이 일우어주시기로 約束하신것이다。故로 너의中에 누구든지 智慧가不足하거든 하나님께求하라 반듯이 주시리라한것이다。

『厚하주신다』함은 自己의內心에 족음도 아끼는마음없이 또는 그받는者便에서 그것을받아 善用하느냐 惡用하느냐의如何를不問하고 또는何等의報酬의要求없이 無條件으로 아낌없이 주시는것을意味하는것이다。

『꾸짖지아니한다』함은 過去에 여러番 하나님을 拒逆하고 聖神을섭섭하게하며 主께걱정을끼친일이 있음에도 不拘하고 過去의行爲에對하야는 何等의責망없이 깃붐으로 주시는것을意味한것이다。

6、但믿음으로求하고 족음도 疑心하지말라 疑心하는者는 맞히 바다물결이 바람에밀려 搖動하는 것같은지라。

7、이런사람은 무엇이든지 主께 얻을줄로생각하지 말라。

8、이런사람은 두마음을품어 모든일에 定함이없는 사람이로다。

『疑心』이라함은 心中에서 두가지 마음이 서로싸우는 心理狀態를말하는것이니 卽하나님이 나의祈禱를 일우어 주시리라는마음과 일우어 주시지아니하시리라는마음과 이 두가지마음이서로 싸우는中에있어 確信이없는 心理狀態를意味함이다。

『信仰』이라함은 하나님께對한 信賴와確信을말하는것이니 하나님은 眞實하사 約束하신바를 違反하시지아니하시고 반듯이 다일우어주시는者이심을 믿고끝까지 그일에對하야는 境遇의如何를不拘하고 動搖함이없는것을말하는것이다。

以上第五節에서 患難을當할때에 患難에對하야 處할바 智慧가不足하거든 祈禱로써求하라。그리하면 반듯이 일우어주시리라고 가르쳐왔다。그러나 그리스도안에있어서 聖神의도음으로써 하나님께서 반듯이 일우어주시리라는 確信없이半信半疑로 求하였스면 이런祈禱는 動搖無常하야 아모것도일우지못한다。이와같이 確信없는動搖無常의 마음으로써 祈禱하는者는 主께로부터아모것도 얻지못할 것이다。그런故로 祈禱하되疑心없는確信으로써 祈禱하고 그 祈禱한바를 끝까지動搖없이 기대리라는것이다。

第六節에對한經驗과確信이없는者는不信者다。이智慧를求하야 祈禱하고疑心하는者는不信者다。患難을當하야 이에 處할智慧를求하면 반듯이 주실줄로아는것은 信者마다의 確實한經驗이다。患難에處하야 祈禱하야智慧를 얻지못하는者는 하나님과의 不斷不絶의靈交中에서 祈禱하는者가 안이다。

餞春

春圃 金忠熙

韶光將盡不知春、始聽松庭鳥語新。
白髮重逢倜雅會、綠樽何謝醉芳隣。
尋常前日看花伴、又作今朝送別人。
脫帽狂歌君莫笑、古來佳興此筵頻。

四月十六日

訪梅東適値三怡外諸位詩會次韵

閑中雅會轉如輪、相對無言覺味淳。
高士登筵詩綴玉、名花當砌價分銀。
紅顔可惜餘春酒、白髮不饒老此身。
若許他年鳩杖奉、光風霽月共仁隣。

本誌의內容擴張 (第二次)

이번에 印刷所를變更하는同時에 本文은全部 九포인트活字를使用하게되였다。이로因하야 五號活字보다 六千七百字를 增植하게되였으니 本誌第二十五ㅡ五十四號까지의每頁에九百二十字式二十五頁에 二萬三千字되든때에比하면略七頁餘가增加되여實質로서는 三十二頁의雜誌가된모양이다。또本誌第二十四號以前의 每頁七百二十字식植字할때에比하면 四十二頁 即二倍에近하게 되였다。九포인트外에六號活字가每號에 略三千字식된다。通算하면 今後로는달달이 三萬二千七百餘字를 發送하여야한다。이로써本誌擴張의要求一部에應하거니와、本誌의讀者는 거의全部 朝鮮의代表的貧者들인故로 誌代는 當分間 그대로둘터이다。다만私信의回答에 忠實치못하든지 其他 時間使用에 吝嗇한일、特히 世俗的儀禮와情實에 不敏한것쯤은 當然한일로 容納하기를바란다。從來로도 이일에 가장 沒理解하기는 骨肉의親戚들이었다。저들은 人情味豊富한人間을要求하야 마지않으나、이편은발서 人間이안이라 輪轉機의 한齒車로化하여버렸다。機械課長의 손이 움직일때까지 齒車는 全機械와한께 돌아가는수밧에能事가없다。今日以後로 더욱 鐵面皮의人間이되려하니、이도 하나님과世上을 한꺼번에섬기지못하는悲哀의하나인가한다。讀者도아울러諒恕하라。

主筆 白

聖書概要（八）

金敎臣

삼우엘(下)書大旨

삼우엘上書에도 그 절반以上은 다윗의傳記었지만、그는 修練期까지의 다윗이었고 이제 完全히 유다와이스라엘王으로 君臨한以後、終生의公私記錄은 이 삼우엘下書에 餘地없이 쓰이어있다。王으로서 이스라엘歷史에 空前絶後한大王이니 그 治績을알고저함이 聖書學徒의 自然스러운好奇心일뿐더러 人間、다윗으로서 참되고 偉大한生涯를 地上에 더지고 간 그그림자는 二十世紀의 우리들께까지도 心琴을크게울리지않고는 마지않음이있음으로 一邦君主의傳記면서도 千百年後의 萬國平民들이 自己自身의傳記처럼感興을느끼며 닑는것이다。北米合衆國을알랴면 죠ㅣ지 와싱톤과 아브라함 링컨을알아야할것과같이 猶太歷史를알랴면——基督敎의源泉을알랴면 信仰의始祖아브라함과 理想的大王다윗을알아야한다。聖書記者의뜻을推測컨대 삼우엘과사울의記事는 다윗傳의緖論으로쓴것같고 삼우엘上書는 同下書를爲하야 存在한듯이보인다。마는 다윗이 아무리偉大하다할지라도 하나님의全經綸으로볼때에는 大洋에起伏하는萬波의 一波에不過한것이다。記者의筆鋒은 더높고깊은 眞理의山海를 그리기爲하야列王記以下의史記로 다름박질하기에急하였다。于先 우리는 다윗의傳記에서 重要한眞理몇가지를 吟味하고저한다。

卷頭에나오는 사울과요나단의戰死한消息을接한 다윗의態度와 特히 그 弓歌라는詩歌에나타난 다윗과요나단의友情의切切한表現은 萬古의 丈夫를울리지않고는 마지안하는絶世의紀念塔이다。

勇士가 어찌하야 戰場에서꺼꾸어졌는고、
요나단이 山上에서 죽은바되였도다。
兄弟요나단아 내가 너를爲하야哀痛하노니、
너는 나에게 甚히아름답도다。
奇異하도다 네가 나를사랑함이어、
女人의 사랑보다 낫도다。
勇士가 어찌하야 꺼꾸어졌으며
싸우는兵器가 어찌하야 亡하였는고。

라는(一章二五ㅡ二七節) 文句는 單只美文을羅列한것이안이다。삼우엘上書第十八、十九、二十章等을닑어보면 저들의友誼란것이 世上것과는特殊한것이며、現代와같이 友道의破滅된、信義를不辨하는世代에서는 想像할수도없는種類의 참다운友情이었음을 알수있다。우리에게 萬一 이와近似한友誼를 聯想하기를許한다면 그것은 管仲 鮑淑의友情일것이다。基督敎의管鮑는 即 요나단과다윗이다。

孝道와 忠君愛國의敎訓이缺乏하다고 基督敎를 譏謗하는者는 大概 自身의淺薄함을 表白하는데不過하였으나 設令百步를讓하야 基督敎에는忠孝의敎訓이적다할지라도、基督敎에 友道가缺乏하다고할사람은없다。舊約時代의 요나단과다윗의管鮑之交는勿論하고、新約時代에至하야는 善한사마리아人의 譬喩(路一〇·三〇—三七)로부터 不義의財物로친구를사괴라(路一六章)하며兄弟를爲하야 목숨을받히는사랑云云의敎訓이든지(約一五·一三)예수自身이 罪人과稅吏娼妓의友人이었든 實際生活에至하기까지 基督敎는一種 友道의徹底한것이라고하여도 可하리만치 友誼는基督敎의特質의 하나이되였다。이처럼基督敎가 友誼를特筆大書하였음에는 크게理由가있었다。그리스도는 自己를 單히救主라하시지않고 벗으로自處하셨다(約一五·一五)主가主로만處하고 僕이僕으로만畏恐하고있을동안은 完全한主僕의關係가생길수없다。그間에友誼가 있은後에라야 비로소 참된主僕이될수있다。마찬가지로 父子間에도 善한友人이된後에라야 비로소 父子有親이되는것이며 師弟間도 于先깊이彼此를理解한後이라야 師가眞正한師될수있고 弟子가 참다운弟子될수있는것이다。夫婦와君臣의關係도 亦然하다。깊고 맑은友誼가 基盤된우에라야 人間社會의萬般關係가참으로整調되여지는것이다。基督敎의源泉에 요나단과다윗같은 友誼의샘이있었음은 當然한일이었다。

다윗은 微賤한牧童의몸으로부터 드디어유다와이스라엘全民族을完全히統一하고 東은 메소포타미아의유브라데江으로부터 西는 스에즈地峽까지 南은 紅海의北端으로부터 北은레바논山脈의北境까지 이르는 猶太史上最大境域의君主가되였다。國威는 밖으로宣揚할데까지 높이고、民心은 안으로 充分히統一되여 이새의아들 다윗을 正統의主權者로 우러러보게되였다。一介牧童으로서 到達할수있는 極度까지 達한것이었다。다윗은奇異한攝理의 感激에 못니기어 外憂內患이없는틈에 하나님을爲하야 一大聖殿을 建築하고저願하였다。그러나 하나님의恩寵은 다윗의一代에만限할것이안이오 實로 그子孫에게까지 言約을맺게되였다(七章一一—一七節)。이에이르러 다윗은

주 여호와여 나는누구며 내집은 무엇이관대 나로하

여금 이에이르게하시나이까

云云으로始作하는 八章十八節以下의 感謝、讚頌의祈禱가 솟아나오게되였다。 저 아무리詩人이라하여도 當時의다윋의心懷를 그대로敍述하기에는 짐작건대 萬分之一도 다하지못하였으리라。 그만치 다윋은 成功에陶醉함도 避치못할 形勢였다。

이때이었다。 逼迫하든者의 자취도남지않고 對敵하든者는 平征되고 能히遠邦을撫誘하며 近臣을論功할때 이때에 大王다윋은 容赦할수없는 罪惡을犯하야 成功의絕頂에서 慘敗의구렁으로 떨어졌다。저는 勇將우리아의안해 밧세바와姦淫을行하고 그犯罪의事實을隱蔽하기爲하야 다시그忠烈無比한 우리아까지殺害하는 計劃的犯罪까지하야 二重三重의罪人이되여 萬代에 그恥辱을 씻지못하게되였다。成功은 萬人이願하는바이나 사단이 義人을 부끄럽게하는것은 實로 이成功이라는때만이 千載一遇의佳機인것이다。

우리의痛惜을待할것없이 率直한 이스라엘사람인다윋은 곳 그罪를깨달았고、情熱에醉한눈이깨여 그罪를認識하였으니 저의靈台에는 深刻한懺悔가일어났다。그悲痛의一部分을 不完全한文字로表示한것이 詩篇第五十一篇으로 우리에게傳해졌다。願컨대 사람마다 純潔無垢하야 그리스도와같은地境에處할것은 첫째所願이나 不幸히사단의謀陷에빠진者는 다윋의痛切한懺悔에 크게배울바가있다。罪란것이 무엇인가、凡事에眞實이없고 人生을演劇처럼 보내려는近代人들에게는 到底히 알수없는消息이나 다윋을말하라면

대개 내가 나의犯罪함을 아오니
내罪가 恒常 내 앞에있나이다

한다(詩五十一篇三節)。女人의몸에감긴능굴이가 떨어지지않는다하나 罪처럼「恒常내앞에있」을수야있으랴。故로罪의處分權은 사람에게없고 全能하신主께만있다。

우슬초로 나를 깨끗게하소서 내가정할것이오、
씻기소서 곳내가 눈보다 더히겠나이다。
하나님이어 나를爲하사 한淨한마음을지으시며、
내속에 正直한心靈을 새롭게 하시옵소서。

라고(同七、十節) 叫呼할수밖에 없었다。犯罪는痛忿한일이었다。없으니만같지못하였다。마는 이일을因하야 다윋의 貴重한一面을 알수있어슴은 所謂不幸中當幸이었다。오ㅣ가스틴 루소ㅣ 톨스토이等의懺悔文學이 오래世上에傳할價値있는것이라할진대 다윋의이詩는 最大 最貴한것

이다。

다윗의悔改는深刻하였다。그러나 犯罪의結果는全然히煙滅할수없었다。삼우엘下書의下半分은 다윗의罪의結果를淸算한 失敗의記錄이다。저는英雄好色이라는常規를 벗어나지못하고 많은妻妾을두어 헤브론과예루살렘에서난 男子만하여도 十七人이記載되였고(삼下三章二ㅡ五、同五章一三ㅡ一六節)其外에 딸들도 적지않었다。多妻主義만으로는滿足지못하야 乃終에는姦淫과殺人罪까지犯하였다。그結果로 다윗의家內에는 異腹男妹가非義의戀愛로써 信仰의祖上인 다윗王室에 있을수없는 醜態를演出하였고(第十三章)그뿐만안이라 一波萬波를 일으켜 同生압살롬이 兄된암논을暗殺함으로부터(同上) 父王다윗에게 압살롬이謀叛함에이르러 사울의게서받은逼迫의 幾十倍幾百倍되는辛酸苦楚를맛보지안이치못하였다。英雄다윗이오 하나님의特別한寵愛를닙은牧童이엇지만 하나님의誡命에拒逆하고 天然의法則에어그러지어 無際限한慾望을滿足케하고서는 그罪의結實을避할別方途는 없었든것을알수있다。

다윗의一生을通觀할때에 무엇보다도 多情多感한爲人이었다는것이 뚜렷하게 남아있다。저의아름다운것도 그情緖에있었다。그友誼에厚하야

兄弟요나단아 내가너를爲하야哀痛하노니、
너는 내게 甚히 아름답도다。
奇異하다 네가 나를 사랑함이어、
女人의 사랑보다 勝하도다。

라고 요나단을 弔哭하며、敵을赦宥함에寬大하야 사울의生命을 數次釋放하였을뿐더러 叛將아브넬을容納한態度며(第三章)、義理에굳어 사울과요나단의死報를傳한者를 버이고(第一章)、이스보셋을暗殺한者를버이어 懲戒한것과(四章)、요나단의아들므비보셋을厚待한것은(第九章) 다 그아름다운情緖의發動이었다。마는 저의犯罪와亂麻된家庭生活을 乃終에는收拾할수없이된 그原因도 이情에過함에서發源하였다。情의發動은 아름다운것이나 義의 平衡을엇지못하고는 甚히危險한것이다。自然主義라하야 情의發動을그대로美化시기려함은 近代人의 큰錯誤라할것이다。

善行도 많았지만 큰失手도 적지않았든 다윗의一生에 닞을수없는 한事件은 다윗이 우리아의 안해 밧세바로더브러 姦淫한後에 先知者나단이 다윗의面前에서 이일을擧하야 大責한일이었다。나단은比喩로써 시작하였다。

한城에 두사람이있으니 하나는富者요、하나는艱難한사람이라。富者는 羊무리와 소무리가심히많으나 간난

한사람은 적은암양사끼 하나밖에 아무것도없으니 이것은自己가사서길으는것인대 그 암양사끼가 저와 및 저의子息과 같이있어자라며、그먹을것을먹고 그잔에서 마시고 그품에 누었으니 딸처럼 녀기는지라。그때에 어떤行人이 그富者에게오매 富者가自己의羊무리와 소무리를 아껴、온 行人을爲하야 잡아대접하지아니하고 艱難한사람의 양사끼를가저다가 自己에게 온사람을爲하야 잡았나이다。

하니(十二章) 率直한다윗은 그富者에게 크게怒하야 나단에게 니르되 永生하신 여호와를두고 盟誓하노니 이일을行한者가 맛당히 죽을자라。저가 불상히녀기지않고 이일을行하였으니 그 양사끼를 四倍나갚아주어야 하리라。

하는判決의말슴이 다윗의입에서 채다맞후기前에 先知者나단의손가락은 다윗大王의玉座를 直射하면서『王이 곳그사람이라!』고 顏色을도두고責望하기시작하니 萬乘天子를 지나치는權勢의極에處한大王다윗도 不過數句에 맞히初霜에 숙우러진白菜모와같이 高壓電線에感觸된사람과같이『내가 여호와께罪를犯하였도다』라는 一聲으로써 자복하여버렸다。이때다윗의光景은 베드로의책망을받은아나니아夫妻의境遇(使五章一|十一節)에彷彿하였을것이다。故로 나단은 곳 말을니어『여호와 또王의罪를赦하시니 王이죽지아니하리라』고添加하였다。戰場에설때에 獅子보다强하든勇者도 하나님앞에서罪의책망을받을때는 處女보다도軟弱하였다。可憐한다윗이었다。그러나國王을 面駁하는先知者를가지고 또 그先知者에게能히順從하는 君主를奉戴하였든猶太民族은 果然獨特한「選民」이었다。

詩第五十一篇

一、仁慈하신 하나님이어 나를矜恤히녀기소서。그矜恤이 無限하심이어 많은罪를消抹하소서。二、내惡을洗濯하심이어 내罪를掃除하소서。三、내罪를내가앎이어 恒常내앞에있나이다。四、나는 主앞에犯罪함이어 主의鞫問하심은 義롭고善하시도다。五、내가出生時에善치못함이어 胎中부터惡하도다。六、中心의 眞實을願하시는主여 내衷曲에 智慧를부으소서。七、牛膝草로뿌려淨潔케하심이어 나를씨서눈보다더히리이다。八、喜樂의소리를 듣게하심이어 衰敗한形骸로踴躍케하소서。九、내罪를鑑察치마심이어 내惡을塗抹하소서。十、내마음을곧혀 淨潔케하심이어 내神을바로잡아새롭게하소서。十一、나를主앞에쫓아내지마심이어 主의神을거두지 마소서 十二、救援의깃븜을 다시주심이어 心靈을붓드러順從케하소서。十三、그리하면 내가主의道로指導함이어 罪人이主께로 돌아오리이다。十四、하나님나의救援의하나님이어 피흘린罪를赦하소서 主의公義여 내가讚頌하리로다。十五、主는내게口才를주심이어 讚揚하기를마지아니하리이다。十六、主는燔祭를 깃버아니하심이어 깃버하셨더면 내가들였으리이다。十七、하나님의悅納하시는祭祀여 나의痛悔하는心靈이로다。十八、시온에 恩惠를 베프심이어 예루살렘 에城을쌓으소서。十九、主는義로운燔祭를 깃버하심이어 그때에수소를 壇에들이겠나이다。

聖書槪要

삼우엘「下」書槪綱

一、다윗의內政整理 (一·一—五·一六)

甲、유다王되기까지 (一·一—二·七)

가、아멜렉人이 사울과 요나단을죽이고 다윗에게 報告하다 (一·一—一〇)

나、다윗이 아멜렉少年을죽이다 (一一—一六)

다、弓 歌 (一七—二七)

라、유다族屬의 王이되다 〔식읕락헤브론〕 (二·一—七)

乙、全이스라엘大王되기까지 (二·八—五·一六)

가、아브넬의叛亂 (二·八—三二)

나、다윗의强盛及六子 〔헤브론出生〕 (三·一—五)

다、아브넬의歸順 〔사울一家의衰退〕 (六—二一)

라、아브넬의被殺 〔요압의復讐〕 (二二—三九)

마、이스보셋의暗殺 (四·一—八)

바、다윗의義理 〔第一章一一—一六節參照〕 (九—一二)

사、유다와이스라엘完全統一 (五·一—五)

아、시온城으로遷都 (六—一二)

자、다윗의十一子 〔예루살렘에서出生〕 (一三—一六)

二、다윗의外交擴張 (五·一七—一〇·一九)

가、블레셋征服 (五·一七—二五)

나、法櫃運搬 〔바알레→예루살렘〕 (六·一—二三)

〔附〕(1) 다윗의樂器〔거믄고、가약고、소고、양금、제금〕 (五)

(2) 옷사가法櫃를만지고即殺 〔베레스옷사〕 (六—八)

(3) 法櫃를張幕에모시고 다윗이춤추다 (一二—一九)

(4) 미갈이嘲弄하고天罰받다 (一五—二三)

다、聖殿建築時期尙早 (七·一—一一)

라、聖殿建築은子孫에게約束받다 (一二—一七)

마、다윗의 絕大한感謝 (一八—二九)

바、블레셋과 모압征服 (八·一—二)

사、소바、다메섹、수리아、하맛征服 (三—一四)

아、다윗의論功行賞及內閣諸公 (一五—一八)

자、다윗의報恩 〔므비보셋을優待함〕 (九·一—一三)

차、암몬、수리아의征服 (一〇·一—一九)

一四

三、다윗의 衰退 （一一・一—二〇・三）

(1) 다윗自身의 犯罪 （一一・一—一二・三一）

가、다윗이 우리아의妻 밧세바를姦淫함 （一一・一—五）
나、다윗의罪跡隱蔽策 （一一・六—二七）
其一、우리아를歸宅케하랴다가失敗 （六—一三）
〔우리아의忠義、剛直〕 （九—一三）
其二、요압에게命하야우리아를戰死케함 （一四—二五）
〔다윗이밧세바를娶妻하다〕 （二六—二七）
다、나단의어린羊比喩에 다윗이스스로審判 （一二・一—六）
라、나단의宣告에 다윗이自伏하다 （七—一四）
마、다윗의痛切한 悔改에도不拘하고 드디어乳兒는 死亡하다 （一五—二三）
바、솔로몬의出生 （二四—二五）
사、랍바城攻略 （二六—三一）

(2) 家內騷動 （一三・一—一四・三三）

가、암논이不義의戀慕로다말을强姦함 （一三・一—二〇）
나、압살롬이長兄암논을暗殺하야 妹弟다말의 怨恨을 雪恥하다 （二一—三六）
〔압살롬이 三年間 그술에逃亡하다〕 （三七—三八）
다、요압의智略〔드고아女人으로上奏케함〕 （一四・一—二〇）
압살롬의歸還、압살롬의人物과子女 （二一—二七）
라、二年後에 압살롬이父王께再見하다 （二八—三三）

(3) 압살롬의 謀叛 （一五・一—二〇・三）

가、압살롬의 人心收攬策 （一五・一—六）
나、압살롬이헤브론에서擧兵〔아히도벨도協力〕 （七—一二）
다、다윗은亡命逃走、압살롬은入城 （一三—三七）
〔가드人잇대의忠誠〕 （一八—二三）
〔사독、후새等은密探으로 殘留〕 （二七—三七）
라、다윗의流離의길 （一六・一—一四）
甲、므비보셋의奴시바의姦計 （一六・一—四）
乙、시므이의咀呪를甘受하는다윗 （五—一四）
마、후새의거즛歸依〔압살롬에게〕 （一五—一九）
바、아히도벨의謀略 （一六・二〇—一七・四）
其一、人倫蹂躪 （二〇—二三）
其二、手兵一萬二千으로追擊策 （一七・一—四）
사、후새의獻策이아히도벨의妙計를破함 （五—一四）
아、압살롬의軍略을 다윗에게密告 （一五—二二）
〔아히도벨의「歸去來」、憤死〕 （二三）

자、압살롬의 다윗追擊戰
1、압살롬은 아마사를軍事長官으로任命하고 이스라엘
衆과한께進軍 〔길르앗〕 (一七·四ㅡ二六)
2、다윗은到處에서同情받다 〔마하나임〕 (二七ㅡ二九)
3、다윗의閱兵及配陣 (一八·一ㅡ五)
〔特히 압살롬을寬待하라고附托하다〕
4、에브라임林藪中의激戰 〔압살롬戰死〕 (六ㅡ一八)
5、我子압살롬아、我子압살롬아! (一八·一九ㅡ一九·八)
차、다윗이 예루살렘으로還宮함 (一九·九ㅡ二〇·四)
이스라엘諸支派와祭司長들歡迎準備 (九ㅡ一二)
아마사、시므이等을特赦함 (一三ㅡ二三)
므비보셋의出迎 〔사울의孫〕 (二四ㅡ三〇)
바실래 〔길르앗富者〕 에게報恩 (三一ㅡ三九)
이스라엘派의 抗議 〔유다派에게〕 (四〇ㅡ四三)
세바의叛逆 〔벤야민派〕 (二〇·一ㅡ二)
예루살렘本宮歸還 〔十妾捉囚〕 (三)

四、다윗의末年 (二〇·四ㅡ二四·二五)

(1) 再次周圍平定 (二〇·四ㅡ二一·二二)

가、비그리의子 세바의叛亂鎭征 (二〇·四ㅡ二二)
〔附〕 다윗朝廷의諸大臣 (二三ㅡ二六)
나、年復年三年凶災를通過함 (二一·一ㅡ一四)
〔사울의遺族을埋葬〕
다、블레셋再征 〔四巨人沒殺〕 (一五ㅡ二二)

(2) 다윗平生의大感謝와祝福 (二二·一ㅡ二三·三九)

가、一平生을回顧하면서 (二二·一ㅡ二三·三九)
나、最終의宣言으로 〔治者의準則〕 (二三·一ㅡ五)
〔惡者의咀呪〕 (六ㅡ七)
다、다윗의 官員錄 (八ㅡ三九)

(3) 다윗의國勢調査 (二四·一ㅡ二五)

가、全國을調査한報告 (二四·一ㅡ九)
調査에要한日數 〔九個月二十日間〕
丈丁의總數 이스라엘派 八十萬人
유다派에 五十萬人
나、다윗이自責하고 天罰甘受 〔三日間瘟疫〕 (一〇ㅡ一七)
〔滅亡한者七萬人〕
다、다윗이 아라우나의打作場에祭壇을築하야 燔祭와酬恩
祭를들이다 〔代價銀五十세겔支拂〕 (二四·一八ㅡ二五)

갈라듸아書研究(一)

柳錫東

緒論

一、루ㅣ더ㅣ갈라듸아書概論

이書를註釋하기前에 먼저그內容의槪要 即바울이 이書에서무엇을論하랴하였는가를 明白히하여둠이必要하다。

바울이本書翰을쓴主要目的은 信仰、恩寵、贖罪、크리스챤의義等重要한敎義를闡明하야 크리스챤의義와 그他의義와의區別을알게하고 또各者에對한 充分한知識을얻게함에 있다、普通義即正義라하는것에는 여러가지種類가있다。其一은政治的義인대 이는그우에國王、政治家、學者、法律家들이 立脚하여있는것이다。其二는人類가傳統的으로 가르치는儀式的義인대 이는父母敎師가 子弟에게가르치는것이다。이것은罪속에 그대로있게하는것도안이오 또하나님을깃브게하는것도안이오 또하나님의恩寵을받는 資格을주는것도안이오 다만禮節을지키며 日常生活에必要한여러가지注意를줌에不過함으로 決코害로운것은안이다。其三은 律法의義即모세가 가르친十誡를지킴으로얻는義인대 이는信仰의敎義와한께 가르치는것이다。

그러나여긔에 以上말한三種의義와比較하야 훨신낫은義가 또있음을닞어서는아니된다。이는 信仰의義即크리스챤의義인대 다른義와는全然性質이다르다。다른義는 皇帝가定한法律或은法王의 傳說或은 하나님의誡命에서생긴것이고 우리의行爲를그要素로함으로 우리의生來의힘또는 하나님께로부터받은諸種의才能으로써 實行하고完成할것이다。即우리가 가지고있는다른才能과같은것이다。

여긔에對하야 信仰의義는 우리의行爲에依하지아니하고 그리스도로써값없이 하나님이우리에게주는것이다。政治的義도안이오 儀式的義도안이오 律法的義도안이오 行爲的義도안이오 이와는正反對가되고 또한훨신優越한義이다。다른義를自力的義라하면 信仰의義는全然他力的義이다。우리에게아무좋은行爲가있는것이안이고 또한하나님을爲하야 아무하는일이있는것이안이고 다만받을뿐이오 하나님이밖에서 우리속에이義를完成함만을 기다릴뿐이다。이는信仰의義크리스챤의義 他力的義라고할수밖에없는것이다。

이義는 가장神秘한奧義임으로 世上사람이이를모름은勿論 所謂크리스챤이라하는사람도 이를充分히理解하지못하야 誘惑이닐어나면 대번이義를버려버린다。우리는熱心으로이義를배워야하며 또한이에對하야 많은訓練을받어야한다。우리가만약他力의義를 理解치못하고體得치못하면 良心의苦悶과恐怖로因하야 絶望에빠지지아니할수없으며 여

긔에反하야 이를把握하면 確實堅固한良心의滿足을얻는다

그러한대 人類의狀態는어떠한가。人類는 참으로弱하고 可憐한狀態에沈淪하여있어 良心의恐怖와 罪의苦悶으로死의危險에들어가드라도 다만自己의行爲의不潔함과 價値없는것과 律法을犯함만을생각한다。여긔에 그의罪惡은 더욱 밝히나타나 罪惡에쌓인過去의生涯가 限없이무섭게보인다 그리하야 그는이참을수없는良心의苦惱속에서「嗚呼라 나의生涯가 왜이리惡하였든고。하나님이어 저에게餘生을더주시면 반듯이生涯를改善하겟나이다」라고부르짖는다。이와같이 人間의理性은 自力的義에만눈을뜨고 自己의義를求함에만汲汲하고있다。他力的義 即크리스챤의義를생각하랴고는좀음도아니한다。罪惡이 이와같이우리性質속에깊이 뿌리를박고있으니 이實로戰慄할事實이다。

또사단은우리의 이弱한肉을엿보고 우리속에自力的義를求하는마음을 더욱더욱생기게하야 可憐한우리良心은 一層苦悶과恐怖와混亂에빠질뿐이다。이 사람은自己마음속에 滿足을 얻을수는到底히없는것이며 또 自己의罪를보고는 罪의實感과 恐怖에잠기지아니할수없는것이고 또自己의行爲를보고는 善惡의批判을하지아니할수없는것이다。事實이러한不安과恐怖를 이기는것은 人力以上이라야되는것이며 하나님의律法의힘도 여긔에는所用이없는것이다。律法은이世上에서 가장優秀한것이지마는 苦悶하는한良心에平安을 좀음도주지못한다。다만良心의苛責을더할뿐이고 따러사람을絶望에빠지게할뿐이다。『이는 罪가誡命에依持하야 甚히 惡하게됨이니라(로마七章十三節)』

故로예수그리스도가恩寵으로써 自由로우리에게주는 赦罪即信仰에依한他力의義 크리스챤의義를믿지아니하면 苦惱에빠진良心은 到底히救濟를받을수없는것이며 다만絶望과 永久의死가있을뿐이다。그러나 만약良心이 이義를把握하면 平康을얻고安心을얻을수있어 大膽히말하게된다。『나는自力의義를 求하지아니한다。勿論自力의義는完成하여야한다。그러나이를完成한다하드라도 나는이에依賴할수없고 또한自力의義를가지고 하나님審判에對抗할수가없다。나는自力의義를 全部抛棄하였다。即自己의 義뿐이안이라 하나님의律法의義까지도抛棄하고 다만恩寵과慈悲와赦罪로써주는他力의義만을가지고있다。나는 그리스도와聖靈이주는義우에安住하고있다』

따이스스로비를만들수없고 또따自體의努力으로 비를오게못하고 다만하나님의恩寵으로 우에서비를받을뿐인것과같이 이 他力의義는天的義이며 우리의行爲와價値와關係 없이 하나님께로부터받는것이다。따에自力으로써 비를오게 하는힘이없는것과같이 우리도 우리의힘과行爲로써 이天的 永遠의義를얻을수없다。하나님이無限한恩寵으로써 이義를 그의絶對한能力을가지고 우리에게주지아니하면 우리는到

底히 이義를얻을수없다。故로크리스챤의 가장큰知識、가장큰知慧는 律法을無視하고 行爲를無視하고自力의義를全部無視하는것이며 더구나良心이 하나님의審判때문에苦惱하는때는그러하다。그러나 하나님의百姓이안인世上사람의가장重要한知慧는 律法을알아熱心히이를行하야 自力의義를얻으랴努力하는것이다。

크리스챤에게對하야 律法을無視하고 律法이없는것과같이 하나님앞에선다고가르치면 世上사람은 甚히異常히생각하고 이는想像밖에일이라고한다。그러나 우리가救援을받는것은 이제는 律法도하나님의忿怒도없이다만그리스도로말미암아오는 恩寵과慈悲만이있음을믿어 全然律法을떠남에있음을確信하는대있다。律法은다만 罪의罪임을알으켜줄뿐이다。우리와反對로 世上사람에게는 行爲와律法을嚴格히遵守시기며 恩寵에依한그리스도의救援의 約束을全然無視하는態度로나가게해야한다。이 로마書三章十一、十二節에있는것과같이 頑固、驕慢、强惡한者에게는 그目前에嚴格한律法을提出하야 恐怖시기고 謙遜하게만드러야하는까닭이다。律法의目的은 이러한者를무서워하게만들어 死境에이르르게하는데 即肉에屬한녯사람을 懲罰하는데에있는것인데 우리는恩寵의말슴과忿怒의말슴 救援의말슴과審判의말슴을 뒤모데後書二章에있는것과같이 明白히區別하여야한다。

우리는 여긔에律法을 그正當한範圍한에둠이必要함을깨닫는다。만약律法을遵守함으로써 하나님앞에 義롭게된다고가르치는사람이있다면 이는律法의範圍를넘는者이며 自力과他力의義를 混淆하고聖言을 正當히分別치못하는敎師이다。그러나 律法과行爲는녯사람 即生來의사람또는肉의사람에適用하고 救援의約束、赦罪、하나님의恩寵은 새사람即聖靈으로 새로낳은사람、靈의사람에適用하면 이聖言을잘分別한사람이다。녯사람 即肉은律法과行爲에매일것이고 새사람即靈은 하나님의約束과恩寵에매일것이다。故로律法의壓迫에 참지못하야罪의恐怖에빠저 靈의慰安을渴求하야苦悶한結果 全身에傷處가 가득하여 피투청이가되고瀕死의狀態에빠저있으면 이때야말로 그의目前에서律法과自力의義를除去하고 이대신에他力의義를提出하야 모세가준律法이안이라 苦惱하는罪人을救援하기爲하야 오신그리스도의 救援의約束을줄때이다。이로因하야 그는復活하야希望을얻고 발서律法알애에있는것이안이라 恩寵알애에있는것이다。그는이제는 律法과는아무關係가없는것이니 이그는律法과關係없는 새사람이된까닭이다。바울이말한것과같이 律法은그리스도때까지이며 그가오신後모세는律法과割禮와安息日과한께 없어진것이고 또한몯은預言者도亦終結이된것이다。(로마書十章四節)

이것이 우리의信仰이고 이로因하야우리는自力의義와他

力의義를區別하야 儀式과信仰 行爲와恩寵 政治와宗敎를 混淆하여서는 아니됨을알고 또한서로대신할수없음을안다 이二種의義는 둘이다必要하지마는 各各其範圍를넘지아니함이緊要하다。크리스챤의義는 血肉으로낳은녯사람에게는 何等의關係가없고 靈으로낳은새사람에게만必要하고 녯사람에게는 驢馬에게무거운짐을지게하는것과같이 律法으로써壓抑하여야한다。녯사람은 그리스도를믿어 새사람을입지아니하면 恩寵과靈의自由를享有할수없다。이새사람을입는일은 이世上에서 完全히實現할수는없는것이지마는 우리는이로써 비로소天國의깃븜을맛볼수있고 또한 이것이 하나님의測量할수없는 恩寵임을깨닫게된다。

이와같이말하는것은 우리가決코 善行을拒否하고禁止하는것이안임을表示하랴함이다。羅馬敎徒는 우리를誤解하고 是非하야 善行을拒否或은 禁止하는것같이말한다。그러나 그들은 우리의敎義를아지못할뿐안이라 그들自身이말하는바도잘아지못한다。그들은律法의 義以外것은아무것도모르면서 律法의義보다훨신 以上의義를가르치는敎義를審判하고있다。그러나크리스챤의義는 肉의사람이 到底히審判할수없는것이며 그것이무엇인지도 알수없는것이다。그들은 律法의 義以上을보는눈이없음으로 이높은義에對하야反對하고 또한律法以上의것은 무엇이든지 그들은싫어한다。그러나 두世界가明白히있다。하나는地的世界이고 또하나는天的世界이다。이두世界가甚히懸隔하여있는것과같이 이二種의義도兩世界에 따로따로適用될만큼懸隔하여있다。律法의義는地的이며 地的世界에關係되는것이며 우리는이로써善行을하는것이나 따이좋은열매를얻으랴면 먼저한울에서비를받어 肥沃하게되여야하는것같이 우리가먼저우리自身의行爲에依치아니하고 또우리自身의 功勞에依치아니하고 다만그리스도의義로써義롭게되지아니하면 律法의義는 表面만은일을하는것같으나 事實은 큰일을못하는것이다。크리스챤의義는 律法의義即地的自力的義와는 關係없는天的義이며 우리自身이얻는것이안이라 한울에서주는것이고 우리의行爲로實現하는것이안이라 恩寵으로 우리속에完成되는것이고 信仰으로因하야 體得되는것이다。따러우리는 이것을몯은律法과行爲우에둔다。故로 바울이말한것과같이 우리는地的아담의形像을받어낳은것과같이 이제는天的아담의形像을 받어야한다(고린도前書十五章四十九節) 이天的아담은即새사람이어 새世界에살며 이새世界에는 律法이없고 罪가없고良心의苛責이없고 死가없고 다만完全한喜悅과正義와恩寵과平和와生命과救援과榮光이 있을뿐이다。그러면우리는 아무것도아니하고도 이義에參與할수있느냐고묻는者가있을것이다。그렇다 아무일도할必要가없는것이다。完全한義는 우리自身으로는 아무일도아니하고 아무일도듣지아니하고 律法도모르고 行爲도모르고 다만그리스도가復活하야 아버지겯에가 只今우리가눈으로볼수가없으나 그는한울에서 하나님右便에안즈시어 우리를審判하시지아니하고 하나님께세운바되여 우리의智慧、義、聖、贖罪가되여있음 卽그리스도는 우리의祭司長이되사 우리를爲하야 하나님께懇求하고恩寵으로써 우리를支配하심을 믿는것이다。完全한義는 卽이것이다。이天的義속에는 罪가存在치못한다。그곧에는律法이없고 따러律法이없는곧에는 이것을犯할수도없는것이다(로마四章十五節)。

罪가 全然存在치아니하면 良心의苦痛도恐怖도煩悶도있지아니한다。故로요한이말한것과같이「하나님께서 낳은者는罪를犯할수없다」(요한第一三章九節)。그러나 良心에좆음이라도 苦痛과恐怖가남어있다면 이 우에서온義가退却하고 恩寵이숨기고 그리스도가暗黑속에파무친證據이다。그러나 그리스도를참으로 鮮明히바라볼때는 반듯이主안에있는完全하고 充實한歡喜를갖어 良心의平和를얻음은勿論이고 이런사람은스스로말한다。「나는 律法에依하면罪人이고 罪의咀呪밑에있을지라도 決코失望하지도아니하고죽지도아니한다。」그리스도가살어게시어 그야말로나의義이고 나의永生이다。 나는罪도없고 恐怖도없고 良心의苛責도없고死의恐怖도없다。나는現存의生命과 義에依하면 아담의子孫으로서한罪人이다。現在의生命은 律法의咀呪하는것이고 死가支配하는것이고 畢竟死가이生命을삼켜버릴것이다。그러나 나에게는이生命以上의 他生命과義가있다。이生命은 하나님의아들그리스도이다(로마八章九ㅣ十一節)。그는罪를아지못하며 死를아지못하고 義이고永生其自體이어 死後흙으로도라갈이몸은 그로因하야復活되여 律法과罪의束縛을버서나 靈과한께完全히 거룩하게된다」고。

우리가사는동안에는 이兩者는다繼續된다。卽肉은 咀呪받고誘惑에빠지고 律法의義에傷하야 煩悶과苦惱에壓迫되나 靈은支配하고歡喜에넘치고 他力的크리스챤의義로말매암어救援된다。이 靈은아버지右便에게신主를 한울에갖어 그가律法과死를廢하야 몯은惡을발아래에밟어 이를捕虜로잡고 完全히勝利함을아는까닭이다(고로새二章十五節)。

聖바울이 이書翰에서熱心히말하랴는點은 우리에게이려한知識을充分히알게함에있다。信仰으로因하야 義롭게되는그信仰이없어지게되면 眞正한基督敎의 敎義는 全然破壞되고만다。이敎義를믿지아니하는사람은 猶太人이안이면土耳其人 그러치아니하면羅馬敎徒 그러치아니하면異端의徒이다。律法의義와크리스챤의義새이에 中間物은없다。故로크리스챤의義에서 떠러지는者는 반듯이律法의義밑으로가게된다。그리스도를 읽러버리면 우리는의례히自己의行爲에依賴하지아니할수없게된다。

故로우리는 熱心으로反覆하야 이敎義卽信仰으로써 義롭게되는他力的義를高調하며 이리하야 律法에依한自力的

義와의區別을明白히한다。그러하지아니하면 우리는 敎會의基礎가되고 內容이되는이重要한眞正한敎義를 維持할수없는것이며 따러墮落하야 信仰個條와儀式과律法에잡이여羅馬敎徒와같이되여 漸漸그리스도를 暗黑속에들어보내게된다。여긔에우리는 眞正한가르침을받을수도없고 또참慰安을얻을수도없다。故로 우리가他人을敎導하랴면 이點을깊이注意하야 律法의義와그리스도의義와의 區別를明白히하여야한다。이區別은말하기는쉬운것이나 實際로適用하기는大段困難하다。臨終時나或은良心이苦惱하는때는 이二種의義는甚히 接近하여와區別하기가어렵게되는것인대 이러한때에도 充分히區別할수있게이에對하야 訓鍊받는것은여간한일이안이다。故로 나는몯은사람에게 特히敎師에게勸하고저하노니 恒常聖言을읽고배워생각하며 祈禱를하야自己를修養하야 誘惑을當할때 自己와他人의良心을敎導하야慰安을주고 良心을律法에서恩寵으로 自力的義에서他力的義에 모세에서그리스도로引導하기를바랜다。惡魔는우리良心이苦惱할때 律法을가지고 우리를恐怖시기며 罪惡을提示하며 過去의罪惡의生活을目前에보이며 하나님의忿怒와審判과地獄과永久의 死를示現하야 우리를絶望시기고 惡魔의奴隷로만들러 그리스도부터떠러지게한다。이뿐안이라惡魔는 우리에게對하야 福音書의一部에서그리스도가 우리에게行爲를要求하야 만약善行을하지아니하면 咀呪를받는다고말심하신것을가지고 叱責한다。이때우리가 이二種의義를明白히區別치아니하고 또그리스도가 하나님右便에안즈시어 우리惡한罪人을爲하야 懇求하고게심을信仰으로써確守하지아니하면 우리는律法밑에있는것이고 恩寵밑에잇지아니하는것이며 그리스도는 우리救主가안이라 立法者이며 우리가만약참으로悔改하지아니하면 救援은永遠히일러버리고絶望과 永久한死가있을뿐이다。

故로 우리는이二種의義를明確히區別하야 律法이支配하는範圍를알을必要가있다。律法은肉만을 支配할것이며 肉은律法에服從하야 그밑에있을것이다。律法이範圍를넘지아니하여야 비로소그分을지키는것이다。그러나 律法이良心까지侵入하야 이를支配하랴고할때는 우리는明白한論理로써이區別을잘하여 律法에게必要以上의地位를주어서는아니된다。우리는律法에對하야 大膽히말하여야한다。「律法아너는나의良心의 王國에侵入하야暴君이되고 그리하야罪따문에 나의良心을叱責하고 그리스도를얻어獲得한기뿜을없애여 나를絶望에빠지게하고 그속에서죽게하랴고한다。그러나 이 너의職權以外의行爲이다。너는너의權限을遵守하야 다만肉우에너의權利를行使하라。나의良心에는 接觸치말려라。나는발서洗禮를받어 福音으로因하야 義와永生을얻어 그리스도王國에들러가고 그곧에서나의良心은限없이平康을얻었다。여긔에는 律法은存在치아니하며 다만赦罪

平和、寧靜、喜悅、健康、永生이있을뿐이다。나를구찬케하지말려라。나는너와같은 견댈수없는暴君 殘酷한壓迫者가 나의良心을支配하는것을싫어한다」。나의良心은 하나님아들 그리스도의 寶座이고宮殿이다。그는 義와平和의王이시고 나의最愛의救主 또는仲保者이시어 健全하고單純한福音의 가르침과 크리스챤의天的義로써 나의良心을平安과歡喜속에있게하신다」고。

이義가우리마음을 支配하게되면 비가한울에서나려와땅을적시는것과같이 한울나라서다른나라에온우리는 몯은機會에善行을하게된다。만약 福音을傳하는것이 職業이라면 說敎하며 苦悶하는者를慰安하며 聖餐을主司하고 家長이라면 집을다사리며家族을사랑하며 子弟를敎育하여 하나님을알게하야 그를畏敬케하고 行政官이라면 우에서준權力을熱心으로行使하고 奴僕이라면 忠實이主人의命令을지킨다。그리스도를 自己의義라고確實히믿는者는 職務를愉快하고忠實하게 履行할뿐안이라 사랑을가지고支配者와그法律에服從하고 支配者가殘忍酷薄하드라도 죽음도이것을싫어하지아니하며 이世上에있어 여러가지무거운짐을지고危險을當함을辭讓치아니한다。이 이것이 聖意인줄를알고 이것에服從하는것이 하나님을기뿌게함인줄을아는까닭이다。

以上말한것이 바울이 가라되아사람들속에僞敎師가 나타나 信仰에依한義의眞理를紊亂시기랴고할때 그의權威와職權으로써 堂堂하게辯駁한書翰의大要이다。

나의 걸음 (三)

柳錫東

五月二十日。 一年三百六十五日이다 意味없는날은안이지마는 이五月二十日은 나에게 特別한생각과느낌을준다。이날은내가肉에죽고靈에들어온날이다。過去몃十年동안의自我의生活에서 버서나 하나님의生活로들어오게된날이다。하나님과예수그리스도를 알뿐안이라 그에게나의存在를알리게된날이다。勿論나는이날에 洗禮를받은것이안이고 또 벗들앞에서異常한힘을 나타낸것이 안이다。홀로房안에앉아 自己의罪惡에 이때까지없는苦悶을 깨달아어찌할줄을몰라 普通때와같이祈禱를하다가는聖書를닑고 聖書를닑다가는祈禱를하고있을때 果然꿈에도생각지아니한일이눈앞에展開되였다。고린도前書第一章三十節後半의말「예수는하나님께서세우사 우리에게知慧와義와거룩함과贖罪함이되셨으니……」가 번개같이마음속에지내가며 눈에는예수그리스도의十字架가 뚜렷이뵈였다。나는이때理知의도키를쓰기에는넘어罪惡에征服되여숨까지도쉴수가없었고 다른곧에 마음을가게함에는 넘어宇宙속에서孤獨을느끼었다。나의가슴은터지는듯하고눈에서는눈물이쏘다지며 말할수없는깃븜이限없이생기었다。生後처음 이러한經驗을하였으며 이몸이宇宙와같이넓어짐을느끼었다。캄캄한自我의꿈에서비로소깬것같으며 光明과歡喜가全心과全身을 둘려싼것같었

나의걸음

다。 옆房에서우는兒孩의울음은天使의소리로들리고 앞山에서우는새소리는 讚美歌로들리었다。 果然異常하였다。 이때까지悲哀의原因이되고 끝없는苦痛의가시가되든것이 돌이어깃븜의源泉이되였다。 讚美의材料가되였다。 罪에對한悲嘆은사러지고 其他여러가지不平도다없어졌다。 다만깃븜만이생기었다。 그리하야이것은普通때의것과는닮아서 마음을떠들석하게하는것이안이라 限없이沈着하게하고限없이冷靜하게하였다。 깃브다고하지마는 그말로는到底히表現할수없는것이있었다。 이깃븜이생긴다음瞬間에는이몸、이마음을예수그리스도에게받히자는覺悟가 무럭무럭일어나며 나를당신마음대로써줍소서하는祈禱가솟아나왔다。 이때나의分裂된意志、理知、感情은統一되여다른것을생각할수없이 한뭉치가되여하나님을생각하게되였다。 人生은 새로운얼골을가지고나에게보이고 이때까지없든생각과느낌이 마음을占領하게되였다。 이러한五月二十日이었다。 나는이날을닞어버릴수없으며 時日이갈수록이날을생각하게되고 이날에나는비로소이世上에나왔느니라하는느낌이깊어진다。 나는가ㅣ끔내生日을닞어버린다。 또 學校를卒業하였다든지 또 其他여러가지일로父母親戚들이祝賀하여준날을닞어버린다。 나는過去에對하야는몯은것을 잘닞어버리는病的이라할만한 性格을가졌으면서도 이날만은恒常내記憶에새롭다。 아니 나는이날을내每日每日의生活에살리고있다。 봄꽃이켜 들과山에新綠이곱아갈때나는이五月二十日을 雀躍하면서맞는다。

聖書。 한때는밀톤에마음을빼앗긴때가있었고 또한때는沙翁에沒頭한때가있었고 또한때는希臘哲學에傾倒한때가있었다。 그런대近日에는여긔저긔에다 興味를닞어버리고聖書만이마음을잇글고있다。 冊一卷에만集中되면 偏狹하게된다는先輩의注意로써 가ㅣ끔다른冊들을닑으나닑다가도울적한생각으로그것을버리고 聖書를닑는다。 도모지聖書를따려갈冊이世上에생겨나지아니한貌樣이다。 冊中의冊이라고聖書에對하야한말은 果然옳은말이다。 聖書만이 生命의糧食이다。 예수께서「너의가내살과내피를마시지아니하면 生命을갖지못한다」 고하신말을聖書에適用하여도 틀림이없을줄안다。 우리는聖書를닑지아니하면살수가없다。 聖書는우리의永遠한生命을길러주는살이다피이다。 배곯븐者ㅣ반듯이밥에向하는것과같이永遠한生命을求하는者ㅣ반듯이聖書로向한다。 生命의糧食으로볼때 聖書는所用없는때가없다。 그러나이것을硏究의對象으로만보고 또 攻擊의武器로삼을때는여러가지雜소리가이것에對하야自然닐어나게된다。 曰聖書誤謬、曰聖書過重、曰聖書批判이 몯아그리스도의靈을갖지못한者의마음에서생기는空想이다 그리스도의靈을가진者야聖書에對하야어찌一言半句의不平이나오리오。 聖書를敬虔한마음으로닑어라。天上天下에이冊밖에生命을傳하여주는것은없느니라。勿論自然에歷史에個人靈魂에하나님은役事하시고게시지마는 따러우리는그속을잘觀察하야많은깨달음을얻지마는 이는다聖書에啓示된하나님의길이再證或은確證됨에不過하다。 딴무엇이그속에서나타나지는아니한다。 딴무엇이라함은그것을發見한當時에一時的感想이고 結局에는聖書의그길의족음다른示顯에不過하다。 우리는聖書속에서만生命을求할수있다。

城西通信

○一九三三年六月二日에 다시 金雲京氏에 關한詳報를接하고 먼저간 친구를思慕함이 간절하였다。『……저도 同鄕人이나 金氏의자세한來歷은 모릅니다。同一한敎會에서 五六次맛나슴따름이오、깊은뜻은 들을機會도없었읍니다。그러나 제가 아는대로、또 그동안調査한대로 말슴하자면 알에와같읍니다。金氏는 二歲때에 母親이別世하고、물지게꾼인父親 片侍下에서 十七歲頃에 普通學校를卒業하고는 그후自動車運轉手見習으로 某會社에入社하야 나종運轉手되엿는데 이때부터 放蕩한生活이甚하야 酒、色其他不倫의일도 있었다합니다。그러다가二十三歲時에 當地公普校先生으로있는 桂熙重氏의傳道로入信。……入信後一年未滿에 宣川으로移住하야 傳道하다가 넘어高聲으로傳道한탓으로 肺炎이發하야 吐血이始作되여서부터 爾來病이 끊지안하였읍니다。……最後까지 病席에서도「제가弱하오니 主여 저의全部를 맡아 주옵소서」라고 祈禱를 끊지않고 凡事를 믿음으로살앗다합니다。金氏가 聖書朝鮮誌의讀者이엇든것은 意外이엿습니다。氏는 의심없는主님의證據者이엇든일만은 分明합니다。氏를 오래 보지못하고 永久히 만저보냄은 적지안은 슬픔이었읍니다』云云하엿다。受驗準備나運動競技하다가 肋膜炎에걸린 靑年、學生이 있다는消息은 종종들엇거니와 福音을웨치다가 肺炎致死한 運轉手가있다함은 人間消息인것같지않다。듣건대 咸南地方어떤老信徒한분은 새벽마다登山하야 힘껏소리치서祈禱하기를「이音波가 들키는곧까지만이라도救援하여주옵소서」하고 씨름하듯 애걸하듯 祈禱한다고。미련한일같으나 人間의智慧보다낫은것이天國일이다。

이날에 誌友安商英氏가 醴泉서부터 炎天에六百餘里를 自轉車로써 來訪하다。有朋自遠方來不亦說乎。

六月四日(日曜)午后二時에 다니엘書工夫를畢하고。同日午后六時부터 崔泰瑢氏의歡迎會를 本社에열다。崔兄은 지금부터十六七年前에 水原農林學校를卒業하였으니 當時의同窓學友들과 같이出世하였드면 現今은相當한地位나財産이나 所有한것이있을것이었다。그러나 저는世上에서 얻은것이없을뿐더러 若干한所有까지도 그主예수를爲하야 없어저버리고 지금은「몸뎅이」만가지고 그리스도의肉彈이되여 世上을向하야 던짐이되고저한다。豫言者는 故鄕에容納지 못한다하지만 朝鮮에서는 傳道者처럼 쓸쓸한것은 다시없을것이다。飛行士가故國訪問飛行할때와 舞踊少女가 公會堂에서公演할때와 마라손選手가 올림픽에서歸國할때에 民衆들은 맞히救主를맞우듯이하였다。마는 獨立傳道者하나이 그리스도를證據하다가 路傍에서餓死한들 四十萬京城府民에게 무슨痛痒이되며 二千萬民族에게 무슨關係나있을까?고 생각하면 一人보다도二千萬이可憐하야 못견델일이다。半島에布敎된지半世紀에 처음으로 外國勢力이나 組織機關에依支함이없이 朝鮮스스로가 받히는傳道者하나이 섯다。今後의半島靈界에 氣骨있는사람을보리라。

○六月八日(木曜) 夕에長老敎會에서 예베소書工夫。同十二日까지 밤낮辛苦하면서執筆하여보아스나 結局쓴것은「原稿不成 是吾憂也」라고하고 一時붓을던졋다。十六日에는滿洲에서 그父親을匪賊에게 人質로빼앗긴 誌友의消息에接하야 驚且悲。

○六月十八日(日曜) 午前은 洞內敎會에서 說敎하고 午后는 호세아書工夫하다。

二十三日(金曜) 午后에 崔泰瑢 柳錫東 兩兄과같이 水原高農에가서 夕八時半부터 基督敎講演을하고 汽車를노처서 水原邑에서一泊하다。學生中에는 昔日과같은信徒를 볼수 없으나 敎授中에篤信者가있음은 奇異한攝理이었다。길만 열리면 어떠한學者의群衆속에라도 우리는福音을 부끄러워하지않으리라。

翌二十四日은 水原歸途에 梧柳洞에서集會하다。梧柳洞에는 宋斗用兄의農場을爲始하야 敎友의 한농네가되여있다。오릿끝 宋서방의 수박과참외는 南大門市場에도名物이되엿드니 今年도豊作일듯하다。

主筆은 本號와한께 京城을出發하야 略一朔間南海岸에서博物採集하게되겟나이다。

『聖書朝鮮』第五十五號 昭和八年八月一日發行(每月一回一日發行)

新刊廣告

金敎臣 著

山上垂訓研究

四六版 二四〇頁
定價七〇錢・送料四錢

非常한才操라든지 神秘한靈的經驗이라든지하는 特殊한、어느点에서는病的인、자랑거리를 가지지못한 金敎臣兄이 正直한人類의一員으로서 特히 純粹한朝鮮사람의하나로서 나다나엘、또는 링컨같은 健實한意志와 理性과 感情을가지고 平民의救主이고 벗인예수의敎訓中 가장重要한部分을研究하야 一千九百年前갈릴리湖水까족으만한山우에 天露와같이 떨어진한올나라의福音을 그것을받기에 가장適當한 處地에있는이나라사람에게 다시한번힘있게 웨친것이 이 四六版二百四十頁되는「山上垂訓研究」이다。이研究는일즉이 一九三一年에金兄이主管하는聖朝誌에 滿一個年連載되여 讀者의心靈을 찌름이많었고 누구든지그筆錄의날카로움을 느끼지아니할수 없든것인대 이제單行本이 되여나온것이다。金兄을아는사람은알것이고 또이冊을닑는사람은 알것이지마는 이것은 研究라는너름을가진冊이나 現代에流行하는所謂研究—書齋속 燈火냄새만이나는書籍道樂의研究가안이라 多事多端한現社會속에서 크리스찬답게 싸우면서쓴땀과피냄새가나는 힘있고生命있는研究이며山上垂訓을「예수自身의自敍傳이라」한 金兄의말은 即이研究가 또한金兄自身의生活을通하야나온것임을 暗示하는것이다。그러나信仰經驗이라떠들며 傳道生活이라 떠들어自己獨創的偏見만을 尊重하는無學의大膽이支配하는研究가안이라 自然科學學徒의精密한態度로써 希臘語本文을닑으며 古今聖書註釋界의泰斗 루-터-、칼빈、마이어、고-데-벵겔諸氏의研究에서 謙遜히배우는學的良心을 充分히發揮한 研究이다。果然健全한研究라 하지않을수없으며 全的信任을가지고 安心하야 닑을冊이다。우리는이것을닑어 基督敎가如何한宗敎임을 端的으로理解할수있으며 또한一千九百年間個人의靈魂을救하고 社會와國家를根本的으로 改革한生命과能力의 信仰을 靈魂깊은속에느낄수있다。이研究속에 山上垂訓은單敎訓으로만 그치지아니하고 그것이흘어나온敎訓自體、眞理自體、生命自體、福音自體인 예수그리스도에게까지깊이들어가 바울이書翰에서論한 深遠한信仰이自然히나타나게되고義와사랑을가지고 實際生活을向하야 突擊하는크리스챤의生活態度는 어려운朝鮮現狀그속에서 鮮明히 顯出되여있다。참이로라「글쓰는일은거이죽는일이다」라고한 金兄이지마는 뼈속까지백인 예수의福音이니 하는수없이이研究를써서 그證明을 한것이며赤血球全部까지占領한 朝鮮에對한 사랑이있으니 하는수없이 이研究를써서 그의첫사랑-處女作을 이나라에받히게된것이다。基督敎가 時代精神에蹂躪을當하야 그正體가暗雲에쌓이게되고 朝鮮全體가 그向할바를아지못하야 彷徨을常作性으로하고있는오늘날 金兄의이研究는 반듯이많은役事를할줄을안다。基督敎에對하야 眞實한要求를가지고 또朝鮮에對하야 참된걱정을하고있는분에게 熟讀을勸하지않을수없다。

一九三三年七月十七日

柳錫東 記

昭和八年七月三十日 印刷
昭和八年八月一日 發行

京城府外龍江面孔德里一三〇
編輯兼發行人 金 敎 臣

京城府堅志洞三二
印刷者 金 鎭 浩

京城府堅志洞三二
印刷所 漢城圖書株式會社

京城府外龍江面孔德里活人洞一三〇ノ三
發行所 聖書朝鮮社
振替口座京城一六五九四

【本誌定價十五錢】

金教臣 主筆

聖書朝鮮

第五拾六號

一九三三年 九月一日發行

昭和八年九月一日發行(每月一回一日發行)

目次

僞善도 그리워!

예수그리스도는「다투지도아니하며 들레지도아니하니 아무사람도 길에서 그소리를 듣지못하리라。상한 갈대도 꺽지아니하고 꺼지는 등불도 끄지아니」(太一二・一九)하시는 性格이었다。溫柔하심이 비길데없으니、예수라고만하면 사람들이 비둘이와 양을 연상한다。이것이 예수의一面인것은勿論이다。

그러나 다른反面이있으니 僞善을보실때의態度가 그것이다。저가 예루살렘聖殿에서 팔고사는사람을 내어쫓으시고 돈 바꾸는 사람의 상과 비둘이파는 사람의 교의를 둘러엎으시면서、交通巡査가 路傍商賈를 整頓하듯이 亂暴한 솜씨를 보이신것은 넘어도 有名한事實이었지만(太二一・一二、一三)其他 서기관과 바리새敎人들을 向하야 「禍있을진저!」라는 詛呪를 速射砲처럼連發하신것도(太二十三章) 全혀 외식하는자 即 僞善者를對하여서다。비둘이같이 순하시고、娼妓나稅吏는 오히려 容納하시든 예수가、僞善者를對할때만은 맞히 同性의磁極이 反撥하듯이 擊退하지않고는 마지안하셨다。可憎한것이 많다할지라도、예수그리스도에게 가장可憎한것、아주 견딜수없이可憎한것은 僞善이었다。따러서 聖書를닑는者에게도、그리스도와 아울러 생각할수없는것이 僞善者인줄 알게되었다。

마는 僞善者의標本으로指目받든 서기관과 바리새교인들의 言行을詳考하면 저들에게는 차라리 奇特한것이 많았다。저들은 「말만하고 行치않는」것이 缺點이었으나(太二三・三) 그 하는말은 옳은말이 었음으로 예수도 自己弟子들께「바리새교인의 명하는말은 遵行하라」고 가르키셨다(同二節)。저의는 헛된盟誓로써 責任을廻避하랴고하였으나 盟誓란것이 神聖한것인줄은 알았든故로 指示할物件을考慮하였다(同一六―二二節)。저의는 「잔과 소반의 거죽은 깨끗이하되 그안에는 토색함과 不義함으로 가득하게하는도다」라고(同二五節) 책망받았으나 그래도 깨끗이할줄은알았고 規模는 있는사람들이었다。저의는 「先知者의 무덤을짓고 義人의碑를세움으로」 책망받았으나(同二九節)、저의 스스로는 義人이못되면서라도 義人의功績을認識하는眼識만은 우리朝鮮사람들보다 훨신낫았다。저의는凡事를 사람에게 보이라는 虛榮心이있었으나 그래도 善이라는 標準이있는百姓이었다。善을行하지못할지라도 善을行할것이라는 道는 알았고 그道에서 어그러지는 일은두려운일인줄 알았었다。

돌이켜 二十世紀의文化를자랑하는 現代人은어떠한가。現代人은 言行의一致를期함으로、行實뿐안이라 말까지도 善하지안임을貴히녀기며、僞善을꺼려하는故로 公然하게不義를말하고非禮를行하면 돌이어 率直하고徹底하다는 社會의讚嘆을 받는世上이다。現代人은 道義의根本을破壞하고 善의標準을顚伏함으로써、靑天白日下에 不義를橫行하야、僞善의必要性을없이하였다。嗚呼라 이제는 僞善도그리운世代로다。

永生이란何者냐

張道源

宗教에있어서 第一重要한問題는 永生問題이오 宗教信者에게있어서 第一큰所望은 死後의永生問題다。萬一 基督教에 永生하는일이없다고하면 基督教는 人生에게 何等의要求되지아니하는宗教로서 價値가없는宗教이다。基督教信者로서 來世의永生에對한所望이없는者라고하면 이는 죽은信者요 거즛信者다。永生問題는 宗教問題의中心인同時에 人生問題의絕頂이다 此永生問題가 解決이되면 宗教問題도 人生問題도 다解決이된다。

그러면 永生이란것은 무엇이냐? 永生이란것은 文字그대로 永遠한生命이다。肉體의死亡과한께 없어지는生命이안이오 肉體의死亡에는 何等의影響을 받지아니하고 死後에까지라도 依然히 如前히 存在하야있는生命을말하는것이다 그런즉永生이란것은 死後의來世生命만을意味하는것이안이오 現世에서 現在에所有하고있는 이生命이肉體의生命如何에는 何等의影響을 받지아니하고 死後來世에永遠까지 뻣처있는生命을 意味하는것이다。 이生命은 肉體의生命과는 그起源을 全然달리한것이다。肉體의生命은 肉體의死亡을따라 終息되는生命으로서 生理組織안에있는 生理的生命이다。그런故로生理組織이破壞될때에 그生命은 終息된다。그러나 이永遠한生命은 肉體의生命과는 그起源과本質을 全然달리한것으로서 그리스도안에있는 하나님自身의生命이다。그러면 肉體的生命으로만사는者의現世的生活과 永遠한生命으로사는者의 現世的生活과의間에는 莫重한 道德的價値의大差가있다。肉體의生命으로사는者의生活은 우리가 먹고 마시고 놀자、죽으면 그만이다。來日죽을지?모레죽을지누가아느냐?하야 絕望中에서사는 姑息的生活이다。그러나 永遠한生命으로사는者는 내가 오늘날 땅을파는 이일과이날이 곳永遠이라하야 感謝와讚頌 歡喜와平和에서사는 永遠한生活이다。基督教에서말하는 永生이란것은 死後의特別한生命을 말하는것이안이오 現在의生命이 永遠히삶을말하는것이다。그런데 現代의怜悧한或者들은 말하기를 死後의生命을 누가經驗할수가있느냐? 이는 다愚夫愚婦를 欺瞞하는 宗教의特色이라하야 一言에反拓한다 옳도다 死後來世의生命을 經驗할者가누구이냐? 죽엄의瞬間을經驗한人間이없는대 죽엄저便의일을 經驗할者가누구이겟느냐? 死後來世問題는 다宗教의迷信이다 그러나 現世에서 現在에내가가지고있는 그生命이 무엇임을 認識할수는있는것이다。即現在에 내가 가지고있는 이生命은 내肉體의死亡을 따라서없어질 性質의것이안임은 認識할수있으며 이生命은 生來의人間의生命인 肉體의生命과는 그根元的性質을 달리한것임을 經驗할수있는것이다。如此히 永遠한生命은 肉體의死亡을따라 없어질 性質의것이안인則 肉

永生이란何者냐•나의걸음

體의死亡에는 何等의關係없이 死後에도 依然히 存在할 生命임은 當然한일이다。然則 基督敎에서 말하는 永生이란것은 死後의特別한生命을 말하는것이안이오 生來의 人間生命말고 永遠한 딴世界로서의 새生命이와서 信者로하여금 새로나는者되게하는同時에 永遠히 죽엄을알지 못하는生命이다。예수께서 말슴하심과갈이 이生命으로 사는者마다 다 永遠히 죽엄을보지못하리라하심이 即永遠한生命이다。

그러면 永遠한生命의內容은 무엇이냐? 그內容은 即 그리스도自身이시다。故로 그리스도를 믿는者에게는 永生이있고 믿지아니하는사람에게는 永生이없나니라。即그리스도의 살를먹고 피를마시지아니하는사람에게는 그속에 永生이없나니라 그리스도가 있는곧에 永生이있나니 그리스도를 믿는者안에 現在일하는生命이 곳永生이라。그리스도가 永生의全的內容이니 그리스도自身을 自己의 안에 가진者는 永生을 가진者임은 理에明白한일이다。(요三장三十六、六장五十三、)。

예수께서 말슴하시기를 내살을먹고 내피를마시는者는 내안에있고 나도 저의안에있나니 내가아바지로하야 사는 것갈이 저도 나로하야 살리라 하셨다。永生은 基督信者에게만있는 特有한生命이다。永生은 基督者의來世生命인同時에 現世의生命이다。基督者는 現世에있어서 來世의生命을가진者인故로 現世에있어서 來世를아는者다。故로죽어보지아니하여도 來世를確實히아는者다。

나의걸음 [四] 二

柳錫東

十字架의迷信。 敎會안에만들어앉으면救援을받는다는迷信이있고 또聖書만닑으면된다는異常한迷信이있는것과갈이 十字架만바라보면救援을받게된다는아주얄구진迷信이있다。實狀이있어서생긴말이 말만남고實狀이없어지게되니迷信이되여버린다。이十字架의迷信狂이 果然여긔저긔있다。明白한眞理에違反된일을하고도아무悔改가없으면서 나의救援은十字架에確實하다고깃븜에넘치며傳道를하며 또自己陶醉에빠진다。이는고사를지내고病을낫게한다는 그들이背斥하여마지아니하는짓과아무다름이없으며 理論을세우고그럴뜻하게보이는것만큼 더미웁고더큰迷信이다。예수그리스도가피를흘인그十字架까지도 迷信의꿈으로만들어버리는人間의罪惡은 도모지어대까지가야긋칠지모르겠다。十字架는 靈으로써 우리靈魂속에나타날때비로소救援의基礎가되는것이다。十字架의事實과其敎理는惡魔라도알수있는것이며 이것을참으로自己救援의能力으로만드는것은 人間의知力을超越한하나님의靈의役事이다。 그리하고 우리가十字架를바라보아그것이救援의盤石이되는것은 그때우리의어깨에서罪惡의짐이떠러저 우리속에새生命이發動하야罪惡을本能的으로싫어하고 善을本能的으로좋아하는事實이닐어나는까닭이다 이러한事實이나오지아니하는 十字架敎는迷信이다。예수그리스도의十字架에우리의할일이대신完成되었다하드라도 그것이우리에게아무接觸이없으면 그는꿈이며空想이며責任逃避의한手段에不過하다。우리는이거륵한일에 아주가깝게달려다니는迷信을打破하여야한다。그리하야 十字架의靈的活動이우리속에自由스럽게 닐어나도록하여야한다。하나님이人類사이에 세운唯一의救援의기둥이그本色을發揮하도록하여야한다。現代信者의無氣力은 그根源이이十字架의迷信에있다。그렇다 이는十字架만바라보면 萬事成이라하야하나님나라의것을理論的解釋으로 滿足하는人間的基督敎에서自然생기는어쩌할수없는結果이다。우리는무엇보다먼저 이十字架의迷信을없애야한다。다시悔改하야十字架를 그거륵한地位에놓아야한다。舊敎의迷信을打破하고 선福音主義의核心을파먹고있는 이十字架의迷信을깨트리고 純粹한能力있는十字架敎를 세울사람은누구인가。우리는이十字架敎의迷信의徒가많은이나라에이러한사람이나옴을甚히기다린다。

失敗의讚美。칼ㅣ라일이「이렇게되였드면…」을찾는者는愚者라고하였지마는 사람은 時時로 이어리석은짓을거듭하고있다。나는이愚者中에도 가장愚者이어 恒常「이렇게되였드면…」을찾고있었드니 때있어믿음의게자씨가가슴에들어오게되매 이와는正反對의생각이마음속을지나게되였다。現在의結果를가장좋아하게되여 이와反對의結果를想像함만도소름이끼치게된다。失敗의苦盃가當時에는앓밨지만은지금은果然좋으며 만약失敗를아니하고成功을하였드면어찌되였으리하는 마음을떨리게하는實感이생긴다。成功은나를滅亡의골작으로끌어갔을것이며 나에게人生의眞味를족음도모르게하였을것이다。愛國이라찾고 學問이라찾고事業이라찾아一生을 外的形體에虛費하였을것이다。그러나사랑이깊으신하나님은나에게 失敗의榮光을주셨다。나의눈에서뜨거운눈물을나오게하고 나의마음에닞을수없는傷處를넣어주셨다 여긔에하나님을보는나의눈은열리고 人生의참을求하랴는나의생각은불탔다。나는나에게 天的生命을넣어준失敗를讚美아니할수없다。失敗는내가 天國旅行을하는대없어서는 아니될唯一의벗이다。그러면失敗여오너라。이地球上에나의머리둘곧을 없이만드는 至極한失敗여오너라。사람이成功을求하고있을때 나는홀로失敗를求하겠노라。

事業。사람은작으나크나事業을가지지아니하면이世上을지내가지못한다。훌륭한니름이붙는傳道事業育英事業社會事業으로부터 니름을붙일수없는여러가지족으만한일까지。사람은이中의하나를가지고一生을보내게된다。이것을가지지못하는사람은人生의落伍者이고 社會에서無用之物로取扱을받는다。이러한것이크리스챤이된後도亦常識이되여 여간하여사람의마음에서 떠러지지아니한다。肉體를가진사람은그눈에보이는것이가장좋은것이고 이世上에서亦活動을하여야

나의걸음 四

安心이되는模樣이다。여러種類의王冠이 그머리우에네레저야비로소크리스챤의 眞面目이나타나는줄안다。예수가「하나님이보낸者를믿는것이 하나님을따르는者의事業이라」하면우리는 그참뜻이무엇인지도알수없게된다。그리하야恒常그믿음의周圍만돌아다니며 事業으로써이대신을하고있다。果然슯븐일이다。事業이라고하지마는 우리가조용히생각할때信仰보다 더큰事業이있을수없다。우리의눈으로보이는事業은勿論自己自身까지도죽이는참으로어려우나그러나高貴한일을信仰은한다。눈에보이는것에 依持할끝이하나도없게되여그속에서 大讚美를내게하는일을信仰은한다。失敗하고十字架에걸려서 人生의事業의圈外에있음은勿論人生自體의滅亡속에서 歡喜를느끼고勝利를느끼는일을信仰은한다。사람으로써이至境에가지아니하고는 結局眞意의事業을論할수없는것이다。金錢은勿論其他地位라든지 學問이라든지하는等을가지고 事業을한다는것은그다지貴한일은안이다。그것은하여도좋고아니하여도좋은것이다。이것으로써 人間의참價値는조금도發揮되지아니한다。우리는 이것을가지지아니하면勿論 가져도아니가진듯이 참으로無속에서깃븜을가지게되는根本的事業을하여야한다。여기에 우리는하나님의아들이되는事業을하게되는것이다。우리는크리스챤의 事業을가지기前에는이世上事業에 손을대서는아니된다。또한이참事業을갖기爲하야는이世上事業을버릴 覺悟을恒常가지어야한다。그러나信仰을唯一의事業으로알고 그것만으로滿足을하야一生을지내라하는사람은果然맞나기가어렵다。

眞理。어떤것이眞理인지現代社會에서는 도모지알수가없다。甲派가主張하는것이眞理인지 乙派가主張하는것이眞理인지 또丙派가主張하는것이眞理인지알수가없다。몯아自己것이眞理라하고있으니 果然그正體를알기어렵다。그러나眞理는하나밖에없을것이다。 이하나인眞理는어쩌하야알수있을가。우리는그理論은알수없으나 적어도眞理라면그自體에能力이있어야한다。사람의여러가지努力을 빌지아니하더라도 그自體로써그의能力을發揮하는것이라야할것이다。宣傳을하여야한다든지.社會的支持를받아야한다든지하는것은벌서 그것이眞理가안인唯一의証據이다。眞理는그自身에永久한生活力을가진것이다。弱한사람의 힘같은것을빌리가없다。그리하야사람이 그眞理를가지게될때는그眞理의支配를받아그의全生活이根本부터 變革되고이때까지없든異常한活動이始作되는것이다。따러이眞理만을가지고 一生을지내게된다。아무리소리가높고아무리世上을震動시기어도 이러한것이없으면 그는眞理라고할수없는것이다。近日眞理라眞理라하지마는이러한眞理는없는貌樣이다。 眞理眞理라는소리는結局眞理가없다는소리이다。

聖書槪要〔九〕

金 敎 臣

列王記(上)書大旨

이스라엘王政의史記가 삼우엘、사울、다윗의順으로 날로向上進展의步를 거듭하여오다가 솔로몬王에이르러 그向上할수있는絕頂 그進展할수있는 極度에까지達하였다。本書는 솔로몬王의即位로부터 여호사밧王까지 約一百二十年間歷史인데 前半分이 이 솔로몬王에關한記事요 後半分은 附錄과같이되여 이스라엘國民歷史의分水嶺을 넘어선後의 細小한記事가 실려있다。萬古에疑問되는 猶太民族의 地上生活의意義를 찾고저함에 獨特한地位를가지고 있는冊이다。

솔로몬王에關하야 누구나없이 잘記憶하는것은 山上垂訓中에나오는 예수그리스도의 有名한말슴일것이다。

또 너의가 어찌 衣服을 위하야 念慮하느냐 들에 百合花가 어떻게자라는가 생각하여보아라。수고도 아니하고 길쌈도 아니하나니라。그러나 내가 너의게말하노니 솔로몬의至極한榮光으로도 입은것이 이꽃 하나만같지 못하였나니라。

고(馬太六章二八、二九)하신後로 天然美의價值도 認識하게되였거니와 또한 솔로몬王의榮華란것이 天下人間에서다시比할데없는바 至高한榮光이었든것도 推測하기 어렵지않게되였다。

솔로몬은 大王다윗의位를니어 即位하면서부터 平和로운中에 猶太有史以來의最大疆域과 忠烈한公侯將卒을 享有하였을뿐더러(第四章一—二八節及第九、十章) 生來로賢明하야 하나님의寵愛와 百姓의信望이 篤厚하든우에(第三章) 學識의修練이 넓고깊어 箴言三千과 詩歌一千五首를 붙었고、植物學에는 顯花植物의松栢類로부터 隱花植物의蘚苔類에及하기까지、또 動物學에는 哺乳類、鳥類、魚類로부터 爬虫類와其他一般匍匐하는 下等動物에까지 研究가 밋었다하니(第四章二九—三三) 솔로몬의榮光이란것은 外的或은政治的、物質的榮光뿐안이라、實로 內的 或은道德的精神的榮光까지도 具現한것이었다。플라톤의理想論을待할것도없이 一身으로서 自然科學者오 文學者오 哲學者이면서大王賢君이었든者의傳記인故로 우리가 關心하지않을수없는冊이다。

뿐만안이라 聖書記者는 다만 솔로몬의榮華로운生涯를 記述함으로써 滿足하라는것이안이고、저의生涯의 重要한部分에 聖殿建築工事에關하야 特筆大書하지안이치못하였다。이聖殿의 長廣高幅等에關한 細密한數字計算은略하나 大槪 外國서 招聘한專門技術者外에도 賦役軍으로徵發한者三萬人과 一般人夫七萬人과 監督者三千三百人으로써八個年을要하야 竣工하였다하며、總工費가 略五十億萬圓에 達하였으리라하니 그規模의絕大하였음을 짐작할것이며 特히 그建築方法에至하야는

이聖殿은 지을때에 돌을뜨는곧에서 治石한돌로 지은것인즉 짓는동안에 聖殿가운데서 방망이나 독기나 몯은 鐵연장 소리가 들리지 아니하고라(第六章七節)하였으니 果然人類의建築한 神殿中에 그規模의宏莊함과 技術의優美함과 方法의至誠함이 아울러冠絶한者일것이다。

또한 聖書記者가 어떤王의一生涯를 一、二節로써記述하였음에도不拘하고(第二章五二、五三) 이처럼 聖殿建築을 詳述하였음은 單只 支那의長城이나 埃及의 피라밑을記載하랴는 心算뿐이 안이였다。希臘이思想界에對한것과、羅馬帝國이政治行政에對한것과、西葡兩國이大洋航海에對한것과갈이、猶太民族의獨特한使命인唯一神敎를 地上에表現하는意義로써 人類가 가질수있는 最大最美의聖殿建築記를 累累詳述한것이다。故로 猶太國民史記를넑는者로 다 같이 느끼는것은、사울은 다윗을爲하야、다윗은 솔로몬을爲하야 있어야할存在이였고、솔로몬은聖殿建築으로써 自己의使命을다하는同時에 全猶太民族의 大課題를다하였다는感이다。솔로몬以前에 能히聖殿建築할이가없였고 以後에 또한없였다。이스라엘國民史는 솔로몬의聖殿까지옳아가고 其後는 附錄이오 餘波에지나지못하는것이라고 본다。

솔로몬은 父王다윗의뒤를니어 能히第二世된者의 重任을다하였으나 다윗이武將이였음에對하야 저는 그니름과 갈이 平和의人이였고 先親이信仰의人임에對하야 저는 學藝와文化의人이였다。저自身은 華麗한生活에 欲望의끄칠바를모르고 外國에서 各國人種의妻妾을迎接하다가 나종에는 偶像崇拜에까지墮落하고、一般國民은 文化의爛熟에陶醉하야 前日과갈은 素朴剛直한氣象은 全혀喪失하였다。故로 솔로몬의臨終과한께 나라는 南北朝에分裂되고 擧論할만한 善政賢君도 다시볼수없었다。

오직 이스라엘의信仰的寂寞을깨트리는 참先知者 엘리야가있어 핍박하는 아합을對하여서도「내가 이스라엘을 괴롭게한것이안이오 너와 및 네아비의집이 괴롭게한것이니 이는 너의무리가 여호와의命令을바리고 또 네가 바알들을좇음이라」하야(第十八章一八)、王을直責하며、바알과아세라의 先知者各四百餘名式을붙어 그無能한神인것을 嘲弄하야「……큰소리로 부르라。저는神이라 默想하며있는가或어듸갔는가 或길을行하는가 或잠이들었는가 그러면깨워야하겟다」云云하면서 偶像의헛된것과참된神의能力을示現하야 百姓을悔改케하는等 逼迫받는 엘리야의生涯가 列王記(上) 後半分의興味의 中心이되였다。暗黑과 光明이對立한것처럼 國王과庶民이 一體로不信에빠졌을때에 先知者의信實은 더욱燦然하게 나타났다。暗黑時代에 處한 엘리야는格別히 쓰리고괴로움이있었다。저가 이세벨을避하야 曠野로도망하다가「로뎀나무알에앉아 죽기를 求하야가르되 여호와여 지금은 넉넉하오니 내生命을取하야 가옵소서……」하면서 失望의골작이에빠졌다。마는 핍박이甚하였든이만치 저는先知者中의先知者이였다。

列王記上概綱

一、다윗의臨終 (一・一—二・一一)

가、다윗의老衰(아비삭에게抱介받음) (一・一—四)
나、아도니야(다윗의第四王子)의謀叛 (五—一〇)
다、솔로몬의即位 (一一—四〇)
라、아도니야의降伏 (四一—五三)
마、다윗의遺言(新王께)及別世 (二・一—一一)
　1、장부되라 (一—四)
　2、요압을 復讎하라 (五—六)
　3、바실래에게 報恩하라 (七)
　4、시므이를 復讎하라 (八—九)
　5、다윗의 別世 (一〇—一一)

二、솔로몬王 (二・一二—一一・四三)

(1) 솔로몬의內政革新 (二・一二—五・一)

가、아도니야를死刑執行함 (二・一二—二五)
나、아비아달(祭司長)의罷免 (二六—二七)
다、요압의處刑 (二八—三四)
라、軍長(브나야)、祭司長(사독)의新任 (三五)
마、시므이의監禁、處刑 (三六—四六)
바、솔로몬의新婚과燔祭 (三・一—四)
　附一 솔로몬의善擇(智慧를擇하야、壽貴富까지添加)(기브온에서) (五—一五)
　附二 솔로몬의智慧(乳兒判別을裁判)(예루살렘에서) (一六—二八)
사、솔로몬의公侯、將卒、領土、智慧 (四・一—三四)
　1、公侯와將卒 (一—一九)
　2、領域의廣大、生活의豊饒 (二〇—二八)
　3、솔로몬의智慧와學識 (二九—三三)
　　智慧의賢哲함과 度量의廣大함 (二九—三一)
　　哲學(三千箴言)과 文學(一千五首의詩歌) (三二)
　　植物學(레바논 柏香木→蘚苔類까지) (三三)
　　動物學(獸類、鳥類、爬虫類、魚類等) (三三)
아、솔로몬의榮譽와 두로王히람의祝賀 (四・三四—五・一)

(2) 聖殿建築 (五・二—九・九)

가、工事準備 (五・二—一八)
　1、外國技師의招聘 (五・二—六)
　2、두로王 히람과同盟締結 (七—一二)
　3、工夫의數 (一三—一八)
　　賦役軍 三萬人(一個月間服務、二個月間在家)
　　擔(荷)軍 七萬人、監督官 三千三百人
나、聖殿 (六・一—九・九)
　1、始工—埃及出脫後第四百八年(솔로몬王第四年) 第二月(시브月) (六・一、三七)
　2、聖殿의長(六十尺)、廣(二十尺)、高(三十尺) (二)

聖書概要

其他 附屬建物의數字及樣式 (三—三五)
3、竣工—솔로몬王第十一年八月(불月) (三七—三八)
다、王宮建築 (七·一—五一)
라、獻堂式 (八·一—六六)
〔附〕솔로몬의祈禱 (二二—六一)
마、하나님의祝福 (九·一—九)

(3) 솔로몬의榮華 (九·一〇—一〇·二九)
가、히람과禮物交換 (九·一〇—一四)
나、솔로몬의奴隷及將卒 (一五—二三)
다、王后의遷宮及年祭 (二四—二五)
라、海軍의威力 (二六—二八)
마、스바女王의感歎 (一〇·一—一三)
바、財寶、備品、軍備、贐物 (一四—二九)

(4) 솔로몬의末年 (一一·一—四三)
가、數多한妻妾과 偶像崇拜 (一一·一—一三)
나、敵讎의禍(하닷、르손、여로보암) (一四—四〇)
다、솔로몬의別世와讓位(르호보암에게) (四一—四三)

三、王國의分裂 (一二·一—一六·三四)

가、國民大會(세겜에서)와 르호보암의即位 (一二·一—一五)
나、여로보암一派의分裂(北邦이스라엘) (一六—三三)
〔附〕옳지못한것을懲罰함 (一三·一—三二)
여로보암의 손이 마르다 (一—一〇)

不順從한預言者가天罰받음 (一一—三二)
다、여로보암의惡行과 그終末(나답이續位) (一三·三三—一四·二〇)
라 르호보암의秕政과 그終末(아비얌이續位) (一四·二一—三一)
마、아비얌 아사의治政(유다)
바아사 옴으리의治政(이스라엘) (一五·一—一六·三四)

四、엘리야 (一七·一—一九·二一)

가、가마귀가供養함(그릿) (一七·一—七)
나、寡婦의아들을回生케함 (八—二四)
다、바알과여호와神의判別 (一八·一—四〇)
라、降雨 (四一—四六)
마、先知者의生涯(代表的) (一九·一—一八)
바、바하사엘、예후、엘리사等三人께注油 (九—一八)
사、엘리사의隨從 (一九—二一)

五、諸王의治蹟 (二〇·一—二二·五三)

가、아합의惡政(이스라엘) (二〇·一—二二·四〇)
1、아람王벤하닷의侵犯 (二〇·一—三四)
2、아합이스스로審判함 (三五—四三)
3、아합의貪慾、엘리야의책망 (二一·一—二九)
4、아합의慘酷한最後(길르앗라못에서戰死) (二二·一—四〇)
나、여호사밧의善政(유다) (二二·四一—五〇)
다、아하시야의惡政(이스라엘) (二二·五一—五三)

바울의生涯 (十二)

스토ー거 教授 著
柳錫東 譯

第十章、終局

一六三。第三次傳道旅行끝에希臘을暫間訪問한後 바울은예루살렘으로돌아왔다。 이때에는발서 近六十歲가되였을것이며 그는過去二十年을超人的勞苦속에지내왔다。 쉴새없이旅行하고說敎하였으며 또그의마음에는견대기어려운걱정이 떠나지아니하였다。 그의몸은病으로因하야衰弱하여지고 刑罰과虐待에부닥기여성한끝이없었다。 머리는발서허옇게되고 얼골은줄음살이가득하게되였다。 그러나아직그의몸이衰頹하여저버린것은안이었으며 그의精神은아무變함없이그리스도에게 奉仕하라는熱心이가득하였다。 特히그의눈은로마로向하게되여 그가希臘을떠나기前로마사람들에게未久에 그가그곧에가리라는말을傳하엿다。 그러나그가希臘과亞細亞海岸을지내어예루살렘으로바삐갈때 그의일이거진다끝이낫다는兆徵이보이고 그가죽을때도머지아니하였다는豫示가나타낫다。 가는都市마다 크리스챤들中豫言을하는사람은結縛과投獄이그를기다리고있음을말하고 旅行이끝에가까워갈수록이러한警告는 더욱頻繁하고明白하게널어났다 그는이警告의嚴肅하고 眞實함을느끼였다。그의마음은强하였으나 限없이謙卑하고敬虔하였음으로死와審判을생각할때무서움에넘치게되였다。 그는數人과同行하였으나 홀로있는때를恒常求하였다。 그는그의回心者들를떠날때 다시는그의얼골을못보리라고말하야 死別하는것같이하였다。 그러나그들이그에게가지말고앞에닥치는危險을避함을勸하매 그는그들의사랑의손을물리치면서「너의가어쩌하야 울어나의마음을상하게하느냐 나는主예수의니름을위하야結縛받을뿐안이라 예루살렘에서죽고저하노라」말하였다。

一六四。우리는무슨일이이와같이 그를예루살렘에强硬히가게하였는지알수없다。 그는그가異邦敎會에서 힘써모인가난한聖徒를爲한 醵金을使徒들에게주어야하였다。 이것을그가몸소가지고감이必要하였는지도 모른다。 또는그의福音에使徒의權威가없다고 말하는敵을論駁하는權威있는使信을使徒들안에얻어異邦敎會에보내랴고 渴望하였는지도모른다。 어떻든지 그가아니갈수없는義務的召喚이있어 그는死의恐怖와벗의눈물이있음에도不顧하고 自己運命에突進하였다。

一六五。그가그의父祖의都市에到着한때는 맞훔펜테코스트祭期이어서 例年과같이예루살렘은世界各處에서모여온數十萬의猶太人巡禮者때문에混雜하였다。그속에는 그가異邦都市에서傳道할때맞나 衝突하게된사람들도많이있었을것이다

異邦에서는그곧當局의 干涉으로그들의激怒가制御되였으나 이제그를猶太首府에서맞나게되매 그들은반듯이全住民의支持를얻어 復讐하랴하였을것이다。

一六六。 바울은이러한 危險속에들어간것이었다。 그의第三次旅行中의重要活動地이였든에베소에서온 猶太人이 그를神殿에서보고 猶太國民과律法과神殿을冒瀆한異端者가 여긔왔다고소리를질으게되매 瞬息間에그周圍에熱狂된무리가暴動을닐으키게되였다。現場에서 그의四肢가찢기지아니한것이奇蹟이다。이는迷信으로因하야 그의襲擊者들이그를잡은그猶太人神殿속에서는 피를흘이지못한것이였다。이제그를異邦人마당에서 죽이랴고그곧으로끌고가랴할때 神殿속이잘보이는城壁우를걷고있든 羅馬護衛隊의哨兵이이를보매그一隊가달아나려와그를保護하였다。隊長이 그가羅馬市民임을알게되여 그의身命은더욱安全하게되였다。

一六七。 그러나예루살렘住民은極度로熱狂되여 바울를荒海와같이둘러쌓고 이保護에反抗하였다。羅馬隊長이그를잡은翌日그의罪科를알랴고산히드림으로다리고가매 바울을보자마자大騷動이닐어났다。그는바울의 몸이하나아니남고다찢기게될뜻하야 바로다리고갔다。果然異常한都市이고異常한百姓이다。이百姓과같이 그니름을永遠한것으로만든才能을豊富히가진子孫을내논國民이없고 이都市와같이그子孫이熱情을가지고사랑한곧이없다。그러한대 이都市는얼마前에미친母親과같이子孫中가장거륵한 사람을발기발기찢어서그의가슴에서내동다이를쳤다。이제 예루살렘이破壞되여 數年밖에아니되였는대 그의神靈한最後의豫言者가 가슴에無限한사랑을품고 最後로 그를訪問하여왔다。그는그를죽이랴고하였다。그러나 異邦人의保護가있기따문에그는그狂亂을免하게되였다。

一六八。 熱狂信者四十人이團結하야 羅馬軍兵의칼을 무릅쓰고라도 바울을잡어오랴고盟誓하였다。그러나羅馬隊長이가이사랴까지 그에게많은護送兵을보냄으로그들의이陰謀는實現되지못하였다。이곧은地中海岸에있는羅馬都市이어 羅馬의파레스틴總督이여긔居하고 羅馬守備隊本府가또한여긔있었다。이제使徒는猶太人의暴行이 이르지못하는安全地帶에서게되였다。

一六九。 그는이곧에서 二年間監獄生活을하였다。猶太當局者들은 바울을總督이定罪하든지그렇지아니하면宗敎的罪人으로審理하게 自己들에게넘겨달라고再三再四懇求하였다 그러나그들은羅馬人을 納得시길罪를바울에게돌려보내지못하고 또그를說服하야이羅馬市民을自己들掌中에들어오게도못하였다。囚人은釋放되여야하였다。그러나 그의敵이그를極惡한罪人이라고 熱烈히主張함으로그는새罪證이생길때까지留獄하게되였다。이뿐안이라不正한總督벨릭스가이宗派의指導者는반듯이 賄賂를써서自己生命을救하리라생각함으로

그것을기다리고容易히 釋放하지아니하였다。벨릭스는헤로데가洗禮요한에對한것과같이 그囚人안데興味를가지고그말을짓버들었다。

一七〇。그는密房에監禁되지는 아니하였다。그는갇혀있는끝의울안은自由로돌아다니었다。그는地中海邊에선城壁우를걸어다니며 그의靈魂의아들들이그를切望하고있는 또는危險을當하야그를甚히기달이고있는 마게도냐 아가야 에베소方面을 綠水를건너 타는마음으로바러다보았을것이다。이와같이그의精力을中止시기어熱烈한活動家를 無爲하게만드는것은果然깨닫기어려운攝理이었다。그러나 우리는그理由를알수있다。바울은安息하였다。二十年間을 쉬지아니하고傳道한그는이제틈을얻어 過去의몯은經驗에서얻은收穫을모이어야하였다。그동안에그가說敎하여온것은 그가크리스챤이된때 아라비아에蟄居하야聖靈의啓示에잇글이어얻은福音에對한見解이었다。이제그는 時間의餘裕를가저예수가가젔든眞理의 深玄한至境까지洞察할階段에이르렀다。이러함에는餘暇를가짐이 가장必要하야하나님은그를監禁시긴것이다

一七一。二個年間 그는아무것도아니썼다。精神의內的活動期이었고 겉으로나타나지아니하는心的進步期이었다。그러나다시쓰게되매그効果는 顯著함이있었다。이禁錮後에쓴書翰은初期것보다 圓熟함이있고또敎義에對하야深遠한見解가있다。그러나 勿論初期것과後期것사이에矛盾撞着이있는것은안이다。그는로마書갈라듸아書에서 놓은 넓은基礎우에에베소書골로새書의建物을세웠다。따러 이建物이前것보다높고宏莊하다。여긔에서는 그는그리스도의事業보다人格을罪人이義롭게되는것보다 聖徒가거룩하게되는것을論하였다 아라비아에서 啓示된福音에서는그는그리스도를宇宙史를中心으로하야說明하고 그의誕生을向하야猶太人과異邦人의運命이움지기어왔다고 啓示하였다。그러나가이사라에서啓示된福音은 그見解가脫宇宙的이다。그리스도를創造의原因으로말하야天使와宇宙의主라明示하고 그의再臨을向하야宇宙가進行하고있다고말하야 萬事가다그안에서또그를通하야나오고다시그에게로돌아간다고 說明하였다。初期書翰에서는크리스챤生活의根本的事實 即靈魂이義롭게되는것에對하야餘地없이細密히論하고 後期書翰에서는발서義롭게된者의그리스도에對한 關係를論하였다。그의敎義에依하면크리스챤의全生活은그리스도와靈魂의聯合에있다하야 그는이關係를說明하기爲하야 새로운語句와實例를썼다。信者는그리스도안에있고 그리스도는信者안에있다고말하였다。信者가그리스도에對한關係는建物돌이礎石에對한것같고 가지가나무에對한것같으며 肢體가머리에對한것같고 아내가남편에對한것같다고말하였다。이聯合은 完全한것이다。永遠한神意가그리스도와信者의運命을 同一한것으로만드렀다。이聯合은合法的인것이다。罪科와功勞가 共有物이되였다。이聯合은活

力을주는것이다。 그리스도에聯結되면 거륵하고進步的인生命力이나온다。 이聯合은 道德的인것이다。 理性과心情、品性과行動이크리스챤은漸漸그리스도와同一하게된다。

一七二。後期書翰의 또한特徵은神學과道德이均衡하게되여있다는것이다。 이는外部構造를보아도알수있는것이고 書翰은兩分되여第一部는敎義에關한것이고 第二部는道德的訓誡에關한것이다。 바울의倫理的 敎訓은크리스챤全生活에對한것이나 各種의義務를體系를세워分配하여놓은것은안이다。家庭의義務에對하여는比較的詳細히썼으나 이亦勿論體系가있는것은안이다。 그의重要한特徵은行爲를하게되는 그動機에있다。 바울에게는그리스도敎의 道德은即動機의道德이였다 그리스도의地上生活의細目이안이라 이書翰의脫宇宙的見地에서본 여러가지大特質을가진그가한울서부터地上으로地上에서다시한울로돌아간 贖罪的全生涯를크리스챤이每日模倣하여야할것이다。 義務같은것으로서는 到底히그리스도의거룩한行動을나게한原理를 說明할수없는것이다。 크리스챤의가장普通인謙遜하고仁慈한行動도 그리스도가하나님과같은地位에서나려와 十字架를지고順從한그謙卑함을본받음이고 크리스챤이서로사랑하고 親切하게하는그主因도그와같이聯結됨을생각하는데에있다。

一七三。 바울이禁錮된後二年에 베스도가벨릭스대신으로 파레스틴總督이되였다。 이때까지도 猶太人들은바울을自己들手中에넣으라는術計를긋치지아니하고 이新統治者에게여러가지로强請하였다。 베스도가定見이없음을알으매 바울은羅馬市民의特權을써自己를로마로보내어 皇帝의法廷에서裁判받음을要求하였다。 이要求는 拒絕되지아니하였다。 이렇게되면 罪囚는곳로마로보내게되는것이였다。 故로即時바울은 羅馬兵隊의監守下에出帆하게되고 그와같이여러罪囚가同行하였다。

一七四。 이航海日記는 使徒行傳에記錄되여있다。 이는古代船舶操縱術에對하야 現存하여있는가장貴한文獻이다。 바울의傳記에對하여도貴한記錄이다。이는環境이變한때 그의性格이어쩌나타남을보여준다。 배는一種의 世界의縮圖이다。 그것은떠다니는섬이고 그속에는支配者가있고被支配者가있다。 이政府는一國家의것과같이 突然히社會的革命이닐어나가장有力한者가支配權을가지게된다。이航海는極度로危險하야 船中의사람들의信任과心服을얻으라면無限한心力을가저泰山과같이 沈着하여야하였다。 航海가끝날때까지바울은事實上船長이였고 兵隊의隊長이였다。 船中사람들의生命은그로因하야救助된것이였다。

一七五。 이제航海의危險은끝이나 바울은앞피大路를걸어羅馬首府로向하였다。 이길은東方의旅行者들이 羅馬에들어오는大路이였다。 都市에가까히갈수록騷亂이더하여지고 한발자옥떼놀적마다 羅馬의莊嚴함과有名함을말하는記標가늘어갔다。 多年間그는羅馬를보게됨을깃부게기다렸으나 決코지금하고들어가는 貌樣으로가라고는아니하였다。 그는로마를생각하기를凱旋將軍이 그가征服하고가는나라의中心地를생각하는것같이하였으며 그는恒常그門을向하야突擊을始作할날이오기를기달이고기달이었다。 바울은 그리스도를爲하야世界征服을하였으며 로마는그가最後에主의니름을가지고갈라고바란곧이었다。 몇해前에그는 그끝에有名한挑戰狀을보낸것이었다。「나는너의로마에있는사람에게도 福音을傳하기를願하노라。 내가福音을부끄러워하지아니하노니 福音은몸은믿는者를救援하시는하나님의能力이시라。」 그러나지금그가實際로그門에다다러白髮이되여 老衰하고방금難破船에서간신히救助되여온 쇠사실에매인囚人인自己의賤한身勢를생각하니 그의고개는제절로숙어지고쓸쓸함을無限히 느끼었다。 그러나그때한족으만한일이닐어나 그의元氣을恢復시겼다。 로마四十哩밖小都市에 그가온다는말을듣고 크리스찬兄弟의족으만한무리가맞우려나왔다。 十哩를더가니 거긔에또그러한무리가있다。 獨立獨行하는바울이었으나 그는사람의同情을느낌이甚하였으며 이兄弟들을보고그들의好意를알으매 그의힘은完全히蘇生하였다。 하나님께感謝하고勇氣를다시내었다。그의心情은 다시强하여졌다。이兄弟들과한께알바노山峯에이르러 처음으로이都市를보게되니 그의마음은 勝利의豫感에넘치게되였다。 그는그의가슴속에 이驕慢한首府를征服할힘이 있음을잘알었다。 그가市門을들어갈때는발서罪囚의걸음이안이라 征服者의걸음이었다。 그가걸어가는길은 羅馬의凱旋將軍이勝戰車를타고그뒤에捕虜와戰利品를끌고雀躍하는羅馬人의拍手를받으며 쥬ㅣ피터神殿으로威風堂堂하게가든그聖路이었다。 바울은 이러한英雄으로보이지는아니하였다。 勝戰車가 그를실고가지아니하였다。 그는疲困한다리로 人道를터덕터덕걷고갔다。 勝牌도勳章도그에게는없었다。 대신에 쇠사실이손목에걸리었다。 群衆이拍手를하야 그를歡迎하지아니하였다。 다만少數의賤한벗들이그를맞았다。 그러나로마의길을그보다 더참된征服者가걸은적이없었고 그門을 그보다더勝利의確信을가지고 지낸적이없었다。

一七六。 그러나 그의가는끝은쥬ㅣ피터神殿이안이라監獄이었다。 그는오래동안留獄하게되였다。 二個年이되여도 그의判決이네리지아니하였다。 法律의遲延이라는것은 世界各國에 또各時代에有名한것인대 羅馬大帝國의法律도네로때에는 이非難을받지아니할수없었다。 네로王은自己享樂或은一時의心境의變化같은것으로도 重大한事件을延期시기는區區한人物이었다。 바울의禁錮는大段安樂한것이었다。 이 그를로마까지다리고간 隊長이航海中自己목숨을求하여준그를爲하야 잘말한까닭인지或은 그를받은士官이歷史에있는거와같이公正하고 仁慈한사람임으로그事件을잘調査한結果그에게敬服하게된까닭인지모른다。어떻든지바울은 自己집을빌여自由로지내었다。다만그를지키는한병정이 恒常그옆에있었다。

一七七。그러나 이는그와같은活動的人物에게는견댈수없는것이었다。그는이넓은都市의會堂을다돌아다니고싶고 路傍과空地에서說敎하고싶고 住民속에많은敎會를세우고싶었다。만약다른사람이이와같이쉴새없이 活動하든生涯가停止되여 監獄속에幽閉하게되면無爲와失望에沈滯되여버릴것이다。그러나바울은그렇지아니하였다。現狀을利用할때로 利用하야그의이한間房을遠大한 活動의中心으로變하였다。그를容納한寸步의地面우에支柱를세워 이로써世界를움지기고 베로의首府안에그王國보다더廣大한王國을세웠다。

一七八。그는身勢의가장 견댈수없는處地를有益하게썼다。그는兵丁의監視下에있는대 이는그와같은熱情的氣質과活動的氣象을가진사람에게는 말할수없는짐이었을것이다。事實이禁錮當時에쓴 그의書翰에는恒常이監禁에對하야말이있는대이는그의마음을暫時도떠나지아니한까닭이다。그러나이憤懣으로하여금 그는이處地가주는좋은일을할機會를놓지지아니하였다。그의看守는몇時間만큼 交代되였다。따러二十四時間안에七八人의새사람이 그의옆에있게되였다。그들은羅馬軍의精銳、近衛兵이었다。바울은自己心低에서솟아나오는말을옆에있는사람에게아니하고 몇時間을그대로지내지못하았다。그는이兵丁들에게 靈魂의永遠함과 그리스도의信仰에對하야말하였다。羅馬의무서운戰爭과 羅馬의兵營生活에만익게된그들에게는 그와같은異常한生活과性格은생각되지아니하였을것이다。이러한會話의結果는 그들마음이變하여지고復興이兵營에닐어나 皇室까지도들어가게되였다。그의房은時時로이러한嚴格하고 銅色의얼골을가진사람에넘치었다。그들은義務가要求하는때보다 다른때에그옆에오기를좋아하였다。그는그들에게同情하였고 그들職務의精神속에들어갔다。事實그自身에도 武士의精神이充溢하였다。이時期에火山과같이破裂되여나온그의거룩한雄辯에는 그들의面貌를생각케하는 없어지지아니할자최가남어있다。「하나님의 全身甲胄를닙고 능히서서魔鬼의詭計를對敵하라。우리의씨름하는것은血肉을對敵하는것이안이오 政事와權勢와어두운대서世上을主管하는者와 空中에있는惡한神을對敵함이라。그런故로하나님의全身甲胄를取하라。너의가이로써 惡한날에能히견대고 몯은일을일운後서리라。그런즉서서眞實한것으로허리띄를띄고義의護心鏡을붙이고 和平한福音의預備한것으로신을신고 그中에믿음의방패를가지고능히惡한者의몯은火箭을消滅하고 救援의투구와聖神의검을취할지어다。아검은하나님의말삼이니라。」이그림은그房에있는兵丁의生活과甲胄에서그린것이다。이 귀에들리는듯한鏘然한글은지금남어있는書翰이되기前에 먼저그房에있는兵丁들에게힘있게말하였을것이다。

一七九。이以外에다른訪問者가또있었다。基督敎에 興味를가진로마에있는사람들은 猶太人이나異邦人이나 다그에게모여왔다。그가禁錮生活를하는二年동안에 이러한訪問者가없는때는一日도없었다。로마의크리스챤들은 神託所나神殿에가는것같이 그의房에왔다。많은基督敎敎師들은그곧에서그들의武器를갈었다。이러하야새힘이 이都市크리스챤團體속에흐르게되였다。아들을爲하야 걱정하는어버이가많이그子息을다리고오고 벗을爲하야걱정하는벗들이많이그벗을다리고와 使徒의입에서나오는한마듸말이그들의자는良心을깨도록바라였다。또偶然히그곧에들어가게된 많은彷徨者들이새사람이되여나왔다。골로새에서온奴隸 오네시모는이러한者의 하나이며 그가로마에온때는逃走者이었는대 後에는그의크리스챤主人빌레몬안테 奴隸로가안이고 사랑하는兄弟로써돌아가게되였다。

一八〇。더興味있는訪問者가또있었다。바울은 恒常靑年에게큰魅力을가지었다。그들은그의속에있는 男性的精神에잇글렸으며 거긔에그들은高貴한事業에對한野心과鼓吹를얻었다。그리스도의일로世界에퍼진 이러한靑年들은로마에있는그에게로모여들었다。듸모데、누가、마가、아리스다고、두기고、에바브라와其他여럿이와서 그의湧出하여곳치지아니하는智慧와 熱誠의우물을새로히마시었다。그리하야그는다시그들에게使信을주어 各敎會에보내고또돌아와그곧狀況을報道하게하였다。

一八一。그는멀리있는靈魂의아들을 늘생각하였다。날마다 그의想像은갈라듸아峽谷과아시아海岸과希臘海岸으로다러가고 밤마다그는안듸옥、에베소、빌닙보、데살로니가、고린도의크리스챤들을爲하야 祈禱하였다。또한그들이그를記憶하고있다는깃븐證據가없지아니하였다。時時로 그의寓宿에머ㅣㄴ敎會에서 代表가와或은回心者들의安否를傳하고或은그의日用에必要한贈物을받히고 或은難題가닐어난敎理와實際問題에對한決定을求하였다。이使者들은 빈손을들고돌아가지아니하였다。반듯이眞心에넘치는使信 或은訓誡의金言을使徒안테얻어가지고갔다。그中에는 더많이가지고가는使者도있었다。빌립보敎會의代表에바브로듸도가 그리스도안에있는 그들의敬愛하는어버이에게사랑의贈物을들이고돌아갈새 바울은그들의親切에對한答禮로그便에그書翰中가장아름다운빌립보書를써보내었다。이속에서 그는眞情을吐露하였고 한마듸한마듸에女子의心情보다더곱은愛情이나타났다。奴隸오네시모가 골로새로돌아가게될때 그는그主人과自己사이를和平하게만드는精妙한小書翰、크리스챤禮儀의가장高貴한記念塔인 빌레몬書를받었다。그는또自己主人이사는敎會에보내는 골로새書翰을가지고갔다。이세書翰의作成은그의監獄生活中가장重要한活動이었으며 그는다시世界

에서가장深遠하고崇高한冊인에베소書를써 여긔에그의活動은그絶頂에達하게되였다。그리스도의敎會는 하나님의종이禁錮됨으로 많은利益을받었다。宗敎的天才가쓴 聖書以外의冊中 가장偉大한「天路歷程」도監獄에서쓴것이다。그러나가이사랴와로마에서바울의外的活動이停止되여 에베소書에서眞理의最深處까지들어가게된때같이 不幸이 돌이어恩寵으로써敎會에온때는없다。

一八二。오래동안지내오든 그의生涯가이와같이徹底히變更됨은 바울自身에게도 알수없는답답한攝理의配劑이었을것이다。그러나하나님의생각은사람의생각보다높고 하나님의길은사람의길보다높다。그는바울에게 이處地의誘惑을익일恩寵을주어 그가어찌할수없는이無活動속에서過去二十年동안各地에돌아다니며한 傳道的活動以上으로世界의幸福을爲하게하고 그의感化를永久히持續케만들었다。房안에앉아그는同情에넘치는넓고깊은마음속에 몇千里밖에서나는呻吟과叫喚을다넣어 그에對하야無盡藏인그의智慧를써百方으로勇氣를주고援助를하였다。그의생각은孤寂한속에서 限없이깊게깊게들어가 畢竟深處에있는바우를 때리게되여 거긔에서하나님의都市를지금亦變함없이질겁게하고있는내를 흘어나오게하였다。

一八三。使徒行傳은 바울의로마에서의二年間禁錮를簡單히말한後突然히끝이났다。이는 그以上말할것이없는까닭인가그는公判日에罪의宣告를받아 死刑에處하게되였는가。或은監獄에서나와 녯날일을다시繼續하게되였는가。누가의鮮明한붓이그끝에서끊지매 分明치는못하나傳說이도움을준다。그것에依하면그는無罪判決이되여出獄하고 旅行을다시始作하야西班牙를訪問하였다가 또잡히어다시로마로와서네로의殘忍한손에죽었다한다。

一八四。그러나多幸히이믿기어려운 傳說에만依賴치아니하게된다。이禁錮二個年後에쓴 바울의글이있다。牧會書翰이라부르는것인데 듸모데書와듸도書이다。 여긔에서보면그는釋放되여 녯敎會를再訪하고새敎會를세웠다。그의간곧을全部確實히알수는없는것이나 그는에베소와드로아로돌아왔으며 또그前에로마로갈때寄港하야興味를느낀그레데에갔으며 또希臘北쪽에서새領土를踏査하였다。그는各戰線에副官을보내는司令長官과같이 다시그의젊은助手들을보내어敎會를組織하게하고監督하게하였다。

一八五。그러나 이것이오래繼續되지못하였다。그가出獄한지얼마아니되여 한事件이發生하야 그의運命에깊이關係될수밖에없이되였다。이는로마의大火인데 悲慘의極에達한災難이어 지금이를생각하여도戰慄을禁치못함이있다。이는當時帝位에있든 極惡한魔怪의狂症에서나온장난이었다。그러나네로는이를크리스찬에게돌려보냄이適當하다 생각하야即時그들에게對하야 形言할수없는殘忍한迫害를始作하였다。

으風聞은매번羅馬全世界에퍼지게되었으매 基督教의先鋒이되는大使徒가 到底하오래이를避할수가없다。羅馬總督들은몰아皇帝에게바울을잡아받히는以上 그를깃부게하는忠誠스러운일이없는줄로알었다。

一八六。故로바울이 또다시로마監獄에들어간것은出獄한지얼마아니되여서다。이번에는寬大한것이안이고 殘酷한禁錮이었다。그의房에는 벗이하나도오지못하였다。로마의크리스찬들은 殺戮을當하지아니하면四方으로다러났으며 事實 이매에自己를 크리스챤이라公言함은即죽는것이었다。그가이牢獄속에서쓴그의最後의書翰듸모데後書속에 우리는그의囚人의處地를슬버하는 붓으로可히그려낼수없는哀情을닑을수있다。그의審問의一部分은 발서끝났다。그가裁判官席에앉은殘忍한暴君에對할때 그옆에서그를도읍는벗이하나도없었다。그러나主는그옆에서그로하여곰 皇帝와裁判所에빡빡이선觀衆들에게 福音을말하게하였다。그에게돌려보낸罪責은無實한것이되였다。그러나 이끝을나올수는없었다。第二次第三次로작구審問하게되여 그들은그를定罪할証據를억지로發見도하고 또案出도하였다。그의書翰이牢獄의悲慘함을가르처준다。그는듸모데에게도로아에두고온 外套를가지고오라하였으매이는그속의濕氣와嚴寒때문이다。또冊을特히羊皮로된冊을가지고오라하였으매 그가좋아하는讀書로써이속의쓸쓸하고지리한 倦怠한時間을닞어버리랴함이다。그러나무엇보다 그는듸모데自身이오기를기달였다。이는그가벗의땃뜻한손잡기를切望함이며 그가죽기前에다시한번벗의얼골을보랴願함이다。그러면 그의勇猛스러운마음이畢竟겨꺼졌는가。書翰을닑어보면안다。어찌始作이되였는가。「내가이갈은괴로움을받으되붓끄러워하지아니하나니 대개나의믿은者를내가알고 또한나의依托한것을그날까지저가能히지키실줄을굳이아노라。」또어찌끝이났는가。「이제祭酒를붓는것갈이내가부음이되고 내가세상을떠날기약이가까온지라。내가善한싸움을싸우고 나의달려갈길을다가고믿음을지키었으니이제후로는나를爲하야義의冕旒冠을預備하야두셨으니 곳主께서義로우신裁判長이되사 그날에내게주시고내게만주실뿐안이라 主의나타나심을思慕하는몯은者에게도주시리라。」이는決코落心된者의語調가안이다。

一八七。또다시그는 네로의裁判場에서게되였다。그러나이번에는그에게對한 起訴가擊退되지아니하였다。人類歷史上네로의裁判場에바울이선光景갈이 人間生活의아이로늬를明白히뵈여주는것은없다。裁判官席에王冠을쓰고앉은사람은이세상에서가장惡하고가장野卑한者이며 몯은罪를犯한者이고어머니를죽이며妻를죽이며 恩人을죽인者이다。그의全部가各種各色의罪에잠기어 當時에어떤사람이말한거와갈이그의身心은진흙과피를 合하여논것에지내지아니하였다。囚人席에앉은사람은 이世上에서가장善한사람이며그의머리는人

類의幸福과 하나님의榮光을爲하야 勞心한結果 허ㅣ옝게되였다。 裁判席에앉아 正義를나타낼사람은 이러한사람이었고 罪人席에앉아刑罰을받은사람은이러한사람이었다。

一八八。判決이끝나 바울은定罪되여 死刑執行人의손에넘어갔다。 그는市外로끌려갔으며 그뒤에는野卑한下等輩들이줄줄따러갔다。最後의場所에이르매 그는斷頭台옆에무릅을꿇고앉았다。斷頭者의독기가해빛에뻔적하고 떠러진다이에世界의使徒의머리는흙우에굴러떠러졌다。

一八九。罪는그의할때로다하야 極惡한짓을하였다。 그러나그의勝利가얼마나無力하고헛됨이어! 독기는다만肉體의監獄을부신것이며 靈魂은그속에서나와그의故鄕그의王안헤로갔다。 空然히永遠한都市라는닐카롬을받는 이都市는그를詛呪하야문밖으로쫓아냈으나 이때참으로永遠한都市의門에서는無數한사람들이그를迎接하였다。地上에서도 바울은죽지아니하였다。 그는지금도우리와같이살으며 이生命은그가地上에肉體를가지고살어 그속에서움지길때보다 몇百倍나우리에게感化를준다。 福音을傳하는아름다운발이 山우에오를때 그는그들의激勵者、案內者가되여같이다닌다。每安息日無數한敎會에서 또每日無數한家庭에서그는雄辯으로써그가부끄러워하지아니한福音을가르친다。사람의靈魂이 거륵한生活의絶頂을求하야自已否定의高峰을오르랴할때、참으로거륵한生活을하고 그리스도에게徹底히獻身하고單一한目的을向하야쉬지아니하고걸어간그는 恒常最善의벗이된다。

◎近一年동안譯載되여온스토ㅣ커敎授의「바울의生涯」는이제끝이났다。 바울속에흐른한울나라의生命을생각하고 또그것을簡明하게그려낸著者의博識과信仰을느끼고 다시過去一個年間의譯者의信仰生活를回顧할때 여러가지로感槪無量함이있다。 사람으로나서는 어떻든지바울같은生涯를보내고싶으며 그以下로滿足할수는없는것이다。이、흔이말하는英雄崇拜가안이라 그가슴에탄그生命을가지고싶다는것이다。歷史上偉大한人物들이많이낫지마는 죽지아니하는生命으로볼때는다헛가비에지내지못하며 到底히바울의옆에도놓지못할것이다。아무리보와도바울이가졌든生命이 참人間의生命이고 사람다운生涯를보내게하는것같다。우리는그리스도를믿어바울과같이 生死를問題로아니하는生命을가지고싶다。逆境과苦難과其他여러가지 사람으로써생각할수있는가장쓰라린것이돌이어곱은꽃을피이게하는 그十字架의生命을가지고싶다。果然偉大하도다。바울의生命! 우리는이러한人物을사로잡어 自已의役事를하신하나님께感謝아니할수없으며또距今二千年前로마市外에서죽은그를 지금이곧에서가장가까운벗으로생각케하는 異常한生命의움지김에아니놀랄수없다 主여! 당신의이生命을이나라에넘치게하소서。

로마書研究 (十八)

張 道 源

第十九回、神前에通用하는義 (三)

第三章二十三―二十六節研究

23 몯은 사람이 이미 罪를犯한故로 하나님의 榮光을
能히 받지못함이라

律法外에 하나님의義가 나타낫다 함은 二十一節의主張이오 하나님의義는 그리스도를 믿는信者에게 何等의差別이없이준다 함은 二十二節의主張이다。此에서 생기는疑問은 何故로 律法을行하야 스스로 義를일우는길을廢하고 예수그리스도를 믿는信仰으로因하야 義롭다함을얻게하였느냐?함이다 即何故로 사람은 自力으로律法을完全히實行하야 스스로 義를일우어 하나님앞에 自己의義를 세우는者되게하지아니하고 사람은義에對하야 아모價值없는者이고 다만 하나님께로부터 義롭다함을 얻어서 義로운者되게하였느냐함이다。이疑問에對한答이 二十三節이다 二十三節은 몯은 사람이 발서 罪를犯한故로 하나님의榮光을 받을수가없게된까닭이라는것이다。即사람은 누구든지 나면서부터 발서 罪人이다 그런故로 하나님앞에 가까히 갈수가없으며 그와 사괴일수가없으며 그를 볼수가없이된까닭이라는것이다。그런故로 律法을完全히實行하야 하나님앞에 自己의義를 세우고저하는努力은 全然不可能한無謀의努力이다。하나님의榮光을 받을수없는 本質的罪人이 하나님앞에 自己의義를세우고저하는努力은 깨여진그릇을 맞후어보는일이오 쏘다진물을 다시 담으랴는努力이다。사람이 自己의行爲로써 義를일우어 自己의義로움으로써 하나님과의 사괴임에 나아가며 하나님나라에 들어가랴는일은 絕對不能의일이다。

사람이 하나님앞에 나아가 그와의 사괴임을 얻으며 하나님나라에 들어가 永生함에는 하나님이 承認하시는 義를가진者가안이면 아니되겟다。그런故로 사람이 하나님의 承認하시는 義를얻으랴면 하나님自身이 사람을 義롭게녀겨주시는일外에는 他道가없다。即사람이 하나님앞에 義人으로通用됨에는 그리스도를믿는 信仰으로하야 하나님이 義롭다하야주시는 恩惠를받는外에는他道가없다。이것이 義가안인者를 義로운者로 녀겨주시는바하나님의恩惠다。故로 사람의救援은 하나님의恩惠에있는것이다。萬一 사람의救援이 하나님의恩惠에있지아니하고 사람의自己努力에 있게된것일진대 사람은 永遠히 救援을얻지못하고 永遠히 滅亡하는 者일것이다。그런故로 사람은律法을完全히行함으로써 스스로義를일우지아니하시고 예수그리스도를 믿음으로因하야 義롭다함을받도록한것이다。

사람은 本質的으로 根本罪人인故로 律法을行함으로서는 義에到達치못할것이다 故로 律法外에 하나님의義가나타낫다。하나님의義는 罪人이라도그리스도를 믿기만하면 그믿음때문에 罪人그대로를 義로녀겨주시는義다。

『하나님의榮光을 받지못한다』함에對하야 學者間에 여러가지解釋이있다고한다 그러나 此節에서말하는『하나님의榮光』은 하나님의本性에屬한것으로서 하나님께만 있는榮光이다 하나님께서 本來人類에게 自己의榮光을주어서 人類로하여금 하나님의榮光을 입게하였다。그러나 사람이 罪를 犯함으로 墮落하야 그榮光의입히움을 喪失한바되엿다『하나님의榮光을받지못한다』함은 現在의墮落狀態를말하는것이니 即罪를犯한그일이 사람으로하여금 하나님앞에 가까히 가지못하게하며 하나님의榮光을 입히움을 받지못하게하는것임을말하는것이다 即換言하면 罪를犯하였다함은 하나님의榮光을받기에不足한狀態에 墮落하였으며 하나님께 가까히 나아갈素質좇아全然消失하였다는말이다。如此히 二十三節은 二十二節에서 생기는 疑問을說明하는것이다。

24예수 그리스도의 贖罪로因하야 하나님의恩惠로 功勞없이 義롭다하심을 얻은것이다。

사람은 발서 다罪를犯한故로 自己의行爲로는 律法的義를 일우기不能하다。그런故로 하나님께서 人類를罪에서 救援하시기爲하야 그리스도를믿음으로 義롭다함을얻게하였다는것이 以上에서主張하야온바다。그러면 何故로 何必그리스도를 믿음으로 義롭다함을 얻게하엿느냐?하는 疑問이생기는것이다 故로 二十四節에서 信仰때문에 義롭다함을얻는 그根據를提示코저한것이다。

사람이 하나님의恩惠로 功勞없이 義롭다하심을 얻은것은 그리스도의 贖罪로因함이다 그리스도의一生涯안에는 萬人의 몯은罪를 代贖하는 功業이있었다。그런故로 하나님은 그리스도의代贖안에 들어있는者는 누구든지勿論하고 그리스도의代贖때문에 그사람은 罪없는사람과같이 보아주시게된것이다 이것이 罪人그대로를 義로녀겨주시는일의根底다。

『代贖』이라함은 무엇을意味함이냐? 原語의『아포루트로ー시쓰』는 사내여온다는意다 賠償金을支拂하고救援하야내는것을意味함이다。나는 年前에 이런實例를본일이있다。어떤少女가 어떤酒店에 金八十圓에酌婦로 팔려가서 그끝에서 酌婦노릇하면서 슯븜과눈물의 生活을하는것을 어떤男子가 金八十圓을 代身支拂하고 그酒店에서救出하야 自己의안해를삼고 깃븜과우숨의 和樂한家庭生活을하는것을보았다。그女子는 酒店에있어서 酌婦의義務를 履行하지아니하면아니될 絕對의義務下에있었다。그러나 그男子의 代身行爲로써 彼女는 酌婦의義務라는 쓴生活에서 救出되엿다。그러나 彼女는 自由의人이안이라。亦是人의妻로서 그男便에게對한義務를 가지게되였다。即酌婦의義務에서 人妻의義務로 옴긴것뿐이다。그러나 酌婦의義務는 쓰고쓰린 슯븜과눈물의 무거운짐이오 人妻의義務는 사랑안에서 깃븜과즐거움으로써 行하면行할수록 더옥行하기싫은 사랑으로의 自由로운義務다。이와같이 몯은 사람이 罪를犯함으로 罪알에있어서 律法을完全히實行하지아니하면 아니될義務를가지고있다。 即律法完全實行의 무거운짐을지고 罪알에에있다。이것을예수께서 우리를代身하야 律法完全實行의義務를代身完了하셧다。故로 우리는 예수 그리스도의代身行爲로써 罪와律法에서 自由하게된것이다。

맟히 酒店主人이 그男子의代身行爲를 認定하는故로 그代身行爲때문에 그酌婦가 그酒店에서 自由하게된것과같이 하나님께서 예수의代贖行爲를認定하는故로 예수의贖罪때문에罪와律法에서 自由함을얻어 義롭다함을 받게한것이다 이는 하나님의 絶對恩惠다。우리가 前에는 罪알에에있어 律法完全實行의義務를 가졋든者이나 이제는 예수 그리스도안에있어 信從의義務를 가진것이다。前의義務는 苦痛의무거운짐이오 이제의義務는 感謝와讚頌의 가벼운짐이다。故로 基督教는 贖罪의宗教다 그리스도의 贖罪가없이는 사람의靈魂에 깃붐과感謝와讚頌이 있을수가없다 그리스도의贖罪는 果然 靈魂의福音이다。이福音이없이는 靈魂은永遠히絶望이다。그리스도의 贖罪行爲의絶頂은 十字架上죽음과 죽음에서의 肉體的生命化의復活에있다。故로 基督教福音의根底는 十字架와復活에있는것이다。十字架와復活이없이는 그리스도의贖罪가 成立되지못한다。眞實로十字架와復活의事實이 贖罪의中心問題요 贖罪問題가 基督教福音의重幹이다。

25하나님께서 예수를 세워서 그피로써 믿음(信仰)으로
의 贖罪祭物이 되게하셧다。이는 하나님이 忍耐로
써 前에지은罪를 참으셧으나 이제는 自己의義를 나
타내랴하심이라。
26이때에 하나님이 自己의義를 나타내심은 自己가 義
로우시며 또한 예수를 믿는者도 義롭다하랴 하십
이다。

사람이 하나님의恩惠로 功勞없이 義롭다함을얻게된것은 그리스도의贖罪때문이라고 二十四節에서말하엿다。그러면 예수의贖罪가 무슨必要가있느냐？예수의贖罪가 없을지라도 하나님이 萬人의罪를 赦하실것이안이냐？ 義롭게녀기고저하시면 義롭게녀기실것이안이냐？ 예수의十字架上의죽엄을 贖罪로볼까닭이 어대에있느냐？ 萬一예수의十字架上死를 贖罪로볼必要가있다면 그理由는如何？ 이것이 바울의十字架觀에依하야 當然히 닐어날疑問難題다。이疑問難題에對한解答이 此二十五、六節이다 이는 바울의 贖罪論의中心核仁이다。

하나님께서 예수를 贖罪祭物로 세우사 그피로 믿는者마다 罪를赦하는恩惠를주사 義롭다함을 받게하셧다。故로 信仰을條件으로하고 저를사람의罪때문에 贖罪祭物로 세우셧다。信仰이없는者에게 取하야는 예수의寶血이 何等의効用이없다。예수의寶血은 信仰있는信仰者에게 限

하야서만 贖罪의祭物이되는것이다。
罪있는人間에게對한 하나님의怒를 挽回케하야 하나님과 人間과의間에 平和를일우기爲하야 예수를 贖罪의祭物로 세우신것이다。하나님과 人間과의平和에 贖罪祭物을 要하는理由는 하나님은 正義의하나님으로서 自己의義를 나타내랴하심이다。하나님은 公義의하나님이신故로 人間의罪를 罰하시지아니할수없다。萬一하나님이 그公義대로 罪人을罰하신다면 人類全體가 絶滅을當하지아니하면아니되겟다。하나님은 公義의하나님인同時에 愛의하나님이시다。故로 過去人類의罪를 忍耐로써 今日까지(예수의때) 참아오신것이다 그러나 하나님은 愛의하나님이신同時에 公義의하나님이시다 故로 人類의罪를 끝까지 참으실수가없다。또한그렇다고 絶滅을시길수도없다。萬一罪人에게對하야 公義대로 處罰한다면人類中에一人도 救援을얻을者가없다。이는 하나님의사랑이 참아行하지못할바다。그러나 公義를爲하야서는 또한 罰하지아니할수없다 하나님은 人類의罪를 容赦하시기싫다。그러나 罪에對한 處罰없이는 또한 赦할수없다。사랑을行하시는同時에 義를세워야하겠고 義를세우는同時에 사랑을行하여야하겟다 아ㅣ此二者를 相納並行하는일은 水火와같다。萬一 此二者가 相納並行이되지못하면 人類의救援은 大問題다 故로 此二者를 共히 完全히保全하기爲하야서는 예수의十字架上贖罪가絶對必要한것이다。예수가 十字架上에서 죽으심은 全人類의代表者로 죽으신것이다 하나님은 自己의獨生子를 世上에보내시사 全人類의罪를代表하야 十字架에 못을박아 죽임으로써 全人類의몯은罪는 永遠히處分되게한것이다。그리하야 예수의十字架로써 人類의罪를 救하는 贖罪祭로한것이다。

누구든지 예수를믿는者는 예수안에있어서 罪는 발서 處罰되였으며 예수안에있어서 발서義롭다함을 얻었으며 발서復活을얻게된것이다。如此히 獨生子의 降世와受難으로써 義를 세우는同時에 사랑을 行하며、罪人을罰하는同時에 罪을赦하며 永遠한滅亡을宣告하는同時에 永遠한生命을얻게하시었다。

何故로 예수의十字架上死刑을 人類의罪를代身한贖罪祭로보느냐 하는疑問에對하야 예수의十字架上死刑을 우리의罪를代身한 贖罪로보지안니하는때에는 우리에게 救援이있을수없다。우리의救援을爲하야서는 우리의罪를代身하는 贖罪行爲가絶對要求된다 그러면 우리가 아직 救援을얻지못한者로서 罪알에에있는者냐?하면 決코 그렇지아니하다。우리는 발서 그리스도 예수안에있어서 救援을얻은者요 義롭다함을얻는 聖靈의確印이있는者다。그러면 우리는 本來나면서부터本質的으로 罪人이든者다 根本的罪人인者가 이제義롭다함을받았은즉 그罪에對한 刑罰은 어느때에받았느냐?罪人인者가 功勞없이 義롭다함을받은즉 그罪를代贖한者가 있었든것이안이냐?

然則 二十五節에서 하나님께서 예수를 贖罪祭物로 세

우셨음은 自己의義를 나타내랴함이라한眞意를 알수있을 것이다。하나님은 오늘날까지 忍耐로써 人類의罪를 참아오셨다。참으셨다함은 赦하셨다는말이안이다。人類의罪를 暫時罰치아니하시고 放置하야두엇다는것이다。그러나 하나님은 公義의하나님이신故로 끝까지 罪를罰치아니하고 放置하야 둘수는없다。故로 自己의公義대로 罪人을 處罰하여야되겠다는것이다。然則 罪人을處罰하는일은 自己의義를 나타내는일인것이다。

二十五節에서 하나님께서 예수를 세워서 贖罪의祭物을 삼으신것은 오늘날까지는 人類의罪를 罰치아니하고 暫間放置하야두었으나 이제인즉人類의罪를 處分하야 自己의義를 나타내어야하겟는故인 까닭이라는意味다。

하나님이 예수를贖罪祭物로 세워서 人類의罪를 處分하야 自己의義를 나타내심은 自己의公義를保持하는同時에 예수를 믿는者도義롭다하랴하심이다 이것이 二十六節의大意이다。

하나님은 예수를 人類의代身으로 十字架에 刑罰하야 自己의公義를 嚴保하는同時에 罪人을義롭다하는 恩惠의 길도開放하야 義와사랑을 同時에並行한것이다。아ㅣ예수의十字架가 있는故로하나님은 自己의公義를 嚴保하는同時에 自由로人類의罪를 赦할수있으며 人間은 恐怖없이 忌憚없이 하나님앞에 나아갈수있으며 하나님과의榮光스러운 사괴임에있어 天國을所有하는者이며 聖靈과의交通에있어서 眞理를아는者된것이다。

慶南兄弟들의消息

慶南兄弟들의通信에依하건대 今七月三日에 慶南老會는臨時會로 召集하야 金炯允傳道師黜敎、琴錫浩、安泳科兩長老와金德峰、裵哲秀、洪成喚、禹鳳錫助師等重要人物들을 處罰하였다고한다。이제다시 그자세한後報를들건대如下하다(某氏의便紙그대로)。

(上略) 여러兄弟들의 處罰罪名을들건대 金炯允兄은無敎會主義異端이란罪名입니다。其外몯은兄弟도 同一한罪名이라합니다。그러나 彼等이우리를對面하여서는 한번도 異端이라고 敢히膽大히말치못할뿐만안이라 오히려 決斷코異端이라고할수는없다고 여러번 여러牧師와宣敎師가 私席과公席에서말하였읍니다。그런데去般老會時에所謂任事部의決議報告는「老會에順服치않고 自己主義를宣傳함으로 某某는黜敎、某々는免職責罰함이可한줄안다」고하엿는대、그날老會當席에서 某西洋人宣敎師가「이런重大한處決에있어서 그런不分明한罪名으로 黜敎或은責罰할수는없다 만약 하고저하거든 分明한罪名下에이일을行하라」고하였다고합니다。彼等은不得已 異端이란罪名으로確定하야 決議文을改定하였다고합니다。異端이란罪名으로可決되려할때에 其中좀생각있는者(西洋宣敎師側二人、趙昇濟牧師及某長老)가起立하야「이는無敎會主義도안이오 異端도안이오 다만組織體를 좀輕視한다나할까? 그外에는 아무것도안이라」고 力說한모양입니다。그러나結局은無知한大衆의可決로 돌아가고말았읍니다。老會에서는 今後만약吾等을辯護하는者가있으면 宣敎師、牧師를莫論하고嚴重히處罰한다고 決議하야놓았다하며 某宣敎師에對하야는 쫓아보내겠다는 말까지낫다고傳합니다。今後老會內에는 두黨派로紛爭할줄로압니다。우수운일입니다。不信의 아들들의일은 이러합니다。그러나 우리敎會의敎人全體가 福音的恩惠中에있어서 靈으로彼此에相通하며 信仰呼吸을같이하는者로서 敎人全體가生死를共謀하고있읍니다。우리의信仰을反對하는者가 一人도보이지않읍니다。그中若干人의暗中反抗이있는듯하나 그는敎人의取扱을받지못

慶南兄弟들의消息

하는者르서 不信者中不信者로奸惡한者요 教會에서一言의發表도하지못하는爲人들이니 問題가되지않습니다。우리敎會信者全體는 肉의氣分과人間的要素의몯은不純을떨어버리고 純하나님의積極的權能이나타나기를기다리고있을뿐이올시다。우리는 지금하나님의크신異蹟中을通過하고있읍니다。우리에게는아모野心도好奇心도없으며 敎權者에對한 아모恐怖心도없고敵愾心도없고 다만하나님만을믿사오니 넉넉한깃븜뿐이올시다(下略)。

以上은慶南某兄의個人書信이다。萬一이것이 果然無違의事實이라고하면 主예수그리스도의敎會를爲하야 慶南老會의會員諸位는 깊이反省하고悔改함이있어야할줄로안다。慶南老會에는 慶南老會의敎權이있는줄도안다。敎權이있는끝에 嚴正한治理도있어야할줄안다。敎權이란것이惡한것이안이오 不義한것이안인것도안다。그러나 바리새敎權이 예수를十字架에못박은事實도알고 카톨릭敎權이 루터를破門시긴史實도안다。그런故로願컨대 慶南老會는慶南老會의神聖한敎權으로써 바리새敎가 예수를十字架에못박으며 로마 카톨릭敎가 루터를破門시기든 무섭고도떨리는罪를 다시거듭하지아니하기를바라는바이다。兄弟의罪를分明히指摘하지못하고 處罰하는일과 兄弟의信仰을 理解하지못하고 그보다未及한程度에있어서 그를黜敎시기는일은 바리새敎와카톨릭敎와같은敎權濫用의罪를犯하는것이다。敎權濫用의結果는不知中에하나님을對敵하는 두려운罪를犯하는것이다。그런故로 敎權者의자리가무서운자리다。聖神의引導가있고 하나님의 命令이있으면 不得已順從할자리오、料理접시나먹이며국수그릇이나대접하면서 無知한敎友들의投票權을運動하야 나아갈자리는못된다。

그런故로慶南老會員諸位는 무섭고떨리는마음으로 그敎權의자리에處하야聖神으로말미암아 하나님과主예수그리스도와의 삶사괴임에있어서 權威있게敎權을行하라。이는 하나님의賦與하신權勢이니 慶南老會區域內의敎會에서異端邪說을能히處理할것이다。

이제慶南老會員諸位에게參考되게하기爲하야 金炯允等諸氏의信仰을 내가아는限度안에서紹介하야 慶南에있어서敎會內의異端邪道를驅逐코저하는忠意에 若干의도움이라도있고저한다。내가아는대로는 金炯允、裵哲秀等諸氏는 慶南老會가 大信任하는李氏와같이 日本人內村鑑三氏에게妄醉한無敎會主義者가안이며 某神學博士의批判과같이幻夢入神의神秘主義者도안이며 文化至上主義의地上天國建設運動的近代主義者도안이다。金炯允等諸氏는 絶對他者인人格的存在의唯一神하나님을믿는同時에 그의超自然的奇事異蹟의權能도믿으며 예수의贖罪와復活을믿으며 예수의人性과神性을믿으며 예수의再臨과信者의復活을믿으며 聖神의絶對役事를믿으며 永遠한生命으로의現世的新生을믿으며 造化의完成을믿는다。그러나 그들은現代敎會의敎權者들의不信不義의橫暴를보고는 忿怒치안이치못한는者들이다。現代宗敎의餘地없는 腐敗墮落을보고는痛嘆하지안이치못하는者들이다。不信者가不信의權勢로써 敎權者의자리에앉아서 信者를다스리는現代敎會의現況을보고는 忠誠을다하지안이치못하는者들이다。그런즉 그들은 不義不法한敎權者들을責망하는者 腐敗墮落한宗敎의敎權을否認하는同時에 生命있는참된敎會와敎權을爲하여서는 온갖患難과迫害를사양치안이하고 忠誠을다하는者들이다。生命없는敎會들이法網으로生命을殘害하며 信仰없는牧師들이非福音的運動을敢行함에는 信仰革命을부르짖지아니치못하는者들이다。그런故로 金炯允裵哲秀氏等을無敎會主義者로 處刑함도不可하며神秘主義者로處斷함도不當하며 異端으로黜敎함도不義한處罰이다。萬一기어코저의一派를處罰코저하거든、우리老會의不法한行爲를默認치아니하며 老會의命令이라면無條件하고屈服치아니하며、敎權者들의不義不法한醜態를敢히책망하야 때때로敎權에있는者들을괴롭게하며、敎會의腐敗와墮落을指摘하야 信仰革命의必要를力說하며、生命없는敎會의非福音的運動을向하야 福音的運動으로反逆한다는罪名으로黜敎責罰하라。이것이가장穩當한罪名이다。

慶南老會가 聖神으로말미암아 그리스도와의 삶사괴임에있어서 信仰의權威로써 저의를命令하여보라。그리하야도 저의가高慢하야 順從치않는가。眞理로써저의를引導하여보라 그리하여도저의가順從치않는가? 아ㅣ내가아는대로는 저의는生命에목마른者요眞理에줄인者이다。故로저의는信仰의權威에는絶對順從하며 眞理로의引導에는絶對順從하리라、要컨대今番慶南事件은 老會自體가信仰의權威가없으며 저의를살려줄만한生命이없음이 問題의原因인가한다。

(張道源)

城西通信

一九三三年七月初旬은 嶺南地方의水災報導에 一信又一信으로 神經의緊弛를感하지 않을수없었다。被害地方의誌友의形便이 별달이念慮되는것은 어찌할수없는事情이었다 그러나南鮮訪問은 八月前으로行할수는없었다。

七月九日。本誌의西北地方讀者를歷訪中에있는安商英氏의 第二報가來하야 誌友의近況을알고 福音의勝利를 듣게되여 뜻밖에깃븜을 못이기었다。(安兄은京畿、黃海地方을지나 平壤까지西進하다가 路程을東으로轉向하야 元山으로서關東海岸을 一巡하게되였다)。

七月九日(日曜) 洞內長老敎會의諸職諸氏가來訪하야 當會의決議로써 當敎會主日學校長으로薦擧하였으니 承諾하라는 附托을받고、일이 넘어意外임에놀랐다。聖經本文은 넘어보았어도 萬國主日學校工課册이란것은 生來에한번도使用하여본일이없으니 남을가르킬資格이없으며、聖朝誌의執筆도 채다못하는形便이니 時間을얻을수없어못하겠다는 理由를具述하야 拒絶하였으나 元來저편은 多數오 이편은單獨이라 謝絶하는말보다强勸하는말이 더많고優勢하게되여 結局拒絶치못한심이되었다。後에 스스로悲嘆하니 첫째는 나의柔弱한個性을痛嘆함이오 둘째는 저들의非基督的精神을 슲버함이었다。聖書朝鮮의存在도無視하는듯이 그發行에는何等困難이없을것으로假定하고 오직 저의들은援助를받아야하겠고 또저의를援助하여야만 하나님의榮光을 나타내는줄로確信하는 그「確信」이可憐하였다。마는 이것은 敎會뿐이안이다。많은篤信者中에도 주는것보다 받는것으로써 福된일인줄안다。그러나 利用當하면서라도 意識中에나無意識中에나 有形한것이나無形한것으로나 주고살수있는날까지는感謝로다。

七月十四日(金曜) 밤에佐藤敎授의來訪이있어 李圭完翁의農事를話題의中心으로하고 夜半까지快談하다가 後日、한께李翁의農場을訪할것을期約하고辭去하다。義理의嚴格함에 배움이많았다。

七月十八日(火曜) 最近에 外國援助가斷絶된某敎派에屬한誌友로부터 그敎團內의混亂한狀態를詳叙하야痛嘆한後에「그리하야 우리는今日敎界의經濟大難을當할지라도 오히려宗敎敎師의整理를兼行하는 宗敎의行政整理로 받아들일必要를認하나이다。朝鮮內의基督敎團體들이 어느期에가서든지 이問題를當하지안할敎派가없는줄알아 一時의安逸을滿足함보다 차라리自進하야自力更生을圖하여야할바임은 今後朝鮮基督敎를爲하야急務라고하나이다云云」하였다。同感이다。近日에外國의經濟的補助가 中斷됨에因하야 敎會와敎會에關聯된機關에 거의致命傷的影響을주게되였다함은 우리도同情을不禁하는바이다。그러나 돌이켜생각하면 朝鮮도 언제까지든지 남에게依支할것이안이다。말잘하는男兒와 눈물많은女代表를派送하야 米洲의黃金을求乞하는것도 언제까지든지能事로말할바가안이다。凡百事가 다 그렇지만 特히萬事의基礎되는 救靈事業에있어서 朝鮮은 남의 신세만 질것이안이다。하로라도速히自立하여야하겠고 될수만있으면 米國과其他外國에서받은것을 갚아주어야하겠다。「받기보다 주는것이福스럽다」는그리스도의말슴을 우리도한번生活化하는날이와야하겠다。多數의似而非의敎役者들은 果然이번動搖에淘汰되리라。그러나 少數의眞情한敎師들은 이難關을當하야 一層더主의榮光을發輝하리라。朝鮮敎會가 이미 받았든恩惠를 저바렸을때에 主의돌보심이 이에이르게한줄안다。

七月한달은 文字대로「忙殺」하였다。一個月을三分之一식 세가지일을하였다。처음三分之一인十日까지는 本誌의原稿쓰기와山上垂訓出版準備로보내고 中間十日間은 第一學期考査와成績調製로日夜를繼續하다싶이하였고 二十一日부터는 聖朝第五十五號와山上垂訓의校正이一時에始作되여 滿一週間、밤중外에는 印刷所에서炎熱과싸왔다。일은月初보다乃終이漸漸激烈하였다。最後의一週間은 友人들의來助와慰勞까지도받았으나 月末에雜誌와山上垂訓이出來하였을때는 半病者같이되였음을깨다랐다。나달가는줄도모르고一朔을보낸後에回顧하니 三十日을보낸것이안이고、矣三日이지나간것같았다。小人閑居爲不善이라드니 多忙한것도 一幸인가하다。

【謝禮】 지난八月南鮮旅行中 先輩와誌友諸氏의甚大한厚意를玆에謝禮하오며 時間關係上미리請한外의誌友를一一히찾지못하였음은크게遺感이었나이다。九月一日 金敎臣

新刊廣告

金敎臣 著

山上垂訓研究

四六版二四五頁
定價七〇錢•送料四錢

聖書朝鮮誌에連載하였든것을 몯아 一卷으로하고 山上垂訓全文의 改譯을添加한우에 한글로訂正하였다。山上垂訓이라고 通稱하는 馬太福音第五、六、七章은 福音書中에도 特히顯著하게 基督의完美한生命이 그대로躍動하는 珠玉의 一連같은部分이다 거긔에는 組織도없고假說도없다。다만直截簡明한眞理의 光과生命의脈이 샘물같이괄괄흘어마지안한다。故로 山上垂訓을넑음에 特殊한 素質이나 非凡한體驗을 要할것이 없다。다만 天然한人間이면 可하고、萬一 나다나엘같은 純眞한 조선사람의心臟을가진사람이면 더욱可하다。마음이淨潔한者만이 眞理를致當할수있는故이다。所謂基督敎徒의 그릇된優越感과 特殊한神秘的體驗을 排하고、通常人間의立場에서서、이 참사람의 말슴을 味解하라고 힘쓴것이다。

그러나 山上垂訓은 本來 참으로살者의 生命이躍動한 韻律이다 그文句를잡아 아무리字字句句로 解說할지라도 그本文以上의것은 나올수없다。古來로 이部分의聖書의註釋이 擧皆 蛇足의感을 未免함은 이 글이 글이안이오 生命인까닭이다。故로이 「研究」도 源泉에 이르는 한 階梯가되면 分外의祝福인가한다。또 이階梯를因하야信者보다도 未信者가그리스도의 生命에이르러 山上垂訓本文을 닑는者되기를 致히祈願하야 마지못하는바이다。(序文에서)

聖朝文庫 第一卷

咸錫憲 著

푸로테스탄트의精神

菊版半、三十二頁
定價金拾錢•送料貳錢

루터以來의 新敎의眞精神을 다시吟味하야 오늘날 死殼만 남아沈滯하게된 新敎徒를 向하야 또한번 푸로테스트한것이다。信者、未信者에게 다 같이一讀을應하거니와 特히 識者階級에傳道用으로 適當할줄안다。

(以上二種書籍몯아 市內博文書館에서取次販賣함。)

京城聖書研究會

講師 金敎臣
場所 市外孔德里活人洞一三〇
日時 九月十七日부터每日曜日午後二時開講(約二時間)。
規定 會員만참席함。會員되고저하는이는미리講師의 承諾을얻고、每月會費若干(金額은各自任意로定함)을負擔함。

本誌定價

一 冊 拾五錢(送料五厘)
六 冊(半年分) 前金九十錢(送料共)
十二冊(一年分) 前金一圓七拾錢

要前金。直接注文은振替貯金口座京城一六五九四番(聖書朝鮮社)로

取次販賣所 博文書館
京城鍾路二丁目八二 振替京城二〇二三番

昭和八年八月二十九日 印刷
昭和八年九月 一 日 發行

京城府外龍江面孔德里一三〇
編輯兼發行人 金 敎 臣

京城府西大門町二丁目一三九
印刷者 金 顯 道

京城府西大門町二丁目一三九
印刷所 株式會社基督敎彰文社

京城府外龍江面孔德里活人洞一三〇ノ三
發行所 聖書朝鮮社
振替口座京城一六五九四

昭和八年十月一日發行（每月一回一日發行）

金教臣主筆

聖書朝鮮

第五拾七號

一九三三年十月一日發行

目次

試驗濟의法則

弱肉强食과優勝劣敗는 果然움직일수없는鐵則인듯하다。動植物의自然界를觀察하고 個人과國家의人類生活을詳考하야 이嚴然한法則을發見할때에 强者는더욱齒牙를자다듬어 霸業을向하야雀躍하려니와 弱者는 한갓失望과恐怖에 빠질수밖에別途가없었다。때에 하나님의말슴이있으되『몯은 골작이는 도두고、뫼뿌리는 낮후리라』(이사야四十章四節)、『교만한 눈 은 낮후시나니라』(詩第十八篇二十七節) 무슨能力으로써 이일을執行하시는지 우리는알수없으나 그러나 事實은明白하다。桑田이變하야바다가 된다는것뿐만안이라 地質學者는 地形의輪廻說을唱하야 이에和應한다。海底가隆起하야峻嶺이되고 幼年期 壯年期를經한高山은 老年期에入하야 準平原으로歸還한다고한다。

優勝劣敗의自然法則만이行하여진다면 埃及의파라오王權과 바빌론의네브갇네살의榮華는 永遠히隆盛하여야할것이엇다。마는「교만한눈은 낮후신다」。秦始皇帝의萬里長城도 다만石堆에 지나지못하였고 獨逸國民의驕慢을象徵하든 카이젤의 수염도 드디어 한울을 거스려 자라지못할것을 깨다랏다。獨逸의陸軍과 露西亞의騎兵보다더强한能力이存在함을 생각만하여도 떨리는事實이다。世上에所謂無敵艦隊라는것이 種々出現하나 이는그나라海軍의成熟期를意味하는同時에 그凋落을表告하는前奏曲으로봄이 푸로그람을 보는法이될것이다。數量의貧乏을念慮하며恐懼하는동안은 片隻의帆船이라도能히 그疆域을安保하였으나 天下에無敵을標榜하는砲城의艦隊는 世上을요란케하고 내종에는 自國까지滅亡케하는羞辱을招致하고야말았다。이는 그「눈 이 교만한」(Heigh looks) 까닭이었다。하나님은 仁慈하시사 몯은人間의허물을容赦하시기를 깃버하시나 오직「교만한눈」을對하야서는 徹底히糺彈치않고는 마지안하신다。교만한 눈 을 낮후시는일은、特히 하나님의快心의 작난(이런말을許한다면) 이신것같다。故로優勝劣敗의法則을 宇宙間에許하시면서도、때々로劣勝優敗의法則을執行하신다。過去의歷史가 그러하였든것처럼 現在와將來에도 富貴를자랑하며軍備의充實을自負하는百姓은 이第二法則의執行을當하고야말것이다。우리는 어느個人이나 어느나라나 멸망한다기보다 隆盛한다는것을希求하는者이다。더욱 내가弱한때에 그러하다。마는小法則우에大法則을發見함은 眞理를배우는 喜悅을 느끼는바이오、詩人과같이 하나님께向한信賴와찬송이躍動함을禁할수없는故로 科學者가 實驗室에서作業하듯이 우리는 하나님의攝理의 손을 처다보면서 世上을觀望하고저하노라。不安한마음으로써 未來를待하는것이안이라 實로 試驗濟의法則을 再演할것뿐이다。『교만한눈은 낮

갈라듸아書研究 【二】

柳錫東

二、갈라듸아書諸問題

緒論

갈라듸아書의精神은 「이는나의書簡이라」하야 바울이던진 이生命의福音의彈丸을 十六世紀에다시 들어羅馬敎會를粉碎한루ー터ー의붓으로餘地없이紹介된줄안다。信仰의眞理를把握한者는누구라할것없이그奧義를單刀直入的으로表明한이書簡을사랑하지않을수없나니果然敎父時代붙어信仰의勇者와神學의巨頭들이時代를이어서갈라듸아書의解明또는註釋을多數히하였으며 特히五世紀의몹세스틔아의듸오덴파十八世紀의벵겔十九世紀의라이트훝、마이여、램세이것은古典的價値가있다。그러나하나님이特殊한使命을지이고보낸루ー터ー같이이眞精神을呼吸하야自己의心靈의糧食으로만든사람은없다。저죤、번연이聖書以外에루ー터ー의갈라듸아書註釋같이傷한良心에適當한冊은없다고말한바와같다。우리는이루ー터ー의案內로서대번本文研究로들어가도좋으나 갈라듸아書의精神을더明白히깨닫기爲하야 이基督敎의根本生命을흐르게한外部的여러問題를또한생각하고저한다。「사람이義롭게되는것은律法에依치아니하고信仰에依한다」는것은 枯渴한信仰個條나理論이나또는힘없는敎義가안이라 사랑으로움지기는信仰이고能力으로나타나는生命이니、홀로遊離하야存在하는것이안이고 반듯이사람을通하야社會와國家와世紀를通하야歷史를通하야 살고있는것임으로 우리는이福音이役事한客觀的事實을等閑視하여서는아니된다。여긔에갈라듸아書諸問題를考察할必要가생기며 過去오래동안여러學者들이힘을다하야하여놓은貴한研究에깊이배워 써 福音의本義를밝히体得하는同時에 그것이現實에부다친여러갈래의動向을銳敏하게느끼어야한다。이같이생각하면聖書研究는難事中의難事이며 산信仰을가저야함은勿論이고 또이것으로써近代에發達한歷史學、考古學、地理學、文献學、批判學等을消化하는 산知識이있어야하니 筆者같은鈍才는敢히붓을들勇氣가나지아니한다。

一、正經與否及著作者問題

歷史性과批判性을無限히發揮하는近代의學者들中에는갈라듸아書를바울의著作이안이고後世의作이라하야正經의價値를輕視하는者가있다。 그들은말하기를이書簡에나타난크리스챤의生活과經驗과思想과視野가너무나넓고깊고하야 예수그리스도가十字架에걸넌지몇年안되는短時期에서는到底히쓸수없는것이라고한다。 여긔에對하야우리는이書簡의內容이提供하는材料와初代敎會의諸文献이가르키는証據를살펴보고자한다。 갈라듸아書는信仰을傳하야現世에對하여는아무씀이없으나 그것이時代를絶對로超越할수없고人生을專혀無視할수없는것임으로 그속에는時代의痕跡이間按直接으로明瞭히나타나있다。 이는近代學問에接近한사람은누구나다容易히認定할事實이며단테의「神曲」에十四世紀思潮를느끼지않을수없으며 밀톤의「失樂園」에十七世紀生活을보지않을수없는것과같다。 우리가갈라듸아書를닑을때거긔에서가장깊이언는印象은猶太律法과儀式을主張하는强烈한敵에對하야自由스러운福音을가지고猛烈히熱情的으로싸우는鮮明한個人的色彩이다。 이것은너무나그光度가强하야實際로그러한敵에接觸치아니하면나올수없는種類의것이니 반듯이敵에對하야無限한괴롬을받은사람이 가장適切한때에全力을다하야一大打擊을加한것이다。基督敎歷史를볼때이러한福音의敵은예수그리스도가돌아가신後그使徒들이四方에모세의律法의癈止를말하는福音을傳하야이스라엘民族의몇千年間의固執을痛快히부신때 나타낫으며 따러이敵에對抗하는役割을演한사람은羅馬와希臘에傳道할使命을가진寬大한異邦使徒이어야하고또律法의眞價値를깨닫게된가말니엘의참弟子이어야할것이다。 이後로또다른사람것으로갈라듸아書를생각하는것은 이書簡의現實性을無視하는것이고 또예루살렘이陷落되고基督敎가漸々世界的으로進出하야自然그敵이다른方面으로나타나게된史實을보지아니하는것이다。

갈라듸아書는偉大한思想과知識과人格을가진바울에게예수그리스도의十字架의福音이들어가서나오게된書簡이고 이의正經의價値는그의다른三大書簡과同一하다。 다시初代敎會의文献에引用된갈라듸아書에對하야는 第一、二世紀에져스틴、마ー타ー、 쿠레멘트、 이구나튜스、 포리가ー프들이書簡의數節을引用하였고이레나이우스는갈라듸아書名을引用하였으며또當時敎會와그곧에서脫會를當한마ー근시온이禮拜時에이것을썼음이明白하다。 이것이事實이면갈라듸아書가第一世紀末에나 또는第二世紀에作成되였다고는推測할수없다。반듯이그前에쓰였을것이며 이러하야敎會에서넓게된것이다。또한第二世紀의拉典飜譯에도이書簡이들어있고 시리야飜譯에도들어있고 무라도리正經에도들어있다。갈라듸아書의正經問題及著者問題는少數의反對는있으나 大体로는確定된問題로되여있고 新約聖書中에서도가장確實性을가진正經의하나이다。

二、갈라듸아敎會問題

바울이第一章二節에「…갈라듸아여러敎會에…」라고썼는게 이갈라듸아라는地方은이느곧을가르치는것인가。一見問題갈지아니한것이古來로많은問題를닐으키어「北方갈라듸아說」「南方갈라듸아說」이라는固有名詞까지만들어서 이書簡을읽는者반듯이하번은생각하지않을수없게되였다。갈라듸아라는니름은이곧外에使徒行傳十六章六節에「…브루기아와갈라듸아따로다녀가…」라고있고또同十八章二十三節에「…갈라듸아와브루기아따를차례로다니며…」라있으며 고린도前書十六章一節、듸모데後書四章十節、베드로前書一章一節에또있다。地圖를보면갈라듸아라는것은黑海에近接한小亞細亞의一地方이어東에는본도西에는브르기아、南에는가바도기아、北에는밥블라곤이아、빗듸니아가있다。그러나이地域은그統治者의勢力如何에依하야때에는타우러스山峽까지도擴張되였고 때에는훨신縮少되였었다。이갈라듸아라는地方의니름은이地方에살게된族屬고ㅡㄹ人即갈라人이라는겔트種屬의一派에서나온것인대 이고ㅡㄹ族은紀元前三四紀頃東洋에서歐羅巴로移住하야伊太利北部에定住하게되고 一部는紀元前二百八十年에希臘에서擊退되야小亞細亞로오게되였다。이民族은그니름이가르키는것과갈이勇敢하야當時世界의一大驚異이었고 그들이小亞細亞에定住하자先住民을征服하야版圖를넓히고드듸여그地方이그들의니름을따러부르게끔되였다 紀元前一百八十九年에羅馬가그들을征服하였으나 그들의勢力은줄지아니하고漸々늘어近隣브르기아、루가오니아의大部分을手中에넣게되였다。그러나紀元前一世紀初가되매羅馬帝政下에完全히屈服되였고 紀元前二十五年에는畢竟오ㅡ구스더스帝가羅馬의한州로만들었다。爾後紀元後七十二年에이르는동안에그境界線은帝王이갈리

갈라듸아書研究 四

는대로여러번變更되였다。 바울이傳道한때는밤빌리아는갈라듸아에서떠러저、 한州가되고 그대신에北으로는밥블라곤이아、 南西로는더베와그近隣地方이編入되였다。 바울이 이書簡初頭에서갈라듸아라한것은 即그가教會를세운地方은갈라듸아本土인北地方인지그렇지아니하면갈라듸아州라는니름속에包含되는南方各地方인지學者의說이區々하며이것이저有名한北方說南方說이다。 일즉이는學者의大部分이北方說에기우러졌는대 最近에렘세이라는學者가其地方歷史와地理를詳細히研究하야使徒行傳十三章十四章를根據로삼어南方說를力唱한後적지아니한贊同者가생기게되였다。 이問題는學者들의閑暇한研究꺼리에不過하다는생각이나기쉬우나 누가의붓에잇글리어바울의傳道旅行을따러단니면서福音의權能과攝理의奧妙함과하나님나라의展開를아른우리는 그의발어저果敢膽大한고ㅣ己의本土까지갓는가아니갓는가는一笑에附할問題가안이며또地中海를中心으로하야小亞細亞希臘羅馬를靈으로써征服한바울의野心이黑海에臨한一大古代族屬까지다다렀느냐아니다다렀느냐는福音의生命을가진눈으로世界를展望하는者에게는興味津々한問題가안일수없다。 南方갈라듸아說을세우는學者의論據는左와같다。

一、 使徒行傳十六章六節에「…브루기아와갈라듸아따로다녀가…」라있고同十八章二十節에「…갈라듸아와브루기아따를차레로다니며…」 라있는이갈라듸아라는것은決코브르기아와다른地方을말하는것이안이라 以前에브르기아에屬하야一般에그니름으로알리게된地方이羅馬의州制로因하야다시갈라듸아로된곧即異名同地를가르치는것이다。 따러바울이北方갈라듸아에간史實이없게되고 만약記錄에는없어도갔다하면그는반듯이短期間이어서到底히이書簡에서말하는그여러教會를세울수없을것이다。

二、 바울이羅馬帝國에對한態度를보면 그는決코地理的名稱을쓰지아니하고行政的名稱을섯을것이다 그書簡에나오는他地方名이 거의다이러한니름으로불렀는대 갈라듸아만特別히例外가될수없다。 더구나안듸옥、 이고니온、 루스드라、 더베等을總稱할때에州名갈라듸아를쓸수밖에는없다。

三、 基督教史에나타난것을보면 南方教會는일쯕盛旺하야여러記錄을남기였으나 北方教會는훨

신後에야비로소니름을알려게되엿다。 바울이세운敎會가南方일수밧에없다。

四、使徒行傳十三章十四章에記錄된바와같이 바울이多大한努力을들인南方諸敎會에對하야 그가 데모데에게「안듸옥과이고니온과루스드라에서받은逼迫과苦難」云々한以外에아무消息을傳하지아니하엿다고는생각할수없다。

五、이書簡內容이가르치는것을보면 이곧回心者는異邦人뿐안이라猶太人도少數나마있으니 이는歷史에猶太人이있음이記錄되여있는南方敎會일것이며 바나바가重要한人物로나타낫으니이는使徒行傳十三章十四章과一致하는것이고 自由와律法을堂々히論하엿으니 이는希臘과羅馬의敎化를받은南方사람들일것이다。 또한이書簡全体의精神이使徒行傳十三章에있는 바울의說敎를反復함에不過한것이다。

여긔에對하야北方갈라듸아說을主張하는學者는이를一々히辯駁하면서自己獨特한論據를세운다。

一、「브르기아와갈라듸아의따」 라는것을異名同地로解釋하는것은그말속에歷史的地理的政治的意義를읽는巧妙함은있으나 누가의붓은實際旅行한곧을簡單히記錄함에긋치는故로이러한復雜한일은하지아니하엿을것이다。다만北方갈라듸아라는곧을가르침에不過하엿다。 또한따(地方)라는것은行政的名稱이안이라 地理的名稱이고都市가많지아니한一地方을가르치는것이다。使徒行傳十六章六節과十八章二十三節은바울이實際로旅行한北方갈라듸아를말한것이고 여긔에서그는敎會를세운것이다。

二、古代의文獻을보면 갈라듸아라는것을行政的名稱으로쓴사람도있고 地理的名稱으로쓴사람도있으나 小亞細亞사람들은다後者를썻으니 다소의사람바울도亦이例를좇앗을것이다。 다음에또바울이쓴他地方名이몯아行政的名稱이라하나 이는事實에違反되는것이며 달마듸아、수리아、길리기아、유대等地理的名稱으로쓴것이分明하다。 따러바울은갈라듸아라하야 그말을들어서 대번알게되는北方갈라듸아即그의地理的名稱을썻을것이다。

三、 四、 敎會가旺盛하고有名하다고반듯이片紙를쓰는것이안이며 또한片紙한것은全部남는것도안이다。바울은微々한敎會에도片紙를썻으니골로새書가이例이며또敎會에여러번書簡을썻드라도그價値

가없으면의례히남지아니하는것이다。

五、猶太人이北方에는살지아니하였다함은한推想에不過하며 죠세퍼스의猶太古事記第十六卷六章을보면猶太人이小亞細亞各地에흩어져있음이明白하다。또가령猶太人이南方에만있었고그곧에서敎會堂을세우고있었다고하면 異邦人이이猶太風習과思想파律法에익어서 到底히이書簡에나타난것같은新鮮한變動을받을수없을것이다。다음에바나바가重要한役割을演한것같다고하나 이書簡이보이여주는갈라듸아敎會에對한바울의態度는自已혼자가그建設者임이明白하고 決코使徒行傳十三章十四章에있는바나바와名譽를같이하는것이안이다。다시自由와律法에對하야힘있게말함은여긔에對한敎養이있는南方사람이야한다하나 北方에希臘羅馬의影響이全혀아니갓다고論斷할材料도없고 또自由와律法은希臘羅馬에極限할것이안이고 人類共通의것이다。最後에이書簡全体의精神이그의南方敎會에서의說敎와같다하나이는福音을傳한初代使徒들의 說敎는다이러한趣旨이엇고特히바울的色彩라는것이그다지있지아니할뿐안이라 바울은이說敎의精神을이書簡에서만안이라他書簡에서도말하였고또한一生變함없이말하였으니이事實이南方갈라듸아敎會를支持한다고할수는없다。

六、敎父들이 이書簡에對하야 쓴 註釋을보면北方說을몯아取하였는대 이는南方敎會가北方敎會보다盛할때의일이니 이書簡이 北方갈라듸아에보낸것이確然하다。

이같이보면北方說의論據가더正確하고 여긔에다시바울이갈라듸아를尋訪하게된心理을推察하면더욱이說의正當함을깨닫게된다。바울이第一次傳道旅行을하야小亞細亞의大部分을征服한後족음있다가그는第二次傳道旅行에나섰는대 이때의그의目的은主안에있는兄弟를再次訪問하야勸勉하랴는것이였다。이目的이小亞細亞中部에이르러다達하게되매그의눈앞에넓게展開되여있는갈라아듸地方은 거륵한野心에불타는그의마음을 잇금이甚하였고 더구나武勇에니름난民族인만큼그의興味는倍加하였다。드로아에서마게도니아사람의異象을보는그러한熱情的傳道心을가진그가 이接近한地方을밟지아니하고다른곧으로가리라고는想像할수없다。반듯이갔을것이며西便

에使命을가진그의발이 넘어亞細亞로만다려나니聖靈이禁止까지하였다。 그러하고그는이갈라듸아에들어갈때몸이哀弱하여서(갈라듸아書四章十三節)豫想以上오래遲滯하게되여 그동안그는이곧에서많은役事를하였을것이다。 누가는여긔에對하야沈默을지키나이는容易히推測할수있는事實이다。 聖靈은바울을指導하야當時世界에서할수있는極限까지福音을傳하게하였고 이러하여써基督敎의世界征服의土台를堅固하게닥거놓는同時에爾後始作될一千九百年間의福音의歷史의大序幕을完全히演하게하였다。

三、著作時期問題

갈라듸아書簡이어느때에쓰였는가하는것도 갈라듸아의北方說南方說에지잖는興味있는問題인同時에여러學者의머리를많이괴롭게한難問題이다。 그러나이미北方說을取하게된우리는이著作時期問題는발서大体로는作定된것이고 여긔에다시이問題를始初로부터論할必要는없다。 이、時期를決定하는材料는使徒行傳에있는바울이예루살렘을四回訪問한것과이書簡에있는예루살렘을二回訪問한것과의關係 이書簡四章十三節에있는「…처음에…」라는希臘語의意味、이簡書과고린도前後書 로마書와의內容上文句上의關係等인대 各材料를簡單히살펴보고자한다。 갈라듸아書簡속에예루살렘을二回訪問한記事가있으니이書簡이、이二回訪問以後에 쓰이게된것은明白하며다만여긔에問題되는것은누가의記錄한四回中어느것에이二回가該當하느냐라는것이다。 使徒行傳九章十九節ㅣ三十節을보면바울은回心後卽時다메섹에서福音을干證하다가難을避하야예루살렘으로가 그곧에서바나바의紹介로使徒團에合하야같이活動하였다하야갈라듸아書에있는아라비아訪問、回心後三年만에예루살렘訪問、게바와야고보와의會見等에對하야는아무말이없고一見各記事가서로矛盾되는것같음이있으나 冷靜히넑어보면두記者가다同一한事實을各其다른觀点에서쓴것에不過함을알수있다。 바울은이書簡의性質上또한自己自身의일인만큼個人的內面的事實이焦点이되고 누가는基督敎의歷史를씀으로바울의그歷史에關係되는公的外部的活動이焦点이되였다。 따러우리는各記事가矛盾되는것이안이고돌이어서로補充하야바울의第一次예루살렘訪問을明白히알러어줌을느낀다。 다음에使徒行傳二十一章에있는바울의最後예루살렘訪問과그곧에서의逮捕即第四回訪問은갈라듸아書에서는 족으만한痕跡도볼수없으며 또한갈라듸아書의第二回것과는比較할材料가하나도 없다。 여긔에갈라듸아書는바울이最後로예루살렘을 訪問하기前에쓴것이分明히되는同時에 이書簡에있는第二回예루살렘訪問이使徒行傳에있는第二回그러치아니하면第三回것과自然一致할수밖에없이된다。 使徒行傳第十一章二十七節ㅣ三十節第十二章二十五節에있는第二回예루살렘訪問은救饉訪問인대 갈라듸아書二章一節ㅣ十節記事와 默示가訪問에關係되였다든지、貧者를돌보라는것이든지、바나바와同伴하였다든지하는共通되는事實이있어 學者中에는이것을同一한것으로取扱하는이가있으나 우리가兩記事를조용히읽어볼때 그雰圍氣가넘어나틀리며누가가다만飢饉云々에對하야써갈라듸아書의第二回訪問의重要하고公的인바울에對하야는何等의말이없으니 全使徒行傳이보여주는누가의筆致로는到底히생각할수없는일이며 따러반듯이同一한事件이안이다。 갈라듸아書의第二回訪問은使徒行傳의第二回訪問과는틀리며바울은이書簡속에서自已의關心事와關係없는訪問은省略하야쓰지아니하고 第三回것만을쓴것이다。使徒行傳第十五章一節ㅣ三十五節을읽으면갈라듸아二章一節ㅣ十節과여러가지다른点ㅣ默示有無듸도有無使徒들과의會見에公私의差異會議의有無ㅣ이있으나 全体의主旨와精神이同一함을아니느낄수없으니、이、누가와바울이同一한事件을各々그들의目的에따러다르게쓴것이다。이렇게보면 갈라듸아書는일러도예루살렘會議後에쓰인것이明白하며이것을넘어初期에屬하는것으로할수는없이된다 다음에 갈라듸아書第四章十三節에있는「내가처음……」이라는「처음」의希臘語뜻이學者의硏究한結果前에一次訪問하였음을가르키는것이안이라 二回訪問한中第一回것即처음것을가르치는것임으로 바울이이書簡을쓰기前에二回갈라듸아를訪問한것이自明하여진다 따러이書簡은바울이第三次旅行에나서서갈라듸아(使十八章二十三節)를再次訪問한後에쓴것이되며 第二次旅行後에곳썼다는說은成立되지못한다 最後에 다른書簡과의關係를볼때 이는데살로니가 빌닙보 골로새、에베소諸書와는틀리고 고린도前後書、로마書와는同氣相通함을느낀다。各書簡속에있는信

仰과律法自由와奴隷에對한熱火같은議論使徒職에對한군々한辯明은이四書簡이同期에屬한것임을餘地없이証明하며 더구나 로마書三章十九節ㅡ二十六節六章、七章四節ㅡ六節八章四節ㅡ十一節을읽으며 고린도前書九章後書十二章十二節十五節을읽으면 우리는即갈라듸아書를읽는感이있다。 갈라듸아書를이세書簡보다훨신前或은後에쓴것이라고보는것은 나무생가지를찟는것과같은것이다。

이와같이結論이되면갈라듸아書는 바울이回心한後十四年이지내예루살렘을訪問하고 그後數年이지낸後北方갈라듸아를두번째尋訪하야몇年있다가 그의傳한福音이헛되히됨을크게걱정하야 몸소그곧에다시갈수는없음으로얼마前에고린도敎會에한거와같이文字의彈丸으로써敵을攻擊하면서福音의本質을闡明한것이다。

그의回心期가紀元三十五年이안이면三十六年임으로여긔에十四年이지내면四十九年이고 다시기ㅡㄴ第二次旅行이있었고또第三次旅行에서에베소에三年以上을留하얐으니 紀元五十五年或은五十六年가을에마게도냐에서나렸지그아니하면그해겨울에고린도에서이書簡을썼을것이다。 때에바울의나는近六十이되여白髮은그의머리를덥고주름살은그의얼골을색이엿으며 過去오래동안에고생속에서낳은靈魂의아들들의狀況은그의心中을쉴새없이往來하였고 머ㅡㄹ리보이는當時世界의中心인로마天地는磁石과같이그의心靈을잇글었다。實로갈라듸아書를쓴때는그의靈魂이福音을爲하야가장心慮한때이며 過去十有餘年의勞苦가一時에無効로돌아갈가熱狂的으로그의福音을辯護하였고 또死를覺悟하고예루살렘에가면서로마에畢竟福音의기빨을세우지못할가하야불같이타는마음으로저大書簡로마書를썼다。當時에老使徒가福音을爲하야切々히근심한心境은到底히凡夫의心情으로서는推測치못할것이나 그의四大書簡속에서不足하나마대강이를엿볼수있고또한困難에부닥치어여러갈래로흐르게된 信仰의生命을느끼게되는것은 至上한幸福이다。

四、갈라듸아敎會의信仰狀態

그性質이軍人과같이單純하고激烈한갈라듸아사람들은 바울이福音을傳하매아무疑心없이이를받어드리고至極한忠誠을다하였다。바울을天使또는예수그리스도自身같이接待하고 그들눈이라도빼아서바울에게주라고까지하였다。 그들의福音에對한熱情과바울에對한愛情은甚히깊고뜨거웠다○ 바울은過去에經驗치못한것을 그들속에서經驗하였고 더구나肉体가弱하야적잖은苦痛이그를괴롭게할때그들의이態度는그를慰安함이깊었다그들이그靈魂속에색인印象은永久히消滅할수없는것이있었다○ 갈라듸아의靈魂의아들을얻은바울의心情은甚히깃벗섯다○ 그러나이는世上의몯은일과같이一時이었고暫時의現象이었다○ 한술기소낙비에洪水를일우는小溪의물과같이 한마듸말에눈물을흘리는女子의心情과같이 갈라듸아사람들은바울의福音에甚히雀躍하였으나 그는그때뿐이었고 비가긋치고 말소리가아니들리어環境이變하매그들은녯날의그들이안이었다○ 福音을熱情으로速히받은그들은그것을버리기도熱情으로速히하였다○ 뜨거운쇠가速히식는것이었다○ 바울이憤慨하여말한것과같이그들은果然速히福音을떠나背叛하였고 그들눈앞에서十字架에걸린예수그리스도를 닞어버리고그에게生命이라도받히어奉仕하랴고한그바울이그들의敵이되였다○ 激變中激變이며普通心情을가진바울은갈라듸아사람의이變信을理解하기어려웠었다○ 昨日의福音이 今日의禍音이되고 昨日의先生이今日의敵이되였다갈라듸아사람의 心理는 正히、이、近代人의心理이며 今日은基督教、明日은社會主義、明後日은民族主義로流轉하야긋칠줄을아지못하는그正体를 一千九百年前의갈라듸아사람들속에보니人心의軌道가時의古今과洋의東西를勿論하고一直線으로놓여있음에 다시금놀라잖을수없다○

갈라듸아사람들은 이제「다른福音」을가지게되였다바울의敵眞理의紊乱者들이 바울이없는동안에그들사이에들어가世上知慧를다하야十字架의福音을顚倒시기고 「다른福音」을세웠다○ 이「다른福音」이라는것은갈라듸아書簡을닑으면 明瞭히알수있는것이고또한 우리는루ㅣ터ㅣ의이書簡概論에서잘배운것인대信仰의義가안이라律法의義를세우고 十字架가안이라儀式과 行爲를主張하는것이었다○ 갈라듸아사람들은이人間的誘惑에陶醉하여버려天上에올아갓든그들靈魂은地下에墮落하고 여긔에그들마음은惡魔의날카로운칼에이리찌기고저리찌기고하였다 그들은自然人間的權威라데는注意하게되여바울이예루살렘에있는 十二使徒의地位를못當함을생각하게되고따러基督教의眞理와여러問題는그들의말하는것이오른줄로알었다○ 바울의使徒職의權威는餘地없이되였다○ 다음에그들은예루살렘使徒들이律法과儀式을지키고있음을알음으로 救援에는이러한것이不可缺인것인줄로믿게되고 또信仰의祖上아브라함이割禮를받었음으로 그들도割禮를받으야만될줄로알었다。다시바울自身도예루살렘에가서는猶太人의儀式을지키는것이안인가하는疑心이널어났다。한번하나님이주신믿음이사라지게되매 이러한眞理에違叛되는潮流는 滔然히갈라듸아사람들마음에이르게되였다。自由스러운生命의福音이없어지면 의례히不自由한形式的儀式이생기는것은 古今의靈魂의歷史가証明하는바이다。羅馬法王이全權을가지고支配한十六世紀의舊敎 現今組織体를가지고生存을繼續하고있는新敎는 나름만다른갈라듸아敎會들이다。

(三)、갈라듸아書分解表

一、바울의使徒職의權威主唱 (一•一—二•二一)

- 一、인사 (一•一—五)
- 二、問題提出 (六—一〇)
  - 1、갈라듸아사람의變信
  - 2、僞敎師闖入
  - 3、福音의唯一性

三、하나님의召命(使徒職의神聖)(一•一一—一七)

- 1、福音의絶對性
- 2、예수그리스도의啓示(回心)
- 3、福音과違叛되는過去生活
- 4、하나님의聖別
- 5、召命에順從
- 6、아라비아에獨居

四、使徒로서의第一次예루살렘訪問 (一•一八—二四)

- 1、베드로와야고보와만面會
- 2、使徒職의確信
- 3、수리아와길리기아에傳道

五、第二次예루살렘訪問 (二•一—一〇)

- 1、바나바、듸도와同行
- 2、듸도에割禮拒絶
- 3、거즛兄弟와의싸움
- 4、異邦使徒로서의權威와地位
- 5、敎會의重要人物들과協同

六、베드로와바나바의遠行 (二•一一—一四)

七、베드로攻擊 (二•一四—二一)

- 1、베드로의矛盾
- 2、律法과信仰關係
- 3、그리스도의使命
- 4、크리스챤의生活原理

갈라듸아書研究 一二

2、사랑

二、靈肉의싸움 (五•一六—二六)

1、靈肉의兩立不能

2、肉의열매

3、靈의열매

4、信者의生活

三、信者의相互關係 (六•一—五)

1、同勞

2、謙遜

3、守分

四、善行의獎勵 (六•六—一〇)

1、사랑의贈物

2、善行과報賞

四、結論 (六•一一—一八)

一、갈라듸아사람들에게勸勉 (六•一一—一七)

1、愛情表示

2、敵의虛榮을攻擊

3、十字架의榮光

4、新生의高唱

二、인사 (六•一八)

로마書研究

本誌讀者 冬季聖書講習會

우리 몇친구사이에 오래전붙어 聖書或은其他各自의專攻하는學科에關하야 所謂「輪讀會」라는것같은 모임을繼續하여왔다。昨年冬季에 서울서 이모임이이열림을알고叅席하기를願하는이도不少하였으나 相當한場所를얻을수없어서 不得已公開하지못하였다。今번에는 좀더 넓은場所를 얻을수있음으로 四十人限까지는公開할수있다。場所의關係上定員以上은 收容하지못함으로 申込順으로定員을制限함。今年度分担別과要項은大畧如左함。

(詳細한것은次號에發表함)

題目及講師

預言書研究 (約九時間) 柳錫東

福音書研究 (約九時間) 金敎臣

바울書翰及哲學 (約六時間) 金宗治

朝鮮史講話 (約十時間) 咸錫憲

聖書動物學 (約三時間) 楊仁性

日時 一九三三年十二月三十日夕부터翌年一月五日午前까지滿一週間。午前及夜間、每日二回集會。

費用 一週間留宿費一人當二圓五十錢也、聽講料五十錢也。

로마書研究〔十九〕

張道源

第二十回、유대人자랑의打破

第三章二十七—三十一節研究

27 그런즉 자랑할대가 어대있느냐 그것은 발서癈除되였다 무슨法으로써 癈除되였느냐? 行爲의法으로써 하였느냐? 안이다 信仰의法으로써 하였느니라

以上에서 하나님은 사람을 義롭다하시는일에 律法으로써 하시지아니하고 信仰으로써 하시는 新原理를提唱하였다 即사람이 하나님앞에 義人으로通用됨에는 律法을行함으로가안이오、信仰으로써됨을說하야 유대人의高慢이오 唯一한자랑인 律法所有도 無用인것을말하였다

유대人의 唯一한자랑인律法은 사람의救援에는 何等의關係가없다 律法을所有한유대人이나 律法을所有하지못한異邦人이나 다罪人으로 同一한取扱을받는다 그러면유대人의자랑할것이 어듸에있느냐? 유대人의자랑의根據가 깨트려진것이안이냐? 그러면유대人의자랑인律法그것은 발서癈除된것이다 이제도오히려 그것을자랑하면 이는破産한富者가 昔日에富하였든것을 자랑하는것과같은痴愚의일이다

그러면 무슨法으로써 癈除되였느냐? 行爲의法으로써되였느냐? 안이다 信仰의法으로써되였다 하나님은 사람이 義롭다함을얻게하신일에 그原理를 하나님의誡命을 完全히服從實踐하는人間的努力에定하지아니하시고 그리스도로써 新生하야 信仰으로사는恩惠의일에 原理를두셨다 如此히 하나님은 信仰으로써 새로운原理를定하셨는대 유대人은 律法의所有로써 자랑함은 무슨일이냐 하야 유대人의자랑을 打破시긴것이다

28 그런故로 우리는 사람이義롭다하심을얻음은 律法을行함으로가안이오 信仰으로되는줄로思한다

二十八節은 以上에서 長荒히말하여오든것을返覆하야말하는것이다 그러나 까닭없이 返覆하야 말하는것안이다 信仰의法으로因하야 유대人의자랑이癈除되였음의理由로하야 提說하는것이다

即舊原理는지내가고 新原理가왔다 그러면 信仰으로義롭다함을얻게된今日에있어서律法을所有한民族이란것으로자랑하며 自高하는일은 그얼마나不合理한일임을 提示하는것이다 即律法의所有者라는것으로서는 사람이 하나님앞에 義롭다함을받는일에 何等의도음이되지못한다는것이다 그는사람이 律法을行함으로 義롭다함을얻는것이안이오 信仰으로 因하야 義롭다함을얻게되였는까닭이다 信仰으로 義롭다함을얻는 하나님의義가 나타나기前에는 律法을가진것을 자랑하였으나 하나님의義가 나타난今日에있어서도 오히려律法으로써 자랑함은 時代錯誤의자랑이라는것이다

29 하나님은 홀로 유대人의하나님이오 異邦人
의하나님이안이냐? 眞實로 異邦人에게도 하
나님이시니라

30 割禮받은者도 信仰으로因하야 義롭다하심을
얻고 割禮받지안이한者도 信仰으로因하야
義롭다하심을얻게하신 하나님은 한분이니라

또한 유대人은 唯一神여호와 하나님을 가젓다는것이 저의의一大자랑이다 몯은異邦들은 하나님이 없이神이안인偶像에게절하나 유대人만은 特히 唯一神여호와 하나님을禮拜한다는것이 저의유대人의高慢이다 故로 바울은 이高慢과自誇를 打破하기爲하야 二十九節에서 하나님은 유대人의하나님뿐만이안이오 異邦人의하나님도되신다고主張한것이다 하나님은 유대人이獨占할유대人만의하나님이안이고 萬國萬民의하나님이오 全地의主宰시라는것이다 萬民의하나님을 유대人만의하나님이라고생각하게된것은 自高自誇에빠진結果의至甚한일이다 故로 바울先生은 萬國萬民의하나님이심을 忘却하고 유대民族의하나님만으로 自誇하는 自己同族의頑冥을깨트리고저하심이다 또한유대人이 크게자랑하며 異邦과의區別을設하야 크게差別하는것은 割禮다 割禮는選民의票다 割禮는 하나님의聖別의印이다 故로 割禮있는 저의는 하나님의選民으로서 當然히天國에들어갈者요 異邦人과같이 滅亡할子息이안이라는것이다 故로 割禮選民의眞意를誤解하는 自己同胞를向하야 三十節에서 割禮받은者도 信仰으로因하야 義롭다 하심을얻고 割禮받지못한者도 信仰으로

因하야 義롭다하심을얻게하신 하나님은한분이서라고主張하셧다 옳다 예수그리스도의十字架로因하야 割禮있는 유대人이나 割禮없는異邦人이나 다 한갈같이 信仰으로因하야 義롭다하심을얻게되였다 사람이 義롭다함을얻어 天國民이되는일에는 律法의持不持 割禮의有無 行爲의優劣 國籍의如何가 何等의問題가안이오 다만信仰만있으면되는것이다 如此한意味에있어서 하나님은 割禮있는者의하나님만이안이오 割禮없는異邦人에게도 하나님이되신다 하나님을 禮拜하는者에게도 하나님이시오 하나님을 叛逆하는無神論者에게도 하나님이되신다 하나님은 오직 한분뿐이시다

31 그런즉 우리가 信仰으로써 律法을廢하느냐
決斷코안이다 돌이어律法을굳게한다

以上에서 律法의所有도割禮의存在도無用한것이라고말하여왔다 그러면 律法은信仰때문에 全然無價値한것이되느냐하는疑問이生긴다 이疑問에對한答이三十一節이다 바울先生은 三十一節에서 信仰으로써 律法을廢하느냐』의自問을起하고 此에對하야 『決斷코안이라』고 强한否定을하였다 또다시 『돌 律法을굳게한다』 라고斷言하였다 信仰은律法을廢하는것이안이오 完成게하는것이며 그目的을成就케하는것이다 사람이義롭다함을얻음에는律法이條件이안이오 信仰이條件이다 그렇다고하야律法은 無價値한것이냐하면 그런것이안이다信仰이오기까지에는 律法이絕對必要하다 律法이있기때문에 하나님의義가要求된다 律法은 사람에게義의要求를 닐으키고 信仰은義를얻는다 故로 律法은 信仰을因하야 그目的을成就하는것이다故로信仰은律法을廢하는것이안이오 돌이어律法을成就케하는것이다

〔城西通信續〕

주시기를바랍니다。다시 여쭐말슴은聖朝誌에揭載한「朝鮮神學塾」의仔細한內容을알고십습니다……。八月二十三日 예수의피로아우된某拜。이에對한「不」親切한回答은如左。

一、主께서잡아내실때까지 그자리에 그대로 좀더受苦하시오。二、朝鮮神學塾은崔泰瑢氏의事情에依하야 計劃을徹回하여버렷읍니다。 이로서本誌廣告에依하야 問議하시는諸氏에게答信을代하오며同塾이實現되지못하고만것을遺憾으로녀기는바외다。

南鮮旅行記

金敎臣

一九三三年八月四日(金曜)雨。午前九時에京城驛을떠나南向。出版法抵觸에關한事件과 日氣不順의關係等으로 豫定보다늦게떠나게되니 焦心이不一하다。鳥致院서乘換하야 忠北線終点인忠州에下車하니 午后四時頃。S君外數三養正校友를맞나는일과 壬辰乱史蹟을찾고저함이다。雨中에自動車를몰아 市外五里許에申砬將軍의背水之陣을쳣든 彈琴台를 見學하니, 그地形은 權慄都元首의陣地이었든 杏州德陽山에 방불하다。半島의中央을標示하는中央搭과 將軍林慶業의忠烈을紀念하는丹月台는 멀러서 指占할뿐으로 日沒을恨하면서 刻々增水하는達川을건너다。忠州를中心한 煙草의年産額이 二百萬圓(百萬貫)에達하야 北에開城人蔘 南에忠州煙草로二大特產物이 對立的으로 發展된다함은 처음듣는教材이다。地歷風情에關한 貴重한說話를들으면서 忠州盆地의一夜를지내다。(京城—忠州)

八月五日(土曜)曇、后晴。午前八時半에 忠州를發하야鳥嶺을向하다。願컨대 竹杖芒鞋로써 완々하게 小白山脈을넘으면서 千歲에 悔恨을남긴 申砬將軍의陣法을詳考하고저하였것만、連日의豪雨가이일을不許하야 自動車가 가는대로 梨花嶺과 小鳥嶺을 넘으면서 天險鳥嶺의三關趾를 바라볼뿐이엇다。聞慶邑을지나 慶北線店村驛에서汽車에 替乘한後 한時間못다하야 午后二時半에 醴泉着 誌友數人을 訪하니 몯아初對面이다。 敎會의諸職員諸氏까지一席에서歡談을交換할수있었음은 望外의깃븜이였다。但、話題의中心이 元山女先知의異蹟論評인故로 提供할만한새消息도 없었고 들을만한 큰興味도 없었다。또 大邱의 某長老는

祈禱의「성신」을 받아슴으로 한참만祈禱하면 그 몸뎅이가 천장에 올아가 붙엇다 떠러젓다 한다고 크게神通한것으로 말한는이도있엇다。于先 朝鮮基督敎界의 現狀이若是하니 可嘆事이다。이런世代에 宗敎를 말하고다니는者는 果然부끄러워할일이다。使徒바울이 「내가福音을 부끄러워하지아니하노라」고 뱃심을부린것도 理由있는일이엇다。邑內에長老敎會하나뿐인데 今明兩日間은 有名한音樂家의傳道演奏會가있다하야 公開集會는 斷念하게되고 오로지讀者두어兄弟와한께 一問一答으로우리의情話를 끊을줄모르다가、새벽三時半에야 겨우休息의自由를얻다。(忠州—醴泉)

八月六日 (日曜) 晴、前途가 재촉함으로 不得已醴泉을謝하고 午前九時에安東을向하다。地理에關한踏査를爲主로하고 두어養正校友를 찾고저함이었으나 昨夜의無理한疲勞로因하야 目的의半도畢하지못하고 安東旅館의親切한接待를받으면서 休息 할뿐이엇다。달밤에 찬송가소리 흘어오는편으로 귀를기우리며 步杖을 끄으니、法尙洞敎會에서 「經濟와宗敎」라는題目으로 大學生같은이의講演이 시작되여曰「…經濟라는말은 節約이란 말과는다릅니다云々」하다。 (醴泉—安東)

八月七日 (月曜) 晴。午前五時車로 安東을 發하야同八時에金泉着。二三校友를찾은後에 午后二時에大邱驛着。K君의出迎을받아引導하는대로客이되다。일즉이 運動選手로 心身이共健하고前途 오직 平坦할때는 宗敎問題같은것을 一顧할餘暇도없다하든君이 이제數年間 實社會에부닥기고 加之에 不治의重患에걸린後로는 나사렛 예수그리스도의十字架를바라보게되여、君이 나를맞우고 내가 君을찾지않을수없게되엿다。「健康한者는醫師를찾지않고 오직病있는者만이 醫師를要求하느니라」는 主의말슴을생각하면서 한께人生을談하다。餘時에 南城町藥市와 진—골목富者窟等을見學하면서地理工夫도하다安東의金權兩姓과大邱의徐氏等에關하야說明을들음도有益하다。(安東—大邱)

八月八日 (火曜) 晴 立秋。養正高普第一學年에今春入學生徒一人의家庭을尋訪코저 玄風舊邑까

지往返하면서 九十九首의羊을두고 잃은一首를찾는牧者의譬喩를 다시생각하다。그리스도께感謝하면서小事를다하다。途中에洛東江增水의痕跡이處々에보이다。世上에 요란한花園公園도 江가에보이다。 午后一時에 大邱을떠나 蔚山으로直行。東都慶州와佛國寺는非常한引力으로 나를끄으나 앞길이不許하야내려지못하다。午后五時四十分에 蔚山에到着하니山川도처음이오、誌友들도初面이라。그 一室에會合한光景은 보는者로하여금 初代敎徒들이예루살렘에서핍박에 쫓겨 안디옥에나 다라가鳩首하든것을聯想케한다。果然 梁山敎會와金海敎會서 責罰當하고 쫓겨온 兄弟도있었다。 (大邱ㅡ蔚山)

八月九日(水曜)晴、小雨。蔚山서하루를留宿하면서、午前中은 兄弟들의案內로써 市街와鶴城公園을見學하다。蔚山灣의隆起에依함인지 壬辰乱當時에日本兵船이溯航하였다는太和江은 慶州의河川과一般으로 白沙만보이고、市街는漸次東南으 移動하야 丘陵地帶로터부 底濕한平地々帶로發展하는中이다。鶴城址는朝鮮內地에서불수있는 唯一한日本式築城일것이며、이蔚山이古來로 軍事上要地가되는因果等을생각하면서 定期飛行機의着陸을待하다。午后는李圭明氏房에서 誌友와會談하고 밤에는蔚山禮拜堂에서 三日禮拜。나는 에베소二章에依하야 入信由來를干證하다。(蔚山留宿)

八月十日(木曜)晴(蔚山ㅡ彥陽ㅡ通度寺ㅡ梁山) 午前九時에蔚山을發하야 彥陽邑에至하니 新築中의天主敎會堂의花崗岩塔이半空에솟았다。다시車를몰아 通度寺前에서下車。約五里의平坦大路를 松蔭과淸溪를벗하면서올아가니 山林이욱어진盆地속에巨利이보였다。金圓峰氏의案內로 傳說을들으며寶物까지구경하였으나 寺刹에寶物은禁物인것을다시느끼다。宗敎라면 亦是 天主敎 佛敎라야 宗敎냄새가 豊富하다。이點으로보아 푸로테스탄트는 宗敎라고稱할것이안이다。下山하야午后二時半에乘合自動車로 約一時間만에梁山着。金德峰氏를찾으니 곳梁山川에沐浴을引導하다。今番旅行中가장큰欵待였다。夕에는 T氏가蔚山서오고、K長老父子外多數敎人이來談。禮拜堂附屬室에서金德峰氏

와同宿。梁山은慶南第二의小邑이오、그平野는水利組合에依하야、비로소玉土로變하얏다고。新築青年會舘은四千餘圓이걸린大建物이나無用之物로歸하엿다함도 고을々々이마찬가지다。

八月十一日（金曜）晴 고前二章。（梁山ㅣ梵魚寺ㅣ東萊ㅣ釜山ㅣ統營。）午前九時發。一時間未滿에梵魚寺下에着。좀高險한山路를五里쯤올아가니 清風이清溪와갈이아울러흐르는곧에寺刹이보인다。案內者나、建物이나、山林이나아모것도通度寺에比할수는없었다。下山하야一時發車로떠나、溫泉 東萊邑等을지나、午后二時頃에釜山着。牧島公普校에들려琴智潤氏整理品인南洋貝殼類를보고、水產試驗場을見學한後에 路程의一部를變하야 水路로統營을向하니、밤十二時餘에上陸하다。客引者의이끄는대로든것이朝日町、南豊旅舘이었다。

八月十二日（土曜）晴 고前三章、（統營留宿）

午前中은統營公立普通學校에들려 統營에關한地歷의大綱을듣고、統營邑案內書一卷을얻었다。或은丘上에 오르며 或은灣頭에 나리면서 三世紀半前의 光景을 그려보다가、午后에水產學校를訪하엿으나標本도볼만한것이없었고、先日暴風雨에破壞된墟址의甚한것만이 校內校外에보인다。暴風雨의被災라기보다、 陷落된砲台라함이 適切하리만치統營港灣은慘憺한光景이엇다。海岸에서水泳하면서몇가지 貝類를採集하고歸宿하니K君이來談。

八月十三日（日曜）晴 고前四章、（閑山島遠足、統營留宿。）

아침五時起床。魚市場을參觀하니京城魚市場이나賣買樣式은一般이고、別로珍奇한것은없다。그길로、統營의자랑인運河와地下道를踏查하다。東洋唯一의것이라는好奇心에끌려서 觀覽客이四時不絕한다고

朝飯後에K君의周旋으로發動船一隻을얻어閑山島制勝堂까지往返하다。片道에約一時間을要하야堂前에到達하니灣內에또小灣이있어壬辰乱當時에日兵으로하여금囊中의鼠처럼잡히게한곧이라고船夫가說明한다。지금도當時의武器가海底에서發見된다고。下船하야石段을올아서니 비로소彩色燦然한堂宇가叢林속에보인다。이곧에避署하는一家族이있어訪客의美望을못내끄을다。今春五月에落成된閣內가今番장마에濕氣甚하여 다시修理中이라한다。西瓜와菓子

로써一行의空腹을채운後에歸帆을달다。 汽船修理의 틈을타서數次水泳하다。 海水맑기가碧玉같으니李翁의心情인가싶다。 七時頃에歸營하야、 金宗洽氏까지 맞나、 한께長老敎會에出席하니、 機敏한陳牧師는、 보자마자說敎를請하야、 不得已登壇、 感話를暫述하다。 婦人席편은 거의滿員이나 男子席에靑年들이 稀少한것이 섭々하엿다。 統營에도 一般靑年會舘은 二層煉瓦의 굉장한建物이나 亦是閉鎖中이라 한다 可惜한일이다。

八月十四日 (月曜) 晴 고前五章 (統營—鷺梁津—南海柳林里) 午前中은金宗洽氏及K君과한께明井里에忠烈祠叅拜次로往返하다。 途次에S君을尋訪하니그老母는 待하였든것처럼其아들의失職苦를呼訴한다午后一時半 統營을出帆하다。 向南海。 船中에서 鄭鍾默翁를맞나、 翁은南海産業組合長이오C兄이其理事、 서로親族이라는等、 南海에들어갈準備知識을 얻다。 午后五時半頃에鷺梁에上陸하니 李舜臣戰死의地오C兄의故鄕玄關이라 感懷自然히激함이 海峽激流와相映한다。 待하든自働車로南海邑을向하매、 途中에李落山、 觀音浦가右편으로、 大寺里古縣公普校가左편으로보이다。六時半에南海邑着。産業組合에 C兄을찾아맞나니 生存한것이奇蹟같다。 市外柳林里C兄의假寓에作客하고 積年의懷抱 실마리처럼 푸러지다。 섬이나 山도많고 논도많고 모기는더욱많다。 電燈은勿論없고 람프까지故障이낫다하야 暗中에서이야기만하다。

八月十五日 (火曜) 晴 고前六章 (南海留宿。) 午前中에深川里C兄本宅에 그慈親을進拜하다。 C兄의 長子碩熙는昨年四月에出生하였고 그同生은胎中에 있고、 兄님은理事로就任하였고、 李氏는農事하면서 家庭生活과侍養을돌보고있으니 此所謂「萬事亨通」이라、 人間살림에不滿이야全無하리만老母님얼굴에 平和와喜悅이빛우임도自然의勢이다。 C兄이市街에 出立하면理事의職으로써待接받으니 그榮光이쫓아다니는친구에게까지및음도 또한自然스럽다。 이런때임으로나는年來로祈願하든말을、 今番旅行의核心되는目的을 참아C兄께公開치못하였다。 連日疲勞를 醫하기爲하야 C兄을産業組合으로보내고 홀로柳林里에누어、 柳錫東兄이보내준편지를읽으라니 시름 없는눈물만 귀넘어흐르고 心胸의激한波濤가 드듸

어呼哭을널으키지않고는마지안한다。나도夢中에
南海까지찾아왓고、柳兄의글도꿈이야기다。그러나
現實을본자는 悲哀를느낀者이다。할수없이 明日
觀音浦에가서 三世紀半前의不孝子를붉어 마음것
힌것痛快하게울고저 內心에約束하면서 스스로抑
制하다。孝道를斷念하고、父母妻子를 미워하면서
나를 쫓으라고 發言하신이는 果然 하나님의獨
生子의 말슴이다。사람이사람에게 要求할말은
못됨을切感하다。午睡後에C兄과한께海水에游泳하
다。

八月十六日 (水曜) 晴 고前七章、(南海ㅣ古縣公
普ㅣ李落山ㅣ南海。)午前九時에自轉車로써古縣公普
校에誌友W先生을訪하다。貝殼數十種을採集하여두
고待하는中이라고、初面이나舊面에넘치는情懷。그
私宅에들어少休하고 정성을다한待接을받고、W兄
의先導로 約三十丁되는李落山을向하다。觀音浦의
어귀까지 淺橋처럼突出한小半島이다。碑閣은前番
風雨에 一部가壞落하였고 碑文도一樣으로쓰인것
이 別注意할바없어스나 李舜臣最後의戰死地点인
듯한李落山突端에서서 露梁海峽으로 激流하는
海波를바라볼동안은 내발이바우에붙은듯 내몸이
바다에서 솟아오른듯 움직일수도없고 할말도없
고눈물까지도맑아버리다。이윽고 깨어 下山하야
觀音浦에一浴하니 時當의피가 몸에묻는듯하다。
觀音浦는半分以上이나開鑿되여 壬辰乱當時와는매
우달이되였을것이라한다。後에古縣普校學父兄의好
意에依하야 小舟로써 浦外까지船遊하면시 三世
紀半前을 그윽히回顧하다、

夕七時半에W先生共히 自轉車로南海邑敎會에出
席하고柳林里C兄宅에서合宿하다。

八月十七日(木曜) 雨 고前八章(南海ㅣ西上ㅣ麗
水ㅣ木浦。)午前八時에 懇切한挽留를辭하고 C.W
兩兄을作別하니、C兄은同乘하고 西上浦까지餞送
하여주다。雨風에멀리볼수는없으나 平山만호跡을
寄航時에 처다보고、午前十時餘에 麗水에上陸하
다。地形은統營과相似形임이一奇이나 또한當然한
일이다。風雨甚한데船便까지合當치못함으로 路程
을變하야 鐵路로木浦까지直行하기로하다。初行길
이라 麗水에도 보이는것마다 새것이오 李舜臣
史跡도많으련만 風雨는 끗지지않고 車時間은急

하야 그저通過하게되니遺憾千萬이었다。新聞報導처럼甚하지않으나 去番水災는相當이甚하였든모양이다。順天、寶城、光陽、松汀里等地의 豊裕한平野도사랑스럽거니와 海岸築堤로써開墾한農作地가더욱귀엽다。間々이 海波에터진것과 진흙물이논판을넘치는것이 아처럽게보인다。松汀里에서替乘하고 밤八時三十分에 木浦驛에着하다。湖南線은 두번재旅行。客引의 잇끄는대로가니 木浦台二番地의普通旅館 비뿌리는 골방에서하루밤새다

八月十八日 (金曜) 曇 小雨、午前九章、(木浦ー鳩林里ー青龍里、)午前中은誌友M氏를찾아 蓮洞敎會에서맞나 實際傳道의愉樂과苦衷을兼하야듣다、特히船倉傳道에많은共感을느끼다。午后三時에 發動船便으로海南郡花源面鳩林里에 養正學校生徒家庭尋訪을떠나다。昨今數日來의雨水에農村被害不少함을보다。木浦海上에도高下島에李舜臣碑石이있다하나 멀리서指点할뿐이었다。鳩林里에서 다시金在秋와그父親을찾아 青龍里까지 約五粁를步行하니 暗昏에點燈한後이었다。발벗고渡川하야 病院하는집에들다。

海南郡花源面은 半島의또、실半島다。山林은茂盛하고河川은淸流不息하며、海波는左右에 나려다볼만한곧이니、農漁兩業이兼盛한모양이다。但陸上交通은不便하고、敎育機關이不備하야 普通學校도六學年붙어는出鄕하는形便이라한다。金在秋의父親은이곧公醫라한다。如前이麥酒로써 나를慰勞하고저하나 대접받지못함을自嘆。

八月十九日 (土) 晴 고前十章 (青龍里ー木浦ー高敞四街里、)豫定하였든白浦里行은 交通杜絕로因하야不得已斷念하고、다시木浦로歸還하야 午后二時汽車로鶴橋驛下車。自働車로全南靈光着 (后后五時) 다시六時에發車元興里에서下車하야 約四키로徒步하니高敞郡梅山里라는四街里이다。養正生徒의家庭을尋訪하니 其父親은金組理事이다。敏活한社交와至誠한接待에 自宅처럼一夜를쉬다。밤에大山公普校長陳巳玄氏來談。

八月二十日 (日曜) 雨 고前十一時 (四街里ー井邑金堤ー(萬項)ー京城。)四街里는不過三十戶의小村인데 日人地主五六人이되고近隣의小作은漸難云。午前十一時半自働車로發하야途中高敞에서替車하고

井邑驛에서汽車에替車하야、金堤驛에途中下車。萬頃에養正校生徒一人을찾아 그父兄과暫談後九時에萬頃을辭하고、 雨中 金堤驛에서十時四十分乘車。忠南에도 家庭訪問할터이얐으나 雨霖不息함으로不得已通過하다。

八月二十一日(月曜)雨 後晴、(京城歸着。) 고前十二章。比較的乘客이적어서 한잠자고나니 車窓이히원하야 烏山驛임을짐작하다。水原、始興으로서울이가까와질수록 山河가맞아주는듯함은 내눈에익은故인가하다。 午前七時頃에 漢江을건너니江水는진흙물이나 量은過히불찌않었다。霖雨는驛頭에나렷을때도 如前히시름없이오다。八時에活人洞에歸宅。終日休息하면서 机上에쌓여진書信을開封하다。

◎이번旅行은 南海까지 가는걸음이오、南海以後는 오는걸음이되였다。地理的으로 그러할뿐더러마음으로는 더욱 그러햇다。南海로가기爲하야、가는걸음이焦急하였고、南海에서 볼일다보았으니오는길은 볼것이없었다。博物採集은 나름뿐이었다。亦是貝殼보다는靈魂이興味있다

◎讀者들初對面할때마다 그想像으로 그렷든바와맞나 보니 判異하다는말을 잦우들엇다。키작은사람일줄알앗드니 꽤크다하며、弱할줄알앗드니오히려 든々하다하며、글로는매우强硬하면서 肉身으로對하면柔順하다는等々。記者가讀者를對함도同樣의感이不無하엿다。

◎誌代十五錢도 어려워서 直接 購讀하지못하고間接으로 讀後에 輪讀하는이가 相當히많아서、或은慶北에서全北으로 或은咸南에서全南으로보내듯이하야、聖朝誌一卷은 적어도 五六人이 넘는폭이라고 報告하는이도있었다、讀者의實狀을앎에有助하다。今後로는經濟的理由로 購讀하지못하는이에게는 特別한方策을 도모하고저한다

◎今月號붙어 다시印刷所를 變更하게되여、印刷遲延하여슬뿐더러、돌우 五號活字를쓰게되엿음으로 급작스럽게 編輯을 다시하노라고 粗漏가많앗나이다。

◎住所變更時에는 舊新住所를並書하야 通知하여주시오。行政區域整理로因하야 地名과番地가改正된때도 同樣으로一報하여주시오。

城西通信

○南鮮旅行을마추고 歸京하니 東京發信인如左한편지가待하고잇다。「前日에 불혀추신聖書朝鮮은잘 바다보앗습니다。間或 兄의事情에對하야는 得聞하는바가 잇사오나새롭게雜誌를 披見할때에 무엇보다도 先學의絕大한精力에驚嘆하지안을수없읍니다。敎鞭外에 이와같은 餘暇가 어찌有하오리까。凡俗이可히못하리어니와、後輩되는 우리의無爲와 怠惰를反省하지안을수업습니다 內容에對하야 저같은者의말할餘地도업슬것이며 무엇이라고 말할 知識조차업습을大段히부끄러워함니다。聖書에對한知識이업다는것은 우리의 貧寒한精神을表示하는것이겟지만은 더욱이英語、英文學이라고 專攻(말만인것갓사오나) 하엿다는者가、聖書에對한知識이업다하는것은、如干한勇氣가업고는大言못할것이라는것도 잘압니다。「英文學과바이블」이두者의密接한聯關을 모르는者가果然 英文學에對하야吸々할資格이잇을까요。兒童時부터 「힌것」은 모다「砂糖」어라고 배운先人觀念으로부터、힌것 가운데도 「소금」이잇다는것에對하야는、馬耳東風으로 지내온것이 第一의根本誤謬이라고생각합니다。 이가튼態度로써 어써能히眞摯한學問을하여벌것이겟습니까。

如何間 聖書研究에對하야는 말할資格조차업거니와 卷頭小論 「不付、榮華、絕大한感謝」에對하야는 만히 가르처주심을感謝하오며、또全然히贊同하지안을수업습니다、勿論이에對하여도 나의 吸々할餘地도업거니와 願하건대우리들가튼 初學의迷惑者에게는 이와가튼朝鮮現實에關한 生々한意見을得聞하기십습니다。구태어時事問題뿐만이안이라、우리들의 日常、生活創造에對한兄의適切한解明과指示를 得聞코저하옵니다 이것은 저의一箇人뿐의 어리석은소리인지는모르오나、一讀한後에 어든 虛僞업는感想이옵나이다。 마는 兄은 勿論開捨하여주시기를바랍니다。 마지막으로 한마디 더말하오면 歐洲大戰時의基督敎信者의態度와滿洲問題에對한日本信者等의行動等에對하여만은 이야기를 得聞하기십사오나 或時面待할時期도有하오리니 그쌔에라도披露하기로하겟습니다云々』. 이것은 數年前에高等師範學校를卒業하엿으나 所謂危險思想者라하야 就職도못할뿐더러、域內에 머리둘곳도업이漂流하고잇는 친구의所感이다。

글중에過分한讃辭의部分은返還하거니와、基督敎會牧師가 聖朝誌를危險視하며、朝鮮耶穌敎書會가 聖朝誌에發表하엿든冊子의取次販賣를拒絕하는 이쌔에、이러한친구의 右와가튼干證은 果然神奇한일이안일수업다、糖砂와소금을 다르게認識하여주는일은 크게感謝한일이다。

○旅行中에 맛낫든兄弟로부터 『…그날先生입을뫼옵고 또 한쌔 가슴헤치고 이야기할機會를主님이주심을感謝하오며、제가先生님을맛나면 여쭈려고하든말은 알에말할두가지이엇는데 異常하게도、생각은하면서도、말은못하엿습니다、主님이 저가튼子息도버리지안음으로서 지나온 짧은過去를溯想하오면 어써 저의압길에 무슨不幸이잇으며、苦痛이잇으리짜。獅子窟이 다니엘에게는主님게신聖所가되엿고、풀무불이 사드락、메샥 아벳느고들에게는 主를證據하는貴한機會가 되엿든것을생각하오면 제압에겟세마네와골고다가 싸이고싸엿을지라도主님의뜻을일우는것만된다면 눈물로感激할생이올시다。그러한데 무순큰問題되는것이잇을理가잇습니짜。다만時刻々々의 온갓事物을接할써마다 우리主님의뜻만일우는것이저의 할일이안이오니짜。그러나 웬일인지이즈음은 밤낫으로 「敎會가무엇인가」. 또한 「아모래도敎會안에잇음은 내가 예수를믿고證據하는일에 의무가된다」하는생각이 쪽우리主님이여러주시는啓示가타서 보면볼수록現代所謂敎會라함은 큰偶像가틔보혀짐니다。제가하루는主日學生에게「敎會가무엇이냐」고 물으니「禮拜堂이오」하고對答함으로 가슴가운데「저것들머리에 偶像이始作되려는구나」하고두군거림을禁할수가업엇습니다。또 이런말을先生님께 여주려고하엿습니다。제가今年봄에 ××老會에서傳道師許可狀을어들째에試驗을보앗는데 聖經보다도禮拜模範、權徵條例를 더甚하게보아야한다고敎權者들이말하는것을듯고「내가 웨許可업는傳道를그만두엇는고?」하엿읍니다。지금저는分明히迷宮에들엇습니다。先生님萬一機會만잇으면、親切한敎示를주셔요。그러나바쁘신先生님에게無禮한請求를하는것가틈으로機會잇으면回答하며 [第十六頁에續]

慶南老會脫退聲明書

◉基督敎는信仰敎이다 信仰은하나님自身의創造이다 復活하신그리스도의生命과의絕對的交通이다 信仰에는하나님의絕對的權能이自由로行하실뿐이오、似而非한人間運動을容納치안이하는것이다 이信仰의絕對領域을侵犯코저하는者는、비록한울에서나려온天使라도咀呪를밧을것이다

◎우리는 眞正한意味에서、制度否認者가안이오、無敎會主義者도안이오、聖書의權威를無視하는者도안이오、不健全한神秘感興者도안이며、數理學上으로도아모異端者가안이다 그리고 不純한人間運動으로서、朝鮮敎會를破壞코저하는野心은 決斷코업다 이는現在的直感에잇서도 우리의良心이 하나님압에서증거하는바이다

◎우리는使徒信經을그대로미드며、그리스도와의生命的關係에서生活하며、具體的人間生活에서十字架를味解하며、數理化、制度化理論化한朝鮮敎會를 그리스도의生命으로살리고저하며、似而非한人間思潮에浮沈하고잇는基督敎를救出하야그本質에挽回코저하며現代的呼吸속에서新約聖書的산信仰을再認識코저하는者들임을그리스도안에서膽大히宣言한다

◉慶南老會는우리의信仰運動과그本質的接觸이업섯고、福音으로산呼吸이通치못하엿다 老會는다만錯誤된認識에서아모要領업는惡評을함부로行하엿스며、巧妙한法網으로산信仰을擄掠하라는運動을敢行하여왓다 우리는長久한時日을通하야老會가우리福音에對한理解가잇기를企待하엿스며、하나님안에서兩便의調和를切望하여왓다 그럼에도不拘하고老會는씃까지敎權을濫用할뿐이오、法棒을亂揮할뿐이엇다 最後에는狡猾한肉의智慧에法權을加하야、우리를異端으로斷定하고말앗다

◎우리는 이제더기다릴수업다 이우리의禮拜對像이신하나님과그리스도에게對한咀呪이다 이는우리信仰의絕對領域을侵犯함이다 우리는老會의이可恐할處決에對하야悲痛、憤怒를共感한다 兄弟를公々然히異端者로定罪해노코、우리에게異端의理由를說明치못하는老會의卑劣한態度를唾棄하며、信仰으로는勿論憲法까지를濫用하는老會와 信仰的交感을許할수업다 이제우리는하나님과우리사이에서偶像的地位를占領코저하는慶南老會를容納할수업스며、復活의光明中에서新面目으로對하기까지絕對妥協할수업다

우리는主예수그리스도의福音을爲하야、信仰眞理에잇서々우리의現在態度를鮮明케하기爲하야慶南老會를脫退하고、光明하신하나님압프로나아감을이에聲明한다

一九三三年八月　蔚山邑基督敎會

八月末에 蔚山敎友로부터『…問題이든蔚山敎會는 去八月廿日主日에 慶南老會에對하야脫退를宣言하고말앗습니다。우리는이일이朝鮮黨界에잇어서 한重大한일임을깨달으면서도 우리의現在態度를鮮明케하기爲하야이일을行하엿습니다。主께서親히十字架를지시고 朝鮮의路上에서한께걸어주실줄만밀고爲先이일을行합니다。……』하고서別紙와가튼聲明書를添送하엿다。迅速한展開에놀라다。

本誌定價

一 冊　拾五錢(送料五厘)
六 冊　半年分　前金九拾錢　送料共
十二冊　一年分　前金壹圓七拾錢
要前金。直接注文은振替貯金口座
京城一六五九四番(聖書朝鮮社)로

取次販賣所　京城鍾路二丁目八二　博文書館　振替京城二〇二三番

昭和八年十月 二 日 印刷
昭和八年十 月 四 日 發行

編輯發行兼印刷人　府京城外龍江面孔德里一三〇　金 敎 臣

印刷所　京城府三坂通三七〇　鎌倉保育園印刷部

京城府外龍江面孔德里活人洞一三〇番地
發行所　聖 書 朝 鮮 社
振替口座京城一六五九四番

金教臣主筆

聖書朝鮮

第五拾八號

一九三三年十一月一日發行

昭和八年十一月一日發行(每月一回一日發行)

目次

唯一의書籍(聖書)

商業的不景氣와 國際的難局에도不拘하고 大英聖書公會에서는지난一個年間에一〇、六一七、四七〇卷의聖書를 發刊하야、그前年度보다 六五、一八六卷을增刊하엿다고하며。

一九三一年六月부터 昨年三月까지에 英文一志版八十一万七千卷을팔고、今期에는同版 一百万卷을發刊하야도 國內와領土에서、미처需應키어려운形便이라한다。

現今 大英聖書公會에서發刊한聖經은 六百六十七個國語를算하며、지난一個年동안에도 새로十二個國語로 飜譯되엿는데、其中넷은亞弗利加、여섯은亞細亞、하나는亞米利加、또 하나는歐羅巴 불가리아浮浪民의말로 飜譯되엿다한다。 其外에도 尙今 亞弗利加土人의 新方言으로 不遠에發刊할것도잇다한다。(九月二十一日倫敦타임스週刊所報)。

以上은 英國한나라의事實이다。 비록히틀러의焚書政策下에잇을지라도獨逸은世界出版界의祖宗이엇고萬般事에 大量生産을 자랑하는米國에서도 聖書會社가 年來로日夜를繼續하야 輪轉機를돌려도 聖書의需要에 完全히應할수없음을嘆하여왓다。 이로써推算하면 此等二三先進國의大規模的發行部數만하여도 一年間에 大略朝鮮人口의二倍에近한聖書를出版한다。 이比例로 따지면 二十億人類라하여도 一年間聖書發行部數가 五十人에聖書一卷식當할것이다。

舊約聖書는勿論이오 新約聖書라하여도 距今二千年前에 쓰인冊이다。 일측이 創世紀의天地開闢說을論駁하든 生物學者輩와、新約聖書의高等批判에 銳利한 메쓰를縱橫으로 날리든碩學者輩는 거의人間의紀憶에서 그니름까지 消滅하랴하는때에、二十世紀의科學文明과 走馬燈같이變轉하는新思潮를자랑하는現代人들은 무엇을 잘못 생각하고서 다시々 舊新約聖書를 要求하는가。 不思議라면果然 宇寅的 수수꺽기오、當然이라면 또한元亨利貞이다。 下流의汚濁을忌避하는魚族은 源泉을向하야溯泳함이當然한勢이다。 人間의思想과學說에서 空虛와倦怠를 느낀者는 渴한사슴이 시내를向하듯이하나님의 산 말슴을찾아 聖書를要求하는도다。 어듸로보든지 聖書는「바이블」則唯一의冊이다。

聖經은하나님의默示하신바다

張道源

舊約聖經中에는『여호와 다시내게닐어 가르시되』『여호와 이사야에게 니르시되』『여호와 말슴하시되』『여호와께서 이렇게 말슴하시다』等의句節이 많이써어있음을 우리는본다 또는 新約聖經디모데后書三章十六節에『몯은 聖經은 하나님의默示한바라』하셨다

『聖經은 하나님의默示하신바라』는 그 默示는 如何한것을 意味하는것인지 이에對하야 좀생각하여봄이있고저한다

或은 有形的發言의口授說을 主張하는사람이있다 聖靈은 그사람의思想과觀念과言語表現意思의 如何에는 何等의關係없이 有聲機에말을 붙어넣듯이 하나님이 사람에게 말슴을 붙어넣으심애 사람은 無意識無感覺中에서 機械的으로말하였다는것이다 即하나님은 著述者요 사람은 타잎라이터(글쓰는機械)노릇하였다는것이다 故로 聖經은一言一句라도 다하나님의 直接發言的 말슴이어서 一点一劃이라도 誤謬가없다는것이다

此說대로한즉 사람은 機械的死物로서 思想의發表 信仰의生活 宗教的經驗은 無用한것이된다 萬一此說을取하는境遇에는 聖經을他國語로飜譯함도不可한것이다 알이此에至한즉 聖經은偶像이되며 又는魔法的呪文과같이 되고마는것이다

或은 靈感說을主張하는사람이있다 聖經은 하나님의靈感으로써된것이다 聖靈은 사람을感化식혀서 深奧한信仰生活에 나아가게하며 깊은信仰生活에서얻은 宗教的經驗을 自身의自由대로表現하게하신다 如此히 聖靈에게感動된사람은 自己의宗教的經驗에서 体得한眞理를 自己의才能대로 그時代의狀態에應하야 聖靈의指示를좇아 各々다른文体形式으로表現한것이다 故로 그사람을따라 或은詩、或은律法 或은物語 或은書翰 或은敎訓 等各樣의形式으로表現되는것이라고하는것이다

今日의大多數의사람들은 이靈感說을取한다 大概靈感은 사람을機械的死物로하고 作用하는것이안이라 사람의生命的活動우에 宗教的經驗으로感化를식혀서 저의안에 하나님의 말슴이있어 저

로하여금 하나님의 말슴을말하게하는것이다 故로 聖經은 하나님이 사람의自由意思表現을通하야 말슴하신 하나님의말슴의글이다 故로 聖經은 하나님의말슴의文學이다 故로聖經이란文書가 하나님의말슴이안이라 그聖經文書를 살리고있는 그生命이 하나님의말슴이다 그런故로 聖經文書의文字文字가 하나님의말슴이안이라 文字文字를 一貫하야살리고있는中心生命이 하나님의말슴이다

故로 聖經文書를千讀萬讀한사람이 하나님의말슴을가진者가안이오 聖經文書의中心生命에서 呼吸하는者가 하나님의말슴을가진者다。聖書敎理에 能熟한者가산者가안이오 中心生命에붙은者가산者다 故로 中心生命만 傷치아니하는限度안에서는 文書는얼마든지變하야可하다 故로 에이 비英文聖經을 가나다라朝鮮文으로譯하야可하다 그러나 中心思想을變하여서는 絶對不可하다 例컨대 믿음으로救援을얻는것이안이오 行함으로救援을얻는다고譯하여서는絶對不可한것이다

靈感은天來의力이다 故로 傳統과形式에拘束을받지아니한다 靈感은 天來의소리이다 故로舊來의制度 敎會權威 時代思潮에對하야 何等의忌憚없이말한다 靈感은 聖靈의直接役事인故로 사람은 聖靈의役事로因하야 天來의福音을들으며 하나님의 말슴을받아 人世에傳할수가있다

하나님의말슴이 사람에게 들려질때에 반듯이 저의內心에는 明確한靈感으로 하나님의말슴을들었다는確信이있다 故로 저는 내가 하나님의말슴을들엇다고 膽大히말하는것이다 又는 하나님이 나에게 이렇게말슴하셨다고 主張하야 저는 하나님의말슴을 가진意識으로써 世上에臨한다

聖經은하나님의默示하신바다

二

『聖經은 하나님의默示하신바라』함은 以上에서 말슴한것과같이 사람의思想과 自由意思에는 何等의關係없이 하나님은 말슴하시고 사람은 그말슴을 그대로筆記한것으로서 字々句々가 다 하나님의 口聲을通한 하나님의말슴으로서의 默示가안이오、사람이 聖靈의偉大한感動속에서 明確한靈感으로 하나님의말슴을받아 그말슴을 自己의思想과意思의自由로운表現을通하야 完全히 나타내인 하나님의말슴이라는것이다 即聖經은 하나님의靈感으로된것이라는것이다

聖書概要【十】

金敎臣

列王記(下)書大旨

本書는本來 列王記上書와한께 한권으로되여있든것을 後世에便宜上 上下卷으로二分한것이라하니、곳上下卷을連結하야 닑을것이며、그內容은 猶太國民史의絕頂을 넘은後、南北二朝에分立한대로 漸次衰退하여가다가 드디어、바벨론이예루살렘을捕擒하여가는 悲慘한光景으로써 終幕을닫혓다

卷頭에는 이스라엘의標式的先知者엘리야의記事가 上卷으로부터 連續되여있다。아합王의別世後로 모압의背叛과 國王의重傷等으로因하야이스라엘에는內憂外患이 날로甚하여젓다。아하시야王은 이런乱麻에處할信仰을 가지지못한爲人이엇든故로 恐怖와 焦慮에서 大海에葉舟처럼 뛰놀고있엇다 생각다못하야 그不安을避할方策을에그론의神인바알세붑에게 問占하게하엿다。이事實을들은 先知者엘리야는 王의使者의 길을막으며 니르기를 『이스라엘中에 어찌 하나님이없어서 너의가 에그론神바알세붑에게물으려가느냐』고하엿다。實로簡易平明한말이다。偉大한先知者는 밤낫非凡한言行만있어서偉大한것이안이다。돌이어平凡한眞理를 確言窮行하는데에 참偉大함이있다。모름직이 이스라엘百姓일진대 여호와神의 能力에對하야 다시論議할餘地없이 알고있을것이며、참神의權能을알진대 危急存亡之秋에 木石으로만들어세운 偶像에게問占할必要도없을것은 이스라엘의三尺童子라도分辨할것이다。그런데 아하시야王은이일을不辨하엿고 엘리야는 이平明한眞理를把握하엿다。故로 이것만하여도 前者는凡庸이라하고 後者는萬古의偉人이라稱할理由가된다。果然 道는近哉。

엘리야의提言한平明한眞理에順從치안인結果는 이스라엘에患難이더하게되니、愚昧한執權者는患難의由來하는原因을모르고 義人의逼迫만 일삼앗다。아하시야王의派送한第三回의五十夫長과 한께가서 國王의面前에서 王의死를宣告하는光景은 살아게신 여호와神을믿는者안이고는 期待할수없는場面이다。强하기鐵石같다는것만으로서는 이스라엘豫言者의 全容을 表現할수없다。

엘리야의靈을繼承한 엘리사는 그 스승보다못

聖書概要

하지않게 많은奇事異蹟을行하였다。第二章下半에서부터 第七章末까지 차지한 許多한奇蹟中에特히 넘는者의 마음을 끄으는것은 저 善한수넴女人에게對하야非一非再로 報恩의奇蹟을行한일이다。 偉人이라하야 小事는等閑히하는것이안이다。작은善心을 十倍百倍로보아주는것이 偉人엘리사의心情이엇고、冷水一杯와 한푼損補를重大視하는것이 그리스도의心情이엇다。爲人의大小는 實로報恩觀念의大小로써 測量할것이다。基督敎는大体報恩의敎라할수있다。古來의先知者가 各其웨친것을綜合하면 하나님의大洋같은恩惠에對하야 한방울눈물을흘려맞당하다는敎訓에 다하엿다할것이다。秋霜같이嚴酷한先知者의一面에 婦女보다도慈悲한一面이있음을 알게함도 큰敎訓이다。

第八章以下로 飢饉과兵乱과暗殺奪位等의暗黑한世相이現出하는데、이런乱世中에서 어린유다王여호아스로하여금 暗夜의明星같이 特出하게善政을施行하게한 祭司長여호야다의忠義의힘에 感銘되지않을수없다。 집이 가난할때에賢妻를要하며 나라이危急할때에 忠臣을要하는것을 유다의暗黑世相에서 더욱明白히볼수있다。偉哉라義人의힘!

四

暗黑한가운데서 끝없이衰退하여가는 猶太歷史中에서 가장 크게光輝를 나타내는것은 先知者이사야에게祈禱를請하든 히스기야王의信仰政治이다 바벨론王의謀計에빠져 國內의探偵을當한轉末로보아도(第二十章) 저는決코 所謂政治家型의敏腕家는안이엇다。또한性格으로보아도 柔軟하기가婦女같은人物이엇든듯하다。그러나 凡事를信仰으로處하엿다。患難을當할때마다 저는 謀畧하기보다 祈禱하엿다。先知者에게祈禱를請하엿을뿐더러王自身이祈禱의人이엇다。外敵의包圍를當하야슬때에하나님께祈禱하야 敵의손에서救出되엿고、重病에 걸렷을때에 여호께와祈禱하야 十五年間延命함을얻엇다。列王中에도 無能하기짝없는듯하나、智畧의王예후보다 選民이스라엘의 榮譽를確保함이多大하엿다。

이에反하야 兵車와軍隊의精銳와몯은人間的勢力을자랑하며 天地를하裁主는 여호와神을 野卑하게毁謗함으로써 快感을느끼든 앗수르王산헤립은强大한軍兵을거느리고도 큰싸움한번 싸우지도못하고 敗退하다가 途中에서擊弑되엿다。誇大放言하든者의末路가甚히慘憺하엿다。 世上에는 이산헤립과같은種類의人間이적지않다。自身이不信할뿐더러 남의信仰의對象인神을毁謗함으로써 快感을貪하는人間이많다。 마는 저들은 大槪쫓는者없어도 逃亡하는者다。

列王記下를 닑는者마다 지리하게 생각되는것은 善한王 卽偶像을退治하고、여호와唯一神을信仰하는王은興하고、惡한王 卽異邦의雜神을崇拜하는王은亡하엿다는 簡單한原則을、많은人物과場面을交代하면서 累說力說하엿다는것이다。大体로暗黑이支配하며 衰退에傾轉하는世代이면서도 그中에 義를行하는者、信仰에立脚하는者가 흐린날뻘처럼 間々이雲間을뚫고 黑暗의權勢를退治하라는努力은 맟히力士의 씨름을 구경할때와같이 우리의주먹에 땀을쥐지않고는 傍觀할수없는光景이다。吉凶禍福을 크게녀기는支那가產出한 塞翁之馬라는譬話에 人間禍福을双繩에다比하엿다면、猶太國民史는 善과惡、卽信과不信의 紅白二條의繩이라할수있다。義로운者가盛하고 不義한者가衰한다함은 이스라엘國民生活에서 經驗한史實이엇다

이처럼 善王과惡王이 交代하야 政權舞台에出現하는동안에 하나님은 無時로 代辯者를보내어 그選民들이 偶像을바리고 善에就하야 하나님의품으로돌아오기를警告하엿으나 善을行하는王은적고 짜르고、惡을行하는王은많고 길어서、埃及에서부터 無限한努力으로、이끌어내시든 여호와의選民은、惡을行하고不信에떨어진結果로 아브라함의約束은 휘지로돌려보내고 다윗의나라는滅亡하고야말앗다。예루살렘은破滅되고 聖殿은掠奪을當하엿다。이는 다만一國一都市가亡한것뿐이안이라人類의選手가 亡하엿으니 實相은全人類가失敗한것이오、義와善의敗北을意味하며、하나님의全經綸에큰蹉跌이생긴것같이 보이는故로、多少라도信仰을가진者、善을憧憬하는者로서는 格別한關心을이冊에 가지는 것이다。그러나 善을알면서도行할能力이없는個人처럼、選民이스라엘도 구름같이에워싼先知者의警鍾가운데서 不信으로滅亡을自取하야 人類의絕望을如實히告白한것뿐이다。

가나안福地의約束의꿈은깨트러지고 예루살렘은捕虜되엿다。아브라함의子孫으로써 이일을볼때에疑雲은低迷하지않을수없을것이다。그러나 여기까지酷毒하게義로우시고、徹底하게 사랑이신 하나님을 우리는 찬송하고저 한다。

列王記(下)概綱

一、엘리야의 昇天까지 (一·一—二·一八)

가、아합의 死後에 이스라엘에 國難來 (一·一—二)

나、아하시야王[이스라엘]의 問占에 對한 엘리야의 平明한 對答『이스라엘中에 어찌、하나님이 없어 너의가 에그론神바알세붑에게 問하느냐』 (三—四)

다、엘리야가 아하시야王의 핍박에 對抗함 (五—一八)

1、第一回 五十夫長과 그 兵을 火殺함 (五—一〇)

2、第二回 五十夫長과 그 兵을 火殺함 (一一—一二)

3、第三回 五十夫長의 謙卑함이 成功하야 엘리야를 아하시야에게 伴行하니、死를 宣告함 (一三—一八)

라、엘리야의 昇天 (二·一—一八)

1、師弟相別의 길[길갈—벧엘—여리고—요단] (二·一—八)

2、엘리사가 엘리야의 靈을 相續함 (九—一五)

3、엘리야의 搜索隊[三日後에 空歸함] (一六—一八)

二、엘리사의 奇蹟 (二·一九—七·二〇)

가、물의 奇蹟 (二·一九—三·二七)

甲、여리고에서 飮料水의 맛을 調和함 (二·一九—二二)

[附]엘리사 四十二兒를 慘殺케하다。 (二三—二五)

乙、對모압戰陣에서 물을 나게하다 (三·一—二七)
[이스라엘、유다、에돔 三國聯合軍이 勝利하다]

나、기름의 奇蹟[寡婦의 負債를 淸算하다] (四·一—七)

다、善한 수넴女人에게、生男과 蘇生의 奇蹟 (八—三七)

라、鼎의 毒을 除하고、떡을 百人에게 주다 (三八—四四)

마、아람長官 나아만의 癩病治癒와 (五·一—一九)
下人 게하시의 貪慾罰責 (二〇—二七)

바、독기浮泳의 奇事[요단江에서] (六·一—七)

사、아람軍隊의 盲化滑稽、 (八—二三)

아、아람軍隊의 包周와 飢饉의 難을 退治 (六·二四—七·二〇)

三、엘리사의 別世까지 [暗黑時代의 一] (八·一—一三·二五)

가、엘리사 飢饉을 豫告[수넴女人에게 報恩] (八·一—六)

나、暗黑政治의 開幕 (八·七—二九)

1、벤하닷[아람王]이 하사엘의게 暗殺當함 (七—一五)

2、여호람[유다王]의 稗政 (一六—一九)

3、에돔의 叛乱 (二〇—二四)

4、아하시야[유다王 여호람의 子]의 稗政 (二五—二九)
(對아람王戰乱時代)

다、예후[여호사밧의 子]의 쿠—데타 (九·一—一〇·三六)

1、엘리사가예후에게注膏케하다 (九・一－一〇)
2、요람、아하시야、이세벨等을殺戮함 (一一－三七)
3、아합、아하시야의滅族、 (一〇・一－一四)
4、여호나답을誘撫하다(예후의高等政策)(一五－一七)
5、바알黨을一網打盡(예후의妙計) (一八－二八)
6、예후의善行에對한報賞 (二九－三一)
7、예후의末年〔하사엘의侵犯、別世〕 (三二－三六)

라、여호아스〔유다王即요아스〕와善政(一一・一－一二・二一)
1、여호아스다王位까지(六年間숨겨) (一－一二)
2、아달리야(아하시야의母)를退治 (一三－一六)
3、바알을退治하다。 (一七－二一)
4、여호아스聖殿을修理하다。 (一二・一－一六)
5、하사엘〔아람王〕의侵入과여호아스의死(一七－二一)
〔附〕祭司長여호야다의忠義 (一一・四－一二・一六)

마、여호아하스〔이스라엘예후의子〕의稗政(一三・一－九)

바、여호아스〔이스라엘여호아하스의子即요아스〕의稗政 (一〇－一三)
〔附一〕엘리사의豫言(이스라엘의勝利) (一四－一九)
〔附二〕엘리사의別世、骸骨도能力。 (二〇－二一)

사、여호아스〔이스라엘〕가벤하닷〔아람〕을三次攻破하다。〔但、祖上아브라함以來의約束으로因하야〕 (二二－二五)

四、앗수르에게捕虜되기까지

〔暗黑時代의二〕 (一四・一－一七・四一)

가、아마시야〔유다 요아스의子〕의善政(一四・一－一三)
1、偶像廢止、法대로復讎、에돔을擊退함 (一－七)
2、여호아스〔이스라엘王、예후의孫〕을 激怒케하고싸와 慘敗를自招하다 (八－一四)
3、여호아스의別世、여로보암繼位 (一五－一六)
4、아마시야暗殺되고、아사리야繼位〔유다〕 (一七－二二)

나、여로보암〔이스라엘〕의稗政、其子스가랴繼位 (二三－二九)
但、地境은 많이恢復하다

다、아사리야〔유다아마시야의子〕의善政(一五・一－七)

라、스가리야〔이스라엘여로보암子〕의稗政 (八－一二)
〔예후의最終、第四代孫〕 (一三－一五)

마、살룸〔이스라엘〕이一朔間在位 (一六－二二)

바、므나헴〔이스라엘가듸의子〕이 앗수르王불에게依支하야統治하다〔傾國之本〕 (一六－二二)

列王記(下)概綱

사、 브가히야〔므나헴의子〕의秕政 (二三－二六)

아、 베가〔이스라엘르말리야의子〕의秕政 (二七－三一)

자、 요담〔유다 웃시야의子〕의善政 (三二－三八)

차、 아하스〔유다 요담의子〕의惡政 (一六・一－二〇)

1、 偶像崇拜로부터萬惡이發源 (一－四)

2、 앗수르王디글랏빌레셀에게請兵하다 (五－九)
〔滅亡의初步〕

3、 새로祭壇을쌓고 聖殿을毁損하다 (一〇－一六)

4、 아하스의末路 (一九－二〇)

카、 앗수르에게捕虜되다〔사마리아를三年間包圍〕 (一七・一－四一)

1、 호세아〔이스라엘엘라의子〕의亡國政策 (一－四)
〔애굽王소에게請兵하다가被擒〕

2、 앗수르에게이스라엘과유다가捕虜 (五－二三)

3、 各國民族과宗敎의 混沌世界 (二四－四一)

五、 바벨론에捕虜되기까지 〔暗黑時代의三〕 (一八・一－二五・三〇)

가、 히스기야〔유다아하스子〕의信仰政治 (一八・一－二〇・)

1、 히스기야王의偶像退治〔善政의本〕 (一八・一－八)

2、 앗수르王의侵畧과毁謗이日甚하다 (九－三七)

3、 先知者이사야에게祈禱를請하다 (一九・一－七)

4、 앗수르王산헤립이永生하신하나님을再次毁謗 하니、히스기야가祈禱로써應備하다 (八－一九)

5、 이사야의豫言〔앗수르의退敗〕 (二〇－三七)

6、 히스기야重病에서祈禱하야延命 (二〇・一－一一)

7、 바벨론王부로닥발라단의偵探 (一二－二一)

나、 므낫세와아몬〔유다王〕의偶像崇拜 (二一・一－二六)

다、 요시야〔유다王아몬의子〕의善政 (二二・一－三〇)
〔大祭司長힐기야가偶然히律法冊을發見하다〕
요시야王이偶像과무당을撲滅하고內政을革新한 後에、애굽王바로느고에게被弑 (二三・一－三〇)

라、 埃及과바벨론의二大勢力의衝突 (二三・三一－二四・一六)

1、 애굽王이여호아하스〔유다王〕를監禁하고여호 야김〔요시야의子〕을承位케함 (三一－二四・四)

2、 바벨론勢力이애굽을壓倒하고예루살렘을包圍 攻畧하다 (二四・五－一六)

마、 시드기야〔유다王여호야긴의叔〕의惡政 (一七－二〇)

바、 예루살렘의終幕 (二五・一－三〇)

重圍、捕擒、破壞、掠奪、屠戮及逃亡 (一－二六)

바벨론王에윌므로닥의高等政策 (二七－三〇)

八

로마書硏究【二十】

張道源

第二十一回 信仰의父아브라함 (一)

第四章의大精神

바울은 第三章까지에서 몯은사람은 다罪人인것과 몯은사람은 다罪人인故로 自己의行爲로써하여서는 到底히 하나님앞에 義롭다함을 얻지못할것을말하고 그런즉 하나님께서 사람을義롭다하야주시는길外에는 사람이 하나님앞에義人으로通할道理가없다 故로 하나님은 사랑과恩惠로써 예수그리스도의十字架上贖罪를通하야 義안인우리를 義人으로 녀겨주시는길을 열어놓으시고누구든지 그리스도를믿는 信仰으로말미암아 義롭다함을얻게하셨다는것을 力說하여왓다。

如此히 바울은 第三章까지에서 사람이義롭다함을얻는일은『律法을行함으로가안이오 그리스도를믿음으로라』는 新原理를提示하여왓고 이제 第四章에서는 아브라함의信仰을論하야 아브라함은信仰으로말미암아 義롭다함을얻은것이오 行함으로義롭다함을 얻은것이안임을說明하엿다

바울이 特히 아브라함의信仰의史上實例를 選擇한理由는 아브라함은 유대人의國祖로서 信仰의父로 尊崇을받는者이다 故로 아브라함이 하나님앞에 義롭다함을받은것이 저의道德的行爲의聖따문이안이오『아브라함이 여호와를·믿는지라여호와께서 이것을 저의義로녀기시다』(창세기十五장六)하야 信仰따문인일이 確實히 證明되면그때에는 누구든지 바울의提示한바新原理에對하야 何等의異議를提起할餘地가 없을것인까닭이다

故로 바울은『道德的行爲의聖으로써 義롭다함을얻는것이안이오 그리스도를믿음으로써 義롭다함을얻는 恩惠의길이열렷다』고 提唱하고 第四章에서 아브라함의信仰을例擧하야 바울의提唱하는此眞理가 全然히 바울個人의主觀的体驗만이안이오 舊約聖書의大精神이 眞實로 이福音的大眞理에있었다는것을証明하는것이다 即自己의体驗과舊約聖書의大精神이一致됨을証據하는것이다

如此히 바울이 아브라함의實例를擧하야 說함은 單히 自己의基督敎的体驗을 辯證할랴는冷情

한態度에서出한것이안이오 自己가 그리스도를通하야 舊約聖書의大精神을 啓發把握하였다는 새로운眞理感에激하야 넘치는熱情에서 그眞理를宣言하는것이다 이것이 舊約聖書에一貫한 大精神이오 새로운眞理라고할것은없다 그러나 今日까지의一般大衆의舊約聖經에對한態度로보아서는 바울이 啓發한 새로운眞理라고하지아니할수없다

第四章 一—八節의研究

第一—八節까지에서는 아브라함이 義롭다함을 얻은것은 道德的行爲의完全眞聖함으로써가안이오 아브라함이 하나님을 믿으매 그믿음을義로定하신것이다 故로이는 純粹한恩惠로서된것이오 道德的行爲의 自力과는 全然無關係한것을示함이다

1. 그러면 우리祖上아브라함이 肉身上으로 무엇을 언엇다하리오

『그러면』이라함은 三章二十八節以下 異邦人이나유대人이나 何等의區別이없다는것에對한것이다 『그러면』이라는말을發하면서 바울은 새로운主題로써 自問을發하였다 即信仰으로가안이고 生來의人間인 아브라함으로서 하나님앞에 자랑할것이무엇이냐?함이다 即아브라함이 生來의人間인 自然力的肉身上行爲로써 하나님앞에 義롭다함을 받을만한것이무엇이냐?함이다 即아브라함의人間的自己努力으로써하야서는 稱義 救援 永生等에 對하야 아무것도 얻을수없다는것이다

2. 만일 아브라함이 行한바로써 義롭다하심을 얻었으면 자랑할것이있으려니와 오직 하나님앞에서는 없나니라

아브라함이 하나님앞에 義롭다함을언은것만은 疑心할餘地가없는일이다 故로 유대民族은 아브라함의後孫으로서 그祖上아브라함의義를자랑한다 그러나 아브라함의義는 어떻게얻은것이냐?몯은 律法을完全히實踐하야 自己努力으로 얻은것이냐 自己의努力으로 얻은것이안이오 하나님의恩惠로 받은것이냐?萬一아브라함이 行爲의自己努力으로써義를 얻었을것같으면 果然아브라함에게 자랑할것이있다 그러나 自已努力의行爲로가안이오 하나님의恩惠로 받은것일진대 行爲로써 하나님앞에서 자랑할것은없는것이안이냐?그런즉 유대人의자랑꺼리인 아브라함의義도 行한바로써 얻

은것이안이오 하나님의恩惠로써 받은것이다 그런즉 아브라함에게 있어서도 行爲로써 자랑할것은없다 人類間에있어서 比較的行爲의善과義를 자랑할는지 모르나 하나님앞에서는 누구든지 自己行爲의聖과義를 主張할者가없다 그런즉 人間의道德的行爲의完全은 人間의空想이오 實際는 안이다

3.聖經에 무엇이라고 말하느냐? 『아브라함이 하나님을 믿음애 그믿음을 義로녀기셨다』 라고!(하셨다)

第二節에서 說明한바『아브라함이 行한바로써 義롭다하심을 얻은것이안이오 하나님의恩惠로받은것이라』한것을 證明하기爲하야 第三節에서 舊約創世記第十五章六節을 引用하야 말하것이다

創世記第十五章六節을보면 아브라함이 義롭다함을얻은것은 아브라함의 行爲가 果然義로와서 義롭다한것이안이오 아브라함이 하나님을 믿으니 그믿음을 義롭다하신것이다 그런즉 아브라함이 義롭다함을얻은것은 行爲의結果가 안이오 믿음따문인것이다 如此히 바울은 아브라함의實例를擧하야 自己의提唱하는바新原理를堅固케하였다

4.사람이 일하고받는삭은 恩惠로녀길것이안이오 오직 저에게 빗지인것으로 녀길것이다

사람이 일하고그報酬로 받는雇錢은 恩惠가안이오 當然히 받을바의것을 받는것이다 사람이 일하였으면 雇主에게 빗을지운것이오 雇主가사람을 일을식혓으면 雇主는 被雇者에게 빗을진것이다 故로 사람이 일하고받는삭은 雇主에게 빗지운것을 받는것이오 恩惠는안이다 故로 恩惠라는것은 일하지아니하고 받는것 即當然히받지못할것을 받는것이다 그런故로『사람이 일하고받는삭은 恩惠로녀길것이안이오 雇主에게 빗지운것을 받는것으로녀길것이다』그러나 일하지아니하고받는것은恩惠며, 行爲의 不完全한者라도 義롭게 녀겨주시는일은恩惠다

5.그런즉 일하지아니한者라도 敬虔치못한者라도 義롭다하시는 하나님을 믿으면 그믿음을 義로定하실것이다

사람은 行爲를完全히함의當然한報酬로하야 하

나님앞에 義롭다함을 얻을수없는者이다 아브라
함에게있어서도 亦是 同一한일이다 아브라함이
하나님을 믿음애 그信仰을義롭다하신것같이 우
리도 하나님을 믿어서 그信仰을義롭다하시는恩
惠에叅與할것이다

即行爲로보아서는 完全無缺함을 主張할수없는
아브라함이라도 하나님을 믿는故로 그믿음을義
로녀겨주시는 하나님을 지금 누구라도 믿으면
그믿음을義로녀겨주신다는것이 第五節의大意이다

基督敎의하나님은 일하지아니한者라도 敬虔치
못한者라도 하나님을 믿기만하면 그信仰을義로
定하시는 하나님이시다 아무리 不敬虔한者라도
아무리 極惡한罪人이라도 一次悔改하고 信仰에
入足하기만하면 義롭다하야주시는 하나님이시다
故로 누구든지 하나님을 믿으면 그믿음을義로
定하실것이다。아ㅣ이것이 얼마나큰恩惠인가?하
나님의恩惠를 깨닫는者가眞實로 福이있는者로다

第五節은 아브라함의實例를 말하는것이안이오
하나님이 어떠한 하나님이심을말하는것이다 即
일하지아니한者、敬虔치못한者라함은 아브라함을
指함이안이오 基督敎하나님은 一般的으로 그런
者들이라도 義롭다하시는 하나님이시라는것이다

6.다윋도 行함이없이 하나님께 義로定하심을
받는者의福에對하야 이렇게말하였다 가르되
7.不法한것을 赦함을받고 그罪를 가리워주심
을입은者는 福있는者요 8.主께서 그罪를定
하지안이하시는사람은福있는者라」하였다

바울은 自己의新原理主張을貫徹코저하야 아브
라함이 義롭다함을얻은것이 그行爲의完全無缺로
말미암은것이안이오 믿음으로말미암은것임을 例
擧하야論할뿐만안이라 이제 다시 다윋王에게서
도 同一한原理의經驗의實例를擧한것이 六ㅣ八節
까지다 바울은 이詩中에서 行함이없이 하나님
께 義롭다하심을입은 다윋王의實驗을 發見하엿
다 故로『行함이안이오 믿음으로義롭다함을얻는
다』는 新原理를提唱할때에 此 다윋王의實驗을
가져다가 實例로引用한것이다

第七、八節은 詩篇第三十二篇의引用 다 이는
다윋王이犯罪한後에 良心上苛責을받아 크게苦痛
하다가 그罪를 하나님께告白하야 그罪의赦宥함

을받고 크게깃버할때에 지은詩다 不敬한人間이 그狀態下에있어서 義롭다하여주심을 입은經驗을 노래하는詩다 犯罪한者를 罪없는者처럼 取扱하며 義롭지못한者를 義로운者처럼 녀겨주시는 하나님의恩惠를經驗한 다윋王이 그얼마나 幸福스러운일임을 讚美하는詩다

『不法』이라함은 律法背反을意味함이다 『赦한다』함은 그罪의結果로하야오는 刑罰을免除하는것뿐만이안이오 罪그것의무거운짐을 벗기고 安息을주는일이다 또는不法行爲로因하야 하나님과의交通이 막힌것을 하나님便에서 헤여주시는일이다 그結果는 한울의것으로 充滿히채움을받는다『그罪를 가리워주신다』함은 罪를 가리워서 하나님의 눈에 보이지않게하신다는뜻이다『그罪를定하지아니한다』함은 罪를지우지아니한다는뜻이다 即罪를 그사람에게 돌리는일이없다는뜻이다

如此히 罪를赦하야주시며 罪를가리워주시며罪를지우지아니함을 얻은者는眞實로福있는者다 이福을所有한者는 眞正한意味에서 人生을成功한者다 根本的으로罪人인人間이 이福을얻는道는 오직 無條件으로 하나님을 믿는것뿐이다

信仰의父아브라함

本誌讀者 冬季聖書講習會

題目及講師

聖書研究

- 預言書研究(約九時間) 柳錫東
- 福音書研究(約九時間) 金敎臣

課外講演

- 聖書博物學(約三時間) 楊仁性
- 朝鮮歷史에나타난하나님의攝理(約九時間) 咸錫憲
- 地理學上으로본朝鮮의使命(約二時間) 金敎臣

其他 루터와神秘主義와의關係 金宗洽 / 佛敎思想과基督敎 柳永模 / 단테의性格 柳錫東 等

一、日時、一九三三年十二月三十日夕부터 翌年一月五日午前까지。每日午前(十時부터三時間) 午后(七時부터二時間) 二回式。

一、申込 聽講料를添하야 十二月十五日까지聖書朝鮮社로申込。(但不參時에는聽講料를返送함)

一、聽講資格 本誌讀者에限함。(講話는中等學校卒業程度를標準함)

一、會場 京仁線梧柳洞驛前 梧柳學院。

一、宿所 同所 宋斗用氏宅外數三兄弟方。毛布만持參하면可。

一、費用 聽講料 五拾錢(申込同時에拂込함) 滯在費 二圓五拾錢(參席時에持參함)

注意 諸般設備에參考하기爲하야 可成早速히申込하기를 願함。申込順으로 承諾書와詳細한通知를發送함。人員超過時는期日前에라도不得已謝絶하게됩니다。

冬季聖書講習會에關하야

우리모임을誤解하고서 過大한期待를가지고來叅하엿다가 뜻밖에失望을 느끼는이가 或있을까하야 미리本會의內容을明白히함으로써 이와같은悲劇을防止하고저한다。

◎復興會라修養會라稱하는것과는 다를줄안다。宗敎的이라기보다學究的으로한다。故로興奮은禁物이오冷靜은必保하고저한다。進化論을危險視하는宗敎家의눈으로본다면 우리는詛呪받을者들일는지모르나비록 地獄에빠지는運命을自負할지라도 自然界에進化의法則이嚴然하게存在한것을 否定할수는없는者들이다。自然科學으로써宇宙의法則을배우고 地理歷史로써人類의經驗에鑑하야 더깊이聖書를넓고저努力한다。두려운것은地獄의刑罰이안이오。恨스러운것은 나의魯鈍과無學이다。

◎本來우리모임은 돌립소리하는模樣이엇다。무슨問題이든지 한가지식調査研究하야 報告하는義務를지는것이 우리會의規約이었다。그런데昨年모임때에 이規約을無視하고「床알에떠러진부스러기를주어먹겟다」는可憎하고도可愛한闖入者가 생겨서不然間 座席을混乱케할뿐더러 講師와聽講者라는區別도 비로소생기게하였다。今冬에「公開」한다함은이러한不意의闖入者에게 合法的座席을 多少豫備한다는것뿐이오、決코積極的으로大會를召集하거나打鼓宣傳하자는心志는안이다。故로新叅者도 本會의由來를認識하야 될수만있으면 한가지研究調査를發表하야 一員된義務를다할것이오、不得已하면五拾錢金으로써當面한義務를代辨하는심칠것이다。그리하야講者聽者一心一体로眞理를考究하고저한다。

◎聽講料는右와같은뜻으로서定하였고、宿泊費는될수있는대로 싸게하고저하엿으나 市內旅館에는到底히안될注文이다。加之에集會場所도市內에는適當處가없든中인데、梧柳洞은交通이至便한우에(京城驛에서二十五分間)同志五六人이住居한다。兄弟들의經營하는梧柳學院을會場으로쓸것과、各家庭에來客을分迎할것을提言하여와슴으로 이好意에應하야實費로宿泊하기를請하엿다。四十八定員은講師、主人側까지合計한것이다。今後餘席이約二十餘人。凡事가初試驗인故로 執事에게對한不平도 發生할것을覺悟할것이다。

갈라듸아書研究【三】

本論

柳錫東

一、루ー터ー註釋의譯

第一章

第一節 使徒바울의使徒된것은 사람의게서난것도안이오 사람으로말미암아된것도안이오예수그리스도와밋죽은가운대서그리스도를살리신하나님아바지로 말미암은것이라。

갈라듸아書의槪要를말하였으니 이제는바울이이書翰을쓰게된事情을쓸必要가있다。바울은 갈라듸아사람들에게발서信仰으로써義롭게되는純粹한福音의敎義를가르쳤다。그런대그가갈라듸아를떠난後僞敎師가들어와 바울이 그들을敎育하야갖게한信仰을全部없어지게하였다。사단은全力과全智를傾倒하야이敎義를攻擊치아니할수없는것이며 이敎義가없어지는最後까지그侵擊을그치지아니하는것이다。우리는 이福音을傳하기때문에 이世上에서逼迫을當하는것이고 惡魔는前後左右로부터 全力을다하야우리에게反抗하는것이다。

福音은이世上智慧、正義、宗敎보다훨신高遠한것即그리스도에依한 罪의自由스러운赦免을가르치는것이다。福音은이러한世上의智慧와其他의것을各々그相當한地位에두어 이亦하나님이만든것이라고생각하는대 世上은이러한하나님의被造物을造物主보다더崇尙하고사랑하야 이로써罪의赦함을받고死를免하고永生을얻으리라고생각한다。

最初二節에서는바울은自己使命과職務와福音에對하야말하며 그使命은사람에서난것이안이오사람으로말미암은것이안이라 오직예수그리스도의默示로서받은것이라하야 만약그福音과다른福音을傳하면비록天使라도詛呪를받을것이라고力說한다。

『確實한 하나님으로부터의使命』

바울이이와같이自已使命에對하야자랑함은다름이안이다。하나님의使者가몯아自已의누름을받음을確信하야 사람과하나님앞에 擇함을받은者로서福音을傳한다는勇敢한마음을가지는것은 이、一國의大使가一個人의資格으로온것이안임을자랑하는것과같은것이다。大使는國王의使節로서의資格으로崇敬을받고最高의地位에오르게되는것이며 一私人으로서는到底히이榮譽를받을수없는것이다。 福音의傳道者가그職務가하나님으로부터나옴을確信하야 바울이한것과같이그使命을敬重하고 사람의信服을받는것은이는大使가그職務를敬重하는것과 죽음도다틈이없다이렇게하는것은虛榮이안이라 必要한자랑이다이、自已를자랑하는것이안이라 自己를派遣한王을자랑하는것이며그威光을옳이는것이다。

「사람에게서난것도안이오 사람으로말미암은것도안이오 예수그리스도……로말미암아使徒된바울 이筆頭에서바울이말하고자하는것은 當時에僞敎師가있어그들이使徒의直弟子이고使徒로부터派遣됨을자랑하야 바울에게對하야그가使徒의弟子도안이고또아무사람으로부터派遣되지도아니하고 變則의方法으로와서自己意思로써그職權을行使하는것이라고批難하는데에對한論駁이다。 바울은말한다「내가부름을받고 또派遣됨은사람으로부터도안이오사람에게依한것도안이오 直接예수그리스도自身에依한것임으로 내가부름을받은것은使徒가부름을받은것과同一하고 따라 나는眞實노使徒라부름을받을者이다。」

이와같이말하야바울은派遣되지아니하고스스로傳道에從事하는僞使徒를攻擊하였다。 召命은重大한일이다。 사람이傳道에從事하는것은 聖書를알고純粹한敎義를믿음만으로는不充分한것이며 그가召命을받음이確實하여야한다。 이點이確實치못하고傳道의職務를갖는것은福音을죽이고破壞함에不過하다。 이、하나님은自己가부르지아니한사람의일은祝福치아니하시는까닭이다。 그들이좋은일、有益한일을가르칠는지는모르나 德을세울수없다。 狂信徒들은입으로信仰의말은하나 열매를맺을수는없다。 그들의主要目的은다만다른사람들이自已의틀린意見에끌림에있다。 神聖한召命을確實이받은者는많은大攻擊과大反對를甘受하여야한다。 純粹하고健全한敎義를믿는者는 그正當한使命을保全하기爲하야恒常惡魔의攻擊과世上의忿怒를받을覺悟를하여야한다。

福音傳道의聖職에있는者를慰安하는것은 이職이한울에서받은神聖한것이어 이職에있어서地獄門을니길수있다는確信을가지는것이다。 反對로우리良心에「너는正當한召命이없이이職을取한것이라」는煩悶이널어날때 이는참으로무서운일이며 聖言을듣지아니하였드면하는생강이나오게된다。 이、이不順의

行爲로因하야그의몯은일이惡하게되는것이며 비록그의行爲가善하고 그의하는일이偉大하드라도 그는全部罪惡으로만되는것이다。

「죽은가운대서살리신하나님아바지」바울은그의信仰에對한熱心이極度에達한結果 本論에들어갈때까지기달릴수없어 이人事처음에그마음에넘치는바를吐露하였다。 그가이書翰을쓴目的은 信仰으로오는義를論하야辯護하고 律法과行爲로오는義를粉碎함에있다。 그는이思想에넘치고 그마음에그리스도의 낫은知識과知慧가놀랄만하게豊富히들어있음으로이것이넘치어서는自然그입으로나왔다。 이火焰即그마음에타고있는熱火는 이를감추랴감출수없고 가만히있으랴가만히있을수없어 그는그리스도예수로因하야派遣되여使徒되였다말한것만으로不足히녀기어 이에「예수를죽은가운대에서살리신하나님아바지로因하야」派遣되였다함을附加하였다。

바울은이와같이冒頭에서그가書翰에서말하랴하는大略을吐露하였다。 即그리스도의復活에對하야말한것은 그것이며 그리스도는 우리를義롭게하기따문에 復活하셨으며(로마書第四章二十四節二十五節)이로써律法과罪와死와그他몯은惡에 니기신것이다。그리스도의勝利는律法、罪、肉、現世、惡魔、死、地獄及其他諸惡에對한勝利이며 이勝利를 그리스도는우리에게주어우리勝利로만들었다。故로이러한敵이 우리를詛呪하고威嚇하여도 우리는失望하지아니하고 또定罪되지아니한다。이、하나님아바지가 죽은가운대에서 살리신그리스도가 우리義이고또勝利인까닭이다。『우리들로하여금 우리主예수그리스도로말미암아니기게하시는하나님께 感謝하노라(고린도前書十五章五十七節)아ㅣ멘。

第二節 또한께있는몯은兄弟가 갈라듸아여러敎會에片紙하노니。

「또한께있는몯은兄弟」란말은僞使徒의입을막는힘있는말이며 바울의議論이더욱더욱그使命을確實하게만드는同時에僞使徒의信用을잃어버리게한다。이節의뜻은이러하다。「하나님召命으로即예수그리스도와그를죽은가운대에서살리신하나님아바지로말미암아使徒된것을말하면足하지마는 이것이내一個人의意見이안임을明白히하기爲하야 이以外에다시ㅣ이는곡必要한것은안이지마는ㅣ使徒가안인몯은兄

弟即나와같이하나님兵卒인사람들을添附하였다。그들은나와한께이書翰을쓰고」 나와한께나의正當함을證明한다。이로因하야우리는 그리스도가우리와한께게시고 우리안에서 또敎會안에서 가르치시고 말슴하심을믿을수가있다。」

「갈라듸아여러敎會에片紙하노니」바울은갈라듸아全國을通하야福音을傳하였다。그全土를다改宗시기기까지는못하였지마는 많은敎會를그곧에세웠다 여긔에 사단의使者, 僞使徒가侵入하였다。바울은 지금여긔에書翰을쓰고있다。

第三節 하나님아바지와 우리主예수그리스도에게서난恩惠와平康이너의에게있을지어다

이人事의말은當時世界에서는참으로異常한것이었고 福音이傳하여지기前에는없든形式이었다。이「恩惠」와「平康」이라는二語속에基督敎의內容의全部가包含되여있다。恩惠는우리를罪에서救하고 平康은우리良心을平穩하게한다。우리를괴롭게하는두敵은罪와良心이다。그런대그리스도는이두敵을滅亡시기고永遠히이를그발알에에밟어버리셨다。그러나世上은이것을알지못하며 따러罪를이기고良心과死를이기는일을確實히깨닫지못한다。크리스챤은이敎義를알고이에訓練받고이것으로武裝을하여 罪와失望과永久한死를이길수있다 이敎義는自由意思에서나온것이안이며 또理性과知慧로써發明된것이안이라 全혀우에서 주는것이다。即이恩惠와平康의二語속에基督敎의全体가包含되여있다。

故로사람이하나님의恩惠로 罪의赦免과良心의平安을얻어慰安하는힘을받게되면 몯은困難을勇敢하게참을수있고이길수있으며 死라도이길수있는것이다。하나님이주시는이平安은 世上은이를求하지도아니하고理解하지도못함으로주시지아니하고 믿는者에게만주신다。그리하야 이것을주시는것은다만그의恩惠에依하는것이고 다른方法에依하는것은안이다。

『그리스도는하나님이시다』

그리스도가하나님이심은 바울이하나님과그리스도에게同一한性質을줌으로明白하다。即恩惠를주고 罪를赦免하고 良心을平安하게하고 生命을주고 罪、死、惡魔及地獄을이기는것은하나님의能力인대 만약그리스도가하나님이안이시면 이러한일을

하시는것은不法한것이고또한瀆神하는것이다。이사야書四十二章八節에서『나는나의榮光을다른者에게주지아니한다』고하였는대 하나님은그榮光을그리스도에게주셨다。누구든지自巳가가지지아니한것을他人에게줄수없음으로 그리스도가우리에게恩惠와平和와聖靈을주시고 우리를罪와死와惡魔의힘에서解放시기는것은 即그가몯은点에서하나님아버지의能力과같은無限한하나님의能力을가지고게심을말하는것이다。

그리스도는使徒와는다르다。使徒들은福音을傳함으로恩惠와平安을사람에게주나 그리스도는그恩惠와平安의創造者이시다。아버지가生命恩惠平安과其他몯은아름다운겻을創造하시어주는것과같이 하나님아들그리스도도同一한것을創造하시어주신다。恩惠、平安、永生을주고 罪를赦免하고、罪人을義롭게하고死人을살리게하시어死와惡魔의손에서解放시기는것은 被創造物은到底히할수없는일이며 造物主만이이를할수있는일이다。天使亦이를할수없다。이일은萬物를創造하신하나님의榮光으로돌려보낼것이며 바울이이것을創造하시고주시는힘을아바지에와같이그리스도에게돌려보냄은 이、그가그리스도가 참으로하나님이심을 말하는것이다。

第四章 그리스도께서 하나님곳우리아버지뜻을따러 이惡한世代에서우리를건지시랴고우리罪를爲하야몸을들이셨으니。

「몸을우리罪를爲하야들이셨나니라」는말은『世上罪를지고가는하나님의어린羊을보라(요한一章二十九節)』는소리와같이 사람이自己의힘으로얻으랴는몯은義에對하야네린 한울에서의雷霆의一擊이다 우리는 바울의一言一句를粗忽히녀기지말고 充分한注意를하야 輕率히看過하는일이없도록하여야한다 그의말은慰安에넘치고 우리良心을平安하게하는偉大한힘이있다。

우리는어찌하야罪의赦免을얻을수있을까。바울은對答하여말한다。「예수그리스도라하는 사람이면서또한하나님아들이신분이 우리罪를爲하야몸을들이셨다」고。우리罪가 하나님아들이죽음을當하야만除去되는것이지 其他의方法으로는除去되지아니한다는것은참으로慰安에넘치는말이고 이또한舊約書에予言된바이다。이砲擊을받고는 羅馬敎、異敎、몯은行爲、몬은功勞其他迷信的儀式等全部破壞될수밧에없다。만약우리罪가우리行爲나功勞나하는自已滿足으로써除去된다면 하나님아들이죽음을當할必要가족음도없다。그리스도가우리罪때문에죽게되엿다함은即우리自身의行爲로는우리罪를除去할수없음을말하는것이다。

「몸을우리罪를爲하야들이셨다」하는말은罪의威力이어떠함을明白히가르처준다。우리가이말속에罪를爲하야支拂한代價가얼마나큼을깨달으면 罪의能力이絕對함을알수있다。이와같이罪의힘이絕對함으로이를除去하랴면 하나님아들이그몸을 罪를爲하야받히지아니하면아니된다。이것을 充分히理解하면「罪」라는一語가 하나님의永遠한忿怒와사단의王國의全体를包含하야그무서움이言語에絕함을알수있다우리는 이罪의무서움을잘알아야한다。그러나事實우리는罪를輕視하야不注意함이많고 些少한것으로생각하야良心의苛責이있어도이를重大視하지아니하고 족으만行爲와功勞로써이를除去할수있다고생각한다。

「우리罪」、聖書에많이나오는代名詞는特別한意味와힘이있는것이며 이것을正解할때비로소聖語의眞意를알수있게되는때가많다。바울이말한이代名詞는우리가깊이注意하여야한다。우리는하나님아들그리스도가베드로、바울、其他聖徒같은그의恩惠를받을만한사람의罪를爲하야죽으셨다함은믿기容易하다그러나 우리와같은者는이恩惠를받을수없는無價値한者라고생각하야그리스도가우리罪ㅣ이기기어렵고無限量하고가장무서운罪를爲하야죽으심을眞心으로믿으랴고는아니한다。果然이代名詞를없애어一般的罪로만들어이러한價値있는사람의罪만을爲하야죽으심을믿는것은容易하다。그러나「우리」라는代名詞가붙음으로因하야 우리의弱한肉과性質과理性은놀라서退却한다。우리는하나님께갓가히감을敢히하지못하고 이러한恩惠가 自己에게옴을到底히믿지못한다。따러自己自身이먼저거룩하게되고罪가없어지지아니하면 하나님안테갈수가없다고생각하게된다。故로우리肉은「몸을우리罪를爲하야들이셨나니라」는聖言과其他이와같은말을닑어도이「우리」라는代名詞를自己에게適用하지아니하고 다른거룩하고價値있는사람에게適用하야 自己亦거룩하게되고價値있는

者가될때까지기달린다。要컨대사람의理性은하나님앞에거짓罪人을가지고가는것이며 이거짓罪人은自己罪를무서워하는마음도가지지아니하고또罪에對한實感도없다。即理性은醫師의所用이없는健康한사람을하나님앞에가지고와 그가罪意識이없게될때 그리스도가 그罪를爲하야죽게됨을 믿으라고한다。

그리스도가죽음을當하심은 우리가義롭고거룩한때문이안이라 우리罪ㅣ實로크고無數하고無限하고征服할수없는罪를爲함이다。이러한바울의말이가장참되고힘있는것이고重要한것임을아는것이 크리스챤의主要한知識이고眞實한知慧이다。故로罪를些少한것으로녀기어 自己行爲로써除去할수있다고생각하여서는아니된다。그러나罪에壓迫될때에罪의큼으로失望하여서는아니된다。하나님이그리스도를우리에게주신것은 얇은罪나작은罪때문이안이라 깊고큰罪때문이며 少數의罪때문이안이라몯은罪때문이며 消滅한罪때문이안이라(사람이나天使나犯한罪를消滅시길수가없다) 征服하기어려운罪때문임을바울의이말로써믿어야한다。이信仰을가지고이를가르치고듣고배우고사랑하야「우리罪」라닐카르는信仰을가지지아니하면 우리는救援을받지못한다。

故로誘惑을當할때나또는靈的死滅의危險과恐怖에빠질때 우리良心이過去의罪때문에苦悶하고 또惡魔가罪의洪水로써우리를잠기게하고 罪의山으로써우리를壓倒하고恐怖시기어우리를그리스도로부터떠러지게하야絕望에들어가게하면 이때야말로우리는確信을가지고「하나님아들그리스도는義로운者거룩한者를爲하야주신것이안이라 不義한者罪있는者를爲하야주신것이라」고말하여야한다。우리가만약義롭고罪가없는者이면 그리스도가우리를하나님과和平하게만들必要가없다。아、姦惡하고神聖한사단아。나의속에罪外에아무것도없는대 너는이極惡한속에서나를거륵하게하고義롭게하라느냐。나의속에있는罪는말안의罪가안이오또些少한罪가안이다。하나님이모세에게주신第一石板에쓴誡命에違叛되는罪即不信仰、疑惑、失望、하나님을輕蔑히녀기고미워하고無視하고冒瀆하는罪、聖名에對하야感謝치아니하고濫用하는罪、聖言을等閑視하고卑賤히녀기는罪는勿論 第二石板에쓴誡命에違叛되는肉의罪 即父母에不孝上官에不順 其他貪慾罪가 나의속에가득하다

故로우리는이節의말과또이와같은다른말로우리를武裝하야 사단이「너는罪人임으로詛呪받을것이다」라고말함에對하야「안이다、나는罪人임으로돌이어義롭게되고救援을받는다고對答함이必要하다。이때사단은다시「안이다、너는詛呪받는다」고말할것이다。우리는또여긔에對答할수있다。「안이다。나는나의罪때문에몸을들이신그리스도를依賴한다。故로사단아네가나의罪의큼을보이어 나를무섭게하고나를失望落膽케하야하나님을미워하고輕視하고冒瀆하게하나 너는나를이길수없다。너는나를罪人이라고하야돌어이나에게갑옷과武器를주어내가너의창으로너의목을찔어너를밟게함에不過한다。이、그리스도가罪人을爲하야죽으신까닭이다。너야말로나에게하나님의榮光을가르치는者이며 나와같이苦悶하고詛呪받은罪人을하나님大愛속에들어가게한다。『하나님이世上을이처럼사랑하사獨生子를주셨으니 누구든지저를믿으면 滅亡하지아니하고永生을얻으리라(요한三章十六節)』또사단아 네가나를罪人이라부를쩍마다 나는나의贖罪主그리스도의恩惠를想記하야내罪가내우에있지아니하고그우에있음을생각한다이『主는몸은不義를그우에놓고』『그는내百姓의罪愆으로因하야침을받은(이사야五十三章六節—八節)』까닭이다。故로네가나를罪人이라할때나는죽음도무서워하지아니할뿐더러돌이어無限한慰安을얻는다。』

사단은또다시詭計를가지고우리에게그리스도의全部를完全히보이지아니하랴고한다。다만그리스도의一部分即그가하나님아들이고處女에게서난것만을알게하고 그外는먼일即그리스도가 頑固하고悔改하랴고아니하는◎人을恐怖케하랴고하신말 例를들면『너이들이悔改하지아니하면 다같이滅亡하리라(누가十三章五節)』는것을目前에提示한다。사단은이러한毒을가지고그리스도의참性質을더럽히고 우리로하여금그리스도를참中保者로믿으면서도事實은우리良心을苦悶시기는暴君으로審判者로생각케한다이로써 우리는사단에속아우리祭司長이고救主이신거룩한그리스도를낮어버리고 畢竟우리도사단과한께그의눈을避하게된다。

우리는바울이말한「몸을우리罪를爲하야들이셨나니라」는말속에서 그리스도의眞實固有한性質을熱心으로배워야한다。그리스도가만약우리罪때문에

죽음을當하였다하면 그는발서우리를罪로因하야罰하는暴君、審判者가안이라 또苦悶하는者를滅亡시기는者가안이라 傷한마음을가진者를慰安하신다。이러하지아니하면바울이「몸을우리罪를爲하야들이셨나니라」말한것은틀린것이다。우리는이와갈이그리스도를理解하야正當히理解한것이며 참그리스도를잡은것이다。그리스도의神性에對하야 好奇心에서나오는無用의議論을避하고 곳그리스도의人格에接할때 우리는참으로하나님의마음을알게된다。여긔에우리는아무恐怖도없고 다만歡喜와平安과幸福을가지게된다。우리는마음속에光明을얻어 이로써하나님、自己、萬物에關한틀림없는知識을얻고 또사단의王國과몯은不義에對하야알게된다。우리는새가르침을말하는것이안이라 使徒其他聖徒가우리에게가르친녯가르침을거듭하는것이며確立시기는것이다。우리가하나님께願하야마지아니하는것은 우리가이것을가르침으로 다만말할뿐만이안이라 이信仰이우리마음속에깊이들어가死와苦鬪할때도많은慰安이생기게됨이다。

「이惡한世代에서우리를건지시랴고。」이句로써이書翰의意味가一層明白히된다。바울은過去、現在、未來에亘하는全世界를이世代라하야오는永遠한世界와區別하였다。그가이것을惡한世代라함은 사단이全世界를支配하고 이世上몯은것은그사단의惡意에服從하고있는까닭이다。故로이世上은 사단의王國이어 이世上에는하나님에對한無智、輕蔑、冒瀆、憎惡와聖言聖業에對한不順밖에없다。이러한사단의王國에 우리는살고있고 그사단밑에服從하고있다。

우리가만약그리스도의王國에살지아니하면 반듯이사단의王國에사는것인대 이사단의王國이即이惡한世上이다。故로心身의몯은恩賜即知慧、正義、淸潔、能辯、能力、美、富들은全部사단의奴隸로써그의道具로쓰임에不過한다。우리는이러한몯은恩賜를가지고사단에奉仕하고사단의王國을振興시기고있다。

第一우리智慧는그리스도에關한智慧와知識을昏迷시기어 그惡한敎義로써사람을迷惑하야그리스도의恩惠와知識에이르지못하게한다。우리는自己의義와聖을세워이를賞揚하고 참으로救援받고復活를얻는唯一의길인그리스도의義는이를미워하야詛呪하고惡한것으로한다。우리는우리힘으로그리스도王國을

滅亡시기고　이힘을濫用하야福音을枯死시기며　그리스도의종과弟子를逼迫殺戮한다。우리가그리스도와한께있지아니하면　우리知慧는어리석음에어리석음을더하게되고　罪와不敬우에몇倍의罪와不敬을더하게된다。우리知慧와義가그리스도의知慧와義임을아지못할뿐더러　이것을隱蔽하고妨害하고冒瀆하고逼迫한다。故로바울이이를惡한世代라부름은正當한名稱이며　이世上이가장좋은狀態에있을때가장납분때이다。宗敎的이고聰明博學한사람으로因하야이世上이最善의狀態에있는것같이보이나　事實은이러한사람으로因하야이世上은더욱납버지는것이다。모세의十誡中第二石板에써어있는誡命에違叛되는罪即不孝、不順、姦淫、放蕩、貪慾、窃盜、殺人、　凶惡속에世上이全部빠저있으나　이를第一石板에쓰인誡命에違叛되는罪에比하면輕々한것임으로이는말하지아니한다사람으로하여금　靈的罪를犯하야그義를낫어버리게하는白惡魔는　萬人이認定하는肉의罪를犯하게하는黑惡魔에比하면훨신危險하다。

이와같이바울은惡한世代라는말을써서　이世上王國即사단의王國은不公平、無智、誤謬、罪、死、瀆神、絕望、永久한詛呪의나라임을表示한것이며　이에反하야그리스도의王國은公平、光明、恩惠、赦罪、平安、慰藉、健康、永生의나라인대　우리는우리主예수그스리도로因하야이王國에옴겨왔다。願컨대永遠한榮光이그우에있음을、아ㅣ멘。

「우리아바지하나님의뜻을따러。」우리아바지하나님이라하야　우리아바지인同時에우리하나님임을表示하였다。即그리스도의아바지가우리아바지임은그리스도가　막달라마리아에게「나의兄弟안테가말하라。나는내아바지即너의들의아바지、내하나님即너의들의하나님안테로올아간다고」말한것과같은것이며　그리스도로말미암아하나님은　우리하나님이고또우리아바지이시다。使徒의말特히바울의말은恒常이와같이適切하고　타는것같은熱情에넘치어있다。

第五節　榮光을저에게永遠토록돌릴지어다。

아ㅣ멘。

히브리사람은習慣으로感謝와頌辭를씀이많었는대　使徒들도이習慣에좇아스며特히바울은종종이렇게하였다。主의聖名은깊은崇敬을가지고부를것이며頌辭와感謝가없이　主의聖名을붙어서는아니된다。

城西通信

○目的이過多하고 收穫이稀少하엿든 南鮮旅行의徒勞를悔恨하는때에 如下한葉書가机邊을訪하야 損得과是非는 숫허主께맛길것을다시가르켜주다。『今月聖朝誌를通하야先生님께서 無事歸京하신줄밋습니다、그동안消息을몰라궁금하기도하엿나이다、當地에來臨하셧슬時에는몹시도피롭게하며셔퍽未安합니다、그러나小生이어든바만사오니主의使者된先生으로바들바를바덧나이다、크게깃버하소서、先生님과만난后小生의心靈에는確實한變動이生起엿스며、過去誘惑과束縛은散々이새여젓나이다、其后의나의行動은휠신自由롭사오며 心身이活潑하고勇敢하여짐니다、참新生이로소이다、나의全部를主께一任한以上나의事物의全部가또한主의責任일것이외다、할렐루야』라고。果然醴泉서는「몹시도피로읫습니다」마는 苦盡甘來인가 祝福도 醴泉걸음에서가장 크게밧앗엇는줄밉습니다。

○過去一年間 本誌를購讀하든 全南高興郡小鹿島의 한讀者로부터面無雅交나名則慣聞이오肉分千里나靈合一席으로主恩을同受하다가主內將來榮光을同享할道體鴻恩中來々健康하옵시며貴社日新又日新하옵심遠外伏禱耳敎弟一年間貴誌를奉見中奧妙한眞理말슴에多受恩惠는좁은입으로다감사할수업사와榮光은主耶穌께歸。陳者는形便이不及하야貴誌奉見을停止합니다。此에따러서回想讀之에聖經말슴이今日我에게는矛盾이라하여도過言이안일듯金錢이万惡의根이라云하엿지마는或万善의根이될時도잇다고하겟습니다或形便이돌리면다시貴誌奉見爲計餘多不及。하나님前祈禱하고붓을놋습니다 아ー멘」이라는 인사의葉書가왓다。섬은 적은섬이나 小鹿島라고하면內外에 모르는이가업는 섬이다。첫재로、이孤島에 寂寞한兄弟一人을 一年間 尋訪할수잇섯다함은 本誌의素願이엇고 分에넘치는感謝엿다。둘재로 進退를明白히하는 그의態度에 敬意를表하지안을수업엇다。하나님의祝福을빌어起筆하고、아ー멘으로 씃을마추注文書와、某々敎會內某氏라고印章까지찍은通信에도 때 협잡이 만흔世代에、人間 當然한行動만보아도 大旱에雨滴을 봄과갓다。

○그러나 새로는 이런消息도 업지않다。新生의깃븜은 그리스도發見에서만 맛보는것이다「先生님께서우리醴泉곳우리들을尋訪하여주시든날밤이엇나이다 李俊求兄님과小生及其外엇던靑年兄님을한분다리고가서先生님께紹介한事實이有하지안이함잇가 잘記憶되시나닛가、其兄님이곳崔壽相氏이엇나이다兄은其時에우리들과 족음多情한友人이엇사오나 아직信仰을몰랏고主의부르심을못들엇섯나이다、이제別紙의片紙는其崔兄이日前부터旅行中에서이곳安兄에게돌인것인대小生이슴과 엇지깃버하고感謝한지 正말奇蹟的으로부름을입고徹底한信仰을엇게된것을 우리聖徒에게 안이傳할수업는喜消息中에喜消息이어서 先生께紹介하나이다、아모조록貴誌를通하야(우리聖書誌) 誌友各位께알려주시고地上에서 天國에들어오신崔兄을爲하야 만히祈禱하여주시기를바라나이다、先生님小生은正말이崔兄이主의부름을 입은것을볼때에무어라고 形言할수업는 깃봄과感謝가넘치나이다、부대이崔兄을爲하야祈禱하여주심을再三仰託하옵나이다、忙中不備上

九月二十六日 權奇瀅」

『兄님江口까지왓슴이다別고달픈 모르고온헤가온대 江口旅窓에서 하루지나고 明日은早朝에出發하여 浦項가서午飯을먹고慶州서자고大邱로가겟사오며 本家에서궁금할터이오니 자조말슴하여주세요。

兄님安東까지올동안別로싼생각이업섯난대安來邑을등지고 깨달을밥기始作한즉 별안간고적함과未來를 생각할때에 정신이무한히살란하여젓슴이다 이때에아지도못하게主를부르짓게되엿슴이다 그리하야江口오도록主의생각속에서왓습니다 안이생각할라야 도저히 그립자가써나지를안습니다! 兄님 自己自身이국도로悲哀에써러지면 主께 하소연안할내야안할수업고안채질내야 안차질수업슴이다 피가쓸코信仰力의 힘잇는限까지강대하여집니다 엇지연이럴가요 오늘부터기도를始作하엿습니다

〔次頁에續함〕

〔城西通信의續〕 兄임 이제는 主의사랑과 힘을 알앗습니다。 저는모든것을안심합니다 主의은혜를알고存在를안이상主에서서지도하시는대로 가겟습니다 무슨걱정이잇겟습니까 새싹 새생명의 壽相이가 하나 나올는지도 모르겟습니다。 피가極度로말는데서 비로소 정말참다운 신앙이잇슬줄밋습니다 써난뒤에醴泉의여러분의비평이만흘줄압니다 그러나뫄거의壽相이는 욕먹어야됩니다 무슨욕과비평을하든지아모말말고지내주세요』 이런兄弟하나을發見햇다면二週間의時間과陸路一千五百餘粁에 水路百餘浬를 차자다니는勞力도徒勞는안이엇다。

○十月四日朝에 李龍道牧師의訃音을밧고、놀라다。人生의午正을넘지못하고 써남도可惜하거니와、最近에 女先知問題로 敎界의是非渦中에빠져 다시淸算할機會를 엇지못하고감은 더욱 遺憾이엇다。 李牧師를알기는 自己所屬한 光熙門敎會의禮拜說敎를依托밧은것을機緣으로하야、梧柳洞에서 祈禱의座席을갓히한後로 數次來往이잇섯고、復興會引導로써날때는 종々聖朝誌古本을携帶하야紹介하다가 敎職者들의忌避에觸한일도再三次뿐이안이엇다고 들엇다。女先知問題에關하야 傳하는消息과 評하라는要求도 많앗스나 李牧師를面談하기까지 斷案을保留하고 佳機를待하엿것만、이제인즉 다시 누구와議論하랴、다만 나에게 남은印象은 양파가치順하고 사슴이와가치渴한靈魂이엇든것이다。願컨대 肉을벗은後에 더욱 밝힘을밧고 더욱 그主그리스도의 모양과一致한것으로 化하기를。

本誌舊號代金

創刊號로부터第二十三號까지 아직若干部식殘在함으로 如左히代金을割引함 但 족음식汚損된것도잇고 品切될境遇에는注文에應치못할것을豫告하나이다。

年度本(合本이안임)

1、創刊號—第廿三號 全廿三冊 金貳圓(郵稅共)
2、第廿四號—第三十五號 全拾二冊 金壹圓五拾錢(郵稅共)
3、第三十六號—第四十七號 全拾二冊 金壹圓五拾錢(郵稅共)

本誌定價

一 冊 拾五錢(送料五厘)
六 冊 (半年分) 前金九拾錢(送料共)
十二冊 (一年分) 前金壹圓七拾錢

要前金。直接注文은
振替貯金口座京城一六五九四番
(聖書朝鮮社)로

取次販賣所 京城鍾路二丁目八二 博文書館 振替京城二〇二三番

昭和八年十月三十日 印刷
昭和八年十一月一日 發行

京城府外龍江面孔德里一三〇
編輯發行兼印刷人 金敎臣

京城府三坂通三七〇
印刷所 鎌倉保育園印刷部

京城府外龍江面孔德里活人洞一三〇番地
發行所 聖書朝鮮社
振替口座京城一六五九四番

昭和八年十二月一日發行(每月一回一日發行)

金教臣主筆

聖書朝鮮

第五拾九號

一九三三年十二月一日發行

目次

배울수 있는사람

學而時習之不亦說乎 라는句는 年少한때에 들은까닭인지는 모르나 실상 基督教의 요한복음三章十六節보다도 더욱 외우기쉽고 마음에合致함을 느끼는수가있다。特히基督教界의 靈能이있다는信者、高等程度란것과 正統信條란것을 자랑하는信者를對할때마다 우리는 基督教에서 厭症이생기고 儒教를向하야 無限히憧憬하는마음이닐어남을 깨닫는다。子曰十室之邑必有忠信丘者焉 不如丘之好學者也라하야 안에從心所欲不踰矩하는域에達함이있고 밖에三千弟子의 따름이있을지라도 終生토록 배우고 또배울수있는餘地가남아있었든 孔夫子의 海綿組織같이 부드럽고 伸縮있는그胸襟이 限없이그리워진다。 사람이宗教的信仰을所有하거나 或은 무슨思想의根據될만한信念을 把持함은 可하다。없기보다낫다。마는 이信仰或은信念때문에 그心情이硅岩보다도 딴딴하게硬化하야 다시 가르킴을받을수없이된다면 이는 저에게 다시곧힐수없는 固疾이되고야만다。山猪膽을먹은後에는 다른藥効가 못난다하거니와 信仰的硬化病이걸린後에는百藥이無効다。저는 靑少年中에서 或時發見하는 唯物論者와같이 未熟한만치 그만치 熱々하다。저의眼中에는 長者도없고、學者도없고、오직正한것은 自己뿐이오 貴한것은自己의主張이오 强한것은自己의祈禱인줄確信한다。故로 저가 他人의信仰을秤量할때는 코로써 웃는다。저의눈에는 골리앗이 이스라엘軍隊를向할때와같은(삼上十七章) 必勝을確信하는怪光이 빛난다。저는 朝鮮안에서可히許할만한基督信者를 헤아릴때에 한손가락或은두가락까지 굽힐수없음을嘆하고 앉았다。

이可恐할信仰病의蔓延을보고 우리는 깊이反省할것이다。비록天堂의上座에 오르지못할지라도 아직 배울수있는人間으로 살고저한다。어느部門의學術이든지 어느敎派의主唱에든지 敢히無用을速斷치말고 거기서 배우고얻어서 살과피를만드는者되고저所願이다。우리가講習會를 열어도 知識을자랑하자는것이안이오 서로 배우라는것이다聖朝誌도또한 오늘도배우고來日도배우라는者의 途程의記錄일것뿐이다。博士존슨에게는 無用한時間이없었다한다農夫에게나 鐵工에게나 對하는사람 接하는物件을 다 先生으로 말들수있었다하니、願컨대 우리도 限없이부드럽고 謙虛한마음을가지고 배우고또배울수있는 사람되고저한다。

聖書槪要 【十二】

金 敎 臣

歷代志(上下)大旨

▽歷代志는 代々의現著한事件을記錄하였다는뜻으로써 히브리本文의書名이되여、舊約聖書의卷末에붙어있든것을 七十人譯때에Paraleipomenon 남을일、遺補의뜻으로 改題하야 現在우리가 넑는것과같은順序로編纂하야 列王記다음에 두게된것이라한다

大槪紀元前三百年으로부터二百五十年까지에 레위사람의손으로써 써어진것이리라고 推測하나그以上明確한年代와著者는 알수없으며、그內容은사울의死後로부터 바벨론에捕虜되기까지 畧四百七十年間의 다윋王國의興亡을 記錄한것이다。

記事는 大部分 列王記와重復된것이많으나 이는無意味한重復이안이라 歷代志記者의 史眼을거쳐서『너의게 전 말과같이 또써서 보내는것이내게는 수고로움이없고 너의게는 굳게함이』될때에는(빌립三章一節)重復되게한것이오、「말함은銀이오 沈黙은金」이될때는 沈默한것이었다。律法書中의申命記와 新約書의四福音書도 이와共通한點이있다。

레위 사람의 職務와 유다史에關하야 特히詳細한것이 本書上下卷으로하여금 다른史記와判然다르게하는點이다。솔로몬以後로 다윋의 王國은南北二朝에分裂되여 北朝에 이스라엘、南朝에유다 로對立하였음에不拘하고、이冊은 徹頭徹尾하게 南朝유다에만限하야 詳述하였다。다윋王의過失의記錄을畧하였음은 歷代記者의 한特色이어니와、유다列王의 興亡盛衰의素因을 그信仰態度에서發見하고저한것은 列王記々者나 一般이다。曰『너의가 어찌하야 여호와의 명령을 거역하야 형통치못하게 하느냐。너의가 여호와를 바린고로 여호와ㅣ또한 너의를 바리셨다』(下二四章二十節) 하였다。善이란 무엇인가 믿는일이 곳善이다。惡이란 무엇인가 不信이 곳惡이다。善하고敬虔하야 唯一의神 여호와하나님께 歸順한때는 福받아盛하였고、惡하야 神이안인것을神처럼 崇拜하든때는 禍를받아亡하였다 는것이다윋王國五百年間의實驗이오 또한世界歷史의結論이다

이法則은 심히嚴格하게實行되여 한사람의一生中에도 믿는때와不信의年代에 따러서 確然하게 나타났다。賢王웃시야의一生도 (下二十六章) 이러한 適例이였다。웃시야는 十六歲의少年으로서 王位를 니어스나、純眞한마음과 敬虔한生活로써 간절히 하나님을求하였음으로 저의行하는바 모든 일이 형통하게되였다。저는 年少한者의 弱点이 있는同時에『하나님의 묵시를 아는 스갈랴』의敎導에順從하는 어린이의本能이있었다 故로弱冠에 重任을맡아스나 能히先代의遺訓을 지켜나갈뿐안이라、블레셋사람과 아라비야사람들을擊退하야國威를 埃及地境까지宣揚하며、예루살렘의警備를堅固케하며、國內에 우물을 파서農畜을奬勵하며、軍隊의訓練과 軍器의發明에도 新機軸을發現하야 先代의未聞일뿐더러 當代의隣邦에도 能히遂從할者가없었다。在位五十餘年間에 웃시야로 因하야 유다가 높아졌고、유다의榮譽로因하야 웃시야의 니름이『遠方에 퍼졌다』한다。이렇게强하여진것은『(하나님의) 奇異한 도으심을 얻은까닭이라』하였다。卽웃시야는 하나님의寵兒이였다。

그런데『이미 强하야지매 그마음이 교만하야 禍를自取하야 그하나님 여호와께 범죄하야』癩病에걸려 수욕의죽엄으로 一生의終幕을닫히는悲運을招來하였다。果然하나님은 情實關係가없으시다。사람이 年少하야純眞하거나、무슨貧乏한것을 그속에 느낄때에는 차라리『간절히 하나님을 구하는』法이다。마는 므슨意味로든지 그成功의 絶頂에 達하게되면 우선 그眼界에서 하나님이 없어진다。이는王者나庶民이나 軌를同一히하는人間行路인듯하다。顧回하건대 우리의信仰旅程에도 學業을맟훈때、職에就한때、事業에成功한때、名士로써社會에通用케된때에 少年時代의求道하든마음을 廢履처럼 벗어버리는兄弟가不少하였다。十里를가는者 九里로써半을삼으라는格言은 特히靈界의消息을 가리킴인가한다。

웃시야의越權行爲를對하야『여호와께 분향하는것이 王에게있지아니하고 다만 아론의子孫에게 있다』고 抗議한 제사장아살랴도 異邦人으로써 보면稀罕한人物이라할것이나 유다祭司長으로는普通이라할것이다。웃시야王을癩病으로即死케한是非曲直은次置하고、이처럼苛酷한것이法의性質이였다

歷代(上下)概綱

一、아담으로다윗까지의世系 (上一・一-九・四三)

가、아담으로부터아브라함까지。(一・一-四二)

아담으로부터 노아까지。(一・一-四)

야벳의子孫과 함의子孫。(五-一六)

셈의子孫 (一七-二八)

이스마엘、그두라、에서의子孫 (二九-四二)

【附】 에돔따의王들과族長들 (一・四三-五四)

나、이스라엘로부터다윗의各支派까지 (二・一-四・二三)

이스라엘、유다、이새의子孫 (二・一-一七)

헤스론의子孫 (一八-四二)

갈렙의 다른支派 (四三-五五)

다윗의子孫 (三・一-二四)

유다、아스후르、야베스等의子孫 (四・一-二三)

다、시므온의支派와요단江넘은族屬 (四・二四-五・二六)

시므온의子孫과 그居住地域 (四・二四-四三)

르우벤의子孫과 그居住地域 (五・一-一〇)

갓의子孫과 그居住地域 (一一-一七)

르우벤、갓、므낫세半支派의征服地 (一八-二六)

라、레위族屬과 그居住地域。(六・一-八一)

레위의子孫과 祭司長의世系。(一-一五)

게르손、그핫、므라리 의家系。(一六-四八)

아론職任과 그子孫의居住地域。(四九-八一)

마、잇사갈 벤야민 납달리…等世系。(七・一-八・四〇)

잇사갈과벤야민과납달리의子孫 (七・一-一三)

므낫세、에브라임의子孫과居住地域 (一四-二九)

아셀의子孫 (三〇-四〇)

벤야민子孫과그族長 (八・一-三二)

사울과요나단의家系 (八・三三-四〇)

바、처음예루살렘住居者와사울의家系 (九・一-四三)

이스라엘子孫 (一-九)

祭司長과레위族。(一〇-三四)

사울과요나단의家系。(九・三五-四三)

二、다윗治世의歷史 (上一〇・一-二九・三〇)

가、사울의顚落과다윗의登極 (一〇・一-一四)

나、다윗의內政 (一一・一-一七・二七)

다윗의即位와 그將卒錄。(一一・一-一二・四〇)

法櫃奉安과聖殿建築에關한顚末 (一三・一-一七・二七)

다、다윗의外治 (一八・一-二〇・八)

블레셋 모압 아람等을征服 (一八•一—一七)

다윗이암몬子孫의王하눈의非禮를伐함(一九•一—九)

랍바城攻略과블레셋巨人退治 (二〇•一—八)

라、다윗의末年 (二一•一—二九•三〇)

國勢調査와 그失策에對한報應 (二一•一—三〇)

솔로몬에게讓位。特히聖殿建築寄托(二二•一—二三•一)

各支派의數와居住地域 (二三•二—二七•三四)

訣別의大會。솔로몬의即位。(上二八•一—二九•三〇)

三、솔로몬治世의歷史 (下一•一—九•三一)

가、執政의初期 (下一•一—一七)

기브온燔祭 (一•一—六)

꿈에 지혜를擇하야 祝福받다 (一•七—一二)

솔로몬現有勢力。(一•一三—一七)

나、聖殿建築 (二•一—七•二二)

起工準備[職工數와두로王후람의補助] (二•一—一八)

聖殿의位置와尺數와建築時日 (三•一—一〇)

聖殿의內部諸具 (三•一—五•一)

法櫃安置와솔로몬의祈禱 (五•二—七•二二)

다、솔로몬의榮華 (下八•一—九•三一)

城市의增築과 異邦人의朝貢 (八•一—一〇)

王后의入宮과祭司長、레위族의任職 (八•一一—一六)

海軍의盛勢 (八•一七—一八)

스바女王의感歎、金銀寶物 (九•一—三一)

四、유다歷史 (下一〇•一—三六•二三)

1、르호보암의統治[不信] (一〇•一—一二•一六)

2、아비야와아사의善政 (一三•一—一六•一四)

3、여호사밧의隆盛한外交 (一七•一—二〇•三七)

4、여호람과아하시야의秕政
[아달라의暴惡] (二一•一—二三•二一)

5、祭司長여호야다의革命。
요아스의治蹟。 (二三•一—二一)

6、요아스、아마샤、웃시야의龍頭蛇尾、 (二四•一—二六•二三)

7、요담의善政과아하스의秕政 (二七•一—二八•二七)

8、히스기야의信仰政治 (二九•一—三二•三三)

9、므낫세、아몬의秕政 (三三•一—二五)

10、요시야의中興[힐기야律法冊] (三四•一—三五•二七)

11、여호아하스 여호아김、여호아긴의捕擄 (三六•一—一〇)

12、시드기야의秕政 예루살렘滅亡 (三六•一一—二三)

로마書研究【二十一】

第二十二回、信仰의父아브라함(二)

張道源

第四章九—十七節研究

9 그런즉 이福이오직 割禮받은者에게만 있느
냐? 又는 割禮받지아니한者에게도있느냐 대
개 우리가 말하기를『하나님은 아브라함의
信仰으로써 그義를삼으셨다』하노라
10 그런즉 어느때에 義로定하셨느냐? 割禮後이
냐? 割禮前이냐? 割禮後가안이오 割禮前이다

第二章八節까지에서 아브라함이 義롭다함을언
은것은 그行爲의完全으로因한 道德的義가안이오
그믿음을 義로녀겨주신일인것을말하고 또 다윗
의詩를引用하야『不法한것을 赦함을받고 그罪를
가리워주심을입은者는福있는者요 主께서 그罪를
定치지안이하시는사、은福있는者라』고하였다
그러면 이福을받을者가 누구이냐? 오직割禮있
는유대民族뿐이냐? 割禮없는異邦人들도 이福을받
을수있느냐?하는反問을 닐으켜서 割禮없는異邦
人이라도 信仰만있으면 義롭다함을얻는福을 받
을수있는것을말하야 유다人들이 붓잡혀있는固執
의割禮를 깨트리랴는것이 그大意이다

대개 우리가 아는대로말하면『하나님은 아브
라함의信仰을보시고 그信仰을義로녀겨주신것이다』
그런즉 하나님이 아브라함을 義롭다하여주신일
은 어느때에하신일이냐? 割禮後이냐? 割禮前이냐
萬一割禮前이라면 割禮는 義롭게녀김을 받는일
에何等의必要가없고 다만 信仰뿐인것이안이냐?
그런데 아브라함이 義롭게녀김을 받은일은
割禮前의일이오 割禮後가안이다 그러면 信仰으
로써 義롭게녀김을받는福은 割禮를받은者에게만
限하야있는일이안이오 割禮의有無如何를莫論하고
如何한사람이든지 信仰만있으면 義롭다함을얻을
것이안이냐? 그런즉 사람이 하나님앞에 義롭다
함을 받는일에는 割禮가何等의相關이없고 다만
信仰만이絕對性을 가졌음을말하는것이다
11 그런데 割禮의票를 받은 것은 아직割禮를받
기前에 信仰으로因하야 義롭다함을 받은證
據다. 이는 割禮를받지안이하고 믿는모든者

의祖上이되여 저의에게도(信仰으로)義롭다함을 얻게하라함이다

12 이렇게(아브라함은) 오직 割禮받은者들에對하야 割禮의祖上이될뿐만안이라 無割禮로서 우리祖上아브라함의 信仰의行跡을좇는者들에게對하야도(祖上이된다)〔永井譯〕

아브라함은 割禮를받기前에 발서信仰으로義롭다함을받고 그後에 信仰으로義롭다함을받았다는表로 割禮의印을받은것이다 割禮는『信仰으로由하야 義롭다함을받았다』는印이다 勿論割禮는 여호와께서 아부라함의子孫을 크게祝福하시랴는約束의印이다 그런데 아브라함이 이祝福의約束을 받게된것은 아브라함이 여호와를 믿는信仰때문이다

아브라함은 여호와를믿으니 여호와께서 그信仰을義로녀기셨다(창十五의六) 그後에 그記號로하야割禮를받았다 거긔에는 하나님聖意가있다 이는 割禮없는異邦民族도 信仰으로義롭다함을얻게하야 우리祖上아브라함이 割禮있는 우리유대民族에게만祖上이될뿐안이라 異邦民族에게도 信仰으로祖上이되게하랴는것이다 即全世界信者의祖上이되게하랴는것이다 信仰의眼目으로보면 아브라함은 모든信者의祖上이오 모든信者는 그의子孫이다 이는 아브라함이 信仰으로義롭다함을받는일에始祖가된까닭이다 그런故로 異邦의無割禮人이라도 아브라함을本받아 信仰으로살면 저는義롭다함을받을것이다

『아브라함의 割禮받기前의信仰이라』함은 우리유대教人처럼 割禮나律法에 붓잡히지아니하고 信仰으로만義롭다함을받는 信仰을말하는것이니 即自由로워서 살아있는 生命性있는 信仰을말하는것이다 이렇게아브라함은 血統的으로 記號的割禮있는 유대民族의祖上뿐만되는것이안이라 靈的으로 生命的信仰의祖上이된다는것이다

아브라함은 記號的割禮있는者의祖上이된다는것보다도 生命的信仰을가진者의祖上이된다는것이다 割禮는 生命的信仰있는者에게 印처서表하는 一種의記號다 萬一根本된信仰이없는 때에는記號的인割禮는 無價値한것이라는것이 바울先生의主唱하는바다 勿論 表的記號인割禮가 그本領인信仰

보다는輕視할것임은更言할것도없다 그런즉 아브라함과同樣의信仰을 가진者로서 가령割禮가없다고할지라도 아브라함과同一한意味의 義롭다함을 얻을것이다 故로, 바울先生은 아브라함의 無割禮時의信仰의行跡을좇아 信仰生活을하는者에게는 아브라함에게와같이 그信仰의表로 割禮의印을칠것이라하야 유대敎徒의唯一한자랑인割禮 卽割禮로써 救援에絶對必要하며 滅亡을免하는唯一의道라고主張하는 우대敎徒의頑固를 깨트려버리고 信仰의絶對性을 主唱한것이다

13 대개 아브라함과 그子孫에게 世界를 니을 後嗣가 되리라고 言約하신것은 律法으로된 것이안이오 信仰의義로된것이라

14 萬若 律法으로된者가 後嗣가되면 信仰은헛 것이되고 言約은 廢함이되나니라

여호와는 아브라함에게『내가 이땅을 네子孫에게주리라』(창十二장七)『보이는 땅을 다내가 너와네子孫에게 永遠히주리라』(창十三장十五)等言約을하셨다 (창세기十五의十八)、十七의八、同十九、十七의四、十二의三、二十二의十七、十八)等叅照

바울先生은 이言約이 律法으로 된것이안이오 信仰의義로된것임을斷言하야躕躇하지안이하였었다 하나님이 아브라함에게 이것들을 言約할當時는 아직律法이없엇을때다 하나님은 다만 아브라함의信仰을보시고 義롭다하야 그信仰의義로因하야 여러가지言約을하신것이다 그런故로 이言約들은 律法으로된것이안이오 하나님께서 주신것이오 信仰으로받은것이다

萬一『律法으로된者』卽유대民族만이 後嗣가된다면 信仰은 헛것오 言約은廢함이된다 何故냐하면 律法으로된것이 後嗣의條件이된다면 必要한것은 律法을 完全히實行하는것뿐이다 그러면 律法的行爲가必要한것이오 信仰은必要되지안이한다 信仰이不必要하다면 信仰은헛것이안인이냐? 又는 律法을完全히行하는것이 條件이라면 누가 能히律法을完全히行하야 그言約을成就할者이냐? 사람은 律法의義를 絶對完成하지못한다 그러면 이言約은 廢止되는것이안이냐? 故로 萬一 律法을條件으로한다면 信仰은 헛것이오 言約은 廢함이되는것이다

15 대개 律法은 怒를招來하나니 律法이없은즉
犯罪도없나니라
이는 前節의理由를說明하는것이다 律法은 우
리로하여금 하나님의言約을 成就케하는것이안이
오 하나님의震怒와 刑罰을 깨닫게 하는것이다
律法이 있는以上에는 罪에沈淪된 人間으로서는
到底히 犯法하지아니할수없다 犯法하고는 하나
님의震怒와刑罰을 感하지아니할수없으며 震怒와
刑罰을感하고는 恐怖와不安에 빠지々아니할수없
다 律法은 人間生活의道를 規定한것으로서 人
間의行動이 其法道에違反된것임을 人間에게 알
게하는대에不過하다 故로 律法을 알면알수록
그行爲의悖惡함을 더욱 强하게認識한다 故로律
法은 우리에게 平和와安心을 주는것이안이오
審判의苛重을 깨닫게하야 不安과恐怖를 주는것
이다 即『律法은怒를招來』하는것이다
故로 돌이어 律法이없는것이幸福이오 자랑할
것이다 何故냐하면 律法이없이는 罪의認이없는
까닭이다 罪의認이없는 곧에는不安과恐怖가없다
故로 律法을 자랑하는일은 어리석은일이다 故
로 바울先生님은 너의가律法을 자랑하는일은 罪
가많음을 자랑하는것이라는뜻이다
律法은 사람으로하여금 認識하지못하는罪惡을
認識케하야 그罪惡의結果로하여오는罰을 다른길
에서 避免할方道를 講究케하는것이다 그런故로
罪를認識케하는 律法을 자랑할것이아니라 이罪
에서 審判을免케하는 恩惠의福音을 자랑할것이
라는것이 바울先生이 此에서 말하는本意이다
故로 律法이必要한것이안이오 恩惠의福音이必
要한것이다 그러나 恩惠의福音을 恩惠의福音으
로知하야 그恩惠의福音으로因하야 救援을得함에
는 律法이絶對必要한것이다 그런故로 律法때문
에 恩惠로된 信仰의福音을 받았으니, 律法을
자랑할것이오 律法때문에 律法을자랑할것은 안
이다
16 그런故로 後嗣가되는일은 恩惠로되게하기爲
하야 信仰으로한것이다 이는 그言約을 모
든子孫 即律法으로된者뿐안이오 그의信仰으
로된子孫에게도 군게하랴함이라
17 저는 그믿는 하나님 即죽은者를살리시며

없는것을 있는것같이 부르시는 하나님앞에서 우리 모든 사람의 祖上이된지라 이는 聖經에記錄하되『내가너를 萬國의 祖上으로 세웠다』하심과같다

十五節에서 律法은사람으로 하여금 罪의認識을强하게하야 하나님의震怒를 招來하는것뿐이오 言約의後嗣가 되는일에는 全然히 無能한것이라고하였다 그런즉 言約의後嗣를 恩惠로써 成就케하는수밖에없다 그런故로 行爲의努力으로가안이오 信仰으로成就케한것이다 이는 모든子孫이다 그言約에成就케하랴는뜻이다 萬一 律法의行爲로써 그言約한바를 成就할것이라고하면 이에應할者가一人도없을것이다 그러면 그言約은 헛것이되고만다 그러나 하나님은 그言約을成就시기실뜻이있고 유대人들은 그言約이 곡成就될줄로確實히믿고있다 그러나 그言約을成就할可能性은 全然없다 그런故로 後嗣가되는일은 恩惠로되게하기爲하야 信仰으로한것이다

『律法으로된者라』함은 유대人을指함이오『信仰으로된者라』함은 律法이없는異邦人으로서 아브라함과同一한信仰의靈的子孫을 指稱함이다 그러나『律法으로된子孫이라』하야 유대全民族을指함이안이오 유대人中基督信者만을意味하는것이다 眞實로 世界의後嗣에對한言約은 決斷코 律法에屬한一民族에 局限한것이안이오 律法을超越하야 全世界의信者를指한것이다 如此히 그言約을成就케함에는 勿論律法으로할것이안이오 信仰으로할것이다

十七節에서『죽은者를 살리시며 없는것을 있는것같이 부르시는 하나님이라』함은 即하나님의全能하신 權能을表하는말이다 그러나 이境遇에는 바울先生이 아브라함의史事를 생각하면서한말인지도알수없다 即사라의受胎와 이삭의救援들을 聯想하고말하엿는지도 모르겠다

하나님앞에서 모든사람의祖上이되였다는것이다 사람앞에가안이오 全能하신 하나님앞에서 모든사람의祖上이 되였다는것이다 그런故로 사람은 或 저의萬民의祖上이 되였다는것을 不當히녀길넌지 모르나 하나님은 아브라함을 모든 信者의祖上으로하셨다는것이다『萬國의祖上으로세웠다』함은 創世記十七章四、五節의引用이다

能力과사랑

柳錫東

히브리書十一章後半을넑으면 信仰의勇士들이超人的能力을나타난活畵를보난것같어서 우리의心底를움지김이甚하며 弱하여가고꺼저가랴든우리의信仰의쾌가다시금强하여지고불이러남을느낀다。또初代敎會를建設한베드로의奇蹟과能力바울의英雄的活動을보면 우리의마음이하나님을믿으랴는데集中되고말고 그들과같은能力을가지고現世를살고가자는所願이限없이소사나온다。다시예수그리스도의一生을살피여보면 그가病者를마음대로完治하고海上을地上같이거러다니고風浪을가려안치고하는神人의擧動에마음을뺏기지않을수없으며 그를믿어서그와같은能力을가지랴는切々한생각이난다。우리는믿음으로써强하여지고싶고 이하나님에抵抗하고있는現世를征服하는能力을갖고싶다。더구나우리가사랑하는社會에不義가橫行하고虛僞가跋扈함을볼때 우리는하나님이칼을나리여그들을滅亡시김을祈禱하고또한우리에게金力이나權力이나兵力이나를주세서이社會에서그들과反對로하나님께榮光을돌려보내는事業을하欲자는望이가슴을치민다。마호멜이한짝손에가진그칼을우리도갖고싶으며 크롬웰이統率한百戰百勝하는그軍隊를우리도갖고싶다。不義와싸우는能力을要求하는것은우리信者에게本能으로닐어난다古代의信仰의勇士들이 가졌든그能力을 現代에믿음으로서살아가는우리도갖기를願한다。믿음은即能力같은생각이난다。晝夜로우리입에서나오는祈禱는이能力을 求하는것이다。信仰을얻어서現社會에第一步를드딜때 거긔에대번우리마음을지내가는것은能力의必要이다。

그러나 이能力이基督敎의本体이고本質이고信仰의特質인지 우리는猛省할必要가있다。基督敎의中心이고全部인예수그리스도의生涯를생각하여보면一見그의奇蹟的能力이우리肉眼을가리어그以上을볼수없이되나 다시조용히예수의言行을洞察하면이奇蹟的能力은萬不得할때하는수없이나타냈고 그의正体는이것과는正反對되는處地이었다。即그는恒常能力을否定하고 相對者에게自己自身을全部주어버리는것이었다。第一그가하나님의아들인能力의圈內에서弱한人間이된것이 能力을自進하야버리신것이고地上에서도맛당히가질수있고또나타낼수力能는있을

全部拋棄하고다만弱者病者에게自己를提供하고弟子의발을씨쳤으며 最後에暗黑의權勢가그絕頂에達하야그들十字架에걸때그는信仰의勇士와같이그들을滅亡시키는天使軍或은超人的能力의來援을빌지아니하고다만果然悲慘하게無能하기도짝이없이그냥그暗黑의손에삼키어지고 한갓그들을容恕하라는祈禱를하였다。이果然能力과는反對되는無能의標本이다。예수의一生의本質은能力이안이라 無能하게되는것即同胞에게목숨을받히는사랑이였다。이사야五十三章에있는것이틀림없는그의生涯의事實이였다。「저가군박을받었으나스스로겸비하야입을열지아니하였도다。사람에게끄을림이어 양이죽을따에나아가는것같고 입을열지아니함이어 어린양이털깍는자앞에서소리없는것같도다。」 能力에對하야마음이쏠리든우리는 이예수의生涯에接하야부끄러움을禁치못하며 면世界의光明이눈을지내감을느낀다。基督敎는能力이안이라사랑이다。無能을要素로하는사랑이다自身이滅亡하는處地에서서도 죽음도救援을받으랴고하지아니하고 滅亡시기는그사람을爲하야사랑의祈禱를하는常識으로判斷할수없는것이다。正義이니까갈을들고라도防禦하여야하고 眞理에틀이고하나님을拒逆하는것임으로죽여도맛당하다는 人間的義憤의程度가안이라 그不義의손에그대로잡힘을받는徹底한사랑이다。죽이려오는者에게사랑의잔치를베프는것이다。基督敎는이러한宗敎이고 예수그리스도는이것을우리에게몸소啓示하였다。예수가過去에나온몯은予言者와달르고 하나님의외아들의榮光을가짐은한갓이사랑따문이다。예수敎가他宗敎와다른것도예수의이사랑에基本되는까닭이다。基督敎의本質은이사랑이고예수그리스도는하나님의本体인이사랑、愛의使徒요한이「하나님은사랑이라」는것을人類에게처음으로表明하였다。

基督敎가만약사랑以外에宗敎即能力—金力、智力、武力、勢力、靈力의宗敎이라면 새로히생길必要가없는것이다。古今에나타난여러宗敎는몯아이能力을나타내였고 우리가그敎祖또는그信者의傳記를닑으면피가뛰을느끼는바이다。또希臘의賢哲、羅馬의軍人、支那의聖者들은이러한能力을非凡하게表示하였고 基督敎의信仰의勇士들이나타내인奇蹟을그들도行하였다。基督敎의必要가特別히없는것이다。다음에예수그리스도가사랑以外것을우리에게가르치였다면 그가하나님의외아들로올必要가없다。그가

能力과사랑

야니와도우리는舊約에啓示된하나님의무서운能力을알수있어 그하나님을믿어舊約時代와같은能力을가진사람이될수있다。또하나님은그의외아들이안이라도 그의勢力을가지고그의智力을가지고그의律法을가지고 宇宙와人類를다스릴수있다。完全한神本主義의統治를할수있다。能力을標準으로할때 사람便으로보나하나님便으로보나예수그리스도가特別히올必要가없다。그러나하나님의本質인사랑을啓示하랴할때 그는自己自身보다더사랑하는외아들을보내야만하였고 여긔에人類의새運命이展開되여基督敎라는人類의全經驗을끊는새宗敎가생기게된것이다。우리는이로말미암아사랑이무엇임을알게된것이고 永遠한生命이무엇임을알게된것이다。사랑이라는新種이우리마음속에잘아게된것이다。요한第一書第四章九節十節十一節에「하나님의사랑이우리에게이렇게나타났으니 곳하나님이독생자를이세상에보사내우리로하여금저로말미암아살게하셨나니라。사랑은여긔있으니 우리가하나님을사랑한것이안이오 하나님이우리를사랑하야 그아들을보내사우리죄를위하야화독제가되게하심이니라 사랑하는자들아하나님이이같이우리를사랑하셨으니우리가서로사랑하는것이맛당하도다ㄴ라는한울나라의基礎가선것이다

예수그리스도의來臨으로하여금能力은사러지고사랑ㅣ벗을爲하야生命을버리는것이人類의根本的生命이되였다。不義를能力으로써征服하야勝利하는것이안이라 不義의犧牲이되여失敗하여서勝利하는사랑의本質이 人類의가장高貴하고거룩한것이되였다永遠한生命이라는것은即이사랑을갖는것이다。 이사랑을가지고人生의걸음을걷는것이다。바울이고린도前書第十三章一、二、三節에서能力을痛快하게부셔버리고오직사랑을讚美한것은 이러한사랑을그自身이가짐으로서다。우리는사랑을가져야한다。우리가信仰이라하고여긔에基督敎의中心을두나 이信仰이만약能力에그치면이는信仰이안이라惡魔라도할수있는짓이니 所用없는것이고 사랑으로나타나는信仰이있어야한다。사랑으로나오지아니하고사랑의눈이열리지아니하는信仰은枯渴한化石이안이면 自己自身의主義의宣傳이다。新敎歷史에多大한貢獻을한갈빈이고그의信仰이루ㅣ터ㅣ에지잔는것이었지마는그가自己自身의信仰과틀린다고셀베ㄷ스를樊殺한것은아무리善意로解釋하여도 그를辯護할理由가아니생긴다。사랑이없는信仰은信仰이안이고 그것이아

무리이世上에서活動을하야 天國運動을닐으키어도 헛된것이고바벨塔을 쌓는것이다。한울에게신분이 의례히 咀呪하실것이다。그러나信仰이라는니름에 칼빈의亞流가여겨저겨무덕이로쌔여있음은痛嘆스러운事實이다。一에도信仰二에도信仰하야하나님께큰榮光을돌려보내는것같이하고 하나님께無限한能力의要求만하야多幸히自己處地에서金力이나知力이나權力이나自己에게족음있으면 이것을가지고信仰事業이니傳道이니떠들고 自己가지금서고있는社會와周圍에對하야는何等의사랑의눈을보내지아니한다。그러하야하나님의말슴을證據하였다고 또그러한恩惠를저에게주었다고하나님께內容없는感謝의祈禱를한다。果然우수운일이다。우리는무엇보다먼저예수그리스도가우리에게주신사랑이라는天國의새싹을가지고 이것으로써몯은일을하여야한다。하나님事業또傳道를한다하드래도自己自身의確信、自己自身의祈禱로만은不足하며 이以上의對象에對한뜨거운사랑이있어야한다。그를爲하야는녹숨을받기는覺悟가있어야하고 그가살고있는그本体를누딜이보는사랑의眼光이있어야한다。信仰의熱、信仰의能力으로自身을높이는信者는 秋風에굴러다니는落葉같이많으나兄弟의앓븜兄弟의절인곧을보는예수그리스도의사랑의生命을가진信者는曉天의별과같이드무니 人類의悲運은比할곧이없다。예수그리스도가오서서새로열은天國의문속에는몯아슬슬避하야들어가지아니하고다만重要치아니한能力만가지고애를쓰고있으니果然탈이로라。탈이로라。

基督敎가能力의宗敎가안이라사랑의宗敎能力否定의宗敎이며 信仰이能力으로나타나는것이안이고사랑으로나타나는것은 以上생각하여온것과같은대이는우리每日生活에서도實際로느끼는것이고基督敎의歷史에도잘보는바이다。다른宗敎이면能力이豊富히提供되면가장그光輝를放射하는대基督敎만은그렁지아니하니異常하다。衣食이足하야禮節을알고 安定되여야思想이깊어간다고하는대 基督敎는이러한때淺薄하여진다。物質의能力이없는가난한者果然福이있다。靈力이라면神聖한것이고惡魔와싸울때가장좋은하나님의恩賜인대 이것이充分히우리에게녜렬때우리가가장地獄門가까히서있음은서로잘아는바이다。信者 驕慢바리새敎人의僞善은이靈力에서나오는것이다。 다시國家全体를들때基督敎가로마의正敎가되있을때 또歐米의國敎가되였을때그것은生來의

光彩를이러버림이甚하였다。逼迫時代에發揮한그正体는盛旺時代에는겨우社會改革의一手段으로밖에아니되였다。能力파基督敎는正反對의立場에서있는것같다。自己自身의生命을버리는사랑을그根底로한宗敎임으로 外部的形便이여긔에抵叛될때그것이衰弱하여짐은當然한일이다。信者의十字架는生命의本質的要素인同時에그生命을發展시기는하나님이特別히주신恩寵의拍車이다。社會의不公平이라하야社會正義를세우기에努力하는鬪士들은 눈앞에보이는尺度로헤아리면人類의恩人같이보이나 한번永遠의生命인예수그리스도로보면 不義의손에죽으면서그들을爲하야祈禱하는사랑으로보면 도모지問題가아니되고 兒戯에不過함을느낀다。우리는이社會에서根本愛를祈願함으로살고 自己의배만부르게하는그不義의손에날게犧牲이되여 한울나라의生命을展開시겨야한다。永遠의나라와一時의나라와混同하여서는아니된다。한울나라의百姓임을닞어서는아니되고유다와같이예수그리스도에背叛하여서는아니된다。예수와같이사랑하여야한다。社會制度에對하야憤慨하지말고 現在當하고있는苦痛을避하랴고하지말고 그속에서좋은環境에있는兄弟를爲하야身心을받힐祈禱를하여야한다。

基督敎는사랑이全部임으로 信者가이것을가질수없는때가없다。能力이라면사람에따러或은때에따러가질수도있고못가질수도있으나 사랑은어느사람이나어느때나가질수있다。예수가十字架上에서나타낸그사랑임으로 우리는아무能力도없는때에도이사랑은할수있다。病席에서누어있을때에도 사랑할수있고 죽는때에도사랑할수있다。自己에아무것도없어無속에있을때에도 멀리或은가까히있은兄弟를爲하야祈禱는할수있다。이러이러한處地에있음으로사랑할수없다는것은 到底히있을수없는일이다。사랑은萬人의財産이다。이것을兄弟에게無限히提供하여야한다。사랑의눈으로볼때遠近에나를要求하는兄弟가많이있다。나의가진一錢을받혀야할兄弟가있고 나의손을빌어야할兄弟가있고 나의우슴을그귀에들려주어야할兄弟가있고 나의말을들려주어야할兄弟가있고 한잔冷水를떠주어야할兄弟가있고 나의祈禱를渴望하는兄弟가있다。하나님의恩寵으로눈에서비눌이떠러진後에는 이사랑의要求에到底히그저있을수없다。예수의三十餘年間의生活은이사랑의要求에쉴새없이끌려다니는것이엇다。우리는하나님께祈禱

하야사랑할수있게만들어달라야한다。 이能力저能力이안이고 다만사랑할수있는者로만들어라달야한다 聖靈의降臨하는가장좋은結果는 敵을또兄弟를사랑할수있게되는것이다。 兄弟의缺乏한곧을透徹히보는눈을갖게되는것이다。 여긔에이르지못하야하나님말슴의證據이니 하나님을爲한일이니하는것은 時間과精力의損失이다。 하나님의말슴이안이라自己마음이그려내는하나님의말슴을空中에다飛散시기는것에不過한것이다。 예수그리스도가우리를사랑하신그사랑을가지고 우리周圍에있는兄弟에게對하고또언제든지사랑하랴는準備가마음에있어야한다。 사랑의生命에넘치는우리마음이되여야한다。 그러나不信社會는勿論信者社會를보면거긔에는사랑하랴는마음은없고 다만사랑을받으랴는乞人群들만이있다。 왜좀더아니주나 왜좀더同情하여주지아니하나 하는不滿에있을뿐이고 自己의사랑이不足함을깨닫는사람은없다。 더구나不公平한對接을받으면서그속에서그對接을하는사람에게純眞한사랑을받히는사람은絕無하다。 니름좋은正義이니公平이니하는自己마음속에서製造한異常한것을가지고義人인듯이攻擊을한다。 사랑은永遠히人類사이에서떠난것같다。 來世의審判생각하을지아니하여도 現狀이대로가人類의定罪를하는것이다。 예수그리스도의사랑을받고받어서 畢竟은그를죽여버리는人類의마음이다。

能力을絕對로否定하고不義의손에아무不平없이죽임을받고 最後까지自己自身을犧牲시기는徹底한사랑을하면 社會는어찌되느냐고건방진理性이소리를치나 事實은한사람이라도이사랑을가지게될때社會가참으로바로선다。 義人의피가人類에게가장힘을주는것은歷史를正眼으로써보는사람에게는明白한事實로알리게된다。 예수그리스도가가장無能한最後를보내엇지마는 有史以來로그와같이많은사람을自己의奴隸로만든사람은없다。 「갈릴리사람이어 그대는나를이겼나니라」 하는것은人類中가장能力있는사람의하나인奈巴倫의眞實한부르짖음이다。 이、사랑이能力을征服한것이고 예수그리스도의十字架上의사랑은過去現在未來할것없이 人類의몯은能力을부셔서自己에게服從하게하야 한울나라의確固한礎石을놓은것이다。 하나님이自己의아들를通하야役事하시는그經綸은 果然사람의눈이보지못하고귀가듣지못하고마음이생각하지못한奧妙한秘義이다。 사랑의길이깊음이어！

禮拜냐說敎냐?

張道源

信者의信仰心을養成함에는 禮拜이냐? 說敎이냐하는것이 지금내가말하랴는問題의本意다 今日朝鮮敎會의信者와같이 信仰心이解怠하여짐은 참說敎가없음이냐? 참禮拜가없음이냐? 勿論참說敎가없음이다 하나님의말슴을말하는 참說敎家가없음임은無違의事實이다 그러나 나의생각에는 宗敎의本質은禮拜에있고 說敎는附屬物이라고한다 說敎는宗敎上知識을 주는것이오 禮拜는 自己의信仰의對像의尊前에 自己를 내어놓고 審判을받는일이다 即거룩하신 하나님尊前에 떨고서서 敬虔한마음으로 그의 거룩하심을讚頌하며 그의 無限하신사랑과 넘치는福音의恩惠를感謝하며 그의全能하신權威에順從하며 그의게 나의全部를맡기고 喜悅과平安과希望의安息에 들어가는것이다

하나님의本体 그리스도의救援 聖神의活動 바울의信仰 요한의思想等眞理를說하야 宗敎上知識을 주는일이甚히重要한일이다 그러나 信仰을자라게하는일은 宗敎的知識을 가지는대에있지안이하고 直接하나님尊前에 나아가서 그를禮拜하는일에있다 即하나님과直接交通하는宗敎的산体驗에있다 우리는 說敎家의熱情있는說敎를들어信仰의도음이있었고 밝히움이많았으며 指導받음이많았었다 그러나 우리는 하나님의尊前에 떨고서서 그의審判을받아 때로는 괴로워하며 哀痛하며傷한靈魂이절고있을때에 하나님의거룩하신尊前으로브터 그윽한音聲이나타나 네모든罪를赦하였다 치시며 이藥으로써 네傷한대를싸매여 柔하게하라하시는音聲을들을때에 우리의靈魂이 깨여일어나며 感謝와讚頌으로 平安한世界에安息하는일은足히說敎에比할수없는일이다 故로 나는 宗敎의本質이說敎에있지아니하고 禮拜에있다고한다 우리의靈魂이 說敎를들어서자라는것보다는 直接하나님의尊前에나아가서 禮拜하며祈禱함으로 자라는것이本質的이라고생각한다 故로 禮拜를本質로하지아이한宗敎는 宗敎가안이오 哲學이라고한다

그런데 今日우리敎會에있어서는 그會集이禮拜中心이안이오 說敎中心主義이다 몯은信者들이敎會에나아오는것이 自己의信仰의對像에게 禮拜

하려 나오는것이안이오 說敎를듣기爲하야 나아오는것이다 故로 그集會는 信仰의對像者를中心으로하고모인 禮拜集會가안이오 說敎者를中心으로하고모인 宗敎講演會 聖書講義會다 然則 主日禮拜集會는 하나님中心이안이오 사람中心이다

如此히하야 敎會도 說敎를中心으로하고集會하며 來會者도 說敎를中心으로하고來會한다 故로 基督敎禮拜는 一種의演說會요 宗敎的禮拜會는안이다 다만 說敎를들려주는것뿐이오 禮拜와祈禱로써 하나님과交通하는禮拜堂이되지는못하는것이다故로 一般信者의信仰은 說敎에서얻은理知的의것이오 禮拜에서 体驗된宗敎的의것이되지는못하는것이다 그런故로 敎會에서 오래묵은老信者 敎理에반들반들닳은信者 神學과聖書知識에通한信者等은 說敎를 들을必要가없어지며 禮拜堂에 나아갈必要가없어지는것은當然한일이다 萬一集會에나아간다면 그는說敎를評論하거나 又는好奇心으로가는것뿐이다 그런故로 今日의敎會에있어서 信者들에게 說敎를評論하는知識은豊富하다 그러나 祈禱에있어서는 아모能力을가지지못하엿다 敎理로써 理論하는데에는 훌륭한信者이나 祈禱로써 하나님나라를呼吸하는일에있어서는異邦사람이다 今日의信者처럼 祈禱의能力을失한信者는없다 어떤敎會에가서든지 그祈禱의소리를 들어보면 그 靈은天國大門밖에서徘徊하며 或은 靈에는아모接觸이없고 다만입술에서흐르는 죽은呪文의反覆뿐이다 又는 그日常生活을보면 無神的狀態에있다 그行爲에서는 道德的價値를찾아볼수가없다 거룩하신 하나님尊前에나아가서 自己의行爲의審判을받고 모든罪에서 赦宥함을받는것이안이라 自己가 하나님의자리에앉아서 自己의行爲를 自己가스스로容赦하고있는 無神者的狀態에있다 그러하야所謂信者가 하나님께로서 赦宥함을받는經驗이없다 그런故로 하나님께로서의赦宥함을받는다고하면 이는 一種의宗敎心理的心理狀態인줄로안다 今日의所謂信者들이 如此한狀態에墮落된것은 우리의宗敎生活에있어서 하나님尊前에 떨고섯는 敬虔한禮拜가없는까닭이다 그런故로 說敎中心主義에서 禮拜中心으로옴겨야한다

今日의敎會가 說敎中心으로會集하지말고 禮拜

禮拜냐說敎냐

中心으로하야 來會하는信者大衆은 說敎를듣기爲하야오는것이안이라 하나님을 禮拜하라오는것으로하는것이可할줄로안다 即禮拜堂에 모이면 그모임은 언제든지禮拜와祈禱를中心으로하고 모이어서 하나님과의交通에있으라는것이다 牧師도信者와같이祈禱하는일을中心으로하고 모이라는것이다 그러나 내가말하는것은 說敎로써 基督敎眞理를 가르치며 聖經을講解하는일을 癈하거나等閑히하라는말이안이라 이것만으로中心하지말고 禮拜를中心으로하라는것이다 가령今日敎會에서보면 一般信者들이 讃美나祈禱하는일을等閑視하고 說敎하는일을重要視한다 極甚한대에至하야는 讃美나祈禱에서는厭症을가진다 그런故로 讃美나祈禱에서는 直接 하나님을사괴이지못하고 說敎에서 깨달음파밝히움을얻어 恩惠를받는다 그러나 實은讃美와祈禱에서 하나님을 맞나야한다는것이다 即說敎에趣味를붙이는것보다는 讃美와祈禱에趣味를붙이는것이 더根本的이라는것이다

그러나 이제禮拜中心에對하야 크게注意하여야할것이있다 萬一우리가 禮拜中心에서 크게注意하지안이하면 說敎中心에서 받든害보다 더큰害를받을수있다 禮拜란것은 勿論하나님께對한信賴感謝讃揚頌榮祈禱奉仕等이다 이것들은 다情的일이다 故로 宗敎的感情에 흘러서 사람의敬虔으로禮拜의中心을삼으며 自己의主感에醉하야 獨斷으로無知를行하며 自己의觀主的神秘에 빠저迷信을行하기쉽다 그런故로 恒常批判的態度로써 禮拜中心에處할것이다 宗敎에있어서 神秘的禮拜가없어도不可한것이오 理知的批判이없어도 그릇된것이다 或은 批判의解剖刀로써 解剖分析하야 生命은끊고 살은갈라내고 白骨만 댕그렇게 남겨노와 아모대에도 쓰지못할것을만드러놓고 或은 宗敎的感情으로써 神秘에醉하야 預言을하느니 하나님을보앗느니 예수를맞낫느니 奇事異蹟을行하느니 入山祈禱하느니 百日祈禱中에 무슨소리를들었느니 무슨꿈을꾸었느니等々神通하고도怪異한 精神病者를 닐으켜놓는다。故로 우리는禮拜中心에서 크게注意함이있고저한다 勿論나의말하는 禮拜란것은 宗敎的神秘를云함이안이다

갈라듸아書研究【四】

本論

柳錫東

一、루-터-註釋 (三)

第一章

第六節 그리스도의恩惠로너의를부르신이를 이같이速히떠나背叛하고 다른福音좇는것을 내가異常히녀기노니。

「내가異常히녀기노니」。僞使徒에誘惑되여墮落한 갈라듸아사람에게하는말이다。바울은처음에는激烈한말을내지아니하고 어버이의사랑을가지고그들의墮落을忍耐하고容恕하고있다。

「이같이速히」바울은여긔에信仰의墮落이얼마나速하고容易함을嘆息하고있다。이것은그가고린도前書十章十二節에서信者를訓誡하야「그런즉스스로섯다하는者는너머질가操心하라」는말과同一한뜻이다。우리는每日經驗으로健全하고確實한信仰을持續함이얼마나困難함을잘안다。

「좇는것」。바울은말한다「오나는어버이의사랑을가지고너의들을사랑하였다。너의들이속음은너의들의過誤가안이고僞使徒따문이지마는 나는너의들이족음어 이 바른敎義에熟達하였더면 하고바라지아니할수없다」

「그리스도의恩惠로너의를부르신이를떠나」바울이말하랴는것은「아-너의들이너의들을부르신그리스도를떠러짐은참으로輕率한일이다그리스도는모세와같이너의들을불러律法、罪、忿、詛呪밑에있게하랴는것이안이라 全혀恩惠를가지고부른것이라」는뜻이다。우리도바울과같이嘆息하지아니할수없다。사람들은盲目하고邪惡하야恩惠와救援의福音을받어들이지아니하고 이를받어들이더라도速히墮落하야여긔에서떠러진다。이、恩惠의福音은赦罪、참義、良心의平和、永生等을주고 各種의가르침과人生의職業에對하야光明과健全한判斷을주며 政治的家庭的其他하나님이作定하신人生의各方面에對하야適當하게이를支配하고處理케하고 또各種의틀린敎義와사람을迷惑하는宗敎를根絶하며 罪와死의恐怖를없애나니即사단의巧妙한活動을暴露하야그리스도에依한하나님의사랑을發顯한다。이러한永遠한慰安을주고恩惠와救援과永生을주는깃분福音을 世上이가장미워하고地獄의忿怒로써逼迫함은實로無意味하다。

「다른福音」 여기에우리는사단의詭計를배울수있다。어떤異端이든지自身이틀리고惡魔안에서옴을公言하는法은없고 사단自身이特히上述한白惡魔는惡魔같은얼골를가지고오는어리석은짓을아니하며黑惡魔亦그가犯하는罪를덮으랴고衣服을만들어입는다

이러하야이惡魔의靈은詛呪받을가르침을讚美하야하나님의말슴이라하고 하나님의聖名을盜用하야많은사람을欺瞞한다。惡魔는그外貌가醜하고검운것이안이라 아름답고허고光彩가나며 最後까지이아름다움을保全하고 그言行을眞理의빛으로써빛우이고하나님의聖名으로써덮는다。獨逸俚諺에「몯은惡은하나님聖名에서생긴다」는것이있는것도이때문이다。

故로우리가注意하여야할것은 사단이迫害와破壞로써眞理를害하지못하는때는 改良과建設의假面을쓰고이를한다는것이다。지금亦사단는權力과槍劒을가지고우리를逼迫하며 우리가一日滅亡하게되면福音을驅逐하야 이를破壞하랴하고있다。그러나지금까지사단은아무일을하지못하였다。사단은우리의가르침을神聖한한울의眞理로써믿어온사람들을많이殺戮하였으나 그피로敎會는破壞되지아니하고돌이어길늠을받어왔다。이러한逼迫으로사단은우리를니기지 함으로 사단은다시惡의靈과 僞敎師를써서처음에는우리敎義를認定하야우리와한께사람을가르치다가後에가서는우리가가르치는것은基督敎의初步에不過한다하야이것을버리고 聖書의秘義는돌이어하나님부터直接그들에게啓示되며 그들은이것을世上에傳하기爲하야하나님의召命을받었다고主唱하고福音의發展을妨害한다。사단은左右에서福音을破壞하랴고하는대 左便即迫害와破壞보다도右方即改良과建設로써福音을激烈히破壞하고있다。故로우리는恒常祈禱하고聖書를읽어 그리스도와그聖言에依持하야左右로우리를襲擊하는사단의 詭計를니겨야한다。「우리가싸우는것은 血肉을對敵하는것이안이오政事와權勢와어두운대서世上을主管하는者와空中에있는惡한神을對敵함이라。(에베소六章十二節)」

第七節 그것은福音이안이라 다만어떤사람들이너의를擾亂케하야그리스도의福音을變하랴함이라。

「그것은福音이안이라 다만어떤사람들이너의를

擾乱케하야」 이節로서보면僞使徒들은 바울을不完全하고弱한틀린敎師라부르고 바울亦그들을敎會를擾乱케하는者、그리스도의福音을破壞하는者라고불러바울과僞使徒들은 서로僞使徒라고부르고있다。이와같은爭鬪와詛呪는 恒常敎會內에存在하는것이며더구나福音이盛旺할때는甚하다。即惡한敎師는바른者를逼迫하고詛呪하고壓迫하며 바른敎師는또한惡한者를非難하고詛呪한다。

여기에注意할것은 敎師로서行爲와律法을重히녀기는者는몬아敎會를擾乱시기는者이고良心의平安을깨트리는者라는것이다。이意味에있어서法王、大僧正、僧正、僧侶와같은사단의集團特히이러한神聖한僧院의開祖들은몬아良心의攪乱者이며(누가이를믿었으며또한믿으랴) 그中몇은하나님의奇蹟으로救援을받게될는지모르나大体로는그들은이僞使徒보다더낫본者라고볼수밖에없다。이僞使徒가가르치는것은救援을받으랴면 그리스도를믿고또하나님의律法을지켜야한다고하나 羅馬敎徒들은그리스도를믿는信仰을除去하야 하나님이命치도아니한人間的傳說과行爲를重要視하는까닭이다。

「그리스도의福音을變하랴함이라」僞使徒들은너의들을紊乱하게할뿐이라 그리스도를滅亡시기고破壞하랴고하는것이며 이、사단이가장힘쓰는바이다。사단은福音을紊乱시기어많은사람을欺瞞함으로써滿足하지아니하고 다시福音을破壞하랴고마지아니한다。이러한福音의紊乱者들의末路는惡魔의使徒라는名稱을받음에不過하지마는 그들은돌이어그리스도의聖名으로써다른사람보다낫다하고 가장誠實한福音의傳道者라고자랑한다。그러나그들은福音과律法을混合함으로結局福音의攪乱者이다。그리스도와律法은兩立할수없다。그리스도가게시면 律法이죽어야하고 律法이있으면그리스도가죽어야하는두길밖에없는것이며 그리스도와律法이一致하야우리良心을支配할수는到底히없는것이다。

律法과福音을混合하며 信仰과行爲를混合하는것은些少한일같이생각되나 이는우리理性이到底히想像할수없는큰害를주는것이다。이로써恩惠를아는마음이더럽혀지고캄캄하여지며 그리스도와그恩惠를낮어福音이全然히破壞되여버림은 바울이여기에言明한것과같다。이렇게되는것은 우리肉때문인대

肉은罪속에들어가그속에서脫出할方法을아지못하고 다만行爲로써脫出하랴하며 따러律法의義와自己行爲에依賴하게되는것이다。故로肉은信仰과恩惠의가르침을全然히모르고 따러良心의平安을絕對로얻지못한다。

「그리스도의福音을變하랴함이라」는말로서생각하면 이敎敵은無恥勇敢하게全力을다하야바울에게反抗하였음을알수있다。故로바울도自己使命의眞正함을確信하고 그熱情을傾注하야그들에게對抗하고 그의使命을高調하야 다음과같이말하였다。

第八節 或우리나 或한울로부터온使者라도 우리가너의에게傳한福音外에다른福音을傳하면詛呪를받을지어다。

여긔에바울은熱情의火焰이極度에達하야天使까지도詛呪하랴고하였다。이節에서바울이말하랴는것은「우리即나는勿論나와한께純福音을傳하는듸모데나또데도나그뿐안이라天使라도(福音을紊乱시기는者는勿論이어니와)우리가傳한것과違叛되는福音을傳한다면 이로因하아福音이破壞되는것보다 나나、나의兄弟나天使나다같이詛呪됨을바라지아니할수없다」는것이다。그가自己와自己兄弟를詛呪할뿐안이라天使까지도敢히詛呪함을보면 그의熱心이얼마나强함을알수있다。

바울은自己가傳한福音外에는福音이없음을斷言하였다。그러나그가傳한福音은그自身이發明한것이안이라 하나님이옛날부터予言者를通하야聖書에서約束한것이다(로마一章二節)故로그는누구든지이옛福音과다른것을傳하는者는詛呪받을것이라고宣言하였다。이、福音의소리가한번傳하게된後로는 審判날까지그것이消失됨이없는까닭이다。

第九節 우리가前에말하였거니와 내가지금 다시말하노니 만일너의가받은것外에다른福音을누구든지傳하면詛呪를받을지어다。

바울은同一한말을거듭하고있으나 다만詛呪받을사람을變하였다。前節에서는自己、自己의兄弟와天使를詛呪하였지마는 여긔에서누구든지그들이받은福音과다른福音을傳하는者는詛呪받을것이라고말하였다。

第十節 이제내가사람에게좋게하랴 하나님께좋게하랴 사람에게깃붐을求하랴 내가지

금도사람에게깃부게하면그리스도의종이안이니라。

「이제내가사람에게좋게하랴하나님께좋게하랴」語氣의强함은前節과다름이없다。바울의말하는뜻은換言하면「너의敎會에서公然히說敎한나바울을너의가이와같이理解치못하느냐。내가猶太人에對하야싸운惡戰苦鬪를너의는아직모르느냐。너의가만약나의說敎를듣고나의苦鬪를알고있다면 내가사람에게奉仕하는지 하나님에게奉仕하는지識別할수있을것이다나의說敎로因하야各地에서나에게對하야逼迫이날어날뿐안이라 猶太人과他國民부터殘酷한憎惡를받음은 너의가다잘아는바이다。이로써나는내가說敎를하야사람의稱讚을求하지아니하고 오직하나님의恩惠와榮光을나타냈음을明示할수있는것이안이냐」라는것이다。

우리도우리敎義를가지고사람의稱讚을求하지아니한다。이、우리는몯은사람은生來의惡한者이고忿怒의子이라고가르치며 사람의自由意志、그힘、그智慧、그義務와其他사람이案出한宗敎를價値없는것이라하고 이와같이사람은罪의赦免을얻을아무資格도없으되 그리스도의功勞로 하나님의自由스러운慈悲로恩惠를받음을가르치는까닭이다。

故로사람은몯아罪人이어 다만그리스도를믿음으로義롭게된다는것을가르치지아니하는敎義는 거짓것이고 邪惡한것이고瀆神하는것이고 詛呪받을것이고 惡魔에게서나온것이다。이것을가르치고배우는사람도亦同一한것이다。

「사람에게깃븜을求하랴」바울은僞使徒를目標로하야論하고있다。即「그들은사람을깃부게하고사람에게阿諛하야그들의肉이崇敬됨을바란다。또한그들은사람의憎惡와逼迫을忍耐치못함으로 割禮를가르치니即그들은十字架의迫害를避하고있는것이라」고。

「내가지금도사람에게깃부게하면그리스도의종이안이라」이句로써바울의職務와使命全体에對하야생각할때 그가以前에猶太敎律法밑에있을때와그後福音밑에있는때사이에그의態度가얼마나다름을알수있다。바울은「너의들이지금도내가사람을깃부게하랴고그前과같이奔走하고있는줄아느냐」고말한다。그가또第五章十一節에서「내가지금까지割禮를宣傳하면어찌하야지금까지逼迫을받으리오」라말한것은

「너의들은나의每日의爭鬪와큰迫害와苦難을見聞하였을것이다。 내가回心하야使徒의聖職에부름을받은以後 나는사람의가르침을가르친일이없고 또사람을깃부게하랴고한일이없으며 다만하나님만을깃부게하랴고하였다。 나는나의傳道와敎義로써사람의稱讚과好意를求하지아니하고 다만하나님의稱讚을언으랴고한다」는뜻이다。

여긔에注意할것은 僞使徒들은갈라듸아사람들이바울을 미워하게하랴고 그의說敎와書翰속에矛盾이있음을指摘하야 (例를 들면 듸모데에게割禮를베풀고(使徒行傳十六章三節)에루살렘聖殿에서四人과갈이潔禮를行한것같은일) 그는사람에게矛盾을가르치었다고主張하였다 는것이다。 이에對하야바울은「僞使徒들이나의福音을破壞하야律法과割禮를復興시기기때문에 그들이나를非難한諸點의眞僞는事實이이를証明한다。 이、 내가만약律法과割禮를가르치고사람의能力、사람의權力、사람의意思를尊重히녀김을말한다면 내가그들에게미움을받을일이없으며 돌이어그들이깃버하는者가되리라」고말하였다。

社告

○本誌十月、十一月號가 連하야 三四日식 發行遲延되여 誌友의照會까지받게되와 未安하엿읍니다。印刷所를變更한後로 모든일이 서들은것과、十一月號는 一部삭제되여 다시製本하야 發送하게되엿어 그처럼 느젓읍니다。

○十一月號는 印刷所의錯誤로因하야 本文紙質이 從來의것보다 不足한것으로되엿나이다。不快한일이나 어찌할수업시 그대로 發送하엿나이다。但、印刷가鮮明치못한것과 製本이잘못된것이 잇거든本社로 돌려보내시오。다른것으로 바꾸어들이겟소。

○冬季集會에參席하실이는 講師로請托밧은外에는 距離의遠近과 交誼의親疎에別이업시 前號規定을履行하여주시오。集會의性質과 場所의 施設等으로 臨時變通은 絕對로謝絕하게되겟는故이외다

○集會期間一週日을 가장有益하게쓰기爲하야 미리祈禱로써準備할일、預言書와福音書의通讀外에世界歷史와世界地理「中等敎科書라도可」를復習하야咸先生께서많이엇도록 誌友도한께準備하사이다。朝鮮을硏究하라는것이지만 直接朝鮮에關한 손싼 參考書는稀貴한것과、世界를알고라야 또한朝鮮도 잘알수잇겟음으로 널리準備하고저하나이다。

○冬季集會는 特히講習會라하엿다。單只感興으로滿足하는일은虛荒한일이다。午前의聖書硏究도힘것工究的心持로써하려니와 午後의主知的集會는信仰과는全然關係업시 自由로論議하여왓다。새로信仰反對의批判도듯고저한다。思想과學識에接觸하야萎縮할만한信仰일진대 하루라도速히 基督敎를버리는것이 自他를爲하는일인故이다。

城西通信

○一九三三年十月、初四日에야 겨우十月號를 發送하게되여 內心의焦慮가不一하다。印刷所를 다시變更하니活字도 如意치못할뿐더러 솜씨도 서트러서 드듸어 豫心에違算이생겻다。近來에 드문違算이오、每月초하루를待하고 잇다는照會書에對하야 대답할말이업엇다

○十月十日。한울이놉고 구름 한겹도업서、놉흔한울! 말근마음! 이라고 몃번이나 외이지안을수업다。이런 말근江山에서 하나님은 무엇을期待하싯고。十一日아침遠足會로 水原을向하야 邑外華山 健陵과隆陵에參拜하다。黃熟한畔道와 욱어진山林도快하지만 正宗大王의 極盡하신孝道의德蹟이우리一行의心懷을 洗滌하지안코는 마지안앗다。松虫이야기 遲々臺이야기等이 途中話題이엇다

○十五日(日曜)午前梧柳洞集會參席。宋、柳兩兄의研究發表後에「에클레샤」에對한感想을述하다 梧柳洞에 참된「에클레샤」가 눈뜸을 보는까닭이다

○例의非基督教人인친구로부터『前略…「試驗濟의法則」은 가장暗示만흔 辛辣한말이라고愚考합니다。이以上 더分明히 쓸수는아마 업슬것입니다。가장凡平한眞理를忘却하여버린人間이 얼마나만을것입니까。무엇보담도 모ㅣ든것을謙遜하게 배우라고努力하겟습니다云々』나도또한謙遜한마음으로社會科學研究者의眞摯한學說을 배우고저하다。

○夏季以來로 建築工事中에잇는咸兄來信에『…日間은 게으름은 모든罪惡의侵入하는門이라는 생각이만습니다。집修理는校務의餘暇々々로할여니實로오랍니다 이제는大概되엿습니다 그러나受苦를암만하여도、그受苦를삭흘만한것이잇스면깃부지안켓습니가、아직갓하서는와잇기를願하는者가別로업습니다。오기야오겟지요만은사람을만나자는目的을하는것이 울氣色도아니보이니 일하다가백도납니다 請한者가아니오면길가에지나는사람中에서불너오지요 學生에信仰닐어나기를 이때것바라고잇는대 只今生覺은學生階級도다富者義者들인가봅니다 病人罪人만을친구로가지라는그리스챤의身勢는 感謝는勿論感謝한것이지만、때로는너무견대기 어려운慘酷한身勢라하지안을수업습니다。똑々한놈은모두다빼앗기어버릴때는實로憤도하고落心도나럽니다、秀才를모아서弟子를삼고、거기서福音精銳을엇자는것、欲心은빗나는欲心이지만그릇된生覺인가봅니다 크리스챤은社會의下水道에서잇서그리로셔흘너나오는하잘수업난者를處分하는것이그本職인가봅니다。빗나는理想이써지는것、그는젊은가슴에는견딜수업는일이지만、언제나한번은반듯이올것입니다。모든일을맛치고安息을하는날오기를 참 기다리고잇습니다。여러말남지둡니다

그리고한가지誌上에서×兄의 消息듯고눈물납니다 낡고도또낡고도疑心남니다、事實이안일것갓아서、兄님! 또한번이러케말하고自慰합시다

要컨대問題는各自가그리스도에連結되는대잇는것이다 滿足도不滿도 感謝도설음도、平安도苦痛도한대合하야 世上罪를지는羊에担當식입시다 우리는그발알에서伏하고。十月二十一日

○小鹿島의誌友로부터『謹未審菊秋 鴻恩中貴体大安하고貴社振興하옵심遙外伏禱々々陳者은事勢不得已客月頁에貴誌停止하시라는便紙를伏뭇하고곰々生覺한즉商人이眞珠를得하엿다 가眞珠를失한格이안입니가心思散乱之際에忽然貴誌十月號가來到故不勝喜悅而不顧廉恥하고忙手叅見하엿습이다 마는更爲回思에或便紙가中間紛失되여貴社에到着치아이하여서如前히連送함인가깃분中에도千萬未安하고惶悚不已나와仰煩하옵나이다餘多不及而主님前祈禱하고止悳

아ㅣ멘』

이처럼되면 雜誌購讀의關係가안이라 戀慕하는者사이의親展封書를授受하는심이다。全南小鹿島慈惠醫院이라하면 特히主그리스도의憐憫을든癩病患者의療養處요、편지의文句와筆跡으로써보면 崔炳洙氏는漢學에素養잇는老長인듯하다。或은肉身으로相面하는機會업을넌지오르나 小鹿島는 나의庭園의盆栽보다 더 갓가워보이는것이事實이다。世上의富者學者들이不顧할지라도 小鹿島의 한천千를慰勞할수잇는날까지 聖朝誌는 健全한福音誌라할것이다。

○十一月八日 江華注文島ㄷ兄葉書에『우리예수안에게신先生님!거룩한신恩惠中安寧하심니가?아ㅣ先生님未安합니다예수의가심을通하야주시는넘치는사랑을무變히밧기만하고只今뫼옵지못한것이말할수업는유감이외다아!先生님!우리主님을爲하야니러나시는義憤은얼마나참기에피로오시며남이아지못하는歡喜에醉하시는瞬間은얼마나만으심니가?뫼옵는듯同感되는바와다모든情話와感談은뒤로미루고急한말삼을先告하겟습니다先生님!이런사정이잇습니다朴○○이란兄弟폐病에걸니여所望이업는兄弟인데聖誌를分讀하여보왓슴이다그런데이册은나의生命으로

알고 一讀二讀이 않이라 無數讀하는 關係上 分讀할 수 업는 形便이오니 無料讀者로 허여주실 수 업슬가요? 朴兄의 住所은 江華郡三山面席毛里람니다. 先生님! 또 未安한 말삼은 新語는 解釋을 願합니다. 무식者의 懇願이외다』 亦是 우리 친구는 孤寂한 섭사람이 안이면 重患에 걸린 病者인가 보다. 感謝한 일이다. 主예수의 친구도 마찬가지엇다. 病者와 貧者와 罪人을 紹介하라 저들에게는 特別한 門이 열려잇다。

昭和八年十一月三十日印刷
昭和八年十二月一日發行

京城府外龍江面孔德里一三〇
編輯發行兼印刷人 金 敎 臣

京城府三坂通三七〇
印刷所 鎌倉保育園印刷部

京城府外龍江面孔德里活人洞一三〇番地
發行所 聖 書 朝 鮮 社
振替口座京城一六五九四番

『聖書朝鮮』第五十九號 昭和八年十二月一日發行(每月一回一日發行) 昭和五年一月二十八日 第三種郵便物認可 本誌定價拾五錢(送料五厘)

金敎臣主筆

聖書朝鮮

第六拾號

一九三四年一月一日發行

昭和五年一月二十八日第三種郵便物認可
昭和九年一月一日發行(每月一回一日發行)

目次

一九三四年

믿어야 할것을 믿지못한일, 하여야 할것을 다 하지못한일, 읽어야 할것을 읽지못한일, 한없는 사랑을 받기만 하고서 한잔 냉수도 주지못한일들을 생각만하면, 여후수아의 이적을 빌어 一九三三年 섯달 그뭄날 지는 해에 작수를 받혀, 내할일 다할때까지 기다려 달라고 청하고싶은것이 진정이다. 묵은 해에 갚지못한 無形有形의 무거운짐, 형제에게와 하나님께 대한 負債의 짐을 다 벗어놓고 淸算된후에, 一九三三年度의 자랄대로 다 자라고 充實할대로 충실한때에, 除夜의 종소리로써 송구영신하였으면 얼마나 이 어깨가 쾌하며 마음이 기쁘랴.

마는 이적도 임의로 할수없거니와, 설령 一九三三年 섯달 그뭄날과 一九三四年 초하로날사이에 특히 三百六十五日의 시간을 빌려준다하여도 또 다시 준비의半도 못되였을때에, 除夜의 종소리는 안사를 두지않고 울려오리라. 차라리 오라 一九三四年이어. 하여 成果한것도 없고, 배와 얻는것도 없이 連戰連敗의 記憶으로써 새해를 맞으려 함은 기껍기보다 부끄러움이오 쾌하기보다 죽을노릇이다. 그러나 이는 나 스스로를 보는일이오 그리스도를 잊어버린일이다. 지난해가 아무리 실패의 련속이라 할지라도 돌보건대 그중에 한가지, 혹은 두가지, 일평생 풀지말자든 怨恨이 풀어진일, 부끄러움을 自進하야 당할수있은일들은, 육으로 난대로의 내가 한일이 안입이 분명하다. 실패는 실패이 었다. 과연 慘敗었다. 態醜態었다. 마는 이慘憺한 생활중에서 그리스도의 恩寵이 낱과 씨가 서로 얽키우는것처럼얽키어저있는 事實을 못본다 할수없다. 그렇다 觀點을 그리스도에게 돌릴때에 지난敗北의 一年도 감사오 勝利오 成功이었다. 오는 새해 일년도 나의修業으로 볼때는 年復年 더 심한失望에 빠질것이나, 눈을 主그리스도에게 향하고 몸을 하나님의 經綸에 맡길때에, 勝負는 발서 年頭에서 決定되었다. 안으로 六尺못되는 나의 영육과 밖으로 世界列强의 左衝右突하는 形勢중에서 全能하신이의 意志대로 거룩한 經綸이 이루어감을 보고저할때에 참을수없는 찬송이 죄인의 입술을 뚫고 터짐을 깨닫도다. 一九三四年이어 어서 오라 이해에 나는 더욱 낮어지고 主는 더욱 높아지리로다.

우리는 한平信徒다

神學校에 배운 일이없고 牧會의職分을 받은일이 없으니 平信徒요、特殊한 경험으로써 크게 성신의 역사를받아 동포나 또는 이방 만민을 위하야 세움을 받었다는 확신이 없으니 平信徒요、어느敎派가 주장하는것 처럼 육신 이대로 완전히 깨끗함을받아 다시 범죄하지않는 지경에 달하였다는 神仙같은 체험이 없으니 平信徒이다 가르키는 일은 천만 부득이한때의 일이오、배우랴는 마음은 평생의 天職으로 삼었으니 平信徒인줄안다。우리의 지식은 물론이오、우리의 신앙까지도 가장 완전한 신앙이라고는 自負하지못한다。학식이 넓은이에게서는 학식을 배우고、체험을 귀히 여기는이에게서는 체험을 듣고저한다。어떠한 인물이라도 저가 가르키고저하면 이편은 배우고저 할뿐이다。

다만 천당에 관하야、死後생명、부활 에관하야 마치 금강산이나 파레스틴을 구경하고와서 이야기하듯이 골골이 사사치 넘어 자세히 이야기하는 敎役者는 우리가 信用치 안하니 이도 平信徒인 탓이다。平信徒는 神學을 모르고 牧會術을 모르나、어린아이가 正否를 判斷하는 本能이 있는것처럼、事物의 實體와 虛影을 直感하는 本能이있다。平信徒는 組織神學的基礎우에 信仰을 쌓으랴고 안한다。神學的思潮에 따라 信仰이 낡아지며 새로워지는일은 平信徒로서는 能히할수없는 曲藝이다。故로 平信徒는 博物學으로써 들에 百合花와 포도나무의 이치를 배우며、地理歷史로써 널리 人類의 經驗에 빛우어보며、聖書에依하야 直接 하나님의 敎訓을 받으면서 그날그날을 分에應하야 生活할것뿐이다。平信徒는 凡事에 素人이다。서투르다。靈界의일에 熟達하고 능란하고 敏活한것은 도리어 不足한이만 같지못한때도있다。平信徒에게 합당치 못한것으로서 通達이란것 같은것은 없다。저는 모든일에 서투르거니와 自己靈魂의救援에關한 일까지도 所謂「確信」이란것은 없다。저의 하는일은 百퍼센트의 確信으로 하기보다도 恒常五十퍼센트의 疑惑과 싸우는것이 일의 大部分이다。

우리는 敎派에對하야 鈍感이다。南北監理敎派가 朝鮮에서까지 對立하고있었든 理由를 解得치못하였음은 勿論이어니와 長監兩派의 敎役者가 聖潔敎會의 傳道에對한感情과、安息敎徒와 天主敎徒가 福音主義新敎徒를 보는 그感情은 우리게서는 쥐어 짜도 나올수없으니 이는 平信徒인까닭인가한다。敎理論爭은 專門家大家에게 依托하고 우리는 예수를 그리스도로 믿는일만으로 足한者다。

우리는한平信徒다

認識不足

인류의 지혜지식이 발달하야 二十世紀의 문화를 이루니 별별 기묘한 발명도 많었다。비행기가 발달되여 만리장성을 폭격하기는 유리병 깨트리기보다도 더 쉽게되었고、살인光선 毒와사 같은것으로 노력을 덜들이고 다수한 人畜을 살해하는 발명도 자랑하나、그러나 이런 모든 발명보다도 신통한것은 三三年式 새발명인『認識不足』이라는 새術語일것이다。

옛적 신라시대에 金尺이란것이 있어 이것으로 병든자를 자이면 병이낫고、죽은자를 자이면 살아나고、노인을 자이면 젊어지어、하도 신통한것임으로 이金尺을 사용하면 上帝의 정하신 宇宙의 法則이 모다 어그러진다 하야 慶州市外에 묻어버린것이 오늘날 金尺峯들이라 하것만、지금『認識不足』이란 이기게는 신라시대의 金尺보다도 신통하기가 幾十倍인가 보라。옛날外交官들은 외국어를 배우고、웅변술을 연습하였지만 현대 외교관들는『認識不足』이란 기게 한대만있으면 한사람으로서 예순한사람까지는 대항하야 겨룰수있으며、병정과 순사가 싸울때에도 서로 이기게 한대식만 휘두르면 칼날이 엿같이되고 총구멍에서 물이 흐르게된다。보라『認識不足』만 連發하고 뱃심좋게 앉었으면 責任은 恒常 저편쪽에만 떠러지지안는가。

뿐만아니라 옛날사람들은 吾日三省吾身이라하야 責하는자 없어도 스스로 놀라고 부끄러움을 알었것만 현대사람은 私席공석의 온갓허물을『認識不足』이란 기게로써 타인에게 둘러씌울수도 없지않다。이처럼 가면 도적이 警官을向하야、방탕한 자식이 부형을 향하야 부정행위하든 受驗生徒가 선생을향하야『認識不足』이란 金尺을 휘날리는날도 멀지않은 장래에 올것이다。생각하면 생각할사록 인류의 발명한것중에 이처럼 신통한것은 아직 없었을것이다。

그러나 科學의發達을 파괴살육하는일에 응용하는것이 그릇된것과 마찬가지로『認識不足』이란 새로운 말이 생겨난것도 인간이 그지혜를 그릇되게 사용하야 世紀末的현상을 如實히 들어내인 뚜렷한 증명이다。認識不足이란말을 새로 鑄造한자는 詛呪받을지어다。이런말을 常習的으로 쓰는백성도 멸망하라。

信仰의再調

柳錫東

飮食과衣服을 자주빛과바람에쏘이지아니하면 곰팽이가나고좀이먹는것과같이 信仰도또한 가-끔外光에 接하지아니하면 곰팽이가나고 좀이먹는다。더욱信仰은 人生의가장 內在的存在이고 가장깊이秘藏되어있는 寶物임으로이러한 危險性이多分히있다。이제一九三四年을當하야 나는 이 새로운光線밑에 나의信仰을 다시 쪼여 나라는생각에 腐敗되어가기쉬운狀態에서 防禦하랴한다。

一、十字架의必要

내가罪人임은 入信初이나 지금이나 不變確固한事實임으로 十字架는나에게絕對必要한것이다。十字架없이는 나의信仰生活은없다。十字架로말미암아 나는살었고 지금또한살고있다。十字架가象徵이라든지 또는바울의獨特한敎義이라든지하는思想에對하야는 나는到底히贊同할수없다。또十字架는眞理를說明하는 한形式한思潮이며 이것은時代에따러變할수있다는說에對하야 나는憎惡를느낀다。十字架는나의信仰의根底이고 나의信仰의全部이다。만약 누가 나에게 너의信仰이무엇이냐고무르면 나는서슴없이 예수그리스도의 十字架라 고할것이다。

十字架가이와같이 나에게關係를갖게되는것은 主義라理論이라學理라 神學說이라하는것때문이아니라 어찌할수없는事實때문이다。나는내自身의價値를잘아러 恒常罪惡感에壓迫을當하고 空虛感에戰慄을느낀다。이는一時의忘却術로써到底히除去할수없는것이다。나는十字架에 예수그리스도를보고비로소自由스럽게되고 充足함을얻었다。罪惡感과空虛感이 나를十字架에 떼밀어버린다。나의生存이一時도이두感覺에서 헤여날수없음으로 내가生存하는동안 나는十字架를 잊을수없다。나의生存은十字架이라하여도 過言이아니다。이러한事實이 내안에거듭되고있으므로 十字架는說明如何學說如何에依치아니하고 그대로直接으로有機的關係로 나를支配하고있다。古來로十字架에對하야 많은說明이있다。義와愛의調和라든지 愛의具體的實現이라든지 歷史上類例없는事實이라든지 其他여러가지가있으나 이것으로써는到底히 全部를말할수없는깊고높음이있음을 내自身속에느낀다。十字架는그眞義는 到底히說明할수없는것이며

信仰의再調

自身이이것을가져보아야 알수있는것이다。實로十字架는그대로 아ㅣ멘하고 받지못하는 사람에게는 거리낌이되고 미련한것이된다。十字架는하나님이 說明이라는世上의智慧를無視하고獨斷的으로 人類사이에確立하신生命의 큰기둥이다。罪人의魁首인나는이밑에서 새生命을發見하야 人生의眞意를 깨닫고있다。

다음에이러한 十字架에對한固執은 처음에는事實일것이지마는 自身에信仰의歷史가생기고 聖靈의引導가생긴다음에는 그러하지아니한다하는 사람이있으나 내自身은처음보다지금더욱더욱 이必要를느낀다。罪惡感과空虛感에부대낀나는 當初에는自身의이病을 낫기랴는생강外에는 아무것도없었고 十字架는말하자면 내自身側으로서의 切實한要求이었을뿐이다。하나님이게신지 아니게신지도알지못하였다。그러나한번十字架밑에 서게되니비로소하나님이살아게심을알게되고 그의거륵하심그의무서움 그가一點一刻의罪라도容恕하지 아니하시는분이 심을깨닫게되었다。社會와歷史와 天然속에役事하시는 尊嚴하신그분을明白히보게되었다。나는親舊와談話하는동안에 또하무슨일을할때에또길을걷고있는동안에 가ㅣ끔그의무서움을알아 戰慄을禁치못하는때가있다。나는到底히그앞에설수없는 者이고果然豫言者가말한것과같이 死滅을느낀다。나는이때十字架에依持할수밖에없게된다。十字架밑에서서 나는비로소거륵하신그분을치어다보고 그분에게말하고 그분에게아버지라고 부른다。全人類가그에게背叛하고 目前에이러나는 모든일속에는 하나님을對敵하는것뿐임을알때에도 나는거륵하고무서운그의발자취를 아니볼수없으며 이때나는十字架에내自身의더러운신을벗고 그를맞고그를따러간다。하나님이살어게심이明白하고 그분이졸지도아니하시고 쉬지도아니하시고 人生과宇宙를統治하심이 事實이매 따러그의눈을떠날수없는나이매 나는十字架를저발일수없다。十字架를떠나면그瞬間나는滅亡이다。내自身의內的要求라는 個人的問題로가아니라 하나님앞에서는人生의무거운事實로서 나는다시十字架에가지아니할수없다。하나님이하나님이되시어 거륵한自身의存在를宇宙와 人生사이에繼續的으로 統一的으로證明하여가시는 그거륵한秩序를紊亂시키지아니하고 따러그에게滅亡을 當하지아니하게하는데 十字架는唯一의살길이다。即十字架는하나님이 하나님되시는길이고 나는이길에參與하야만 비로소하나님을하나님으로 섬김을切實히깨닫는다。하나님이죽지아니하는以上 十字架는永遠히서있다하나님앞에살고있음을 잊지못하는나는 十字架는나의生命

四

의길이다。따려世上에서여러가지倫理와 道德또宗敎를말하야그中大部分사람들은 나같은것은到底히딸어갈수없는 偉人聖者들이나 나는그根本이틀림을느끼지 아니할수없으며 한社會한國家가 하나님앞에罪惡을쌓고 있음을痛嘆하지아니할수없다 루ㅣ터ㅣ가「이世上이가장바르다하고 旺盛하다할때 이世上은가장暗黑한속에있다」하는말생각하지아니할수없다。十字架를아지못하는世上은 아무리偉大하고 高遠하여도 한罪惡史의一頁을 作成함에不過한것이다。이는 이世上이人類의것이아니고 또强大한一偉人或은 一國家의것이아니고 하나님의것임으로 當然한일이다。하나님이統治하는世上에서 그를背叛하는무리가 罪惡을犯하고있다함은 明白한理論이다。十字架를말하지아니하는사람은 即하나님을하나님으로아니녀기고 自己自身이自己의 統治者가되고 또自己周圍의 支配者가되는越權者이다。바울이지금부터는 예수그리스도의 十字架外에는아무것도 말하지아니하겠다는決心은 그가얼마나하나님앞에살고있었다함을 如實히證明하는말이다。十字架에對하야神經이銳敏하여 지지아니하는사람은 나는그의信仰을疑心한다。聖靈、權能이라고 아무리큰活動을하여도 나는그와는正反對의立場에서 있음을느끼지아니할수없다。十字架는나의信仰의 처음이고끝이다。

二、律法의永遠性

十字架를依持하여 만사는나는至極히불상한者이다。自己에게자랑할것이라는것이 하나도없는徹底한빈者이다。零이다。따려나의人格이라든지 나의道德이라든지 나의眞實이라든지하는것은 벌서없어진者이다。나라는것이없는者에게 여기에附屬된것이 남어있을수없는것이다。나는完全한破産을當한者이다。이러므로내가救援을얻으려면 이것을하여야한다든지 저것을 지켜야한다든지하는생각은 敢히나올수없다。나는빈손만을들고 十字架에依持할뿐이다。그런데이때 나에게는 果然異常하게힘이생기고 生命이니려남을깨닫는다。이것도하고저것도하고싶은생각이난다。죽엇든나의마음에彈力性이생기어 歡喜와躍動이自然으로생긴다。무엇이든지하여보겠다는 느낌이가슴을치민다。없든힘이나를充足시킨다。내어찌가만히있을수있으리요。나는나가고또나가고싶으며 배우고또배우고싶다。舊約과新約에있는 하나님의말슴을알고싶으며 지키고싶으며 宇宙와人生에나타나는하나님의뜻을알고싶다。따뜻한봄날에花園에서서 이꽃저꽃을꺽는것같은느낌이、苦痛과悲慘이不絕한 이世上그가운데에서 나의가슴을치민다。特히나는하나님의律法을 遵守하려는다는마음이생긴다。過去의나의敵이고 나의審判이고 나의死刑執行者이든律法은 나의벗이되여나에게말하고 나는그말에좇으려한다。나는지금이世上에서 하나님의律法을지킬以外에아무것도할일이없는줄을안다。「律法이꿀보다더달며꿀송이보다더달음」을알며「晝夜로즐거워하며默想한다」는것이事實이된다。예수그리스도의十字架로 律法이廢止된것이아니라律法이復活하고 예수그리스도의十字架로因하야 方便이고外的인律法이 生命의本質이고律動인律法이되었다。即一時的인律法이 永遠한律法이되었다。律法은神聖하고 永遠한것이다。모세의律法은지금亦우리가슴속에살고있고 예수그리스도의 山上垂訓은우리의糧食이되고 바울의書翰끝에있는道德的勸勉은 우리의길이되여있다。누가律法을지킬必要가없다하며 누가律法이廢止되었다하는가。律法은永遠히하나님앞에살어 그의나라를다스리고있고 우리는이것을지켜야사는것이다。이것에抵觸될때信者不信者의 區別이없이刑罰을받는것이다。여긔에嚴肅한人生의事實이있다。救援에무서움과떨림이同伴되는緣故이다。우리가過食할때 即生理的法則에違叛할때 病이드는것과같이 罪를犯하야即하나님의律法을紊亂시킬때 우리는죽는다。形式的福音主義의甘味에醉하야 이事實을잊어서는아니된다。信仰은決코無政府狀態가아니며 混沌世界가아니다。律法이嚴然하게經緯가되여다사리고있다。宇宙에自然의法則이있고 歷史와良心에律法이있다。믿음을가지면가질수록 이律法의世界를明白히볼수있으며 조고마한一點이라도 犯하면全生涯가失敗되는생각이난다。果然예수그리스도는 律法을廢止하려오신것이아니라 이를完成하려고오신것이다。예수가山上垂訓에서사람이到底히견듸지 못하는무섭고도어려운律法을 말슴하신것은 그대로事實이되여 信仰의世界를다스리고있다。

여긔에信者의 祝福과또嚴肅함이있고 또한全世界에對한理想과祈禱와抱負가있는것이다。하나님의世界는 聖書에나타난律法으로써 每日進就되여나간다。하나님의世界에存在를가지고있는信者는 이律法을지키여서 하나님의役事를일우게하고 그에게참된讚美를돌리고있는것이다。律法은우리의길이고우리의生命이다。故로信者는이世上에서 하나님의律法이그대로實現되고 그의價値를發揮시키게하기때문에 때에는生命을저바리는것이고 全世界가步調를마추어서 하나님의律法을蹂躪할때 信者는死를무릅쓰고 이에反抗하야하나님의律法을 確立시키는것이다。여긔에豫言者라는 이름을갖는人類의 榮光스러운봉오리우에 處하는勇士들이나오는것이다。傳道는다른것이아니라 하나님의律法을사람에게

가르치여 그가自己生命보다 더律法을사랑하게 만드는것인줄안다。福音이自己의內的要求를 充足시키는대곳치고 하나님의 律法에對한熱心을 닐으키지못하면 그는福音이아니다。하나님의律法을세우는대거룩하고 힘있는決心을하는信者를만드는것이 참으로傳道이다。한家庭한洞里한學校한社會한國家가 明白히하나님의 律法을짓밟고있는때 一言의부르짖음이없이 信仰信仰떠드는것은 아즉하나님의나라가어찌되여있는줄을 모르는自己幸福을 爲主로하는主觀의꿈을꾸는信仰이다。

하나님의律法은永遠한것이다。나는이것을알게되여 비로소나의信者로서의 生涯와目的이如何함을 알게되였다。나는하나님을믿고 그의외아들예수그리스도를믿음으로 그의誡命을 全部지켜야함을깨닫는다。내一生이暗黑속에 파뭇혀있드래도 그의誡命을一點이라도지키면 나의人生의目的은達한줄안다。하나님의律法은 아무리적은것이라도 내一生을犧牲하여도 오히려不足함을느낀다。例를들면 兄弟를사랑하여야한다는 하나님의律法임으로 그를믿을때 빈나에게이것이오게되여 나는사랑하지아니할수없게되고 이따문에나는모든것을 犧牲하여야하게된다。아무리信仰이있다하고 傳道를熱心으로하고 또큰事業을일운다하드라도 이러한사랑이 나에게니러나지아니하면 또한이를爲하야 거룩한努力이생기지아니하면 나는아직救援을 받지못한者이다。十字架를依持한다고하나 이러한誡命에對한 關心이없으면 나는아직十字架에 依持하고있는것이아니다。열매로써그마음을안다는 예수의말슴은 信仰에對하야가장適切한말이다。永遠히人類의良心을向하야 웨치고있는律法에對한우리의態度로 우리는生或은死의길을 選擇하는것이다。나는福音을받음으로 더욱더욱律法의 永遠性을알게되고 또한이를主張한다。律法을輕視하는사람과 나는自然싸우게되는것이다。

〔城西通信續〕

○冬季講習會에參席을 志願하는이는 數로많지안으나 咸南平北으로부터 全北、慶北、慶南等地에서 熱誠있는 이들이오게되엿다。이모임을위하야 숨은學徒楊能漸氏가일부러 參席하여줌은 우리의學究心을 助長함에 큰힘이 안일수없다集會를向하야 우리마음은 몹시雀躍한다。大小事에犧牲을甘當하면서 遠來의兄弟를 마주기를待한다。이번集會에 都執事役을 맡은 宋斗用兄의苦心은 여간한일이안이다。이集會準備로因하야 本號發送은 數日일즉이되엿다。不得已한事情으로 參席치못한이의 要請에依하야、硏究發表의大部分은 筆記報道하고저하나 如意하게될넌지 未確하다。

矛盾을말하는사람

어려서는 젖을 마시고、자라나면 밥을먹으며、병든때는 죽을 즐기되、건강한때는 고실고실한밥이라야 맛이난다。부모의 소매에 이끌린 五六세된 少年의 끝없이 連發하는 질문은 要컨대 듣는말 보는물건을 矛盾없이 가장合理的으로 整理하랴는 兒童心理의 傾向이 그렇게 함이다。이傾向이야말로 後日의大成을 기약하는 아름다운 萌芽라할것이니 걱정할것이 아니오 慶賀하여야 할것이다。이 아름다운 경향을 助長發育시키는것이 教育의 임부라할것이다。矛盾을排退하고 條理를 정리하는일을 오래 계속하는동안에 학사도되고 박사도되며、나종에는 이른바 「교육받은신사」(Educated Gentleman)가되어 밭에서 방금 뽑아놓은 練馬大根처럼 흠없고 주름없이 미끈한 인물이되고야만다。저는 森羅萬象중에서 자기理性의 체(篩)에 걸러나린것만을 삼켜넘기고저한다。故로 교육 받은자가 꺼려하는것중에 獨斷(Dogma)보다 더한것이없다。

우리도 또한 通則에서 벗어날수없이 한동안은 상식의길을찾고 교육의 법에좇아 獨斷을 천히역이고 모순을꺼려하였다。그러므로 작년에 작고한 新稻戶稻造博士의 저술같은것이 가장 성미에 합하였었다。新稻戶博士는 그의同窓인內村鑑三氏의言說에 獨斷이 많다하야귀를기우리지 않었다하거니와 과연博士의論述은 두철하고 明朗하야 저편까지 뚫려보였다。마는 내의 물이맑으면 고기가 붙(棲)지못한다。博士의意見은 너무맑아서 밑구녕까지 透視되었고、우유처럼 들어마실수는 있어도 된 밥처럼 다시씹을맛은 적었다。故로 幼年을保導함에는 新稻戶博士와같은「教育받은紳士」도 매우필요하다。

다만 人生이 무엇인가 生命이 무엇인가고 한번식 스스로 부다쳐본자에게는 條理整然한說明이란것은 마치健康한靑年에게 죽 과같이無味한것이다。무릇 胃健한자는 죽보다 밥을、진밥보다 된밥이라야 맛이난다。生命을맛본자 眞理를把握한者는 矛盾을말하고 獨斷을 던진다。古來로偉大하다는 인물로서 獨斷이없는이가 있고。故로 西哲이 말하기를『誤解받음은 곧 偉大함이라』(To be great is to be misunderstood)하였다。어린아들의 눈에보이는 아버지(아버지답은)의言行에 矛盾이없지못하고 未熟한弟子의 눈에보이는 教師(教師다운)의言行에 矛盾이없을수없다。무릇偉大할수록 矛盾도크다。이런意味로보아도 예수는 人子中에 가장偉大한이었다。바리새教人들과 學者들은 예수의 이矛盾덩어린獨斷에 窒息하고氣絶하였든것이다。獨斷을네리지못할바엔 차라리沈默할것이다。貴하도다。矛盾을말할수있는이들!

聖書槪要【十二】

金 敎 臣

에스라=느헤미야書大旨

多數學者의 意見이 歷代志、에스라、느헤미야 세책은本來 한책으로 되엿든것이리라고 推測한다。特히 에스라、느헤미야의 二冊은 一卷으로 된原本이 남아있음으로 두책으로 난우어보기보다 連續한 한책으로 取扱하는것이 더욱 可함으로 이에도 에스라=느헤미야書라고 通稱하야 論하고저한다。

이책이 舊約聖書의 史記중에 제일 끝책이라는것도 우리의 注意를 닛끄는바이지만、다만끝에 놓이었을뿐만 안이라 歷代志로써 다윗王國 五百年의聖都 예루살렘이、聖殿과함께 破滅되고 百姓과 方伯들은 바벨론에 捕虜되여、유다國民史의 悲慘한終幕을 닫힌후에 다시 예루살렘의 復興과 유다國民의 蘇生을 기록한데에 이책의 格別한 興味가 있는것이다。

에스라의 기록한바에依하면 유다의中興은 所謂 稀世出의 英傑로因하야 權謀術策으로써 一朝一夕에 國權을 恢復하엿다는것도 안이오、또한 遇然한 幸運으로 因함도 안이오、실상은『여호와께서 예레미야의 입을 빙자하야 하신말슴을 응하게하십이라』(에스라 一・一)한다(예레미야 二五・一二、二九・一〇、三三・七ー一三、 이사야 四四・二八、 四五・一等參照)

예레미야의 預言에는 七十年後에 고레스왕이 바벨론을滅하고 유다百姓을 解放할것을 말하였으나、事實은 五十年만에 이預言이 實現되였다。預言에 나오는 數字는 本來 數學書의 解釋처럼 쓰는 數字가 안이다。七十이란數는 이른바(Round Number)라하야 어떤時日의 期間을 意味하는數라한다。그러면 七十年後에 있으리라든일이 五十年만에 實現되였다하야 그數字의 差誤를 論難하기보다 우리는 于先 世界歷史를 經綸하시는 여호와의 尊前에 신 들매를 풀어야 할것이다。

이스라엘百姓이 弱하니 바벨론이 征服한것이오、바사가 더强하니 바벨론을 侵略한것이라하야 優勝劣敗오 弱肉强食이라고 斷言하여도 할수는 있는일이다。마는 여호와 하나님께 미리 成案이있어 預言者의 입을 빙자하야 그案을 發表하여놓고서 그案대로 着着實施하여 가신다고 본다면 이일은 信者不信者를 勿論하고 重大한 일이안일수없다。하나님이 이스라엘百姓을 徵戒하시기爲하야 바벨론에 捕虜되게하시고、이스라엘을 불상히녀기사 救援하시랴고 바사王 고레스로하여금 바벨론을 破하게하셨다면 바벨론과 바사와는 다 하나님의 一定한 目的을 達하시기爲하야 手段으로 材料로 使用한것이된다。이 事實을 否定하거나 或은 肯定함에 따라 世界와宇宙는 全然히 別個의것으로 보이고야만다。우리가 基督敎를 믿음은 이聖經이 가르키는 世界歷史觀、宇宙觀의根底에서부터『轉向』된 까닭이다。其他 洗禮의有無、聖餐의効果、勸徵條例等等은 우리의 알바가안이다。에스라=느헤미야書는 合하야 二十三章에 不過하는 작은 책이나 基督敎的歷史觀을 가르키는 點으로 보아서 史記中에도 重要한地位를 占한다。

聖書는 公然하게 選民이스라엘中心의 歷史를 가르킨다。生來의 아브라함子孫도있고、믿음으로된 아브라함의子孫도 있을터이지만 要컨대 아브라함과의約束을 다하기爲한 世界歷史라한다。넘어 偏見인듯하나 無視하기에는 事實이 넘어도 頑固하다。다윋王國이 滅亡된지 大略三千年에 그前과後로 天下를呼令하든 許多한 王國과 帝國도 宮터를 찾을수없이된 오늘날까지、猶太民族은 一寸邦土도 占有한것이 없으면서도 尙今 當代의獨裁首相인 히틀러의大敵이 안인가。하나님의 攝理以外에 무엇으로써 이스라엘民族을 說明할까。

에스라書는 確然히 前後編으로되여 第一―六章에는 바벨론出發로부터 聖殿再建築까지의 一般記事요、第七―十章은에스라個人의事蹟이 爲主로 씨어있다。但、第十章끝으로써 文章이終結된것이안이라 中斷된채로 되여있고、느헤미야第八章一節로부터 第十章末節까지에 다시 에스라의

傳記가 나오니、이것은 當然히 에스라書第十章 다음에 連할것인데 무슨錯誤로 因하야 現在聖書에 있는대로 느헤미야書中에 挿入된것이라한다

에스라가 四萬餘名의 大衆을 거느리고 故國을向하야 바벨론를出發할때의 光景은 오늘날信徒에게도 깊이感動을 닐으키고야만다。저는 本來 예루살렘聖殿에 있었든 金銀寶物과 其他에도아닥사스다王과 百姓들이들이는 많은寶物을 가지고 盜賊이橫行하는 沙漠과荒蕪地를 橫斷하야 敵軍이 둘러쌓인 파레스틴地境으로 突入하여야 하겠는故로 相當한 護衛隊의 必要를 느꼈었다 또 아닥사스다王이 에스라에게 네린 조서에보면 江 서편에서는 내탕고를 任意로 열게하고 殺生與奪의大權까지 委任하였으니 (에스라七章十一―二六節) 旅中의護衛隊쯤은 에스라의 請하는대로 提拱하였을것이다。마는 에스스라로 말하라면、

【아하와江가에서】

우리가 전에 왕에게 고하야 니르기를「우리하나님의 손이 자기를 찾는자를 선히 도으시고 배반하는자에게 권능과 진노를 베프신다」하였으니、길에서 敵軍을 막고 우리를 도을 步兵과馬兵 一隊를 王의게 구하기를 부끄러워 하였노라

하였다(八章二二節)。번연히 할수있는일이지만 公言한 信仰에 살기爲하야 저는安全한길을 取하지 안하였다。여긔에 信者의 煩勞가있다。모르는것이 안이오 無能한것이 안이것만、信者인까닭에 公言한信仰대로 살아야하겠기 따문에 捷徑을두고 먼길로 둘어가야하며、平坦大路를두고 窄門挾路로攀登하는 수도있다。이것이 信者가世人의 朝弄을받는 重要한原因이다。그러나 다같이 바벨론을떠나 예루살렘까지 왔다할지라도 아닥사스다王의 步兵과馬兵 一隊의護衛를얻어 온것과 王에게求하기를 부끄러워하고、여호와앞에 三日間 금식기도하야『……간구하니 우리 말슴을허락하시러라』는 信仰을 가지고 예루살렘까지온者와의 그 맛의差異라는것은 그맛을 맛본자만이 能히評論할地域이다。故로 한번 이맛을體得한자는 비록危險한듯이 보일지라도、隅劣하게보일지라도 다시信仰的飛躍을 試하는것이다。에스

라의 이때에處한 그心志만보아도、모든羅馬의執政者들이나、크세노폰·데모스테네스、플라토들보다도 더偉大하고 高貴한人物이였다는評이 옳다

느헤미야書에는 이른바『나』의部分("I" Section)이란것이 있어 第一章으로부터 第七章까지는 느헤미야의親筆로 쓰인部分이라하야 特히 다른部分과 區別된다。其外에는 第十二章二十七節부터 同四十三節까지에 數次「나」라는 第一人稱으로 쓰인데가 있다。

느헤미야書는 오리겐이 처음으로 에스라書에서 分離한後에도 當分間은 名稱이없다가 예롬이 처음으로 命名하야 부르게된것이라한다。

註 {Origen=185—254; 알렉산드리아} {Jerome=340—420; 달마챠地方}

느헤미야는 예루살렘의荒廢한消息을 들었을때에『앉아 울며 數日동안 슯버하며 금식하』였다하며(第一章四節)、예루살렘墟址를 밤중에視察하든 그情景으로보든지(第二章十一—十六節)、참된憂國之士의 타잎(標本)이라 할것이다。사람들은 흔이 愛國心이라하면 카이젤이統治하든 獨逸聯邦이나 非常時日本같은데만 限한것인줄로아나、實相憂國의情은 느헤미야와같이 亡國之民에게도있는것이며、있을뿐안이라 더욱뜨거운법이다。父母떠나면孝心이動하는법이오 나라이亡하면 忠誠이솟는것이 차라리 自然스러운現象이다。웃지말라 亡國民의愛國心을。느헤미야의 가슴은또한 느헤미야와같은處地에 있는 백성이라야 能히洞察할수 있는것이다。

憂國의情에 못니기니는 느헤미야는 고국동포의慘怛한情報를接하고서 決코祖上과同胞의 無能을嘆치않고、隣邦의暴惡을怨치않고、또한 策略을謀計하려고도않고、오직 하나님앞에 옳븐悔改파祈禱를 시작하기를『이스라엘 자손과 나와 내아비의집이 주앞에 범죄함을 자복하오니……우리가주께 심히악을행하야 주께서 주의종 모세에게 명하신 율례와계명과 규례를 지키지아니하였나이다……』(第一章五—十一節)하였다。나라의興亡盛衰가 그나라兵車의數의多少와 外交策略의優劣에 있지안임을 아는故로 저는 根本問題에着眼한것이다。故로 그愛國은眞情한愛國이었다。

예루살렘城의 修築工事는 여호수아의 가나안征服보다도 어려운일이었다。그重첩된患難中에서 느헤미야의忠誠은 더욱發輝하였다。이처럼하야 이스라엘史記의末卷은 큰眞理를 우리에게준다。

에스라書概綱

前編 (바벨론出發——聖殿再建)

紀元前五三七—五一六年 (一•一—六•二二)

一、出發 (一•一—一一)

가、바사왕고레스의 조서(성전再建) (一•一—四)
나、각지파와 족장들의 출발준비。 (五—六)
다、성전 기명 의還附 (七—一一)

二 人口調査

가、일반百姓의 수효 (二•一—三五)
나、제사장들의 수효 (三六—三九)
다、레위 사람 수효 (四〇—五四)
라、솔로몬의 종의자손들 (五五—六〇)
마、失籍한 제사장들 (六一—六三)
바、人口都合計 (六四—六五)
온 회중。 四二三六〇人
노비 七三三〇七人
歌手의男女。 二〇〇人
사、저들의 財産과 연보 (二•六六—七〇)

三、聖殿再築記 (三•一—六•二二)

가、國民的宗敎生活의 회복 (三•一—七)
나、성전再起工 (前五三七—六年) (八—一三)
다、聖殿工事中止 (前五三六—五一 年) (四•一—二四)
1、사마리아 사람들의妨害 (四•一—一六)
2、아닥사스다왕의 조저 (一七—二二)
라、학개와스갈야의預言。
聖殿工事續行 (前五二〇年) (五•一—六•一二)
1、바사官員들의 是非 (五•三—五)
2、바사官員의 상소(다리오왕께) (五•六—一七)
3、다리오왕이고레스왕의조서를承認 (六•一—一二)
마、聖殿落成 (紀元前五一六年) (六•一三—一八)
바、유월절을 다시지키다。 (六•一九—二二)

後編 (에스라의行蹟) (七•一—一〇•四四)

一、에스라의旅程 (바벨론—예루살렘) (七•一—八•三六)

가、에스라의祖上、一行과旅程 (七•一—一〇)

나、아닥사스다왕이에스라에게준조서 (一一—二六)

다、에스라의感謝 (二七—二八)

라、에스라一行의名錄 (八•一—一四)

마、아하와江畔에서 (一五—二三)

(人員檢閱하고 禁食기도로써 發程準備)

바、寶物의委托授受。예루살렘安着 (八•二四—三六)

二、에스라의奉仕 (九•一—一〇•四四)

가、이스라엘百姓의雜婚을 걱정함 (九•一—五)

나、에스라의 기도와 告白 (九•六—一五)

다、雜婚防止策의實施 (一〇•一—四四)

라、에스라의其他行蹟 (느헤미야八•一—一〇•三九)

1、律法의解說 (同 八•一—一八)

2、회중과 제사장、레위의悔改 (同 九•一—三八)

3、誓約者名錄 (同 一〇•一—三九)

느헤미야書槪綱

一、느헤미야의旅程 (예루살렘까지) (一•一—二•一六)

가、느헤미야故國소식에悲嘆함 (一•一—四)

느헤미야의 기도 (五—一一)

나、아닥사스다王이 느헤미야를보냄 (二•一—一〇)

느헤미야의悲壯한感想 (예루살렘城을보고) (二•一一—一六)

二、예루살렘城修築記 (二•一七—六•一九)

가、느헤미야가城修築을 권면함 (二•一七—二〇)

나、예루살렘城 重修人名錄 (三•一—三二)

다、築城工事의諸種妨害

1、산발낫과도비야의嘲弄 (四•一—三)

느헤미야 기도로써應對하다 (四—六)

2、산발낫과도비야輩의積極的妨害 (七—九)

(이스라엘百姓의 祈禱를 이르키다)

3、유다同胞中의恐怖心

(患難이重첩하야 信仰이再燃) (一〇—一三)
4、富者의 인색으로 社會問題暴發 (五・一—一三)
(遺業返還의動因이되다)
(느헤미야의雅量) (一四—一九)
5、權謀術策으로壓迫 內外挾攻
(느헤미야의確固한人物이躍如) (六・一—一四)
6、築城完了 (一五—一九)

三、느헤미야의施政 (七・一—一二・四三)

가、예루살렘城의守備 (七・一—四)
나、人口調査 (七・五—六七)
1、百姓 (五—三八)
2、제사장 (三九—四二)
3、레위사람들 (四三—四五)
4、느디님사람들 (四六—五六)
5、솔로몬의 종의子孫들 (五七—六二)
6、失籍한 제사장들 (六三—六五)
人口都合計 (六六—六七)
온 회중 四二三六〇人
노비 七三三七人
歌手男女 二四五人
다、저의들의財産과 연보 (七・六八—七三)
(附) 에스라의史蹟 (八・一—一〇・三九)
1、에스라의律法講解 (八・一—一八)
2、百姓을 激勵함 (八・九—一二)
3、장막을 짓고 居하게하다 (八・一三—一八)
4、悔改와祈禱 (九・一—三八)
5、宣誓와 誓約者名錄 (一〇・一—三九)
라、예루살렘城의居住民 (一一・一—一九)
마、예루살렘城 以外의住民 (一一・二〇—三六)
바、聖殿 諸職의名錄 (一二・一—二六)
사、예루살렘城의落成式 (一二・二七—四三)

四、느헤미야의두번째歸京 (一二・四四—一三・三一)

가、聖殿節次의復舊(레위族의生計) (一二・四四—四七)
나、느헤미야末年의 宗敎的改革 (一三・一—一四)
다、安息日嚴守를再命 (一五—二二)
라、雜婚을 極力抗議하다 (二三—二九)
마、느헤미야의 結言 (一三・三〇—三一)

非常時新年

【年賀狀廢止·太陽曆過歲】

爲政者가 非常時非常時하는 소리를 높일수록 우리는 非常時에處하였음을 體得하기 困難한바있음을 민망히녀기어 왔든터인데、最近에『非常時新年을當하야 敎育에從事하는者끼리는 年賀狀을廢止하라』는 意味의 通牒을監督官廳으로부터받고서 잠깬자처럼 非常時를 새롭게認識하고 非常時의 고마움을 못내 느끼었다。이非常時通牒에 빙자하야 한갓 敎育關係者에게만아니라 누구에게든지 年賀狀의 一切廢止를 實施할機運을 붙잡은까닭이다

本來 年賀狀의 弊害를 알아 師長에게禮를失치말려고 不得已 들이는것과、分에 넘치는이들이 友誼를許함에對하야 황송한마음으로 答狀을 쓰는것으로써 制限하야 왔었으나 이도 年年이 枚數가增加하야 最近에와서는 百數十枚를 쓰게되니 一分間에一枚식써도 年賀狀때문에 數時間을 浪費하게될뿐더러 不純한動機와 社交的技術까지 添色될危險性이 濃厚하여짐을 깨닫게됨으로 이一九三四年의 非常時新年부터 年賀狀一件은 全廢하기로한다。이제부터 禮節이充足치못한바있을지라도이는 非常時의所致인줄알고 널리容納하여주기를 親切하고敦篤한 親知와 先輩諸位께 請코저한다。

생각건대 非常時의宗家는 우리가歸依한 基督敎안에있다。基督敎 自體가 非常時宗敎다。아브라함과 모세와 이사야와예레미야等의 살림사리가 다 非常時살림사리였고 또한 非常時살림법을 가르쳤다。예수그리스도에 이르러서는 더말할것도없다。『가난한자가 福스럽다』하며、『父母妻子와自己生命까지 미워하고 네十字架를지고 좇아오라』『五里를가자면 十里를한께가고、꾸자는자를 물리치지말라……』함은 太平時代의 敎訓은아니다。使徒바울의生涯와 敎訓도 「非常時」라는要素를 빼놓고는 全혀解得할수없는 수수꺼기가되고만다。旣婚者는 離婚할것이없고、處女는處女대로 살라함도 非常時敎訓이다。基督敎의非常時는、世上爲政者의말하는따위가아니다。가장切迫하고危急한程度의것이다。故로通常時의 太平을享樂하는 有閑階級의 節次대로 行치못하는일이 있어야할것은 當然한일이다。우리는風俗改良을 目的하는者아니다。信者로서는非常時人답게할것이 當然한줄안다。例컨대 京鄕을勿論하고 尙今二重過歲하는이는 理由의如何에不拘하고 「有閑」人間인것만은事實이다。科學的理由로보든지 非常時心理로보든지 우리는 太陽曆 한번만 過歲하노라。

갈라듸아書研究(五)

柳 錫 東

本 論

一、루ー터ー註釋(三)

第十一、十二節 兄弟들아 내가너의게알게하노니 내가傳한福音이 사람의뜻을 따라된것이아니라 대개내가 사람에게 받은것도아니오 누가 나를가르친것도아니오 오직예수그리스도의 默示로말미암아 받은것이라。

이節부터 第二章끝까지는 바울이 敵의敎義에對한駁論과 自己敎義에對한辯證이다。 바울이福音을 사람에게받지아니하고 오직예수그리스도의 默示로받은것은 그의信仰의基礎이고 그는이를主張하고 固執하야써 갈라듸아사람들로하여금 그를믿게하고 僞使徒의말을 듣지않도록하였다。 바울이 이使徒들을 僞使徒라한것은 그들이바울을사람인 他使徒에게 福音을배운者이라고 主張한까닭이었다 다메섹途上에서 그리스도는 바울에게나타나 말슴을하시고 여긔에바울은 그의福音을받었다。그後 예두살렘宮殿에서 그와말슴하시고 또 使徒行傳九章六節에있는것과 같은 일이니러났다。即그리스도가 그에게「네가니러나城으로들어가라 行할것을 네게니르리라」고말슴하시매 그는이에城으로들어갔다。 그러나 그리스도가 바울을城으로들어가게한것은 아나니아에게 福音을배우게하려 하심이아니라 아나니아에게 洗禮와按手를받어 하나님의말슴을傳하는 任務를얻고 또한敎會에 推薦을받게함이었다。 그가傳하는福音은 아나니아에게 받은것이아니라 예수그리스도의默示로 벌서받은것이었다。 또한 아나니아亦이를證明하야「兄弟사울아 네가올때에 길에서보이시든 主예수께서 나를보내어 너를다시보게하시고 聖神으로充滿하게하신다」말하였다。故로바울은 그의福音을 아나니아에게받은것이아니라 다메섹途上에서 벌서直接으로 그리스도의부름을받고 빛을얻고 가르침을받은것이었다。 그가아나니아에게 가게된것은 그가 그리스도의福音을宣傳하기爲하야 하나님의부름을받은것을 다시사람의 證據를얻어 더욱 밝히하랴함이었다。

내가福音의辯證을 하기始作하였을때 스타우피츠博士는 나에게「네가말하는가르침이 모든榮光과 모든일을全部하나님에게만돌리고 사람에게는 조금도 價値를두지아니함은 大端히기뿐일이다。 하나님에게는 無限한榮光、善恩惠를 돌려보내도 오히려不足함을느낀다」고말하였다。이말은 나를크게慰安하고 또한힘을주었다。事實福音의致

갈라듸아書研究(五)

義는 사람에서 모든榮光、智慧、正義를빼앗아 이를萬物를創造하신 造物主에게 돌려보낸다。

第十三、十四節 내가以前에 猶太敎에있을때에 行한일을 너의가들었거니와 하나님의敎會를 甚히逼迫하야 殘害하고 내가猶太敎를 本國中에 나같은여러同類보다 뛰여나게하야 祖上의遺傳을 더욱熱心으로지켰으나

여긔에바울은 自己에過去經歷을披歷하야 그가바리새敎人의遺傳과 猶太敎를甚히 尊重함을말하고 이點에있어서 自己는僞使徒보다 훨신낫음을主張하고있다。故로그는「만약 律法의義에 조금이라도 價値가있다면 나는이것을버리지 아니하였을것이다。내가그리스도를 알때까지는 律法으로 修養하고 또한이것으로 많은利益을얻었는대 이點에있어서는 나는同輩들보다 훨신낫었다。이뿐아니라 나는猶太敎에對한 至極한熱心때문에 하나님의敎會를 甚히逼迫하고「祭司諸長의 權勢를가지고 여러聖徒를가두고 또죽일때에도 내가그일에 可便投票를하였고 또 모든會堂에서 여러번刑罰하야 아모쪼록毁謗하게하랴하고 저의를對하야 甚히激怒하야 逼迫하야 異邦城까지갔다」(使徒行傳二六・一〇、一一)」고말한다。

「祖上의遺傳을 더욱熱心으로지켰으나」 바울이 여긔에 「祖上의遺傳」이라고하야「바리새敎人의遺傳」또는「사람의遺傳」이라고 말하지아니함은 그가여긔에 말하랴는것이 그것보다 훨신낫은것이고 따려 그는 모세의誡命도 이를祖上의 遺傳이라하야 祖上안테받은것에 不過한것이라 認定한까닭이다。그는 그가猶太敎에있을때 이일에甚히熱心이있음을말하고 빌립보書에서도 그는「律法으로는 바리새敎人이오 熱心으로는 敎會를逼迫하였고 律法의義로는 責望할것이없는者로라」고主張하였다。

그가말하고자하는것은「이點에있어서는 나는猶太人全體 또는 割禮를받은사람들中 가장거륵한사람들과 比較하여도 不足함이없으며 누가나같이熱心으로 모세律을지켰으리오。갈라듸아사람들아 이것만보아도 律法의義를 尊重하는 이거즛使徒를믿는것이 틀림을알것이아니냐 만약律法의義가 자랑할것일진대 나는누구보다 더자랑할資格이 있노라는것이었다。

나亦福音의光明에 빛우이게되기까지는 羅馬敎의律法과 祖上의遺傳에熱心하야 다른사람에게짐이없었으며 이것을神聖하고 救援에必要한것이라하야 熱心으로維持하고 擁護하였었다。또한 이것을全力을다하야遵守하고 斷食、祈禱其他여러方法으로 나의弱한몸을 괴롭게하여 다른사람에게짐이없었다、지금나를미워하야 甚히 逼迫하는사람들도 이點에서는 나를딿지못할것이다。나는이것을지키는熱心과 迷信이度를지내어 몸을甚히괴롭게하고 畢竟病이들었다。

나는良心으로 法王을崇敬하였고 扶持와昇進과 生活때문에 그를崇敬하지아니하였다。이러한일을 나는하나님의榮光을爲하야 單純한마음과 熱心으로하였다。이모든일은當時에는 有益한일이었지마는 지금은 우리救主예수그리스도를알음이나므로 바울과같이 이모든것을 損으로생각한다(빌립보三•八)。그러나 나의敵은 自身誘惑과싸운일이없는 어린兒孩와같어서 우리의 이苦鬪—良心이 平安을熱望하여도 이律法의義속에서 찾지못함을아지못한다。

第十五、十六、十七節 그러나 내어머니의 胎로부터나를擇하시고 恩惠로 나를부르신 하나님이기뻐시게그아들을 내마음에 나타내사 異邦에傳하게하시기로내가곳 血肉있는者로더부러 議論하지아니하고 또내가 예루살렘에있는나보다 몬저使徒된者에게로 가지아니하고 아라비아로갔다가 다시 다메섹으로돌아갔노라。

이는바울의最初旅行이다。하나님의恩惠로 그리스도를異邦사람에게傳하는 召命을받은後 그는곳아라비아로갔다。그는사람의意見을 조금도듣지아니하고 곳自己使命에就한것이며 이는그가하나님에게 直接가르침을받고 하나님에게 直接福音의 知識과使徒의 職分을받음을 證明한다。바울이「하나님이 기뻐시게……」라말한것은「나는本來 하나님의 福音의使徒로는 適當치못한者이다。나는하나님의律法에 너무나熱心하야 이것이어리석고 惡한熱狂症이되어하나님께 무엇이라말할수없는 極惡無道한罪를犯하였다。即나는 하나님의敎會를逼迫하고 그리스도의敵이되고 그리스도의福音을더럽히고 無罪한者의 피를흘리었다。나의罪는 이와같이極惡한것이었다。그런대나는 이러한殘惡한狂暴中에서 하나님의無限量한 恩寵으로부름을받었다。이果然 무슨까닭일까。나의狂暴때문일까。아니다 아니다。全혀하나님의 豊盛한恩惠때문이며 矜恤히 녀기랴는者를矜恤히녀기고 불상히녀기랴는者를 불상히녀기는하나님이나의모든冒瀆을 容恕하시고 나의 이무서운罪(勿論當時까지는 나는이를完全한正義로생각하고 하나님이기뻐하시는奉仕로생각하고있었다)에도不關하시고 나에게恩惠를베프시어 그의眞理를 아는知識을주시고 또한使徒의 職分을주셨다」는뜻이다。

우리도모다 같은 徑路를지내어 하나님의恩惠를알게되였다。나는僧院生活中에 每日그리스도를 十字架에걸었다。또나의틀린信仰으로 하나님을冒瀆하였다。나는淸潔、淸貧服從을지키어 이 世上生活의 憂慮를잊고있었다。그러나나는이동안에 이러한外面的淸潔과 自己의義를 信賴하고있기때문에 하나님께對하야 큰不信、懷疑、恐怖、憎惡、冒瀆을犯하고있었다。그리하야 이러한모든自己의義는 더러운진흙이고 사단의王國에 不過함을알게되었다。

「하나님이기뿌시게……」 하나님이 나와같은惡한者 詛呪받은者 冒瀆하는者 迫害하는者 返逆하는者를 容恕만하실뿐아니라 나에게救援의知識을주시고 聖靈과외아들예수그리스도를주시고 또使徒의職分과 永生을주신것은 참으로 하나님의無限量한 恩寵에만依한것이다。」

내어머니의胎로부터 나를擇하시고。」이는 히브리말인대 하나님이 自己를거륵한것으로 選定하야 미리準備하였다는뜻이다。即「내가아직어머니胎안에있을때 발서하나님은 내가이와같이 敎會를逼迫하고 後에 그의恩寵으로因하야 凶暴와冒瀆가운대로부터 眞理와救援의길로 부르시기를作定하셨다는뜻이다。

「恩惠로나를부르신。」바울의鄭重한말에 注意하여야한다 그는「하나님은 나를부르셨다。이무슨까닭인가 내가바리새敎徒인까닭인가。缺點이없는 거륵한 生活까닭인가。나의祈禱、斷食、行爲까닭인가。아니다 아니다。又況나의冒瀆、迫害、壓迫때문은아니다。그러면 무슨까닭인가。이는 다만 그의恩惠따문이다。」라말하였다。

「그아들을 내마음에나타내사。」바울에依托된 가르침이 어떠한가르침임을 여긔에表示한다。即그가르침은 하나님의아들을 나타내는福音이며 律法과는 正反對되는것이다 律法은 하나님의아들을 나타내지아니하고 罪를指摘하야 良心을恐怖시키고 死와神怒와 審判과地獄을나타내인다。

故로福音은 全혀律法과 混同할수없는가르침이고 天地와같이 서로隔하여있다。이區別은 自體도서는 大段히明瞭한것이나 實際問題로서는 甚히困難한것이다。福音은하나님의아들을 나타내는가르침이고 예수그리스도를 아는일이라고말하기는 容易하나 實際로良心의苦惱와 煩悶을當할때 이를確守하고 實行하기는 信仰이强한者라도 容易한일이아니다。

「異邦에傳하게하시기로」바울은「하나님은 그아들을내마음에나타내시기를 기뻐하셨다。이는내가 그아들을믿게하랴고만이아니라 내가예수를 異邦人사이에 傳하게하랴하심이라」고말하였다。猶太人사이라고 아니한것은 바울은 때에는猶太人사이에 福音을傳하였지마는 그가全體로는 異邦人使徒임을 가르치는것이다。

이短語속에 바울은異邦人의使徒라는 自己의天職을包含시켰다。即「나는異邦人을 律法으로 抑制하지아니한다。이는 나는異邦人에게 福音을傳하는者이고 律法을가르치는者가 아닌때문이라」고말하야 僞使徒들에게 反對를表明하고있다。

「내가 곳血肉있는者로더부러 議論하지아니하고。」血肉이라는말속에는 使徒는包含되지아니하였다。이여서 내가예루살렘에있는 나보다먼저 使徒된者에게로 가지아니하고」라말하였다。即 바울의뜻은 그는다메섹에있는누구하고도 議論하지아니하고 더구나 福音에對하야는 그들에게가르침을 받지아니하였으며 또한 예루살렘에있는 베드로와 그他使徒들에게도 福音을배운것이아니고 곳 다메섹에서 예수그리스도를 傳하였다는것이다。

「내가 예루살렘에있는 나보다먼저 使徒된者에게로가지아니하고 아라비아로갔다가 다시 다메섹으로 도라갔노라。」 바울은使徒를만나 그들과議論하지아니하고 곳 아리비아로가서 異邦人에對한 傳道職을取하였다。이는 그가이때문에 부름을받고 또한 하나님의默示를 받은까닭이라고主張한다。여기에 바울는 그使徒職을 사람에게받지도아니하고 또다른使徒에게 받지도아니하고 다만하나님의聖召와 예수그리스도의默示로 받음을말하는것이다。

第十八、十九節 그後三年만에 내가 게바를尋訪하랴고 예루살렘에올라가서 한께十五日을留할새 使徒中다른이를보지못하고 오직主의아오 야고보만보았노라

바울는 그가使徒들을만난것을 認定하나 모든使徒들을만난것은 아니라고主張한다。그가 예루살렘에간것은 命令을받은때문이아니라 自己意思로서고 또使徒들에게 배우랴고간것이아니라 베드로를만나기 때문임을말한다。또使徒行傳九章二十七節에 누가가記錄한것과같이 바나바는 바울을다리고 使徒들안테가、바울이 途中에서 主를보고 主가 그에게말슴하신것과 및그가 다메섹에서 조금도忌憚없이 예수의니름으로 말한것을 이야기하였다。이바나바의 證言으로하여금 더욱明白한것과같이 바울은 그의福音이 사람에게서나온것이아님을 여기서말하는것이다。바울은베드로와 主의兄弟 야고보를만났으나 그들에게아무것도 배우지아니하였으며 더구나 다른使徒들은 만나지도아니하였다고主張한다。바울이이와같이거듭하야 이일을主張하는것은 갈라디아敎會에對하야 自己의傳하는福音이 참으로 하나님의말슴임을 믿게하기때문이었다。

第二十節 너의게片紙하는말이 하나님앞에서 거즛말이아니로라。

바울이 그다지重要하게 아니보이는事實에對하야 그眞實함을 盟誓함은 一見異常하나 이를잘생각하여보면 이事實이 大段重大한것이며 여긔서 다시盟誓할必要가 있었음은 前述한것으로써알수가있다。

第二十一節 그後에내가 수리아와 길리기아地方에이르렀으나

수리아와 길리기아는 近接한地方이다。即 바울은 使徒들을 만난後에도 以前과變함이없이 그리스도의默示로받은 福音의敎師이었고 다른使徒의弟子가 아님을말한다

第二十二、二十三、二十四節 猶太에 그리스도안에있는 여러敎會가 나를얼굴로아지못하고 다만前에逼迫하든者가 그때 殘害하든道를 지금傳한다함을듣고

갈라듸아書硏究(五)

나의연고로 榮華를 하나님께돌리더라。

이여서 그는歷史를말한다。即 베드로를만나고 수리아와 길리기아에傳道한後 猶太에도傳道하야 猶太諸敎會의干證을 업섯음을말한다。바울은「나는諸敎會 特히猶太諸敎會의干證으로써 나의福音이 하나님에게나옴을 證明하랴고한다。이는 다메섹、아라비아、수리아、길리기아뿐아니라 猶太敎會까지도 내가前에反對하고 逼迫하든 그信仰을宣傳하고있음을 證據하는까닭이다。그리하야 그들은나의일로因하야 하나님을讚頌하고있다。이는내가割禮를가르치고 모세의律法을 지켜야함을가르침이아니라 信仰을傳하고 福音을傳하야 敎會의德을세운까닭이다。故로너의들은 다메섹과 아라비아의사람뿐아니라 猶太全體의敎會의證言으로 나의福音이옳음을 알것이라」고말한다。

第二章

第一節 十四年後에 내가 바나바와함께 듸도를다리고 다시예루살렘에 올라갔노니

바울은 異邦人에게 그들은律法의 行爲에依치아니하고 오직 信仰만으로 義롭게됨을傳하였다。그는이敎義를 異邦人에게 傳播한後 안듸옥으로돌아와 弟子들에게 自己實驗을말하였다。그러나 옛律法의 慣習에 잡힌사람들은크게憤怒하야 바울에게反對하고 그가 異邦人에게對하야律法의束縛을 벗게함을責하였다。이로因하야 大論爭이니러나고 새로히 混亂한狀態를 만들게되었다。바울과바나바는 眞理를固持하야 動치아니하고 干證하야 말하기를「우리가 異邦人에게 傳道하였는대 어떤敎會에서도 聖言을들는者우에 聖靈이나렸다。우리는割禮를 말하지아니하고 또律法의遵守를 强要하지아니하고 다만예수그리스도를믿어야 함을말하였다。이信仰을말할때 하나님은듣는者들우에 聖靈을내리셨다。이는聖靈이律法도 割禮도없는異邦人의信仰을 기뻐하신證據이며 마약聖靈이 福音의宣傳과 異邦人이 그리스도를믿는信仰을 기뻐하시지아니하면반듯이 聖言을들은 割禮없는사람우에 聖靈이나리지아니하였을것이다。그들이信仰에對하야 듣기만하고도 聖靈을받게된것은 聖靈이異邦人의信仰을 기뻐하심이確實하다。律法을宣傳한때에는 이적지 이러한일이없었다」하였다。

「바나바와함께 듸도를다리고。」바울은 二人의證人을다리고갔다。即 바나바와 듸도이다。바나바는 바울의伴侶로써 異邦人에게 그들이律法의 奴隷狀態에서버서나 自由스럽게됨을말하였다。또 그는바울의活動을 目擊한者이다。그는割禮도없고 모세의律法도 갖지아니한 異邦人이다만 예수그리스도를 믿음으로因하야 聖靈이내림을目擊하였다。그리하야 그는異邦人 을律法으로束縛함은 無用의짓이며 다만 예수그리스도를 믿는것으로만 足하다는

點에 바울과全然一致하였다。故로 바나바는 自己經驗에서 바울과같이 猶太人에게反對하야 異邦人도 다만예수 그리스도를믿는것으로 律法과割禮없이도 하나님의아들이 됨을主張하였다。

第二節 默示를얻음으로올라가 내가異邦가운대서 傳播하는福音을 저의게告하되 有名한者數人에게 사사로히한것은 내가지금行하는것이나 이미行한것이 헛되지안케함이라。

「默示를얻음으로올라가。」만약 바울에게 默示가없었드면 그는 예루살렘에올라가지아니하였을것이다。그러나하나님은 特別한默示로 그를警誡하야 예루살렘에올라가게함으로 그는이에順從하였다。그目的은 福音을믿으면서도 律法의遵守를 頑固하게主張한 猶太人을沈默시키어 더욱 福音의眞理를傳播하고 堅固하게하랴는까닭이었다。

「내가異邦가운대서 傳播하는福音을 저의게告하되」이로因하야 바울이十八年後에 처음예루살렘에가서 그의福音에對하야 다른使徒들과 商議함을알수있다。

바울은 다른使徒들과같이 猶太人에게는 暫時律法과割禮를認容하였다。「내가여러사람에게는 여러貌樣으로일우었나니라」(고린도前書九·二二) 그러나 福音의참敎義는 몰는것우에두어 律法、割禮、使徒、天使라도 全部이아래에두었다。바울이猶太人에게「그럼으로兄弟들아 이사람을힘입어 罪赦하는말슴을 너의게傳하는것을알라 모세의律法을힘입어 너의가赦하야 義롭다하심을얻지못한 몰은일에 이사람을힘입어 믿는者마다赦하야義롭다 하심을얻나니라(使徒行傳一三·三八、三九)」말하였다。이와같이 비울은 福音의敎義를 各處에서 宣傳辯證하야 이를危險에 빠지지아니하게하였다。그러나 그는처음부터 大聲叱咤하지아니하고 弱한信仰을가진者에게對하여는 深慮하야말하였다。信仰이弱한者라도 바울의福音을 듣고싶어하지아니함을보면 그가猶太人에게對하야는 모세의律法을 遵守함은 너의를義롭게하지못하는 無益한일이나 만약너의가이를甚히尊重하면 너의는이를지켜도 關係가없다。그러나이것을 律法에束縛되지아니한 異邦人에게까지 强要하지는 말라」고말하였는것같다。

「有名한者 數人에게 사사로한것은 내가지금行하는것이나 이미行한것이 헛되지안케함이라」바울은 福音에對하야 兄弟들과 商議하였으며 特히其中 主要한사람들과商議하였다。그러나 바울이 自己가지금行하고 또한過去十八年동안 行한일이헛되히됨을 무서워한것이안이라 다른사람들中에「바울의十八年間의傳道는 無益하게되였으니 이는 異邦人은 律法을지킬必要가없다고 가르친까닭이라」고틀리게생각하는사람이 있음으로 바울은여긔에 일부러 이러한말을한것이다。

第三節 나와같이있는 듸도는 헬라사람이라도 억지의 割禮를받게 하지아니하였으니

갈라듸아書研究(五)

「엇지의……」라는 一句를가지고 바울은使徒들과商議한 結果를 明白히하엿다。即 異邦人은 割禮를받을義務를 갖게하지말것이나 使徒들이 暫時동안은 그들에게割禮를베프러도 關係없다는것이다。이勿論 義롭게되는데 必要한 까닭의 割禮가안이라 自己들祖上에對한敬意와 弱한信者에對한愛憐따문에 暫時이를默許한것하다。實로猶太民族에서 하나님이주신 榮光스러운律法과 父祖의傳說을 一朝에廢棄하는것은 奇異하고不當한일이엇다。

第四、五節 이는가만히 들어오게한 거즛兄弟까닭이라 저의가가만이들어온것은 우리가그리스도예수안에서 自由함을엿보고 우리를종으로삼고저함이로되 우리가一時라도 服從치아니함은 福音의眞理가 恒常너의가온대잇게함이라。

바울이 예루살렘에가 다른使徒들과 福音에對하야 商議한理由와 또듸도에게 割禮를베프지아니한理由를 여긔에밝히하엿다。그가예루살렘에간것은 그가使徒들에게 福音의確認을받어 確信을얻으랴는것이안이엇다。그는여긔에는 처음부터 確信을가졋다。다만福音의眞理가 갈라듸아와 其他異邦敎會에 維持되게함이엇다。이로써 바울의任務가 重大함을알수잇다。

福音의眞理는 우리가義롭게되는것은 信仰에만依하는것이고 律法의行爲에 依치아니하는 것이라는것이다。腐敗한거즛福音은 우리가義롭게되는것은 信仰에依하나 律法의行爲도잇어야한다고 主張하는것이다 거즛使徒와 羅馬敎가主張하는것은 即이것이며 그들은말하기를「우리는그리스도를 믿어야한다。即信仰은 우리救援의基礎이다。그러나사랑을 가지지아니하면 義롭게되지아니한다고한다。그러나 이는福音의眞理가안이라 거즛福音이다。참福音은말한다「사랑과行爲는 信仰의裝飾도안이고 또信仰을完成하는것도안이다。信仰은그自體가 하나님의賜物이고 우리마음속의役事하는 하나님의業이다。故로信仰은 우리救主그리스도를잡어서 우리를義롭게한다」고。사람의理性은 律法을 그目的으로함으로「나는이러한行爲를하고 또이러한行爲를아니한다」고말한다。그러나 信仰은 그固有한 職務로 世上罪를爲하야 돌아가신하나님의아들예수그리스도를 目的으로하는以外에 目的이없다。信仰은 사랑을對象으로하지아니한다。信仰은「나는如何한善行을하엿느냐。또如何한惡行을하엿느냐。또如何한價値잇는일을하엿느냐」고묻지아니한다。다만「그리스도는 무엇을하엿느냐。또그리스도는 如何한價値잇는일을하엿느냐」라고묻는다。그리하야 福音의眞理는 이에對答하야「그리스도는 너를罪와惡魔와 永久한死에서贖出하엿다」고말한다。우리敵은 이를理解하지못한다。故로이貴한眞珠인 그리스도를버리고 스스로貴한 다이아몬드라생각하는 사랑으로써 그리스도와밧구랴한다。

또한그들은 바울과바울의敎를 믿는者들을 괴롭게하야 奴隸로만들랴고힘쓰고잇다。故로바울은 一步도讓步하지아니하엿다。

城西通信

○本誌第五十號에 記念特價를廣告한지가 昨日일같은데, 발서第六十號를 보내게되엿다。이번은 第六十號와新年號가 겹치었다 이機會에 다시한번 如左히 特價를公告한다。本誌의趣旨를 살핀後에 誌友의協贊을 願한다。

本誌는 多幸히今日까지 經濟的經營難이란것이없었다。남은것도없고 不足한것도없이 지나왔다。故로 讀者의不足을 느낀일도없다。비록 一人이나二人에게라도 참으로 渴急한者에게 한잔冷水를 떠준수있어스면 足하엿다。그러나 이는聖書朝鮮편으로 볼때의말이오, 見地를 밧구어 變的非常時를當한 半島의現狀을볼때는 이와反對로 한사람에게라도 더많이 우리가들은福된消息을傳達하고싶은慾心도 없지못하다。그러나 世俗에서行하는 廣告術에依함은 우리가 到底히 行치못하는일이다。

첫재로 할수있는일은 「너의가 값없이받앗으니 값없이주라」는일이다。그러나 「眞珠를 개에게던진」結果로 돌아옴을보고는 자주 失心하지않을수도없엇다。無代로 주는일은 어려운일이안이다。如何히하면 眞珠를 眞珠로 감당하게할수있을가 이것이 問題다。무릇 高價를 支佛하지안은眞珠는 寶物될수없다는 理致는 本誌와같이 無味간조한雜誌를 數年以來로購讀하고있는 本誌誌友들은 잘알것이다。

世上法대로 廣告術을利用하기를 주저하고, 물우에 빵을散布하는것만이 能事안인것을 覺得한本誌는 이제少數이나마 本誌를愛讀하는 誌友諸兄의 協働을請코저한다 우선昨年度까지의 讀者로서, 本誌에무슨實한것이 있음을認識하야 親知에게 紹介하며 同胞에게널리 廣告하고싶은이는 直接 本社로 相議하는대로 可能한程度까지 便宜를 도모하고저한다。그리하야 사랑하는 벗의손으로서 새벗의손으로 傳하여지는일이 本誌에 가장適合한일인줄안다。誌友는 주저말고相議하며, 聖朝誌가 朝鮮을爲하야 가장 有益하게使用되기를 祈禱中에考案하라。

昨年夏季旅行時에目睹한바事實도 考慮하야 聖朝誌一卷을 遠距離間에서 郵便으로 廻覽하는이들의 便宜도될가하야 이번은特價를 如左히 變更한다。

(一) 廻覽用·紹介用

先金拂込한讀者가 廻覽用으로 한벌더請하거나, 紹介하기爲하야 다시 友人의分을 拂込할경우에는

特價 十二冊代 七十錢 (郵料共)

(二) 傳道用舊號 (無順序)

特價 十冊代金 貳拾錢 (郵料共)

(三) 團體購讀者。한學校、한教會、한寄宿舍、한洞內近隣等에서 一時에五人以上一團으로 購讀할時는

特價、一人一年分先金九十錢(郵料共)

○近來에 良書의紹介 或은 貸與를請托하는이가 종종있으나 記者의時間이 넉넉지못함과 또貸與할수있는 書冊의數가 많지못한關係로因하야 一一히 應答치못하엿고 聖書研究를 指導하기를請하여도 부르는대로 가볼수없어서 遺憾이었다。이런때마다 五人이면五人、十人이면十人이 個別的으로 分散하야 各其 제要求대로請하지말고 五人或은 十人식 一團이되여 共通한要求를 한다면 열번에 한번이라도 請托에應할수있을까하는수가 많앗다。무슨組織體를 만들라는것이안이라 時間과努力을 節約할수있는方法은 企圖하고싶다。이런意味로서讀者一個人의 個別的要求보다 聖書朝鮮의指導를바라는 五六兄弟의 一團이願하는일에 優先權을 두게되고、記者一個人의 體面禮節等의私事보다 聖書朝鮮을通하야 行하게되는公務가 重하게되는것은 自然스러운일이다。主그리스도께서 九十九首의羊을두고 一首를차자 기뻐하시는反面에、두셋이있는고데 自己도 함께게신다하며、에클레샤(敎會)를 自己의新婦라稱하야 至極히사랑하신일들을 생각하면 이런일은 單히功利主義로 나온것이라고 할수도없는줄안다

○新年부터 特히漢字를節制하야 널리누구든지 읽을수있는글을 써보고저願하엿으나 아직은 前途遙遠하다。쉬운글쓰는일은 어려운글쓰기보다도 多大한努力을要한다。알기쉬운 조선글을쓰기위하야 特히 은혜받든이의 出現을待할수밖에없다。(第七頁에續)

本誌舊號廣告

로마書硏究 (續)

第27. 28. 29. 30. 31. 33. 34. 35. 36. 38. 39. 41. 44. 45. 46. 47. 48. 56. 57. 58. 59.號

山上垂訓硏究 (完)

第24. 25. 26. 27. 29. 30. 31. 32. 33. 34. 35. 36. 37.號

舊約聖書大旨 (續)

創世記大旨	三八號
出埃及記大旨	三九號
利未記大旨	同
民數記大旨	四〇號
申命記大旨	四一號
여호수아大旨	同
士師記大旨	四二號
路得記大旨	四四號
삼우엘上書大旨	五四號
삼우엘下書大旨	五五號
列王記上書大旨	五六號
列王記下書大旨	五八號
歷代志大旨	五九號

豫言書硏究

一、先知者(上)	第三號
二、先知者(下)	第四號
三、偉大한解放者	十五號
四、아모스書硏究(上)	廿八號
五、아모스書硏究(下)	廿九號

詩篇硏究號

第一篇	三四號
第三篇	五四號
第十二篇	二二號
第十三篇	二五號
第十九篇	二三號
第四十四篇	三〇號
第九十三篇	創刊號
第百二十一篇	第五號

天然과聖書

靈魂에關한知識의古今	創刊號
地質學과하나님의創造	第四號
生命의階段	第七號
生命의發達	九、十、十二、十三、十四、十六號
生命의所在地	十七號
復活의事實과理論	廿八號

歷史와聖書

하나님의攝理	七、八、十一、十二號
成三問과스데반	十四號
큰食物	十五號
二十世記의出埃及	十八號
푸로테스탄트의精神	二十號
예수出現의宇宙史的意義	廿四號

本誌定價

一 冊	拾五錢 (送料五厘)
六 冊 (半年分)	前金九拾錢 (送料共)
十二冊 (一年分)	前金壹圓七拾錢

要前金。直接注文은振替貯金口座京城一六五九四番(聖書朝鮮社)로

取次販賣所 京城府鍾路二丁目八二 博文書館 振替京城二〇二三

昭和八年十二月二十九日印刷
昭和九年一月一日發行

編輯兼發行人 京城府外龍江面孔德里一三〇ノ三 金敎臣
印制者 京城府堅志洞三二 金鎭浩
印刷所 京城府堅志洞三二 漢城圖書株式會社

發行所 京城府外龍江面孔德里活人洞一三〇ノ三 聖書朝鮮社 振替口座京城一六五九四番

昭和五年一月二十八日第三種郵便物認可
昭和九年二月一日發行(每月一回一日發行)

金教臣主筆

聖書朝鮮

第六拾壹號

一九三四年·二月一日發行

目次

飛行三十年

지금은 人類의飛行時代오 飛行을論議할時代가 안이며 더구나 飛行을 꿈꿀때가 안이다。그럼에도不拘하고 우리는 아직껏 夢中에 마음대로 天空을飛翔하는일처럼 愉快하고 滿足한일은 없으며 또 이꿈처럼 古今東西人類에게 共通한꿈은 다시없다。「다이달루스가 그아들 이카루스에게 双翼을만들어 蠟으로붙이니 이카루스가 한울을向하야 날고 또날아 오르다가 넘어太陽에 가까히가서 太陽熱에 蠟이녹아、붙었든 나래가 떠러지는同時에 이카루스自身도 萬頃滄波에 墜落慘死하였다」함은 單只로마人들의 神話뿐이안이다。實로全人類의始祖以來의 꿈이야기의總括이다 이꿈은 人類의歷史와함께 四、五千年前에 시작된것도안이오 所謂歷史家의稱하는 前史時代에 새삼스럽게 시작된것도안이오、적어도 大畧 三十萬年前에 人類의始祖가 大地를밟고서든 그날부터 시작되였을것이다。代를 넛고 나라를넛어가면서 꾸여오든 크나큰꿈이었다。그러나 꿈이꿈대로있을동안은 아름다운것이었으나 一旦現實化하고저 할때는 가장 어리석은 者라는 嘲弄과 시기가 구름처럼 일어나는法이다。

꿈을現實化하고저하는者에게 避할수없는輕蔑을敢當하면서 人類의큰꿈을 繼續하든 米國人라이트兄弟가 北카롤리나州키티ㅣ호ㅣ크砂丘에서 發動機裝置의飛行機로써 처음離陸에 成功한것은 距今三十年前일이다。때는 一九〇三年十二月十四日、無風快晴한날이었다한다。滯空 三秒半、距離一〇五呎! 一擧에太平洋을 橫斷하는 三十年後의 發達한記錄에比할것도없는 小記錄이나 이는 人類의千萬年長閑夢을 實現하는大事變이었다。마는 우리가 놀라는것은 라이트兄弟의離陸成功보다도、이空前한 歷史的大光景을目睹한사람은 오직 그附近을徘徊하든 水難救助員三人뿐이었다는 事實이다。大凡 참으로偉大한일은 名士들의 立會한데나 各國大政治家의會合에서 생겨나는것이안이오、돌이어 水難救助員이나 베들레헴郊外의 牧者같은이들에게만 그偉大한光景을 叅觀하기를許하는것같다。하나님의獨生子가誕降하신 구유결에 世界的大史家가 立會하지않은것은 別로介意할바가없는일인것도 짐작할만한일이다。

世上에서 蔑視를當하는中에 偉大한 꿈꾸는者처럼 可憐한것이없다。꿈이偉大할수록 嘲弄도커진다。「꿈잘꾸는자」라는 別名을얻은 요셉은 그兄弟들의미움을받았고(創三七章)、新大陸發見하기까지의 콜럼부스는 當時의學者와 政客들의 嘲弄거리었고 使徒바울이 猶太人의迫害를받은것은 肉體의復活을믿은까닭이었다。自古로 크리스챤이特히 嘲弄을받는것은 그꿈이特히超越하야 偉大한까닭이다。그러나 實現하는날에는 그깃붐도 크리라。다만偉大한꿈일수록 그實現도 遲晩한듯하다。飛翔의꿈이實現되기까지 人類가三十萬年을待하였거든 하물며더큰꿈이야 좀더待望히지않고 될소인가?

無用한興奮

어떤基督敎機關紙에 『無用한興奮』이라는題目으로 聖書朝鮮誌와 그主筆을論難하였다고 일러주는이가있었다。그筆者의 卑劣한行爲를 다시追擊하랴는것도안이나 大體로 『有用』 『無用』이라는文句가 甚히 意味深長한文字인것을發見하였다。『쓸데있는것』과 『쓸데없는것』을 敏速하게判別하랴는것은 모든功利主義者의 素性인同時에 職業的宗敎家의念頭에서 寸時라도떠나지않는 根本思想이다。梁惠王이 孟子를接見하였을때에 王은 人間孟子를迎接하려고하지않고『쓸데있는것』인가 『쓸데없는것』인가를 먼저알고저하였다。 故로 묻는말이 叟不遠千里而來亦將有以利吾國乎 라고하였다。利하는것이있으면 『쓸데있는것』이오 利하는것이없으면 『無用』한것이된다。이梁惠王의 眼目으로볼때에 『聖書朝鮮』의 過去六十號는 果然모다 『無用한興奮』이 안인것이 없을것이다。自他를 利함이없었다는 評을받고서는 辯明하기보다 차라리 먼저 부끄러움을禁치못하는바이다。

그러나 눈을 돌이켜 舊新約聖書에向할때에 『無用한興奮』에 一身一家를害한이들이 어찌그처럼數多한고。埃及파라오王宮에長成한 모세가 奴隸히브리人을爲하야 埃及人을打殺하고 미듸안地方으로 逃走하게된것도(出埃及第二章) 亦是無用한興奮이라 할것이다。이일로因하야 모세自身에게는 利로운일이없었을뿐더러 가나안福地를 바라보면서 운명하기까지 一生이苦難덩어리었다。또한 가마귀의 밥을먹어延命하다가 내종에는 『여호와여 지금은 넉넉하오니 내生命을取하야 가옵소서』(列王記上十九章四節) 라고 哀願치아니치못한 엘리야의一生도 『無用한 興奮』따문이었고、끌른 쇳처럼、 참을수없어 웨치든 눈불의豫言者 예레미야의一生도 國家와 民族을救濟하는 效果가없었으니 그平生의 熱도『無用한興奮』으로因함이라할것이며、其他大小豫言者로서 이『無用한興奮』이 없는이가 없었고、女人이낳은者中에 가장偉大한 人物이라는 洗禮요한이 暴虐한 헤롯王의게 慘殺當한것도 亦是 이『無用한興奮』의所致이다。생각이 이에이르니 『내집은 祈禱하는집이어늘 오직 너의가 强盜의窟穴을만든다』(太二一・一三)하야 卓床과椅子를 둘러엎으시든、어린羊의 震怒에同情하지않을수없다。저에게萬一 『禍있을진저 외식하는書記官과 바리새敎人들이어、회칠한 무덤같으니……』하며 『예루살렘아 예루살렘아……』(太二三章)하는等의 『無用한興奮』이 없었드면 적어도 三十歲內外에十字架上에 걸리는 일을免하였을것이다。그러나 예수는 利害關係가없는일、即無用한일에만興奮하였다。우리도 이 『無用한興奮』을 본받고저하야 그리스도를 따르는者이다。『聖書朝鮮』의 過去에 『無用한興奮』이 있었다면 이는 感謝할일이오、將來에도 萬一『聖書朝鮮』의存在할理由가있다면 오직『無用한興奮』을 發하기만爲함인줄로 알것이다。

立春을 맞음

春夏秋冬四季循環하니 可하지않은때가없다。春三月花鳥와같이노래부르고 仲秋明月夜에琴琵를戲弄하며 크리스마스와 正月을享樂하고 四月初八日에舞踊함도可하나 우리가特히立春을 반가워함에는 이러한理由가있다。北半球를 차디찬氷雪의支配下에버리고 太陽은南으로南으로만 얼굴을돌리다가 다시北을向하야 回路에서는날이冬至날。이날부터四十五日即地球의公轉三百六十五日의 約八分之一의旅程을 걸어온때가立春이다。其間에 小寒、大寒을치르고 이케바야흐로春陽을豫告하는節候다。立春以後에도 殘寒이없음이아니나 그것은所謂殘寒이다。氷山은 녹아지고 陽溫이山野를抱擁할 大勢旣決된節候다。防寒施設이完備한房속에서 水銀柱만쳐다볼동안에 봄은발서 보리밭에왔고 논드렁과 잔디밭에왔다。

故로立春은 特히鄕村農民의名節이다。都會人들도 立春大吉을祝하지않음이아니나 이는 그祖上들의遺物의 一片에不過한것뿐이다。新聞紙와 라듸오와 電車、電燈、煉瓦屋、鐵筋콩크리、明治製菓로써 立春을맞는다함은 카페店內에 聖誕祝賀樹를 세운것같은일이다。어찌 봄을맞으는者의 참기쁨을 느껴내랴。차라리 쑥을캐어 艾湯을끄리고 움속에貯藏하였든 생무쪽을 씹거나、或은 시르떡에 호박국을 끄려놓고溫床의設計를議論하는家庭에 가보라 오막사리에 봄이온것을볼것이다。立春을기뻐하는기쁨은 背山臨野의 農家의食口들가슴에만 찾을수있는 기쁨이다。

또한 立春은 貧者와病者에게 特히福된날이다。富者가 봄을 기다리지않음이아니나 貧者가 待하는것과는 그動機와目的과感度가 全然다른것이다。長期間의室內享樂에서 厭症이생겨서 野外에氣를바꾸고 樂을사랴는者가 봄을待함과、몸에 솜옷을못닙고 溫突에薪炭이넉넉지못하고 두지에糧穀이남지못한대로過冬한者가 立春을當함은、그보는世界가다르지않을수없다。貧者와病者가 봄을기다림은 마치望臺에선派守軍이 새벽을待함과같이 懇切하고眞實한것이다。

靈界의派守軍인 豫言者예레미야의눈에 巴旦杏가지가 처음빛우인것도 이立春節이었을것이다。物質的貧者에게 立春이格別한名節이될것은勿論이나、靈的貧者에게 即、主예수의니르신바 마음에가난한者에게 天體의循環으로 나타나는立春節은 큰敎訓을주지않고는마지않는다。氷霜이山河를結縛하듯이 小寒、大寒의甚한추이에 捕縛되고 눌리고 罪로因한死의威嚇이 凍傷처럼 어름이벌여 心臟을向하야 生命을 삼키려고 冷氣가漸浸할때에 立春佳節이 돌아와서 그리스도의 光線에 靈臺의어름은녹고、手足이풀리고 새엄 새싹이 솟아오르리니、아! 그리스도의立春、이는罪人만이 맛볼수있는名節이다。헐벗고 차디찬겨울을보낸者에게는、立春날光線의 한줄기한줄기가 祝福이로다。農夫의立春、貧者의立春、病者의立春、罪人의立春、立春은 우리의佳節이로다。크게 기뻐하라。二月四日 立春日을。

聖書的立場에서본朝鮮歷史

咸錫憲

一、信仰生活과歷史理解

信仰生活은 確實한根據가 있어야한다。根據없는信仰은 一時的으로는 아무리빛나는것이 있는것같아도 마츰내長久하지못하다。우리가 信仰生活을 하여가는동안에는 往往 매우熱烈하고 아름다운信仰을 가졌던듯하던사람들이 中途에失敗해버리는것을본다。그런境遇에 사단이저를 誘惑하여버렸다면 그만이지마는 그것을失敗者 저自身의일로본다면 그의信仰에確實한根據가 없엇던탓이라할수있다 勿論다그렇다고 할수는없지만 實際를살펴보면 大部分은 그原因때문이다。그런失敗者는 信仰을熱烈한 感興속에求하던사람中에많다。또는 寂滅裏에서 瞑想의실꾸리를푸는것으로써 信仰을길으려하던사람中에있다 勿論 信仰生活에感興이없지않다 그러나 그것이 그重要한部分은아니다 뿐만아니라 感興은 아무리高尙한感興이라도 要컨대 一種醉하는일이다。故로良心의 宗敎에있어서는 반듯이要求할바가되지못한다 思辯도 信仰에必要치 않은것은아니다。마는 한갓形式論理의 迷路를더듬는思辯이라면 結局草堂春睡에 한바탕甘夢을꾸는일과다를것이없다。그런것은 信仰生活의 한榮華는될수있다。그러나 산生命力은아니다。信仰이 生命的이기爲하야는 그러한「오늘있다가 來日아궁에던짐을當하는」들꽃의 그것같은榮華를求하기보다 人生事實의 肥沃한土壤속에 깊이뿌리를박는대 힘을쓰어야한다。가을날 시들어진풀을흔드는듯한 定向없는氣分우에가아니오 潦水가나리고 波濤가부디쳐도 牢乎不動하는磐石같은眞理우에 建築을쌓듯이 信仰生活을쌓으어야한다。

그러면 그根據란어떤것인가 우리生活로하여금 雲霧消散하는 空中機關이되지아니하고 불로살우는 審判마당에서 우리를爲하야 功績을證明해주는 참建築이되게하는그磐石은무엇안가。曰、其一은 個人的生活經驗이오 其二는 世界的歷史理解다。이두根據는 人生의二面的存在의 事實에應하는것이다。卽 사람의個人的方面과 世界的方面의두事實에應하야 信仰의個人的根據와 世界的根據가있다는것이다。個人的根據란 個人이自己存在를 一個獨自의價値를가지는 人格的인것으로 體驗하는데서 생기는것이오 世界的根據란 自己를 有意味的關聯으로보는 世界體系上에서 把捉할때에생기는것이다。하나는 一個人間으로서——靈肉을가추가지고 知情意의活動을하는 多難한人生路를걷는現實의 一個人間으로서하는 生活經驗속에서업는것이오 또하나는 自己를둘러쌓는──自己存在의背景이되고 自己生活의資料를주고 根源이되고 自己活動의舞臺가되고 交涉者가되는이宇宙를(카라일의말을 빌어한다면)「永遠에서나와서 永遠으로들어가는」그生命行列을 意味的으로把捉시키는 歷史理解속에서얻는것이다。알아듣기어려운말인듯하지만은 簡單히말하면 하나는나를나로凝視하고 깊이파는대서얻는것이오 하나는 宇宙를그廣大無邊하고 悠久無限한데서觀照하야 거긔壯嚴하고 崇高한意味있음을 아는데서얻는것이다。前者를主觀的이라면 後者는客觀的이다。主觀的인故로 그것이있고서야 비롯오信仰에深刻味가있고 熱情力이있고 自由가있다。客觀的인故로 그것이있고서야 비로소浩大性을띄고 嚴肅味를가지고 權威를가진다。이두根據가 信仰生活의沃土를일운다。심은後에싹이나고 닢이피고 꽃이피며 結實하야 三十倍 六十倍 百倍되는 生命的인信仰은 이沃土우에서야可能하다。自我에徹底치못한信仰은 돌짝밭에떠러진씨같어서 發芽는하나 곳枯死하야버리는것이오 歷史의理解가없는信仰은 가시덤불속에떠러진씨같어서 一時자라나 終乃窒息하야버리고만다。이생각을가지고 現代의基督者를본다면 그大部分은 이두根據가 或은其中 어느하나가缺乏된 病的信仰者임을알수있다 牧會者는생각하는바가있는가。

四

우리가지금 여긔서問題삼는것은 其中의歷史理解에關해서다。古來로 偉大한宗敎의가르침에는 반듯이一種의宇宙史가들어있다。이宇宙는어떻게 어찌하야 創成되였다는것 어떻게굴러서왔다는것 將次 어떻게될것이라는것을말한다 聖經에서말한다면 創世記、요한福音의章首、默示錄等이其中現著한것이다。佛敎에는 佛敎式의宇宙史가있고 波羅門敎에는 波羅門敎式、儒敎에는儒敎式의 宇宙史가있다。또宗敎의經典까지아니되고라도 各民族에는 제各己特有의神話가있어서 宇宙史談이 그大部分을일루어가지고있다。事實原始人에있어서는 그神話속에 宗敎가있고 哲學이있고 世界觀이있다。이것은決코 偶然한일이아니다。人生의本然의要求에서나오는것이다。人生이自己凝視에만 눈을솟을때는 自我가모든것의 모든것인듯이보이지마는 其實自己혼자孤立할수가있는가하면 그렇지못하다。人生이두려워하는것中에 孤獨같은것은없다 비록假想으로라도 虛無의暗淵을보여주고 너는거긔突立하는 唯一의可憐한存在라할때는 커는부르르몸을떠는것이다。人生이 安心立命하기爲하야는 반드시 自己存在를 有意味的宇宙體系로써 根據붙이고서야된다。그때문에 産出된것이神話요 그로因하야 찾어얻은것이宇宙史다。故로 人生이가장確立한때는 宇宙史에對한明確한理解를가지는때다。

그리하야 歷史理解의要求는 人類生活이있는날까지 끊지지않을것이다。漸漸더깊어갈것이오 넓어갈것이다。그러나現代는 그前어느時代보다도 더緊切히 이를要請한다。더구나 信仰生活에있어서그렇다 그理由는어데있는가 太古에있어서는 人間生活은 團體的이엇다。個人의價値를모르는 거긔對한自覺이없는 社會的存在엿다。따라서宗敎에서도 個人의靈魂보다 民族國家의運命이問題엿다。그러던것이 基督以后靈魂의自覺이始作되여 個人의價値가强調되엿다。사람들은 自己存在의價値를알고 自由를主張하게되엿다。그러나 振子같이 움직이는것이 歷史의過程인지라 自由의主張은 드디어人類를 支離滅裂의狀態에 몰아넣엇다。그리하야 새로운秩序의 社會生活의 要求가擡頭하게되엿다。現代人은어느程度까지는 다社會主義者라고누가말하엿지만 그는事實이다。이意味에서 唯物論的世界觀이 眞理가아니라하더라도 社會主義者는 確實히現代人의 한부르짖음을代表하는者요 따라서 自己의생각과는 反對되겟지마는 何如間 宇宙史의過程에있어서 自己所任을다하고갈것이다。現今世界의 모든識者가다같이 現代의特質로「世界的混亂」의事實을 指摘하는모양이지마는 그混亂의原因은 곳現代가 正히새時代에옴겨가려는 轉換點에있기때문이다。過去의世界觀이解體되고 새것이 아직形成되지못한時代다。普遍的世界理想의缺乏! 이것이 現代가當하는悲慘의原因이다。이때문에 모든精力은쓸대없이消耗되고 이때문에 모든文明의利器는 人類의自殺道具가되여버리고 이때문에 모든發達의可能性은 抹殺되여버린다。現代의悲慘을除去하려는者는 經濟會議를모우고 軍縮會議를모우기前에 새로운世界理想의 樹立으로나갈것이다。우리에게팡을다오! 가아니라 우리에게 世界理想을다오!다。

그러면現代人은 아담의모든아들들을 總動員하야 同一戰線에세우고 그리하야 온갓矛盾과온갓虛費를 除去하야버리고 새로운建設的인事業에向하야 最高能率을發揮하게할 統一的理想을 어데서發見할것인가 두말할것없이 世界史의 새로운把捉밖에 다른길이없다。그러나그새것을指示할것은누구인가。萬一크리챤이살엇다고하면 이境遇에應聲而出하는者는 저라야할것이다。現代의基督者는 永遠한眞理의새로운表現을爲하야 學問的努力을할必要가있다。우리에게 世界理想을다오 하는民衆을向하야 힘있게내어줄수있는 참哲學 참倫理學 참科學 참藝術 참政治學 참經濟學을쓸때다。그모든것을取精하야 或은그모든것의基礎로 一個의 基督敎世界史觀을세울때다。

이期待를가지고 現今의基督敎界를본다면 實로痛嘆할것이있다 信仰에서는 生命力이枯渴하야 化石같은信條만이 같엇을뿐이오 聖經의解釋은 機械的으로되여 돌아어읽매는줄로되엿다。化石같은지라、生活經驗이들어갈수없이 障壁이되엿고 機械的인지라、全體的生長的인 歷史把捉은異端視하야버린다。本來聖經은 個條的律法書가아니오 生長力을가지는原理의提示다。故로聖經의解釋에는 恒常새로운生活經驗이있어서 그 內容이되고 새로운歷史理解가있어서 그裏書가되야한다。새술은 새부대를要求하는것이다。所謂正統信仰이라해서 信仰의舊殼을墨守하는敎會는 人間과歷史에 버림을當하지않을가!

산眞理의提示者는 그傳하는眞理가산것이오 산現實의個人과社會에對하야 交涉을가지는것인故로 恒常그時代精神을 歷史的으로把捉하기를닞지안는다。偉大한傳道者로서 歷史理解를가지지않은者없다。物質的天國의指導와 同樣으로 靈的天國의指導者도 歷史의知識이없이는 不可能하다 使徒行傳을注意하여보면 거긔나오는 베드로、바울、스데반等의說敎가 반듯이 歷史的說明의 前言을가지는것을알수있다 이는理由없이된것이아니다。適切한眞理를 適切한境遇에傳하는 그들의일로서는當然한일이다 말하는者는그저任意로하는것이아니라 歷史的必然에몰려서하는것이다。

예수의境遇에는 그前言이 매우要約되어있으므로 或이看得하지못할수도있으나 單一語에要約된이만치 그만치날카롭고 權能있다。曰「期約이찻다!」그는傳道할때에「期約이찻고 天國이가까왓으니 悔改하고福音을믿으라」하엿다고 馬可福音記者는傳한다。그것이예수의 發한말의原形대론지 或는縮寫인지는모르겟으나 何如間그를보면 메시아인예수가 얼마나正當하게明確하게 歷史把捉을하엿던지를 알수있다。期約이찻고하는것이 말은簡單하나 그一語를發하려면 億萬劫의宇宙史를理解하지않고는 不可能한일이다

새 푸로테스탄트는 歷史理解를가져야한다。저의使命은眞理를現代속에살리는데있기때문이다。時代錯誤의 舊殼속에서 窒息되려는眞理를 救하는것이그일이다 故로그는 그眞理의主張을 銳利한歷史的批判으로 始作하여야한다。故로그는 깊은歷史의知識을가져야한다。朝鮮에眞理를살리는者는 朝鮮을아는者고야할것이오 朝鮮을아는것은 朝鮮歷史를알고서야可能하다。彷徨과模索에疲勞하야 絶望하려는靑年의眼前에 새歷史를보여주라 저가거긔서 새世界觀의月輪을찻어낸때에 저의가슴안에는 希望의光彩를反射하는 生命의激潮가 푸로테스트의怒呼와 共히닐어날것이다

聖書講習會記

○元來 이모임을 活字에실어 報告하랴는作定이아니엇다 이번부터 多少의傍聽을許하엿으나 그도募集하여온것이아니오 制限에制限을加한것이다。對外的으로 示威運動이나 主義宣傳을目的한것이아니오 오로지對內的으로 처음부터의 우리모임의精神에依하야 自己修業을主眼으로한것이다。故로講師라하여도 大家의能熟한智囊에서 이것저것뽑아서 說敎하는것과달라서 마치受驗生처럼 參考書까지 걸머지고모여서 밤이면工夫하야 翌日의義務를 겨우다하는形便이엇다。이러한 舞臺裏面까지公報하기는快하지않은일이며 研究途程에있어서 數年後에라야完結될것도있으므로 躊躇함을 마지못하엿다。

○그런데 地方讀者로부터 集會의詳細한記錄을報告하기를要請함이懇切한것과、우리集會가 本來는 全然私的會合이엇으나 이번처럼 少數이라도讀者에게公開한以上은 公的意義를가지는것임으로 亦是이것을誌友諸君은勿論이오 世上을向하야도 報告할義務있음을 感하지아니치못한다。但、讀者中에는 參席하야見聞한이만큼 詳細히알수있도록 談話의形式으로된部分까지라도 모주리報道하라하나 첫재로分量으로보아서 이는不可能한일이다。잘하나못하나 一個年間或은數個月間식 課題로맡앗든것을五六人이發表하는일이오、少數의憧憬하든者끼리 胸襟을열어놓고 晝夜로一週間繼續한情話를一一히記錄한다면 其中에서重要한題目만擇한다하드라도 二十四頁의聖書朝鮮誌로서는 三個年以上을連續하여도 다 記錄하기는어려울形便이다。둘재로 發表된內容과程度의關係로 말할수는있어도記錄할수는없는部分도 적지않앗다。其中에柳錫東氏의豫言書研究와 咸錫憲氏의朝鮮歷史와金敎臣氏의朝鮮地理만은 各其親筆로된原稿를 今月號부터連續揭載하기로하고 其他는 記者의記憶에남은것과 筆記를參酌하면서大綱만을 紹介하기로한다。集會一週間의 時間配定은別紙와같으며、參考로 第一回活人洞에모엿을때 時間表도並揭한다。

○一九三三年十二月三十日(土曜)晴、午后、梧柳洞에集合。集會所는新築된梧柳學園敎室로、食堂은宋斗用氏宅으로、一般會員은柳錫東氏宅사랑방으로、講師는崔泰士氏宅으로、各其配定되니 이에 우리一週間合宿살림의部署가井然하게되엿다。主人側의勞心이不少하엿음을 헤아릴수밖에없엇다。

午后七時부터開會。豫定의一部를變更하야 처음一時間을 祈禱會로하다。宋斗用氏司會。梧柳洞에는 誌友五六戶가現住하나 梧柳洞에처음定住하기도宋兄이오、本格的으로農業에專心하야 우리同志들사이에서만아니라 梧柳洞洞民으로도 洞內의重鎭이되여버렷다。이번集會에도 諸般準備의責任을 擔當하여주엇다。故로主人側을代表하야 開會劈頭의

八 聖書講習會記

第一回 活人洞集會 〔一九三三年正月三、四、五日〕

日／時	午前六・三〇—八・三〇	同九・三〇—一一・三〇	午後一・三〇—三・三〇	同六・三〇—九・三〇
2 月			、	會合、準備
3 火	祈禱會 司會 金敎臣	使徒行傳研究 咸錫憲氏	聖書地理學 金敎臣氏	老子의思想 柳永模氏
4 水	同上 司會 金宗洽	同上	聖書動物學 楊仁性氏	農事二個年 宋斗用氏 英語史 柳錫東氏
5 木	同上 司會 柳錫東	同上	中世記哲學과信仰 金宗洽氏	懇談會 會員一同

第二回 梧柳洞集會 〔一九三三年十二月三十日—三四年一月五日〕

日／時	午前一〇・〇〇—一一・〇〇 (一時間)	同一一・〇〇—後一・〇〇 (二時間)	午後二・〇〇—五・〇〇 (三時間)	同七・〇〇—一〇・〇〇 (三時間)
30 土			會合	祈禱會 宋斗用氏 朝鮮地理 金敎臣氏
31 日	日曜講道 柳錫東氏	日曜講道 金敎臣氏	自由	朝鮮歷史 咸錫憲氏
1 月	福音書研究 金敎臣氏	豫言書研究 柳錫東氏	座談會	朝鮮歷史 咸錫憲氏
2 火	福音書研究 金敎臣氏	豫言書研究 柳錫東氏	質疑問答	朝鮮歷史 咸錫憲氏
3 水	豫言書研究 柳錫東氏	福音書研究 金敎臣氏	有志登山	聖書植物學 李德鳳氏
4 木	舊約聖書의歷史的價値 楊能漸氏	豫言書研究 柳錫東氏	家庭禮拜 司會 咸錫憲氏	感話會 會員一同
5 金	豫言書研究 柳錫東氏	福音書研究 金敎臣氏	解散	

祈禱會를司會하기를請한것이엇다。

祈禱會끝난後에 主筆로부터 本會의由來와精神을 다시 한번說明하고、地理學的으로본 朝鮮의使命 이라는 講話가잇엇다。드듸어 밤十一時넘은後에아閉會하니 第一日부

터脫線이엇다。 그要旨는別稿와같은것。(三月號에揭載될터)

三十一日(日曜)晴、午前十時부터 日曜禮拜集會。 柳錫東氏는 로마書九章一ㅣ五節에依하야 大多數가問題아니오 少數로써全體를救援한다는 重要한眞理를 힘잇게主張하다。今日의傳道問題、敎育問題等의失敗는 群衆을相對로하는弊害에起因한다함은至言。 뒤를이어 余는 共觀福音大觀이란題로써 福音書硏究의 總括을述하다。 아무리 처음聖書읽는이라도 마태、마가、누가福音書가 서로類似共通함에比하야 요한福音이特異함을 깨닫는바니 此가前者三冊을共觀福音이라하야 統括的으로取扱할수있는所以며 共觀福音書를通讀하면 예수의全生涯를 (一)出生及幼年期 (二)準備時代 (三)傳道時代(前期、後期) (四)十字架의途、(五)受難及復活昇天의五期로 논아볼수있고 그各期를詳考하여본結果 이는 하나님의獨生子의生涯가 分明하다는結論에至하엿다。 冷靜한 學究를至願하것만 結論이 이에이를때에는 熱하지않을수없어 모임은自然히祈禱會로써 마추다。

午后二時부터 座談會。 或은信仰의機微에觸한質疑、或은實際生活에關한 抱負等을談論하는中에 左記書籍을縱覽。

一、李鼎燮氏譯 山下信義先生의講演錄 (四六版四五頁)

이冊卷頭에「나의敬仰하는 山下信義先生의講演을譯刊하야 삼가 辱知諸賢께 들이나이다」하엿고 또「先生의一言一文이 모두行餘의發言이오 信仰의流露안임이없건마는 다만拙譯이能히其意를達치못한가저허하나이다」하여 그冊子의內容이世上刊行物과다를것도 짐작할수있을것이다。 이冊은發行者로부터 柳永模先生께進呈한것을 柳先生이 다시聖朝社로보내주어서 回覽한後에 다시李先生께請하야四十部를얻어 記者이關係하는學校生徒中志願者五百餘名께도輪讀하게하다。 但 本來非賣品인데 지금은品切되엇다고。

二、矢內原忠雄氏의「通信」(實費一部三錢、切手代用可)

私信을印刷한形式으로된것이나 非常時日本의基督信者的立場을볼수잇음이特色。 矢內原氏는現東京帝大敎授。 發行所는東京市目黑區自由ケ丘二九二、

三、塚本虎二氏著 イエス傳對觀表 定價二十錢

예수一生을表示한것이다。 著者塚本先生은無敎會主義의急先鋒이라하야 敎會人의蛇蝎示하는이나 이冊만은 敎會의內外를勿論하고 多讀한다고한다。 發行所는 聖書硏究로著名한「聖書知識社」東京市世田谷區深澤町四丁目一七三三。

四、日本地理風俗大系(新光社版)의朝鮮篇上下卷。

五、大英百科辭典의朝鮮項目。

六、林泰輔氏著 朝鮮通史。

午后七時부터 咸錫憲氏의 聖書的立場에서본朝鮮歷史第一講。 歷史理解、史觀과聖書的史觀、世界史의輪廓等 諸項에亘하야 滿三時間의連續講演이엇으나 講者聽者가 모두一瞬間을보낸것처럼 時間이흐름을愛惜하엿다。 朝鮮歷史半萬

聖書講習會記

年에 歷史도길엇거니와 史家도많엇다。마는朝鮮百姓에게 史觀을 준이가없엇다。이날에 「前人未踏」의境에 一步를 내디디어 半萬年史의史觀을提示하엿것만 二千萬中에 이것을들은자 二十名에未滿하고 이것을 읽을者二百人에未及하니 무슨贅言을添書할必要있으랴 오직 일이奇異함을 心碑에銘記할뿐이엇다。

一九三四年一月一日(月曜)晴 都市에서는新年氣分에醉興할때에 우리는年末年始에 시달림이없이聖書를工夫할수있음이 年頭의感謝였다。午前十時半부터 福音書研究。예수生涯의第一期인 出生及幼年期를工夫함이니 때도때인만치 新年을맞이함에 더할데없는工課였다。다음에 柳錫東氏의 아모스書研究에서 縱的關係와橫的關係의重大法則을배우고 司會者의提言으로써 一座는 豫定치않앗든新年祈禱會로써 午前集會를마추다。

午后二時부터 柳永模先生을中心으로한 座談會가 시작되여 緻密한思索의世界로 이끌리면서質疑와論辯이 旺盛하엿다。柳先生은恒常사람보다 앞서는思想의展開로써 一座를支配하실뿐外라 座를떠난後에도 오래 생각할課題를 듣는者에게 남겨주고야만다。

午後七時부터 朝鮮歷史의第二講으로 檀君史에서新羅統一까지의大綱을듣다。高句麗의末年이 마치壯年의卒到와같은 悲壯한戰死이엇다는場面에至하야는 卒夫라도 주먹에 땀을쥐지않을수없엇다。普通學校로부터 二十年가까운敎育을받았어도 한時間의朝鮮史를 배울수없엇든身勢를恨하여왓으나 이제朝鮮一의朝鮮史、따라서世界第一의朝鮮歷史講座에參席할수잇는奇運을 두려움으로써感謝하다。朝鮮을이렇게보는者는 이렇게살아야하겟는故이다。基督敎가들어오기前에 朝鮮을 바르게볼줄아는歷史家가 낫을理가萬無하며 基督敎의빛이비추인後에 아직基督的歷史家의出現을 듣지못하엿엇다。빛이半島를비친지半世紀에 비로소 半島의眞相을 들어냇도다。半萬年감추엿든奧義가 나타나게 된것이다。基督敎와關聯이없이 그빛에빛우임이없이 아무리檀君千年史에精通할지라도 그것은興奮이아니면作亂이다。歷史는 지을수도있다。虛無한것을만들어가지고 한民族한國家가旺盛한例도없지않다。그러나 그것은 적어도眞은아니다。「참」이아닌歷史에醉한百姓은 깨는날에 그滅亡이甚하다。凡事가 다그렇지만 特히歷史에關하야는 聖書的立場에서지못한歷史는 그大小를勿論하고 滿洲曠野에起伏하는馬賊團의歷史에不過하다는것이 더욱느껴진다。史論은어찌햇든지 聖書에비추어볼때에 半島의半萬年史라는것이 全世界와 또全宇宙的相關에있어서 이렇게도意義가있고나、이렇게도 줄기가있고나하는것을 밝히깨닫게되는것만은事實이다。

一月二日(火曜)曇、午前十時에 福音書研究。예수의準備

一〇

時代의工夫엿다。무릇偉大한일에는 거긔에相合한偉大한準備가잇다。하나님의獨生子가 世上萬民을救濟하기爲하야當한準備의 그高遠無盡한意義를講究하기에 講하는者의 그릇이작은것을 甚히느끼다。

十一時半부터豫言書研究。아모스書의本論을마추고、午後二時부터 座談中에 여러가지質疑와討議가잇엇다。하나님과의縱的關係와 兄弟同胞사이의 橫的關係와의衡平이며、信者의自負心의可否、信者의實際生活의方針等等、或은 무릎을마주대고라야 可히議論할수잇는問題오、或은 所謂以心傳心의途外에는 可히形容하야말할수없는問題엿다。

午後七時부터 朝鮮史第三講。責任맡앗든高麗朝로부터李朝五百年의受難時代에까지論及하엿으나 結論은 後日로延長할수밖에없엇다。端宗哀史의一節에 一自寃禽出帝宮、孤身隻影碧山中。假眠夜夜眠不假、窮恨年年恨不窮。聲斷曉嶺殘月白、白流春谷落花紅。天聾尙未聞哀訴、胡乃愁人耳獨聰。이라는데至하야 한울이 尙今 哀訴를듣지않은것이아니라 발서들은것이라。李朝五百年의苦難史는 그證據라고늘을때에 몸서리끼치지않을수없엇다。個人의一生도 그렇거니와 나라의歷史는 어길수없이 하나님의審判의記錄이다。하물며 壬辰亂中에 北境에避亂하신 國王으로하여금國事蒼黃日、誰爲李郭忠。去邠存大計、恢復仗諸公。痛哭關山月、傷心鴨水風。朝臣今日後、寧復更西東。이라고 부르시도록東人이야西人이야하고 黨爭을일삼앗고 그種子가 尙今도록 老論少論이니、畿湖人이니、關西人이니、서울이니시골이니하고 支離分裂하는點만은 그祖上을꼭닮앗으니朝鮮歷史와現實을 비추어볼때 남는것은 큰한숨뿐이다。

一月三日(水曜)晴。午前十時에 豫言書研究의第三講。오늘은 호세아書研究。아모스가 獅子같이强한 義의人임에反하야 호세아는 百合花같고、깊은 愛의豫言者라하야興味잇는比較研究이엇다。뒤를이어 福音書研究。예수의傳道를 極히人間的見地에서解釋하야 無難한때의傳道方式과迫害가 甚하게되後의傳道方式에 變化가잇음을指摘하고저勞力한것이다。이렇게보면 예수의傳道生涯에는 前期 卽說敎와異蹟과 弟子派送等으로써傳道하시든平穩한時期와、後期 卽譬喩가아니면 말슴치아니하시면서 이곧저곧으로巡廻하시든時期로 區別하야볼수잇다는것이다。

今日午後는 有志의登山이잇다。朝鮮第一의人工遊園地로서 世上에著名한 梧柳莊뒷산을一週하엿다。王冠같은北漢山에應하야 불꽃같은冠岳山이對立한가운데 말안장같이잘룩한小丘南山을依支하야 漢陽城을設計하든 過去와將來를大觀함에는 알맞은곧이다。자라가는大京城의一枝로 번어나온 文化爛熟의꽃이오果實로된遊園地와 소돔 고모라를멀리바라보면서 敬虔한살림하든 아브라함의살림을본받으는랴兄弟들의居住가 한봉오리밑에 벌려잇음도 一奇觀이아닐수없다。

밤七時부터 李德鳳氏의 聖書植物에關한講話를들엇다。別紙와같은謄寫刷의一覽表를配付한後에、一一히實物標本으로써 그生態、形態、効用及聖書解釋上關係等을 詳細히說明하엿다。파레틘에서採集한아브라함의 상수리나무를비롯하야無花果、乳香、沒藥、橄欖油等等 처음보는이도많앗다。그날 聽衆의感想은 左의司會者의感謝의말과一致하엿엇다。「李先生은 오래동안 培花女子高普에서 教鞭을잡으시면서 朝鮮植物 特히草本植物의採集과研究에 努力하싓을뿐더러 昨年度에創立된 朝鮮博物研究會에서는 朝鮮植物名稱査定會委員의한분으로서 日間冬季休業中에도 日夜로 그名稱査定하기에 분주하신터이외다。即 將來朝鮮植物의이름에는 李先生이命名하여주신이름으로써 우리도 부르고 우리子孫들도 記憶하게될것이 많을것이외다。이와같이 朝鮮植物學界에서 가장權威잇는이중의한분이신 李先生께서 우리가 聖書植物에關하야 이처럼用意周到한印刷物과 稀貴한標本品으로써 가르킴을받는일은 分에넘치는感謝라고 아니할수없읍니다。더욱이 單純한知識의羅列에 긋치지않고 自然界를材料삼는 根據있는說教를 들을수잇엇음은우리信仰에 큰糧食이되엿읍니다 云云」

남은時間을利用하야 九時二十分부터 咸錫憲氏의朝鮮歷史의結論을들다。苦難의歷史를 걸머진朝鮮百姓에게도 朝鮮及世界와의關係에있어서 그무겁게지고가는짐에도意義가있고 그짐을 잘지고참아가는中에 百姓은淨化되고 사람은 생각하는者가되여서 깊이와 무게를加하게되면 예전祖上들의特色이엇든 「仁」에依하야 나종 永遠한門前에서는 라시로가될것을 指示받아 우리의慰勞와所望이 적지않앗다。우리의所願으로말하라면 이번四回에亘하야 들은朝鮮歷史의精粹를液化하야 이藥으로써 二千三百대의注射를 놓아주엇으면 枯渴하엿든草木이 回春의榮을누리는것을보는것과같은 기쁨을이江山우에볼것이다。

一月四日(木曜)晴。豫定의一部를變更하야 楊能漸氏의「舊約聖書의歷史的價値」라는講話를 午前에듣기로하다。楊先生은數年前까지 東京立教大學에서 古代史講座를맡아講義하시든이다。우리의모임에 唯一한 純學者的講義엿다。身病으로因하야 故鄕에서 數年間靜養하다가 이제 完全히恢復하야 野人같은健康으로써 다시 學界에出馬하랴는新春에 特히 이번集會를爲하야 出講한것이다。이方面研究에關하야는 萬一朝鮮에唯一이안이라면 確實히第一人者인楊先生의講筵에參列할수있엇음은 新年의一大祥運이안일수없다。講話의要旨를摘記하면 左와같다。

舊約聖書의 歷史的價値

舊約聖書에는 左의三種이있다。

新約聖經植物小考

植物 \ 聖經	마태	마가	누가	요한	使徒	로마	고前	히브	야고보	默示
乳香	2;11	—	—	—	—	—	—	—	—	—
沒藥	2;11	15;23	—	19;39	—	—	9;7	—	—	—
百合花	6;28	—	12,27	—	—	—	—	—	—	—
荊棘 (가시나무)	7;16 13;7	4;7	6;14 8,7	—	—	—	—	6;8	—	—
葡萄	7;17 21;28	—	6;44	15;1-5	—	—	—	—	3;12	6;6 14;18,19
(납 가 새) 蒺藜 (엉 경 퀴)	7;16	—	6:44	—	—	—	—	6;8	—	—
無花果	7;16 21;19 24;32	11;13,20 12;28	6;44 13;6 21;29	1;48	—	—	—	—	3;12	6;13
蘆葦 (갈대)	11;7 12;20 27;29,30	15;19 15;36	7;24	—	—	—	—	—	—	11;1
小麥(밀) 大麥(보리)	12;1	2;23	6;1	12;24	27;38	—	—	—	—	6;6 18;13
稗(가라지)	13;25-30 13;36-40	—	—	—	—	—	—	—	—	—
芥種 (겨자씨)	13;31 17;20	4;31	13;19 17;6	—	—	—	—	—	—	—
棕櫚	—	—	—	12;13	—	—	—	—	—	7;9
薄荷	23;23	—	11;42	—	—	—	—	—	—	—
茴香	23;23	—	—	—	—	—	—	—	—	—
刺冕 (가시면류관)	27;29	15;17	—	19;2	—	—	—	—	—	—
桑樹	—	—	17;6 19;4	—	—	—	—	—	—	—
沈香	—	—	—	19;39	—	—	—	—	—	—
牛膝草	—	—	—	19:29	—	—	—	9;19	—	—
細布	—	—	—	19;40 20;5-7	—	—	—	—	—	11;3 19;8 18;12
橄欖樹	—	—	—	—	—	11;17,24	—	—	3;12	—
艾(쑥)	—	—	—	—	—	—	—	—	—	8;11
桂皮	—	—	—	—	—	—	—	—	—	18;13
荳蔲	—	—	—	—	—	—	—	—	—	18;13

聖書講習會記

一三

一、마소레本
二、七十人譯
三、사마리本

一、마소레라함은 傍註或은附註라는뜻인데 히브리本文에解釋法까지 添附한것이다。맞히東洋의經書에 朱子其他碩學者의註解까지 부터잇는模樣으로된것이다。이冊은 紀元後七十年에 로마軍의게 예루살렘이陷落된後로 必要에應하야 一定하게編纂한것이다。처음印刷하기는 一四七七年에詩篇만되고、一四八二年에 모세五書가되고、一四八八年에는 全聖書가印刷되엇다가 一五二四—五年에 Jacob ben Chayim. 라는이가 베니스에서發刊한것으로써 가장權威잇는 決定的聖書가되여 루터以後도 基督敎會에서 쓰게된것이다。우리가쓰는것도 이것을번역한것이다。

二、七十人譯이라함은 알렉산드리아圖書館에다 備置하기爲하야 學者七十二人을派遣하야 히브리語에서 希臘語로 번역하엿다하야 그렇게名稱한것이라고傳來하나、實相인즉 피레틴地方이 협착하고 土地가瘠薄하야 猶太人이散之四方으로 群團的移住할때에 埃及에도 數百萬人口가移住하여살엇는데 그子孫들이 차츰母國語인 히브리말을不解하게되엿음으로 그第二世以下의子孫들이 읽기爲하야紀元前二世紀頃에 希臘文으로번역한것이라한다。이처럼紀元前부터 번역된것이오 그內容도 마소레本과 大同小異한것임으로 七十人譯도 매우權威잇다。오늘날까지 로마天主敎에서는 七十人譯을쓴다。

三、사마리本은 모세五經만으로된것인데 나블루地方에잇는 未開人部落에서 本來의原形대로 오늘날까지保管하여온것이라하야 一部分에는 有力한叅考가되는것이다。

× × ×

그런데 猶太民族歷史를硏究하는材料로보아도 舊約聖書가 가장重要한材料가된다。지금 猶太民族歷史의材料되는重要한것 몇가지를 列擧하면 다음과같다。

一、舊約聖書。

紀元前九〇〇—二〇〇年間에 記錄된書籍인데 本來 歷史書로 쓴것이안이오 信仰書로쓴것임으로 作者나 年代等에 差誤는있으나 讀法如何로는 亦是 歷史硏究의重要한叅考가된다。

二、外典 (僞典、또는秘傳이라고도稱함)

紀元前二〇〇—紀元後一〇〇年間에 된것이다。히브리原文에는 없는글이 七十人譯에만잇는것이 十四篇이잇다。紀元後第四世紀에 예롬(Jerome)이 이十四篇을 舊約聖書에서分離하야 外典(Apocrypha)이라는名稱까지鑄造하엿고 後에 루터의改革時에와서 聖書原文에權威를두는傾向이생길때에 確然히 外典을分離하엿다。그러나 舊約聖書는 紀元前二世紀以前에되엿고 新約聖書는 大概紀元第一世紀末

葉以後에記錄된것이어서 正聖書에는 그中間三百年間記事의連絡이없는데 外典으로因하야그缺陷을補充할수잇으므로歷史的叅考로서는 重要한材料가된다。故로 外典을 一名中間文學이라고도한다。

註 R. H. Charles; Religious Development between O. T. & N. T. 라는書籍은 外典研究에 著名한叅考書。但 끝의모二篇을 먼저 읽는것이可함。

三、 Flavius Josephus.

紀元第三十八年에 예루살렘에出生。바리새敎人이오 保守派에屬하엿다。十四歲때에 발서學者로所聞낫고 二十歲에 사마리아總督이되고 乃終에는 로마帝國의重臣까지되엿든人物이엇다。이러한實際家로서 量으로舊新約聖書보다더많은著書를 남겨두엇으므로 當時列强의實情을 알기에는 無二의叅考材料가된다。

四、新約全書

基督敎를 알기爲하야必要한것은議論할餘地없는바이다。

五、猶太敎典 Talmud.

一一八〇年에 Maimonides 가編纂한 律法解釋冊이다。그內容이 다시 1. Mishna, 2. Gemara. 의二部分으로되엿는데前者는 律法을解釋한것이오、後者는解釋을 다시解釋한것이다(이點도 東洋의經書와類似하다)。舊約、新約全書보다도 後에된것이지만 現代를 앎으로써 古代를推測하는데材料가된다。

六、金石文 〔碑文等屬〕

다른나라에서는 碑文같은것이 史料로利用되는境遇가많으나 猶太는特異하야 모압王碑 하나이殘存할뿐이다。

七、바빌론書類

히브리人은 아라비아 이락等地의種族과한께 셈民族인故로 바빌론文明은 히브리文明의母體가된다。最近百年以來로 古墳發掘에依하야 많은材料가 나온다。

八、Gressmann; Altorientische Texte und Bilder zum A. T.

舊約聖書研究에必要한것을一束한것。二卷으로 된것。

九、Rogers; Biblical Parallels of Babilonia and Assysia

前者보다는簡略한것이다。時價約拾五圓。

以上으로써 猶太歷史研究의指針될만한 몇가지叅考書를列擧하엿거니와 이제 끝으로史觀의變遷과 猶太史와의關係를 暫述하고저한다。在來로는 歷史라하면 民族史로써滿足하엿으나 이제부터는 全世界를一團으로본 歷史가아니면 안되게되엿다。故로 예전歷史에는 弱少民族인猶太史가 古代史中에 無視當햇으나 오늘날 世界史의立場에서볼때는 猶太史는 羅馬史以上의地位를占하게되엿다。그理由는

1、交通上要地인故로 國際關係를앎에要緊함。

2、現代列强의宗敎인 基督敎를앎에는 舊約聖書를 알

아야되는것。

3、猶太史를알아야 世界史를알게된다。

神學研究에는獨逸이最高。그神學者는擧皆猶太人。

4、現存古代民族은 猶太人뿐이다。바빌론、애급、로마民族은 발서滅亡하엿다。

이와같은理由로써 猶太歷史의研究는 世界史를研究하는데도 매우必要한것을 알수있거니와 그猶太史를研究하는데는 아무런叅考書보다도 舊約聖書가 가장權威있는材料라고 斷言하지않을수없읍니다。라고 最後에 語調를높여結論하였다。

남은時間을 利用하야 約三十分間 柳錫東氏의 에스겔書本文批評이있고 午後二時부터 一週日間우리集會를爲하야 隱然한中에서 受苦만하시는婦人들을爲하야 特히 家庭禮拜가있어 咸錫憲氏로부터 에베소五章十五ㅡ同六章二十節에依하야 눈물겨운說敎가있었으나 이는 들은사람만이永久히 가슴에새여 다시記憶할것이었다。

禮拜後에 柳永模先生으로부터 建陽社 鄭世權氏의 馬鈴薯栽培와 糧食問題解決策에關한紹介가있었다。우리의態度를善察하시면서도 累累히 시끄러워하리만치 機會있는대로 빵問題를提案하시는 그信念과誠意와根氣에는 敬服하지아니할수없는바이다。連하야明哲하고 緻密한思想으로써 많은敎訓을주시다。

同日午后七時부터 會員一同의感話會가 열리니 밤十一時半에 司會者가 中斷을宣言하기까지 連續不絕하는 懇談은 到底히記錄할수없다。朝鮮歷史及其他講演錄을 出版할것、聖朝誌에讀者欄設置等의共通한希望이있은外에、學校敎育을받지못한이로서 叅加하였든兄弟한분이 前夜의꿈에大學卒業을하여보이드라 는實話가 一座를爆笑하게하였다이는事實 우리集會의一面을 나타내는바이다。中學卒業程度以上이라는 條件을붙인것은 必要가있었다。單只說敎뿐이라면 無學한이와 少年들께까지라도 알수있도록講話할것이며 또 할수도있는것이다、그러나 學究途中에있는우리集會는 가르키는方面外에 나아가 배우랴는方面을除할수없다。故로 水準을低下하지못하고、小數이라도 이水準까지 올라오기를待할수밖에없다。次年度豫定에는 量子物理學의講話를들을랴도 우리는 지금부터 物理敎科書를復習하여야할 形便이다。이方針은 當分間不變할것이다。

一月五日(土曜) 快晴、午前十時에 柳錫東氏의 에스겔書 畢講。連하야 福音書研究는 十字架의途와 受難과復活昇天까지 한번에畢하노라고 無理가많았다。約三十分間五六兄弟의 熱誠스러운祈禱會로써 一週間의集會를맞후고每日새로운獻立에依하야 獨特한美食을提供하든 宋兄宅찰밥午餐으로써 散解하다。

갈라듸아書研究 (六)

柳 錫 東

本 論

一、루ー터ー註釋 (四)

第六節、그中에 여간 有名한 사람은 본래 어떠한 사람이든지 나에게 상관이 없는지라 하나님은 外貌로 사람을 취치아니하시나니 저 有名한 사람들은 내게 가르쳐 준것이없고

「그中에 연간 有名한 사람은 본래 어떠한 사람이든지 나에게 상관이 없는지라」이는 激烈한 議論이며 바울은 참使徒들까지도 榮光스러운 니름으로 부르지아니하고 使徒들의 權威가 모든敎會에서 極히 커서 萬事의決定이 그들權威에 依함에도 不拘하고 짐짓 그들의 權威를 無視하는듯이「그中에 여간 有名한 사람」이라고 부르고있다。

「하나님은 外貌로 사람을 취치 아니하시나니」이句는 모세가 數次 使用한것을 引用한것이다。利未記第十九章第十五節에는「裁判할때 貧者와 富者를 偏僻되히 보지마라」고 써있으며「하나님이 사람을 偏視하시지 아니한다」는것은 歷代志略下十九章七節 로마書二章十一節 使徒行傳十章三十四節 에베소六章九節 골로새三章二十五節等에 나타나있는 하나님의 原理이다。그는 이말로써 僞使徒의입을 막으랴는것이다。即「너의는 나에게對하야 價値있는것같이 보이는 다른使徒들을 誇視하야 나의價値를 云云하랴고하나 하나님은 이러한 外部的일을 問題視하시지 아니한다。하나님은 使徒의職務를 重要視하시지 아니한다。하나님이 尊重하시는것은 사람의權威나 또는 그尊威가 아니다。라고 바울은 말하는것이다。우리가 빠지기쉬운 弊害는 사람의人格과 그外觀을 過重視하기때문에 하나님의말씀을 輕視하게 되는것이다。하나님이 우리에게 要求하시는것은 우리가 하나님의말씀에 全注意를하고 全信賴를받힘이다。우리가 베드로 또는 바울의 人格을보고 使徒의職分을 尊重히 여김을 하나님은 좋아하시지 아니한다。우리는 오직 그들을通하야 말하는 그리스도를尊重히여기고 또그들이 우리에게 傳하는 하나님의말씀을 尊重히 여겨야한다。

「저 有名한 사람들은 나에게 가르쳐 준것이 없고。」

바울은 말한다。「내가 다른使徒와 相議한것은 그들에게 베우라한것이아니다。그리스도가 이미 默示로써 모든일을 나에게 가르쳐 주신以上 이外에 그들이 무엇을 나에게 가르치리오。이뿐아니라 나는 이미 十八年間 異邦人사이에 福音을 傳하였고 그동안 그리스도는 많은事實로써 나의 가르침을 堅固하게 하여주셨다。故로 내가 다른使徒를 맞난것은 相議를하랴한것에 不過한것이고 決코 議論을하랴함이 아니었다。또 이會議에서 나는 아무 새로운것을 배우지도 아니하였고 더구나 나의主義를 變更한일은 없을뿐더러 辯護까지도 아니하였다。

오직 나는 내가한일을 說明할뿐이었다。즉 내가 異邦人에게 律法에依하지아니하는 그리스도에對한 信仰을 傳하였고 이傳道로因하야 聖神이 異邦人에게 나리어 여러方言을 말하게된것을 그들에게 말한것에 不過하다。그들은 이말을듣고 내가 眞理를 傳함을 認定하였다。故로 내가 宣傳한 이일을 轉覆시키랴는 僞使徒는 큰罪惡을 敢行하고 있는것이다。

第七、八節、돌이어 내가 割禮 받지아니한자에게 福音傳함을 맡기를 베드로가 割禮받은자에게 傳하기를맡음과같이 한것을보고 베드로에게 感動하사 割禮받은자에게 使徒를 삼으신이가 또한 내게 感動하사 異邦사람에게 使徒를 삼으신지라。

이와같이 말하야 바울은 激烈히 僞使徒들을 論駁하고있다。即 僞使徒들이 참使徒가아니면 가질수없다고 생각한 그權威를 自己自身도 가짐을 主張하고있다。여긔에 바울은 反轉論法을쓴것이며 그는 敵의창으로써 敵을찌르고있다。「僞使徒들은 大使徒들의 權威를 云云하야 나에게 對抗하고 議論의根據로삼으나 나는 이와正反對로 나를辯護하기爲하야 大使徒들의 權威를 쓴다。이는 大使徒들이 나의便이됨이라。故로 갈라듸아사람들아 너의가 나에게反對하야 다른大使徒들의 權威를 자랑하는 이僞使徒들을 믿지아니함을 바라노라。」

「베드로의게 感動하사 割禮받은자에게 使徒를 삼으신이가 또한 나에게 感動하사 異邦사람에게 使徒를삼으신지라。」이것은 僞使徒의 다른論點에對한 反駁이다 바울은 말한다。「僞使徒들아 너의는 어찌하야 베드로가 傳한 福音의힘이 强함과 그가 많은사람을 改宗케함과 많은 奇蹟을行함과 죽은者를살림과 그의그림자로써 病을낫게함을 사랑하느냐(使徒行傳五•一五) 나는 이모든일이거짓이아님을 認定한다。 그러나 베드로는 그힘을 한울에서 받는것이다。 하나님는 베드로의말에 힘을주셨다。 故로 많은사람은 그를믿고 그는 큰奇蹟을 行하게된것이다。나도또한 같은힘을 가지고있다. 나는 이힘을 베드로에게 받는것이아니라 베드로속에 힘있게 役事한 하나님과 聖神이 내속에도 또한 힘있게 役事한것이다。 나도 同一한 恩惠를 받고 많은사람을 가르치고 많은 奇蹟을 行하고 또 나의 그림자로 病을 낫게하였다」— 使徒行傳十九章十一節十二節에「하나님이 바울의 손으로 히안한 能을 行하게하시니 심지어 사람들이 바울의몸에서 손수건이나 행주수건이나 가져다가 병든사람에게 얹지면 그병이 떠나고 惡鬼도 또 물러가더라」라 있는것과같다。

第九節、또 내게 주신 恩惠를 앎으로 敎會에서 가동같이 여기는 야고보와 게바와 요한도 나와 바나바에게 옳은손을주어 사괴는 禮를 行하야 우리는 異邦에 가기로하고 저의는 割禮받은자에게 가기로하되

「大使徒들은 내가 하나님의召命을 받어 福音을 異邦人에게傳하고 많은奇蹟을 行하고 많은異邦人이 나로因하야 그리스도를 알게되고 異邦人은 律法과 割禮가없어도 聖神을받게됨을 알어 그들은 이러한恩寵을 나에게주신것으로 하나님을 讚頌하였다。

交誼의표로 握手한것은 이러한意味에서다。 即 大使徒들은 말하기를「바울이어 福音을 傳하는데에 우리는모든點에있어서 그대와 다름이 없노라。 敎義에關하야 우리는同僚이고 벗이다。 우리는 다같은 敎義를 믿고있다 우리는 다 한福音、한洗禮、한그리스도 한信仰을 傳하고있다。故로 우리는 서로 가르칠일도없고 배울일도없다。 이는 우리가 서도 모든點에서 理解하고 一致하여있는 까닭이다。 우리는 그대보다 낮은가르침을 가르치는것이 아니다。 우리가가진 同一한恩賜가 그대속에도 있음을 잘아노라。 다만 그대는 割禮를받지아니한사람에게 對한福音을 맡었고 우리는 割禮를받은사람에게 對한福音을 맡게됨뿐이다。 따러 割禮와 無割禮가 우리의 友情과交誼를 到底히 妨害할수없는것이다。 우리나 그대나 傳하는것은 天上天下 또다시없는 唯一한福音이다」라 하였다。

第十節 오직 우리로 가난한사람을 생각하게하니 이것을 나도 본래 힘써 行하랴하노라。

誠實한 牧師의職務는 가난한사람을 돌보는일이다。 敎

會있는곧에 반듯이 가난한사람이있다。그리고 그들은恒常 福音의 忠實한 弟子들이다。主가 말솜하시기를「가난한자에게는 福音을듣게한다」고 하였다。惡魔는 敎會를 逼迫하야 많은사람을 貧困하게만들고 世上은 이를 賤待한다。또한 世上은 참福音、참宗敎、참禮拜에對하야는 交涉이없는것이며 敎役者를 維持하며 學校를設立하는일은 絶對로 없다。다만 거짓宗敎와 偶像崇拜와 迷信같은것에는 죽음도 費用을 아끼지아니하고 多額의金錢을 寄附한다。그리스도는「주리고、목마르고、헐벗고、집없고、病들음을」嘆息하였다。그러나 거짓宗敎와 不徹底한일은 모다 繁榮하야 世上의富貴를 누리고있다。故로 眞實한 牧師는 가난한者를 돌아보아야한다。바울은 自己가 이것을 實行함을 告白하고있다。

第十一節、게바가 안듸옥에 이르렀을때에 책망할일이 있기로 내가 면책하였노니

바울은 다시 議論을 繼續하야「나는 베드로와 예루살렘에있는 다른使徒들의證明을 가지고 나를 辯護하였지마는 나는 안듸옥에있는 全敎會사람들앞에서 베드로와 싸운일도있다」이는 숨어서 한일이아니라 全敎會사람들面前에서 한일이며 些少한일이 아니라 基督敎敎義上 重大한問題이며 實로 이것이 重大하고 緊要함을참으로아는者에게는 여긔에比하면 다른일같은것은 모다 價値가없고 所用이없는것같이 보일만한것이다。베드로가 누구며 바울이 누구이냐。또 天使는 무엇이냐。義롭게되는 敎義에比較하면 다른被造物은 다價値가없는것이다。그리고 이敎義를 아는者는 빛속에있고 아지못하는者는 暗黑속에 있는것이다。故로 우리도 이敎義를 反對하고 抹消하랴는者가 있으면 그것이 베드로던지 天使던지 죽음도 두려워하지말고 바울과같이 이를拒絶하여야한다。바울은 이重要한敎義가 베드로의權威로말미암어 危險에 빠짐을 보고 이것을 純粹하게 維持하랴고 그는 베드로의 權威도 價値도 돌아보지 아니하였다。實로 聖書에있는것과같이「아비나 어미 사랑하기를 나보다더하는者는 내게 합당치아니하니라」(마태一〇・三七)

故로 우리는 이眞理를 擁護하기爲하야는 僞善、傲慢頑固라는 非難을받어라도 他人의말을 絶對로 듣지아니하며 如何한 사람에게도 讓步하지 아니한다。이點에있어서는 우리는 頑固不動하여야한다。베드로던지 父母던지 權力者던지 天使던지 누구를 勿論하고 一步라도讓步하여서는 아니된다。造物主에 比하면 被造物이 무엇

이냐。大洋의물에對한 一滴의雨水에 不過한것이 아닌가 우리는 어찌 一滴의雨水에 不過하는 베드로를 尊重히 녀기어 全大洋과같은 하나님을 無視할수가 있으리오。반듯이 一滴의물은 大洋에 讓步하여야한다。베드로는하나님에게 讓步하여야한다。우리는 이點을 充分히 硏究하여야하며 바울는 여긔에서 가장重大한 하나님의말슴을함을 注意하여야한다。

使徒가 罪를 犯할수있느냐 없느냐고 議論함은 無用한짓이다。우리는 베드로의罪를 實狀보다 가볍게 보와서는 아니된다。預言者 使徒들도 때때로 過失이있었고 犯罪를 하였다(삼우엘七•三—五)(使徒行傳一•六、一〇•一二十五•三九、사사기一六•一、욥三•三、一二、 예레미야二〇•一四、一八、요나四•三)이러한 記事는 우리를 慰安함이 적지아니하다。하나님의聖靈을 가진 聖徒들이 犯罪함을 들을때 우리같이 弱한者에게는 큰慰安이된다。그러나 어떤사람은 使徒는 犯罪하지아니한다하야 우리의 이慰安을 빼앗는다。누구든지 다시닐어날수없는 큰過失에 빠진例는 없는 同時에 누구든지 決코 過失에 빠지지않게 굳굳이 선사람은없다。베드로가 罪를犯하였으면 나도또한 罪를犯할는지모르며 베드로가 다시닐어섰으면 나도 또한 닐어설것이다。이例는 弱한者 良心이 銳敏한者에게는 큰慰安이되는것이다。

第十二節、야고보의보낸 두어사람이 이르기前에 게바가 異邦사람으로 더부러 먹다가 저의가 오매 그가 割禮받은者를 두려워 저의를 떠나 물러가매

回心하야 信仰에 들어간 異邦人은 律法에 禁한고기를 먹고있었다。베드로는 回心한異邦人과함께 親히사괴이고 같이먹고 또같이 禁한 葡萄酒를 마시었다。그는 이러한일을함이 바른줄알고 異邦人과함께 大膽히 律法을 犯하였다。바울도 이와같이 行하였음은 고린도前書九章二十節二十一節에 「猶太人에게는 내가 猶太人과같이 된것은 猶太人을 얻고저함이오 律法아래 있는者에게는 내가 律法아래있지아니하나 律法아래 있는것같이 된것은 律法아래 있는者를얻고저함이라」고 있음을보면 알수있다。即 바울은 異邦人과는 그들과같이 食飮하야 律法을 족음도 지키지아니하고 猶太人과는 律法을지키여 律法에禁한 모든것을 먹지아니하였다。바울은 모든사람을 좋고 기뿌게하야 그들을 全部얻으랴한것이었다。

이節의 後半은 베드로의罪를 記錄한것이다。바울은 베드로를 惡意 또는 無智따문에 責한것이 안이라 베드로가 야고보안테서 온猶太人을 두려워하야 律法에禁한 고기를먹음을避하고 이리하야 異邦人보다 猶太人을 끄린 그虛僞와柔弱을 非難한것이다。이點에있어서 베드로는 實로 크리스챤의自由와 福音의眞理를 轉覆하게된

것이다。

바울이 非難한點은 事實그自體가안이라 이事實에서나오는 結論이다。食飮하고 아니하는것은 그自體에는 아무問題가없는것이다。그러나 먹으면 罪가되고 아니먹으면 옳다는結論을 이에서하는것은 틀린것이다。割禮도같은것이며 그自體는 좋은것이다。그러나 모세의 律法을따러 割禮를 받지아니하면 救援을 얻지못한다는것은 틀린일이다。律法에 禁止한 고기를 먹고 안먹는것은 낫분일은 안이다。그러나 베드로가 이를무서워하고 거짓을 行한것이 낫부다。베드로가 律法에禁한고기를 먹지아니함을보고 다른사람도亦 그와같이 고기를먹지아니하여야 救援을반게된다고 생각하게 되였을지 모른다。여긔에 福音의眞理는 危險에빠지게되니 바울이 이것을不問에 붙일수없었다。이에 바울은 眞理를 完全히 擁護하기爲하야 베드로를 面前에서 叱責한것이다。

第十三節。그 남은 猶太人들도 저와 같이 거즛 착한체함으로 바나바도 저의의 거즛 착한체하는일에 유혹한지라。

바울은 베드로를 僞行으로써 責하였다。만약 베드로가 거즛을 行하였다하면 그가 무엇이眞理임을 알은것은 明白하다。僞行을하는者는 無智로 罪를犯하는것이안이라 自身虛僞인줄알면서 行하야 他을속이는것이다。베드로뿐안이라 다른猶太人들과 바나바까지도 그를따러 僞行을 하였다。바나바는 바울과함께 오래동안 異邦人에게 律法에依하지아니하는 그리스도의信仰을 傳한사람이다。베드로의罪는 明白히 僞行의罪이며 이때 만약 바울이 이것을拒絶하지아니하고 不問에붙였드면 後에이르러 福音이破壞되는 重大事件이 닐어낫을지도 모른다。

故로 여긔에 바울이 베드로를 叱責한것은 小事件때문이안이라 基督敎의 가장主要한 敎義가 베드로의僞行때문에 危險하게된까닭이다。베드로와 바나바와같은 優秀한 使徒들이 自身을잘알고 또사람에게도 가르친 그일을 이와같이 容易하게 速하게 닞어버렴은 놀랄수밖에 없는일이다。우리도亦 아무리 거륵하고 博學이고 知識이 깊다하드라도 自己自身의힘을 依持함이 얼마나危險함을 알수있다。우리는 가ㅣ끔 가장確實하다고 생각하는일에 失敗를하야 自他를危險에 빠지게하는일이 있다 우리는 熱心으로 謙遜히 聖書를배워 福音의眞理를 잊지아니하도록 祈禱하여야한다。

우리에게 아무리 큰才能이있드라도 하나님이 만약우리를 도으시지 아니하시면 그才能이 아무 所用이없는것이다。하나님의손이 우리를 떠날때 우리의知慧와知識은 없는것과 같은것이된다。誘惑에 빠질때 우리는 사단으로因하야 慰安을주는 聖語는 다닞고 威嚇하는말만 記

憶하야 壓迫과混亂이 心中에닐어남을 깨닫는것이다。하나님의손이 우리를 떠날때는 우리는 의례히 잡바지는것이다。故로 누구든지 自己의義 自己의智慧 自己의才能을 자랑하지말고 謙遜하야 使徒들과같이 「主여 우리믿음을 더하옵소서」(누가一七・五) 하고 祈禱하여야한다。

第十四節。내가 저의가 福音의眞理를 따라 바로行하지아니함을 보고 모든사람앞에서 게바다려 니르되 네가 猶太人으로 異邦을좇고 猶太風俗을 지키지아니하면서 어찌하야 異邦사람으로 猶太風俗을 억지로 지키게 하랴나냐

「내가 저의가 福音의眞理를 따라 바로行하지아니함을 보고」。敎會의 柱石이되는 이러한主要한 사람들이 이러한罪에 빠지게되는것은 實로 異常한일이다。이때에는 바울만이 그눈이열리어 베드로 바나바 그他猶太人의罪를 認識할수있었는대 이사람들은 自己들의罪를 알지못하고 돌이어 弱한 猶太人의弱點을 容恕함으로 좋은일을 하는줄로 생각하였다。이點에서 바울은 그들의罪를 責하고 베드로、바나바 그他 猶太人을 警戒하야 그들이 福音의 바른길을 걷지아니하고 福音의眞理에서 떠러짐을 譴責하였다。

福音의眞理를 따러 바로걸으며 福音과律法을 바로區別하는사람은 幸福스러운 사람이다。내自身亦 誘惑에빠질때는 어찌하면 좋을지모르는적이 퍽많음을 自白하지아니할수없다。이둘을 區別하는方法은 福音은 한울에、律法은 따에두고 福音의義는 한울의것、律法의義는 따의것이라 불러서 한울과따、빛과暗黑、낮과밤 같이 判然다르게함에있다。더욱 더욱 이區別을 크게하도록 우리는 하나님께 祈禱하여야한다。

이 律法과福音의 區別을 아는것은 極히 重要한일이다。이는 基督敎敎義의 骨子이다。故로 하나님을 사랑하고 두려워하는 사람은 이區別을 밝히하야 다만 말뿐이 안이라 行爲上、實際上、心情과 良心으로 깨닫도록 힘써야한다。말로는 區別하기 容易하나 實際로 誘惑을 當할때는 福音은 良心에對하야 아지못하는 사람과같이 또는 드물게오는 손님과같이 나타나고 律法은 우리마음속에 들어있다。본래 理性은 律法을 따러감을 좋아하는것이다。

「모든 사람앞에서 게바다려 니르되 내가 猶太人으로 異邦을좇고 猶太風俗을 지키지아니하면서 어찌하야 異邦사람으로 猶太風俗을 억지로 지키게 하랴느냐」換言하면 「그대는 猶太人이다。故로 그대는 猶太人의生活을 하여야하고 律法의禁한고기를 먹어서는 아니된다。그런대 그대는 異邦人과같이 生活하였다。即 律法에 違叛하고 律法을 犯하였다。律法이 없는 異邦人과같이 더

러운고기를 먹었다。이點에서는 그대가 틀린것이 없다 그러나 그대는 猶太敎에서 改宗한 兄弟를 끄리여 律法에 禁한고기를 먹지아니하고 律法을지키여 다른猶太人으로하여금 여긔에좇게하고 律法을 지키게 만들었다 이로因하야 그대는 異邦人으로하여금 다음과같이 생각케 만들었다。「베드로는 우리異邦人이 常用하는 고기를 먹지아니한다。그도以前에는 이것을 먹었지마는 지금는 이를 廢止하였다。故로 우리는 그를따러 猶太人과같이 生活하지않으면 아니되겠다。이러하지아니하면 救援을받을수없을것이라」고。故로 바울은 베드로의 無智를 責한것이안이고 (베드로는 어떤고기든지 異邦人과같이 먹을수 있음을 잘알었다) 異邦人으로하여금 猶太人과같이生活하게하랴는 그僞行을 責한것을 우리는 잘알수있다」

이 싸움은 重要한 敎義와 福音의眞理를 維持하기때문이었다。」 바울은 이를爲하여서는 사람을 성나게함도 介意하지 아니하였다。이를爲하여서는 人民、王候、官憲의 反對가 있드라도 一步라도 讓步하여서는 아니된다。우리가 律法에 잡히게됨은 甚히 危險한일이며 이는天上에서 地獄으로 떠러지는일임으로 크리스챤는 모다 이 律法과福音의 區別을 分明히하여야한다。律法은 우리肢體의法임으로 肢體를支配할것이며 良心을 支配할것이안이다。王의新婦는 新郞인 그리스도를爲하야 흠없이 保全할것이며 律法으로 더렵힐것이 안이다。「내가 이미 너의를 한 지아비에게 중매하였노니」(고린도후書一一•二)라 바울이 말함은 이러한 뜻이다。良心의 婚姻하는 방을 낮은골작이에 두지말고 높은山우에 두게하라。그곧에 그리스도는 게셔서 支配하시고 統御하시고 罪人을 恐懼困憊시키지아니하시고 慰安하야 罪를赦하시고 救援하신다。故로 苦悶하는 良心이 하나님의審判을 對할때 그리스도의 말슴以外의것을 생각하고 알고 또써서는 아니된다。그리스도의 말슴만이 恩寵、赦罪、救援、永生의 말슴이다。그러나 이를 實行함은 實로 困難한일이다。理性과 肉은 굳굳이 그리스도를 依持할수없는것이며 가ㅣ끔 律法과 罪때문에 그리스도를떠나고 肉에屬한 自由를 求하야 良心을 奴隸로 만든다。

第十五節 우리는 本來 猶太人이오 異邦罪人이 안이로랴。

이뜻은 「우리는 본래 律法의義에 난者이고 모세에屬하고 割禮를받고 出生以來 律法의義를 가진者이고 本書一章十四節에「祖上의 遺傳을 더욱熱心으로 지키는」者이다。故로 異邦人과 比較하면 우리는 罪人이 안이고 律法과 行爲가 있는者이다。우리는 猶太人으로나고 바른者로나고 義속에서 成長하여 온者이다。우리는 나서부터 猶太敎밑에 있고 우리의義는 나서부터 우리의것이었다。

城西通信

○本誌의內容擴張에關하야서는 第五十五號에 豫告한바였었으나 事情에依하야 그대로實施하지못하든것을 今年度新年號부터 豫告하였든대로 每月三萬三千餘字를 誌友에게通信하게되였다。 이제는 頁數를增加하기까지 이以上더膨脹할수는없이되였다。

○一九三三年十二月二十九日에는 南海의 黃兄과 五山咸兄이來社。翌三十日부터 一週間集會의消息은 別報하였기로略한다。但 이集會에關하야 多數誌友의 懇篤한寄託이 있었음으로 左에其二三通을揭한다。

一、木浦로부터……主님앞에 하여놓은일 없시 빗진채로 새해를맞을때 새해첫날 가장貴한 主의 선물로받은 聖書朝鮮을通하야 맞우오는 一年의 明確한 打算을가지고 지나보지않고도 勝利의찬송을 主앞에 돌릴 堅忍不拔의믿음을가지는대 큰도움이 오는것을 感謝感謝할밖에 아모것도 없읍니다。또 冬季講習會에 이마음全部가 가서있아오나 先生의斟酌하실바 敎生의事情으로 參席치못하옵으로 研究發表가 筆記報道되게되오면 敎生을닞지말아주서요 只此 不備하나이다。

二、滿洲로부터……梧柳洞集會諸位 貴中

주예수그리스도의 生命으로말미암아 서로合하여 같은肢體된 여러先生님과 兄님들이어! 주예수그리스도의 十字架로말미암아 일우워진 永生이 기리 게속되여지이다。 四圍의 事情은 여러先生님과 兄님들을 같은 맘으로는 願이고 甚히갈망했으나 四圍의 事情은 여러先生님과 兄님들을 같은자리에서 뵈옵지 못하게 했읍니다。 모이신 여러분들은 참으로큰 은혜를 받는가운데 잇을것이오며 따라서 幸福된자리에 게실줄압니다。 主의祝福이 떠난後까지에라도 기리 永遠히 게속되소서 예수生時에 베드로、요한、야고보와 같이變化山에 올라가서 變化하시던 그때와 마찬가지로 諸位의靈은 變化하실줄 압니다。

저는 滿洲 荒野 罪惡이 사모찬 가운데 있어도 나의 맘만은 諸位先輩와같이 그곧에 있읍니다。主께서는 외로운 곧에 버려두사 무된 나의靈을 銳敏케 하시고 괴롭고 시끄러운 이곧에두사 나의 靈에 큰 變化를 널으키나이다。어쨋던 감사할 것뿐이오나 사람의 생각으로 생각할때에 떡도 不幸한듯 하외다。

이번集會가 처음이니만치 五旬節에 은혜받든것과 같이 根本에 큰運動이 널어나기를 바람니다。그리고 한가지 付託하는것은 滿洲를 爲해서 特別히 祈禱해주시옵소서 어느方面을 보나 어느民族을 보나 다불상하고 가련하며 눈물나고 안타잡습니다。牧者없는 羊以上의 慘狀이외다。그리고 祈禱로 도우시는것도 감사한 일이오나 滿洲도 하나님의땅이고 여긔서 사는사람들도 하나님께서 다 사랑하시고 이百姓들도 다 主의百姓되여야 되겟으니 만주에 오서서 長久히 主의일하실 생각 자신 靑年들이 와주시면 고맙겟읍니다。 이것은 참으로 만주를 사랑하는일이오며 眞正으로 만주를위해서하는 祈禱인줄 압니다。 예수께서 稅吏와 娼妓를 爲해서 오셨다면 卽 社會의 찌께기를 爲해서 오셨다면 우리도 爲先은 滿洲에希望을 두워야 되겟읍니다。 滿洲는 文字그대로 어느方面으로 보나불상한 사람들만 못였소이다。이대로 두워두면 곧 하나님의 벌이 나릴것입니다 故로義人의 渡滿은 絕對로 必要합니다 그리고 또한가지 付託하는 것은 저와같이 가지못하는 讀者에게도 같은恩惠를 分配하기爲하여 聖書朝鮮誌를 通하여今番에 말슴하신 諸位先生님들의 原稿를알려주시오면 고맙겟읍니다。비록 坐談의形式으로 되신것이라도우리의 무된靈을깨우칠만한것이라면 貴誌를 通하여 알려주시옵쇼서

그리고 今番 機會에 本誌를 發刊하는 印刷所가 상기 없이 甚한 困難中에 게시는듯하오니 今年에 못된다고 하더라도 爲先 印刷所準備를爲하여 具體的討議가 게시면 고맙겟읍니다。저는 비록 가난하나 이것을 爲하여는 物質로라도 얼마를돕겟읍니다。이것은 五山李贊甲兄님과 今夏에 討議한일도 있었읍니다。모든것을 우리의 손으로 始作합시다。

모든것은 여러先生님과 兄님들에게 맡기오니 제의意見이 主의뜻에 어긋나지안

는다면 기어히 이번機會에成功하도록 애써보십시요。내主 그리스도의 사랑이 같이하소서 끝맞훌때까지 主의祝福이 같이하십시오。

一九三三年十二月三十一日밤

在滿洲 盧成模 拜上

小아세아地方 傳道의 앞길이막혔을때에 바울一行을招請한것은 헌옷입은 마게도니야 사람들이었다。우리의마게도니아는 滿洲의 넓은들이안인가。

三、江華로부터……사랑하시는先生님 아버지사랑안에서 道體候萬旺하옵시고 혼택이 安寧하옵시며 主님의恩惠를 報答하시기에受苦하심이 얼마나크십니가? 敎生은 아버지의 無限愛에서 숨쉬고있음을 感謝할뿐이외다。先生님! 저를特別히사랑하심을 생각할때에는 퍽기쁨니다。간여름에安商英兄을 罪人에게로 引導하여 주셨음을 퍽感謝하였나이다。果然靈肉間받음이컸음니다。先生님! 이번梧柳洞集會에를 꼭가려고하였었으나 不幸히 十二月二十七日붙어 不得已한事情이생겨서 叅與할수없게되오니 분하고 답답함을禁치못하겟나이다。事勢가 如此하오매, 저의祈願은이것임니다。今番諸先生의 講話하신것을유루없이印刷하야 讀者一般에게 責任購覽케하여주셨으면하는 것뿐임니다。아ㅣ先生님이 罪人을끌고 날마다 歡喜의자리로 突進하는벗은 오직聖朝誌림니다。聖書朝鮮아! 聖書朝鮮아! 나를彷徨의길에서 引導하여준 聖書朝鮮아! 어서 크고 또자라서 너를朝鮮에 보내신 아버지使命을 다하여라 아직도 나와같은 者가 이江山에가득함을 보지못하느냐。(길을찾는者)

四、龍川으로부터……가고싶은길을가지못하게되여 섭섭하고도 沓沓하였엇나이다。그러나 이罪人의不叅으로 모임이좀더거룩하여졌다면 感謝는凡事에 잇슬것인줄을느껴安心하였나이다。

半島江山을向하여 웨치는異常한소래 受信機를備置하고기다리는者의 耳膜을울릴때 한마대에義眼을開하고 또한마대에 鐵拳을 브르쥐고 다시한마대에 生命의힘을얻어 예수그리스도 萬歲를高唱하며 기쁨으로 主의종이되게하실줄을 믿습니다。僻村에잇는 不完全한 受信機까지라도 或感應이되여지기를 廉恥없이 苦待하여 맞이아니하나이다。

一九三四年一月十八日〇〇〇은傷한靈과傷한肉 억울한가슴을붓안고

敬愛하는

金敎臣先生에게삼가들이나이다

歷史와聖書

하나님의攝理	七、八、十一、十二號
成三間과스데반	十四號
큰 食 物	十五號
二十世記의出埃及	十八號
무로데스탄트의精神	二十號
예수出現의宇宙史的意義	廿四號

本誌定價

一 冊 拾五錢(送料五厘)

六 冊 (半年分) 前金九十錢(送料共)

十二冊 (一年分) 前金壹圓七拾錢

要前金。直接注文은 振替貯金口座京城一六五九四番 (聖書朝鮮社)로

京城府鍾路二丁目八二

取次販賣所 博文書館

振替京城二〇二三

昭和九年一月二十九日 印刷
昭和九年二月 一 日 發行

京城府外龍江面孔德里一三〇ノ三

編輯發行者 金 敎 臣

京城府堅志洞三二

印刷者 金 鎭 浩

京城府堅志洞三二

印刷所 漢城圖書株式會社

京城府外龍江面孔德里活人洞一三〇ノ三

發行所 聖書朝鮮社

振替口座京城一六五九四番

【聖書朝鮮】第六十一號 昭和九年二月一日發行 每月一回一日發行
昭和五年一月二十八日 第三種郵便物認可

【本誌定價十五錢】

金教臣主筆

聖書朝鮮

第六拾貳號

一九三四年三月一日發行

昭和五年一月二十八日第三種郵便物認可
昭和九年三月一日發行(每月一回一日發行)

目次

非戰論無用時代

지금부터 約十餘年前、東京市外어느小停車場에서 省線電車를待하는동안이었다。저편板墻에 고양이의목에「解職」이라는 札을붙인 廣告畵가 보이었다。「猫不用」이라는 쥐 잡는藥廣告이었다。何도 그着想이奇妙하야 當時에도 우숨을 抑制하기 어려웠거니와 至今에도 그때印象이 닞히지안한다。

以往에는 나라와 나라가 意見이衝突할때는 所謂 最後通牒이라는것이發送되었다。그리고는 限定한時間內로應從치안할때는 宣戰布告라는것이發布되고、이에 비로소砲門이열리고 劍鞘에서 칼날이 빠졌다。그戰鬪가 殺伐함은古今이一般이나 그래도 最後通牒에따라 宣戰布告가 있은後의戰爭은當當하였다。果然萬物의靈長이라는人間답은行動이었다。

節足動物 昆蟲類 双翅類에 모기 라는動物이있다。「있다」하기보다 夏節마다 너나없이 모기의괴로움을 받고지나서 잘아는터이다。이動物이 體小하고筋力이弱하고戟毒이없음도 우리가 잘아는바이다。그렇다고作黨群襲하는것도 안이오、武器라고는 오직一分長못되는針嘴하나뿐이것만、그래도 人畜을來襲할때는 當當히宣戰布告하고서接戰한다。勿論 모기中에도 或時 소리없이 찌르는따위가 全無한것은안이나 이는 흔이 晩秋에 있는일이다。即모기가 人間社會의風習에물들어變化한後엣일이지 모기本來의習性은 襲擊할때에 의레히高喊을 질러 敵에게準備시긴後에吸血하는듯하다。우리가 모기를 귀찬케녀기나 그러나 그行動에一種敬意를表하게됨은 近代國家生活하는人類들보다 매우正當하고 高潔하고 倫理的인 心地를 喪失치않았다고 보는까닭이다。이點에關하야는 범이 人畜을害하기前에 꼭警戒를 먼저주며、南米의尾鈴蛇가 꼬리를 흔들어警戒준後에 襲擊한다함은 모다動物에게남아있는高貴한性格이라할것이다。

人類가 지금처럼墮落하기前、即 不可避하야槍劒에決事하는수있더라도 于先 最後通牒을發하고 宣戰布告를公布한後에 砲門을열때、그時代까지는人類中에 好事者가있어 所謂 非戰論이라는것을 主唱하고、이로因하야 全國民의逼迫을當한일까지도있었다。實로 그때까지는 人間이奇特한時代이었다。마는 至今하야는 非戰論을唱導하고저 하는好事者가있다할지라도 저는 提唱할機會를 얻지못하고 말것이다。國際條約이發達한結果로 戰爭은못하겟금되였다。故로數千兵卒이死傷하는事變이發生하야 國民들은 出征軍을喊聲으로 보내고、또 凱旋將軍을花環으로써 맞우었을지라도 그는單只「事變」이었지「戰爭」은안이었다。今後는漸漸더할것이다。아무리絶世의英傑이出現한다하여도 今後에는 宣戰布告로써 當當한戰鬪를開始할爲人은 人間에는없을것이다。世界의列强이 無聲의銃砲와無爆音의 飛行機를發明하기에 爭先逡頭하고있음은 저들의竊盜根性을 滿足시기기爲함이다。戰爭이없는世上이니 非戰論無用時代라하노라。마는人類의語彙에서 戰爭이란字를 消滅케한이가 누구인가。베들레헴에서牧者의 찬송받는平和의主예수의威令이어嚴하도다。가장强暴한나라의君主도 戰爭이란말을 입밖에못내게되였도다。섭섭하도다人間의卑劣한心事、기쁘도다平和의主의無聲의呼令。

嗚呼李啓信君

지리한病苦中에서 善戰善勝하야 健康한者도 오히려 부러워할만한 勝利의生涯를 時時로 報道하여주든 우리李君은 昨年春季以來로 거의周圍의 사람들로하여금 完全히安心하리만한 健康을恢復하엿든것이 今二月十九日 午後八時에 四半世紀도 넘지못하는 地上生涯의一期를맛후고 忽然히 떠낫다한다。忽然이다 果然 그時刻의來到함이 도적과같다。누가 젊은이의 죽을것을豫期하리만 우리李君만은 아직그時期가到來하지않을줄로 우리는信依할根據가있었다。

李君의祖母는 넉넉한乳汁으로써 여러貴重한生命을 保養하엿고 天性이 仁慈하야 사람을害하랴는言語와行動을 經驗함이없이 一平生을맛후었다。李君의父親이 亦是 그先親의柔順無毒함을 그대로遺傳받아、羊과같고 비둘기같은人間이있다면 누구보다도 우리는 먼저 저들을聯想하였다。羊과같어야할 基督信者가 오히려山羊같고 狸狐같이되는時代에 우리는 李君의祖上을 생각할때마다 참된基督信徒란것은 저의들과近似하려니하고 想像하기도 한두번이아니었다 君의母親에至하야는 箴言第三十一章以外의文句로써 우리는記述할道理가없을뿐이다。

誰가賢한女人을得하겟느냐 其價는紅寶石보다貴하고 其男便의마음은 저를信하나니 其産業이乏絶치아니하겠고 저가生存한동안에 其男便에게善한일을行하고 惡한일을行치아니하는도다。저가 羊毛와麻를求하야 手로일하기를좋아함애商賈의船과如하야 遠處에서其糧을 運轉하는도다。夜曙키前에起하야 其家內人에게糧을주며 女婢에게일할것을맡기고力으로써腰에帶를삼고 그臂를强하게하는도다。自己의製造하는營業이 利되는줄을알고 其燈火를夜가終토록 끄지아니하는도다。저가其手를織機에두고 其手指로梭를執하였도다。一手로貧者를 救濟하고 兩手로困苦한者를周旋하는도다。저가家人을爲하야 降雪하는것을畏치아니하니 大概其家內人들이 皆縫色衣를 입은까닭이라。其男便은 其地의長老들로더브러 城門에坐하엿을時에 人의認識하는바되었나니라。저는 布로衣를製하야賣코 帶를造하야 商賈에게與하는도다……저가 입을열어 智慧를말하니 仁愛의法이 其舌에있도다。저는家內를살피고 遊食치아니하는도다。

라함은 文字대로 李君의母親을 그린것이라할수있다。저는勿論 敎育받은女性이아니다。美貌의人이아니다。果然「고은것도 거즛이오、美한것도虛되나、오직 여호아를敬畏하는 女子는 稱讚을受하리로다」라는대로가事實이다。西諺에「弱者여 너의 이름은 女子니라」는말이있으나 東洋、特히 朝鮮在來의女性에關하야 말하라면「强者여 너의이름은 女

嗚呼李啓信君 二

子니라」고 改正할必要가있다。저는實際로 冷水를마시고 腰帶를잘라매면서도其 臂에强力을發하야 其家人들을不足함이없게하고 其長子李啓信君의 十餘年間敎育費를調達하였다。軟弱한女性의 저렇듯한偉大한忍耐와 잔잔한勇氣를 헤아릴수록 우리는 一種거룩한者의 尊前에處한것같은 느낌좇아없지못하다。

李君은 이와같은 家庭을背景하고 長成하야 十里나되는데서 普通學校를卒業하고는 十五里距離되는 甲種農業學校도 始終如一하게通學하였다。但 李君의告白에依하면 農業學校第三學年때부터 農科만專心工夫하든 常規에서脫線하기始作하야 차츰社會思想宣傳 팜푸렐類를耽讀하면서 學業은一時荒廢하여지고 社會에對한不滿과反抗心은 沸騰하여졌다한다。其後卒業試驗때에 無理한疲勞로因하야 第一回의 喀血이있은後로 就職內定되었든것도 解約하고 或은土疾이라 或은肺結核이라는等 診斷을받으면서 悲憤과恐怖와不平과焦燥에 넘치는살림에 떠러지게되였다한다。

바로 이時期(一九三一年四月)에 물우에散布하든 聖書朝鮮한卷이 李君의枕邊에 떠러졌다。李君自身으로 말하게하면『……再讀三讀한데가大部分이고 때에는 上熱高熱도不知하고 熟讀耽讀하게되는 聖朝誌를받을때마다 참으로感慨無量합니다。……初信者인 저로서는 聖書를읽어도 解得하기어려웠읍니다。예수가 무엇인지? 그리스도가무엇인지 聖書를읽어도 알수가없었읍니다。그러나 至今은聖書를읽으면 大意나알게되여있다고 할수있읍니다。읽으면읽을수록 참말興味無盡합니다。……聖朝誌를 받을때마다 저의生命은 자랐읍니다。一冊보다二冊、五冊보다十冊、한冊식받을때마다生命은 더長成하였읍니다……』하며、肺病도 오히려感謝하는말에『今番 이病席이안이었드면 저는 基督을 모르고 그냥亡하였을것이올시다。이렇고보니 이病床이 여간고마워지지않습니다。하나님 아버지께서 저를爲하야 特別한사랑으로 이機會를 주신것이라고 저는感謝합니다。요한福音第九章 三九—四一節은 저의境遇를 들어내는것같습니다云云』

如斯히하야 李君은 全所有와 그生命까지를받혀서라도 基督을發見한일을 장하게녀겼다。그리고「나를爲하야生命을버리는者는 生命을救할것이라」는宣言에依하야 李君의肉體的生命까지도 日復日旺盛하여졌다。우리는 은근히主께感謝하였었다。그런데 突然히 지금李君의訃音을接하니 嗚呼라 이일이 어찌 이처럼突發的인가 우리가 李君을爲하야祈求할때는 一種特異한힘에 움직임을感하였으니 이는그祖上의善心을回想하면서 祈禱할수있는까닭이었다。하나님은 仁慈한者에게 慈悲로써對接하심을 確信하는故로 우리는擔保品을가진者처럼 하나님을向하야 慈悲베프시기를强要할수있었다。敎會의儀式에 慣習된일이없고 非常한體驗이나 特異한傾向이없이 聖書만읽어서도 基督敎眞理를把握할수있음을干證하기爲하야 좀더世上에두시기를願하였다。마는李君은忽然히갓도다。悲哀따에남고、榮光이우에돌아가도다。

第一二〇〇〇日의感

一九三四年二月二十三日(金曜)晴。地球의 自轉에따라太陽光線을 바라보기가 第一二〇〇〇回。에듸슨이數萬回의實驗으로써 白熱電球發明에成功하였다하면 萬二千回의生涯도 헛되여서는않되겠다。一日은一生이오 一生은一日이다 우리가 때로는 自我의無力한生涯에서絕望하고 再生을期하야 新紀元으로 살고싶은 마음이 懇切하다。마는一萬二千回의 챤스(機會)를모다失敗에 돌려보내고말았다면 이보다痛恨事가 다시없을것이다。人間一生에萬二千日은 決코적은數字가아니다。이에倍하면 所謂「古來稀」라한다。

乳兒가 發育할때에 七日、三七日을計算하며 百日을祝賀함은 그成長이 눈에띠어 보이며 따라서 日就月將하는데에 多大한興味를 感하는故이다。마는 十餘歲以後로는 漸次이興味가 冷却하고 다음에는 아주無關心하지않으면 오히려時日가는것을 悲嘆으로써맞우게되는것은、何等成長함이없이 停止와萎縮만이 보이는故이다。人生이날가는것을 기쁨으로 맞우지못하고 悲嘆과恐怖로써 보내게된다면 이보다慘憺한事가없다。

이날새벽에 例와如히 家庭禮拜있어 輪讀할데를 開卷하니、차례가 바로 出埃及記第二十章、모세가 이스라엘百姓二百萬大衆을거느리고 肉의나라埃及을出發하야 紅海를건너고 曠野를지나 시내山에서 十誡命을 받아傳하는光景에至한것이다。出埃及한 이스라엘百姓이 다시다시埃及의肉을戀慕하야 마지않든것처럼 肉과世上을超脫하였을터인바 나의靈이 다시肉과世上의 捕虜되는敗亡을回顧하면 悔恨의눈물이 스스로흐름을 禁할길이없고 이못생긴罪人에게 나린恩寵을 다시금記憶하면 感淚인들 섞이어흐르지않을수없다。

때맞훔 午前配達은 李啓信君의別世를報하여주고 다음配達은 나의敬畏하는 친구가 義와그나라를求하야살고저하다가 온갖誤解와嘲笑中에서 學校敎師를辭職하지아니치못한다는 通信을傳한다。모다 偶然이라면偶然이나、나에게는偶然한偶然이없다。생각할수는있어도 말할수없고 더욱 쓸수없는것이 이런境遇라할것이다。

李君은 一萬日도못차는一生으로써 別世하였다。예수믿은일外에는 아무事業도 한것없이。壽는比較的이다 相對的이다。九千日未及한者에比하면 萬二千日生存한者는 매우長壽하였다할수있다。九千日以前에도 죽는사람이있다면萬日以後에죽기는 더욱可能한事이다。理致는簡單하다。아니理致만은매우簡單하다。嗚呼라 어리석은 나의靈이어!

現代는上下大小의別이없이 모다「利權」關係이다。나라와나라사이도 利權으로 다투고 利權으로和하며 大臣과校長과 其他萬般有利한地位도 利權化하지않고 남은것이없다。朝鮮같은瘠薄한나라에서 月收百餘圓의 敎師職이라

第一二〇〇〇日의感

면 且亦是相當한利權으로 取扱되는現狀이다。 그런社會中에서 다른失策으로가아니오 妄動으로가아니오 다른有利한事業에 탐하여서가아니오 오보지 좀더正直한살림 좀더簡單한살림 即 예수의生活原則대로 살랴는所願으로써 無可奈何로 勢不得已로 職을拋棄하고 道를把持하기를決心하였으니 量으로는小事나 質로는大事라아니할수없다。 基督教會의宣教事業까지가 利權化하여버린이때에 우리는 여긔서 한信者를보았다。 한「사람」을보았다。 大旱에雨滴인가 장마에日光인가。

하나님이 모세를 불렀을때에 불붙는 가시덤불을 보이셨고 예레미야가 부름을받았을때에 끌른솥(鼎)과 巴旦杏가지를 보았다。 彼等은 그目睹한 平易한光景中에서 偉大한眞理를判讀하였다。 萬二千日을當한 魯鈍한罪人에게 出埃及記第二十章을읽게하고 죽는친구의죽음을告하고 참人間의生命的湧躍을傳하시니 이 모든것이 무엇을敎示하려하심인가 우리는無感覺한生活、慣例에依하야「如昨」한生活、驚異를느낄수없이 鈍化한生涯를唾棄하는同時에、奇怪 妄悖한解讀을 장하게여기는者도아니다。 별안간에 獨特한使命이 나렸다고하거나、愴悴하게 무슨活動을開始하고저하는것이아니다。 다만平凡하게 過去萬二千日의生活에서悔改 即「轉向」하야 主그리스도와 平行되는方向으로、손잡이(한들)을 들어놓고

一二〇〇〇日에 一日의生命을 더許하시옵거든 單하루라도 足하오니 제발 生命의湧躍이있게하옵소서。 過失은없기를期待하지못하오나 生活原則、生命의本質만은 제발主 당신것으로써 살게 하시옵소서。

라는祈願으로써 이날을 맞이하다。 人無遠慮면 必有近憂라하나 우리는 넘어「遠慮」가많다가 一日의生命도 完全치못함이 恨嘆이아닐수없다。 主는 確實히 義와 그나라만을求하라 하시고 來日일을念慮하지말라하셨다。 이제는 長壽를爲하야 念慮하든일을中止하고 無爲한時日을浪費한일을 悔改하고지고。 非凡한才操를求하야 嘆息하지말고 그날일에 誠忠의全量을 다하지못하는것만을 痛悔하고지고 社會의救濟를爲하야 悲憤 落望하지말고 나스스로가 救援받은자리、그자리의 참맛을맛본자로살고지고。 量의世界에서質의世界로 知識의圈內에서 生活의(사랑의)世界로、보이는世界에서 보이지않는世界에나아가고지고。

내가一一九九九回의敗北에 머리숙어질때에 다시하루를許하야주시니 이는前萬古後萬古에 다시맞날수없는 챤스로다 이날하루만을 全力을다하야싸와 하나님이만드신本來의人間답게 即하나님답게 그리스도답게 吝嗇할것이없고 恐怖할것이없고 옹졸할것이없고 卑屈할것없고、부지런하야 사랑을 라듐鑛처럼發散하면서 義롭게 믿음으로살았다할진대 後에무슨未練이 남을까。 萬一 이날까지도 卑怯하게 不義하게 肉體의生命을 延長할진대 내 靈魂아 明日해빛이 빛우이기前에 이썩을肉塊에서 떠나가라。

聖書概要【十三】

金敎臣

에스더書大旨

에스더書는 舊約聖書中에 가장後代의著作이어서 紀元第一世紀末로부터第二世紀頃에 비로소聖經本文으로 確定되였다한다。그後로 그內容이 愛國的인것으로因하야 各處에散在한 猶太敎會에서 禮拜時에 이冊을 盛히朗讀하였으며、特히하만의아들들十名의니름은 단숨에닑어서 저들十名을一時에絞殺한것을 記憶하게하였다하니 復讐의念이强한 猶太人들의 비위에適合함이多大한冊이었다。猶太國民的讀本이었다。

그러나 基督敎會에서는 自然히 이冊에對한關心이稀薄하였다。이冊에서 新約聖書에引用된 句節은없다。루터는 말하되「나는 에스더書에對하야 興味를 가지지못할뿐더러 이冊이存在치 안하였드면 좋을가한다。本書는 넘어나猶太化하며、異敎的 不穩當한色彩가 넘어濃厚하다」고 彼一流의 極評을 네린일도있다。맞히今日의 히틀러政策이나 支持하는듯이。뿐만안이라 에스더書의史實性을否定하야 이冊을完全히埋葬하랴는 學者는漸々多數하게되였다 그主要한理由는 如左하다。

(1) 에스더書에記載된 이야기中에 現實과妥當치못한點이많다。例컨대 各地方伯들을 六個月間이나 職務를돌볼수없게하면서 長期의大宴을設했다는것、王后와스디를 群衆앞에呼出하며、거긔不應했다고 博士들의 建白으로써 勅令을各地에發布하야 各庶民家庭의規例를 定했다함은 아하수에로王의 愚昧를公告하는것뿐인點、王后를再選하기까지의期間이過長한것、모르드개一個人의 일로因하야 全猶太人(畧二百萬以上)을 虐殺할勅令을發했다는것、이勅令을執行期日보다 十一個月前에公布하였다는것、그다음에連하야 反對勅令을發布함은 實際的으로內亂을爆發케하는일인것、國民의多大數인바사人들은 甚大한殺戮을當하고도復讐함이없고 猶太人들의生命만은怪異히安全하였다는것、모르드개와에스더가制定한푸림祭는 兩民族間의惡感을助長하며、王室에禍를밋게하는것 等等이非合理的인것。

(2) 作者의 모든目的이 猶太人을激勵하며 榮華롭게하랴고만하였음으로 그目的을達하기爲한 諷刺와誇張이 넘어技巧하다。(二・一五、一七、二二、三・二、一五、四・一四、六・一○、一一、一三、七・九、八・九、一五、一七、九・一六、一○・)

(3) 歷代志畧을引照한것은 느헤미야 에스라書等을單純히模倣한것이거나、그렇지안아도 바사歷代志畧에 흔

허보이는 副史實談같은데서 引照한듯하다。

(4) 嚴密하게歷史的으로解釋하랴면 困難이많다。 와스디나에스더도該當한 人物을發見할수없고 아하수에로王과하만이 에스더의國籍을몰랐다함도 無理한일이다。 等等外에도 여러가지理由로써 에스더書의史實性에反對하려한다。 이에反하야 오리겐、 예루스의키릴、 예롬 오가스틴其他諸氏는 本書를일즉부터認定하였으며、 本書의史實性을 支持하려는根據는如左하다。

(1) 記事中 問題의事件이 바사歷代志畧에서引照되였다는 것 (一〇•二、二•二三、六•一)

(2) 史家요세후스에依하야보아도 푸림祭라는것이 當時유대人들의散在한各地方에서 遵守하였다는것이 確實하다는것。

(3) 바사國風俗習慣에關한 記事의生氣있는描寫、特히 그 수산宮殿에關聯한것은 實際에目睹한者아니고는 그려낼수없는文字라는것 (一•五、一〇、一四、二•九、二一、二三、三•七、一二、一三、四•六、一一、五•四、八•八)

(4) 아하수에로王의自慢心많고、癖性스럽고、熱情的인行動이 異敎의史家헤로도타스等의描寫한 크셀크스王의性格과 彷彿한것。

(5) 헤로도타스의叙述한바에 依하면(七•八) 크셀크스王은 希臘遠征을出發하기前 始政第三年에 一大御前會議를 開催한일이있었고、出征으로부터 수산에還宮하기는 始政第七年이었는데、이時日은 에스더書의 大宴及와스디王后의後繼者를選擇한時日과 一致한다 (一•三、二•一六)

는等外에도 또 여러가지理由로써 辯護한다。 아직도 最後의決定的斷案을 내리기까지는 發掘品等의考證을 더待할것이라하나 于先우리는 以上諸根據로서 에스더書의史實性을信賴하면서 이冊이傳하고저하는 信仰的要素를 採擇하고저한다。

첫째로 하나님의攝理의손이 偉大한役事를行하신다는것을볼것이다。 에스라 느헤미야等과함께 聖都예루살렘을 사랑하는 極盡한忠誠으로서 萬難을排하고 故國에歸還한者는勿論이어니와、 멀리異邦에逡巡하면서、 아브라함의子孫된特權과義務까지도 全然저바린듯한者들께까지도 하나님便에서는 功勞의有無를不問하시고 選民으로서의愛撫와關心은 內外 大小를 一樣으로베프신다는것이다。 攝理의손이 支持하고있는동안은 모르드개의 목숨과二百萬餘의猶太人의生命이 危機一髮의境遇에處하여서도 오히려危險한데가아니었고 榮達함이 人臣의極位에處하였든 하만의地位도 必曰安全地帶가아니었다。 實로依支할수없는것은 풀꽃같은人間의榮華요、果然永遠한것은 눈에보이지않는이에게信從하는일이다。

女性은軟弱한것이라하나 에스더와같이 죽•기를覺悟하고 (四•一五—一七)義務를敢當할때는 男性도企圖할수없는 偉大한事業을成就할수있다。에스더가能히 數百萬同族의生命을救援하고 이스라엘歷史에燦然한光彩를 保持하였다함은 猶太歷史만있을수있는 奇怪한일이라고 一掃할수는없다。佛國이나 英國도近似한女性의偉業이不少하였다。이에注意할것은 事件의結果보다도 에스더가 일에當한 그心地가장하다。人間萬事가 所謂萬全之策을配布하여놓고라야 할것이안이며 되는法이안이다。果然에스더의말한바와같이「亡하면 亡하리라」는冒險이貴하다。人生을가장興味있게 살사람들은 다 冒險을通過하며或은冒險의連續中에 산사람들이다。特히信仰的冒險을 敢히못하는사람은 信仰으로써冒險的決斷을해보지못한者는 人生과聖書가 모다半解에至하기어려울것이다。

女人이惡한것은 男性보다甚한것이많다。하만의妻는 그러한一例다。하만도驕慢한者이었으나 絞架를設備하였다가 王의忿怒를 입었을뿐더러 그絞架에自己가걸려죽게되여 千秋에姦惡한者로傳하게된 責任의半은 確實히 그妻세레스에게있었다。세레스가萬一賢婦이었드면 하만의一家를 그와같은慘酷한滅亡에서 救出할수도있었을것이다。(五•一四參照)婦德의要求됨은 東西古今이一般이다。어찌했든 하만이驕慢한마음에몰려 無辜한모르드개와猶太人을 殺害하랴다가 돌이어自己와同族까지 辱되게하였다。果然『惡한者가義人擊키를謀하고 向하야齒를切하도다。……저環刀가 저心臟을刺하며 其弓은折하리로다』(詩三十七章十二—十五節)라함은 變할수없는法則이다。惡을計企하는者의末路는 다하만의末路에類似치않음이없다。(箴言二六章二六、二七參照)

에스더書槪綱

一、에스더가女王되기까지 (一•一—二•二三)

1、와스듸의 이야기 (一•一—二二)

가、바사王아하수에로 수산宮에設宴함 (一•一—九)

A、六個月間의大長宴(諸侯方伯招待) (一—四)

B、七日間의 小宴(庶民招待) (五—八)

C、王后 와스듸의 女性招待 (九)

나、王后와스듸 王命에拒逆함 (一•一〇—一二)

다、와스듸를 處罰함 (一•一三—二二)

A、와스듸處分에關하야博士들께諮問함 (一三—一五)

B、므무간의 建白 (一六—二〇)

C、와스듸處罰을 全領土에公布함 (二一—二二)

2、에스더의 入宮 (二•一—二三)

가、全國處女中에서 王后를選擇함 (二·一—一四)
A、王后選擇計劃의提案 (一—四)
B、모르드개와 에스더 (五—七)
C、헤개의好意(에서더를 優待함) (八—一一)
D、淨潔法과 入侍規例 (一二—一四)
나、에스더의被選과 設宴 (二·一五—二〇)
다、모르드개、아하수에로王의命을救함 (二·二一—二三)

二、하만의陰謀와 에스더의對策 (三·一—七·一〇)

1、하만의 陰謀 (三·一—一五)

가、陰謀의發端 (三·一—六)
A、하만의陞叙와 驕慢心 (一—三)
B、모르드개(硬骨漢)의 傍若無人 (四—六)
나、모르드개와 유다人에對한陰謀計劃 (三·七—一五)

2、에스더의 對策 (四·一—七·一〇)

가、에스더가決心하기까지 (四·一—一七)
A、모르드개와유대人의禁食、悲嘆 (一—三)
B、에스더 모르드개에게使人함 (四—九)
C、모르드개 에스더의決心을督促함 (一〇—一四)
D、에스더의決心 (亡하면亡하리라) (一五—一七)
나、에스더 아하수에로王御前에立함 (五·一—一四)
A、에스더 王과하만을招宴함에成功함 (一—五)
B、에스더 第二日의招宴에도成功함 (六—八)
C、하만의妻의姦計(絞架를세우게함) (九—一四)
다、모르드개 큰榮光을받음 (六·一—一四)
A、아하수에로王이 모르드개의功勞를發見함。 (一—三)
B、하만이知覺없이 모르드개의施賞을悔恨하다 (四—一四)
라、에스더 하만을 王께告發함 (七·一—一〇)
A、에스더 決死的覺悟로써 提訴함 (一—四)
B、에스더 하만을 摘發함 (五—六)
C、아하수에로王의 震怒와 裁斷 (七—一〇)

三、復 讎 (八·一—九·一九)

1、復讎의準備 (八·一—一七)

가、모르드개의 陞叙 (八·一—二)
나、하만이 꾀한 訓令을撤退함 (三—六)
다、유대人들의自衛防備를許함 (七—一四)
라、모르드개의榮華와유대人의喜悅 (一五—一七)

2、復讎의執行 (九·一—一九)

가、유대人의敵五百名과 하만의十子를殺戮 (九·一—一一)
나、수산城內에서三百人과 (一二—一九)
各領土內에서 七萬五千人을殺戮。

四、푸림祭及附錄 (九·一九—一〇·三)

가、푸림祭(아달(十二月)十四、五日)와 그由來 (九·一九—三二)
나、아하수에로의富强과 모르드개의榮達 (一〇·一—三)

聖書的立場에서본朝鮮歷史

咸錫憲

二、史觀

歷史를理解한다함은 過去의日記帳을 暗記한다는말이아니다。歷史書를쓰는사람에나 읽는사람에나、歷史라면日記錄인줄알고 歷史를안다면 옛날이야기를 많이아는것인줄로 생각하는이가 多數하지만 이는誤解다。歷史란 그렇게아쉽게 이야기거리로 趣味物로쓸수있는것도아니오 읽을수있는것도아니다。歷史理解를얻기爲하야는 實로비지땀흘르는듯한 眞摯活潑한心意의 活動이必要하다。마치食物을攝取하는것같은일이다。食物의攝取는 酸鹹辛甘苦의各種物件을 慾心대로胃囊속에집어넣어서만 되는것이아니오 榮養價가있는것을 節次있게먹고 消化하여야만 되는것같이 歷史를안다는것도 過去의千萬가지일을 無意味無秩序하게 雜然히머리속에 記憶하여서만되는것이아니다。歷史的價値를가지는 事實을意味的으로 把捉하야서 비로소되는것이다。故로 史書를읽는者의반듯이 注意할것은 爲先良書의選擇이오 다음은讀史의方法이다。여긔對한 注意를하지않고는 모처럼의努力이 水泡에돌아가는일이 많이있다。그러면 다음에當然히 니러나는問題는 어떤것이良史書요、어떤것이良讀史法인가 하는것이다。거긔對答하자는것이 本節에서 말하는 史觀이라는것이다。即 깊은史觀우에서쓴것이 참歷史요、그것을 把捉하는것이 讀史의精神이란말이다。

歷史란무엇이냐? 하면 누구나서슴지않고 對答하기를 過去事實의記錄이라한다。果然옳은定義다。그러나 모든定義가 本來다그런것같이 이定義도 一面에서說明하는同時에 他面에서 가리우는것이잇다。歷史의正當한理解는 爲先이粗雜한定義의 修正으로부터 始作할必要가잇다。

第一에 過去라하지만 歷史는決코過去가아니다。정말過去(지나간것)라면?現在의우리와는 何等關係가없을것이오 따라서 記錄의必要도 理解의必要도없다。反對로 萬一多少라도 어떤必要를느끼는것이있다면 그는지나간것이아니라 아직있는것이다。現在안에 아직살아있는것이다。完全히句結된것이아니오 繼續中에있는것이다。故로 歷史에記錄되는 過去라는것은 普通쓰는粗雜한觀念에서 나오는말로하면 勿論過去지만 그는이미죽어버린 單純한過去가아니오 우리의現在生活속에산 關聯을가지는 말하자면 산過去다。時間의經過로因하야 우리로부터 매우먼 距離에잇으나 마치銀河水邊에반짝이는 별이 幾十百光年의距離의 暗黑을通하야서 오히려光明을 보내는것같이 매우가늘기는하더라도 그代身 매우淨化된光輝를 只今도우리게보내고잇다。 그런데許多한사람들이 歷史란過去의 死殼或은墓穴인줄만아는故로 歷史같은것은 읽으려하지도 않고 가다가或 읽는일이있어도 옛날에는 이런일도있었다。 쯤밖에 생각지못한다。 歷史가 새로운建築的인世界觀을 鑄出하는熔鑛爐가되려면 이그릇된 觀念을곧혀야한다。

다음은 事實이라는말이다。 過去의事實을 記錄한다하지만 過去에있었든 모든事實을 如實하게 再現시키는것이 歷史아니다。 爲先그런일은 不可能하다。 過去十年間의일을 再現하려면 적어도 十年의時日을要치않고는 不可할것이니 그러타면 歷史는永遠히 쓸수없는일이다。 또 設或可能하다하더라도 그는不必要한것이다。 例하면 過去에生存햇던 모든 金之李之의니름을記錄하고 그容貌가如何햇고 身體가若何햇다는等의일을 아모리細細密密히 記錄한다하더라도 그는거의一分의價値가없다。 그理由는 그것은 우리의 現在生活과 別樣關聯을가지지않기때문이다。 反對로 萬一 산關係가있기만하다면 一見아무리 些小한것같은것도 記錄의價値를가진다。 新羅史의 儒理尼師今條에는 그가齒牙가많엇다는말이잇다。 普通境遇로말하면 어떤사람이 齒牙가많고 적은것이 何等의歷史的價値를가지리오만은 儒理의境遇에는 그齒理의많앗던것이 그即位事實에關聯이되여있고 그의即位事實에서붙어 新羅國體의特異한것을 알게되는故로 只今도오히려 歷史的事實로記錄이된다。 그렇듯 歷史에記錄된事實는 單純한事實이안이다。 選擇된事實이오 그選擇의標準이되는것은 現在와의關聯이라는것이다。 故로 事實이라기보다도 그事實의가지는 意味가 問題가되는것이다。

第三、記錄이라는말이다。 過去事實의 記錄이라하는것은 틀림없는말이지만 몇個事實을擇하야 그顚末을 個個히記錄하는것만이 歷史안이다。 그事實들을 記錄하되 相互間에 산關係를주어가지고 體係있게하는것이라야한다。 事實과事實間에 因果關係的聯鎖가맞어커가지고 全體가一個統一體를 일우지않으면 안된다。 歷史는 하나밖에없다。 朝鮮歷史라면 五千年間의일이 句節々々 斷絕 獨立된것이 안이라 全體가 一個生命體다。 그러나 朝鮮歷史는 朝鮮歷史로 그自體가完全한獨立體인가하면 그렇지않다。 朝鮮歷史는世界史의 一部分이다。 故로 歷史的記錄이란 個々의事實을資料로삼아가지고 全一的인 生命體를再現시기는 記錄이라야한다。 그러나 그再現이라는것이 現象的再現이안이오 意味的再現인故로 그記錄은 記錄이라기보다도 解釋이다。 차라리 一種의藝術的創作이라함이 眞에近하다。

以上에말한바를 綜合하여본다면 歷史는 普通생각하는것같이 所謂事實이라는대보다도 돌이어解釋에다 그生命을 둠을알수있다。 歷史의生命은 公正에있고 公正은事實을事實대로 記錄하는대서만 가질수있다는것이 一般의定

說이지만 大體그事實이라는것은 무엇인가。事實이란 내主觀과는 獨立하야 客觀的으로 儼然히存在하는것이라고對答할터이지만 主觀의 렌즈를 通過치않는 있는그대로의事實이라는것은없다。煩瑣한哲學이나 心理學的說明을그만두고라도 그런것이있을수없는일인것은 容易히알수있는일이다。主觀을拒否하는 事實이란있을수도없고、있다假定하더라도 우리와는 何等關聯을가지지않는것이오 따라서 歷史의對象으로도 되지않는다。事實이란 結局事實이라고判斷된 或은解釋된事實이다。잇는그대로가안이라 이미 現在的으로 止揚된것이다。即 現在의우리가事實이라고보는대로의 事實이다。이렇게말하면 主觀에따르는 偏見때문에 歷史의公正이 侵犯을當하지않을가하고 念慮하는이가 있을것이다。그러나 그는誤解다。公正이라는것은私情의理由로 歷史的判斷을 꾸부리지말라는말뿐이오 判斷一般、解釋一般을排斥하는것은안이다。돌이어公正한記錄을 하기爲하야는 透徹한解釋力이 必要하다。大體 歷史的眞을自然科學的記述에있는줄로아는대 大錯誤가있다。그는맞히 人物의善惡의判斷을 그外觀上의 行動의結果로만判斷하겟다는것과같이 幼稚한말이다。過去의多數한史家들이 公正한歷史를쓰기爲하야 解釋없는事實記錄을하다가數十百卷의 納骨堂名錄만을쓰고 만것이있다。그것이 歷史는안이다。적어도民衆의歷史는안이다。事實의細々한記錄은專門家의일이다。그들의歷史는 事實의歷史요 研究的歷史다。그러나民衆은 그것보다도 解釋의歷史를要求한다。世界現象의 밑을흐르는精神을把握식이는、어떤明瞭한主張을가지는歷史를求한다。그리고專門的歷史家의使命은 究竟에한卷의民衆의 歷史를쓰는대있다。아무리該博한研究가있더라도 山積한史料의덤이가있더라도 그것만으로는不足하다研究로써 그의任務가 다하는것이오 報告로써 그의貢獻이일우어지는것같이 아는史家는 原料를庫間안에 貯藏하는것으로、或은 그대로를食卓우에가져오는 拙劣한料理師다。참歷史家의使命은 그資料를써가지고 한그릇珍味를調進하는대있다。한卷의民衆의歷史를써낸後에야 그의일이일우어진것이다。歷史家의生命은 記錄에있지않고 그判斷에있다。人間社會의蒸溜器面에 피어올으는 無定形한事象의蒸氣를 冷却식여서한定形을주는것이 그일이다。그보다도起伏하는 邱陵과溪谷을踏査하야 그밑으로 닫는一條의鑛脈을發見하는대있다。上下萬載에亘하는 雜多한世界現象을通하야 一個意味關聯을 判讀하는것、안이다 實로一個永遠의意志를 把握하는것이 그일이다。果然至高至大한任務다。故로옛날부터 學才、識의兼備라해서 史家에는 어려운資格이 要求되고있다。그中에도 緊要한것은 識이다。所謂眼光이 紙背에徹한다는判斷力이다。

優良한史書가 現象의背後에精神을 闡明하는文章인것같

이優良한讀史法도 字外에精神을읽는解釋에있다。이解釋力의大小에따라서 歷史理解의深淺의差가生긴다。깊은解釋力을가지지못하면 汗牛充棟의文獻도 老婦의古談資料를提供하는것밖에 될것이없는것이오 反對로銳敏한眼光을가지기만하면 零細한一片遺物에서도 거의無限한價値를發見할수있다。假令例하면 西伯利亞의凍土帶의어떤地點에서 맘모쓰의化石을얻엇다고할때 地質學的鑑定의結果그나온地層이 매우오란世紀의것이라고하자 그런데맘모쓰는巨大한草食動物이었다。그러면 西伯利亞에서如斯한化石이出土되는것은 過去의오래된時代에있어서는 그地帶가植物이繁茂한곧이였다는것을말하는것이오 植物이繁茂했다는것은 氣候가溫暖했다는말이다。그런데只今은 氷雪에쌓인그地點에서 그化石이나는것을보면 일즉이地球우에急激한溫度의變化가있섯던것을 推定할수있는것이오더나가서 그原因을생각해본다면 地球軌道의變遷、地軸의變化等의 推想을하게까지된다 그렇듯解釋의如何에따라서는 一片의化石에서 足히幾十萬年의地球의歷史를볼수있다。

如斯히歷史의生命은 素材로서의事實보다도 事實의意味를붓잡는解釋에있다。그러나多樣의現象밑에 全一的精神을把握하는解釋은 어떤觀點이決定되고서야 可能하다。蘇東坡가 廬山을두고지은詩에

橫看成嶺側成峯 處處看山各不同
不識廬山眞面目 只緣身在此山中

이라는것이있다。歷史理解의境遇가正히이와같다。觀點의變함을따라 그보이는바가各異하다。李成桂의革命을李朝의史家가보면建國이지만 麗朝史家의눈으로보면簒國이다。다른말을할것없이 예수의十字架까지도 福音的立場에서보면그리스도의勝利지만 世上的立場에서보면三十青年의失敗史의終幕이다。故로歷攤가眞正한歷史이기爲하야는 몸을廬山中에두는것이안이라 一目下에全山貌를覽取할수있는 位置에두는것같은 어떤立場에서世界를鳥瞰하면서쓴것이어야한다 이를가라처史觀이라한다。故로우에말한바를 곤처하면 史觀없는歷史는歷史가안이오 史觀에到達치못하는讀史는無用의徒勞다。이러케말하면 或史觀은歷史를研究하야畢한後에야얻을수있는것이안인가고反駁할수있다。理致로하면그렇기도하다。그러나事實에서는그렇지않다。마치畫家가그림을그리는것과같다。畫布우에彩色을한後에야그림은있는것이지만 또畫布에對하야설때붙어 이미畫家의胸中에있는것이다。胸中의그림이 彩色을따라修正되는것은事實이지만 그그림의生命되는것은 恒常畫家의胸中에있어서 個個의運筆을指示하야서만 그림은된다。歷史를쓰는境遇도同樣으로 史觀없이는 不可能하다。쓰는것이그렇다면 歷史를읽는것도그렇다。歷史를안後에야史觀이生기기도하지만 어떤하나를붓삽은것없이는 歷史理解는困難하다。

그러면어떤史觀을가질것인가。어떤觀點에서歷史를볼것인가。歷史의「알파」와「오메가」는 어듸있나。史觀의種類를列擧하자면여러가지다。曰唯心史觀、曰唯物史觀、文化史觀、生命史觀、種種이다。그中의어느觀點을取하는가에따라 여러가지性質의世界와 人生을가질수있다。그러나 如斯한峯으로보이고嶺으로뵈이는史觀이안이고 宇宙 人生의眞意를把握식이는史觀은 聖書가보여주는史觀이다。거긔對하야는 節을새로히하야 말하기로하자。

一二

絶望과希望

우리로하여금 率直하게告白하라면 아직까지 銀河의運命이나 金星의將來에關하야 眞情으로關心해본일이없었다。다만地球와 그우에棲息하는 二十億人類의運命에關하야는 자주瞑想에 빠지지아니치못하였다。우리가 일즉이 에티오피아國의 中興을爲하야 생각하다가 絶望을 느껴본일은 없으나 壁에걸린 朝鮮半島의地圖를 쳐다보면서 失望한일은 한두번만이안이다。半島의 山河가 아름다우면 아름다울수록、그海岸線의豊足함과 그位置의方正함과 그氣候風土의遜色이없음을 헤아릴수록、그따를 차지한百姓의配合이 맞당치못한悲哀를 禁하기 어려웠다。우리百姓의根性、所謂民族性으로 볼때에 남는것은 嘆息뿐이다。마는 그中의 少數의兄弟하느님의 뜻을行하는 眞正한兄弟(太一二·五〇)라고 생각하여 期待하든親舊가、斷念하여야할일에 一刀兩斷의快味를 보이여주지않고 突進하여야할곳에 한갓逡巡하면서 機會를遷延하며、꾸준하여야할바에 娼妓같이 節을變하야、信仰으로사는 生活의片鱗의痕跡도 發見하기 어렵게만들때에 우리의絶望은 거의 그絶頂의度에達함을 느낀다。凡事에完全無缺을期함은 無理한注文이다。오직 生活原則으로 基督을믿는者답은 骨筋이없이 自稱「篤信者」라는 친구를볼때에 우리가憤戟하지않을수없고 또한絶望하지안이치못하는것이다。하느님을冒瀆하는일중에「篤信者」의 不信보다、더큼이 어듸있으랴。

그러나 눈을 돌이켜 나自身을 凝視할때에 비로소 絶望의 참맛을 맛본다。人類의將來와 半島의運命이 寒心스럽다할지라도 나自身의寒心한恣態에 比길바가안이다。나의아는 모든兄弟의 不信、小器、輕薄、變節、無骨을 모다合하여도 나一人의 甚한缺陷에는 比할수없다。果然나는 모든惡念의源泉이오 모든罪惡의巢窟이오、學하야 進就가없고 行하야 積德이없고、今夜를期할수없는靈魂이 明年倉庫를設計하는者오、眞珠는發見하였어도 所有를盡賣하야 買得하랴는果斷性을缺한者이다。친구들의長點은 하나도내안에發見할수없는데 그들의短點만은 모주리混合하야된것이 나인것을볼때에 絶望의맛이 어떤것을 如實이 느끼었다。나의絶望은 나의안에있는것이오 나의밖에 있는것이안임을體得하였다

그런데 이 할수없는絶望덩어린인 나에게 基督의生命이連結되는瞬間瞬間에 異常한 새事實을 또한發見하였다。나는本來따에屬하야 따에愛着한것인데 따에서떠나 한울까지飛躍할수있는者임을實驗하였다。西哲이『나에게支點을주라 그리하면 地球를움직이리라』는眞理를 靈界에서再發見하였다。『나에게信仰을주라』 나自身도 매우有望한者어니와 나의信仰的近親者는 더욱有爲한 可敬可愛한者 안인이가없다。그리스도로因하야 하나느님을믿는 信仰에立脚할때에 우리가朝鮮半島와世界人類의運命에關하야 크게役事함이있고저한다。前途에洋洋한希望이있다。滿滿한野心이있다。

無用한興奮

A의離婚

萬事를次置하고라도 기어코決心한일을 履行한다면 그心志의軟弱하지아니함을 致賀하거니와 離婚하랴거든 四十近한糟糠之妻를追出하기보다 君自身이 赤身으로出家하라。戀愛에熱中하랴거든 財産에冷淡하라。「戀愛도財産도」라는것은 그心志가 너무複雜하지않은가。하믈며 君에게는 가장有利한條件으로 彼女에게는●全●然●낭●패의條件으로 離婚申請書에 同意를얻기爲하야 밤●마●다●밤●마●다 골방에 몰아넣고는 맞히軍國主義帝國이 弱少民族을向하야 强制調印을 威嚇하듯하니 君의素志도卑劣하다아니할수있을까 君에게 倫理道德을說敎하지않는다。다만 君보다 힘이弱하고 學識이없고 辯才없고 惡意없이 울고있는弱者에게 「正義」를 呼訴할뿐이다。

B의孝道

또 다시轉勤運動하라고? 君이어 君이萬一 老親을奉養하기에極盡하야 所遊必有常하며 昏定而晨省하는일에 丹心한다면 비록君이 社會的으로貢獻하는바없을지라도 우리는 君의孝誠에서 배울바있을것이다。또한君이 私的關係를二次以下에두고 一身을받혀奉公하는것으로서 最大의義務로覺醒하였다거나 하다못해 單純한糊口之策에몰려서 敎壇에서기를願한다할지라도 이는 우리가君을爲하야 周旋의勞를 勿惜하는바이다。그러나 今日의君과같이 孝誠이極盡하랴거든 敎育界에서作亂하기를 一時斷念하라。君에關하야 나에게묻는學校長이있다면 君을敎師로採用하기보다 집에보내어孝子되게하는것이 社會經濟에合當하다고 對答할것이다。이는 나의眞情으로 나오는말이다。君이어 古來의眞人들이 나라에忠誠되랴다가 父母에게孝誠다하지 못한것을恨嘆하고 간것은 모다君보다 無能한까닭인줄로만아는가。必曰基督敎的이라고 안할지라도 丈夫의살림사리 어찌그리未練이많은가。

C의結婚

約婚前에相議없다가 結婚式만을問議함도 우수운일이어니와 强혀말하라면 結婚은約婚當時의動機와正比例하여야할것이다。凡百準備와禮式의模樣까지도 발서 그規模와程度가定하여진것이다。彼此의美貌나 모던이라는것이나 或은富貴가約婚條件이었거든 極力으로盛大히하랴거든 負債를얻어서라도 相當한說備를하여야할것이다。極力으로盛大히하랴거든 敎會堂에서聖書한줄읽는척하고 牧師主禮하는것보다 公會堂에서 名士의主禮로하는편이 無罪할뿐더러人氣도많다。

그러나 基督敎的信仰이動機되였거든 費用과勞心과時間을節約하면節約할수록 可한줄안다。그러고 結婚式보다 더큰일이 人間에있음을 배울것이다。

朝鮮地理小考

金 敎 臣

一、單 元

地理學上에 單元(Unit)이라함은 두가지로使用되는말이다。政治的單元과地理的單元인데 이두가지는 完全히 一致할때도있고 一致하지않을때도있다。例컨대 朝鮮半島를 八道或은十三道에區分함은 政治的單元이오 때에따라 變할수있는것이다。그러나 半島를 太白山脈에依하야 東西二區로分하거나 或은 仁川、元山間을連한 大地溝帶에依하야 南朝鮮、北朝鮮으로 大別하는것은 山脈、河川等의自然的要素에立脚한 所謂地理的單元임으로 이는永久히變動할수없는「單元」이다。이 地理的單元이確然할수록 一個國家生活로나 行政區域으로나 그任務를 完全히運行할수있는것이다。支那의古今을通하야 群雄括據의史跡이없음이안이나 支那史가 恒常 統一을크게表現하고있음은 支那의地理的單元이 그렇게되게함이오 波蘭의國境이 時勢에따라 烟滅無常한것은 一望無際한平原中에 人爲的國境을設定한故이다。即地理的單元과一致할수없는 政治的單元을 保持하랴는 逆理에서 생기는悲哀라할수있다。이에反하야 英吉利와日本島帝國이 各其 母大陸의盛衰를超脫하고 오래獨立을 자랑할수있음이라든지 老衰하였어도 피레네山脈을隔하야 能히特異한歷史를 記錄하여오는 西班亞든지、알프스의天城에 둘러쌓여 三千年老大國을成한伊太利半島같은것은 모다地理的單元이 確然한까닭이다。

이러한意味로서 朝鮮의地理的單元은如何한가 이는說明을待하기보다 地圖를一瞥하는것이 捷經이다。바다에臨한東西南三面은 말할것도없거니와 大陸에接한北面도 白頭山과 거기서發源한鴨綠、豆滿兩江으로써 天然的境界가 매우確然하다고할수있다。但 朝鮮이라는範圍가 歷史의變遷에따라 伸縮이있었음으로 古朝鮮의國境을 大略遼河本流及 그延長線으로써推定하였다하면 차라리山海關으로부터長城과興安嶺以東 即오늘날滿洲國國境線과 大概一致하는地域이 半島와合하야 一大地理的單元을形成한다。이렇게되는때는 上述한半島의部分은 副地理的單元이될것이다。그러나 지금은李朝以來의境界에依하야 半島의部分만을論하기로한다。

二、面 積

個人의 살림사리나 나라의經營에나 地域이廣濶한것이狹窄한것보다 낫은듯하나 必日그렇게만 생각할것도안이다。支那一國은 歐羅巴全大陸의全面積만치 廣濶하고 朝鮮半島의 五十倍나되나 今日의支那는 强하다할수도없으며또한 幸福스러운나라라고할수도없다。이에反하야 丁抹、

西瑞、和蘭、白義耳等의本國은 大略 朝鮮半島의五分之一或은六分之一에 不過하면서도 他人에게 신세스럽지않은살림을하고있을뿐인가。全世界列强의 羨望을받고있다。但높은塔을 쌓으랴면 相當한基盤이 있어야할것은勿論이다以下몇나라의面積을表示하야 朝鮮半島도 적잖은따인것을歸納하고저한다。

地名	面積(平方粁)	地名	面積(平方粁)
佛蘭西	五五〇七六五	大英本島	二一七七二〇
獨逸	四七二〇六三	希臘	六四五七〇
瑞典	四四八一四二	丁抹	四三〇一〇
諾威	三二三五四六	瑞西	四一三七四
伊太利	三〇一二五四	和蘭	三二五八五
日本本州	二二三五〇〇	白耳義	三〇四三七
朝鮮半島	二二〇七四〇		

三、人口

支那는 四億數千萬人、印度는三億數千萬人을抱擁하엿으나 此亦 數의大함이 자랑이아니오、그렇다고하야 아이누族이나 에스키모族과같이 憐憫을받게되여도 人類의生活舞臺에 큰足跡을 印치고가기가어렵다。이에 또한數字를配列하야 二千萬이란것이 적잖은 식구인것을 다시認識하고저한다。

地名	人口	地名	人口
獨逸	六〇九八萬	白耳義	七四七
英本國	四四二〇	和蘭	六八七
佛蘭西	三九二一	瑞典	六〇一
伊太利	三八八四	瑞西	三八八
朝鮮	二〇〇〇	丁抹	三二七
土耳其	一三三五	諾威	二六五

〔附〕 出埃及當時에 모세가引率한 이스라엘族은 約二百萬이었고 五十年前의 日本民族은 約三千萬이었다고한다。

四、山岳과平野

山岳이重疊함에比하야 廣大한平野가없음은 實相 朝鮮의一大缺陷이라할수있다。楊子江、볼가河、미싯싯피流域같은 大生產을 이半島에서期待할수없음은 事實이다。마는全然히 不毛荒蕪한따는아니다。다만 나일江下流처럼 肥沃하지못하나 그래도 꿀흐르는 가나안福地라는 파레스틴地方보다 豊沃하기 몇倍나된다。平野가 넓지못하다할지라도 二千萬食口를 扶支하기에는 넉넉하다。

하물며 米麥을不產한다고 無用한것이아님을알때에 山岳은 詛呪할것이아니고 차라리感謝할것임을 깨다를수도있다。荒蕪凄凉한曠野를除하고는 先知者의나라 이스라엘歷史를 말할수없다하며 濃霧와怒濤의海波를離하야는 日

沒함이없다는 大英帝國의歷史를 記述할수없다함은 너무도著聞한 地理的現象이어니와 우리가 알프스山麓의小國스위스가 얼마나 큰思想을 世界人類에게 供給하였음을吟味하며 大英帝國의 가장高貴한精神的産物과 偉大한人物이 擧皆 瘠薄한山岳地帶인 스코트란드産인것을 認識하며 北米合衆國의 建國以來의頭腦가 미싯시피下流에있지않고 아파라챠山脈의東北山地에있어 무릇米國의 健實한信仰家와 高貴한思想家와深遠한藝術家와 雄健한政治家는 조허 이石塊轉轉하는 山谷에서輩出하고 있는事實을알때에 우리의半島가 山岳의江山이라하여도 悲觀할것은하나도없다。

다만 우리의山岳에는 山脈이있어도 히말라야山脈처럼雄大한것이없고 火山이있어도 富士山처럼 높은것이없음을 애닯어하는이가있다。그러나 여긔考慮할것이 두가지가있다。印度와같이 아래는炎熱地獄과같하여 一時에數千生靈이 苦熱로因하야悶死하는 變災가 드물지않은反面에에베레스트嶺上에는 萬古의積雪이 四時白冠을戴하고 屹立하야있으니 이러한데라야 佛敎와如한 高遠幽玄한思想이 胚胎하는법이라하나、이는一面만을 말한것이다。雄大한自然에 壓倒될때에는 돌이어許多한迷信이 橫行하게되나니 印度로부터 西南亞細亞地方에 不健全한宗敎가盛行하며 或基督敎에歸依할지라도 神秘化하며 迷信化한異彩를發하게함은 저들의周圍에있는 大山岳과 넓은沙漠과乾濕의差와 熱寒의變과 猛獸毒虫의災禍等等의 不健全한影響이不少하다。火山과地震의나라에는 所謂「信心深」이라는傾向이濃厚하야 一見宗敎的大國民인듯이 보이는수도있으나 그反面에 저들은禮拜物의對象如何를 分辨치못하는傾向도많다。生殖器를奉祠하며 生鮮뼉다귀라도 最高의敬虔으로써 禮拜하는環境에서、참된神을發見하며 高潔한思想에到達하려함은 容易한일이아니다。

이런理由로보아서 우리는 天變地動이 激甚치안은 東半島에生長함을 못내자랑하거니와、半島江山의「美的均衡」에至하야는 이는거의世界唯一한山川이라하여도 過言이아닐것이다。山이 높은것으로서 장하다할진대 富士山(三七六八米)보다 一八二米가 더높은新高山下에 英傑이輩出하였을것이며 亞弗利加의 기리만쟈로(五八九〇米)와 北米洲의 마킨레山(六一〇〇米)과 南米洲의 아콩가과(七〇四〇米) 等諸山은 모다 우리白頭山우에 白頭山을加한것보다더高峻한山嶺들이나 그아래에서 賢哲이 났단消息을 못들었다。오히려 四億萬蒼生들에게 仁義의道를 가르처준東方의大敎師 孔夫子의故鄕에는 天下의名山인泰山이있어서도 其高가 애우라지 一四五〇米에不過하니 우리의金剛山 毘盧峯보다 不及하기가 一八八米이다。世界的으로哲學의搖籃이오 藝術科學의本土인 希臘半島가 호머、소크라테스、풀라톤、아리스토텔레스、일렉산드大王等을 輩出함에는 二五〇〇米以上의 巨岳을必要치안하였다。

하나님의律法을 모세에게 나리신 시내山은 二六〇二米이오 救世主예수그리스도가降臨하신 베들레헴近方에는 우리北漢山(八三六米)보다높은山이없고 멀리레비논、헬몬山이라야 우리白頭山과近似한 高山들이었다。

世界에 가장國民的自慢心이. 甚한百姓으로는 아마도英國民에게 第一指를屈할것이오 그中에도 더욱甚한것은 스콭란드(蘇格蘭)人士들이니 저들에게는 代代도 賢哲한 그祖上과 그들을產出한 그故鄉山川에對한 感謝의念과 自負之心이 心底에 깊이盤據한까닭이다。그렇듯이 자랑하는蘇格蘭地域에는 一三四三米의 벤네비스山으로써 主峯을 삼았다。

北米合衆國의蘇格蘭으로稱하는 新英州(아파라챠山脈의東北端 丘陵地帶)에서도 北米의代表的人物을 거의獨點的으로產出하것만 거긔는 우리의智異山보다 더한雄峯이屹立함이없고 우리의小白山系보다 더한巨壑이重疊함이없다

王者의搖籃이라稱하는 白頭山(二七四四米)과 蓋馬臺地를形成한冠帽山(二五四一米) 北水白山(二五二二米)及南海에屹立한漢拏山(一九五〇米)과 於間에 뚜렷한妙香山(一九〇九米)、智異山(一九一五米)、金剛山(一六三八米) 等의秀峯을가진우리는 西大門外의獨立門이貧弱함을 부끄러워할법은있어도 半島의山岳이 平坦한것을 悔恨할것은없다

又況 山勢와平野의配列均衡의美를論할진댄 巨匠레오날드다 윈치의聖畵에나 比할가、紐育埠頭에 높이솟은 自由의女神像에다가 比할까。狼林山머리우에 한울을向한左腕을 白頭山저편까지 높이 뻐치고 長山串끝까지 右腕을드리어 어르만지랴는듯、右脚의大白山은 巨濟까지 굽혀올리고 左脚의小白山은 珍島까지 뻐처되딘듯。地溝帶는허리에 잘룩하고 金剛山은 가슴에 드리운 노리개인듯몸을가리운綾羅가 東風에 나붓기여 綠色平野를 이루었으니 엷고도 가비엽다。仙女 바야흐로 구름우으로 소스름치랴는姿態인가 或은自由의女神이 大陸을 머리우에이고 일어서랴고 허리를 펴는形象인가。

五、海岸線

東西南의三海岸中에 東海岸이 가장單調하다。大槪構造線과平行한海岸이되여서 屈曲도없고 島嶼도稀少하야 江原道의叢石亭과 咸北道舞水端의奇勝은 있으나 海運과漁業에 有助한港灣은 比較的貧弱하다。마는 이貧弱하다함은 半島의南西二面에比하야 比較的港灣이稀少하다할뿐이지 決코 絕對的으로 不良한海岸이라함은안이다。咸北海岸에는 本來 雄基、淸津、城津等의諸港이 散在하나 近日世間에 所聞이狼藉한 羅津港같은것은 僅少한人工을加함으로써 一躍 東洋有數한大港으로變하게되여 大滿洲의

荷物을 含吐하는關係가 마치 北米合衆國의大湖地方과紐育港과의關係에 彷彿하게되엿다。年前에 朝鮮窒素肥料會社의 興南築港으로因하야 漁舟十餘隻을 繫留하든浦口가不然間 咸南最大의貿易港으로 躍進하게된것도 우리의記憶에 새로운바이다。이와같이 多少의人工을加하야 良港이될만한것은 아직도稀罕하지않다。萬若 元山港에論及할진대 이는天成의巨港이다。虎島半島에抱擁된 永興灣까지헤아려보면 어김없이 大連에旅順을加한것과恰似하다。萬一元山港하나만을 露西亞같은貧港國이 所有하였다면 畢竟世界歷史가 달리 쓰이어졌을것을 누가否定해내랴。이商事와 軍事의雙翼을兼備한巨港이 한가히東海岸에屈曲을그릴다름이고 松濤園의海水浴客과 明沙十里의避暑客들만年年歲歲에 뽑내고있으니 우리는 이良港을 東海에造成하신 聖意를分辨하기에 疑訝할것뿐이다。

西海岸은 木浦、群山、仁川、鎭南浦、龍岩浦等의良港이相距도適當하게 羅列하여있을뿐더러 其間에 다시島嶼와리아스式海岸의 小港이 連絡不絕하야 原始的航海期에도일즉부터 海上交通이便하였고 加之에沿岸의斜面勾配이緩緩한것과 鴨綠江、大同江等의河口가 漏斗狀을成한것으로因하야 以上諸港과 背後地와의 水陸聯絡이 圓滑하게된것은 到底히東海岸의比가아니다。潮汐干滿의差 即潮候도東海岸의淸津이 ○•七三米、元山이 ○•八三米인데 比하야現著한差度가있으니 木浦가 四•三三米、鎭南浦가 六•二七米、仁川은世界에도 著名한것으로 九•四一米의差를 보이고있다。이潮候를利用하야 仁川의閘門式港灣과 鎭南浦의開渠式港이設備되였고 仁川灣의非常한干滿의差를 發電動力에利用하는것도 다만時機의問題가 남은것뿐이다。東海岸에 島嶼缺乏하야 鬱陵島(七二•四九平方粁)와 馬養島(七•○六平方粁)外에 現著한것이없는反面에 西海岸에는珍島(三三○•九平方粁)、江華島(二九○•五平方粁)、安眠島(八六•六平方粁)、身彌島(五二•八平方粁)、慈恩島(五○•二平方粁)、白翎島(四六•九平方粁)等著大한것外에도 獨居群島、羅州群島、扶南群島等의 多島海로부터 鞍馬群島、古群山群島、外烟列島、格別飛列島等의島群이蝟集하여있다。

南海岸은 半島의東西二海岸보다 優秀할뿐더러 그肢節率 即海岸直線距離로써 海岸屈曲延長距離를除한値의大함이 世界에稀罕한것임으로 學者들은 이것을普通리아스式海岸이라고도稱하지않고 特히「朝鮮式海岸」이라고命名하였다。

葡萄송이에葡萄송이가 맺히듯이 이삭에 또이삭이 달리듯이、半島에 또半島가 붙고、섬에 또 사끼섬이 달린것이 朝鮮의에―게海라는別稱을가진南海岸이다。朝鮮山川을論하는者 金剛山의奇岩을讚하지안이면 白頭山의雄峯을嘆함으로 긋치나、百聞不如一見이라는말을 通用한다면 그것은바로 朝鮮式海岸의 奇怪無窮함을 表現할수없다는 代用으로使用할말이다。智者는 바다를사랑한다는말이 事實일진대 무릇智者로써自處하는이는 閑山島앞바다에 葉舟를 띠어놓고 나갈길을 찾아볼것이다。水陸의相對的關係가 時時刻刻으로 流動不息하는 이許多한島岬之中에서 돌을달며 노를젓어가면서 오히려自己의智畧을 信賴할수있는者는 狂者가안이어든 稀世出의智者인줄 確信하여도 無妨할것이다。누가萬一 大英百科辭典에依하야 高麗라는 項目을 찾아본다면 거긔는李舜臣과 龜船의圖解說明이있으리니 世界人들로하여금 朝鮮을記憶하게한것은 多島海의 無窮無盡한造化와 그妙理를把握할줄안 一個丈夫가있었든까닭인줄알수있다。三百年前에 無數한敵船이 치지않아도 스스로囊中의鼠를만들든것도 이海岸이오 前世紀初에 西洋人들의探險船이 迷宮에빠저 갈바를헤매이든것도 이多島海의일이었다。日本海軍이 발틕艦隊를迎擊하기까지 四個月餘를 完全히 世界耳目을避하야 潛在準備할수있었든것도 이海岸에鎭海灣이 있은까닭이었다。하물며 鎭海灣이 한둘뿐이안이다。이數多한港灣들이 戰時의軍港도되고 平時의 漁港도되며 智畧에長한者의 練磨場도되어서 알키메데스、유클리드、크세노폰 等을輩出하든 希臘의多島海의役割을 다한다면 半島의胴部와東西海岸이없어지고 小白山脈以南만을 長白山脈에連接하여놓는다할지라도 이「朝鮮式海岸」은 地球우에 無爲한存在로 한것侵食作用으로 削磨될地貌가안이다。要컨대 三面의海岸線으로보아도 疆土에不滿함이없을뿐안이라 海岸線만은 實相 過分하다하리만치 造物主가 白衣族에게 施惠하심이라고 할수밖에없다。南海岸의主要한島嶼를列記하면 左와같다。

濟州島 一八五九平方粁、巨濟島 三八九、南海島 三〇〇、等의 큰섬外에 楸子群島、蘆花群島、莞島、古今島、薪智島、青山島、助藥島、平日島、居金島、居文島、內、外羅老島、金鰲島、突山島、蛇梁島、欲知島、彌勒島、閑山島、加德島等等。

六、氣 候

大體로 北緯三三度에서 四三度까지亘하야 所謂 標式的溫帶地方에位置하였으나 大陸에連接하야 大陸性氣候의影響이 甚한것과、東海岸에 리만寒流가 흐르는것으로因하야 다른데同緯度地域보다、比較的寒冷하다。緯度로서는 地中海岸과近似하나 地中海岸의 伊太利、발칸半島等에는 橄欖、柑橘類等의 亞熱帶的植物을栽培하는데 우리는 濟州島南斜面에서 僅少한柑橘類를 培養하는外에 半島全體는 苹果와如한 寒國的果樹를栽培함에 適合하다。春秋가 짜르고 冬季가 過長한것이 半島氣候의短點이라하나 結氷後의 銀盤上에서 스케틩하면서 意志를 鍛諫할수있음은 寒國百姓에게만 許與된格別한 恩寵이라할것이다。又況半

島各地의 一月平均氣溫은 左表와如하야 歐米文明諸國의 人口調密한大都市와相似하니 朝鮮氣候는 人類生活에 不足함이 없음을 알것이다。

釜山 二・二 巴里、京都 와相似함。
大邱 一・五 伯林(獨)、華盛頓(米)과近似함。
京城 (一)四・五 시카고(米)、北平(中)과 近似함。
平壤 (一)八・一 모스크바(露)보다溫暖하고 레닌그라드(露)나 札幌보다稍寒함。

降水量이 五〇〇乃至一、四〇〇粍內外에 不過하므로 日本의八〇〇——三、〇〇〇粍에比하야 不足함이 있는듯하나 朝鮮降水量은 全量의五割以上이 農作期인 六、七、八月頃에 降雨하므로 이것만 잘利用하면 生産에不足함이 없다한다。降水量이多少間貧乏한 傾向이있었든까닭에 西歐諸國보다도 二百年이나 앞서서 李朝初期에 발서 測雨器를製作하야 科學的으로 雨量을計算한 最初의 榮譽를 받게된것은 우리祖上들이 禍를轉하야 福으로利用하는일에도 凡庸이아니었든證據이다。이와關聯하야 半島의空中에 雲量이稀薄한것이 일즉이 天文學發達의素因이되여 慶州와開城에 瞻星臺의舊基를 남기게된것도 우리의 자랑거리어니와 맑은 한울이 어찌 그한울아래 百姓의마음에 反影치아니하며 맑은마음이 어찌 하나님을 보기에 有助하지않을수있으랴? 고 생각하면 이런江山에 生을 받은것을 感謝할것은 있어도 不滿할것은없다 氣候와密接한關係있는 産業에言及하는것이 當然한順序이나 지금은 朝鮮의 自然的要素에만 着眼하고저함으로 人文的要素와 多部分相關이있는 産業方面은略한다。

七、位置

自然地理上에 가장重要한 意義를가진要素이므로 位置를論하는것이 곧結論에至하는일이된다。地球의表面을 熱帶、溫帶、寒帶의三帶로 分割할때에 寒帶에는 거의人類의 生活이 不可能하고、熱帶에는 國民의智能이發育하기를待하기가 거의無望하며、오직溫帶地方에서라야만 可히文化의開發을 볼수있다함은 世界地圖의彩色이 이를證明하는바이다。우리半島가 北緯約三三度로부터 四三度까지에亘하야 溫帶中에도 標式的溫帶地域에 處하여 있음은 無限한幸福이어니와 南半球보다 北半球의 人類生活의 本據地에있다함은 二重의祥運이라할수밖에없다。

朝鮮은 極東의中心이다。心臟이다。中心的位置라는것은 人力으로 左右할수없는 官能을 胚胎하고있는것이다。英吉利가 今日과같이 隆盛하였음은 陸半球의 中心에位置한것이 그 가장重大한素因의 一이었다함은 地理學者의 定論이오、大阪市가 政治的中心의 推移에不關하고 累百年間 日本經濟界의女王같은地位를 保持하여왔다함은 그 位置가 決定하는事實이다。이와같은例는 每擧키어려우리만치 散在하거니와 單只中心的位置라기보다 半島로써 한世界 한時代의 心臟으로役割한例、朝鮮半島와 相似形의類例 두셋을 들면 如左하다。

(1)、希臘半島

人類의歷史가 埃及、바벨론、앗시리아等의 原始的 巨大한國家生活로부터 羅馬帝國의組織的이오 近代的인 새로운生活樣式으로 遷移하려할때에 前代의 모든優秀한遺産을 綜合하고 後代에展開할수있는 모든因子를含蓄하야紀元前 第五、第四世紀頃에 燦爛하고도 獨特한文化를 世界史上에 大書하고간 希臘半島는 半島라는것 山岳이많고 平野가적은것、北緯三、四十度內外에位置한것等도 우리朝鮮과 彷彿한點이지만 그半島에 또半島가달리어 港灣屈曲이 極甚한것과 萬千의大小島群이 岬端에羅列하야大陸인지 島嶼인지 分別케困難한 多島海의光景은 東半島의南端과 全然一致하는바이다。그우에 東方諸國의大勢力이 地中海西南으로 澎溢할때에 必然코 이半島를 거치어갓고 羅馬의軍隊가 小亞細亞彼岸을征服할때에 于先그말발굽소리가 이半島에 들이지않을수없었고 北方의白熊같은 露西亞의발톱이 食物을求하야木根을 파두두릴때에 먼저 震動치않을수없음도 이半島이었으니 이것좇아(古今을通하야 國際政局의休火山이라는것)두半島의身勢가同一하다。故로希臘半島에 同情할者있다면 그것은 朝鮮半島요、希臘半島에 자랑할것이있다면 東半島에도 그것이있을것이다。

(2)、伊太利半島

伊太利半島가 朝鮮半島와相似하다함은 學者의說明을待하지않고라도 世界地圖를一覽하면 可히알수있는것이다。幅이좁고長이긴 半島全體의形相이든지 面積으로나 緯度로나 大同小異하며 地中海의中央에突出하야 第一、二世紀로써 絕頂에達하였든羅馬帝國의威力과 今日까지의三千年文明國을繼承한것은 그位置가 地中海의心臟으로되여서强한때에 周圍를支配하기에 便할뿐더러 衰弱한때에 安逸의午睡를貪하기도 不許하는舞臺인故이니 이도東半島에合致한點이다。基督世紀初 地中海文明의爛熟期에處한 世界政局으로보아서 伊太利半島는 希臘보다 더中心的位置인데加하야 롬발다平原같은 富源을背後에備置한것이 前者와後者의 事業에 大小있고 役割에性質을달리한까닭이었다。마는 希臘는 希臘으로서 崇高하였고 羅馬는羅馬로서 强大하였다。希臘半島는 希臘을產出한美人이오 아펜닌半島는 羅馬帝國을養育한 賢母이었다。女人은胎產함으로써 罪를免한다하나 女人은 產出한子女에依하야 美化聖化 하기도하는듯하다。其師에其弟子라면 또한 其母에其子라야된다。무릇 希臘藝術과 羅馬制度의如何한것인줄아는者는 이두半島의美를 볼것이오、이두半島의 地理學

的美를알고는 이두半島의 産出한文化가 各其 그어머니의 嫡子인것을 納得할것이다。 地球우에 가장 아름다운 半島둘만찾으라면 서슴없이 希臘、伊太利의 二半島에屈指한다고 吾人이말함는 理由없음이아니다。 다만人間의慾心을 許容한다면 伊太利半島의南端에 타란토灣하나이 模樣없이 灣曲할뿐이고 다른肢節을缺하야 所謂長靴形이라는 別名을 全半島에주게된것은 이半島의 末端이 맺힌데없이 생긴데로由因한 恨事이다。 萬一 아펜닌半島의칼라부리아半島와 아풀리아半島를斷切하고 거긔에希臘半島를 떼어다 連接한다면、이는 범에게 나래 붙은格이다。 地球上에서는 이以上의 理想的疆土를 想像할수없을것이다。 이것이 곳朝鮮半島이다。 疑訝하는이는 世界地圖에서 希臘 에ㅣ게海를떼어 伊太利南端에 붙여놓고 우리半島와 對照하여보라。

(4) 丁抹半島

유트란드半島의面積은 朝鮮半島의六分之一보다 조금크고 五分之一보다 조금작다。 그안에山岳이라야 海拔二百米를 넘는것이稀貴하니 漢陽城의南山(二六五米)을 들어간다면 丁抹國의 白頭山노릇할수있을것이다。 지금은 이半島가 農畜의模範國으로 全世界의注視하는곳이되였으나 第十二、三世紀에는 스칸듸나비아半島의 스웨덴、놀웨는 勿論、발틱海岸의獨露諸國과 北海에面한 英佛諸國까지도 丁抹國의威風에 나부끼지않을수없었으니 [illegible]는 그位置가 西北歐洲의 中心에突出한것이、마치 아펜[illegible]半島가地中海에 朝鮮半島가 東海에臨한것과恰似한 그[illegible]然地理的位置에 由因함이 一大理由가된다。 現今은 비[illegible] 當年의 政治的威力을 凋喪하였다할지라도 靈界의丈[illegible]者인 킬케골의鄕土인 名譽를保持하야 最近半世紀以來[illegible] 世界를 놀라게한 産業的發展의裏面에는 福音主義의 [illegible]敎的信仰이 基盤이되여있다한다。

結論

上述한바와如히 地理的單元으로도보나 그面積[illegible]人口로보나 山岳과海岸線의地勢로보나 이우에 天惠도[illegible]氣候로보나 한局面或은한舞臺의中心的位置로 놓인 그待接으로보나 朝鮮의地理的要素에關한限으로는 우리가 不平을吐하기보다 滿足과感謝를 表하지않을수없다。 이는 넉넉히 한살림사리를 扶支할만한江山이오 넉넉히人類史上에 큰 貢獻을提供할만한活舞臺이다。

그러나 朝鮮의過去歷史와 現狀을通觀한이는 누구든지 그位置의不利함을 痛嘆하야마지안한다。 黃海가 大西洋만치넓거나、鴨綠江저편에 알푸스山脈같은高峻한連峯이 들러쌓았드면。 朝鮮海峽이 太平洋만치나넓었드면 좀더泰平하였을것을 그렇지도못하니 支、日、露三大勢力中에介在하야 左衝右突하는形勢에 半萬年歷史도 別로寧日이없이

지나왔다고 듣는者로서 果然 同情의눈물이없슬수없다。마는 이는弱者의悲鳴인것을未免한다。弱者가 한갓 泰平을求하야避身하랴면 天下에安全한곧이라고없다。南米페루國에先住하였든 인되안族의首都구스코는 우리白頭山보다 훨신 더높은곧에있었어도 西班亞人들의 慘酷한侵略을避할수없었고 西藏은海拔四千米以上의 高原에秘藏한 나라이었으나 天下最高의 히말라야山脈도 이神秘國으로하여금 英人의蠶食을 避케하는墻壁은 되지못하였다。故로 우리는 깨닫는다——怯者에게 安全한곧이없고 勇者에게 不安한따이없다고。무릇 生鮮을 낚구랴면 물에갈것이오、무릇 범을잡으랴면 虎窟에 가야한다。朝鮮歷史에 寧日이없었다함은 무엇보다도 이半島가 東洋政局의中心인것을 如實히證據하는것이다。물러나 隱遁하기는 不安한곧이나 나아가活躍하기는 이만한데가 다시없다。이半島가 危險하다할진대 차라리 캄챠카半島나 그린란드島의 氷下에冷藏하여두는수밖에 없는百姓이다。現世的으로 物質的으로 政治的으로考察할때에 朝鮮半島에 地理的缺陷、先天的缺陷은 없는줄로確信한다。다만問題는 거긔사는百姓의素質、膽力如何가 重要한素因인가한다。

萬若 눈을 돌려 精神的所產、靈的生產의把握에向한다면 半島에는 持異한希望이 있다고할수있다。猶太民族이 바벨론、바사、애급、앗시리아等 強大한勢力이交錯한中에 處하야 自然界의沙漠과 峻嶺과 寒熱과 猛獸等의感化以外에、國家의興亡盛衰에따라 潮汐처럼 流動無常한 世界歷史의活舞臺에서 異邦의自然崇拜같은 迷信에 빠지지않고 能히唯一信敎의 健全한信仰을把持하였든것과같이 半島의百姓이 過去半萬年의歷史를 고요히 생각한다면 安全한 百姓과 強大한國民으로는 到底히맞을수없는바를 悟得함이 있을것이다。 다른思想이나發明은 모르나 至高한思想、即神의經綸에關한思想만은 特히 貧하고 弱하고 蔑視當하고 蹂躪當하야 生來의驕慢의뿌리까지 뽑힌者에게만 啓示되는듯하다。이스라엘百姓에게 福音을委托하기 爲하야서는 저들의게서 온갖것을빼았고 갖인羞辱을 지워주었다。方今 隣邦에 正直한일을 볼수없이될때에 맑은마음을 이百姓에게 두신이의要求가 무엇인것을 우리는 그윽히 待望하지않을수없다。

또한 一般文化로보아서 東方古代文明이 歐米諸邦으로 西漸을 시작할때에 希臘文明의 獨特한꽃이 燦然히피었든것처럼 印度、西域文明이 東漸할때에 棧橋와같은 東半島에서 異彩있는文化를 出現하고라야 以東에光明이傳해졌고 現今은돌이어 太平洋을건너온 文化의潮流가 太白山과 小白山의縱谷을溯及하야 白頭山麓까지 浸潤하였으니 西에서나東에서나 모름직이 高貴한光明이 出現하고는 이半島가 暗黑하고있을수없는處地에 位置하였다。東洋의 凡百苦難도 이따에注集되였거니와 東洋에서產出하여야할바 무슨高貴한思想、東半球의半萬年의總量을 大熔爐에 다리어(煎)낸 에키스(精素)는 必然코 이半島에서찾아보리라。

城西通信

○一九三四年一月九日(火曜) 新年에新學期도 始作되였는데 養正學校에서 滿二十七個年間 (養正學校歷史보다一個年이不足) 忠實한종노릇하든老小使가 죽엇다하야 여러가지로 생각하게되였다。四半世紀以上을 한學校에서 鍾치는小使로늙다가 또죽었으니 無能하다면 첫재로 無能한사람이다。그러나 自身의智慧와技能으로 夭折하는人間이많은現代에 無能한것은確實히 한「能」이다。많은 아이들이 어룬이되는것 敎師되는것 博士되는것等等 別別일을보면서도 저는始終如一하게 小使자리에서 上下함이 없었다。一學年아이들께는 先生처럼父兄처럼 呼令도했으나 四五學年되는때는 親舊처럼戲弄했고 先生으로赴任할때는 이마우에받들어모셨다。이世上에서 저는낮고賤한자리에居하였으나 누가알리 저世界의席次를。溫順하고 忠實한老小使의얼굴이 다시안보이니 學校안이 못내쓸쓸하여라。

○一月十七日(水) 平壤 예수敎會中央宣道院에서創刊한「예수」라는雜誌一卷을寄來하야 通讀하면서 많은가르킴을받았다。李龍道氏와 그同志들께는 무엇보다도 눈물이特色이다。눈물은 眞情이안이고는 나올수없다。우리聖朝誌에 加里成分이勝하다면「예수」에는 窒素成分이많다할까。隣酸、窒素、加里의三要素가 適當히化合되여야 植物이 健全히發育할수있다。어쨌든 읽고有益함이많았다。

○一月二十八日(日曜)午前八時半 京城驛發車로 坡州郡州內面釜谷里에 農事見學遠足을떠나다。生徒數名과 宋斗用兄伴行。汶山驛에서부터 約六、七粁쯤되는곧 途中에雪色은보이나 甚히溫暖하야 今年度첫봄이온듯하다。坡州郡舊邑인 坡州里를지날때부터 白色레구홍種이 집집이모이고 處處에鍾을높이달고는 그아래에 集卵鐘、早起鐘等의符號가 써어있음도 觀客을括目케한다 共同便所、井、塵埃桶等이 세멘콩크리로써整頓된것도 산사람들살림같다。釜谷里白鳳鉉氏養鷄場을訪하니 世上에所聞이높고 高官貴賓들의 尋訪이頻繁하다는 事實에比하야 養鷄場의規模小한것(現今七十餘羽)、諸般設備가簡粗한것(舍屋產卵器、鐵網等모다自工品)、飼料의獨創的發見(純朝鮮的이오實際的인飼育法) 其他十餘年間經驗談等 全혀意外가안인것이없다。又況白氏는 松都高普에修學中 腦神經症으로因하야 歸農한지約十餘年에 純朝鮮情況에 合致한養鷄法을完成하야 自己뿐안이라 釜谷里全體를養鷄模範村되게하고 坡州郡內에서 債鬼를退治하야 村村에公會堂其他施設도 現著히보이게하였으니 일이奇異하지않은가。一人의十年間努力도 弱少한것이안이다。萬若現在全朝鮮中等學校以上學生이 모다腦神經衰弱을맛나 一郡 或은一面에 數人식만歸農한다면 十年後의朝鮮은 크게變할것이다。過去의實驗을著述로 發表하여주기를請하고 時間에몰려서辭退하다。

○一月三十一日(水曜)夕刊에 五山高普全燒의報를보고 놀라다。翌日 咸兄來信에曰『……우리는 지금大患難을當했읍니다。直接授業에는 障害없으나 當分間은 困難이많겠읍니다。五山은 지금眞實한更生을하기爲하야 悲壯한覺悟가 必要한때가왔읍니다마는 어찌되겠는지요。舊衣를 다시거누어補添하야 乞人의襤褸를짓는 愚事를하지나않겠는지오。……』 南岡先生이 生存하였드면 이런때의處斷이 볼만할것이다。소경들이 象을더듬은것처럼 大南岡의一部分식을더듬어본 小南岡들이 全幅을齟齬없이 맞후어내면 半島의祥事일것이다。

○二月四日(日曜) 山野가白雪。雪下의立春도 立春은立春이다。肉을쓴聖徒도 聖徒는聖徒다。이날에立春을찾아 들에 나가스나 봄을찾지못하고 돌아와 나의靈魂속에立春을맞우다。氷下의立春은 어름이두꺼울수록 봄은더그리워。二月八日은 江華島病床의 친구로부터 來信如左『사랑하는 先生님! 敎弟를이처럼 사랑하심니까 昨秋부터 貴한聖朝誌를 惠送하여주시며 數日前에는 敎弟의게 治病法『病床の友へ』좋은冊子를 또 惠送하여주심으로 感謝히拜讀하였읍니다。先生님도 짐작하시겟지오만

이惡한TB群들에 捕虜의몸으로 不自由인 것을 理解하여주옵소서 昨秋부터 感謝한 말슴을奉達할야고 하였으나 如意치못하였음니다。이제貴誌를通하야 過去이스라엘民族에게 吾神의攝理로 民族의運命이 進行되든事實을拜讀하고 今에敎弟一人에게對한 吾神의 經綸의손이나리심을 覺悟케됨니다 神의因果의法則을 바로實行하시는줄암니다 雖然이오나 試鍊을주시되 피할길을주신다는聖句로 敎弟의鬪病에 武器인空氣를無代價下賜하심을 感謝하게生覺함니다。先生님 敎弟는 鬪病二秋餘에 二重三重에對抗戰이 開始되야 자못心身이疲困함니다。爲하야吾神께 祈禱하여주심을 敢히願함니다 雅各五〇13以下 聖句에依하야 運動力있음을믿고願함니다。오-우리의하나님! 이子息의 過去잘못을 그리스도예수의寶血을 보시옵고 용서하여주옵소서 아멘』여긔에「病床の友へ」란冊은 李鼎燮氏로부터 本社를通하야보낸것이다。하도좋은冊임으로 百部를 發行所에 注文하였드니 品切이라하야 尙今未着中。

歷史와聖書

하나님의攝理 七、八、十一、十二號
成三問과스데반 十四號
큰 食 物 十五號
二十世記의出埃及 十八號
푸로테스탄트의精神 二十號
예수出現의宇宙史的意義 廿四號

山下信義述 李鼎燮譯

어떻게 살까 (生活의標準)

發行所 京城府花洞七七番地

李先生은 먼저번 山下先生「講演錄」을 刊行하신後에 今年頭에 다시 本書를譯刊하야 親知에게 無代配付하셨다。瘠薄한 朝鮮特히 貧困한 基督信者의 現實生活을考慮하면 이冊은 必讀할「生活讀本」이라할만한것이다。길게紹介할餘白이없거니와 우리의敬愛하는 友人들은 至急히 一讀하라고 强勸하고싶다。貧者는勿論이오富者라도、信者는勿論이오 不信者라도 一讀하고 새生計를 樹立하라고。

逃避城

貧者에게는 同情할것이나、貧者된者는何時까지든지 被同情者로서 滿足할것이안이다。나아가他人을救濟하지못한들 自己를爲하야 兄弟에게 憐憫을請하는處地를 一日이라도 速히超脫하여야 할것이다。이런意味에서 信者는特히 産業을輕視할것이안이다。聖朝社는 京城府外水色里에 小規模의 農場을 今春부터 始作하기로하고 于先畜에 親炙하기로하였다。産業的으로相通하기를願하는이와有閑無職의人은 水色里의草屋에 迎接할수있으니 稱하야 逃避城이라함

金敎臣著

山上垂訓研究 全

四六版二四五頁 定價七拾錢 送料四錢

發行所 聖書朝鮮社

本誌定價

一　冊　拾五錢（送料五厘）
六　冊（半年分）前金九十錢（送料共）
十二冊（一年分）前金壹圓七拾錢

要前金。直接注文은
振替貯金口座京城一六五九四番
（聖書朝鮮社）로

京城府鍾路二丁目八二
取次販賣所 博文書館
振替京城二〇二三

昭和九年三月 三 日 印刷
昭和九年三月 五 日 發行

京城府外龍江面孔德里一三〇ノ三
編輯兼發行者 金 敎 臣
京城府堅志洞三二
印刷者 金 鎭 浩
京城府堅志洞三二
印刷所 漢城圖書株式會社

京城府外龍江面孔德里活人洞一三〇ノ三
發行所 聖書朝鮮社
振替口座京城一六五九四番

【聖書朝鮮】第六十二號 昭和九年三月一日發行 每月一回一日發行
昭和五年一月二十八日 第三種郵便物認可

【本誌定價十五錢】

昭和五年一月二十八日第三種郵便物認可
昭和九年四月一日發行(每月一回一日發行)

金教臣主筆

聖書朝鮮

第六拾參號

一九三四年四月一日發行

目次

軍隊를 迎送함

『누구든지 너의를 억지로五里를 가자하거든 그사람과 十里를同行하라』 하신 말슴에 忠誠되여서 그런것은 아니지만, 우리는種種 軍隊를 迎送하여야된다。『事變』中만아니라 事變이 지나간後에도 軍用列車만 지나간다면 學童들과함께나가 迎送한다。오늘도身熱을 무릅쓰고 學童의뒤를따라 京城驛頭에서 迎送하였다。

우리들의 앞에는 列車의 末端가까운車室이 머물게되고, 그안에는 별 하나식 어깨에붙은 兵卒들이 答禮하면서 車窓으로 목만 내밀었으나, 다른部分보다 唱歌와萬歲聲等의 「景氣惡」 함을 못내 섭섭하여하는듯이 보이었다。저들은 文字대로 二十靑年이다。저들中에도 넉넉한家庭에서 暖衣飽食을 못낮어하면서 떠난者인들없을까, 父母兄弟의 溫情을 비로소 여이는者인들 없을까, 芳年에相思하는 끊기어려운 줄달린者인들全無할까, 春耕을 물리치고 工具를 손에서놓고 老母의宿食을念慮하면서 떠난者인들 없을까。온갖情實과 未練과 핑게가 우리들보다 못하지않게있었으렸만은, 命令一下에 萬事旣決이다。個人的으로나 家庭的으로나 다시後顧之慮가없도록 整理되고解決되고 安心되여서가아니다。果然저들은 未解決대로 解決이오 不孝대로孝子다。絶大한命令에 應從하야 欣喜雀躍하면서 滿洲로向하면 足한듯하다。보건대 저들의모다가 우리보다 더敎養받은것같지도않다。그러나 저들에게는 一大喜望의 통줄이 前面을向하야 벋인外에, 玄海灘저便으로는 아무줄도 드리운것이없는듯하다。뒤에달린것은 싹끊어지고 앞에벋인 통줄한대만 크고 실한듯하다。그런데 우리뒤에는 마치埠頭를出帆하랴는 汽船과棧橋사이에 惜別의彩色줄이 連綿한듯도하고, 紅蛤조개의 실발이 岩面에固着한듯도하다。앞으로 벋인줄이 全無하지않다면 매우가늘고 虛弱한것인데, 뒤에달린줄들은 無數히많고 形形色色의種類인데 그줄들은 頑强하기도 짝이없다。假令 萬萬一에라도 오늘우리에게 徵兵令이내린다면 우리는 말하리라。죽은父親을葬事하며 늙은母親을 奉養하기爲하야는 故鄕가보아야하겠고, 子女敎育과 就職運動을爲하야는 서울살아야하겠고 其他戀愛問題, 離婚問題, 生計걱정等等을 解決하고라야 從軍하겠읍니다고。

聖書가 가장憎惡한것으로 가르키는것의 하나는戰爭이다。그러나軍人과 軍馬에對하야는 오히려善한敎訓의 材料로 쓰신때가 不少하다。예수께서 『이스라엘人中에 一次도如是한 믿음을 맞나보지못하였노라』고 激讚하신것은 『대개저가 他人의手下에있고 저아래도軍士가있으니, 이다려 가라하면가고 저다려 오라하면오고, 나의僕다려 이릏하라하면 行하나이다』라고 (太八·九) 對答한百夫長의일이다。人間生活에서 絶對命令에服從해본者는福된者로다。이처럼생각하야 懺悔의눈불이複雜한가슴을暗流함을깨달으면서 젊고도 單純한武人들의列車를 多大한敬意로써迎送하다。(三月十日 記)

亡하면 亡하리라

猶太人의孤兒、그叔을따라定處없이 放浪하든一個少女 에스더가、千萬意外에 當時의大國바사王의王后로選定된後 얼마안된때의일이다。하만의姦計에依하야 二百餘萬이스라엘百姓이 一朝에殘滅當할運命이 첨아끝에急迫하였을때에、軟手로能히 한民族의悲運을 轉換하게한것은 果然에스더의『亡하면 亡하리라』는一言의힘이었다。에스더가 무릅쓴冒險이 얼마나 危險한일이었든것은 바사宮室典範을보아야안다。에스더는 적어도「死」를冒險한것이다。米洲를發見한 컬럼버스、외름스會議에臨한 루터、南北戰爭을宣言한 링컨、暗黑大陸을探險한 리빙스톤等은 다 에스더와같이「亡하며 亡하리라」는 標識으로生活한者들이었다。그것外에 남보다 別다른것이없었으나 그것이貴한것이었다。

現代人들——信者不信者의別이없이——의 가장願하는것은「땅집고 헤염치는일」이다。恩給制度、保險制度는勿論하고 子侄의敎育、實業의經營、宗敎에歸依等等의 結局은、個人的으로나 團體的으로나「땅집고 헤염치자」는 目的을達하랴는 過程일것뿐이다。그러나 우리가 實際로遊泳할진대、땅집고할동안는 遊泳의참맛은 永久히알수없다。빠지면溺死할 危險있는滄波에라야 비로소 遊泳의快味가난다。生物이 그生命을發育하며 種族을保持함에는「땅집고 헤염치는」主義가 安全하기는 安全하나、거긔에는 機械輪轉의磨擦소리는 들릴망정、生命躍動의기쁨의노래는 潑할수없다。鮭魚가淸溪를좇아 溯泳함과、鯉魚가瀑布를거슬려 뛰어오르는일들은 危險하다면 實로危險한일이나、이는 어쩔수없는生命의本質이다。生命이强盛할수록 저는 瀑布를맛났을때에 湧躍하지않고는 참지못한다。

基督敎의信仰生活을要約하면 其實은「亡하면 亡하리라」는生活이 그全部이다。아브라함이 그獨子이삭을祭壇에받힐때、모세가이스라엘의 어리석은群衆을거느리고 出埃及할때、저들은 後世에 우리가읽는바와같은 神奇한異蹟이 依例히있을것을 미리알고 行한것이아니다。다만알기는、亡하면亡하드라도 絶對命令에順從할것뿐이었다。다니엘과하난야와 미사엘과 아살야等의 猶太少年들이 當代의 바벨론王 느부갓네살의威風에도 不服한것은、저들이 무슨術法이나 꿈으로나 或은聖神으로써、獅子窟에서도 安全히生還하며、鐵熔爐에서도 無事히救出될것을 미리保障받은後에 敢行한것이아니었다。다만亡하면亡할지라도 義에當할것、神意에合한일이면 敢行하고、땅집고 헤염치듯이 安全한일이라도 不義한것은拒絶한것뿐이다。그렇게行한結果에 하나님편에서 特別한能力으로 저의를救出하였다。信仰生活이라하야 卜術者처럼 吉凶禍福을豫測하거나 特別한請託으로써 하나님의寵愛를偏取하는것을 能事로아는것은 大端한誤解이다。信仰生活은奇術이아니라 天下의大道公義를 濶步하는生活이다。『亡하면 亡하리라』는 覺悟로써。

亡하면亡하리라

병아리의싸움

鬪爭은惡한일이라하나 世界大戰이지나간지 二十年未滿에 더큰戰爭이爆發할것은 不可避의形勢라고 世界的巨人들이 異口同調로齊唱하니、如何間人間들도 때鬪爭을 즐겨한다할것이오。國家나個人들이 싸울뿐만아니라、大大的設計로써鬪牛場을常設하고 帝王과庶民이 一座에連하야 鬪爭本能의快感을 飽腹하도록 滿喫하는國民도있으며、鬪犬 鬪鷄를携帶하야 鬪爭慾의不足한部分을 充滿케하는紳士도있다。鬪爭의方法과目的은 變할수도있고 向上할수도있을것이나、生物이存續하는동안 온갓鬪爭이全然廢止될수는없을것이다。全然없어저서는 안될것이다。우리의信仰生活도 一種의戰鬪오 가장勇敢하게싸워야할 싸움인故이다。

鬪爭中에 우리도興味없지않게볼수있는것은 병아리들의싸움이다。이른 봄날에 方今 네린병아리、鷄卵보다 더크지않고、羽毛는 아직棉花같고、口嘴는 아직 黃殼을벗지못한대로、十餘或은二十餘羽가 母鷄의 나래아레 들락날락할때부터、저들은 발서 둘식或은셋식 맞붙어 抗爭을시작한다。저들의開戰하는動機는 必曰食糧이缺乏하야 生命線을保持하랴는것도아니오、人道와正義를主張하야 善한隣人되고저、뽑내는것도아닌듯하다。그저 한번 들네 보는模樣이니 그心地의單純한맛이 장하다。故로 병아리싸움에는 雄辯家를 海外에派送할것도없고、聲明書를國內에 發表하야 黑白을云謂할必要도없는 싸움이다。辯明할必要있는일、아무리辯解하여도 天下萬國이 다 『認識不足』할일은 병아리들은 안하는模樣이다。이렇게 그動機가單純하니 그싸움도 볼만하다。

병아리싸움에 볼만한것은 싸울때보다도 逃亡하는模樣이 더 볼만하다。저들이 싸운대야 數寸못되는 全身長을늘이어볼뿐이오、그武器다야 學童이使用하는 消고무보다 더굳지못한 嘴端으로써 氈毛같은羽毛를 서로 만저볼따름이다。몇번식 목과 다리를 늘여보고 한두번식 口嘴를 둘러보고는、하나가逃亡하면 다른편이追擊한다。짐작건대 逃亡하는者의생각에는 生命의「危急存亡之秋」를 當하였으니、三十六計中에 가장賢明한計策을 採擇하야 一刻을遲滯할것없이 내빼는模樣이다。人間의눈으로써 보면 어린병아리들이 終日絶夜로 激戰한다하여도 血球하나 터질事件이아닌듯하것만、그래도 병아리들自身에게는 더할데없이 惶怯한事變으로 보이었는것이다。누가能히 병아리의敗戰하는 様을傍觀하면서 爆笑를禁해내랴。마는 우리人間은 如何하며、特히 「全能」하신 여호와神을믿는 基督信徒의生涯는 어떠한가。人間과猿類가 同祖上의子孫이라하면 피줄을 일켜세우며 憤怒하는老人도있다。그러나 한層上段에서 人間을굽어보실때에 人間과병아리와의 差異가무엇일까。怯하기는 彼此一般이아닌가。實로危險하여서 怯나는것이아니라、怯하여서 怯나는것이다。基督은 『두려워말라!』고 하셨것만(約十六章三三)。

聖書槪要【十四】

金敎臣

約百記大旨

幾何學의修練이없는者는 法律學校에 入足할것이아니라하며、富裕한家庭에生長한處女와 病苦의經驗없이 學校敎育만畢한靑年과는 人生을談論할것이아니라 하면、果然욥記를 읽지못한人間은 人生問題에 容喙할資格없는者오、信仰을云謂하기에 不適한것이、마치三冬雪寒에 單衣만입고 벌벌너러는것같다。貧弱하고 淺薄하고 可憐한人間이다。단테의깊은것과 沙翁의넓은것을 味解하지못함으로써人生의 損失이라한다면 하물며 욥記의높은것、모든深奧한 詩聖의祖宗이오 偉大한文學의 源泉이오 高潔한靈魂의 開拓的體驗錄인約百記를 읽지못하였다면 그얼마나痛嘆할事일까。人間으로나서 約百記를接할機會얻은者는 먼저自己의幸運을 感謝하면서 욥과같이敬虔한마음과 謙虛하고 忍從하는態度로써 이冊안에숨긴 限없는寶鑛을 採掘할것이다。

욥記는 劇詩의形式으로써 一個義人의生涯를 叙述한것이다。「義者는勝하고 惡者는敗한다」는것은 此所謂 元亨利貞의途요 天下公道이다。第一原理이다。이原則에對하는態度如何에依하야、한家庭食口라도 한나라百姓이라도 世界全人類라도 左右二列로 區分할수있다。右가羊群이라면 左는山羊이다。右가選別된聖徒라면 左는惡魔의 種類들이다。義가勝한다는 信念으로써 生涯를發程할수있는사람은幸福스러운者요 世上에났든意義있는人間이다。그러나義者가勝한다함은 누구든지 알아야할普遍的眞理인故로 이를테면 이는國民敎育程度、即初等或은 普通程度라고도할수있다。義가勝할것쯤을 믿는일은 그다지 神通한일은아니다。個人的으로나 團體的으로나 特히世界歷史가 이眞理를 證明함이明確하다。마는問題는 그렇게單純치않은 境遇가 種種있다。『義者에게患難이많다』는實例가 或時있을뿐아니라 觀點如何에依하야는 世上에서 義者가勝하고幸福된것은 하나도없고、惡者가盛하고 福누리는實例만 가득한것같이 보이는수도있다。이 人生의重且大한 矛盾에逢着하야 人間의思索力으로써 더듬을수있는 最高의哲學的究理를 헤아리며、人類의靈的智能으로써 把握할수있는最深한生命의眞理를 達觀하랴는것이 이約百記一卷의所任이다。마치 普通敎育우에 高等敎育이있고、유ー클릿드幾何學우에 非유ー클릿드幾何學이있으며、뉴ー톤의萬有引力說우에 아인슈타인의相對性原理의說明이있는것처럼 『義는勝하고 惡은敗한다』는 第一原理우에 『義人에게患難이많다』는 第二段의眞理가있다。그리고 凡事에「資格」이있다。高等敎育을받으라면 普通敎育을修了하였다는 「資格」이 必要한것같이、第二段의眞理에到達함에는 第一段의課程을完了할必要가있다。即 義를思慕하야『義와 그나라를求하야』渴急한體驗을가지고、義를爲하야 嘲弄과 患難을當하여본生涯가있어야만 約百記의寶庫의門은 열려진다。아무리·高等數學의知識이있고 外國語學에能通하였을지라도 義롭게살고져하는努力과 그結果로 좇아오는悲哀를맛보지못하고는 차라리 욥記의表紙도 들처보지않는것이可할것이오、아무리無學한樵夫일지라도 義를爲하야 눈물흘려본 痕跡이있는者면 욥記가 주는 限없는眞理의 慰勞와 그안에展開하는 높고깊은實體의世界觀과神觀이 저의것이될것이니『世上의미련하다하는것을 擇하사 智慧있는者를부끄럽게하시고、世上의弱하다하는것을 擇하사 強한것을부끄럽게하시는』(고前一章二七節) 이께 찬송하리로다。

욥은 우스사람이라하나 우스는 파레스틴의東或은東南地方、아라비야의北方이오、에돔에隣接한곧인줄은 짐작하나 그以上確適한地點은 알수없다한다。

욥은 單純히作劇家의 想像的人物이아니라 歷史的人物이다。先知者 에스겔도『비록 노아와 다니엘과 욥 이세사람이 거긔있을지라도……』(十四章十四節) 云云하야 노아 다니엘等이 歷史的人物인것과 마찬가지로 욥도 歷史的人物인것을 가르치었으며、使徒야곱도『참는者를 우리가 福되다말하는지라。너의가 욥의忍耐를 들었거니와 主께서 나종에 어떻게 行하신것을 또한 보았으니 主는 가장慈悲하시고 矜恤히녀기는 者시니라』(야고보五章十一節) 云云하야 욥의生涯를例證하였다。 이처럼하야 욥記는偉大한 創作家의腦細胞에서 쥐어짜낸 想像의그림이아니오、코로 숨쉬고 먹고 마시든 實際的人生記錄이라는데에 더욱重한價値가있다。

但엘리후의出現하는 部分만은 特히古來의 批判學者의是非많은바인데 左와如한理由로써 第三十二章부터 第三十七章까지는 後世에 加筆한것이고、本來의聖經에는 없었든듯하다는意見이 事實에近한듯하다。

(1) 前詞(一·一—二·一三)에나、後詞(四二·七—一七)에나、한번도 엘리후에 言及한일이없다。特히 後詞에는 욥과 그三友에 言及하시면서 엘리후만 默過하실理가없다。

(2) 第三十二—三十七章의六章에亘한 엘리후의긴演說은 욥의獨白(혼자말)과 하나님의對答中에 何等關連도없이竹木相接한것처럼 無理하게突入하였다。故로第三十一章에서第三十八章으로 連絡하야 읽는편이 理解를돕는다。

(3) 엘리후의議論은 半이나 먼저온三友가 말한것을反

復한것이오、半이나 여호와神의 말삼하실分을 演繹한것임으로 엘리후가 特히 나설場面이라는 意義가 稀薄하고、저가强調한바인「惡人에게患難이臨함은 懲罰하고저함이라」는 見解는 本書의一般的敎訓과 잘調和되지못한다。

(4) 이部分의 文體가 獨히冗長하야 다른部分보다 下劣한文章이라 함이 多數人의持說이다。

(5) 이部分의文章中에는 아람語的色彩가 特히濃厚하며 어떤句節은 그意義를辯別하기困難한데가 種種있다。

等等의根據로써 「엘리후의演說은 確然히 後世의作이라」고보는이가많다。그렇지않은이도 없는것은아니나 數로보든지 論據로보든지 엘리후의部分을 後世에加筆한것으로보는것이 事實에近한듯하다。그러나 本文批判學上으로 이部分을除外하는날에라도 約百記의傳하고저하는 重要한眞理에는 變動할것이없다。

욥記가記錄된年代는 確然히알수없으나 前詞와後詞의部分을 除한外에는 「여호와」라는稱呼로써 하나님을 부른일이없으며、또 모세律法을引用하지않고 慣習과史實에依하야 論據를잡은것으로보아도、約百記는 모세五經보다도 더 古代의作이지、그보다 後代의著述은아니라는것이 推定된다。事實그렇다면 本書는 基督敎聖書中에 가장 처음에 쓰인部分이오 따라서 그안에 記述된 天然觀과그 天然觀을 土臺로하고 생겨난 自然宗敎와、三友人과 엘리후와 욥사이에討論된 길고도學識的인論爭은、永遠한眞理를 簡明하게展開한것이니 이것이 곧原始的神學이다。

욥은 異邦人이었다。아브라함의子孫은아니오 나홀의後裔인듯하며、萬一 아브라함의子孫이라하여도 約束으로난 이삭의血統은아니고 아브라함의妾에게서나서 東方으로간 者中의하나일것이라 (創二十五章六節) 하며、또 萬一 이삭에게서 낫을지라도 야곱의아들은아니고 에서의아들이었으리라고한다。어쨌든 욥은 아브라함과 約束한選民의後裔는아니었으며、차라리 이스라엘과는 關係도없는 純粹한異邦人이었든듯한 證跡이 오히려많다。마는 욥처럼宗敎的生涯를 보낸者가없었고、욥처럼地上에서도 하나님의寵愛에叅與한이가 없었으며、約百記처럼 靈感에넘처쓰인文章이없었다。聖書自體는 決코 猶太人처럼 偏狹하지않고、所謂基督敎的先進國民으로 自處하는 歐米人士들처럼 高慢하지도않다。勿論카도릭派와 카도릭化한新敎敎會主義者들처럼自己敎會內에만 救援이있다고 妄想하는일은 聖書안에는 있을수없다。基督敎聖經안에 異邦聖者의生涯를 記述하였다함은 矛盾이라면 矛盾이지만、이것이自稱基督敎徒란者와 聖書自體와는 多大한所見의差異가 있는까닭이다。가장 太古時代에 記錄된舊約聖書의一部分에도 벌서 十字架우의 基督으로써 全世界를救援할 宇宙的大宗

敎의核仁이 胚胎되여 있으니 이를稱하야福音이라한다。新約聖書中에 모세의律法이있고、욥記中에 벌서 福音의源泉이 흐르고있다。찬송할일이다。

욥의生涯에서 우리는「攝理」란것을 배운다。自己의運命을 自身으로써開拓한다함은 壯하기도하려니와 어느程度까지는 眞理의말이다。그러나『내가 젊었을때에는 내마음대로걸었으나 이제는 나의허리를 띠로묵거 잇그는대로 가노라』는眞理를 把握한이는 幸福스러운者다。人生의苦海에서 惡者가懲罰받는것을 볼때도있으나、또한義者에게 患難이接踵하는事實도본다。矛盾도있고 怨痛한일도많다。그러나 그 모든風波를通하야 견디고 참는者에게 보이어주는敎訓은、작은個人의一生이나 큰國家의歷史에나 避할수없는 攝理의巨腕이움직이고있는事實을 볼것이다。욥과같은事實은 古代에만限한것이아니다。今日科學文明의世界일지라도 보는눈으로보면 욥과近似한 攝理의現顯이決코奇異한일은아니다。

욥이試鍊을當하기始作하였을때에 多數財產과 子女들의災禍를當한 消息을接하고『내가 赤身으로 母胎에서나왔으니 또한赤身으로 돌아가리라。여호와께서주시고 여호와께서 빼앗아스니 여호와의 니름을可히讚頌하리로다』(一•二〇—二二) 라고 聖意에順服하여서부터、人間으로서견딜수없는患難이重疊하야 生命을威嚇하는 瞬間까지도욥은 맞히 積雪하는대로柳枝가 숙어지듯이、漸漸謙卑하며내종까지 하느님께 固着不離하였다。故로 옛날부터 욥을稱하야 受動的英雄(Passive Hero)이라함도 適評이다。

勇氣에 여러가지種類가있다。平日에 浩活하든男子가 오히려 有事한時에 무릎이 서지못하고、恒常柔弱하든女子가 火災 洪水其他의急變에處하야 차라리沈着剛硬함은 우리가 흔히보는事實이오、千兵萬馬를 戰場에呼令하든將軍도 數百名議席에서 所信을 確答치못하는 怯者도있다。能動的으로 나아가 大事를謀함도 적잖은勇氣를 要하나貧困과病患에 누어서 身勢와天運을歎息치않는 勇氣야말로 참된勇氣라할것이다。

욥이 比할데없는 災禍를當하였다는 消息을듣고 遠方에서 친구三人이 욥을慰問하였다。朋友라고하면 우리는孔夫子의 有名한句節인「有朋 自遠方來 不亦樂乎」를聯想한다。孔夫子처럼 高雅하지못한者가 夫子의 이句를 完全히 味解할수는없으나、孔子도 高遠한 理想과道德을 討論하기爲하야 朋友를待하기보다、貧困中에 人生의辛酸을맛본때에 朋友가 더욱 반가웠든가 推摩한다。그는어찌햇든지 우리 욥의境遇에 그 百年偕老를 期約하였든 自己의妻까지도 嘲弄하며 詛呪할때에、友人세사람이 遠方에서 來訪하였다함은 욥에게는 더할데없는 깃븜이었을터이지만、數千年을隔하고 數萬里를 相距한後世의讀者까지도 그場面을想像할때에 無限한美感을 느끼지않을수없다。욥은畜産과子女를 全失하였어도 三人의朋友를所有할동안까지는 世上에서 큰것을所謂하였다 할것이다。

욥의三友는 不遠千里하고 慰問와스나 욥이想像을超越한變災中에있음을 目睹하고는、彼此에緘口無言으로 七日七夜를 그저沈默하고만있었다하니 첫재로 욥의苦痛의程度를 짐작할수있거니와、또한 甚絕한患難에處한者를 慰勞하는道理를 여긔서 배울수있다。雄辯은銀이오 沈默은金이라 하거니와 特히 非常한悲哀나苦痛에處한者를 慰勞할때에 그러하다。現代人들은 凡事에 表現을 爲主한다。그럼으로 愛子를 잃은老親과 配匹을喪한寡婦를 慰勞함에도 所謂吊辭라하야 美文佳詞를 滔滔히朗讀함으로써 慰勞준줄알고 또한 慰勞받은줄알며、견딜수없는 病魔와 日夜로 死線우에서 惡戰苦鬪하는者의枕邊에서 一場說敎나 人生哲學의 一講을試하고는 아주 된줄로自信하며 自身의處世術에 能爛함을自讚한다。이는 人生을演劇이나 活動寫眞的으로만 觀察하는者의 甚히淺薄한行動임을未免한다。무릇 人生의實質에 부닫혀본者는 悲哀의悲가 어떤것임을알며、苦痛의苦가 무었인것을 짐작함으로 口舌로써慰勞를줄수없음을알며 耳目을通하야 苦痛이緩和될것이 안인줄을안다。故로 萬一兄弟를慰勞하랴거든悲哀하는者와한께 눈물을 마시며、苦痛하는者의 곁에서한께苦悶하는수밖에 道理가없다。果然 욥의 세 친구들은 半萬年以前의 東方사람들이었드니만치 深厚하고 重量있는人物들이었다。

但 욥의友人들이 結局은 그素願에反하야 親舊를慰勞하기보다도 돌이어 괴롭게하고 憤激하게한것은 慘酷한悲劇이었으나、엘리바스等의 人生에對한知識이 尙今不足하였든故로 單純한 一次方程式外에 二次方式이 있음을不解한데서 생겨난慘劇이었다。知識과體驗은不足하였으나아는대로는 盡誠盡忠하야 욥의悔改를 慫慂한것이 貴하다。故로 저들의過失은 速히容赦함을받았다。

욥의一生은 要컨대 그리스도의一生과 彷彿하다。惡한생각이 그心中에있지않고 强暴한言行이 그입밖에나타나지않었것만、온갓患難과懲戒는 一身에擔當하였고 차라리『하나님을 詛呪하고 죽어야맞당한』 處地에 있으면서도끝까지 그 입술에서 妄言을吐하지않고 乃終까지絕對信從하였다。그어린羊처럼順從하며 비닭이처럼 柔和한模樣도 十字架上에서「엘리엘리 라마사박다니」라 부르짖고 운명하신獨生子의 生涯의그림자같다。그리고 最後까지忍耐하며 謙虛한者에게 倍前한榮譽를 돌리신것까지도 一致하다。욥記를工夫함은 福音書를工夫하는일이되며 또한 信者各其가 大小는있어도 다小그리스도임으로써보아도 욥記는 信徒의一種自叙傳이안될수없다。本書의概綱을摘記하면如左하다。

욥記概綱

一、前詞 (一·一—二·一三)

가、우스사람 욥의爲人과所有。 (一·一—五)
天性이敬虔。七男三女、羊七千頭、駱駝三千頭、牛五百겨리、牝驢五百頭、及多數한婢僕——東方第一큰長者。
子女의享樂生活과 욥의宗敎的日常生活。

나、사단의 第一回企圖(욥의試鍊을得許함) (一·六—一二)

다、第一試鍊에處한 욥의態度。 (一·一三—二二)
스바子孫들이 牛驢를掩襲하고 (一三—一五)
天火떠러저 羊과下人들을殺害하고 (一六)
갈대아人이 駱駝와下人을掩襲하고 (一七)
暴風이破屋하야 子女沒殺되엿다。 (一八—一九)
욥의信從——내가赤身으로 母胎에서나왓으니 또한赤身으로 돌아갈지라。여호와께서 주시고 여호와께서 빼앗아스니 여호와의니름을 可히讚頌하리로다。 (二〇—二二)

라、사단의第二回企圖(가죽으로써가죽을) (二·一—六)

마、第二試鍊에處한 욥의態度。 (二·七—一〇)
全身惡瘡에걸린욥 (七—八)
乃妻의嘲弄을받는욥 (九)
욥의信仰——왜? 우리가 하나님께 福을받았은즉 또한災殃을 받지아니하겠느냐。 (一〇)

바、三友自遠方來(沈默의慰勞) (二·一一—一三)
엘리바스(데만人)、빌닷(수아人)、소발(나아마人)。
七日七夜、哭而無言(深眞한慰勞)。

二、욥과其友人의對話 (三·一—三一·四〇)

(1) 욥의哀歌 (三·一—二六)

가、욥이自己의誕生을詛呪함 (三·一—一〇)
나、죽음의安易 (一一—一九)
다、生의苦痛을呼訴함 (二〇—二六)

(2) 第一回對話 (四·一—十四·二二)

甲、엘리바스가 욥을面責함。 (四·一—五·二七)
人生이 어찌 하나님보다 더義로오며 사람이 어찌 그創造하신主보다 더聖潔하리오。 (四·一七) 볼지어다 하나님이懲戒하시는者는 福이있도다。그런즉 네가全能하신者의懲戒를 輕히녀기지말라。 (五·一七)

가、욥의對答(憐憫을要求함) (六·一—七·二一)
苦痛한者는 그벗이 불상히녀길것이오 그렇지아니

하면 全能하신이를 敬畏하는일이 廢할까하노라。
(六•一四)
나에게 가르치라 내가 잠잠하리니 請컨대 나의허
물된것을 깨닫게하라。 바른 말이 얼마나 힘센고
그러나 너의의 책망이 무엇을 책망함이뇨。 너의
가 말을 책망하려느냐。 所望이 끊어진者의 말하
는것은 바람과 같으니라。 (六•二四—二六)
사람이 무엇이관대 主께서 크게 녀기사 마음에
두시고 아침마다 권고하시고 때때로 試驗하시나
이까。 (七•一七—一八)

乙、빌닷이 史實을考證하야 욥을非難함。 (八•一—二二)

請컨대 네가 지나간時代사람에게 물어보고 그列
祖의 研究한일을배우라。 (八•八)
볼지어다 하나님은 完全한사람을 버리지 아니하
시며 惡을行하는者를 扶持하야주지 아니하시나니
라。 (八•二〇)

나、욥의答辯(하나님의義와 能을認識함)(九•一—一〇•二〇)

人生이 어찌 하나님앞에 義가되리오。 사람이 하
나님으로더브러 辯論하려할지라도 千마대중에 한
마대라도 對答지못하리로다。 (九•二—三)
나의날은 어찌적은것이 안이오니이까。 그런즉 끝
이시고 나를 바려두사 暫間平安하게하옵소서。
(一〇•二〇)

丙、소발의 激烈한反駁 (一一•一—二〇)

智慧의秘密한것을 네게보이실지니 大概 그의知識
이 豊盛함이로다。 하나님은 네罪보다 輕하게 處
置하시는줄을 알지어다。 (一一•六)
네손에 罪가있거든 罪를멀리바리고 不義함이 네
장막에 居하지못하게하라。 (同一四)

다、욥이自己의義를固執함。 (一二•一—一四•二二)

이미 하나님께 불려 알외어 들으심을받은 내가
同類의게 嘲弄거리가된者같으며 義롭고完全한者가
嘲笑받는도다。 (一二•四—二二)
너의 아는것을 나도알고 내가 너의만못한것이안
이라 내가 진실로 全能하신者에게 말슴하며 하
나님으로 더브러 相議하고저한다。 그러나 너의는
다만 거즛말을지어내는者오 너의 쓸데없는醫員이
로다。 (一三•二—四)
대개 나무는所望이있나니 찍어바릴지랴도 다시 움
이나서 그軟한 가지가 없어지지아니하며……。
(一四•七)
願컨대 나를 음부에 감추시되 主의震怒가 쉴때
까지 감추시고 나를爲하야 期限을定하시고 나를
記憶하옵소서。 사람이 萬一죽으면 어찌 다시 살

리이까。 나의 싸우는 모든날동안에 참고있어 變化가 이를때까지 待하리로다。 (一四・一三—一五)

(3) 第二回對話 (一五・一—二一・三四)

甲、엘리바스가口碑、傳說에依據하야 욥의 敬虔치못함을 再責함。 (一五・一—三五)

사람이 무엇이관대 깨끗하며、女人에게서 난者가 무엇이관대 公義로우리오。 (一四)

가、욥이 人間에게로부터 하나님께直訴함。 (一六・一—一七・一六)

이러한일을 내가 많이들었나니 너의는 다 煩勞케하는 安慰者로다。 (一六・二)

볼지어다 지금이라도 나의證人이 한울에 게시며 나를憑據하실이가 높은데 게시도다。 나의 친구는 나를嘲弄하나、나의눈이 하나님을 向하야 눈물을 쏟아 붓는도다。 (同一九、二〇)

乙、빌닫이 욥의不遜을責하고、惡人의받을責罰을 提示함 (一八・一—二一)

나、욥이人間에게失望하고 復活을待望。 (一九・一—二九)

내가 알거니와 나의救主가 살아게시니 後日에 따우에서 서리로다。 나의 가죽이 썩은後에 내가이 肉體를떠나 하나님을 보리로다。 (二五—二六)

丙、소빌이古今을一貫하는法則〔惡敗、善勝〕을 들고 욥을 警醒함。 (二〇・一—二九)

다、욥이 反證〔惡者도昌盛함〕을擧하야 安慰할줄모르는友人을 痛歎함。 (二一・一—三四)

어찌하야 惡人이 살아서 壽하며、또勢力이 強하뇨? (第七節)

(4) 第三回對話 (二二・一—三一・四〇)

甲、엘리바스가 욥의罪過를列擧하면서 悔改하기를 慫慂함。 (二二・一—三〇)

가、욥이 하나님의聖前에呼訴하기를願함。 惡人이 責罰을 免함은 何故인가。 (二三・一—二四・二五)

乙、빌닫이 사람은神前에義롭지 못하다는 原則을 가르친다。 (二五・一—六)

나、욥이友人의慈悲없음과、하나님의智慧와能力의限없음을 慨嘆하고 獨白함。 (二六・一—一四、二七・一—三一・四〇)

내가 저의의길을擇하며 그座席에 으뜸이 되며、마치軍中의王처럼居하였고 슬퍼하는者를 위로하는 者같었노라。 (二九・二五)

나는 일히의兄弟요、駝鳥의벗이로다。 (三〇・二九)

三、엘리후의干涉 (三二・一—三七・二四)

가、엘리후〔부스人〕의干涉하는理由 (三二・一—二二)

나는 생각하기를 오래산者가 마땅히 말을낼것이오、나이 많은者가 마땅히 智慧를 가르치리라하였도다。그러나 사람의 속에는 靈이있으니 全能하신자의 기운이 사람의聰明을 주시나니라。무릇 大人이라고 智慧가있는것이안이오 老人만 公義에 밝은것이 안이다。 (三二·七—九)

나、엘리후의第一論。 (三三·一—三三)

하나님은 여러가지方法으로 人間이悔改하기를促進하신다。

다、엘리후의第二論。 (三四·一—三七)

神의本質을論하야 人間은 不可不 하나님앞에 謙卑하여야할것을 明白히함。

라、엘리후의第三論。 (三五·一—一六)

人間은 하나님께 比較할수없는者오、믿음이안이면 呼訴함도 無益하다。

마、엘리후의第四論。 (三六·一—三七·二四)

하나님의 至極한義와 욥의容納못할 罪過를指摘함

하나님의 測量할수없는智慧와 無限大의能力。

四、顯神 (三八·一—四二·六)

가、하나님自身의 第一論告 (三八·一—四〇·二)

하나님이 욥에게挑戰하심。 (三八·一—三)

一般創造의絶大한能力과智慧를擧示하면서 욥에게無智無能함을 認識케함。 (三八·四—四一)

山羊과 사슴이、驢、野牛、駝鳥。 (三九·一—一八)

軍馬、鷹、鷲。 (三九·一九—四〇·二)

나、욥의降服。 (四〇·三—五)

다、하나님自身의 第二論告。 (四〇·六—四一·三四)

하나님이 욥을猛烈히追擊하심。 (四〇·七—一四)

河馬를論하심。 (四〇·一五—二四)

鰐魚를論하심。 (四一·一—三四)

라、욥의絶對降服。 (四二·一—六)

내가 前에는 귀로써 당신의 일을 들었아오나、이제는 눈으로 主를 보았아오니、이럼으로 내가 스스로恨하고 塵灰가운데서 恨改하나이다。 (四二·五—六)

五、後詞 (四二·七—一七)

가、하나님이 욥을可하게보시고 욥의友人들을 順伏케한後에 욥의祈禱를 들으시다。 (四二·七—九)

나、하나님이 욥을祝福하사 前보다 갑절이나 크게하시다。 (四二·一〇—一五)

다、욥의年齡과死 (四二·一六—一七)

良書紹介（一）

獨逸國民에게告함 （岩波文庫 價四〇錢）

액히테述
大津康譯

(Fichte; Reden an die deutsche Nation)

原文은 獨逸語學을工夫하는 讀本으로도 자주 使用되는 훌륭한文章이라한다。마는 그文體의美보다 그思想의雄健한것이 더욱壯하다。

이는 美文을쓰기爲하야 草한것이안이오、實로 死를覺悟한者가 救國의精神에 불붓듯함을禁치못하야 句句節節에 피를吐한活文字이다。

때는 一八〇七年末로부터 翌年初頭에亘하야 佛軍의말발굽소리 伯林市街를蹂躪할때에、거의傾倒하는社稷을 救援하기爲하야、全獨逸의有力한敎育家와 其他志士를伯林大學에招集하고 부르짖은 愛國者의熱辯이다。百數十年이라는時間이흘렀고 歐亞大陸의西와東이 兩端에分立하였것만 맞히今日서울鍾路에서서 힌옷입은 누구가演說함을듣는感이안이고는 읽을수없으니 通讀할동안에 몇번이나 가슴이뛰고 눈물흐르고 주먹이쥐어진다。

（以下七行畧）

迂遠한 學者의机上空論같으나 歷史는公正하게審判한다

잘되었으나 못되었으나、거의꺼지는燈불같은獨逸로하야금、第二十世紀初頭──라기보다 今日現在──까지의獨逸의强大함을成就하게한原動力은 果然이講演에있었다는것은、더論議할餘地없는일이다。

액히테先生은 伯林大學第一回의總長이었고、이講演할때는 四十五歲의靈肉이完熟된때이었다。一時는 無神論者라는毁謗을입고 예나大學敎授의榮職에서 免職當한일도있었으나、其實은 깊은信仰의人이었다 함은 이講演中에서도 볼수있다。祖國愛를論하는一節에、……이사랑은 참사랑이오、單히一時的欲望은아니다。이사랑은決코一時的의것에 附着하지않고、다만永遠한것中에만 깨어 움직이며、쉬고있다。人間은自己를永遠한것으로解하지않고는 自己自身도사랑할수없다。또自己自身까지도尊敬하고是認할수없다。又况、以外의것을 사랑할수없다。이와같은일은 저가事物을自己의信仰及自己의情緖의永遠性中에取入하야、이것을永遠과結合하지아니하면안된다。于先첫째로自己를永遠한것으로 보지않는者는 如何한愛이든지抱持할수없다。그리고祖國까지도사랑할수없다。고한다。凡事에信仰이基本問題이다。信仰과敎育問題를考究하는이에게 特히薦讀하고싶다。

聖書的立場에서본朝鮮歷史

咸 錫 憲

三、聖書的史觀

聖書의史觀이 어떤것인가를 究明하는일은 곳 聖書의 根本義가 무엇인가를찾는일이다。聖書의가르치는 根本眞理를 알지못하고는 말하자면聖書心을 얻지않고는、(聖書의말을빌어하면、聖靈을받지않고는)、聖書의史觀을理解할수없는일이오、反對로 萬一歷史를보기를 聖書가보는것과같은 見解로써한다면、저는발서 聖書의根本義를 안것이라고할수있다。그理由는 聖書의 目的은 사람으로하여금 宇宙人生의 本質的要求인 永遠의生命을 把握시가자는것이오 歷史에對하야 말하는바가있는것도 이때문인까닭이다。聖書에는 그內容의 分量으로보아서도 歷史에關한것이 不少하지만 또 直接 歷史的記錄이 안인대있어서도 그立場은 恒常宇宙史的인대있다。聖書가 그렇듯 歷史를 重要視함은 基督敎가 人生의救援을目的하는 事實의宗敎요 生命의宗敎인證據다。思辯에依한觀照가안이다。實人生活歷史에依하야 人生의奧義를붙잡게하고 宇宙를꿰뚫으는 永遠의生命 그自體를 把得케하는일이다。生命을問題로삼는者라면 歷史를無視할수가없다。生命과歷史는 分離하야 생각할수없는것이다。生命은 歷史的으로 存在하는것이오 歷史를產出하는者는 生命이다。우리가 聖書를읽어서 活動寫眞을보는듯이 大宇宙의生命流를 볼수있는것은 聖書가生命있는 宇宙史인까닭이다。거긔宇宙의創始가있고 完結이있다。거긔人類와 그文化의起源과 價値를 볼수있고 모든民族과 國家의興亡隆替의 原理를볼수있다。聖書는實로 世上에匹敵할者없는 唯一의宇宙史다。

그렇게말하면 聖書의史觀은 이미다알려진것이다。基督敎의 根本眞理가무엇인지가 明白한以上、그史觀이 어떤것인가는 說明할必要도없다。聖書六十六卷을 一言으로要約하면「神」一字에 歸하고만다。即、萬物은——天使나、人生이나、自然이나、그가운대있는 모든것은 다 神으로부터나왔고 神으로말미암고 神안에躍動하고 맛츰내神으로 돌아간다는것이 聖書의根本主張이다。主張이라기보다도 告知요證據다。그리고 그神은 恩寵의神이다。宇宙過程의背後에서서 그 흐름의奧底에있어서 그生命의內部에있어서 自己몸소의 질거움으로부터 歷史를지어내기爲하야 自身을 萬物속에나타내고 萬物우에 自己의生命을붓는者다。神은사랑이라는眞理는 이歷史의 產出者로서의 神을 볼때에 가장잘體得할수있다。歷史의產出者는 歷史의本源이되고、그原動力이되고、그法則이되는者는 이「愛(아가페)」다。聖書的史觀은 아가페史觀이다。그러나 이結論的인一

語를 指摘하는것만으로는 우리가말하는 聖書的史觀의學問的說明은되지않엇다。故로 우리는以下에서 그아가페史觀의內容의 梗概를說明하기로하자。

一、聖書는 歷史의本源을 神에求한다。精神이거나 物質이거나 人生이나 動物、植物、鑛物이나 天上天下를말할것없고 大小를말할것없이 또 일즉히 있었든것이든지 지금現存하는것이든지 將次 未來에있을것이든지 그무엇입을不問하고 何如間存在라는存在는 모도다神에서나온것이오 神없이는 하나도 存在할者가없다는것이다。이點은 歷史의本源을 아무生命없고目的없는 偶然的物質에歸하는 唯物思想과 根本的으로 相異한것이다。唯物論은 聖書와는 歷史의出發點에서부터 갈라진다。兩者의世界는 實로對蹠的으로 對立한다——萬一唯物論안에 어떤實質的世界가있다고假定하면。唯物論의 洪水에依하야 世界觀의破船을當한 現代人은 스스로를 救援하기爲하야 神의世界로向하면어떤가。

그러나 歷史의本源이 神이라는말만가지고는 不完全하다。그神은 人格的神이라는說明을 附加하야서만 基督教的이다。歷史의本源을 神에歸하는思想은 밖에도있다。汎神論、多神論。그러나 基督教에서 神이萬物과 그歷史의本源이라는말은 汎神論에서 오는것같은萬物 即神의意味도안이오、多神教에서보는듯한、自然現象의 象徵化된意味에서도안이다。聖書에서는 萬物의本源이神에있고 神은萬物에있어서 自身을顯現하지 아니치못하는이라고 하기는하지마는 또어대까지 神은萬物以上이라함을主張한다。神은單純한 哲學的說明의 最後的假定으로 要求하는觀念에 붙인 名詞가안이라、意志的生命的存在者라고하는것이 聖書의思想이다。

二、宇宙는 神이創造하엿다고한다。即、이宇宙와人生은 偶然히 自然發生的으로된것이안이라 한人格神이 自己意志로서 지어냇다는것이다。故로聖書에서는 辯證論에서보는것같이 歷史가알수없는雲霧속에 그머리를잃어버리는것이안이라 明瞭한始作을가진다、科學이 發達한今日에있어서 創造說을믿는것은迷信인것같이 생각하는것이大勢다。勿論 하나님이 우리의 손가락같은 다섯손가락을가지고 어린아이들이 소꿉질을하듯이 흙을비저만들엇다고생각하는것은 迷信일런지몰으겠으나 創世紀는 그렇게解釋할것도안이오 또理由는 알수없이 自然히 偶然한物質의運動으로因하야 되엿다는思想도 그怜悧度에있어서 조곰도나을것없는말이다。創世紀의解釋을 어떻게 할것이라는것은 여긔서 論할바안이지만 이宇宙 더구나도 人類의歷史를 一個意志의表現으로보는思想은 眞을穿得한說明이라 하지

않을수없다。宇宙는 決코 自然發生的으로 된것도안이오 偶然하게생긴것도안이다。그렇게말하기에는 너무나도驚異할만한것이있다。다른모든것을 다버리고라도 오직한가지 事實만例擧한다면 이世上에 道德生活이라는것이 있다는 일이다。우리가나면서부터 所與의環境의 한條件으로타가지고 나는이道德世界는 그까닭으로因하야 平凡한것이되여버리었시만 再思三思하야 反省의비로써 우리心線우에 않은 모든習慣의 몬지를떨거바린다면 世上에이같이—大體道德이라는것이있다는 이事實같이 異常한일은없다。科學은 驚異들없엔다하여도、科學이進化論을가르처 道德은 人間의頭腦의 發達에따라 생긴것이라하면 할수록우리의 疑心은더하야간다。性善이어떤지 性惡이어떤지 또는或이 생각하는것같이 性無善惡이어떤지 道德的價値는 實在하는것이라고하든지、社會生活의方便에서 나온것이라고하든지、其他或은 肯定或은否定의 무슨辯論을하든지 何如間 저가常識을가진 正常者라면 人生의實社會에 儼然하게存在하는 道德律을否定할수는없을것이오、萬一道德律의 實地있음을認定한다면 그는都大體어대서 由來한것인가。意志없는곧에 道德을想像할수없는것이오、道德없는곧에 目的을認定할수없다。이人生이 目的없다면 모르지만 그追求하는 어떤目的이있다면、그리고 이宇宙를 支持하는正義의法則이있다면 이宇宙는 意志의所產임을 承認하지않을수없다。그리고 萬一이를承認치않는다면 宇宙도人生도 虛無뿐이다。聖書가 宇宙創造를가르치는 創世紀로始作됨은 偶然이안이다。

三、終末觀이다。元始가있는以上 終末이있지않을수없다 終末觀은 基督敎獨特의 偉大한思想이다。여기서終末觀이 어떤것임을 細論하랴는것은안이지만 何如間 聖書는大膽히明白히 이世上에는 어떤終末의날이 온다고하는것이다 그리고 그날에있어서 모든問題가 解決된다는것이다。基督의再臨、死者의復活、最後의審判等 偉大한事實들이 그때에닐어난다고한다 그는實로 宇宙總決算의날이다。더구나도 그날은 非論理的方法으로 到來한다고한다。實로놀날思想이다。그러나 이것도 歷史를一個意志의 所產으로본以上에는 必然的으로 要求되는結論이다。目的있는物件이라면 반듯이 完成의날이있어야할것이다。歷史를가지고 처음도 乃終도없는 無限한機械的變化의 道程으로보는思想에서는 이地球가 偶然히어떤天體와 衝突이라도하지않는限 人類歷史는 無限히繼續될것이오、또 地球의破滅로 人類의歷史가 不意에끝난다하더라도 그로因하야 寂寞한무덤으로되여버린 이宇宙는 그아름답지못할狀態를 永遠히繼續하지않으면 안된다고한다。그러나 歷史의背後의意志의活動을닑는 聖書에서는 宇宙는有限性을가진것이다。

적어도 이時空의衣裳을닙는宇宙는 그렇다。그리하야 그것이지나간後에야 永遠히祝福받은 世界가온다고한다。

現代의史學에있어서는 終末觀을가지는사람은 別로없는모양이다。史學에는姑舍하고 個人的信仰으로도 드문모양이다。아마 現代人같이 物質的享樂에만奪心이된사람들은 일즉히 파벨塔을쌓든 사람들모양으로 이歷史에終末의날이 온다는말은 두려워못견대는모양이다。그러나 人類를救하는것은 이思想이아니면안된다。그는人類의思想은 刹那的條件보다도、未來에依하야 規定될때에 가장遠大性을멸수있고、健全할수있기때문이다。處女에게 結婚의式日을알려주라 그럴때 저는前에볼수없었든 美와美德을 나타낼것이다。그리하야 處女生活의 終結이라는 悲劇的事實과共히 비로소 처음으로 참生活이始作될것이다。歷史上의終末日은 곳 結婚式日이다。그날이온다는대 一種恐怖가包含되지마는、萬一그날이 永遠이아니온다면、이苦痛많은世上에있어서 失望하지않을者가누군가。末終日이 온다고하는것은 돌이어우리에게 希望을約束하는일이다。더구나그날의豫測할수없는 非論理的方法에依하야 온다고하는故로 우리生活에 緊張이一層더하다。千年이一日같고 一日이千年같은世界、(거긔는눈물과 苦痛과 嘆息이그림자를감춘世界)가、盜賊같이 來臨한다는말을듣고 누가雀躍하지않는 사람이있으리오。

四、元始의날이있고 終末의날이있어 이歷史의限界가決定되였다。그 中間에있어 歷史는어떻게 進展되는것인가聖書는 여긔對하야 神의統治를말한다。神은宇宙의創造主일뿐안이라 또統治主다。存在의原因이될뿐안이라。發展의原理가된다。敎導者가된다。일즉이 哲學者中에는 神은時計師와같고 이宇宙는 그가만든 時計와같이 自働裝置에依하야活動하는機械라고 說明한이가있었다。哲學的第一原因으로神을假定하는故로 그런說明이나온다。그러나 神을人格者로體驗하는 聖書에서는 그렇지않다。아가페의神은 그런自働機械로써 질거워하지않는다。그는이宇宙속에 自由意志를넣었다。自由롭은意志가있어서만 生命은可能하기때문이다。自由意志없는대 人格없고 人格없는대 참生命은없다生命없는死殼뿐이다。神은死骸를 좋아하지않는다 詩人이읊은것같이 「行하라 살現在속에行하라」고命令한다。그러하야 저自身을 恒常自由의生命을 가진者를通하야 나타내기를쉬지않는다。神은自己의作品을 바라보고앉어서 滿足을느끼는 老衰한藝術家같이 宇宙를享樂하는者가안이다예수의말대로 그는오늘날까지 恒常쉬지않고 일하는者다自由意志우에 일하는者다。그리하야 그를養育하고 敎導하는대서 自의아가페로서의 本性을들어낸다。故로 基督敎의神은 攝理의神이오 歷史는 그運行의車輪을 攝理의軸에꿰였다。

五 最後로 聖書는 人生을道德的責任者로본다。人間은 그生活을 道德的으로하지않으면 안된다는것이다。사람에게는 自己가願하던지 안하던지를물을것없이 道德的責任이 지어젓다는것이다。저가 市場에나갓던가、深谷에숨엇던가 北極의無人境에갓던가 말할것없이 저가生存在者로있는限은 그하는바 一擧手一投足에도 是非善惡의判斷이 붙는것이오 거긔對하야 저는責任을저야한다고한다。人生의가는길、恒常險路와 難關이기다린다。반갑지않은 人生觀이라할것이다。그러나 돌리어 모든思想中에 이보다도더높은값을 人生에다붙인者는없다。이로因하야 人生은神의共働者가되엿기때문이다。神은 그宇宙經綸의 聖業을道德的人生에依하야 完成하려고 하엿기때문이다。

神은 왜人生을 道德的으로지었는가고 詰問하는것은 所用없는일이다。그러나 그神意를體驗하는것은 最貴한일이다。神은實로 이宇宙를 죽은機械에서救하기爲하야 그가운대 道德的人生을두엇다。오직 奴隸같이 服從하는것을 神은願치않는다。故로 自由意志를주엇다。그러나 自由意志만으로는危險하다。自由는放縱과相距가 멀지않은것이오 意志는 恒常固執과 驕慢에빠지고마는것이다。故로 神은 自由意志에伴하야 良心을넣엇서 自由의가는곧에 반듯이 責任이 따르게하엿다。그리하야 人生은 道德生活을避할수없이되엿다。그리하야 人生은 萬物을代表하야 宇宙歷史의 道德的責任者로서게되엿다。萬物創造하는날에 神은 아담으로하여금 萬物을 命名케하엿다함은 意味깊은일이다。그렇지않었으면 매우愉快한것이었을道德이 아담의失敗로因하야重荷로 되기는하였으나 亦是그는 우리의자랑임이 틀림없다。

人生이 道德的生活者인것으로因하야 宇宙歷史完成의責任을진다하는말은 近代倫理學과같이 人間을神으로높이는意味는안이다。오직神은 人格的인愛의神이기때문으로、그宇宙經綸의일을、道德的인人生을通하야서만 實行한다는意味에서다。사람이 道德的責任을 다하는것은 神을拒否하야서가안이오、自己의自由意志로써 神意를좇아서야能히할수있다。詩人테니슨이

우리意志는우리의것 어찌할줄모르는것
우리의意志는우리것 당신것으로받히올것。

이라고 읊은것은 人類를代表하야한말이다。우리意志를받히는것이다。自由의價値는 自己하고싶은대로 放縱을하는데있는것이안이다。내意志를 自由로써 神앞에 받히는데있다。

人生을道德的 責任者로보는일은 곳 歷史를道德的으로解釋하는일이다。그저 文化의 發達이안이다。道德的發達이다。利害를爲하야는 正義人道가 무엇인지모른다는 現代에있어서는 이點은特히 强調할必要있다。排他的民族主義

같은것、殺戮的階級鬪爭論같은것、聖書의立場에서보면 容恕할수없는罪惡이다。 니름은自由에빌어가지고、民衆은魚肉을만드는 現代의政治家들은 차라리王道政治를하자던 녯날專制君主에게가서 그責任感을 배워야할것이다。

何如間 聖書로因하야 우리는歷史에對한 道德的責任을진다。朝鮮사람이면 世界어느구석에가던지 朝鮮에對한責任을 避치못한다。 이를道德的으로 向上식일責任이다。 實로朝鮮만안이라 全宇宙에對하야서다。 바울은말하엿다 ―― 萬物이 모도悲嘆하며 하나님의 뭇아들이 나타나기를 기다린다고。

以上에서 우리는 매우粗雜한論法으로 聖書的史觀의大體를말하얏다。 그러나 이것만으로도、우리는、봄바람에들려오는 野性의불음에깨여 怒吼하는 檻中의獅子같이、文明이라는 人爲的食物로 痲痺된가슴속에서 어떤靈性이 그動鳴을 始作함을깨닫는다。 새史觀을 가질것이다。 그리고 歷史을곤처닑을것이다。 그리하야 이人生을 支離滅裂에서 救援하라。

朝鮮歷史에關한問答

먼저 사람되지못함을 容恕하야 주십시요。 저의들을 사랑하고半萬年 故鄕을 알이키어주시든 先生任들의 빛나는눈동자와 힘잇는 넙술이 눈앞에 어리어리하게 낱아나고 마지않습니다。外地에 나온지 벌서 一年이란 세월이 지나갓읍니다。 지금생각하면 저에게는 머라고말할수 없는貴重한 時間이엇읍니다。 그런데 배운것은 없읍니다。 단련받은것도없읍니다。 잇다고하면 極히적어서 눈에보이지않을다름입니다。(中略)(以下四行略) 오늘또한 심히자극받는일이있어 五日부터八日까지의 試驗을앞두고、 몯은것을 第二次로두고 朝鮮歷史를 읽고싶은생각이 샘물과같이 솟아나오고있읍니다。先生任께 생각한現在出版되여있는 第一좋은朝鮮歷史冊을 소개하야주시압기 바라나이다。 밧브신先生任께죄송하오나 알이키어주시면 注文하겠아오니 伏望하고伏望하나이다。

一九三四年三月三日 東京 ○○上書

君書를 반갑게보앗노라。우리가 君에게 惡漢으로보였든지 君이 우리에게不良者로 보였든지、過去가어찌되였든지 朝鮮을생각할때 問題가朝鮮半島에及할때에 君이우리를記憶하고 우리가 君을찾는다면 足하고 또滿足하다。

朝鮮歷史에關하야「第一좋은」 것으로 薦할것이없음을 슯버하노라。史實을記錄한冊이야 나의寡聞으로도 十指를곱아헤아린들足하리만 現今君이渴望하는 朝鮮歷史는 지금聖朝誌에發表中인 咸錫憲先生의것外에 내가確信으로써 薦할만한것이없음을 遺憾으로아노라。咸先生의 朝鮮歷史는 「第一좋은것」이라고 君에게뿐안이라 天地神明앞에도 부끄러움없이 薦할수있음을 確言하노라。

蚌蛤을爲하야辯함

漁夫之利라는 향기롭지못한俗談은 鷸蚌之爭이라는 戰國策士의 奇妙한比喩에서 始作되었다。策士의말대로 一節을借用하면如左하다。

趙且伐燕、蘇代爲燕謂惠王曰、今日臣來過易水蚌方出曝而鷸啄其肉、蚌合而箝其喙、鷸曰 今日不雨、明日不雨、即有死蚌、蚌亦謂鷸曰、今日不出、即有死鷸、兩者不肯相捨、漁者得而幷擒之、今趙且伐燕、燕趙久支、臣恐强秦之爲漁夫。

라하야 當時支那의 趙、燕、秦等列國政勢를說明함은 되었으나、動物學的으로보아서는 所謂皮相的觀察임을免치못하며 더욱 蚌蛤을爲하야는 萬古에累名을 쓰게되었다。鷸과蚌이 서로싸우다가「兩者不肯相捨」라고 結論한것은 支那政客에게博物學的知識이 全然缺乏한것을 如實히表白하였다。

鷸이란것은 뫼추리(鶉)몸뎅이같이생긴데다 長脚과長嘴가 붙었으니、所謂 涉禽類라하야 水邊옅은곧으로 걸어다니면서 魚貝를捕食하는새다。蚌이란것은 大蛤 或은명주조개 의二樣意味가있으니 右記譬話가 全然히想像으로造作한것이라면 海産大蛤으로解釋하여도可하나 支那內地에서目睹한實景을 말한것이라면 淡水産인 명주조개로보는것이可하다。어쨌든 海産이나淡水産이나 이런種類는通稱하야二枚貝類라하는 軟體動物이다。二枚의貝殼은 다른動物의 입 처럼 食物을먹기도하고敵을攻擊하는武器로도使用하는것이아니라、이를테면 個人私宅의 울타리와大門或은都市의城廓과城門같은 作用을하는것이다。故로周圍가閑寂하고外敵의念慮없을때는 種種그二枚의貝殼을開放하고日光도 쏘이고 呼吸도하나、外敵이接近하면 二枚의貝殼을閉合하야 內部의柔軟한肉身을保護할뿐이지、鷸과같은飛鳥를捕擒하야 一大決戰을試하랴는 野心과勇猛은 決코없는者이다。蚌蛤은他를侵畧할意思도能力도없는者이며、危急할때에 逃走할計策도없는者이다。다만 蚌蛤에게 造物主가 許與하신武器라고는 石灰質로된二枚의殼과、이殼을開閉하는 二種의筋肉이있을따름이다。平和한때에는 靭帶의힘으로써 천천히開殼하고、危急한때에는 前後二柱의閉殼筋으로써 此亦是 急速치못하게閉殼籠城할뿐이다。

支那의策士가 보고서「蚌亦謂鷸曰 今日不出、即有死鷸兩者不肯相捨」云云한것은 博物學素養의缺乏으로因함이라할지라도 蚌蛤의心情을誤解함이過甚하다아니할수없다。鷸의嘴가 蚌蛤의殼에 물리운것은 맞히侵入하는敵에게 大門이나城門을閉鎖하니 敵의手足이나槍劍이 門짝에 끼어진것과 같은境遇다。能動的으로侵害한것은 鷸뿐이오、蚌蛤은 危險을避하려고 할따름이었다。二枚貝의所願을말하

蚌蛤을爲하야辯함

라면、鷸嘴까지도 끼우지말고 아주完閉하여야安心될것이나、本來부터貝殼을 斂速히自由自在로 開閉하는能力이없다。한갓能한것은 漸漸더完全히閉鎖되도록 閉殼筋을收縮시켜보는것밖에 他道가없었다。이러한 二枚貝殼類의習性을알고보면 蚌蛤이 대답하기를今日不出이면 即有死鷸이라하야、利慾에貪한생각으로 兩者不肯相捨하였다함은、事實에合致하지못함을 알수있다。조금만 開放하여주었드면 鷸이逃去하였을것이라고하나、이는蚌蛤에게는 無理한注文이다。不可能을要求하는것이다。이沒理解한觀察과 無理한 要求로써 비록燕、趙列國의政勢를說明하기爲한方便이라하여도、利慾으로因하야 身命을傷한蚌蛤을 千代에傳하게됨은 二貝類의種族을爲하야 遺憾千萬의事이다。蚌蛤의後裔가 萬一學術講演會를開催하는날이後日에있다면 千秋에累名을 씨운 蘇代를向하야 畢竟痛憤한辯駁이없지않을것이다。우리가 蚌蛤을爲하야 同情을不禁함은 저가 當치못한累名으로써、萬歲에亘하야 가장代表的인 嘲弄거리 된일이다。蚌鷸之勢라하며 漁夫之利라하니 鷸이야 當할바를當하였거니와 蚌은不當하기千千萬萬이다。

萬一 우리로써 蚌蛤을評하라면 저는無知無能하고固執不通하달것뿐이다。固執不通으로써 身命을亡하는것도 稱讚할일은아니지만、그래도 利慾에貪하여서 不肯相捨하다가 漁夫에게 잡혀갔다는것과는 그倫理的價値에天壤之差가있다。蚌蛤에게能事는 一旦緩急한境遇에 오직 그兩殼을閉合하는것이다。다른動物과 달라서 或時느추고 或時 졸을줄도 모른다。한갓嚴閉할줄만안다。懷誘도威嚇도 쓸데없고 다만封鎖에努力한다。한가지閉門하는外에는無能하다는것과、따라서變通性이없이固執만 부린다는것이 蚌蛤에게 돌려보낼바宜當한評價인줄안다。그리고 蚌君도 畢竟 固執不通이라는以上의世評을 要求하지않을것이다。

× ×

돌이켜 蚌蛤에게同情을禁치못하는者의 過去를回顧하니 때는十有五年前이었다。江戶市의長屋二階인客室에서 青雲의志를 가슴에품은 두少年사이에 뜻밖에基督論이始作되였었다。甲이基督을 하나님의獨生子가옳다고說明하면、乙은 基督을處女의私生子라고 揶揄하였다。甲은己未年에西大門刑務所를通過한者임으로、이런때에 興憤이없이는 對答도못할만한 熱熱한信者이었다。理論은恒常乙의편에餘裕있는듯이보이었으나、結局 乙도甲과함께 基督을救主로모시고、主日이면 聖徒들모임에參列하게되였다。마는 其後 얼마못되여 唯物主義의濤波가 東洋의磯岸을 洗掃하기始作할時運을當하야 銳敏한甲은 唯物論者의錚錚한鬪將이되고、乙만 홀로남아 私生子라고揶揄하든基督의十字架下에 懺悔의눈물 흘린지十有星霜。甲은背敎한後로그銳敏하고周到한辯證論法으로써 많은基督信徒의 信仰根據를爆擊하였다하나、但 自己의傳道받은乙에게向하여서만 弄談으로라도、한번宗敎니信仰이니 云謂하여본일이없었다。乙에게무었이 남았다면 그것은 甲의偉力있는攻擊을 安全히避할수있는處地에 存立한다는 感謝와寂寞이 時在할뿐이다。그리고 十年도 한뉘라고、우리의 祈禱의친구와聖經班의동무로써、弊履같이 信仰을버린兄弟들을 記憶할수록 한갓固執不通한것으로 世上의嘲弄거리되고마는蚌蛤의身勢가可憐하다。그러나 無能한者가能을부리고저함은 그야말로敗家亡身의本이다。蚌蛤이鷸앞에서 開殼하는일은 곧亡하는일이다。一能外에能이없는者는 다만 그天稟의一能으로써 足하고精進할것이다。

× ×

信仰生活의初期에 무슨動機로서든지 神學을志望한일이있었다。이企圖를眞心으로反對하야 나를適當한길로 入足하게한이는、近日에自身이神學을硏究하고서 이제는一에도神學、二에도神學、三에도神學이라는形便이다。저가 지금神學工夫를勸함도 깨다른바있는緣故요、前에 神學斷念을忠告한것도盡誠으로 한일이오、내가現今 神學工夫를 시작하자는것도안이오、神學校卒業狀없는것을 悔恨하는心的變化가생긴것도안이다。모다 好意로한일이오、眞心으로된일이오、또한攝理로써 된일이다。누구를恨할것도없고 스스로 뉘우칠바도없다。다만 놀라운것은 神學의不必要論을들고、들은 그대로、潮汐의干滿과時勢의變遷을不察하면서、아직도聖書만읽으면足한줄로 알고있는 蚌蛤같은固執이다。발트의新說을 읽어야한다고 채찍질하며、科學思潮에合致하도록 高等批判學의知識도 準備하여야한다고忠告하는이가있으나、이는 蚌蛤을向하야 猿猴의曲藝와 栗鼠의技術을 要請하는것과恰似하다。世上은 自己의多能多技한것만알고 他人의無能함을憐悶하기에 吝嗇한이가많다。오직無能한者라야 無能을容納할줄아는模樣이니 이도蚌蛤의固執을 同情하는所以인가한다。

× ×

世上에「三勇士」라는것이있거니와、이三勇士라는新語가鑄造도 되기前五六年인 一九二七年봄날에 朝鮮産「六勇士」가 出現된일이있었다。저들은 所有를받히고 生命을다하여서라도 半島의靈界를爆擊하지않고는 마지않을氣勢이었다、釜山으로부터義州까지의 傳道旅行도 企圖하였었으나가장具體的으로 여섯 어께에 나라니하야 메고突擊한强力의雷管으로出現한것이 「聖書朝鮮」이었다。學窓生活에서넉넉지못한 주머니를 털어서라도 그만한形體를나타낸것은 저들의勇氣가 蔑視할것이안인證據이며、將次 學業을맞훈後에는 그爆彈의性能이 더욱 커지며 더욱充實할것을 누구나 다推想하기 어렵지않았다。本間俊平翁은 九人의勇士만太平洋을건너면 米洲大陸을征服하기도 難事가

蚌蛤을爲하야辯함

안이라하엿지만 實로六人의 어깨에 나라니하하야메고간爆藥이 바로만터지는날에는 크게한울榮光이 나타날줄로自他가 한께期待하엿다。마는 우리의雷管는 帶電鐵條網을 爆發하기前에 잘못터졋다。傷한것은 敵의要塞가안이오 메고뛰든勇士自身들이殺傷飛散하엿다。其中或者는 魂飛魄散하야 그破片좇아 어듸가떠러졋는지 알수없이된者도있고、或者는 四肢가떠러지고 腹部만남앗으니 五感이없는지라 서로相對하여도 舊誼좇아認識할길이없고、或者는 全身이燒盡하고 口舌만남아있어 勇士의 못다한責任感은 記憶할腦細胞까지없어졋으니 더말할것도없고、다만說敎를 끊지않고하는말이「너의가 밥을 논아먹어야참信仰이니라」고。但이것이 저가 배부른때의發言이엇드면 얼마나貴하랴。저것이 저가배곯븐때의失責이엇도면 얼마나가엾으랴。如何間 우리勇士들은 微塵같이飛散하엿고 娼妓같이賣節하엿다。比較的나종까지 今日까지 聖書朝鮮이라는 雷管을 저바리지못하고 붙어있는者라하여도 저가自初의勇士로서 지키고있는것이안이오、亦是부스러진破片이 붙어있을뿐이다。突擊하랴든瞬間에怯을먹고 逃亡하려다가 미처避하지못한鈍者가 잡힌것이오、或은蚌蛤이安全을爲하야閉殼하는데 鷸의口啄가 물린듯이、蔭避하랴는怯者의大門에 聖書朝鮮이라는雷管이 끼어진故로 제법 勇士의行勢하는심이다。萬一自我의選擇으로서自取하엿다거나意志로서 달달이續刊하엿다면 자랑할것도있으려니와 決코안이다。意志로서 聖書研究의月刊雜誌를、하물며朝鮮에서六十餘號까지發刊할수있다는이는 于先自我의意志를 試驗하여볼것이다。

所願으로擇한것도안이오 意志로固執한것도안이니、사람을怨望할것도없고 스스로 자랑할것도없으며、兄弟에게依賴할수도없고 自己로서 핑게할수도없다。다만 兄弟들의多藝多能하고 神出鬼沒하는 處世術을傍觀할때와 聖書朝鮮의經營에關한 各人各樣의注文을받을때마다 우리는 그윽히蚌蛤의心情을洞察하고저할뿐이다。

蚌蛤이鷸을 잡은것같이보이나 實相은 鷸이蚌蛤을붙삽은것이다。蚌蛤은一刻이라도速히鷸을놓고 물로 들어가고싶었것만 그는被捕된者로서는不可能한事이다。저는 살자든努力이 죽는結果가되는수있드라도、한가지밖에能事가없는者이니、오직閉殼筋을 죽도록限하고 졸리는수밖에없다마는傍觀者는말하기를「蚌亦謂鷸曰、今日不出、即有死鷸、兩者不肯捨」라고하엿다。智者蘇代가如此하엿거든 又況野人山女들의妄評이야 얼마나하엿으랴。蚌蛤은 속으로앓븐살을 물렸것만、밖으로는肉塊를 입에문貪慾많은 개와같이嘲弄거리되엿다。蚌蛤의 쓰린가슴은 蚌蛤만이알것이오다만或時無爲無能하고 固執不通하는 人間이있어 蚌蛤의習性과 解剖學的 構造를 詳考하고저할뿐이로다。

城西通信

○誌友로부터 柳錫東先生의 글을督促하는이가있음으로 不得已 其間轉末을 말할수밖에없다。柳先生의갈라되아書硏究도 아직繼續할터이엇지만 特히 冬季集會에發表하였든 豫言書硏究는 二月號부터 連載하기를 柳先生自身이 提言하였든것이다。其後一月二十五日附로 左와如한提議가있었고

『提議 近日힘의貯蓄의必要를 切感함니다。基督敎의歷史、古典、註釋等에 對한讀書會를 始作함이 若何함니까。時間度數期間等은 우리形便이 許諾하는대로하옵고、枯渴하여가라는 이知識의源泉을 어찌하면좋으리까。若有善策乞敎示。果然 個人의問題社會의問題이로소이다。』同三十日夜에는 主筆處에來訪하야 具體案을討議한結果 每月十日頃에 聖書朝鮮編輯會議를열고 內容의充實을 圖謀하자함으로 此亦是 主筆의多大한感謝로써 贊同한바되였다。其後一週日되는 二月六日에 電話로써 聖朝誌에執筆하기를 中止한다고通告함으로 그變化가 넘어急激함과 讀者에게對한 公約에도背反됨을 말하야 再考를促하였으나 드디어 二月八日附로 如左한 絶緣狀같은文書를接하야 매우섭섭하였으나 無可奈何의일이다。

◎火曜(二月六日)午後掛電하왔드니 敎授中。

◎지금저의形便으로는 冬期集會나 聖朝에 聖書硏究를 發表하는것은 過分하고不適當한줄로 切感하게되고 一個의英語敎師로 또는한家庭의生活을 爲하야 일하는者로忠實함이 聖意인듯 생각케됨니다。

◎兄의集會또는 聖朝에對한 悲壯하고거룩한決心을 나의輕率하고 安價한同情으로 約束으로 무러지게하는未安함이 가슴을 치밀며、더구나하나님이 兄을通하야 役事하시는 그經綸을 내가짓밟고 있는것이 생각될때는 두려움이 떡남니다。

◎兄을잘알고 나를잘아는 몇兄弟가 主筆의職責云云하는말을 時時로들을때 저는 大段괴롭습니다。제가 原稿만안쓰면 이런일은雲散될줄압니다。

◎聖朝는 어데까지든지 兄의것으로아시고 內部的으로나 外部的으로나 兄의色彩를 鮮明히내심이 좋겠읍니다。

◎이것은 저의一時的感想이 안이오라 過去半個年間의 생각하여오든바이고 지금 하나님앞에서 말하는것이옵니다。

◎農村에安定한 宋兄과도分離하였읍니다。

集合을。」農村에 使命을가진宋兄에게 저의安定되지아니한 生活에서나오는 말이 滋味없는것이아닌가하는것이 第一原因이였읍니다。

◎저는아마아즉도 彷徨하야 걷습니다。彷徨하는者의 信仰으로써 一生을맞을넌지 몰으겠읍니다。

◎그러면 서로孤獨속에서 主를따러가옵시다。 一九三四年二月八日朝 柳弟 錫東

右와如히 우리는 信仰上에重大한相違가 發生한것도안이오 彼此의感情을 傷한것도 안이오 다만 柳先生이 聖朝誌와 그主筆을眞情으로써 사랑하는까닭에『……서로孤獨속에서 主를따라가자』는것이다。다만如斯히 絶交當한者의感想을 一言으로말하라면「잘도變한다!」는것뿐이다。如何間 이렇게되여서 柳錫東先生과 聖書朝鮮誌及其主筆과는 서로相關이없이되였다。

○非基督信者의 本誌에對한要求로 如左한것도있다。(一)저의 어리석은생각으로는 이렇게짐작함니다。「聖朝誌」를보니 너머도 硏究(比較的意味에서)가만코 卷頭言城西通信을擴大한모양의 時事問題 우리들의日常生活을 創造하는指示가 더욱많으면 좋지안을가고생각함니다。그러나 이것은信仰없는나의希望이오니 一顧의價値도 없을것입니다。다만 信仰이없는 우리들게라도「人

類의思想이 아직 그(基督)보담 더以上에達한적은업엇다」(카ー라일)의말을 듣고 모ー든現世的慾望을 敝履와같이 버린勇氣잇는 天才그를 알때에 우리의적은 마음은떨치게되옵니다。

(二)「認識不足」에對하여서는 더욱恒常諷刺文學이라는것을 좀생각하여본일이 잇는者로써 大段히興味잇게보왓읍니다」「奴隷의言語」로써 반게明白히말할수없는 世態에잇으나 그와같은文字는 一層더사람을 警醒식힐수잇다고 짐작하옵니다。今日에와서는모ー든것이魔術的으로 變態되와ー맛치 金錢과 마찬가지로 言語도모ー든것을 合理化하는道具로ー따라 사람이言語를 말하는것이안니라 言語가사람을 製造하고 支配하는現象ー모ー든것이 顚倒되고잇는것은 明白하다고생각하옵니다。

(以下二十二行略)

(三) 三月十八日 東京市 ○○○拜上

이러한것은 勿論 本誌가期待하는 正統的讀者의要求와는 相距가많다。그러나 篤信者인敎役者中에서 種種 說敎材料를, 곳利用할수있는것을, 記載하라고 要求하는것보다 快하기가幾十倍이다。宗敎的으로 聖化(?)하여버린이들의 言辭보다도 唯物論을 攻究하는學徒들의 感情에 우리의心琴이 한께울리우는것은 事實이다。적어도言語가 可知可解하나 宗敎的神秘家의 朝鮮말은 우리에게 「不可思議」한것이 넘어많다。願컨대 우리는 異邦사람들께 眞心에 빛우어 議論하고저한다。

○親族의 本誌에對한 觀察은如左하다。

오래동안 消息을모르던바 前般擲送한「聖書朝鮮」에依하야 君의近況은 大槪推察하얏네(中略)…聖書朝鮮은 實은昨夜精讀한바 君의精進을推察하고 欣賀不已耳。近年金氏門中도 或은 經濟的打擊이甚하고 或은 兄弟不和等寒心事만 續出하는此際 君의快報는 從叔을慰安함에 充分하도다。少로는 一家一門을爲하야 大로는 朝鮮을 爲하야 一層發奮健鬪를 切望。信仰生活에 入하는通俗的書籍(日文)이有하면 一冊擲送爲望。

三、一二日 從叔

예수믿은지 十數年以來、聖朝誌가 號를 거듭하기 還甲數를 넘은때에 骨肉의近親의 反響으로는 이것이 初一聲이다。奉祭祀問題以後로 거의 門外에除籍當한 模樣으로處하든者에게 이一聲은 天來의喜信이 안일수없다。그리스도의 敎訓으로因하야 우리는 骨肉의情에 冷却한줄로만 알았드니 아직도 親情이 多部分남아있음을 發見하고 感謝하다。實로『나의兄弟 곳骨肉의親戚을 爲하야 내가 그리스도께 詛어지는대까지 이를지라도 願하는바로다』(로마九章三) 願컨대 우리族譜에 記錄된이와 將次記錄될이까지 하나도남기지말고 그리스도로因하야 更生의經驗에 이르기를。

○별안간에 三萬餘字의原稿를 거의獨擔하게되여 三月號原稿는 二月末日까지 겨우썼다。朋友有信이라는 敎訓을 처음배운것같았다。寒風에 勞働하는이들께는 未安千萬한말이나、凍傷한손으로 机上에運筆하기도 三月號부터는 손이곱지않다。

○同業者中에서 한달에 一回식 雜誌發行하는일을 奇蹟이라고稱하는것을 種種듣는다。비록 執筆者의數가 十餘人을 列記하였을때에도 그렇다 奇蹟이란말이可하다。갈ー라일先生은 赤兒의出産되는일을 놀랄만한奇蹟이라하였다。달달이 一號식 發刊하는雜誌도 果然奇蹟이없이는 안된다고 우리는 自然히 믿어진다。最近數個月來로는 더욱 그렇다。家人을向하야 聖書朝鮮一號를産出하는편이、産婆의助力을얻어出産하는것보다 더 어려운듯하니 어떠냐고 무르면、果然그렇다고受肯하야 慰勞하여주는形便이다。한번怒하는일이 十年減壽된다고도 하거니와、第六十二號의뒤에 또어찌 다음號가 나왔는가 하고、나의存在그것이 驚異의명어리된다。文學도神學도 배운일없는者로서 이처럼無謀한일을 왜 始作하였는가고 後悔하고 怨望하나 避할데없다。加之에 近日은 法規에까지違하야 抵觸되고보니 意氣자못沈滯한듯도하나 願컨대 나의血氣의意氣는 날마다 죽어可하다。오직 靈性의意氣만 强하여지면 足하다。이번號에도 意味가通치못하는곧이있을것이오、發行日字도 延引되였나이다。

福音과 產業

福音이라함은 喜消息이라는뜻이니、近日商人들이月賦買賣할때에 살리만의「福音」이라고廣告하며、賣藥商들이 某某患者의「福音」이라고 特筆大書하야 人氣를 끄으는것도 「福音」이라는 말의 一部的意味는있으나、勿論濫用임을免치못할것이다。本來福音이라는字가 생겨나기는 모세가 가르킨律法主義 即 十誡와其他數百條例의細則을 如是如是하게實行하여야 하나님앞에義롭다함을 얻는다고가르킨바에對하야、그리스도가 가르키신 信仰主義(?) 即 아무러積德修道함이 없었을뿐더러、돌이어 많은罪惡을犯하였고 社會的賤한業務에從事하였든者라도、悔改하고 그리스도를 좇아 그業績을信受하기만하면 하나님앞에 義롭다함을받는다고宣言하신것을 曰「福音」이라고한것이니、이는不完全한人間 即罪人의立場에서본 道德的用語인것은勿論이다。

그러나 信仰만을主張하야 福音主義的信仰으로써 삶다함은 律法을全然無視하라는것이 안이오、하물며 律法과古來의道德遺訓을蹂躙하라는뜻이 안임은 넘어明白한일이다。故로그리스도의 말슴에도

> 내가律法이나先知者나 廢하러온줄로 알지말라。廢하러온것이안이오 完成케하려왔노라。眞實로 너의게너르노니 天地가廢하기前에는 律法의一點一畫이라도 能히廢하지 못하고 반듯이盡成하리라。……내가 너의게 너르노니 너의義가 書記官과 바리새敎人보다 勝치못하면 決斷코 天國에入치못하리라。

하시어서(太五章一七—二〇) 당신의 오신目的이 律法의廢棄가안일뿐더러、당신의福音을信從할者는 律法을專門的生業으로하고사는 書記官이나 바리새敎人들보다도 더 律法에合致한生涯라야 된다고가르키셨다。救援의條件은안이나 天國市民된者답은結實은있어야한다。

우리는 律法보다福音을唱導하기에急하였든것처럼、靈的糧食을求함이 產業問題를論評하기보다 急하였었다。本誌의態度가 그랬을뿐만안이라 聖書全體의敎訓도 靈에 크고 肉에 적다。그러나 이도또한 產業을無視하는일은안이다。들에百合花를가르치면서 「무엇을먹을까 무엇을입을까 念慮하지말라」 하심은 決코遊而徒食하라는뜻은안이다。바울이말한바 『勤勞하기를 싫어하는者는 食치도말게하라』 함은(데살後三章十) 基督敎徒의生活原則이오、바울自身이 平生토록自身의勤勞로써生活한聖徒의模本이었다。因하야 알수있다。우리가產業問題를 世人과함께 떠들고 야단치지안하는것은이것을等閑視하여서가안이라 論議할餘地없이當然한義務인줄로아는까닭이다。福音의恩惠에參與한者는 마땅히 書記官과바리새敎人보다 더完全한義人이어야 할것처럼、靈的生命을云謂할만한者는 宜當히經濟的生活에도自立自足하여야할것이다。그런데 近來에福音的信仰을口舌에붙이면서도、全然無軌道 無信義의生活을 오히려 자랑하며、衣食에窮困하야親戚故友의憐憫을먹으면서도、오히려勤勞로써 力食하기를不肯하는「聖徒?」가 적지않으니 慨嘆스러운事實이다。

本誌舊號廣告

本誌定價

一冊 拾五錢(送料五厘)
六冊(半年分) 前金九十錢(送料共)
十二冊(一年分) 前金壹圓七拾錢

要前金。直接注文은 振替貯金口座京城一六五九四番 (聖書朝鮮社)로

取次販賣所 博文書館
京城府鍾路二丁目八二
振替京城二〇二三

昭和九年三月三十一日 印刷
昭和九年四月 三 日 發行

京城府外龍江面孔德里一三〇ノ三
編輯兼發行者 金 敎 臣

京城府堅志洞三二
印刷者 金 鎭 浩

京城府堅志洞三二
印刷所 漢城圖書株式會社

京城府外龍江面孔德里活人洞一三〇ノ三
發行所 聖書朝鮮社
振替口座京城一六五九四番

金教臣主筆

聖書朝鮮

第六拾四號

一九三四年五月一日發行

昭和五年一月二十八日第三種郵便物認可
昭和九年五月一日發行(每月一回一日發行)

目次

先陣을爭함

佐佐木高綱과梶原景季의二將이 宇治川의先陣을相爭한것은 距今約七百五十年前일이었것마는、日本軍談을 읽는者로서 누구나 잊을수없는 壯快한場面이다。뿐만아니라 壬辰亂當時에 加藤淸正과小西行長이 忠州에會合하였을때에、京城을 向하야 先陣을相爭不讓하든 光景을回想하면、비록敵將이라할지라도 그心地의卑劣하지않었음에 그윽히 讚嘆하지아니치못함이있다。저들은 敵을보고 두려워하지않었을뿐더러勇躍前進하였고、한갓前進함이아니라 爭先突進하였다。實로武人의龜鑑이라할것이다。

때는一八八五年四月 復活祭主日이었다한다。福音主義的宣敎師의嚆矢로 오는 米洲의 두靑年을실은 日本小汽船이 半島의港口를向하야 漸近할때에、熱情을 못이기는 두靑年은 보—트로서 埠頭까지 실어나리는順番을待할수없어、덤벙뛰어들어 헤염쳤다。『長老敎人과監理敎人의 어느편이먼저 朝鮮疆土를 만지었든지 알수없었다』고하리만치 저두靑年宣敎師는 無我夢中에 先陣을爭泳한것이었다。長老敎人이라함은 延禧專門學校校庭에 銅像으로 서있는 원두우博士요 監理敎人이라함은 現 培材高普와梨花女專校長들의 先親되는 老아펜설라氏를 가르킴이다。저들이 半島를憧憬하고 戀慕함은 마치愛人을爭奪하는 靑春들같아였다。그사랑은 다만 저들의當代에 끄친것이아니라、그들의子女들까지 半島戀愛를相續하였다。實로强度의 사랑이 저들의子子孫孫에 遺傳하고있음은、우리로하여금 저들을敬畏케함인同時에 우리스스로가懺悔의 눈물을禁치못하는 所以이다。

듣건대 支那人들은 男兒가한번高麗國에 나서 金剛山을 보기를 平生의所願이라한다고傳하거니와、風景을찾는者가 宜當히半島江山을 思慕할것이오、劍든將士의 가슴이 漢陽城을 바라볼때에 의례히躍動하였을것이오、福音의산말슴을 품은宣敎師가 暗昧에 가리운 半島生靈을 헤아릴때에 그 心臟이 焦急히 뛰놀았을 것이다。그러나 이半島에 나서、그흙에서 生育한것을 먹고입고자라며、그山의 나무로 지은집에살고、그흙에서파내인石炭으로 溫突을덥히고、이江山을 가리운大氣를呼吸하다가、죽어 다시 그흙으로 돌아갈運命을가진 흰옷입은百姓들만은、무슨意味로든지 한번이나 이半島를爲하야 先陣을 다투었다함을 未聞하였다。우리 가슴만은 憧憬할줄도 몰랐고、戀慕의情도없었고、뛰놀힘도없었다。때는非常時라하야 東邦의靑年들은 다시滿蒙의荒野에 先陣을爭함으로써 그祖上以來의 意氣를보이랴고 日夜를接하야西漸한다。時局이 바야으로急함을告할때에 福音의戰線에 先陣을爭할者는없는가。半島를擧하야 悲壯化하기爲하야 先陣을競泳할이는없는가。

希望이어듸있나

『力은正義라』는 標語로 일어서든 카이젤의獨逸이 『正義는力이라』는 旗발알에 모여선 聯合軍의軍門에 降伏하였을때에、地球의表面에는 確實히 希望의曙光이 보이는듯하였다。마는 小國과弱者의 愁眉가 풀어진지 不過十數年에 다시世界에 가득찬것은 『力은正義라』는 大音響이다。至今當하야 보면 카이젤은 한갓先覺者로서의 逼迫을 받았을뿐이오、眞理의敵으로 埋葬된것은 안든듯하다。지금은 第二第三의 카이젤이 獨逸本國을爲始하야、洋의東西에 雨後의竹筍처럼 叢生하였다。今日은 力의强弱을爭할법은있어도 眞理의 可否를是非할나라는 하나도없다。人類五千年間에許多한 피를흘려 獲得하였든自由——言論、出版、結社、會合、信敎——는喪失하야 따를쓸어도 다시 찾아볼수없고、오직「파쇼」의進軍소리만 골골이 우렁차니 識者는 이時代를稱하야「暗黑時代」라하며、一九二九年以後에는 全世界文化의大潮流가 停止하였을뿐더러 急速度로 逆轉을始作하였다고한다。어듸까지 退却할것인지는 알수없거니와 이러한暗黑時代에 우리의希望을 寄屬할수없는것만은事實이다。

그러면 信敎의領域에까지 侵蝕하랴는 이暗黑의勢力이退散하고、槍劍을 잡지않은丈夫라도 能히白을白이라하며 黑을黑이라고 할수있는날이오면可한가。勿論 없기보다 낫은일이다。그러나 世上이 주는自由와 政權이保障하는公正이란것이 얼마나 空虛한것이며 거짓된것임은 이미試驗濟의일이다。

敎育이普及하야 域內에文盲이退治되며 産業이發達하야 米國처럼牛馬에게 黍麥을주어養하고、丁抹國처럼 牛乳로써豚兎를 養하는날이오며、生産製度를革新하야 失職者도없고 徒食輩도整理하는날이 온다하면、이는現實朝鮮에서 求할수있는 가장適切한緊急要求일것이다。마는 敎育받은 靑年男女가 必曰우리에게所望을 約束하는것이안인줄도 이미經驗하였고、衣食足而知禮節이라하나 禮儀를 앎으로써 우리의靈魂이 安堵할수없음도 眞實한人生의實驗이證據하였다。

없기보다 自由있음이願이오、敎育事業이 할만한일이오、産業振興이急務이다。그러나 萬一이肉身의生命이 끝나는날이、前萬古後萬古의 永遠한結幕이라면、그리고 이不完全한生命의 醜雜한姿態그대로가 終端이라면、自由와學識과産業이 우리에게 무엇을益하게하랴。故로 우리로하여금 要約하여말하라면 이肉身의生命이 끝난뒤에、다시靈體로써復活하는일에만 우리의希望이있다。그일을爲하야 하는일만이 本職이다。實體的事業이다。其他의것은 줄랴거든주고 剝奪하랴거든剝奪하라。其他의일은 하여도좋고 안함도無妨하다 삶은希望에삶이오、希望은復活에만있다。(復活祭日에)

最大한偶像

學校敎育에依하야 善人을 養成할수없음은 온世上이周知하는事實이다。 지금은『敎師들의 가르키는敎訓은 遵守하라 그러나 저들의行動은 본받지말라』(太二三章三節)고 아니하는學父兄이없다。 또數年前까지는 一種投資의心事로써 卒業後의就職을期待하고 學校로 보내는수도 있었으나、그것이收支가 맞지못하는投資인것은 昨今의就職難으로써 判明되었다。 即人格養成으로보나 就職條件으로보나 現代의學校敎育이란것은 그다지 神通한것이안임이 明確하다。

그럼에도不拘하고 學校敎育은 現代人에게 最大한偶像이다。 不信者뿐안이라 篤信者에게도 一般이다。 人間萬事가 分에應하야 하여야할것은勿論이다。『이불길이를 보아가면서 발길을 펴라』함은 東西洋에 共通한格言이다。 마는 子侄의敎育에限하야서만 이불이 짤라도 발길만 펴고저한다。 넷날 우리祖上들의、世界에比類없는 祖先崇拜의熱誠은 이제「子孫崇拜」의形態로變하였다。 先祖의墳墓를爲하야 아끼는것이없든心情으로써、最後의一坪田土까지 팔아서라도 學用品 後援會費를合하야 普通學校에五拾餘圓 中等學校에百餘圓、專門大學에數百圓식 四月一日에獻納하기를 더듬지않는다。 여기에 敎育을爲한破産이 생긴다。

簡易生活은 사람마다願하는바이나 年復年增加하는 敎育費를支辨하기爲하야는 收入의增額을企圖하여야한다。 急速度로膨脹하는支出에比하야 收入이相伴치못할때에 人間悲劇이始作된다。本意에거스리는職務도 甘受하여야하려니와 昇官運動도辭讓치않으며、不正行爲도 手段을 가리지않고 目的에達하랴는때에 생기는것이다。 敎育을爲한 非敎育的生活이 이에서胚胎한다。

몸을 다하야 公職에 服務함을「忠」이라稱할것이나、子弟의敎育을爲하야 都會로轉任할때에 그背任하는 模樣이 마치娼妓의節을變함과 彷彿할지라도、學校敎育을爲함이라하면 自他가 서로容認하려한다。『惡魔는都會를建設하고 하나님은 鄕村을建設한다』하며、農村振興이 時急하다고 웨치는先覺者가 있으나、農民을募集하여다가 서울서農民修養會를開催하여야하는形便이니 敎育의悲哀가없지못하다。 平日에嚴正公明하든人士도 子侄의入學試驗에는 破廉恥하고 請託을試하나니、其父에其子라 入學後에는 不正行爲를하더라도 進級하기를企圖한다。 한번 問題가 學校敎育에及하면 老幼와賢愚의別이없이 混頓이오妄悖이다。 이렇게하고라도 學校敎育의結果에 何等所得이있다면 容或無怪하려니와、今日의學校敎育을 받으면받을수록 그生活水準이 높아지는外에 무었이남는가。 絶對한信賴의標的이되면서 何等의實效도없는것을 曰『偶像』이라한다。 現代와같이 敎育이偶像化한때에『行有餘力則爲學問』이라는 孔夫子의말슴에 깊이反省할것이다。

聖書的立場에서본朝鮮歷史

咸錫憲

四、世界史의輪廓

朝鮮歷史에對하야 말한다는것이 緖言이 너무길어진듯하나、朝鮮史의 이야기에들어가기前에 한가지 더 말할것이있다。即 世界史의輪廓을 爲先맘속에 그려두자는것이다。이는 朝鮮史를、理解하는데 絕對必要한일이다。옛날에는 各民族은 自己네唯一로 孤立한것인줄로생각하는思想이 있은結果、歷史라면 거의孤立된民族史 或은 國家史에局限되여있었다。그러나 漸漸그렇지않은것이 알려젔고、더구나 聖書에있어서는 各民族이 한神에 依하야 한血脈으로創造되였고 한곧으로 向하고간다는것이 明瞭하게나타나있다。故로 朝鮮은 孤立한朝鮮으로알아서 다 알수있는것이 안이오、世界全體와 有機的關聯을 가지는 朝鮮으로알어서만 비로소 朝鮮을깊이알었고 참으로알었다할수있다。朝鮮史를 알기爲하야 世界史의鳥瞰이 必要하다는理由는 거긔있다。그리하야서만 朝鮮의 地位가어떤것인지 使命이 어떤것인지、따라서 朝鮮사람의한일의 是非가어떤지 朝鮮史의 總意味가 어떤지를말할수있다。

故로 우리는 朝鮮에關心을 깊이가지면 가질스록 恒常世界의朝鮮임을、實로 宇宙의朝鮮임을 늦어서는 안이된다。 산朝鮮歷史는 산宇宙觀을 가진 사람의 손에依하야서만 쓰일수있고、그런사람의 가슴으로만 읽을수있다。

歷史를 產出하는것이 **아가페**라면 世界史는 一言으로하면 愛人探索記라고할수있다。歷史란 무었인가물을때에 그는 人類가 하나님을 探索하는記錄이라고하면 그것이 滿點의對答이다。民族의盛衰도 國家의興亡도 모든 文化도 다 이 하나님을探索하는일에 지나지않는다。埃及의金子塔은 그안에 무쳤던帝王을 紀念하는것이안이다。事實은 歷史의 黎明期에있어서 生命의本源에 對한 渴仰이 人類의 가슴속에 얼마나 懇切하였던것인가를 紀念하는 紀念物이오、支邦의 萬里長城은 秦始皇의暴政의 產物이 안이다。事實은 죽음을막기爲하야 苦鬪하는 쓸아린人生의 苦勞를 表徵하는作品이다。하나님은 여긔있다고본後人生을 向하야 그리 나가라고 口令을하는者가 帝王이요 宗敎家요 先覺者이요、그렇게하는活動이 政治요 改革이다。이 探索旅行을爲하야 糧食을 準備하는일이 經濟요 文明이요、있다금 銳敏한感受性을 가진사람이 人生속에 或은 自然속에 하나님의閃影을 보는것이 藝術家다。그感激을말에 表하야 詩가되고、그질거움을 소리에表하야 音樂이되고、그莊嚴을 形色에表하야서 그림彫刻이된다。끔찍한 戰爭좇아도 罪惡의勢力이 아무리거긔있기는 하더라도、말하자면 어머니의품을 獨占하자는심술궂은 兄弟의 다툼질이다。가시없는데 薔薇의 香氣를볼수없는것 같이、苦勞없시 하나님을찾아얻을수는없다。故로 人類의걷는길은 苦生의길이다。歷史의 過程은 受難의過程이다。世界史를 배우는者의 배워야할 第一課는 그것이 허벅이는 探索의記錄임을 알어야하는것이다。黃金時代보다도 混亂期에、繁榮보다도 衰殘에、勝者보다도 敗者에、享樂보다도 죽음에、보다더 尊敬할것이있고 참으로 永遠한所有가될 寶物이있다。서로서로의목을찌르는 칼날의 閃光속에서 正義를배우지않으면 아니되고、무릎우에서 最後의숨을거두는 愛兒의 蒼白한얼골에서 사랑이 무엇임을배우지않으면 아니되는 人類의歷史는、悲慘하다면 悲慘하지만、다시금 깊이 生覺하면氷雪밑에 파릇한움을 보는것같이、그렇기때문에 돌이어將次올 清明한날에對한 期待가 懇切해진다。또 그렇듯波瀾曲折이 많기때문에 맞나야할이에 對한 渴慕憧憬이더타오르는것이오 맞날때의 기쁨과感激이 더커진다。아메리카詩人 롱펠로의詩에『이반질닌』이라는것이있다。나는그것을 닑을때마다 그것이 바로人類의歷史 그것을읊은것이라는 늣낌을 禁치못한다。多少餘談인듯하나 그內容을紹介하겠다。

四

지금 米國이、아직英國의植民地가되기前、아카지아 地方의 原始林을등지고 佛蘭西植民의 平和로운 農村이있었다。그들은 거긔서 平穩과滿足속에 크리스챤의 生活을 걷고있었다。그中에 이반질닌이란 芳年의處女가 있어서 容貌로나 맘성으로나 村中의榮華로 稱讚을받어왔다。그리하야 許多한 新郞候補中에서 健壯하고 씩씩한 冶匠의아들 가부리엘을擇하야 約婚을하얐다。그때에 이 그렌드푸레의 平和村에는 靑天霹靂이나렸다。하루아츰 英國軍隊가 港口에 上陸하야 村民을모아놓드니、이村으로부터 모든 家族을다리고 撤去하라는命令을나렸다。이를듣고 村民은 憤慨하야 反抗의氣勢를 올렸다。怒呼와 詛呪가닐어났다。그럴때 老神父 펠니샨은닐어서서 四十餘年間 自己의牧會한것을 回想식여、信仰的으로 順從할것을말하고、十字架에걸린 예수를 바라보아 慰勞얻기를 勸勉하였다。그말에 感動하야 이不幸한 村民은 돌이어 悔改하고 對敵을爲하야 赦罪를비는 祈禱로써 그그리운 故鄕을 뒤에두고 定處없이 漂浪의길을 떠났다。이반질닌의老父는 出發할때 海岸에서 喪魂하야永眠하고 이반질닌혼자 老神父를따라 배를타고떠났다。混雜中에 서로눈물로떠나니 가부리엘이 어대갔는지는 勿論몰랐다。그러나 心中에 그사람을 닞을수는없었다。그리하야 이리뭍고 커리무렷으나 도모지 渺然하얏다。가부리엘便에서도 一旦南部地方에 安堵한後 이반질닌을찾으려 떠나서、몇해를두고 서로서로찾는中에 한번은 서로탄배가 올나가거니 나려가거니 길을어긔면서도모르고 지나간일도 있었으나 그後終乃 맞나지못하얏다。가부리엘의집을 찾아는갔으나 그는 이미自己를 찾으라갔다고함으로、다시길을떠나 風聞에들리는데로 或은 푸레이리로 或은 루이쟈나로、굶으며 벗으며 더듬으며 너머지며 愛人을찾아 彷徨케되였다。그리갓다고해서 찾아가면 바로 어제떠낫다고하고、옴즉하다하야 기다리다못하야 떠나면 바로그뒤로오게되고、그리하야 두사람은 서로서로 心中에못닞고 찾고찾으면서 終乃 맞나지못하얏다。그리는 동안에 한때는 아름나웟던 이반질닌의얼굴에도 한오리두오리주름이生기고 늙음이오게되니、一生을두고 찾던것도 드듸어 絶望이되여버리고 말엇다。依托할곧없고 믿을곧없이 헤매이다가 펠라위아에있는 퀘카敎徒의 村中에 安住케되엿다。絶望으로因하야 沈鬱해졋던 그의맘도 이信心깊은 敎徒의 사랑中에서 慰勞를엇고、地上에서 失敗한사랑은 바로소 저世上을봄으로 因하야 淨化되게되엿다。그리하야 그는 그餘生을 慈善에쓰게되엿다。그는 慈悲娘이라는 니름을 얻게되엿다。그때에 그地方에 疫病이 流行하야 많은生命이 傷케되엿다。이반질닌은 날마다날마다 收容所에 담겨오는 그患者를看護하고 그 最後의 눈을감기엇다。그리던中 하로아침은 아침光線에 빛우여 바로마지막숨을 넘기려는 한 白髮老人患者의 얼굴에서 젊엇을때의 가부리엘의 모습을보앗다。이반질닌은 病者를慰勞하기爲하야 꺽거들고온 꽃이 自己손에서 떠러지는줄도몰으고 「오 사랑하는 가부리엘!」하고달려들었다 가부리엘는 아마 漂浪의生涯를 지나다가 愛人을終乃못찾고 거긔까지 밀려왔다가 疫病에걸려왓던것이엇다。이반질닌을보고 그는 닐어나려 몸을움즉이려하엿으나、이미 運動의 自由가없엇고、愛人의니름을 부르려는 혀는 突然히 움즉일뿐이오 소리를 發하지못하얏다。그리하야 가부리엘는 最初로 最後로 숨넘어가는그입에 愛人의接吻을받고 그가슴에서 殞命하엿다。모든것이 끝낫다。모든希望 모든기뿜 슬픔 苦痛이다끝낫다。이반질닌은 다시금 한번더 죽은 愛人의얼굴을 가슴에抱擁하며「아버지여 感謝하옵니다」하엿다。

人類의 歷史도 이러한것같다。우리는結局 愛人을찾아 彷徨하는 이반질닌이다。때로는 하나님이 우리를 故意로 避하는것같이、모든努力과 모든 渴仰이 水泡에돌아가는때가있다。때로는 殘酷한 運命에 愚弄되는듯한일도 있다。때로는 찾든이는 이미죽어버리고 無意味한일이아닌가하는 絶望이 오는때도있다。그리는동안에 地上에서

가젔던 우리의 모든所有는、時間으를因하야 喪失되는處女의 美같이 다잃어지고만다。그러나 우리의歷史는 決코 失敗안이다」하나님과 숨박곡질을하는동안에、우리가슴속에는 最後까지 이반질닌의 가슴속에있었든 가부리엘모양으로 時間을 超絕하야 늙지않는 永遠의愛가 恒常살아있고、漸漸그地上的 可變的인 色彩를바리고 漸漸더淨化되고 純化되여간다。그리하야 끝없는듯한 苦難의過程이 끝날때 奇積的으로 一瞬間에 우리目的이 達成되는때가있다。그리하야「오 아버지여 感謝하옵니다!」ㅡ하는 부르짖음을發하게될것이다。

人類가 하나님을 探索한다는것을 하나님便에서 말하면 人類를敎養하는일이다。사람이 하나님을 찾음은 本性的이지만 그本性은 하나님의게서 받은것이다。휘트맨이 풀닢새를 읊어서 말하기를

或은 生覺컨대 이는主의손수건이라
어느구석에 그니름을쓰고 우리가보고 뉘것임을알게
한後
香水를뿌려 짐줏떠려치신 紀念의 선물이안인가。

라고하엿지만 깊은 洞察의눈으로보면 하나님의 손수건안인것이없다。모도다 우리로하여금 自己를 찾게하기爲하야 뜻있게 두신것이다。故로歷史는 一個成長이다。하나님에對한 知識의 자람이다。故로 歷史에는 階段이있다。人類史를 理解하는대 必要한것의 또하나는 이階段的으로 把握하는일이다。

歷史가 一個生命의 흐름인以上 그지나는階段도 삶人生의 一生과같이볼수있다。우리一生을 大體로 區分하면 出生、成長、壯年、老成의 四期로 할수있다。맛찬가지로 人類의 歷史를 區分한다면 發生期·成長期、鍛鍊期、完成期로 할수있다。

一、發生期。이는 매우 悠久한녯날의일이다。어느때부터요 얼마나한 期間임을알수없다。學問의 研究는 아직 이것을 明確히說明할수있도록 進步치못하얏다、地球가生긴것이 언제인가하는대 對하야도 學者들의 計算이 제각기라고하는대、어느것을 믿을것인지모르나 아모렇게 잡아도 二十億年은 된다고한다。이는 우리가 觀念에넣기 어려운數字다。人類가 地球우에 나타난것도 어느때부터임을 確言하지못한다。오직 地質學、古生物學、考古學等에依하야 그얼마쯤을 推測할뿐이다。歷史에서 말하는것은 最大가 七千年쯤이라고하는대 그때는 이미相當한 文化의 地域에들어온때다。故로 發生期라는것은 적어도 石器時代以前까지다。그 時代사람들이 處하던 洞窟속에 남긴자최로보면 그들은 매우醇朴햇고、神話的이엇다。그리고 매우遲遲한 進步의過程을 밟엇다。

二、成長期。 자라는時代다。古代의 모든 國家가 發生하던것은 이時代의 始作이다。成長은 爲先物質的일必要가있는故로、定住生活에따라 民族의 分化가널어낫다。그리하야 各民族의 文化의個性은 이時代에 그基礎가生겻다。埃及、바빌론、印度、支那、朝鮮、日本、亞米利加等의 文化가 그中現著한것이다。定住의 農耕文化는 그들에게 物質의 豊饒를주엇다。그것이 都市를낳고 法律을낳고 其他複雜한 온갓社會制度를 낳앗다。發生期에사람들이 醇朴햇던代身에 이時代사람은 浪漫的이엇다。或은殺伐的이엇다。그러나 하나님은 決코 物質的條件만을주지않엇다。깊은 精神文化의씨를 뿌리게하엿다。紀元前六七世紀는 史上에 特異한時代라고하는때다。이때에 東西洋을通하야 偉大한 精神的指導者가 輩出하엿다。印度의釋迦、支那의孔子、이스라엘의 모든豫言者、希臘의七賢人等 많은 眞理의提示者가 있엇다。그리하야 成長이거의다된때에 最高의 眞理가 그리스도에依하야 낫타낫다。이時代後에 있어서는 우리는 새로운民族의 成生을別로보지못한다。

三、成長이다된後 鍛鍊의時期가온다。 大體로中世以來 只今까지다。朝鮮에서는 三國時代以來요 支那에서는 漢以來다。東洋에서도 이時代라면 其前小分立時代가지나고 비로소 大統一이되는時代다。西洋에서는 古代모든 文明을 包容하고 近代 모든 文明의 流源이된다는羅馬帝國이 出現하야 비로소 近代式의國家가始作된다。이時代는 懷疑의時代요 苦鬪의時代다。現世的에서 來世的으로、物質에서 精神으로、必然에서自由로、奴隸에서子女로 나가기爲한、變態하기爲한 鍛鍊이다。이時代以後偉大한 宗教家는 더나지않엇다。오직 이미提示된 眞理의使徒가 繼續한다。이時代以來 歷史의主役을演하는 西洋民族들의 歷史는 곳政教兩權의 싸움이다。最後의勝利를數分後에두고 漸漸 더猛烈해가는 勇士의싸움같이、地上의 世界와 永遠의世界의 兩軍勢의싸움이 漸漸더 激烈해가는時代다。우리는 지금 이時代의 終末期에 갓가운것이아닌가한다。

四、完成期。 아직 오지않엇다。언제올지도 어떤모양으로 올지도모른다。마는 이때까지의 일로 밀우어서마츰내 모든問題가「愛」안에 解決되는時代가 올것은 確實하다。그는 統一의時代요 淨化의時代요 靈化의 時代다。永遠의時代다。

다음에 世界史의 輪廓을 그릴때에 한가지더넣어서아니될것은 東洋、西洋의 對立이다。西洋의 어느詩人은東洋은東洋、西洋은西洋、이두쌍둥이는 永遠히 맞나지못하리라고까지 불넛지만、맞나지않을것은 안이라하더라도兩者가 제各기特色을 가지는것은 事實이다。東洋은 瞑

想的인代身에 西洋은 活動的이오、東洋은 綜合的인代身에 西洋은 分析的이다。東洋人種의歷史는 服從의歷史요 統一의歷史요 反復의歷史인대、西洋人種의 歷史는 自由的이요 發展的이요 展開的이다。東洋心과西洋心은 물과기름같이 서로 合하지않는것인듯하다。그러나 이는偶然히 된일도 無意味하게된일도안이다。그밑에 깊은攝理의손이 있어서된것이다。世界史를 注意하야넒어보면 東洋은 精神의支持者요、西洋은 物質의支持者임을 알수있다。歷史의出發은 東洋에있고 發達은 西洋에있다。眞理의씨가 歷史의 土壤에떠러지자 歷史의主役은 西洋人에게로갓다。그리하야 充分한 分化와 自由로운 討究가許諾되엿다。眞理는 이러하야서만、貧弱해지고 桎梏됨을免할수있기 때문이다。以來 分析에니어分析、懷疑에니어懷疑、研究에니어研究가 生겻다。그리하야 얻은 物質的偉力으로 東洋人을 苛酷히 訓練케되엿다。東洋人은 그밑에서 自由를 學習하지않으면 아니되엿다。이제 現代는 西洋文明의 文化極度에 達하야 그沈滯를보이게되고、東洋價値의 認識이 차차主張되는一便、東洋은 그困學을거의畢할 時期가되엿다。이제 남은問題는 東洋의 覺醒에 依한 西洋文明의淨化다。오는날에 盛히 綜合이絕叫되는것은 그때문이다。

우리는 이以上에그린輪廓圖에서 朝鮮을發見해야한다。

(第十六頁의續) 당신에게全部밭이고 당신으로살고、당신의뜻대로하여라』하는것이 안임이없이 살게참되게 그리고 적어도 암시답게 감격하게 듣기어지고보여진다。그렇게 貴하게 진정답게살게힘있게합은 거기에밖에 더갈데가없고。거기에가서야 만족하게 빌우어지고 그다른데는 아모런데가도 악갑게도보여지는 모든것이다。참으로이것이 정말은 당신의뜻이고 우리의일곳全部이니라。그렇다南岡은『아모래도 나종에야 基督敎로引導해야지 지금은敎育이지만은』하시는말슴을 꼭한번하셨다고咸錫憲氏는말한다。『이제 다믿게되기를바랍니다』라는 말슴도하셨다。또한어떤때는 손수광고를쓰어붙이어 모아다가 말슴하신적도게시다。그러나 오히려 이런말들을하면 分明하신 그本뜻을훑이는듯하다。그리하다。그가장證據할자리에서 쏘다놓으신 그참된것 그永遠의말슴만을 받아붓들고 그로더일층솟아나는것으로살며、또한쏘다놓는것만이 네의할윌이다。그말슴만이없었더면얼마나 캄캄하랴。싫으랴。五山이어둠이요。조선이죽엄이리라。그러나 조선사람、참조선사람、그가 그참사람으로 그義의사람으로 커런산말을 큰말을吐하고 돌아간이따이니 이따이벌서 구원받는곧이요 勝利함이안이냐。그말슴은산것이요빛이니 그것만이참것이요 永遠이니 그뿐이안이겟느냐。놀랍게도 그런證據를받은 五山의조선의 眞實한사람 信仰의사람들아 이를보아 더욱힘을다하야 오직하나님아달 예수그리스도만 믿는일을하며 더욱 그 生命의말슴을 이백성에게 힘있게끝까지傳하여라。

(一九三四年二月에『學校에불이붙었다』의뜻을가지고몇분을맞나보다가)

南岡은信仰의사람이다

李贊甲

『내가 오늘날까지온것은 내가한것은 조곰도없읍니다。 모도神이나를 그렇게만들었읍니다。 여러분이 아시는대로 나는 本來不學無識합니다。 나는 이뒤에선 銅像과같은사람입니다。 아모것도 아는것이없었으나 神이나를 이렇게 앗글어서 오늘까지왔읍니다。 과연神이 나를 指示하시며 도으심뿐입니다。 이後로도 그럴줄믿읍니다』하신 南岡一生이 吐하게된말이 生覺될때는 그만산것이보이고 빛이 빛우이어보인다。 모다죽엇든勇氣가 다시소생하는듯、감감하여진속에 빛이보이는듯、無所望中에서 참산所望이 솟아올으는듯하여진다。 眞實도 나의信仰生涯에서 이말슴은몇번이고 산힘을주는것이었으며 또이제 더욱意味있게 나의일에도힘을준다。 사람들은 이世上에서 가장紀念함이된다는 銅像을만들어 당신의사람됨、당신의功積일움을 한끗讚嘆하고 보이려고모인 그銅像除幕式을擧行할때에 順序에도 넣지않은것을 글세 막으나나서시어서 그같이 섬동같이 吐하신말슴이 그말슴이다。 당신을『참되고밝다』『熱誠이시고 强하시다』하는 眞實로참되여 거즛이없으시고 義를위하야는 목숨을아끼지않으신 그强鐵같고 살대같으신一生이 저말슴을비저낸것이다。 彫刻된말이다。 생동이된말이다。 오! 眞實로 그銅像除幕式은 所謂銅像除幕式이안이었다。 당신으로하여금 당신속에 이때까지보이시고 일우어주신바를 잘나타내이게 許諾하신자리이다。 당신은 하나님아바지뜻에 그永遠하신뜻에 잘順從하야 證據까지 하셨다。 우에서 얼마나기뻐하시엇을가。 所謂銅像除幕式이 되였드라면 그얼마나 캄캄함이되였을고。 世上은 웬만하면 銅像이니碑石이니 하는말이나면 잘되여지지않이하는가。 필경 그러한式까지되여질때 甚히섭섭은하나 그러나 당신을 그렇게만볼수는 없지아니할가。 웨그렇게함을 당신이받으실가하며 疑問과 앗가움과 싫음과 차울것이보임이 섞임을가지고、그날가아등새기우에 求景軍틈에 끼어 앉어 바라보게된 나로서는 그만 당신이나오세서 말슴하심만보고 그貴하신말슴을 그대로들을수없었음은 甚히 유감되나 그것을그대로 쓱받게된 咸錫憲氏가있고 어린 學生 劉孝元君이있어、내가쓰게된것은 咸錫憲氏의것에 劉孝元君의것을 보탭이어서 되도록 그대로를 볼수있게 되였음은 무한히 감사한일이거니와、참으로 그냥世俗의 것대로뿐이었드면 어둠의나라였을것이며 더구나 앞으로는 더욱그러하였을것이다。 生覺하면할수록 그場面은 큰 意味가있든자리었섯다。 당신이살고 죽는자리었고 五山이 살고죽는자리었으며 朝鮮이살고 죽는자리었었다。 얼마나

南岡은信仰의사람이다

지긋지긋한자리었느냐。정말 손에땀을검어쥐고 들어다보지않고는 못보앗을場面이었다。그크나큰 意味의場面의광경은 어두운사람의하나인나는 이제야더욱 밝히새롭게보여진다。사람들은 제각끔 제가잘본대로 당신을生覺하며 왓을것이고 또가장 잘보앗다는것으로 말도하였을것이다 그자리에는 사랑하는五山의 떨네가모다 머리를모으고있게된것은 말할것없고 朝鮮의遠近各處에서 무던히모여왓엇다。나왓어말한이中에는 敎界의중진도있었고 社會의사람도있었다。敎育界의 누구라는사람도 言論界의 나로라는사람도있었다。果然그말들중에는 당신의사람됨도 일의功積도 그렇듯한別別말이다있었다。심지어 朝鮮의歷史를 내리풀어가며 필연南岡을 내세우려다가 끊지게된이까지도있엇다。그렇게당신은 올라간자리었다。그자리는당신이 점잔케가만있두룩새 한꿋올라갈자리요、또말한다면 다른 무슨말을하더라도 그저그렇다고믿고 讚嘆할자리이다。그러나당신은 順序에도없은것을 심지어말리는것을 게다가 일반이흥미도 오히려비웃을말슴을 그야말도 우상같은銅像을 하나만들어놓고 야단법석하는 어둠의世界를헤치고 나서시어 그산말、빛나는말을 간단명요하게 무슨말슴하다가도 않인솔직하게 그대로만을吐하고 들어가시엇다。오!南岡은없어젓첫다。저각끔 南岡이엇떻다하며 떠들든 그南岡은없어젓다。하나님만이게신 그자리가되엿다。하나님만이나타난자리었다。그때그사람들은 무엇을보앗든고。누구를보앗든고。들는者만이 들엇을것이요 보는者만이보앗을것이니 과연몇사람이들었으며 보앗을가。불상한人生들。가이없은사람들。꺼대기南岡을 보앗을것이다。정말生覺이있다면 그말에놀랏을것이다。疑問이라도 가젔을것이다。좀生覺이라도 하엿을것이다。그러나사람들은 그대로그저엇쨋던 南岡이하는말인줄알고 들엇을것이다。말한다하고 들엇을것이다。咸錫憲氏는『信仰의人南岡』이라고하며『이것은 朝鮮의 아마몇사람밖에몰을것이라』고 하였거니와 果然그대로일것이다。사람이 좀生覺이있다면 그말은 그냥넘기지않엇을것이다。이렇뷔인사람들아 이말을귀있어 들을자는들어라。공연히들떠들지말고 좀뜻있게 기우리어 보아라。당신의말슴과같이 또너이들이 알음과같이 당신을學問을보고 또發明家이기다은에 그리고 무슨높은地位에있는者、무슨큰運動者로보거나 그렇기다문에 오지는않엇을것이다。과연 그참되고밝음에 무엇이나옳다는것이면 불불을 가리지않으시고 깨우치시며 힘써꿋까지하시군하시든 그것을보고 그아름답음、그貴한것에 알게몰으게끌리워놀나워 모인것은事實일것이다。그럴진대 그런거즛없고 참된이 그옳는것이면 행하여온이 그러고貴한것이면 사랑하는者들에게 알리여주고싶어하는이로알면 글세 그러신인줄로알고 존경할진대 그말슴도 않이너이들에게야말

一〇

로 그런자리가 가장높게뵈이고 거긔에서말함은 가장代表的이라고할것을 내어놓을것이라고 生覺하는程度로 만들을지라도 좀귀를기우리엇으련만은 그저그대로 휙지나보내게 된터이란말이냐。평소에 그참되고 밝고貴한 그열성이고강하고 분투하신것、그리고그『하면된다』든것、『이때까지올라가면 올라갓지 나려간적이없다』든것、『무엇이나하겟다고 한다음에는 못해본적이없다』든것、글쎄그러하든 그모든것을 다들이어밭이어서라도 않이즑업게그만그렇듯하든自身은 죽혀죽고 뚜렷이나타내임이있으며吐한그말슴을 그저無責任스리 所謂존경않이 崇拜한다는무리들로써도 점점보아도 넘겨버리고만터이다。오! 南岡은 그렇게속에서 움숙입이있어 막을내야막을수없어 넘우도 살게보임이있어 당신은 당신의一生을두고 안밖으로일워지게된것、그대로 곳당신을마춤내는 그대로내놓고야말었을것이다。남이야 당신을무식하다거나말거나 우숩다거나말거나 그야말도 역시거즛없은 참된이시니 옳아보이면 하시는이시니 귀한것이면 암귀여주시어가지게하시고싶어하시는이시니 당신의속에 그간난신고의生活입으로어릴때붙어 그미천한대서부터、쳐들림닙어이때까지오게됨더구나 믿어서부터 큰變化가生기어 끊임없이 보이심있으며 그리고 또하게하심의 그읽들을볼때 그렇다 그냥엇절수없이살아있고 옳게되여있고 가장貴한것으로있은것

南岡은信仰의사람이다

이니게다가 당신을놓고 別아別말을다하며 그리고 또한枝葉의것을 겨우들어말할때 그根源이고 살아빛남이되는것을 나서서吐하시고야말앗을것이다。넘우도뜻밖에말이다。당신을 좀아는사람이라도 설혹미리 그러신뜻을아는사람에게도 참통쾌하게놀란말슴이시니 엇지과연 뜻밖인말슴이않이냐。참으로뜻밖이었다。이야말로 또한精神病者가할말이안이면 가장高尙한者에게서 나올말일것이다。一平生을通하야 참되고옳게하시든 理論도아모것도안이고 그實行으로熱誠으로하야 그렇게빛나게 놀랍게人格으로나 事業으로나타내이신것에 標的이라고하여 조곰도 어대서든지損色이없이 내놓을수있는이로 그것만은안이라고할가。맨속깊은정말 南岡이나올때는 도리질을할가。안이다。그것은南岡의가장中心이다。南岡以上이다。당신生覺에도 당신보기에도 그렇게보이시길내 그것을가장要緊하고 適當할때에는내놓아『나는이것이있기때문이다』라고하시며 기쁘하시며 光彩를내이시군하셧다。그렇다。당신은回甲日에學校한講堂에열린간단한式에서『저를무엇이라고 여러분들이이렇게 열어주시며 또보고싶어 멀리서도오시게되였읍니까이無識하고하잘것없는것을、至今平壤서도 오라고함니다。몇일뒤에오라고하더니 오늘電報가왓습니다。어서오라고。이것이무엇따문입니까。이는다름이안입니다。제가예수믿고새로이남을 넘음따문입니다。이것밖에 아모것도없읍니다』

하시고 또한밝히證據도하시엇것다。生각하니 그때에는당신의 내력까지말슴하시며 그렇게證據하신듯하다。그렇다 당신은 참으로그어릴때부터 걸어온길을生각하시고 그저 감사와함께 스스로도놀랏으리라。더구나 하나님아들 예수그리스도를믿어 變化하여온뒤의것을 더욱그러하엿으리라 所謂음모 事件에감옥에 게시다가나오세서『감옥에서 어떻게 그리깃븐지몰랏서。곳당신이 내머리우에게신것같아서 여섯사람中에 내가學習만받엇으니 第一初信者인모양인데 第一위로를 받은모양이야』하시며 그리고 또그때에『前에는 믿는다는것이 밤알을통채로물고 우물거림과같고 至今이야 밝아먹는것같다』하신당신은 聖日마다에禮拜堂에서 넘처올으는生命의말슴을 끊을줄몰으게 열널하게공급하셧으며 또아츰마다 五山서자라는 朝鮮의아들들에게 몬저그같이 공급함이되엿섯다。그리고 또萬歲前어떤때당신은『하나님께서 나의긔도를한번은 꼭들으심을나는안다。郭山近處갓을때에 긴허리있는學生을보고 오구싶어갓다오다가 길에서 들인긔도인데 어떻게 그때깃버지고 감사햇는지몰은다。다른것은몰라도 그긔도는 꼭들오신줄안다』하시는말슴은 그당시에서도 강대상에서 그저좋으세서하시는말슴도 들엇거니와 당신의信仰이 엇지되섯는가하도록 사람으로써는 疑心되이든때인 내가日本있을때에 당신은 그처럼五山에 學校에 큰失望中에게시다가 이렇게다시 勇氣를얻으셧는지 다시금 生각하심이게시어 그일로日本오시엇는데 東京있는東亞日報支局상층에서 뵈여말하여가다가 서로격렬하게말이나다싶이하는中『할어버님이前보다 變하셧지요』하니 당신은『내가變하기는무엇이 變하엿단말이냐 내民族에게사랑이 더햇으면 더햇지 나는變한것이없다』하시어 다시금나는『信仰에있어 靈에있어 그러하시다면 저는至今그렇게하시리라고는 生각하지않읍니다』할때 당신은『나는靈이란말을몰으겟더라。단마듸긔도가 第一인줄안다。『잘못했읍니다』하는것이다。하나님이 내긔도는 꼭한번은들으신줄안다』하시면서 그때도 그말슴을 그대로하시엇다。果然그같이 살게참스럽게 믿어오신믿음은 萬歲뒤五山일을 그렇게하시면서도『五山일은異常해 나는五山일은 늘異常하다고붙이는데 이번일도 그렇게뵈여』하시기도하셧으며 또엇던때는『이곧에웬恩惠를이렇게주시는지몰나』하시며 다른말슴을 게속하시기도하셧다。眞實도당신은 三一運動뒤 맨나종에出獄하시어서 서울서나려오실때 五山을둘러보시고 많은出迎나갓든무리와같이 불붙어龍動마을동족에새로지은 禮拜堂에가세서『監獄에있어서 처음에公判하려할때에 내子息같이사랑하는金某가 어떻게 틈을타서몰내나더러「이것큰일낫읍니다 이제內亂罪로 밀게될듯하다는데 그렇게되면 最下가十年징역이요 그이상은 엇지될는지몰으겟답니다」할때 나는

責망하엿소 「무슨소리냐 하나님이 우리를버리실줄아느냐」 하엿소 내가미워그런것이안입니다。子息같이 사랑합니다 그랬더니 이렇게벌서나왓어기뻐게 맞나게되였읍니다』하시며 그렇게늙으신몸에 더구나七、八十넘으신듯하게 白髮이되시었더라도 監獄에서나오신이 같지도않으신 강강하신態度로 우숨이가득하셔서 힘있는말슴을 如前히울녀나오게하시었다。오!이와같이 나려오시든믿음은 그같이 긔회있을적마다에 證據하시게되고야 말었을것이다。그렇다。回甲時에 그같이 證據하시게됨은 銅像除幕式때에는 더한층 그같이하시게되고 말었을것이다。그때도살었고至今도산않이 永遠부터 永遠까지산그말슴 그셈롱에서 솟는것같은말슴을吐하셨다。아!이말슴 이말슴이 당신에게서 쏘다저나오심을生覺하니 그만이요。安心이요。산힘이요。永遠을봄이다。果然그말슴이당신에게서 吐하심이되였다。이말슴을사랑하는 五山에 朝鮮에 吐하시었다。살아게신 하나님어버지는 이世上의무었이되고 않이됨을問題視도 하지않이하시는듯이 당신의一生을通하야 그貴한말슴을 그대로吐하게하시고는 당신을불러가시었다。眞實로信仰의사람이다。舊約的의뚜렷한信仰의 사람과같으셨다。果然舊約的의偉人이었다。그는갓다。舊約的의信仰의사람南岡은 一生을通하야 넘실거리든바를 마즈막한큰말로소리치시고 돌아가셨다。이제新約的의福音의 아달들이 일어

南岡은信仰의사람이다

날것이다。果然그야말로당신으로 一段落을지으셨다。이제天的偉人의 부르짖음에깨여나는 生命의아들이나올것이다 五山이 그러하다。朝鮮이그러하다。至今그러면서있다。알게모르게 分明히그러면서있다。五山을보아라。朝鮮을보아라。그렇지안이하냐。『三一運動뒤에 참信者몇분을 보게됨이 朝鮮의收獲인듯하웨다』한 어느분의말슴그대로인듯하다。하나님아버지께서 이같은朝鮮을사랑하사 그같은운동으로 움직이게하시며 눈을뜨게하심에 이런信仰의사람이中心에있어 당신을믿고의긔하야 무엇인지 장차나타내이실바를 雄大하게보이심받아 그렇게웨치게하심 眞實로그것이 더구나 至今와서보면 이런信仰의일밖에 무었이겠느냐。이것으로五山이 朝鮮이살것이다。참으로、이제그런것으로의 五山이었지되고않이됨이 問題이겠느냐。理想이무슨問題이겠느냐。봇삽을것봇잡음만이 問題가안이겠느냐 또한 모든것을 더욱有益케하시는당신은 어떤經綸이게신지 누가알겠느냐。오직우리는 가이사의것은 가이사에게 돌녀보내고 하나님의것은 하나님에게들이는 態度로하유 우리의일로 보여지는것만할것뿐인것이다。꺼대기저것들은 얼마든지저들에게주어라。그런것까지도 가지고 그러다가 설혹뜻대로 그런것이된다고 그대로힘쓰다가 너의들좋아 따에 떠러질는지누가 알겠느냐。참 그아주 속것 참것 永遠의것 곳우에만을처다부아라。오!그南岡에서 쏘다저

나온그것을 오직받을뿐인것이다。 더욱 쏘다처놓을것뿐인것이다。眞實로이것만이 問題이다。그永遠의것이 쏘다커나옴 그것을받고 그것을쏘다주며 나아감만이問題이다。한때에『五山의後繼가 누구이겠느냐』는말에『예수믿는그自身이 그럴것이다』하게된生覺은 어리석은듯하나 가장잘한生覺 지당한生각이다。그때본대로 그느낌처럼 그같은現象은 넘우도명요하다。당신은 銅像除幕式에서 그같이證據하시고 그이튼날인聖日에 聖經硏究會에서 또한證據하심이게시었다。이미 主의生命의씨를받은 당신은 百五人事件뒤에 바루出獄하시어 집에돌아오시어 머리를뻰뻰히깍은 사랑하는 한젊은이를보시고 넘우기쁘시어 많은사람중에 친히가서 쓰러주시며『이거좋지않어 감옥에서그대가왔을때 머리길은것보고울었네 이것이 얼마나좋와』하시든말하자면 벗적그러단니는 그式樣으로 現代의敎會의 그속에서 그커그처럼힘써 傳하시고일하시며『믿어,믿어』『오라,오라』하시든바 三一運動뒤에 또한바루出獄하시어 돌아오실때 平壤서도 맞아모시고오게됨에 그동안지난니야기들을할때 한자손의니야기할케『내監獄에서도들었어 뻬스뽈잘하면 그게큰공부지 머리앎은데 꼭공부해야하나。그것잘하면 日本도가고 西洋도가고 다다닐수있지。아모거나하나 파고들어가며 잘하면 그사람이무섭고 또되지』하시든 말하자면 훨신열어놓은 그式樣으로나아가심에 컴컴알려지시며 버서버릴것 버서지심에따라 그같이 그속에서 참되시게 뜨겁게하시드니 만치않이 더욱보실것을보시며 놀납게힘있게 가만둘수없어『다큰데는잘모르겠습니다만은 아마이같이 말하는것도 長老敎에서는 누가있는지 몰으겟읍니다』하시며 작구따라다니시며 말슴하심이게시다가『그사람들이들으면 남으럽워할말로 新幹會이니 무엇이니하지만은 基督敎에서 일함이 참큰일이지 맘을變化시키니까』하시고 朝鮮의將來를내다보시다가『죽을사람이없으면 내가죽지』하시며 분연히서울을 中心한朝鮮의壯士格인 그敎會에서 출하게뻰듯한人物들을 힘꿋모아 그들과같이『信友會』라는것을 組織하야 全鮮的으로 一大경성을주며 運動을일으키시려하시였으나,그것도 얼마를못가아 뭔광인그대로 깻꿋이失敗하심이되고는 現代의敎會에對하야는 마자알려지실것알려지심에,이케는 그것을 아주훨신버서버리고 손털고홀로홋몸으로 꺽꺽히 나서게되셨다。그때그것이 참으로曠野로나서며 우만을 처다보게됨같으셨는가。이때에 참된그光明을 그대로받게되셨는가。그넘우强하심 熱誠이심때문에 참받고봐야할것을 안타깝게도 못하게되여 오심은아마도 許해지지는않는다。그러나 때마춤奇異하게도 이썩어가고 말라가는朝鮮에서 남몰으는사이 고요히 그러나 全生命을발여서 하나님아달 예수그리스도를믿어 살어자라는 한포기가온데 한줄기인 또한당신말맛다나『민음만몰아나가는것』을發見케되셨다。그참산그들에게 엇절수없이 몰리워가시게되여 맞나게되니 그만말할수없이 참된하나는 벌서通하게되여 있음을보게되여 저들은 누구보다도더 몬저당신을 朝鮮의참참된 先覺者요 信仰者로알어 先知者의대접을 진청답게하였지만은 당신도 分明히 바라보임이있어 당신이 勇氣있게 過去의 모든것을 끊을것 끊고새出發인것으로 五山서도 일으키신 聖經硏究의모임에서 또나서시어서 그前날의 說明的같은 貴하신 證據를자서히하셨다。『나는예수믿어 監獄에들어간뒤 聖經을보는가온데 나의맘은變하였다。舊約수무불 新約百붙을보는가온데서 變化하였다。그것은 예수께서하셨는지 聖神께서하셨는지 나는몰은다。만은하나님께서 그렇게하신것은믿는다。하나님이게서 義로 다사리시는것을믿는다 義로사는것처럼 貴한것이어데있어 義로삶에는 두렵워할것도 근심할것도없는줄안다。요다음時間은 몰나 만은지금 요時間까지는 義를위하야 목을내대라면 조곰도사양치않을테야 義를위하다가 죽어던당이있으면 같것이다。義를위하다가 죽음처럼 더기쁨이어대있어 나는『主여감사합니다。至今까지익이게 하여주심감사합니다。至今까지오게하심처럼 끗까지익여 나아가게하여줍소서 하고긔도한다。이것이 나의긔도이다』하시는 또한기쁨이 가득한

南岡은信仰의사람이다

얼골로 말습을하셨다。그때에나는 事實도보았다。무었인지 아주貴한것이 더할데없이 期限이찬듯이 이제조곰만지나면 滿開될듯한것이었다。방금열리어질듯이 준비되고꼭차어 있는듯함이었다。義의하나 님이심을 그렇게까지진정답게 알으심이었다。사랑의하나님이심을 시언히生命답게보이고 싶음이었다。貴합어었다。안탁갑음이었다。果然福音 그대로를 누리게하고 싶음이었다。얼마멀지않은이제 조곰만더하면될것이 넘우도잘보임이었다。나는그때에 어느누구가 福音을說明하는 이상으로 福音의眞實性福音의모양을 볼수있었다。나아갈수있음을보았다。한때에당신의 遺骸로말미아마 저네들을相對하야 적지않은 큰問題가 읽었을때 그같은精神을싫었든 뼈로라도 읽케하야 이제돌아가세서야 이백성에게 그精神의 本色을나타나읽어나게함이 있을무었이 안인가고하야 根本的疑問은있어지면서도 벗세여나아가려할때에 더구나 最後決定을지으려모여 말할때에 그만그와달리 또는 그이상으로밝히맑히 그같이 준비된자리에 올려놓을것을 올려놓게됨같이되며『靈이다。이것이다。그靈이 問題이다。이것이참참된것、永遠의것 끗까지全部밟여서 붓잡고살고위하고싸울것인것이다』하고 보이어지며 얻어지어짝붓잡고 다른 그모든것은 모다던지고나서게된것은 이에連하야 그대로 잘가라침받게된 산事實이다。眞實로 銅像除幕式날

南岡은信仰의사람이다

의 그많은 무리에게하신 그크신證據와 더구나그이튿날인聖日에 겨우數十名의 참된삶모임에서의 그야말로 사랑하는 弟子들에게 比喩를풀어 말슴하시듯이한 고요한 敎室에서 명랑하게하신 說明的의그證據는 넘우도 나의 至今살아있는光景이다。오! 그뒤한주일이 다못가아 五山을 한불돌으고 누가뜻도못하게 불으십니다、이를어떻다할가。넘우도뜻밖이다。그러나 나음나음알리어짐은 또한 그낡다 더크게奇蹟的같이 넘우도 명요하여지여 果然舊約的의 信仰의偉人은가고 그가부르짖음에 新約的의生命의 아들들이일어날것임이 보일때 감사와기쁨을 무어라고 다하였을가。眞實로당신은 그같으신生涯로 곁으시다가 그같으신말슴을 吐하게하시기위하야 生存케하신듯하다。이제는果然 그부르짖음에깨여 믿어나아갈것만이 우리일이게 하신듯하였다。그뒤에 甚히슳어질때도 당신의 前보다도 다른우슴이 가득하신 빛나는얼골이나타나『여게와서보니 참그렇다』고하시는듯이뵈이며 위로와기쁨의 힘이 난적도있었다。한때에처음 [illegible] [illegible] [illegible] 五山사람도 定州사람도 서울사람도 다른아모곧의사람도 안이다。조선사람이다。조선을위하야일하다가죽을 조선사람이다』하고 부들부들떨으시며 불타올으는듯하는 훅훅내뿜는 기세로말슴하신당신은、당신의일터인 五山에서 기운차게서시어 조선을向하야 참으로 샘솟같이 그말슴을쏘다놓으셨다。조선사람、참사람 조선이나은 그는 모다 쓰려저사라질때、호올로 우뚝서서 씩씩하게걷다가 最大最後의것으로 저려하신말 큰말을吐하여 남기고가시었다。그에게서 그런生涯로 걷다가 그말슴이 샘같이나온이상 걱정할것이없는것이다。個人이 살고 조선이살것이다。살아나고야말것이다。그렇다眞實한사람 信仰의人들아 걱정말어라。슯버말어라。그말슴그證據이면 그뿐이안이냐。그로살고 그로말하면 그뿐이안이겠느냐。그것만큼 가지면 가장南岡의中心을잡었너니라 南岡의참것을 붓들었나니라。그다른모든것은 비록南岡을 통채로삼키고 全部떼인듯하더라도 겆이요 누데기에지나지안는것이며 더구나 당신이 슳어하시는 싸우시든것이너니라。이제南岡의 모든것이 다슬어저 버린다하더라도 그를통해나온 그말슴만은永遠하살어있으리라。 빛나리라 슳어말어라。더욱뛰여라。오직하나님아들 예수그리스도민는것이 당신의所願이었나니라。당신의生存時에도 그넘우도 참되시고 무엇이든 옳게하심에 그리고 설혹실수않이 가로다라남이있어도 그모든것을通하야 곳당신을通하야 때때로하나님의心情하나님의하시는일을 엿보게되는듯하든바는果然이제 그렇게끗까지걷다가吐하시고돌아가심에 가만히生角하면 당신의말슴당신의行하신 모든어느것하나 빼어놓음없이『하나님아들예수그리스도 나의罪를대속하여 주시고 나의生命이되여주신 당신을믿어 (第八頁에續)

一六

古代히브리民族의孝道 (一)

楊能漸

우리들東洋人은 孝道하며 또孝道받을것으로 此世에出生한模樣이다。父母에게孝道할것은 當然한道德이오 그것은 바로 善의 一種으로 되여있다。今日에至하야는 幾分間 解弛하엿다할것이나 그래도 孝道는 오히려 가장有力한 社會規範의一임은勿論이다。지금 새삼스럽게 孝道云云함은 넘어平凡하고 時勢를不察하는憾이 不無하다。如斯히孝道는 우리의實生活과 密接한關係로되여있으나 이것을 넘어尊重하게된結果인가 또는西洋學者가 이問題에 크게興味를가지지아니한結果인가 孝道論이란것은 大概 예스·노ー的宣傳文의性質에不過하고 學術的으로孝道를論究한것은 漢人의言辭를빌어말하면 實로九牛一毛라는格이다。따라서 우리와같은淺學寡聞의徒輩가 如斯한問題의研究를企圖하여도 이에關한一般知識이 甚히貧弱한故로 玆에述하는 古代히브리民族의孝道考도 噴飯을免한다면 當幸인줄안다。

西洋宣敎師가東洋人의歡心을 사기爲하야 古代히브리人은 東洋人과같이父母에게順從하였다는것을 說敎中에 자주말하나 이는必曰構空的迎合은안이다。事實히브리人은 孝道의民이었다。出埃及記中에「너의父母를恭敬하라 그리하면汝의神여호와 네게주는따에서 오래 살리라」고記錄되고 孝는十誡命中의 一에擧하여있다。[1] 또箴言第一章에는「네 아비의敎訓을들으며 네 어미의法度를 버리지말라。이것이 네머리의美冠이오 네 목에두룬사슬이니라」하야 父母의命令의重한바를 가르쳤다。舊約聖書中에는 父母를養하며 父母께順從하여야할것을或은、歷史物語中 或은律法中諸處에서間接直接으로高調하였으나 그記載의內容은 아모것도簡單하고 論述의發展은볼수없다。[2] 但 後世의作인「벤실라ー의智慧」의第三章에

我兒等아 汝의父인我에게聽從하라 이는汝等이救援받기爲함이라。대개主、兒等에게感하는것처럼 父에게榮光을주고 兒等에게感하는것처럼 母의分別을 세우시는故이니라。그父를恭敬하는者는贖罪함을받고 母를恭敬함은寶를

積합같으니라。父를敬하는者는 그兒等의깃븜을얻고 그祈禱하는바가 모다應答되리라。父에게榮光을돌리는者의壽는길고 母에게休息을주는者는 神의報賞을받으리라。主를敬畏하는者는 그父도敬畏하며 그兩親께奉仕합이 主人에게奉仕합같으리라。我兒여 言行共히汝父를敬하라 이는各種幸福이汝에게臨하기爲합이라。父의祝福은 그집을세우나 母의詛呪는 그礎石을覆한다。汝父의不名譽로써 汝自身의光榮을삼지말라 이것이決코 汝의光榮이안이니다。무릇 사람의榮光은 其父의名譽로부터오고 母의不名譽는 其兒의恥辱이니라。

我兒여 늙어지는汝父를助力하고 그生命이있는限까지 저를 근심케말라。彼가或理解없을지라도참고 其死에至하기까지 彼를辱되게말라。父에게對한慰籍는 닞히지않고 罪를消滅하야汝를完成하며 煩勞한때에 이것을記憶하며 熱이消霜하듯이汝의罪障을滅하리라。그父를蔑視합은 神을冒瀆합과같고 그母를怒하게하는者는 主께詛呪받으리라

父母의命에잘順從하고 잘奉養하는것이 子된者의義務이나 萬若 그義務를破하고 親에게不順하거나 父母에게拒逆하는者는 處罰한다고하였다。이에關聯하야 創世紀第九章에있는 노아醜態이야기는興味있는 問題를包含하였다。

方舟에서나온 노아의아들들은 셈、함、야벳이라 함은 가나안의 아비가되니라。이셋은 노아의아들이니 그子孫이 온따에펴지다 노아가 비로소農夫되여葡萄園을만들고 葡萄酒를마시고醉하야 벗고張幕안에누엇더니 가나안의 아비함이 그아비의벗은몸을보고 밖으로나가 두兄弟에게告하니 셈과야벳이 옷을取하야 두 어깨에메고 뒤걸음처들어가 아비의벗은몸을덮고 얼골을 돌이켜 아비의벗은것을 보지아니한지라。노아가 술이깨여 그작은아들이 自己에게 行한것을알고 가르되『가나안은詛呪를받아 종의종이되여 그兄弟를섬기리라』또가르되『셈의하나님여호와를 讚頌합이어 가나안은 그종이되리로다。하나님이야벳을昌大케하사 셈의張幕에居하게하십이

어가나안은 그종이되리로다』

即노아에게 三子가있었는데 其中에父에게冷淡한함이詛呪받고 父에게極盡한 셈과야벳二子는父親의祝福을받았다。當時人에게 親의詛呪祝福은重大한일이어서 거긔依하야 子孫의運命은左右되는줄로思惟하였음으로 이 노아醜態이야기中에 함에對한詛呪는 罰의一種이라고 보아도無妨하다。야벳에對하야는不明瞭하나 히브리人自身으로 自己들의祖上은 셈으로부터發한것이라고自認하고 히브리人의仇敵이오被征服者인 가나안先住民은 함의子孫이라고하는것이 이노아의詛呪祝福의 前提가되여있음은勿論이다。

頑迷한子로서 父母의말에不順하며 父母를毆詈하는것같은不孝子는 死刑에處하였다한다。

아들이頑惡하고悖逆하야 그父母에게 順從치아니하고 懲戒하여도듣지않거든 그父母가잡아가지고 城門에이르러 長老에게말하기를 이아들이頑惡하고悖逆하야 우리말을順從치아니하고 술에잠겨放蕩하다 하거든 그城사람이 돌로쳐죽여 너의中에惡을除하라。온이스라엘이 듣고두려워하리라。(申命記二一章一八—二一)

그父母를 치는者는 죽일지니라……그父母를詛呪하는者는 죽일지니라。(出埃及二一章一五—一七)

그父母를詛呪하는者는죽이라。저가 그父母를詛呪하였은즉 그피는自身에歸하리라。(레위기二〇章九節)

또 이에關하야 요세푸스의猶太古事記四·八·二四에는 詳細한規定이있다。거게依하면不孝子에對하야 最初한번은懇篤히訓誡하야 今後改心하고順從할것을勸하나 그래도一向効果없이從來대로 父母에게亂暴할때는 父母는容赦없이 이것을裁判에付하야郊外에서 石殺하여야한다고하였다。

舊約聖書의各處와(3) 요세푸스의書에 父母를罵倒하며 或은毆打하는것같은 不孝子는死刑에處한다고記載되여있으나「벤실라—의智慧」及其他舊約外典俗典에는若何한가。此等外典俗典에는 不孝子에對한罰則이奇異하게도 一切보이지안한다。例컨대「벤실라—의智慧」에는 再三孝道에論及하였음에도不拘하고 不孝子에게對하야 如何한處置를取할것인가하는 具體案은不示하였다。그러나 이것은單只孝道問題뿐만限한것이안이라。大體「벤실라—의智慧」等에서는、各種問題에敎訓을주었으나 罰則은不記하는것이通例로되여있다。

不孝子에對한罰則으로서는 前記의申命記와 요세푸스의書에 比較的詳細히記載되였을뿐이고 其外에는不孝가犯罪인것은말하여도 不孝子에게對한一般的膺懲에 對하야는未詳하다。申命記의規定과요세푸스의記載와는 그年代로서七百年의間隔은있으나 其規定의內容은大概同調이다。不孝子를處罰하랴는父母는裁判에告訴하는것이오 거긔서處罰宣告가네린때는 群衆이石殺한다고한다。다만요세푸스의書에는 子의不孝行爲가있어도 最初의한번은寬大히容赦하야今後를警戒하고 그래도 오히려改心치않고 依然히橫暴한때는 不可不法規에依하야處罰한다고하였으나(4) 如斯한일은申命記의規定에는없다。

支那에서는 唐律에不孝를稱하야曰「謂告言詛詈祖父母父母、及祖父母父母在、別籍異財、若供養有闕、居父母喪、身自嫁娶、若作樂、釋服從吉、聞祖父母父母喪、匿不擧哀、詐稱祖父母父母死」라하였다。勿論이것은不孝의例를一部分擧한것뿐이오 此以外의것은 不孝가안이라는뜻은안이다。히브리人은親에게不順하면 不孝라하는것이다。父母를毆迫함과如함은 單只그一例에不過함이다。支那人과같이祖上崇拜의民에在하야는 히브리人과달라 祖上의喪禮祭祀를怠慢하여도 不孝라하고 또「其妻無子而不娶妾斯則自絕無以血食祖父請科不孝之罪」(後魏書太武五王列傳九朝律考下卷十六引) 라함을보면 妾을不娶하는것도 不孝罪를構成하는境遇가 있었든模樣이다。이것은不孝의觀念에相違가 있는까닭이안이오 各民族의個個의習慣이相違한緣故이다。

裁判에關하야는 後에도詳述하려니와 市의城門에서長老가裁判한다함은 普通裁判形式이오 何等奇異한것이안이다。不孝는所謂親告罪라하야 關係者가 이를告訟치않으면 處罰치안하였든듯하다。但 그刑으로서 群衆의손으로 石殺함이採用되였으니 이에關하야 暫時一考를費할必要있을줄안다

파레스틴은 山地인故로到處에 돌이없는데없다古代文明國中에도 파레스틴은 山과石이많은곧으로著名하였다。農夫가田地에서 石礫을拾集함은 一種役務로되여있고 敵地에入하야 田地에石礫을散播함으로써 敵人을괴롭게하는일도있었다(5)。石은土地외肥沃과는相反하나 近處에數多하게있는以上은百姓들이 그利用法을研究함도當然한일이다。錘、利

器、臼、界標、偶像、神壇、紙、其他、墓、井、家城等의建築、及其他各種方面에 石이使用되였다。(6) 石은人間의破壞力을增進하는 道具로서世界各地에서採用되였고 武器로서 重大한役割을演하였는대 히브리人에게는 特히그러하였다。暴力을쓸때에石으로때리며 또石을投하는일은 곧豫想할수있는일이나(7) 軍器로도 돌을使用하였다。古代의많은民族中에投石(Sling)이戰爭의攻擊防禦에常用되였는데 히브리民族에게는 特히投石이盛行되였다。投石의用具及그方法에關하야는 參照할만한明細한記載가없음으로 詳細히할수는없으나 앗수리아彫刻에投石하는人像이있어 그것으로推察컨대 히브리人의投石도大概이에近似한것인가싶다(8)。革製等의索에石을置할데를附하고 거긔에圓滑한石을(9)끼워 둘루다가 던진듯하다。投石用의石을囊中에넣어 携帶하였다는것을보건대 石礫은 그다지큰것이안이었든듯하다(10)。삼우엘前書二五章二九에는、사람의生命은 물매돌과같이 하나님의囊中에있고 하나님은 그꺼려하는者의生命을 물매돌던지듯이하리라는譬喩가있다。戰爭의準備로서 楯、戈、鎧、弓等과한께 물매돌을準備하는것이오(11) 물매돌의的中함이寸分도 어김이없다함은 精兵의象徵이오 投石의能한者는 武勇傳의主人公이되였다。(12)包圍軍이攻城에投石의戰法을쓴일도있으나(13) 또한 投石은高處에서서 下方으로投打하는편이 더욱有効하였을것이다。(14)歷代志略下二六章一五에는 戰爭에機械로써 大石을投射하야 非常한効果를得하였다는 插話가있으나 이는畢境 後世에 外國傳來의것으로推想된다。또한 요세푸스의著書에도 攻城에石弩를使用하였다는記事가있다。(15)거긔依하면 白石을射出할때는 砲石의飛來하는것이 보이는故로 이것을避할수있었으나 黑石을投射하면 잘보이지않는故로 幾分間損害를입었다한다。어쨋든 크게恐怖할만한機械는 안이었든듯하다。

同樣으로死刑에處하여도 거긔는各異한執刑方法이있다。古代히브리民族中에도 石殺、焚殺、斬殺絞殺、獸殺等의死刑이行하여있었는데 就中 石刑은 히브리民族의代表的死刑이였고 他民族에게는 別로 其例를많이볼수없는것이다。(16) 河川地方인 바빌론에서 溺殺이代表的死刑으로되였고 山地인파레스틴에서는 石刑이普通이었다는것은 興味있는對照이다。石刑에關하야는 舊約聖書、舊約外典俗典、요세뿌스、新約聖書等 到處에記載되여있으나 지금便宜上舊約聖書中의 石刑關係의記載項目을列擧하여보자。

出埃及記	八·二六	(邪宗)
同	一七·四	(渴한民衆과모세의經緯)
同	一九·一二	(神境의다부ㅣ를犯한者)
同	二一·二八ㅣ三二	(殺人한牛)
레위記	二〇·二	(몰록崇拜者)
同	二〇·二七	(憑鬼者卜筮者)
同	二四·一〇ㅣ二四	(不敬)
民數紀畧	一五·三二ㅣ六	(安息日不守者)
申命記	一三·一一	(邪宗)
同	一七·五ㅣ七	(惡事를行한者)
同	二一·二一	(不孝)
同	二二·二一	(未婚時代의淫行한婦)
同	二二·二四	(不倫의男女)
여호수아書	七·二五	(아간과其家族)
삼우엘前	三〇·六	(慌廢한民과다윋)
列王紀上	二一·一〇ㅣ三	(나보데)
歷代志下	二四·二一	(쎄가랴)
에스겔書	一六·四〇	(淫亂)
同	二三·四七	(淫亂)

以上에列記한以外의犯罪人도 申命記一七章에記錄하여있는대로 石刑에處한것이있었으리라는것은 想像하기에不難하다。레위記二〇章의不倫及出埃及記三一章、三五章의安息日犯과如함은 石殺하라고 明記한데는없으나 前後의關係로보아 亦是石刑의部類에入할것이다。石刑의風은後世까지 繼續한것으로보이어 俗典及新約中에此에關한記事가有할뿐더러[17] 요세뿌스의猶太古事記第十六編에依하면 헤롯王때에三百名의官吏를 一時에石刑에處하였다。不孝子에게 石刑을科함은 單히死刑을科한것이오 其外에特別한意味는없는듯하다。後世의猶太敎徒의規定에는 死刑에는石殺、焚殺、斬殺、絞殺의四種이있고 其中에石刑이最重、絞刑이最輕한것으로되였다。石刑의方法에도 一定한規定이있어 執刑에는 身長二倍丈의台를놓고 二人의證人中一人이먼저 그死刑台우에서死刑囚를擊落하고 알에있는證人은大石을한번死刑囚의胸部에投하고、그래도[18] 오히려살아있을때는 群衆이礫殺하는것이라한다。

城西通信

○一九三四年三月十五日 黃海道遂安 金路得氏께 敎師薦擧하기를 一旦辭退하다。新年以來로 사람을求하는데가 數處있었다 講習所先生을求하는데가 比較的많으나 그 薄俸을甘受할이가稀貴하며、農民學校先生으로는 農事의經驗과信仰을具備한이를 찾기 어렵고、中等學校物理、地歷의先生을招請하려하여도 七〇圓보다八〇圓、八〇圓보다九〇圓으로 雇價를돋우는法과、義州보다平壤으로 平壤보다京城으로 都會를擇할줄아는 外에 實로敎育的使命을自覓할先生을 볼수 없다고嘆息이다。就職困難하다고 아우성치어도 尙今缺乏한것은 職이안이오 人物인듯하다。現代人은 善意로나惡意로나 他를利用할줄만알고 他에게利用될줄을 모르거나 或은 알고도不肯한다。故로「就職」이라함은「職務에就任」한다는뜻이안이오 餌物을捕執한다는뜻에不過하다。그럼으로 飢渴한때나飽腹한때에따라、餌物을交替하기爲하야는 온갖術策을 다하야 故舊의信義를 밟아서라도 自己中心의欲望을 滿足시키려고한다。中心을두는 位置만 바꾸어놓을수있다면 實로많은것은 職業이다 事業이다 우리는 種種「事業의洪水」라는말을 쓰게된다。黃海道의金路得氏의 信仰的農村事業같은데도 誠實한人物을 얼마나要求하것만 우리의寡聞으로 그럼직한人物을 알수없음을 슯버한다。

○三月十八日은 日曜日임에不拘하고、原稿쓰기爲하야 行先不明으로出門、養正學校博物室에避身하였든것을 어떻게 알고찾았든지 宋兄에게發見되여 數時間이야기하다 친구의來談처럼 기쁜일이없다。다만 어떻게하면 달달이出産하는聖朝誌에게 妨害됨이없을까하야 勞心하기도하며 時間에吝嗇하기도하다。

○三月二十四日(土曜) 近來에 肩帶가結縛된것처럼 죄와주고 疲勞가容易히恢復되지않음으로 某醫師의診察을受한즉、神經痛인듯하니 生理的으로 休養이必要할뿐더러 無能子와같은書籍을耽讀하야 神經을興奮시기지말도록하라한다。無能子는孔孟의道와相反할뿐만안이라 모세、이사야、예레미야、洗禮요한、바울等의 熱火같은 이스라엘諸先知者와는 水火가相極함과같이 다른思想이라하니、聖書에依하야 沸騰하게銳化한神經을 無能子에依하야 善惡是非의 判斷을죽이라함도 妙方은妙方이나 無能子에耽醉하기에는 年齒가過少한것이恨事이다。無能子라는名稱부터 우리의嘔吐를催하야 마지안한다。無能子에依하야百年長壽할수있다할지라도 우리는차라리孔孟의徒로써 모세 예레미야의弟子로서 一日의生을完結하기를바라는者이니 嗚呼라 이는 우리의固執인가。

四月號全篇이不許可되였으니 다시쓰라는注

○四月四日(水曜) 神學校에서 信仰을求하는소리如左히오다。

先生님

主恩中尊體萬安하옵시오며 祖母任과師母任께서도 尊候一向하옵신지요 過去一年間이나 一字도上書치못하였사오매 무엇이라고 先生任에寬容을빌수도없아옵나이다。모—든것이 小生의誠意가不足하였든까닭이옵나이다。

先生任간사한口實과같사오나 不足한罪人의모든것을 容恕하시옵소서 大阪에와서 곳上書치못하였아오매 後에는上書키가未安하오므로 하로하로늦은것이 今日까지이르렀아옵나이다。背恩亡德하는罪人이오나 先生任에祈禱之澤으로無事하오며 이름좋은神學生이라는 名稱下에있옵니다 然이나좀더 뜨거운 生命있는信仰에接하고싶습니다。此處에神學生이 多數히있아오나 뜨거운 산生活을하는者는 볼수없아오며 小生도冷冷한狀態에있아오며 此處에서主日이면 敎會에를다니면서 도웁자옵는바 自己自身이 좀더信仰生活을갈망하는狀態에있아오며 信仰이不足한것을 느끼고있옵니다。先生任片紙로라도 갓금敎訓하여주시옵기를 伏望하옵나이다。先生님近日에聖經研究會에 滋味많이보시오며 學生들도많이모이는지요 梧柳洞게신

先生任들도 無故하옵신지요 小生은今年에二年生이되였아오며 四月十一日부터開學이옵나이다。

　主恩中來來靈肉이 康健하옵시기를 기도올리옵나이다。一九三四、四、二、○○○

○四月八日(日曜) 大垣市 張道源牧師로부터 家患과敎會內의病苦로因하야 五月號에도 執筆할수없음을來報。誌友의加禱를 願하나이다。○이날에 餘暇를얻은대로 水色里에馬鈴薯、참깨、西瓜等을播種하였드니 一部分은 時期尙早함을後에야 알고 爆笑하다。農事第一次失策。

○四月十二日(木曜) 意外의人(우리보다 먼저入信하얏고 지금篤信者요 專門方面에 一家를成한이)으로부터 誌代를添하야注文하였음으로 如左한照會를畢한後에 讀者로治簿하다。發信『兄께 聖朝誌最近數號를進呈한것은 來冬季集會에講話를請托하였든關係로 지난번集會의範圍와程度를 알려들이자는것이지 決斷코 雜誌의押賣를請하거나 또는 信仰的으로 兄을敎導하랴는 주제넘은動機로써 된일이안이었읍니다。이素志를洞察하신다면 今後의雜誌를發送하겟나이다云云』이에對한回答

『오늘惠書를拜讀했읍니다。聖書朝鮮을읽어보고 所得이많었으며 今後에도繼續해서보았으면하는생각으로 日前에送金한것이오니 그뜻으로받어주시고 늘게속해서보내주시기를바람니다。지금밧버서 이만失禮하나이다』四月十三日、○○○

　이처럼하야 우리의少數의誌友는作定된다。값없이 받은것이니、慰勞되고 有益된다면누구에게든지 값없이줄수있다。그러나眞理의價値만은 保持하여야한다。世俗的으로押賣할수없는同時에 熱狂的信者처럼 나의主幹誌만高貴한것이오、世上萬民은 나에게배와야할것이라는「聖神」을받기에는 常識이許諾지않는다。故로 萬不得已한以外에는 無代進呈도 함부로 못한다。

○四月十五日、信仰生活을推想하야말하기를 『恒常奔走하시겟읍지오만 近頃은學校入學期임으로 더욱餘暇가없으시겟지요。宗敎를믿으시면 兄님과같이 그렇게도精力이솟아나오는가를 다시금生覺케됩니다。그런精力이 이信仰없는아우에게도 솟아나오도록 兄님께서祈禱하여주시기를바람니다。人生이란感激이없으면 아모런活動도없고 그야말로墳墓에 갓가운生活이되지않을가함니다。弟가生覺키는 兄님은信仰을가지셨음으로 每日每日의生活에感激갊으신것이있음으로써 普通人이따를수없는能率이나오는줄민사오며 또한 意味갊은價値있는生活이 繼續되는줄민는바임니다。

　아모조록 現在의感激갊은生活을繼續하서서 現在以上의能率을낱아내서서 衰退하여가는 半島人의覺醒에、안이救援事業에 많은貢獻이게시기를바라와 마지안습니다。같이留하는同伴한사람이있는대 그는前부터 基督敎를믿었음으로 兄님의글을보고 많은有益을얻었다고함니다。

　後日에所感이나는대로 또便紙하겠옵니다。이만』

　果然 軟弱한中에 强者의幸福을 누리는일은 또한格別한 맛이다。나에게强한精力이있는것이안이라、强者에게붙잡혀서 强한精力이發生하는데에 信仰의秘訣이있다。눈물없이하루를 生活할것을 생각만해도 沙漠같다。

○南岡先生의 第四周年紀念日되는 今五月에信仰의人으로본先生을 誌友와한께紀念하게됨은 뜻밖에恩惠로感謝하는바이다。特히筆者李贊甲氏는 南岡先生의近親者임으로 他人으로서는 洞察하기어려운데까지 말할수있고、그觀察에世上一樣의것과 다른바있음은 그根底에 世上과다른信仰의骨子가있는故이다。但、五山特異한地名과方言等을 一々히 한글로改書할수없었음은 遺憾이었다。

○楊能漸氏의 孝道論은 純全히歷史專攻의見地로써 草한것인데、舊約聖書研究에 參考됨이많은故로 本誌에記載하기를請하였다。文中에 六號羅馬數字를傍符한것은 後에 註를添하기爲함이었으나、今番은紙面關係로 註를略하였다。文章이一段落되는때마다 그部分의註를 總括하야揭載할것이다。이처럼 純學術的大論文을誌友에게紹介할수있음을感謝하는바이다。

一卷冊價의最高記錄

昨年末頃의 일이었다。 露西亞帝室에서所有하였든 시내典은 十萬磅의代價로써 英國博物館으로 買收되였다。 十萬磅는昨今의日貨로換算하면 約壹百七拾壹萬五千圓이다。 한권의冊價로授受되기는 이金額이開闢以來의最高記錄이라한다。

시내典이라함은 希臘文으로 쓰인 基督敎聖書即 所謂七十人譯이라는것이다。 이와 거의同時代의寫本으로서著名한것은 世界에單두冊이 더있다。 하나는 바티칸典이라하야 五百餘年前부터 天主敎本部인羅馬바티칸宮에保管하여오는것이오、 다른 하나는 알렉산드리아典이라稱하야 三百餘年以來로英國博物館에安保하여왔다。 시내典보다 前者는 多少더오란것이오(거의同時) 後者는 얼마間(約一世紀)後日의寫本이라하나、어쨌든 이 세冊이 모다世界的寶典임은勿論이다。

시내典은 他二典과 달라 겨우 지금부터七十五年前(一八五九年二月四日)에야 비로소 獨逸聖書學者C、티쉔돌뿌氏에게 그眞價가 發見되였다는데、그由來는 알에와같다。 티氏는 新約聖書의 批判的本文을 研究하기爲하야 四個年間 歐洲의 各國圖書館을 所得없이歷訪한後 一八四四年에、시내山 聖카타린修道院을 訪問하였다。 그修道院쓰레기통속에서 遇然히 舊約聖書의破片 四十三枚를 拾得하야 鑑定한結果、그것은 매우古代의寫本이어서 聖書本文研究上에 有力한資料임을 알았다。 僧侶들은 그러한紙片의價値를 모르고 多數히燒却한일도있었음을告하고、또한 當時에도 殘餘가 있음을 말은하나、티쉔돌뿌氏가 하도珍貴히 녀기는光景을目睹하고는、平日의無用한 수지 뭉텅이도 不然間아까운 생각이나서 學者에게 讓渡하기를 不肯하였다。 拾得한四十三枚의分을 詳細이研究하야 그年代와 價値를確認한後에、그餘殘을求하고저하야 九年後에 티氏는 다시 시내山을訪하였으나 如前히虛行이었다。 그러나 一八五九年에는 希臘敎會의守護者인 찰 알렉산더第二世의 有力한保護下에、세번째 시내山을訪하야 希臘文舊新約聖書、創世紀부터默示錄까지 完全히保存된것을 얻어온것이 곳「시내典」이다。

이처럼하야 無知한僧侶의손에서 燒却될運命을 避絕한 시내典은、露帝國圖書館에 搬置되여있다가、最近露國革命當時에 破壞에熱狂한 레닌黨의 젊인솜씨에 자못危厄을當할번하였으나、宗敎를背叛하는共産黨員들도 이와같은書冊이高價한줄알아서、破損치않고 두었다가 이번에上記한巨額으로 賣渡한것이다。 國家로볼때에 露國이必曰最惡한國家가안이었다。 적어도大英帝國보다 더惡하지안었다。 한大英國이 몇小英國을産하였는가고 생각하면、果然온世界에 가장惡毒한나라로審判받을것은 어김없이大英島國이다。 마는 宇宙의神을不信하며 聖書의權威를否認하면서도、聖書一卷을 저처럼高價로 팔아먹는露國과、그巨金을奮發하는英國(半額은一般國民의自由獻金、半額은國庫負擔으로)과를 比較하면 우리判斷에 또한번修訂할바있음을깨닫는다。 그래도 英國은英國이다。

本誌舊號廣告

로마書研究 (續) 第27 28 29 30 31 33 34 35 36 38 39 41 44 45 46 47 48 56 57 58 59號

山上垂訓研究 (完) 第24 25 26 27 29 30 31 32 33 34 35 36 37號

舊約聖書大旨 (續)

創世記大旨 三八號
出埃及記大旨 三九號
利未記大旨 同
民數記大旨 四〇號
申命記大旨 四一號
여호수아記大旨 同
士師記大旨 四二號
路得記大旨 四四號
삼우엘上書大旨 五四號
삼우엘下書大旨 五五號
列王記上書大旨 五六號
列王記下書大旨 五八號
歷代志大旨 五九號
에스라ㅡ느헤미야書大旨 六〇號
에스더書大旨 六二號
約百記大旨 六三號

豫言書研究

一、先知者(上) 第三號
二、先知者(下) 第四號
三、偉大한解放者 十五號
四、아모스書研究(上) 廿八號
五、아모스書研究(下) 廿九號

詩篇研究號

第一篇 三四號
第三篇 五四號
第十二篇 二二號
第十三篇 二五號
第十九篇 二三號
第四十四篇 三〇號
第九十篇 創刊號
第百二十一篇 第五號

天然과聖書

靈魂에關한知識의古今 創刊號
地質學과하나님의創造 第四號
生命의階段 第七號
生命의發達 九、十、十二、十三、十四、十六號
生命의所在地 十七號
復活의事實과理論 廿八號

歷史와聖書

하나님의攝理 七、八、十一、十二號
成三問과스데반 十四號
큰食物 十五號
二十世記의出埃及 十八號
푸로테스탄트의精神 二十號
예수出現의宇宙史的意義 廿四號

本誌定價

一　冊　拾五錢(送料五厘)
六　冊　(半年分)　前金九十錢(送料共)
十二冊　(一年分)　前金壹圓七拾錢

要前金。直接注文은振替貯金口座京城一六五九四番(聖書朝鮮社)로

京城府鍾路二丁目八二
取次販賣所 博文書館
振替京城二〇二三

昭和九年四月三〇日 印刷
昭和九年五月 三 日 發行

京城府外龍江面孔德里一三〇ノ三
編輯兼發行者 金 敎 臣

京城府堅志洞三二
印刷者 金 鎭 浩

京城府堅志洞三二
印刷所 漢城圖書株式會社

京城府外龍江面孔德里活人洞一三〇ノ三
發行所 聖書朝鮮社
振替口座京城一六五九四番

昭和五年一月二十八日第三種郵便物認可
昭和九年六月一日發行(每月一回一日發行)

金敎臣主筆

聖書朝鮮

第六拾五號

一九三四年六月一日發行

目次

唯物論者인耶穌

四月下旬에 어떤唯物論의造詣깊은 친구의 來訪을얻어 連日連夜 議論을繼續하였다。우리와같이 怠慢하고 偏狹한者에게、이처럼 東과西가멀고 赤과白이 다른것처럼 全然히 다른世界에 呼吸하는친구를주어、勞함이적고 學함이많은 機會를주시는 攝理의恩寵을 感謝하면서、或은 서로熱騰하며 或은 서로冷靜에歸하였으나、大體로 저는 많이辯하는편이오 나는多部分듣는편이었다。辯하며 或듣는동안에놀란것은 社會改革에關하야 特히道德風習에關한 저의意見이、街頭에流行하는 未熟한青年들의 그것보다 아주穩健하고 妥當한것을 發見한일이다。그中에도 저의 예수觀에서 놀랄뿐아니라 크게배운바있었다。저는 宗敎를攻擊하며 特히 宗敎中에도 支配力이있는 基督敎를排斥하며 神의存在를 根本的으로 否認하는思想이면서도、예수가 하나님을 믿은데對하야는 何等異議가없다하며、基督敎會와 그信徒는 可憎하나 예수自身은 批難할點이없을뿐인가 可敬可愛할만한 唯物論者이라고 讚辭를마지않었다。大概敵陣을侵擊하랴면 그本部를爆擊하야 그首腦者를 捕擒하여야하는法인데、攻略의論戰에能한 저의들이 基督敎와 그敎會와信徒를 唾棄하면서도 오히려基督을尊敬하는態度는、矛盾이라면矛盾이나、이것이 事實을 率直하게觀察한것이라고 是認치아니할수없다。그리스도가·唯物論者이라는一語中에서 우리는數百頁의 註釋冊을涉閱한以上의 깨다름이있었다。使徒야곱이 千秋의誤解를 무릅쓰면서도『나의兄弟들아 萬一사람이 信仰이있노라하고 行함이없으면、何益이있으리오、그믿음이 自己를救援하겠느냐。萬一兄弟나姉妹나 입을것이없고 日用할糧食이無한데、너의中에 누구든지말하기를「平安히가서 따뜻하고 배부르게하라」하며 그 몸에 쓸것을 주지아니하면 何益이있으리오。如此히 行함이없는믿음은 죽은것이니라』고(야곱二章一四—一七)力說한데는 等閑視할수없는 眞理를表明하기爲한바있었다。

아무리體系整然한 唯心論을主張하며 神學的素養이 많은人物이라도、唯心 唯物의 雙輪이 左右에서 삐죽거릴동안은 저가達할바의半途에도 到達하지못한者이다。兩輪을未免할지라도、적어도自轉車모양으로 同一線上으로 굽으려야하겠거니와、可成이면 唯心唯物을合하야 單輪으로만들어 굴리는날에라야 비로소 저는 達할데達할것이다。사람에게善한것을 가르키면서 自己는行치않는 宗敎家輩(一種의唯心論者)를向하야 그리스도는 激烈한反擊을 禁치못한것이었다(馬太二三章)。그리스도는 富者青年을對하여서도 軸象的倫理를 講하시지않고 所有를盡賣하여가지고 來從하라고 適確하게 가르키셨고。예수自身의言行에 双輪의軌跡을 容許치않았다。예수를唯物論的으로보면、腐敗한宗敎家는勿論이어니와 文士的 陶醉的 假想的信徒를 一掃하는効驗은確實하다。

事實이라는 말

十餘年前 夏季休暇中에 생긴일이었다。四五人의 친구가 約五六粁되는 地點까지 同行하기로議決되여 出發하였다 特別한用務가있은것은아니나 信仰의友를 尋訪한다는것을 共同目的으로하고 散步兼하야 떠낫었다。마는 夏雲은多奇峯이라 雲霧가 低迷하기始作함으로 一同은中途에서 다시相議하게되였다。其樣行進할것인가 或은 돌아올것인가고。가자는者와 中止하자는者가 서로不讓할때에 其中一人은 憤然히말하였다。「一旦作定하고 떠난걸음에 中途에서 가고안가고를再議하다니、이것이信者의일이냐」고。 그리고는 自己單獨으로 叢林中으로 가버리고말았다。우리는 저의固執不通을 비우수면서도 어듸인지 두려운생각을不禁하였다。저는 信者끼리弄談하는것도 罪惡視하였다。이제十餘年을지나고야 겨우 저의言行의一端이 알려지는듯함이있다。

基督敎는 事實(Facts)의宗敎라 함을듣고 그意義를 깨달은줄로 自肯하였드니、오늘當하야 생각하면 어제까지의理解가 不足하였든것을再發見한다。흔이 事實을 「嚴然한事實」이라고 말하나 「嚴然」이라는것이 어듸까지 嚴然하다는뜻인지는 果然測量할길이없다。이것을 具形한것으로 表現하면 아인슈타인博士의 相對性原理를 影畵化한模樣으로宇宙船이라는、光線보다 더빠른物件에다면 우리의出生以來의 一擧手一投足까지 歷歷히 찾아볼수있다는것으로 말할수있을까。形而上學的으로보아도 우리의言行이란것은 永遠無窮토록 消滅되지못하는것이라한다。하물며 無形한道德的嚴然性이야 더 말할餘地있으랴。

故로 人間의言行은 簡明率直할수록 貴한것이다。暗示的話術같은것과、演劇的行動같은것은、무릇嚴然한人生觀에 살고저하는者의 取할바가안임은 勿論이다。例컨대 親密한者와絶緣할때에、이는一國家로比하면 御前會議에서 國家의存亡을決意하는 場面이오、一但 絶緣하였으면 千秋萬代라도 不共戴天할理由와 悲壯한決心이 具有하여야할것이다。人間世上에 或時絶緣行事도 避치못할事勢라면 嚴然하게行함이可하다。그저함부로 片方의氣分에應하야 相從하고싶으면請하고 不然하면 當分間絶緣한다는等屬의 人間遊戲에 우리는憤懣을禁치못하는者이다。一個人의體面問題가아니라 人生을弄絡하는짓을 참아볼수없다함이다。

예수가童貞女에게 聖神으로孕胎하야 구유에낫어 曠野에 試驗받고 十字架에서죽어 三日만에復活하였다함은、遊戲가아니오 演習이아니오 演劇이아니었다、實戰이었다。世上이理解하거나 못하거나 嚴然한事實이었다。交友의問題가아니라 要點은基督敎理解에있다。예수의言行에 弄談이있고 演劇이있었다면、나의 디디고설바地球가 破滅하는일이오、우러러볼바宇宙가 문허지는일이다。이런故로 事實의嚴然을 主張할때에 우리는 懸命的이안될수없다。

슯븐 對照

近來에 長安城內의 紳商으로서 그慈親의還甲宴을設하야、前後一週間에亘하면서 京鄕各階級을 請招하였다하여도、二十世紀의 시피ㅣ드時代인今日、又況 常非時帝國民으로서 있을수없는事實이라고 疑訝하였드니、이일에鱗次하야 學父兄으로서 古稀의宴을設하고 그子侄의敎師들을 招待한것은 開宴第五日의順次였고、敎師들 다음에招請받을 一團도남아있다고하였다。아무리보아도 泰平五百年의 長閑夢을 깨지못한 白衣老人等의 妄靈이신줄로만 여기고저 하였는데 今番은 東京에留學中인 某大學生이 女子高普卒業한 新女性과 結婚하는데、吉辰을擇한結果로 五月에 장가들고 九月에 시집갈터이니 余輩도 그慶事에叅列하라는것이다。저는 結婚하기爲하야 新學期의上半을 缺席하였으니 이왕이면 夏季休暇꺼지보내고 結婚式의 後半事까지畢한後에、悠然히 秋風淸凉한時節에 다시學窓을 訪할心算일는지도 未可知한事일뿐더러、可然한事라고 할수밖에없다。大學에工夫하는일을 兵役에被徵되는일과같이 안다면、모세律法에依하야 新婚後一個年間 從軍猶豫의 特典을 얻을수도 있을것이다。

이런일을當하야 對照로 聯想되는것은 우리朝鮮學生들이 많은 신세를 지면서 英語를修業하든 東京正則英語學校前校長齋藤秀三郞氏의 時間觀念에對한일이다。저가 Punctual이라는字를 說明할때는 格別한 熱氣를帶하였거니와、저自身의 生活全體가 그說明이었고、末年에 저가 英文典과 大字典의完成에 傾力하면서 一生을回顧하야 歎息하는말에 「子女六人의結婚式때문에 平生에 六日을虛費하였다」고한다。이偉大한 英文法先生께서 前置詞의研究와 에머슨의 論文集과 칼라일의 衣裳哲學의講義를 數年間들은것이 果然學識的으로 얼마나 나에게 남었는지는 未詳하거니와、그 一分一秒도 쭉정이없이 貴하고重하게 살든者를 近接하여보았든일은 永久한敎訓으로 惰夫를奮起케하야 마지안한다

高遠한 理學的理論이나 深奧한 宗敎的眞理의 問題가아니라도 理解못하는일이 적지않거니와、時間觀念같은것은 그 一例이다。還甲宴에 一週日을 浪費하는人間과 一平生에 六日을虛費한것을 後悔하는學者와는、비록同時代에 같은大氣를呼吸하고 산다하여도、저들은 全然相通할수없는 別世界에 處한것이다。先知者는 故鄕에 容納되지않는다하나 必曰大聖者가되여서 凡夫가 理解못한다는것이아니다。極히簡單한일 即時間의貴重하다는 이一言을 理解하는者없어、本意가아닌先知者가되고만다。안타가운일! 죽은時間을 浪費하는者는 살아스나 죽은者이니、아무리 親分이있고血緣이있다한들 죽은者와 산者가 어찌서로通할수있으랴。가까와도 그렇고 멀어도 마찬가지「너와나와 무슨 相關이있느냐?」(約二•四)이다。現代青年男女가 無神論을主張함에 勇敢한것은 科學的敎養을 받은까닭이라하것만、大學敎育을받는靑年이術家의擇日한대로 娶妻하노라고 半歲의時日을虛送하니 嗚呼라科學知識! 그러나 기뻐하는者와 함께기뻐할줄모르고 憤懣을 참지못해하는우리가 變人인가。이것도無用한 興憤인줄알것만。

聖書的立場에서본朝鮮歷史

咸 錫 憲

五、朝鮮史의基調

歷史를産出하는者가 아가페라면 朝鮮歷史도 그究竟의 意味가 아가페에있을것은 틀림없는일이다。그러나 이究竟의意味를 指摘하는것으로 朝鮮歷史의理解가다되었느냐하면 그렇지않다。究竟의意味가 實地의史實에있어서 如何히顯現되는가를알지않으면 그意味는 結局 一個의假設에지나지않는다。故로 우리는 宇宙史의究極의目的인 아가페가 朝鮮史에있어서는 어떤方式으로 어떤骨子로되는가하는것을究明할必要가있다。그것을 나는 朝鮮史의基調라불렀다。

歷史를比하면 한音樂이라할수있다。普通音樂이소리로써되는것이라면、歷史는 生命躍進으로되는音樂이다。여기도 音樂에와마찬가지로 리즘이있고 멜로디가있고 하모니가있다。여기도 句節句節의事實은 全體의意味에依하야規定되는것이오 調和的統一밑에서生命의賦與를받는다。世界史는 말하자면 한偉大한交響樂이다。永遠에서흘러나와 永遠으로흘러드는行進曲이다。우리가世界史의輪廓이라고말한것은 그하모니가 어떤線을그으면서 展開되여가는가 그것을그려본것이다。이제 朝鮮歷史를理解한다는것은 그演奏中에서 朝鮮이라는樂器는 어떤音色을가지고 어떤소리를 어떻게發하는가를아는일이다。이것을하여서야만 우리는 그宇宙曲의演奏에있어서 調子어그러진소리를發치않을수가있다。世界史의正解는 各民族、各國家의歷史를 한하모니로들을수있는 綜合的吟味力이있고서야可能하다。그러나 그렇게말하는것은 모든歷史를 單一化하라는말이아니다。도리어歷史의生命은 個別化에있다。即 各民族의歷史는 各民族特有의性質을發揮하는것으로 理解하야만된다。胡琴은胡琴特有의소리를내고 喇叭은喇叭固有의소리를發하야서야만 참調和가나오는것같이、朝鮮은朝鮮式을發揮하고 支那는支那式을發揮하야서야만 世界史는옳게進行된다。故로 朝鮮史를理解하려할때는 이朝鮮式을 即 朝鮮의個性을 몬저알必要가있다。많은사람들이 歷史를論하다가 群盲이코끼리를 더듬는것같은 無統一無意味한말을하고 마는것은 朝鮮史의各頁 各節에잠겨있는 이朝鮮史의基調가 무엇임을把握치못하는대 그理由가있다。希臘의歷史는 人道主義의產出이라는것을 基調로삼고吟味할때에만 잘알수있고、羅馬의歷史는 西洋文明에주기爲한 力의鍛錬이라는것을 基調로삼고야만正解할수가있다。東洋民族에對한 日常道德의敎師인줄알고보면 千遍一律式의支那歷史도 그意

味가한層더밝어지고、歷頭하는患苦中에端坐하야 人生의靈性이如何히高貴한것임을 說敎하는者로알고보면 悲慘과苦難의印度歷史도 그價値가一層더높아짐을알수있다。朝鮮史에關해서도 흔히듣는말이 우리歷史같이滋味없는것은없다 더러운것은없다 하는것이지만、問題는 어떻게했더라면 朝鮮歷史도 좀더滋味있었을가하고생각하는대 있는것이아니오、어떻게하야서 이미있고 지금일우워지고있는 이歷史에서 그속에潛在하는意味를 읽어내는가하는대있다。눈이있는者에게는 한떨기풀도 無限한宇宙의眞理를 깃드리거던、하믈며 億萬의生命이 數千年을두고 나고 죽고 울고 웃고 或은서로손을잡고 或은서로목을찔으고、안타까운가슴을쥐어뜻기도하고 비지땀을흘리기도하고 끌는피를븟기도하야서 지어온이歷史가 宇宙的永遠의價値를가지지않을수없다는確信쯤은 깊이生覺지않고도 가질수있는것이다。朝鮮이라는 이겸은고는 어떤性質의音響을發하는것인가、莊嚴인가雄大ㄴ가、喜悅인가、悲哀ㄴ가、또는沈痛인가이、우리가 몬저알어야할것이다。

그러면 朝鮮史의基調가되는것은 무엇인가。우리는 그것을알기爲하야 세가지方面으로 생각할必要가있다。一은 朝鮮歷史가일우어진그地理요、二는 그歷史를지은 朝鮮民族의特質이오、三은 그民族으로 그땅에서 그歷史를짓게한 造物主의攝理다。그一은 마치演劇에서말하면 舞臺요 그二는 俳優요 그三은 脚本이다。또或은 헌팅톤의譬喩를借用한다면 (Huntington: Civilization and Climate)地理는 氣候、土質과같고、民族은果樹의性質과같다。그렇다면 造物主는 果樹栽培者라할수있다。

地理가 歷史에對하야 重要한關係를가지는것은 氣候、土質이 果實의品質을決定하는것과같다。苹果의良品은 黃州、鎭南浦에서만날수있고、橘은 濟州島가아니고는볼수없다。同樣으로 그位置의如何、그地勢의如何、그海岸線、그氣候、그土質의如何에따라 그歷史에一定한色彩가생긴다。같은朝鮮사람이되 京畿道사람과 平安道사람이다르고、같은支那되 北支那의風物과 南支那의그것이相異하다。南歐人의輕快優雅한特性은 地中海氣候의影響으로 說明할수있고、北歐人의深刻性은 또그氣候로說明할수가있다。歐羅巴안에는 數十國이分立하는대 支那나米國이一國으로 統一되는것은 各各그地勢의所致라 하지않을수없고、大英帝國의富强은 主로그位置의선물임이事實이다。사람은 環境의所産이라는말은 一面의眞理를含有한말이다。

그러나 그는一面의眞理일뿐이다。歷史의特異性은 그地理的條件만으로 決定되는것이아니다。몬저들었던果樹의譬喩를다시들면 黃州는良品의苹果를내지만 아무리黃州라도 在來種나무에 改良種果實이맺히지는않는다。國光은 黃州에서도 國光이오 京城에서도 國光이다。勿論、風土를따라多

少의品質의變化는있지만 國光으로서의特性은 不變한다。變한다하더라도 極히徐徐히될것이다。그와같이 民族特質도 比較的恒久性을띤다。그리하야 그民族의歷史는 이民族이아니고는될수없는 式樣의歷史로되고만다。漢族은 支那本部에있어서만 漢族文化를産出하는것이아니라 南洋에가서도漢族式이오 米洲에가서도漢族式이다。現今에存在하는 現著한實例를든다면 南北兩米洲의文化의差異다。兩洲가 地理的으로볼때 相似点이많은것은 누구나잘아는일이다。그런대도不拘하고 그둘의人文狀態는 甚한差異가있다 北米에있는 合衆國이나 加奈多가 國勢隆隆한代身에 南米諸國은恒常動亂이不絕하고、兩者가 다歐洲人의植民開拓地임은 同樣이것만도 北은 文化의모든方面에서 世界第一을자랑하는대 南은 아직먼狀態에있다。그러면 그差異의原因은어대있는가하면 하나는츄톤族이오 하나는라틴族인대있다할수밖에없다。歐洲本土의것과는서로다르지만 北米는 아모래도 어대까지 츄톤的이오 南米는 라틴的이다。或은 이것은 社會生活의變遷이 急激한現代기때문이라고할는지모르겠으나 同樣의事實은 社會變遷이比較的緩緩했던古代에서도볼수있다。누구나 希臘의藝術이 그居住했던希臘半島의 自然의影響을받은것이 많다는말을하고 또그것이事實이기도하지만、같은希臘半島에서도 希臘人이오기前에 先住民族이居住하던時代의것은 希臘人의손으로된것과는 大端다른性質을가진다。또 羅馬帝國이 아무리 地中海와 그中心的位置인 伊太利半島가 있어서된것이라하더라도 그半島에 亞弗利加黑人種을가져다두고 그帝國을期待할수있었겠는가하면 누구나是認하는 對答을하는이는있을것같지않다。그렇듯 民族의特質이라는것은 어느程度까지 地理的條件의影響을超越하야 恒久性을띠는것이다。

그러나 이렇게 歷史의構成要素로 民族的特質을들면 反對하는意見이많이있다。그中에가장두드러진것은 英雄史觀과 階級史觀이다。前者는 歷史의荷擔者를 個人이라고보는思想이오 後者는 對立하는階級으로보는것이다。여긔서 이것을論하는것이 主旨는아니나 이미問題많은題目이오 더구나現代에는 여긔對한不安定的態度가 많은때임으로 簡單한數言을費하기로하자。

英雄史觀에는、더구나 카라일의가르치는 英雄史觀에는 들어서 옷깃을正히하고、眞摯嚴肅한態度로 人生의戰線에 出陣하고저하는 崇高한人生觀을 喚起하는眞理가있다。그러나 이는 아무리하여도 人生의個人的方面만을 强調한 思想이다。個人은 그自體로自足的것이아니다。그의背後에는 恒常社會가선다。故로 人生의일은 그個人獨自의일로보다도 全體의代表者의일로보아서、보다더意味深重해진다 어떤個人이나 다그렇지만 더구나世界的事件에 功績을끼친英雄的人物로서 民族的勢力의 代表者아니고서 된者가없다。宗敎改革에 루터가그中心的 指導人物이라고하지만 루터는 單히個人으로서의 루터가아니오 獨逸人루터로서다。아무리루터를尊崇하는者라도 宗敎改革을 루터一人의事業으로 말할者는없을터이다。宗敎改革은 루터의것도아니오 츠빙글리의것도아니오 北歐人의일이다。루터가 伊太利에서 出現하지못한것은 偶然이아니오 當然이다。루터는姑舍하고 全人類의救拯者인 그리스도의일부터 그렇다 猶太의歷史를모르고서 基督敎를알수없는일이오 猶太民族을忘却하고 예수의出現을想像할수없다。그렇게말하는것은 基督敎의世界性을 否認하는말이아니오 예수를 한民族人으로限定하자는것도아니다。오직 民族的背景없이 民族的貯水池의蓄積이없이 宇宙에울리는生命의瀑布가 떨어질수는없다는것뿐이다。

階級史觀은 英雄史觀과는反對로 사람을 社會生活에서 가지는 經濟的利害關係에隷屬시키는 思想이다。利害關係가 歷史的事件變遷의動因이되는 일이많은것은事實이다。그러나 人生의모든일을 全然그리로만돌리자는것은 分明한獨斷이다。그獨斷은 世界史上에 오직一人의소크라테스만이存在하였다하더라도 이미破壞된것이다。況 소크라테스는 數千年前 希臘에만있었던것아니오 누구나제各기그가슴속에 숨어있는소크라테스가있다。또階級에는 永續的自己意識이없다。果然 歷史上에支配、被支配의兩階級이對立하여있은것은事實이오 「우리階級의利益을爲하야」하는意識이 그階級을組成하는分子의 머리속에있었던것도 事實이다。그러나 그階級은 恒常新陳代謝되여왔다。故로 全然抽象的으로생각하면 繼續하는階級의對立이있으나 具體的事實에있어서는 檀君時代의支配階級과 오늘날의支配階級과를 同一한自我意識속에統一하야 「우리」라는一人稱을쓰게될수있겠는가하면 全然不能이다。그러나 民族은 그렇지않다。安京城의奮戰을읽을때는 지금우리도오히려 自身이安京城民이되는것이오 丙子胡亂의이야기를들을때는 내가바로林慶業인듯이 주먹을쥐인다。過去民族主義的 敎育의結果라고하는 사람이있을수도있다。그러나 저는 階級思想이 이렇듯流行하는時代에있어서 同樣의感情이 歷史上의階級에對하야 닐어나지않는것은웬일인가고 反省해볼必要가있다。勿論 敎育에依한다。그러나 어떤偉大한敎師라도 虛空에서實在를 만들어낼수는없을것이다。

英雄史觀이나 階級史觀이 다局部的眞實을말하는것이다 그러나 分析的眞이 반듯이眞인것은아니다。金剛山의峯巒谷谷을 分析해본다면 다른山과달을것없는 돌과 나무와 흙과 물로된것이겠지만、金剛山은 依然히金剛山으로 群山에超絕한다。史上에英雄의活動이 없다는것이아니오 階級의動因이없다는것아니나 그것이 全部를차는眞理는아니다。個人의活動이던지 團體의活動이던지 그것이史上에깃들때는 어쩔수없이 民族의일로깃는다。모세의일은 猶太의일로、짜코벤黨의일은 佛蘭西의일로 깃는다。조로아스타의宗敎는 그의입에서 나온것이것만도 이는波斯文化의骨髓요、希臘哲學은 아테네의貴族階級의 産物이건만도 希臘哲學이라고부른다。

이렇게말하면 매우甚한民族主義者가 된것같으나 그런것도아니다。무엇보다도더 排他的民族主義는 唾棄할것이다。그러나 個人主義를排斥하여도 個人의價値를 尊重하라는것같이、民族主義를바려도 民族의價値를알어야한다。이를모르고 歷史를알수없기때문이다。故로 歷史의荷擔者는民族이다。個人도 階級도아니다。個人도 階級도 다 民族的勢力의代表者代行者다。朝鮮歷史는 朝鮮사람의歷史다 어쩔수없이 朝鮮사람의歷史다。朝鮮歷史上에는 漢族의干涉도많었고 蒙古族의關係도있었으나 그렇다고 朝鮮歷史가 漢이나 蒙古族과 朝鮮族의 共同所有라고하지는않는다。잘했던지못했던지、責任이내게많았던지 저便에많었던지할것없시、朝鮮史로結果된것은 朝鮮사람이責任지는것임을닞어서는아니된다。伊太利의마찌니의一言을빌어서 民族과文化에對한생각을約言하자——

『神은 그聖旨의一行式을 各民族의 搖籃우에 썻다』

이제 다시本論에돌아온다。以上에말한바와같이 朝鮮史의基調를決定하는데는 朝鮮의地理와 民族的特質이 重要한條件이된다。그러나 그보다도決定的인것은 第三의 造物主의攝理다。何故오하면 前二者는 그自體로 自足的存在가아니오 究竟에있어서는 神의攝理안에 그存在理由를求치않으면 안되기때문이다。適當한性質의果樹을 適當한風土에栽培하야 結實케하는것은 全혀栽培者의心中에있는일이다。歷史를偶然으로 보지않는者에게는 朝鮮의地理나朝鮮人의特質이 偶然的것일수가없다。그는 어떤特定한計劃밑에서 나온것이 않을수없다。우리게는 이特定한計劃을아는것이야말로 가장緊要한일이다。民衆의歷史가 目標로삼는것은이것이다。民衆에게 自己네우에일하는 보이지않는손의作爲를 體得시기는일이다。그대들은 높은山에올라그밑에있는 사람의世上을俯瞰하야 본일이있는가。大廈高樓의자랑하는 그大建築들이 게딱지같이뵈이는 그곧에서굽어볼때는、기어들고 기어나고 拮据하고 跳躍하는그모양이 개암이떼같지않던가、흘이면들어가고 개이면나오는그모양이 채찍에몰려 疑懼하며몰려가는 그대네의네발가진親故와같지않던가、거긔서보면 스스로風采를돋히는紳士의모양도 絕世의秀姿를자랑하는 美人의얼굴도 다없다거긔서들으면 歡呼도 怒呼도 喧嘩도 悲嘆도 다없다。모든빛은다섞이어서 뿌잇한點밖에되는것이없고、모든소리는서로녹아들어 알어들을수없는唸聲을 風便에희미하게보낼뿐이다。그럴때 그대들은 가엾은二足動物이어! 하는소리를하지는않었는가。사람의아들들이여 그대들의生活은 바로그런것이아닌가。그렇게 無知속에꾸물거리는 것이아닌가、그렇게 暗黑속에 떠듬는것이아닌가、그렇게 殘酷한運命에 愚弄되는것이아닌가。그러한行列이 永遠의海霧속에서나와서 永遠의海霧속으로사라진다고 想像하여보라 現在라는丘上에서 脚下에그蜿蜒하여가는 一節을보여주고 이것이 永遠히繼續된다고 알려주는말을들었다고 假定하라、그대들은 九龍瀑의瀑壺속에 意識을넣어버리자는것外에 또다시더좋은 生覺이있을수있겠는가。神의攝理를모르면 歷史는이것이다。

故로 民衆에向하야 그歷史우에일하는 神의計劃을알기爲하야 努力하도록가르칠일이다。歷史는 古談의資料도아니오 趣味를爲한것도아니다。個人的道德敎訓만을 爲한것도아니다。歷史的世界精神을 把握시키는일이다。未來에對한一定한指示를주는일이다。勿論 歷史는 우리의意志를超越하야가지고 進行한다。우리가意識하던지못하던지 歷史는展開될대로 展開된다。그러나 造物主의經綸을알고 알지못하고하는데따라 우리게는큰差異가 생긴다。알면 自由요、모르면 必然이다。알면 恩寵이오 모르면 宿命이다。아는것으로 子女될수있고 모르는것으로 奴隸가될수있다。

그리면 攝理는 朝鮮史의基調를 어떤것으로 定하였나 그것이 地理와 民族性과 實地歷史의變遷우에 어떻게나타나있는가 하는것은 以下에章을나누어 詳論할것이다。여기서는 그結論만을먼저提示하겠다。그러나 이리말하면서 나는躊躇하지않을수없다 나는 지금 前人未踏의地境에一步를들여 놓으려하기때문이다。硏究와 調査의 더구나才識의準備가있는사람이면 開拓者가가지는 즐거운自負心을가지면서 「前人未踏의地境」이라고 부르겠지만、그렇지못한나로서는 사람에게서는 無謀와愚昧라는非難을、造物主로부터는 瀆神에對한罰禍를 豫期하면서 이冒險을하지않으면아니된다。先生을가지지못한者는 不幸할진저! 그러나 安心하고따라갈 先生을가지지못한나보다도 그나에게다가 前人未踏의處女地에넣는 第一步를强要하지않으면안되는朝鮮은 더욱이도不幸하다는생각을할때 나는 勇氣를떨친다。그러나 그보다도더躊躇시키는것이있다。到達한結論이너무나도 반갑지못한것이기때문이다。그 내놓을선물이 榮光스럽기만한것이라면 自己의不足도 무엇도다넣고 大膽히나서겠지만、이것을말할때 듣는사람은 크게失望하지않을가、甚하면 罵倒와侮辱으로써 答禮하지않을가할때 내손은떨리지않을수없다。그러나 이때에 그런것은無用한念慮라고 몰아처내는것은 先知者의靈이다。故로 나는이것을말하도록 命함을받은줄로믿으면서 다음과같이斷言한다——朝鮮歷史는 苦難의歷史라고。

苦難의歷史다。朝鮮歷史의밑에 숨어있는基調는 苦難이다。이말을듣는사람은 놀라지않을수 없을것이다。그러나 섬섬한事實이다。나는 六七年以來 中等學生에게 歷史를 가르치는 機會를가졌음으로 어떻게하면 그젊은가슴안에 光榮있는歷史를 把握시킬가고努力하여보았다。그러나無用이었다。어렸을때들던모양으로 乙支文德、姜邯贊의니름을 크게불러보려힘썼으나 그것으로써 묻어버리기에는 朝鮮歷史全體에서 發하는呻吟의소리는 넘우도컷다。남들이하는 모양으로 生生字、龜船、石窟庵、多寶塔을 總出動을시켜서 觀兵式을擧行해보려하였으나 그것으로써 숨겨버리기에는 속에있는襤褸가 넘우도甚했다。드디어 나는 自己欺瞞을하지않고는 流行式의『榮輝있는祖國의歷史』를가르칠수는없음을 깨달었다。大體 우리는 大民族이아니다 支那나 羅馬나 波斯나 土耳共가建設했던것같은 大國家를建設해본적이없다。또 于今것 歷史劇에서 主役을演해본일도없다。埃及이나 羅馬나 希臘이나 支那等모양으로 世界文化史우에서 뛰어나는偉大한자랑거리도없다。피라밋드같은 萬里長城같은、宏大한遺物이있는것도없고、大發明家도없다。人物이있기는하나 그사람으로因하야 世界史에 一大變革이生겻다 할만한이는없고、思想이없었던것아니나 世界思潮의 一主流를일울만한것은없다。그보다도 있는것은 恥辱이오 壓迫이오 分裂이오 喪失이오 墮落의歷史다。公正한눈으로볼때 그렇다。이는 實로 견댈수없는悲哀의發見이었다。世界의모든民族이 다제各기 造物主의앞에 가지고갈선물이있는대 우리는 오직 苦難을當하는것뿐인가할때는 天地가아득하였다。埃及、바벨론은 文明의創始者의榮譽를가지었고、支那는그道德을、希臘은그藝術을 羅馬는그政治를、가지고갈터이지만 朝鮮은무엇을가지고갈터인가。印度는亡해도 佛敎를남길수있고、猶太는없어저도 基督敎가 길을수있으며、英國은 오히려 憲政을자랑할수있고、獨逸은 오히려 哲學을자랑할수있으나、朝鮮은 무엇을남기고 무엇을자랑할터인가。이事實을 이慘憺한事實이것을 希望과自負心에 雀躍하는젊은魂들에게 말치않으면안되는것인가 生覺할때 나는「나는 왜歷史敎師가 되였던고」하고 嘆息하지않을수없었다。끝는물을돋아나는싹우에붓는일이라고生覺했다。그러나 聖經은 그가운대서 眞理를보여주었다。이苦難이야말로 朝鮮이쓰는 가시冕旒冠이라고했다。그리고 世界의歷史는 要컨대 苦難의歷史라고깨달을때 이때것 虐待받는婢女로만알었던것이 彼女야말로 가시冕旒冠의女主人公임을알었다。이제우리는 마찌니와같이 「彼女의일은 아직다되지않었다」라고 元氣를냅수있다。果然 彼女의役割은 이제부터다。

荊山에서 璞玉을얻은 和氏모양으로、나는 이렇듯하야 얻은眞理를、다듬을결을도없고 갈힘도없이 얻은그대로를 世上에내놓는것뿐이다。

良書紹介〔二〕

Van Buskirk; Korea-Land of the Dawn (頁二〇〇 價一,六〇)

著者 潘福奇氏는 數十年來로 朝鮮各地에서 基督敎를 傳하고있는 宣敎師인모양이다。外國人에게보인朝鮮의姿態는어떤것인가 알고저하야 一卷을 사오기는하였으나、原來 宣敎師의著述이란것은 宣敎資金運動의方策으로 誇張的宣傳文句가많다고 들은까닭인지、사둔대로 容易히開卷하게안되다가、읽기始作한後로 몇번이나 나의先入主의偏狹한것을 悔改하지아니치못하였다。勿論이책에서 靈的深奧한要求의滿足을 얻을수는없다。그것은 이책의題目이아니다。마는 滿洲에放浪하는信徒와 잠자는乳兒의 얼굴에 파리기어다니는家庭生活을 念慮한것같은것은 富裕한나라米洲에 生長한 저의들로서는 의례히念慮하여야할일을 念慮한것이오、또한 우리는 저들에게서 배와야할일은 배울것뿐이지만、特히 저들의念慮와嘆息이 純全한朝鮮心으로부터發動한것이 고마워서、電車나汽車中에서도 눈물을 숨기지못하고 읽었다。敎理에關하야는 一一히贊同할수없는것도있을것이나 그純粹하고熱熱한「朝鮮心」에對하야는 無限히敬意를表할수밖에없다。個人으로나 民族으로나 或은 物件이라도 同情은理解의始作이다。地理的距離의接近한이들보다 저들이 우리의心臟을的中하는 말을吐할수 있음은 저들의心臟속에 朝鮮心이 들어박힌故인가한다。

우리는 朝鮮歷史를찾는이에게 咸錫憲氏의 새로운史觀우에세운歷史外에 確信을가지고薦할것이 稀少한것을 公言한일이있었거니와、또한 어느意味로써 말하면 朝鮮歷史를記述한冊이라면 누구의것이든지 모다名著라고도 할수있다함을 이책읽을동안에 느꼈다。潘氏는 單只十餘頁의紙面으로써 現代朝鮮으로부터 檀君五千年史에溯及하면서、讀者의눈앞에 過去現在의朝鮮을 彷彿하게 그려내었다。吉善宙牧師의復興會光景等과함께 文章의能이란것은 如此한것인가고 再三讚嘆을不禁하면서 읽을수있었다。朝鮮事實을記載한글월이면 읽기前부터 우리의心臟이 鼓動을 시작하거니와、그래도 潘氏의眼光과手法은 凡庸의追及을不許하는바있음이 無疑하다。

但 卷末에及할수록 龍頭蛇尾의感도 不無하였으나 이는 著述의目的이 歐米人士에게 朝鮮을紹介하랴는데있으니、저들에게는 新奇한것으로紹介될것이라도 우리에게는 陳腐한것으로 倦怠를感하게됨도 無可奈何의일일것이다。漁夫에게서漁業을배우며 農夫에게서農事를배우고、希臘에서藝術을배우며 羅馬에서法制를배우는心事로할진대 本書도또한 有益한書冊임은勿論이다。〔이책은 京城鍾路耶穌敎書會에서 販賣한다〕

古代히브리民族의孝道 (二)

楊能漸

裁判의樣式도 時代에따라相違가있었으나 申命記에記載되여있는規定은 히브리民族으로서는 完備한裁判의模樣을 表示하는것임으로(19) 이것을大綱紹介하는것도 全然無益한일은아닐것이다。裁判所라는特別한 建物이있었든것이아니고 裁判은 城門下에서行하는것이 常事이었다。히브리人의都市는 모다城廓을周圍에 두루는것인데 그城壁이두터운故로 城門알에는 相當히空間이있었을것이다 城門은交通便宜의要地이오 또 그附近에는 市場이있었든故로 特別한裁判所의設備없는 나라에서 城門에서裁判한것도 別로奇怪한일은아니다。裁判은 帝王、僧侶·長老等의支配階級이 主로裁判官이되여行한듯하나 其中에도裁判官으로서는 長老가重要한地位에있었다。今日의檢事局에類似한것이 없든當時로서는 告訴없는데 裁判이없었다。告訴의要求가있어야 비로소裁判이成立되였다。 例컨대不孝子息을 律法의規定에依하야 處罰하랴는境遇에도 其父母가起訴하지않으면 안되였다。死刑과같은 重要한判決할때에는 一人의證言으로서는 誤認의念慮가있음으로 二人以上의證人이 立證하지않으면 안된다고하였으나(20) 이것이 어듸까지事實인지는多少疑問이있다。其他에 또 證人의資格에는 性과身分의差別이있었다。女人과奴隸에게는 裁判에立證하는 證人으로서의權利가 許與되지않었든模樣이다。

히브리人은 流血을一種汚穢한것으로 思惟하였다。城門에서裁判을行하야 判決난때는 곧刑을執行하는故로 石刑과如한(21)死刑은 城門外에서 이를執行하는것이 普通이었다。實際에死刑囚를 죽이는데도 여러가지順序가있었다。于先 告訴人或은證人이着手하고(22) 然後에 거긔集合하였든群衆이 모다任意대로投石하야 이것을죽이는것이었다。어쨋든死刑執行時에는 觀衆이 많이모여서 입낙 손질한듯하야 여호수아記第七章에는 石刑의跡에石堆가 出現하였다고하는 誇張的記事가있는形便이다。死刑을執行하는데는 白刃一閃에萬事旣決인데 무슨必要가있어서 市民들이 이에參與하야 大騷動을하지않으면 안되였든가。 다한께 죽이는것이라도 獄中의一隅에서有耶無耶中에 刑殺하는것과 天下에羞辱을曝露하고 公衆의手에刑殺當하는 것과는 그死刑當하는者의苛責心에相違가 있을것은 勿論이다。히브리民族間에보이는 公衆의手에依한 石刑은 Public condemnation 이었든가。이렇게解釋치않고 民衆의利害關係로써 이를 생각할수도있다。自己들의內部에 社會의秩序를 紊亂케하는者가있는境遇에 그社會는 그로因하야害毒을蒙하는 까닭으로 于先自己들의 利害를爲하야 共同으로써 罪人을處罰하야 除拔하는것이라는 Common interest의見解를取할때에는 申命記의死刑規定의 記事끝에再三보이는『너의가 이처럼 惡한일을 너의들中에서 除하라』는文句가當然히有利한根據가 될것이다。그러나 他方에 이것을支那의「梟首」라든지 「棄市」와 같은性質의것으로取하야 群衆에依한石刑은 罪惡을犯한者의 末路를民衆에게보이어 將來를警戒하는機會를 만드는것이었다고 할수없는것이아니다。彼等의風習에는 刑殺한罪人의 屍體를 일부러石垣이나 나무에걸어 이것을公衆의눈에 曝示하는일이있었다[23]。그리스도의十字架는 다시議論할 餘地도없는바이다。第一로 裁判을 人民의出入이頻繁한城門에서 行한다는것이 발서公示의意味를包含하여있다。앗시리아法律에도 死刑中의極刑으로하야 죽인後에 나무에 붙이고 埋葬하지않기로되여있었다(婦女法典第五十二條)。이러한 일을 생각하면 單一人의罪人이라도 多數한群衆이 손을대어죽인다는것은 民衆을 警戒하기爲함인것같이보이나 그렇다면民衆은 다만보고만있어도可한데 何故로直接손을대어 汚穢한流血을敢行하는가 그理由가不可解이다。或은 아주原始的일로서 公衆의忿怒의結果로 發生된制度인가。어느편이었든지 이問題에關하야는 지금速斷하기가어렵다。

그런데 子女의侮辱을받은父母는 그不孝子를處刑하기爲하야 裁判을申請하였을까。歷史傳說中에는律法書와달라서 不孝子를死刑에 處하였다는記事가보이지않는다。偶然이라면 넘어도過度하다。합에 對한詛呪의이야기外에 箴言第三十章中에도

不孝子에對한詛呪가 있을따름이다。이에關聯하야 요세푸스의猶太古事記第十六、十七編에있는 헤롯王에關한記事에 注目하지않으면안된다。紀元前九年頃에 헤롯王은 알렉산더와 아리스트불의 二子를死刑에處하고 紀元前四年 그가死亡할四日前에는 長男안티파텔을 同様運命에處罰하였다 마는 其殺因에는 普通親子關係보다 一層復雜한것이있었다。當時수리아、파레스틴은 羅馬의勢力下에있든時代인데 殖民地氣分으로 로마의中央政府에奔走하듯하야 獵官運動이激甚하고 따라서上流社會의間에는 醜態百出의軋轢의低氣壓이 안개처럼싸고돌며、또 헤롯王家에는內訌이있었다。헤롯이그子息을 죽인理由는 單히親에게對한扶養從順의義務를 不守하였다는것같은일이아니오 生存한自己를無視하고 政權獲得의陰謀를 企圖하였다는데에있다。그리고 그裁判이라는것도 非常한것이어서 로마카이젤의 認可를受하고 小아시아、수리아等地로부터 百幾十名의 數多한高官을會集하야多數決에依하야 判決을한것이오 또 그死刑의方法도 舊約聖書에記載하여있는 石殺이아니고 絞殺 斬殺의方法을取하였다。이는 큰利權을包圍하고發生한事件이니 普通親子關係와는區別하야 볼것이다。利害關係의絶大한데는 普通이면 簡單히處理할수있는親子의衝突도 莫大한悲慘事를發生케한다。또 이헤롯父子의骨肉相爭은 當時에발서親子의情이 非常히弛緩하여있었든 事實을間接으로證明하는바이다。

함무라비法典第一九五條에「子가父를毆打한때는그手를切取할것이라」고하였으나 이는毆打罪로서는 차라리重한편이다。同法典에依하면 同等의身分인人을毆打한때에는 罰金을받히는것이오、서로毆打하다가 相對者를負傷시긴때에는 其醫療費를支拂하면可하고、尊長을毆打한때는 笞刑六十에處하나 奴隷가自由民을毆打한境遇는 重罰로耳를切取한다고하였다。如斯한事情으로考慮하면 父를毆打한不孝子에對한處罰로써 手를切取한다함은 相當히 重罰이라고 볼수밖에없다。또한同一六九條에依하면 親에게不順하야 할수없는子息을 不得己除籍하라고할境遇에도 親은最初의한번은子의過失을赦與하고、그래도 오히려敦篤치못할境遇에는

子로서의權利를 全혀剝奪한다고하였다。 又養子와 養親의間이不圓滿한때에는 解約할수도있으나 다만養子가 娼婦의子이든지 或은技術家의養子인境遇에는養子된者가 任意로破約하고 實家로歸還할수가없다。 함무라비時代의養子契約書에、

Tab-balatu, son of Etel-bi-Shamash, (and) Beltia, his wife, have adopted Habil-ahi as their son. House, field and all property that exist in the house, after Nin 1B-gamil, the elder brother, shall have, received his preference portion, they shall divide into equal parts. To the sonship document of Ablum, the kalu-priest, the temple income, the field, the house and the garden of Habil-ahi, Nin 1B-ganil, his brother, shall make no claim. When Tab-balatu and Beltia, his wife, say to Habil-ahi, their son; "Son not art thou," they shall pay half a mine of silver. But when Habil-ahi says to Tab-balatu and Beltia: "Father not art thou, mother not art thou", they may mark him with the thumb-nail mark (?), put an unsalable slave's mark upon him or even sell him for money.

와如한것이있다。 이에依건대 養子된者가養親에게對하야 너의는 나의父母가 아니라고毀謗하고 養子된者의義務를 怠慢히할境遇에는 그養親은 그를奴隸로 賣却할수있다고한다。 그러나 이와同時代의記錄이지만 거긔依하면 養子가將來에不孝、破約의行動을할境遇에는 養家에서 주었든財産을 沒收하고 又若干의賠償金을 取한다는것같은約束이고 奴隸로放賣한다고는 記載되지않었다。[24] 如斯한差違는 最初에契約을設定할때의 事情如何에依하야 생긴일이오 모다一樣은 아니었다。 어쨋든 바빌론에서는 不孝子를 死刑에處한事實이없었든것만은 明白하다。 親을毆打하는 子는手를切取한다고한 함무라비法典의規定그것도 不孝子에게對한極刑을 表示하는것이오 如此한일이 實際로社會에普通 行하여있었다고는 생각하기困難하다。

(솜멜法典(二)의四、五叅照)

一般文化가低級이고 法治制度가發達치못한곧에

서는 犯罪人에對하야 非常히嚴罰主義를取하는것이常例인것은 누구나 잘아는事實이니 지금 새삼스럽게 論謂할바가아니다。히브리民族間에서도 多少重要한罪는 全혀死刑에處한다고하였다。例컨대 寡婦나 處女가 男子와交際하였든事實이 發覺되면 死刑에處한다하였다。(25) 古代의刑罰이 苛酷하였든것을 아는 우리는 如斯한일을 모다否認하여버리랴고는 안한다。마는 이와같은規定文이 얼마나事實을傳하는가、거긔는 매우疑惑되는點이 있다。父母가 不孝子를 죽일수있다할지라도 自己의아들에게過失이 있다하야 이를 죽이기爲하야 일부러裁判에告訴할만한 사람이있었을까。親子와關係는 愛着親密을表現하는 最上級의것이라고한다。神파人과의不可離의關係도 親子의親密에 譬하였다。不孝子死刑의記載는 그極限刑을表示한것이오 이와같은實例는 殆無하였다고 보는것이 大過안일줄안다。

註

(一) 出埃及記二〇章에 있는바와 같은 十誡命이 申命記五章에도 있다。兩者를 比較하여보면 十誡의 內容과順序는 全然 同一한것이나、다만 多少 字句의 相異가있다、孝道에 對하여서도 申命記에는 「너의하느님 여호와가 너에게 命令한것과 같이、너의 父母를 恭敬하라、이것이 너의 하느님 여호와가 너에게 준땅에서 너의가 가질바 날파달이 길어질것이오、너에게 좋은일이 있을것이라』 고하였으며 『너의하느님 여호와께서 너에게 命하는것과 같이』 라고하는것과 『너에게 좋은일이 있을것이다』 라고 한것은 出埃及記에는 記載되지 않은 말이다。

(二) 杉浦貞二郞博士의 譯文에 依據함 (世界聖典全集中의舊約外典 頁 一二五)。

(三) 以上에 引用한것 以外에、레위記 一九의 三、申命記 二七의 一六、箴言二〇의 二〇、및 마태傳 一五의 四도 參照。

(四) 함무라비法典 第一六九條에 이와 같은 規定이 보인다。

(五) 列王記略下 三의 一九、二五、傳道之書 三의 五。

(六) James Patrick, Stone (in Hastings, A Dictionary of the Bible, vol. IV, pp 617—19)。

(七) 出埃及記 二一의 一八、民數記略 一四의 一〇、삼우엘後書 一六의 六、一三、列王記略上 一二의 一八歷代志略下 一〇의 一八、벤시라—의智慧 二二의二〇、同二七의 二五、第二 마가비書一의 一六、同四의 四一、마가傳 一二의四。

古代히브리民族의孝道

(八) 1. Benjinger, Hebräische Archeologie s. 300—1.

(九) 삼우엘前書 一七의 四〇。

(一〇) 同 上。

(一一) 歷代志略下二六의 一四、요세쭈스의 유다야戰記 三、七、二三。

(一二) 士師記二〇의 一六、歷代志略上 一二의 二、벤시라의 智慧 四七의四。

(一三) 列王記略三의 二五、第一 마가비書六의 五一。

(一四) 유딜六의 一二。 윌킨슨의 埃及誌의 挿繪에는 배(船)의 檣頂에 앉어서 投石하는것이 보인다。

(一五) 유다야戰記 三•七•二三及 五•六•三。

(一六) 멕시코의 인디안 아쭈간人、古代아러안人에 石刑의 存在를 볼수가 있고、또 古代 아라비아人에게도 石刑이있었으나、但아라비아人은 유다야人의 石刑을 模倣한것이 아닌가하는 疑問이 있다。 (Encyclopedia of Religion and Ethics, i. 123, 131, 159, ii, 50)그밖에 하드손灣의 에스키모人에게도 石刑이 있으나 (웨스터막著 道德의起源 卷一 頁一七二)그러나 石刑은 世界遍在의 制度가 아니고 極히 特殊한 風習이다。

(一七) 유비레書 三〇及 三三、요한傳 八의 五、七、同一〇의 三一、使徒行傳 七의 五八等。

(一八) Jewish Encyclopedia, iii. 556—7.

(一九) 裁判에 關하여서는 1. Benjinger, Hebräische Archäologie, s. 277—380에簡明하게 記述한바가 있다。

(二〇) 申命記 一七의 六、同一九의 一五、民數記略 三五의 三〇。

(二一) 레위記二四의 一四、民數記略 一五의 三六。申命記 一七의 五、列王記略 二一의 一三、使徒行傳 七의 五七、히부리書 一三의 一二。

(二二) 레위記二四의 一四、申命記 一三의 九、同一七의 七 요세쭈스의 유다야古事記 一六•一一•二。

(二三) 民數記略 二五의 四、申命記 二一의 二二、여호수아書 一〇의 二六、삼우엘前書 三一의 一〇、後書 四의 一二、同二一의 一二、에스라書 六의 一一。

(二四) Arno Poebel, Babylonian Legal and Business Documents from the Time of the first Dynasty of Babylon chiefly from Nippur, pp 27—34.

(二五) 創世記 三八、申命記 二二의 二一。

編者曰 註의番號는、前月 第六拾四號에서부터 連續的으로 된것이다。即 註의 (一에서부터 (一八)까지는 前月號에記載된部分의註요。(一九)以下 (二五)까지는 本號에記載된部分의 註이다。楊先生의 本論文은 아직 號를 나어 數號에連載하게되겠다。

聖書概要(十五)

金敎臣

詩篇의 大旨

舊約聖書와 新約聖書는 本來 不可分의關係의것이다。前者를輕히 녀길수도없으며 後者만 重히녀겨도안된다。다만 便宜上舊新約聖書의 全部를 携帶하기 어려운때는 舊約聖書의 一部分을 떼어 新約聖書와 合本한것을 使用하는수도 있으니、그런때에는 舊約聖書三十九卷中에서도 오직 詩篇을 떼어내는것이다。이것이 所謂 詩篇附의 新約聖書라는 製本으로되여、特히 詩篇은 基督信徒의 손에서 寸時라도 여읠수없다는것을 無言中에 證明하는바이다。

詩作에能한 이른바「詩人」은其數가 世上에많지못하나 詩心이없는人間은 한사람도 없다하여도 過言이안이다。에머ㅣ슨 이「人間은 모주리 다偉人이라」고 喝破한말을 빌어쓴다면「人間은 모주리 다 詩人이라」고함은 더욱 明瞭한事實이다。무릇 산사람의 生活이 있는곧에 詩心의發動이 없을수없고、特히 信仰生活의境遇에 그렇다。信仰生活은 곳 詩를 生活하는것이라고도 할수있고 또는 生活을 詩歌하는살림이라고도 할수있는것이다。吉凶禍福과 喜怒哀樂의 모든事變을 通하며 風波에부닫힐때마다、그主그리스도예수를 찬송하는詩歌에 結局하는것이 信者의 살림사리다。故로 우리가 基督信者인가 아닌가를 分辨하고저하거든 洗禮의有無 敎派의所屬等의外的 骸殼을 詮索하기보다 그靈魂의 깊은속에 信仰的詩歌의 發動함이 있나없나를 스스로 檢討하여볼것이다。

例컨대 第二十二篇에

내 하나님이어 내 하나님이어
　어찌하야 나를 바리셨나이까。
　어찌하야 멀리하사 나를 돕지아니하시고
나의 우는 소리를 듣지아니하시나이까。

……

다만 나는 버레요 사람이 아니라
　사람의게 부끄러움이되고
　백성의게 없수히 녀김이 되였도다。

……

오직 주께서 나를 태로부터 나오게하신자오
　어머니의 젖먹을때에 나로하여금 주를 의지하게하
　셨도다。

……

나는 쏟치는 물같은자라
나의 모든 뼈가 어그러지고
내 마음이 황밀과같아야 배속에서녹는도다。

……………

내가 내 모든뼈를 력력히 헤겠으니
저의들이 주목하야 나를 無禮히보는도다。

……………

대개 여호와께서 곤고한자의 곤고함을 없수히 보지
아니하시고 슬혀 바리지도 아니하시며
얼굴을 저의에게 가리우지 아니하사
오직 웨쳐 부를때에 들으셨도다。

云云하는 主그리스도特愛의詩를 그대로 나의詩로하야 노래부를수있는 사람은、外的條件에 무슨 不備한것이있다할지라도 저의靈魂속에는 발서 小그리스도의 生涯가 시작되여있는者인즉、저는 다윗과 솔로몬과 함께 여호와 하나님을 體驗한詩人이다。또 第四十二篇에

하나님이어 내 마음이 주를찾으랴고 渴急함이
사슴이 시내 물을 찾으랴고 渴急함같도다。
내 마음이 하나님 사모하기를 목마름같이하니
곳 살아 게신 하나님이시라
내가 어느때에 하나님앞에 이르리오。
주야에 내가 눈물로 음식을 삼었으니
사람이 종일 나드려 말하기를
너의 하나님이 어듸 있느냐 하도다。

云云함으로써 시작한것이든지、또한第七十三篇에

주外에 한울에 누가 내게 있으리오
따에서 나의 기뻐할자는 주밖에 없압나이다。
내 몸과 내 마음이 쇠하나
오직 하나님은 내 마음의 반석이 되시며
영원히 나의 산업이로다。

라고 부름에 이르러 靈의躍動이 그高調에 達하였음을 볼수있으며 第五十一篇은 다윗이 大罪를犯한後에 悔改를 읊은것이니、悔改가 어떤것임을 아는일은 곳基督敎的人生觀이 如何한것임을 말하는일이다。其他에 第十九篇、第百三、四篇等으로써 天體와山川을 노래할때에 基督敎的 大宇宙觀이 展開되여짐을 볼수있다。詩篇百五十篇中에 그 어느것이라고 取捨選擇하기는 難事이다。篇마다 偉大한 人生實驗의記錄이 아닌것이 없다。故로 眞實한 살림을 사는者의 가슴은 詩人의琴線에 한께뛰게된다。律法書가 이스라엘百姓의 義務에關한 하나님의 意志를 爲主로傳하며、史記書가 하나님이 그 選民을待接한記錄이오、預言書가 少數의靈感받은 先知者들이 神意를 代言한것인데對하야、詩篇은 이스라엘百姓의 마음에 빛운인 基督敎眞理의光을 反射하는것 即 篤信者의

心靈에 實驗한 實驗錄이다。詩篇이 聖書에對한 關係는 맞히 心臟이 사람의身體에對한 모양이다。故로 近代히브리文 聖書에는 舊約聖書의 第三部의卷頭에 詩篇을位置하게 編纂하야있다。

詩篇은 이처럼 重要한 글월이나 이것을 學的으로 要約하야 그大旨를 提示하기는 聖書中의 다른部分보다도 特別한 困難이있다。첫재로 詩篇이라는 그名稱부터 本來로 一卷書冊에 붙였든 書名이아니오 또한 一人의著者가 詩想을 構成한後에 編을分하야 執筆한것도 아니다。故로 百五十餘의詩가 集合된後에도 이것을 總稱하는 書名이 없다가 後世에 이것을 原語로 (tehiloth) 祈禱라고 通稱하며 或은 讚頌 (Fraises) 의書라고도 하였다。이祈禱라하며 讚頌이라 하는意義는 오늘날 우리가 말하는것보다 더 廣汎한뜻인것은 勿論이다。그後에 希臘文으로 譯할때에 七十人譯에 (biblos psalmon) 으로 된것이 英譯等에 Psalms 로되고 우리가譯하야 詩篇이라한것인데、絃樂器를 울린다는動詞에서 된字라하며 伴奏하면서 和唱할 노래라는 뜻이라한다。

詩의總數는 우리의使用하는 聖書에 있는대로 百五十篇으로 되여있으나 히브리 마소레本 (本誌第六十一號第十四頁參照)과 七十人譯과는 그內容의區分에 多少差異가있다。第一篇에서부터 第八篇까지와、第百四十八篇以下는 相違없으나、그中間에 마소레本과 이에서譯出한 朝鮮文英獨文 에스文等의 第九篇과 第十篇은、七十人譯及이에서譯出한羅典文等의 第九篇으로 合篇되여졌고、同樣으로 마소레本第百十四와 第百十五篇의 두篇도 七十人譯의百十三篇의 一篇에 合篇되였는데、前者의第百十六篇과 第百四十六篇은 各其後者의 二篇식으로 分篇되여있나。이를 左와如히 表示하면 더욱明瞭하다。

마소레本 一ㅡ八、九ㅡ十、十一ㅡ一一三、一一四ㅡ一一五、一一六、一一七ㅡ一四六、一四七、一四八ㅡ一五〇

七十人譯 一ㅡ八、九、十ㅡ一一二、一一三、一一四ㅡ一一五、一一六ㅡ一四五、一四六ㅡ一四七、一四八ㅡ一五〇

이外에 第百五十一篇이라는詩가 添加되여있는 原本도 있으나 그는 手寫할때에 外典에서 轉入된것임이 分明하니 이에論할바없으며、히브리原文及獨文等에 各篇의節數가 더한것이있음은 詩의初頭에있는 詞書를 節數에計入한까닭이다。

詩篇의構成은 우리가 現今 가지고있는冊과같이 五卷으로되여있다。(1) 一ㅡ四一篇、(2) 四二ㅡ七二篇、(3) 七三ㅡ八九篇、(4) 九〇ㅡ一〇六篇、(5) 一〇七ㅡ一五〇篇。이各卷의終末은 頌詞로써 完結하야 各區分을 明確히하

여있다。그러나 이렇게 五卷으로 區分한것은 모세의五經에 본받아서 後世사람들이 分卷한것이지 아초부터 그렇게 編纂되였든것은 아니다。처음에는 各詩가個別的으로 傳來하든것을 後日의編者가 適宜하게 排列한것이라는 論據는 다음과같다。

甲、詩中에 重複되는것이많다。十四와五十三篇은 여호와를 엘로힘 이라고 밖구어쓴外에는 全然同一한것이오 四十篇의一三ㅣ一七節과 第七十篇、第百八篇과 第五十七篇의七ㅣ一一節 及第六十篇의五ㅣ一二節等이 同一한것。

乙、하나님의稱號가 各卷에따라 相違가있으니 이는 偶然으로된것이 아니라한다。例컨대 第一卷에는 하나님을 여호와라고 부른것이 二百七十二回인데 反하야 엘로힘이라고 부른것은 오직 十五回뿐이오、第二卷에는 엘로힘 이 百六十四回인데 여호와는 三十回뿐이오、第三卷은 前半인 第七十三ㅣ八十三篇까지에는 여호와十三回、엘로힘 三十六回。後半인第八十四ㅣ八十九篇까지에는 여호와三十一回에、엘로힘은 單七回만 使用되였다。第四卷과 五卷에는 여호와로만 불렀고(三百三十九回) 第百八篇百四十四篇에 두어例外가 있을따름이다。如斯한事實은 本來의 著者가 意識的으로 지은일이아니오 後世에編者가 便宜上으로 取捨類集한것임이 分明하다。

丙、第一卷으로부터 第三卷까지의詩에는 各詩의 初頭에 大槪作者의名義를 記錄하였는데 第四、五卷에는 거의無名氏의 作品만을 聚集하였으니 이것도編者의手作인것은 勿論이다。

丁、第七十二篇 二十節에 「이새의 아들 다윗의 기도하는 시를 마침이라」고한後에도 오히려 多數한 다윗의 署名으로된詩가 後篇에 보이는것을보면 長久한期間에 여러사람의 손을거쳐 編纂된모양이다。

戊、詩五卷中의 前三卷에는 樂器의指示가 거의 各詩에 添書되여있는데 後二卷에는 거의 樂器의指示가全無하니 이것도 編纂의歷史가 다른까닭이다。

以上의 諸理由로도 詩篇의構成을 엿볼수있거니와 다시 全般的으로 詩의特質을 말하면

第一部 (第 一 卷) **個人的詩歌**
第二部 (第二、三卷) **國民的詩歌**
第三部 (第四、五卷) **禮拜式詩歌**

로 區分할수있다。多少의例外도 없는것은아니나 大體로 第一部에는 個人的祈禱와 感謝가많고、第二部에는 全國民的 非常한災禍를 當하나(四四、六〇、七四、七九、八〇、八三、八九等) 或은 全國的大祥事를 當한때 (四六ㅣ四八、七五、七六、六五ㅣ六八等)의 祈禱가많고、第三部에는 一般的 聖殿集會의 讚頌과感謝 (九五ㅣ一〇〇、一〇五ㅣ七、一一一ㅣ一一八、一二〇ㅣ一三六、一四六ㅣ一

五〇)가 많음이 事實이다。

다시 各區分을 詳細히보면 第一部의 三－四一篇은모다 다윗의詩라고 하였다。第一、二篇에 題目이 없음은 詩篇의緖言모양으로 後世에 加入한故이다。第十篇도 亦是 題目이 없으나 이는第九篇과連合한 原本도있는 까닭이다。第二部中에는 고라의子孫의詩 (四二－四九)及그附加(八四、八五、八七)와 아삽의詩(五〇、七三－八三)와 다윗의詩(五一－七〇)等이오、第三部에는 모세(九〇)솔로몬(一二七)等 少數의記名이 있는外에는 全혀 無名詩이다。이러함으로 本來의 詩篇은

다윗의詩－엘로힘詩集(고라의子孫의詩와 아삽의 詩를合한것)－附加(八四－八九)－附錄第一 (九〇－一〇六)－附錄第二(一〇七－一一九)－聖殿에 올라갈때의詩。

까지인데 거긔에

序詩(一－二)及卷末頌榮(一三五－一五〇)

을 添加한것이다。다시 全篇의槪綱을 摘記하면 如左하다。

第一卷(一－四一){一－二、序詩 三－四一、다윗의詩(十은九의續、三三은無題로)}

第二卷(四二－七二){四二－四九、고라의子孫의詩(四三은四二의續) 五一－七二、다윗의祈禱(五六－六〇…믹탐의詩 七二……솔로몬의詩)}

第三卷(七三－八九){七三－八三、아삽의詩(五〇을 이에加함) 八四－八九、附加(八四、八五、八七은고라、八八은고라헤만、八六은다윗、八九는에단)}

第四卷(九〇－一〇六)第一附錄(九〇은모세、一〇一、一〇三은다윗、其他無題)

第五卷(一〇七－一五〇){一〇七－一一九、第二附錄(一〇七은無題 一〇八－一一〇은다윗 一一一－一一三는 알파벳詩 一一三－一一八은大讚頌의詩) 一二〇－一三四、聖殿올라갈때의詩(但一二七은솔로몬) 一三五－一五〇、讚榮의詩(一三五－一三六은讚頌의詩、一三八－一四五는다윗、一四六－一五〇은할렐루야讚頌。)}

詩篇의年代와 作者에關하야는 더욱 混亂한바가있다。다윗의詩라고 한것이 모다 다윗의作이 아닌것은 勿論이오、고라의子孫과 아삽의詩라함은 樂隊를 擔當하였든 族屬의名인듯하니 그題目으로 稱하는詩의 作者가 누구인것은 確實치못하다。即 詩篇中에는 詩없이 詩人의니름만 쓰인것도있고、詩人의니름은 없어지고 他人의名義或은 無題詩로 남아있는것도많다。이와같은 形便인故로 年代에關하야도 學者間에 異說이 紛紛하다。그리스도在世當時에는 발서 詩篇이編纂되여 聖書中에 있었든것이 明確하며(路二四·四四) 學者의 推算에依하면 紀元前二世紀頃에는 大槪오늘날 우리에게 傳來한模樣의 詩篇이 編纂되여있었으리라고한다。그러나 이는詩篇으로서 百五十의 詩歌를集成한때를 말하는것이오 하나하나의詩의著作된年代를 가르킴은 아니다。그大部分은 紀元前第六世紀로부터 第五世紀頃에 著作되였으리라고 하는說이有力하나、군

켈(Gunkel)氏와 같은이는 紀元前三千年頃의 바빌론 埃及等의 文獻으로부터 硏究를始作하야 所謂類別史的硏究에 勞力하는反面에、두ㅣ므(Duhm) 氏와같은이는 詩第一三七篇과如한 前六世紀中葉頃의 바빌론捕囚時代의것을 最古의것으로 斷定하고、其他는大槪紀元三三〇ㅣ一六五年頃의 希臘時代以後의 作이라稱하나、이는勿論 極端的異說에不過하는것이오 今日에至하야는 捕囚以前의作이있음은 無疑의事實로되였다。要컨대 作者도 不明한것이많고 著作年代도 幽久하야 數世紀 或十數世紀에亘하야、그때와그境遇마다 當한處地에서、或은 祈願하며 或은 讚頌하며 或은 嘆息하며 或은 詛呪하였든 赤裸裸한 選民이스라엘百姓의 靈魂의露出된것이 하나식둘식 생겨낫다가、歲月이 흐르고 環境이 變轉할지라도 金玉의 寶光을 잃지않는 詩歌의節句가 百五十篇이모여저서 일우어진것이 우리의 詩篇이되였다。이것을 敬虔한이들의 말을빌어하면、聖靈의役事로써 百五十篇의詩를 聖意에合한대로 採擇編著한것이라고 할수도있겠고、또한 進化論的으로 말하면、淘汰에 淘汰를 加한後에 百五十篇의 生存者만이 우리에게 傳하여진것이라고 하여도 詩篇의價値의 輕重에는 關係할바가없다。

詩篇을 學的으로 要約總括하랴고 勞力하여보면 볼수록、우리는 맞히 地球의年代를 計算하랴는者와같이 오히려 彷徨하지 아니치못한다。地質學者들의使用하는바 始原代、始生代、古生代、中生代、新生代等의 術語는、우리素人들의 性味에、맞지않는말이다。故로 우리는 平日의經驗에適合하도록 三百六十五日을單位로한 年數로써 地球의年齡을 適確히알기를 要求한다。마는 이에對한對答은學者에따라、千年만도아니오 五千年만도아니오 萬年이나百萬年만이 相違하는것이 아님을볼때에、우리는 失望한다。그러나 地球의年齡을 年數로써 確定할수없다고 地球의眞價에 上下할것이 없는것처럼、詩篇의年代와 作者와 內容分析等이 우리의 學問的方式에 一致하지않는다고 詩篇의價値가 上下할것이아니다。原來詩라는것이 分析解剖를 容納지않는것처럼、우리의詩篇도 喜怒哀樂의경우경우에 그一篇 或은 一句식을 吟味할것이오 丸藥처럼 삼켜던굴것이다。

大槪다른나라에서는 詩篇의譯文이 넘어優雅하야 原文의意를 돌이어傷한다고 걱정들인데、朝鮮文譯은 아직도넘어粗雜하야 詩歌의맛이 現顯되지못하였음은 痛嘆事이다。偉大한文學家가 出現하야 이詩篇을 우리의造次之間에도 부를수있는 歌詞로 譯出하는날이 速히 오기를바라지않을수없다。

城西通信

○一九三四年四月十七日(火曜)左와如한訓導生活 一個年間의 記錄을읽고 그緊張한生活이 장하고 부러웠다。

『(前略)、就伏白 就職滿一個年의實體와感想을 先生님께告하겠읍니다。去春四月五日赴任하와 一年級을 擔任하고 一學期동안 無限한 硏究를 繼續하얏읍니다。其當時에는每日의授業을 하고자하와 敎材를 調査하얏든것이오나 至今反省하여 보오면 또한硏究이였읍니다。萬事의盲目인 全然히 白紙의 幼兒의 敎育一個年은 門下生의게한큰것을 주었읍니다。人生의純心理敎育基本의大體 全體를 가르처주었읍니다。따라서敎師의 立場如何를 明示하야 주었읍니다

十二月에는 本道學務課主催에 各科敎授要目을 編纂케되와、本郡은 國語科가되였아온대 校長이 小生을보고 하얏는지 一學年分을 本校에서 마타가지고 왔읍니다할수없이 約一年間의 硏究物을 벤겨修補하야 提出케되와、個人의硏究物이 學校名의 學校硏究物이되고 말았아오며、職業科와 他敎授의連絡 養鷄法等의硏究도 若干하와 謄寫하온일도 있읍니다。現代는 職業敎育을 부르짖는때이와 先生님께서 農村으로 돌아가라고 말슴하시든것도 이제깨닫게(確實히) 되였읍니다。(中略)

三學期에는 小生이 簡單히 그날그날의感想을써서 板書提示하오면은 兒孩들은 읽고 기뻐하얏섰읍니다。이때에 小生은 成功의拍手를 홀로히 마음속에 첬었읍니다니음도모르든 全白紙의 兒童이 文字를通하야 나의感想에 動할때에 어찌기뿌지않겟읍니가、이때에 父母의마음、어떠할가 勿論敎師以上이겟지하고 豫想하얏삽드니、二學年으로 進級시키고나도 父兄側에서 謝意를表하는이는 不過數人이외다。學校에넣었으니가、敎師도 俸給生活者이니까、이렇게生覺하는지 以前의 朝鮮敎育이 不充分하야父兄側의 敎育不充分이온지 모르겟읍니다이는 先生님의 敎示를받자와 判斷코자하옵나이다。然이나 兒孩들은 學級擔任變更發表時에 모다 울으며 十餘日間은 우리先生님이 어째 五學年으로 가느냐고하며부르짖으니、師弟之間은 이러하야 하올는지요 一便은 惜別의無滋味와 一便은기뿜도있었읍니다。先生님께서 우리를보내실때에는 이以上의 感을가즈섰겠읍니다。

反省하야보오면 先生님을 본받은所以올시다。「嚴重한가온대에 人情味를가지고 師弟之間을 接하시는」先生님을 小生은 꼭본받아 一個年間成功에 갓가웠다고 기뿌어합니다。

今年에는 五學年을 擔任하게 되였읍니다。一個年間은 最初의經驗이었었고 今年에는 淺薄한經驗이나마 이에비처서 硏究努力하고자하옵나이다。

○○라는곧은 酒色方面發達로 風紀가不好하와 恒時反省謹身하옵는대 明年에는 轉勤하여야 하겠읍니다。如此한곧을 改革시키는것이 敎育의 힘이겠지마는 富察廢家의子姪로 不良靑年의 多數에는 操心스러옴이많습니다。以上으로 一個年間의 感想이라고 先生님께말슴들이고자하오니 久未上書하옴을 容恕하시고 以上을批判敎示하야주심을 千萬伏望하옵나이다。

四月十五日 門 下 生○○○』

右와同人이 訓導生活半年만에 보낸 글월은 다음과같은것이었다。

『(前略) 敎員生活도 벌서一學期를 보내고 二學期도 거의다가게되였읍니다。其間에 道視學의檢閱、母姉會、學父兄會、音樂會、運動會等의 여러가지가 있었읍니다。第一學期에 視學이視察을와서 敎授方法其他 諸般을 보고갔는데、小生은 先生님께서平素의 가르침을 萬分의一이라도 銘心하야 지켜온恩德으로、많은稱讚을 得하얏읍니다。母姉會때에는 小生도一職員으로 兒童의 各母姉앞에서 講演을하게되였읍니다小生의性質에도 여러모임앞에서 이야기하는것이 趣味가 있게되였읍니다。

여러가지 集合에 한가지느낀바가 有하온대、大槪가精神의 모임이아니고 形式的의體面維持의 모임이었읍니다。나의子息을學校에 入學을시키었거든 一次라도 擔任

과 그의將來라든지 家庭의 現狀이라든지 子姪의個性如何라든지를 些少라도 議論함이無하고, 敎師와의 情通이라는것이없는것이 大端이遺憾으로 生覺되오며, 母姉會의 主旨도 如斯함을 目標로하온것인대 活動寫眞이나 求景온듯한 氣分으로있으며, 朝鮮의舊習이라는 關係도있겠지마는 擔任과의談話조차 없이돌아가는이가 많은때에는 놀랐아오며, 一便寒心하였아오며 將來改良點이라고 生覺하였읍니다。

先生님 兒童들과 每日을보내며 여러가지 短時期에도 經驗을得하였아오나 한가지 기쁜일을 보았읍니다。卒業後에 農事를 하라고 말슴하시드니, 現今職業敎育을 主張하게되와 田畓을 莫論하고 學校에서도 若干農事를 하옵는대 田穀의播種收穫에는 그다지 느낌이없었아온대, 畓을半斗落쯤을 耕作부터 힘써일하와 收穫에 二石三斗를 하고 나오니 兒孩들과함께 어찌기쁜지몰랐읍니다。

此地는 金融組合郵便所等이 有한, 過히 不便한處는아니오나 見聞이 늘어지지않고 刺戟하는것이없아와 恒時注意하오나 讀書方面에도 趣味가있어도 如意하게되지안는때가 많읍니다。讀書의 熱이라도 가지고 中等敎員檢定까지라도 하는意氣는 有하오나 萬事가如意치못하옵니다。』

이는 單二個年間 養正學校에 修學하다가 卒業하기前에 師範學校로 간사람이다 五個年間 卒業까지하고 나간者에게 比하면, 저는 中途에 들었다가 中途에 나간 過客에 지나지못하것만 저自身으로는 그 二個年間의 所得을 끔즉하게 녀기는모양이다。주는편에 差別이있음이 아니나 받는 그릇에따라서 確實히 大小와 賢愚가 갈라진다。저의大成을 企望하거니와, 저는 그敎師에게 갚을수있는 가장 큰것을 갚을줄아는者로다。

○四月二十三日(月曜)讀者의 所感에『…先生님 四月號의「亡하면亡하리라」「蚌蛤을 爲하야 辯함」에서 어떻게 이같이 나라는 예수쟁이를 說明하는고하고 울었읍니다』라고。쓴사람도 쓰고싶어 쓴글이아니라 눈물로써 쓴글이다。

○二十四日에는 海州療養院에서 未見의兄弟로부터來書。海州도 또한 멀지않게될을 感謝하다。『先生의人格을 欽慕하옵는지 벌서 오래입니다。보내주신 두卷冊子는 잘 받었아오며 오직 感謝할따름입니다。同病의동무와같이 읽겠읍니다。

그리고速히 튼튼한몸이 되어서 親愛하는柳君과같이 先生님 指導를받을 날이하로바삐 오기만 하나님께비나이다。葉書로 이렇게失禮하오니 容恕하소서』

但「人格」이라고하면 普通槪念으로는 公會堂에서 結婚式主禮하는「人格者」를 聯想하게되여 不快하다。나의救主 그리스도가 當時의宗敎家輩의 謀陷에빠저 荊冠을쓰고 嘲弄을받을때에, 거기 무슨「人格」이랄것이 있었으랴。未見의兄弟여 저 예수의下人에게 무슨人格다운 人格이 具備하겠읍니까 부대 相面하는날 過히落心치마시오。

○二十六日(木曜)朝에 腦貧血을 再發하야 臥床한채로 數日을지나다。醫師는 命하기를 讀書하지말고 思索하지말고 執筆하지 말라고하나, 이는나에게 거의 死刑宣告와 近似한일이다。虛弱한 身體는 아니면서도 無理한虐待를 肉體에加하고는 病身노릇한다。그러나 小人閑居爲不善이라하니 우리같은 小人은 病席에서 쉬는것이 차라리 感謝이다。이런때에五山咸兄으로부터來信。

『봄이갔었읍니다。좋습니다, 맘은候鳥같이 大洲에서 大洲로 飛翔하렵니다。

恩惠中에게시오며 宅안 고로平安하시옵니까, 아기 더구나 健康합니까。兄은 或 過히疲勞해짐없는지요, 弟는 지금數年前氣分과 彷彿한中에있읍니다。學科時間은늘고 事務는적고, 比較的 自由롭고。이世上을假宿으로 알수있는것같이幸福은 없는가봅니다。日間은 땅을親하기에 겨를없읍니다。千坪되는 땅을 달으기도 여간안입니다。』

흙에 親하는일은 가장善한일이다。사람마다 勤勞에 견딜만한身體를 鍛鍊하여둘것이다。

○二十八日(土曜)平壤에 처음으로 赴任하는 誌友로부터 左와如한 消息을주다。

『久阻의責을 무엇으로免하리이까。오래동

안 一片의書信도 없었음을 容納하여주심을빌어 마지않습니다。그동안 作所가 여러번變轉하였으니만치 奔忙하였지만은 小生의怠慢의 性質로因하야 이처럼 遷延이되였읍니다。그동안도 얼마나聖朝誌의使命을爲하야 奮鬪하십니까、참으로 先生님께서 苦心하는樣이 눈앞에보이는듯합니다。先生님의 最後通牒까지 받았지마는 聖朝誌를 繼續하여볼려고합니다。마음에 고만둘수없음이있음으로 또보렵니다。아모共鳴이없고 보잘것없는讀者인저라도 바려주시지말기를 빕니다。그렇나 聖朝誌를 받을때만이라도 어련 제靈이 啓發됨이있음은 어쩔수없읍니다。」

雜誌로 發行하는以上에는 一人이라도더 많이읽고 共鳴하여주기를 바라는바이나、그것은 서로戀慕하는 마음이 繼續되는限까지의 일이다。無益한줄로 認하는때는 中止하는것이 彼此에有益하다。故로 우리는 虛僞를避하기爲하야 때때로 最後通牒을發하고는 發送을中止한다。

○四月末、아직病後에 完快치못한때에 如左한來信을接하고、그야말로感慨無量하다。

『日前 보내옵신 講演錄은 받사왔나이다 四月號聖朝읽고 卽時上京할야하옵다가、充分히 考慮할意向으로 于今껏있압다가 이제야 數字上達하게되옵나이다。

聖朝받자옵고 城西通信의 意外의記事에 驚愕하였나이다。現代의營利上 問題로라면 두先生께서 서로摳打를 하셨더래도 그다지 괴로운번민은 한必要도 없겠압고 되지도않겠아오나、先生들의 分離는꿈에도像想도 못하던일임으로 괴로움의 甚함을더합나이다。오늘까지 數百番 그記事를 되풀이하야 읽어보았으나、그 明白한原因을 알길이없아오니 점점더답답하옵고 괴롭나이다。佐藤先生께서 不少히염여하시며 藤井先生이 內村先生의 門下를떠나옵던 當時 先生의心境을말슴하십디다。(中略)

一九三四、四、二八夜 ○○○ 上書

追而 日前에 養正서 甲組로同窓인 現在 東京市 ○○○○學校在學中인 ○○君의 書信中에 別紙와如한 意外의一片이있아와 半信半疑하오며 거의 부끄렵고두려옵나이다。在學時甲組는勿論、乙組동모에게도 미옴과潮笑의目標가되든 저에게 이같은글이 올줄이야 꿈에나뜻하였겠나이까。그리하와 卽時答하옵기를「동모여 萬一나에게 針小만한美點이라도 있으면 그것은 모다金敎臣先生에게서 받은바이오니 次後는 나를 사랑하는만치 金先生을 尊敬하시며 배우소서」라는 答狀을 붖쳤나이다。先生님! 알수없는것은 사람인가봅니다。云云』

藤井氏가 內村先生의 門下를 떠날때는 相當하고 明白한理由가 있었으나、우리사이에는 그것이없다。理由있는絕交는 天地間에 嚴立한人間行爲이다。理由없이(或은 不示하고) 하는絕交는 絕交「遊戲」에不過한것이다。「遊戲」를 「行爲」로 接受하는데는 人生을 보는見地에 大差가있는까닭이다。

여기에 가슴이 쓰라린 所以가있다。

米國地理를敎授하다가 아부라함 링컨을 紹介한것이 基督敎를 宣傳한行動이라는理由로써 七十餘名卒業生의 團體的구박을當하든 光景을併想하면 참말「알수없는것은 사람인가보다」。나로서 말하라면「동모여! 萬一나에게 針小만한 美點이라도 있으면 그것은모다 그리스도예수의게서 받은바이오니、次後는 나를사랑하는만치 예수를尊敬하며 信仰하소서」라는 말밖에없다。

大英聖書公會의報告

지난十二個月동안에 聖書一〇九三三二〇三卷을出版하니、前年度同期間보다 三一五七三三卷이 增加되였다。但新約聖書는 三萬九千卷이減少되고、舊新約合本한것은 돌이어 三萬九千卷이 增加되였고、小冊(分卷 聖書)도三十一萬五千卷이 增加되였다고한다。

英文聖書로는 英國內에 八五五四四八卷、國外에五七二〇〇〇卷이配付되여、合計約一百四十二萬七千卷의英文聖書가 一年間에發行되였다。

亞細亞洲에만 六百七十萬八千卷、亞弗利加洲에만五十萬九千卷이 發賣되였다。昨年一期間에十一個方言을 더飜譯하니、合計六百七十八個種類의言語로써 聖書가 發行된다。(五月十日倫敦타임스週刊所報) 米獨佛等을合算하면 聖書發刊總數는 實로每年四千萬卷을超過할것이다。

昭和九年五月三〇日 印刷
昭和九年六月 一 日 發行

京城府外龍江面孔德里一三〇ノ三
編輯兼發行者 金 敎 臣

京城府堅志洞三二
印刷者 金 鎭 浩

京城府堅志洞三二
印刷所 漢城圖書株式會社

京城府外龍江面孔德里活人洞一三〇ノ三
發行所 聖書朝鮮社
振替口座京城一六五九四番

【聖書朝鮮】第六十五號 昭和五年一月二十八日 第三種郵便物認可 昭和九年六月一日發行 每月一回一日發行

【本誌定價十五錢】

金教臣主筆

聖書朝鮮

第六拾六號

一九三四年七月一日發行

昭和五年一月二十八日第三種郵便物認可
昭和九年七月一日發行(每月一回一日發行)

目次

單獨

新學年이 돌아올때마다 約八百名의 天眞한 兒童이 百名의座席을競爭하는 光景을目睹한다。京鄕을勿論하고 兒童의아버지나 어머니、或은 형님이나 누님이、一人에一人식은 따라왔것만 受驗票를 가슴에 품은學童의 감곧과 保護의所任을 맡은父兄이 설곧은 스스로境界가 다르다。兒童은 二重三重의 點呼와檢閱을 畢한後에 뛰는 가슴을진정하면서 人生에서 처음當하는 選拔試驗에 及第하랴고 激甚한競爭이 시작되였는데、校庭에 모인父兄들은 長時間佇立한대로 멀리 冠岳山을 바라볼뿐이다。짐작건대 저들保護者中에는 腕力으로 될일이라면 百千의丈夫를 두려워안할 勇士도 있을터이오、金力으로 될일이라면 千金도 오히려 많다 안할 長者도 없지않으려마는、그래도 試驗만은 幼弱한學童의 스스로의 힘으로 싸와 七人을勝한者되여야만 저의運命의 第一關을通過한다。아버지의 힘찬팔뚝과、누님의 뜨거운 가슴도 受驗場에 앉은者에게는 털끝만한 助力도 加할수없다。室內에서 力鬪하는 受驗生과 窓外에서 念慮를마지못하는父兄을 對照하야 헤아릴때에、監試하는敎師의 가슴에 흐르는 感淚의 洪流도 크지않고 견딜수없다。

다섯살되는少女가 사람마다 一生에 한번식當하는 紅疫에 걸려、一週日된때부터 熱은 더하야 四十度를上下하며 脈은不整한대로 百二三十을 計하니、숨소리 높은데다가 기춤까지 톱아내는光景은 父母된者가 참아보고 않아슬수없다。醫師의指示에依하야 할수있는助力은 다하고저하나、氷囊을 머리에 다이는일과、體溫及脈搏을 記入하는일外에 숨 한번 느추어 줄수도없고、기침 한번 代身하여 줄수도없다。아이의身體는 불덩이같이되여 刻一刻으로 激戰또 激戰인데、「束手無策」이라고한들 이렇게 「束手無策」일데야 어디있으랴。그러나 사람이란사람마다 一平生에 몇번식은 이러한難關、單獨으로 싸워야만하는難關을 通過하고야 살도록 人生의 푸로그람을 作定하신이의 聖意에 想及할때에、우리의無能과焦慮를悔恨하기보다 人生의高貴性과嚴肅함과、하나님의至極하신 사랑의寶座앞에、枕邊을 지키면서、우리는 속살거렸다。『싸워라、악아 홀로 싸워라、너는 다시없는人生인 까닭이다。主여 당신은 크도소이다。眞情이로소이다。어리고 弱한者도 各其單獨으로만 싸우게하셨아오니、당신은 받으소서 感謝와讚頌을』하고。

主그리스도가 四十日四十夜를 曠野에서 試驗받았을때에 單獨이었고、그十字架가 또한單獨이었다。單獨은 願하고싶은것이아니나 人生에 單獨은 不可避한것인듯하며、또한人生에 가장高貴한것은 單獨으로當하는일에서만 얻을수있는듯하다。우리가 病患으로因하야 親族에게 바림을當하고、貧困으로因하야 故友를잃고、不利한事業을企圖하야協力者의離散을當한때에、그자리가 아니고는 받을수없는 眞理의잔이 넘침을본다。그리하야 나종審判의 자리에도 通譯없이 辯護士없이、오직 仲保者인 예수와한께 單獨으로 서리라。

시작이 절반

百里를 가는者가 九十里로써 절반을 삼으라함은 人生處世에 없을수없는 實際敎訓이어니와, 이와는 正反對되는「시작이 절반」이라는 格言이 成立될수있음은 奇異한現象이라고 할수밖에없다。成立된다고할뿐만아니라「시작이 절반」이라는格言은 멀리希臘、羅馬로부터 近代新舊大陸의列强 諸國民에게까지 共通하게 傳하여오는말이다。Arche de toi hemisu pantos.(시작은 全體의 절반이다)、Dimidium facti, qui coepit, habet.(시작한사람은 절반한것이다)、Well begun is half done.(시작이 절반이다)、等은 다 마찬가지뜻이다。即 時代의 古今과 地域의東西에別이없이 共通한事實인것을 立證한다。

돌이켜 實際現象에 빛우어볼진대、우리個人의 日常生活에 하루일을 맞우고 晩鍾의音波에불려 休息에 돌아오려할때마다、一日의工程을回顧하야「시작이 절반」임을 느끼지않는이가있으랴。널리 社會現象에 빛우인다면 支那國民黨革命成功의過半功績을 孫文의 시작에 돌리지않을수있으며、露西亞革命의功果의太半을 그小數의 시작한 사람들에게 돌리지않을수있으며、北米合衆國 今日의隆盛의基因을 淸敎徒의 메이 쁠라워號의出帆에 돌리지않을수있으랴。다시 오늘날文明의 가장크고 고마운恩澤주는 照明電燈의功勞의過半을 故에듸손翁의 實驗시작에歸한들 누가是非할것이며、스에즈、파나마 二大運河의恩澤의大部分을 佛人레셉스氏의 처음一鍬를 시작한데에 돌린들 무슨抑울함이 있다하랴。생각할수록 世上萬事가 시작이 절반이라 함은 에누리없는事實이다。萬一農事에參與하야 봄날에 播種하고 때때로除草하면서 그成育함을觀察하는 幸福을가진者이면 저는 格別히 느끼는바 있을것이다。씨를뿌리고 물을주고 除草하는것은 農夫가하거니와、果然養育하는것은 하나님이심을 切實히 깨다를것이다。農事도「시작이 절반」임을 가르키어 마지안한다。

그러나 이 모든現象에超越하야 가장適確하게 가장現著하게「시작이 절반」임을 如實하게 보이어주는일은 信仰生活에서다。靈界의法則에서다。周到綿密하고 伶悧敏活한사람은 後日의失策과 嘲笑를豫防하기爲하야 于先 知識的으로 聖書와神學에能通하고 道德的으로 相當한君子로 自他가承認하게된後에、나도 크리스챤 으로 自處하겠다고 逡巡하나、이는 百年、河淸을待하는일이다。道는 가깝다。마음에 그리스도를믿고、입으로告白하게되면、저는 벌서 救援에參與하여진것이다。(羅十章十)「시작이 절반」뿐만이아니라 果然「시작이 全體」이다。다만 믿기만 시작하면 學說과品行等은 따라서 處理되여진다。우리는 最小限度의일을 시작하면 하나님은 最大限度의일을成就하여주신다。感謝하지않은가「시작이 절반」이라하니。疲困한 兄弟여 다시 일어서라。

最大의罪惡

誌友來訪。넉넉지 못한 살림으로 多年間 窮僻한地方의 조곰한敎會를牧會하고있는兄弟。靈으로 交通한지多年이나 肉身으로는 세번째 찻아와서 初對面이라고。誌上에서確然치못한것을 問疑하고저하야 온 걸음이라하나、저는 重大한眞理를證據하고 갔다。가르되

얼마전에 친구 두사람이 찻아온일이 있었읍니다。樹蔭에誘導하야 이야기할동안에 저들을爲하야 午飯을準備하게하였읍니다。구차한 살림이지만 있는精誠을 다하야 차리고、우리의 待接을 받아주기를 懇請하였읍니다。行動을 다하고 할말을 다하야 간곡하게 권하였으나、드디어 저들은 自轉車를 몰아 가버리고 맙니다。이날에當한 怨痛한 생각이란것은 生來에 처음當하는일인듯 하였읍니다。나는家人을 向하야 말하였읍니다。『내가 後日에 저의들파 사괴는일은 있을지라도、生前에 저의들집에가서 숫갈은 입에 물지않으리라』고。이윽고 우리夫妻는 손님이 버리고간待接을 우리 스스로가 받으라고 床前에서 感謝하였읍니다 ……主여 아바지께서 보내신이를 믿는일이 最大의事業이오、하나님이 보내신 예수그리스도를 믿지않는일이 最大의罪惡이라는뜻을、이날에 비로소 깨닫게하여 주셨아오니 感謝感謝로소이다。

라고。主님은 恒常 적은것에對하야도 큰것으로써 갚아주시더이다。云云。

果然 아멘 이오、또 아멘 이다。무릇基督敎의眞理는 机上의空論이 아니오、또한二에二를加하면 四가된다는 程度의것도아니다。그리스도를 믿지않는일이 人生의最大罪惡이라고하면 이는少數의熱狂的基督信徒의妄想이오 偏狹인듯이보이나、그러나 宇宙를創造하신 하나님이存在하신以上 이일은 割引할수없는 事實그대로이다。그리고 이러한種類의眞理는 頭腦의明晳함으로써 아는것이아니오、心臟의眞實함으로써만 알수있는地境이다。夫婦와親子의 사이에 眞情이있고、친구와의交誼에 眞實로써 싾者이면、비록 저에게 各國註釋冊을 閱覽할만한學識이없다할지라도 저는 基督敎의中心眞理를把持함에 남보다 못할것이없는者이다。支那의賢者가 養하기보다敬함으로써 孝를가르킨것은可하나、儒敎의 어찌할수없는傾向으로서 아무리하여도 外的이오 社會的인規約임을 未免한다마는、內的이오 家庭的인見地에서 볼때는 敬도 차라리 最大한要素가아니다。孝道란 무었인가 孝子의道이다。孝子란 무었인가 父母의 기뻐하는 子女다。父母의 기뻐하는子女란것이 必曰 道學者的人間이 아닌것은 집집에서 보는事實이 말할것이다。放蕩한子息을 사랑하였다함은 路加福音記者의獨創이아니다。東西古今에共通한 人情事實이다。다시말하면 孝子란것은 父母의 주는대로 받는子息이오、不孝란것은 받기를不肯하거나 或은 條件付하랴는 건방진子息이다。因하야알수있다。豫備하신獨生子 그리스도를 信受치않는것으로써 最大의罪惡이라고 定하시는까닭을。

聖書的立場에서본朝鮮歷史

咸 錫 憲

六、地理的으로決定된朝鮮史의性質

朝鮮歷史가受難의歷史라는斷定은 漠然한空想으로된것이어서는 아니된다。事實에依하야 實證되는것이어야한다 그地理와그民族性과그歷史變遷에서 苦難을볼수있어야한다。爲先 地理에서보기로하자。地理와歷史間에 싼關係가있는것은 우에서 이미 말한바다。말하자면 地理는 歷史의一部分이다。地理없이 歷史를論할수없는것이、마치 耕地를아니보고 農作을말할수없는것과같다。故로 朝鮮歷史가 萬一 受難의歷史라면 반듯이 그地理우에 그것이決定되여 있을것이다。事實 우리가 朝鮮의地理를吟味하여보면 그各條件에 苦難의文字가씨어있음을알수있다。以下 우리는 位置、地勢、氣候、景槪等몇가지條件으로나누어서 그것을說明하기로하자。

一、位置로는 朝鮮은 北溫帶中에서 亞細亞洲의東岸에있다。이点에서보면 朝鮮의位置는좋다。文明의發達에는 溫帶地方이 가장좋다고、또世界文明國의大部分은 北溫帶에있는대 朝鮮은其中에있고、亞細亞洲에서도 東岸一帶는 交通이便하야 人文發達에좋다는곳인대 朝鮮은그中央에있다。이点에서보면 남이부러워할만할지언정 못하지않은位置를가지고있다할수있고 特別히 苦難을當할理由가없다。마는 位置에는 그런 經緯度의位置만아니라 關係的位置라는것이 또있다。即 周圍의다른나라와의關係에서 論하는位置다。前者는 主로 經濟生活우에意味를가지지만 後者는 政治生活우에至大한意味를가지고있다。이 關係的位置에서말하면 朝鮮은 所謂中間的位置라는것이다。即大陸과日本列島間에 介在하여있어서 通過地帶가된것이다。이런따위實例는 다른나라에도있다。波蘭、希臘、猶太하는것들같은것이다。이種類의位置의利로운点은 文物輸入에빠르고 文化傳播에便한것이오、害로운点은 外敵의侵入을받기가쉬워서 獨立을維持하기어려운것이다。以上에 例擧한나라들을보면 모두다 그러한歷史를가지고있고 우리朝鮮도 남들이侮辱하야 일즉이獨立해본일이없는 民族이라고까지하고、또그렇게까지는않더라도 事實 半萬年의歷史가 壓迫과掠奪의連續이기도하지만、그原因의 적어도半分은 이位置에있다할수있다。

地圖를펴놓고보면 朝鮮半島는 三面에서肉迫하여오는三勢力앞에 包圍되여있음을 알수있다。即 西의支那와 北의滿洲와 東의日本이다。이位置는 따이나마이트같이 能働的인힘을가지는者가서면 震動의中心이오 號令의司令塔이오 支配의首都일수있다。希臘이나 伊太利가 일즉이이를例示하였다。 그러나 萬一 그렇게强者되지못하는者가가진다면 그는受難의골목이오 壓迫의틈바구니다。朝鮮은不幸히 그後者인便이다。地圖를삶여보면 支那本部는 一個뿔뿔과같은形像이다。이제 그안에空氣를불어넣어 膨脹시킨다면 不得已弱한곳을 뚫고나갈수밖게없을것이다。支那本部의周圍를보면 그런弱處가몇곧있다。北에는 內蒙古로通하는길이오、西에는 天山路로、南에는 安南에들어가는길이오、東에는 山東半島에서 海路로朝鮮에오는길과 山海關을넘어 遼東道로滿洲에들어오는길이다。故로 支那本部안에서 人文의盛하는때면 반듯이 이出口를通하야 그勢力이뻗쳐나오는것이었다。그리하야 漢族이强盛할때마다朝鮮은 그侵入의禍를免치못하였다。自扶餘時代로 李朝에이르기까지 그러하다。北의滿洲는 古來로 猂勇한여러民族의 出沒地였다。그리고 거기일어난者는 반듯이南下運動을하는것이었다。只今일새 滿洲의富庫라고 제各기눈이벌했지만 人文發達이되지못한前代에는 寒冷한滿洲는 살기에좋은곧이못되였다。故로 滿洲에일어난者가 南國을貪하야나려오려하는것은 自然의勢였다。우리檀君朝鮮이 南遷을한것은 必是 그때문이오 契丹、金、淸、蒙古하는것들이 侵入한것도 그때문이다。勿論 조고마한朝鮮을삼키랴는것이 究竟의目的은아니다。欲心은 支那에있는것이다그러나 政略上、軍事上 朝鮮을그대로두고 支那에들어갈수는없는일이다。故로 朝鮮은 반듯이禍를받게되는것이었다。現代에와서 露西亞가侵入한것은 朝鮮이라는中央点을占有하야가지고 東亞一帶에 君臨하랴는것이었다。다음에日本列島를보면 크기로보아서 前二者에比할바못되는 數個의孤島지만、朝鮮半島보다는 오히려큰便이오 孤島인点에 돌이어 强處가있었다。古代에人煙이稀少한때는 勿論朝鮮에서 盛히植民하였던形便이다。그러나 一旦들어간後는 다시갈곧없는섬인지라、人文의發達이어떤程度에達하면自然히 大陸을向하야 反動의물결이건너오게된다。日本列島를보면 東北에서 西南으로뻗쳤는대 그中心은中部에있다。이제그中部에 壓力을加한다면 힘은不得已兩端으로빠질수밖게없다。그런대 上端은 氣候寒冷하고 살수없는곧이오 下端은 一葦帶水를隔하야 朝鮮을對하고있다。故로爲先 朝鮮으로向하야 大陸을目標로삼고 올것은定한일이다。自新羅로부터現代에이르기까지 歷史는이를證明한다。

이것이 朝鮮의位置다。이러한位置에서서 苦難을免하려면 거기 强大한民族이있는것밖에 他道가없었다。그런대攝理는그렇지않었다。故로 그歷史는 不得已 苦難의歷史가 안될수없었다。

二、地勢、 攝理가 半島에强大한 民族을아니두었다고하였지만 半島의地勢를보면 大民族을養成할수가없었다。그證據로는 爲先 朝鮮에는 大平原이없다。大民族이되려

면 그를기를만한 大平原이있고서야한다。漢族은 支那平原이있고서 可能한것이오、米國은 럭키山脈에서 아파라챠山脈에및는 一望無際의大平原이있고서된나라다。英國같은것은 平原이아니고도 大民族이되였다고하겠지만 英國은 位置에特殊한惠澤을닙어 된나라요、또 本國에平原이없다면 印度나 加奈陀의것을 盜賊질을하여가지고라도된것이다。그런대 朝鮮은 三千里가다平原이라도 크다할수없는대 그中의八割은 山地요、平野라고는 不過二割이다 이것을가지고는 到底히 大民族을養成해낼수는없다。또그다음은 大河流가없다。古來로 文明이大河流域에 發達하는것은 歷史上에昭然하다。河流없는平原은 죽은平原이다 거기는 遊牧文化以外에있을수없다。그런대 朝鮮에는 第一長流라는것이 鴨綠江이다。이것을 楊子江에나 미씨시피河에比하면 一支流도못된다。

그렇게 大民族養成의地로서의 條件이不備한대 한가에奇現狀이있다。그는 港灣이많은일이다。조고마한 半島에海岸線의屈曲과 港灣은 不自然스러우리만큼많이있다。港灣이라면 要컨대 大陸의出入口요 出入口가 많다는것은活動이 盛하다는것을 意味하는대、背景이없이 港口만이많은것은 무슨일인가 神의攝理없다면이어니와 萬一 모든配布의裏面에 聖意의 潛在하는것이있다면 이不自然을어떻게說明할것인가。우리는 다시地圖를再考할必要가있다 그리하야 注意하야본다면 곳 半島의北隣에서 그와는反對의奇現狀을 볼수있을것이다。即 廣大한 滿洲의平原에出入口가 도모지없는것이다。이두事實을綜合하야볼때 滿洲와朝鮮과는 相補的關係에있다는結論을 나리지않을수없다。大陸은實力養成의處所요 海洋은 力의發揮를할場所다。滿洲平原은 朝鮮이라는 棧橋를얻어서만 비로소 發達될수있는곧이오 朝鮮은 滿洲라는背景을얻어서만 安定할수가있다。그러나 이렇게生覺하려하면 疑心되는点이하나있다。即 長白山脈과 鴨、豆兩流로된 自然的境界線이다。朝鮮의山脈은 中部以南에서는 모두 南北의方向을取하는대 北으로滿洲에가까와올사록 東西의方向을 取하게된다 滿洲도 北으로는 平平坦坦의平原인대 朝鮮半島와의接境에는 數條의山脈이 가로놓인다。滿洲、朝鮮이 萬一 相補的이라면 이境界線은왜있을가 왜兩者를 二個의單元으로 區分하였을가。또 다시 區分할터이면 아조完全한境界線이되였으면 차라리 朝鮮을爲하야는 障壁이되였겠는대 그렇지도못해서 北에서오는强者에게는 그닷 어려운障碍가될것없고 南에있는者에게는 北上을妨害하는것이되여버린것은 무슨緣故인가。여기 苦難의原因이들어있다。分離할수없는것을 分離해놓고 分離를하되 不完全하게한대 苦難의歷史로서의 特質이決定되여있는것이다。이렇게滿洲、朝鮮連結說을말함은 軍國主義的野心이있어서하는것이아니다。神의攝理를믿는대서하는말이다。또 過去歷史에 根據가있어서하는말이지 그저 漠然히하는말이아니다。古代史를보면 朝鮮族의搖籃은 朝鮮半島가아니고 滿洲다。長白山麓、松花江流域、여기는 恒常 國家의孵化巢였다。檀君朝鮮이나오고 扶餘가나오고、高句麗가나오고 金、淸이나왔다。그러나 攝理는異常하였다。松花江은 南流하지않고 氷雪의北海로 흘러버렸다。何必北流를하였던가。이런故로 南下할때는發展을한것이것만도 後에는根幹은사라저버리고 南下한一枝만이艱辛히남아있어서朝鮮族을代表하게되였다。이모든것이 暫間 날이올때까지 苦難의짐을 지우기爲한것이라는解釋을내놓고는 說明할수없는일들이다。

三、氣候。 氣候가 文化우에影響을및이는것은 實로深大한것이있다。먼저는 食衣住의生活資料를 供給하는대서다。沙漠地方이 사람살수없는것은 勿論氣候때문이오、英國이世界第一의紡績業國인것은 그多濕한氣候때문이다。그다음은 健康上에주는 影響이다。熱帶地方이 天產이豐富함에도不拘하고 文化發達이어려운理由는 그酷熱한氣候가 사람의 活動能率을低下시키기때문이다。文明國이溫帶에있는것은 偶然이아니다。또그다음은 精神上에주는 刺戟이다。溫暖한氣候가 輕快한사람을내고 北方의氣候가 沈重陰鬱한性質을가지게하는일이 많이있다。猶太民族의 唯一神信仰의 深刻하고 熱情的인特性은 그살던沙漠地方의氣候의 影響에서자란것이다。以上의 세가지中에 第一、第二는 主로物質生活우에 關係를가지는것이오 精神生活우에는 間接으로關係될뿐이다。만은 第三은 直接精神生活우에影響을미치는것인故로 그民族의 文化의特質을 助成시키는대意味가크다。이제朝鮮의氣候를본다면 北으로는多少大陸性을띄지만은 大體로매우溫和하다。特徵없는氣候다故로 產業에는 매우適當하다。자라는動植物도 매우多種類요 土地도저기는할지언정 肥沃하고 鑛物의含有量이많어서 農業에나工業에나 適當치않은것이없다。바다에는寒暖兩流가다交流하야 魚族이豐多하다。精神生活에주는刺戟도 반듯이 나뿐것이라고할수는없다。本來溫順、仁厚한民族인故로 이氣候에서 더구나 溫良한性質을 가지게되였다。그러나 구타여 不平을말하자는것은아니지만 차라리 朝鮮의氣候가 좀熱하던지 冷하던지 其也어떻던지 刺戟性있는것이었드라면 하는生覺이있다。 本來가 부드러웠던性質인故로 이特徵없는 刺戟力적은氣候에서 아주微溫的인 性質이助長되고말었다。姑息的인性質이生기고말었다 高句麗사람에게있던 그勇敢한性質이 지금朝鮮사람에게서 볼수없게된것은 그原因이 全體로歷史의되여간대도있겠지만 北을바리고南에있게된것이 其中의큰것의하나일것이다。三寒四溫이라고하지만 三寒四溫은朝鮮사람다운氣候다。四溫이 있을줄을믿고三寒을참아가는것은 苦難의歷史를지으

면서 來日來日을기다리는者에게 符合한氣候라할수있다。

四、景槪。 그山川의形勢다。自然美다。經濟的實利와는 別로關係없는 條件이다。 그러나 自然은 決코實利만을爲하야 利用될것이아니다。 깊은教訓을주는教師가된다。 그나라의山水風景의如何가 그民族의精神生活上에 주는影響은 莫大한것이다。古來로 人物은 山川에서난다고하지만 眞理를含有한말이다。 勿論 風水說같은 迷信으로써하는말이 아니지만 偉大한自然이있어 偉大한사람을낳는다。 瑞西사람의 自由精神은 알푸스의靈峰에서난것이아니며、 놀맨民族의勇敢은 北海의波浪에서난것이아닌가。 佛敎의深邃한人生觀은 그印度、그雪山의殿堂에서얻는것이 適當한것이지 支那平原에서 될수는없는것이오、米人의豪膽奔放은 그「푸레이리」에서자라는것이 그럴듯한일이지 日本列島우에서 될수있는일이아니다。火山風景의 日本列島에서는 大和魂武士道가나는것이 自然한일이다。

朝鮮은 自然美로는 豊富한나라다。金剛山은 世界的이지만 金剛山이아니고도 處處에名勝이있다。그러나 氣候가 그리했던것같이 山水도 溫하고 和한山水다。 어느點으로던지 朝鮮은平和의나라다。一點의殺伐의氣를먹음은것이없고 覇氣를띈것이없다。朝鮮이라는名稱이 本來의意味는 어데있었던지말할것없이 지금의字意대로보아서 適當한名稱이다。 더구나 英語로翻譯하야 (Land of Morning Calm) 이라할때 一層더 그眞味가表示된다。 Calm 이다。 靜穩이다。 朝鮮의山水는 靜穩의山水다。 莊도 嚴도아니다 山은 大槪老年期의山이므로 南畵山水를보는듯한山勢들이오 바다도內海이므로 別로巨濤를보지못하는바다다。故로 보아서 平和의氣分을주는 秀麗한景槪이지 挑發的이아니다。이點에서도 朝鮮은 滿洲와相補的이다。兩者를比하면 서로다르다。合하야서비르소 完全한一個를얻는다。試驗하야 둘을比較해본다면 滿洲는 어데까지浩大인대 朝鮮은 어데까지佳麗다。滿洲는統一的인대 朝鮮은分散的이다。저에는 一望無涯의들에 해가地平線에서나와서 地平線에들어가는곳이오 黑龍江一河가 統一을하는곳이다。이는山脈사이에열리는 적은平野요 峯이日輪을吐하고 물결이月影을감추는곳이다。滿洲는 所謂 胡馬朔風에長嘶하는곳 武勇의地요 英雄心을挑發하는나라요、朝鮮은 又曰 錦繡江山이라 文의나라요 智의나라다。前者는 後者를얻어 그野를씻고 粗를免하여야할것이오、後者는 前者를얻어 그小를補하고 그弱을길으어야할것이다。뿌리를 北原에두고 꽃을 南海에피울것이다。

그렇듯이 朝鮮半島의地理를 여러方面에서볼때 그는苦難의집으로 되어있는것을볼수있다。그地理、그風物을가지고자라나는者가 苦難의主人公이 안될수없다。그리고 그렇게되는 主原因은 滿洲平原과 本來 分離하지않을것이

分離되었다는대 들어있다。勿論 朝鮮의地勢나、位置나、氣候、風景을가지고도 歐羅巴같은어느모퉁이에 앉었더라면 能히一大自由의民으로 强盛한나라를일우었을수도있었을는지몰은다。그러나 亞細亞인다음에는 그렇지못하다。亞細亞와 歐羅巴와는 規模가다르다。後者는 本來부터小區分的이오 前者는 大區分的이다。支那、印度、西伯利亞滿洲、土耳其、亞刺比亞等 모두다 그單元이 크게되였다 歐羅巴가 四分五裂하야 各張門戶하는것과다르다。그가운대서 朝鮮은唯一의小單元이다。더구나 그位置가 西로支那를끼고 東으로 日本을벌려놓고 北으로 滿洲를업은것이 아무리보아도 半島그것만으로 自足的이아니다。그런대도 不拘하고 長白山脈으로局限을하려하였다。거기 苦難의歷史의地理的原因이 들어있다。나는 朝鮮의運命을生覺할때마다 印度타골의 기탄자리中의 左의一歌가 聯想됨을禁치못한다。우리는 이를길다말고 우리의노래로불러보자。

『오 내사랑이어 당신은 그모든사람의뒤에 그 그늘속에서서 어데게십니까。저들은 紅塵니는 큰길에서 당신을 몰라보고 떠밀고지나갔읍니다。내가여기서 支離한時間、당신게들이올선물을펴놓고 있는동안에 오고가는行客들이 내꽃을 한송이두송이 모도다가저가버리고 이제는 거이뷘바구니만 남게되였읍니다。

아츰이지나고 낮도지났읍니다。저녁그림자가 나릴때 내눈은 疲困에졸립니다。집으로돌아가는 사람들이 나를보고 微笑하고 입을빗죽입니다。나는 거러지處女처럼 얼굴을 치마폭에파묻고앉어서 무엇을爲해앉었느냐고 저들이 물을때마다 눈을나려깔고 對答지않습니다。

오、참말 내가어떻게 사람들을보고 당신을 기다린다고 당신이 오마約束하셨다고 말할수있사오리까。직이고있는 이貧困이 持參金을삼을것이라는것을 부끄러워 어찌말하오리까。오 나는이 秘密을 내가슴에만품고있읍니다。나는 잔듸밭우에앉어 하늘을 올어러보고 당신오실때의 榮光을꿈꿉니다。그때에 燦爛한光輝속에 타신수레우에 錦旗는날리고 당신이 그자리로붙어나려와 띄끌속에서 나를거누십니다。녀름날 서늘한 바람밑으로 긔어드는 버러지같이 부끄럼과 사랑속에서떨고있는 襤褸한 거러지게집을 당신이 그옆에앉히우실때 저들은 길가에서서 입을벌리고 놀랍니다。

그러나時間은지나고、당신의수레소리는 들리지도않습니다。여러行列이지나고、소리치고、떠들고、榮光을자랑하며갑니다。그러면 당신은 그저 그모든사람들뒤에 서시어서 그늘과孤寂속에 숨으십니까 나는 그저 기다리고 울고 쓸때없는苦待에 애를 끊고 말것이옵니까』

果然 우리歷史는 큰길가에앉은處女의身勢다。선물의꽃바구니는掠奪을當하고 分數없는바람을한다고、비옷음을받고、쓸대없는듯한 苦待에애를끊는歷史다。그래도 新郞을 맞을날이 올줄을믿는다。

聖書概要 (十六)

金敎臣

箴言의大旨

卷頭의 第一章一節에 「다윋의子이스라엘王 솔로몬의箴言이라」하였으나(또第二十五章一節에도)、이것은 第一章에서부터第九章까지를 指示합인듯하다。箴言全篇이 솔로몬의著述한것이 아니라함은 箴言의第二十二章十七節及二十四章第二十三節(智慧있는者) 第三十章一節 (아게의子아굴의 箴言) 第三十一章一節(르무엘王의母親의箴言)等에보아도 알수있거니와、또한左記의句節이 서로重復된것을 보아도이冊이 同一人의著述、또는同一人의編纂이아닌것을 집작할수있다。

甲、同一한句節이 相遠한部分에散在한것。

二一•九와二五•二四、一八•八과二六•二二、二〇•一六과二七•一三、二二•三과二七•一二、一九•二四와二六•一五、一七•三a와二七•二一a、一九•一a와二八•六、一五•一八a와二九•二二a、二二•二八a와二三•一〇a、二四•三三、三四와六•一〇、一一、二二•二三a와二三•一一b、二四•六과二〇•一八b와一一•一四b等等。

乙、同一句節아 同一한部分에散在한것。

一四•一二와一六•二五、一〇•二b와一一•四b、一〇•一五a와一八•一一a、一一•二一a와一六•五b、一五•三三b와一八•一二b等等。

뿐만아니라 傳統的으로 솔로몬、智者、아굴、르무엘王의母等의箴言이라고하는部分도 果然그이들의著作인지 아닌지가未確하다。이처럼 著作者又는編纂가 分明치못하니그著述된 年代에關하야는더욱 그端緖를 찾을수가없다。

本書는 大體로八個區分으로 되였는데、其中七區分이 먼저各各類集되여 傳해오든것에다가、第一나종에 第一章으로부터第九章까지의 所謂솔로몬의箴言이라는 部分을編纂하야 全九編을一卷으로 編輯한것이라고 學者는말하니、그由來가 詩篇의成立과共通함이있다。(本誌第六十五號 拙稿「詩篇의大旨」參照)

그러므로 八區或九區로 分類하여도 거긔 무슨思想的의展開에因하야 그렇게할必要가 생겨서가아니라 오로지그編纂의沿革、傳統의痕跡이 남아있다는것뿐이다。이點은詩篇의境遇보다、더甚하야 箴言에는 一句一節이 全然獨立的으로되여 그前後와는 何等關聯이없는것이많다。

그內容으로보아도 猶太的要素가 濃厚한部分도 없지않으나、大部分은 애급、바빌론、헬라等地의 智者賢者가傳來하든敎訓을 그대로蒐集한것、即人間萬般生活經驗에서歸

納한 不朽의文字、所謂「智慧」의書라하야、非單 基督敎信徒뿐아니라 널리 어느異敎人이라도 읽을수있고 배울수있는文字이다。基督敎를 처음 알고저하는이가 福音書에 나오는 處女孕胎 死者復活等의 數多한奇事異跡에 困憊하야、聖書는 읽을수없는冊子인줄로 알았다가、一旦 箴言을 펴친後도는 그無盡한興味를讚歎하야 마지않는것은 本書中에 異敎와共通한智慧의敎訓이 豊富함을發見한까닭이다。基督敎의入門으로하야 箴言부터 읽기始作함도 聖書研究의한方法일것이다。

지금 智慧의敎訓中에서 몇가지 現著한것을吟味하여보자。開卷劈頭에 本文이始作되는句節은『여호와를 敬畏하는것이 知識의根本이라』고하였다。이一句는 以下三、四章에亘하야 論하는 知識問題의中心일뿐더러「智慧」의文字인 箴言全篇의 大旨를要約한것이라고도 볼수있다。그러나『여호와를敬畏하는것이 信仰의根本이라」든지「道德의根本이라」고한다면 모르거니와 今日과같이 科學知識이普及하야 無神論的思想이盛行하는世代에는 차라리「여호와를 敬畏하는것이 知識의妨害니라」고 할수는있을망정「知識의根本이라」고함은 넘어도 事實에背致되는 말이라고 할수도 있을것이다。그리고 過去 數千年以來로 宗敎에 依하야 科學及一般思想界에 多大한 碍障을 받었든事實을 例證할수도 있을것이다。마는 이것은 皮相的觀察에 不過한것이다。西哲이 哲學研究의 必要를 論하야 가르되 「無限大의宇宙에 自己의思索의翼이 얼마나 小弱한것입을 알기爲함이라」고。哲學的思索뿐아니라 自然科學的研究도 마찬가지다。森羅萬象의 모든理致를 通達한줄로 自負하는者는 아직 그知識程度가 甚히 低劣함을 自證하는것뿐이다。스스로 識者인줄 自處하는者는 알아야 할것드 채다 알지못한者이다 (고前三章一八節)。成熟할수록 숙어지는것은 偉大한學者의 共通한心事였다 個個의事物에關한知識 即 科學的知識에對하야、謙虛한마음으로써 여호와를 두려워하면서 새로운知識을 求할때에、事物과事物과의 互相的關係에對한 「明哲」 即 哲學的知識에達하며、科學的知識及哲學的知識을 統一하야 行動에及할때에 「智慧」 即 道德에達하나니、知識은 智慧에까지 達하고라야 知識그것도 完全한知識이 되는것이다。故로 여호와를 두려워하는것이 知識의根本이라고하였다。

다음에 生涯의 防攻戰術에 關하야 智慧있는者의 가르킴은、첫재로 罪의誘惑을 멀리하야 아초부터 邪惡한일에 接近하지말라는것이다。이는 一般罪惡에 處할原則이어니와、特히 智慧도운者가 反復하야말한바 淫行에對하야 그러하다。所謂 體驗을重히아는이는 社會裏面의各方面을 몸소體驗하여야하며、或은 接近하여도 犯하지않으면 無妨하다하나、이는 罪惡이 무엇인것을 아직아지 못하는者의 어리석은말이다。罪에接觸하여도 鐵石같은道心이 다시動치않음을 자랑함과、積極的으로 사탄과接戰하야 擊退할것이라고하면 壯하기는壯하나 基督敎의敎訓은 絶對로 그렇지않다。主그리스도의 말슴에도「우리를 시험에 들지말게하옵시고 다만 惡에서救하옵소서」라고 祈禱하라고하셨다。勿論 基督者는 邪惡을 避하기만하는것으로써 能事로아는것은 아니다。사탄을向하야 白兵戰을 演하지아니치못하는때도 있으나、이는참으로 不可避한때의 일이오、여호와의말슴과 그리스도의聖靈을 그마음속에 넉넉히받아 確實한勝捷을 期約하도록하여야 할것이다。

經濟生活에對한 敎訓中에 現著한것은 第六章初頭에있는 保證을하지말라는것과 蟻의生活에 배우라는것이다。保證에關한敎訓은 一見 非聖書的인듯이 생각하는이도있다。友人의信用不足을 自己의信用으로써 補助함은 義俠的行動으로써 稱贊할법는 하여도 非難할것은 아니라고한다。그러나 이에는 兩面의理由로써 不可함을 알수있다。첫재로 被保證된友人은 自己의信用以外의일을 企圖하야、萬一의境遇에는 그累를友人에게 及하게 할뿐더러 當幸히 始終如意하게 結末되였다 하여도 저는 友人의援助로써 自己의獨立을 喪失한者가되고만다。둘째로 保證하는편은 明日을 알수없는身勢에、過分의일 非信仰的의 일이라는것은 左의야곱의말로도 알수있으며、其他實際生活上에 無辜한妻子親戚에게까지 非命의禍를 남기는害毒은 一一히 말할것도없다。

슳브다、너의中에 니르기를 오늘이나 來日이나 아모城에가서 一年동안留하며 장사하야 利를얻겠다하는者들아、來日일을 아지못하는者로다。너의는 니르기를 主께서 許諾하시고 우리가 生存하였으면、이것도하고 저것도하리라 할것이어늘、이제 너의가 驕慢함으로自矜하니 이러한自矜은 다善한것이아니라 (四章十三節以下)

其他 簡單한箴言은 一句一句가 그대로 더解釋의必要도 없는것이오、第一나종에가서 第三十一章 十節以下에 記述된 猶太人의理想的主婦의記事는、다른部分과는 全然關聯됨이 없이 孤立한文章이나、거기에서 基督敎的婦人이 如何한것임을 알수있는故로、또한 聖書의婦人觀과 近代式婦人觀과에 얼마나한 差異가 存在한가함을 알기에매우有助한것이다。「羊털과삼실로 手工을일삼으니 遠方에서 糧食을運轉하는商賈의 배같도다」하였으니 나라이亡할때에 忠臣의出現이 必要하며、집이貧困한때에 良妻를要한다함은 이러한婦人을 指稱함이다。「家事를 부지런히 삶이고 遊食하지아니하니 子女가祝福하고 男便도稱讚하는

도다。……外貌의美麗는 無用하나 오직여호와를 敬畏하는女子는 行爲로아름다운열매를 맺으니、名望이民間에 가득하리로다」하니 이는 그男便을 主人으로섬기는 在來의 우리舊式婦人과 어김없도다。新式敎育받는女性 特히高等專門敎育받는 新女性과는 그理想이 現著하게 相違함을 볼수있다。

箴言의槪綱

一、序 文 (솔로몬의箴言) (一•一—九•一八)

가、箴言의効果。 (一•一—六)

나、여호와를 두려워하고、罪를멀리하라。 (一•七—三三)

여호와를 敬畏하는것이 知識의根本이로되、미련한 자는 知慧와敎訓을 蔑視하나니라。 (七節)

다、知識、明哲、知慧의渴求。 (二•一—二二)

明哲을 불러求하며、知識을 얻으랴고 소리를질러、銀을求하는것같이하며 감초인寶物을 찾는것같이하면 네가 여호와를敬畏하는일을 깨닫고、하나님을 아는道理를 얻으리라。 (三、四節)

라、長壽、榮譽、富貴。 (三•一—一二)

내아들아 나의法度를 잊어버리지말고、네마음으로 命令을지키라。 그리하면 네가 長壽하야많은 해를 누리며 平康을 더 얻으리라。 (一、二節)

그리하면 네가 하나님과 사람앞에서 恩寵과 榮譽를얻으리로다。 (四節)

너는 마음을 다하야 여호와를 힘입고、自己의 聰明을依支하지말지어다。 (五節)

네 財物과所産物의 처음 익은 열매를 들여、여호와를 恭敬하라。 그리하면 네 倉庫를 豊盛함으로써 채우고 네 그릇에 새 葡萄즙이 넘치리라 (九、十節)

마、智慧의尊貴。 (三•一三—四•一三)

智慧는 紅寶石보다貴하니 네가願하는 모든것을 이에 比較할수없도다。 그右편 손에는 長壽함이있고、그左편손에는 富貴함이있나니라。 (一五•一六節)

바、生涯의防攻戰術。 (四•一四—二七)

사특한자의 길로 들어가지말며、惡한자의길로 다니지말라。 그 길을避하고 지나가지도말며、돌이켜 떠나갈지어다。 (一四、一五節)

무릇 지키는 중에 더욱 네 마음을 지킬지어다。 마음은 生命의 根源이니라。 (二三節)

사、心身의 淨潔。 (五•一—二三)

娼妓의 입술은 꿀을 떠러트리고、그입은 기름보다 미끄러우나、그 나종은 쑥같이쓰고、左右에 날

선 劒같이利하니라。　(三、四節)

아、經濟生活。　(六・一—一一)

甲、連帶保證의不可。　(一—五)

乙、蟻와같이勤勉하라。　(六—一一)

자、邪曲한人間、七種의惡、父命과母法。　(六・一二—三五)

차、淫亂한世代。　(七・一—二七)

카、智慧의人格化。　(八・一—九・一八)

二、箴言의本體　(一〇・一—二二・一六)

道德과罪惡을 對照한敎訓이、簡明한單句로 個個獨立하였다。흩어진珠連같기도하고、王冠에박힌寶石같기도하다。類別할標準도 세울수없고、解剖할메쓰도 넣을 틈이없다其中 著明한句節을 抄錄하고저하면 드디어 全部를描寫하고야 말게된다。但 新約聖書에 引用된것만 몇節句를抄寫하면 다음과같다。

一〇・一二는고前一三・七、베前四・三、야고보五・二〇과。一四・三
一、一七・五는 太二五・四〇、四五와。二〇・一一은 太七・一六
과。二〇・二二는 太五・三九、羅一二・一七、一九와比較。

三、智慧있는者의敎訓　(二二・一七—二四・二二)

四、智者의敎訓의附錄　(二四・二三—三四)

四는三의附錄인듯하며 兩部分의內容과文體도 相似하다箴言의本體인 第二區分 (一〇・一—二二・一六)에比하야 詩歌的韻律이 等閑視되였다。

五、솔로몬의箴言　(二五・一—二九・二七)

유다王헤스기야의 編輯한것이라한다。大槪一句或은二句로써 한箴言을成하였고、善惡對照가平行하든것은 앞선部分보다 正確하게는 되지못하였다。

自己의 마음을 制禦하지못하는자는、고을이 毁廢하고 城이 문허진것같으니라。　(二五・二八)

惡人은 쫓아오는자가 없어도 도망하고、義人은獅子와같이 膽大하니라。　(二八・一)

六、아굴의箴言　(三〇・一—三三)

가、아굴의告白과一般的敎訓。　(三〇・一—一〇)

나、四의數의敎訓。　(三〇・一一—三三)

七、르므엘王의箴言　(三一・一—九)

가、禁酒의必要。　(一—五)

나、公義의實行。　(六—九)

八、알파벧詩 (理想的主婦)　(三一・一〇—三一)

所謂알파벧詩라하야 原文에는 各節初頭의字가 알파벧順으로 記述되였다。다른部分과는 何等關聯이없이 猶太의理想的婦人의德을 그려낸것이다。

시골의 榮光

祖上代代로 서울鍾路의普信閣에서부터 五里以外에 살지않었고、저의當代에도 五十平生에 一萬六千一百八十餘日의 日常生涯를 거의全部 鍾路거자에서 보고 들으면서 살아온이가 말하였다。『나에게 榮光이있다면 오직한가지榮光밖에없다。그것은 보는사람마다 나더러 묻기를「언제 시골서왔으며、얼마컨에나 왔느냐」고묻는일이다。大概 남들이 보기에는 시골치래도 몇달컨에나 或은 몇일컨에 移舍온시골치지、몇해컨에 온것같이도 보이지않는 모양이니 이것이 내가 朝鮮에서받는待接의 唯一의榮光이라』고。저가 몸은 서울鍾路에있으되 그마음은 恒常耕牛를思慕하야 마지않었든탓으로 그思想은勿論이오 그 몸맵시와言辭行動이 全혀 시골化하여젔든까닭이다。

大概나라가 생기면 서울이 있고、시골이 있을것도 定한일이오、서울에 서울의 자랑이있을것도 그럴듯한일이나 우리 서울처럼 시골을分離하고蔑視하야 마지않는 서울은、畢竟 地球우에는 다시없을것이다。서울에 貴한것이있으니、온 시골서 배와가라 본받으라 고할만한 무엇이있다는것이아니라、덮어놓고 서울이니까 시골은相合할수없는것 蔑視할수있는 무슨特權이나 所持한것같이한다。故로 언제까지든지 서울은 서울사람의서울이지 시골사람의 서울이 될수는없다。다른나라들은 國民全體의「우리서울」일수있으나、朝鮮서울은 오직京城府民의서울、문안사람의서울、鍾路사람의서울로局限하고야만다。따라서 시골人士가 서울오는일은 마치異邦에나 旅行하는듯하야、기름이 물에 뜬것처럼 돌게만된다。

얼마컨에 京城市內에서 乳兒健康審査會가 열렸을때에、그중에 굴군 베치마 모시적삼입은、粉칠도못하였고 卷煙도 필줄모르고、손은勞働者손같은、숨길수없는 시골婦人하나는、審査會의 처음부터 끝까지 시골치로 몰렸다。그 몸우에 기름이 몰리듯이「시골치!」시골아이!」라는 包圍攻擊에 몰리는光景이、日本人이나支那人이 米國서當할수있는「잡잡」이라든가「니ー스」라는嘲弄、支那苦力이日本人에게「장고로」라고 놀리우는것을 聯想치않을수없었다。오직審査委員들은 심술군게도 그 시골婦人의乳兒를擇하야 心身共히最優良兒로發表하였다。교만한마음과 흐린空氣로써 成長한母體보다、鉛毒에害받음이없고、제일을 질로하며、거의自手로 織造한것으로 옷입은 시골婦女가、健實한子女를 낳은것이라고 본것같었다。마는 시골에가면 親族에든지近隣에든지 그만한乳兒는 普通標準이지 決코特出한健康도아니다。따라서 서울胎生인某氏의말씀을 다시생각하면서「시골의榮光」을感謝하였다。우리는 서울과 시골을 구타여分離하자는것이아니다。다만 시골치! 라고蔑視를當할때에 시골의 榮光을 感謝하게되는것뿐이다。

古代히브리民族의孝道 (三)

楊能漸

從來로 孝道에關한研究가 意外에僅少한것은事實이나 그러나 全然히 없지는않다。二三의貴重한研究가있다。英國의碩學 Edward Westermarck 氏에게는 The Subjection of Children. 이라고題하야、子女가 父母에게對한從順에對하야 世界各地의風俗을引証한研究論文이있다。(The Origin and Development of the Moral Ideas, vol. I. pp. 167—628)。東京帝國大學文學部敎授戶田貞三氏는 그「親子의結合에就하야」라고題한論文에서 親子의親密關係의 緊密弛緩의理由를 抽象的으로考究하였는데 이는有益한社會學的研究이다 (社會學雜誌第十七號에發表、家族의研究頁一八三—二一八) 桑原隲藏博士는 狩野敎授還曆記念支那學論叢(二六九—三七二頁)에「支那의孝道、特히法律上으로본 支那의孝道」의勞作을寄稿하였고 博士는同論文에서 支那에서는歷代로 孝道로써修身平天下의根本義로하였든事實을 詳細이敍述하고 今日의孝道의廢頹를指目하야 悲憤慷慨의情을洩說하였다。우리와같은若輩로는 老博士의 如斯한熱情에 甚히恐縮함을不禁하나 博士가 漢人이如何한事情으로 孝道로써根本道德을 삼음에至하였는가함을 說明하여주었으면 後學을爲하야稗益함이 不少하리라고 생각한다。또 一九三二年에는 津田左右吉博士가「古代支那의孝道思想」(滿鮮地理歷史報告第十三)이라는 論文을發表하였는데 이것은儒敎의孝道思想의發生展開에關하야 綿密한研究를完結한것이니 貴重한研究임은勿論이다。S. R. Steinmetz. 氏는 獨逸의「社會科學雜誌」第一卷頁六〇七—六六三에 Das Verhältnis zwischen Eltern und Kindern bei den Naturvölkern 의一稿를發表하였다하니 이것도有益한研究인듯하나 아직接見할수없었음을遺憾으로안다。이問題에對하야는 히브리方面에서도寂莫하야 或時이에論及하는이가있다면、그것은 家長權又는父權이라는等의項目下에、子息은父母에게 絶對服從할것이오 父母는子女에게對하야 生殺與奪의權을行使할수있다는等의일을 何等躊躇함이없이 記述하였음에不過하다。

「父子之親、夫婦之道、天性也」(漢書宣帝本紀 桑原博士引) 라함

은古代漢人의 이디올로기—어니와 우리도 어렸을때에 이와같은敎訓을 받았든줄로記憶한다。지금새삼스럽게 이에關하야論하는것은 全혀無用한일인듯이보이지않는것도아니나 그러나考慮치아니치못할바가多少있다。「父子之親」이라고있으나 이는親子의相互的和合을 意味하는것이아니오 이것은一方的의것 子의服從을意味하는것이다。彼等漢人은 아들에게絕對的服從을要求하는故로「父子之親」이라함도 그實質上으로는 子에게對한負擔일것뿐이다。親子의關係 아니孝道를 人類의本能이라고解한것은 古代支那人뿐이아니다。日本에서는 故穗積陳重博士와같은 博學으로써世上에著名하고 特히西洋의新學問에通曉하였든學者도 孝道는人類에게 거의本能的으로潛在하였든것이오 社會의基礎的德義라고解하였다。[26]

人間에서는 社會事情이複雜한까닭에 親子의關도極히複雜함으로 于先다른動物에就하야觀察하는것도一助가될것이다。下等動物은大概產卵하야 放任하여버리고는 그以上生殖에對하야受苦하는일은 없다。多數히產卵하거나 或은產卵하여붙이는處所等을綿密히選擇하는故로 產出하는以外에는 子孫의保護를別로하지않어도 子孫의繼續에는 念慮할바가없다。產卵放任보다一步를進하야 얼마期間만이것을保護하는것이있다。「海星」의一種에 普通海星보다 幾千分之一에도當치못할少數의卵을產하야이것을自身의몸에保持하는種類가있다。「子負虫」은卵을雄虫의背에 붙이고 그것을保護한다。魚類도大概는放產하여버리는便이나 그러나淡水產의「棘魚」같은것은 產卵期가되면 雄의腎臟에서 나오는粘液으로써 水草의莖같은것을 모아다가 圓形의巢를만들고 雌魚를招來하야 其中에產卵케하고곳授精한後에는 恒常그近邊에 머물러서派守하고있다。蛙類中에는 獨逸、佛國南部에產하는「產婆蛙」는雌蛙의產한卵을 雄蛙가自己의足에附하며、南아푸리가北部의熱帶產의「背孔蛙」라는것은 雌蛙가粘液에混合한數十個의卵을產出하면 雄蛙가 이것을 雌蛙의背上에塗附하여주어 日數가經過한즉雌蛙의背中의皮膚가 柔하고厚하게되여 卵는一粒식 그中의孔穴에嵌包되여 이처럼保護받을뿐더러「올챙이」時代도 지나고 四本의足을備한小蛙가되여 完全히一匹의 개구리 된때에 비로소母體에서分離한다。動物中에는 自己의卵을保護하는것이있을뿐더러 그産出한子에게食物을供給하야 이것을養育하는따위가있는것은 鳥類의例에서分明하다 鳥類나獸類의高等動物에限할것이아니라 蟻、蜂같은것도幼虫에게 餌를與하야養한다。單히卵을保護하든지 子를養育할뿐만아니라 子孫保護를爲하야親이自己生命을犧牲하며 또한親의肉體가子의食物이되는것도있다。蜜蜂의雄은女王과交尾한채로氣絶하는것이오 蟷螂의雄은交尾한대로 頭로부터雌虫에게捕食되고만다。「介殼虫」과같은것은 죽은後에도 오히려 그殘骸로써卵을保護하는것이오「花蜂」「圓蜂」과같이母体를犧牲치않으면 生殖이不可能한것도있다。蠅이나蛙類에있는寄生虫中에는 母体를盡食하는것이있다。如斯히虫類나 魚類의大部分은親子의情이라는것을 不知할지라도 産卵其他에萬全을期하는故로 種族의保存에支障이생기는일은없다。鳥類나哺乳類와같은 高等動物은少數의子를産하야 比較的長期間 鄭重하게 이것을養育한다。神經의發達한動物에있어서는 親의게養育받는期間만은子가얼마쯤親을 思慕하는形跡이보이는것이있으나 一旦完全히成長한後에는 그情이없고 親을扶養하는動物이라고는 하나도없다。要컨대動物은各其種族保存의 本能을가지고있어 親은子를爲하야 不少한苦動를하나 子가親을思慕하며親을爲하야扶養한다는것은全然히없다。(27)

人類에있어서는 産하야 放置하여서는 그生活을 維持할수없는故로 그純朴한 感情에있어서는子를養育하는 育兒本能이있는것으로 認定치않을수없을것이다。如斯히 人類도 種族保存의 天分을 가졌음에도 不拘하고 種々이와는 離反하는風習을볼수있다。어떤種類의 民族은 生活難其他의 原因으로서 捨兒殺兒의風을 通俗或은德義라고 看做할뿐더러 또한 嬰兒를殺하야 이것을먹는일까지도있다。

히브리人의信仰한 여호와及其他의諸神들도 他民族의神들과같이 人情을具有하고 住居로서特定한神境 或은神殿을構成하고 飮食物로는 酒、油穀類、果物、菓子、鳥·羊等과 밋香料等의供給을받았다。其他 히브리民族에게는 人身供犧의風習

도있었다。神學者中에는 그事實을 否定하랴고努力하는人도있으나 聖書의記載와 最近考古學的發掘의結果는 人身供犧의事實을 넘어鮮明하게하므로 否定될수가없다。게-젤의遺跡地서는 甕中에收容되여있는 出産直後의嬰兒의遺屍가 一打나發見되였다。그런甕에는 死屍의外에 흙이充滿하고작은土瓶一個가있었다。또 다-낙과 메기드에서도 甕中에嬰兒의死屍가 들어있는것이 發掘되였다。'Tell-el-hesi' 에서도 同樣의것이出土하다。게-젤에서는 建物파城下에서 女人이나 小兒의骸骨이 出現하였고 메기드의古城下部의 壘石中에서는 小兒를 넣은甕이出土하였다。이러한死屍中에는 普通埋葬에依한것도 있는듯하나 兒童供犧又는建犧(Baumopher) 의存在를 證하는것이있다。(2)이러한遺跡은 先住民의 가나안人의 것이라고하나大體로 히브리人과 그先住民의 遺跡에는 確然한區別이있을理가 없을뿐더러 히브리人은 先住民의文化를 最初에그대로 受入하였든故로 文化史上에 兩者를區別하기는 거의不可能事이다。이러한發掘에現出한 子女犧牲의形跡은 舊約聖書를繙讀하면 발서疑心할餘地가없다。

W'R'스미스氏가 셈民族의動物犧牲으로써 人身犧牲의殘影이라고까지 主張한데는 急遽히贊同하기어려우나 舊約聖書中에 人身供犧 特히子女供犧에關한記載가 豊富하게있는일은 顯著한事實이다(29)或歷史譚으로되여現出하며 或은律法의禁斷、豫言者의反對로되여 現出하여있다。創世記第二十二章에依하면 神에忠實한 아브라함이 그獨子이삭을焚하야 犧牲하고저하였다。입다는神을向하야 萬若저에게 戰捷을許하면 凱旋하야 집에돌아올때에 저를出迎하는 最初의人을 神께獻上하겠다고誓願하였다。果然저는 그때에大勝하고 歸家한즉鼓를打鳴하면서 踴出한자는 저의 외딸이었다。神파의聖約을破할수도없어 드디어含淚하면서 自己의 오직하나뿐인處孃을 血祭하였다고한다。모압王 메시야는 이스라엘파交戰하야 難戰에빠지니 自己의嗣子인 長子를石垣우에焚하야 燔祭를行한結果 戰況이一變하야 이스라엘聯合軍을 擊退할수있었다하며、또한 유대王 아하스나 마나세와如한이도 그아들을 燔祭의血祭에 獻하였다

고한다。列王紀略上 第十六章에 「其時代에 벳엘人 히엘이 여리고를建築한지라。 저는其址를修할時에 長子아비람이死코 그門을建할때에 季子스굽이死한지라」 고한것같은것은 犧牲의風習을 髣髴하게 하는것이다。큰土木工事에當하야 工事의進行을容易히하기爲하야 又는 그建設物에 將來堅固와幸福을 招來하기爲하야 人身供犧를行한것임에 틀림없다。이와같은犧牲의風習은 古代시리야、아라비야等에도 보이는일이다[30]。彼等의 人身供犧에는 建犧의動機가 包含되여있는듯이 記載하여있다。犧牲도있고 戰爭의勝利를期하는것을 目的으로하는것도있고 戰捷의恩을 神에게報하기를 目的하는것도있고 或온捕虜를 一種의戰利品으로看做하야 敵囚供犧를行하는것도있다。或은現在의 災難을免하기爲한것도있다。다윋王의治世中에 三年間 饑饉이 連續하였음으로 神怒를緩和한야 饑死의 危機를免하기爲하야 사울의遺族七名을 殺祭하였다고하는일같은것은 彼等의實際生活에서 생겨난 일이다。어쨋든 彼等은 人身供犧로써 堅急非常한때에 超越者의恩惠를請하고 平時에는 이에依하야 神의好意를 維持增進하고저하였다。即迷信的信仰이 그主要動機되였다。그執行方法에도 여러가지가 있었든듯하다。最初에刺殺하야 火焰에 投하는것도있었고、或은 山上의樹木에걸어서 絞殺하는것도있었고、或은 單只刺殺하는例도있었으나、그래도 가장 널리行한方法은 焚殺 即燔祭이었다。

註

(二六) 穗積陳重博士著 隱居論(第二版)第二章參照。

(二七) 丘 淺次郞博士著 生物學講話 第十七章「親과子」參照。

(二八) Peter Tomson; Palaestina und seine Kultur, 50-3; A. Bertholet; Kulturgeschichite Israels, 49-50. 71-2.

(二九) 創世紀二二、士師紀一一、列王紀略下三•二七、一六•三、一七•一七、二一•六、列王紀略上一六•三七、여호수아書六•二六、삼우엘前書一五•三三、삼우엘後書二一•一-九、申命記一二•三一、레위記一八•一〇、二〇•二-五、列王紀略下二三•一〇、이사야書七•五、예레미야記七•三一、一九•五、三二•三五、에스겔書一六•二〇、二〇•二五、미가書六•八。

(三〇) W. Smith-S. Cook; Religion of the Semites, 3. edition. 376. 632 ff.

預言者

預言者

預言者！
저는 政治家도 아니고
宗敎家도 아니며
또 事業家도 아닌
아무것도 아닌 者이랍니다。

기라면
하나님의 사람이고
꿇는것이 있으며
말하는者인
그리고 애국자이랍니다。

참으로 預言者는
직업으로 뛰여남이 없고
기술로 아무것도 아니며
다만
한낯『사람』이었더랍니다。

하나님의 아들이시나
한낯 사람이신 完全하신
사람 예수와같은
한낯『사람』이었답니다
하나님의 사람이 었답니다。

그렇기 때문에
하나님의 사람
참된 사람이랍니다
하나님에게 비끄러 매워진
참사람이 었답니다。

정말 偉人은
眞人에게
얼마나 가까웠든가로
定해지나니
그렇게 뵌것이아닌 참이랍니다。

참人間預言者는

그中心이 하나님에 있었고
그리고 하나님과사람 두새에있어
代表노릇 했음이
預言者이었답니다。

代表
하나님便에 있어서는 사람의代表
사람便에 있어서는 하나님의代表
그마즈막 完全하신이는
예수그리스도 시었지만은。

그들은
義를 부르짖었답니다
그타락한것을 보고서
그망하여 가는것을 보고는
견딜수없어 부르짖었답니다。

그리고 또그들은
무엇보다 歷史를 해석했다구요

預 言 者

앞일봄 미리말함이 특징이람보다
『이러하다』『이러리라』는 歷史를 알었답니다
그道德的으로 해석하는 歷史를。

이스라엘이 다른민족과 다름은
歷史를 道德的으로 해석한것
預言者가 이스라엘에만 있었음도
하나님과의 관계를 道德的으로봄
그것 그탓이었답니다。

그래서 저들은
이스라엘 歷史를 만들었답니다。
항상 義를직힌이 불길같이 일어난預言者
世上이 타락될때에 義를 지지한者
그때문에 그씨가 계속되군 하였답니다。

그들을 무엇에比할가
支那의天子는 하늘을이고 났다하니
또 朝鮮의선비가 그비슷했으니

預言者

그러나 그들에 比할수없는 저것이있고
또부르짖는것이 있었답니다。

왼나라 모두가
저각기 특징이 있지마는
이道德的으로 比할데없이난것
오! 그것이
예수그리스도를 낳고야 말었답니다。

예수그리스도
그는 歷史의中心
그러니 유대의歷史를 빼어놓고는
온世上의 主役을 빼어놈같으며
그를指導한 預言者는 防腐劑랍니다。

信者는
크다적다를 가릴까
모두 預言者格이나니
깊이알아 그분정을
직히어나아갈 것이랍니다。

二三一

사람아
너는어느듯 지나면 썩어지나니
썩어지지않는 防腐劑를
그런格인 사람을
오! 몇사람 그들을받아 들어야한답니다。

═一九三四年一月셋재주일에 함석헌씨의『預言者』를말슴할때 그대로회답하야 받아쓰게된것。李贊甲═

〔城西通信의續〕

송하는것이오、男兒不產으로써 七去之惡의一이라하야 再娶를命하시든 門父兄의眞情을不顧하고、多妻主義를排擊하는 基督敎的살림을 固執하였을때에、健兒를 주셨으니 固執不通도 또한感謝의材料이었다。그러나 자랑할것은 하나도없다。

『이는 肉體가진 아모라도、하나님앞에서 자랑하지못하게 함이라……자랑하는자는 主로써자랑하라』고(고前一章二十六以下)。오직 主를 두려워할뿐이다。

○五月末에는 梧柳洞宋斗用兄의農場에서 甘藷싹을얻어다가、條間二尺、株間六寸으로 植付하다。醫師의注意에依하야 다시服藥中。

城西通信

○一九三四年五月初旬은 連日服藥하였으나 別效果없었다。亦是身體를 使用하는方法如何로써 健康을保持할것이지, 補藥으로써健康을建築하랴는것은 徒勞인듯하다。神經의過勞에는 藥보다休養이必要하다하나 이것은 아직 나에게許諾되지않는일이다。

○五月八日(火) 尙州稅務署로轉任하는 誌友의來書있어 드디어 저는本格的稅吏가된줄을알다。듣건대 官公廳職員中에는 出張이頻繁하다는理由等으로써 特히稅務係에勤務하기를 自願하는이도不少하다하나, 저는「稅吏」라는 名稱을避하랴는것과, 自己의性格上 稅金을받아들이는者로서 견디기어려운點이있다는等 理由를具하야, 몇번이나 稅務係員되기를 辭退하였으나, 上官이不許할뿐더러 自願하는者는 오히려 물리치고, 不願하는 저를擇하야 稅吏되게한지가數年되였다。그렇게하는所以는 저가着實한基督者이어서 禁酒斷煙은勿論이오, 百姓의待接받기는 큰罪惡犯하기보다 더苦痛으로아는 非社交的人間인것이 郡廳內外에 알려진까닭이라한다。저는 말한일이있었다『同僚들과出張다니다가 避치못할場面을當하야 (同僚들關係上) 무슨待接을받으면 그것은 기어히消化되지않고 泄瀉하거나嘔吐하고야마니 그런때마다 感謝합니다「主여 받아먹지못할것을 먹었으니 嘔吐泄瀉하는것이至當하도소이다……」라고云云』。이를테면 저는基督을믿는까닭에 郡廳으로부터 稅務署로 밀려가서 正式稅吏가된심이다, 우수운듯도하나 그러나 適材適處임을不免이다。願컨대 各地의稅務署에 모다 저같은稅吏가勤務하여스면 法規의運用이 얼마나圓滑하며 空然한百姓의怨聲이 얼마나줄어지랴。稅務署의稅吏도基督者를要하거니와 刑務所의看守 警察署의巡査 停車場의驛夫等々 그 어느것이 善人을不要하랴。

○五月十日(木) 學費의補助를請하는 苦學生에게 聖朝誌出版費用을擔當하라는 交換條件을提出하였드니 다음과같은謝罪狀이오다。

『先生님容恕하여주옵소서 前日에上書時에무엇이 눈에가리웠든지 무슨魔力이役使하였든지 참말無智莫知한 無理한, 사람으로서는 行할수없는, 到底히根底를理解할수없는 非人間的 要求를한것을 容恕하여주십시오, 嗚呼金錢上으로損害되면서 發刊하신다는말슴은 直接으로듣지못하였지만, 어느때인가 崔南善先生이 처음雜誌發刊時에 損害보면서 發刊한다는이야기를 先生님께서 得聞한記憶이있어, 先生님도金錢上損害가있으리라고 恒常推測하면서 敬畏하면서도, 그와같이無理한要求를한것을 이제生覺할때 참말무엇이라고 사過하여스면 安心될는지! 容恕하여주십시오 그와같은無理한要求에 先生님가슴이 얼마나앞어섰으며 落心되였을가 回顧하여보니 울生覺이납니다。容恕하십시오……』

이뿐만아니라 聖朝誌出版은 現在의 우리形便으로는 八方에當하는 靑龍刀오 또한鐵楯이다。全力과全誠이 이에傾注되여있는까닭이다。敎會堂建築의 寄附를請하는牧師에게도 이鐵楯으로써 避하였고, 生活補助를請하는病者에게도 이防牌를 지키고섰는수밖에 別途가없었고, 科料에處함을當하였다고 急을告하는近親者에게도 우리는聖朝誌라는防牌를 잡고서서「……나의父母와兄弟가 누구이냐?」고 뻐치었다。明日은 알수없으나 今日現在로서는 이範圍에서 지나가는것은 罪惡인줄로 感하는故이다。聖

城西通信

朝誌가 每朔出現하기爲하야서는、그리고 故友나權門에 신세지지않기爲하야서는、속으로、特히 나에게 直接달린家率에게、참기어려운犧牲을要求하고라야 되는까닭이다。나를아는이가 이일을알지않기를 願치않거니와、聖朝誌出版의 일을無視하고 輕蔑히여기는이에對하야는、그가 아무리骨肉의近親이라도、아무리聖神의啓示를 接受하였다自稱하는이라도、나와는 毫厘도相關할것이없는者이다。血族이나 親友나 貧者나 病者나 牧師나 農民이나 나에게서施濟함을請하려거든 그것은 聖朝誌一冊을進呈하는일이 最大限度의것인줄을 認識할것이다。이以上의것과 이以外의것을請하는이는、聖朝誌를無視하는者로 나는看做한다。나도世上法대로 이만한일은主張함을 容認받고저한다。(고后十一章十七、十八節)。

○五月十五日(火) 學父兄의七旬宴의 第五日宴에招請을받고 泰平時代? 非常時代? 하고 생각할수록 判斷에困하였다。

○十六日(水) 面書記로있으면서 月給十五圓에不滿하야 第三種訓導試驗을 準備하겠다하며、놀기보다 낫으니 巡査되는것이若何하나하며、苦學이라도 그대로繼續할것인가 차라리傳道者되기를 目標도하고 準備할것이냐、等等에對하야「先生의指導」를바란다는書信이 頻繁하나、이에對하야 一一히對答할時間도 없었거니와 對答하여도無効함을 經驗한까닭에 有意無言。저들이「先生의指導」를請한다함은 갈팡질팡하는마음에서나오는 無意味한 잠고대가 아니면、「先生」으로하여금 저의들意見에 贊同시키자는것이지、아초부터先生의意見에 順從實踐하랴는作定은 없었든故이다。養鷄業에多年經驗한이는 鷄卵一個代價가一錢으로 減價되여야 健全한養鷄業이 發達된다고 말하거니와、大體로學校卒業하면 月給이생길것인줄알고、月給은많을수록 滿足할것인줄로「信仰」하는데서、다시治癒할수없는固疾이뿌리박힌것이다。

○五月十七日(木) 本浦로부터葉書에『日前惠下하옵신 山下信義先生의 「어떻게살가」는一讀後느낀바와 決心한바가많읍니다。實로은혜로웠음으로 이를보아야할 同胞에게至今勸하야 보게하였읍니다。聖朝誌를通하야받는 은혜는달마다새롭습니다。咸錫憲先生의朝鮮歷史는 더욱새眞理의世界로 끄으러감을 感하나이다。只此不具하노이다。』

咸先生의朝鮮歷史를 그眞價대로 참으로認識함은 필경後代의 사람들의任務인가싶다。各教會는 宣教五十週年을祝賀하나 무엇이祝賀의中心意義인지 우리는 알기어려워하는者이다。萬一 基督教傳來五十年만에基督教的見地에서 본 朝鮮歷史를 쓴사람이出現치않었다면 그는 얼마나寂寂한일이었을까。病院施設도可하고 教育事業도可하며 文化運動도좋다。마는 이런皮相的일은五十年이아니라도 可能한일이오、不得已하면 接木하여도可하고 借用하여도無妨한것이다。오직基督의말슴이 朝鮮畓에떠러저서그씨가發芽 成長하야 開花結實함에는 五十年을要하여야 되는것이다。우리는 크다란事業보다도 充實한結實을 못내 장하게녀기는자이다。

○五月十九日(土) 東京留學中인 從弟로부터

日前山下先生講演錄과 五月號雜誌를 正히接手하야 많은滋味를보았읍니다。兄님과弟間의 關係가單只他人關係이라면或은只今말하는것이 禮辭가될는지 몰으겠읍니다마는 그런關係가안인以上 決코禮辭로만은볼수없을것이오、숨길수없는事實을 말하는것일줄믿읍니다。 卽兄님의글은 日常生活가운대서 짜(織)내온 熱烈한信仰的體驗談이오、읽는나로하여곰 스스로共鳴하게되오며、先進文明諸國을祖國으로알고 그에活動舞臺를 求하려는어리석은 現下朝鮮靑年男女로하여금 半島江山을다시금 生覺케하며、드듸여는歸來하기에 充分한朝鮮愛의흐름이있는줄믿읍니다。弟의冷靜한마음이 여기에아직타올으지않고、따라서 그리感激값음이없음을오직 슯어할뿐임니다。多少宗敎方面의智識을얻기爲하야 같이留하는 吉君의宗敎書籍을빌려 읽는일도있읍니다。아모조록 兄님의그精力과熱을 시키시지마시고 꾸준히 白衣人의更生을爲하야 邁進하시기를 바람니다。이만 〔五月十三日夜〕

云云。우리는 宗敎的으로 特殊한傾向을 가진이들과는 오히려相通하기困難하나、다만健全한朝鮮心을 所有한사람들과는 一脈이서로通함을 느낄때가種種하다。時運을맞나거나 못맞나거나 하나님과 사람앞에서 良心에빛우어訴告할뿐이다。

○二十五日(金) 五山咸兄來信에『더위가甚해잡니다。主안에平安하십니까。兄의健康을爲하야 念慮하야마지않습니다。많이自重하시기바랍니다。家族여러분들 安寧하시지오。弟는든든히 지나갑니다。每日二三時間식勞働하게됩니다……』라고。咸兄은 藥水보다 勞働하는편이 더藥効가나더라고 自己의恢健으로써 勸勉하여마지안한다。○이날에 所謂左傾思想의 巨頭라는兄弟로부터 그親兄弟間에 不和한事實을 長文으로써서 그鬱鬱한心情을 呼訴하여오다。大體옛날부터傳하여오는 옛말에依하면、兄弟가있을때에는 大槪 兄은惡漢이오 동생은善人인것으로 이야기가꿈이어졌는데、現代에서目睹하는事實은 그와反對되는 例證뿐인듯하다 勿論우리가 兄된者끼리만 서로同病相憐하는까닭인지는 알수없으나、우리耳目에接하는事實로써 統計表를만든다면 兄弟가있을때는거의全部동생은 不足한人間이다。우에말한바는其一이오 其二、其三、其四、其五……로 卽席에聯想되는것만하여도 不良한동생때문에 苦痛하는件數가 十指로만은 다計數할수가없다。동생된이들의 猛省을要求乎?

○五月二十八日(月) 昨年臘月에 男兒가出產하야 每日健康하게發育하는中、近日에市內에서 乳兒審査會가있다하야 叅加受診하였드니、今日그成績結果가發表되여 數百名中에서 最優良이라는 賞狀을接受하였다。健康과生命呼吸이 全혀 하나님께屬하여있음을 믿는土窯우에사는 우리가、醫學博士의診斷으로써 그다지 크게아는바는아니나 그래도 赤十字病院小兒科長 原 弘毅博士를審査委員長으로한 專門醫家들이 骨骼、筋肉、內臟、體重、身長 精神作用等諸方面으로서 多日間여러번審査한結果에 最優良兒로認定하였다하는事實은、여러가지로 우리가 主그리스도께 感謝할材料를 供給하였다。가난한者、남겨준바 아무所有도없는處地에는、健康體가 格別히感謝하며。알콜(酒精)이害하니利하니하야 識者間에도 論辯이不止하는世上에서、어쨋든禁酒斷煙으로 살아온生涯에 乳兒의健康을 證明받는일은 어버이로서 子女들께對한 義務(비록消極的이오 最小의것이라하여도) 의하나를 다하였다는感謝오、石灰같이白粉을바르고 卷煙피우는 都會地의母體들中에서「시골치! 시골치!」라는嘲笑渦中에도 第一位라는判定을받아 都市風習이骨髓에바킨 서울마나님들을 啞然케하였으니、시골의榮光을 찬

〔第二十二頁에續〕

本誌定價

一 冊 拾五錢（送料五厘）
六 冊（半年分） 前金九十錢（送料共）
十二冊（一年分） 前金壹圓七拾錢

要前金。直接注文은
振替貯金口座京城一六五九四番
（聖書朝鮮社）로

取次販賣所

京城府鍾路二丁目八二 博文書館
京城府鍾路 耶穌敎書會
京城府堅志洞三二 漢城圖書株式會社

昭和九年六月三〇日 印刷
昭和九年七月一日 發行

京城府外龍江面孔德里一三〇ノ三
編輯兼發行者 金敎臣

京城府堅志洞三二
印刷者 金鎭浩

京城府堅志洞三二
印刷所 漢城圖書株式會社

京城府外龍江面孔德里活人洞一三〇ノ三
發行所 聖書朝鮮社
振替口座京城一六五九四番

【聖書朝鮮】第六十六號
昭和五年一月二十八日 第三種郵便物認可
昭和九年七月一日發行 每月一回一日發行

【本誌定價十五錢】

昭和五年一月二十八日第三種郵便物認可
昭和九年八月一日發行(每月一回一日發行)

金教臣主筆

聖書朝鮮

第六拾七號

一九三四年八月一日發行

目 次

누구의허물인가

돌아와 소식을 전하는말에, 大阪서는 조선사람의 괄세가 대단한데, 그것은 十中八九나 스스로信用을 잃은까닭이오。(以下二行略)또 가르되 연락선 승객의 三分之二는 조선勞働者들인데, 오기만하는것이아니라 왔다는 또 가고, 가기만하고 마는것이아니라 갔다는 또한 돌아오곤 하야, 田土팔아 뚱드려 만든路費도 연락선에서 없어지고, 勞働하야 한푼두푼 주어모운賃金도 玄海灘에서 發散하고 마는형편인데, 그래도 어제와오늘이一般이오, 昨年과今年이 다름이 없이, 가는 배에도 三分之二는 흰옷이오, 오는 배에도 大多數는 굶줄인사람이니 寒心스럽더라고。

딱한일이다。듣는자의 조급한 마음대로는 즉시에 부산까지 다름박질하야, 가랴는이를 붙잡고 오는이를 挽留하고싶것만, 저들은 必然코 抗議할것이다。「누가 네게 權利를 주었드냐고」(出二章十四)。원래 우리들은 싸움을 숭상한적이 없었다。따리면 맞고 참았다。(以下一行略)이 백성이 바람에불리는 풀닢같이 輕薄하여졌고, 키에 날리는 겨(糠)와같이 虛妄하게되였으니 이것이 장차 어떻게 될일인가。

爲政者를 남을 할랴면 할수도있다。대개 백성이 도탄에 들어 유리방랑하는 원인이, 태반은 마땅히 의정자가 지어야 할것인故이다。그러나 이는 세상이 다 하는 수작이오, 피상적관찰에 지나지못하는 일인고로, 우리는 좀더 깊은곧으로 눈을 향하고저한다。『지금도 그렇게 게으르냐』고 묻는것은, 日露전쟁 당시에 조선농촌을 보고간 일본병정의 回顧談에 나오는 말머리었다。첫재 원인은 태만한것이다。근로의 땀흘리기를 꺼려하고, 遊而徒食하기를 평생의 소원으로 하는일은 숨길수없이 이백성의 현저한 특색이 되고말았다。연락선甲板우에서 潮汐과같이 往來하는 무리는 대개 요행을 찾는자오, 不老草를 구하는 꿈속의 인간들이다。만일 그렇지않다면 저들은 가고 말거나, 오고 말았을것이다。그러나 저들이 땅에 붙어살지못하고 海上과空中에 둥둥떠돌고 다니는것은, 저들의 소원만으로 된일도아니다。必然코 더큰 원인이없을수없으니, 곳攝理이다。누구나 한사람, 이重責을一身에지고서 麻衣에 灰를쓰고, 釜山埠頭에 나설사람은 없는가。또한 누구라고 「나는 그사람이 아니노라」고 핑게할소인가。

나의信仰의本色

교회가 의식하거나 말거나, 세상에서는 사교기관의 하나로써 기독교회를 보고저하며, 또한 교회자신도 어듸까지 이 사교 기릉을 이용하야 전도의 기회를 만들고저하야 애쓰는것도 사실이다。그러나 이러한 사교에서 우리 영혼의 깊은데가, 오래만족할수없음은 너나없이 경험하는바이다。인간의 영혼은 좀더깊은것을 요구하는것같다 衣食이足하고라야 禮儀를 안다고함은 古今을通한理致이다。굶줄인 백성에게 우선 양식을 주자고하는 모든종류의 산업운동이, 기독신자인 우리에게라고 흥미없을 리가없다。그러므로 農村진흥을 계획할때, 소비조합을 상의할때에, 우리는 순간에 一大社會改良業者인것처럼 自他에게 보이는수도 없지않다。마는 力量에 넘치는 멍에를메고 허덕거리며, 日沒한데 前程이 오히려遙遠함을 탄식할때에, 비로소 信仰의本領이 社會事業에 있지않음을 깨닫게된다。産業運動은 있어야 할일인줄 알면서도, 지금도 할만한일이오, 장차 하고저하면서도, 그래도 영혼의 안식은 달리 구하여야하겠고, 우선 안식하여야 하겠다고 渴急하여진다。

아는것이 힘이니라。科學은 곧 勢力이라」고 들으면, 文盲퇴치운동이 可하지않음이아니오, 基督敎的科學(크리스챤사이엔스)이興味없음이 아니나, 人間識者憂患識이라는公則을 벗어나서 識者될수있으랴。合理的 聖書解釋에 성공하였다하여도, 知識에서 영혼의 안식은 생겨날수없는것이다。

때에 聖書를 펴놓고 나의信仰의本色을 찾어본다。가령 詩篇第六十二篇이 펴젔다고하라。註釋冊을 보지말고, 다만 높다란 소리로써 朗讀하면, 『나의 영혼이 오직 하나님을 默默히待望하나니, 나의 구원이 하나님께로 나는도다。오직 그는 나의盤石이시오 나의 구원이시다, 또나의 높은城이시니, 내가 많이 搖動치 아니하리라』고。참말 나의 영혼의本色은 부르짖어 웨치는데 있지않고, 잠잠하게 主를待望하는일에만 있도다。사업도아니오, 운동도아니다。熱誠도아니오 憤發도아니다。실패도 두려울것이없고 미약함도 염려할것이없다。「한 사람을 죽이랴는 무리」는 일제히 덤비라, 입으로福을 빌고 속으로詛呪하며, 거짓말로 사람의地位를 謀奪하랴는 무리는 날뛰고 싶은대로 날뛰라。우리는 「하나님御前에 우리의 眞情을 쏘다 부을것」이니, 하나님은 우리의避亂處이다。無爲, 無能, 오직 默默히 하나님을 바라보니, 거기는 나의 所望의出處로다。나의 구원과, 나의 영화도 거기만 있도다。한없이 너그러운 安息의자리, 반석의城, 여기가 나의信仰의 本殿이로다。

말슴의 權威

어떤 外地에居留하는兄弟와 約定할事件이있어서、甚히失禮의일인듯하나 다음과같이 照會하였다。

『兄의歸國消息은 반가움으로待하는中이온대 前番葉書보다 또延期되여 來月이라는것이 九月로된것도 섭섭하외다。一旦公表한以上에는 참으로 「百難을排하고」라도 實行하여야 可할줄아옵는데 貴意若何乎이까。萬一未可知한일이어든 公表하지말고두는것이 可한줄압니다。基督信者中에서 「聖意」니 「啓示」니云云하야 一旦公言한일도 食言하기를 茶飯事같이하는일은 遺憾千萬이올시다。云云』 即 先後를分別하야 한번作定하고、自己以外의人과 約束하게된以上에는、利損得失의關係는勿論이오、비록하나님이 中止하라고啓示하신다할지라도 約束한일을施行할覺悟가 있느냐없느냐 고 다진것이다。그러한覺悟가 있대야 비로소 그장단에 맞우어서 이편에서도 춤출수가있다는 것이다。이렇게 問答하는 우리가 얼마나「不信」에處하였는가 하는 두려움이 없음이아니다。그러나 이世代는 이러한「不信」行爲를 敢行하지 아니치못하게함이있다。

아초부터 實行할意思없는 거짓말常習者를向야 「웨 約束대로 않했느냐」고追窮하면 깔깔웃는 웃음으로써 洗流하여버리고 마니、마치空中을 치는格이라 忿怒가 맺아지지못하고 만다。施行하고저焦慮하고 努力하였으나 다하지못한者를向하면、責하기前에발서赤面深悔하니 이亦是人間에常事라、七十番이라도 可히容赦할수 있는일이다。다만問題는 第三種의人間이다。저들은 흔이 宗敎信者、라기보다基督敎徒中에서 發見할수있는 鐵面皮의人間들이다。그리고 그信仰의程度가超凡할수록 그泰然性도超越하여진다。저들은 그作定한것을 버리고 約束한일을 不顧하는일이야말로、無時로神과交通하는中에서「聖意」를받아行하는者이오、그속에「산信仰」이있는까닭이라고稱한다。故로 저들은 自己를悔恨하기보다 그러한超越한世界에 呼吸하지못하는 未及한信徒와世俗사람들을 憐憫하고저한다。

이와같은信仰은 稱하는바와같이 高等信仰일것이다。確實히雲上의信仰이지、人間世上에通用할信仰은 아닐것이다。그러므로 우리는 基督信者를對할때에、特히篤實한信者를待할때에는、반듯이 地上의通常規約을敎育하야 「聖意」니「산信仰」이니하는 핑게를할수없는 慣習을알린後에 凡事를約定하여야 하게된다。생각하야 이에 이르니『天地는없어질지라도 내 말은廢하지않으리라』고(太二四章三五)宣言하신 예수그리스도가 限없이 그리워진다。다른 奇事異蹟은 모다、제처놓고라도、이 한마디의 發言權을 부끄러움없이 行使하실이、그는狂人이아니면 여호와의獨生子인것이 分明하도다。信實한聖徒의言行에 差違가있을지라도 우리는極力追窮할 힘도없고、落心할必要도없다。오직 말슴이 곳行爲였든 그리스도를 울어러보고 禮拜할것뿐이다。

聖書的立場에서본朝鮮歷史

咸錫憲

七、朝鮮사람

일즉이 一千八百十年代로 二十年代에、歐洲政界에서 保守主義의 化身노릇을하던 멧테르니히는 伊太利를 蔑視하야 地理學上의 名稱뿐이라고 한일이있다。그러나 그런지 얼마가못되여서 伊太利사람들은 自己네손으로 完全한統一國家를 建設함에 依하야 그말이 無知盲斷임을 反證했다。그統一運動의 礎石을놓은것은 마찌니오 마찌니는 그運動을 靑年伊太利人에게 그 옛날의 빛나는歷史를 가르침으로써 始作했다。個人에게、生活이있는곧에、人格이 있는것같이、民族에도 歷史가있는以上 個性이있다 朝鮮歷史라는것이 儼然히있으면 朝鮮사람이 있을수밖에 없다。나라를 지켰던지 잃었던지、文化를 發達시켰던지 退步시켰던지、左右間 朝鮮歷史라는、地球上의一隅에 일우어진事實에對하야 責任을지는、朝鮮사람이있어야한다。地理가 歷史上에가지는 意味가 크기는하나、要컨대 그는 所與의 環境일뿐이오 責任을질수있는 人格者는아니다。環境이란、그環境을 生活의場所로하고 資料로삼아가지고、生活할수있는 人格者를 놓고서야 비로소 意味를 가지는것이다。朝鮮의地理가 苦難의場所로 되였다고해서 곳 不可避的으로 苦難의歷史가 나오는것은아니다。萬一 그렇다면 그는 自然現象이지 歷史는아니다。事件의産出者는 生活의意識을 所有하는民族이다。이點이環境의重要性을 같이말하면서도 唯物論者와 다른所以다。故로 朝鮮歷史가 苦難의歷史라면 그根據를 地理에서만아니라、또한가지더깊은것을 朝鮮사람에서 求하지않으면 안된다。

그러면 苦難의歷史의 荷擔者로서의 朝鮮사람의民族的個性은 어떤것인가。

古來로 內外의모든사람들이 朝鮮民族을 論할때에 그 根本性質로 「仁」을 말하는것은 一致하는바다。則 朝鮮사람은 根本에서 착하다는것이다。이點에關해서는 李光洙氏가 그民族改造論에서 仔細히論한바가있음으로 그一節을 引用하기로하자。

『우리民族에 對한 가장 낡은 批評은 山海經에나온 漢族의 批評이니、

「君子國在其北衣冠帶劍食獸使二文虎在其傍其人好讓不爭」

이라하였고 이에對한 郭璞의 讚에

「東方氣仁國有君子薰華是食彫虎是使惟好禮讓禮讓委論理」

라하였읍니다。우리民族이 異民族에게 처음 준 印象이 「君子」외다。孔子도 「君子居之라」하야 自國民의 腐敗無道함에 憤慨하야 我族中에 오려하였읍니다。「其人好

讓不爭」이란것으로 君子인것을 說明하였읍니다。好讓不爭이란것을 現代的 觀念으로 分析하면 寬大、博愛、禮儀、廉潔、自尊等이 될것이외다。다시 이 네가지德目을 한데 뭉치면 郭璞의 山海經讃에 있는바와같이「仁」이될것이외다。그런데 이를 朝鮮民族의 歷史에 叅考해보건대「仁」은 朝鮮民族의 根本性格인듯합니다。國際的으로도 일즉 남을 侵略해본일이 없고、또外國人을 甚히愛敬하는性質이 있으며、民族끼리도 殘忍强暴한行爲는 極히적습니다。殺人强盜같은 殘忍性의 罪惡은 現今에도 甚히적다합니다。

『朝鮮人처럼 寬大한者는 他民族에는 보기어려웁니다。或누가 自己에게 侮辱을 加하면、흖이는 껄껄웃고 구태報復하려 아니합니다。外國人은 或 이를 怯懦한까닭이라고 할는지도 모르나、껄껄웃는 그의心理는 一種 寬恕와 自尊이외다。그래서 朝鮮人은 怨讐를記憶할줄 모릅니다。곳 잊어버립니다。甚至於 自己의血族을 죽인者까지도 흖이는 容恕합니다。그럼으로 朝鮮의傳說이나 文學에 報讎에 關한것은 極히 적고、日本民族과같이 이를 한 美德으로 아는 생각은 조금도 없읍니다。

『다음에 朝鮮人은 愛人하는 性質이많읍니다。처음 對할때에는 좀 뚝뚝하고 찬듯하지마는、속맘에는 極히人情이 많읍니다。十年前까지、舍廊에 들어오는 손님이있으면、알거나 모르거나 宿食을 주어欵待합니다。……

『禮儀를 重히여기는것은 吾族의 特性이외다。君子國이라는 稱號로부터도 禮儀를 聯想케하거니와「衣冠帶劍」이라던지、「好讓不爭」이라던지 하는말에도 禮儀를 聯想케합니다。또 東方朔神異經에、

「東方有人男皆縞帶玄冠女皆采衣恒恭坐而不相犯相譽而不相毀見人有患投死救之倉卒見之如癡名曰善人」이라한것이

있음을보아、어떻게 古代吾族의 禮儀를 崇尙한것을 알것이외다。또 後漢書에 夫餘人의 禮儀 있음을 評하야

「飮食用俎豆會同拜爵洗爵揖讓升降」

이라하였고 또 三國誌에 馬韓을評하야

「其俗行者相逢皆住讓路」

라하였읍니다。이렇게 禮儀를 崇尙하는 本性이 있었음으로 李朝의黨爭도 거의 禮文의 解釋이 그原因이되었으며、現今의朝鮮人도 禮儀를崇尙하는風이 많으니 우리나라를 禮儀之邦이라 한것은 참으로適評이라하겠읍니다。

『그러면 禮儀란 무엇이뇨、規律에 服從하야 秩序를지키는것이외다。規律밑에는 極히 順服한다는 뜻이외다。禮儀란 곳 義외다』。

以上에 引用한論中에「好讓不爭」을 네德目으로 分析하는대는 반듯이 贊同할수없고、더구나 自尊을 넣는대

對해서는 아래서도 말할것과같이 正反對의생각을 나는 가진다。그러나 大體로 合하야「仁」이라한데는 異論할餘地가없다。나는 이를分析하는것보다 우리말로「착하다」할때에 우리사람의本性을 가장 잘表示하는것이라고믿는다。

漢族이라면、다아는바와같이 自尊心이 强한民族으로自族外는 모두다 夷狄이라고해서 蔑視하는사람들인대、그입으로 그만한 讚辭가나왔다면 古代朝鮮사람이 어지간히 착했던것을 알수있는 일이지만、他人의評을 기다릴것없이 直接事實을 보면 더욱 잘알수있다。우리사람들의 一般으로 즐겨쓰는 名字를보면 모도 착한性質을表하는것이다。——仁、義、禮、信、順、淳、和、德、明、이런字들이 第一흔이 쓰이는것들이다。니름이라면 第一所重한것이오 最高의理想을 包含시키는것인대、그것으로쓰이는것이 모도 그러한 性質의것이라면 朝鮮사람自體가 先天的으로 거기對한 愛慕의念이 두터운所以일것이다。或은 이것을 儒敎道德의影響이라 할지 모르겠으나、그보다도 儒敎의 道德思想에 依하야 本來先天的으로 들어있던 착한傾向이、明確한德目으로 表示됨을 얻었다는것이 適當할것이오、또 儒敎道德의影響이라고 假定을한다하더라도、같은 儒敎밑에서 자라나는 세民族에서도 支那와 日本과를보면、그特性의 다름을 알수있다。內地人들의 名字를보면 가장흔이쓰는것이 俊、雄、秀、男、武이런것들이다。兩者를比較해볼때 兩者가 다 저다운 나름을가지고있음을 알수있다。

다음에 朝鮮사람의 特性은「勇」이다。우에引用文中에 나왔던 東方朔神異經의 本文中의

「相譽而不相毁」

「見人有患投死救之」

라는 句가 그를 잘表示한다。其外에도

『其人麁大强勇而謹厚不爲寇鈔』(後漢書)

『人性質直彊勇』(同書)

같은評을 處處에서 볼수있다。착한中에도 勇氣가있다는것이다。이것이 그릇된 觀察이 아닌것은 史上의事實이 證明한다。新羅의朴堤上 金庾信 高句麗의密友 紐由 百濟의階伯의 事蹟같은것은、너무나도 익히아는것이니 말할것없거니와、三國史記를보면 지금朝鮮사람으로서는 夢想좇아못할 義勇의事實이 수두룩하다。이야기삼아 二三例擧한다면、

高句麗第二世 琉璃의아들에 解明이라는 人物이있어 有力好勇하였다。隣邦黃龍國의王이 이를듣고、선물로 强弓을 보내었다。解明이 그것을 당기어꺾고 使者를對하야 말하기를、내가 힘이있는것이아니라 활이 弱하다고하였다。黃龍國王이듣고 부끄러워했단말을 그父王이듣고 怒하였다。그리하야 黃龍國王을보고 解明은不孝子니 나를

爲하야 解明을버여달라하였다。黃龍國王이 그말대로 들어 使者를보내여、太子를 招請하였다。太子가 가려고함을 보고 危險하다고 諫하는者가있었다。太子對答하기를「하늘이 나를 죽이려하지않을새、黃龍國王이 커 어찌리오」하고갔다。죽이려든 黃龍國王이 보고는 돌이어 禮로待接하야보내였다。그리하였드니 그後 父王과 不和하야、琉璃는、解明이 父命을不從하고、힘을믿어 隣國에結怨한다는 罪로 賜劍하야 自裁케하였다。解明이 곳 自殺하려함을보고 挽留하는者가 있은즉 解明이 對答키를、내가 黃龍國王의 활을 꺾은것은 그가 强弓을보내여 我國을 輕히녁이려는故로 한것인대、父王이怒하야 나다려不孝라하야 自裁하라하시니 父命을 어찌逃亡하랴。그리고는礪津東原에나가 槍을 땅에꽂고、말을 달려스스로 궤여죽었다。時年이 二十一。後人이 그땅을불러槍原이라했다。

또 이것도 高句麗時代의 일인대 故國川王의弟에 發岐라는사람이 있었다。王이無子하고崩함에、后于氏가 가만히、發喪치않고、夜半에 發岐의집에가서보고 嗣位를하도록함이 어떠냐고 勸하였다。한즉 發岐말이 하늘曆數는 歸處가있는法이라 輕輕히議論할바아니오、또婦人이夜行하니 어찌 禮라하겠느냐고 責했다。于氏 부끄러워나와 次弟延優에게로가서、같은말로 勸하야 許諾을얻은後 翌日에 王命이라하고 延優로嗣位케하였다。發岐가 이를 듣고 怒하야 軍士를일으켜 王宮을에웠다。하나、應하는者가 없음으로 逃亡하야 漢의遼東太守公孫度에게 降服하고、三萬兵을얻어가지고、本國으로 侵入하였다。延優그 消息을듣고 末弟罽須를 보내여 치게하였다。漢兵이 大敗하야 逃亡할때에 發岐가罽須를보고 웨쳐말하기를、네가참아老兄을 죽이려느냐 한즉、罽須가 그말을듣고 敢히 害치는못하고 말하기를、延優는 나라를 辭讓치않었으니 不義하다하겠지만、아므렴은 一時의憤을가지고 제宗國을 치는것은 무엇이오、무슨面目으로 죽은後에 先人을 뵈올터이오 하였다。이말을듣고 發岐는 부끄럼을 못이겨 自殺하였다。이를보고 罽須는 哀哭하고 그屍體를거두어 葬事한後 돌아왔다。延優 이를보고 한便으로 기뻐하나 또 하는말이 發岐가外國兵을빌어 本國을치니 罪가莫大한것이라 이제 네가 이기고도 죽이지않은것은 또 모르지만、自殺함을보고 哀哭했으니、그러면 나다려 無道하단말이냐고 怒하였다。罽須 그말을듣고 슯이울고 하는말이 내 말한마듸만 들이고 죽으리다。兄이 비록王后의 命으로 嗣位는한것이지마는 禮도서 辭讓치않었으니 兄弟間友恭의義가 없는것이라。나는 王의美를 일우기爲하야 葬事한것인데、돌이어 怒할줄을 어찌알었겠소、그려지말고 兄喪으로 禮葬하면 누가王을 不義하다하겠소 나는 할말을 하였으니 죽어도 오히려 사는것이라、請

컨대 有司에命하야 죽여주시오 하였다。이말을듣고 王도 感服하야、그 잘못을 뉘우치고 그아우를 向하야 절하고 서로즐긴後 發岐를다시 王禮로葬事하였다고한다。

勿論 史傳에 記錄되는것은 特出한것이니까、그런것은 一般的事實은 아니라고 하기도하겠지만、아무리超出한人物이라도、國體的精神生活의 背景이 없이는 不可能한것이다。高句麗사람이 다怯한대 解明一人만이 唯獨壯했고、新羅사람은 다 懦弱한대 朴堤上一人만이 오직 丈夫이었을수는없는일이다。一時의憤으로 因하야 外國의兵力을빌어 宗國을치는것은 무엇이냐고 責하는말이나、同生의그 一言을듣고 良心에 부끄러워 自殺하는일은「見人有患投死救之」라는 東方朔神異經엣 말과並하야、當時朝鮮사람의意氣가 어떠했고、節義心이 어떠했더라는것을 잘表示하는말이다。

仁厚하고 義勇心이 豐富한것은 大民族의 資格이다。이것은 모두 大國家를 建設하고 高尙한文化를 產出하는대 必要한性格이다。이点에서 朝鮮은 남에게後하지않는다。또 大民族이되는대 必要한 其餘의 條件인組織力과 才能에있어서도、朝鮮은 貧弱하게 하지않었다。秩序있는 社會를 組織한데서는 世界最古의歷史를 가지는民族中의 하나이오、才能에서 말하면 世界에 자랑할만한 獨創的인 諸種의 發明이있다。이런点에서보아서 朝鮮의 歷史는 苦難의巡禮일 何等의理由가없다。

그러나 以上의所論은 모두 古代의 朝鮮을 가르친것이오、한번눈을 現在에 돌리면 全혀딴種族을對하지않었나 하리만큼 懸隔한것이있다。朝鮮사람의 根本性이착하다고 하였지만、오늘날 朝鮮社會는 嫉妬陰害로 서로爭奪하는 修羅場이아닌가。三百年政治가 朋黨의 싸움으로 終始한것은 且置하고、所謂現代데모크라시 文明을 배웠다는 新人物들의 한다는敎育界에도、日畿湖니 日西北이니하는것이있고、二千萬의 輿論을指導하노라고 하는言論界에도、나는 全羅니 너는黃平이니 하는것이있다。朝鮮사람은 剛勇하다 했지만 지금은 懦弱 이것이 朝鮮사람의 代名詞가아닌가。義憤은 朝鮮사람의 特質이라했지만 지금은 苟且가 그天性같이 되지않었나。다른사람의 잘되는것을보면 期於 妨害하려하고、내地位를 堅固케하기爲하야는 骨肉도돌아볼것없고。社會의 疲弊는날로 甚해갔건만도、참義勇的精神에서 民族的으로 살길을 찾어보자는努力을爲한 機關은 얻어볼수없고。殘敗民族의 票紙를 숨길수없이 얼골에부첫건만도、一片慚愧의念도 慷慨의志도 發하는것이없이、스스로紳士인줄 알고晏然하고。權勢를 주마約束하면 五千年의歷史를 버리기弊履를 버리듯이 쉽게하고、利益이있을만하면 同族을팔아먹기 單

一錢에도 서슴지않고한다。이를보고 누가 仁한民族이라 하며、勇敢한 民族이라할까。

이런생각을하고 朝鮮歷史를볼때 우리는 이것이 中途에變更된 脚本이라는 感을가지게된다。地理에서 그리했던것과같이、民族性에서도 當初에는 大民族으로서의 所任을가졌던것이 中途에變하야 苦難의길을 밟게되였다。이變動은、三國時代를 境界로하고 일어났다。그리하야高句麗사람의 血管속에 흐르고、新羅사람의머리에솟고 百濟사람의 가슴에 끓던 착하고質直하고 謹厚하고 剛勇했던 精神은、沙漠으로 흘러드는 냇물모양으로 어느덧 사라지고 말었다。그러면、그렇게되는 理由는 무엇일가 거기對하야 나는 다음과같이 對答한다。即 朝鮮사람에게는 深刻性이不足하였던 탓이라고。現象의背後에 實在를把握하려하고、無常의밑에 常住를찾는 哲學的、詩的、宗敎的性質이 薄弱했던탓이라고한다。

宗敎가 없었던것은 아니다。그러나 그宗敎는 猶太나 印度의宗敎와같이 깊은眞理의 宗敎가아니오、樂天的인儀式의 宗敎였다。古代文獻에 나타난것을보면 春秋로 國神에祭祀를지낼때는「群聚歌舞 晝夜不絕」이라「連日歌舞」라고했다。이를보아서 그宗敎가 大槪 어떤宗敎임을 알수있다。

그宗敎가 그런지라 그生活이 樂天的이었다。支那文獻에나타난것을보면 朝鮮사람들은 歌舞를 매우좋와한다는 말이 여러곧에있다。恒常快樂한氣分을가지고 노래로 날을 보낸다면 매우幸福스러운일이라고 할수도있고、오늘날 朝鮮사람에게는 좀그런性質이 다시 자랐으면 하는생각도있으나、樂天的인人生에서 깊은것을볼수가없다。그리고 人生은 깊은精神的인것이 없이는 價値를가질수없고、누리는享樂까지도 거품으로 돌아가버리고만다。

自我에對한 깊은凝視가없는故로、自尊心이없다。李光洙氏는 우리사람에게 自尊心이 매우强하다고 했지만 나는 反對의意見이다。

(以下十二行略) ——

自尊心이없는故로 自由精神이 不足하다。自由! 이는 사람의生命이아닌가。自由없이는 모처럼의仁도 얼빠진것에지낼것이없고 그壯한勇猛도 獸性에다를것이없다。奴隸는 不幸일뿐만아니라 罪惡이다。自由精神이不足한 朝鮮사람은 二重의짐을 지는者다。

(以下三行略) ——

朝鮮사람의 性質中에 그러한 큰缺陷이있는것은 그 지여놓은 歷史우에 들어나있다。苟且한外交로 나라의命脈을 維持해오기에 無暇했던것은 다시말할것도없는 일이오、그文化的産出物을보면 알수있다。特殊한歷史를 가지는 處地인故로 古來의모든遺物이 破壞되여 그렇기는하지마는、朝鮮에는 巨大한建築物이없다。집으로는 第一큰것이

景福宮일것이나、이를 外國의것에 比하면 實로貧弱한것이다。埃及에는 金字塔이있고、羅馬에는 코로세움이있고 支那에는 大運河、萬里長城이있다。朝鮮에는 石造物로第一큰것이 恩津彌勒、높이 겨우六丈이다。外國에는 한가지建築이 足히數百年에完成되는것이있는대、朝鮮에서는 그런것을 보지못한다。職業을擇하면 糊口를하는데서 더지내는생각이없고、事業을한다면 當場 明日로 報酬가돌아오기를기다린다。朱蒙의出奔을 아부라함의 가나안移住에 比할수있고、溫祚의建國을 티벨河畔七岡홍에 羅馬府를建設하던 라텐人의일에比할수있으나、三國以後에 이런氣像을보지못한다。計劃의 遠大한것이없고、理想의久遠한것이 없다。通히小요、一時요、그저姑息이오 苟且다。이런모든것어 다 深刻性의不足에서 나온것이다。

(以下三行畧)

모든것은結局精神問題에 歸着하고만다。 建築의大小가 그地下工事의 深淺에比例하는것같이、사람의生活도 個人社會를 莫論하고 그精神的工作의 深淺에比하야 그높고낮고가 決定된다。朝鮮사람의本性인 그仁 그勇이 眞價를發揮하야 美를일우랴면 이큰缺陷을 반듯이 고치지않고는 안된다。

造物者는 이를爲하야 特히考慮하는바가 있었을것이다 그리하야 우리가알기에는 그를爲하야 擇한方法이 苦難의歷史라는것이다。逸居는 罪惡의溫床이다。樂天的인、仁厚한、그리고 深刻性없는平和의 百姓을、明朗하고 溫和한 中庸的인地理의 朝鮮안에 그저두면、沈滯腐敗할것은 定한일이다。故로 苦難으로써집을지워 그缺陷을補充케하였다。苦難은人生을深化한다。苦難은 歷史를淨化한다。平面的인人物도 이를通하고나서 立體的인信仰을 가지게되고、더러운壓迫、爭奪의 歷史도 눈물을通하야볼때 善에의努力않인것이없다。朝鮮이 苦難의길을것는것은 自己의使命을다하기爲하야 必要한일이었다。우리는 우리의大任을 爲하야 이苦痛스러운敎訓의 초달을 견대지않으면 아니된다。

社告

本誌第六十六號(七月一日發行)는 發行치못하게되였나이다。連載中의 글이 中斷된것은 遺憾千萬이오나、不得已한事情이오니 讀者諸氏의 海諒을 바라나이다。

古代히브리民族의孝道【四】

楊 能 漸

舊約聖書에 나타난 一般空氣를 보건대、人身供犧는 邪宗信徒에게있는 風習이오、모름직이 여호와神을 奉信하는 이스라엘人된者는 如斯한弊風을 一切避하지않으면안된다고 말하였다。몰룩、바알、그모스等의 諸邪神에게 人身供犧가 添伴하였든것같이 記錄되였다。그러나 히브리人은 宗敎生活에있어서 一時는 周圍民族과 다른것이없고、바알 몰룩等의諸神은 彼等이 敦篤하게 信仰하든것이다。後世에 여호와 一神敎가 確立된때에도、히브리人中에는、오히려 이런諸神祗를 繼繼崇拜하는者가 있었든形便이다。히브리人이 人身供犧、特히 子女犧牲의風習이있었든것은、疑心할餘地도없는 事實에 屬하거니와、여호와敎에 人身供犧가 伴行되였든與否의 問題는 꽤複雜한問題가된다。여호와 一神敎도 적어도 그初期에는 人身供犧를 伴行하였든듯이 보인다。實際로 여호와의 니름으로써 人命을獻하였든例도 二三남어있다。邪神에게對한供犧의 記事에도 그記者의態度가 人身供犧의 効能을信仰하고있다고 볼수밖에없는 경우가많다。初生子犧牲其他不明한 問題가 若干있으나、여기서는 기어히 이런것을究明하여야할 必要가있는것도 아니다。

生物學의 引證에依하야 推察할수있는것같이、獨히人類에게만 親을恭敬하고 扶養하는本能이 있을理由가 別로보이지않는다。親에게對하야 輕蔑的態度를 持하며 또殘酷한處致를 行하는民族도 적지않다。父母가 어떤一定한年齡에 達하거나 或은 어떤狀態에 있게되는境遇에는、親의生命을 奪하는수도있다。民族에따라 그老人에게 對한待遇가다르나、食糧缺乏의 念慮있든지、或은 遊牧을爲하야 轉轉旅行하여야할 境遇든지、或은 敵과戰鬪를 開始할境遇等에는、自治力이없는 老弱이 一族의負擔이되는故로 老人을 捨棄하거나 自殺시키거나、或은 殺戮하는風俗이 많은未開民族中에 보이는것은 決코無理하지아닌理由가있다。衣食에 窮하거나 或은 迷信에몰려서、同類의人을 哺食하는蕃風이 古今世界各地에 있는것은 지금疑訝할것도없는 事實이지만、自己의 親을殺食하는 民族도있다。스마트라島의 Battak 人의 사이에서는、老衰한親을樹上에 올려보내고 그아래에 子女와 其他親屬이 모와「時節은 왔다 實은熟하였다、그러면 나려오라」고 挽歌를 合唱하면서 그나무를 振動시킨다。이리하야 老親이樹下에 나려오면 이를殺食한다。其他 Arakan 의 土人에도 이에類似한 風俗이있다고한다。(31) 親子와愛情이라하여도그것은 子에게對한 親의情과 親에게對한 子의情과에는

一〇

區別하야보아야한다。함부로 親子의情이라하는것은 매우 曖昧한일일뿐더러 그本質上으로 보아서 不適當한줄로안다。人類에게도 他動物과같이 子에게는 親을養하는本能이없어도、親에게는 子를生育하는本能이 있을것이라고하나、理智가發達한 複雜한生活을하는故로 親에게 如斯한 本能的純情을 認識하기도 實際에는 困難하다。所謂親子의情이라는것은 血緣에依한 先天的感情은아니고、共同生活도因한 生後의接觸에依하야 生起는것이다。拚子殺兒의 境遇에、生後長時日을 經過치않을때에 實行하는것도、아직 親子間에 愛着心이 생기기前에 實行한다는데에 不過한것이다。代理生殖의 子든지 養子라든지、自己와는何等血統上關係가 없는者라도 普通親子처럼 生活을함께한즉 親子처럼 되는것이다。今日에는 벌서 새삼스럽게問題삼을것도 없는일이지만 孝養의道德으로써 本能的의것과 關係를부치려는 일같은것은 矛盾의甚한일이다。

古來로 히브리民族은 그父權的族制에있어서 典型的의 白姓이라 稱하며、히브리史에 patriarchal, vaterrechtlich, hausherrlich 와같은 言詞는 當有의것으로하야 到處에 使用하며、또한 如斯한言詞下에 많은 事象이 當然의것으로 記述되여있다。結婚같은境遇에도 婚約을決定하는것은 그當事者가아니오 흔이 그父兄이行하였다。自由戀愛라는것等은 저의들間에는 通用못되였다。父母가 自己의 子女를爲하야 適當한 配偶者를求하여 주는것이 通則이오、또 子의妾까지도 周旋하여주는例가 있었다。父母는 子女의貞操를 監督할것이라고하나、父母의 諒解만있으면 處女를誘惑하며 暴行하여도 罪가안되는形便이었다。子女의結婚 貞操의權은 親、아니 父의掌中에 있었다。히브리人은 他民族과 다르미없이、人身賣買를 盛히行하야 奴隸가많었다。따라서 人間을 一種貨物로보고、人身掠奪까지 行하였다。金錢에窮한때에 子女를典當(利用權을兼함)하는일도있고、또債權者가 債務者의子女를 差押하는일도 種種있었다。自己의 子女를 奴隸로賣渡하는일은 普通日常事인故로、世評이나 國法도 이를是非하지않었다。이처럼子女가 父母의所有物로 보인點이있다。其他 前記한바와如히 子女殺戮의 風習이있어、父母가 子女에게對하야 文字대로 生殺與奪의權을 行使한일은、從來의學者가 父權을論할때에 닞지않고 注目하든것이다。父의罪의 緣故로、또는 父의名譽와 信用을爲하야、子女의貞操生命이犧牲되였든일이 있은것은 舊約聖書를 읽은이는 곳諒解할것이다。

히브리民族은 特히 子女慾이盛한 百姓이어서、詩篇에 『젊은者의 子女는 장사의 손에있는 화살과같도다。이것으로 箭筒에 채운자가 福이있는자니、저의가 城門에서

원수를 向하야 말할때에 부끄럽지아니하리로다。』라고(第百二十七篇) 있는것은、저의들의 心境을잘表現하는것이다。젊은婦女에게對하야 「너는千萬人의母가되라」고 말함은、禮를厚히하는 祝詞로되여있고、天空에羅列한 별과같고 海濱의砂粒과같이 多數의子孫을가지는일은 彼等의理想으로 하는바이었다。子福思想이强한 彼等의間에서는石女는 그子女가없는故로、自己의當然한 地位를 獲得할수도없이 輕視받는것같은일도 있었다。또한 古代히브리民族은 所謂家族制度를 堅守하였든탓으로、子女는父母의膝下를 떠나는일이없고 一家一族은 同財同居이오、父子가 異財別居하는일은 極히 稀罕하였다。(32) 如斯한事情下에서 子女된자가 父母께服從하고、美衣美食으로써 孝養하지않으면 안된다고한다。이는 父母가 自己의子女에게對하야 橫暴함이오、子女는 父母를爲하야 搾取當함이아니라할가。

이問題에關聯하야 福田德三博士의著書 「經濟學原理」(33)中에 興味있는 記述이보인다。博士는曰、

資本制以上의勞働掠奪(原文以上十字고지꾸)白川大家族은거의 그一切의勞働을 擧하야 戶主에게 奉仕하고 그報酬로서 衣食을 供養받는것뿐이다。맑스의 所謂勞働의掠奪(後에詳論함)은 決코 資本制生産社會에서 資本家만이行하는것이아니오、如此한幼稚한 生活하고있는 大家族中에서도 行한다。아니 資本의掠奪보다 더욱徹底하게 掠奪한다。맑스의掠奪說의 誤謬인것의 絶好의 一例로써白川의大家族은 興味깊은것이다。지금까지 視察한諸君이 此事에論及하지아니함은 何故인가。나는 奇異하게생각한다。

即 飛驒白川村의大家族制에서는 子弟의出稼를 不許한다女子가 自己의親家를 떠나 他家에 出嫁함을 不許하고結婚이라함은 男便이 或時妻家에 出張하는形式이오、一家에는 多數의家族이 있음이 普通이나、그家族들은 家長의支配下에있고、家長은 普通家族에比하야 一段높은地位에處하야 一家를統制하며、一家의資産은 家長의所有로看做하고、家族은 家長의指圖에 좇아 勞働하고 衣食을얻는다。福田博士는 如斯한일로써 곳 家長된자가 家族의勞働을 搾取하는것이라고、하믈며 그搾取는 資本主義社會의 搾取보다도 더욱 露骨的의것이라고 强調하였으나、博士의論旨는 果然正鵠을 得한것일까。이白川村의大家族制라는것은 今日비로소 始作된것이아니오 以前부터의 存在이다。白川村은 急峻한山岳에 包圍되여 極히交通不便한곧이오、日常生活같은것도 옛날모양대로되여 非開化的이오、産業도幼稚한 狀態에있어 村民은 勤勉한勞働에依하야 貧寒한生活을 維持하고있다。外部의交通이 不便한곧인故로 從來로家族이 出稼하지않었음도 無理아닌

點이있다。外部와의 接觸이없는者가 自己의出生한家庭에 居留하는것은 自然한일이오。今日都會의住民이 自由勞働에 從事하는것과는 事情이 매우다르다。他家로 女子의 出嫁를 不許하는일도 이것은 一種의結婚制度로서 別로 檢討할問題이오 이것은 子女가 搾取當한다는 論據는안된다。家長은 帶妻、衣食、勞働 其他 一般家族에게 比하야 幾分間優待받고 있으나 그것도 極히적은 程度의問題요 家長이自己의 家族의生活을 不顧하고 自己單獨히 帛肉을 食하는일은없다。家族과同一한 喜苦를 함께當하고窮한때는 飢寒을分하는것이오 家族의生活을忘却한 搾取는 없다。吾人은 現代的文明에 到達하지아니한 未開社會에 搾取的行爲가 全然없다고는 않한다。그러나 福田博士가 白川村을 例證으로하야、同家族內에서도 極端的搾取가行하여지는일을 主張한일은 明白한誤謬이다。福田博士는넘어 外形에 拘碍하야 內實의考察을 等閑에附한 感이있다。博士의主意는 맑스의說에對한 反駁에있는듯하나 吾人은 지금 맑스學說에對하야 素養이없는故로 福田博士의 目標로한 맑스의說에對하야 即時에 意見을 述할수없는 狀態에있는일을 遺憾으로안다。그러나 맑스說反駁을爲한福田博士의說 그自體가 誤謬에陷하여있는일은 斷言하여도 可할것이다。

W・R・스미스氏는 셈民族에서는 普通、父를 意味하는 ab(abu)에는 父、夫、所有主의意가 있다하나、(34) 古代히브리語에는「아브」에 夫、所有主의 意가없다。(직뚜리ㅣ드ㅣ슈타ㅣ데、舊約히브리語字典參照)。舊約聖書에서는 神을父(아브)라고 부르는일이 많은故로、「父」라는 語에權威가 添伴하게생각된것은 事實이다。一家에 父、家長이있듯이 여호와神은 이스라엘의父로서 立하였다마는 그것은 神이 百姓의庇護者요 指導者라는 생각에서出한것이오 所有的觀念에서 出한것이라고는 말할수없다。

스미스氏는 同樣으로 Paternity 의 研究에서도 相當히 奇拔한說을 發表하였다。即 父라는것은 必曰血統關係로써볼것이아니오、所有的關係에서 定해지는것인데、即現在의 自己의妻가 出産한子女는 그것이 血統上누구의子이었든지 關係할것이없이 自己의子로 看做하는것이 原則이라고 斷定하였다。The son is reckoned to the bed on which he is born. 이라、따라서 父라는것은 Progenitor 이 아니고 Nurturer 이오、姙娠中의寡婦가 再婚한境遇에 그 出生한子息은 先夫即實夫의子가아니라 繼夫의것이라고하였다。이스미스의說이 誤謬인것은 Sigismund Rauh 氏가 그 學位論文 Hebraeisches Familienrecht in vorprophetisher Zeiti s. 31f. 에서 充分히究明하여있는故로 지금 返覆할 必要는없다。時代는 다르나 後世의猶太敎徒는 이點에留意하야 父血의所屬을 分明히하기爲하야 寡婦及離婚한婦

女의再婚猶豫期間을 九十日로定하고 적어도 그九十日을 經過하지아니하고는 再婚을許하지 않으리만큼하였다。(35)

子는 何時에父權에서 解放되는가。이것도簡單한듯하나 困難한問題다。로마人은 父의死에依하야、古代겔만人은子의分家에依하야、子가父의支配에서 解放되며、女는大體로 結婚에依하야 父權에서 夫權下로 移轉되였다。히브리民族의境遇에는 父의生存中은 子는父의 支配를免치못하였다고하는것이 從來의通說이었으나、라우氏는 이에關하야 前記論文中에서 興味있는論述을 하였다。거기依하면 于先創世紀 第二章二四節의「그런고로 사람은 그父母를떠나 그妻를 맞아 二人이 一體되리라」라고있는 句가問題된다。이것을 사람에따라서는 母權或은 Beena marriage를 髣髴하게함이라고 解釋한이도 있으나、이런見解는 今日은 발서餘地가없다「一體」라함은「한個의肉이」라고 譯하는것이 原意에 忠實하나、한個의肉이라함는 同族을意味하는 境遇도있다(레위記二五의四九)。이境遇에는 亦是夫婦의愛를 表示한것이다。그러므로 이記載는 娶妻하고는 父母와 相離하는것을 意味하는것이나、그렇다면 이는重大한 意義를 包含한다。그러나 文句가 넘어簡單한故로 이것만으로서는 斷定하기危險하다。압살롬과 아도니아는 父의生存中에 謀叛의目的으로 騎馬戰車等을 購入하였다하니 彼等의自己의 財產을 所有하였든것을 알수있다。또 압살롬은 自己個人의家畜도 所有하였든듯하다。(36) 그러나 이러한일은 王家의일인故로 이것으로써 곳一般을律하기는 困難하다。이問題에關聯하야 申命記第二十二章에 重大한暗示를 주는것이있다。

사람이娶妻한後에 그女子를 미워하야 陋名을씨워가르되 이女子가 處女가아니더라하면、그女子의 父母가 處女된證據를얻어가지고 그城長老에게가서 말하기를、내딸을 그사람에게 안해로주었드니 저가 미워하야 處女아니라 誣陷하나證據가있다하고 그衾衣를 그앞에떠거든、長老들이 그사람을잡아 懲罰하고 이스라엘處女에게 陋名을씨운 罰金으로 銀一百세겔을받아 그女子의아비에게 주고、그사람으로 그女子를 안해삼아 平生바리지못하게 하려니와、그女子에게 處女의證據가없으면 저는그아비집에서 淫亂하야 이스라엘中에 惡을行하였으니、끄으러내여 그아비집門에 이르러 그城사람이 돌로처죽여 너의中에惡을除하라、

여기서 注目할것은 方今 新婚한男子가 獨立한 한사람 사람으로 活躍하고있는點이다。女子편에서는 그女子의父母가 女子의代理로 活動하고있으나、男便쪽에서는 이것이結婚의破談이라는 重大한事件인데도 不拘하고、問題에 오르는것은 男便된사람뿐이오 그父母에는 조금도言及하지안하였다。히브리人의 風俗으로는 子女의結婚을 結定하는것은 그父母가하는것이 常例인故로、이境遇에 男便

에게 父母가없었다고 豫想하면 그것은 變則이된다。이것이 結婚한男子의 獨立을證하는 個所라고한다。그러나 같은申命記에도第二十五章의 레윌結婚(兄嫂結婚)의 規定에서는 結婚한男子가 兄弟와 同居(에슈프、야쿠다)한듯이 記錄하였다。이는 一見前記의 第二十二章의記載와 矛盾되는듯이보이지않는것도 아니다。그러나 그內面에있어서는 矛盾이아니다。子가結婚하면 누구든지 모다 兩親과離別하야 獨立한다고는 限定하지않었다。亦是父母의手下에는 남아있어父母의 供養과家事에 從事하지않으면 안될터이다。그는 많은境遇에 長男이었든듯하다。長男은 遺產相續時에 多分의깃을 가지는것으로 되여있다。레윌結婚의 境遇에 未亡人의 第二의男便이될 候補者는 亡夫와同居하는 兄弟라고 하였는데、그同居의 兄弟라함은 아직分家하지아닌 即未婚의兄弟를 指稱하는것이다(앗시리아婦女法典 第二十五條參照)。그反面에는 亦是結婚한 子息은 分家한다는 생각이 伏在하였다고 안할수없다。그러나 娶妻하고 分家한子가 果然獨立한것이라고 할수있을가。그것은 또問題가된다。分家하였다고 父母를 全然不顧할수는없을것이다。父母의生活이 窮하면 마찬가지로 父母를 供養하지않을수없다。마는 一旦父母를떠나 分家하면 從前과달라 一一히父母의 干涉을받는일이없고 어떤程度까지 獨立한것이라고 할수있을것이다。이와같은 子의分家로써 新時代의傾向이라고 認하는學者가 있으나 吾人이 지금 問題삼는時代가 舊約時代인故로 그 時代的區別은 不當하다。여기서 詳論은略하나 全舊約時代를通하야 子의分家라는 事實이있었다。따라서 Westermark 氏가 히브리人에關한 記述中에 There is no indication that the subjection of sons ceased after a certain age 라고 斷言한것은 넘어 疏雜하다。如斯한일은 比較硏究者의 通弊로 廣涉淺探의 結果라、無可奈何의事이다。또 히브리民族에 있어서는 子가父의 生存中에 父權을脫하고 完全히獨立할수있다고는 말할수없는 狀態이다。

王位繼承과같은 境遇에는 複雜한事情으로 因하야 長男이 繼承치않고 次男이 王位에登하는事가 있었다하나 一般國民에게는 習慣이無言의힘을 가지고있어、長男이優待받었다。申命記第二十一章의 遺產相續規定으로써 從來의 父母勢力을 抑制하기爲함이라고 解함은 많은困難을 包胎한다。遺產分配의 境遇에 長男에게는 二人分을分與한다함은、從來에長男이 遺產相續의時에 優待받었든慣例를 數字的으로 明確히 定하였을뿐이오、父母가 長男優待의慣例를 破함으로 그것을 防止하기爲하야 特히如斯한法規를 定한것이라고는 생각할수없다。父母가 社會의 慣例를 無視하고 長男에게 주어야할權利를 任意로他子에게 與하는일은 別로없었다고 할수밖에없다。萬若 如

斯한일이있었다고하면 極히特別한例外에 屬한일이오、社會가 疑問으로 아는바이었다。長男相續權의 販買、야곱의 에부라임按手等의 이야기는 그러한著例이다。要컨대 自己의遺産이라는 理由로써 從來의慣習을無視하고 이것을 分配하는일은 社會가不許하였다。其他에 父母도子에게對하야 幾多의義務를가졌다。子息를善導敎育하는일도 父母의任務로되였고、子에게 適當한配匹을 探得하여주는일도 父母의負擔이아닐수없다。從來로 父母가子女의 結婚을決定한다는 理由로써、이것을 一種父母의權利로 看做하랴는傾向이있었으나、其實은 그것은 父母의負擔이었다。父母가 子女를犧牲에 獻하는일을 父母의生殺與奪의 權에 列擧하는것이 普通이나、이도必曰 그처럼簡單히斷定할일은 아니다。大體로 子女捨殺子女犧牲의 風習을 全然不認하는社會에서는 父母가 子女를 自己의權內에 屬하였다는理由로써、그것을 殺傷하는것은 不可能할것이다。子女犧牲과같은것도 父權이 그렇게한것이아니오、다만 問題는 社會가 如斯한風習을 認하였는가함에있다。從來로 「父權」「家長權」等을 넘어過大視하며 또 이것을濫用하야 여러가지 弊害에 陷하였든것은 이러한點에서 알수있다。이처럼 히브리民族은 子에게對한 親權이 非常히 專制的이오 子女가 父母의食物인것같은 觀을 呈하나、其實際는 父母의權力이라는것도 極히 制限한範圍內에限하여있는것이오、父母가 任意로搾取한다는것같은일은 到底히 있을수없는일이다。(續)

註

(三一) P. J. Hamilton-Grierson, Old Age, introductory and primitive (Encyclopedia of Religion and Ethics, vol. ix) 氏와J. Leiden, On the Languages and Literature of Indo-China's Nations (Asiatic Researches, X. 1811; p. 202), H. Yule, Cathay and the Way Thither (London, 1866; I. 100, note 3) 에依據함。

(三二) 創世紀第二十七章四節。

(三三) 改造社版、經濟學全集第二卷第一三一頁

(三四) W. R. Smith, Kinship and marriage in Early Arabia, second edition, 140 f.

(三五) M. mielziner, The Jewish Law of Marriage and Divorce in Ancient and modern Times, second edition, 61,62.

(三六) 삼우엘後書第十五章一節、列王紀略上第一章五節、삼우엘後書第十三章二十三節。

新約聖書의編成에對하야

牧師 張道源

現在우리가 가지고있는 新約聖書가 初代敎會에 있어서는없었다。即우리가 現今 이것은 하나님의 말슴이었어서、이에對하야는 사람이一字의加減을 敢히行치못할것으로 생각하는 新約聖經冊이、原始基督敎에있어서는 없었다。即다시말하면 聖經과基督敎는 同一한것이였어서、聖經이없이는 基督敎가 있을수가없다고 생각하는 이聖經이、初代의原始基督敎會에있어서는없었다。그러면 新約聖書의內容은 무엇이냐? 新約聖經은 初代敎會의使徒들이 各各自己의 그리스도經驗을쓴 그리스도說明이다。又初代敎會의使徒들이 그時代 여러地方의 여러가지事情에應하야쓴 使徒의個人的書簡이다。故로 當時의使徒들이 便紙를쓸때에 내가 基督敎聖經을 쓴다는意識下에서 쓴것이아니오、그時代 或地方 或은그個人의事情에 應하야쓴것이다。그런故로 抽象的思索의所産이아니오 그리스도經驗의산記錄이다。人生의實地的生活事實에서 信仰의說明을받아 永遠한眞理를道破한 眞理의記錄이다。即詳言하면 新約聖書의主題는 그리스도다、福音書는 그리스도의言行錄이오、使徒行傳는 그리스도의 靈的活動의記錄이오、默示錄은 그리스도最後勝利의 預言의記錄이다。

이런文獻들이 基督敎의經典으로 蒐集되며 編成됨에는 如何한過程을 經過하였느냐? 又는既述한바와같이 어떠한地方 或은個人의事情과 必要에應하야된 偶發的個人의書簡이 그리스도宗敎의 神聖不可侵의經典이됨에는 如何한理由가있었는가? 又는使徒時代에는 必要를感하지못하든것이 使徒들이 逝去한後에 別個의基督敎經典을 編成할必要를 感하게된理由는무엇이냐? 이에對하야 暫間말하고저하는것이 本題의精神이다。

以上에서말한것과같이 現行新約聖經은 初代敎會에있어서 使徒들이 或地方 又는或人의事情과 必要에應하야 勸勉 或은指導하기爲하야쓴書簡이다。그리하야 이書簡들이 그著作과同時에 基督敎의經典이 되지아니하였다。又는著者인 使徒들이 그書簡을쓸때에 내가基督敎經典을 쓴다는意識下에서 쓴것이아니오、또한그時代의信徒들이 이書簡을 一種의書簡으로 읽은것이오 聖經으로도하야 읽은것은아니다。即그書簡을 聖經으로도하야 그書簡에權威를 주지아니하였다。即初代의信者들은 現今우리가 新約聖書에 權威를두는것과같이 그書簡을權威있게 생각한것이아니오 一種의先輩들의 書翰으로읽었다。實狀은 新約文書가 初代信者에게 있어서는 一種의書翰이오 決코 經典은아니다。그書翰이 저의들에게 慰安과喜悅과勸勉과訓戒와指導

는되였으나、저의들의信仰을決定하는 經典的權威는가지지못하였다。

當時의信徒間에있어서 權威있는것은 復活하신그리스도의人格과 言行錄이었다。復活하신 그리스도는 하나님으로 崇拜하며 그리스도의言行에는 最高의權威를두어、모든問題를 그리스도의말삼이라는 一言下에 解決하였다。如此히 初代敎會의 信者에게있어서 最高의權威는 復活하신그리스도自身이시오 그言行이다、그言行는 初代敎會에있어서는 口傳으로 信徒間에傳하여왔다。그러나 歲月이감을따라 直接예수의敎訓을 들은使徒들과 聖徒들이 世上을떠나게됨에、예수의敎訓과事跡을 記錄한福音書와 使徒들이 그리스도에對한 解釋의文書들이 當時의信徒들間에愛讀되며 敬意를받게되였다。그러나 敬意로써愛讀한다고 그것이 그當時에 經典化한것은아니다。即 이時代에있어서 아직은 別個의 基督敎經典을 編成할야는생각이具體化되지는아니하였다。

初代敎會에있어서는 유대人이 大多數인故로 유대敎的傳統習慣을벗지못하야、유대敎會堂에서行하든 習性을따라每安息日禮拜時에 舊約聖經을 朗讀하는일이있었다。如斯히 每安息日에 敎會에서 舊約聖經을 朗讀한後에는 따라서 福音書와使徒들의書簡을 朗讀하는일이있었다。又는各敎會가 互相間 使徒들의書簡을 交讀하는일도있었다。(골로새四의十六、데살로니가前五의二十七)。如斯히 每日曜日에 福音書簡을 舊約聖經과共讀은하였으나、이것을 基督敎의經典으로 읽은것은아니다。

그러나 如斯히 每日曜日에 敎會中에서 자주朗讀하는동안에 自然히 一般會衆은 敬虔한態度로듣게되며、漸次로舊約聖經과같이 重要視하게되여젔다。그뿐만아니라 基督敎信者로서 基督敎的經驗과意識을 가지게되는데는 舊約을읽는것보다는 使徒들의 文書를읽는것이 훨신有益하였다。

故로 저의는 예수그리스도의 生涯敎訓에서 나타나는그人格의記錄인福音書와 復活하신 예수그리스도經驗의記錄인 使徒書簡에對하야 더욱密接한共鳴을感하며 더욱깊은尊崇의念을 가지게되였다。이것이 不知中에 福音書와使徒書翰이 聖經化하게되는準備의初期였었다。

이時期를 지나서 福音書와使徒書簡의 基督敎經典化를促進시키는 新現象이나타났다。이것은 異端思想과 그運動의出現이다。이異端思想과그運動에 威脅을받고있는 基督敎信者들은 이것을막기爲하야 純眞한 基督敎의信仰을代表한文獻을蒐集하야 權威있는基督敎經典을編成하야 이것으로써 異端邪說을防擊할랴고한것이다。이것이 福音書와 使徒書翰의文書들이 基督敎經典化하게된 첫걸음이다基督敎經典을 第一처음으로 製作한者는 異端者마아시온

(主后一四〇年ㅣ一七〇年)이다。 저는 舊約의神觀은不完全한것이라하야 舊約을全然排斥하며、 又는 福音書나使徒書翰中에서도 유대敎臭味가나는것은 全然排斥하고、 純基督敎的眞髓를 잡은者는 바울뿐이라하야 바울의書簡十通과 (牧會書簡은除하고) 바울的福音인 누가福音一卷만을合하야 (누가福音에嚴密한改訂을加하야) 이것으로써 基督敎의經典으로한것이다 마아시온은 바울의書翰을 갈라디아、 고린도前後、 로마、 데살로니가前後、 에베소、 골로새、 빌립보 빌레몬書의 順序로配列하였다。 그러나 當時의基督敎會는 이것을 受容하지아니하였다。 그理由는 第一로 基督敎는 舊約을排斥할수없다。 即舊約을떠나서는 基督敎를 發見할수가없다。 이는 舊約의預言과 基督敎와는 密接한關係가있는까닭이다、 即基督敎福音은 舊約의預言을 成就한것이오 舊約은 그리스도에對한 預言인까닭이다。 舊約을 基督敎的說明으로 읽을때에는 그속에서 그리스도와 그福音을發見할수있다는것이 基督敎信者의 立場인까닭이다。 또는 當時敎會는 四福音書를愛讀하여왔다。 故로누가福音만으로써 經典으로定함에는不滿이있다。 如此한理由下에서 마아시온이編成한經典이 當時 敎會에容納을 받지못한것이다。

如此히 初代의基督敎會는 마아시온의大膽한行爲와 其他異端文獻의 出現等을因하야 純眞한基督敎經典을 至急히 編成하여야할必要를切感하였다。 此에應하야 基督敎經典의內容을 가장適當히하야 編成한者는 이레니우쓰(一八〇年ㅣ二〇〇年) 이다 저는 基督敎經典을 四福音書와 바울의書簡十三通과 (빌레몬書가빠졌으나 이는偶然히빠진것이오 他意는없다) 베드로前書와 요한一書及二書와 使徒行傳과 요한默示錄으로써 內容으로하고 編成한것이다 그러나 이레니우쓰는 베드로後書와 요한三書와 히브리書는 全然否認하였다。

이레우니쓰以外에 그時代經典의內容을 알만한貴重한文獻하나가있다 이는 무라도리斷片이다。 此무라도리斷片은 千七百四十年에 伊太利미후노圖書館長 무라도리氏發見한 라텐語古本斷片이다。 此무라도리斷片은 紀元后二百年頃에 쓴것이라고한다。 此斷片中一部에 新約聖書目錄이있다한다 이것이 新約聖書目錄으로하여서는 第一最古의것이라고한다。 이것이當時代即紀元后二百年頃新約聖書의 內容을表示하는것이라하야 極히重要視되여있다。 此目錄은 이레니우쓰의 新約聖經內容과는 大差가없으나 유다書와 베드로默示錄이있고、 베드로前書가빠졌으며 (이는故意的이아니오 偶然的인것) 히브리書와 야고보書와 베드로後書와 요한第三書를 經典外에置하였다。 以上의이레니우쓰 무라도리에依하건대 第二世紀末에 大體에있어서는 現行新約聖書가整頓된貌樣이다 (福音書…使徒行傳ㅡ諸書翰ㅡ默示錄) 大

體로는 如此히 配列된貌樣이다。

當時에 經典에編入할文書를 選擇하는標準은 使徒의親著述이거나 或은 使徒的인것에限하였다。使徒的이란것은 純眞한基督敎的이란뜻과 同意의말이다。當時에는 幾多의 福音書와書翰과 默示錄과行傳이있었다。그러나 그中에서 四福音書와 一行傳과 바울의書翰과 其他數通의書翰을選出한것은、當時의信者들이 恒常愛讀하야 그中에서 저의에게 明確한그리스도說明을주는 宗敎的價値가있는것만으로써編入한것이다。

以上에述한것과같이 基督敎經典의大體輪廓은 作成되었으나、아직도不確定된것은 히브리書 야고보書 베드로後書 요한三書等이다。이것들은 아직 聖經으로認定되지아니하였다。또요한默示錄도 알렉산드리아 수리아 안디옥을中心으로한 諸敎會에서는 오래동안 經典外에置하였다

大體로 東方敎會에서는(알렉산드리아 수리아를中心으로한敎會)默示錄을 使徒요한의著作으로 믿지아니함으로 默示錄의權威를 否認하였으나、西方敎會에서는(로마를中心으로한敎會)이것을使徒요한의作으로믿고 直히經典中에編入하였다。그러나 히브리書에對하여는 東方敎會는이것을 바울의書翰으로認하고 經典中에編入하였으나、이와反對로 西方敎會에서는 이것을 바울의書翰이아니라하야 經典外에置하였다。또 수리아敎會에서는 오래동안 默示錄뿐아니라 바울書翰外의 一般書翰까지도 受容치아니하다가 第四世紀에至하야 겨우 야고보書와 베드로前書 요한一書만을 經典中에編入하였다。故로第四世紀의 수리아地方敎會의 新約聖經은 유다書 베드로後書 요한二三書 默示錄을除한外의 二十二卷이었었다。第四世紀以後에도 地方과敎會와 又는個人을따라 新約聖經의內容을 달리하는것이 많이있었다。

如此히 第四世紀에 至하기까지에는 新約聖經의內容이 統一整然되지못하야오다가 現行新約聖書와 同一한內容의 諸書를 聖經으로編入시킨것은 三百六十七年 復活祭時에 알렉산드리아監督 아다나시우쓰의 訓示的書簡으로된것이다。그訓示에는 四福音書使徒行傳 一般書翰七通 바울書翰十四通及 요한默示錄을列擧한後『此等文書는 救援의源泉이다。목마른者는 다 이말슴으로써 그渴함을고칠것이다 此等文書中에만 하나님의말슴이傳하여있다。누구던지 이에加筆하지못할것이며 削除하지못할것이다』라고 附記하였다。

如此히 東方敎會의 아다나시우쓰는 요한默示錄을 聖經으로認하고、西方敎會의어거스틴은 히브리書를 바울의書翰으로受容하였다。於是乎 東西兩敎會는 同一한內容과 形式의經典을 가지게되였다。三百九十三年 히두보에서開催된 敎會會議와、三百九十七年 카루다고에서開한 敎會

二〇

會議에서決議하야 現行新約聖書와같은 內容과形式의 經典을公認하였다。如此히 現行의新約聖書와같은 內容과形式의 基督敎經典이 完成되기는 이것이처음의일이다。

現行新約聖經은 如此히 여러가시難境을通하야 敎會會議의決定公認으로 基督敎經典이된것이다。於是乎 이것만이 하나님의唯一한말슴으며 이에는 다시 누구던지 加減할수없느니라는 頑固한것이되여버렸다。以後로 新約聖書는 頑固한土台우에立하여 神聖不可侵의것이되여젔다。이에는 누구던지 加減하지못하며 批評하지못하게되였다 萬一이에 加減하거나 批評하는者있으면 死刑에處하였다 그러나 新約聖經에批評을行한일이 間間히있었다。例를擧하면 第十世紀寫本에는 요한默示錄이 없다。에데오피아敎會에서는 三十五卷의新約聖書를 擁護한일이있으며、千五百四十六年 토렌토宗敎會議에서 二十七卷의 新約聖書를 再宣言한일이 있었다。루터는 히브리書 유다書 야고보書 默示錄等을 極烈히批難한일이있으며、쯔잉크리는 默示錄은 非聖經的의書라고하였으며、칼빈은 히브리、요한二三書 베드로後書 默示錄에對하야 疑問을가졌다。

以上에서 말하여온것과같이 現行의新約聖經은 많은論爭을通하여오면서 많은文書中에서 가장有力한것과 靈味있는것과 가장많이愛讀되는것을 選拔編成한 一種의選集이다。그라하여 新約文書間에도 價値의相違가있음을認한다。故로基督敎는 그經典에對하야 盲從的이아니오、敬虔한態度와 批判的立場에서 그리스도靈의說明을받아 聖經에對한態度를 定하는것이다。

盲從的으로批判없이 聖經은 하나님의말슴이라하여、聖經은 하나님이口授的으로 말슴한것을 聖經記者가 記述한것같이생각하거나、又는現行의聖經冊이 한울에서나타난것같이생각하거나、聖經과基督敎는 同一한것이었어서 基督敎는 聖經에依하야存在한것이오 聖經이없이는基督敎가存在할수없는것이라하야、저의의信仰이그리스도와의산사괴임에있지아니하고 聖經에있게되는것은 크게그릇된일이다 基督敎는 聖經에依하여있는것이아니오、聖經이있기前에발서 基督敎는있는것이오、基督敎信仰은있은것이다。故로基督敎는 聖經의産物이아니오、聖經이基督敎의産物이다。

以上에서말한것과같이 基督敎는 살아게신 그리스도가 그全部요、聖經은 이살아게신 그리스도에對한說明과 經驗의記錄이다。故로 新約聖經은 異端邪說이百出하야 信者의思想을混迷케할때에 그似以非의眞僞를判斷함에 가장信用있는記錄이다。聖經은 異端邪說의眞僞를判斷함에 가장信用할만한記錄일뿐이오 우리의信仰을決定하는 標準은아니다。故로우리는 살아게신 그리스도를信仰할것이오 聖書를信仰하여서는아니된다。即基督敎의最高權威는 그리스도經驗이오、聖經이아니다。

脫退聲明書

我ら朝鮮教會は今回信仰上の相違に於て遺憾ながら美濃ミツションを脫退する事を聲明す。

美濃ミツションは聖書觀に對し　有謬的發言の口授說、即ち逐字神言說を信ず、即ち聖書は神の言の文書にあらず、聖書そのものが神の言なり　聖書の一字一句悉々く有謬的に語り給ふ神の御言を　聖書記者が聞くが儘に筆記したる口授記と信ずる事此れなり。

然れごも吾人は逐字神言說を否認して靈感說を信ずる。靈感說とは神が人類に對し特別なる目的を以つて働く時に聖靈にて人を感動させ、その人をして神の御業を透視させ、聖意を體得させ、その人をして神の御働を正視しし儘に傳へさせ　聖意を知る通りに語らせて　その人を以て神の言を此の世に代言させると信ずる事なり。

靈感は聖靈の直接なる働きなり。故に人は聖靈の働きに依つて神の御言を受くるなり。靈感は天來の言なり、故に人の內心に明確なる靈感が來る時　彼には神の言を受けしとの確信が生ずると同時に　彼には我れ神の言を聞きしと大膽に語る事が出來る。又神我に斯く謂ひ給ふと主張し得るなり。故に聖書は有謬發言の口授記にあらず、靈感に依りてなれる神の言の文學なり。

○美濃ミツションは　救に對し　人が信仰に依りて一度救はれたる者は　其後信仰より墮落し背教して世に出でて罪惡の生活を續け、最後には毒殺するごも、その人は亡びずに救はれると信じ、且つ窃盜常習者が窃盜現場にて逮捕せられたるものも　救はれたる基督者であると信ず。

然れごも吾人は、それを否認する。我らは救の永遠性、絕對性を信ずる、救は人の努力にあらずして　全く神の恩寵にある事、救には信仰を唯一の條件とする事を信ずる。　信仰には信仰生活がなければならぬ事を信ずる。　故に信仰生活がない所には、信仰の墮落あり、信仰の墮落には永遠の亡びある事を信ずる。　又は一度信仰より離れし者にも悔改めて信仰に歸るならば救はれる事をも信ずる。

一千九百三十四年五月二十九日

朝鮮教會牧師　張道源
岐阜教會代表　金順德
大垣教會代表　崔鍾喆
桑名教會代表　朴允東
穗積教會代表　金卯用

城西通信

○一九三四年六月四日(月) 第二學年生徒百餘名과함께 市外 淸凉里 京城農業學校를 見學하다。農業에 精神作興을 爲主로하는 일은 一種의 時代流行같은 嫌이不無하나 精神으로부터 出發하여야될것은 畢히農事뿐 안일것이다。凡事에 技術보다 精神이 根本이오、精神의깊은곧은 靈魂問題이다。宗敎없는 默禱와 校歌와 体操도可할것이나、宗敎없는 精神運動이 果然 그期待하는 効果만을 收穫할수있을까하야 同情을 不禁하였다。多角形農事에關하야는 크게 배운바있었다。約三時間의 見學을畢한後에 一旦解散을宣하고、다시 志願者만을擇하야 李圭完翁의 農場에見學하다。우리所見과 慾心으로 말하면 農業學校보다도 李翁의勤勞를 더욱 보여주고 싶은것이었으나、그러나 豚에게眞珠는 던질수없다。身体의疲勞를참고 空腹을 견데면서도、배우고저하는 熱誠있는者만을 陶汰하야、심술궂은 일을 하는것이다。翁은外國人士가 參訪한 때에도「우리조선사람은 당신네들처럼 特設한 應接室에 들앉아接待할 餘裕가없으니 할말이있으면 말슴하라」고하야、광이잡은채로 일하면서 應對한다고 들었것만 오늘은 多數한 生徒의 團体라하야 特히 호미잡았든일을 中止하고、約一時間講話하신後에 親히 場內를案內하시면서 翁이아닌 다른사람으로서는 模倣할수도없는 貴重한体驗을 말슴하여주셨다。春秋七十有三이라하것만「하여 못할일이없다」는 意氣는 言言句句에 흘러나오며、子女의 不順에 憤한때는 그책망할 힘과熱로써 땅을파는것이 가장 有益하더라는 形容은 우수운듯한中에도 다시 씹어맛볼만한 敎訓이었다。李翁을 辭退한後에 홀로 金貞植先生을 訪하고 여러가지 實話中에서「남에게 慈善을施함은 行하는者의 義務로서만 行할것이지、萬分의一이라도 그報酬를 期待하는 心地로써 할것이아니라」는 結論을 배우고 물러나오니、淸凉里의 一日은 所得이 分에 넘치는하루였다。

○六日(水) 朝鮮博物硏究會에서 委員改選의 結果에 그委員을 被免되였다。이로써 博物學의 第一線에서 退却한것이 知友間에 더욱 明白히되여 重荷를 벗은듯하다。博物學、特히朝鮮現下의 博物學界에 있어서 慾望이全無한것은 아니었으나、어되까지든지 우리는 學者에게서 배울者이오 尖端을 行하면서 硏究할學者는 아닌것이 判明한故이다。우리의先生 丘淺次郞博士는 博物學을 修業한者가「轉向」하야 博物學以外에 專業하는者를 大忌함으로、博物科를 卒業한後에 心理學博士된後進과도「背敎者」라하야 犬猿之間뿐이 아니었으며、每年卒業生을 보낼때마다「摘みたむことの難きは鶯の鳴く野邊の摘菜たりけり」라고 反覆하야、終生토록 一心全念으로 博物學을 攻究하기를 勸勵하것만、우리도 드디어 그「背敎者」의 一員에 落伍하였다。先生의 敎訓을 尊崇하지아님이 아니나、이는 어짤수없는 우리의 傾向인가고 스스로容納한다。일직이 某先輩에게「우리는 分類學이나、解剖學은 마지못하야 하는일이오、興味는 進化論이나 遺傳의法則等에 쏠리며、結局 博物學은 더큰法則의 理解에 到達하는 한階段에 不過한것이 아니냐」고 물은즉「그럴수도 있으나 그는 正統이아니라。博物學의異端者라」는 對答이었다。이것도 運命인가、博物學은 聖書를 理解하는 方便인줄로 알았다가 博物學徒의異端者가되고、예수敎에 敎派敎會란것은 있으나 없으나 關心할것이 아닌줄로 알았다가 基督敎徒의 異端者가되였으니。다만 願하기는 正統을尊崇하는 博物學界와 基督敎會에 發展과隆盛이 現著할것뿐이다。

○이날에 全南小鹿島에서 振替通信文이如左。섬은 小鹿島라하나 사랑의줄은 大獅子보다 더強한것이 連結되여있다。

『伏未審 氐下 鴻恩中貴体隨時大安하시며 貴社興旺하심을 遠外伏祝伏祝。第客月良惠送하신 二冊을 잘받아보았읍니다。趁時答上書못한것은 罪悚萬萬이올시다。然이나 以

愛寬恕하실줄 全信全信。간사하온 榮光은 主님께 歸。聖書朝鮮誌先金略付문하옵니다 速히 下送하옵소서 貴誌보고 싶은마음 一刻如三秋』云々。

○十二日(火) 忠誠스러운 某醫師로부터 來書에『先生님 용서를빕니다 일즉이 문안들여야될 이몸이 게으름과 분망이 아울러겹처서 오늘까지 이렇게되였 읍니다。더위는 나날이 더심합니다。京城에서 얼마나! 짐작합니다。病院에서 患者를 간호하고 病治에몸과 마음을 던지는 이일이 職業的으로는 어려운일이 아니외다。그러나 사업이아니오 직업이아니오。오직 살을 어이고 뼈를 짜내여 生命으로서 生命을 救하는일로 도리킬때、너무나 이몸은 무겁고 마음은 피롭소이다。이것을 홀로가진듯이、그러하나 이보다 더 견대나가기 어려온바는 先生님께서 지금대한태도 즉 가르침과 써서보내는일。오직 바라고비옵는바는 그리스도안에서 즉 能力을 주시는者안에서 能치못함이 없다하시는 그能力의 主께 붓탁하옵나이다。健康을 얻으시사 더힘것 웨처주시옵소서。先生님 참말 고맙고 감사합니다。일즉聖書誌를 通하여 소개하여주신책「生活의標準」보기를 심히원하였으나 非賣品인만콤、그런中 이번에 보내주서서 과연 감사하게 받아넒었읍니다。그로좇아 깨닫고 얻은힘더하옵나이다。바라기는 이책을 널리親愛하는兄弟들에게 들려주고싶습니다。어떻게 더얻을수 없을넌지요。책가를 支拂하고서 얻을수있는 方策이 없읍니까? 그렇다면 가격은? 다음에 틈나서 좀한가하실때 一葉으로서 알려워 주셨으면 고맙겠읍니다 신자와 교육者들께 더욱 넒을必要를 强권하고싶습니다。

나종에 한마대 더 쓰고싶은것은 聖書誌를 넒는가운대 마음을「저自身 個人」압호게하고、理由를 알지못하여 답답한것은聖書誌에 投書하는 先生들의 자최가 점점 없어지는일이외다。自己네들의 理論과主張은 如何하던지 愚見으로서는 한집을세움에 들보도있고 벽얽는 집오락지도 있음과같이、甲의눈에는 보잘것없는일이나 丙丁의 一人이라도 구원얻는대 一滴의生水가되면 그말슴의 價値는크다고 하옵나이다。참誌다운 誌없는 조선 言論界의 더욱 生命의道를 의론하는誌는 하늘에 별따기보다 더어려운이때、崔先生의 獨唱的誌는 갊어서 一部의 갊은 체험얻은者만 즐겨받게되였고 初入者에게는、즉젓먹는者에게는 不適할뿐더러、널리보지못함애 사람들이 先生을 알길이없고、口傳에 口傳에、그래서 오해만갊어 가나이다。날이가면 그오해가 自然이 돌려질것은 의심없어지금근심할바는 아니나 그러나 할수있는대로 短時日에 알릴수있는 方法있으면 그것을 取함이 좋지않을가요。亦是 聖朝誌도 그렇습니다。먹어보아야 맛안다고、넒어보고 듣고 보아야 사람을 알고、사굄이있고 찬송이 있을줄을!그래서 聖書誌는 都會地人도보고 農村에 一婦도보도록、어렵고도 쉬운술어를 사용하기를。심지어 신앙에 서로유익됨이있다면 廣告文도 좋다고생각합니다。그래서 염가로 多數이普遍的으로 傳함이된다면。그러고 모든신앙의 先生들은 分散的으로 개인에구원만、그래서自體의 보호술만取하지않고、좀 集會的으로 서로권면하고 받은바를 간중하여弱한者를 붓도아주는것이 가장 깃브다고생각합니다。간단이 말하면 ○○에있는몇분보아도 어쩐지 편협적이오 당파적같은、그러고 신앙에 너무나驕가있는感이 보이여요、이번 ×先生일만보아도!오해하지마십시오、저는 영업적으로 생각하는것이 아니라 多數人이 보도록하기원하여。소위日文誌「キング」같이 되기를」

先生님! 妄言을 용서하여 주시옵소서。오직 平康에主께서 先生님과 온가정에함께하시옵기를 기도하나이다。○○○拜』

雜誌「キング」라고하면 꿈에보아도 唾棄하야 마지않는 물건이다。그러나 그普遍化한點、階級과知識의 高下없이 널리읽는點으로보아서「キング」처럼 되라는말은 勿論聖朝誌를 詛呪하는뜻이 아니오、身體와靈魂을 아울러救濟하라고 참된忠誠을다하여본자의 가슴에서 솟아나온 말인것은

分明하다。마는 高貴한眞理를 平易하게論述함은 決코 容易한業이 아니다。적어도 세가지要素가 具備하여야 할줄안다。첫째로 하나님의各別한 恩寵을 받은者라야 可能하니 吉善宙牧師나 山室軍平氏같은이가 그렇고。둘째로 圓熟能通한後에라야 可能하니、우리의말과 글에 難澁이많은것은 아직 未成品을 嘆息하는 한숨소리오。셋째로 한글에對한 素養이 豊富하여야 可能하니 言文一體의 글월을쓰라면 마디마디가 疑問이다。漢字는 參考할 字典辭典이나 있거니와 한글은 그렇지못하다。未確한것보다 確實한것을 쓰라니、自然히漢文이많아진다。元來本誌는 그筆者들의 職業上關係도 있어서、中等學校上級以上程度의 學生을 爲主로相對하야 말하며 글쓰게된故로不可避한 傾向도 없지못하였으나、平易를願하는 마음이없었든 所以는 아니었다。이外에 또한가지 實際問題로、同一한紙面에 多量의內容을 記載하라고 漢字를擇하는수도 있었으나、다시생각하면 朝鮮에서 專門 大學에 工夫하는者는 全人口比例가 二萬九千二百三十八人에一人、中等學生은 一千二百三十九人에一人、普通學校는 四十二人에一人식이라하며、全人口의 八割이 文盲이라하니、平易化의必要는 더論할것이없다。願컨대 誌友도 筆者와한께 이일을爲하야 加禱함이 있기를 바라며、널리 傳播하는일에 關하야도 他人의일로 생각지말고 意見이있거든 빌리며、힘이있거든 助力하며 精誠이있거든 다하야祈禱하라。어떻게하여서든지 聖書가 이百姓의冊이되고、그리스도가 이民族의 生命이되고지다。

○十六日（土） 午后에는 水原에 農事見學하다。柳君의案內로 徐氏養蜂場과 農事試驗場園田宗介氏의 獨特한園藝術에 배운바 많았다。

○十九日（火） 昨夜에 留宿한誌友가 朝飯前에 退去하야 섭섭하였다。在來의 風習으로보아도 밤잔손을 食前에보내지않는터이다。짐작건대 우리가 時間이 貴함을 말하였든故로、아침時間을 妨害하지말고저 함인듯하나、우리가 時間이 重하다함은決코 現代의高官이나 紳商들이 會合과宴席에 몰려서 「忙殺」하는따위 時間觀念으로 말한것은 안이다。社交와享樂等의 世俗的時間은 一秒라도 節約할것이나、眞理와生命에關한일에는 아껴할時間이없다。거긔는 時間을超越한자리다。主예수가 사마리야 女人과 對話하실때에 時間의흐름과 飢渴의 要求를 忘却하였든（요한四章）度量을 우리도 가지고저 願하는者이다。

○二十日（水） 現代의敎會와神學校가 넘어 까드럽고옹졸하야、좀더自由스러운立場에서 배우며一層積極的으로 獻身傳道하고저 願하는靑年數人이、全南에서부터 徒步上京하야 修養받기를願한다고 來訪하여스나、聖朝社로서는 現在 그와같은指導를敢當할만한 準備가없음으로 一旦辭退하다。無報酬로써 다만勤勞하고저하니 半島靈界에도 曙光이當至함인가。

○二十四日（日） 形勢어려운讀者의來信에 「貴誌奉見之心은 간절하나 事勢不得으로 數個月中止되고 只今와서 奉見케됨을감사하오나、但只憾恨되는바는 中止된 冊子는 그양 그대로中止되고 更不得見할줄로 恨歎千萬일너니、敎弟의 心情을先解而 中止된貴誌를 一一히惠送하야주신 先生님의慧智와 사랑은 傍聽傍觀의敎友까지 擧爲감화감사하옵나이다。於斯之際에 當受者의欣喜야 말할것도없이 榮光은主耶穌께歸。雖不足한精誠이나 貴社興旺하와 方方谷谷家家人人이 모다貴誌를購讀하고 救援의道를 찾아 三千里江山全部가 信仰生活하는 聖書朝鮮社와같은 社會가되기를 간절이祈禱합니다。아ー멘」六月十五日 ○○○ 呈

저는 眞珠살줄아는者인가보다。（某氏의 注意로써 大阪每日新聞夕刊에 德富蘇峰小品『英國近世唯美主義의硏究를 讀함』이라는短評을보니、그中에 오스커・와일드氏를 評하야曰「萬若薄倖의二字에 가장合當한者있다면 그것은 와일드 일것이다。저는決코 惡漢이아니오 저는決코 腹黑漢이아니다。彼는本來僞善者가아니다。彼는實로 輕倖兒이다。彼는차라리 一個의可憐蟲이오 決코 鐵鞭을彼의背上에 加할만한不逞黨은아니다……要컨대彼는 翩々한輕薄才子의魁라」云云。읽고痛憤의流涕를 不禁하였다。「奇才」를藏하고도 一個可憐蟲으로 맞후다니。日本에有島武郞이있었고、朝鮮에 누구누구라고。

張道源牧師의信書。

主의恩寵中體度安康을祝하오며 宅內均安을幷祝하나이다。아멘。나는美濃ミツシヨン에서 脫退하야 獨立派를組織形成하얏아오니爲하야 기도하심이잇기를 切願하나이다。

五月二十七日 美濃ミツシヨン朝鮮敎會大會를 大垣敎會內에開하고 美濃ミツシヨン脫退하기로 決議한后 二十九日脫退聲明書를 日本全國에配付하엿읍니다。(感情的이아니오兩便相議的)。六月二十四日第二次大會를 桑名敎會內에 召集하고 左記事項을決議하엿읍니다。

一、名稱、朝鮮그리스도敎會라 稱하기로決議하다。

二、文部省에許可願을提出하야 認可를얻기로決議하다。

三、朝鮮內地傳道를開始하기로 決議하다。

四、已成敎會의 非福音的運動에對하야 積極的으로排擊하기로 決議하다。

以上

右의趣旨에依하야 張牧師는來九月初旬에 歸國한다。京釜、咸鏡沿線에서 集會를願하는兄弟는 三重縣桑名町葭町一六五三ノ一張牧師께로 直接照會하시오。

本誌定價

一 冊 拾五錢(送料五厘)
六 冊(半年分) 前金九十錢(送料共)
十二冊(一年分) 前金壹圓七拾錢

要前金。直接注文은 振替貯金口座京城一六五九四番 (聖書朝鮮社)로。

取次販賣所

京城府鍾路二丁目八二 博文書館
京城府鍾路二丁目九一 耶穌敎書會
京城府堅志洞三二 漢城圖書株式會社

昭和九年八月一日 印刷
昭和九年八月四日 發行

京城府外龍江面孔德里一三〇ノ三
編輯兼發行者 金敎臣

京城府堅志洞三二
印刷者 金鎭浩

京城府堅志洞三二
印刷所 漢城圖書株式會社

京城府外龍江面孔德里活人洞一三〇ノ三
發行所 聖書朝鮮社
振替口座京城一六五九四番

金教臣主筆

聖書朝鮮

第六拾八號

一九三四年九月一日發行

昭和五年一月二十八日第三種郵便物認可
昭和九年九月一日發行(每月一回一日發行)

目次

學校教育에對한不滿

四五歲되든때에 千字文을 가르키니 거의通達하야 新聞紙面에記載되는文句도 주어읽을만하게되려하였으나, 넘어 이려서부터 가르킴은 도리어心身에害된다하야中止하고, 幼稚園도 보내지않고 八歲까지두었다가 普通學校에 들인아이。勿論 入學試驗을通過하였다。 멘탈테스트(精神力檢査)에도 普通素質은 된다고認證되였기에 入學된것이다。 그런데入學後로 아이가漸漸鈍朴하여지고 第二學年된後로는 더욱무엇이무엇인지 까닭을모르고 徃來하게된다。敎師는 家庭尋訪을와서「이댁아이(先生노릇하는사람의아이란말)가 그렇게 몰라서야 됩니까。家庭에서 잘 가르켜 보내서야 하겠읍니다」라고各別注意하고 가드라고한다。

하두異常하야, 우리는 우리아이가 天才는아니라도 低能兒는아닌것 即通常水準은 될것을確信하는故로 여러가지로 硏究하여보았다。 첫재로 一個年半동안에 그敎師가胎中이라病氣라하야 缺勤하는날이 절반은 된듯한것 (敎師缺勤中은 二學年生께서 一學年生이배웠다。一學年生이 잘못하면 二學年班長이 벌세우는實權을行使하였다)。 校長도 首席訓導도 榮轉하였거니와 우리아이의擔任先生이 오늘은 누구인지를 記憶하기 어려우리만치 擔任先生이轉換되는일。自學自習이라는美名下에 敎師는無爲怠業하야 個別的으로 秀才敎育도 나타나지못하는同時에 均一的으로 愚鈍한者를誘導하는 努力도없이 그저放任하여버리는것밖에 보이는것이없었다。

마는 學校가家庭에對하야 注文하고저하며 監督하고저하는판임으로, 한갓 우리편의不及한것만 뉘우치고있었드니, 近日에 同病相憐하는學父兄들의 呼訴를 자주듣는다。某氏는 말하였다。普通學校에入學시킨지 한달만에 敎師가家庭訪問을와서「이댁아이는 아무것도 모르니 좀 잘가르켜서보내시오」하고갔는데, 그래도入學當時에後援會費十圓식을不納한다고 入學許可를取消하느니 마느니야단들했다우。돈은學校에서받고 가르키기는家庭에서 가르키라고。지금學校敎育은秀才나 그대로좇아갈가 普通사람은 따라가기어려워。今年度 普通學校第四學年夏季課題冊을보아도 四學年生의實力만으로는 解答하기어려운데가많아, 우리도 다맞후기는 어려운걸。꼭家庭敎師가있어야만 하여가게되였으니 그렇지않어도學校敎育처럼 우리經濟生活을壓迫하는것이없는데, 게다가 또家庭敎師까지。지난一學期동안은 아이工夫를 도아주노라고 約三個月間 出立도自由로못했읍니다云云。이것은 特異한 한사람의 詭辯이아니다。今日의學校敎育에는 家庭敎師가必要物이다。돈이없어家庭敎師를雇用할수없는者와 他에勤務하야 스스로家庭敎師노릇할수없는者는 반듯이學校敎育에對하야 再檢討하여볼必要에臨迫하였다。물桶에넣고 고구마를 씻듯이하는 多量生産的學校敎育은 그終幕을닫히고, 이제在來의書堂과訓長을 다시찾어야할機運이成熟하였도다。感謝하도다 人間敎育에만은 多量生産을不許하는도다。靈魂은 그처럼貴한것이다。

天國數學 (致富의秘訣)

葡萄園主人이 새벽에 나가서 일꾼을雇用할때에 하루賃金五十錢으로約定하야 몇사람을請해오고、다음에 午前十時에 나가서 할일없이 놀고섰는자들을 請하야「일하면 얼마간 생각하여 주마」고 불러오고、午後二時에 다시나가서 그모양으로 請해오고、午後四時에 나가서 놀고섰는人夫들을 얼마식 생각하여 줄터이니 와서 일하라고 請해 왔다。일 다 필한後에、第一나종에 온사람부터 불러서、새벽에 온 사람까지、各其 金五十錢식 均一하게 주어보내었다。그때에 새벽부터 일한자의 抗議하는 말이『나종 온사람들은 한시간만 일한것이 없는데、우리들苦熱에 새벽부터 온 종일 勞働한자와 相等하게 주시니 웬일이시오』하였다。勞働時間과賃金이 比例하여야할것은 數的觀念을가진사람으로서는 의레히 생각할만한問題이었다。그러나 이에對한 대답이「非常」하였다。『친구여 내가 네게잘못한것이 무엇이냐、자네가 하루 五十錢에 일하겠다고 작정하지 않었든가。자네 삭이나 받어가지고 가게。나는 나종온사람에게도 꼭 같이 줄터이니。내가 내것으로써 내맘대로 주는것이 옳지않은가。내가 착함으로 네가 惡하게 보느냐』(太二十章一―一六)고。이러한 計算法은 普通數學으로서는勿論、高等數學으로서도 容易히納得하기 어려운計算法이다。十과十分之一이 이콜하다한다。故로 이런 計算을 天國數學이라고한다。이세상에서는 어리석이 짝없는즛이나、저나라에서는 日常通用하는 數學이다。

聖書朝鮮의誌代에關하야 一冊十五錢은 싸다 비싸다는 의론이 종종 들린다。넘어安價하니 좀더 비싸게定價를改定하라는이는 니르되「內容으로보나 量으로보나 紙質로보나 限있는讀者數로보나 某某誌의比가 아니니 現價의倍額으로하여도 오히려싼것이라」고하며、現價가비싸니 減額하라는이는 大概 널리普及시키기爲함이라고한다。때에 天國數學으로써 誌代를計算하여본다。十錢으로減額하야 모든貧者에게 갈수있으리라면 十錢도 오히려 비싼金額이어니와「내가君에게」 三萬餘字의親展書信을 보내는 努力과致誠을 計算하여보라。얼마식이나받으면 내가 받을것을 다받었다고 생각할줄아는가。나의貧弱한社交로서는 一席에四十圓가까운金額으로써 친구를招請한것이記錄이다。「내가君에게」一夜의宴을設하고 君이十五錢의救助로써參席하였다고하라、君은代價를支拂한것이아니라 實相은 그저먹고가는것이아닌가。無限大에對하야 有限數는零과 마찬가지다。이算法이萬一通用되여「내가君에게」라는關係가 百人에及하면 나는實로每朔四千圓의饗應費를 친구를爲하야 쓰는者요、現今每月萬餘圓식을 天國에投資하는셈이다。우리보다富한者 朝鮮에뉘뇨。但이것은天國의數學이니 致富하기를願하는이는 우리의企業을模倣하라。

朝鮮의貧困相

數年間東京에留學하든 學友몃사람들은 東京생활의 記念삼아、東京名物인貧民窟을 見學하고저하야 深川區와本所區를 종일토록 徘徊하였으나、結局 貧民窟은 찾아보지못하고 돌아왔다고하였다。倫敦이나 紐育과 마찬가지로 東京에도 貧民들은 市街의東便쪽에 住居하는것이 事實이었건만、우리들 살림사리의 標準으로써 볼때에 貧民窟이라는 深川、本所等地域도 決코貧民窟로는 보이지않었는것이다。萬一 東京貧民窟을 貧民窟이라고 할진대우리 서울장안에는 鍾路를 비롯하야 貧民窟이 아닌데가 없을것이오、某 外國人의 京釜線을 通過하면서 말했다는것과 같이、鄕村의農家들은 豚舍로 보일것도 當然한所見이라고 할수밖에없을것이다。

東京市外武藏野境에 むさしの學園이라는 조금한小學校가 하나있다。教育의 理想을 實現하고저하야 同志서로모아 일우는學園이오、우리가 가장尊敬하는 教育者의會合한곳이다。저들은 朝鮮人을 蔑視함으로써 快感을 느끼는者들은 決코아니다。그學校의機關誌인「田園の教育」의日記欄에 朝鮮人이 附近에서 落葉그는것을記錄한一節에曰『彼等朝鮮人은 다만落葉을 그는것이 아니오、다만 枯草를 베는것도 아니오、實로草根까지 캐어가는 모양이다 云云』하였다 南山이나 仁王山에서山皮를剝脫하든 버릇을 武藏野에 가서도 그대로行하였으니 보는자에게 異樣의感이 없지못하였을것은 當然한 일이다。同樣의記事가 우리의 가장信憑하는 基督教雜誌「聖書知識」第五十九號三十九頁에도 있다。『掃除に來た朝鮮人が庭の隅に棄てゝあつた腐つてしまつてゐるトタン板を呉れといふので、序に煙突の古いのをやつたところ、喜んで持つて行つた。何だかエジプト人に苦役されたユダヤ人のことが思ひ出された』。이러한일은 勿論 極히 사소한일이다。들어 議論할것도없이 짐작할만한 일이다。동내全體가 南滿洲와北間島로遊離하며 一家全族이 聯絡船으로오두나리는光景에 無感覺하여서가 아니다。다만 無私無邪하고 唯公至愛한 教育者와宗教家인 다른이들의 瞳子에 빛우인 細事端末은 足히 우리의貧困相이 世上에서稱하는 貧字나困字와 同日의評이 아닌것을 다시금 느끼게한다。果然 우리의貧困相은 그 다다를수있는 바닥에達한程度다。애급에 遊離하든 이스라엘百姓이나 어째 비길수있었을까 其外에는 前無後無한貧困相이다。或時千萬人中에 裕餘한者있다면 그들은 이른바「밥이나먹는다」는程度에不過하다。實로「밥이나 먹는다」는말은 朝鮮의富의絕頂을標示하는 名句이다。이나라에서 피리 부는자있어도、춤추는자를 찾어볼수없으며、朋友가 있어도 信義를맛볼수없음은 皆個乞食하는貧民窟인 까닭이다。憤慨할일이아니라 憐憫할일이다。朝鮮에關한일은 이無類의貧困相을達觀한 우에 企圖하여야할것이다。

聖書的立場에서본朝鮮歷史

咸 錫 憲

八、堂堂한 出發

그地理 그民族이 다 苦難의舞臺요、苦難의 主人公임을 보았다。그리고 그配布는 偶然으로 된것이아니오 造物主의 깊은攝理에서된것이다。그것을 歷史의變遷이 證明한다。그歷史를産出하기爲하야 그地理、그民族이 있었던것이다。五千年에드리우는 朝鮮歷史를 가만히吟味해보면 모든時代를貫通하야 一個의意味가 흐르고있는것을알수있다。맞히 洶湧하는怒濤밑에 不斷히作用하는 重力이 있는것같이、어떤 한個힘이 波瀾重疊하는 歷史變遷의밑에 있어서 恒常 모든것을 한重心点에 結着하려한다。以下 數節에서 우리는 太古時代로부터 現代에이르는동안의 各時代의變遷을 極히簡單히말하야 어떻게 그것이 苦難의 歷史가 되지않을수없었나 함을 보기로한다。

朝鮮古代를研究하는사람들이 누구나다같이 發하는嘆聲은 史料의不足이다。果然 史料는貧弱하다。四五千年의歷史를가진다고하면서 記錄이 남아있는것은 高麗時代에와서 된 三國史記와 三國遺事의 數卷이있을뿐이다。그外의史料라고는 支那文獻에 斷片斷片으로나타나있는것과、있다금가다가있는 遺物들이다。傳하는바에依하면 本來、記錄이없었던것이아니다。檀君이 神誌도 書契를차지케하였단말을보면 일즉부터 文字를使用하는것이있었던모양이오 三國時代에와서도 高句麗、新羅、百濟가 제각기 모도古記가 있었다고한다。한것을보면 歷史의記錄이 豐富하였던모양인데 中間에 모도消失되고말었다。이것이亦是 苦難의歷史의一面이다。史料蒐集을말하지만 史料를蒐集키前에 朝鮮歷史는 다說明이되였다。記錄없는五千年歷史、이것이곧 朝鮮歷史다。이点에서 朝鮮과類似한나라는 印度다。印度라는나라가 오래기로는 四五千年의 文化를가진다하면서도 文獻없기로 世界에有名하다。둘이다 苦難의짐을지는 者들이다。모든記錄 모든遺物은 半萬年風塵裏에 다湮滅되여버리고 깉은것은 오직 受難의痕跡뿐이다。그러므로 開創時代의일은 알수가없다。그것같이 알고싶은것은 없건만도 아득하야 可考할곧이없다。오직 傳說中에나타나 있는것을 資料로삼아가지고 推想하는수밖에없다。

朝鮮사람이 처음으로 歷史의舞臺우에 登場하는것은 現今부터四五千年前의일이다。不完全한 그記錄과 遺物의사다리를더듬어 歷史의塔을추어오르면 西紀前二千三四百年頃에가서 비로소 地平線의저짝渺漠한가온대 희미하게始作되는 朝鮮歷史의흐름을본다。周圍의 남들이 아직野昧

의域을脫치못한그時代에 朝鮮사람은 이미 相當한文化를 가지고있었다。 檀君이 建國한것이 西紀前二千三百三十三年이다。 西紀前二千三百年이라면 아부라함이 우르를떠나기 三百餘年前이오 歐羅巴에는 아직 野獸가主人노릇을하던때다。 그때에있어서 이미 統一國家를建設하도록되였다면 발서훨신前부터 文化의步武를나위고있었던것을알수있다。 本來 朝鮮民族은 朝鮮半島에서 생긴것이아니오 다른곧으로부터 移來한사람들이다。 扶餘사람은 自己네는 避亂民의 子孫이라하였다고하고 檀君神話속에서도 그痕跡을볼수있다。 檀君이 三千團部를거느리고 하늘로서 太白山에나렸다고하는것은 그들의先祖가 아득한옛날에 遠方으로서 移住하야온것이 子子孫孫히 입에서귀로 傳來하는동안에 그렇게된것일것이다。 그리면 그들은 어대서온것인가。 그路次의確實한것을 알수는없으나 人種分布의事實로보아서 大概 파밀高原附近으로부터 東北으로닫는山脈을따라나와 興安嶺을넘어 滿洲平原에들어온後 거기서부터 차차南下하며 發展하야온듯하다。 朝鮮사람은 人種學上으로보면 蒙古人種의一派인대 그蒙古人種의根源地는 파밀高原에있었다고한다。 人類의搖籃地라는 이高原에서 지수부터數萬年前에 分散이生길때 그 마두턱의東便으로나간者가 이蒙古人種이다。 그蒙古人種이또많이 分派를하야 亞細亞의各族이되였다고한즉 朝鮮사람의起源도 거기있을것이다。 滿洲까지오는동안에 얼마나한歲月이걸렸는지 그를 알수는없으나 何如間 遲遲한걸음이었을것이다。 그리는동안에 一民族으로서의 特質을形成하게되였을것이다。 滿洲에들어와서는 南下하기를始作하야 半島에까지 나려오게되였다。 太白山이라는것이 白頭山인즉 檀君時代에와서는 朝鮮사람이 白頭山을中心으로하고 國家生活을하였던것을 알수있다。

그時代에 사람들의生活이 어떠했던가。 興味있는問題지만 알수가없다。 오직 處處에石器가發見되는것을보아 그것을使用했던줄은알수있고 支那사람이 朝鮮사람을가르쳐 夷라고불렀는대、 夷란 大弓이라 即 朝鮮사람은 큰활을 쓰는사람들이라는것을보아 아직狩獵을 盛히하던것도알수있다。 또 扶餘에서는 家畜치기를善히하고 官名에도 牛加、馬加하는等 六畜의名으로써하였으니 牧畜을盛히했던것도알수있다。 그러나 檀君朝鮮時代에 들어와서는 本來의狩獵 遊牧의生活을(全然은아니겠지만) 버리고 農工文化를짓게되였다。 桓雄天王이 風伯、雨師、雲師를거느리었다하는것을보면 農業이 重要產業이었음을알수있고 더구나 그의政治를말함에 主穀 主命云云해서 穀을第一位에 놓었다。 檀君도 彭虞를시켜 山川을다스렸다는말이있다。

그렇듯 狩獵生活을버리고 定住하야農工을 짓게된것은 그들에게 大變動이었을것이다。 定住를따라 都市가생기고

物質의交換이생기고 制度가생기고 精神文化의發達을促成하였을것이다。檀君의事蹟이라는것은 一君王의治積이아니오 이러한 一時代의事實이 神話化된것일것이다。

그들의精神生活은 어떠하였던가。이도亦 推想하는수밖에없다。文字가있었던듯한것을보면 사람들의 思想生活이 자못活潑했던것을 알수있으나 遺憾된것은 不幸히 傳하지못한것이다。

宗敎는 多神敎였다。지금도 오히려 같어있는바다。그러나 多神이면서도「하느님」은獨特한地位를가지는神이었다。그는直接 그들의國祖였다。自己네는 天孫이라고믿었다。故로 天帝를섬기는것이 國敎요 그精神生活의中軸이었다。後代에 佛敎의影響으로 그를帝釋이라불렀는데 집집마다 帝釋을 사괴지않는이는없었다。列國時代에는 十月에 하늘에祭祀를行하였는대 數日을두고 羣聚歌舞하며 盛大히擧行한다고하였고 檀君도 아들을시켜 江華에 壇을쌓게하고 하늘에祭祀하였다고한다。故로 古代에있어서는 大槪어느民族이나 다그런것이지만 祭祀는 重要한國事였고 政治와宗敎는 하나이었다。그殘影이新羅時代에도 있어서 임금을 次次雄이라고하였다。次次雄이란 巫의意로 거기서一轉하야 尊貴한사람을가르치는 말이되였다고 한다。

本性이 仁하다고 우에서도 말했지만 道德生活의程度가높았던것은 建國神話에도 잘나타나있다。天帝가 그아들桓雄을 人間에 下降시켜 朝鮮을세우게하였다는 그神話를보면 그建國動機도는 道德的理由밖에없다。다른民族들의境遇에서와같이 荒唐無稽한것을볼수없다。또는 殺伐征服의이야기를 들을수없다。이렇게말하면 내가 神話의言言句句를 고대로 事實로믿는것인가하야 反對하는이도있을는지몰으나 勿論 그렇게믿지는않는다。神話는 決코 事實은아니다。그러나 다른意味에서 그는事實이다。檀君神話는 佛家輩의造出이니 一片의價値가없다하야 檀君을 抹殺하려는 計劃的曲論을하는者면 모르지만、그렇지 않다면 그것이 數千年의生命을가지는 民族的信仰의結晶임을 否定할수없다。오직 그것이 許久한歲月 입에서입으로 건너는동안에 誤傳도되고 敷衍도되고 添加도되고 神秘化詩化되여온것이기때문에 本面目을찾으려면 非常히 어려울뿐이다。그러나 반듯이 어떤 眞을가진것이있다。直接가지지않으면 暗示하는바가있다。故로 그使用된語句는 或後世의改作일수있으나 그根本되는事實은 그대로믿을수있다。萬一 朝鮮사람이 獰猛한種族이오 野卑한사람들이라면 그建國傳說에 반듯이 그色彩가나타났을것이다。支那사람의記錄을보면 朝鮮에는 土着한 低級文化의種族이살었던모양이고 또 發掘되는遺物로보아서도 그러한모양인대 古傳中에 征服했단말도 驅逐했단말도 도모지 볼수가없다。混血同化를하였던지 그렇지않으면 征服을하여서도 매우平穩裏에되였던지 한모양이다。何如間 戰爭을좋아하고 殺伐을즐기는民族이면 어느구석에던지 반듯이 그殘影이있을것인대 그것이없는것을보면 朝鮮사람은 本來平和를좋아하던것을알수있다。

朝鮮歷史는 中途에變更된脚本이라는말을하였지만 우리는 이 開創時代의 朝鮮歷史에서 苦難의歷史의 何等의理由도 前兆도 볼수없다。도리어 希望을約束하는 光輝있는登場이라고하고싶다。亞細亞의東北部大單元은 저들의舞臺로마껴진것이었고 그들은 君子國의建國理想을가지었었다。어떤理知의判斷者라도、그들은 亞細亞의東部에 大國家를建設하고 거기覇主가되리라는 斷定을하기에서슴지않었을것이다。

헤아릴수없는 太古의어떤날 茫茫한滿洲平原의 荒蕪한草原우에트는 黎明의빛이、億萬古 사람의자최를보지못한興安嶺의마루턱을 希望과 莊嚴으로 물들일때、體軀는壯大하고 筋肉은强靭한 巨人의一群이 허리에는 제各기 石斧를차고 손에는 强弓을들고 先發隊의步武도 그頂上에나타낫다。흘으려진頭髮사이로보이는 넓다란그니마에는 仁者의氣像이띄여있고、쏘는듯한그眼光에는 義勇의精神이들어있다。주먹은굳게쥐여 强함을보이고 입은무겁게다믈어謹厚를나타낸다。문듯 솟는해가、決勝線을突破하는勇士같이、一躍하야 地平線을떠날때、그들은 한소리높여 여기다！하고 부르짖었다。巨人群의 우렁찬소리는 아츰光線을타고 天雷와같이울리어 끝없는 滿洲벌판으로 달아나려같다。이런想像을 나는 몇番식하고는 스스로 알지못하게 주먹을 쥐여 書案을 두드리군 하였다。이는 虛無한想像일가。朝鮮歷史의出發은 아마도 이러했던것이다。

舊號紹介

一、成三問과 스데반。

『白雪이滿乾坤할제 獨也靑靑하리라』는 萬古의忠臣과、『이罪를 저사람들(원수들)께 돌리지마옵소서』라고、기도하고죽은基督敎徒。 一은 信仰없는義人이오、二는 信仰가진義人。信仰의有無는 사람의大小와輕重에 如何한影響이 있는가。이것을 咸錫憲先生의史眼으로써 公正하고 簡潔하게批判한글이다。本誌第十四號에揭載되였다。

二、內村鑑三論에答하야

四年前봄에 內村鑑三先生이永眠하니 平壤神學校機關紙 神學指南誌는 크게內村鑑三論을 發表한일이있었다。그論文中에 聖書朝鮮과、그筆者들께論及한것이 穩當치못한바있어서、그것을 是正하며反駁하기爲하야 쓴것이 이글이다。或者는論旨를 快하다하며、或者는文章이壯하다고讚하였으나、論爭과文章이야 어찌되였든지、이글中에 本誌主筆의信仰經路가要的되여있다。凡夫一人이 靑年固有의煩悶期를 如何히通過하였는가함을 알기에有助。本誌第十九、二十號에連載。

聖書槪要 (十七)

金敎臣

傳道書大旨

傳道書는 十二章으로된 작은冊子이나、매우 어려운冊이다。따라서 이冊에關한 論說이 區區하야 어떤學者는 말하기를 人間의能力으로는 一平生이걸려도 이小冊子에關한參考書를 모다 閱讀하기는 到底히 不可能하다고하였다。學者의讀書力이라고하면 一日一冊、一年에三百六十五或은六冊을涉閱한다하니 五十平生이면 一萬八千二百五十餘卷이다。八十九歲의高齡까지 讀書의習慣을 잃지않었든 英國大宰相虞翁의精力으로도 平生에 約一萬卷을 읽었더라고傳하니、이러한記錄을 아는學者들의告白하는말이라 傳道書의小冊子가 古來로 얼마나많은識者들의研究題目이었든것을 짐작할것이다。但 學者가 硏究하기에 困難하다하여도、平信徒가 靈的糧食을爲하야 大觀하는것과는 全然다른일인故로 우리는 落心할것이없이 이小冊子에 나타난 人生哲學의 大旨만을 찾아볼것이다。

傳道書는 條理整然한論文이아니다。다만 無數한否定이 다시다시反覆되여있다。故로 이冊의主旨、著者의目的이 懷疑的思想을鼓吹하야 基督敎信仰을破壞하려함인가、或은現象界의雜多한事物을 否定한後에 永遠한肯定을主張함으로써 信仰을補助하려함인가、하는根本問題부터 見地에따라서異說이많다。헤인같은學者는 傳道書의著者를 徹頭徹尾한懷疑論者라고斷하였고、델리취와같은이는 몰이어 神의攝理와統治를立證한 正統信條의著述이라고主張하였고 루난같은이는「입즉이 유대人의著作한書籍中에 가장 心醉하는冊이라」고極讚하였다。어떤註譯家는「近代唯物論의日課經이오 徹底한放蕩生涯의記錄이라」고 評하나、쭈레데릭大王같은賢君은 이冊을「貴公子들의 참된龜鑑이라」고하며「聖書中에도 가장貴重한冊이라」고 생각하였다。이처럼 보는사람의立場에따라 顯著한差異가 생기는것을 알면서、우리의見地를 찾어볼것이다。

本書의構成에關하야도 實로五里霧中의感이不無하다。學者들의意見도區區하거니와 本文十二章을 通讀하여보아도 都是그頭緒를發見하기어렵다。한편에서는 理路整然한論文으로 보고저하나、또한편에서는 片片分立한感想을 한冊에 주어붙인것에 不過하다고 보며、어떤이는 플라토의「對話體」나 或은 테니슨의 「二個詩」에 쓰인것처럼 敬虔한信者와 唯物論者와의辯論集이라고하면、다른이는多數한筆者의合作의證據를 볼수있다고한다。이러한構成體인故로 이것을一目瞭然하게分析하야 體系를세우기는 아주困難하다。以下에 例와如히 槪綱을摘記하였으나 이는 便宜上

으로試驗한것에不過한것이오 決코滿足할만한分析表는아니다。 뿐만아니라 先輩諸大家의 區分한것을參考하여도 意見이區區하야 어디든지 한두가지 無理가없는이는없다。

傳道書라는書名에關하야도 議論이紛紛하다。우리의使用하는「傳道書」다는것은 루터가誤譯한것을 그대로使用하는것이니 이에論할必要도없는바이며、英文에Ecclesiastes는 七十人譯에서再譯한것이오 그希臘譯는 히브리本文Koheleth이라는題目을譯한것인데 이字의意義가分明치못하다。「부른다」는 分詞形의動詞인데 히브리文에도稀罕한 글자요 文法上으로는 女性인故로 本書의著者라고稱하는 「王」과 性이合致하지않는다。그러나 이字를 通常히브리語의慣用에依하야 中性形容詞의 同義語로取하면 「集會에講說하는者」 또는「辯論者」等의뜻이된다。

說敎者、敎師、또는講義者라는뜻도있으므로 敎會或은公會堂에서 辯論하면서 眞理를解明하는者라는뜻이 包含되였으나、그렇다고「哲學者」或은「聖者」라고譯하여도 意義가 넘어局限된다。故로本書의題目은 以上의諸意를記憶하면서 原語대로「코헬렡」(Koheleth)이라고 부르는것이 第一適合할것이다。

書名이 발서指示하는바와같이 本書의著作者는理想化한人間이오、예루살렘王이라함은 單只文學的虛構에 지나지못하는것이다。稱하는바 솔로몬이그著作者가아닌것은 여러가지點으로써 明確하다。第一章十二節에『나 전도자는 일즉 이스라엘王이되여 예루살렘에 도읍한지라』고하였으니 그렇다면 이傳道者는 隱退한帝王이었든 모양인데 다윗의 아들중에는 이에符合한生涯를보낸者가없었고 特히 솔로몬의生涯와는 一致하지않는다。

둘재로 히브리語學上으로보아서 到底히 솔로몬時代의作品이아니라하야 델리추와같은이는『萬一코헬렡書가 솔로몬時代의原作이라할진대、히브리語의歷史는 아주無에歸하는것이라』고까지斷言하였다。셋재로 이冊全體를貫通하는思想、特히 그神觀이 솔로몬時代以前의 古代的單純한 乳兒같은神觀이아니오、매우後代에至하야 異邦的宇宙觀의影響이많은때의作인것이 明確하다고한다。故로 하나님은 選民中에 함께居하는 親密한 이웨의神이아니오、敬遠하야마지못하며、不可解得할神으로 記錄되였다。(第五章二節參照)

其他 歷史的背景으로보아도 初代君主時代보다 훨신後代의作인것이判明하다。例컨대『나보다 먼저 예루살렘에 살든 모든자』云云의句는 非一非再 反覆되였으나 이는 史的솔로몬의 말할수없는句이며、코헬렡은 자주 貧者와 壓制當한者에게 好意를가지는反面에 미련한王을記載한點으로보아도(四章一—三節、五章八、九節、九章十六節、四章十三—十六節、九章十三—十五節等參照) 이것이솔로몬의

特色은아닐것이다。以上諸要件을綜合하면 本書의著作年代는 솔로몬時代보다 매우後代인바 펠샤統治時代보다 以前일수는없다고한다。가장近似하기는 푸톨레미의希臘時代即紀元前二百年項의著作이라함이優勢하며、事實 傳道書中에는 希臘思想의影響이不少하다。

以上으로써 傳道書의 重要한論點을畧說하였거니와 實際로傳道書를읽을때에 누구든지 看過할수없는重大한問題건이 아직 하나 남아있다。第十二章末로 두節의調子가 急變하여진것은 누구든지感覺할것이다。傳道書의內容는 第十二章十二節以上의全體와、十二章十三、四의 두節이 서로對立하는것이다。量으로는 오직二節뿐이나 質로서는 實로傳道書의下半分이다。萬一 이두節이없었는들 傳道書는 聖經으로 編入될수없었을것이라한다。그러므로 이두節에 關한說明이 또한區區하다。或은 本來의傳道書는十二章十二節까지 原著者가記述하였든것을 後世의敬虔한이가 加筆하야 二節을添書한것、即二人의合作으로 된冊이라고도 하며、또는全體를五人의合作이라고 說明하는學者도있으며 또는 羊皮에筆寫하야 累代에傳할동안에 조각조각 끊어젔든것을 잘못連結하여서 思想의體系를 잃어버리게된것이라하며、또 허울트氏같이 最後推稿를畢하지않은대로 原作者가 죽은後에 그友人들의손으로서發刊된 까닭이라고 解明하고저하였다。或은 그랬을는지도 모르나 或은 넘어지나치는推測인지도 알수없다。最後로 가장可然한境遇는 한先生의敎訓이라도 여러弟子가筆記하야 散在하였든것을 다시綜合하였다든지 著者의內的生活經驗을 日記體로 簡單簡單히 備忘錄에記入하였든것이라든지、同一人이라도 相對者或은 周圍가 달라진때에記錄한것이라면 急激한思想의變調도 說明할수있는것이오、더욱注意할것은 東洋人들의慣習은 西洋人들과는 다름으로 緖論으로부터 結論까지 一定한形式으로 짜놓기보다、한마디한마디가 아주 獨立的으로 格言처럼或은詩歌처럼 流露하는수가 많은줄을 記憶하고읽으면 가장 事實대로의傳道書를 解讀할것이다。

傳道書의內容을 簡潔하고 正確하게 要約하기는 매우 어려운일이다。그러나 그大體를 추려보면 다음과같다。

傳道書의主題는『天下人間에 終身토록 무엇을行하는것이 좋은가』함을 알고저함에있다(二章三節)。現代語로하면 人生의至上善(The summum bonum of man)이 무엇인가 하는 큰問題이다。이課題를解答하기爲하야 처음試驗한것은 옛날이나今日이나 마찬가지로 첫재는學問이다。書中에는美人도있고 千鍾粟도있고 富貴榮達의 모든幸福이 學問에있는줄로 알었다。코헬렡도 于先學問에서 人生의至上善을求하고저하였다。科學과哲學의萬般知慧에關하야 先

代에比較할者없으리만치 通達하였다。마는 그結果는如何한가。커는滿足을 얻지못하였을뿐인가 돌이어 失望에빠졌다。

대개 知慧가많으면 煩勞함도 또한많고
知識을 더하는者는 근심을 또한 더하나니라。

果然人間識者憂患識이라함은 코헬렛의博學을待하지않고라도 東西古今에通則이다。『그런고로 눈은보기에 배부르지아니하고、귀는 듣기에 차지아니하나니라。이미 있는일이 後에 다시있고、이미 일운일이 後에 다시 일우리니、날아래 도모지 새일이 없나니라』고(一章八、九節)。歷史는 反覆한다。埃及人의技術을 오늘날 다시發見하며、希臘人의哲學을二十世紀에 다시思考하며、피라오가한일을 느브갓네살이하였고、바빌론의偉業을 바사가反覆하였고、歷山大王의한일을 씨자가再演하였을것뿐이다。知識이더하면 더할수록 人生과宇宙에對한歎息뿐이남는다。가르되『나는보건대 날아래에 하는바 모든일이 다 헛되여 바람을 잡는것같도다』라고(一章十四節)。

人生의至上善을 學問과智慧에서求하다가 失望한 코헬렛은 快樂에서滿足을 찾고저하였다。

나는 마음에 니르되 이제 내가 喜樂으로써試驗하야 平安을 누리자(二章一節)。

고。이에 크게役事를 起工하야 高臺廣室을짓고、大果樹園을設하고 庭園을 꾸며 그안에 噴水와 蓮池를 만들고 奴婢와妻妾을蓄하며 美術品과骨董品으로써 장식하고 各種音樂을具備하여『무릇 내 눈에願하는바를禁치아니하며 내 마음에 즐거워하는바를 막지아니하였다』(二章十節) 그러나 그結果는如何한가『그후에 내가보건대 내 손으로 한 모든事業이나 受苦한受苦가 다 헛되여 바람을 잡는것이니 날아래서 아무利益이 없도다』라고(同十一節) 또失望하였다。學問에서倦怠한學者가 快樂에서 人生의意義를 찾고저함은 게ー테의 빠우스트劇의 主人公과같이 많은智者가 通過하지 아니치못하는人生經路이나 그러나 거기에서도 人生의至上善을. 發見할수없음은勿論이다。

學問과喜樂生活의 두가지試驗에서 失敗한 코헬렛은 다시簡易生活、田園生活、愛의家庭生活等에서 滿足을求하고저하였다。『무릇 네 손으로 行할일에 힘을 다하야 行하라』라고(九章十節)。限없는喜樂과 사치와 複雜한文化生活에서 倦疲하야 勤勞生活로 돌아가라고한다。이는確實히一理있는일이다前者보다、後者가勝함은 學識이愚昧보다勝하며、光이暗보다勝함과같다。質素儉朴한家庭生活은人生에 가장 아름다운生活이다。『사람이 먹고마시며 受苦(勞働)하는가운데서 그마음을누리게하는것보다 나은것이 없으니 내가보기에 이도또한 하나님의 손에서 나는도다』라고(二章二十四節)함은 事實이다。또한『너는 가서 기쁨으로 네

떡을먹고 즐거운 마음으로 네 술을 마시라。 대개 하나님께서 이미 너의하는일을 받으셨나니라。 너의衣服을 恒常히게하며、 너의 머리에 기름을 끄치지말라。 하나님께서 날아래서살게하여주신바 헛된 모든날에 사랑하는 안해와함께 즐겁게 살라、 이는 平生에 얻을本分이오、 날아래서 受苦하는 갚움이로다」(九章七—九節) 이렇다면 眞實도 幸福스러운家庭이다。「즐거운 마음으로 네술을 마시며……사랑하는 안해와 함께 즐겁게 살라」고。 Home home sweet home! 이다。 사랑하는者와 함께있는곳、 거기가天國이다。 그러나 團欒한家庭生活도 比較的幸福스럽다할뿐이지 決코 人生의究極의滿足을求할데는 아닌것을 또한코헬렡이經驗하였다。

내가 삶여본즉 한女人이있는대、 마음은 올모와 그믈같고、 손은捕繩같으니、 이女人은死亡보다 괴로운자라 하나님이 기뻐하시는자는 저를避하려니와、 罪人은 저에게 잡히리라。……一千사람중에 奇男子하나는 얻었거니와 一千女人中에 한淑女는 얻지못하였노라。

고(七章二六、二八節)。 勤儉한家庭生活과 사랑의夫婦生涯도 比較的말이오 瞬間의일이지、 結局은『이것도 헛되도다。 바람을 잡는 일이로다』하야 코헬렡의 人生至上善의深求巡禮는 여러가지로試驗한結果 學問도아니오、 勿論 愚痴逸樂도아니오、 勞働을崇尙하는田園生活도 아니오、 愛의巢棲를營함에도 있지아니함을 깨달아、 無數한否定을體驗한後에、

이는結局의 말슴이라 우리가 다 들었으니 하나님을敬畏하고 그命令을 지키라。 대개 이것은 모든사람의 本分이니라。

고(十二章十五節)。 겨우結論에到達하였다。 그러나 그 結論이 짜르고 弱한것은 읽는자의 마음에 一種不安을 남기지않고는 마지 안한다。 코헬렡의精力은「이것도아니다 저것도아니다」라고 否定을力說하는데에 傾注하여버렸든 까닭인가、「人生의至上善은 이것이니라」고 提唱할때에는 발서 매우 衰殘하여졌다。 但、 許多한人生經驗을 닮고도 深刻하게體驗한 코헬렡의 結論이니만치、 그結論에는 비록 짜르다하여도 多大한偉力이含蓄되여있음을 알수있다。 『하나님을 敬畏하고 그命令을 遵守하라、 대개 이것은 모든사람의本分이니라。 대개 하나님께서 모든사람의 行爲와 모든隱密한일에對하야 善惡間에審判하시리라』고。 다만 우리가 코헬렡의 이簡單한結論을 充分히理解함에는 聖書의 다른部分을 아울러 읽을必要가있다。 이사야 예레미야等의 先知者에게서 배울것은勿論이어니와、 特히 舊約의進展이오 完成인 新約聖書에서 參照할必要가있다。 『내가 永生을 얻기爲하야 무슨善을行하오리까』고質問한 靑年은 亦是 傳道書의主題와 마찬가지로 人生와 至上

善을 찾은것이며、이에對한 예수의對答은 實로簡單明瞭하였다。『何故도 나에게 善한것을 묻느냐、한사람外에善한이가없나니 即하나님뿐이니라』고(太十九章十六、十七節)。또 다른데서 가르시되『내가 곧生命의糧食이니 내게오는 사람은 배곺으지아니할터이오、나를 믿는사람은 永遠히 목마르지아니하리라』고(約六章三五節) 至上善은 空虛를 느끼지않는實體의일、다시不滿을 느끼지아니하는 일에있다。即 그리스도를所有하는일에만 人間의至上善은 있는것이다。

傳道書의概綱

一、人生事實 (一・一－一一)

凡事가 헛되고 또헛되고 헛되여 다 헛된데 屬하였도다。 (二節)

한世代는가고、한世代는 오되、따는 永遠히있도다。 (四節)

모든 강물은 다 바다로 흘러 들어가되、바다는 차지 아니하는도다。강물은 어느곧으로 흐르든지 줄곧 흐르나니라。萬物의受苦를 사람의말로 能히다할수없나니、그런고로 눈은 보기에 배 부르지아니하고、귀는 들기에 차지아니하나니라。 (七、八節)

二、至上善의探求 (一・一三－八・一五)

가、智慧를求함。 (一・一二－一八)

나는 마음에 스스로 이르되、내가 이미큰智慧를 얻어서、나보다 먼저 예루살렘 다스린者보다 낫고、내 마음에 智慧와知識을 많이얻었으니、마음을 다하야詳考하야 무엇이智慧가되며 무엇이 미친것이되며 무엇이 미련한것이되는고 하니、이에 알게라 이도 또한 바람을 잡는것이로다。대개 智慧가 많으면 煩勞함도 또한 많고、知識을 더하는자는 근심을 또한 더하나니라 (一・一六－一八)

나、快樂을求함。 (二・一－一一)

내가 술을 마셔 내肉身을 즐겁게 하면서 내 마음을 智慧로써 다스리는方法을窮究하고……무릇 내눈의 願하는바를禁치아니하며、내마음에 즐거워하는바를 막지아니하였노니……모든受苦가 다 헛되여 바람을잡는것이니、날아래에서 아무利益이 없도다。(三－一一)

〔附〕 智慧와快樂의比較。 (二・一二－二六)

智慧가愚昧보다 勝함이光明이黑暗보다勝함같다。(一三)

다、事業에專念함。 (三・一－五・二〇)

그런고로 내所見에는 사람이 自己의 일하는것으로 즐거움을 삼는것보다 나은것이 없다。 (四・二二)

라、富貴를思慕함。 (六・一－一二)

하나님께서 사람에게 財物과產業과尊貴를주사 마음에 願하는것을 조금도不足한것이없게하시되 오직能히 누리지못하게하시고 다른사람으로 누리게하시니 이도또한헛되여實로 큰病이로다。 (六•二)

마、中庸的處世術。 (七•一—八•一五)

義로운가운데서 滅亡하는義人이있으며、惡한가운데서도 壽하는惡人이있도다。네가義를 넘어 지나치게行하지말라。 (七•一五、一六)

三、至上善의發見 (八•一六—一二•八)

가、智慧가아니다。 (八•一六—九•六)

나、快樂이아니다。 (九•七—一〇)

다、功名이아니다。 (九•一一—一〇•二〇)

라、愛와勤勉의生涯에있다。 (一一•一—六)

마、希望과平和의生涯에있다。 (一一•七—一二•八)

四、人生의目的 (一二•九—一四)

此는 結局의 言이라 우리가 다 들었으니 하나님을 敬畏하고 그 命令을 지키라。 대개 이것은 모든사람의 本分이니라。大概 하나님이 諸行爲와 모든 隱密한 事에對하야 善惡間에 審判하시리라。(一三—一四)

雅歌의 大旨

雅歌는 箴言과傳道書와合하야 輕文學或은智慧文學이라고通稱하는 聖書中에도特異한部分이다。特히 雅歌는 그詩的情緖의美와 그表現의妙함에있어서 히브리文學中에 他에類例가없는文章이다。

書名은雅歌라함은(솔로몬의)詩歌中의一이라는뜻이아니라、「가장 아름다운詩歌集」이라는뜻이 包含되였다고한다 그러나 이書名은 매우後世에 지어부친것이오、本來는 無題目으로 傳道書와 同一한卷皮에 씨어있었으며、逾越祭때에會衆에서 朗讀하든것이라고 한다。

솔로몬의 지은것이라고하였으나、여러點으로보아서 솔로몬의著作이 아닌것이分明하다。「솔로몬은 箴言三千을 말하고 雅歌一千五首를 불렀다」고하나、이는 後世의猶太人들이 그祖上을敬慕하는心理의影響이 적지않은말이다。或은 事實上 그以上의大著作이라도 있었든지는 알수없으나 今日殘存한文書中에서 솔로몬의名義를 부친文章中에는 僞品이많다。우선 雅歌부터도 確然한考證으로써 솔로몬의原作이아닌것이 判明되였다。이런事實은 히브리文學에서 종종發見하는일인데、創世紀以下의五經을 모세의名義에 돌리며、詩篇의大部分을 다윗의名義에 돌리는것들도 이러한 히브리文學特有의事情에依함이많다。雅歌의境

遇는 單只無根한抑測이아니라 學究的證驗으로 이제는疑心할餘地없이 論議된일이다。但 그것이 넘어專門的學術에關한問題인故로 여기에 詳論할수는없으나、첫재로 雅歌에使用된 關係代名詞는 最初의一節을除한外에는 全혀 古典히브리文學 即솔로몬時代에 쓰든 글字가아니오、훨신後代 即바벨론捕囚時代以後에 使用하든字요、또 셈族의本來의言語外에 아람語、히랍語、산스크릍、바사語、앗시리아語等에서 變轉된것이 混用되었으니 이런것은 著作年代가 솔로몬時代보다 매우 後代이었든것을 指示함이라한다。이런 히브리語學에關한것은 우리도 그常識이 거의全無한者인故로 깊이議論할수없으나 감저(馬鈴薯) 다바코 라는말들은 米洲發見以前에는 있었을수없는 말들이오、라되오、텔레비죤、토ㅣ키等은 最近에 들려오는時代色을 띠인 말들인것과 比較하면、히브리語學者等의考證을 全然無視하기는 어려운일인줄을알것이다。또한가지 이冊이後世의 著述이라고함은 舊約聖書의本典으로 雅歌가確實히編入되기는 紀元後百年頃이었다는事實이다。

雅歌의內容으로 보아서、普通敬虔 마음으로써 聖經이란것이 어떤冊인것을觀念하고 읽는者가、雅歌에至하면、웨이런文章을 聖書에編纂하였는고 하고 返問하지아니치못하리만치 本書의內容는 聖書의 다른部分과는 아주 다른文章이다。故로 이冊의目的、그聖書로서의價値에對한意見은 古來로百人百樣의感이있다。大體로는 하나님과 그百姓、即그리스도와 그敎會의關係를 表現하기爲하야 世上의戀愛關係를 빌어다가 그眞情을 그려낸것이라고 說明한다。이렇게 말하는學者는 大槪그著作者를 솔로몬이아니라도 그와相當하리만한 이스라엘選民의 全國民的尊敬을敢當할만한 聖徒의著作이라고 보고저함도 可然한事勢라할것이다。그러나 우리는 近代學者等의 批判的學說에依據하야도 決코 우리가 聖書에對한態度에 變動이생길것은 없는줄안다。即 말틴氏等의說에依하면 雅歌는 敬虔한聖徒가 聖靈에感動되여서 天的關係를 地上關係로써 表現하기爲하야 雅歌八章의戀文을 創作한것이아니라、西亞細亞地方에는古來로 雅歌와같은戀歌가 많이口傳되는데 그戀歌는 靑春男女의結婚式같은때에 그友人親戚이모여 新郞新婦를爲하야 合唱하며演舞하야 新婚者를祝賀할때에使用하였고、現今도 아라비야地方에는 그와같은風習이 남어있다한다。그러한戀歌數篇을 모아連結하고 多少加筆한것이 即우리聖書의雅歌라한다。이것을 聖書中에서읽으니말이지、雅歌의部分만을 分離하야 虛心平坦한마음으로 읽으면、이는 어길수없이 今日우리가 말하는 에로文學에 지날것이없다。『나의 사랑하는者는 나의것이오。나는저의것이로다……』云云하니 今日우리의 아리랑이나 流行歌曲보다、다를것이없다。그러나 이런文章이聖書에編入된것은 理由없음이 아니다。흙에서金剛石이 날수있고 개천에서龍馬난다하며、泥中에서蓮花가 피여오른다。다같이 「우리님을 그리워한다」하며、「이몸이 죽고죽어 일百번 곤쳐죽어 白骨이 塵土되여 넋이라도있고없고、님向한一片單心 가실줄이 있으랴」하며、或은「千萬 머나먼길고흔님 여히었고 내마음둘곧 없이 내人가에 앉았으니 져물도 내안과같아 울어밤길 예노고야」라고하나「님」이라는字意에依하야 妙齡의 娼女를 不思而自思하는 花郞도될수있고、또한不運에節을不變함이落落長松과같은 萬古의忠臣을 그글속에 찾아볼수도 있는바이다、雅歌의句句節節이、世俗에물들어 할수없는人間의 눈으로볼때는、이보다 더淫亂한文字가없다고도할수있을것이오、또자敬虔한信徒의 마음으로 읽을때는 無形한關係를有形한關係로、天的實體를地上에投影자랴니、戀愛의關係를 臨時借用하였을뿐이오、그 읽는者의心靈은醜惡하여지지 아니할뿐인가 더욱더욱淨潔되고 向上하여짐을 깨달을것이다。맞히小儒가 詩傳을읽음은 不善의導線이되는수있으나、孔子에게는詩三百이思無邪다고 讚歎不已하게되는것과一般이다。

天國의關係를 地上의關係로써說明함에는 父子의關係와 隣人의關係等도있으나、特히夫婦의關係가아니면 表現할수없는 重要한一面이있다。故로豫言者도『……네가 바린者라稱함을 다시 받지아니할것이오、네 따를 황무지라 다시稱하지아니하고、오직 너를 깃버하는자라稱하고、네따를婚姻한 女人이라稱하리니、대개 여호와께서 너를 기뻐하사 따이 婚姻한女人과같게하시리라。맞히 장정이 處女로더브러 婚姻하는것같이 네百姓이 너로더브러婚姻할것이오、新郞이新婦를기뻐하는것같이 네 하나님이 너를因하야 기뻐하시리로다』(이사야六二章一－五)라고하였고、新約에와서는 主그리스도以下에 夫婦의關係로써天國을說明한것은 每擧키困難하다(太九章一五。太二五章一－一三、太二二章一－一三、에베소五章二三－三二等)、이리하야 雅歌의歌詞는靈的으로吟味할때에 害될것이없을뿐더러 깊은信仰經驗의金線을 울리는것이있음을 깨달을수있는것이다。

雅歌의概綱

一、安靜한交誼 (一·一－二·七)

二、變節과復歸 (二·八－三·五)

三、懇親의喜樂 (三·六－五·一)

四、熱情의離別 (五·二－五)

五、新婦의戀慕와相逢 (五·六－六·三)

六、不破의交誼 (六·四－八·一四)

朝鮮의受難

李贊甲

朝鮮의南쪽은 올해도 또 暴風雨로 쓸어없는다。 그렇게 甚하든가믈끝에 기쁜비라더니 이렇게 무시무시하게 무서운것으로 다시 밖우읽줄이야。

아! 이것이 서듬、고모라의 감하다못하야 義人열사람이 없어서 유황불나린 이朝鮮의現狀인가 義人은없다。 義는없다。 朝鮮의末路가 그렇지마는 그뒤인들 오즉 일이 많었으랴마는 義人없음은 그대로 暴露되였다。 우를보아 당신을 찾는맘、眞理에서는 맘은볼수도없고、제발등만보며、서로물고참、서로헐고눌음! 그리고는 至今쓸어지는꼴 헤여지는꼴。

모다쓸어내어도 거칠데가 없는듯하게보인다。 고기덩이뷘들같다。 제格대로 흐르며 바다같이되여짐、무엇을 원망할고 제길대로 흘려가는 모양이거늘。

北쪽의 몇곳은 또豊年을 예기한다。 이마을 저저자、그구렁텅이를 그홍성귀는 썩어지는 아! 더욱참혹하다。 참으로罰은 사랑이신가。 所望인가。 이나라가 정말어찌될나뇨。 이朝鮮이 受難두字를 부치어 이백성에게 던지고 울다가서군하는이들의맘뿐을 더십각케할랴는고!

朝鮮의信者여! 朝鮮의새싹은 生命은 너이들에게 있을뿐임、이를알라。(예레미야五〇一參照)

『一九三四年七月二十六日新聞의報를보다가』

다시三南의水災를 생각타가

朝鮮이 돈이많으면살가。 모다健全하면살가。 知識이많으면살가。 안이다 모다안이다。 깨어나는것이 問題이다。 눈을뜨는것이 問題이다。 엄이돋는것이 問題이다。 이때는자다가깰때이다。 그렇다 그래서이것이다。 저같은財產을 희생해서도 저같은困함을 주서서도 저많은남겨둠을 희생해서도、깨어나기만하면 그에서 더所望이어대있을가。 그날그때부터는、朝鮮이사는것이다。 眞實로 저많은모든것보다도 깨어나는것이 貴하고重하며 問題인것이다。 아! 이렇게 깊이든잠이렇게혼수狀態에있는것 이렇게 훌불거리는 노름! 이를깨우치며 일으키며 걷게하기위하야는 저려한희생 저려한비참저려한비극을 내이어서라도 오히려그것을 바라심이다。

그 살기를 자라기를 웃기를바라심이다。 그같으신 쓰라린 애처럽은 앓본心情으로라도 일하시는 당신을 생각할것이다。 그같이 깊으신 속인 참뜻을 묵상할것이다。

아! 그心情 그義 그사랑을 깊이알어질것이다。

(예레미야九〇二十三—二十四참고)

『一九三四年八月十三日밤에 한聚徒의집에서』

담배대(煙竹)

眞僞를保證하기까지는 어려우나 어렸을때에 들은말이다。아라사사람들이 조선사람의 담배대를 解剖하였더라는것이다。大體로 文明한先進諸國民들은 武裝한軍隊가 앞선뒤에 商人이따라가거나、或은個個人이 피스톨其他의護身用武器를몸에지니고라야 外國領地 特히西伯利亞같은荒野에 入足할것인데、朝鮮人만은 組織體의 武力的援護가 없을뿐만아니라 그몸에 아무런護身用具도 가진것이없이、다만 담배대 하나식만들고 片片單身에 滿洲와西伯利亞의 넓은들을 橫行濶步하니、짐작컨대 그 煙竹속에는 必然코非常한裝置가 있을것이다。平常時에는 담배대로 使用하나 一旦緩急한境遇에는 그대속에서 六連發或은 十連發의彈丸도 뛰어나올수있도록 되였기에、저煙竹하나만 스테끼처럼 흔들면서 松花江을 오르나리고 파이칼湖를 넘나드는것이 아니냐고 推測했더라한다。西洋製品의活動寫眞을 한번이라도 본일있는사람은 아라사사람들께 이만한想像力이 있는것도別로 奇特한일이아닌것을 알수있다。故로저의들이 銳利한 메쓰로써 담배대하나를 解體하야、물뿌리、대、대꼭지의 三部分을 細密히檢討하여보았다。마는 豫期하였든 發射裝置는 기어히 찾아볼수없고 오직 惡臭분분한 니코진(대진)만이 대속에 차있음을 發見하였을때에 자못 失色하였더라고 하였다。듣고 다시생각하면 果然白衣人들의 信天的大膽性도 놀랄만한것이 없지아니함을 스스로 깨닫는다。우리의無心한煙竹은 오란동안 아라사사람들께 한가지 수수꺽기가 되였다。

마는 수수꺽기는 담배대에 限한것이아니다。우리의친구중에 衣食을爲하야 하는것이아니라、衣食을 爲함이아닌故로 農村에서 夜學或은 講習會를開催하는이가있다。五六名을모아 시작한것이 五六十名이되고 二三百名兒童의 一團이되며、움집같은釀造業者의 空間을 빌고시작한것이 二間三間도 좁아서、나종에는 세멘가루와 회가루를使用한校舍를建設하는데까지 血汗의滴을 成就하여놓으면、於時乎 世上이注目하고 監督官廳이干涉하기시작한다。基本財産이 날데없는것과、兒童의負擔이 僅少한것이 明白한데、이만한發展이되여가는것은 오직 그敎師의熱誠에 基因하는것이 分明하다。經濟的條件이 不足하고 社會的認識도 香氣롭지못한일에 저와같은熱誠이 어디서날고、이는必然코무슨「主義」를宣傳하랴는者가 아니면 안된다。그렇다면 그敎師는「危險人物」이다。이처럼하야三段論法으로 아라사사람들의 煙竹觀이 處處에橫行한다。聖書朝鮮과같이 珠盤이맞지않는 事業을 經營함도 亦是 많은사람들께는 白衣人의煙竹이다。그러나 細密히解剖하야結果 「十字架를 울어러보는罪人」이라는 니코진(信仰)이 그속에伏在한外에 아모것도 發見할수없음을 볼때에 아라사사람들과같이 저들도 失色大驚할것이다。

舊號廣告

一、삶宇宙。

自殺이많은것은 現代의特徵。人生觀의確立이없는대 自殺이생긴다。確固한人生觀은 바르고 깊은宇宙理解에서라야 産出된다。宇宙를 一個死殼으로 보느냐、삶것으로 보느냐。이는人生成敗의 岐路이다。詩第十九篇에나타난 古代히브리民族의 宇宙觀을 咸錫憲先生의現代的歷史觀으로서 解說한것이 本誌第二十三號에 실린「삶宇宙」라는論文이다。人生을意義있게살라는자의 必讀할文字이다。

二、聖書朝鮮은 무엇인가。

萬國聖書研究會와 무슨關係가 있느냐?함은 우리가 자주 받는質問이다。其他에도 어느敎派의援助가있느냐? 或은 무슨目的으로써 多大한費用을虛費하면서 그와같이利潤이 붙지않는 出版業을 하느냐 等等의 好意와 또惡意의 問疑에對하야 本誌主筆의對答을 明白히한것이 第二十五號에 실린「聖書朝鮮은 무엇인가」하는 一文을成하였다。또 이問題에關하야는 本誌創刊號(創刊辭)와 第三十七號의「聖書朝鮮의今後」라는 글을並讀할것이다。

三、復活의事實과理論。

基督敎를 믿는것은 禁酒斷煙하는 얌전한紳士가 되고저함안가。아니다 決코 그런程度의것은 아니다。찬양대 와 社交를爲함이 아님은 勿論이다。적어도、죽었다가 다시 사는일、即 死亡의權勢를征服하는일을 目標도하는 믿음이다。그러면 現代的科學知識과 復活의敎理와의矛盾은 없는가。現代敎育을 받은靑年이 復活의信仰을 가짐에는良心上苦痛이없는가。이것을論한것이 本誌第二十八號의「復活의事實과理論」이라는 主筆의글이다。

四、苦難의意義。

人生은苦海라고한다、種類와程度는 各其다르나 苦難이없는人間은 世上에없다。或은病、或은貧、或은災。個人個人의 苦難이있고 全族全國의苦難이 또한없지않다。人生生活의目的이 修練에있다 없다 하는議論은 且置하고、苦難에 苦難이 接踵臨迫하는것이現生의事實이다。이苦濤를避하고저하야能한이가아직없었으나、이를迎接하며解釋하는方法에依하야 苦에가益으로變하는일은 絕無하지않다。如何히하야 苦의死를樂의生으로換置할까。方今旱災水災가 全族을 괴롭게함이甚할때에本誌第三十號의「苦難의意味」를 再讀하기를 同胞에게薦하노라。

두더지의 社會

두더지는 適應의實例로現著한動物이다。몸덩이는 쥐만하나 돈벌을露고 좁은굴속으로 往來하는故로 그 더리가 앞으로나 뒤로나 天然스럽게 늡으며、돈벌알에의 生活인故로 太陽光線을 보지못하니 盲目이되였고、돈벌을파는 살림인故로 前肢와발톱이 크게 發達하여졌다。이즘생의 奇特한재조는 그常食品인 지렁이를 잡어서는 발톱사이에 훑터내서 흙을 깨끗이빼어먹으니、一種의料理法을 안다는것이다。그러나 그보다도 더놀라운것은 먹고남은 지렁이를 貯藏하는法을 研究한일이다。남은지렁이를 그대로두면 逃亡하고、죽여두면 썩어버리는 故로、지렁이머리의 一部分을 발톱으로 짤라내어、完全치도않거니와 죽어썩지도않는 程度로 하여두었다가、必要한때에料理하여먹는다고한다。두더지의政策도 蔑視할수없는것임을 알수있다。

서울에 言論機關을 主裁하는新聞社가 두셋이나있다하나、平日에 마땅히一言이있어야할 일에도 緘口無言하는것을 보면 그런機關들의存在를 疑心할 지경에 이르다가도、夏季休暇에 文字普及運動을 標謗할때와 水災報道를各社가 競爭할때만은、그래도朝鮮에 몇몇新聞社가 있고나 하는것을 누구든지 感覺치아니치못하게된다。그動機가 비록 不純하야 各自社의廣告宣傳을 爲主한것이라고 할지라도、우리의 慾心으로써 말하라면 어떻게되였든지 한사람이라도 더文字를알도록한다면 可하고、飛行機를雇用하여서라도 어서速히災民을 救濟할道理만 講究한다면 足할듯하니、放任하여두었으면 좋을듯하것만、이런때에限하야唯、一한活動期에當하야、가갸거겨를 가르켜서는 안된다는둥 寄附를 받어서는 안된다는둥 여러가지制裁를加하니 이것도生物學上의 原理대로되는일이지만、입변섭섭하지아니함도아니다。

信仰은 本來 最大의投機事業이다。그規模의大함이 非單 仁川期米의 類가아니오、트라필갈이나日本海의海戰의類도아니다。信仰的行動의 一擧手一投足에는 皇國의興亡이 此一戰에在할뿐만아니라、實로宇宙의存廢가此一戰에在한것이다。故로 信仰의人이라고 稱할만한 人間으로서 古來에平穩無事한 人間은없다。或時있었다면 커는 去勢한 生畜과같이 完全한生物이아니라 變態한家畜이다。信仰의要訣은 熱하지않거든 차다리冷하라는것이다(默三章十五節)。東이아니면西요、天國이아니면地獄이다。中間을不許한다。薄氷을밟듯이 조심조심하야 一生을無事平穩裏에마추고 앉은무릎이 귀넘도록살면서 福누리기를 한갓願하는者는 信仰、特히基督을믿는 信仰의假面을 하루바삐 脫解할것이다。때는唯物思潮의 甚한世代를當하야 信仰의必要를說敎하는者 巷間에많으나 그럼 어떠한信仰인가、曰穩健한信仰 무슨特有한生氣가 躍動하여서는 危險千萬이라한다。無信仰도危險하다。산信仰도 不穩하다。곧 두더지의要求와一般이다。그도靈界에 無關心한爲政者들만의 無知라면容或無怪하나、靈界를指導하는總會와 年會의決議事況도 마찬가지로 두더지의 領域을不出하니 寒心事이다。

農事雜記

四月上旬에 감자(馬鈴薯)十餘坪과 호박數坪을 심었드니, 넘어密播하였다하야 콩나물이니 무엇이니 하면서, 보는 사람은 嘲弄하였다。마는 不過四朔餘日에 감자數俵와 호박二十四五個를收穫하였다。감자가 우리의食卓에 오를때와 항아리같은 호박을어깨에 메었을때에 우리의 찬송은 컸었다。지을줄 모르는農事도 豊盛하게 結實하게하여주시는 奇蹟을 찬송함이었다。

참깨를 四月上旬에播種하니, 그時期보다 尙早함이 約一個月이라하야 보는 사람은 걱정하였다。發芽能力이弱한故로 雨期에入한後에라야 播種하는法인데, 불같은旱天에 심었으니 쓸데없는手苦를하였다고 시비들하였다。마는 農夫들의多年經驗을無視하는듯이, 近隣에比類없는成績으로 우리 깨는成熟하야, 참깨 한말이 날것이라고 洞內의老農들이 부러운情을不禁하여한다。時期가尙早한때에 播種하였든故로 果然 發芽步合은 不良하였다。그러나 서드른 솜씨에심은것이 發芽步合이 不良한것은, 能爛한 일군이 薄播의手法을 確保한것과 同等한結果가 된 까닭이었든가, 우리 깨나무는 가지(枝)에 가지가 나고, 이삭(穗)에 이삭이 매치어서 一株가能히一束을成할만치 豊盛하게成熟하야 先日의嘲笑는 今日의羨望을 일으키게 되였다。第一號地의產出을 무꺼내니, 遇然하게도 舊新約聖書의 卷數와一致하게, 六十六束의 키넘는 깨 단을 整列하게됨도 기쁨이었다。

天然의法則은 仁厚하다。技術의低劣함도, 時期의大差함도 過大한問題는 아닌듯하다。仔小한過失로써 有爲한青年이라도 一擧에埋葬하여버리랴는 人間社會보다, 一分의遲刻이라도 猶豫를不許하는文明人들의 交通機關보다도 自然은寬大하고 仁厚함이絕大한모양이다。天然界에親近하며, 農事에叅見하고저하는 小願이라도 그것을蔑視하지않고, 저에게失望과 부끄러움을 돌리지않기爲하야, 읻부러 自然界의法則의一部分을 緩和하면서, 서드른農夫에게 恩寵을 베픔으로써 希望에서希望으로 前進시기랴는듯하다。如此히하야 우리의農事는 小規模이나, 찬송은 大規模의것이다。

來信 一二

來信其一

感謝합니다。先生님!

"In the beginning" 『太初에』

아ㅣ 이 두글자는 참말先生님이 齋藤先生께서 punctual 의說明을들어感化받은것보다 門下生에게는 兩者를比較할수없이 더큰힘이되고있읍니다。웨? 故이다。이절구는門下生의生命全部를占領하고있는、世上슬픔이나 失敗나 迫害나 이 다 무엇일가、이句를生覺하는때에 成功者로소이다。웨 이러한하나님의 아들이되였으니까다(요한第一書三章)。宇宙萬物의創造主 아가페、로고스트를 아버지하고 그의품에뛰여들어가게、들어갈수있는 特權을받은故이다

在學時代부터先生님人格 學識을無限히부러워하는 學生의하나입니다。쳐다만보고 올라못가서 애를쓰다가 第一貴重한 先生님의中心、核을向하야 線이없는 電氣로서連絡식혔으니 曰『創世紀一章을二次나 들어서 生命으로한것』이것이올시다。

事實 "In the beginning"의 inspiration 이其當時에는 路上에서나 運動場에서나 門下生으로하여끔 In the b ginning God created the w rld, In the beginning,을反覆하게하였읍니다。

이와對等으로 東京와서여러가지 苦生을未免하고있는中 배운것은 上記聖句를 더仔細히배우고 더明確히깨닫고 고마운福音에눈물흘리게되엿읍니다。요한福音一章一節부터 지금 배우고 無限히기쁨니다。

六月二十日夜

門下生 ○○○ 上書

來信 二〇

來信其二

金先生님앞

그동안 오랫동안 글월 들이지 못하여 未安합니다。

장사를 하게되어 良心上에 苦痛도많고、나도 모르게 利慾에 끄을리게되며 罪를 짓는때가 많습니다。나의 靈은 매우 疲困하외다 마는 主의일을 생각하고 있읍니다。咸先生님의 指導하심과 敎訓하시는바도 있어 상기도 主에게서 떠나지는 않고있읍니다。人生生活이 웨 그렇게 외로운지 모르겠읍니다。學生時代의信仰은 信仰이란것보다 한 흥분에 지나지못하는것 같읍니다。지금 저는 큰고개를 넘우랴구 헤매는듯한 느낌이 있읍니다。이고개를넘으면 좀더 明瞭하게 드러나는것이 있으리라구 생각합니다 主가 나를 놓지않는 以上、제가 主를 떠날수는 없으리라구 생각합니다。좀더 寂寞하게 조용하게 살수 있었으면、하는것이 지금의 저의 생각이외다。이것을 爲하여 明年에는 지금의 環境에서 떠날가 합니다。秋期에 五山에가서 恩師 咸先生님의 指導를 받어 딴길을 걸어야 될듯합니다。靑年期에서는 特히 指導를 받지 않어서는 안되리라구 생각됩니다。熱하기 쉽고 冷하기 쉬운것이 이時期인듯합니다。나의重한 使命은 느끼면서도 어떤때는 나의 本目的에서 脫線하는 생각과 行動을하고 있다는것을 發見할때에는 스스로 옷우워집니다。

山城鎭附近에는 馬賊이 相當히 橫行하고있읍니다。人質로 잡아가는일은 昨年에 比하여 더욱 많은듯하오며、大部隊의 馬賊은 昨年에比하여 減少되는듯하나、小部隊의 (第二十四頁에續)

城西通信

○一九三四年七月一日(日曜)아침에는 活洞人教會에서 禮拜說教하고, 저녁에는 南大門教會에서 勉勵靑年會를 爲하야 講話를 試하다。後者에는 幼年時代로부터 忠實히 敎會에 助力하는 醫學博士 崔明學氏가 司會者이어서, 舊友와 이야기하는것처럼 聽衆을 對할수있었다。崔博士는 幼稚園以來의 純粹한「敎會者」요 우리는 敎會外에서 成長하는 平信徒、或稱「無敎會者」이다。故로 相從할機會도 적었거니와, 우리의 自稱熱々한無敎會者들의談席에서는 저들 敎會靑年들의「低級?·仰信」을 批評한때도 있었다。마는, 歲月이 흐르는동안에 敎會內에도 博士될때즘은 어렸을때의 信仰대로 維持하는人士가 稀少한 모양이오, 敎會外에는 알미늄 남비와같다。暫間 熱하다가 얼른 식어버린다。彼此寂寞의 感이 없지 못한 故인가, 다시오라고하며 또 應諾하리라고 約束하여버렸다。信仰은 程度의高下도아니오、熱不熱도아니오、오직 繼續하는 일이 貴함을 切實히 늣기다。但、勉勵「靑年會」라고하나 出席人員의 八割以上은 婦女들이오、남어지 二割도 性은男性이나 白髮이아니면 少年들인것이 異樣의感의 其一이오。樂器와樂師(찬양대)가 具備盛勢하며, 音樂에 配當한 時間이 豐足함에反하야, 講師는 單一人이오 時間은 三十分間으로 制限하여놓는것이 異樣의感의 其二。아무리 好意로 判단하여도 八割以上을 占席한 新女性들이 音樂會에 參席하는 以上의 目的으로써 出席한것같이는 보이지 않았다。그는 次置하고 濟州島나、流球諸島가 女人國이라기보다, 今日의 大敎會는 全혀 女人國의 觀을呈함도 寒心事。○이날에 第六十六號出來하였으나 法規上手續이 未畢하야 發送하지 못하다。

○山下先生의著述에對한 讀後感如下來信。

『더움이 부글부글끝는 大都市에서 靈肉의 鬪士金先生님、小生의게으름이 분망이란 적은 핑게物에 붓잡혀서 彼日此日오늘까지 感謝의答을 들이지못하였읍니다。용서하여주시옵소서。主의뜻에 服從하여 全的生命을 희생하여 가르침과 깨우치시기에 오로지 다하시는先生님과온가정 따라 생각과 걸음을 함께하시는 여러은총의先生님들께 主의크신祝福과 위로의强하심이 나리시기를 祈禱하나이다。日前에 多忙中 생각없이 되는대로 질서없는 感懷를말슴하여 先生님의 所信의反됨이 있었을가하여 자못 訓敎의責을 받고저하였읍니다。이제小生의要求에 응하여서 보내주신冊을 받고 喜悅中에 있었읍니다。감사의 念을 表치못함을 不拘하고 再次보내주신 고마운옴성과 投擲하여주신 책자들 今日받삽고 더욱감사함을 不勝이옵나이다。뜻있게 살랴고하는 兄弟들에게 널리傳하여 읽혀들이랴합니다。저들을通하여 健見들을 더 이땅에서 찾으려합니다。山下先生의 강연을다시금듣고 小生의 생각지못하면 사실 생각하고도 實行의勇斷이 없던사실、이제 부끄러움과 아울러 자복하고、이제 主의 축복의 許하시는 그뜻아래에서 그先生의 행함과같이하고、나도 다시주먹을 쥐나이다。李先生의경모하는 山下先生 저도경모하나이다。아ㅣ조선 兄弟들이 사모하여야 되겠나이다。今年에 조선에복음들어온지 五十年이라고 희년이라고 장감리파에서 數百萬의 표도 가짐을자랑하고 축하行列式을 하는 이땅에、오로지 저 같은先生一人도 發見못한저는 넘우나외롭습니다。小生의천견이될인지 아직 맞나보지못하였읍니다。先生님 이白衣民中에 있으면 가티치주십시오。世界에 多神敎로 떠드는日本에는 여러신앙의 先生을 찾아보겠아오나 이곳에서는! 아! 주여 이자식의죄를 용서하시고 이 땅에도 다시금 先知者와 참된指導者를보내주시옵소서。그래서 깍때만남아서 이리저리 날려다니면서, 그래도 살라고 버둥치는민족을 救하여 주시옵소서。 비나니다。

오늘 이先生을 소개하여주신 金先生 李先生 함께감사를 들입니다。앞으로 더욱 약한믿음에서서 비를 비를 하는生들을爲하여 힘있는者의 人物소개나, 文書의强한 웨침을주시사 主의섭리와 진리를 더깨닫게하여 주시옵소서。말도못하고 힘으로못하는저는 앞으로 文書로서 수고하시는여러先生님의 일을 도읍고저합니다。지금은 實行없는 거즛말장이될가하여 사실을주렵니다。

다음에通信을 接하여 은혜를 더사모하려합니다。하나님께서 조선에 크신祝福을나리심을 감사하며 바리시지아니할것을 믿읍니다。조선에 참福音을전하는者의 발이평란할것과 派爭이없이 合同하여 善戰하시기를 主께간구합니다。細流가合하여 大河의勢力을냄을 理론보다 사실로써 이江山을 움즈기게하사이다。」

○七月三日(火) 別紙와같은 要請이있었으나 夏休間은 農事한다고 對答하였다。同情은하나 우리能力以上의 일을 要求하는 듯하야, 滿足을 期必키어려움도 理由의하나이다。

『요새는 小生의靈은 더구나 갈급함이極함니다 이럴때마다 先生님이 그리워요。엇전지 어대가 全然비워진것같어서 헙엇하기가 그디없어요。무엇으로 이空虛를 채울는지? 엇떻게하여야 이헙엇한것을 免할지 實로 갈한사슴이 시내물을 要求하듯갈급하여요 先生님! 저는 어찌할지 모르고 두루허덕이고 있답니다。 可憐하게도 汲汲하고있는 어린靈을 同情해주세요! 先生님夏休때에 어떠한 고요한곧에 先生님을 모시고 月餘동안 聖書도 배우고 긔도를해보고싶음 간절합니다。분망하신 先生님께 貴한時日을 이것의게 虛費해달라기는 大端히 惶悚하오나 워낙갈급하여서 염치도 不顧해짐이로 소이다。一羊의 부르짖음을 늦지마려주소서。』

○七月五日(木) 聖朝第六十六號는 드듸어 烏有에 歸하고말았다。다만 物質이없어지는것이 아니라 實로 斷腸의念으로써 子息을 때우는일에나 比할까。

○八日(日) 午前中 梧柳洞集會에 參席하다。農家로서의 發展이 現著함에 感歎不已하다。○九日午後에는 龍山警察署에 呼出當하야 聖朝七月號에關한 所謂에 應答하다。이날에 大阪市에工夫하는 神學生이 來訪하야 大阪附近과 聯絡船等의 朝鮮同胞의 寒心스러운 模樣을 傳하다。全然히 다른民族의 消息을듣는 感이不無하다。우리가갚아야할責務의 重且大함이여!

○十一日(水)부터 足部傷處로因하야 約 一週日間臥床하다。出版에關하야某氏來談, 聖朝誌는 第六十五號로써 終幕을 닫히고 輕易치아니한 處罰이 있으리라고 傳한다。實로 聖朝誌의 運命은 風前燈火와 같다 雪上加霜의 格이다。다만 聖意의成就를기도하는 外에는 全然無能無爲。誌友의 慰勞의말에

『七月號聖朝誌가 配付되지못한다는通知를받자와 가슴이 덜컥나려앉는것같습니다。우리들에게는 큰事變이 生起인것이외다。甚히 안탑갑고 痛嘆하옵니다。依例히 月初가되면 찾아오는 聖朝誌를 苦待하든 次 意外의 寄別을듣자와 너머도 失望됩니다。그러나 끝까지 하나님은 勝利의하나님이심에 當身의일로는 조곰도 失敗없음을줄을믿어感謝합니다。

二二

先生님께서도 反히 큰慰勞를 받으시기를 바라나이다。一個月의 피땀의結果인 聖朝誌가 우리손에 못오게된것이 크게 섭섭한일이오나、表面으로것친 十字架가 內的으론 生命훌러나릴것이옵에、今番에 敗北이 또한 靈의事業에는 큰革命이 일어날넌지 어찌알겠읍니까。不淳한 人間임에못 보게된것일수록 더욱 보고싶사오이다 이도 나의短點인줄알아 또한 感謝합니다。來來祝福이 豊盛하시옵기를 비나이다。」

○十八日(水) 足部의 傷處가 旬日을지나도 不快하야 病院治療를 斷念하고 趙骨藥을 붙여보았으나 아홉食口에 일곱식구가 病席에 누었으므로 多少心火가 생긴수작이었다。健康을感謝하기는 더더하면서도 病苦를 怨恨하기는 敏捷하게하는 人間心이可憐하다。

○二十六日(木) 警務局에就하니 七月號에關한 取調의結果에 犯罪意思가 없었더라는것이 判明되였다하야 다시 續刊하야도 無妨하다는 意向을듣고 第六十七號를 印刷에 廻附하다。墺國首相暗殺의 外號돌다 世上은 요란하다。

○二十九日 日曜日임에도 不拘하고 終日印刷所에 就하야 校正하다。여러날만에 하루의 晴天은 고마웠다。

○八月一日(水) 聖朝誌發行에 關하야 다시重大한事件이 發生하야 自發的으로 廢刊하기를 決心하고 一旦印刷를 中止하였다가 某氏의助言으로써 그대로 다시印刊하기로하다。二日夜에 第六十七號를 發送하다 지금形便같으면 發刊된것까지가 終刊號인줄로 아는것이 可할것이다。다른때에서는 볼수없는 內憂外患이 重첩하여오는 까닭이다。

○三日(金) 某校教務主任先生이 來訪하야 信仰과 學識이 具備한教師를 求하기에 半年을두고 애쓴다고、사람은많으나 참사람求하기는 어려운世代。

○四日(土) 宋斗用兄이來訪하야 最近의心靈上動向을 이야기하다。우리는 宋兄의山猪와같은 性格을 沈着시기기에 努力하여왔거니와 이제는 橫行하든 여우와 일히의무리가 모주리그蹤跡을 감추었으니 山猪가不可不出動하여야할 時運을當함인가。是非를 누가斷言하랴。다만 믿고行하는일이면 可한일이다。

○七日(火) 近日새벽에 火、金、土의諸惑星이 볼만하다하나 連日의 장마에 親近하기어렵고、今朝에도 다만 雲間々々에서엿본것뿐이었다。今日午後에 英國練習艦隊의 水兵과 朝鮮OB蹴球團과 게임한다하야國際競技라는 好奇心으로 籠球部選手들과 京城運動場에 함께參觀하다。競技는 朝鮮軍이 勝하였으나 選手의品位가問題였다。

○九日(木) 十餘日間合宿練習을畢한 籠球部選手十餘人과함께 仁川海水浴行。一年에 하루의 海水浴이라 마음것 游泳하고저하였으나 一行中에는 기어히 水泳못하는者가 三人이 있어 割愛하지아니치못하다。身体髮膚受之父母 不敢毁傷 孝之始也。물은 陸地보다 危險하다고 夏日에 海岸까지왔어도 물에 뛰어들지않고 돌아가니 于先은孝子로다。但 이것이 二十歲의 青年男兒요 게다가 運動選手들인者의 물에對한 觀念이다。雨天에는 朝鮮人의集會가 成立할수없다는某校長의嘲弄과、白衣群衆이모인데는 폼푸로써 물을뿌리면 解散하느니라는 警察署長의 秘訣이 不幸하나마 朝鮮風習에 익숙한말이다。海岸을떠나 仁川期米取引所를 見學하고 歸途에梧柳洞宋兄의 西瓜밭에들려 果圃가殘滅하도록 먹고 또各其 두세개식메고 解散하다。但 이것은 宋兄이 養正學校先輩인故로 그後進들에게 自己의西瓜栽培의 技術을 자랑하기爲하야 招請한까닭이었다。

○十日(金) 書庫를 整理하야 聖朝舊號도 整頓할수있었으므로 秋凉과함께 새로운役事를시작할 準備가되였다。

○十二日(日) 昨日은 楊仁性君이 來宅하였드니 今日은 鄭相勳君의 葉書가 왔다 凡事에 다 때가있는모양이다。

『拜啓無音이지내온것 罪悚無比외다。兄体大安하시며 貴宅內에도 主恩無窮하시나이까 白、社會主義者로서 目下刑務所에 服役中에있는 知人이ルーテル宗教改革史(ルーテル傳) 唯心論 哲學史等 冊子를 愚弟에게請하여왔읍니다。此等冊子貴許에 있압거던 幸히 惠送하여주시면 感謝無比이겟나이다。늘主안에 祝福이 豊富하시기를 빕니다。』 런제ㅣ著루터의生涯及事業 이라는 傳記와 李鼎燮氏譯 山下先生講演錄二種을 送呈하야 改宗한 社會主義者를爲하야 祈願不已。

○十三日(月)午前中에 李鼎燮先生來社。快談數刻에 啓發됨이많았다。「무레사네」가始作된지 八年되였으며 그今日에 至하기까지의 經驗과、떡을 물우에 뿌리는 그出版事業의 理論等、一事가萬事라 는感을 갚이하다。다만 日曜日마다 뭍에산에 나가는일 그일만은 極히작은일같으나 一人式이라도 引導하야 八個年에 及함은 決코 작지않은일이다。

○十五日(水) 今日부터 水色에오다。天幕친것만한 조그마한 草屋이 당콩 헤찌마 호박 박等의 넝쿨에 덮혀서 靑屋을밀우운것은 詩人이아닌者에게도 詩趣를 誘發하지않고는 마지않함이 있다。

○十七日(金) 每日除草와 개천補築工事。한삼넝쿨에 얽매인 果穀을 解放하여주는일은 衷心으로 愉快한일이다。惡鬼를 退治함을 받은 罪人의 靈魂을 생각하면서 雜草를 뽑는일은 時間에 흐름을깨닫지모하게한다。

○十九日(日) 李先生의 招請하는대로 무레사네會에 따라가 보았다。一行男女九人。彰義門을 나가 史上에關係깊은 독박골 좁은길、골목을넘어 津寬寺에少休하고、다시 碑峰을 넘어僧伽寺에藥水를 마시고、月光을 받으면서 彰義門에 돌아오다。걷는동안에 서로 이야기하는外에 特히 하는일은 없으나、자못 有益함이 많았다。이와같은 健實한會合이 있음을 알기가늦었고 參列하기가 늦었든것을 後悔하다。

(第二十頁 來信其二의續)

馬賊은 더많어졌읍니다。우리民族도 馬賊과 같이 다닌다고 합니다。독립단이니 공산당이니 하고 떠들고 다니는 조선청년도 多數히 馬賊과 같이다니면서 時局을標방하고 도적질해먹는다고합니다。사람들은 本地人보다 暴虐하다고함니다。基督信徒처럼 眞實된勇士는없으리라구 생각합니다。馬賊은 大槪는다 모루히네 中毒者라구합니다。冬期에는 없어젓다가 夏節에는 나오군 합니다。

三、四十名式 다닌다구하오며、武器는 相當히 있다구합니다。도적의 連絡者가 市內에도있다구합니다。무서워서 城外에는 一步도 내여 디디지 않읍니다。더욱히昨年의 經驗도 있어서 今年에도 하마터면 제의父親님이 馬賊에게 붓들릴번햇읍니다。

「田園의教育」(紹介)

十年前에 基督者親友三人이 理想的教育을實現하여보고저하야 東京市外武藏野境에 全所有를盡賣한것으로써 조고마한學校를建設한것이「むさしの學園」이었다。開學한當日은 先生三人에生徒六名。그래도 저들은 每週日曜日과 木曜日을 定하야 聖書工夫하는일을 十年如一日。卒業生께는 聖書를주어 校門에餞送하였다。그學園生活의報告誌이다。定價一冊十錢、一年先金 一圓二十錢(郵料共)。振替口座東京六七五五八番。

本誌의配付에關하야

그저받았으니 그저주라。도야지에게 眞珠를던지지말라。이러한 對立하는敎訓中에서 우리는 오란동안 躊躇々々하였다。朝鮮半島에 基督의福音이 들온지 이미오랐으나 大槪는 外國에서오는 傳道資金으로써 惠施함을 받았을뿐이오、우리의家財를 盡賣하야 眞珠를 사는듯한 眞理에對한貪慾이 활발하지못함을 보고 우리는慨歎을 不制하였었다。特히 받는것보다 주는것이 有益하니라는敎訓으로써 자라난基督敎人에 限하야 一般人士들보다도 더 이敎訓과는 逆行하기를 常習으로 아는듯한實情을볼때에 우리는 自然히 첫재敎訓보다도 둘째敎訓을 重히여길必要를 느꼈었다。어떻게하여서든지 眞理의貴重한所以를알며 眞理의 담긴그릇을 所重하게 건사하는風習을 이半島에培養하여보고저所願하였다。그러한趣旨로써 本誌는 비록少數에 限할지라도 先金拂込讀者에만 配送하며、또한 先金이 盡한때는 親疏의別이없이 發送을中止하는일들을 實行하여왔다。이렇게行한것을 지금도 우리는 後悔하는것이아니다。眞理를貴하게 알아야할것과 眞理를 所有하기爲하야는 아까와할것이없으며、躊躇할수도없는것이라고 함은 非單基督敎의敎訓뿐아니라。實로우리 祖上傳來의遺風이었기 따문이다。

그러나 朝鮮에서 어떻게 傳道할까 하는것이 또한 우리의 오란課題였다。獨逸에는獨逸의傳道가있었고、英國에는英國의傳道가있었다。그時代 그舞台를分辯함이없이는 眞珠도 亦是砂礫의用에 不過하게되고마는수가적지않다。故로 本誌의 今日까지의過程은 半島를凝視靜觀하는時期였다。朝鮮은 어떠한 곳이면 百姓인가。이것을 찾아잡는것이 先決問題였다。아직도 完全히 우리의 豫期하든結論에 到達하였다함은 아니나、가장現著한結論의 하나는、朝鮮이라는疆土가 世上에比할수없이 貧寒한나라이라는것이다。이百姓은 그저 먹여주어야하겠고、그저 입혀주어야하겠고、責하기보다 慰勞를要求하며、때리기보다 傷處를 싸매어주어야할 可憐한百姓이다。或時 餘裕있으면서도 眞理를輕蔑히여기는 괘씸한者가 없음은아니나、그보다도 渴急하기는하나 求할能力을 가지지못한者가 더욱많음을 우리는 보았다。

이에 우리는 多少의弊害가 없지못할줄을 豫想하면서도、今後當分間 우리는 聖書朝鮮의出版에限하야는、빵을 물우에 뿌리는것으로써 原則을삼고저한다。明日以後의 主筆의事情이 如何히變轉할지는 豫言하기를不許하나 今日現在까지는 本誌의出版에서 一錢金의報酬를 期待하는性質의것이 아니오、또期待하지않고도 견딜만한形便에있음을 저는感謝하는者이다。마는人事는明日을難測이다。聖書朝鮮이 언제까지 이처럼無難하게 出産을繼續할것인가。或은不遠한將來에 무슨形便으로 그環境의轉換이 올것인가。內憂外患이重疊함을볼때는 이번 九月號의出現도 奇異한感이없이는 보지못한다。故로 今後當分間은 있는勢力을 다하야 한달號를發行하면、또한 있는힘을 다하야 우리의關心하는 朝鮮의子女들께 널리 撤布하여버리고저한다。從來의方針을 一變하야 어듸든지 누구에게든지 보내고저한다。그저받은福音이니 그저주고저한다。雜誌라는商品으로서가아니라、親展信書로써 慰勞하고저하는意味로써 보내는것이다。但 不快하게 아는이는 還送하야주기를바란다。敢히 非禮를行하라는것이 아니다。그대신에 每朔繼續하야 받기를願하는이는 別記規定대로 實費를拂込하여두기를 바란다。그렇지않으면 或不足한때에 빠지는號가있을지라도 이편에서 보내는대로 容納하기를願한다。責任지고約束하는일이아니라 다만撤布하는일이며、部數에限定이있는故이다

× ×

이미本誌先金拂込한이에게告함。第六十六號의代表金은 次號分으로하야 一號식延長하였고 明年正月號以後의誌代는 適宜換算함。

장차本誌先金拂込할이에게告함。主께서許하시와 明年(一九三五)度에도 繼續發行하게되면 左記대로新年度부터定價를改定함니다。**一冊** **定價十錢。一年分(十二冊)** **先金一圓**(郵稅共) 但、一九三五年一月부터改定。

舊號廣告

從來에 或時舊號의 注文이있어도 넘어오란때것은 散雜하여 찾기어려옴으로 一一히 應答하지 못한때도있었든데, 이번에 書庫를整理하야 本誌의舊號를 整理할수있었음으로 要求에應할수있게되였다.

몇秩은 創刊號부터 차데대로있다 (但第六十六號는絕版)。한꺼번에 要求하는 이에게는 左記特價로써 需要에應할수있다。

一、創刊號—十二號까지 十二冊 金七十錢
二、第十三—二三號까지 十一冊 金七十錢
三、第二四—三五號까지 十二冊 金七十錢
四、第三六—四七號까지 十二冊 金七十錢
五、第四八—五九號까지 十二冊 金七十錢

但、創刊號부터五九號까지 同時에注文할時는 特히 三圓으로應함。今年度以後로는 다시舊號의餘殘이 남을것이없음으로 右와如히整理한다。

其他 本社出版인 푸로테스탄트의精神과 山上垂訓研究도 各其定價의五割引으로 要求에應한다。

咸錫憲 著
푸로테스탄트의精神
定價十錢 特價五錢 (郵料共)

敎臣 著
山上垂訓研究 (全)
定價七十錢 特價三十五錢 (郵料共)

豫言書研究

一、先知者(上) 第三號
二、先知者(下) 第四號
三、偉大한解放者 十五號
四、아모스書研究(上) 廿八號
五、아모스書研究(下) 廿九號

詩篇研究號

第一篇 三四號
第三篇 五四號
第十二篇 二二號
第十三篇 二五號
第十九篇 二三號
第四十四篇 三〇號
第九十三篇 創刊號
第百二十一篇 第五號

天然과聖書

靈魂에關한知識의古今 創刊號
地質學과하나님의創造 第四號
生命의階段 第七號
生命의發達 九、十、十二、十三、十四、十六號
生命의所在地 十七號
復活의事實과理論 廿八號

歷史와聖書

하나님의攝理 七、八、十一、十二號
成三問과스데반 十四號
己 食 物 十五號
二十世記의出埃及 十八號
푸로테스탄트의精神 二十號
예수出現의宇宙史的意義 廿四號

本誌定價

一 冊 拾五錢 (送料五厘)
六 冊 (半年分) 前金九十錢 (送料共)
十二冊 (一年分) 前金壹圓七拾錢

要前金。直接注文은
振替貯金口座京城一六五九四番
(聖書朝鮮社)로。

取次販賣所
京城府鍾路二丁目八二 博文書館
京城府鍾路二丁目九一 耶穌敎書會
京城府堅志洞三二 漢城圖書株式會社

昭和九年八月三十一日 印刷
昭和九年九月 三 日 發行

京城府外龍江面孔德里一三〇ノ三
編輯兼發行者 金 敎 臣
京城府堅志洞三二
印刷者 金 鎭 浩
京城府堅志洞三二
印刷所 漢城圖書株式會社
京城府外龍江面孔德里活人洞一三〇ノ三
發行所 聖書朝鮮社
振替口座京城一六五九四番

金敎臣主筆

聖書朝鮮

第六拾九號

九三四年 十月一日發行

昭和五年一月二十八日第三種郵便物認可
昭和九年十月一日發行(每月一回一日發行)

目 次

最大의罪惡

誌友來訪。넉넉지 못한 살림으로 多年間 窮僻한地方의 조곰한敎會를 牧會하고있는兄弟。靈으로 交通한지 多年이나肉身으로는 세번째 찾아와서 初對面이라고。誌上에서 確然치못한것을 問疑하고저하야 온 걸음이라하나、저는 重大한眞理를 證據하고 갔다。가르되

얼마전에 친구 두사람이 찾아온일이 있었읍니다。樹蔭에誘導하야 이야기할동안에 저들을爲하야 午飯을準備하게하였읍니다。구차한 살림이지만 있는精誠을 다하야 차리고、우리의 待接을 받아주기를 懇請하였읍니다。行動을 다하고 할말을 다하야 간곡하게 권하였으나、드디어 저들은 自轉車를 몰아 가버리고 맙디다。이날에當한 怨痛한 생각이란것은 生來에 처음當하는일인듯 하였읍니다。나는家人을 向하야 말하였읍니다。『내가 後日에 저의들과 사괴는일은 있을지라도、生前에 저의들집에가서 숟갈은 입에 물지않으리라』고。이윽고 우리夫妻는 손님이 버리고간 待接을 우리스스로가 받으라고 床前에서 感謝하였읍니다。「……主여 아바지께서 보내신이를 믿는일이 最大의事業이오、하나님이 보내신 예수그리스도를 믿지않는일이 最大의罪惡이라는뜻을、이날에 비로소 깨단게하여 주셨아오니 感謝感謝로소이다」。

라고。主님은 恒常 적은것에 對하야도 큰것으로써 갚아주시더이다。云云。

果然 아멘 이오、또 아멘 이다。무릇基督敎의眞理는 机上의空論이 아니오、또한二에二를加하면 四가된다는 程度의것도아니다。그리스도를 믿지않는일이 人生의最大罪惡이라고하면 이는그少數의熱狂的基督信徒의妄想이오 偏狹인듯이보이나、그러나 宇宙를創造하신 하나님이存在하신以上 이일은 割引할수없는 事實그대로이다。그리고 이러한種類의眞理는 頭腦의明晳함으로써 아는것이아니오、心臟의眞實함으로써만 알수있는地境이다。夫婦와親子의 사이에 眞情이있고、친구와의交誼에 眞實로써 對하는者이면 비록 저에게 各國註釋冊을 閱覽할만한學識이 없다할지라도 저는 基督敎의中心眞理를把持함에 남보다 못할것이없는者이다。支那의賢者가 養하기보다敬함으로써 孝를가르킨것은可하나、儒敎의 어찌할수없는傾向으로서 아무리하여도 外的이오 社會的인規約임을 未免한다마는、內的이오 家庭的인見地에서 볼때는 敬도 차라리 最大한要素가아니다。孝道란 무엇인가 孝子의道이다。孝子란 무었인가 父母의 기뻐하는 子女다。父母의 기뻐하는子女란것이 必曰 道學的人間이 아닌것은 집집에서 보는事實이 말할것이다。放蕩한子息을사랑하였다함은 路加福音記者의獨創이아니다。東西古今에 共通한 人情事實이다。다시말하면 孝子란것은 父母의 주는대로 받는子息이오、不孝란것은 받기를不肯하거나 或은 條件付하랴는 건방진子息이다。因하야알수있다。豫備하신獨生子 그리스도를 信受치않는것으로써 最大의罪惡이라고 定하시는까닭을。

信仰의 並等과 特等

輕便鐵道의客車에 並等과特等의別이있고、國有鐵道의 그것은 一、二、三等의 別이있는것이 常例이다。貴한이나 富한이나 高德博識의大先生들이 並等이나三等車에 타는일은 저의들의謙遜을 讚揚하는動因도된다。이와 마찬가지로 信者가 서로自己의不信을嘆息하며、凡平한信仰、普通信仰、例에依하야 昨今이如一한信仰에 滿足하여함으로써 信仰的謙虛의德을培養하는所以인줄로 思料하는수가있다。儒敎的說明을待할것도없이 一見아름다운 德行인듯하다。

그러나 밥은 반찬없는밥을 먹을지라도、果實은 차라리 上等果實을 먹을것이라、는 호사쟁이의持說에 一理가있을뿐아니라 十理가있고 百理가있음을 實驗하여보면 알수있다。다 같은葡萄라도 멀구 같은 찌께기葡萄는 葡萄가 아니오、다 같은 복숭아라도 돌배같이 딴딴하고未熟한복숭아는 복숭아가아니다。보기만 하여도 그빛과香氣가 唾腺을 찌르며、만지기에 흐무러질것같고、먹기에 顆骨이 어그러질것같은 上品果實이라야、그것이 참말果實이라 할것이다。果實을 먹으랴거든 單한개라도可하니 이러한上品을擇할것이오、信仰을擇하랴거든—믿으랴거든—極上品의信仰을擇할것이다。主日마다 달마다 定額의 연보를 받히고、술 담배 끊고、李서방과 比겨도 못한것이없고、崔서방과 견어도 부끄러운것이없다。고自足하는信仰은 並等의信仰、三等列車的믿음이다。

牧師 長老나 敎師 學者等의子女에 不肖한者가많다함은 쓰라린事實이다。그中에는 公務에 넘어紛忙한結果로 私的省察의裕餘를얻지못하야 子侄의敎育에專心할수없는 同情할만한處地도 不少할것이나、그러나、많은境遇에 그子侄의不信不良의責은 直接그父兄의「不信」에基因하는것으로 悔省하는것이 當然한일이다。어떤 普校上級生된어린이와 그祖父와의對話에 이런것이있었다。孫(아이들끼리)「하나님이니 예수니 하지만 있기는 무었이있다구、다거짓말이야」祖「이놈 그게 무슨말이냐、네아비는 工夫도 하리만치하였고、남다니는데出立도 하리만치하는사람인데 예수믿지않느냐。네가무엇을안다고 하나님이없다고해。나도 하나님이게신지 안게신지는 알수없다마는 네아비가 믿으니 나도 믿는다云云」하면서 이漢學者인祖父는傳道받는일없이 예수믿기에精進한다고傳한다。이境遇에 그中間代되는이의믿음은 우리의稱하는바 特等信仰이다。무엇인지는 알수없으나 그일이 작난으로하는일이아니오 凡常事가아니라고 看取될만큼 眞劍味를 띠는데에 信仰生活이있다 水準線에서徘徊하는信仰는廢物이오死骸이다。唯一의信者를標的으로하고 飛躍突進하는데라야 그자리가特等의信仰인同時에 實相은「普通信仰」에達한것이다。게자씨 만한信仰이다。子弟의敎育이如意치못한때에 우리는信仰을爲하야 얼마나損害본일이있었으며、얼마나 창피한꼴을當해보았든가고 깊이反省할것이다。

시작이 절반

시작이 절반

百里를 가는者가 九十里로써 절반을 삼으라함은 人生處世에 없을수없는 實際敎訓이어니와、이와는 正反對되는 「시작이 절반」이라는 格言이 成立될수있음은 奇異한現象이라고 할수밖에없다。成立된다고할뿐만아니라「시작이 절반」이라는格言은 멀리希臘、羅馬로부터 近代新舊大陸의列强 諸國民에게까지 共通하게 傳하여오는말이다。Arche de toi hemisu pantos.(시작은 全體의 절반이다)、Dimidium facti, qui coepit, habet.(시작한사람은 절반한것이다)、Well be-gun is half done.(시작이 절반이다)、等은 다 마찬가지뜻이다。即 時代의 古今과 地域의東西에別이없이 共通한事實인것을 立證한다。

돌이켜 實際現象에 빛우어볼진대、우리個人의 日常生活에 하루일을 맞우고 晩鐘의音波에불려 休息에 돌아오려할때마다、一日의工程을回顧하야 「시작이 절반」임을 느끼지않는이가있으랴。널리 社會現象에 빛우인다면 支那國民黨革命成功의過半功績을 孫文의 시작에 돌리지않을수있으며、露西亞革命의功果의太半을 그小數의 시작한 사람들에게 돌리지않을수있으며、北米合衆國 今日의隆盛의基因을 淸敎徒의 메이 풀라워號의出帆에 돌리지않을수있으랴。다시 오늘날文明의 가장크고 고마운恩澤주는 照明電燈의功勞의過半을 故에되손翁의 實驗시작에歸함을 누가是非할것이며、스에즈、파나마 二大運河의恩澤의大部分을 佛人레셉스氏의 처음一鍬를 시작한데에 돌린들 무슨抑鬱함이 있다하랴。생각할수록 世上萬事가 시작이 절반이라 함은 에눌이없는事實이다。萬一農事에參與하야 봄날에 播種하고 때때로除草하면서 그成育함을觀察하는 幸福을가진者이면 저는 格別히 느끼는바 있을것이다。씨를뿌리고 물을주고 除草하는것은 農夫가하거니와、果然養育하는것은 하나님이심을 切實히 깨다를것이다。農事도 「시작이 절반」임을 가르키어 마지않한다。

그러나 이 모든現象에超越하야 가장適確하게 가장現著하게 「시작이 절반」임을 如實하게 보이어주는일은 信仰生活에서다。靈界의法則에서다。周到綿密하고 怜悧敏活한사람은 後日의失策과 嘲笑를豫防하기爲하야 于先 知識的으로 聖書와神學에能通하고 道德的으로 相當한君子로 自他가承認하게된後에、나도 크리스챤 으로 自處하겠다고 逡巡하나、이는 百年、河淸을待하는일이다。道는、가깝다。마음에 그리스도를믿고、입으로告白하게되면、저는 벌서 救援에參與하여진것이다。「시작이 절반」뿐만이아니라 果然 「시작이 全體」이다。다만 믿기만 시작하면 學說과品行等은 따라서 處理되여진다。우리가 最小限度의일을 시작하면、하나님은 最大限度의일을成就하여주신다。感謝하지않은가 「시작이 절반」이라하니。疲困한 兄弟여 다시 일어서라. 또한번!

二

聖書的立場에서본朝鮮歷史

咸 錫 憲

九、列國時代의苗床

檀君朝鮮은 나라를세운後 一千二百餘年間 니어있었다。그동안의 事實은 仔細히記錄된것이 없음으로 그世代가 어떻게되였는지 어떠한 變遷의過程을 밟었는지는 알수 없으나 이時代에 朝鮮사람은 民族生活의 基礎가 確實히 잡히었다。滿洲로부터 南쪽으로 發展하야 나려오며 半島에까지 골고루퍼져살면서 옛날에 山間과 물人가로 산양질을하야 다니거나 或은 水草를따라 遊牧을하며다니든버릇을 거이 完全히버리고 땅에들어부터 農事를짓고 機械를만들며 制度를세우는 生活을하게되였다。그러다가 마츰내 檀君朝鮮은 衰亡의運을 만나게되였다。그 原因에 對하야도 아무記錄이없고 오직 傳하는바에 檀君이 처음에 太白山에나려 모든사람의推戴를받아 나라를세우고 都邑을 平壤에定하였다가 後代에이르러 唐藏京에옴기고 마즈막에 阿斯達에들어가 神仙이 되였다고하니 이는 一個神話요 그대로 史實은못된다。그러니어떻게된것을 알수는없으나 外族의侵入을받은 形跡도없고 內亂이 크게있었다는말도 없는것을보면 그衰亡은 오란동안에 社會變遷에依한 自然的解體가 않인가고 생각된다。即 太古時代에 社會生活에서 사람사람을 連結시키든 制度의 맨 끝이 낡어떠러짐으로 말미암아 그制度우에 섰든나라가 풀어지고만것이라는 말이다。本來檀君이 建國하든時代에는 血族團體로써되는 部落生活制度의 社會였다。三千團部를 거느리고왔다는것도 그런 血族團體의 部落이 있을것이다。各團體안에는 首長이있어 統率하고 그首長은 님금에服屬하였다。그團體는 性質上그리큰것일수없고 조고마식한 部落이었을것이다。그러한 部落들이 山谷을依支하고 있어서 素朴한原始的生活을 하였던모양이다。本來사람들이 人文發達이되지못한 時代에있어서는 大概平野보다 山谷에사는것이例다。그理由는 原始的生活을 하는그들로는 平野보다 山谷이 衣食住의要求를 滿足시키는데 便하기때문이오 더구나 朝鮮사람같이 敬天思想을가지는사람들에게는 山은宗敎的으로 떠날수없는곧이었다。그들에게는 山은神靈의 나리는곧이오 祭壇이오 나라의礎石이 놓이는곳이었다。그들은 山을嚴父의얼골같이 慈母의품속같이 알고살었다。그러기때문에 檀君도太白山에나리었다고하며、阿斯達에들어가 神仙이되였다고하고、百濟의始祖 溫祚王이 나라를세울때에도 負兒獄에올라가 나라터를잡았다고하며 伽倻의 金首露王도 龜旨峯에 나렸다고한다。이로보면 太古時代에 나라를세울때는

名山에올라 天下를展望하고 그터를 定하였으며, 百姓은 그山을 中心으로하고 저各其部落을일우어 살던모양이다 지금도 地域을表하는 郡縣邑洞하는 字에對한말이 다같이골인것은 이것을記明하는말이다 골은 即谷이다。檀君時代의처음은 이러했던모양이다。그러나 千餘年을지나며 人種이 차차늘고 農工이漸漸發達되여가며 社會가複雜하여가자 從來와같이 山谷에살수가없고 벌, 即平野로 나려오게되였다。古記에 城、邑을 火、或은 伐字로 쓴것은 이벌이라는말에서 나온것이다。그런대 그렇듯 골을떠나 벌에살게되자 社會制度도 變하지않을수없었다。사람들의生活은 從來의血族關係에依하야 된것보다 좀더크고 伸縮性이있는 法的規約밑에되는 集團을要케되였다。그렇게되고보면 從來의國家를 支撑하던 모든줄 모든탕개가 다 풀어지는셈이나 이리하야 血族團體를 單位로 하였던 檀君朝鮮은 衰亡하고 그代身 한 地理的單元을 그範圍로삼는 小形의國家가 處處에많이 일어나게 되였다 이것이 列國時代다。

그러한나라는 그數가 甚히많어 滿洲와半島에 있는것을 合算하면 數百이 넘었던모양이다。其中 歷史上에重要하게 나타난者를들면 이러하다。

滿洲에는 扶餘가일어나서 長白山脈以北黑龍江에 이르는땅을 全部차지하야가지고 있었다。檀君의直系에서 나왔던모양으로 그王은 해姓을쓰고 文化의程度가 가장높았다。國土는 平坦하야 五穀을產出하고 나라에는 君王이있고 邑落으로난우였으며 貴族이있어 百姓을부리었다 六畜의名으로써 官名을지어 馬加牛加狗加하는것이 있었고 人姓은 强勇謹厚하야 도적질하는 법이없고 弓矢刀矛로써 싸움을잘하였다。宮室、家屋、倉庫가있고 白衣를닙고 厚葬하는風이있고 刑律은매우嚴하였다。처음에는國力이盛하야 列國中宗主의 地位에있었으나 恒常、漢族、鮮卑族의 侵入을닙어 國力이떨리고 後에는 內亂으로分裂되며 東北두扶餘로되였다가 모두다 高句麗에 併合되였다。

扶餘의東、지금露領地方으로 挹婁가있었다。사람은 巨大하고 勇猛하고 君長이없고 穴居生活을하며 활쏘기를잘하며 弓矢가 그名產物이었다。아마 列國中 第一낮은文化를가진사람들이었다。

挹婁에서南으로 나려와 咸鏡道地方에들어오면 沃沮가있었다。山脈을등지고 바다를 바라보는 좁고기다란나라다。咸興吉州端川等地의 平野를中心으로하고 있던나라다 땅이 살지어 五穀이나고 사람이 質直剛勇하며 矛를가지고 步戰을잘하였다。또 魚鹽이나고 邑落의制가 整頓이되였다。그러나 北의猂勇한挹婁의 侵入을매앙입어 困難하였다。後에 南北두沃沮로 난우였다가 다 高句麗에

合한바되였다。風俗이 大槪高句麗와 大同小異하였다。

長白山脈의 골짝이골짝이에는 조고마식한 여러나라가 있었던 모양이다。그中에 有名하게된것이 卒本이다。本來小國이더니 東明聖王 高朱蒙이 東扶餘로부터와 그나라를얻어 高句麗를세움으로부터 國威가떨리게되였다。山間의나라로서 土地가 瘠薄하야 年中勤苦하야도 먹을것을 내기어려운곳이오 더구나 大國들사이에있어 壓迫이 甚하였다。故로 國人이尙武에힘써 後日에大國을이루었다

鴨綠江의 下流로나려오면 遼東으로부터 黃平兩道에걸처 箕子朝鮮이라 부르든 나라가있었다。殷의王族箕子가 그나라가 亡할때 東으로朝鮮에들어와 나라를세우고 平壤에都邑하야 八條로써 百姓을가르첬다는말은 支那崇拜思想의 中毒에서 나온말이오 믿을수있는것이 아니지만 當時支那天地의 어지러운때를當하야 多數한移住支那人이있었고 거긔따라 그附近으로 漢文化의要素가 많이들어오게된것은 事實일것이다。外族의接觸을받는때에 언제나보는例로 그民智의啓發이 速하였다。더구나 水陸을通하야 支那와의交通이 便한關係上 富力이 增大하였던모양이오 扶餘의衰弱한뒤를니어 列國우에 覇權을쥐었었다。그러나 春秋、戰國時代를通하야 물밀듯밀려오는 移住漢人을 別생각없이 받어두었다가 終乃그禍를닙어 亡國의悲運을보게되였고 그자리에 燕人衛滿의새운 衛氏朝鮮이있었다。衛氏朝鮮은 八九十年서있다가 漢武帝의滅한바되이 朝鮮의한복판에 支那勢力이 들어오게되였다。

沃沮의南에니여 嶺東、嶺西두地方에는 濊、貊하는나라가있어 그風俗이 大槪 高句麗와 같었다。漢江을지나三南地方에 나려가면 三韓이있었다。馬韓은 三韓中에 가장強大한者로서 지금忠淸、全羅地方을 가지고있으며 五十四個에 적은나라가 合한것이있다。辰韓은 慶尙道의大部分을 가지고있던나라로 十二小國의 合한것이오 弁韓은 馬辰兩韓사이에끼어있어 亦是 十二小國으로 되어있었다。또 弁韓의南部一隅에서 駕洛(或加羅、或伽倻)가일어나 少數의小國이 合하야있었다。

이밖에도 無數한 적은나라들이 이나라들사이에 끼어있어 제各기 한區域한區域을 차지하야가지고있어 或싸우고 或和하며 제나라의 强盛을圖謀하였다。그러기가約千年동안이었다。그러는동안에 文物의發達이되고 組織이緻密해지고 武力이 다듬기어 三國鼎立의 時代를 보게되었다。

檀君朝鮮千年을 民族文化의 發芽時期라고하면 이列國時代千年은 苗床의時期라할수있다。將來의使命을 다할수있는 資格者를 기루기爲하야 싹터나온 種子를 特別한方法으로 養育하는때다。다朝鮮사람이오 다先祖의遺傳을받었고 素質을가지고있지만 特別히 그中에서 優秀한者

를얻기爲하야 하는일이다。東亞細亞의東部에 仁者의나라를세울使命을띄고 歷史의舞臺우에 登場은하였지만 그러한大任은 함부로되는대로 放任하야서 될수있는것이아니다。偉大한事業은 偉大한魂이있고야되는것이으 偉大한魂은偉大한敎育이 있는後에야 비로소바랄수있다。그런故로 朝鮮사람中에서도 뛰어나게 朝鮮을代表하야 그個性을가지고 그使命을成就할者를 얻기爲하야 그敎育의第一段을 베풀게되였다。그第一段이라는것이 곧 列國으로分立케한 것이다。사람은 큰 團體에屬할수록 漸漸더 그個性이죽고 그活動이 機械化해버리고 道德的水準이나려가는것이다。列國으로分立한것은 한편 弱해진듯도하나 其實참으로 強해지기爲한 일이었다。제각기 여러가지環境으로나누어주어 거기서 能히偉大한魂을 發揮하고나오는者인後에 足히 全民族의代表者로 설수있다。檀君朝鮮의衰亡、列國分立의原因을 單純히 唯物的으로만 說明하면 社會制度의 變遷이라던지 經濟組織의變化로말하야 無妨하겠지만 그가지는바 意味는그렇드시 深重한것이있다。造物者의經綸이 어떻게깊는것이있었더라고 하는것을 다음의 一二事實을吟味해보면 넉넉히알수있다。

하나는 漢四郡의事實이다。이時代千年間을 通하야 第一큰事件은 아무레도 이四郡事實이다。前漢武帝가 衞氏朝鮮을滅하고 거기 四郡을두어 直轄한일이다。四郡中에 셋은 얼마않어서 逐出을當하고말었지만 樂浪郡만은 四百餘年을니어있었다。그러는동안 朝鮮사람은 無雙한苦痛을當하였다。當時朝鮮의腹部인 地方을빼았기고있어 中斷을當하야 南北으로갈라지기를 四百餘年이나 하는동안에 그刺戟의쓰린맛이 形言할수없는일이었다。이것은 무엇을 意味하는일인가 偶然이라기에는 너무도沈痛한일이다。事實 이는 四百餘年間 朝鮮民族우에 一大課題였다。高句麗는 이를驅逐하기에 全力量을썼다。그러나생각하면 이는 朝鮮사람에게 없지못할敎訓을 주었다。本來自我를지키기에 다부지지못한탓으로 衞滿에게羞辱을當했던 朝鮮사람은 이四百年의悲痛한經驗을 치두는동안에야 비로소 民族的自我意識이 稍稍明瞭해졌다。政治思想의發達도 여기서되였다。三國時代의 强力國家、더구나 高句麗는 이것아니고는 있기어려운일이다。하두밖苗圃를襲來한 그暴風은 많은脆弱한苗木을 꺾어버리고、그代身 기른者에게는 強한自立力을주고갔다。

다음은 支那文化의輸入이다。箕子朝鮮이 支那人과 支那文化의要素를 많이가지고있었다는말을 우에서도 하였지만 四郡의侵入으로因하야 支那文物이 一層더盛히들어오게되였다。政治的試練은 國家制度나 武力을充實시킬수는있으나 偉大한精神的敎養없이는 한갓 獰猛한蠻人을길으는것뿐이다。일즉부터 儒敎思想이들어온것은 이必要에

應키爲한것이었다。 朝鮮사람의 固有한道德이 없었던것이 아니지만 將次東洋精神文化의 二大根幹의하나인 儒敎를 攝取하는것은 朝鮮사람에게도 없어서 아니될일이오 더구나 幼少한時期에 日常生活의 實踐道德으로써 主眼을 삼는그敎訓으로 整形을받는것은 必要한일이었다。後代儒敎의弊害가 우리의痼疾이된것은 다툴수없는 事實이지만 한편으로는 啓發된것도많고 또 그弊害도 儒敎그自體의 잘못보다도 이쪽의받는方法의 잘못이많이있다。朝鮮사람의 性質이 順良한良心으로 그러를 일운것은 本來素質에다 儒敎道德의 가르짐을입은것이 큰原因이라하겠고、儒敎의 最高理想인 王道政治의思想도 바로받기만하면 高尙한國民을 길을수있는것이었다、그렇듯 안으로 밖으로 物質로 精神으로 깊은計劃밑에 그苗床이열리었다。簇立한數百苗木中에서 누가果然 朝鮮을 代表하는者로 자라날것인가。

社告

本號는 半朔이나 늦게되였나이다。 기다리는 이에게對하야는 未安千萬이외다。이번에는 主筆의私事로因하야 이렇게遲延되였으나、今後로도多少 早晩이없지못할것이며、定한일을 意志로써遂行할수없음을 배웠나이다。靈感이없이는一行도 不成하는故이외다。

第六十六號의文을要求하는이가많음으로 本號에그一部分을改書再錄하였고、남은部分은 다음機會에連續하도록 하겠나이다。以下의「地理的으로 決定된朝鮮史의性質」과 「箴言의大旨」는 第六十六號의分이외다。

聖書的立場서시본朝鮮歷史

咸錫憲

六、地理的으로決定된朝鮮史의性質

朝鮮歷史가受難의歪史라는斷定은 漠然한空想으로된것이어서는 아니된다。事實에依하야 實證되는것이어야한다。그 地理와그民族性과그歷史變遷에서 苦難을볼수있어야한다。

爲先 地理에서보기로하자。地理와歷史間에 삶關係가있는것은 우에서 이미 말한바다。말하자면 地理는 歷史의一部分이다。地理없이 歷史를論할수없는것이、마치 耕地를아니보고 農作을말할수없는것과같다。故도 朝鮮歷史가 萬一 受難의歷史라면 반듯이 그地理우에 그것이決定되여 있을것이다。事實 우리가 朝鮮의地理를吟味하여보면 그各條件에 苦難의文字가씨어있음을알수있다。以下 우리는 位置、地勢、氣候、景槪等몇가지條件으로나누어서 그것을說明하기로하자。

一、位置로는 朝鮮은 北溫帶中에서 亞細亞洲의東岸에있다。이点에서보면 朝鮮의位置는좋다。文明의發達에는 溫帶地方이 가장좋다고、또世界文明國의大部分은 北溫帶

에있는대 朝鮮은其中에있고、亞細亞洲에서도 東岸一帶는 交通이便하야 人文發達에좋다는곳인대 朝鮮은그中央에있다。이点에서보면 남이부러워할만할지언정 못하지않은位置를가지고있다할수있고 特別히 苦難을當할理由가없다。마는 位置에는 그런 經緯度의位置만아니라 關係的位置라는것이 또있다。即 周圍의다른나라와의關係에서 論하는位置다。前者는 主로 經濟生活우에意味를가지지만 後者는 政治生活우에至大한意味를가지고있다。이 關係的位置에서말하면 朝鮮은 所謂中間的位置라는것이다。即大陸과日本列島間에 介在하여있어서 通過地帶가된것이다。이런따위實例는 다른나라에도있다。波蘭、希臘、猶太하는것들같은것이다。이種類의位置의利로운点은 文物輸入에빠르고 文化傳播에便한것이오、害로운点은 外敵의侵入을받기가쉬워서 獨立을維持하기어려운것이다。以上에 例擧한나라들을보면 모두다 그러한歷史를가지고있고 우리朝鮮도 남들이侮辱하야 일즉이獨立해본일이없는 民族이라고까지하고、또그렇게까지는않더라도 事實 半萬年의歷史가 壓迫과掠奪의連續이기도하지만、그原因의 적어도半分은 이位置에있다할수있다。

地圖를펴놓고보면 朝鮮半島는 三面에서肉迫하여오는三勢力앞에 包圍되여있음을 알수있다。即 西의支那와 北의滿洲와 東의日本이다。이位置는 따이나미이트같이 能動的인힘을가지는者가서면 震動의中心이오 號令의司令塔이오 支配의首都일수있다。希臘이나 伊太利가 일즉이이를例示하였다。그러나 萬一 그렇게强者되지못하는者가가진다면 그는受難의골목이오 壓迫의틈바구니다。朝鮮은不幸히 그後者인便이다。地圖를삶여보면 支那本部는 一個풋뽈과같은形像이다。이제 그안에空氣를불어넣어 膨脹시킨다면 不得已弱한곳을 뚫고나갈수받게없을것이다。支那本部의周圍를보면 그런弱處가몇곳있다。北에는 內蒙古로通하는길이오、西에는 天山路로、南에는 安南에들어가는길이오、東에는 山東半島에서 海路로朝鮮에오는길과 山海關을넘어 遼東道로滿洲에들어오는길이다。故로 支那本部안에서 人文의盛하는때면 반듯이 이出口를通하야 그勢力이뻗쳐나오는것이었다。그리하야 漢族이强盛할때마다 朝鮮은 그侵入의禍를免치못하였다。自扶餘時代로 李朝에이르기까지 그러하다。北의滿洲는 古來로 猂勇한여러民族의 出沒地였다。그리고 거기일어난者는 반듯이南下運動을하는것이었다。只今일새 滿洲의富庫라고 켜各기는이범했지만 人文發達이되지못한前代에는 寒冷한滿洲는 살기에좋은곳이못되였다。故로 滿洲에일어난者가 南國을貪하야나려오려하는것은 自然의勢였다。우리檀君朝鮮이 南

遷을한것은 必是 그때문이오 契丹、金、淸、蒙古하는것들이 侵入한것도 그때문이다。勿論 조고마한朝鮮을삼키라는것이 究竟의目的은아니다。欲心은 支那에있는것이다 그러나 政略上、軍事上 朝鮮을그대로두고 支那에들어갈수는없는일이다。故로 朝鮮은 반듯이禍를받게되는것이었다。現代에와서 露西亞가侵入한것은 朝鮮이라는中央点을占有하야가지고 東亞一帶에 君臨하랴는것이었다。다음에日本列島를보면 크기로보아서 前二者에比할바못되는 數個의孤島지만、朝鮮半島보다는 오히려큰便이오 孤島인点에 돌이어 强處가있었다。古代에人煙이稀少한때는 勿論朝鮮에서 盛히植民하였던形便이다。그러나 一旦들어간後는 다시갈곳없는섬인지라、人文의發達이어떤程度에達하면自然히 大陸을向하야 反動의물결이건너오게된다。日本列島를보면 東北에서 西南으로뻗쳤는대 그中心은中部에있다。이제그中部에 壓力을加한다면 힘은不得已兩端으로빠질수밖게없다。그런대 上端은 氣候寒冷하고 살수없는곳이오 下端은 一葦帶水를隔하야 朝鮮을對하고있다。故로爲先 朝鮮으로向하야 大陸을目標로삼고 올것은定한일이다。自新羅로부터現代에이르기까지 歷史는이를證明한다。

이것이 朝鮮의位置다。이러한位置에서서 苦難을免하려면 거기 强大한民族이있는것밖에 他道가없었다。그런대攝理는그렇지않었다。故로 그歷史는 不得已 苦難의歷史되지않을수없었다。

二、地勢、

攝理가 半島에强大한 民族을아니두었다고하였지만 半島의地勢를보면 大民族을養成할수가없었다。그證據로는 爲先 朝鮮에는 大平原이없다。大民族이되려면 그를기를만한 大平原이있고서야한다。漢族은 支那平原이있고서 可能한것이오 米國은 럭키山脈에서 아파라차山脈에및는 一望無際의大平原이있고서된나라다。英國같은것은 平原이아니고도 大民族이되였다고하겠지만 英國은 位置에特殊한惠澤을닙어 된나라요、또 本國에平原이없다면 印度나 加奈陀의것을 盜賊질을하여가지고라도된것이다。그런대 朝鮮는 三千里가다平原이라도 크다할수없는대 그中의八割은 山地요、平野라고는 不過二割이다이것을가지고는 到底히 大民族을養成해낼수는없다。또그다음은 大河流가없다。古來로 文明이大河流域에 發達하는것은 歷史上에昭然하다。河流없는平原은 죽은平原이다거기는 遊牧文化以外에있을수없다。그런대 朝鮮에는 第一長流라는것이 鴨綠江이다。이것을 揚子江에나 미씨시피에比하면 一支流도못된다。

그렇게 大民族養成의地로서의 條件이不備한대 한가에奇現狀이있다。그는 港灣이많은일이다。조고마한 半島에海岸線의屈曲과 港灣은 不自然스러우리만큼많이있다。港

灣이라면 要컨대 大陸의出入口요 出入口가 많다는것은 活動이 盛하다는것을 意味하는대、背景이없이 港口만이 많은것은 무슨일인가 神의攝理없다면이어니와 萬一 모든配布의裏面에 聖意의 潜在하는것이있다면 이不自然을 어떻게說明할것인가。우리는 다시地圖를再考할必要가있다 그리하야 注意하야본다면 곳 半島의北隣에서 그와는反對의奇現狀을 볼수있을것이다。即 廣大한 滿洲의平原에 出入口가 도모지없는것이다。이두事實을綜合하야볼때 滿洲와朝鮮과는 相補的關係에있다는結論을 나리지않을수없다。大陸은實力養成의處所요 海洋은 力의發揮를할場所다。滿洲平原은 朝鮮이라는 棧橋를얻어서만 비로소 發達될수있는곳이오 朝鮮은 滿洲라는背景을얻어서만 安定할수가있다。그러나 이렇게生覺하려하면 疑心되는点이하나있다。即 長白山脈과 鴨、豆兩流로된 自然的境界線이다。朝鮮의山脈은 中部以南에서는 모두 南北의方向을取하는대 北으로滿洲에가까와올수록 東西의方向을 取하게된다 滿洲도 北으로는 平平坦坦의平原인대 朝鮮半島와의接境에는 數條의山脈이 가로놓인다。滿洲、朝鮮이 萬一 相補的이라면 이境界線은왜있을가 왜兩者를 二個의單元으로 區分하였을가。또 다시 區分할려이면 아조完全한境界線이되였으면 차라리 朝鮮을爲하야는 障壁이되였겠는대 그렇지도못해서 北에서오는强者에게는 그닷 어려운 障碍가될것없고 南에있는者에게는 北上을妨害하는것이되여버린것은 무슨緣故인가。여기 苦難의原因이들어있다。分離할수없는것을 分離해놓고 分離를하되 不完全하게한대 苦難의歷史로서의 特質이決定되여있는것이다。이렇게 滿洲、朝鮮連結說을말함은 軍國主義的野心이있어서하는것이아니다。神의攝理를믿는대서하는말이다。또 過去歷史에 根據가있어서하는말이지 그저 漠然히하는말이아니다。古代史를보면 朝鮮族의搖籃은 朝鮮半島가아니고 滿洲다。長白山麓、松花江流域、여기는 恒常 國家의孵化巢였다。檀君朝鮮이나오고 扶餘가나오고 高句麗가나오고 金、淸이나왔다。그러나 攝理는異常하였다。松花江은 南流하지않고 氷雪의北海로 흘러버렸다。何必北流를하였던가。이런故로 南下할때는發展을한것이것만도 後에는根幹은사라저버리고 南下한一枝만이艱辛히남아있어서朝鮮族을代表하게되였다。이모든것이 暫間 날이올때까지 苦難의짐을 지우기爲한것이라는解釋을내놓고는 說明할수없는일들이다。

三、氣候。

氣候가 文化우에影響을및이는것은 實로深大한것이있다。먼저는 食衣住의生活資料를 供給하는대서다。砂漠地方이 사람살수없는것은 勿論氣候때문이오、英國이世界第一의紡績業國인것은 그多濕한氣候때문이다。그다음은 健康上에주는 影響이다。熱帶地方이 天産이豊富

함에도不拘하고 文化發達이어려운理由는 그酷熱한氣候가 사람의 活動能率을低下시키기때문이다。文明國이溫帶에있는것은 偶然이아니다。또그다음은 精神上에주는 刺戟이다。溫暖한氣候가 輕快한사람을내고 北方의氣候가 沈重陰鬱한性質을가지게하는일이 많이있다。猶太民族의 唯一神信仰의 深刻하고 熱情的인特性은 그살던砂漠地方의氣候의 影響에서자란것이다。以上의 세가지中에 第一、第二는 主로物質生活우에 關係를가지는것이오 精神生活우에는 間接으로關係될뿐이다。만은 第三은 直接精神生活우에影響을미치는것인故로 그民族의 文化의特質을 助成시키는대意味가크다。이제朝鮮의氣候를본다면 北으로는多少大陸性을띠지만은 大體로배우溫和하다。特徵없는氣候다故로 産業에는 매우適當하다。자라는動植物도 매우多種類요 土地도적기는할지언정 肥沃하고 鑛物의含有量이많어서 農業에나工業에나 適當치않은것이없다。바다에는寒暖兩流가다交流하야 漁族이豊多하다。精神生活에주는刺戟도 반듯이 나뿐것이라고할수는없다。本來溫順、仁厚한民族인故도 이氣候에서 더구나 溫良한性質을 가지게되였다。그러나 구타여 不平을말하자는것은아니지만 차라리朝鮮의氣候가 좀熱하던지 冷하던지 其他어떻던지 刺戟性있는것이었드라면 하는生覺이있다。 本來가 부드러웠던性質인故로 이特徵없는 刺戟力적은氣候에서 아주微溫的인 性質이助長되고말었다。姑息的인性質이生기고말었다高句麗사람에게있던 그勇敢한性質이 지금朝鮮사람에게서볼수없게된것은 그原因이 全體로歷史의되여간대도있겠지만 北을바리고南에있게된것이 其中의큰것의하나일것이다。三寒四溫이라고하지만 三寒四溫은朝鮮사람다운氣候다。四溫이 있을줄을믿고、三寒을참아가는것은 苦難의歷史를지으면서 來日來日을기다리는者에게 符合한氣候라할수있다。

四、景槪。그山川의形勢다。自然美다。經濟的實利와는別로關係없는 條件이다。그러나 自然은 決코實利만을爲하야 利用될것이아니다。깊은敎訓을주는敎師가된다。그나라의山水風景의如何가 그民族의精神生活上에 주는影響은莫大한것이다。古來도 人物은 山川에서난다고하지만 眞理를含有한말이다。勿論 風水說같은 迷信으로써하는말이아니지만 偉大한自然이있어 偉大한사람을낳는다。瑞西사람의 自由精神은 알푸스의靈峯에서난것이아니며、놀맨民族의勇敢은 北海의波浪에서난것이아닌가。佛敎의深邃한人生觀은 그印度、그雪山의殿堂에서얻는것이 適當한것이지支那平原에서 될수는없는것이오、米人의豪膽奔放은 그「푸레이리」에서자라는것이 그럴듯한일이지 日本列島우에서될수있는일이아니다。火山風景의 日本列島에서는 大和魂武士道가나는것이 自然한일이다。

朝鮮은 自然美로는 豊富한나라다。金剛山은 世界的이

지만 金剛山이아니고도 處處에名勝이있다。그러나 氣候가 그리햇던것같이 山水도 溫하고 和한山水다。어느點으로던지 朝鮮는平和의나라다。一點의殺伐의氣를먹음은것이없고 覇氣를띈것이없다。朝鮮이라는名稱이 本來의意味는 어데있었던지말할것없이 지금의字意대로보아서 適當한名稱이다。더구나 英語로翻譯하야 (Land of Morning Calm) 이라할때 一層더 그眞味가表示된다。Calm 이다。靜穩이다。朝鮮의山水는 靜穩의山水다。莊도 嚴도아니다 山은 大槪老年期의山이므로 南畵山水를보는듯한山勢들이오 바다도內海이므로 別로巨濤를보지못하는바다다。故로 보아서 平和의氣分을주는 秀麗한景槪이지 挑發的이아니다。이點에서도 朝鮮은 滿洲와相補的이다。兩者를比하면 서로다르다。合하야서비로소 完全한一個를얻는다。試驗하야 둘을比較해본다면 滿洲는 어데까지浩大인대 朝鮮는 어데까지佳麗다。滿洲는統一的인대 朝鮮는分散的이다。저에는 一望無涯의들에 해가地平線에서나와서 地平線에들어가는곳이오 黑龍江一河가 統一을하는곳이다。이는山脈사이에얼리는 적은平野요 峰이日輪을吐하고 물결이月影을감추는곳이다。滿洲는 所謂 胡馬朔風에長嘶하는곳 武勇의地요 英雄心을挑發하는나라요、朝鮮은 又曰 錦繡江山이라 文의나라요 智의나라다。前者는 後者를얻어 그野를씻고 粗를免하여야할것이오、後者는 前者를얻어 그小를補하고 그弱을길으어야할것이다。뿌리를 北原에두고 꽃을 南海에피울것이다。

그렇듯이 朝鮮半島의地理를 여러方面에서볼때 그는苦難의집으로 되어있는것을볼수있다。그地理、그風物을가지고자라나는者가 苦難의主人公이 안될수없다。그리고 그렇게되는 主原因은 滿洲平原과 本來 分離하지않을것이 分離되었다는대 들어있다。勿論 朝鮮의地勢나、位置나、氣候、風景을가지고도 歐羅巴같은어느모퉁이에 앉었더라면 能히一大自由의民으로 强盛한나라를일우었을수도있었을는지몰은다。그러나 亞細亞인다음에는 그렇지못하다。亞細亞와 歐羅巴와는 規模가다르다。後者는 本來부터小區分的이오 前者는 大區分的이다。支那、印度、西伯利亞 滿洲、土耳其、亞剌比亞等 모두다 그單元이 크게되였다 歐羅巴가 四分五裂하야 各張門戶하는것과다르다。그가운대서 朝鮮은唯一의小單元이다。더구나 그位置가 西로支那를끼고 東으로 日本을벌려놓고 北으로 滿洲를업은것이 아무리보아도 半島그것만으로 自足的이아니다。그런대도 不拘하고 長白山脈으로局限을하려하였다。거기 苦難의歷史의地理的原因이 들어있다。나는 朝鮮의運命을生覺할때마다 印度타골의 기탄자리中의 左의一歌가 聯想됨을禁치못한다。우리는 이를길다말고 우리의노래로 울려보자。

(以下三十行略)

聖書概要 (十六)

金敎臣

箴言의大旨

卷頭의 第一章一節에「다윗의子이스라엘王 솔로몬의箴言이라」하였으나(또第二十五章一節에도)、이것은 第一章에서부터第九章까지를 指示함인듯하다。箴言全篇이 솔로몬의著述한것이 아니라함은 箴言의第二十二章十七節及二十四章第二十三節(智慧있는者) 第三十章一節 (야게의子아굴의 箴言) 第三十一章一節(르무엘王의母親의箴言)等에보아도 알수있거니와、또한左記의句節이 서로重復된것을 보아도 이冊이 同一人의著述、또는同一人의編纂이아닌것을 짐작할수있다。

甲、同一한句節이 相違한部分에散在한것。

二一•九와二五•二四、一八•八과二六•二二、二〇•一六과二七•一三、二二•三과二七•一二、一九•二四와二六•一五、一七•三a와二七•二一a、一九•一a와二八•六、一五•一八a와二九•二二a、二三•二八a와二三•一〇a、二四•三三、三四와六•一〇、一一、二二•二三a와二三•一一b、二四•六과二〇•一八b와一一•一四b等々。

乙、同一한句節이 同一한部分에散在한것。

一四•一二와一六•二五、一〇•二b와一一•四b、一〇•一五a와一八•一一a、一一•二一a와一六•一五b、一五•三三b와一八•一二b等々。

뿐만아니라 傳統的으로 솔로몬、智者、아굴、르무엘王의母等의箴言이라고하는部分도 果然그이들의著作인지 아닌지가未確하다。이처럼 著作者又는編纂者가 分明치못하니 그著述된年代에關하야는 더욱 그端緖를 찾을수가없다。本書는 大体로九個區分으로 되였는데、其中八區分이 먼저各各類集되여 傳해오든것에다가、第一나종에 第一章으로부터 第九章까지의 所謂솔로몬의箴言이라는 部分을 編纂하야 全九編을一卷으로 編纂한것이라고 學者는말하니、그由來가 詩篇의成立과共通함이있다。(本誌第六十五號拙稿「詩篇의大旨」參照)

그러므로 八區或九區로 分類하여도 거긔 무슨思想的의展開에因하야 그렇게할必要가 생겨서가아니라 오로지 그編纂의沿革、傳統의痕跡이 남아있다는것뿐이다。이點은 詩篇의境遇보다 더甚하야 箴言에는 一句一節이 全然獨立的으로되여 그前後와는 何等關聯이없는것이많다。

그內容으로보아도 猶太的要素가 濃厚한部分도 없지않으나、大部分은 애굽、바빌론、헬라等地의 智者賢者가傳來하든敎訓을 그대로蒐集한것、即 人間萬般生活經驗에서

歸納한 不朽의文字、所謂「智慧」의書라하야、非單 基督教信徒뿐아니라 널리 어느異教人이라도 읽을수있고 배울수있는 文字이다。基督教를 처음 알고저하는이가 福音書에나오는 處女孕胎 死者復活等의 數多한奇事異跡에 困態하야 聖書는 읽을수없는 冊子인줄로 알았다가、一旦 箴言을 펴친後로는 그無盡한興味를 讚嘆하야 마지않는것은 本書中에 異教와共通한 智慧의教訓이 豊富함을 發見한까닭이다。基督教의 入門으로하야 箴言부터읽기始作함도 聖書研究의한方法일것이다。

지금 智慧의教訓中에서 몇가지 現著한것을吟味하여보자。開卷劈頭에 本文이始作되는句節는『여호와를 敬畏하는것이 知識의根本이라』고하였다。이一句는 以下三、四章에亘하야 論하는 知識問題의中心일뿐더러「智慧」의文字인 箴言全篇의 大旨를要約한것이라고도 볼수있다。그러나『여호와를敬畏하는것이 信仰의根本이라』든지「道德의根本이라」고한다면 모르거니와 今日과같이 科學知識이普及하야 無神論的思想이盛行하는世代에는 차라리「여호와를 敬畏하는것이 知識의妨害니라」고 할수는있을망정「知識의根本이라」고함는 넘어도 事實에背馳되는 말이라고 할수도 있을것이다。그리고 過去 數千年以來로 宗教에 依하야 科學及一般思想界에 多大한 碍障을 받었든事實을 例證할수도 있을것이다。마는 이것은 皮相的觀察에 不過한것이다。西哲이 哲學研究의 必要를 論하야 가르되 「無限大의宇宙에 自己의思索의翼이 얼마나 小弱한것임을 알기爲함이라」고。哲學的思索뿐아니라 自然科學的研究도 마찬가지다。森羅萬象의 모든理致를 通達한줄로 自負하는者는 아직 그知識程度가 甚히 低劣함을 自證하는것뿐이다。스스로 識者인줄 自處하는者는 알아야 할것도 채다 알지못한者이다(고前一章一五節)。成熟할수록 숙어지는것은 偉大한學者의 共通한心事였다 個個의事物에關한知識 即 科學的知識에對하야、謙虛한마음으로써 여호와를 두려워하면서 새로운知識을 求할때에、事物과事物과의 互相的關係에對한 「明哲」 即 哲學的知識에達하며、科學的知識及哲學的知識을 統一하야 行動에及할때에 「智慧」 即 道德에達하나니、知識은 智慧에까지 達하고라야 知識그것도 完全한知識이 되는것이다。故로 여호와를 두려워하는것이 知識의 根本이라고 하였다。

다음에 生涯의 防攻戰術에 關하야 智慧있는者의 가르킴는、첫째로 罪의誘惑을 멀리하야 아초부터 邪惡한일에 接近하지말라는것이다。이는 一般罪惡에 處할原則이어니와、特히 智慧로운者가 反復하야말한바 淫行에對하야 그러하다。所謂 體驗을重히아는이는 社會裏面의各方面을 몸소體驗하여야하며、或은 接近하여도 犯하지않으면 無妨하다하나、이는 罪惡이 무엇인것을 아직아지 못하는者의 어리석은말이다。罪에接觸하여도 鐵石같은道心이 다시動치않음을 자랑함과、積極的으로 사탄과接戰하야 擊退할것이라고하면 壯하기는壯하나 基督敎의敎訓은 絶對로 그렇지않다。主그리스도의 말슴에도「우리를 시험에 들지말게하옵시고 다만 惡에서救하옵소서」라고 祈禱하라고하셨다。勿論 基督者는 邪惡을 避하기만하는것으로써 能事로아는것은 아니다。사탄을向하야 白兵戰을 演하지아니치못하는때도 있으나、이는참으로 不可避한때의 일이오、여호와의말슴과 그리스도의聖靈을 그마음속에 넉넉히받아 確實한勝捷을 期約하도록하여야 할것이다。

經濟生活에對한 敎訓中에 現著한것은 第六章初頭에있는 保證을하지말라는것과、蟻의生活에 배우라는것이다。保證에關한敎訓은 一見 非聖書的인듯이 생각하는이도있다。友人의信用不足을 自己의信用으로써 補助함은 義俠的行動으로써 稱賛할법은 하여도 非難할것은 아니라고한다。그러나 이에는 兩面의理由로써 不可함을 알수있다。첫째로 被保證된友人은 自己의信用以外의일을 企圖하야、萬一의境遇에는 그累를友人에게 及하게 할뿐더러 當幸히 始終如意하게 結末되였다 하여도 저는 友人의援助로써 自己의獨立을 喪失한者가되고만다。둘째로 保證하는편은 明日을 알수없는身勢에 過分의일 非信仰的의 일이라는것은 左의야곱의말로도 알수있으며、其他實際生活上에 無辜한妻子親戚에게까지 非命의禍를 남기는害毒은 一一히 말할것도 없다。

슯흐다、너의中에 니르기를 오늘이나 來日이나 아모城에가 一年동안留하며 장사하야 利를얻겠다하는者들아、來日일을 아지못하는者로다。너의는 니르기를 主께서 許諾하시고 우리가 存在하였으면、이것도하고 저것도하리라 할것이어늘、이제 너의가 驕慢함으로 自矜하니 이러한自矜은 다善한것이아니라(四章十三節以下)。

其他 簡單한箴言은 一句一句가 그대로 더解釋의必要도 없는것이오、第一나종에가서 第三十一章 十節以下에 記述된 猶太人의理想的主婦의記事는 다른部分과는 全然關聯됨이없이 孤立한文章이나、거기에서 基督敎的婦人이 如何한것임을 알수있는故로、또한 聖書의婦人觀과 近代式婦人觀과에 얼마나한 差異가 存在한가함을 알기에매우有助한것이다。「羊털과 삼실로 手工을일삼으니 遠方에서 糧食을運轉하는商賈의 배같도다」하였으니、나라이亡할때에 忠臣의出現이 必要하며、집이貧困할때에 良妻를要한다함은 이러한婦人을 指示함이다。「家事를 부지런히 삶이고 遊食하지아니하니 子女가祝福하고 男便도稱讚하는

도다。……外貌의美麗는 無用하나、오직여호와를 敬畏하는女子는 行爲로 아름다운열매를맺으니 名望이民間에가득하리로다」하니、이는 그男便을 主人으로 섬기는在來의우리舊式婦人과 어김없도다。新式敎育받는 女性、特히高等專門敎育받는 新女性과는 그理想이 現著하게 相違함을 볼수있다。

箴言의概綱

一、序 文 〔솔로몬의箴言〕 (一•一—九•一八)

가、箴言의効果。 (一•一—六)

나、여호와를 두려워하고、罪를멀리하라。 (一•七—三三)

여호와를 敬畏하는것이 知識의根本이로되、미련한자는 知慧와敎訓을 蔑視하나니라。 (七節)

다、知識、明哲、知慧渴求。 (二•一—二二)

明哲을 불러求하며、知識을 얻으랴고 소리를질러、銀을求하는것같이하며 감초인寶物을 찾는것같이하면 네가 여호와를敬畏하는일을 깨닫고、하나님을아는道理를 얻으리라。 (三、四節)

라、長壽、榮譽、富貴。 (三•一—一二)

내아들아 나의法度를 잊어버리지말고、네마음으로命令을지키라。그리하면 네가 長壽하야 많은해를누리며 平康을 더 얻으리라。 (一、二節)

그리하면 네가 하나님과 사람앞에서 恩寵과 榮譽를얻으리로다。 (四節)

너는 마음을 다하야 여호와를 힘입고、自己의 聰明을依支하지말지어다。 (五節)

네 財物과所産物의 처음 익은 열매를 들여、여호와를 恭敬하라。그리하면 네 倉庫를 豊盛함으로써채우고 네 그릇에 새 葡萄즙이 넘치리라 (九、十節)

마、智慧의尊貴。 (三•一三—四•一三)

智慧는 紅寶石부다貴하니 네가願하는 모든것을 이에 比較할수없도다。그右편손에는 長壽함이있고、그左편손에는 富貴함이있나니라。 (一五、一六節)

바、生涯의攻防戰術。 (四•一四—二七)

사특한자의 길로 들어가지말며、惡한자의길로 다니지말라。그 길을避하고 지나가지도말며、돌이켜떠나갈지어다。 (一四•一五節)

무릇 지키는 중에 더욱 네 마음을 지킬지어다。마음은 生命의 根源이니라。 (二三節)

사、心身의 淨潔。 (五•一—二三)

娼妓의 입술은 꿀을 떠러터리고、그입은 기름보다 미끄러우나、그 나종은 쑥같이쓰고、左右에 날

선 劍같이利하니라。 (三、四節)

아、經濟生活。 (六・一—一一)

甲、連帶保證의不可。 (一—五)

乙、蟻와갈이勤勉하라。 (六—一一)

자、邪曲한人間、七種의惡、父命과母法。 (六・一二—三五)

차、淫亂한世代。 (七・一—二七)

카、智慧의人格化。 (八・一—九・一八)

二、箴言의本體 (一〇・一—二二・一六)

道德과罪惡을 對照한敎訓이、簡明한單句로 個個獨立하였다。흐러진珠連같기도하고、王冠에박힌寶石같기도하다。類別할標準도 세울수없고、解剖할메쓰도 넣을 틈이없다 其中 著明한句節을 抄錄하고저하면 드디어 全部를模寫하고야 말게된다。但 新約聖書에 引用된것만 몇節句를 抄寫하면 다음과같다。

一〇・一二는고前一三・七、베前四・三、야고보五・二〇과。一四・三
一、一七・五는 太二五・四〇、四五와。二〇・一一은 太七・一六
과。二〇・二二는 太五・三九、羅一二・一七、一九와比較。

三、智慧있는者의敎訓 (二二・一七—二四・二二)

四、智者의敎訓의附錄 (二四・二三—三四)

四는三의附錄인듯하며 兩部分의內容과文體도 相似하다 箴言의本體인 第二區分(一〇・一—二二・一六) 에比하야 詩歌的韻律이 等閑視되였다。

五、솔로몬의箴言 (二五・一—二九・二七)

유다王헤스기야의 編輯한것이라한다。大槪一句或은二句로써 한箴言을成하얏고、善惡對照가平行하든것은 앞선部分보다 正確하게는 되지못하였다。

自己의 마음을 制禦하지못하는자는、고을이 毁廢하고 城이 문허진것같으니라。 (二五・二八)

惡人은 쫓아오는자가 없어도 망하고、義人은獅子와같이 膽大하니라。 (二八・一)

六、아굴의箴言 (三〇・一—三三)

가、아굴의告白과一般的敎訓。 (三〇・一—一〇)

나、四의數의敎訓。 (三〇・一一—三三)

七、르무엘王의箴言 (三一・一—九)

가、禁酒의必要。 (一—五)

나、公義의實行。 (六—九)

八、알파벧詩(理想的主婦) (三一・一〇—三一)

所謂알파벧詩라하야 原文에는 各節初頭의字가 알파벧順으로 記述되였다。다른部分과는 何等關聯이없이 猶太의 理想的婦人의德을 그려낸것이다。

舊約聖書와基督教

牧師 張道源

聖書가基督教聖典인것은 누구나 다아는바이오 聖書라고하면 舊約聖書와 新約聖書를 意味하는것임은 누구나 다아는바이다。그러나嚴格한意味에있어서는 新約聖書만이 基督教聖典이다。何故냐하면舊約은 基督教가生起기前부터 있든 유대教聖典이오 基督教와는何等의關係가 없는까닭이다。舊約을基督教聖典으로 하게된原因은 初代教會의信者即유대教人으로서 基督教信者된者들이 예前의習慣대로 每日曜日마다 會堂에서朗讀하야온까닭이다。

舊約聖書는 유대教信者들이 유대教精神下에서 쓴유대教文學이오 新約聖書는 基督教의新精神과 新經驗에서쓴 그리스도說明의文書이다。유대教의精神과 基督教의精神이 다르니만치 舊約聖書의信仰、思想과 新約聖書의信仰、思想이다를것이다。유대教가基督教가아니라면 舊約聖書도 基督教의聖典은아닐것이다。유대教의禮典儀文이 基督教의新生命을 預表한것이라고하면 新約聖書의信仰思想은 舊約聖書의信仰思想의 發達이라고볼것이다。

基督教에서 舊約聖書에對한態度는 유대教에서 舊約에對한態度와는 다를것이다。유대教에서는 舊約的宗教의精神으로서 舊約聖書를읽을것이오、基督教에서는 그리스도經驗인 新約的宗教精神으로서 舊約을解釋한것이다。如此히 유대教精神下에서 記錄한舊約聖書를 基督教精神으로 解釋하다가 新約聖書의信仰思想에 合理치아니한것은 全部否定하여버리는것이 基督教에서 舊約聖經에對한態度이다。基督教에있어서는 舊約聖經도 新約的으로 解釋되는限度內에서만남는다。故로 新約의精神을 떠나서는 舊約聖書가없다。故로 基督教에있어서는 舊約聖書도 一種의新約聖書이다。

如斯히 基督教는 舊約聖書에對하야 奴隷的墨守에는絕對反抗하고 基督教的新精神으로 自由롭게解釋한다。예수께서는 舊約律法書에 가르친바 離婚、復讎、食物、安息日等에關한規定을 忌憚없이批判하시고 바울은 膽大히舊約律法을排斥하야 割禮는無益한것이라하였고 히브리書記者는 舊約의祭司制度는 過去에屬한無用한 것이라고하였다。

如此히 基督教는 舊約의律法的儀文에對하야는 自由로운批判의態度를取하며 舊約의制度精神은 基督教眞理의 그림자라하야 自己의目的에副하도록 解釋한다。故로 基督教에있어서는 新約의精神을 떠난舊約聖書가없다。故로 眞正한意味로의 基督教經典은 新約聖書뿐이다。基督教的經驗의文書는 新約뿐이다。

그런데 近日에基督敎信者間에서 新約聖書까지도 舊約宗敎인 유대敎的精神으로 解釋코저 함을본다。基督敎를유대敎化를시키며 新約을舊約的精神으로읽으며 生命의宗敎를 儀文의宗敎로化하며 靈的自由의世界를 律法的束縛의世界로化하는것을본다。이는莫重한 問題인同時에 反革하지아니하면 아니될危機이다。假令現代敎會에있어서 信者란것은 敎會에籍을두고 主日을嚴守하며 十一條를獻金하며 敎會規例에順從하며 敎會經營의諸事業에 熱心하면된다。又는禮拜儀式에 參與만하였으면 저는 하나님께禮拜한者로自信한다。그리하야 그리스도經驗이 없을지라도敎籍만있으면信者요 靈과眞理로의산사괴임이 없을지라도基督敎的禮拜儀式에 參與만하였으면 저는 하나님께禮拜한者이다。

그러나 如此히 儀式으로 하나님을 禮拜하는일은 유대敎思想이오 基督敎思想은아니다。基督敎는 그리스도를經驗하는일이오 基督敎禮拜는 靈이되는일이오 眞理를아는일이다。

來信 其一

節候바뀌는때 康健하시옵나이까。恒常先生의 健康이염려되여지나이다。

中國의二百萬名의 死傷을낸旱災、朝鮮의水災、大阪의風災。사람이 弱한힘과 智能을 過信한지 이미오라오니 遇然한일이 아니올듯하옵나이다。(高農生)

所感 두편 (다시朝鮮의受難에對하야)

李 贊 甲

비는또온다

비는또온다。석달장마! 비는맘놓고、잘두나린다。이百性이罪를、밥먹듯하듯이! 태연히、비는또온다。걷을날은없을듯이! 世上事는、모다뒤바꾸인듯이! 비는나리고、또다시、쭈루룩、쭈루룩、나린다。그것만이、일인듯이!

光明은、있겠지만은。저우에、해는如前히뜨어、이날을지키고있으련만은、그해가났으면。그光明이빛우였으면。이비끊고、저구름걷어치워、이날이개어、光明이찬宇宙가되였으면。쭉씻어다시蘇生하는듯한、世上이되였으면。오! 새眼目이、들어났으면。새얼골이、들어낫으면。이愁心、이傷함、이무겁은짐、이어지럽음、이시드러짐이썩어남、이呻吟聲! 이모든것、다씻어、한데묶어、들어、太平洋깊은곳、地下의어대에、던저버리고、하늘우의저곳을향하야、새所望、새얼골、새몸으로 다시낫으면!이百姓! 그기쁨은어떠할가。

그렇다。光明은있다。해는나리라。빛우이고야말리라。

때로 그번쩍하든해는、마츰내 나고야말리라。聖意는게시다。일하시며게시다。일우시고야 말것이다。朝鮮아、일우어짐이、事實이아니냐。네아들들이、苦痛은할수록、속그리에서、새生命의엄은、트어자라고있음이 事實이아니냐。그운해는明朗하게날날이、있으리라。聖意는일우어지고야말리라。

=一九三四年八月中旬의生覺을。
(예레미야三十三〇二참조)=

不完全

不完全은、곧完全이다。따우의不完全이 곧우에의完全을보임이니、맘대로、되지아니할때에、나의맘은、迷夢에서깨어나어、우의完全을보게되나니。

失敗、患難의幸福이여。저이의꺽이우며、부서지면질수록、더한층、더한층따에속한、작대기를벗고소사、밝고完全한하늘로옴기우며、하늘生活을、하게되나니。

그래、저文明하고富貴롭다는、저의들이、무엇을生覺할수있을가。거기에무슨生覺이있을가。義、헤치어남、아니靈의각성、永遠을生覺할수있을가。가면갈수록、따에붙이는것이니、肉으로홈물귀다가말게되는것이니。

眞實로光明은、여기에있나니라。『受難』이란永遠한뜻은밝아진다。本來의、그럴素質도 없었거니와、왼통西洋이

란 저쪽보다、東洋이란이곳이、이러함에、한바커저쪽을돌아、지날것을지나고、제자리를다시찾어온、暗黑의世界를밝힐、참生命을둘基督教는、이제야、그참됨、그빛대로나타나어짐은『光明은東洋으로붙어』란 우연치않은말을그대로事實케하리니。

朝鮮의受難! 그야참、東洋의交通路에、고이곱게누어어질은사람들을받아、이歷史를지어옴、때마츰이때에、각성을하야、그永遠하신意味를알게됨、아! 지금우렁차게부르짓고있어짐、모다하나님아버지의、뜻이리라。

=一九三四年八月二十九日
뒤뜰을受理한것을보다가。=

來信 其二

自身을爲하야 兄弟를爲하야 祖國을爲하야 靈界를爲하야 기도하지않을수없음을 感하나이다。그래서 十七日부터 二十三日까지 새벽祈禱會를 하겠사오니 加禱하여주심을 간절히바라나이다。무엇으로보든지 聖書朝鮮의役割이重하며 使命이大함을 느껴지나이다。貴誌와兄님을爲하야서도 기도하오며 主님이一切를主張하서 半島江山에서 아바지의榮光을 들어내심을 願하나이다。靈의空虛와 飢渴이甚한 小弟를위하야 기도많이하여주십시요。何如間朝鮮은 慘苦를當하고있는줄 믿읍니다。主님께서 親히役事하심을 비나이다。(梧柳洞 農夫)

城西通信

○一九三四年八月二十日(月曜) 張道源牧師의 來信如下。『主恩寵中 體度健康을 仰祝하오며 宅內均安을 且禱하나이다。나는只今 집을떠나 巡回中에 있음니다。巡回中에서 昨日金君의葉書便紙를 拜讀하였음니다。나의今番歸國의大意는 金敎臣一派와의 商議를 決定하고저함이올시다。故로 京城滯留期日은 無期間이올시다。一個月도 可하고 一年도可하며 一日도無關이올시다。又傳道方針、方法、覺悟、計劃等에關하야는 京城相議後 決定爲計올시다。나에게도 지금若干의 理想이서있기는하나 金君과相議한後가아니면 確定키不能이오니 그리아시옵고 金君도 생각하야 定함이있기를바라오며 釜山서 京城間에 있어서서는 請하는곳이있으면 形便을따라 過路中이나 一日或二日式滯留할야고합니다。咸京線에있어서도 또한그러합니다。그러나 金敎臣一派와의 完全한決定이 있기까지는 내가아직作定치못함니다。그러나내가 발벗고나섰으며 餓死쯤은覺悟한일이며 이미 쏴놓은활이며 나는 이길에서 죽던살던 成功하던 失敗하던 順從하야 一貫할수밖에 없는일이올시다。나는C君의일에서 大憤慨한사람이올시다。如何間나의今後일은 金君과商論한後의일이올시다。故로 京城에서할일 又는 集會쯤은 金君의任意로 作定하시옵소서 나는그대로하리이다 (京城集會에對하야)」』「金敎臣一派」라는句가 奇異하였다。어쨋든 重大한提議가 있을것은 確實함으로 이러한 提議를 敢當할만한 靈的準備가있고저하야 이날부터 特히祈願을 시작하다。

○二十一日(火曜) 우는少兒를 柔順한말로 달래다가듣지 안함으로 怒叫하고、그래도 그치지않음으로 한두개 따렸드니 漸漸크게 울고、不順한다고 激忿하야 亂打하였드니 아이는 더욱發惡한다。形勢대로가면 아이는 죽은後에라야 그칠것이었다。나는 少兒의 아버지될資格도 없는者이요、더욱이 人間을 敎育하는者로서의 不適함이太甚함을 切感 또痛悔하다。人間敎育의 至難事임을 깨다를때에、나에게 베푸시는하나님의敎育의 至極히完全함과 그恩寵의無限大함에 눈구석이 스스로 뜨거워지다。

○二十四日(金曜) 水色의 한울은 맑고、밤은고요한데、생각하며 또쓰는數日을보내다가 行人들의 嘲笑로써 심은 참깨를感謝로써收穫하야 二列로整頓하고보니六十六束이었다。今日午後에活人洞으로 돌아오다。

○二十五日(土曜) 夕에 五山咸錫憲兄이開城을 거처 上京、막혔든情懷、提堰이 터짐같아서 午前한시 지나도록 談且談。相別하여서부터 겨우半歲가 지났고、音信이 杜絶하였든것도 아니오 五山이라야 그다지 먼곳도아니것만 우리의會合은 有朋自遠方來云云으로서는 모다表現할수없는바있다。

○二十六日은 約束에依하야 무레사네가게되여 咸兄도同行。市外의 梨花延禧兩專門學校앞을지나 水色「逍遙城」에暫休하고、漢江沿岸으로 溯行、楊花津의 金玉均史跡과 西洋人共同墓地等을 參觀한後 下午八時餘에 歸宅。路程이 約二十粁。

○二十八日(火曜) 書籍보다 天然物에 親炙하고저하야 英文學을斷念하고 博物科에 入參하였든것이 意外의邊까지 脫線되였음을 發見하고、平生의勇氣를 다하야 思索과 執筆의生涯에서 勤勞와耕作의生涯로、均一的으로 多量生産하는 學校敎育으로부터 個別的으로 生活에依한 訓長敎育으로 「轉向」하고저 決心하고 企圖하는바 있어오다가、입다의誓約을 神前에 맺앗든結果가 오늘判明하여졌어、如前히 書齋에서聖朝誌를 만들어 내는인로써 滿足하고 感謝하지아니치못하다。自我의趣興이나 所願을成就하고저 할때에는 田園의 勞役生活도 容易히 許諾되는일이아니오、才能이없는者에게 文筆을잡게하는일도 제各기 지어야할 十字架의길인줄 알때에 오직 默默하게、屠獸場으로 가는羊처럼 順從하야끌려가는수밖에 없다。四十不惑이라고함은 바른말슴이다、우리는 아직도 惑하는中이다。이번일도 그惑의하나이었고、今日

城西通信

까지의 生涯에 一身의興亡을賭하고 友人의 共同企業에 叅劃하기가 數次이었으나 한번식 經驗을 거듭할수록 우리의 마음은 硬化하야、피리부는者있어도 노래하지 않고 장단치는者 있어도 춤추지않게 되여가는것을 본다。青年의心志는 中庸의道를 薄氷밟듯이하야 處世하는것으로써 滿足하지못한다。차라리 큰投機를 꿈꾸는것이다。主그리스도도 一圓돈을 地下에埋藏하였다가 그대로 主人에게 還奉한사람보다、十圓돈으로써 活用하야 二十圓을만들어 主人께 還奉한사람을 칭찬하셨다。다만 하루의生涯라도 千萬古後萬古에 다시없는 一平生의興亡을 걸고、責任을지고、一步를내디디는데에 人生의快味는 있는것이다。故로 우리는 意識的으로라도 勇을鼓하야 피리에 맞후어 노래부르며、장단에따라 춤추고저하였었다。마는 번마다 일마다 모주리失敗에 돌아가고본즉 이는우리의 企圖가 없었든까닭이아니오 하나님의 經綸에 不合한까닭으로 判斷하는수밖에 別途가없다。今日以後에 우리는「共同」이나 「聯合」으로 일하는데는 興味를잃은者이오、萬不得已한일이면 單獨으로 當하려니와、自進하야 事業을 計劃하는일은 無益有害한것을 맛본者이오、띵게할수없는일 各人에게 定하여 진十字架의짐을 避하라고 努力하는일도 同樣으로 無益한일일뿐더러 오히려 두려운일인것을 배우지 아니치못한者이다。理想的敎育의 實施、產業組合의普及 養畜의急務 理想鄕의建設 等等 모다 吾人의興味를 일으키지아니함이 아니나、攝理는 奇異하야 우리의 가장能치못한일 願치않는일을 우리에게 强要하야 마지안하니、우선分當間은 聖朝誌를 쓰는일外에 아무런일에도 叅班하지않고저한다。○咸興金冕五氏 開城까지의 旅次에 來訪하야、夕에金兄을中心으로하고 祈禱會를열다。兄은 連三年間 不幸이 繼續하는中에서얻은 深刻한經驗과 切實한祈願을吐露하야、慰勞하고저하든者들로 하여금 오히려 크게 慰勞받게 하였다。信者에게는靈的 잔치以上의 歡待가없음을 다시깨닫다○二十九日(水曜) 아침에 咸兄은西北으로金兄은 東北으로 보내고、印刷所에서 校正。咸兄이 方愛仁小傳을 한꺼번에 두冊식사가는것을보고 우리도 한책사서 온食口가 輪讀하다。偉大한女性도 있다。各家庭에 한卷식 備置할만한책이다 (一冊二十錢、漢圖會社販賣、本社에서도 取次함)。○들건대 鍾路中央青年會에 자조 다니든 某氏는 얼마前에 癩病에걸려 落心하야歸鄕하였든것이 當幸히 藥効있어 恢健하였는데 이번에 「餘生」을 癩病患者를爲하야 받히기로하고全南小鹿島로 向發하였다고。京城府民四十萬이 모다한번식 癩病에걸렸다가 快癒하여저서 四十萬의獻身者가 半島에 퍼진다면 그것도 큰일일것이다。

○九月一日(土曜) 金冕五兄의來信에『日間 安寧하십니까? 저는 無事히 歸家하였읍니다。제 今番旅行中은 여러親友의게서 厚한待接을 많이받었읍니다。特히兄宅에가서 받은靈으로의 待接을 깊이感謝합니다。우리가 비록 不足한信者나 世上사람들과 다른證據를 그모임에서 보았읍니다。

願컨대 主의恩惠가 兄에게 더욱豐盛하시기를!』라고。우리가 아무리情과 誠을 다하야 歡待하여도 오히려 不滿한데가있것만、靈으로 交通하는때에만 가장갚은데를 서로어르만질수 있음은 事實이다。職業的 宗敎家와 輕薄한狂信者가 初對面부터 祈禱를强要하는일은 우리가 警戒하는바이나、참된信者의交誼에는 함께祈禱하는 以上의 彼此의待接이 없음을 이번에도經驗하다。○夏季休暇四十日을 한일없이 虛送하고 新學期를當함은 마음의苦痛。四十日이 그렇고 四十年도 그럴것。四百年살고간들할일다하고 輕快한마음으로 저世上을 向할수있을까。그날을 생각하니 두렵다。

○이날午后에 고구마를 캐다。우리의 今年 小農事는 이로써 一段落지은심이다。○午后九時着京車로 張道源牧師入京。慶南敎友의消息이 念慮스러웠다。

○二日(日曜) 무레사네。東小門外 孫哥塲

으로서 清溪洞에 沐浴하고、補國門에登하니 白雲臺가 어르만질듯이 接近하여보임으로、一行의決意를促하야 抑志로登山하였든탓인가、雄大한 景槪는 크게맛보앗으나 暗昏의歸路에 捷路를잃고 數次 彷徨하다가、甚한飢渴을 참으면서 夜十時頃에야歸宅。○李景雪이라는 女俳優가 朝鮮따에二十三年間살다가 去月下旬에 別世하였다는 消息을 今日처음들었다。三年前과 後의進就가 天壤之差라하며、汽車旅行中에도 午前四時부터 起寢하야 歌曲을 練習하드라하니、彼女가 그所業에 精進하는 努力은 많은學校敎師나 敎會牧師가 그所業에對한것보다 몇倍나 忠誠스러웠든 모양이다。우리가 平日의인사말 「요새 자미좋으시오」에 對하야 「그저 그렇지 무얼、어제나 오늘이 一般이야 허허………」 하는 問答으로써 慣習된紳士淑女들은 『數千觀衆의視線을 나의一身에 集中하게하는일은 여간 애써서 되는일이 아니올시다』라고 對答하는 李孃의앞에서 깊이懺悔할것이더라云云하니、藝術에對한 鑑賞力이 없었든 所致라고 할지라도 社會的一般槪念인 牆壁에 막혀서、名俳優의 存在를 그死後까지도 알지못하였든 우리의暗昧와 固執을 後悔하지 아니치못하다。但늦더라도 娼妓와稅吏를 친구로하시든 그리스도의 心情을 仰察할機會었있음을 感謝하다。

○八日(土曜) 開城T兄이 來訪하야 一夜를留宿하면서 聖朝誌의 出版法에關한 患難을 慰勞하며 또 勸勵하여주다。純全한 友誼의 發露外에 他意없는尋訪이 무엇보다 고마웠다。一友를 잃으면 또 一友를 보내시는 主그리스도의 憐憫에感激。

○九日(日曜) 京城附近에서 조곰한學院과 素人傳道에 從事하든 兄弟의 來信如下

『보내주시는 聖朝誌로 先生님의 承候는 늘받습니다만은 도모지 글을올리지않사와 罪悚萬萬이로소이다。그사이 聖靈속에 氣體候沐浴하고 게시옴은 感謝들이든바이올시다。生亦是 無故하오니 主님의이것까지 생각하여주시는 恩惠를믿고 感謝들이옵나이다。生은 至今까지 繼續하던學院도 五月부터 當局의命令으로 廢止되고 들어앉어서 工夫하고 있나이다。明年부터는○○神學에서 工夫하고저 하나이다。聖經을읽을수록 이것의無識이 暴露되여 이매까지남에게 傳道의입을 버린勇氣가 어디서났던가 하는生覺에 自愧하야 마지않나이다每月初가되면 聖朝誌를 焦燥한맘으로 기다리게 되는것은 生의숨김없는 告白이옵나이다。

九月八日 生×××上』

基督敎徒와 唯物論者를 混同하야 取扱받는일은 피로운일이나 此亦 無可奈何의일이다。다만 傳道에 從事하는이는 더욱十字架外에는 아모것도 알지않겠노라는 바울先生의態度에 배움이있어야 할것이다。

○이날에 數十名의 어린生徒들과함께 奬忠壇、南小門、漢江渡船、狎鷗亭里、奉恩寺、良才川으로 一週하야 다시漢江을 건너면서 風景을 賞하며 史跡을探하고 또한 人生을談하다。다니면 다닐수록 이江山의 아름다운 風景에 놀라지 아닐수없다。 우리祖上들이 오래동안 蘇湘八景을 歎하였고、近來에 武藏野의秋色과 華盛頓巴里의郊外를 論하는新人들이있으나 아직 漢陽城外의 風景을 자랑하는이를 맛남이드물다。그러나 우리로써말하라면 天國의光景도 필경 우리서울郊外、아니半島의錦繡江山과 恰似한것이나 아닐가한다。못믿는이는 우선 맛나면맛날수록 親密하여지는 우리의江山(무레사네)에親近하여볼것이다。

○十日(月曜) 몇일전에 仁川산다는이가 來訪하야、自己도基督敎信者요 聖朝誌讀者某某氏와도 親한터이라는等雜談을 長時間이야기하다가、『實相인즉 宅 近處까지 왔든걸음인데 學生의入學을 周旋하여 주시오』하고 自己아들의學歷을紹介함으로 言下에 拒絶하였드니、이번에는 某敎育家가 不順하는 子姪의監督을請托하는데 三錢切手의封書로써 하였음으로、나의監督을 眞情으로願하거든 外交辭令같은 三錢切手의 편지질을 그만두고、편지를 아이의 가슴에 품겨서 아이自身으로하여금 우리집에進拜

케하는것이 穩當하니라는뜻을 回答하였드니、이敎育家는나의高慢함이 極히不快하였든지、그대로 안할뿐아니라 自己아들을養正學校에서 찾아서 他校로轉學시겨버렸다。時代는變遷하였다。지금은 學父兄까지가 그子姪로하여금 先生을 事師시기려고하기를不肯하고、차라리 敎師로하여금 自己子姪을「事師?」시기어야 滿足할모양이다우리의愚見으로는、後者 子姪의監督을委托할時는 첫재自己아이로하여금 先生을恭敬하며 信賴하도록 人生의正道와 禮節을敎導하는것이 父母의任務인同時에、실상은敎師가할일의 半分以上도 成就하게 만드는唯一의길이오、이基礎工事를缺할진대 敎師의千言萬語도 부질없은수작에 돌아갈것이오、따라서郵便으로 보내는 편지도 헛된줏이라고한다。前者 入學周旋을 請할境遇에는、途次에들렸다기보다 敎育을爲하야萬事를 제처놓고 일부러 찾았다는誠意가첫재요、信仰的關係로써 거미줄같은關係를느려놓고 다음에 機를엿보아 內心에藏하였든問題를 提出하는 策士的行動보다、斷刀直入的으로、目的하고온바 主要問題를率先披露하는 單純性을보이는것이 目的到達의第一捷逕인듯하것만、世上萬事가 우리생각과 다름이 東과西처럼隔遠한것은 이번일에서도現著하다。○今日咸先生短信에曰『平安하십니까 意外의妨害를입어 原稿가늦게되였읍니다。今日은發送한다든것이 못되였읍니다。明日에야할터이니 一日만기다려주시기 바람니다。未安함니다。九月九日』單一日差에 이편지다。可畏可懼할진저。

○十二日(水曜) 午前五時頃에 東편쪽 忠壇松林우에 햇불같이 솟아오르는 金星의壯觀！火星이앞섰고。參宿、大犬、小犬牡牛等 東南天의燦爛함은 形言할길이없다。詩第十九篇을 높다랗게朗讀하며、퍼처지는찬송가를 터지라고 부르며。大體로 협착한作宅의 隣家숱가락소리까지들리는 살림사리의 한가지苦痛은、힘것 마음것 찬송가를 부를수없는일이다。隣家에 躊躇할것없이自由로 찬송할수있는處地의兄弟도 感謝하여 맛당할것이다。우리는 한달에數次식 宿直하는날이라야 이自由를 享樂하는形便이다。○이날에 無神論者某友로부터如下한 勸勵의편지를받고 感淚滂沱함을 抑制할수없었다。

『九月十日。第六十八號の「城西通信」に依れば君に於ては去る七月は可成り多難多忙だつた樣だ。聖朝の續刊の許可は良かつたね。さぞ君が精力を倍加させる事と思ひ喜ぶ次第だ。遲まき乍ら祝意を表する。『聖朝』の運命を左右する者は『神』、『全能』者たる事を經驗させられた事が君は今日まで何回目か僕には知らぬが貴い經驗だ。聖朝の續刊に祝意を表する事に君は一寸意外と感じまいかね。『無神論者の僕が宗教雜誌の續刊を喜ぶなんて！』と勿論之の方面から見れば之は矛盾だ僕の祝意は他にあるのだ。說明する迄もないが君の一生涯の事業の一つとして全生命を打ち込む處の君が意志或は精神—その善惡の具體的內容は別だ—を考へての祝意なのだ。おゝ君よ徹底！終始一貫！確乎不動！之は決してなまやさしい事ではない。殊に今日の如き『非常時』に於ては、大いにやり給へ。『汝の道を進め、そして人人をして彼等の言ふに任せよ！』ダンテー。之は今日の如き假面的生活とトンキホーテ的生活者層に向っては意義は倍加する。君には足傷と家族七人までの病だつたとは驚いた。どうかね今は？皆々樣全快かね。常々健康を祈る』云云。(下略)

下半에는 平日우리의座談하든 問題에關하야 聖朝誌의論旨에 透徹한解明或은 反駁을 加한것이있었다。아모것도感謝다。本誌가 近日에當하는 거듭거듭한患難에對하야 或은近處에서 이일을 함께念慮하며、或은遠地에서 情과誠을다하야 慰勞의말을寄하며、或은 多大한時間과 費用을不拘하고 일부러와서留宿하면서 나의弱함을 붓도다주는兄弟도있었으나、이는 이를테면 모다한집안식구들이다。다같이 主그리스도를믿는者들이니、그主筆을爲하여서라기보다 그들의主그리스도예수를 爲하여서 하는일이었다。故로 自己의할바를 다하는것으로 볼수도있다(實相 私心으로 나온일이아니며 또한 이렇게나解釋하지않으면 우리는 그사랑의重荷를 견디어敢當치못한다」。그러나 우리가 가장憎惡不已하는것이 無神論者요, 저들이 또한撲滅하지않고는 못견디어하는것이 여호와神을信仰하는 敎徒들인데, 그사이에 如此한同情과 理解가交通될줄이야 夢想도못하였든바。近來에聖朝誌의發刊은 그主筆의名譽心을 滿足시기기爲하여서하는 일이라고 放言한이가있었다。그가外部의人이아니고, 本來 同人으로서創刊號부터 함께執筆하든사람의말이니만큼 우리는 깊이反省하며 또크게落心치 아니치못하였다。聖書朝鮮第六十八號까지가 號마다頁마다 이것이 모다 그主筆의名譽心의發動으로 된것이라고 볼때에, 한사람이라도 그렇게보는이가있고 그사람이 本來聖朝誌와의關係가 열지않은사람인것을 並想할때에, 우리는 다음號를執筆할勇氣가 나지않었다。실상 몇번이나 펜을잡았다가 떠러트리고 主그리스도를向하야 「提訴」함을 마지못하였다。至公無私한이가 左右是非를分明히 審判하여주실때까지 聖朝誌를停刊하고기다릴생각좇아 없지못하였다。그러나無神論者의 右一書는 다시執筆의펜을運轉하기에 넉넉한힘을供給하였다。모든基督信者가無視하고 同人들까지가 嘲弄할지라도代表的唯物論者一人의 支持가있으면足하다所謂「過激主義者」한사람에게읽키고 그批判을받기爲하야 聖朝誌는發刊하여야하겠다。그러나 무엇보다도奇異한것은 하나님의意志다。凡事를通하야 우리의視線이 至聖하신寶座로集注됨은 어찌할수없는事勢요, 無神論者와함께主를찬송하니悲痛한讚頌이다。

○十六日(日曜) 鷺梁津 六臣墓로부터新林里溪邊까 걸으면서 讓寧大君墓와姜甘贊落星垈等의史跡을探하니路程約二十餘粁。오늘素人傳道者의來信에『崔炳祿氏와 約束대로十日夜부터 十四日朝까지 隣接地蘇萊面新川里에가서 集會를하고 돌아왔읍니다。禮拜堂도아즉 없는곳이나 信者는約三十名이나되며 比較的滋味있는 모임이였읍니다。밤에는八時부터講話 새벽에는 四時부터 祈禱會이였는대 大槪熱心들이였나이다。그런대實相은 저의를爲하야서보다 有益은小弟自身에게 있었나이다。空虛한靈飢渴한魂은 채움과滿足을얻었나이다。兄님아모래도 우리는무엇보다 祈禱하여야될줄믿읍니다。 彼此祈禱많이하십시다。朝鮮의靈들은信不信間에 모다求하고있읍니다。』同感이다。緊急한일은祈禱이다。

○十七日(月曜)咸北道慶源, 牧場에서來信『謹啓 主의無限하신사랑 先生님과늘같이하시며 모든信徒우에 더욱큰도으심 같이하심을 기도하나이다。저는六日午后에 京城을出發하야 七日午后七時에 이牧羊場에無事히 到着되였읍니다。이牧場은 驛에서도三十里山으로 올라와야함니다。그중간에 내가여럿이있어 발을벗어야만 건느게됨니다이와같이 교통의不便은 말할것없읍니다。그러나 큰財벌의經營인만치 莫大한金錢을投資하야 道路는牛車가 通하게되였읍니다仔細한말슴은 後에올리겠읍니다。急急히말슴들이는것은 이곳에牧童아의가 十餘人이있는데 國文도모르고하야 牧童아의나或은될수있으면 近方아의들이라도 모아夜學을식힐生覺이 간절함니다。이生覺은 이山길을걸으며 老人들이죽어죽어가면서 道路의人夫를식혀 하는것을볼때 마음에悲憤의感을금할길없었나이다。그리하야그들에게 좀더알게했으면 하는마음간절했나이다。그리하야 아직은 이곳에있는牧童에게 始作해볼야고 생각중이나 제가敎員의生活을 해보지못한故로 어떻게始作해야좋을지 알수없고또標準의書籍이있어야 하겠는데 그것도없고하야 東亞日報社로 直接啓蒙運動에配本하든冊字를 좀請求하랴하다가 先生님께付託하는것이 좋을듯싶어付託하오니 될수있는대로 參考될것이있으면 付送해주심을伏望하나이다。普通학교교과서를 사려해도四十里나가야 있음으로 便도없고하야 先生님께 付託하오니 될수있는대로 곧付送해주심을 大望하나이다。餘不備 白血上書』

우수운 말이지만「개눈엔 동만보인다」고한다。「산사람에겐 산일이라」고 나는 부르짖었다。實로謙卑한생각, 奉仕의精神을包藏하였을진대 人間到處에 大事業이다。羊을치려간者에게 意外의事業이 進展됨을보고 그要求를周旋하기에 더더할수없었다。

舊號廣告

從來에 或時舊號의 注文이있어도 넘어오란때것은 散雜하여 찾기어려움으로 一一히 應答하지 못한때도있었든데、이번에 書庫를整理하야 本誌의舊號를 整理할수있었음으로 要求에應할수있게되엿다。

몇秩은 創刊號부터 차례대로있다 (但第六十六號는絕版)。한꺼번에 要求하는 이에게는 左記特價로써 需要에應할수있다。

一、創刊號—十二號까지 十二冊 金七十錢
二、第十三—二三號까지 十一冊 金七十錢
三、第二四—三五號까지 十二冊 金七十錢
四、第三六—四七號까지 十二冊 金七十錢
五、第四八—五九號까지 十二冊 金七十錢

但、創刊號부터五九號까지 同時에注文할時는 特히 三圓으로應함。今年度以後로는 다시舊號의餘殘이 남을것이없음으로 右와如히整理한다。

其他 本社出版인 푸로테스탄트의精神과 山上垂訓研究도 各其定價의五割引으로 要求에應한다。

咸錫憲 著
푸로테스탄트의精神
定價十錢 特價五錢 (郵料共)

金敎臣 著
山上垂訓研究 (全)
定價七十錢 特價三十五錢 (郵料共)

豫言書研究

一、先知者(上) 第三號
二、先知者(下) 第四號
三、偉大한解放者 十五號
四、아모스書研究(上) 廿八號
五、아모스書研究(下) 廿九號

詩篇研究號

第一篇 三四號
第三篇 五四號
第十二篇 二二號
第十三篇 二五號
第十九篇 二三號
第四十四篇 三〇號
第九十三篇 創刊號
第百二十一篇 第五號

天然과聖書

靈魂에關한知識의古今 創刊號
地質學과하나님의創造 第四號
生命의階段 第七號
生命의發達 九、十、十二、十三、十四、十六號
生命의所在地 十七號
復活의事實과理論 廿八號

歷史와聖書

하나님의攝理 七、八、十一、十二號
成三問과스데반 十四號
큰食物 十五號
二十世記의出埃及 十八號
푸로테스탄트의精神 二十號
예수出現의宇宙史的意義 廿四號

本誌定價

一冊 拾五錢 (送料五厘)
六冊 (半年分) 前金九十錢 (送料共)
十二冊 (一年分) 前金壹圓七拾錢

要前金。直接注文은 振替貯金口座京城一六五九四番 (聖書朝鮮社)로。

取次販賣所

京城府鍾路二丁目八二 博文書館
京城府鍾路二丁目九一 耶穌敎書會
京城府堅志洞三二 漢城圖書株式會社

昭和九年十月十二日 印刷
昭和九年十月十四日 發行

京城府外龍江面孔德里一三〇ノ三
編輯兼發行者 金 敎 臣

京城府堅志洞三二
印刷者 金 鎭 浩

京城府堅志洞三二
印刷所 漢城圖書株式會社

京城府外龍江面孔德里活人洞一三〇ノ三
發行所 聖書朝鮮社
振替口座京城一六五九四番

【聖書朝鮮】第六十九號 昭和五年一月二十八日 第三種郵便物認可
昭和九年十月一日發行 每月一回一日發行

【本誌定價十五錢】

昭和五年一月二十八日第三種郵便物認可
昭和九年十一月一日發行(每月一回一日發行)

金敎臣主筆

聖書朝鮮

第七拾號

一九三四年十一月一日發行

目次

포풀라나무禮讃

落落長松의 욱어진景槪가 장하지아님이아니나 白雪이滿乾坤할때 獨也靑靑할만한 義烈의士가 아님을 어찌하며、雲表에 우뚝솟은 銀杏의 巨樹가 偉觀이아님이아니나 仁義의基盤을세운 孔夫子에게 敬遠하는생각이 앞섬을 어찌하며、梅竹이 貴엽지아님이 아니나 詩人墨客의醉興을捐할가 저어하니、차라리 우리는 溪邊에班列지으며 或은 古城에 외로히 솟은 포풀라 나무를 우르러보고저하노라。

포풀라는 한울을向하고 산다。人間살림에 勢力鬪爭이있고、國家生活에 領土擴張의 野望이 없을수없는것처럼、무릇 巨大한樹木은 그樹勢를 넓히橫으로펴서、一將成功에 百骨枯라는심으로 巨樹의廣濶한 枝葉이 任意로茂盛을極하기爲하야는 그前後左右의 萬草가枯渴을當하고야 만다。오직 포풀라 나무만은 橫으로勢力을 벌리려고않고、縱으로 한울을向하야 자라고 또자라기만한다。그一直한軀幹과 垂直的으로 한울을 向한大枝小枝는、호렙山下에서 祈禱하는 모세의 쾌인가、겟세마네 동산에서 피땀 흘리시는 예수의 팔뚝인가。有限한橫으로 살지않고、無限한縱으로 한울로 사는 포풀라야 高貴하도다。

포풀라는 悲哀의 나무다。春陽에 포풀라의 新芽가 發動하는것처럼 生命의躍動을 우리에게 示顯하는것이 다시없으니 新春의 포풀라가 勿論可하며、綠陰芳草勝花時에 雨後의天地를 새롭게하는 포풀라의淸風이 또한 可賞한것임은 勿論이나、포풀라의本色은 아무래도 秋色에 悲愴이滿身함에있는듯하다。丹楓의 붉음은 오히려艶態를 보이거니와、포풀라나무의 黃葉은 文字대로의 悽愴한身勢를 表現한다。古城에 외로이 솟은 포풀라 한대가、風雨에 부다껴 큰줄기와 가는가지까지 끄들렸다는 풀리고、휘여졌다간 다시서는光景이며、晩秋의夕陽을 黃葉에 反映하면서 微風에도 오히려 一葉식歸根하는 姿態를보라。포풀라의長幹纖枝가 滿身에 悲慘을먹음은것은 우리로하여금 喪服에 싸인 젊은寡婦의處地를 聯想케하거니와、그보다도 오히려 깊고 높고 넓은悲痛이다。實로 天才레오날드 다 윈치의 「悲哀의人」예수의肖像을 생각하지않고는 포풀라特有의悽慘한光景을 비길데를 알지못하며、눈물의預言者예레미야 의 한숨소리없이는 포풀라의落葉을 참아보지못한다。天下의悲痛을一身에먹음은 포풀라와、人類의悲哀를 한몸에 걸머진예수!

포풀라 나무는 地平線을 깨트린다。濠洲에는 유카리樹라는高木이있다하나、우리周圍에는 百尺乃至 百五十尺까지 天空에솟은 포풀라가 于先高樹가아닐수없다。무릇 猜忌와黨爭은 倭小에서 생긴다。홀로雲表에頭角을두고、微風과電光에全身이 震動하야、責하는者없어도 스스로痛悔하고 서스니、그敏感 그高潔함이여 놀랍도다。

不變의變動

本誌第六十九號의發行이 前例없이遲滯된때에 그理由를照會하는이中에『무슨變動이있는듯도싶어요、크나큰革命이 곧있는것같읍니다……』라고 推測한이는 가장問題의核心을的中하였다。外的內的으로 有形無形의理由가 있었으나 무엇보다도 生涯를前後期에二分하고저하는大變革이 思想의基盤에起伏한것이 첫재原因이며 그餘波가 本誌의發刊에까지及한것이었다。

年前에某氏는·우리의生活을評하야『先生님들은 그저書齋에서讀書나하고 글이나쓰시오』라고하였다。우리는 雅號를쓰지않고 戶籍에明記한姓名三字로써足히여기는者이오、假想(Fiction)을꺼려하고 事實(Facts)을 즐겨하는者이다。文人의想像의世界에서된 小說을稱하야 「創作」이라고하는데에 크게反感을抱하는者이다。「創作」은 太初에 여호와께서天地萬物을創作하신것이오、그形象에 본받아만든人間들이 生活로써創作하는것 創作的生活을營爲하는것이 참意義의創作이다。筆端으로되는創作도全無하지않다하면 그것은極히細微한部分的創作이오 生活로써하는創造、손과 발로써、땀과 피로써하는創造야말로 全的創作이다。우리는 이런意義의創造的生涯를企願하면서 右와같은批評을받고있으니 거기에悲哀가없지못하였다。

하믈며比類없는 「朝鮮의貧困相」을正面으로窺視할때에 무엇보다도 衣食足而知禮義의嘆이다。朝鮮사람의不足한일、犯罪한일은 모다營養不足으로因함인것으로보이기도한다。說敎하는先輩가없을지라도 朝鮮靑年의純眞한마음이 產業運動으로傾向함은 물이 낮은편으로 흐르는듯한 自然스러운趣勢이다。勤勞生產의살림사리를中心으로하고 만나는때마다談論도하였거니와 實現을向한熱度는漸漸높아졌다。때 마침 「生活에依한敎育」이라는小文에接하야 오래模索하든바를發見한듯이 創造的勤勞生活을하면서 師範學校以來로理想하든敎育을實現하랴고 지난七、八兩月間은 잠들어도 꿈이오 깨여도꿈이었다。사람은老衰하지않어도 沈滯하여진다。스스로勇을鼓하야 生涯를投機에붙이고저힘썼다。드듸여 입다와같은誓約을 세우고 하나님의裁可를請하였다。若是若是한理由오니 聖書朝鮮이라는重荷에서解放하여주옵소사고。文筆의生活에서汗血의生涯로옴겨줍소사고。마는所願은却下되고말었다。높다란波動은 다시鎭靜되였다。

우리는傳道之書의著者코헬렡처럼『헛되고헛되도다 萬事가다空虛하니라』고하는者가아니다。그리스도를心中에信受하였을때는 萬事가다興趣있다。師範敎育을받은者로서 敎育에未練이남음은勿論이다。世上아무런일보다도 人間을敎育하는일、이보다더滿足하고 즐거운일은다시없다。敎育學의理論에適合하고 信仰을基礎로한敎育을施行할수있다고할진대 우리는平生토록 職을敎育以外에求할意思가없는者이다。祖上傳來로農家에生長한者로서 農產業에趣興을感함도 또한 거의本能的이다。호미자루를잡고除草하는동안은 天國이거기있는듯하다。惡念怨恨은消散하고 清想靈感은腦裏에昇降한다。今後十年間

에 朝鮮牛四十萬頭를增殖하야都合二百萬頭를半島에養畜할計劃이있다고하면、우리는人口一人에一頭比例로 二千萬頭를養育할案을세우고 內心에喜悅이넘처진다。其他造林、養鷄、果園等等은 모다 우리의손이 닿는範圍의問題요 興味湧然하는일들이다。그러나 콜시카島의英雄兒가아닌 우리도 「내가二一身이었드면」이라고 嘆聲을發하지아니치못한다。陸地에서無敵한 나폴레온의强兵도 海戰에서는 英將넬손에게名譽를돌렸다。二兎를쫓는者는一兎도못잡는다。君子는不器라고하나信者는器也다。器中에도土器요破器인者가많다。人間은萬能이아닌것을知覺함이 一段의進步였다。일마다趣興이津津하나趣興의有無가아니오 土器를製作한이의意志가問題이다。

이처럼하야 心靈上에큰波濤가 흉용할동안에 한 가늘고 고요한裁可의소리는 骸骨를쪼개였다。將來有望한일과人氣있는바을 하고저하지말고、多種多量의業을主宰하고저말고、焦急한생각을버리고、메어진 멍에를 남을하지말다고。數年來도우리는動搖하였다。그波動은今夏에至하야 거의 그絶頂에達하였다。마는 이제後에 우리에게 事業을論하지말다。우리는書齋에들어가學者노릇도하여야하겠고、印刷所에이르러職工노릇도하여야하겠고、每朔數次警務局에出入하야政客노릇도하여야하겠고、出版費用을爲하야勞働도하여야한다。避할수없는일이 벌서雙肩에넘첬으니 쟁기 잡은者가무엇을 돌아보고 섰으랴。

名譽心의大塊

同情하는立場보다 批判하는立場에서라야 事物의眞相을看破하는듯하다。本誌의主筆이名譽心으로옴지기는者라고道破한것은 그말을發言한사람으로는 極히輕微한意味로 「無造作」하게 입술에서 떠러터린 말이었겠지만、實相은 이말한마디가 比할데없는巨彈과毒素로되여서 主筆의心靈을震動시켰고、本誌의發刊이中止될이만치遲滯된 둘재理由는이러한意外의大爆擊을當한데에存하였다。우리는無根한毒舌을當하였다고憤慨하기보다 至當한審判의座에處하여 懺悔의눈물을뿌렸다。나에게名譽心이없을수가있을까、名譽心이事實있다、있어도크게있다。名譽心곧虛榮心의大塊인點으로보아서 二千萬人中에第二位以下로評한다면 우리는不服이다。머리털부터 발톱까지가 이것이虛榮心의덩어리오、그속에 무릇實된것 무릇善한것은 하나도없는者이다。우리친구의입술을빌어 主께서 나의眞相을審判하신것이니 오직 자복하야痛悔할것뿐이다。

그러나 名譽慾을滿足시기기爲하야 聖書朝鮮같은不人氣 不名譽의雜誌를主幹한다함은 넘어도愚昧한일이아닌가。文筆의能이없이文筆에從事함은名譽의길이아니며、글을쓸터이거든 每月數千部식發刊하는人氣雜誌와 每日數萬枚식印刷하는大新聞에서原稿를請한일은없었든가。大體 本誌를發刊함으로써 그主筆은長老教會의名譽를얻었든가 監理教會의稱讚을받았든가。三十萬教徒中에 나에게名譽를 돌린이가누구며 또基督教徒를除外한一千九百七十萬同胞中에 本誌와그主筆의存在를아는이가 몇사람인고。오직名譽를받았다면 本誌本來의同人들이忌避한名譽일가。嗚呼라 滿滿한名譽心의大塊를藏하고도 名譽獲得의方法에 大蹉跌하였음이 痛恨事로다。

聖書的立場에서본朝鮮歷史

咸 錫 憲

十、鎔鑛爐中의三國時代

千年에빠치는 苗床時代를通過하는동안에 數百되던나라中에서 朝鮮文化를 大成하야 民族的使命을 다할資格者로뽑힌候補는 高句麗、新羅、百濟의세나라였다。이셋이被選된것은 偶然히된것이아니오 그럴만한 理由가있어서되였다。地理를살펴보면 그것을잘알수있으니 半島의地形이세區域으로 갈리기때문이다。이제 地圖를펴놓고 仁川、元山두곳을 連結하는 一線을그으면 그以北은 山脈이가로빗이였고 그以南은 山脈이南北의세로버텃다。그리하야 南北두部로 갈린다。또그南部를 다시 馬息嶺에서 全羅南道南端에니르는 大小白山脈에따라 東西로갈으면 두部가되니 結局 半島가 北部、西南部、東南部의 셋으로갈리게된다。그리고 그北部는 滿洲와連接되여 하나으로되여있다。이세部는 各기 한 地理的小單元을일우어가지고있다。北部에는 蓋馬高台가 그가운대있어 鴨綠、松花、豆滿、淸川、大同、禮成、城川하는 모든河川들이 四方으로흐르고 그流域에 肥沃한平野가있어 많은人口를 기를수있게되였다。西南部는 漢江、錦江、萬頃、榮山等의江이흐르고 그流域이 朝鮮의倉庫라는 豐饒한平野가 널리열렸으며 東南部는洛東의大流가흘러 富庫를일우어놓았으니 그또한各기 많은사람을기를수가있다。그리고 이區域은각기 높은山脈으로 서로境界를삼고있어서 當時의交通能力으로는 넘을수없는國境線이었다。故로 多數한나라가 제各기 골 벌에雄據하야 或싸우고 或和하며 또나뉘고 또合하는일을反復하며 變遷의過程을밟는동안에、社會關係는漸漸複雜해가고 生活圈은차차擴大가되여 從來보다 더크고 더堅固한國家를要求케되자 이自然的區分線이 곧國境을決定하게되였다。그리하야 北部에 高句麗가서고 東南部에 新羅가서고 西南部에 百濟가서게되였다。그中 高句麗는 本來 滿洲와半島接境에서일어난나라인故로 半島北部로붙어 北滿에까지니르는 廣大한國土를 가지고있었다。

이제 이三候補를比較하야보자。新羅는 史記上의年代로보면 三國中 第一먼저선나라다。그러나 文化의發達은 가장떠러저되였다。그原因은 하나는 位置가 치우처있었던것이오 또하나는 辰韓時代붙어 오랫동안 外敵의壓迫을받어왔던때문이다。慶尙道의位置가 지금같이 海外交通이頻繁하고 海港을通하야 文物을輸入하는時代일새 釜山、馬山하는良港이있고 半島의門戶라고하지、大陸文化를輸入하던 當時에있어서는 反對로 第一不利한位置였다。 거긔다 가 또 辰韓時代붙어 西方馬韓의支配를받아왔다。史傳에 依하면 辰韓에는恒常 馬韓사람이님금이되였다고하였다。 그랬던關係로 國力이 아주微弱하였던대 다시금 倭寇의 害가甚하였다。三國史記의 新羅本記를펴면 赫居世初年으로붙어 倭人侵入이라는것이 每年처럼 적혀있다。倭人이라는것은 對馬나 九州地方의邊民이 海賊질을하던것이었던모양인대 海邊地方을襲擊하야 掠奪을하고 불을질으고 사람을삽아가고하야 그사나옴이 比할대없었다。新羅國都 金城이 그侵入을받은일도있었다。그리했던탓으로 新羅는 三國中 勢力이 처음에는 가장못하였다。그러나 도리어 新羅의그러한運命이 그들로하여금 努力케하였다。그들은 國民的奮鬪의精神과 執拗한意志力을길러내였다。後에 三國統一이 一見不自然한듯하게 新羅의손으로되는것도 그 큰原因이 여긔있다할것이다。

百濟는 肥沃한國土를가졌고 거긔다 馬韓以來의 긴文化의歷史를가졌는故로 產業이發達되였고 經濟가裕足하였다。한便으로 多島海를꼈음으로 海運이發達되여 南支那 內地와의交通이많았다。한동안은 漢江以北으로 進出을하려고도하였고、遠交近攻의策을써서 玄海灘저짝의힘을당긔어 新羅를 牽制하려하여도보았다。情의國民이오 文의나라였다。階伯의죽엄과 落花岩으로 悲壯한最后를꿈였으나 굳센힘이 不足한나라이었다。

高句麗는 扶餘의系統을니은나라로서 太古時代先祖의雄風을傳하였다。朱蒙이 當初 卒本에서니러날때는 山谷間의 微微한小國이었다。國土는 山地임으로 國民이 平生力作하야도 生活資料를 얻지못하는나라였다。거긔다 强國사이에있어서 國運을維持하기가困難하였다。그러나 先祖의遺風이있는지라 부딪기는동안에 高句麗사람은 强勇한國民이되여 四隣을征服하야 마츰내 半島와滿洲에걸치는大國을일우었다。그러나 高句麗人은 單히 武夫만아니었다。國初붙어 修史를하였다는것을보면 文化의나라였던것을알수있고 支那사람의손으로도 高句麗사람이 書籍을 사랑한다고적혀있다。그亡한後 遺民이 復興식였던渤海가 燦然한 文化를가졌던것을보면 그들이 文武가兼하야發達된國民이었음을알수있다。不幸히 그氣운을 맘것펴지못하고 中途에꺼꾸러젔음애 모든文化의財產이 다煙塵속에없어젔는故로 지금그遺跡을찾기어려우나 間或가다가들어나는 殘存品으로 그大國民의風貌를 짐작할수있다。緊密한組織의國家를일우어 統一을좋아하는 사람들이오 氣概가있었다。質朴하고 法律은嚴酷하고 侵略의風이있으면서도 한편으로는「連日歌舞」하는 風情도있었다。

이三國이 솥발같은形勢로 對立하야있어 서로國力을펴기를다토았다。이三國時代는 朝鮮民族의 一大鍛鍊의時期

였다。 民族的使命을다하기爲하야 그力量을기르고 그理想을세우고 그識見을높일때였다。 民族統一을完成하야 든든한國家를일우는것이 이時代에 내여준課題였다。 三國이서로빼앗으려고 죽기로지키려고 넘어가고 일어나고 뒤굴고 싸우기도하며或주고받고交通도하는동안에 뒤끌는鎔鑛爐안에서 正金이쏟아저나오듯이 滿洲朝鮮에펴저있는 全民族을統一한 一大國家가 나와야할것이다。 맞히 伊太利半島안에 分擧한여러族의씨름中에서 地中海를統一한 로마가나오고 켈트、앵글로삭손、덴、놀맨의여러民族이 들어오고 나가며 混戰하는대서 大英國民이 일우어진것같이。 우리는 이제 그鎔鑛爐가 어떻게 準備되였음을보리라。

이時代를 民族的鍛鍊의時期로볼때에 意味깊이 그를裏書하는것의 하나는 樂浪事實이다。 衛氏朝鮮이亡하고 生긴漢四郡中에 三郡은곧廢하기도하고 옴겨가기도하였으나 그中樂浪郡만은 지금黃平兩道에걸처있어 四百餘年이나存續하였다。 朝鮮民族의사는한복판에 이外族의勢力이侵入하야數百年이나있은것은 무슨意味인가。 이는 朝鮮사람에게 恒常 鮮血이흐르는듯한刺戟으로써 民族的感情을 挑發하야民族的自覺을 가지는대니르게하였다。 三國이、더구나高句麗가 굳센 힘의國家가된것은 數百年間 이民族的으로받은課題를解決하려苦戰奮鬪하는 쓴經驗에서 나온일이다。

十、鎔鑛爐中의三國時代

그다음 이時代를 鍛鍊의時期로하기爲하야 特別히準備된條件의 또하나는 佛敎의傳來다。 史傳에는 佛敎의들어온것이 高句麗十獸林王二年 西紀三百七十二年이나、이는公傳의年代를말함이오 實際民間에들어온것은 그보다 더前일것이다。 百濟에는 高句麗보다 十餘年後하야왔고 新羅에는 三十年쯤後하야되였다。 三國의 激烈한混戰을앞두고 이佛敎가傳來한것은 實로意味深長한일이었다。 列國時代에 儒敎가그러했던것같이 佛敎는 이時代를爲하야 精神的準備를 하기爲한것이었다。

第一은 民族的統一에 基礎가되는것이다。 古來로 國家民族間의不和가 宗敎의相異에 起因하는것이많다。 太古時代의戰爭은 大部分이 部族神間의싸움이었다。 그代身에 同一한宗敎가 民族的差異를없이하는일도흔이있다。 現今印度民族의 統一運動이 波羅門敎對回回敎의惡感情으로因하야되지않는것은 前者의實例요、歐洲中世에 基督敎王國의理想이 各民族을 同一한旗발下에모았던것은後者의實例다。故로 옛날붙어 偉大한君王이나 政治家로서 宗敎政策에腐心치않는者없다。 基督敎나 佛敎는 다 民族的境界線이없는 世界的宗敎다。 어느國民에던지 어느人種에던지 障碍없이 숨어들어가는宗敎다。 들어가면 民族과民族사이에理解를 돕고 好意를助長시긴다。 古代에있어서 布敎가 外交에많이利用되던것은 明瞭한事實이다。 조고마한希臘半島안에 손바닥같은 都市國家가있어서 서로싸우던希臘사람들도 同一한民族感을가진것은 오직 共通한言語와 宗敎同盟에依해서만되였다。

다음은 三國의政治的試鍊이 單純한 殺伐的競爭에끊침을防止하는일이다。 羅馬사람이라면 殺伐殘酷했던것으로有名하지만 그殺伐의風은 그들이四隣을征服하는동안에 더욱助長된것이었다。 戰爭처럼 人心을사납게하고 거츨게하는것은없다。 佛蘭西大革命이 亂脈에빠졌던時期에는 거리上에노는아해의 작난감도 斷頭機였다고한다。 高句麗같은나라는 그런危險性이 多分으로있었다할수있다。 故로 慈悲를가르치고 輪廻轉生을가르치는佛敎가 이時代에온것은適才適所였다。

그러나 또한편으로 戰亂時期에는 宗敎的要求가 늘어가는現象이있다。 그는 目擊하는慘劇으로因하야 淺薄하고야속해지려는傾向에對하야 人性의內部로붙어 深邃한것을要求하고 무게있는安心을願하는、 反動力에서 나오는것이다。 故도 深奧한 信仰의眞理가 戰爭時期에자라는일이있다。 그러나 이點에서 朝鮮固有의宗敎는不足하였다。 樂天的인 그宗敎는 刻刻으로 意識을壓迫하는 慘澹한世相의目擊으로因하야 窒息되려는人生으로하여금 깊은內省으로써 生命의源流를浮沈의저짝에찾고 道德의根據를 死生의彼岸에 求케하는일은不可能하다。 日常生活의 上部建築을支持하는 儒敎倫理로도不足하다。 世界밖에世界를찾고 世界속에 또世界를찾고 思索밑에또思索이있는 佛敎야말로이非常時에 必要한宗敎였다。

그러했던故로 佛敎가들어오자 마른땅에 물을쏟는듯이傳播되였다。 거긔따라 三國文化는 鬱然한發達을보았다。 勿論 三國時代의文化가 全然佛敎의 所産은아니다。 그러나 그産出의原動力이 이偉大한宗敎가 人心우에 준刺戟으로因하야 啓發되고 新生命力의注入을받은것은 疑心할수없다。 우리가 三國時代의藝術品을보아서 거긔雄渾한 精神의움지기는것이 있음을볼수있고 妙한中에도 깊고莊重한맛이들어있음을 感得하게됨은 이時代에 이信仰이있었던탓이다。

三國時代는 그렇듯經綸된時代요 朝鮮歷史上에서 그렇듯意味深長한時代였다。 그러나 그試鍊은失敗에돌아가고말었다。 光彩燦爛한正金을얻기前에 鎔鑛爐는터지고말었다。 三國의政治的抗爭은 民族的大理想을自覺하기前에 한갓殺伐化하야 全民族의精力을 消耗해버리고말었다。 처음에는高句麗가强盛하야 統一의大業이完成할듯이보였으나 一便으로支那의壓迫이甚하고 또一便으로 新羅가强해지자 三國의關係는 漸漸어지러워졌다。 그리하야 서로混戰하기를얼마동안하다가 新羅가唐을끌어들임애 二千年間을두고期待하야오던理想은 虛에돌아가고말었다。 民族的大使命을다하기爲하야 온갓配布가다있었것만도 結果는 自我喪失에 떠러지고말았으니 千秋에恨이아닌가。新羅가 統一을하였다고하나 그支拂한代價는너무高騰하고 그얻은바는너무도 貧弱하다。卑陋한外交로 自我를팔아 買得한것은 겨우半島의절반이었다。나라의存亡이關係됨에 一時手段을쓴것이라고하면 容恕하지못할것도없는듯하고 統一의뜻을 구타여 淸川江南쪽에局限했던것은아니나 時不利兮奈若何오라고하면 辯明이될듯도하기는하나 民族統一의大事業의 失敗가自我를팔었던대原因했다는것은 잊으라잊을수없는悲痛한事實이다。우리는 이와같은實例를 古代希臘의亡國史에서본다。希臘各國이 文化로는燦爛한것이있었으나 아테네 스팔타、테베하는小國들이 서로 猜忌에불이붙어 싸우기를 마지않은동안에 北方의蠻族으로蔑視하던 마게도니아로하여금 그毒手를펴는機會를주어 마츰내 그손에滅亡을當하였다。데모쓰테네쓰같은 先見의志士는 웨처불으짖다가 죽음으로서까지 警告를했것만도 希臘各國은 一向싸우기를 끚치지않고 마게도니아는 自己네의保護者라고만알었다。그러나 마츰내 데모쓰테네쓰의警告가適中하는날이왔다。그때는비로소惶怯하야 大同團結을 새삼스리이말하나 발서 늦었다。民族的統一의絕對必要를느낀때는 발서 마게도니아사람의말발굽이 그들의머리우에놓인때였다。亞細亞洲의 東部에도 布臘半島가 또하나있었다고야!

十、鎔鑛爐中의三國時代

三國時代의失敗의까닭은 高句麗의敗亡에달렸다。누구나 歷史를읽는사람은 高句麗에게 宗主權을認許하지않을수없고 또同情이많이가는것이事實이다。萬一 高句麗가 그렇듯 急작히亡하지않었더라면 滿洲朝鮮을統一하야 大國을 일우었을것이오 그것이되였다면 반듯이 支那平原에 그 麒足을뻗었을것이다。意氣喪失되여 小國民으로自任하는 後代의朝鮮사람으로는 夢想도못할일이겠지만 當時의高句麗로는 決코 못할바아니었다。歷史上에昭然한事實이 이를 認定한다。高句麗가하려다가못한 그일을 後代의金、淸은 事實로實現하였으니 文化發達의程度가훨신後하았던 女眞으로서도可能했거던 况 高句麗로서야 充分히있었다고할수있다。그런대 萬一 高句麗의勢力이 一時的으로라도 支那에들어갔다면 또그것은그만두고 滿洲에서라도 主人의 자리를잃지않었더라면 東洋歷史는 지금과는다른方面으로 나갔을것이다。적어도 朝鮮의形便은 足히 지금에比할바 아니었을것이다。이렇게말함은 軍國主義를鼓吹함도아니오 武力國家를禮讚함도아니다。民族運命의變遷을論함에 過去의天下形勢가 그러했단말이오 우리의自我喪失의、經路와 結果가 그러했다는말이다。

그런대 그高句麗가 失敗하고말었으니 이는 非單 高句麗의일에만끚치는것이아니오 實로 朝鮮民族五千年歷史上에一大痛恨事다。高句麗가亡하야서 朝鮮은 그長子를잃은

셈이다。그希望이꺼졌고 그遺業이끊어졌다。高句麗를올리고 新羅를나리는말이아니라 滿洲、朝鮮을統轄할 自然的位置인 長白山頂에서 高句麗가꺼꾸러졌으면 新羅가그後아무런才操를부리더라도 要컨대 그局限이내다보이는일이다。又況 自力으로써된것도아니오 남의힘을빌어서 하였음에서일가。

그러면 高句麗가亡한것은 웬까닭인가。우리가高句麗의最后를생각할때는 恒常 一種의直感이있으니 그는 아무리보아도 高句麗가 그렇게쉽게亡하지는않을것같은대 하는생각이다。恰似히 李舜臣이나 林慶業의最后를對하는것같은感이있어서 否認할수없는事實을目前에놓았것만도 그럴理가있나하고 믿어지지않는 안타까운맘이있다。事實高句麗의죽음은 橫死요 夭死다。壯年勇士가 꺼꾸러진것이다。國力이消耗되고 弊政百出하야 醜態를演한後에 너머진것이아니라 赫赫한活動을 다음瞬間에約束하다가 갑작히너머진것이다。갑작히너머진것도 卒倒를한것이아니오 손에칼을든채 戰線에서殉한것이다。高句麗의敗亡은 殉戰으로理解해서야만 그正當한眞價眞意를認識한것이다。高句麗의苦戰이 高句麗만을 爲한것이아니였던것같이 그죽음도高句麗하나의일때문이아니다。高句麗의任務는 全朝鮮民族과 그文化를 爲하야 國境守備를하는것이었고 그는 그것을 最后까지다하였다。漢族、鮮卑族의 닥쳐오는激浪을 막다가 막다가못하야 第一線上에 꺼꾸러진것이다。樂浪을도로찾노라고 그손을이미닷치고、鮮卑、慕容의暴悍한敵을막노라고 그다리를이미傷하고、隋唐의凶惡한盜賊을 용하게擊退하였으나 그로因하야 胸部에鎗傷을닙은다음에는、新羅가 다시금 唐을잇끌어 腹背로挾攻을하면 그高句麗로도견댈수가없었다。그리하야 民族統一의 第一資格者인 高句麗는 悲痛한죽엄을 戰線우에가로놓는것으로 民族에對한 最后貢獻을하고갔다。表面으로보면 新羅와 高句麗는 敵國間이오 利害相反하였다할수있으나 全民族的인 立場에서보면 新羅統一事業을 高句麗도 도왔다。新羅가 三國統一을한것은 高句麗의 悲壯한죽엄의 그늘밑에서된것임을 닞어서는아니된다。新羅가 微微한小國으로 半島統一의基礎를닦게된것은 高句麗가 北方의侵略者와 피를흘려激戰할동안에 한편구석에서 그恩惠를입어서된것이다。新羅統一事業의 功의半分은 아마도 高句麗의靈前에 祭物로받혀야한다。

그러나 新羅가三國統一을 하기는하였으나 朝鮮歷史는 高句麗의敗亡으로 一大轉換을한다。이제붙어 悲劇이始作된다。高句麗가 그巨人의悲壯한 死骸를 滿洲벌판에 暴露함으로붙어 朝鮮民族은 苦難의煉獄을걷게된다。壓迫과羞辱이퍼붓고 悲嘆과呻吟이 입에가득하게된다。演行하던脚本이 中途에變更이된다。이때것 演出되는것을 指導하고校正하야 될수록 自己本來目的한것을 表現시겨보려고 애쓰던作者는 그主役의하는일이 아조틀렸다고생각하자、斷然 갑작히 舞台우에서 그脚本을變更시겨버렸다。究竟의目的을 바린것은아니되 前과는다른方式으로 하기로하고 舞台의裝飾을달리하고 主役의所任을곧히고 伴奏의調子를變하였다。三國時代는 어느모로보던지 朝鮮歷史에서 가장重要한何節이다。

新羅는 너무過한代價를주고 統一을삿것만도 그統一은 實로 貧弱한統一이다。淸川江北을가보지못한統一이다。眞正한意味에서하면 統一이아니오 分割이다。이때문에 大部分은喪失되고 一部分이남어서 朝鮮을代表케되였고、朝鮮사람의 아름다운것이많이없어지고 아름답지못한것이길었기때문이다。그나마 그統一도 不過百年에腐敗하였다。오늘날 慶州에있는 新羅文化의 遺物을 자랑거리라하고 있다금지나는 世界의손님들이 讚辭를던지고 가기는하지만 그것이모두다 今日의朝鮮이라는 荒野中에섰으니말이지 한다리를滿洲平原에집고 한다리를蓋馬高台우에 놓으며 옳은녚에 渤海를끼고 왼손으로東海를더듬으려던 當時의 理想으로보아서 決코 滿足할바못된다。佛敎가처음들어올때는 墨胡子、毛禮 하는사람들의 勇敢한活動이있었고 殉敎로써布道를하던 異次頓에게서보는것같은 高遠한理想과 偉大한信仰이있었고 元曉같은 名僧이 났었으나 얼마못되여 寺院은 淫邪의巢窟이되고 國力消耗의場所로되여버렸다。또 佛敎의들어옴으로因하야 精神界에 큰衝動이생기어 朝鮮固有의思想이 大發展을보게되였다。花郎道라는것이이것이니 崔致遠이 이를評하야 儒佛仙三敎의眞髓를 다가지었다고하였다。崔致遠는 當時 世界의文化의市場인 唐에留學하야 世界的智識을가젔던 一世의文豪라 그의記述이 그러한것으로써보면 花郎道란 實도 갚고넓은思想이었던모양이다。그러나 이 꽃피려던 朝鮮의精神文化도 支那模倣이라는 毒虫에 잘려먹힌바되고말었다。官制를模倣하고 地名을곧히고 衣服風俗까지따랐으니 自我를팔아 外力을사온報應이다。故로 一時의統一氣分이지나가자 國政은 것갑을수없이 紊亂의굴엉으로들어갔다。惠恭王으로볼어始作하야 나어린君主에 邪奸이用事를하고 弑逆이끗칠새없고 內亂이뒤니어 마지막에는 君臣이淫宴中에 國都가 敵兵의손에들어가는줄몰랐다。義憤을못참는 麻衣太子가 一生을 외로운바위밑에지낸자최를보고 지금도 우리는 한줄기感激의눈물을 禁치는못하지만 外交로興했던新羅가 마지막에는 一千年社稷을 한방울피를흘리는것도없이 한번꿈틀하는反抗도없이 一朝에 두어마듸外交의말로 남의손에 넘겨버리고만것은 그뿌리에 그열매가열린것이라 하지않을수없다。이新羅의最后를 高句麗의그것에比해 어떠한가。

十、鎔鑛爐中의三國時代

聖書的立場에서본朝鮮歷史

高句麗의遺民은 나라가亡한後도 오히려 祖國回復熱이 식을줄몰랐다。四五十年後에 다시 나라를세웠다。渤海는 事實上 高句麗와 異名同身이었다。그러나 高句麗사람이 아무리復興을하였어도 歷史의方向은 이미變更이되였다。渤海가아무리 山東半島에 발을펴보려하고 東海저편에好意의팔을내밀어 新羅牽制策을쓰나 이제는 다無用한일이었다。그文은 支那에울린것이있고 그藝는 讃歎할만한것이있었다하더라도 그할바役割이 지나가버렸다。一旦苦難의골짝이로 歷史의指針이놓인後에는 滿洲는 朝鮮사람에게 빼앗긴遺業이었다。그리들어가려면 거름과 불과검이 이를막었다。渤海는 數百年을 겨우견대였으나 그後도는 契丹、女眞、蒙古、漢하는各族이 連次로들어오며 混亂의場所가되었다。渤海사람은 先祖의피가 오히려식지않은지라 機會있는대로 復興運動을으키기를 늦지않었으나 다水泡에돌아가고 마지막에는 鴨綠江을건너 苦難의집으로 들어오고 그러지않은者는 아조滅絶이되여버리고말었다。

그리하야 滿洲는 各族出沒의場所도 내여주어 이다음 時期가올때까지 기다리게되였고 朝鮮이란일음은 半島에만局限케되였으니 始作이되던때의 이時代의意味와 朝鮮사람의 形便을생각하고 끝나는때의 그것과를 比較하면 泰山鳴動鼠一匹의感이없지못하다。恨이라면萬古에恨이다。그러나 歷史는無意味로끝나지는않는다。다음을 또보자。

〔第二十頁에서續〕 읍니다。 勿論 先生은 그것을不幸으로 생각지않읍니다『이主日은長老敎에 가고싶으면、長老敎會에가고來主日은聖潔敎會에 가고싶으면、그리가고、또 그後는 無敎會集會에 오게되면 오고』하야『眞理를 듣는것이目的이지 敎派가 무슨意味있소』합니다。 이것이 先生으로 하여금 남들이 牧會하야致富를 하는대、助事로 늙게한것이고、남들이 敎會의 元老로 堂堂한勢力을 가지는대 自己손으로 세운 敎會에서도 자리를잃게한것입니다。本來信仰에 들어 갈때도 宣敎師의 말을들은것도아니오、그他 누구의 强要를 받은것도 아니오、眞理를 探究하는 熱心에 自進하야 傳道書籍을 사보던것이 그 動機라합니다。年八十에 達하였으되 信仰은 젊었읍니다。「總會老會는 네소 내소를 서로 받구는 馬牛市場에 不過한다」는것이 그의 敎界評인것을 알고보면、그가 어떻게 無敎會的인 信仰의 所有者임을 알수있읍니다。내가 先生을 알게된것도 이때문이오、先生이 四十年信仰生活에서 얻은眞理를 藏置하야 두면서도 發表할 機會를 못 얻어하던것을 聖書朝鮮에 실게되는것도 이때문입니다。何如間 基督敎五十年에 그 枝葉은 벳아니의無花果처럼 盛하였으나、그속에는 부흥이 올벨이의 種類가 가득한대 敎會의 밑드덜기에는 오히려 累累한 果實이 달리는 가지가 있음은 感謝한일입니다。(咸)

古代히브리民族의孝道 (三)

楊 能 漸

從來로 孝道에關한研究가 意外에僅少한것은 事實이나 그러나 全然히없지는않다。二三의貴重한 研究가있다。英國의碩學 Edward Westermarck 氏에게는 The Subjection of Children. 이라고題하야 子女가 父母에게對한從順에對하야 世界各地의風俗을 引証한研究論文이있다。(The Origin and Development of the Moral Ideas, vol I. pp. 167－928)。東京帝國大學文學部教授戶田貞三氏는 그「親子의結合에就하야」라고題한論文에서 親密關係의 緊密弛緩의理由를抽象的으로考究하였는데 이는有益한社會學的研究이다(社會學雜誌第十七號에發表、家族의研究頁一八三－二一八) 桑原隲藏博士는 狩野教授還曆記念支那學論叢(二六九－三七二頁)에「支那의孝道、特히法律上으로본支那의孝道」의勞作을寄稿하였고 博士는同論文에서 支那에서는歷代로 孝道로써修身平天下의根本義로하였든事實을 詳細히敍述하고 今日의孝道의廢頹를指目하야 悲憤慷慨의 情을洩說하였다。우리와같은若竪로는 老博士의 如斯한熱情에 甚히恐縮함을不禁하나 博士가 漢人이如何한事情으로 孝道로써根本道德을 삼음에至하였는가함을 說明하여주었으면 後學을爲하야稗益함이 不少하리라고생각한다。

또一九三二年에는 津田左右吉博士가「古代支那의孝道思想」(滿鮮地理歷史報告第十三)이라는 論文을發表하였는데 이것은儒教의孝道思想의發生展開에關하야 綿密한研究를完結한것이니 貴重한研究임은勿論이다。S. R. Steinmetz. 氏는 獨逸의「社會科學雜誌」第一卷六〇七－六六三에 Das Verhältnis Zwischen Eltern und Kindern bei den Naturvölkern. 의一稿를發表하였다하나 이것도有益한研究인듯하나 아직接見할수없었음을 遺憾으로안다。이問題에對하야는 히브리方面에서도寂莫하야 或時이에論及하는이가있다면、그것은 家長權又는父權이라는等의項目下에、子息은父母에게 絕對服從할것이오 父母는子女에게對하야 生殺與奪의權을行使할수있다는等의일을 何等躊躇함이없이 記述하였음에不過하다。

「父子之親、夫婦之道、天性也」(漢書宣帝木紀桑原博士引)라함은 古代漢人의 이디올로기ㅣ어니와 우리도 어렸을때에 이와같은教訓을 받았든줄로記憶한다。지금새삼스럽게 이에關하야論하는것은 全혀無用한일인듯이 보이지않는것도아니다 그러나考慮치아니치못할바가多少있다。「父子之親」이라고있으나 이는親子의相互的和合을 意味하는것이아니오 이것은一方的의것 子의服從을意味하는것이다。彼等漢人은 아들에게絕對的服從을要求하는故로 「父子之親」이라함도 그實質上으로는 子에게對한負擔일것뿐이다。親子의關係 아니孝道를 人類의本能이라고解한것은 古代支那人뿐이아니다。日本에서는 故穗積陳重博士와같은 博學으로써世上에著名하고 特히西洋의新學問에通曉하였든學者도 孝道는人類에게 거의本能的으로潛在하였든것이오 社會의基礎的德義라고解하였다。[20]

人間에서는 社會事情이複雜한까닭에 親子의關係도極히複雜함으로 于先다른動物에就하야 觀察하는것도一助가될것이다。下等動物은大概產卵하야 放任하여버리고는 그以上生殖에對하야 受苦하는일은없다。多數히產卵하거나 或은產卵하여붙이는處所等을 綿密히選擇하는故로 產出하는以外에는 子孫의保護를別로하지않어도 子孫의繼續에는 念慮할바가없다。產卵放任보다 一步를進하야 얼마期間만이것을保護하는것이있다。「海星」의一種에 普通海星보다 幾千分之一에도 當치못할少數의卵을產하야 이것을 自身의몸에 保持하는種類가있다。「子負虫」은卵을 雄虫의背에붙이고 그것을保護한다。魚類도 大概는放產하여버리는便이나 그러나淡水產의 「棘魚」같은것은 產卵期가되면 雄의腎臟에서 나오는粘液으로써 水草의莖같은것을 모아다가圓形의巢를만들고 雌魚를招來하야 其中에產卵케하고 곧授精한後에는 恒常그近邊에 머물러서派守하고있다。蛙類中에는 獨逸、佛國南部에產하는 「產婆蛙」는 雌蛙의產한卵을雄蛙가 自己의足에附하며、南아뿌리가北部의 熱帶產의「背孔蛙」라는것은 雌蛙가粘液에混合한 數十個의卵을產出하면 雄蛙가 이것을 雌蛙의背上에塗附하여주어 日數가經過한즉 雌蛙의背中의 皮膚가柔하고 厚하게되여 卵는一粒식 그中의孔穴에嵌包되여 이처럼保護받을뿐더러 「올챙이」時代도 지나고 四本의足을備한小蛙가되여 完全히一匹의 개구리된때에 비로소 母體에서分離한다。動物中에는 自己의卵을 保護하는것이있을뿐더러 그產出한子에게 食物을供給하야 이것을養育하는따위가있는것은 鳥類의例에서分明하다。鳥類나獸類의 高等動物에限할것이아니라 蟻、蜂같은것도 幼虫에게 餌를與하야養한다。單히卵을 保護하든지 子를養育할뿐만아니라 子孫保護를爲하야親히 自己生命을犧牲하며 또한親의肉體가 子의食物이되는것도있다。蜜蜂의雄은 女王과交尾한채로 氣絕하는것이오 蟷螂의雄은交尾한대로 頭로부터雌虫에게 捕食되고만다。「介殼虫」과같은것은 죽은後에도 오히려 그殘骸로써卵을保護하는것이오 「花蜂」「圓蜂」과같이 母體를犧牲치않으면 生殖이不可能한것도있다。蠅이나 蛙類에있는寄生虫中에는 母体를蠶食하는것이있다。如斯히虫類나 魚類의大部分은 親子의情이라는것을 不知할지라도 產卵其他에萬全을期하는故로 種族의保存에 支障이생기는일은없다。鳥類나 哺乳類와같은 高等動物은 少數의子를產하야 比較的長期間 鄭重하게 이것을養育한다。神經의發達한動物에있어서는 親의게養育받는期間만은 子가얼마쯤親을 思

慕하는形跡이 보이는것이있으나 一旦完全히 成長한後에는 그情이없고 親을 扶養하는動物이라고는 하나도없다。要컨대 動物은 各其種族保存의 本能을 가지고있어 親은子를爲하야 不少한苦勤를하나(27) 子가親을 思慕하며親을爲하야 扶養한다는것은全然히없다。

人類에있어서는 産하야 放置하여서는 그生活을 維持할수없는故로 그純朴한 感情에있어서는 子를養育하는育兒本能이있는것으로 認定치않을수없을것이다。如斯히 人類도 種族保存의 天分을 가졌음에도不拘하고 種種이와는 離反하는 風習을볼수있다。어떤種類의 民族은 生活難其他의 原因으로서 捨兒 殺兒의風을 通俗或은德義라고 看做할뿐더러 또한 嬰兒를殺하야 이것을먹는일까지도있다。

히브리人의信仰한 여호와及其他의 諸神들도 他民族의神들과같이 人情을具有하고 住居로서特定한神境 或은神殿에構成하고 飮食物로는 酒、油穀類、果物、菓子、鳥、羊等과 및香料等의供給을받았다。其他 히브리民族에게는人身供犧의 風習도있었다。神學者中에는 그事實을 否定하랴고努力하는人도있으나 聖書의記載와 最近考古學的發掘의結果는 人身供犧의事實을 넘어鮮明하게하므로 否定될수가없다。게ㅣ젤의遺跡地에서는 甕中에收容되여있는 出産直後의 嬰兒의遺屍가 一打나 發見되였다。그런甕에는死屍의外에 흙이充滿하고 작은土瓶一個가있었다。또 다ㅣ낙과 메기드에서도 甕中에 嬰兒의死屍가 들어있는것이發掘되였다。Tell-el-hesi 에서도 同樣의것이出土하다。게ㅣ젠에서는 建物과城下에서 女人이나 少兒의 骸骨이出現하였고 메기드의 古城下部의 疊石中에서는 小兒를넣은甕이出土하였다。이러한死屍中에는 普通埋葬에依한것도 있는듯하나(28) 兒童供犧又는 人柱(Baumopher)의存在를證하는것이있다。이러한 遺跡은 先住民의 가나안人의것이라고하나 大體로 히브리人과 그先住民의 遺跡에는 確然한區別이있을理가 없을뿐더러 히브리人은 先住民의文化를 最初에그대로 受入하였든故로 文化史上에 兩者를區別하기는 거의不可能事이다。이러한 發掘에現出한 子女犧牲의形跡은 舊約聖書를繙讀하면 발서 疑心할餘地가없다。

W・R스미스氏가 셈民族의動物犧牲으로써 人身犧牲의殘影이라고까지 主張한데는 急遽히贊同하기어려우나 舊約聖書中에 人身供犧 特히子女供犧에關한記載가 豊富하게있는일은 顯著한事實이다。(29) 或歷史譚으로되여 現出하며或은律法의禁斷、預言者의反對로되여 現出하여있다。創世記第二十二章에 依하면 神에忠實한 아브라함이 그獨子이삭을焚하야 犧牲하고저하였다。입다는神을向하야 萬若저에게 戰捷을許하면 凱旋하야 집에돌아올때에 저를出

迎하는 最初의人을 神께獻上하겠다고 誓願하였다。果然 저는 그때에大勝하고 歸家한즉 鼓를打鳴하면서 踴出한 자는 저의외딸이었다。神과의 聖約을破할수도없어 드디어舍淚하면서 自己의 오직하나뿐인愛孃을 血祭하였다고 한다。모압王 메시아는 이스라엘과交戰하야 難戰에빠지니 自己의嗣子인 長子를石垣우에焚하야 燔祭를行한結果 戰況이一變하야 이스리엘聯合軍을 擊退할수있었다하며、 또한 유대王 아하스나 마나세와如한이도 그아들을 燔祭의血祭에 獻하였다고한다。列王紀略上 第十六章에「其時代에 벳엘人 히엘이 여리고를建築한지라 저는基址를 修할時에 長子아비람이死코 그門을建할때에 季子스굽이 死한지라」고한것같은것은 人柱의風習을 髣髴하게하는것이다。큰土木工事에當하야 工事의進行을 容易히하기爲하야 又는 그建設物에 將來堅固와幸福을 招來하기爲하야 人身供犧를 行한것임에 틀림없다。이와같은 人柱의風習은 古代 시리야、아라비아等에도 보이는일이다[30]。彼等의 人身供犧에는 多種의動機가 包含되여있는듯이 記載하여있다。人柱도있고 戰爭의勝利를 期하는것을 目的으로하는것도있고 戰捷의恩을 神에게報하기를 目的하는것도있고 或은捕虜를 一種의戰利品으로看做하야 敵囚供犧를行하는것도있다。或은現在의 災難을 免하기爲한것도있다。다윋王의 治世中에 三年間饑饉이 連續하였음으로 神怒를緩和하야 饑死의危機를 免하기爲하야 사울의遺族七名을 血祭하였다고 하는일같은것은 彼等의 實際生活에서 생겨난일이다。어쨋든 彼等은 人身供犧로써 緊急非常한 때에 超越者의恩惠를請하고 平時에는 이에依하야 神의 好意를 維持增進하고저하였다。即迷信的信仰이 그主要動機되였다。그執行方法에도 여러가지가 있었든듯하다。最初에刺殺하야 火焰에 投하는것도있었고、或은 山上의樹木에 걸어서 絞殺하는것도있었고、或은 單只刺殺하는例도있었으나 그래도 가장 널리行한方法은 焚殺 即燔祭이었다。

註

(二六) 穗積陳重博士著 隱居論(第二版)第二章參照。

(二七) 丘淺次郎博士著 生物學講話 第十七章「親과子」參照。

(二八) Peter Tomson; Palaestina und seine Kultur, 5C-3; A. Bertholet; Kulturgeschichite Israels, 49-50. 71-2:

(二九) 創世紀二二、士師紀一一、列王紀略下三•二七、一六•三、一七•一七、二一•六、列王紀略上一六•三七、여호수아書六•二六、삼우엘前書一五•三三、삼우엘後書二一•一—九、申命記一二•三一、레위記一八•一〇、二〇•二—五、列王紀略下二三•一〇、이사야書七•五、예레미야記七•三一、一九•五、三二•三五、에스겔書一六•二〇、二〇•二五、미가書六•八。

(三〇) W. Smitt-S. Cook; Religion of tht Semites, 3. edition. 376. 632 ff.

無用한興奮【其三】(其一은第六十一號에 其二는第六十二號에)

A、策略이냐 眞實이냐

敬愛하는 A君! 君은 文字그대 「不遠千里」하고 우리를 찾은것이아닌가。또한 重要한目的이 있음을 豫告하지않었는가。그렇다고하면 人事初初에 主要目的을 率先提議하는것이 當然한 順序가 아닌가。留宿數晝夜에 一言半辭도 問題의核心에 觸함이없이 지나가고、이제 受動的立場에 앉아待하든사람을向하야『왜 먼저 提議하지 않었드냐』고 責하니、君은人間萬事를 寫眞機暗箱속에다 집어넣고만 보고저하는가。비록 百步를讓하야 失手가主人번에만 있었다하라、그래 水陸幾千里에 一週日이라도 一朔이라도 一年이라도 議協하겠다고 베르고벨러서 온걸음을、他方의 눈치를 엿보며 機會를 잡으랴고하다가 그대로갔으니、大膽치못한탓인가 率直치못한緣故인가。君이 後日에 六國을合從하는 策士될는지 모르나、一個크리스찬을 움지김만한誠實의人이 못됨을 슯허하노라。過則勿憚改라고 君은 그拙劣한 策略을 速히버리고、어서 君本來의 誠實의人으로 歸還함이若何乎。

B、紹介의責任

親愛한 B君! 彼에게 紹介를請하랴거든 君은 먼저 그目的을 나에게披露할것이 아닌가。이는人生의 初步가 아닌가。君과親密하니만치 彼와도 나는親密한터이다。君의請하는바에 無理가있거나 高貴하지못한것이 있을진대 우리의親友에게 煩勞와不安을 일으키기前에 于先내가拒絶하여야할것이아닌가。紹介는 絶對의責任을지고 紹介하여야 紹介의効果가 있는것이다。참된親友는 서로서로 害될일을 豫防하여주고 德을일을일을 援護하여줄 義務가 있는터이다。이만한 節次를分辨하지못하고 紹介만을 强要함은 첫재로 君의친구인 나를 「바지저고리」取扱하는 일인同時에、또한 나의친구와 先輩인彼等을 도적질하는 일이다。

C、根本을 닞지말라

十年間 저가 失職中에서 아모한일없이 지낸것은 彼此同情하야 마지않는바이다。그러나 職의有無를 사람의 能、無能으로만 批判하고저하며、特히 彼의信仰까지 貶論하고저하는君의態度에는 우리는 急히讚同할수없는理由가있다。첫재로 君의過去를 回顧하여보라。君에게 今日이있음은 오로지 君의手腕活動과 또君의所有한信仰能力으로된줄아는가。萬一그렇다면 이는重大한錯覺이다。이스라엘百姓이 애굽時代의身勢를忘却하고 가장뽐내는것과만찬가지의 일이아닌가。君의敏腕을우리는 貴히여기나、君의自己信賴를 우리는두려워하며 또可憎하게안다。

(城西通信의續) 일어나 참을수없는것과、따라서 하나님의 榮光과 特權을橫領、아니 簒取함이됨으로써입니다。五日에 돌아와서 六七兩日은쉬고 八日부터지금까지 秋收에 奔忙中지내나이다。새힘 새所望을 가지고 하로하로를 十字架만바라보며 기쁨으로 일하고있읍니다。感謝로 지내나이다。지금까지도 그러하엿거니와 今后로는 더욱그러하라하나이다。即 世上을 바라지않고 사람을 相對하지말며 自身을爲하야서가안인 生活을 하라하나이다。그래서 計劃도 目標도 없는、그러나 다만 十字架를 울어러보고 믿기만하야 許諾하시는 그대로만 살것뿐입니다。그러므로 지금은 아모生覺없이 날마다 熱心이일하고 있읍니다。마음껏 힘껏 凡事에 忠誠할수있기만 祈願하나이다。지금도 밖에서작고 찾는것을 억지로 두어자쓰고있읍니다。云々』

○十月二十二日(月曜)南米부라질 來信은『拜復 一月十九日附之御書面(本日)誠に難有度拜見仕候處、地理教材南米プラジルに差かかりて數ならぬ老生を御忘れなく、最さも御懇篤なる御通信に接し、眞に淚の種と相成申候。且つ養正雜誌まで御送呈に預り、御禮申上樣も更に無之次第、深く〳〵感謝致し候。

老生も餘儀なく同鄕の人々に依賴され、目下第一モンリンといふ處に、第二世の教鞭を執りつつ餘生を送り居る次第に候も、齡六十になん〳〵とする老軀を以て、充分なることは出來申さず、本年辭する積に有之候處、引留められ、來年四月まで勤むることと約し申し候。今後は裕々自適此土地に親しみて果樹や養豚養鷄に樂しむ覺悟に御座候御校の知己各位に貴下よりよろしと申し下され度御願申上候。折角御自愛第一と子弟を御教養被下候樣祈り上候。先つは御尊答まで。目下排日氣分にて議會などでは仲々なれど十五萬の同胞有之事とて、仲々屈服せず、母國に住むと何等異なるなき狀態に候へば御安堵被下度候。怱々 頓首

七月十二日 高野龜次郎

今年一月十九日에 發信한것이 七月十二日저긔 配達되였고、그날 回答한것이 今日着京하였다。高野氏는 養正學校에서 十數年間 教鞭을잡다가 五年前에 靑雲의志를 품고 新天地부라질로 渡航한이다。저는 南米大陸에있는 唯一의 우리知人이다。故로地理教材가 南米洲에 及할때마다 生徒들과함께 高野先生께 發信하고 그回答을待하야 기뻐하는것이 우리의 地理工夫의一課程이다。昨年度一九三三年에는一月十六日에發信 五月十日에 答書온것이 如左。『拜復 貴下彌益御壯健にて一意養正校の爲め 否國家社會の爲めに永久に御盡粹遊ばされ候御事 遙に萬里の異鄕に在りて 感謝する次第であります。先月は 御心盡しの御手紙誠に難有拜見致しました 處が昨年の今頃地理教材の南米に及んで唯一人の知人老生の居る事を 回想せられたとの點より、生徒を指導して書寄せを送られ御厚意を罩めたる 眞面目の御便りを辱ふして未だ心底を去らざるに 今年亦例の通りの御心盡しに一層感激致しました『去るものは日に疎し』との古言を破りて 既に御校を去りてより 滿三個年に及べる今日、今尙不肖を御忘れなく かかる溫情を送り下さるのは 是れ偏に貴下の御人格の然らしむることと深く肝銘仕り 玆に感謝の淚を以て御禮申上ぐる次第でございます。不肖も御陰を以て 悠々自適田園に親しみ餘生を送り居りますから 何卒御安心下さい。先生諸賢へは御無沙汰の謝意を 貴下より御鳳聲下され度御願致します。 頓首

一九三三年三月十五日 高野龜次郎

特に雜誌養正を御送り下され、御校の樣子を委細了承しまして何より、嬉しく重ねて御禮申上ます。』

文章으로나 人品으로나 高野先生은 溫恭한君子人이다。遠外에서 老君子의 健康을 祈願不已。

○本號 咸先生의 朝鮮歷史가 八頁에 達함으로 指示대로 二回에 分載할가 고도하였으나 끊으면 피가 나올듯하야 三分之一의 誌面을 그대로 들이었고、姜翁의 文은 一刻이라도 遲滯할수없어 今月號로써 誌友에게 보이고저 한것이오、楊先生의 論文은 年內로 完結할 意圖라고 함으로、第六十六號의分을먼저 揭載하야 來月號에 連絡을돕고저 하였다。故로 李贊甲兄의玉稿와 主筆의 舊約研究는 不得已 來月號로 밀었다。

하나님의神靈하신경영 (로마十一章三十三—三十六)

姜濟健

一、創世하신 理由는 永生하신 하나님의 神의存在하심과 그 榮光을 들어냄

(히브리十一章三)

一、太初에 하나님이 自己의 거륵하신 말슴으로 이 宇宙를 創造하실때에 몬저 天地와 그 안에있는 萬物을 지으시고 그 後에 우리 사람을 지으셨다。이것을 보면 그 몬저 지어두신 萬物은 곧 그後에 지으신 사람을 養育하시기 爲하야 豫備하신것이다。이것을 하나님 自己보시기에 善히되였다 하시고 祝辭하신지라。그런故로 萬物이 即時로 繁盛하야 사람이 이 地球上에 있어 世上마지막날까지 사는동안에 生活費에 無窮無盡케 되였다。(創世紀一章一—二十五)

이것을 譬喩하면 牧者가 羊을 치는것과 같으니、假令 어떤사람이 있어 羊을 多數히 치기를 經營한다면 반드시 몬저 그 牧育場所의 位置와 飼育할만한 粮草의 如何를 잘 생각하야 모든것을 充實히 豫備한後에야 始作할것이다。萬一 그렇지않고 羊치기를 經營하는者라면 누가 그를 善한 牧者라 하리오、羊을 치는일도 이려하거던 하물며 참 牧者長되시는 하나님 아바지가 自己의 羊되는우리 人生을 養育하시랴고 經營하시는대 豫備가 不足할理가 없다。

萬一 豫備의 不足이 없다면、그 다음에 잘 되지못하는것은 羊의 탓이라 할수밖에없다。即 豫備의 足不足은 그 責任이 牧者에게 있고 모든 條件을 豫備한後에 잘되고 못되는것은 그 責任이 羊에게 있다。그러함으로 예수가 自己 弟子들을 보고 가르쳐 말슴하시기를 너의는 異邦사람과 같이 무엇을 먹고 마시며 무엇을 닙을가고、근심 念慮하지말고 몬저 그 나라와 그 옳음을 求하라。그렇게하면 너의들의 모든 쓸것을 하늘에게신 아바지 하나님께서 다주시는것이니라。(馬太六章二十五—三十四) 하시였다。오늘날 世上사람들이 經濟不況이라 해서 못살겠다는 만을 많이 하지마는 그 原因은 物質資料의 不足에 있는것이 아니오 사람들 저自身에 있는것이다。

二、하나님이 사람을 지으실때에 흙을 비저 그肉身을 만드셨다하니 이 肉體에 있어서는 禽獸、昆虫의形像과 彷彿한 一分子動物이다。그러나 사람은 特別히 그코에다 氣운을 불어 넣으셨다고 했다。이것은 곧 靈性을 주신것이니、이 氣운은 곧 靈이다。이것을 가론 靈魂이라 하는것이다。故로 하나님이 사람의 形像을가

르켜 말슴하시기를 自己의 形像과 같다 하신것은 그 肉體形像을 가르친것이 아니오 靈魂의 形像을 가르친 것이다。

大槪 禽獸昆虫도 비록 사람의 形像과 彷彿한 肉體形像이 있고、血氣가 있고 生氣가있는 動物이오 四肢百體와 聲音動作이 있기는하나、그는 各各 分數대로 一聲一技를 가질뿐이오 自由가 없는 頑瞑한 動物뿐이다 比하야 말하면 時計나 蓄音器와 같은것이니、即氣物成像이다。無靈한 物件이니 制限이있고 自由가 없다。存在하여있다가 畢竟에 破損이 되던가 死滅이 되면、이는 氣운이 한동안 凝聚되였다가 消散될뿐이다。그러나 오직 사람은 떼다르게 肉體形像뿐 아니라 靈體形像이 있다。德義智能이 있고 技能이 無制限하며 온갓 理致를 具有하야 萬事에 應하는 知識이 있고、自由가 있는 特貴한 靈物成像이다。비록 禽獸昆虫과 같은 肉體의 生死는 있으나、그것은 靈性인 참사람의 生死에는 關係가 없는것이오、靈體의 사람에게는 靈魂의 生死가 있다。그런故로 사람의 生命은 永遠한 神의生命을 가진者니 이 靈魂의 사람이 참사람이다。

三、그런則 根本사람의 生命은 하나님의 말슴中에서 만것이다。(요한一章四) 사람의 生命은 우에서도 말한바이지만 禽獸昆虫과 같이 이 世上에서 暫間있다가 안개같이 消滅되는 肉身의 生命뿐이 아니라(야곱四章十二) 하나님의 神과같이 永遠히 사는 靈魂의 生命이 있다 (요한六章六十三)이 生命의 말슴은 하나님의 말슴이다。그말슴으로 永遠히 살게하였다。(요한八章五十一)그럼으로 이 靈魂의 사람은 肉體의 사람과같이 物質로만 사는것이 아니오 하나님의 말슴을 糧食으로 삼고 永遠히 살게 한것이나、사람이 하나님의 말슴대로 아니하고 罪에 빠짐에 그 罪로 말미암아 죽는일이 生겼다。故로 예수께서 曠野에서 마귀에게 試驗을 보실때 말슴하시기를

『사람이 떡으로만 사는것이 아니오、오직 하나님의 입으로붙어 나오는 모든말슴으로 사느니라』(馬太五章十七ㅡ十八)하시었다。그렇게하야 萬物中에 사람에게만 道德이있고、律法이 있는것이다。(馬太五章十七ㅡ十八)

四、하나님이 사람의 始祖 아담의 夫妻를 에덴동산에 옮겨두시고 命하시기를 이 동산에있는 百果를 다 먹고 和平安樂으로 長久히 살라 하셨으니、이 에덴동산은 곧 樂園이라 곧 하나님이 親히 주시는 遺業이다。그러나 하나님이 또 아담 夫妻에게 말슴하시기를 「이 동산에있는 百果를 다 먹으되 오직 善惡果만은 먹지말라。萬一 네가 이 果實을 먹으면 죽으리라」하셨다(창세기三章十五ㅡ十七)그렇게 하였는대도 不拘하고 아

담夫妻는 詭譎한 배암의 誘惑에 빠저 하나님의 命令을 지키지않고、禁하시는 善惡果를 먹음으로 이것이 罪惡이 되였다。

그런則 이 배암는 곧 마귀라 아담夫妻는 마귀를좇은것이다。이럼으로 하나님이 아담 이화를 동산에서 내여쫓아 이 世上오로 내여보내였다 (창세긔三章二十二—二十四) 그리면 사람이 하나님의 말슴을 믿어 지키지않고 마귀의 꾀임에 빠저 反逆하였음으로 이것이 곧 罪가 된것이니、이 罪의 값으로 死亡이 왔다 (로마六章二十三) 이로붙어 사람이 죽고 사는 理致가 判明이 되였고、이 後도붙어 사람에게 죽는일이 생겼다。

그러나 하나님이 아담夫妻에게 말슴하시기를「이케는 罪에 빠저죽는일이 생겻다」하신것은 사람의 肉體의죽는것만 가르친것이 아니오 靈魂의 참사람이 죽는것을 가르친것이다。肉身도 根本 죽지않게 두신것인대 肉身이 죽는것은 참 죽는것이 아니다。이는 자는것이라고 예수께서는 말슴하시였다。肉身의 죽는것은 참 靈魂이 죽는대 對像(表徵)뿐이다。하나님이 아담夫妻더러 너의가 罪에빠저 죽었다고 하시던 當時에 아담夫妻의 肉身生命은 죽은것이 아니오 살아있어 世上에서 生育도 많이하고 富貴하며 九百餘歲亨壽를 하였다。그러나 바울이 말하기를 아담는 죽은者의 始祖라하였다 (로마五章十五)。이와 反對로 하나님이 말슴하시기를 나는 아부라함의 하나님이오 이삭의 하나님이오 야곱의하나님이니、죽은者의 하나님이 아니오 산者의 하나님이라고 하셨다。그러나 이 아부라함 三代는 하나님앞에서 信從者로되 이 世上에서 肉身이 죽어 세겜따에 葬事한것은 分明하다。이로보면 肉身의 죽는것이 죽는것이 아니오、靈魂의 죽는것을 가르처 말슴하신 뜻이 確實하다(창세긔二十草十八)。비울이 에베소사람들에게 말하기를 너의가 前에 罪惡中에 있을때에 죽은사람과 다름이없다 하였고 (에베소二章一—三) 베드로가 말하기를 身肉은 肉身대로 審判을 받으니、靈魂은 救援을 얻는다 하였다(베前三章十八)。그런즉 사람이 世上에서 富貴榮華를 누릴지라도 罪惡가운대있으면 죽으나 다름이없다。故로 예수가 말슴하시기를

사람이 萬一 온天下를 다얻고도 그 生命을 잃으면 무엇이 有益하리오、(馬太十六章二十六)

하시였다。

五、그러면 罪라는것은 어떠한것이냐、이것을 여러가지로 말할수있으나 單純히 그 原因을 말하면 하나님의 말슴을 信從치않는것이 곧 罪다 (創世紀二章十五—十七) 바울도 말하기를「무슨일이던지 믿음으로 아니하는것은罪라」(로마十四章二十三)하였다。

神에 對한 생각이 稀薄해진 오늘날 사람들에게 이는

그리 큰일이 아닌것같이 感覺이될넌지 몰으겟으나、그러나 그 害毒은 實로 크다。爲先 그 肉身을 녹이고 더구나 그 生命을 끊는다(로마六章二十三)이를 比하면 마치 肉體의 病菌과 같다。罪惡에도 菌이있다。아담이 犯罪한後붙어 人類에게 病이라는것이 생긴것은 그 意味가 罪惡의 對像이 되는데있다 할수있다。사람의 肉身에 病이 한번 생기면 그 苦痛을 甚히 받다가 그것을 곳치지못하면 맛츰내 死亡하게된다。그와 맛천가지로 사람의 靈魂에 罪惡이 侵入하면 그 맘에 苦痛이 如干않이오、그를 곳치지 못하면、終乃 滅亡을 當하고만다(로마七章二十四)。病에 病原菌이 있는것같이 罪惡에도 菌이있어 外樣으로 健康한듯한 몸이 속에 病菌이 있으면 죽고야 마는것같이、사람이 暫間人世上에서 富貴榮華를 누리나 罪中에있으면、그 實狀靈魂은 이미 죽으나 다름없는 사람이다。(누가十六章十九—二十五) 故로 예수께서 半身不遂病者다려 말슴하시기를 네罪를 赦하였다 함에 곧 깨끗하여젓다。(馬太九章十八)또 罪에도 病菌과 같이 傳染性이 있다。누룩가루에 比한것은 이 意味다(누가十三章二十一)。故로 예수께서 弟子들에게 가르치시기를 바리새敎人과 사두개敎人의 누룩을 막으라하였고(마태十六章六)바울도 고린도敎會人에게 命하야 누룩을 더러내치라 하였다(고前五章六)。故로 婚姻을 조심하라(創世紀六章二十三)。賂物을 取치말라(列王下五章二十—二十七)。믿는者가 믿지않는者와 짝하지말라 하였다(고後五章九)。

姜先生紹介

姜先生은 朝鮮基督敎 初創時代의 勇將의 一人입니다 宜川에 福音이 처음들어오던 때에 믿기 始作하야 故鄕인 郭山敎會를 낳아놓았고 平北의 첫傳道人으로 뽑히어 江界原昌의 深山谷에 福音의 첫消息을 웨친이입니다。그가 四十年間의 家業인 술장사를 憤然히 버리고나서 飢餓線上에서 온갓 逼迫을 乘하야 받으면서 첫信者가 되던니야기、小便을 삼켜서 겨우 餓死를 免하면서 高山峻嶺을 넘어 그리스도를 傳播하던 이야기는 들어서 感激을 禁할수없는 일입니다。그러기에 當年의 姜傳道、姜助事라면 그 일음이 錚錚했읍니다。지금도 七十八의高年으로 白髮조차 떠려져가고 朝夕으로 맛나는 사람도 그音聲을 듣고서야 비로소 알어보고붓을 잡으나 字形을일우지못하는 形便으로서도 時間만있으면 聖經討論을 願하고、말이一旦眞理에 니르게되면 그 正邪枉直을 쪼개는 論鋒의 날카로움이 自然옷깃을正케합니다。그러나 先生은 오늘날 그 廣大한敎會堂안에 한자리 엉덩이 붙일곳을 두지못한可憐한이입니다。四十年 敎會生活에 助事로 늙다가 그만 두었(第十頁에續함)

城西通信

○一九三四年九月二十二日（土曜）平壤刑務所에서 金亨道氏의 來信如左。『信友金兄！ 오래도록 通信을 못하엿사외다 그저간에도 항상 같이하시는 우리 주예수그리스도의 은혜중에 別苦나없아오며 今秋 新學期에도 어떤 生命을 갖구기에 얼마나 努力하시나이까？ 아울러 崔泰瑢兄의 새로 시작한 주의사업인 神學塾은 어찌되엿나이까？ 小弟는 뜻하지않은 일로 昨年八月에 갓진몸되여 海州地方法院에서 지난 八月二十一日에 三年이란 억울한 判決을받고 平壤으로 控訴왓습니다。여게온지도 발서 二週間이나 되엿읍니다。엇더케나 될지는 사람으로는 알수 업읍니다。오직 凡事를 주께 온전히 맛기고 사건이 주의뜻대로 바루 解決되기를 祈禱하면서 앞날을 바라고 그날그날을 지내나이다。일을 일으키신이도 주요 일을 행하야 뜻대로 일우시는이도 주하나님이신즉 사람은 오직 그의聖意에 絶對服從 信賴할것뿐이로소이다。小弟의 지금생각에는 覆審判決이 不利하게 난다면 上告까지 하려하오니 이는 나의뜻이 그에 있지 안이함 이로소이다。（미가 七〇一一九까지참고）

信兄！ 聖朝誌는 은혜와 진리안에서 如前히 계속하시는가요？ 매우 그립습니다。願하오니 昨年度 合本된것이 餘部 있압거든 한권 보내주소서 몇 信友들의 同情가운데서 오직 聖書生活을 하고 있읍니다。그러나 小弟의게 속한 네사람의 내 家族은 어찌들사는지 오직 죽고삶을 주의손에 맛기고 祈禱할뿐이외다。내가 당하는 괴로움이 너무 심하와 차라리 죽엇스면 하는생각도 있으나 이도 주께서 허락지않으면 못할것이외다。 그리하야 모든것에 주의 聖意가 나타나 일우어지이다고 빌뿐이외다。믿노니 여러 信友들의 祈禱의 힘으로 未決 十三個月에 別苦없이 지나왓사외다。주께 감사하오며 나를 죽이기로 정한 저주의 자식이면 죽이시고 그러지 안이하시면 다시 일으키실줄 믿나이다。 인간에 소망이 없는 이 罪人을… 참으로 나는 주께罪를 범한罪人이외다。무어라 말로 번명할수없는 죄인이외다。죄를 의론컨대 죽어 맛당하오나 넓으신 은혜 힘입어 아직 살아있아오니 은혜우에 은혜하시사 이 죄인을 通하야 주의 뜻이 나타나기만 祈禱합니다。이번일에 주같이하지않으면 발서 이 세상에 이몸이 있지못할것이외다。주는 恒常같이하시고 도와주시고 위로하여주시고 장래를 축복하여주시나니 너무 감사하여올엇나이다。주는 네나 지금이나 앞으로 억만대에 너르기까지 변치않으시리니 우리도 그안에서 변치맙시다。아멘

여러성도들에게 한가지로 문안하여주시요』

如此히 獄中에서도 基督敎信仰에 불붙듯하는이가 罪刑은 共產黨員으로 되엿다고 한다。自古로 奇異한것은 예수를 그리스도로 믿는일。但、神學塾云云은 未安千萬。저가 未決以來 오래 在監中임으로 神學塾은 發表하였든대로 進行되는줄알고 祈禱中인 모양이다。

○二十三日（日曜） 무레사네。 淸凉里에서 맞나 中浪橋를 지나 忘憂峴을 넘어 東九陵에 參拜。永興떼가 荒蕪한듯이 욱어진 太祖陵下에서 藥水를 마시면서 一行의 英雄心을 灌漑하고、英祖大王陵下에서는 王后 金氏의 超凡한 逸話를 이야기하니 曰 꽃중에는 棉花꽃、第一 높은 고개는 보리고개、第一긴것은 길、처마의 落水자리로써 기와골數를 計算하셨다고。 멘탈테스트 받으실때의 春齡이 바야흐로 열다섯이었었다고 하니 더욱 歎服。金谷街道의 柳蔭을 지날때는 楊州牧使 洪泰潤氏의 治績에 話題가 스스로 돌아가고、墨洞의 梨園와 長安坪의 穀庫를 바라볼때는 問題가 自然히 產業에 돌아오다。

○今朝集合時間의 餘裕를 틈타서 淸凉里金先生宅에 參訪하니、病床이신데도 오히려 日露의 急迫한 形勢를 論하시며、朝鮮사람 自力更生의 途를 說하심에는 놀라지않을수 없었다。今日 大學生들의 話題는、一日 戀愛 二日 高等文官試驗、三日 就職戰線。그 大小의 差가 한울에 접시굽！

○二十八日（金曜） 齋藤又吉氏의 意外의 來

訪에 感激하지 아니치못하다。隣人이란 누구이냐고 다시 路加福音 第十章을 默想하게되다。 ○今夜에 活人洞區城 第二回集會로 婦人들 約十餘名來參。삼우엘下 第二十章을 輪讀하고 感想을 添述하다。

○九月三十日(日曜) 十月號準備 아직까지 未成。꿈에 日兄을보니 怒한듯함은 나의怠慢을 責함인가。○雨中에 무레사네。東小門、植松里、梧峴、樊里、 越溪里뒷山、倉洞驛、道峰里、枕漱亭까지。 豪雨漸甚하야 天竺寺行은 斷念하고 歸途。 男女基督青年會의 夏令會消息은 天下異聞。寒心哉。

○十月三日(水曜) 第一二二二日。

○五日(金曜) 開城에 遠足。善竹橋畔에서 義人의葉를 裝飾한다는句를 吟味하다。不使二君을 가르킨 鄭先生을 李朝에서 무슨 택으로尊崇하였으며、退溪니 栗谷이니 愚庵이니 모다 누가崇拜하고 있는것인가。

○六日(土曜) 平壤神學에서 來信『지루한 行脚이 끝낫읍니다。過去一年間 또 이하늘 높이 맑은가을의 때 全能하신 主의품속에 眞理를 캐고 다듬는 聖朝 여러분 一體로靈體 萬安하시옵나이까。生 지난일년간 貴社의 好意를 깨고 放浪을 일삼다가 다시거륵하신 품속에 안기였나이다。이제 다시 貴誌를 그리워하야 一九三四年 三月로붙어 下送하여주심 바라와 一年分을 爲替하오니 早速發送을 切望하나이다。』

○七日(日曜) 北漢山行。王冠같은 北漢은 바라볼수록 半島의榮光이요、시내山같은 仁壽峰은 가까히볼수록 嚴肅하다。 今日路程이 約三十五粁。어린동무와 胸襟을열고 이야기하는것으로써 疲勞도 恢復되고 넘친다

○九日(火曜) 書齋의 溫突을 뜯은지 約一個月만에 今日 바야흐로 居處하게되였으나 아직도 書籍은 散亂中。○咸兄來信『오래소식막혔읍니다。벌서왔읍 聖朝도 아니오니 무슨일이 있는가하야 궁금한생각이 많읍니다。或 몸이라도 편치않으신지 雜誌事件이 생겼는지 하야 많이 기달칩니다。

平安하시며 아의들도 잘 있는지요、弟如前 있읍니다。原稿를 지금 보내옵는데 좀 分量이 많으니 形便보아 二回로 나누어도 좋습니다。姜先生글을 보내옵고 律은 或餘白이 없을가하야 次號에 할가함니다。弟의 紹介하는글은 小活字로하야 適當한곳에 넣게하십시오。

우리學校는 그間 三四人教員이 一時에 그만두게되고하야 매우 어수선하였읍니다。近者에야 後任이오고 稍稍安定될듯。時間을 하노라 鍾소리따라나오고 드러오고 할때마다 작란치고는 큰작란이로다 하는생각이있습니다。兄님 主안에 내내健在하십시오』

來月號의 原稿가왔어도 아직 今月號가 못되여서 焦燥함이 다할데없다。

○十日(水曜) 새벽四時의 한울은 놀라웁다。詩人이 아닌者도 詩心이 動하야 마지않는다。終日 印刷所에서 校正하고 밤十時에 歸宅。○今日 張牧師의 來信에『日前 京城滯留中 相面치못하고 電話로만으로써 畢하였슴은 莫大한 遺感인가함니다。다시 歸家하야 便紙로 詳細를 말하겟습니다。나는 金君의 人格을 아직까지도 疑心하고 있읍니다。十一月號聖朝誌 原稿는 中止합니다。餘不備禮』。但、張兄은 美監미순脫退以來로 非常한覺悟와 活動中에있어서 兄弟의 慰勞를받아야할 處地에있음은 勿論이다。

○十一日(木曜) 新聞紙는 西班牙의 革命과、유國王의 暗殺等記事로써 滿面。世上은 文字대로 殺風景。

○十三日(土曜) 여러가지 曲節을 經한後에 第六十九號 今日에 檢閱이畢하야、大速度로 印刷製本、今夜發送까지 畢하다。

○待하다못하야 照會하는 편지 몇讀者로부터오니、편지도안하고 待하는 이들께 더욱 未安하다。東北來信『肉의健康에 對하여 足히安定함을 얻지못할 世上、오직 主님의 平和가 先生님과 온家정에 臨하시기를 遠慕 且祝이옵나이다。이곳도 別故없음을 感謝하나이다。오직 모든일이 合同되며 일우워지기를 기도하나이다。때는 가고 절기는 변하여 젓습니다。문안에 消息傳치못하였음을 용납하시옵소서。就白 十月分에 들리는 先生님의 消息을 接하지못하였나이다。 先生님의 身上에 變故가 게시옵난지 配達의 실수가 있는지、그러치아니하면 맛당히支拂하여야될 送金의체납을 因함인지요、저는闕

係를모릅내다。左右간 誌代는 來月分에 꼭 보내겟습니다。爲先 誠意不足을 용서하시옵고 게속投送하심을 믿읍니다。 云々』

西北來信如下。『先生님 十月號聖朝誌 아즉 到看이 되지않었읍니다。 어떠케된 貌樣임니까。 그동안 重荷의 苦役으로 病臥하지나 않았는가하고 念慮입니다。 生命이 瀜할려는이때에 活泉水가 되여서 聖朝誌가 더욱 健在하기를 빕니다。 十月十二日』

嶺南來信如下。『貴社 恩安旺盛하심을 仰禱하나이다。 聖書朝鮮誌代로 日前 貴社口座로 振替送金하온지 旬日이되오며 十月號아직 配付없아와 實로 목마른사슴이 淸溪水를 思慕하듯 기다리옵내다。回答하여 주심을 바라옵내다。餘爲此不備禮』。할수없이 바울先生의 辯論을 引用하고저하였다。(고前九章叅照)。나도 우리 친구와 같이 自由할수있지않느냐。 一個 中等學校敎員이 아니냐。 何特나만 달달이 三萬七千餘字의 書翰을 編輯하야 發送한 義務가있을가。定한 日字에 틀림이있다기로 누가 責할소이냐?하고 스스로 뽐내여 보았으나 亦是 마음에不安하기는 一般이다。

○十四日(日曜) 光陵行。陵으로서 가장完備하고 嚴肅한 陵이오、植物學 研究者에게 無二의 實習場되는줄은 오래前부터 듣고憧憬하여왔으나、丹楓의 景槪가 이렇게놀라운줄은 今日보고야 비로소 알었다。錦繡江山이라는 말은 光陵을본後에라야 使用할수있는 形容詞라고함도 可然한말이다。 楓岳이라는 稱呼는 金剛山보다도 光陵이 더욱適切할듯。雨中에 强行軍하기 約三十餘粁。

○十六日(火曜) 飛行機病에 걸려서 養正高普第一學年에서 中途에 退學한 少年하나를 常軌에 돌아오도록 指導할수있을가하고 맛나보기를 願하나、저는 明春에 飛行機學校로 入學하라 떠나갈때에 訓話들으라올것과、明年秋季에 二等飛行士되여 故國訪問飛行할때에 누구보다도 먼저 汝矣島로 歡迎、나와줄것을 期待한다는外에 面談하기를 不肯하야 더할길이 없다。 저가 天才人인데 나만 老婆心인가。

○二十日(土曜) 數日前에 誌友로부터 如下한 葉書왔음으로。『主恩으로 先生님 康寧하소서。小生은 其間多小變動있는中 大端히 緊張한 生活을 하여갑니다。 그런대 우리聖朝誌가 아직것 찾어주질않으니 웬일입니까? 요번에는 別로 기다려집니다。 무슨事故가 生起엿나이까? 先生님이 무슨 變動을 取하셧나이까? 大端히 궁겁습니다。 무슨 變動이 있는듯도싶어요。 크나큰 革命이 끋 있는것같읍니다。 聖意대로 일우시리이다。 先生님을 뵈옵고 나려온后 願하는바에 達成코저 最善을 다하여 準備工作中이외다。 敢히 先生님께 무슨일이 있었음、알고저 切望하나이다。 小生의 一切에 指導하여주실줄 믿나이다』。 이에 對하야 葉書로 回答하였드니 다시 그葉書에對한 回答이 如下。『感謝합니다。 先生님께서 은혜로 나리신 葉書는 오래동안 잠잠하든 小生의 靈魂을 餘地없이 흔들고야만 맙니다。 아멘。 그렀읍니다。 果然 희미한길에서 방황하고 헤매며、 이것을잡을까 저것을 잡을까하며、 고민과 번뇌를 게속하든 제게도 無限한 勢力이 있는 산 말슴으로 왓슴을 산 生命으로 제 心臟深底에 떠러졌욤을 確實히 믿나이다。 할렐루야 할렐루야。올소이다 先生님이 받으신말슴! 하나님의말슴으로 받어 제靈혼은 雀躍할수밖에없나이다。 그리스도의게만 가서야 呼吸이 通할수있고、 비로소 삶이있는者들에게는、 그리스도의 종들의게는 必然코 이말슴에 습겨을 받을것이로소이다。』『多種의 事業을 計劃하지말고、 單一 한일에 專心하라는것、 與旅한일에 다라나지말고 人氣없는 일에 捕虜되라는것을!』이 하나님의 말슴에 別로當하여보지못하든 權勢잇는 말슴에 포격을 當한 小生의 心靈은 어찌할줄 모르겟나이다。 그저 그ㅣ앞에 머리숙여 아ㅣ멘 할뿐이로소이다。 제게도 向할 곧은길은 鮮明히 열려지나이다。 꿈속에서 헤매이고 미로에서 방황하여 갈대를 잡지못하고 한갓 고민과 번뇌로만 침륜하려든 最危期에 잇든 可憐한 이 靈魂을 主께서는 불상히 녁이사 이런폭풍과같은 勢로 生命말슴을 주시나이다。 나의 구원이신 主예수님을 찬송하나이다。 할렐루야 아ㅣ멘。

先生님ㅣ 제讓은 이말슴에 確實히 산生命을 얻었나이다。감사합니다。 오직 이말뿐으로 감사합니다。 라고만 나와집니다。이말슴에 깁히 더ㅣ배우라하나이다。

十月十九日 小生 ○ ○ ○ 謹拜上

너무나 感激이 컷기때문에 圈點을 치게되엿나이다。용서하여주소서。』

葉書라도 眞理가 記錄되면 大文章이 될수있음을 알고 感謝。우리가 서로 有益됨이 적지않았다。

○二十一日(日曜) 冠岳山行。普校二年인 八歲의 女兒도 登山하야 行客의칭찬이 많았거니와, 近日의 北漢, 冠岳等에는 男女老少가 市를 成하리만치 多數히 登山함은 可謂盛況。(咸先生의 朝鮮歷史를 읽고 評하는이의 말에「그것은 文士의筆才로 된글도 아니오, 또한 所謂 史家의史料를 案配한 文書도아니오, 실상 現代文으로 쓰인豫言書이니라」고。 畢境 가장깊이 吟味한이의 告白일것이다。 又曰「聖朝誌를 그보다 容易한글로 쓰고저함은 無理한일이다。平易化함에도 程度가있지 깊은 思想은 亦是 그에 適合한 文句로만 表現되느니라」고。이는 親히 執筆의經驗을 가진이의 말이다。

○以下의 音信에 感激함이 없지못하다。

『敬愛하는敎臣兄!

몹시 갑々하고 甚히 念慮되며 眞心으로기다려지든 聖朝誌는 오늘에야(十月十五日) 拜受하였읍니다。定期日에到着될때는 勿論이오 二三日이 늦게될때도 그다지 異常한 늦김을 가진일이 없었는데, 今般에는 웬일인지 받어들고 皮封까지 떼였으나(엉겁질에)도모지 반가운지 기쁜지 좋은지알수없어 어찌할줄을 아지못하고 오죽 의안이벙벙할뿐이여서 한참동안 들고있었읍니다。(맞이 얼빠진사람처럼) 그러다가 다시 生覺하니 半朔은 말고 一朔이 늦었을지라도 받게된것만은 우에서 許諾하신 恩惠이니 정말 感謝하기 짝이없읍니다。 그러나 一二日도 안이고 이다지 늦일때에는 반다시 理由가 있을것이니 그 內容은 무엇이었든지 다음 問題로 돌리고 엇잿든지 故障이 있었든것만은 事實일것입니다。그러면 其故障이 크거나 적거나 안에있거나 밖에있거나 엇잿든 이일이 主筆에게는 苦痛과患難이며 따라서 苦杯가되고 十字架가 됨은 不問可知의 일일것입니다。 그일을 生覺할때에 말하기도 부끄럽고 未安한일이나 참으로 憾慨無量하옵나이다。 이 적은冊子가 이렇게도 小弟에게 關心될것이 무엇일가 그理由를 말하라고는 하지않옵니다。 그러나 크게 或은 적게 또는 좁게 或은 널게 여러가지 方面으로 生覺할때에 小弟 스스로도 說明할수없고 理解하기 어려운 무엇이 小弟의 하ㅣ트를 搖亂하게 하고야맘니다。聖書朝鮮! 그것은 적은 存在이매 변변치못한것에 지나지 못할것입니다。 그러나 그 적고 변변치못한것이 웨 이렇게 小弟에게는 重且大하게 問題가 됩니가?(말하다보니 너무失禮되였으나 이렇게 말이나가고 맙니다 容恕하실줄 믿읍니다。) 其內容은 甚히 複雜할것입니다。 理由는 많을것입니다。 그러나 무엇보다도 먼저 一言으로 말하면 나는 朝鮮사람인同時에 基督信者인때문입니다。萬若사람이있어 둘中에 하나로만말하라면 小弟는 結局 有口無答의 人이되고 말것입니다。 朝鮮사람이라고 할가? 나는 基督信者임을 감출수없으며, 基督信者라고만 할가?나는 朝鮮사람임을 否認할수 없나이다。 그래서 特히 聖書朝鮮은 나에게 말하기어려운 그 무엇을 주는同時에 또 맺고있읍니다。 그뿐이겠읍니가? 더많은 여러가지 理由도있으나 爲先 이한가지 만으로도 小弟는 充分히聖朝와 깊은關係를 가진者라고 生覺합니다。(여기까지는 十五日朝에 쓴것 其后五六日間은 그야말로 눈코뜰새없이 奔忙中 지내여 그여코 지금에야 다시 펜을듭니다。實相時間이 없다기보다는 어찌도 疲困한지 夕飯만 먹으면 家族이 모여 舊約一章읽는것이 큰 役事이랍니다。 그러나 主님은 矜恤을 베푸시나이다。) 兄님 事實 때로는聖朝가 그렇게 小弟에게 問題되지 않을적도 있읍니다。 그러나 고요히 또 깊이 生覺할때에 聖朝는 決코 小弟와 無關係하지는않음을 깨닫게됩니다。 一言而 弊之하고 聖朝는 언제나 小弟의마음을 움지기고 있음을 否認할수없읍니다。 聖朝가 主筆 金敎臣의 名譽心을 滿足시키기 爲하야서 하는일인지 안인지 小弟는 아지못합니다。 그러한 눈치를 볼줄아는知慧와 敏捷을 가지지못한 小弟는 不幸하게도 잘하나못하나 많거나 적거나 主님을 爲하야 하나님의榮光을 들어내라는것으로만 알고있으니 오즉 祝福하여 우에 게신분에게 感謝할뿐입니다。 聖朝를 손에들때마다 오즉 두려운生覺이 가슴에 가득할뿐입니다。 聖朝야 누가 무엇이라하거나 맘거나 너는 너의할일만하고 默々히때를 기다리고 있으라。 是非도받고 辱도먹고 嘲笑 怨望 逼迫 患難 모다가 너를기다리고 있음을 일즉이 覺悟하엿지않었는가? 聖朝야 네가 萬若 主筆單獨의 名譽心에서 자라난다 할지라도 또한 무엇이랴? 너의 存在 그것은 決코無意味無價値하지는 않으리라! 그러나 安心하라 聖朝야 너의 主筆은 自己의名譽를 爲하야 每月 그 受苦、 그 患難、 그 困難、 그 苦痛、 그 슬픔、 분함、 억울함、 畓畓함을 달게받고 참으며、 넉넉치못한 生活도 不顧하고 따지않은것이나마 畓畓히 支出할만한 그러한 똑똑한 怜悧한 또 피있는 사람도 되지못하리라。 그런즉 聖朝야 너는 오즉健全하게 成育하라。 다만 우만을바라보고 오즉 한분이신 그이만을 相對를하야 興하고 亡하고 盛하고 衰하고 또 살고 죽으라! 金兄 못생긴者는 亦是 못생긴者다운 말박게 하지못합니다。 容納하시고 읽으실줄믿읍니다。 兄弟여! 世上은 都大體 사람相對로는 도모지 一時 一刻이라도 살수없읍을 切實히 깨닫게되나이다。 顯著한 事實이 明白히 드러나고 있읍니다。 그러나 오즉 한길이 남어있으니 그것은 곳 十字架의길 卽 萬有主여호와 하나님을 아바지로 섬기고、 저만을 對像으로하야 사는 일인줄 아나이다。 小弟는 田園生活 四五年에 農事에 잡히여 허덕이고 精神없이 지내왔읍니다。 그래서 그 可否를 아지못하고 煩悶하는中 한줄기의 빛이 빛우이어서 한가늘고 고요한 소리가 있어 말하더이다。 人生의 길은 敎育도 안이고 事業도안이고 農事도 안이고 또 世上의 아모것도 안이라고。 그러고 오즉 永遠不變하는 生命의길은 살아서 役事하시는 하나님의 외아들 나사렛 예수 그리스도만을 믿는일이라고。그러나 믿는일은 主여主여 하는일이안이고、 저가 끄시는대로끌리고、가자는대로가고、하자는대로 하는것이라고 小弟는分明히(?) 들엇나이다。 사람은 무엇에든지 잡히면 못쓸것을깨달엇나이다。 우에서 許諾하시면 모든일이 다貴하고 좋으며、 또 許諾지않으시면 모든일이 다 無價値 無意味한것임을 배우게되였읍니다。 때에 한소리있어 말하기를『天國의福音을 傳播하며 그저받었으니 그저주어라』하더이다。 또 말하기를『아모것도 念慮하지말고 準備하지말고 神學이나 聖書知識없음을 걱정말고 말할줄모르는것도 주지말고 오즉 믿기만하고 許諾하시는대로 引導하시는대로 말슴을 干證하라』하더이다。 그래서 처음에는 주저하며 疑心하여 두려워하면서 길을 떠난것이 新川里敎會行이 었읍니다。 그러나 좀더믿고 安心하고 大膽하게 떠난것이 吾丁里敎會行이었나이다。 今十月一日밤부터 五日午前까지 十二回의 集會를하고 돌아왔읍니다。 吾丁里敎會에서는 참으로 恩惠많이 받었읍니다。 四日夜 懇談會席上에서 某氏(白)말하기를 凡事에 사람의뜻대로 하지않고 오즉 믿고 順從하야 살것을 알었으니 다만感謝에 넘칠뿐이라하며 某氏(金)는 처음에는 好感을 가지지못하였으나 數次모임을 거듭하는동안에 더욱祈禱에서 感動을받어 처음生覺을바리고 感謝하노라고 告白하며 某氏(李)는『말함에權勢가 있어 學者나 敎役者와같지않으며 特히 祈도에서 感動을받고 또 좁은門으로 들어가라는말슴에 크게깨달엇노라』고 各各말하더이다。 그러나 이러한말을들을때 小弟는 甚히 놀랐을뿐더러 너무도 意外임에 그말함을 믿을수없었읍니다。 그리고 너무도 두렵고 황悚하여서 견델수없어 하는수없이 小弟는 저들의 干證을 中止하고 小弟의 罪많은것과 不信不義에 넘처있음을 證據하였읍니다。 간담회는 그대로 中斷하고 말았읍니다。 그는 自身의 惡함과 罪에싸인 모양을 보아 良心에 苛責이 （第十六頁에續함）

淺野猶三郞、畔上賢造
石原兵永、黑崎幸吉 共著

新約聖書略註（全）

（東京、神田、錦町一丁目
日英堂書店發行）

（四六判總布上製
頁數一二〇〇頁
定價金三圓
送料十八錢）

著者諸先生은 모다 榮職을 投擲하고 專心福音傳道하는 眞摯한平信徒。特히 淺野先生은 半島에 實際로福音을 웨친 因緣깊은이다。이제 學究에 깊은諸先生이 히랍原文에 依하야 가장責任있고 簡潔한註解를 著述하였음은 後學의渴望하든 要求를 채움이 絕大하다。煩雜하지않고粗忽하지않아서 學究의机上에도 信憑할만한 參考가되려니와、平信徒의 每日靈糧을 豐盛케함에는 더욱 缺할수없는寶典이된다。如此한 良書가 널리誌友에게利用되기를 薦하노라。

本誌讀者

冬季聖書研究會

講題
聖書的立場에서본 世界歷史 咸錫憲
馬可福音에準據한 福音書의研究 金敎臣
（外 數人）

日時
一九三四年十二月二九日（土）午后부터
一九三五年一月四日（金）午前까지
（每日午前及夜間二回식集會）

場所
京仁線、梧柳洞驛前（應谷）
宋斗用 氏方

例年대로 우리는 休暇를 利用하야 各自의 學業을 서로 報告하고저한다。昨年度의 咸先生의 歷史는 널리 傳達하고저하였으나、들은대로 쓸수없이 된데가많았다。願컨대 이번 世界歷史도 多數히 參聽하기를 勸하고싶으나、우리의 施設이 넉넉지 못하야 極히 少數의 座席을 提供하는수밖에 없다。願하는이는 聽講料五十錢과 一週間宿泊費 二圓五十錢을 添하야 本社로 申込하라。順次대로 二十人限參席可能。但 本誌一年以上 讀者일것。申込後不參時는 右金額返還함。

本誌定價
一 冊 拾五錢（送料五厘）
六 冊（半年分）前金九十錢（送料共）
十二冊（一年分）前金壹圓七拾錢
要前金。直接注文은 振替貯金口座京城一六五九四番（聖書朝鮮社）로。

取次販賣所
京城府鍾路二丁目八二 博文書館
京城府鍾路二丁目九一 耶穌敎書會
京城府堅志洞三二 漢城圖書株式會社

昭和九年十月三十一日 印刷
昭和九年十一月三日 發行
京城府外龍江面孔德里一三〇ノ三
編輯兼發行者 金敎臣
京城府堅志洞三二
印刷者 金鎭浩
京城府堅志洞三二
印刷所 漢城圖書株式會社
京城府外龍江面孔德里活人洞一三〇ノ三
發行所 聖書朝鮮社
振替口座京城一六五九四番

金教臣主筆

聖書朝鮮

第七拾壹號

一九三四年 十二月一日發行

昭和五年一月二十八日第三種郵便物認可
昭和九年十二月一日發行(每月一回一日發行)

目次

포플라나무禮讚 【其二】

포플라는 그幹이나 枝나 다만 一直한것外에 볼것이 없다。奇奇妙妙한曲節도 없고、視線을 새롭게할만한彩色도 없다。다만 푸루고 오직 곧고 길것뿐이다。그러므로 所謂 水石을 질기며 盆栽를 일삼는 이들께는 포플라는 何等의 取할點이없으나、우리는 그取할데없는點이 高貴하다。曲藝와 術策은 모다 다른 나무에 求하라、그리고 오직 純直하고 單明한것만은 포플라나무에서 찾으라。

古色蒼然한것을 찾는이는 포플라 나무의 새롭고 젊은것이 不可하다 한다。果然 포플라나무는 半島에 新來의 客이니、그名을 洋柳라고도 하거니와、포플라 나무의 보이는데는 外來의風臭가 없지않고、輕薄의調子가 全無함이 아니다。그래도 포플라의 並列한 堤防은 水難과 風災를 免하였다는 兆徵을 말함이되고、洋柳의 푸른빛이 울타리처럼 둘러싼村은 新興의 氣運이 漲溢함을 示證하야 마지안한다。國粹가可하고 傳統이 貴하다하나 靑苔가 끼인 瓦片과 古塚에서 나온 破環은 骨董屋이나 考古學者의 閑時日에 맡기라。生物은 새로울수록 그生命이 旺盛하니 赤松을 심었든것이 半島江山의 赤禿이된 一原인줄 알았거든 赤松을 뽑고 勢力强盛한 나무를 代植할것이오、舊幹이 枯衰하였거든 新芽를 接木하는일이 至當하지 않은가。古를 崇하고 舊를 懷한들 枯殼이된後에야 무슨 所用이있으랴。古色을 자랑하는 佛敎도 可하지않음이아니오、傳統을 崇尙하는 儒敎도 禁할것이 아니나、問題는 生命의力量이다。비록 半世紀의 歷史만을 가졌을지라도 靈魂의 奧底에서부터 生命建築의 鐵鎚소리 씩씩하게 자라나는 基督의 산生命에 부다처볼때에、우리의 눈은 新來의 나무 포플라의 鬱蒼함을 처어다보게 된다。부럽도다 江岸에 선 포플라나무의 새로운生命、꾸준한生命。

포플라는 그細長한 姿態로因하야 그처 부드럽고 한갓 軟弱하야 女性的인듯이도 보이나 이는 速斷임을 免치 못한다。外觀과 遠景이 女性같이 보이지아니함이아니나、近接할때에 그 巨幹이 地軸을 뚫고 나온듯한 偉勢에 사람으로 하여금 壓倒케함은 포플라나무의 特性이다。높은나무는 風霜이많다。그 枝葉이 微風에도 震動함은 感傷的女性보다도 銳感하나、大地에 뚝벌이고 선 그 雄姿는 丈夫의 뒷이 그대로이다。柔順할대로 柔順하면서도 聖殿을 盜竊化하는 우리들을 向하야는 義憤의鞭을 휘날리지 않을수 없었든 어린羊을 並想하면서 처 포플라나무를 바라보라。부드럽고도、굳센것은 포플라나무로다。

人道와 神道

路可福音第十五章下半에記載된 蕩子의譬話는 東西古今의 風習의別과 時代의差를莫論하고 人間의 가장 깊은데를 感觸하며·震動시겨 마지않는 有名한 말슴이오、聖書의 다른部分이 없어진때에라도 이譬話하나만 남으면 足히 하나님의 宇宙救濟의大經綸을 再示할수있다고 까지 極論하는바이니、이下半章을詳論하고저함은 곧創世紀에서부터 默示錄까지 言及하여야할일이니 지금은 略하거니와、다만 그一部分에 담긴眞理를 吟味하고저한다。蕩子가 悟得하고 『내父親의 雇軍이많고 그糧食이 饒하야 남으되 나는餓死하겠도다……내가 天과父親께得罪하였으니 只今부터는 敢히 子라稱치못하리니 나를雇軍의 一로見하소서』라고 謝罪하기를 決心하고 回還하였을때에 그父親은 『相距가尙遠하나 見하고 憶惻히 여겨 다름질하야가서 목을안고 키쓰하였다』하고、또 『諸僕에게命하야 第一美服을 내여다가 입히고 손에指環을 끼우고 또肥犢을牽하여다가 宰하라 我等이食하고 樂하리라』고하야 衆과함께 同樂하였음에 反하야、蕩子의 兄된이는 勤實하게勞働하든 일터에서 하루勤勞를마치고 歸家하다가 그光景을보고 父親께對하야 『我가屢年을事하매 命을違함이無하여도 山羊兒一匹을 나에게 주시어 나와 나의친구로 더부러 樂하게하신것이 한번도無하드니、오즉 此子는 誤入하므로 父親의産業을 다虛費하였거늘 저가至하매 肥犢을宰하셨나이다』라고 抗議하고 入門同樂하기를 不肯하였다고 하였으니 여기에 父親의慈愛와 兄님의義烈이 判明하게 對立되였음을 누구나 다看取할수있다。

그러나 많은說敎者들의 常習과같이 이에父親의愛情과 따라서 하나님의慈悲를 讚揚하기에急急하여함은 決코 本文을 充分하게吟味하는 길이아니다。父親의大함에因하야 맛兄되者가 甚히 小한듯이보이고 甚至於惡한者같이도보이나 決코 小人도아니오 勿論惡人이아니었다。그抗議하는趣旨에도 明白한바와같이 自己自身은 嚴親의 近側에居하야 昏定而晨省하면서 아들된道理를다하며、祖上傳來의遺業을繼承하야 一家一門의盛衰와榮辱의責을 雙肩에 지고 서라는 意識이强烈한人物인同時에、그同生이先親의積功과人道를浪費蹂躪하야 크게 老親의心情을傷하게함에對하야는 容赦할餘地없다고생각하는 倫理的準則이 强烈한士이였다。함부로怒하지않거니와 一旦發怒한以上에는 좀처럼 消解할수없는 丈夫의心地를 所有한爲人이었다。小人이아닐뿐인가 可敬可畏할兄長이었다。이렇게 맛兄의眞價를 如實히看取할때에라야 그父親의大함이非常한大임을안다。兄은正하고可하다。마는 親은크고높다。兄은地요 親은天이다。親道는 하나님의道요、兄道는 人間의道에不過하다。大哉天道。

回顧一個年

第七拾壹號를 내보냄으로써 本誌今年度의 義務를 겨우 다하였다。「겨우」라고한다。간신이 畢하였다。誌齡이 七十을 넘을동안에 그紆餘曲折이 적었음이 아니나、過去의 슬픔과 괴로움은 時間과 함께 흐르는 동안에 傷處가癒合하기도하였고 記憶이 朦朧하게도되였으나、오직 새로운 傷處는 尙今 鮮血이 마르지 못하고있다。世上은 一九三五年으로써 危機到來를警告하고있으나 우리의危機는 그보다 一個年이 앞섰든感이不無하다。一九三四年을 逆睹할때는 다시새로운 몸솔이 끼치지않고는 견딜수없다。우리는 惡夢에서苦闘하다가 깨인 사람같이、怒濤에 헤매다가 겨우 岸磯를 거삽은者와 같이、全身이 떨리고 숨찬 가슴으로써 건너온 저편을 바라보지 아니치못한다。

우리에게는 本來 自肯할만한 學識과才能도없고、信賴할만한財産도없고、山海를 움직일만한信仰的異能도 所有하지 못한者이다。다만 우리가 크게自信하는바가 한가지 있으니 그것은 곧 少數의貴重한 친구가 있다는일이다。나에게는學識과才能이없으나 나의 친구에게는 그것이秉全하고、나에게 넉넉한財産을所有함이없으나 우리 친구에게는먹고 남는것이 있으며、나는怯者이나 우리 친구는 홀로도能히千騎를 當할만한 勇將이있다。聖書朝鮮의今日에至함에는 이러한 친구들의支持가 있어서 된일이오、將來如何한困難이 닥쳐 올지라도、비록三十萬의敵軍이來襲할지라도우리의 친구 세사람이면 能히擊退하고도 餘力이있을것을 內心에確信不動하였다。「눈에 보이는兄弟를 사랑하지않고어찌 보이지않는 하나님을 사랑하랴」는 말슴에따라서「눈에보이는兄弟를 믿지않고 어찌 보이지않는 하나님을믿을수있으랴」고 通用할수도 있는지 알수없으나、實相 우리는 친구를 믿는것이 한宗旨와같이되였다。

그러나 믿는 나무가 꺼꾸려짐인가。年初로부터 年末에至할동안에 우리는 가장信賴하고 敬慕하든兄弟 數三人을 잃었다。우리가 「욥」이아닌것만 「욥」과 歎息을 한가지로하지 아니치못하였다『나의 친구가 나를버리고 나의사랑하든 者가나를 嘲弄한다』고。萬一厄年이라는 말을 쓴다면 平生에 今年같은 厄年은 다시없었다。特히共同事業으로하든 聖書朝鮮에關하야는 所謂「致命傷」이었다。第六十一號는 終刊號인줄로알었었다。聖朝誌가終刊이안되면 그主筆이終命될줄로 알었었다。마는 第六十二號가續刊되였고 이제第七十一號를 編輯할때에 原稿와財政의餘裕를 明年度에 넘기게되니 이는奇異한일이아닐수없다。친구와離散하여 비로소 친구의高貴함을배우고、困境에處하아 비로소 하나님의 矜恤을 滿腹하였으니 一九三四年도 그대로感謝로다。

聖書的立場에서본朝鮮歷史

咸錫憲

十一、高麗의 다하지못한責任

歷史는 無意味로 끝나지는않는다。人類의歷史우에는 許多한失敗가있다。許多하게있다기보다도 伊太利사람의 俚諺이가르치는모양으로、失手하는것이 곧人生이다。그러나 아무리失敗라도 그저失敗로끄치는 失敗는아니다。永遠의 失敗라는것은없다。몇番을失敗하더라도 歷史가無意味로끝나지않기爲하야 恒常다시努力할義務가남아있다。아홉번넘어지면 넘어지는그때에 열번째다시일어나야할責任이 이미짊어지는것이다。個人의境遇에있어서 墮落의길을밟는사람이 그길로들어가면들어갈수록 回心을하기가困難한것은事實이면서도 저가回心하여야할義務、또그렇게할수있는機會는 隨時隨處에서 當하는일에마다있는것같이、民族의歷史에서도 어느時代의歷史가 失敗에돌아갔다고함은 決코永劫의處罰을받엇단말이아니다。在來 그民族이가지는使命그實現할意味는 비록그方法은달려졌다하더라도 如前히남아있는것이다。

三國時代의歷史는 分明히 失敗의歷史다。民族的統一을하자던것이 分碎가되여버리고말었고 文化의發達을했어야할것이 萎縮이되여버리고말었고 自我를充實시켜서야할것이 喪失이되고말었다。女王이나온다던것이 可憐한一婢子가나오고말었고、한偉大한魂을期待했던것이 보기싫은生屍를맞나고말었다。숨길수없는失敗다。그러나永遠히 朝鮮民族을葬死지내는 失敗는아니었다。모든有意味의歷史行爲에서 朝鮮사람을 無資格者로 驅逐하야내보낸것은아니다。重要한 民族的鍛鍊期에서 失敗하였던탓으로 苦難의길을걷게된것은事實이지만、그렇다고해서 自暴自棄裏에 敗亡의길을 默默히걸어가라는것은아니다。도리어 失敗하였는故로 自我를再建할責任을더무겁게지게되었다。그리고 攝理의손은그럴만한機會도 주지않은것이아니다。三國時代의마루턱을뒤에두고 高麗五百年의 내려가는언덕길을걷는동안에도 구비를돌때마다 雲霧의사이사이로 嶺上에서바라보았던 그上峯의모양이 때때로들어나보이었다。回心은건제든시 瞬間的으로 어떤事實을契機로일어나는것같이 民族的歷史의再建도 突然히 어떤氣運을타가지고 되는것이다。高麗사람으로서 萬一 民族的大理想의自覺밑에 꾸준히準備하여오는바가 있기만하였다면 三國時代의그慘憺한歷史를 아침해빛이勇士의墓石을불드리는것같이 榮光의光輝로 살려놓을수있었던機會가 再三있었다。그리고 萬一高麗사람이 그것을能히하기만하였더라면 朝鮮歷史는 저어도 只今같지는않을것이다。 이意味에서 高麗五百年은 責任많은一代였다할수있다。

그러나 高麗는 또失敗하였다。「只今이때다」「이제한번飛躍을試驗해여볼때다」「이제라도……」하는때가 거듭하여왔건만高麗는怯하였다。虐待받은乞兒같이 四肢를움츠리고있었다。무엇이 그를 그렇게만들었나 强한外敵인가、民力의疲弊인가。名君의없었음인가。賢臣의나지않었음인가 이모든것도 原因이못될것없겠지만、그보다도가장根本的인것은 三國時代를失敗케하였던그病에서 벗어나지못한것이다。自我를잃어버리고 찾지못한대있다。웨 支那制度는高尙한것이고 朝鮮의것는俗된것인가。웨 새法은못쓰고 先王之道라야하며 先王之道라면 何必文武周公의일인가。웨 孔子孟子를배울진대 남처럼똑똑하게「孔子孟子가軍士를거느리고 日本을쳐건너온다면 이쪽에서도 軍士를거느리고 나가 그孔子孟子를쳐서이기는것이 참孔子孟子의가르침을 지키는것이라」고 바로배우지를못하고、나라를팔고 父母를팔고 내自身까지팔아서 孔子孟子의隨從을들어야하는줄로만알었던가。儒教를배운것이아니라 儒敎에奴隷가되였으니 自我를잃어바린後에는 아무리貴한敎訓도 虛僞가될뿐이다。世上에 虛僞를行하야가지고 興하는理致는없다。高麗失敗의原因은、그뿐아니라 總히朝鮮歷史苦難의 歷史된原因은、나를잊고 虛僞에醉하였던대있다。

高麗一代의歷史는 세句節로나누어볼수가있으니 各句節마다 一高峯이있고 一深谷이있다。高峯은民族的自我意識의高潮期며 進就的인때요、深谷은 自我意識의低潮期요 따라 退嬰的屈辱의時期다。

第一高潮期는 王建太祖의建國初期였다。新羅末頃에이르러 國政의墮落은 그極에達하야 民心은흩어지고 社會는混亂에빠졌다。그리하야 東洋式말로하면 英雄男兒가 한번出馬를할때였다。그氣運을타가지고 處處에서內亂이일어났다。梁吉은 北部에서일어나고、甄萱은南에서일어나고、梁吉의뒤를니어 弓裔가일어나고、弓裔의後에 王建이일어났다。그리하야 半島는 한번다시 三國鼎立의옛날形勢를再現하게되었다。그러나 分立은 발서大勢가지나간것이오、다시있을수없는일이었다。故로 어느一國이마츰내全部를統一할것은 처음부터決定된事實이었다。그러나 當時의天下形勢는決코그것만이아니었다。半島內의問題만이아니라 東洋全體의非常時였다。滿洲에는渤海가亡하는때요 支那에서는 所謂五代時代의混亂期었다。朝鮮民族에게는 半島內의弊政을고치고 못고치는것만이아니라 實로 歷史的使命에對한活眼을열고 一大飛躍을하여볼때였다。時代는 門外에서 朝鮮사람을向하야 손짓하야부르고있었다。一大經綸을세울때였다。朝鮮사람이 苦難의階段을나려가기 始作하는이때에 이러듯英雄心을挑發하는時代가온것은 漂浪의길을떠나는蕩子에게 또한번의反省을促하려 門間에서부르는 慈父의音聲이었다。果然 朝鮮사람의가슴에는 自我意識의高潮가올으기始作하였다。北伐思想의擡頭가 이것이다。爲先그를代表한사람은弓裔였다。弓裔는本來王族으로서、庶子로낫던탓으로 山寺間에彷徨하지않으면안되는 逆境에있던사람이다。그러나 英雄의志氣를가졌던사람이라 時代의尋常치아니함을보고 憤然히山門을차고나왔다。後에그가 驕慢凶暴를부리다가 失敗하였는故로 世上이흔히 過酷한評으로써그를버리나 事實弓裔는大志를품었던사람이었다。民心을잃어敗亡한것은 勿論잘못이지만 同情의餘地가많은사람이다。그는時代의一面을代表하는사람이다。新羅墮落의罪惡이宮中生活우에서일으킨 一大逆浪이었다。逆浪에어찌거품이없을수있으리오 그에게그性格이있었던것은 免키어려운일이었다。故로 우리가그에게서볼것은 君王이되고못된것이아니라 그로써힘있게代表된 國民意氣의高潮다。그가 國號를後高句麗라하며 高句麗를爲하야 報讐한다揭言하고、新羅를불러滅都라한것은 高句麗遺民의反抗心을利用하자는것만이아니었다。官制를定함에 支那냄새나는新羅의舊制를바리고 朝鮮固有의風으로하며 國都를平壤에서울計劃을하고 史臺를設置하야 外國語를學習케한것들은 모두다 그뜻이 滿洲大平原에있었던것을말하는것이다。國號대로 高句麗의後身으로自任했던것이다。그러나 그는自己의지는運命의勢力으로因하야 成就치못하고말았으니 저는苗而不秀의英雄이다。

弓裔는넘어졌으나 그大志는 王建에게서繼續되였다。그는一個軍人에서일어나 君主의자리에올으는 才能과度量을가진人物이었다。처음에弓裔에게屬하였으나 그의하는일이漸漸凶悖로기우러짐을보자 一便으로는巧妙하게處事하야一身을保하고 一便으로는寬仁한態度로人心을모와 마츰내弓裔를쫓고 그나라를얻게되었다。그러나 그는 半島統一로滿足하랴는小人物이아니었다。甄萱을누르고 新羅를어루만저 三國統一을한後는 亦是北으로가자는것이 理想이었다 都邑을松都에定하였으나 恒常將來의國都로는平壤을생각하야 城을修築하고 學校를세우고 每年西巡을하는等 特別이經營하는것이있었으니 이모든것이北伐計劃에서나온것이다。故로 鴨綠江을건너오는渤海遺民을歡迎하야 收護하기에힘썼으며 契丹의通和에對하야는 그使臣을海島에遠流하고禮物로보낸駱駝를萬夫橋下에매여 餓死케하는等 斷然한態度를取하야 國民으로하여금 覺悟하는바가있게하였다。後世의史臣들이 이를評하야 도리어契丹과結怨하는動機가될뿐이라하야 太祖를短慮하다하며 契丹이渤海를滅한것이우리게무슨關係가있기에 渤海를爲하야 그다지報復을할必要가있느냐하는、實로 어이없는論을하지만 이는 太祖의생각이 新羅以前의大朝鮮에있었던것을 모르기때문이다。

王建太祖의 그러한遠大한 計劃은實際政策中에잘나타나있다。그一은 支那制採用에關한것이다。그는新羅中葉以來로늘어오는 支那模倣傾向을막기爲하야 朝鮮固有의것을尊重하려힘썻다。訓要十條의 第四條에말하기를「우리東方이비로唐風을思慕하야 文物禮樂에모두그制度를따랏으나 곳이다르고땅이다르면 人性도各異한것이 구태여반듯이같이할必要가없다」하였다。그리고말을이어「契丹은禽獸의나라라 風俗이不同하고 言語가다르니 衣冠制度를絕對본받지말라」하였다。이는確實히 支那崇拜思想을물리쳐 朝鮮精神을鼓吹하고 北에對하야는 積極的進取政策을取하야 決코妥協하지말자는생각이다。

朝鮮精神을作興하기爲하야는 지금말한消極策만을쓴것이아니오、積極的振作法도行하였다。그의宗教政策이 그를말한다。即 佛教의統制와 八關會를行함이다。李朝의史家들은 모두太祖를가르쳐 佛教를惑信하였다고非難을하지만、그는事實을그릇치는議論이다。萬一그들의所論이 事實의眞좀보다、그것을資料로삼아、自己네가섬기는님금이 佛教로기우러져서 自己네儒者派의立地가 危殆해지는일을防止하기를目的한것이었다면 다시더말할것도없지만 그렇지않고事實로그렇게알었다면 그는皮相的觀察이다。太祖의일을보면 果然 佛寺를創建重修도하고 訓要의第一條에도、우리나라는諸佛의護衛로되였다고하며 그아래로佛事에關한말이많다。그러나 다시仔細히考察해보면 그는奬勵보다도 統制임을날수있다。말은道詵의圖讖에빌어가지고 寺院의增設을禁한것이다。太祖만한사람으로서 新羅衰亡의原因이 佛教의濫盛墮落에 있었던것쯤을몰랐을理없다。故로 그가佛教에對하야 統制主義를가지면서도 表面抑壓을하지않은것은 다른대그理由가있지않을수없다。무엇인가。太祖는일즉이崔凝의排佛論을한대對하야 對答하기를 佛教가新羅人의骨髓에배였으니 이제갑작이廢하면 反側이생길念慮가있다하였다。即 民心安定을爲하야 必要하다는것이다。그러나그것만이아니다。崔凝의排佛論은 當時에儒佛二派가對立의形勢이었던것을 暗示하는것이니、太祖가 民心安定上佛教가 必要하다한것은 거기말을依托하야 아마그때이러났던儒派의勢力獲得運動을 눌은것이다。

八關會에關하야는 仔細한記錄이없다。오직 即位元年에有司의請에따라、新羅에서 每年仲冬에行하던例에따라 八關會를열었다하였고 訓要中에는八關은 天靈及五嶽名山大川龍神을 섬기는것이라하였을뿐이다。그리하야 八關이라는것이 무엇인가하는대對하야 史家의議論이區區한모양이다。그러나 天靈、名山大川을섬긴다는것으로보아 太古以來 하늘에祭하던 朝鮮固有宗教에서 淵源하야온것임이 疑心없는듯하다。萬一그렇다면 太祖가八關會를 始作한것은深重한意味가 있다하지않을수없다。支那思想에中毒이되여

피도魂도없는蒼白한儒家의손으로 된歷史에는 固有의思想이나文化에關한것은 도모지記錄되지않었으니 알수는없는일이나、間接으로 여러가지形便으로미루어보아 다음같은推定을함은 穩當한듯하다。即 新羅末頃에 當時國敎였던佛敎는 生命力을잃어버리고 말았다。그러나아직隱然한勢力을가지고있었다。거기對하야 統一時代以來 唐의文物을輸入하므로부터 漸次儒學者라는一階級의形成이되여 佛派와勢力을다투려는形勢였다。그런대또거기따라 또는歷史的轉換期의新氣運에따라 漸漸沒却되려던固有宗敎思想 即 新羅時代에花郎道、國風、國仙하던思想이 鬱然히이러나던모양이다。이는 外來思想에窒息되려던 朝鮮思想의復興이다故로 大朝鮮復興의理想을가젔던太祖가 特히이를訓要中에넣어「敬依行之」하라고付托한것은 深計遠慮에서나온것이라할수있다。太祖의心中을더듬는다면 或이렇게말할수있다即 人心에깊이젖은 佛敎를利用하야 社會的安定을꾀하며 時代의思潮인儒敎의 政治敎化의理論을實地에採用하아 政治機構를튼튼케하는一便 朝鮮精神의復興을指導하야 國民的意氣를올리려하였던것이다。이렇게볼때 高麗의建國初期는 朝鮮歷史上에서 重大한意味를가지는한時期임을알수있다。그러나太祖의理想은 終乃實現의날을보지못하고그만두었다。弓裔가 싹내고키우지못한것을 그는 키우기는했으나 結實치못하고말었다。그는秀而不實한者다。

이高潮期가지난뒤에 歷史는低潮期에들어간다。惠定 두넘금을지나 光宗朝에이르러 大勢는儒學派의優勢로 一轉하기始作하였다。 이넘금은 支那의것을매우좋와하였던이로 支那歸化人雙冀를登用하고 그의獻議를좇아 科擧法을採用하였고 臣僚의第宅을빼앗어까지 歸化支那人을優하기에힘썼다。다시一代를지나 成宗朝에이르러는 漸漸더甚하였다。元年에 上柱國崔承老가 二十六條를올려 佛敎를論斥함에 王이嘉納하였다하였으니 이는儒學派의勝利를말함이다。支那에模倣하야 宗廟社稷을세운것도이때요 文宣王廟圖를가저오고 國子監을設置한것도이때다。官制를배우고 敎育制를배우고 外도부터內에이르기까지 支那를배우기에餘念이없었다。그리하야 慕華思想이생기고 事大主義가생기고 現狀維持主義가생기였다。

이때에、이精神的低潮期에、自我를忘却하고 虛僞에醉할때에、一大巨棒이머리우에나렸다。契丹의侵入이다。契丹은 建國初頃에 滿洲에이러나가지고 渤海를滅한民族이다。太祖가 그들을渤海의원수라하야 通和를물리치고 北伐計劃을했던것은 이미말한바와같다。累代의넘금이 太祖의遺志를이어 北伐을實行하였더라면 契丹은發展을일우지못하였을것이다 만은 모두儒敎를崇尙하며 進取의國策을바리자 契丹은隱然한大勢力을 기두어가지고 北方에臨하게되였다 太平聖世를 文字대로實行하노라고 八關會를廢하고 軍器

를거두어 農具를만들던 成宗朝부터 契丹이大擧侵入하게 된것은 무서운滑稽劇이었다。 그로부터 顯宗때까지 每年 쉴새가없었다。 兵器를두드려農具를만들고 孔子가다된줄로 알었던때는좋왔으나 倉卒間에國難을當하고보면 어찌할줄 을몰랐다。 三寸舌밖에가진것이없이 單身敵陣에들어가 堂堂談判을하던徐熙의壯勇으로 나라의體面을겨우保하기는하였으나 苟且하기限없는일이오、한줌되는軍卒을 거느리고 大軍을가로막아 血戰終日에 마지막에弓矢가盡하야不得已 죽는 金叔興 揚規같은 偉大한魂이남아있고 姜邯贊같은 勇將이있어 奮戰하므로 겨우敵兵을 물리치기는하였으나 太祖의壯志는 雲霧消散한듯하였다。

契丹의侵入은 高麗사람을깨우기爲한 警鍾이었다。自我를잊고 남의것에醉하며 하늘이주는機會를버리고隨眠을貪하야 退嬰的現狀維持主義에 빠지려는사람들을向하야「그中華에忠誠을表하기를 얼마나할터이냐」「苟安을偷食하기를언제까지나할터이냐」하며强迫하는듯하였다。 그일을마치자 契丹은 自己의役割을다한듯이 舞臺에서물러나가고 歷史는새時代를 準備하기始作하였다。 高麗사람은 이訓戒에서깨달은바가있었는가없었는가。 다음에오는 時代가그를說明할것이다。 何如間 이로부터數十年間 高麗는昇平을누리었다。 그동안에 契丹에게받은傷處를回復하고 文物의發達을보게되였다。 儒佛兩敎가다盛하야 佛敎界에는大覺國師같은名僧이나고、 儒學界에는海東孔子의稱을듣는崔沖이났다。

盖論人類之禍福

姜濟建

粤自亞當犯命時　아아、아담 이命 을犯하던때에、
終令撤但得勝機　마츰내사단으로勝機를얻게하였도다
末流之弊出乎爾　흘러오는弊가 네게서 나왔스니、
必死而休生者誰　반드시죽고야마는데 살자가누구뇨
萬物于今同歎苦　萬物이 지금것 歎苦를같이하니、
千年何代自由期　어느千年에 自由한期會인고、
神言不變創初定　神言은變치않음、처음붙어定했으니
罪孽人間無絕之　罪孽은人間에 끊일날이 없더라。

人生善惡只左於自由

三位之中聖者誰　三位中에 거룩하신이 뉘뇨、
超乎萬物則耶穌　萬物에뛰어난이 곳 예수시다。
造天地者創初日　天地를지으신이、創造의첫날에
定審判於終末期　審判을終末날에定하야 놓시도다
人類自由從善惡　人類는 自由로善惡을 좇아行코
神工無私置安危　神의일私事없이 安危를두셨으니
勸君莫道世間福　그대여 世上福을 말치도말라、
主視千年亦不遲　主의눈에는 千年도 하루시라네。

古代히부리民族의孝道 (五)

楊能漸

結果로보아서 孝道와 密接한關係를 가진것은 所謂大家族制度다。大家族制度가 存在하는곳에는 孝道가重한道德이 되여있고 夫婦를中心으로한 小家族制度下에서는 孝道는 退落하였다。히부리民族은 舊約聖經을보건대 代表的大家族制度의 民族이었고、그들의 가장有力한 基本社會單位가 家族이어끼때문에 우리가 그들의宗敎나 經濟等을 研究하랴면 먼저 그들의 緊密한家族生活을 알아야할것이다。그러나 여긔서 只今 히부리民族의 大家族制의 發展이나 父權의發生같은問題를 論之하랴하여도 終端이없을뿐만 아니라 도저히 한두사람의힘으로 簡單히解決될問題도 아니다。그러면 한家族內에서 子息된者는무슨 理由로因하야 父母에게 孝養을해야만할形便에 이르렀는가 이것이나 알게되면 우리는 여긔서 不足하나마나 滿足하지아니하면 안되겠다。漢文에「孝悌」、「孝弟」같은 文字가있어 父母에게對한 孝道와 年長한사람게對한 恭敬의 사이에 密接한關係가 있는것으로 보고있다。이것은 우리에게 좋은暗示를 주는것이다。決코 等閑히 볼것이아니다。

이時代사람들에게 있어서는 年齡의多寡는 各사람의社會的地位를 決定하는데 重要한標準이되어 老人은 比較的 尊敬을받고 年若者는 下待를當하는것이 普通이었다 히부리 民族의 敬老思想과 그社會的結果는 여러가지方面에서 볼수가있다。老人이되면 身體가弱하야 여러가지苦痛이 生起지마는 長壽한사람은[37]有福者요 壽福은 義人이받는 恩惠의 하나이라고 한다。創世記 第五章과六章에 有名한 長生傳列記가있다。聖經에 依하면 太古사람은 近千年式이나 長壽하였지마는 漸次人類의 壽命이短縮되여서 七八十歲或은 百歲를 人間古來稀로 生覺하게되였다고한다。[38]長生年齡數字는 히부리語、希臘譯、사마리、三舊約을 比較하야보면 其間에多少間差違가 있지마는 大體로보아서 大同小異하다。[39]

아담	九百三十歲
셋	九百十二歲
에노스	九百五歲
게난	九百十歲
마할날넬	八百九十五歲
야렛	九百六十二歲
에녹	三百六十五歲
므두셀나	九百六十九歲
레멕	七百七十七歲
노아	九百五十歲

셈	六百歲
아르박사	四百三十八歲
셀나	四百三十三歲
에벨	四百六十四歲
벨넥	二百三十九歲
르우	二百三十九歲
스룩	二百三十歲
나홀	百四十八歲
데라	二百五歲
아브라함	百七十五歲

자라 百二十七歲 —— 야곱 百四十七歲
요셉 百十歲 —— 모세 百二十歲
(申命記三十四章七節)

이러한 長生傳說이 히부리民族에만 있는것이 아니라 世界各地에 이와같은 傳說이있다。히부리民族과 같은種族이고 文化上密接한 關係가있는 古代 바비로니아人의 歷史에도 長生傳說이 多數히 나타난다。太古 三皇時代의 바비로니아王中에는 몇百年間 長壽한사람도있고 또 몇 萬歲의 長生을느린 兩班도 많다。(40) 히부리長生傳說를 記載한 創世記第五章이 比較的 後世의記錄이라하야 히부리長生傳說은 바비로니아傳說을模倣해 作成한것이라고 論斷하는 學者가있다。그러나 舊約의 最古記錄中에 長生傳說의 흔이 뵈지않고 比較的 後期의 記錄中에 特히 詳細히 記載되였다함은 반듯이 히부리民族에는 長生傳說이 當初부터 없었겠다는것을 立證하는것이아니다 그뿐만아니라 우리는 世界各地에 長生傳說이 散在한点에도 留意하지아니하면 안되겠다。히부리民族도 亦是 다른民族과같이 太古三皇時代의 사람들은 非常하게 長壽한것으로 生覺하였다。

舊約時代를 一貫하야 長老(짜켄)가 勢力을가지고 있은것을 볼수가있다。權威者 「長老」란文字가 舊約聖經中에 百餘番使用되여 있다고한다。「長老」의말은 老人이란 말과 마찬가지니까、長老의 첫條件은 年齡이 比較的많은 男子란것이다。이부라함이 極히信用하고 自己의子婦撰定같은 重大한事를委任한者도 그의老僕(長老)이고 또 이보다 後世의 예레미야時代에도 長老가 存在한事實이 뵌다(創世記二四의二、예레미야二九의一)。長老의活動範圍와 그의職分은 一定치않고 매우多方面이고 그는 權威있는 官吏같기도하고 民衆의 代表人物같기도하다。長老는 家長、氏族의 代表者、又는 民衆의代表者 官臣으로써 모세、여호수아 王같은兩班과 同事하는일도있고 交涉하는일도있다。(41) 또 長老는 한地方 又는 都市의頭民又는代表者로써、自己地方의 公共事務、官廳事務를 處理하는일도 있었다。(42) 國家가 完成된以後에도 裁判는 長老들이 하는것이 普通이었다。民事訴訟뿐아니라 死刑判決같은 重한 刑事訴訟도 普通 長老가 裁判하는거시 一般이었다。(43) 政治、行政、司法에 關係가있을뿐만 아니라 長老는 또 宗敎方面에도 相當히 勢力을가지고 있는모양이다。(44) 老人이 社會에서 勢力을가지고 있였다는事實은 唯獨 히부리民族에 있었을뿐아니라 다른 셈民族에서도 볼수가있다 아라비아民族에 있어서는 今日까지도 酋長을 「샤이크」(Shaikh)라고稱하는데 元來이말은 「老人」이란것이 本意다。古代 바비론에서도 亦是마찬가지로 「老人」(Sibitum)이 特殊한勢力을가저 그들은 裁判도하고 또 有力한公

證人의事務도 取하였고 또 都市行政方面에도 相當히勢力을가지고 있었다。 그러나 이런 「老人」은 貴族階級(Awelu)의 出身이아니면 안된다[45]。

古代는 어떤點으로보면 老人全盛時代라고 稱할수도있겠다。 히부리史에 長生傳說이있고 長老가 大勢力을가졌다함은 이는 곧敬老思想의 表現된바다。 舊習의支那나 朝鮮에서 各個人의年齡이 그사람의 社會的地位를 決定하는데 有力한標準이된것과 같이 히부리民族에있어도 亦是 마찬가지로 年下사람은 年長者를 尊敬하고 老人에對하야 特히恭敬하였다。 마음으로 恭敬하여야 할뿐아니라 外形에도 尊敬하는 態度를 表示해야만한다。 레위記第十九章 三十一節에 「너의는 白髮된者前에 起立하고 老人을 恭敬하며 하나님을 敬畏하라」 한것을보면 老人을對할때에는 앉았든者도 起立한모양이다。 會席에서 相議하거나 議論할때에도 年下者는 年長者가 全部말을畢한後에 비로소 말을하는것이 正式이었다 (욥第三十二章四節)。 이러한 敬老思想의 結果로 老人은 곧尊長 (Anges-ehene) 으로 보게되였다 (이사야 第三章二節 第九章十四節)。 老人의 地位가높고 老人은 尊敬의對象이되기때문에至於하나님을 老人으로 想像하게되였다[46]。

왜 「白髮은榮華의 冕旒冠」 (箴言第十六章三十一節)이되는가。 다만 年齡의增高가 老人게 곧尊敬을 下附하는것이아니라 年齡의 增加는 우리들게 經驗을 下附하고이經驗이 社會의 尊敬을 招來하는것이다。 現代 文明은日新月將하는 過程中에 있기때문에 變化가甚하지마는旣往에는 그렇지않다。 古代히부리民族의 生活은 一定한點에 固定되야 祖父時代의 文化나 孫子時代의 文化에別로 큰다른點이 없고 日常같은 生活을 聯續하는데 지내지 않었다。 當時는 아직 學校敎育이 發展되지 않었기때문에 現代처럼 子弟를 一定한短期間에 所用의敎育을시킬수가 없었다。 히부리敎育史를 調査하야보면 學校라고 稱할만한것은 希臘時代의 末期에 이르러서 처음보인다。 王候같은者는 家庭敎師를두고 子弟들敎育시켰다[47]。더욱이 文字敎育은王侯、聖職等 極小部分의階級에만 限된것이고 一般大衆과는 何等關係가없었다。 一般國民의立場으로보면 敎育은 家庭에서 生活하는中에不知不識間에經驗을累積하야가는데 不過하며 따라서學校는 各自의家庭이고 先生은 父兄이고 學課敎材는生活 그것이었다。거기는 別한 意識的企圖도없고 人爲的術策도없었다。 如此한社會에서는 知者는 老人이오 老人의知識은 多年間에 얻은經驗이다。 少年、靑年은 無識者다。 聖經에도 이點에關하야 明白히 說明했다。

昔日을 記憶하고 屢世代의年을 思하라。 爾父에게問하면 彼가 爾에게 謂할것이고 爾의 長老들게問하면

커의가 爾에게 言하리라(申命記第三十二章七節)。

老者에게 智慧가有코 長壽하는者에게 明哲이有하나니라(욥第十二章十二節 又第十五章九ㅣ十節叅照)。年齡ㅣ經驗、老人ㅣ知者、知者ㅣ有力者、有力者ㅣ尊重者이러한關係를 볼수가있다。그런故로 年齡을 基本으로하고 社會階級이라고 할만한것이 生기게되였다。申命記에靑年子弟의 過飮을 嚴禁하였지마는(第二十一章二十節)、年長者에對하야서는 禁酒하지 아니하였다。年若者가 治國하게되면 이는 凶兆라하였다。[48] 르호보암이 靑年들의말만듣고 老人의 勸告를 듣지않기때문에 失敗하였다는 이야기가 列王記上 第十二章에記載되였는데 이도亦是 當時의 社會事情을 잘表現한것이다。이와같은 社會에서 子息이 自己보다 年長者고 自己의指導者인 父兄을 尊敬하게됨은 極히 自然의 形勢다。또當時에는 家族이 中心的社會單位가 되기때문에 家族은 極히 緊密한關係에 있었다。이것은 子息으로하여금 그의父母를 더욱尊敬하게하고 父母의 命令에 順從하게하는 動力하다。自己보다 識者인 年長者를 尊敬하는 敬老思想은 家庭에孝道를 세운者라고 可히 말치아닐수없다。

이에 關聯하야 한두가지 더 注意할点이있다。古代漢學者들은 孝道를 敬老思想의 結果로 보지않고 敬老思想은 孝道의延長에 不過하다고 解釋하였다。論語에「有子曰、其爲人也、孝弟而好犯上者鮮矣、不好犯上而好作亂者未之有也、君子務本、本立而道生、孝弟也者、其爲仁之本與」라하였고、또禮記祭義篇에는「貴老爲其近於親也」(穗積陳重博士著、隱居論引)하였고 이外에도 儒家의書籍에는 이와같은 意味의말을 한것이 많을줄로안다。이러한 解釋은 既論한바와같이 孝道를 우리人類에게 固在한根本的道德思想으로 보고 其他의 道德을 이孝道에서 延出시키기때문에 생기는亡論이다。老人을 經驗者로〻 尊敬하는것은 古代히부리民族뿐아니라 世界各地에서 볼수있는現象이다。[49] 老人의 社會的地位는 文化의發達에伴하야 上進하는것인가。換言하면 文化가發達할수록 老人이優待를받는가。極히 下級의 未開民族에 있어서는 老人이 虐待를 當하는일이 많지마는 文化가 多少間높은 民族의老人은 優待를 받게되여 우리가 敬老思想이라고 名稱하는思想을 볼수가있다。이러한点으로 推測하야 老人待遇如何는 文化高低의 尺度라하여서는 안된다。事實既往은 老人全盛時代라고 말할수있다。그러나現代는 學校敎育이 普及되여서 靑年들이 比載的短期間內에 여러가지 知識과 經驗을 獲得할수가있게되였다。老人이 안되고도 老人과같은 經驗과 知識을 얻을수가있다。現代文明國의 各方面의 主要人物의 平均年齡은 敎育이 普及되지않은 既往時代의 主要人物의 平均年齡에比하야 低

下된것을보아도 알수가있다。이点으로 老人은 그의全盛時代를지내 下勢의步를드듸게 始作하였다고 말할수가있겠다。老人들의 旣得勢力은 國家、靑年、其他의게 漸次빼아끼게된다。舊約聖經에도 後期文學中에는 발서 老人의社會的勢力이 多少間 衰退된것을 暗示하는点이 보인다。(05)

古代 히부리民族에 있어서는 家族이 經濟單位인것을看過할수가없다。그들의 重要産業은勿論 農業과牧畜이었다(創世記第四章一、二節)。分業 交換經濟는 發達되지않고 各家族은 自己의家族이 所用할 衣食住모든것을 自己의손으로 맨드는것이 通俗이다。即 家族의 自給自足時代다。經濟가 發達되지않었끼때문에 富의偏集이 盛치않고 一般國民大衆은 自作農이다。農業과 牧畜의勤勞生活이다。이勤勞生活은 그들게 生男을願하는마음을 熱烈하게하였고 多子 多孫ㅣ幸福、無子ㅣ不幸의思想을 가지게하였다。또 그들의 經濟生活의時徵은 消費本位의 生活이다。勞働하고 受苦함은 生活하기爲함이고、다만富를蓄積하기 爲함이아니다。그러기때문에 그들의生活、狀態를보면 그資産이나 生産收入에比하야 宴會、儀式、蓄妾等 消費的方面이많다。衣食의 餘裕가있는富者는 奴隸或은 其他勞働者를 買傭하야 使用하고 自己는 遊食하였다。이러한일은 富者의搾取라고말할런지 모르지마는 또一面으로 觀察하면、産業이 發達되지않은데따라서 勞働할範圍가 極히狹小하야 即現代의用語를 使用하면 勞働市場이 充分히 開發되지않은當時에 있어서는 富者의遊食은 그結果로보아 社會의 共存共榮의 一助가되지않었을가 생각한다。前에도 말한바와같이 當時는 知識이固定되야 生産技術도 固定化하여 新發明、新改革을볼수가없다。新開拓을 볼수가없다。더욱이 土地의 新開拓은技術方面關係만아니라 其外 여러가지 要件이 具備하여야된다。團體的行動도 必要하고 長年月도 必要하다。(06) 이뿐아니라 新開拓은 損失이 되기쉬운일이라 申命記에聖地는 生産이豊富한 美地라고 讚美하야曰

너희의 하나님여호와 너의를引導하야 美地에入케하실지니 溪와泉과 深한웅덩이가 有하야 平地와 山에서 流하는地요 小麥과 大麥과 葡萄와 無花果와 石榴가 産하는地요 橄欖油와 蜜이 産하는地니 너의가其地에서 食하는바 粮이不足하지 아니하고 거기서 너의가 何든지 乏絶할것이 無할것이오 其地의石은 鐵이오 其山에서는 銅을採하리라。너의는飽케食하고 너의의 하나님여호와ㅣ 其美地賜하신것을 讚頌하라 (第八章七ㅣ十節)

이것을보고 聖地는 土沃하고 廣濶한 富源地로 想像하면 錯誤다。聖地는 地理學으로보아서 크게貪나는곳이아니다。現代의 文明技術을 利用하고도 聖地의人口는 百萬名以內다。山과岩石 砂地와炎天 이는 聖地의特色이다 人口를 多數히收容할地方이 못된다。그러나 聖經에는各處에 聖地파레스티나를 讚美하는것이 보인다。이는무슨緣故에因함인가。聖地의 周圍에는 聖地보다도 一層土薄한地方이 있기때문에 히브리사람의 눈에는 井中之蛙의觀察로 自己들이사는 聖地는 매우 좋은美地같이 보였을것이다。또 이申命記를쓴 時代는 東方外國의 壓迫을當하고 母國의存亡이 目前에 걸려있을때이므로 그들은自己나라 國土를 사랑하는愛着心이 더욱 간절하게되였을것이다。이러한 關係로 히브리民族은 人口過剩에빠진것같다(創世紀第三十六章六、七節)。機會만있으면 外地植民을하게되였다。數十年前에 埃及에레판틴에서 紀元前 五世紀에 埃及에居住한 猶太人의記錄을 發見하였다。(52) 그記錄에依하면 當時即 波斯時代에 埃及에多數의 猶太人이移住하야 여호와 神殿까지 建設한모양이다。希臘時代에猶太人의 外國移民이 非常하게 많은것은 다시 말할것도없는바다。우리는 男子가 相當히있는 家內에 勞働力이過剩하였을것을 推測하지않을수가없다。老親扶養이나 青年의 職業熟錬같은 問題를 全部除外하야버리고도 家內의 勞働力過剩은 自然히子息이 勞働하고 父母를遊食케하는것이다。勞働力過剩은 父母奉養道德의 原動力이다。

順從과 奉養의 孝道의 原動力이되는 敬老思想과 勞働力過剩이 大家族制와 若干關係는 있겠지마는 이것은大家族制의 產物이아니다。이것은 오히려 大家族制가充分히 確立되기前부터 存在한 現象일는지 모르겠다。孝道가 大家族制와 共存하고 또大家族制로 말미암아 補强된点은 있지마는 孝道를 大家族制의 附屬物로보면 이는 誤解다。또 孝道가 支配階級의 道德이아닌것도 알수가 있을것이다。(終)

註

(三七) 出埃及記第二十章十三節、第二十三章二十六節、申命記第四章四十節、第五章三十三節、第十一章二十一節、第二十二章七節、이사야第六十五章二十節、詩篇第九十一章十六節、第九十二章十四節、箴言第十章二十七節、第十二章二十八節、其他。Morris Joseph, Old Age (Hebrew and Jewish) in Hastings' Encyclopedia of Religion and Ethics, vol. IX. 471-3

(三八) 詩篇第九十章十節、벤 시라第十八章九節。

(三九) Skinner, Genesis (International Critical Commentary), p. 83. G. A. Barton, Old Age (Semitic and Egyptian) in Hastings, Encyclopedia of Religion and Ethics, vol. IX. 478-480.

(四〇) B. Meissner, Babylonien und Assyrien, Bd. II. 439-443

(四一) 創世記第五十章七節、出埃及記第三章十六節十八節、第

四章二十九節、第二十四章一節十四節、 申命記第五章二十節、第二十一章三節以下、第二十七章一節、 第二十九章九節、第三十一章九節二十八節、여호수아第七章六節、第二十四章一節、士師記第二十一章十六節、 삼우엘上第四章三節、八章四節、삼우엘下三章十七節、第五章三節、第十二章十七節、列王記上第八章一節三節、 第二十章七節以下、列王記下第六章三十二節、 第二十三章一節、에스라第十章八節、에스겔第八章十一節以下第廿七章九節。

(四二) 士師記第八章十四節、第十一章五—十一節、 삼우엘上第十一章三節、第十六章四節、 第三十章二十六節、삼우엘下第十九章十二節、 列王記上第二十一章八節十一節、 列王記下第十章一節五節。

(四三) 申命記第十九章十二節、第二十一章二—六節十九節以下、第二十二章十五—十八節、 第二十五章七—九節、 여호수아第二十章四節、룻記第四章二節四節九節、 삼우엘上第三章二節十四節、 第九章十四節、 列王記上第 二十一章八節十一節、 에스라第十章四節。

(四四) 列王記下第十九章二節、 예레미야第十九章一節。
長老에關한杂考—G. A. Barton, op cit. S. R. Driver, Deuteronomy (International Critical Commentary) p.233.
C. Siegfried und B. Stade, Hebräisches Handwoerterbuch zum alten Testamente, S. 177-8.

(四五) B. Meissner, Babylonien und Assyrien, I. s, 123.
G. A. Barton, op. cit.

(四六) 다니엘第七章九節十三節二十二節、 에노크第四十六章一節、第四十七章三節、第四十八章二節、其他。

(四七) 삼우엘下第十二章二十五節、 列王記下第十章一—五節、歷代上第二十七章三十二節、箴言第五章十三節。 벤시라第五十一章二十八節。

(四八) 傳道第十章十六節、이사야第三章四、五節。

(四九) P. J. Hamilton-Grierson, Old Age (Encyclopedea of Religion and Ethics, IX, 463).
古代支那에서도 老人을識者라하야 尊敬한것이다。 餘談이지마는「考」字는妙하게된字다。 勿論이字는 老와丂를合해서맨든字다。 說文에는이「考」字를「老也」라고說明하여끼때문에 老、故、攷같은것이考字의本義고 생각한다는意味에考字를 使用하는것은「攷」의 假借이라고한다。 나는이解釋에 不滿을가지고 書詩、史記等을 調査하야보았는데「考」는 여러가지意味에 使用되였지마는 攷의意味에 使用된것도 많다。 이字에는 最初부터생각한다는 意味가있어 老人과經驗考思의 意를合作하야된 字가아닌가한다。 卽會意形聲의字가아닐가。

(五〇) 詩篇第七十一章九節、 아가第五章十二、十四節、 民數記第八章二十五節、傳道第四章十三節。

(五一) 第四章二十一節、第八章七節以下、第十一章十節。

(五二) H. Gressmann, Altorientalische Texte zum altn Testament, S. 450-462.

〔城西通信의續〕

라고 하올는지。리빙스톤傳記日譯을 紹介하야주소서 이제부터좋은傳記를 모조리읽고자하오니 漸次로가르처주시옵기願하나이다。十月 三十一日 밤○○ 上書』 따뜻한友誼는언제어듸서든지貴한것。

○十一月四日(日曜) 李先生의先導로 午前十時에 市內明治町 天主公會堂미사에 叅觀하다。善男善女의 宗敎的「氣分」을助長함에는 더할데없는 施設과儀式이였으나 그런것이基督敎라면 적어도 나自身은 基督敎人이될수 없었고、反宗敎運動에 叅加하였을것도 無難한事勢이었을것이다。但 藝術的見地에서 볼때는 美術展覧會를 叅觀하기보다 確實히 益함이있어도 損함은없었다。特히 그七十九人의 殉敎者肖像은 모다 숨쉬는 사삼들같았다 公會堂을떠나 徉十里로서 龍馬峰、峨嵯山을 넘어 물에산에。一行三十三人。路程 約二十四粁。

○十一月五日(月曜) 本誌舊號를받은 馬山某訓導로부터『그리스도의 사랑으로 보내주신 聖書朝鮮五十九冊과 恩惠의글월 感謝히받고 主께고개를숙엿나이다。渴望하던 보배를 값없이받었으니 기쁨도測量할수없고 感謝한마음 더욱비길대없었나이다。이제 所願을 成就하야 聖朝誌를마음놓고 보게되는기쁨、實로 저의게는 밥以上의 滿足을 얻었나이다。最後一頁一句一字까지 精讀하야 眞理와生命과 참길을 찾을가하나이다。傳할가하나이다。오주여 聖朝誌를 祝福하시고 主의 願하시는참 片紙를 쓰게하여줍소서。끝으로 主筆先生님 貴하신몸 健康하심을祝願하옵고 餘不備禮。十一月三日 金敎臣先生座下 ○○○ 拜上』

願하기는 二千萬同胞가 모다 이러한 마음으로써 이 글월을 받아 有益함이 있어지다고 本誌를創刊한것이었다。마는 極히 少數者만이 우리 잔치에 叅席하였다。設宴한 主人으로서 섭섭한情懷도 없을수없으나 이는 天國잔치의 本然한屬性이다。亦是 約定한 義務를 다하면서도「값없이받는다」는 조심성 있는이만이 우리의 벗인가보다。

○十一月十一日(日曜) 養正學校生徒 百四十名과함께 北漢山에 오르다。大西門으로 올라 亞門으로부터 道詵寺를 지나 牛耳洞에下山。이로써 今秋第三回。발서 露積峰에는氷河가달렸다。오르면 오를수록 白雲臺의 속살거림이 번마다 다르고、仁壽峰의說敎가 때에따라 曲調를 變化한다。四十萬京城人中에 이靈山에 귀를 기우리는이가 大多치못함과 敎育받은 男女中에도 北岳山과 北漢山을 分別치못하며、三角山의 세峰을 指點하지못하는 英雄?·들이不少함은 우리의 無用한 興奮의 또한條件이 되는도다。

正誤表

頁	段	行	誤	正
一〇四	下	末	『學校에	『五山學校에
一〇五	下	一一	삶음	삶음
同	同	一五	쏙받게된	쏙받게된
一〇六	下	一四	다은에	다른에
一〇七	上	一〇	않이	않이
同	下	末	넘은	넘은
一〇八	上	一	엇젓다	었었다
同	同	二	되이든	이되든
同	下	一	이렇게	어떻게
同	同	一八	龍動	龍洞
一〇九	上	一一	그샘통	그샘통
同	同	一六	어버지	아버지
同	下	九	의지	위지
同	同	末	부아라	보아라
同	同	同	에서	에게서
一一〇	上	五	自身이그럴	것이、그것일
同	下	一	알러	알려
同	同	一三	뵌광	뻔광
一一一	下	六	어었다	이었다
一一二	上	六	돌으고	돌으시고
同	八	同	그낡다	그보다
同	下	九	만큼	만을
二〇八	上	一七	를	들
同	八	同	오죽	오죽
二三五	下	一四	무겹	무겁
二三六	上	四	속그리에서	속 에서
同	同	五	그 운	그、그리운
同	同	一四	작대기	깍대기
同	同	末	없었것	있었것
同	下	三	둘基督	출基督

五十週年禧年

李 贊 甲

五十週年禧年! 禧年이라는말좇아 나와는別關係가없는지 내에게서는 걷어치워버리엇는지 찾어보려해야 거이 찾어볼수도없다。나의至極히사랑하는 친구들에게서도 이에對한무슨말을 들을수가없다。그러나 五十週年禧年!이는무슨힘을 그리도가지엇는지 나는도모지모르나 떠들게한다。온朝鮮이떠드는것같다。敎會라는그큰덩어리는 무슨큰일인듯도하게 아니나오는힘, 아니나오는목소리인듯도하나 어쨋던인통일어나서 떠들고들있다。

내가보고들은 順序대로는 宗敎무엇이라고한 雜誌에서 今年에들어서자부터 二百圓大懸賞이라고하야 내어걸고 禧年紀念이라고하며 보기에도唾棄할만하게 이禧年을어떻게지나자하면서 그래서이렇게한다하며 雜誌廣告인지 代金回收策인지 언케까지申込하며 代金을다내인이에게 抽籤券을준다고하며 얼마동안每號特大活字로떠들든 것으로부터 서울서열리는 멀리 宣敎本部라는米國으로부터 몇나라의代表까지모여와서盛大하게擧行한宣敎師들의 紀念式, 또朝鮮各處牧師들의모이는 그圓滿壯重했섯다는 紀念牧師大會, 監理敎全體로서 굉장히長蛇陣을한것 平北서는三老會가통털어나서 西北에敎會의中心地인宣川서 함께지난것所謂勉勵靑年會의 至今한참新聞경쟁판에 게걸든朝鮮日報라는 新聞社의 祝賀塔을니마에걸고나선 四年大會를니어서모이는長老敎總會로써의紀念光景 다시금 朝鮮여기저기에서 이五十週年禧年紀念式을하며 오래된 敎會와職分이며심지어오랜信者의 포창까지하는것等이다。그렇지않어도 至今그敎會의기둥일 또事實에있어서 敎會의後繼格으로되여있는 勉勵靑年會의이번四年大會에 참여했든一員을通해서내막을들으니 한심하기그지없고 또求景들한다고 나두나두하고 이곳서도宣川 平壤에갔었는데 와서는말이 그저굉장하고 사람求景이드라고。가져온順序紙들을보니 어떤그이의好時節인지 그를筆두로한音樂隊의出動인 音樂世上인듯한, 어느牧師의史談, 어느博士의講演, 또누구, 누구의무엇, 무엇좇아도 거기에부속인듯한, 무슨會, 무슨式이니다시무어라하랴。

實로異常도하다。禧年이라는그말뿐인가, 그처럼全精誠, 全힘을다들이어서 全朝鮮 더구나더욱나의긴절한關係일基督敎會에서 떠든다해도 도모지울즉여지지아니한다。저空中에지나가는 한때의바람소리인가。오리떼의소리인가。이다지도無關心하여질가。「至今平壤서한참떠들고 있을것이다」하고 生覺되든生覺도난다。거즛없는良心으로 판단해보랴。 眞實에호소해보아라。 거기에무엇이있으며 거기서무엇이生길것같지도않다。 빛이있는것같지도않다。 所望을둘수있을가。 아! 참혹하이 복작이는사람놀음 그렇게하야무엇을것잡을수있을고 무엇을하였다하며 무엇을얻었다할고

五十年禧年! 그저五十年마다 크게쉬며노는해뿐인가。 그렇게만알어그本을따어선가。 우리는속으로 信仰으로그를보아얼마나기뻐지며 그놓임을平安을永遠을볼수있는고 그러나聖經의그같은말슴을 오히려모조리헛되게하는가싶다。 참아그렇게하고있을가。 그게무슨노릇이요 무슨有益이라고그럴가이제저렇게하다가、 그야말로헛된것 알려지는것을알게될가장식하고 채리고또덧붙임있으며 좋다훌륭하다 굉장하다 성황하구나 많다 크다 잘되였다하는 그런소리를하고싶고 듣고싶어서그러할가。 그렇게모이어 한바탕精神없이옥작복작덤비고 雜탱이쓸어넣으며 제니아기 제놀음 슬컨하여놓고는 망녕되게도 하나님의能力 하나님의恩惠이였다。 감사하다고하게될가。 엄숙한山 고요한들은 저이들에게는 도모지관계가 없는것이않될가。 말슴을傳하며들음살아기뻐뛰며자람 영광을돌리며감사함은없지아니한가。 어대에있다고하려해야있을데가 있어야하지아니하나! 있을새도없거니와 있어질구석도없어보인다。 이는보는바가 各各달나서 그럴가。 길은꼭한길만은아니라하니 과연그래서그런가。 東과西가다르며 불과물이다르듯 그렇게다름같다어쨋던이것의 잘잘못은말하지 않더라도다른이들은 모르겠다만은 나는그러고는 업음이있고 有益·있었노라고는도모지할수없는것을 느끼기따믄이다。

아! 五十週年禧年紀念! 나는나의故鄕、 나의마을 나의일터에서잘지낫노라。 아름답은朝鮮의江山우에 明朗히비최는햇빛속에서 잘지낫노라。 이朝鮮의 한크고두렵으며못쓸버서야할꺼대기를 을해에저模樣으로모다 덜덜마라걷어치움을보앗노라。 그얼덕덜덕한 不純한것이섞이고 또낡고썩은그것을 걷어버리는것을보왓노라。 近年에웬일인지 모다이렇게파내고 말으렴이였는지 世上에서그받을 賞을다받고 치워버리렴인지 어느분의얼마의 宣敎紀念、누구의무슨紀念、하고 이야속한現世에서도 미처 따를수없도록니로헤일수없이續出하며 銅像、碑、紀念式、紀念館、祝賀會하더니 五十週年禧年이라고하야 떠들어저처럼 그것들의總結算과도같이 됨을보앗노라。 아! 그속에서 참된엄純粹한엄이자람을보앗노라。 헤치고저렇게자라고 있음을보앗노라。 그속에눌리우고 가리워있는 새生命이光明한 天地를보고뛰며 우를向하야 자랄수있게된것을 보앗노다。 純粹스럽는朝鮮대로、참된이스라엘대로、자랄수있게됨을보앗노라。 그맑어지고허여진 朝鮮의얼골을보앗노라。 그光明을보고 自由로이자람을보앗노라。 五十週年禧年! 나는이런큰변화의일을 보는때이엇노라、 없으될것없이하고 자랄

것자라라게되는 그런큰일을보앗노라。

勿論저가있어 이것이이렇게있는것이요 또한저가임이있어이것이앎을원만히내다보게함이니 그렇다어느傳道者의크게웨치는말과같이 過去의것은더요 輪廓에있었다하면 앞으로의것은 建設이요 內的에있다고할가。 어쨋던그서로의關係는 그처럼떠날수없는 하나을위하는긴절한것이니 비록싸우며 활활버서버리어야할때는 할지언정 거기에對한참되히속으로의 尊敬하는맘、 그意味에있어 대단함을늑기어 감사할것은 말할것없지만은 基督敎가오래前붙어 이朝鮮에 들어오려애쓰다가 아주힘차게들어오기 비롯한지五十年! 그동안의 그기적의일! 나는놀내고 또감사하노라。 하나님에게불리움받아 이어둡고캄캄하고 거칠고死亡의골작이인곳을찾아 主의빛을가지고 처음으로그발자국을 이朝鮮에들여놓는 그刹那의光景을 想像하며 그宣敎師들에게 무슨표정 무엇으로감사하며 고맙다함을들일수있을가。 至今도설혹 不是한것도없지않으며 더구나이제는물너나야될것으로 볼지라도 그무슨會이나、 무슨事業이니하고 가장분주하고 무슨大變動을일으킬듯이 自動車몰아왓다갓다하는 이들이나 또는『우리米國서는 이렇게하오』하며 무슨큰서광이나 션불을주는듯이 하는이들이않인、 오직信仰으로든든히서어 무겁기千斤萬斤같고 깊은愁心과所望中에게신듯한 어떤그이들을볼때는 감격해지며 生覺만하여도 거이끗없는生覺에끄을리기 마지않어진다。 아! 참으로그이들의傳하는 福音을받아 처음에믿어하나님의빛을보고 그욕、 그핍박、 그매、 그쫓기움 그賤待를무릅쓰고 오히려달게받으며 先頭에나서서 사랑하는百姓에게 권하야傳하며 나아가신그어르신들을 生覺할때는 또한기적에놀내고 이百姓의幸福됨에 감사한다。 至今도비록어대인지밝지못하신데가있고 완고스럽으심이있더라도 제법새롭은듯하나 천박한文化主義者나、 또는제법가장옳고 잘하는듯이敎理이니 政治이니하고 따지며自己뿐인줄로 아는者로敎會는 점점그속이뷔여가게되고 타락하게되야 世俗化하며 시기분쟁이일어나게하는 그이들이않인 그래도어대까지든지 正統的인福音을가지시고 現代敎會의되여짐을 통탄해하시며 그老軀를끌으시고 단니시며 어느분의말슴같이 가련하게도 注射格인復興會라하야 福音을傳하시노라힘쓰시는 어떤그이들을볼때는 그偉大를느끼고 自然손이읍하여진다。

五十年間의일! 그래도三十萬이니、 四十萬이나하며 헤이게되지아니하였는가。 아니朝鮮의서울부터저깊은山谷에도福音의鍾소래가 울리어집에눈물지게 놀나고감사하노라。 우에게신하나님아바지의 全知全能하심과 그無限하신義로우신사랑의일은 이러하셨다。 그恩惠와眞理를받아 감당한結果는 이러하였다。 아! 당신에게 놀난감사와영광을 들이게됨은 말할것없거니와 저이들에게 對한감사와尊敬이、어찌아니가며 머리숙여지지않으랴。眞實로그點에있어서는 누구에게 지지않을는지어찌알냐。적어도그러기를 힘쓰는 맘이다。손목잡고흔들어 표하지는못하나 진정답은감격은 누구보다 더할는지누가알랴。또한적어도 그러기를힘쓰겠노라。

眞實로감사와감격함을 無限히들이노라。여호와하나님의 일홈을위하야 이백성을위하야 들이노라。그러나至今저렇게되였음을 어찌하랴。또한언제든지사람이 本來의그자리 그대로 늘앉아있을수도없거니와、때가지나면 역안하여서는껍데기만남어있게됨을 면치못하며 더더구나더좋은것을 더光明스럽은것을 주시는것을어찌하랴。과연至今빛은찬란하게달리비최시고 게심을어찌하겠느냐。저이들가온대서도 어떤이들은 朝鮮그때의初代敎會를말하다가 至今敎會의狀態를보며 五十年의一期로벌서 老衰期에들어갓는가하며 다시그때의初代敎會로 돌아가자고도하며 또한어떤이는過去는量이라하면 앞으로는質이라고하는이도 있는가보더라만은헌옷에새감으로기우며 낡은부대에새술을넣으려함은 無用일뿐아니라 더큰損을볼뿐임이라고배웠같이 그자리에그대로앉고 그허울을그대로쓰고있어서는 아모렇게하려하여도 그를면할수없는줄로안다。우리는버서야 할것힘있게버스며 나아가야할길을 담대히나아가게됨이 참으로無限하신生命의根源이신 하나님아들 예수그리스도를믿어 구원받아살아나아가는者의 당연한일인줄로안다。

아! 五十週年禧年! 나는그렇듯모여떠드는이때에 朝鮮이그렇게한 껍데기를벗고、光明그대로를보고 기뻐하며 고요하게 自由로이자라게됨이있음을 보앗노라。

——一九三四、九、一六日——

正誤表…一九三四年度중에서發見된것

頁	段	行	誤	正
三四	下	七	基督的	基督敎的
三五	下	六	書破究	書研究
同	同	末	는라兄弟	라는兄弟
六一		末五	명어린인	명어리인
六二	下	七	孝誠	孝誠
六五	下	三	地雲	地震
六八	上	七	習者	智者
六九	上	二	一口	人口調密
七二	上	末四	靈的生産	靈的生命
九七		五	안든듯	아니었든듯
同		一五	生産製度	生産制度
九八		末二	무었이	무엇이
二一七		一四	專心할스	專心할수
二四〇	下	一六	透徹한	透徹한
二四一		一三	知禮義	知禮儀

하나님의神靈하신경영

姜 濟 建

二、天國의大略歷史와政治（舊約三十九卷 新約二十七卷）

一、하나님이世上을創造하신後 아담의夫婦를 에덴동산에옴겨두어 살게하섯는대 그곳은 罪를모르고 苦痛을모르는樂園이엇다。그러나 두사람이 畢竟犯罪하므로因하야 얼마이世上에쫏겨나와살게되엿다。에덴동산의樂園時代는 얼마나되엿는지 聖經에記錄이없음애 그歷史를알수없거니와、그後의歷史는 곧 이得罪한人類의救援의歷史니 예수의再降臨하므로 完結이될것이다。

아담으로부터 예수再降臨하실때까지니르는歷史를 大略三世代로分할수가있으니 初世代와 中世代와 末世代다。아담이에덴동산에서 쫏겨나옴으로부터 先知者모세가애굽에서나오던때까지를 初世代라할것이오、모세가애굽에서나옴으로부터 예수 오실때까지를 中世代라할것이오、예수의昇天以後로부터 그再再降臨하실때까지를 末世代라할것이다

二、初世代는하나님의거륵하신 獨裁時代다。이때는아직人種이稀少하고 人心은順良한때다。그러나人智가未開하야學問이아직없고 歷史가없고 前鑑이없는때라（사도十七章三十節以下） 그런故로 하나님이 때의形便을따라 自己의거륵하신뜻대로 누구를擇할때는 或直接默示로하기도하고 或天使로하기도하고 또或은間間히先知者도하여금 가르치게도하였다。그리하야 사람이 默示와 天使의말과 先知者의傳道를듣고信從하므로써 救援을얻게하였다。노아洪水時代에그의家族八人만 救援을얻은것이라던지（히브리十一章七ㅡ）그後에아부라함이 自己故土를떠나 가나안으로들어가 王國을일우게된것이라던지（히브리十一章八ㅡ）또모세가애굽에서나와이스라엘百姓을引導하야 가나안에들어가게한것이（히브리十一章八ㅡ十二）다그렇게된것이다。그後에도 하나님의말슴을信從하야 救援을얻은者가많으되 特殊한代表 그三人만을記錄하야 後人에게鑑誡가되게하였다（고前十章十一ㅡ）。그러면 그때는웨 獨裁를하신것인가。사람의知識이 比컨대童蒙時代요 하나님이아작이世上에 誡命과律法을세우지아니한때인故로 그들의衷心으로信從하는것만을取하섯고 그不善한罪는 取扱치아니하신것이다。야곱과（創世紀二十一章十七ㅡ二十九）다윗（삼우엘前十一章一ㅡ三）의事實이 이를證明한다。

三、中世代는 모세의律法時代니 共和時代다。하나님이아부라함에게 주신言約을생각하야 百姓을救援하시려고 先知者모세를命하야 애굽에서引導하야내여 가나안으로들어가 王國을세우고 그곳에聖殿을짓고 誡命과律法을주어서

百姓으로하여금 그律法을알고직혀行하므로 救援을얻게하였다。 그러나 사람들이 가나안으로 들어옴으로부터 恩惠를입어 人種이漸漸繁盛하여지고 學問이發達하고、世上知識才能과富貴榮華가늘어 文明한나라가되였으므로 도리어 하나님의恩惠를져바리고 맘이驕慢하여져 거룩한律法을恩惠로받은者가 도리어律法을 犯하게되였다。 時代가갈스록 이것은漸漸더甚하야 아래있는百姓은勿論、百姓을다스리고 가르치는位에있는者까지도 犯罪치않은者가없게되였다。 이 指導階級이墮落하므로 罪는漸漸더깊어가게되였다。 남을引導하는者가되여 律法을犯하는일은부끄러운일인故로 外飾으로거즛꾸며 外貌로사람의稱譽를받기를 힘쓰게되니 사람의心腦骨髓를鑑察하시는 하나님의눈앞에는 더욱可憎한것이되였다。 故로 義人은없나니 한사람도없다고하였다。(로마三章七ㅡ) 그런故도 예수께서이모든것을 책망하신것이다(마태十三章)。

四、末世代는聖神自由(갈라듸아三章一ㅡ)의個人主義(사도行傳二章四十)時代다。 이때는 世上사람이하나도옳은사람이없고 罪人뿐이라 先知者가끊어지지도 몃百年이되였으나 누가누구를救援할수가없는때다。 하나님이처음言約대로 하신다면 모든사람이다 滅亡을받을때라。 그러나 仁慈함이豊盛하야 罪人을다시救援코져하심에 다시더할수없는사랑으로 自己의獨生子를世上에보내여 救主로세우셨다。 그 救主가世上에와서 人間모든사람을보니 사람의形便이 自己가救援을얻을힘이없고 누구를依賴하야얻을수도없고 耳目이暗昧하야졌는故로 마땅히들을것을듣지못하며 마땅히 찾을것을찾지도못하는 可憐한境遇에있었다。 故로 前과같이무엇을맡겨하라고하여도 할수가없이된 그情地도體恤하야 天國의奧妙한理致를親히가르쳐주고 天國에들어가는길을 몸소實踐하야 模本을보여주어 사람으로하여금 그뒤를좇게하시고 最後에自己몸을犧牲하야(베드로前二章二十一ㅡ)天下의罪人을代身하야 十字架의苦刑을받아 피를흘려 이滅亡할罪를贖하야 救援을얻게하야 주시기로善한方策을 세워주는믿음으로 救援을얻으리라하셨으니 이믿음은 새로 세우시는言約이다。 그런故로 사람마다 聖神을주마許諾하시었고(사도行傳二章十六ㅡ十七)聖經으로章程을삼아주셨고、사람마다 祈禱할權利를주시었다(요한十四章十三)。 그러나 그리하기때문으로 이時代에는 또異端이많이생기는 것이다(마태二十四章二十三ㅡ二十八)。

社告

今年度內로 完結하여야할 다른 原稿의關係도있었거니와、「聖書槪要」는 豫言書에 들어가게되는때인故로 新年號부터 새로운神氣로써 先知者에게 傾聽하고져 하나이다。 舊約本文硏究를 期待하는이들께告함。

城西通信

○一九三四年十月二十三日(火曜) 滿洲로부터佳信如左。『그간도 주의 은혜가운데서 안영하십니까。 저는 平安하여 잇사오며 장사次로 이곳까지 나와서 留하옵는바 이번에 이곳 오기는 結婚式兼商業次로 나왔읍니다。 그런데 先生님께 付托하옵는바는 左記 住所에있는 이에게 十月號부터 聖書朝鮮誌를 付送해 주소서 代金은 제가 入去하여 보내드릴터입니다。 (中略) 이敎會에서 助事일로 視務하는인데 제가 상점에있느니만치 偶然한 機會였으나 서로 자면서 말을 하게되며 信仰의 문제까지 及하게되자 ○○○氏의 雜誌가 좋다는 말을 하기에 저는 聖書朝鮮도 좋다구 하면서 內村先生님의 이야기를 하니까 매우 좋다구 하시면서 舊本이 있으면 좀 달라구 하시기에 제가 있는 冊을 拾餘卷 드렸더니 今月號부터 좀付送해 달라구해서 註文함니다。 信仰도 퍽 좋은이며 山城鎭서 距하기 八十里인데 馬賊이 第一많은 가운데서 열심히 전도한다구 함니다。 聖書朝鮮은 이런이들의 동무되기를 甚히 원하는줄 압니다 그리고 이런이들의 친구가 되면서 처음으로 高貴한 값을 發揮하는줄 압니다。 제의 結婚式은 十月 二十四日(水曜日)이외다。 安東縣前第一敎會內에서 崔得義牧師의 主禮下에서 擧行될듯합니다。 복雜한 手續이 있은후에야 겨우 結婚式을 할수있다구 함니다。 左右間 敎會 自體가 不神聖한연고인지 거룩지 못한 결혼式이 많기때문에 豫防하라고 하는 理由라구함니다。 先生님께서는 친히 오서서 訓辭는 못해주시나마 敎訓의 글월을 주시여 一生에 큰 敎訓이되게 해주시옵소서。 二十四日에 歸家 豫定이오니 下諒하옵소서。 내내 그리스도안에서 安康하소서。 十月十八日夜 門下生 ○○○拜上』 廣告術에 能치못한 聖朝誌는 이처럼하야 神의 攝理대로 사랑하는友人의 손에서 다시 友人의손으로 傳達되는일뿐이다。 但 이러한 特請에도 不拘하고 祝電도못하고 葉書한장도 보내지못하야 사랑의負債만 늘어가는것이 마음에 괴로웠다。 結婚式을 無意味한것으로 알아서가 아니라 그저 多忙하다는 핑게때문이다。 近來에 遠路에서 來訪하였든 某友가 停車場까지 餞送하지 않음으로써 余輩의冷情함을責하였으나 책망을 甘受하는外에 他道가없었다。 우리도 五里、 十里를 멀다하지않고 迎送하는 鄕間의 厚俗을 아름답게 여기지아님이아니나 서울같은 交通機關의聯絡地點에 살면서、 오고가는友人을 一一히驛頭까지 迎送하고저함은 事實不可能한 일이다。 또 누구는 驛頭까지 누구는電車까지라도 等級을 定할수도없는일이다。 故로 初行이라든가 荷物이 많다든가 切符살줄도 모르는老幼等을 助力하는意味以外에는 親疏上下의 別이없이 均一하게 門前에 나가는것으로써 最大의 義務를 다하는것으로 定하였다。 本來우리는 周公이아니라驕慢하기 짝이 없으나、 聖朝誌를 發刊하기爲하야는 이만한驕慢을 容認하라고 自家用 特許를 맡았다。 書信에回答이怠慢한것도 同樣의 特許權으로因함이니 誌友에게는 特히 이 事情을 洞察하여주기를 企望。

○十月二十四日(水曜) 農村의 조그만한 公立普通學校에서 忠誠스럽게敎育하고있는 訓導로부터 如左한 書信에接하야 그對答에 困하다。『久未上書하와 罪悚萬萬이외다。 伏未審菊秋에 氣體候一向萬康하옵신지 伏慕懇切이외다。 小生은 伏蒙德澤하와 無事勤務하오니 以是伏幸이외다。 就伏白 長久之間未及上白하옴은 空然無暇하와 不及誠意하였사오니 下諒之至千萬伏望하옵나이다。 歲月은 如流하와 小生도 敎員生活이 於焉過近於二個年하니 「타임이스마네ー」格言 그대로임니다。 近於二個年間의 農村生活에도 여러가지얻음이많었사오나 近者에는 多職員多學級의 學校에가서 힘있는대로 努力하야 手腕을 다로아보았으면하는 生覺이 發生함니다。 農村인즉 農事에 對한事에는 見聞이有하오나 其他에는 見聞之事에 一片도 進步的事가無하옵나이다。 決코 農村이싫어진것이아니오라 何處에든지 一長一短이 有하올것이오나 多職員學校에가서 젊은 時代에 많은手腕을 배워스면함을 痛感하옵나이다。 近者에는 農村學

校는 一個部落을指定하야 卒業生指導、共勵組合等을 指導하옵고 更히 興農青年團을 指導케되엿읍니다。學校教育의 意義를 廣闊하게解釋하며 다시簡易學校의 增設을 보게되엿읍니다。前記小生의 希望도 先生님께서可否(生覺합이)를 判定、批判教示하야 주셨으면 感謝無比이겟아오며 如此希望에 到達할랴면 如何히하면될는가 罪悚하오나 一次下示하야주시옵기 千萬伏望이외다。끝으로 先生님氣體候安寧하심 伏祝하옵고 不備上書하옵나이다。十月二十三日 小生 ○○上書

近日은 數學工夫를하옵는대 三角法에이르러서는 疑問이많고 難題가많읍니다」。鄕村에 必要한것은 善良한敎師와醫師。個人의 修學을爲하야는 都會에便益이 많음이 事實이나 저와같은優良한教師를 놓지는農村의損失은 莫大할것이다。 溫故而知新함에 孜孜汲汲하는저와같은 人物에게 向上을 制止할수는 없는터이나그러나 都會로 進出함에는 所謂「官界游泳術」의秘法이 없이는 안될터이니 人生의悲哀는 이제부터 시작된다。所願成就는可하나 적은것을 얻고 큰것을잃을까하야 念慮다。

○十月二十八日(日曜) 午前九時 梧柳洞行。宋兄宅集會에 參席하다。附近農況이 前年보다 못한中에서도、應谷만은 特히 豊作이였다하야 鷄卵처럼累積한秋收는 보는者로하여금 美望不禁。但 如斯한好成績은 單只 兄弟들의 技術과勤勉으로만 된것이 아니라는 것을 自覺하는것이 最大의秋收感謝라고 述하다。

○二十九日(月曜) 밤九時頃까지 印刷所에서 校正。安否를 念慮하야 마지못하든 在大阪關西神學 李君의消息如左「先生님前。聖恩中尊候一安하옵시오며 宅內가다 均安하옵신지요。先生任을拜別하온지 벌서二個月이나되엿아오나 일즉이上書치못하엿아옴을 寬容하시옵소서。小生은 先生任의 祈禱之澤으로 無事하오며 十月十日頃에 第一期試驗은 끝났아옵나이다。以下十六行略

小生은 此機會를通하야 큰것을배웠읍니다。단지六十米 速度에바람이 十分ㅣ十五分間불때에 人間에 無力함을 確實히가르켜주시엿읍니다。人間들이가장 자랑하고 가장自慢하는 二十世紀의科學文明도 여지없이 破괴를當하는것을 볼때에 人間社會란마치幼兒들이 장난감을가지고 장난을하는것같은感을 느끼지안을수없엇읍니다。 鐵電線柱가 十餘個나 불어진것은 生後처음보았읍니다。하여튼大阪一帶는 地面에서있는 物件치고는破損을 當치안이한것이없엇읍니다。其中에 鮮人도 많은生命을 잃어버렸읍니다。如此한中에도 天父의保護로 客中에無事한 感謝를 더욱이느끼엿아옵나이다。또한 小生의 頭腦에 떠오르는것은 罪惡이파만하든 소돔과고모라이엿사오며 現社會狀態이엿사옵나이다。罪惡과不義가 勢力을가지려는 이社會、여호와를 背反한지 오랜 이社會가變하야 義와愛가 이社會를支配하며 小兒와배암과 猛獸들이同居할수있는 平和스러운 社會가되여서 소돔과 고모라에 當하든禍를 免할수있기를 기도하야마지안이하옵는 바이옵나이다。 先生任調理없난말에 亂筆로 小生의所感과 兼하야 數字들이옵는바이옵나이다。 來來先生任의 靈肉과 聖朝事業우에 主任의恩惠가 늘같이하시옵기를 祝願하옵나이다。餘不備上書」

○十月三十一日(水曜) 本誌舊號를 읽은이의 感想에依하야 우리가 무엇을 썼든것을 깨닫게되엿다。『나의 敬愛하는 先生님의 健康과 多福을爲하야 伏禱함이다。紛忙하신中에 小生의 所請대로 冊을보내주시와 感謝함니다。하나님께서 冊代를주시와 別途振替로貳圓金을 付途하엿나이다。今夜에 創刊號數頁을읽

다가 冊代들이는것이 퍽 부끄럽게 生覺납니다。創刊號一頁만하여도 小生의게있는 財產全部를 다들인다고하더라도 아깝지않게다는 生覺이납니다。아ㅣ 貴重한冊 왜ㅣ世人들이 모를가 나의게있난바 다ㅣ들여도아깝지아니할 많금한貴重한冊인줄알면서도 割引한定價대로만 보내오니 笑領하소서」

○連日校正이나 未畢。

○在學中에 가장 快活하고 健壯하든 씨름選手가 卒業한後 半年만에 처음消息이如左。「金先生님께 올리나이다。其間氣体萬康하옵시며 宅內諸節이 均吉하시온지요。此處諸宅은別無故하오며L兄도無故히지내오니 安心하시오。先生님 養正의 校門을 떠난後 一次의上書조차못하여 千萬罪悚하나이다 그러나 先生님!·人間의運命이란 甚히 皮肉히게된貌樣임니다。또人間이란 그生涯의 瞬間々々닥처오는 運命에는 拒抗할수없는가봄니다。其間저는 生死線上에서 헤메였담니다 바로지난 六月十八日夜 突然히熱이나고하더나 日數가갈수록 病勢가甚하여 父母의 자랑스러운極力도 効果없이 七月五日에는不得已道立病院에 入院하였읍니다。入院後 診察로 急性流行性腦脊髓膜炎인것을 알었읍니다。아ㅣ이것이 무서운病이아아니겠읍니까 제는 勿論 家人等은失色하여 傳染病一室에入院한 저를보고 그냥痛哭하기만 하였읍니다。入院한지 滿二日인 七日부터 저는精神을잃어 完全한昏睡狀態에 빠저드람니다……이後 그어느날인지 비로소눈을뜨고 精神이나서보니入院二十七日만이었읍니다。이 二十日間 二次나 死報를 巻村間에傳하였다고합니다。擔任博士도 死를免치못하겠다고 東京S兄께來咸電報치는同時 父主께서는 L兄을시켜 棺까지사게 하였다고 後에들었읍니다。그러다가 天運인지 저의心臟이 强한緣故인지 入院日數六十六日만에 九月九日에 退院에게되였읍니다。그러나 元來病이急性死病인故로 尙今까지 腦가아프고 脊髓가쑤심니다。단五分間의 讀書조차못하고 書信도 任意로못함니다。이 片紙도 連三日걸려 氣分좋은 朝飯時마다 쓴것임니다。何時나 全快될넌지 每日누어있으니 죽을地境임니다。人生의첬거름에 이같이 苦生하고야……。其間上書못한것을 容恕하여주시고 養正諸先生께도 잘傳達하여주시오 餘는 亂筆로不備上書하나이다 十月二十七日 ○○上書」

○人生에 死亡이 없다면 本誌와같은것도없어 可할것이다。

○十一月一日(木曜) 水原來信。「問安들이온지오래오니 罪悚하오며 나날이뵈옵고십흔마음 간절하나이다。聖朝를世上에 보내시기에 얼마나 피로하시며 얼마나 속을 썩이시나이까。肉과靈이 게으름으로 찰때라도 先生의 奮鬪하시옵는양이 腦裏에 떠올으면 새삼스러이 緊張을느끼나이다。養正在學時代불어 先生의健康問題가 늘 적지않은 憂慮이올시다。좀더 健康에 注意하소서。春川 S兄은 期於히 休學期間에 復校치못하옵고 退學手續을 完全히끝냈나이다。단 한사람의 벗이오同志를 學窓에서보내옵고 또다시 쓸쓸한 孤寂한學窓生活을 하게되나이다。괴롭나이다。늘S兄의 復回을 빌뿐이올시다。日前에 온葉書의 一切이다음과같나이다。「…中略 도리켜생각하오니 兄我高農에서 맞나게된後 一年半에 더구나不過四個月同室生活이因緣되여 오늘의情을 맺게된것을 實로奇績인가함니다。因緣이라면 因緣이겠고 神奇라면 神奇겠으나、아마도 우리의理想을 같이하고 信仰에合致点을 發見한所以인가하오니이앞으로 環境의 小異함이 있을지라도 이 情理談일理萬無라고 믿읍니다 兄이여! 내내自重自愛하소서 金先生님健康도 아울러 빌면서」S兄의 病도짙은모양이나 病者心理가絶望에 가까울것念慮오니 先生께서도祈禱하야주시옵고 慰安의書信을 보내주시옵기간절이바라옵나이다。近日 K君의 來訪이있아와 自己도 信仰生活을할야하며 水原天主敎堂에 數週間出席中인바 現今信仰에 對하야 白紙이니 兄의指導를切望하노라고함으로 于先聖書熱讀하고 金敎臣先生께 말슴하야가르침을받으며 聖朝를 創刊號부터 읽으라 나는 아즉 極히信仰이옅어 兄을指導할만한힘이無하나 함께工夫해가자고하였아오니 잘指導하시옵기伏望이옵나이다。近日에 저自身도 갈은信仰의힘이없음을 못내피로워하나이다。正히가을임에 內村先生全集을 주던者와같이耽讀하옵나이다。農林產物品評會準備로 每日終日實習이오니 晝耕夜讀이 (第十六頁에續)

『聖書朝鮮』第七拾壹號 附錄

昭和九年十二月一日發行
昭和五年一月二十八日 第三種郵便物認可

聖書朝鮮 一九三四年度 自第六十號至第七十一號 總目錄

感想

雜

漢詩

正誤表

城西通信

『聖書朝鮮』第七拾壹號附錄
昭和九年十二月一日發行（每月一回一日發行）昭和五年一月二十八日第三種郵便物認可
編輯發行兼印刷人　高陽郡龍江面孔德里一三〇　金敎臣

本誌定價減下

一九三五年一月號부터 本誌의 定價를 如左히 改定함。

一 冊 拾 錢(送料共)
六 冊 (半年分)五拾五錢(同)
十二冊 (一年分)壹 圓(同)

本誌舊號整理

아직舊號의餘殘이 若干있음으로 當分間 左記特價로써 需要에應할수있다。但 第五十九號以前의舊號取扱은 今年度內에만 限함。其他本社出版物의 特價提供도 今年度末까지限하고、新年以后로는 記載된定價에 復歸한다。

一、創刊號—十二號까지 十二冊 金七十錢
二、第十三—二三號까지 十一冊 金七十錢
三、第二四—三五號까치 十二冊 金七十錢
四、第三六—四七號까지 十二冊 金七十錢
五、第四八—五九號까지 十二冊 金七十錢
但、創刊號부터五九號까지 同時에注文할 時는 特히三圓으로應함。

咸錫憲 著

푸로테스탄트의精神

定價十錢 特價五錢 (郵料共)

金敎臣 著

山上垂訓研究 (全)

定價七十錢 特價三十五錢 (郵料共)

本誌讀者

冬季聖書研究會

講題

聖書的立場에서본 世界歷史 咸錫憲
馬可福音에準據한 福音書의研究 金敎臣
安息日의由來 楊能漸
(外 數人)

時日

一九三四年十二月二十九日(土)午后부터
一九三五年一月四日(金)午前까지
(每日午前及夜間二回식集會)

場所

京仁線、梧柳洞驛前(應谷)
宋斗用 氏方

例年대로 우리는 休暇를 利用하야 各自의 學業을 서로 報告하고저한다。昨年度의 咸先生의 歷史는 널리 傳達하고저하였으나、들은대로 쓸수없이 된데가많았다。願컨대 이번 世界歷史도 多數히 參聽하기를 勸하고싶으나、우리의 施設이 넉넉지 못하야 極히 少數의 座席을 提供하는수밖에 없다。願하는이는 聽講料五十錢과 一週間宿泊費 二圓五十錢을 添하야 本社로 申込하라。順次대로 二十人限參席可能。但 本誌一年以上 讀者일것。申込後不參時는 右金額返還함。

本誌定價

一 冊 拾五錢 (送料五厘)
六 冊 前金九十錢(送料共)
十二冊 (一年分) 前金壹圓七拾錢

要前金。直接注文은 振替貯金口座京城一六五九四番 (聖書朝鮮社)로。

取次販賣所

京城府鍾路二丁目八二 博文書館
京城府鍾路二丁目九一 耶穌敎書會
京城府堅志洞三二 漢城圖書株式會社

昭和九年十二月一日 印刷
昭和九年十二月三日 發行

京城府外龍江面孔德里一三〇ノ三
編輯兼發行者 金敎臣
京城府堅志洞三二
印刷者 金鎭浩
京城府堅志洞三二
印刷所 漢城圖書株式會社

京城府外龍江面孔德里活人洞一三〇ノ三
發行所 聖書朝鮮社
振替口座京城一六五九四番

【聖書朝鮮】第七十一號 昭和五年一月二十八日 第三種郵便物認可 昭和九年十二月一日發行 每月一回一日發行

【本誌定價十五錢】

성서조선(聖書朝鮮) 3/ 1933-1934

Sungseo Chosun 3/ 1933-1934

엮은이 김교신선생기념사업회
펴낸곳 주식회사 홍성사
펴낸이 정애주
국효숙 김기민 김서현 김의연 김준표 김진원 송승호 오민택 오형탁
윤진숙 임승철 임진아 임영주 정성혜 차길환 최선경 허은

2019. 1. 17 초판 1쇄 인쇄 2019. 1. 31 초판 1쇄 발행

등록번호 제1-499호 1977. 8. 1
주소 (04084) 서울시 마포구 양화진4길 3 전화 02) 333-5161 팩스 02) 333-5165
홈페이지 hongsungsa.com 이메일 hsbooks@hsbooks.com 페이스북 facebook.com/hongsungsa
양화진책방 02) 333-5163

• 잘못된 책은 바꿔 드립니다. • 책값은 뒷표지에 있습니다.
• 이 도서의 국립중앙도서관 출판예정도서목록(CIP)은 서지정보유통지원시스템 홈페이지(http://seoji.nl.go.kr)와 국가자료공동목록시스템(http://www.nl.go.kr/kolisnet)에서 이용하실 수 있습니다.(CIP제어번호: CIP2019001336)

ISBN 978-89-365-1338-2 (04230)
ISBN 978-89-365-0555-4 (세트)